本书是国家社科基金一般项目"11、12 世纪拜占廷经济与社会史料整理与研究"(批准号 14BSS007)的结项成果

国家社科基金丛书
GUOJIA SHEKE JIJIN CONGSHU

11—12世纪拜占庭经济与社会文字史料整理与研究

A Compilation and Analysis of the Written Sources about Byzantine Economy and Society in the 11—12th Century

罗春梅 著

人民出版社

责任编辑：刘　畅
封面设计：石笑梦
版式设计：胡欣欣

图书在版编目（CIP）数据

11—12世纪拜占庭经济与社会文字史料整理与研究/罗春梅 著. —北京：
　人民出版社,2022.9
ISBN 978－7－01－025068－7

Ⅰ.①1… Ⅱ.①罗… Ⅲ.①拜占庭帝国-历史-研究-11-12世纪
　Ⅳ.①K134

中国版本图书馆 CIP 数据核字（2022）第 170793 号

11—12世纪拜占庭经济与社会文字史料整理与研究

11—12 SHIJI BAIZHANTING JINGJI YU SHEHUI WENZI SHILIAO ZHENGLI YU YANJIU

罗春梅　著

人民出版社 出版发行
（100706　北京市东城区隆福寺街 99 号）

北京新华印刷有限公司印刷　新华书店经销

2022 年 9 月第 1 版　2022 年 9 月北京第 1 次印刷
开本:710 毫米×1000 毫米 1/16　印张:50
字数:816 千字

ISBN 978－7－01－025068－7　定价:228.00 元

邮购地址 100706　北京市东城区隆福寺街 99 号
人民东方图书销售中心　电话（010）65250042　65289539

目　　录

序

我们面前的这本书是国家社科基金项目"11、12世纪拜占廷经济与社会史料整理与研究"（14BSS007）主持人罗春梅副教授的结项成果。① 她是我的学生，希望我为这一成果写个序言，作为其博士学习阶段的指导教师，我当然非常愿意。

罗春梅副教授目前在中南大学马克思主义学院历史与文化研究所担任历史学副教授，2009年她在南开大学博士毕业后，便一直在此工作，同时继续在拜占庭中期历史研究领域深耕，逐渐成为专业化水平比较高的专家。年近"知天命"的她长期致力于第四次十字军东征时期拜占庭历史问题研究，无论在多种史料的收集整理，还是在对这些史料识读利用方面，都达到了一流水准，不仅受聘为中南大学的博士生导师，而且受聘于南开大学东欧拜占庭研究中心为客座副研究员，同时兼任南开大学希腊研究中心特邀研究员和中国世界中世纪史研究会理事。对于她在业务上取得的进步，我深表赞赏，同时对其各项研究成果也给予充分肯定，包括2012年由人民出版社出版的学术专著《1204年君士坦丁堡的陷落》，以及发表在多种史学专业期刊上的约20篇学术论文，其中一些已经达到了国际拜占庭学专业水准。

这里，以《11—12世纪拜占庭经济与社会文字史料整理与研究》为例，浅谈一二。该书系统整理了11—12世纪拜占庭帝国重要转型时期经济和社会史文献资料，比较全面调查并分类整理了这一时期相关拜占庭文字史料。作者将这些史料分为历史作品、档案资料、修道院文献、圣徒传记、书信、演讲

---

① 在国内拜占庭学界，中文译名"拜占庭"和"拜占廷"长期通用，最近学界主张统一使用"拜占庭"这一专有名词。故本书除既定项目名称及已发表的论文、著作等之外，行文中统一使用"拜占庭"。——本书作者按。

词、文学作品等类别，整理了 17 部历史作品、4 种档案资料（包括皇帝的金
玺诏书、税收文献、遗嘱、法庭公文等）、24 份修道院规章制度文件（包括 5
份遗嘱）和圣徒传记及书信集各两部、4 篇演讲词，以及包括 1 部史诗、4 部
小说和 2 部诗集的文学史料等。这些史料比较全面地反映了当时拜占庭帝国经
济和社会生活的各个方面。值得一提的是，这些史料以原始史料为主。该书还
对这些拜占庭时期的作者、其手抄本流传情况，以及近现代拜占庭学者整理出
版和现代语言译本情况，特别是它们各自的内容大意或提要或全文翻译及其在
经济和社会史研究上的价值进行系统的梳理。此处还要指出的是，《11—12 世
纪拜占庭经济与社会文字史料整理与研究》不仅全面系统介绍了 11—12 世纪
拜占庭经济和社会方面的史料情况，还为读者提供了这些拜占庭史料查找利用
的途径和工具，并对全书涉及的三四百个专业术语进行了解释。该书编著者根
据这些史料的用途，本着"授人以鱼不如授人以渔"的精神，向读者提供了所
涉史料的收集方法、史料查找所用的重要工具书（除了辞典、手册、地图、百
科全书等工具书外，还包括多种史料汇编、史料书目、数据库、常用网站以及
专门著作等），重点介绍了最新、最重要、最实用的拜占庭史料查找利用的途
径和工具。需要提醒读者的是有关专业术语，目前尚在深入精确的探讨中，特
别是如何正确合理地翻译为中文，还要深入研究。

罗春梅副教授在学术上取得的巨大进步还与其广阔的国际视野分不开，与
她在美国普林斯顿大学教授约翰·哈尔顿（John Haldon）指导下持续不断的
学习和研究关系密切。这里需要简略地介绍一下这位当今知名的拜占庭学家。
他是英国诺森伯兰人，曾任英国伯明翰大学拜占庭帝国、奥斯曼帝国和现代
希腊研究中心主任（1996—2004 年），2000 年担任伯明翰大学历史研究院院
长（2000—2004 年），自 2005 年起任美国普林斯顿大学历史系拜占庭史教授，
2007—2013 年任哈佛大学敦巴顿橡树园拜占庭研究中心高级研究员，2012 年
起任普林斯顿大学谢尔比·卡洛姆·戴维斯基金资助的欧洲史教授（Shelby
Cullom Davis'30 Professor of European History），2014—2018 年担任普林斯顿
大学摩萨瓦－拉赫马尼伊朗和波斯湾研究中心（Sharmin and Bijan Mossavar-
Rahmani Center for Iran and Persian Gulf Studies）主任，2018 年荣休。他于
2016 年担任国际拜占庭研究会（Association Internationale des Etudes Byzan-
tines）会长至今，2021 年当选英国国家人文社会科学院（British Academy，又

译英国科学院）院士。我与哈尔顿教授并不熟悉，只是从他撰写的大量书籍和论文中了解一二。在其已经出版的二十多部专著和百余篇学术论文中，我仔细阅读过的主要有《君士坦丁七世〈论军区〉》和《毁坏圣像运动时期的拜占庭（约680—850年)》等，近来又反复阅读他的《帕尔格雷夫拜占庭历史地图集》。后者给我的印象尤其深刻，因为它不是普通意义的拜占庭历史地图，而是以地图形式呈现的多方面研究成果，涉及拜占庭帝国的自然地理与气候、土地利用与资源、人口定居与迁徙、道路与交通、行政区划与行省管理、军政管理体制与军区变动、城市分布与城市生活、京畿核心区的发展、商品的生产与贸易网络、造币厂与货币、教会势力分布与宗教异端流转、修道院与朝圣地、军事外交活动与邻国关系等。此书为其赢得的国际学术声誉大大超过了此前他所取得的成就。罗春梅副教授在他的指导和帮助下，学术发展日精。

罗春梅副教授常年来持之以恒的努力钻研，浓缩着我国拜占庭学者长期以来坚持不懈深入探索的身影，目前包括专业人士和民间爱好者在内的近百人构成的我国拜占庭学队伍大多进行着这样的刻苦努力。正是在这些学者的共同努力下，我国拜占庭学持续发展。近四十年前我国读者没有相关中文书籍可读的状况一去不复返了，那种仅有一本译自俄文拜占庭简史的窘境已经为目前近百部与拜占庭历史文化直接相关书籍的盛况所取代；我国很多高等教育机构完善的拜占庭学后备人才培养体系已经彻底改变了昔日没有相关课程的情况；我国拜占庭学学者共同体和拜占庭研究中心的建立更是为全国相关专家提供了可靠稳定的学术平台，全国拜占庭学者共同合作完成国家重大招标项目，密切与国际拜占庭学家的学术联系，充足的资料信息网络能够满足我国学者科研教学的基本需求，拜占庭学高质量研究成果不断问世，等等，这一切在四十年前是不可想象的。展望未来，我深信我国拜占庭学将在一批罗春梅式的中青年专家努力下取得更快的发展。我国拜占庭学前景无量，一片光明。

陈志强

2022年初春于南开园

导 言 11-12 世纪拜占庭经济与
社会史料概况和查找方法

总体来说，11-12 世纪拜占庭经济和社会史料极其分散，形式多样，语言多元。主要有文字史料、考古证据以及目前运用高科技取得的古气候古环境证据等，使用的语言有希腊语、拉丁语、意大利语、亚美尼亚语、格鲁吉亚语、叙利亚语、阿拉伯语等。众所周知，史料是历史研究的基础，但目前国外学术界尚无学者按照经济和社会史料类别专门整理 11-12 世纪拜占庭史料，国内尚无学者系统整理 11-12 世纪拜占庭史料，因此本书选题很有意义，但难度较大。

本书拟分为两大部分，第一部分即导言部分，介绍 11-12 世纪拜占庭经济与社会史料的基本情况和查找方法，重点介绍 11-12 世纪拜占庭经济社会史料查找利用的途径和工具，也适用于拜占庭所有史料的查找利用。这方面非常重要，因为 11-12 世纪拜占庭经济和社会史料非常分散，查找极其耗时，了解拜占庭史料查找利用的途径和工具，其实是找到了 11-12 世纪拜占庭经济和社会研究入门的钥匙。第二部分对找到的 11-12 世纪拜占庭经济和社会史料进行分类整理和研究。史料主要可以根据类别、年代、地区、人物、事件等方面予以整理。本书主要根据类别按照年代顺序进行整理，分为历史作品、档案资料、修道院文献、圣徒传记、书信、演讲词、文学作品等几大类分别进行整理研究。

一 11-12 世纪拜占庭经济社会史料概况

11-12 世纪拜占庭经济与社会史料，主要包括文字史料和实物史料。其中实物史料主要有钱币、印章、陶器、教堂、修道院、碑铭、壁画、手稿、圣像等，这些主要通过考古发掘获得；还有树木年轮、石笋、钟乳石、海陆沉积物、孢粉等古气候古环境证据，这些主要由自然科学家运用高科技手段获得，是用来研究过去气候和环境的自然物质。[①] 目前国际拜占庭学界已经重视这些证据，一些学者联合自然科学家，结合文本证据、考古资料和古气候古环境证据进行研究。2016 年 8 月，国际拜占庭研究会在贝尔格莱德举行的第 23 届国际拜占庭研究大会（International Congress of Byzantine Studies）中，专门有这方面的圆桌会议，相关研究人员不少，其中国际拜占庭研究会会长、普林斯顿大学约翰·哈尔顿教授是其中最杰出的代表，[②] 他在这方面的主要代表作有《拜占庭安纳托利亚气候和环境：结合科学、历史学和考古学的研究》《中世纪气候异常和拜占庭：气候变动、经济表现和社会变化相关证据述评》等。他们认为，气候、环境与经济、社会相联系，气候与环境对于综合解释过去的事件非常重要。他们主张把"人类社会证据"（包括文本证据和考古学证据等）和"大自然证据"（古气候古环境证据等）结合起来研究拜占庭社会和经济。例如，哈尔顿等学者指出，古气候古环境证据、考古学证据以及历史资料文本证据表明，9–10 世纪拜占庭降水丰富，气候温和，农业繁荣，人口极大增加；到 11 世纪，尽管仍有这样的好气候，但是帝国也经历了外部政治压力，例如，土库曼人（Turkoman groups）迁入安纳托利亚，与此同时那一地区农业扩张结束；12 世纪大部分时间里气候更为温暖，降水量变化更大，冬季更为干燥，但这些不利的气候条件并没有阻碍拜占庭经济社会体系达到其最高发展水平，

---

① 关于拜占庭史料，参见约翰·哈尔顿在《牛津拜占庭研究手册》中的介绍，也可以参考莱斯莉·布鲁巴克（Leslie Brubaker）教授和哈尔顿教授的著作《毁坏圣像运动时期（约 680–850 年）拜占庭史料评注》：Elizabeth Jeffreys, John Haldon, and Robin Cormack, eds., *The Oxford Handbook of Byzantine Studies*, Oxford; New York: Oxford University Press, 2008, pp.21-30. Leslie Brubaker and John Haldon, *Byzantium in the iconoclast era (ca 680-850): the sources: an annotated survey*, Aldershot: Ashgate, 2001.

② 国际拜占庭研究会是一个著名国际学术组织，建立于 1948 年，目前有 40 来个会员国，通常每 5 年举行一次国际拜占庭研究大会，至今已经举行 24 届大会。2016 年 8 月在贝尔格莱德举行第 23 届大会，超过 45 个国家派出约 1500 名代表参加，约翰·哈尔顿教授当选为国际拜占庭研究会新任会长（2016–2022 年）。最新一届大会因疫情延迟一年于 2022 年 8 月召开。参见 https://aiebnet.gr/; https://history.princeton.edu/news-events/news/haldon-elected-president-international-association-byzantine-studies。

当时是拜占庭帝国的鼎盛时期，农业产量很大，货币交换密集，人口增长，国际政治形势极其有利。然而，从这个世纪末（大约 1175-1200 年）开始，异常的气候条件出现，冬季更加干燥，夏季更加凉爽，与此同时，这是 1204 年拉丁人[1]占领君士坦丁堡之前帝国内部政治经济崩溃的时期，气候条件的这种变化很可能是造成当时拜占庭社会政治体系不稳定的原因之一，气候变化可能导致对资源更为激烈的派系竞争以及其他形式的冲突，所有这些都促进了第四次十字军东征的成功。总之，气候是中世纪气候异常时期拜占庭社会经济变迁中的重要促进因素，但并非唯一因素。[2]

实物史料的整理和研究难度很大，其中很多实物史料属于专门的学科，例如，钱币学、印章学、碑铭学、手稿学等，而古气候古环境证据则需要了解相关自然科学。笔者曾经在普林斯顿大学进行为期一年的学术交流与访问，原本打算在哈尔顿教授帮助下进行 11-12 世纪拜占庭经济和社会实物史料的整理和研究，最终发现难度太大，很难在五年时间之内完成对这些种类繁多、极其分散、涉及考古学和自然科学的实物史料的整理和研究工作，因此不得不放弃了对实物史料的整理和研究。

本书使用的主要是文字史料。11-12 世纪涉及拜占庭经济和社会的文字史料主要有历史作品、档案资料、修道院文献、圣徒传记、书信、演讲词、文学作品等几大类。其中，11-12 世纪拜占庭的历史作品至少有 17 部；档案资料主要有拜占庭皇帝颁布的加盖金印的诏书即金玺诏书（*chrysobulls*，可称为特许

---

[1]　拉丁人或西方人指信奉罗马天主教的欧洲人，参见罗春梅：《1204 年君士坦丁堡的陷落》，人民出版社 2012 年版，第 21 页。

[2]　参见 John Haldon, Neil Roberts, Adam Izdebski, Dominik Fleitmann, Michael McCormick, Marica Cassis, Owen Doonan, Warren Eastwood, Hugh Elton, Sabine Ladstäter, Sturt Manning, James Newhard, Kathleen Nichol, Ioannis Telelis, and Elena Xoplaki, "The Climate and Environment of Byzantine Anatolia: Integrating Science, History, and Archaeology," *Journal of Interdisciplinary History* 45/2 (2014): 113-161. Elena Xoplaki, Dominik Fleitmann, Juerg Luterbacher, Sebastian Wagner, John Haldon, Eduardo Zorita, Ioannis Telelis, Andrea Toreti, and Adam Izdebski, "The Medieval Climate Anomaly and Byzantium: a review of the evidence on climatic fluctuations, economic performance and societal change," *Quaternary Science Reviews* 136 (2015): 229-252. Bojana Krsmanović, Ljubomir Milanović, and Bojana Pavlović, eds., *Proceedings of the 23nd International Congress of Byzantine Studies: Round Tables: Belgrade, 22-27 August, 2016,* Belgrade: The Serbian National Committee of AIEB, 2016.

状）、税收文献、1059 年尤斯塔修斯·博伊拉斯（Eustachios Boilas）的遗嘱、米哈伊尔·普塞洛斯（Michael Psellos）关于解除女儿婚约的法庭公文、安条克牧首约翰（John of Antioch）的文章（本不属于档案资料，因不便单列一类且与皇帝立法有关故列入其中）等；修道院文献主要有阿索斯山档案（Athos Archives）、24 份修道院规章制度文件 ①；两位著名圣徒的传记；米哈伊尔·普塞洛斯和约翰·莫洛普斯（Ioannes Mauropous）的书信集；米哈伊尔·普塞洛斯的 4 篇演讲词；文学作品主要有史诗、小说和诗歌等。其中，一些史料，例如大部分金玺诏书（修道院文献中也有部分金玺诏书）仅进行了介绍。其余的分别介绍了作者、手抄本、出版和现代语言译本情况、内容大意或提要或全文翻译、在经济和社会方面的史料价值等，使相关史料情况一目了然。这些史料通常大量引用古希腊罗马文献和圣经等（例如历史作品），晦涩难懂，这里一般略去对这些引用部分的翻译，主要翻译了史料大意或者做了内容概括，涉及经济和社会方面的内容则一般逐字逐句详细翻译，以方便相关人员查找使用，节省大量时间。由于大部分史料相关研究非常多，其中部分史料，例如米哈伊尔·普塞洛斯的《历史》（*Chronographia*）、安娜·科穆尼娜（Anna Comnena / Komnene）的《阿莱克修斯传》（*Alexiad*）和尼基塔斯·侯尼雅迪斯（Nicetas Choniatēs）的《年代记》（*Historia*）等，国内已有博士学位论文进行专题研究 ②，因此，限于精力，笔者对每一种史料没有进行深入研究，但指出了每种史料对于研究 11-12 世纪拜占庭经济和社会史的价值。同时，由于拜占庭史料非常多，本书并没有囊括所有经济和社会史料，下文会详细指出。为了方便研究人员了解来龙去脉和清楚全貌，笔者对所有史料做了整体的内容介绍，并指出了每一种史料涉及的经济和社会方面的情况，没有仅仅挑出其中的经济和社会方面的内容，以免难以理解。此外，拉丁人史料涉及拜占庭经济和社会的部分，参见笔者的《1204 年君士坦丁堡的陷落》（人民出版社 2012 年版），这里没有列出。③

---

① 其中绝大部分是修道院创办章程（*typika*，可译为"章程""规则"等），5 份是遗嘱，皇帝君士坦丁九世（Constantine Ⅸ，1042–1055 年在位）颁布的是法律性质的文件，还有宗教仪式规则等，因此统一称之为修道院规章制度。

② 例如，南开大学赵法欣、李秀玲和邹薇的博士学位论文分别研究了这三部史料。

③ 详见罗春梅：《1204 年君士坦丁堡的陷落》，人民出版社 2012 年版，第 221、224–225、227–230、236–237、241、247–254、260–261 页。

　　还需要说明的是，本书史料涉及大量专业术语，多为头衔名称或者官职名称①，以斜体表示，笔者在正文或注释中对这些术语做了详细解释，并在正文后面专门列出附录"专业术语表"，对这些术语进行简单解释，以方便专业人士查找使用，个别术语因不易找到恰当对应译名没有翻译过来，但加注释进行了解释。专有名词的翻译，笔者主要参考的是《新编剑桥中世纪史》"译名手册"和《拜占庭帝国大通史》"译名手册"。宗教术语的翻译，笔者主要参考的是任继愈主编的《宗教词典》修订版（上海辞书出版社 2009 年版），以及丁光训和金鲁贤主编的《基督教大辞典》（上海辞书出版社 2010 年版）。此外，本书史料中很多时间同时采用了小纪纪年法（或称"税收年纪年法"）和创世纪年法，本书予以保留并同时换算成了公历时间，有些则直接采用公历时间。②

　　本书旨在提供 11–12 世纪拜占庭经济和社会史料的工具书和资料集，为进一步研究这一时期拜占庭经济和社会史提供入门和查阅的工具。

二　拜占庭史料查找利用的途径和工具

　　11–12 世纪拜占庭经济和社会史料散见于多种语言记载的各种文字史料和实物史料之中，给史料查找和利用带来了很大困难，必须充分利用图书馆、档案馆以及网络资源。笔者对此做了梳理总结，现列举并介绍其中重要的相关工具书、史料汇编、数据库、网站、著作等，以方便学界人士和拜占庭史爱好者查找利用拜占庭史料，节省大量时间。

---

　　①　关于拜占庭帝国的官职（offices）、封号和头衔（dignities and titles），参见 Alexander P. Kazhdan (editor in chief), *The Oxford Dictionary of Byzantium*, 3 vols., New York: Oxford University Press, 1991, p.623, p.1513.

　　②　小纪纪年法与征税相关。戴克里先皇帝（Diocletian，284–305 年在位）规定每五年调整税收量，9 月为岁首，后来君士坦丁大帝（Constantine I，324–337 年在位）把 5 年改为 15 年，每 15 年确定十五年定额税（indiction）。这种十五年—循环的方法后来被用来纪年，indiction 译为十五年纪期，或者小纪。创世纪年法是根据《旧约·创世纪》计算出创世元年从而进行纪年的。关于拜占庭历法、小纪纪年和公元纪年的换算方法、创世纪年和公元纪年的换算方法，参见陈志强:《拜占廷学研究》，人民出版社 2001 年版，第 275–290 页，第 279 页，第 284 页；Alexander P. Kazhdan (editor in chief), *The Oxford Dictionary of Byzantium*, pp.448-449, p.993.

（一）工具书类

1.《牛津拜占庭辞典》: Alexander P. Kazhdan (editor in chief), *The Oxford Dictionary of Byzantium*, 3 vols., New York: Oxford University Press, 1991.

由著名拜占庭学家亚历山大·卡日丹(Alexander P. Kazhdan)主编，英文，1991年首次出版，2005年在线出版，总共三卷，2232页，包含5000多篇条目，涉及拜占庭帝国历史文化各个方面，例如，农业、政治、法律、教育、宗教、文学、艺术、人物、事件，等等，并且有参考文献、地图、表格、建筑设计、系谱等。

这部辞典是研究拜占庭历史文化必不可少的工具书，目前有印刷版、电子版、在线版，"牛津参考书"数据库（Oxford Reference，见后文介绍）提供了在线查询，其网址为: https://www.oxfordreference.com/view/10.1093/acref/9780195046526.001.0001/acref-9780195046526。

2.《牛津拜占庭研究手册》: Elizabeth Jeffreys, John Haldon, and Robin Cormack, eds., *The Oxford Handbook of Byzantine Studies*, Oxford; New York: Oxford University Press, 2008.

由著名拜占庭学家伊丽莎白·杰弗里（Elizabeth Jeffreys）、约翰·哈尔顿、科马克（R. Cormack）主编，英文，2008年出版印刷版和在线电子版。手册分为三大部分，第一部分为"学科"，分析了拜占庭研究学科，介绍了该学科研究方法：原始资料、年代学和年代确定、度量衡、考古学、艺术史、圣像学、文学批评、手稿研究、校勘学、辞典编纂、希腊文古文字学、纸草学、档案、碑铭研究、印章学、钱币学、人物传记、年轮学、砖印（Brickstamps）、君士坦丁堡地形学；第二部分为"物质世界：地形、土地利用和环境"，包括地理勘测，政治－历史考察，交通（道路和桥梁），人口、人口统计和疾病，定居点，建筑物及其装饰，生产、制造和技术等；第三部分为"制度和关系"，包括等级制度，政府，教会，经济，社会，司法，精神世界，符号世界，语言、教育与识字，文献，音乐等；第四部分为"拜占庭周边世界"，介绍了拜占庭及其近邻，以及拜占庭在世界历史中的地位。最后为附录，列出了历任皇帝、牧首和教宗。全书1021页，是拜占庭研究必不可少的工具书。其在线版网址为: https://www.oxfordhandbooks.com/view/10.1093/oxfordhb/9780199252466.001.0001/oxfordhb-9780199252466?rskey=pJd1fJ&result=1。

3.《帕尔格雷夫拜占庭历史地图集》：John F. Haldon, *The Palgrave atlas of Byzantine history*, New York: Palgrave Macmillan, 2005.

约翰·哈尔顿的《帕尔格雷夫拜占庭历史地图集》是目前国际拜占庭学界唯一一部英文版历史地图集，其中有大量历史地图，并以图表形式列出了拜占庭帝国的官职名称、货币单位，此外还列出了拜占庭帝国的主要道路、行省、军区、修道院、主教辖区、造币厂等，这些都是拜占庭史研究的难点问题，哈尔顿一一列出并进行了解释，是拜占庭史研究必备工具书，目前已经译成多国文字。

4.《拜占庭指南》：Liz James (ed.), *A companion to Byzantium*, West Sussex, U.K.; Malden, MA: Wiley-Blackwell, 2010.

由英国艺术史学者丽兹·詹姆斯（Liz James）主编，侧重文化史，分三部分：第一部分为"拜占庭帝国特征"，第二部分为"上帝和世界"，第三部分为"阅读拜占庭文献"，第四部分为"物质文化中的一些问题"。参考文献中原始资料有13页。

5. 中世纪史辞典

著名的中世纪史辞典有《中世纪大辞典》：Joseph R. Strayer (editor in chief), *Dictionary of the Middle Ages*, 13 vols., New York: Scribner, 1982-1989. 由普林斯顿大学的中世纪史历史学家约瑟夫·斯特雷耶（Joseph Strayer）主编，一共13卷，出版于1982-1989年。2003年普林斯顿大学中世纪史历史学家威廉·切斯特·乔丹（William Chester Jordan）主编出版了《补编一》。这部辞典一共7000篇文章，8000多页，涉及112000个人物、地名等，是最大最详细的现代英文版中世纪百科全书。

还有《牛津中世纪辞典》：Robert E. Bjork (ed.), *The Oxford dictionary of the Middle Ages*, Oxford; New York: Oxford University Press, 2010. 这部辞典由罗伯特·比约克（Robert E. Bjork）主编，一共四卷，5000多篇条目，2010年出版。可以在线检索、查询，网址是 https://www.oxfordreference.com/view/10.1093/acref/9780198662624.001.0001/acref-9780198662624。

6.《中世纪编年史百科全书》：Graeme Dunphy (ed.), *The Encyclopedia of the Medieval Chronicle*, 2 vols., Leiden: Brill, 2010.

有 2564 条词条，65 幅插图，涉及欧洲、北非和中东的中世纪编年史，汇集了各个学科有关中世纪编年史的最新研究。其在线版网址为：

https://referenceworks.brillonline.com/browse/encyclopedia-of-the-medieval-chronicle。

7. 十字军东征百科全书

重要的有著名十字军东征历史学家阿尔弗雷德·安德里亚（Alfred J. Andrea）编纂的《十字军东征百科全书》：Alfred J. Andrea (ed.), *Encyclopedia of the Crusades*, Westport, Conn.; London: Greenwood Press, 2003，以及十字军东征历史学家阿兰·默里（Alan V. Murray）主编的《十字军东征：一部百科全书》：Alan V. Murray (ed.), *The Crusades: an encyclopedia*, Santa Barbara, Calif.: ABC-CLIO, 2006。前者篇幅较短，后者有 4 卷，1314 页。

8.《伊斯兰百科全书》（*Encyclopaedia of Islam*）

由布里尔（Brill）出版，目前已经出版三个版本，第一版为 4 卷版，出版于 1913–1938 年；第二版为 12 卷版，出版于 1960–2005 年，1999 年开始可以在线获取（https://referenceworks.brillonline.com/browse/encyclopaedia-of-islam-2）；第三版从 2007 年开始出版，可以在线获取（ https://referenceworks.brillonline.com/browse/encyclopaedia-of-islam-3）。①

9.《大英百科全书》（*Encyclopaedia Britannica*）

即《不列颠百科全书》，从 1768 年开始出版，历时 200 多年，至今已出版 15 版，2010 版为最后一次印刷版。其在线版网址为：https://www.britannica.com/。

（二）史料汇编类

1."巴黎拜占庭历史文献大全"（*Byzantine du Louvre* 或 *De historiæ byz-*

---

① 第一版为：M. Th. Houtsma et al. (eds.), *The Encyclopaedia of Islam: A Dictionary of the Geography, Ethnography and Biography of the Muhammadan Peoples*, 4 vols. and Suppl., Leiden: E.J. Brill, 1913–1938. 第二版为：P. J. Bearman, Th. Bianquis, C. E. Bosworth, E. van Donzel, W. P. Heinrichs et al. (eds.), *Encyclopaedia of Islam*, 2nd edition, 12 vols. with indexes, etc., Leiden: E. J. Brill, 1960–2005. 第三版为：Kate Fleet, Gudrun Krämer, Denis Matringe, John Nawas and Everett Rowson (eds.), *Encyclopaedia of Islam*, 3rd edition, Leiden: E. J. Brill, 2007–.

antinæ scriptoribus）

1648–1711 年法国出版，一共出版了 24 卷。菲利普·拉贝（Philippe Labbé，1607–1667 年）、查尔斯·杜康（Charles Du Cange，1610–1688 年）等参与编辑出版，1648 年出版的为双语版（拉丁文和希腊文），还有注释。"巴黎拜占庭历史文献大全"后来重印。[①] 其中查尔斯·杜康 1678 年出版的《中世纪和近代拉丁语词典》（*Glossarium mediae et infimae Latinitatis*，译成英文为：*Glossary of medieval and late Latin*）和 1688 年出版的《中世纪和近代希腊语词典》（英文为：*Glossary of medieval and late Greek*）后来反复再版，今天学者们仍然在使用。[②]

2. "波恩大全"（*Corpus Scriptorum Historiae Byzantinae*，简称 CSHB 或 Bonn Corpus）

1828–1897 年德国波恩（Bonn）城出版，一共 50 卷拜占庭原始资料，都是史学作品，其中有希腊文原文和拉丁文译文。第一卷质量很高，受到高度赞扬，但后面几十卷的错误较多。[③] 其中涉及 11–12 世纪的主要有以下作者：米哈伊尔·阿塔雷亚特（Michaēl Attaleiatēs）、约翰·斯凯利兹斯（John Scylitzes）、乔治·凯德诺斯（Georgius Cedrenus）、安娜·科穆尼娜、约翰·金纳莫斯（Iōannēs Kinnamos）、约翰·佐纳拉斯（Joannes Zonaras）、君士坦丁·马纳塞斯（Konstantinos Manasses）、米哈伊尔·格里卡斯（Michael Glykas）和尼基塔斯·侯尼雅迪斯等。目前可以在线免费获取全文，网址是：http://www.documentacatholicaomnia.eu/25_90_1828-1897-_Corpus_Scriptorum_Historiae_Byzantinae.html。

3. "拜占庭史料大全"（*Corpus Fontium Historiae Byzantinae*，简称 CFHB）

由于"波恩大全"错误较多，1966 年，国际拜占庭研究会设立了 CFHB 来重新编辑"波恩大全"中的很多文稿。目前已有多个出版系列，包括柏林系列、华盛顿系列（Dumbarton Oaks，即敦巴顿橡树园）、布鲁塞尔系列、巴黎系列、意大利系列、维也纳系列、雅典系列、塞萨洛尼基系列等。有史学作品、军事和外交手册，以及书信集，其中每一卷都有对作者、幸存手稿的评

---

① 参见 https://fr.wikipedia.org/wiki/Byzantine_du_Louvre。

② 参见 https://en.wikipedia.org/wiki/Charles_du_Fresne,_sieur_du_Cange。

③ 参见 https://en.wikipedia.org/wiki/Corpus_Scriptorum_Historiae_Byzantinae#cite_ref-_1-0。

论，除了原文，一些还有英语或德语或法语或意大利语的译文，以及对文稿的注释等。①

4.阿索斯山（Mt. Athos）各修道院的手抄本集

为缩微胶卷，存于美国国会图书馆（Library of Congress）。希腊的阿索斯山上20座修道院保存了11000多本手抄本。1952–1953年，国会图书馆和国际希腊语新约项目（International Greek New Testament Project）把阿索斯山大量手抄本拍摄下来，包括209部希腊语和格鲁吉亚语圣经手稿、约44部作者不明的作品，还有书信和音乐作品等。1957年，欧内斯特·桑德斯（Ernest W. Saunders）和小查尔斯·拉胡德（Charles G. Lahood Jr.）出版了《阿索斯山修道院精选手抄本目录（附说明）》（*A Descriptive Checklist of Selected Manuscripts in the Monasteries of Mount Athos*）。② 现在该图书馆已经把这些缩微胶卷数字化，同时更新了对手抄本的说明和描述。这些数字化的手抄本版本现在可以在线查询和下载，并可以获得复制品，网址是：https://www.loc.gov/duplicationservices/，该手抄本集的网址是：https://www.loc.gov/collections/manuscripts-from-the-monasteries-of-mount-athos。

此前，兰布罗斯（Spyr. P. Lambros）在19世纪末20世纪初出版了两卷版《阿索斯山希腊语手抄本总目》（*Catalogue of the Greek manuscripts on Mount Athos*）③，其中有现代希腊语和英语两种语言，可以在线获取。第一卷在线获取网址为：https://archive.org/details/cataloguegreekm00lampgoog；第二卷在线获取网址为：https://archive.org/details/cataloguegreekm01lampgoog。

5.英国国家图书馆（British Library，或译大英图书馆）收藏的手抄本集

英国国家图书馆收藏了大量希腊文手抄本，涉及时间从公元前3世纪到公元20世纪初，使用的材料有纸莎草纸、羊皮纸以及我们熟知的纸张，制作于希腊、埃及、小亚细亚、意大利、法国、英国等地。详见网站介绍：https://

---

① 参见 https://en.wikipedia.org/wiki/Corpus_Fontium_Historiae_Byzantinae；https://www.oeaw.ac.at/byzanz/sites/cfhb/corpus-fontium-historiae-byzantinae/。

② Ernest W. Saunders and Charles G. LaHood, Jr., *A descriptive checklist of selected manuscripts in the monasteries of Mount Athos*, microfilmed for the Library of Congress and the International Greek New Testament Project, 1952-53, Washington, Library of Congress, Photoduplication Service, 1957.

③ *Catalogue of the Greek manuscripts on Mount Athos*, edited for the syndics of the University Press, by Spyr. P. Lambros, Cambridge: University Press, 1895-1900.

www.bl.uk/greek-manuscripts。目前英国国家图书馆有 905 本数字化希腊文手抄本可供读者在线获取，参见：https://www.bl.uk/collection-guides/greek-manu-scripts。

此外，比较好的史料集还有：德诺·约翰·贾纳科普洛斯（Deno John Geanakoplos）编纂的《拜占庭：同时代人眼中的教会、社会和文明》（*Byzantium: church, society, and civilization seen through contemporary eyes*, compiled by Deno John Geanakoplos, Chicago: University of Chicago Press, 1984），按照主题节选史料并译成了英文；西里尔·曼戈（Cyril Mango）的《312–1453 年拜占庭帝国艺术：史料和档案》（Cyril Mango, *The art of the Byzantine Empire, 312-1453: sources and documents*, Englewood Cliffs, N.J., Prentice-Hall, 1972），其中把大量希腊语、拉丁语、斯拉夫语、叙利亚语和阿拉伯语的原始资料译成了英语；等等。保罗·哈索尔（Paul Halsall）列出了很多史料汇编，参见：https://sourcebooks.fordham.edu/byzantium/alltexts.asp#Byzantine Source Collections。

（三）史料书目和简介类

1.《324–1453 年拜占庭史料》：J. Karayanno-pulos and G. Weiss, *Quclienkunde zur Geschickte von Byzanz (324-1453)*, 2 vols., Wiesbaden, 1982.

全书为德文，按史料的时间、语言、体裁等列举并简介了拜占庭帝国各种史料，其中第 8 章、第 9 章分别介绍的是 11 世纪、12 世纪的拜占庭史料。[①]

2. 别佐布拉佐夫的《拜占庭帝国历史资料》：P. Bezobrazov, "Materials for the history of the Byzantine empire" (Greek texts), in *The Journal of the Ministry of Public Instructions*, 254 (St. Petersburg, 1887).

3. 保罗·哈索尔的网站提供了基本的拜占庭史料参考书目和部分史料：http://www.fordham.edu/halsall/byzantium/。

（四）数据库类

1. 希腊语文献数据库（*Thesaurus Linguae Graecae: A Digital Library of Greek*

[①]　J. Karayanno-pulos and G. Weiss, *Quclienkunde zur Geschickte von Byzanz (324-1453)*, 2 vols., Wiesbaden, 1982, pp.404-458.

Literature，简称 TLG）

该数据库网址为：http://stephanus.tlg.uci.edu/。由位于加州大学尔湾分校的"希腊语文献数据库"研究中心开发，该研究中心 1972 年由玛丽安娜·麦克唐纳（Marianne McDonald）创建，其目标是把从古至今所有幸存希腊语文献全部数字化。1972 年以来，"希腊语文献数据库"研究中心已经收集并数字化了从荷马时代到 1453 年君士坦丁堡陷落以及之后的大多数幸存文献。从 2001 年起，"希腊语文献数据库"研究中心向订购机构在线开放其所有文献资源。南开大学东欧－拜占庭研究中心自 2004 年起订购了该数据库的光盘版，并开通了网络版。

2."拜占庭世界人物志"数据库（*Prosopography of the Byzantine World*，简称 PBW）

其网址为：https://pbw2016.kdl.kcl.ac.uk/。这是英国学会（British Academy）一个大项目的一部分，项目由多方合作，进行了数十年，总部设在伦敦国王学院，原名为"拜占庭帝国人物志"（*Prosopography of the Byzantine Empire*，简称 PBE）。旨在提供 641-1261 年拜占庭帝国史料（书面文献和铅印）记载的所有相关历史人物的传记，目前已经发布的是 641-867 年和 1025-1180 年两个时间段的两个数据库 ①，各由一个委员会进行指导，委员会成员包括艾弗里尔·卡梅伦（Averil Cameron）、约翰·哈尔顿、迈克尔·安戈尔德（Michael Angold）、朱迪思·赫林（Judith Herrin）、迈克尔·杰弗里（Michael Jeffreys）、保罗·玛格达利诺（Paul Magdalino）、玛格丽特·穆莱特（Margaret Mullett）、露丝·马克里德斯（Ruth Macrides）、玛丽·惠特比（Mary Whitby）等著名拜占庭学家，并得到其他国家一些著名拜占庭学家的帮助，例如，让－克洛德·谢内（Jean-Claude Cheynet）。②

PBW 数据库于 2016 年 8 月在贝尔格莱德举行的第 23 届国际拜占庭研究大会上正式发布。该数据库提供了 1025-1180 年拜占庭书面文献和铅印中的相关人物的记载，可以按照人名、史料、官职名等检索查询；列出了年表，按年

---

① 英国学会委员会（British Academy committee）先后于 1970 年、1980 年和 1992 年分别赞助出版了 260–395 年、395–527 年、527–641 年的拜占庭人物志，见 http://www.pbe.kcl.ac.uk/data/help/aboutfr.htm。

② 参见 http://www.pbe.kcl.ac.uk/data/help/aboutfr.htm；https://pbw2016.kdl.kcl.ac.uk/about/project-team/。

列出了相关事件和相关历史人物，详细列出了史料中记载的这些历史人物的头衔或官职、相关记载、亲属、所处地点、所受教育、大事记、财产、死亡、别称，等等；列出了相关历史人物的印章，详细列出了印章的正面、直径、时间、收藏地、出版等方面的情况；并且列出了相关历史人物的详细史料书目，部分可以打开链接，找到史料原文；还有相关历史人物印章的出版书目；并且提供了详细的索引。该数据库检索查询完全免费，可以看到相关内容，使用非常方便，极大便利了相关研究。

3. 普林斯顿大学图书馆的"拜占庭史料现代语言译本"和"数字化希腊文手稿"数据库（Modern Language Translations of Byzantine Sources · Digitized Greek Manuscripts）

这个大数据库其实包括了两个数据库，一个是"拜占庭史料现代语言译本"数据库（Modern Language Translations of Byzantine Sources），网址是 https://library.princeton.edu/byzantine/；另一个是"数字化希腊文手稿"数据库（Digitized Greek Manuscripts），网址是 http://library.princeton.edu/byzantine/manuscript-title-list。由普林斯顿大学古典学、希腊研究和语言学图书馆员戴维·詹金斯（David Jenkins）统一维护。

"拜占庭史料现代语言译本"数据库提供了 2489 本拜占庭史料译本，可根据原作者、译者、时间、史料语言、译本语言、类型[①]、能否在线获取等进行检索，所有史料都列出了书名或题目、原作者、译者、原作时间、出版地点、出版时间、类型（著作或文章）、体裁、译本语言等，一目了然，并且书目可以下载，为进一步查找译本提供了方便（其中有 7 个译本可在线获取）。

"数字化希腊文手稿"数据库提供了 14725 本拜占庭手抄本的最新目录，明确列出了数字化的手抄本（点开可以看到手抄本各页的照片等信息）、藏书记录（Pinakes record，可以点开 Pinakes 数据库链接）、目录、时间（属于哪个世纪）、是否高分辨率、学科主题、主题词、书目链接、藏书地点，其中除了是否高分辨率一项之外，其他各项都能点开查看具体内容。数据库有检索功能，可根据城市、图书馆、学科主题、主题词、字体、时间等进行检索，其中

---

① 　一共 79 个类型，包括教堂、君士坦丁堡（Constantinople）、十字军东征（Crusades）、对话（Dialogue）、经济、碑铭（Epigraphy）、书信、文学、修道制（Monasticism）、保罗派（Paulicians）、传奇小说（Romances）、圣徒传记（Saints lives）、演说、妇女等。

学科主题包括修道院章程（*Typikon*）、圣徒传记、小说、修道院、法律、书信、碑铭、妇女、经济等一共86个，使用极其方便。

"数字化希腊文手稿"数据库网站还提供了布朗大学斯特拉提斯·巴巴约安诺（Stratis Papaioannou）关于拜占庭希腊语、古文书学和书籍文化的详尽参考书目（Stratis Papaioannou, *Greek Palaeography and Byzantine Book Culture: A Bibliographical Essay* [Version 3: Updated and Revised: June 2015]）的链接。①

4."阿索斯山和帕特莫斯修道院档案文件"（Monastic Archives. Documents from Mount Athos and Patmos）

这个数字化文献库目前包括来自阿索斯山各档案室和帕特莫斯修道院的5009种拜占庭时代和后拜占庭时代的手抄本和文件，其中，4902本手抄本来自阿索斯山的11座修道院，107本手抄本来自帕特莫斯的神学家圣约翰（Saint John the Theologian）修道院。每一条目都包括相关手抄本的外形、内容和详细说明。该数据库资料的数字化由国家文献中心（National Documentation Centre）资助，目前数字化过程仍在继续，计划数字化一万种手抄本。

研究者可以在欧盟资助的项目"希腊历史和文化数字化史料数据库"（"PANDEKTIS - A Digital Thesaurus of Primary Sources for Greek History and Culture"）网站中进行在线搜索查询，网址是 http://pandektis.ekt.gr/pandektis/handle/10442/9045，并通过联系拜占庭研究所（Institute of Byzantine Research）来借取整本手抄本。

5."牛津参考书"数据库（Oxford Reference）

该数据库由牛津大学出版社提供，其中有大量数字化的牛津大学出版社出版的辞典、手册和百科全书，涉及人文社会科学各学科，可以检索、查询，截至2019年8月31日，笔者查询到其中有400多本书，200多万条词条（https://www.oxfordreference.com/browse）。其网址为：https://www.oxfordreference.com/。

6.过刊数据库（JSTOR）

JSTOR于1995年由安得鲁·梅伦基金会（Andrew W. Mellon Foundation）创立，现在是一个独立的非营利性机构，设在纽约，提供对出版的书籍和原始

---

① https://www.academia.edu/14070939/Papaioannou_Greek_Palaeography_and_Byzantine_Book_Culture_A_Bibliographical_Essay_Version_3_Updated_and_Revised_June_2015_along_with_Descriptions_of_Minuscule_Hands

资料以及发表在数百本知名学术期刊上文章的电子版全文搜索，这些学术期刊最早可以追溯到 1665 年，目前可全文检索的学术期刊近 2000 种。其网址为：https://www.jstor.org/。

（五）常用网站类

1. 敦巴顿橡树园拜占庭研究中心（Dumbarton Oaks Center for Byzantine Studies）

网址为：https://www.doaks.org/research/byzantine。上面有大量资源，包括数据库，很多可以在线获取。最重要的有以下几个方面的资源。

（1）拜占庭印章（Byzantine Seals）

网址为：https://www.doaks.org/resources/seals。敦巴顿橡树园拜占庭研究中心准备在线出版敦巴顿橡树园拥有的 17000 枚拜占庭印章，目前已经在线出版大部分印章，每枚印章都提供了正反面照片，并提供了正反面描述、印章上文字的翻译、评注、参考文献、类似印章等方面的信息。可以在线搜索、浏览。

（2）拜占庭钱币（Online Catalogue of Byzantine Coins）

网址为：https://www.doaks.org/resources/coins。敦巴顿橡树园拥有 12000 多枚拜占庭钱币，是世界上拜占庭钱币最多最全的收藏地之一，其中大部分已经编目出版，一共 6 卷：*Catalogue of Byzantine Coins in the Dumbarton Oaks Collection and in the Whittemore Collection*, edited by Alfred Bellinger (vol. 1), Philip Grierson (vols. 2–3, 5), and Michael Hendy (vol. 4), and *Catalogue of Late Roman Coins in the Dumbarton Oaks Collection and in the Whittemore Collection*, edited by Philip Grierson and Melinda Mays. 网站上展示了尚未印刷出版的拜占庭钱币，并将在线展示全部拜占庭钱币。此外，还有拜占庭邻国发行的货币。可以根据关键词、在位者、时间、造币厂、金属类别、货币名称进行搜索，可以看到每枚钱币的高清照片、注释、参考文献等信息。敦巴顿橡树园拜占庭钱币学顾问（1997 年至今）塞西尔·莫里森（Cécile Morrisson）还提供了文章《钱币藏品和未发表新增藏品历史》（*History of the Coin Collection and of the Unpublished Accessions*）[①]，网站还补充了收藏者、交易商和捐赠人的简介。

---

① 可在线获取，网址是：https://www.doaks.org/resources/coins/about-the-collection。

（3）圣徒传记资源（Resources for Byzantine Hagiography）

网址为：https://www.doaks.org/research/byzantine/resources/hagiography。包括"圣徒传记数据库"（Hagiography Database），提供了8-10世纪的圣徒传记；"圣徒传记译本"（Translations of Byzantine Saints' Lives），提供了译成现代语言（英语、法语、德语、意大利语等）的圣徒传记书目；还有敦巴顿橡树园出版的圣徒传记译本等的书目和介绍。

敦巴顿橡树园拜占庭研究中心网站还提供了最近更新的希腊文圣徒传记现代欧洲语言译本目录：https://www.doaks.org/research/byzantine/resources/hagiography/translations-byzantine-saints-lives，以及最新版拜占庭性别研究参考书目：https://www.zotero.org/groups/2282665/dumbarton_oaks_bibliography_on_gender_in_byzantium/items，列出了近2000条相关文献。此外，敦巴顿橡树园网站还拥有世界各地机构中世纪和现代早期手抄本的复制品的缩微胶卷近2000卷，网站上有手抄本缩微胶卷数据库（https://www.doaks.org/resources/mmdb）供查阅，等等。

2.普林斯顿大学图书馆提供的拜占庭研究网络资源（Byzantine Studies: Web resources）

网址为：https://libguides.princeton.edu/byzantine。这是一个非常重要非常有用的网站，堪称拜占庭研究入门，上面列举了拜占庭研究的核心资源、参考文献、词典、百科全书、地图集、艺术和考古、法律、文学、历史、圣徒传记、人物传记、手抄本、货币和印章、最新消息获取途径等方面的有用链接和重要书目。

3."国际拜占庭研究会"（法文为Association Internationale des Études Byzantines，英文为International Association of Byzantine Studies，简称AIEB）

网址为：http://aiebnet.gr/。上面提供了世界上很多拜占庭研究中心的链接，还可以查询数百种编译史料和数十篇最新博士学位论文的信息。

4.拜占庭研究促进会（Society for the Promotion of Byzantine Studies）

网址为：www.byzantium.ac.uk。是"国际拜占庭研究会"的英国分部，提供了大量相关研究组织和研究资源等的链接（https://www.byzantium.ac.uk/links/）。

5.牛津大学拜占庭研究中心（The Oxford Center for Byzantine Research,

简称 OCBR）

网址为：https://www.ocbr.ox.ac.uk/Home.html。上面有一些中心研究项目等有用信息。

6. 圣母大学（University of Notre Dame）图书馆提供的拜占庭研究资源

网址为：https://libguides.library.nd.edu/byzantine-studies。提供了拜占庭研究的数据库、工具书、论著、参考文献、学位论文、圣徒传记、人物传记、原始资料等的链接和简介。

7. 博客：http://byzideo.blogspot.co.at/

这是一个促进拜占庭、古代晚期以及中世纪欧洲研究和学术对话的博客，提供了很多电子版拜占庭研究学术期刊的链接和很多拜占庭及相关研究的有用链接。

8. 罗马和中世纪各文明的数字地图

网址为：http://darmc.harvard.edu/icb/icb.do?keyword=k40248&pageid=icb.page188865。提供了中世纪欧洲数字地图。

9. 大英博物馆的拜占庭藏品：https://artsandculture.google.com/entity/m017cw。

10. 在线中世纪研究参考书网站（The ORB: On-line Reference Book for Medieval Studies）：https://the-orb.arlima.net/。

（六）著作类

除了以上工具书、史料汇编、数据库和相关网站之外，各种拜占庭史著作中的参考书目都是查找史料的方便途径。例如，两部著名的拜占庭帝国通史，即乔治·奥斯特洛格尔斯基（George Ostrogorsky）的《拜占庭国家史》和亚历山大·瓦西里耶夫（Alexander Vasiliev）的《拜占庭帝国史（324–1453)》，特别是奥斯特洛格尔斯基，列出并介绍了大量原始资料。①《剑桥拜占庭帝国史》（*Cambridge History of the Byzantine Empire*）列出了大量原始资料，并介

---

① George Ostrogorsky, *History of the Byzantine state*, translated by Joan Hussey, Oxford: Blackwell, 1956. A. A. Vasiliev, *A history of the Byzantine Empire, 324-1453*, 2 vols., Madison, Wisconsin: The University of Wisconsin Press, 1958. 这两部通史已分别由国内著名拜占庭学家陈志强教授和徐家玲教授翻译成中文出版。

绍了正在翻译的史料。[①]"剑桥中世纪史"的拜占庭帝国部分值得参考，参考书目中列出了很多原始资料。"剑桥中世纪史"目前已由不同学者主编出版多种版本，主要有布里（J. B. Bury）主编的 1923 年版、胡赛（J.M. Hussey）主编的 1967 年版，以及戴维·卢斯科比（David Luscombe）和乔纳森·赖利－史密斯（Jonathan Riley-Smith）主编的 2004 年版，其中 2004 年版列出了原始资料及其译本。[②] 国内著名拜占庭学家陈志强教授的著作基本上都列出了原始资料，特别是其《拜占庭史研究入门》还列出了工具书、网络资源等。[③]其他大量相关著作在此不一一列举。

---

① J. Shepard (ed.), *The Cambridge History of the Byzantine Empire c.500–1492*, Cambridge, UK; New York: Cambridge University Press, 2008. 可以在线使用，网址是：https://www.cambridge.org/core/books/cambridge-history-of-the-byzantine-empire-c5001492/FEEBB76654E12C5991C5FB95A882F942。

② *The Cambridge medieval history*, Ⅳ., planned by J. B. Bury, edited by J. R. Tanner, C. W. Previté-Orton, Z. N. Brooke, Cambridge [Eng]: University Press, 1923. *The Cambridge medieval history*, Vol. 4--the Byzantine Empire, edited by J.M. Hussey; with the editorial assistance of D.M. Nicol and G. Cowan, Cambridge; New York: Cambridge University Press, 1967. *The new Cambridge medieval history*, Vol. 4, c. 1024-c. 1198 (Part Ⅰ, Part Ⅱ), edited by David Luscombe and Jonathan Riley-Smith, Cambridge: Cambridge University Press, 2004. 其中 2004 年版可以在线使用，网址是：https://www.cambridge.org/core/books/new-cambridge-medieval-history/DF4FFF75462D9D9DD477C1A23AA7B403。

③ 这里提供的主要是最新的，和陈志强先生的不太一样，并基本上提供了在线获取网址，以方便学界人士参照使用。参见陈志强：《拜占廷学研究》，人民出版社 2001 年版；陈志强：《拜占廷帝国史》，商务印书馆 2003 年版；陈志强：《拜占庭史研究入门》，北京大学出版社 2012 年版；陈志强：《古史新话——拜占庭研究的亮点》，人民出版社 2019 年版。

第一类 历史作品

拜占庭帝国的历史作品较多，标题往往使用"编年史"（*Chronicle*）或"历史"
（*History*）。晚期罗马帝国历史学家喜欢在自己的作品标题中使用"历史"，但从
约翰·马拉拉斯（John Malalas，约490－约578年）开始，历史学家喜欢使用
"编年史"作为其作品的标题；也有一些作者以编年史风格写作，标题却使用"历
史"。拜占庭历史学家或者是按照年代记载，或者按照统治者统治时期记载，专
门记载特定历史事件的作品极少。他们运用修辞学技巧进行写作，一般使用散
文记载历史，很少使用诗歌体裁。他们喜欢拟古，通常模仿、引用早期的作品，
使用陈词滥调。他们的历史作品还通过记载轶事、笑话、哗众取宠的故事、奇
事、奇迹、风流韵事、谋杀等达到娱乐的目的。他们和晚期罗马帝国异教徒历
史学家都认为时间是线性的，不是循环的，时间为连续体的看法在所谓"世界
编年史"（从创世写起）中非常明显，在记载较短时间的历史作品（例如《阿莱
克修斯传》）中则不太明显。在历史哲学上，拜占庭历史学家认为上帝或天意是
事件的终极原因，上帝永远在与人类对话，以凶兆、地震、显圣、奇迹等形式
传递信息，并对人类的虔诚或罪恶做出反应；或者，上帝是背景原因，人类活
动则是历史发展的决定性因素。在帕列奥列格（Palaiologan）时代，历史记载
力图解释上帝抛弃其"选民"并把胜利授予蛮族的原因。但拜占庭历史学家强
调其历史记载的客观性，也往往批评所记载的历史人物，并赞美过去和现实的
理想人物。拜占庭历史学家由于持有政治和宗教偏见，其记载主观性较强，他
们往往直接赞美或谩骂或有目的选择事实以及选择性忽视不利的事件。[①] 尽管

---

① 参见 Alexander P. Kazhdan (editor in chief), *The Oxford Dictionary of Byzantium*, pp.443-444,
pp.937-938.

如此，他们还是提供了很多宝贵的信息，包括经济和社会方面的信息。11–12
世纪拜占庭帝国的历史学家和历史记载比较多，主要有以下 17 部作品。

一 布鲁塞尔皇家图书馆馆藏编年史

布鲁塞尔皇家图书馆馆藏编年史（Chronicon Bruxellense），幸存于布鲁塞
尔皇家图书馆（Royal Library of Brussels）的"抄本 11376"（*Codex 11376*）。[①]
作者不详，弗朗茨·库蒙（Franz Cumont）认为作者是 11 世纪一位居住在君
士坦丁堡的神职人员，可能是斯图狄奥斯（Stoudios）修道院的神职人员。[②]
安德烈阿斯·库尔策（Andreas Külzer）也认为作者可能是位神职人员，但不
能确定他属于哪座修道院。[③]

手抄本和版本：这部编年史幸存于"抄本 11376"，该手抄本仅存一本，存
放在布鲁塞尔皇家图书馆。这不是原稿，最早的手抄本时间更为久远。弗朗
茨·库蒙认为这本手抄本可能写于 13 世纪上半期，安德烈阿斯·库尔策认为
是 13 世纪下半期。这部编年史于 1894 年出版：Franz Cumont (ed.), *Chroniques
byzantines du manuscript 11376*, Anecdota Bruxellensia 1, Gand: Librairie Clemm,
1894.[④]

全书主要列举了尤利乌斯·凯撒（Julius Caesar，约公元前 100 年 – 公
元前 44 年）到 1034 年罗曼努斯三世（Romanos III Argyros，1028–1034 年在
位）期间的拜占庭帝国皇帝。其中，从尤利乌斯·凯撒到君士坦提乌斯一世
（Constantius I，305–306 年在位）写得很简略，从君士坦丁大帝到 867 年米
哈伊尔三世（Michael III，842–867 年在位）去世写得较详细，从瓦西里一世

---

① 本书中涉及很多抄本，文中抄本大多没有翻译过来。想进一步了解抄本相关问题的，请
参考：[英] L.D. 雷诺兹、N.G. 威尔逊：《抄工与学者：希腊、拉丁文献传播史》，苏杰译，北京大
学出版社 2022 年版。

② Franz Cumont, *Chroniques byzantines du manuscript 11376*, Anecdota Bruxellensia 1, Gand:
Librairie Clemm, 1894, pp.13–15.

③ Andreas Külzer, "Studien zum Chronicon Bruxellense," *Byzantion* 61 (1991): 418–419.

④ 参见 Leonora Neville, *Guide to Byzantine historical writing*, with the assistance of David Harrisville,
Irina Tamarkina, and Charlotte Whatley, Cambridge, United Kingdom: Cambridge University Press,
2018, p.136.

（Basil Ⅰ，867–886 年在位）到罗曼努斯三世又写得很简略。文中有几处年代错误和记录错位，大部分似乎是抄自别的史料，但它提供了几处别的地方找不到的信息。[①]

这本书除了其中记载的君士坦丁堡的教堂、圣物和重要建筑物，其他对于研究 11–12 世纪拜占庭经济和社会的价值不大。

二　米哈伊尔·普塞洛斯的《历史》和《简史》

（一）米哈伊尔·普塞洛斯简介

米哈伊尔·普塞洛斯（希腊文为 Μιχαήλ Ψελλός，英文为 Michael Psellos）1018 年出生，1076 年或 1078 年或 1081 年后去世，[②] 知识分子和作家，学识渊博，其作品涉及历史学、哲学、修辞学、神学、法律等，还有书信集，是拜占庭文学史上最杰出的人物之一。他的洗礼名是君士坦丁（Constantine），1054 年他退隐修道院时取名米哈伊尔（Michael）。他出生于君士坦丁堡一个中产家庭，受过极好的教育，曾师从约翰·莫洛普斯，在政府部门担任文职。为了帮妹妹筹集嫁妆，他十来岁在地方司法部门服务，担任一位地方法官的秘书，妹妹去世后，他回到君士坦丁堡继续学业。他最后成为一位成功的宫廷演说家和哲学家。根据他自己在《历史》中的记载，他是一位影响力很大的朝臣，但事实上可能并没有他说的那么重要。他在其《历史》中描绘了 14 位拜占庭皇帝，其中大多数他本人了解并为之服务过；说他运用修辞学和哲学来复兴世俗知识

[①]　参见 Leonora Neville, *Guide to Byzantine historical writing*, with the assistance of David Harrisville, Irina Tamarkina, and Charlotte Whatley, Cambridge, United Kingdom: Cambridge University Press, 2018, p.135.

[②]　雷因奇（Reinsch）和安东尼·卡尔德利斯（Anthony Kaldellis）认为是 1076 年，迈克尔·杰弗里认为是 1078 年，阿波斯多洛斯·卡波齐洛斯（Apostolos Karpozilos）说 1076 年后不再有关于米哈伊尔·普塞洛斯的记载，亚历山大·卡日丹认为是 1081 年后。参见 Diether Roderich Reinsch (ed.), *Michaelis Pselli Chronographia*, Millennium-Studien 51, Berlin: De Gruyter, 2014, XVI; Anthony Kaldellis, "The date of Psellos' death, once again: Psellos was not the Michael of Nikomedeia mentioned by Attaleiates," *Byzantinische Zeitschrift* 104 (2011): 649–661; Michael Jeffreys, "Psellos in 1078," *Byzantinische Zeitschrift* 107, no. 1 (2014): 77–96; Apostolos Karpozilos, "When did Michael Psellos die? The evidence of the Dioptra," *Byzantinische Zeitschrift* 96 (2003): 671–677. Alexander P. Kazhdan (editor in chief), *The Oxford Dictionary of Byzantium*, p.1754.

即异教的古希腊文化，以便为明智政治决策和更好领导国家奠定基础，他声称自己单枪匹马复兴了柏拉图和亚里士多德研究。1045 年，他被君士坦丁九世任命为首席哲学家（*Hypatos ton Philosophon*[①]），可谓拜占庭帝国日益复兴的人文主义世俗学问文化的最重要代表和领袖。[②] 一般认为，1054 年他因政治原因被迫退隐到奥林匹斯山（Mt. Olympus）当了一名修道士，但很快重新获得皇帝的恩宠回到了首都。[③] 他说自己在米哈伊尔七世（Michael Ⅶ）登基期间处于宫廷政治的中心，但是在米哈伊尔统治期间（1071-1078 年）他湮没无闻，可能离开了首都。[④]

米哈伊尔·普塞洛斯多才多艺，作品很多。保罗·摩尔（Paul Moore）列出了米哈伊尔·普塞洛斯的所有作品：Paul Moore, *Iter Psellianum: a detailed listing of manuscript sources for all works attributed to Michael Psellos, including a comprehensive bibliography*, Toronto: Pontifical Institute of Mediaeval Studies, 2005.

（二）米哈伊尔·普塞洛斯的《历史》

1. 手抄本

幸存一本 13 世纪的全本"巴黎希腊文抄本 1712"（*Parisinus Graecus 1712*），这部手稿还包含了其他两部历史。"西奈希腊文抄本 1117"（*Sinaiticus*

[①] *Hypatos ton Philosophon*，"首席哲学家"，为君士坦丁堡哲学学校校长的头衔。该头衔于 1047 年或稍早由君士坦丁九世授予米哈伊尔·普塞洛斯，普塞洛斯之后，约翰·伊塔洛斯（John Italos）和士麦那的塞奥多利（Theodore of Smyrna）先后获得这一头衔，后来这一头衔继续存在，授予的对象有所变化，13 世纪和 14 世纪持有该头衔的为牧首监管下的教师。参见 Alexander P. Kazhdan (editor in chief), *The Oxford Dictionary of Byzantium*, p.964.

[②] 参见 Jeffrey Walker, "Michael Psellos: the Encomium of His Mother," *Advances in the History of Rhetoric* vol. 8 (2005).

[③] *Mothers and sons, fathers and daughters: the Byzantine family of Michael Psellos*, edited and translated by Anthony Kaldellis; with contributions by David Jenkins and Stratis Papaioannou, Notre Dame, Ind.: University of Notre Dame Press, 2006, p.3, p.5, p.6.

[④] Michael Psellus, *Fourteen Byzantine Rulers: the Chronographia of Michael Psellus*, trans. E. R. A. Sewter, London: Penguin Books, 1966, pp.356-360. 关于米哈伊尔·普塞洛斯的详细传记，参见 *Mothers and sons, fathers and daughters: the Byzantine family of Michael Psellos*, edited and translated by Anthony Kaldellis, pp.5-16.

Graecus 1117）中保留了较短的残本。

2. 出版

Konstantinos N. Sathas (ed.), *The history of Psellus, edited with critical notes and indices by Constantine Sathas*, London: Methuen & Co., 1899.

Émile Renauld (ed.), *Chronographie; ou, histoire d'un siècle de Byzance (976– 1077)*, 2 vols., Collection Byzantine, Paris: Société d'édition "Les Belles Lettres", 1926-28.

Salvatore Impellizzeri (ed.), *Imperatori di Bisanzio: cronografia*, trans. Silvia Ronchey, 2 vols., Milan: Fondazione L. Valla: A. Mondadori, 1984.

Diether Roderich Reinsch (ed.), *Michaelis Pselli Chronographia*, Millennium-Studien 51, Berlin: De Gruyter, 2014.

3. 现代语言译本

法语译本：Émile Renauld (ed.), *Chronographie; ou, histoire d'un siècle de Byzance (976- 1077)*, 2 vols., Collection Byzantine, Paris: Société d'édition "Les Belles Lettres", 1926-28.

捷克语译本：Jaroslav Skalický (trans.), *Chronografie: (976– 1077)*, Stará Ríse: Dobré dílo, 1940.

英语译本：E.R.A. Sewter (trans.), *The Chronographia of Michael Psellus*, London: Routledge & Kegan Paul, 1953. Michael Psellus, *The Chronographia*, translated from the Greek by E.R.A. Sewter, New Haven: Yale University Press, 1953. 1966 年再版为：Michael Psellus, *Fourteen Byzantine rulers; the Chronographia*, translated, with an introd., by E.R.A. Sewter, London: Penguin Books, 1966.

俄语译本：Jakov Ljubarskij (trans.), *Khronografija*, Moscow: Nauka, 1978.

瑞典语译本：Sture Linnér (trans.), *Bysantinska porträtt*, Stockholm: Forum, 1984.

意大利语译本：Salvatore Impellizzeri (ed.), *Imperatori di Bisanzio: cronografia*, translated by Silvia Ronchey, 2 vols., Milan: Fondazione L. Valla: A. Mondadori, 1984.

波兰语译本：Oktawiusz Jurewicz (trans.), *Kronika, czyli, Historia jednego stulecia Bizancjum, 976– 1077*, Wroclaw: Zadlad Narodowy im. Ossolinskich, 1985.

土耳其语译本：Demirkent Isin (trans.), *Mikhail Psellos'un Khronographia'si*, Ankara: Türk Tarih Kurumu Basimevi, 1992.

现代希腊语译本：Vrasidas Karales (trans.), *Chronografia*, Athens: Agrostis, 1992.

现代希腊语译本：Aloe Sidere (trans.), *Chronographia tou Michael Psellos*, Athens: Ekdoseis Agra, 1993.

保加利亚语版：Ivanos Veselin (trans.), *Khronografiia*, Varna: Zograf, 1999.

西班牙语版：Juan Signes Codoñer (trans.), *Vidas de los emperadores de Bizancio*, Madrid: Editorial Gredos, 2005.

德语版：Diether Roderich Reinsch (trans.), *Leben der byzantinischen Kaiser (976–1075): Chronographia: Michael Psellos*. Sammlung Tusculum, Berlin: De Gruyter, 2015.

4. 著作大意

这部历史生动形象地记载了976–1078年拜占庭帝国各个统治者在位期间的历史，篇幅较长，一共分为七卷。下面主要依据1966年英译本介绍著作的主要内容，重点介绍经济和社会方面的内容。

第一卷

瓦西里二世（Basil Ⅱ，公元976-1025年在位）：巴尔达斯·福卡斯（Bardas Phocas）随从中的占星家们劝阻巴尔达斯决战，他不听。巴尔达斯中毒，坐不稳马。作战时瓦西里手持圣母圣像。罗马人 ① 军队有斯基泰人（Scythians）和

---

① 即后人所称的拜占庭人。拜占庭人自称"罗马人"，称自己的国家为"罗马帝国"，其皇帝称"罗马人皇帝"。拜占庭书面文献作者称其首都为"拜占庭"（Byzantion 或 Byzantis），称其首都居民为"拜占庭人"。"拜占庭"最早是一个古希腊殖民地的名称，公元324年君士坦丁一世下令在那里建立新都，公元330年新都建成，君士坦丁大帝迁都那里，之后，"拜占庭"称为"新罗马""君士坦丁堡"等，奥斯曼土耳其人灭亡拜占庭帝国之后，那里成为奥斯曼帝国的首都，至今称为"伊斯坦布尔"。"拜占庭帝国"（Byzantine Empire 或 Byzantium）是16世纪学者们创造的名词。参见 Alexander P. Kazhdan (editor in chief), *The Oxford Dictionary of Byzantium*, p. 344, pp. 508-512.

伊庇利亚人（Iberians）雇佣军。瓦西里二世集权，采取有利于自己和国家的措施。皇帝内侍瓦西里（Basil the *parakoimomenus*①）的一生证明了命运的无常。斯克莱罗斯（Sclerus）谈统治之道。瓦西里二世尽管轻视有学问的人，但是他统治时期仍然出现不少演说家、哲学家。作者认为他们是为学问而学问，而自己时代的人过于功利，学习是为了获利，当无利可获时就不学习。瓦西里二世打击大地产主，打击权贵。瓦西里二世统治时期帝国国库充盈，国库总财富达到 20 万塔兰特（talents）。

第二卷

君士坦丁八世（Constantine Ⅷ，公元 1025-1028 年在位）：作者对君士坦丁八世患关节炎的解释。君士坦丁八世的生活。口才好，说话极快，爱美食，骄奢淫逸，亲自参加比赛（一对一的决斗），打野兽，下跳棋，掷骰子。

第三卷

罗曼努斯三世（Romanus Ⅲ，公元 1028-1034 年在位）：瓦西里去世的时候我还是个孩子，我刚刚开始初级学业的时候，君士坦丁结束其统治。罗曼努斯所受教育：希腊文学、意大利文学。罗曼努斯三世时代人们研究宗教，不探究哲学，表面上研究哲学，实际上是思考宗教问题。罗曼努斯三世和邹伊（Zoe）求子。罗曼努斯三世不爱邹伊，她不能乱花钱。普尔喀丽亚（Pulcheria）具有极大勇气，为她兄弟罗曼努斯三世的成功起到了不小作用。罗马人有雇佣军。罗曼努斯三世无借口攻打萨拉森人（the Saracens）。要不是上帝保佑，罗马人军队会全军覆没，皇帝会最先阵亡。圣母圣像没有被敌人夺走，罗曼努斯特别虔诚地崇拜这个圣像。战争期间皇帝习惯带着圣母圣像上战场，用作整个军队的指挥者和保护者，过去圣母在许多危机中拯救了罗马人国家。战败后罗曼努斯三世的变化。他对宗教事务感兴趣，但更多的是装饰门面而不是真正的虔诚。这导致过多讨论神学问题。作者认为只有求助于上帝而不是任何的解释工具，神迹才能得到理解。罗曼努斯对自然哲学没什么兴趣，也不同教授们讨论这类事情，只同那些自称亚里士多德学生的人讨论。据说

---

① *parakoimomenus* 或 *parakoimomenos*，希腊文为 παρακοιμώμενος，字面意思是"睡在皇帝身边"，皇帝内侍，皇帝寝宫卫士长，是皇帝寝宫的守卫者，为授予宦官的最高职位。主要授予宦官，有时候也授予宦官以外的人。该职位在 10-11 世纪很重要，在 12 世纪地位下降。Alexander P. Kazhdan (editor in chief), *The Oxford Dictionary of Byzantium*, p.1584.

他的研究更为深刻，探讨的对象只有上帝才能理解。这是他显示自己虔诚的第一条途径。另一个方法是建筑教堂。这是一大错误，因为本来是虔诚的行为，结果却导致罪恶，造成许多不公。费用不断增加，铺张浪费，到每座山上找寻原料、矿石，矿工的技艺比哲学本身更受尊敬。国库耗空，建筑教堂的钱财被挪作他用，罗曼努斯挪用其他经费建筑教堂。为了建筑教堂，他毁坏一切，不负皇帝的责任，忽视照顾宫廷、修复城墙、补充国库、维持军队等应尽义务。这座教堂成了修道士收容所，其规模过于庞大，他继续掠夺。罗曼努斯三世无视公认的道德标准，与情妇同居。邹伊感到自己作为皇族竟然受到如此轻视，又渴望性交，这不是因为她的年龄，而是因为她在宫中淫荡的生活方式。宦官约翰（John the *Orphanotrophus*①）把英俊的弟弟米哈伊尔（Michael）引荐给皇帝罗曼努斯和皇后邹伊，邹伊被米哈伊尔迷住。后来宫中所有人都知道了他俩的风流韵事。罗曼努斯生病，性情大变，但他仍然履行宫廷仪式和皇帝游行仪式。当时他列队行进的时候，我看到他和死人已经没有什么区别，形同死尸。人们普遍认为是邹伊和米哈伊尔慢慢毒死了他。我不能确定，但是我认为邹伊和米哈伊尔导致了他的死亡。有人说他们在他沐浴的时候淹死了他，这个无法确定，但他死前沐浴的时候非常虚弱，他们不管不顾，他死的时候口里流出了深色的凝结物。

第四卷

米哈伊尔四世（Michael Ⅳ，公元 1034-1041 年在位）：罗曼努斯死后，约翰劝邹伊下定决心让米哈伊尔登基，邹伊不顾罗曼努斯的朋友和侍从的反对，扶米哈伊尔上台。罗曼努斯的葬礼。我亲眼见过送葬队伍，当时我刚刚研究诗歌。罗曼努斯的脸肿胀起来，脸色完全改变，让人想起喝了毒药后变得肿胀苍白的人。米哈伊尔登基后宦官约翰的种种影响。约翰侦探。人们待在家中，不可能公开交往。作者持肯定态度，认为他负责。约翰的多面性易变性，贪婪，自相矛盾，掩饰，爱家，照顾家人，照顾兄弟。约翰发现米哈伊尔四世身体越

---

① *Orphanotrophus* 或 *Orphanotrophos*，希腊文为 ὀρφανοτρόφος，孤儿院院长，他们早期属于神职人员，但后来在首都君士坦丁堡的孤儿院院长成为世俗官员。一些孤儿院院长权力很大，13 世纪初还有一位孤儿院院长很有权势，但之后这一官职地位下降。Alexander P. Kazhdan (editor in chief), *The Oxford Dictionary of Byzantium*, pp.1537-1538.

来越差，无法康复，向他建议封外甥米哈伊尔为"凯撒"（*Caesar*①），并劝邹伊收养他为儿子。邹伊收养米哈伊尔（后来成为米哈伊尔五世）。作者把一切归功于上帝而非人力。米哈伊尔四世的虔诚。皇帝想要赎罪，采取了以下举措。他建筑很多男女修道院，亲近修道士，把大笔黄金用于宗教事业；建立一座新的收容所"乞丐收容所"（*Ptocbotropheium*）；还为妓女建立了一座收容所。整个君士坦丁堡城有很多妓女，他没有通过劝导或者暴力使她们放弃卖淫，而是在君士坦丁堡修建一幢美丽的大建筑物收容她们，只要愿意放弃卖淫都可以在那里安度一生，在那里她们将换上修女（或称女修道士）的长袍，结果大量妓女来到那里。他还求助于修道士，寻求精神指导，或者请求他们为他祈祷上帝赦免他的罪过。蛮族保加利亚人（Bulgarians）叛乱，皇帝远征攻打保加利亚人。作者把胜利归功于上帝。皇帝削发为修道士，去世。

第五卷

米哈伊尔五世（Michael V，公元 1041-1042 年在位），塞奥多拉（Theodora，1042 年在位）：米哈伊尔四世的外甥米哈伊尔即位。米哈伊尔五世的专制统治。他加强皇权，削弱贵族权力，流放约翰，重视商人和手工业者，力图依靠民众，驱逐邹伊出宫。米哈伊尔求助于占星家。当占星家预测结果显示不吉利的时候，他不相信，嘲笑占星术为骗术。作者与占星家有交往。作者对占星术有研究，不相信我们人类事件受到星体运动的影响。米哈伊尔把邹伊驱逐出宫。君士坦丁堡民众暴动，原来从不出门的妇女们在公共场合哭喊，为邹伊的不幸悲伤，参与暴动，孩子们也参加。米哈伊尔五世政策倾向下层民众，被君士坦丁堡民众推翻。

第六卷

邹伊和塞奥多拉（公元 1042 年在位），君士坦丁九世（Constantine IX，公元 1042-1055 年在位）：邹伊和塞奥多拉共同主政。邹伊的慷慨是普遍腐化堕落、罗马人命运跌入最低谷的唯一原因。邹伊的第三次婚姻，君士坦丁登基。作者心中理想的皇帝，皇帝的标准。介绍作者自己所受教育，说自己复

---

① *Caesar*，希腊文为 καῖσαρ，头衔，原来用于皇帝本人，指地位较低的皇帝，低于奥古斯都（*Augustus*），后来为主要授予皇子们的最高头衔，11 世纪末被阿莱克修斯一世（Alexios I，1081-1118 年在位）降低地位，低于 *sebastokrator*。14 世纪后主要授予外国王公。译为"凯撒"。Alexander P. Kazhdan (editor in chief), *The Oxford Dictionary of Byzantium*, p.363.

兴了哲学，研究古希腊哲学、数学、形而上学、几何学、音乐、天文学，综合修辞学与哲学，专门研究神学，把辛勤学到的知识传播给别人，说自己具有天生的美德和美貌。君士坦丁九世把所有秘密分享给作者。君士坦丁九世与情妇思格丽娜（Sclerena）。瓦西里二世辛苦积攒在国库里的财富成了这些妇女的玩物，花在了享乐上面。很快国库耗空。老年邹伊的爱好与活动（香水、药膏、香草、橄榄、月桂）；她极其虔诚；圣像崇拜，以圣像预言未来。作者阅读古希腊文献，知道香水散发蒸气赶走邪恶神灵，同时祈求正义神灵；宝石、某些香草和神秘仪式也具有祈求神灵的力量。邹伊的宗教仪式既不遵循古希腊的也不遵循任何别的风格。她以自己的方式崇拜上帝。皇帝们也不能免除嫉妒，他们认为仅仅戴上皇冠穿上紫袍还不够，他们还要比所有人都更为聪明睿智，拥有最高的美德，要像神一样统治我们，否则就根本不统治。乔治·马尼亚切斯（George Maniaces）的遭遇。君士坦丁九世派一个宦官斯特凡诺斯（Stephanus）率军攻打马尼亚切斯。我们使用希腊火，打败俄罗斯人（Russians）。一个广为流行的传言说，尽管皇帝注定要遭受许多危险，但都会化险为夷；皇帝得到某个特殊好运的惠顾。皇帝经常提到关于他统治的预言、占卜、异象和梦境。作者把胜利归于上帝而不是皇帝君士坦丁九世。贵族利奥·托尼修斯（Leo Tornicius）叛乱。在我们的政体中，公民名册这种很好的做法被轻蔑地抛弃，贵族一文不值。元老院长期腐败。罗慕洛（Romulus）是导致这种混乱的第一人。今天公民权对所有人开放。我相信政府许多人是来自蛮族的前奴隶。国家要职被委任给无能者。一个蛮族人利用显赫地位虐待后来成为皇帝的人，在他们当上皇帝之后到处宣扬说曾打过皇帝。该人出身卑微，竟然进入了元老院，妄想当皇帝，企图谋杀君士坦丁九世。作者蔑视出身低微的罗曼努斯·博伊拉斯（Romanus Boïlas）。作者不喜欢君士坦丁九世的平易近人、喜好玩乐。君士坦丁九世荒唐事很多。小丑罗曼努斯·博伊拉斯逗弄皇帝。邹伊虔诚，性格极端，一方面温和散漫，一方面极其严厉紧张；任意奖惩；极为慷慨，挥霍无度；不负责任；不做女工；一心服侍上帝，死前大赦罪犯，慷慨施舍，挥霍国库。一个富有的贵族被发现盗用军费，被处以巨额罚款，远远超出那个人的财产，他认为处罚太重，向皇帝申诉，皇帝公开开庭审理，被那个人感动，免除其罚款。皇帝喜欢娱乐消遣：园林、虫叫、鸟鸣。作者认为这种消遣对于皇帝不合适。邹伊墓地潮湿，长出蘑菇，皇帝在宫中大声说这是上帝创造的奇迹，她的灵魂已与天使并列。所有人都知道怎么回事，但是他们全都支持皇帝的说法，一些人是害怕，另外一些人则是看到了发财的机会。皇帝变化无常，例如建立殉道者圣乔治教堂（Church of St. George the Martyr），不断改变计划。皇帝的反复无常迫使我们决定选择修道院生活。

塞奥多拉（公元1055-1056年在位）：塞奥多拉亲政，她任免官吏，执行法律。人们认为罗马帝国由妇女统治不合适。塞奥多拉极度节省。塞奥多拉统治期间帝国太平，正义遍布。作者区分出三种灵魂，涉猎几何学，人们以为作者能够测量整个天空，以为作者会占星学、能预测未来；作者对星象感兴趣，涉猎广泛，研究各种科学。教会领袖禁止占星研究。但作者不相信星体的位置或出现影响着人世进程。许多人相信占星学，他们否认人类生命整体，尽管认为生命来源于上帝，但也认为毫无理性能力的星体是生物，并给它们在人体每个部分一个住所，然后使人体有思想能力。有辨别力的人谁也不会批评了解这些理论但并不相信它们的人。作者轻视修道士，他们以半神自居，预言塞奥多拉会长生不老。塞奥多拉去世。

第七卷

米哈伊尔六世（Michael Ⅵ，公元1056-1057年在位），伊萨克·科穆宁（Isaac Comnenus，公元1057-1059年在位）：最近几个皇帝倚重文职人员进行统治。皇帝的权力依靠三个因素：人们、元老院、军队。但他们忽视军队，把皇恩授予前二者。米哈伊尔六世授予荣誉不当，提拔人员不妥当，过于慷慨，导致帝国完全混乱。军队正式策划反叛。伊萨克·科穆宁的优秀品质。大多数大家族支持他。军事贵族和文职官僚之争。宦官率领西部军队。伊萨克·科穆宁的盟军：意大利人（Italians），斯基泰人（Scyths）。伊萨克·科穆宁的入城极为壮观。市民、元老院、农民、商人、神学院学生、山顶修道士、岩洞隐士、柱上苦行者都欢呼伊萨克·科穆宁。作者谈命运。根据我们的基督教信仰，一切都不是预先决定的，但结果同其直接原因之间有着逻辑联系。一旦你得意洋洋，上帝就会迅速反对你的计划。伊萨克·科穆宁想要革命一切。他厉行节约。他之前的皇帝们把国库收入花在讨好文官上，花在壮观的登基游行上，而不是组织军队；葬礼极其铺张浪费；大兴土木；他们耗空了内库，而且挪用国库收入。他们把帝国的财富分成三个部分，分别用于娱乐消遣，用于建筑物，以及用来喂肥那些天生懒惰、对国家预算平衡毫无贡献的人。伊萨克·科穆宁激进的改革引起人们的仇恨。作者懂医学。伊萨克·科穆宁病危，准备去圣索菲亚大教堂（St. Sophia）当修道士，传位给君士坦丁·杜卡斯（Constantine Ducas）。君士坦丁·杜卡斯的出身和为人。

君士坦丁十世（Constantine X Ducas，公元1059–1067年在位）：君士坦丁十世非常虔诚；理性，人性。作者崇尚理性、人性。君士坦丁十世极其喜欢修辞学。君士坦丁九世在位时作者成为皇帝的秘书；作者在皇帝更替、皇帝决策中起到的作用。君士坦丁十世给所有与会者报酬，奖赏政府官员及其代表、较小的显贵甚至手工工人；提高手工工人的社会地位。到他统治时普通公民与元老院元老之间出现了明显的差别，但他去掉这种差别；此后工人与元老之间没有差别，他们融为一体。君士坦丁十世看到大部分臣民对自己命运的不公感到不安，一些人行使过多权力，其余人受他们压迫，他决定亲自承担法官角色。他惩治违法犯罪者，保护受害人；审判中保持公正；法庭中首次出现新的习惯法；废除不公正的契约；皇帝发出的每个命令，每条书面指示，都与法律有同样甚至更大的效力；乡下人以前甚至不知道在位皇帝是谁，现在他们坚定地忠实于他，而他对他们的仁慈明显表现在他对他们的说话方式上，更明显地表现在他对待他们的方式中。君士坦丁十世的过错：忽视军队建设，不是诉诸武力，而是通过送礼开展外交来解决国际争端；拒绝接受忠告、缺乏深谋远虑、自私、喜欢别人奉承，正直的人受到怀疑，攀附者却受到欢迎。出身卑微者和贵族阴谋谋反，企图淹死他。君士坦丁十世极其虔诚。他的弟弟"凯撒"约翰·杜卡斯（John Ducas）极具智慧，具有崇高理想和很强实践能力。皇帝身体衰弱，托付妻子监护孩子们，把自己的所有责任托付给妻子尤多奇亚（Eudocia），认为妻子是当时最聪明的女性，没人比她更有资格教育他的儿女们。

尤多奇亚（公元1067年在位）：尤多奇亚主政，起初行事极其节制，节省、熟悉职责、参与所有政府事务。她聪明、智慧。她的儿子们对她极其敬畏、尊敬、服从。儿子米哈伊尔（Michael），完全由母亲主政，极其慷慨。尤多奇亚教育米哈伊尔。尤多奇亚不贪图享乐，关心儿子们；性格坚定，心灵高贵。尤多奇亚与一个宫廷宦官密谋再嫁，牧首、元老院的作用。尤多奇亚说迫于形势再嫁罗曼努斯（Romanus），因为帝国周边蛮族不断侵略。作者对她再婚一事极其惊讶、不安、颤抖。

罗曼努斯四世·狄奥根尼斯（Romanus Ⅳ Diogenes，公元 1068–1071 年在位）：作者贬低罗曼努斯·狄奥根尼斯，批评尤多奇亚对他的态度，认为尤多奇亚本应处死他，却非但没有处死他，反而把他推上皇帝宝座。尤多奇亚是作者的侄女。作者一再贬低罗曼努斯·狄奥根尼斯。罗曼努斯被军队出卖被俘，被迫成为修道士。罗曼努斯被弄瞎。作者解释他写这一历史的理由。

米哈伊尔七世（Michael Ⅶ Ducas，公元 1071–1078 年在位）：米哈伊尔的聪明、节制、爱好读书(文学、修辞学、哲学等)、富有思想、涉猎广泛(哲学、演说、音乐、占星术、几何学、光学、讽喻、诗歌等)。总之，米哈伊尔是我们这一时代的奇才。他的美德。米哈伊尔对作者的信任、慷慨，给作者的好处、恩赐，增加了作者的财富。皇后玛丽亚（Maria）在美德和美貌方面突出，天生美丽动人。米哈伊尔自己承担民事管理，军事事务交由约翰·杜卡斯负责。米哈伊尔谦虚谨慎。作者从长相判断本性。米哈伊尔的儿子君士坦丁既不骄傲也不谦卑，非常迷人。米哈伊尔七世及其弟弟安德罗尼库斯（Andronicus）和君士坦丁（Constantine）都是作者的学生。约翰·杜卡斯的性格、美德、才华和爱好。皇帝的书信。

5. 在经济和社会方面的史料价值

这部"历史"[①] 从 976 年瓦西里二世登基写到米哈伊尔七世统治期间，并非逐年记载，而是通过普塞洛斯个人回忆来描述事情，其中，瓦西里二世的统治写得比较简略，他自己生活的时代、他亲身经历过的部分写得很详细。在书中，他始终作为亲历者在场，突出他自己在各种事件中的作用以及他与一些皇帝的亲近关系，这并不客观。但他运用了各种文学和修辞技巧，生动细致描写了这期间拜占庭帝国的统治者们和君士坦丁堡发生的一些事件，是一部史学名著和文学杰作。它是关于 11 世纪拜占庭政治历史的最重要史料，同时也具有经济和社会方面的史料价值，主要体现在以下几个方面。

---

① 米哈伊尔·普塞洛斯通常称其作品为 *history*，只有一次称之为 *chronographia*，因此，*Chronographia* 可能不是他这部作品的原书名。Herbert Hunger, *Die hochsprachliche profane Literatur der Byzantiner: Philosophie, Rhetorik, Epistolographie, Geschichtsschreibung, Geographie*, vol. 1, Handbuch der Altertumswissenschaft, 12.5, Munich: Beck, 1978, pp.377–379.

第一，记载了作者作为熟悉当时拜占庭宫廷和权贵的朝臣和知识分子眼中的 11 世纪帝国官场。书中披露了大量官场权力斗争特别是宫廷斗争、贪污腐败等方面的记载，生动细致地描写了皇宫中活动的诸多角色例如皇帝、皇后、皇帝的情妇、皇帝的姐妹、贵族、宦官、宠臣、小丑等，栩栩如生地描绘了他们的外貌、个性、心理、情感状况、爱好、活动、家庭、私生活等方面，活灵活现地展示了当时拜占庭帝国的上层社会，包括皇室妇女、贵族妇女、宦官等特殊群体，反映了当时拜占庭人对妇女和宦官的看法。此外，作者在书中不断提到自己的教育、研究、观点、交往、活动、仕途、经历等，描绘了以他为代表的拜占庭知识分子的面貌。

第二，反映了当时帝国的社会流动和社会转型。书中记载了大量官员的姓名、职位、头衔、出身、类别（军事贵族、文职官僚等）、与皇帝的关系、奖惩升迁降级等方面的信息，里面提到很多人出身低微但升至高位进入元老院甚至成为皇帝，蛮族担任要职，贵族一文不值，公民权对所有人开放，皇帝消除工人与元老之间的差别，讨好民众。这些反映了当时拜占庭帝国有社会转型的特征，体现为等级不够森严，社会阶层流动性增大。

第三，反映了当时拜占庭人的思想、信仰状况等。作者记载了当时拜占庭人相信占星家、占星术、预言、占卜、异象、梦境、奇迹等。记载了邹伊的信仰活动；记载拜占庭皇帝作战时手持圣母圣像，说皇帝习惯带着圣母圣像上战场，用作整个军队的指挥者和保护者，过去圣母在许多危机中拯救了罗马人国家；作者把一切归功于上帝而非人力；说瓦西里二世统治时期出现了不少演说家、哲学家，认为他们是为学问而学问，而自己时代的人过于功利，学习是为了获利，当无利可获时就不学习，等等。

第四，反映了君士坦丁堡各阶层的情况，作者很少写君士坦丁堡之外的世界。例如，详细描写了当时拜占庭中上层的日常生活情况，宫廷礼仪、宫廷仪式、皇帝游行仪式、皇帝的葬礼、娱乐活动等；记载了君士坦丁堡下层社会，描写了民众暴动，说甚至妇女和小孩也参与暴动，还写了皇帝为底层人士包括乞丐和妓女建立收容所的慈善活动。

第五，作者还记载了当时拜占庭军队雇佣军的构成，说有斯基泰人、格鲁吉亚人等雇佣军。

（三）米哈伊尔·普塞洛斯的《简史》（*Historia Syntomos*）

1. 手抄本

这部《简史》幸存于单独的一本 14 世纪手抄本"西奈抄本 1117"（*Codex Sinaiticus 1117*）之中。

2. 出版和现代语言译本

英语译本：William J. Aerts (ed. and trans.), *Michaelis Pselli Historia Syntomos*, Berolini; Novi Eboraci: W. de Gruyter, 1990.

3. 内容简介和经济社会史料价值

这部《简史》缺乏细节描写，简略介绍了从罗慕洛直到瓦西里二世整个罗马人历史，主要是介绍各个统治者。写作目的是使读者"可能模仿皇帝们的丰功伟绩，批评并轻视皇帝们的劣迹"，[1] 很可能是米哈伊尔·普塞洛斯在担任米哈伊尔七世的老师期间为米哈伊尔七世写的。这部作品的作者有争议，有学者认为它是 11 世纪拜占庭其他人的作品，但一般认为它是米哈伊尔·普塞洛斯的作品，因为其中使用的词汇和体现的思想类似于米哈伊尔·普塞洛斯的其他作品。[2]

这部作品对于研究 11-12 世纪拜占庭经济和社会意义不大，但是使我们了解到 11 世纪拜占庭历史学家热衷于通过写史书来劝诫未来的皇帝。

---

[1]　William J. Aerts (ed. and trans.), *Michaelis Pselli Historia Syntomos*, Berolini; Novi Eboraci: W. de Gruyter, 1990, p.11.

[2]　参见 Kenneth Snipes, "A Newly Discovered Historical Work of Michael Psellos," *Jahrbuch der Ö sterreichischen Byzantinistik* 32.2 (1982): 53-61; William J. Aerts (ed. and trans.), *Michaelis Pselli Historia Syntomos*, pp.ix-xxi; Jakov Ljubarskij, "Some Notes on the Newly Discovered Historical Work by Psellos," in *To Hellenikon. Studies in Honor of Speros Vryonis, Jr.*, ed. John Langdon, Stephen Reinert, Jelisaveta Allen, and Christos Ioannides, vol. 1, New Rochelle, N.Y.: Artistide D. Caratzas, 1993, pp.213- 228; John Duffy and Stratis Papaioannou, "Michael Psellos and the Authorship of the Historia Syntomos: Final Considerations," in *Vyzantio kratos kai koinōnia: Mn ēmē Nikou Oikonomidē / Byzantium, State and Society: In Memory of Nikos Oikonomides*, ed. Anna Avramea, Angeliki Laiou, and Evangelos Chrysos, Athens: Institouto Vyzantinōn Ereunōn, Ethniko Hidryma Ereunōn, 2003, pp.219-229.

三 约翰·西菲利诺斯的《狄奥·卡西乌斯〈罗马史〉概要》

（一）约翰·西菲利诺斯简介

约翰·西菲利诺斯（希腊文为 Ἰωάννης Ξιφιλῖνος，英文为 John Xiphilinos），君士坦丁堡的修道士和学者，牧首约翰八世·西菲利诺斯（John Ⅷ Xiphilinos）的侄子，生卒年不详，活跃于 11 世纪下半叶，主要在 11 世纪 70–80 年代写作，1081 年后去世。他写了狄奥·卡西乌斯（Dio Cassius）《罗马史》（*Roman History*）第 36–80 章（公元前 68 年–公元 229 年）的概要，写了 53 篇礼拜日布道词，写了一篇圣徒传记（*menologion*①）献给阿莱克修斯一世（Alexios Ⅰ Komnenos 或 Alexius Ⅰ Comnenus，1081-1118 年在位），这篇传记今天仅幸存于一个格鲁吉亚译本之中，他被格鲁吉亚语译者称为君士坦丁堡宫廷中最著名的文学人物。②

（二）手抄本

目前幸存了 15-16 世纪的 14 本完整的手抄本和两本不完整的手抄本，有关它们的描述参见：Ursulus Boissevain (ed.), "De Xiphilini Codicibus," in *Cassii Dionis Cocceiani Historiarum romanarum quae supersunt*, 2: Ⅰ– XVII, Berlin: Weidmann, 1898.

（三）出版

Wilhelm Xylander (ed.), *Dionis Cassii Nicaei, Romanae historiae libri . . . Additum est Ioannis Xiphilini e Dione Compendium*, Basil: Apud Ioannem Oporinum, 1558.

---

① *menologion*，希腊文为 μηνολόγιον，复数为 *menologia*。指按照教会日历（Church Calendar）上每位圣徒纪念日顺序排列的圣徒传记（*vitae*）集。通常篇幅很长，其中往往有一些布道词，在纪念仪式上宣读。Church Calendar 分为两种：一种称 *kanonarion*，列出阴历宗教节日，因复活节到来时间变动而变动；一种称 *synaxarion*，列出固定的宗教节日和圣徒纪念日，拜占庭帝国通常使用的是君士坦丁堡大教堂日历。*vita*，圣徒传记，复数为 *vitae*。Alexander P. Kazhdan (editor in chief), *The Oxford Dictionary of Byzantium*, p.366, p.1341, p.1991, p.2180.

② 参见 Alexander P. Kazhdan (editor in chief), *The Oxford Dictionary of Byzantium*, p.2211.

Henri Estienne (ed.), *E Dione excerptae historiae ab Ioanne Xiphilino*, Geneva: H. Stephanus, 1592.

Ursulus Boissevain (ed.), "Xiphilini Epitome librorum 36–80," in *Cassii Dionis Cocceiani Historiarum romanarum quae supersunt*, 3: 478–730, Berlin: Weidmann, 1901.

（四）现代语言译本

英语译本（部分译本）: Manning (trans.), *The History of Dion Cassius: Abridg'd by Xiphilin: Containing the Most Considerable Passages under the Roman Emperors, from the Time of Pompey the Great to the Reign of Alexander Severus*, London: printed for A. and J. Churchill, 1704.

（五）内容简介和经济社会史料价值

约翰·西菲利诺斯的狄奥·卡西乌斯《罗马史》历史概要（*Epitome* of Cassius Dio's *Roman History*）注重写人物特别是皇帝们的道德品质。他致力于概括早期罗马皇帝们的历史，反映了 11 世纪晚期知识分子的部分倾向。在狄奥·卡西乌斯历史概要中，他插入了自己的评论，反映出 11 世纪拜占庭历史学家往往喜欢发出自己的声音。他在历史中增加的部分表明他熟悉古希腊罗马文化。[①] 他的狄奥《罗马史》历史概要把狄奥按年记事的风格改成了对一系列皇帝的描写，他更感兴趣的是陈述皇帝好坏行为模式而不是作品的结构问题，这跟当时拜占庭历史写作把过去看作是一系列皇帝的传记的潮流是一致的。[②]

这部历史概要本身对于研究 11 世纪拜占庭的经济和社会没有多大价值，但是有助于我们了解当时的历史学家及其历史写作风格：他们熟悉古希腊罗马文化，喜欢写皇帝传记，注重皇帝的道德，注意发挥历史的劝谏功能，喜欢发表自己的评论等。

[①] Christopher Mallan, "The Style, Method, and Programme of Xiphilinus' *Epitome* of Cassius Dio's *Roman History*," *Greek, Roman, and Byzantine Studies* 53 (2013): 610–644.

[②] Athanasios Markopoulos, "From Narrative Historiography to Historical Biography. New Trends in Byzantine Historical Writing in the 10th -11th Centuries," *Byzantinische Zeitschrift* 102, no. 2 (2009): 697-715.

四　米哈伊尔·阿塔雷亚特的《历史》

（一）米哈伊尔·阿塔雷亚特简介

米哈伊尔·阿塔雷亚特（希腊文为 Μιχαήλ Ἀτταειάτης，英文为 Michael Attaleiates 或 Michaēl Attaleiatēs）大约 1025 年出生于小亚细亚南部海岸的阿塔雷亚（Attaleia）城中或城市附近，父母虔诚，在完成早期教育后，他大约在 11 世纪 30 年代末离开了家乡，来到首都继续学习，研习法律，当时米哈伊尔·普塞洛斯在君士坦丁堡执教。完成法律学习后，他在法律部门谋得一个职位，与第一个妻子索菲娅（Sophia）结婚，索菲娅去世后，他娶了第二个妻子伊琳妮（Eirene），生下儿子塞奥佐罗斯（Theodoros）。1063 年，色雷斯发生地震，严重损坏了他在雷德斯托斯（Raidestos / Rhaidestos）的房地产。他在司法系统中稳步升迁。11 世纪 60 年代末他在君士坦丁堡官场已经取得突出地位。君士坦丁十世统治期间，他进入了元老院，成为君士坦丁堡一位著名法官。君士坦丁十世去世后，他因审判未来的皇帝罗曼努斯四世而获得恶名，罗曼努斯登基后，阿塔雷亚特成为皇帝的密友，晋升为"军队法官"，亲自经历东部边境三场战役，参与罗曼努斯抵抗突厥人 ① 行动计划及其实施，成为皇帝的支持者和辩护人。1071 年曼兹科特（Manzikert）战役拜占庭人战败之后，他回到君士坦丁堡，在新的宫廷中担任要职。他著有《历史》（希腊文为 ΙΣΤΟΡΙΑ，英文为 History）、《法律概要》（Ponema Nomikon）和《修道院章程》（Diataxis②）。他把法律著作《法律概要》献给了皇帝米哈伊尔七世，把主要

---

① 侵略小亚细亚的突厥人，除塞尔柱人（Seljuqs / Seljuks）外，还有建立达尼什门兹王朝（Danişmendids）的突厥人。最早有历史记载的突厥人很可能是匈人（Huns）；后来一些突厥人民族如阿瓦尔人（Avars）、保加尔人（Bulgars）、哈扎尔人（Khazars）生活在黑海北部地区；库曼人（Cumans）在 12 世纪占领了多瑙河下游。11 世纪奥古斯（Oghuz）突厥人或称土库曼人（Turkoman，指突厥游牧民）大规模向西迁徙，包括塞尔柱人、迁到多瑙河地区的佩彻涅格人（Patzinaks / Pechenegs）、迁到罗斯人地区的乌兹人（Uzes）等。详细参见 Alexander P. Kazhdan (editor in chief), *The Oxford Dictionary of Byzantium*, p.586, p.1867, pp.2128-2129. 罗春梅：《1204 年君士坦丁堡的陷落》，第 91 页注释①。此处"突厥人"指的是塞尔柱人或者达尼什门兹人或者土库曼人。

② *Diataxis*，希腊文为 *διάταξις*，拉丁文为 *ordo*，有三种意思，一指供主教或者司祭主持圣餐仪式或晚祷、晨祷和授圣职礼时使用的礼拜规则手册；二指修道院章程或规则；三指遗嘱。Alexander P. Kazhdan (editor in chief), *The Oxford Dictionary of Byzantium*, p.619, p.1005, p.2132.

著作《历史》献给了尼基弗鲁斯三世（Nikephoros Ⅲ Botaneiates，1078-1081年在位）。由于他在《历史》中把阿莱克修斯写成唯一真正高效的领导人，但没有机会把《历史》献给阿莱克修斯，因此，他很可能在阿莱克修斯一世登基后不久去世。①

《历史》将在下文具体介绍。《法律概要》是阿塔雷亚特在1072/3年献给米哈伊尔七世的法律著作，似乎相当畅销，一再被抄写，现存大约24部手抄本。现代法律学者认为它具有冷静的法律思维，认为比米哈伊尔·普塞洛斯的诗体《法律概要》（Synopsis of the Laws）要好，强调个人权利和共和国历史先例。虽然是法律教科书，但仍然显示出作者对法律的个人理解。②《修道院章程》是他在1077年写的，说他在君士坦丁堡和雷德斯托斯都拥有房地产，提供了有关他所拥有的修道院和救济院的财产和组织方面的信息。《修道院章程》幸存两本手抄本，一本是原稿，有他的亲笔签名，现存于雅典国家图书馆（National Library in Athens）；另一本是现存于伊斯坦布尔（Istanbul）牧首图书馆的18世纪抄本。阿塔雷亚特为君士坦丁堡一座修道院和雷德斯托斯城一座救济院（xenodocheion）制订了规则，③列出了属于修道院的圣物和礼拜仪式用品；规定供养7位修道士，最好是宦官；还提到一份现已遗失的修道院章程（typikon），其中详细讨论了修道院的精神生活，说他在雷德斯托斯西门和君士坦丁堡西南方邻近地区萨马提亚（Psamathia）进行了投资。阿塔雷亚特和儿子塞奥佐罗斯在这些地方是著名人物，因为《修道院章程》规定在很多当地教堂和修道院礼拜仪式中拨款纪念他们。据估计阿塔雷亚特的净资产大约150磅黄金，按照拜占庭贵族的标准这很普通。他的财产得到两道皇帝诏书的保护。

---

　　①　参见 Anthony Kaldellis and Dimitris Krallis (trans.), *Michael Attaleiates: The History*, Cambridge, Mass.: Harvard University Press, 2012, pp.vii-ix. 保罗·戈蒂埃（P. Gautier）认为他在1079年后去世，卡日丹认为他大约在1085年去世，参见 Alexander P. Kazhdan (editor in chief), *The Oxford Dictionary of Byzantium*, p.229.

　　②　《法律概要》有一本15世纪手抄本保存在大英图书馆，参见：https://www.bl.uk/collection-items/the-law-synopsis-of-michael-attaleiates。

　　③　该修道院为"至慈者"基督（Christ *Panoiktirmon*）修道院。xenodocheion，希腊文为 ξενοδοχεῖον，复数形式为 *xenodocheia*，指救济院或免费招待所，是一种招待旅客、穷人和病人的慈善机构，食宿免费，通常附属于修道院，位于城市和乡村，可由私人、国家、教会机构建立。参见 Alexander P. Kazhdan (editor in chief), *The Oxford Dictionary of Byzantium*, p.229, p.2208.

阿塔雷亚特在《修道院章程》中说创办人即他自己来自阿塔雷亚城，介绍了他在君士坦丁堡、雷德斯托斯以及港口城市塞林布尼亚（Selymbria）扎根的经历。阿塔雷亚特把自己描绘成他人的庇护人、地方捐赠者、熟练的经济代理人、忠实的臣民以及蒙受皇恩的人。文件末尾附上的金玺诏书证明了他和皇帝之间的关系，证明了他接近米哈伊尔七世和尼基弗鲁斯三世以及他在宫廷阴谋中幸存下来的能力。该修道院为这份文件做的注释说明了塞奥佐罗斯的去世，表明阿塔雷亚特大约在 1085 年断后。①

阿塔雷亚特认为自己属于统治精英。卡日丹、安戈尔德和惠特比等历史学家认为阿塔雷亚特和普塞洛斯代表了君士坦丁堡统治精英的两个非常不同的方面。② 迪米特尼斯·克拉利斯（Dimitris Krallis）认为，阿塔雷亚特和普塞洛斯作为知识分子，联系密切，君士坦丁堡的学术圈子小，普塞洛斯具有影响力，他的观点影响到阿塔雷亚特的《历史》。③

（二）手抄本

米哈伊尔·阿塔雷亚特的《历史》幸存于 12 世纪两本手抄本之中："巴黎科斯林希腊文抄本 136"（*Paris Coislinianus Graecus 136*）和"斯科里亚伦 T- Ⅲ -9"（*Scorialensic T- Ⅲ - 9*）。

Eudoxos Tsolakis [Tsolakēs] (ed.), *Historia: Michaelis Attaliatae*, vol. 50, Corpus Fontium Historiae Byzantinae, Athens: Academia Atheniensis Institutum Litterarum Graecarum et Latinarum Studiis Destinatum, 2011, LⅦ – LXXI.

---

① Anthony Kaldellis and Dimitris Krallis (trans.), *Michael Attaleiates: The History*, Cambridge, Mass.: Harvard University Press, 2012, pp.ix-xi.

② Alexander Kazhdan, "The Social Views of Michael Attaleiates," in *Studies on Byzantine Literature of the Eleventh and Twelfth Centuries*, Cambridge: Cambridge University Press, 1984, pp.84-85; Michael Angold and Michael Whitby, "Historiography", in *The Oxford Handbook of Byzantine Studies*, edited by Elizabeth Jeffreys, John Haldon, and Robin Cormack, Oxford; New York: Oxford University Press, 2008, pp.843-844.

③ Dimitris Krallis, "Attaleiates as a Reader of Psellos," in *Reading Michael Psellos*, edited by Charles Barber and David Jenkins, Leiden: Brill, 2006, pp.167-191. Dimitris Krallis, *Michael Attaleiates and the Politics of Imperial Decline in Eleventh-Century Byzantium*, Tempe: ACMRS, 2012, pp.71-114.

（三）出版

Michaelis Attaliotae, *Historia*, opus a Wladimiro Bruneto de Presle, inventum descriptum correctum; recognovit Immanuel Bekkerus, Bonnae: Impensis Ed. Weberi, 1853.（希腊文原文，拉丁文译文）

（四）现代语言译本

法语译本（部分翻译，译到第 34 章）Henri Grégoire, "Michel Attaliatès Histoire: traduction Française," *Byzantion* 28 (1958), pp.325-362.

土耳其语译本：Xavier Jacob (trans.), *Les Turcs au moyen-age: Textes Byzantins*, Vol. 13. Atatürk Kültür, Dil, Ve Tarih Yüksek Kurumu Türk Tarih Kurumu Yayınları, Ankara: Türk Tarih Kurumu Basımevi, 1990.

西班牙语译本：Miguel Ataliates, *Historia*, introducción, edición, traducción y comentario de Inmaculada Pérez Martín, Nueva Roma 15, Madrid: Consejo Superior de Investigaciones Científicas, 2002.

现代希腊语译本：Michaēl Attaleiatēs, *Historia*, metaphrasē, eisagōgē, scholia, Iōannēs D. Polemēs, Keimena Vyzantinēs historiographias 8, Athēna: Ekdoseis Kanakē, 1997.

现代希腊语译本：Michaelis Attaliatae, *Historia*, recensuit Eudoxos Th. Tsolakis, Corpus fontium historiae Byzantinae 50, Athenis: Academia Atheniensis Institutum Litterarum Graecarum et Latinarum Studiis Destinatum, 2011.

英语译本：Anthony Kaldellis and Dimitris Krallis (trans.), *Michael Attaleiates: The History*, Cambridge, Mass.: Harvard University Press, 2012.

（五）著作大意

米哈伊尔·阿塔雷亚特《历史》原著全书没有划分章节。安东尼·卡尔德利斯和迪米特尼斯·克拉利斯把书划分为 36 章，加上了标题。下面主要根据 2012 年英译本总结各章大意，着重介绍经济和社会方面的内容。

第 1 章，献辞。米哈伊尔·阿塔雷亚特对皇帝尼基弗鲁斯三世·博塔尼埃蒂兹发表的献辞。称赞博塔尼埃蒂兹的军事才能和美德（虔诚、有同情心、慷慨、勤政、热爱智力活动等）。介绍写作原因和主要内容。

第2章，前言。历史的内容和作用，揭示兴衰成败，我们可以从中汲取经验教训；作者尽管忙于军务和法律事务也要记载自己见证的事件，不注重修辞技巧，不记载别人的道听途说和不可靠报道，目的是防止重要事件湮没无闻。

第3章，米哈伊尔四世（Michael Ⅳ Paphlagon，公元 1034-1041 年在位）统治期间的军事行动。乔治·马尼亚克斯（Georgios Maniakes）因遭人诽谤而造反，被解除职务，他的继任者们做出卑劣的决策，结果罗马人丧失对西西里的控制权。诺曼人和拉丁人成为我们的敌人。保加利亚人叛乱。皇帝尽管患有癫痫病，也率军镇压保加利亚人叛乱。他庆祝胜利，包括赛马和赛跑。不久去世。

第4章，米哈伊尔五世（Michael Ⅴ Kalaphates，公元 1041-1042 年在位）的统治和垮台。君士坦丁堡每当政权更迭就召集会议。米哈伊尔四世的外甥米哈伊尔被邹伊收养，发誓永不背弃邹伊，即位为米哈伊尔五世，他比以前的皇帝们更为重视元老院和其他臣民，他主张依法统治，主张公平正义。他释放君士坦丁·达拉塞诺斯（Konstantinos Dalassenos）和乔治·马尼亚克斯，毁灭自己的家族。复活节那天，整个君士坦丁堡居民都在庆祝节日，市长为皇帝的仪仗行列做准备，从皇宫一直到圣索菲亚大教堂大门的整条路上，他都铺上了丝绸。准备好后，皇帝及其随行人员在这条路上行走，然后，皇帝及其随行人员开始骑马行进，到达新教堂（New Church），路上铺着贵重的织物，沿途装饰着闪闪发光的金银装饰品。整个广场装饰了花环。城市到处回荡着欢呼声、感恩祈祷声和赞美的歌声。只有一个例外，即皇帝的仪仗行列比通常的要早。皇帝提前发信号开始游行，这被认为是不好的征兆。同时，皇帝从圣使徒大教堂（the great church of the Holy Apostles）回到皇宫，皇后邹伊被迫穿上黑色衣服，并被削发，快到晚上时被送到离君士坦丁堡不远的一个岛屿上。第二天，君士坦丁堡民众在知道皇后的不幸遭遇后对皇帝的赞美变成了仇恨。皇帝想要平息民众的愤怒，起草了一份文件准备让人在广场最显眼的地方向民众宣读，指责邹伊，捏造一起企图谋害他性命的阴谋。但民众愤怒暴动，目的是推翻皇帝，因为皇帝忘恩负义、冷酷无情、背叛恩人、违背誓言。他们打退了皇帝卫兵和市长的人员，打开监狱释放了囚犯，让囚犯参与暴动，毁坏皇帝亲属的房子，抢劫一空。他们还抢劫了皇帝亲属建造的教堂和修道院。一群民众冲进圣索菲亚大教堂，获得牧首阿莱克修斯的支持。他们听从某些官员的忠告，还从修女院带回了邹伊的妹妹塞奥多拉，让塞奥多拉骑在马上，由全副武装的卫兵护送到圣索菲亚大教堂，夜晚待在那里，凌晨，军人攻打皇宫，皇帝逃到斯图狄奥斯修道院，但被拖了出来，被迫骑在骡子上，遭人嘲笑。骑到西格玛（Sigma）广场时，塞奥多拉下令把他和其帮凶弄瞎，于是他们被针刺瞎，成为修道士。

第5章，君士坦丁九世即位（公元1042年），乔治·马尼亚克斯叛乱（公元1043年），罗斯（Rus）攻打君士坦丁堡（公元1043年）。邹伊回来，与塞奥多拉共同统治，不久，召回流放多年的贵族君士坦丁·摩诺马赫（Konstantinos Monomachos），与邹伊结婚。君士坦丁比之前的皇帝更为慷慨。乔治·马尼亚克斯突然在意大利同其指挥的士兵（其中有诺曼人）叛乱，在塞萨洛尼基（Thessalonike）不远处同皇帝派去的军队交战中差点取胜，却在最后关头突然倒地身亡，这是上帝的旨意。镇压叛乱的将军斯特凡诺斯（Stephanos）庆祝胜利，得到提拔，但皇帝的恩宠极不可靠，不久斯特凡诺斯被人诽谤谋反，遭到流放，成为修道士，财产被没收。接着，至少有400艘罗斯船队攻打君士坦丁堡，皇帝集合长船和其他各种船只，同时部署沿海步兵部队，再加上地方部队，海陆军合作打败了敌军。皇帝建立了一座研究法律的学校，任命法律守护者（Guardian of the Laws）担任校长。他还规定研究哲学，任命一位学识超群的人担任首席哲学家（Chief of the Philosophers）。他敦促年轻人在教师们的指导下训练口才和进行研究，并予以奖赏。还为私人法律案件设立了一个机构，地方法官以书面形式记录判决，并把判决书副本交给这个机构保管，以消除怀疑。

第6章，莱昂·托尼基奥斯（Leon Tornikios）叛乱（公元1047年）。莱昂·托尼基奥斯是皇帝的亲戚，来自亚得里亚堡（Adrianople），他发动叛乱，被剥夺指挥权，成为修道士。后逃到亚得里亚堡，集结大军称帝，前去攻打君士坦丁堡，皇帝派去攻打叛军的士兵和官员赶紧撤退，乡村民众带上尽可能多的生活用品挤进君士坦丁堡大门。叛军由骑兵和步兵组成，规模庞大，所到之处任意洗劫，使得内战的破坏性不亚于与外敌的战争。不久，叛军到达君士坦丁堡城下，与皇帝的军队交战，叛军吹响喇叭，越过壕沟，皇帝军队溃败，城墙上的人一片恐慌，赶紧逃走，城中人们到处逃跑，一些人在教堂里避难，祈求神的帮助，一些人哭着跑到亲戚的房子里，一些人敦促所有人回去战斗。妇女也置身于混乱之中。但莱昂·托尼基奥斯没有入城，以免伤害城中居民，有人劝他攻占城门，遭到拒绝，结果丧失了胜利的机会，最终失败。在许多冒险事业中，忍耐往往会导致失败。叛乱者被流放，财产被没收。

第 7 章，佩彻涅格人（Pechenegs）战争（约公元 1047-1053 年）。斯基泰人（Skythians）即通常所称的佩彻涅格人渡过多瑙河，很快在罗马人领土上立足。他们不断使用剑、弓和箭突袭罗马人。他们吃肮脏的食物，在饮食等生活方面令人作呕。他们还没有适应罗马人土地，患上了传染病，他们也没有适应与罗马人方阵作战，结果被帝国军队打败。帝国只是把他们的首领扣留在首都，没有伤害他们其余人。当瘟疫消除后，他们重新攻击罗马人。皇帝让他们的首领皈依基督教，把他们放回去，希望休战。但他们回去后，不断袭击，到处蹂躏，掠夺一切，道路流满了罗马人的鲜血。皇帝派军队前去攻打他们，结果惨败，一次是由于罗马人匆忙作战，一次是由于罗马人错过战机。佩彻涅格人到处劫掠。皇帝患有痛风病，不能行走，以四轮马车代步。他派士兵驻守各个要塞，任命一个拉丁人为指挥官，攻打分散的佩彻涅格人。罗马人士气大振，多次打败佩彻涅格人。但后来由于罗马人军队几个指挥官之间意见分歧，特别是由于保加利亚总督（他是宦官、修道士）的嫉妒，罗马人在撤退中被打败，保加利亚总督自己死亡。博塔尼埃蒂兹禁止他的士兵分散或者背对敌人（指撤退或逃跑），要求他的军队秩序井然，保持队形，勇敢作战，坚持抵抗佩彻涅格人 11 天，迫使佩彻涅格人撤退。罗马人和佩彻涅格人议和。

第 8 章，塞尔柱人（Seljuks）的兴起（公元 1045 年后）。突厥人突袭格鲁吉亚，每年不断袭击罗马人领土，打败罗马人军队，他们的射箭术很厉害。他们袭击了整个格鲁吉亚，占领城镇和乡村，到处制造混乱。这是皇帝的贪婪所致，因为格鲁吉亚过去经常驻扎着一支强大的军队，从附近的政府土地上得到补给品，但是皇帝剥夺了他们的给养，导致当地丧失强大军队，使他们变成皇帝的强敌。塞尔柱人打败罗马人。双方互通使者，恢复友好关系。但袭击和劫掠没有因此停止。皇帝去世前，苏丹攻打曼兹科特（Mantzikert）城，一个攻城器投了一块巨石打死了很多罗马人。一个拉丁人用希腊火烧毁了那个攻城器。苏丹率军离开。

第 9 章，评价君士坦丁九世·摩诺马赫（Konstantinos IX Monomachos）。他来自著名家族，文官背景，慷慨，关心战争胜利，沉溺于世俗享受。在各地建造新的建筑物，不断修复旧的建筑物。他建立了一座修道院，其中的教堂献给著名殉道者圣乔治（Georgios），有花园围绕，还有一座医院。他从外国带来一些奇怪的动物，有一头大象，大象的外形，生活习性，耳朵驱赶蚊子，鼻子功能强大，怀孕期长达 10 年。还有一头动物，有豹子的花纹，大小和骆驼差不多，脑袋和脖子类似骆驼的，其他外形特征，步法。君士坦丁死前两年强征暴敛：雇用最暴虐的税吏（称为 *sekretikoi*[①]），精心设计处罚每个人和收债的巧妙方法，榨干了富人。所有被罚款的人悲叹，监狱挤满了犯人，每天回荡着抱怨声。而那些没有经历这种痛苦的人比这些人更为可怜，因为他们不得不对所有税吏下跪，犹如惊弓之鸟，害怕悬在脑袋上的剑。这种可怕形势甚至波及神圣教堂和修道院的财产，因为皇帝下令调查所有这些财产，审问教堂和修道院的管理人员。皇帝去世，人们普遍认为是他因企图改变分给宗教机构的财富而遭到了天谴。

第 10 章，塞奥多拉的单独统治（公元 1055-1056 年）。塞奥多拉通过其宦官侍从进行统治，后来委托聪明、经验丰富的著名司祭莱昂（Leon）管理政府事务。他为政治活动建立了一个井然有序、守法的环境。当塞奥多拉快要去世时，宫廷高级官员决定找一个服从他们的傀儡继位。

第 11 章，老者米哈伊尔六世（Michael Ⅵ the Old）的统治（公元 1056-1057 年）和伊萨克·科穆宁（Isaakios Komnenos）的叛乱。他们把一个文官、老者米哈伊尔抬上皇位。皇权由很多人共享，属于他们这个小集团的以及接近皇帝的人受惠，导致混乱，贵族和平民不满。布莱伊纽斯（Bryennios）被弄瞎，伊萨克·科穆宁和一些军人为防被捕，群集叛乱，打败皇帝的军队，双方死伤很多，很多是近亲（父子、兄弟）相残，战后很多人非常悲伤。叛军向君士坦丁堡进军，这时城中一些官员谋反，不知道牧首米哈伊尔·凯路拉里厄斯（Michael Keroularios）是否参与其中，但很可能参与，因为他的亲友参与。谋反者支持伊萨克·科穆宁反叛皇帝，牧首要求皇帝退位。皇帝脱下皇帝服装，穿上黑色衣服，削发为修道士。

第 12 章，伊萨克·科穆宁的统治（公元 1057-1059 年）。科穆宁率军入

---

① *sekretikoi*，希腊文为 *σεκρετικοί*。参见 Alexander P. Kazhdan (editor in chief), *The Oxford Dictionary of Byzantium*, pp.1865-1866.

城，人群欢呼，伴随着喇叭声和其他乐器的喧嚣。晚上进入皇宫，第二天，牧首在圣索菲亚大教堂为他举行加冕仪式。他因英勇善战而著名，甚至在他发行的钱币上他手握拔出的宝剑。他重用跟他一起叛乱的人，也重视文官，特别是牧首，把皇帝管理神职人员的所有权利让给圣索菲亚大教堂，从那以后，皇帝不再任命教会行政人员或宗教机构财产保管人员，牧首负责教会人员晋升和事务管理。为满足庞大开支并供养士兵，皇帝变成严厉的税吏；他还是第一位缩减官职（officia①）持有者津贴的皇帝；他极力从各种来源赚钱，就像是一个贪得无厌的猎人。他还很节俭，关注给皇帝财产增加土地，因此他剥夺了很多私人财产，尽管这些财产已经获得皇帝授予的金玺诏书（chrysoboulla）。他还攻击一些修道院，这些修道院拥有不逊于帝国国库的大量财富。他从这些修道院中分出了很多地产，经过计算，留给修道院和修道士的仅够满足他们的需要，其余的他并入皇帝的地产，这给他带来非法或不敬的名声。虔诚之士不假思索地认为这甚至是亵渎圣物，但那些考虑问题更为仔细的人认为这样做其实是有好处的。认为它对双方都有好处：它使修道士从世俗的烦恼中解脱出来，这些烦恼与他们的生活方式是不相适应的，解除了那些被训练生活于贫穷之中的人赚钱的压力，同时不剥夺他们的必需品。它也使在邻近田地劳作的农民摆脱了这些修道士的压迫，这些修道士因财产过于富饶，挥霍无度，染上了贪婪的恶习，将迫使那些农民把土地交给他们。如果他们被农民告上法庭，他们会利用如此多的土地和金钱来战胜原告，而且他们不必对这些事情做任何交代，甚至会在打败原告时要求得到认可。最后，原来一直是各方利益集团兼并对象的政府土地，现在得到了额外的财产和不小的解脱，尽管并非没有对其他人造成损害。在皇帝实施这些政策的同时，牧首开始自高自大起来，皇帝的恩宠使他胆大妄为，在他本人不赞成这些政策的时候，他往往企图反对皇帝的方案，有时候以父亲的口吻劝谏皇帝，有时候批评、命令甚至威胁皇帝，他对一位习惯于受到赞美、得到温柔顺从对待的人采取这种行为。最后，他甚至慢慢把皇帝变成了敌人，原来被接受的建议现在被视为傲慢。皇帝再也不能忍受这种说话方式，决定罢免这个傲慢的、在他头上作威作福的人，解除他的教会职务，禁止他从事教会事务。皇帝派人逮捕牧首，让他坐在骡子上，然后将他

---

① officia，复数形式，单数形式是officium，官职之意。

流放，他的近亲也被流放。牧首不久去世，皇帝懊悔，隆重安葬他。都主教（*proedros*①）和"首席司库"（*protovestiarios*②）君士坦丁·雷科德斯（Konstantinos Leichoudes）继任牧首。皇帝出征攻打并征服了斯基泰人即通常所称的佩彻涅格人。但在返回君士坦丁堡的途中，他在洛比佐（Lobitzo）山脚下遭遇了暴雨和暴风雪，造成军队伤亡严重，几乎所有骑兵和许多在场的都因长时间挨冻淋雨而丧失性命，泛滥的洪水还冲走了补给品。暴风雨平息后，皇帝率领军队涉过附近洪水泛滥的河流时，许多人丧生。行军途中小憩时，他和一些军官站在一棵树荫下，皇帝差点被倒下的树干砸中，吓得目瞪口呆。这是不好的兆头。谣传皇帝派去东部地区到皇帝地产上征税的文官造反，到达君士坦丁堡时发现是谎言。不久皇帝病倒，退位，成为修道士，把皇位传给了"元老院主席"君士坦丁·杜卡斯（*proedros* Konstantinos Doukas），杜卡斯从一开始就参与了他的叛乱并且一直与他并肩作战。皇帝去世后，他的石棺很是潮湿，人们议论纷纷。有人说是表明了他在地狱中受到惩罚，因为内战中尼西亚（Nikaia）死了很多人；有人指责他虐待了很多人，每年从国库中拨给大多数臣民的赏赐被他取消；有人怪罪他没收教会和私人地产；有人归咎于他所做的一切事情。另一群人认为这表明是要惩戒那些继他之后统治的人而不是惩罚死去的人，他们引用了他的忏悔来证明这一点。反对这种看法的人认为他在退位之后并没有忏

① *proedros*，希腊文为 πρόεδρος，意为"主席"，意味着优先，为文职官员头衔和神职人员头衔。作为文职官员头衔，等同于元老院主席官职，最初一般用于宦官，11 世纪被大量授予，11 世纪中期后不再只授予宦官，很多军事贵族被授予这一头衔，12 世纪中期以后该头衔消失。作为神职人员头衔，通常为"主教"的同义词，有时为都主教的头衔，13 世纪前用于所有主教，有时也指代管教区的代理人。可译为"元老院主席"或者"主教"或者"都主教"，这里译为"都主教"。参见 Alexander P. Kazhdan (editor in chief), *The Oxford Dictionary of Byzantium*, pp.1727-1728.

② *protovestiarios*，希腊文为 πρωτοβεστιάριος，意为第一（*proto*）司库（*vestiarios*），译为"首席司库"或者军队司令官，复数形式为 *protovestiarioi*。原是宦官的职位，仅次于皇帝内侍（*parakoimomenos*）。被认为是皇帝衣橱的保管人，掌管皇帝的私人金库（private *vestiarion*，不同于国家金库 [state *vestiarion*]）。在 9—11 世纪，*protovestiarioi* 指挥军队，进行和平协商，调查阴谋，等等。*protovestiarios* 在 11 世纪地位上升。它成为一个头衔，被授予成年有须贵族。从 12 世纪起，许多高官显要被授予该头衔。在 14 世纪，它是最高头衔之一。*vestiarion*，希腊文为 βεστιάριον，指政府仓库和国库，类似 *sakellion*（国库），12 世纪后成为唯一的国家金库。参见 Alexander P. Kazhdan (editor in chief), *The Oxford Dictionary of Byzantium*, p.1749, pp.1829-1830, p.2163.

悔，因此没有从这种修道士生活中受益。一些人认为由于他的忏悔这种湿气是圣洁之作，认为这表明人们如果摆脱邪恶选择善良，就能得到宽恕。我认为两种看法都有道理，一是阻止未来犯罪，二是告诫人们把坏的生活变成更好的生活。

第13章，君士坦丁十世的统治（公元1059-1067年）：国内事务。君士坦丁·杜卡斯即位后，聚集城中各个团体，对他们说他是天国之王任命管理尘世事务的，他将仁慈，富有同情心，成为年轻人的父亲、同龄人的兄弟、老年人的手杖，他将使他们繁荣昌盛。说完这些他退到一道屏风后面，皇帝们在受到欢呼时通常是这么做的。一年一度的圣乔治节日来到，君士坦丁九世规定皇帝们要在这个节日去瞻仰这位圣徒的圣陵，在那里有辉煌的建筑物纪念这位圣徒。君士坦丁·杜卡斯前去庆祝这一节日，献上了十分之一税。但君士坦丁堡有一些人对他心怀恶意，因为他们渴望政权更迭，从中获取新的好处。他们勾结海陆军，阴谋造反，被皇帝的兄/弟和君士坦丁堡市长率军镇压。皇帝调查谋反者，让他们相互告发，每天逮捕很多人，最先被捕的是市长，他被指控知道这场阴谋。皇帝流放他们并没收了他们的财产。皇帝最关心的是增加政府财产和监督私人审讯，他关心民事事务，不太关心军事事务。结果，罗马人社会充斥着谄媚的指控、诡辩的伎俩、繁琐的诉讼审判细节以及复杂的官僚程序，搞得人心烦意乱。现在每个人都必须学会如何熟练这些事情，甚至士兵也不得不改变其方式，重新自学有利于了解这些知识的技能。皇帝谦逊、容易接近、不愿实施肉刑、极其虔诚，关心穷人、庇护修道士、敬畏教堂，但只是有利于他圈子里的人。他吝啬、热衷于积聚政府财产（甚至通过不那么光明正大的途径），他任意行使司法权、忽视军事胜利、战略计划和维护边境，这对几乎所有生活在罗马帝国的人都极其有害。那些被非法定罪的、受到无根据指控的、被迫向国库缴纳额外费用的人，以及承受着新的税收负担并因军队没有得到很好供养而遭受蛮族袭击的行省，都怨声载道。据说所有这些都不是皇帝的本性所致，而完全是那些通过钻营进入宫廷以利用皇帝仁慈谋利的人的腐败和自私自利的建议造成的。下面是他严重失败的后果。

第14章，君士坦丁十世（公元1059-1067年在位）：蛮族入侵。东部完全被突厥人的侵袭毁坏。罗马人军队遭到忽视，现在被猛烈击退，惊慌失措。突厥人的袭击持续不断，完全毁坏了繁荣的伊庇利亚（Iberia）地区，以及邻近的美索不达米亚（Mesopotamia）、察尔迪亚（Chaldia）、梅利蒂尼（Melitene）、科洛尼亚（Koloneia）、幼发拉底河沿岸地区。派出的一支军队一事无成，因为这是最差的军队，最好的军队因地位更高更为昂贵已被解雇。结果罗马人军队不断战败，造成无法忍受的悲伤，带来罗马人领土的缩减和影响力的丧失。阿尼（Ani）城规模庞大、人口众多，环绕着无法通行、陡峭岩石密布的天然沟壑而不是人工护城河，没有陡峭悬崖和峡谷的那一边是一条很深的、起漩涡的、无法涉过的河流。进城的通道狭窄，城墙高大坚固。君士坦丁九世原来设法派强大军队占领它，结果失败，但是皇帝和这座城市的统治者签订了条约，阿尼城统治者把他的城市交给了罗马人，获得皇帝赐予的大量财产和最高级别头衔。这座城市土地面积广袤，有很多村庄，成为一个总督（doux①）的总部。它位于叙利亚的蒂维翁（Tivion）边境，成为抵挡企图侵略格鲁吉亚的蛮族的主要堡垒。但皇帝的吝啬使罗马人丧失了这座城市。阿尼城统治者享有获得一批粮食的权利，但是亚美尼亚人潘格雷提奥斯（Pangratios）向皇帝承诺他统治阿尼不需要任何资助，能使阿尼和整个地区更好。皇帝任命他为总督，统治那里。但是他不尽职，既不供应粮食，也不提供军事或政治性质的保卫措施。突厥人苏丹攻打阿尼城，由于皇帝不负责任的吝啬，阿尼城守军不足，城中居民是没有军事经验的商人，他们逃跑，阿尼城陷落。突厥人屠城，血流成河。那些落入敌人手中、没被杀死的人沦为奴隶。只有少数统治阶级和可耻的指挥官们躲进要塞，后来投降，仅以身免。阿尼城及其所有村庄和土地因皇帝不合时宜的节省被突厥人占领。亚洲因敌人侵袭有很多麻烦，欧洲也因佩彻涅格人袭击而状况糟糕，但和佩彻涅格人的战争有败有胜。在小纪（indiction）第3年（即公元1064年）秋天，60万乌兹人（Ouzoi / Uzes）带着所有财产坐着船（由树枝、树根和兽皮做成）渡过多瑙河，打败保加利亚人和罗马人，蹂躏直到塞萨洛尼基甚至到希腊（Hellas）本身的整个伊利里亚（Illyrikon）地区，到处

---

① doux，希腊文为 δούξ，拉丁文为 dux，指将军、总督。doux 最初通常与民事行政分开，只有在几个行省既有军事功能又有民事职能；doux 控制驻扎在几个行省的军队也是例外情况。doux 后来地位下降，军区统治者最终称为 strategoi（军区将军）。10 世纪下半期 doux 重新用来指较大地区的军事指挥官，有时称为 doukaton。有学者把 doux 等同于 katepano（总督，地方长官）。12 世纪小军区的统治者们称为 doukes / dukes。参见 Alexander P. Kazhdan (editor in chief), *The Oxford Dictionary of Byzantium*, p.659. 罗春梅：《1204 年君士坦丁堡的陷落》，第 109 页，注①。

劫掠，但天气不利，他们丧失了掠夺的战利品和他们自己的几乎所有财产。皇帝在听说他们的数量之后不愿派军队攻打他们。有人说是因为皇帝贪婪不愿意花钱，有人说是因为皇帝没有信心抵抗这么多敌人。因为所有人都认为敌人是不能征服的，不可能打败这么多训练有素的敌人，因此欧洲所有人现在都在考虑移民。皇帝派使者去见他们的首领，送了很多礼物，邀请他们前来访问，给予很多好处。但他们人数太多，必须每天搜寻必需品。人们抱怨说皇帝的吝啬出卖、抛弃了罗马人的利益，皇帝不能忍受，率领不到150人出征，许多人奇怪皇帝怎么带这么少的人去面对那么强大的敌人。这时皇帝派出的使者带来消息说乌兹人已被彻底摧毁，其中一些被传染病和饥饿消灭，一些被保加利亚人和佩彻涅格人歼灭。皇帝感谢上帝和圣母，回到君士坦丁堡，发现人们在赞美、感谢上帝和圣母，欧洲人们也在感恩，认为这是奇迹。有人认为好事归功于皇帝的美德，坏事归咎于皇帝的缺点。我认为不幸是对人们罪恶的惩罚，幸福完全是上帝的奖励而不是对皇帝美德的奖赏，这样说是恰当的，因为所有好的事情都来自上帝。通过积极祈祷和善行，我们获得上帝的善意。但皇帝们为发生在我们身上的事情承担着更多责任，没做好的受到指责，做好的得到赞扬，正如赛马的结果原因在于马车夫而不是马。渡过多瑙河的乌兹人因饥荒只剩下一些人存活下来，投靠了迈密登斯（Myrmidons）的统治者（可能是罗斯的 [Rus']），还有一些投靠罗马人皇帝，得到马其顿一些政府土地，到今天成为了罗马人的盟友。同样，一些佩彻涅格人也投靠我们，也被授予元老职位。

第15章，小纪第2年（即公元1063年）9月23日地震。地震发生在西部地区，许多房子倒塌，教堂裂开或破损，人们哀号，感到异常恐怖，走出房子，祈祷上帝，甚至通常禁闭于房内的妇女也因恐惧而不顾端庄冲出房门祈祷上帝。一些人认为地震是自然现象，我认为是上帝发出的征兆，目的是限制和控制人类冲动，目标是把人类引向更好的道路。认为地震是自然现象的观点在一定程度上甚至可能是对的，但地震并非任意发生，它是神的意志所致。因此，下雨的直接原因似乎是云的聚集和相互撞击的雷电导致的，但是虔诚者认为一切都依赖于神的意志。在马其顿地区，这次地震受灾最严重的是沿海城市，大量建筑物倒塌，很多人死亡。从那时起，地震断断续续持续了两年，令人震惊。一些年纪很大的人说以前有两场地震和这场地震类似，但没有这么大，持续时间没有这么长，只有 40 天，这一场持续长达两年是闻所未闻见所未见，没有任何史书记载过。两年后，一场大地震在比提尼亚（Bithynia）的尼西亚爆发，比之前的余震要大，但比最初那场大地震要小，几乎毁灭了那里的一切。最重要的大教堂、城墙以及许多私人住所倒塌。这些事件是我们的罪过引起的，肯定是神的愤怒造成的；但它似乎也预示了我们提到的那个民族的入侵。在小纪第 4 年（即公元 1065 年）①5 月，日落后出现了一颗明亮的彗星，有月亮那么大，好像在喷出烟和雾。第二天它开始发出卷须状物，卷须状物越大，彗星越小。光线向东绵延，持续长达 40 天。公元 1066 年 10 月到第二年 5 月，皇帝病倒去世，遗体由船运到金门（Golden Gate）以外一座献给圣尼科劳斯（Nikolaos）的修道院，安放在一具原准备给别人用的棺材里。

第 16 章，塞尔柱人进攻和罗曼努斯四世（公元 1068-1071 年在位）即位。皇权由君士坦丁十世的妻子尤多奇亚（Eudokia）和孩子掌握，元老院和教会官员已经提前规定她不能第二次结婚。当时牧首是约翰·西菲利诺斯（Joannes Xiphilinos），他来自特拉比宗（Trebizond），原来是奥林匹斯山（Mount Olympos）上的修道士，不情愿地成为了牧首。皇帝去世后，匈人（Huns）打败罗马人军队，在东部地区到处烧杀抢掠，毁灭一切，亵渎圣巴西勒（Basil）圣陵，掠夺神圣装饰物，偷走由黄金、珍珠和宝石做成的棺材盖板，屠杀凯撒里亚（Kaisareia）城中许多人并亵渎了教堂。匈人联合阿勒颇（Aleppo）统治者和阿拉伯人到处烧杀抢掠。由于罗马人统治者没有支付军队全额薪水，仅支付了部分报酬，有个原来投靠罗马人的匈人首领回到匈人中攻打罗马人，士兵们解散回家。皇帝们募集一支没有作战经验、不会骑马、没有武器的青年，由安条克总督、司令官（*magistros* ②）尼基弗鲁斯·博塔尼埃蒂兹（Nikephoros Botaneiates）率领，但他们没有什么用，后来解散回家。尼基弗鲁斯·博塔尼埃蒂兹雇佣了当地士兵，凭借其美德、勇敢和智慧，加上他自己的仆人，打败

---

① 作者记载有误，实际上是公元 1066 年。

② *magistros*，或 *magistrus*，希腊文为 μάγιστρος，头衔，在词源学上与拉丁语 *magister officiorum*（首席大臣）相关，但是与晚期罗马帝国官员完全不同。作为头衔最早在 9 世纪晚期被提及，10 世纪初被授予该头衔的不到 12 人，该头衔在 10 世纪晚期后贬值，可能在 12 世纪中期消失。可译为"长官""司令官""领袖"等。Alexander P. Kazhdan (editor in chief), *The Oxford Dictionary of Byzantium*, p.1267.

了蛮族的侵袭。但是他也被解除指挥权，蛮族更加嚣张，城市处境非常窘迫，缺乏食物和其他物资。鉴于这种情况，需要一位皇帝率军抗敌，博塔尼埃蒂兹被认为是最合适人选，但结果他的一位亲戚被选中，这是上帝的意志。因为如此大规模的异族暴动、屠杀罗马人领土上的人们，只能归因于上帝对异端即亚美尼亚人和异教徒的愤怒，但是灾难也袭击东正教，东正教徒不知道这意味着什么。贵族罗曼努斯·狄奥根尼斯叛乱，他认为是统治者无能导致敌人为所欲为，是罗马人吝啬导致敌人越来越强大。他对此感到愤怒和悲伤，因而考虑叛乱，而不是像后来有人断言的那样是他热衷权力所致，目的是使衰落的帝国强大起来，因为国家没有得到合理统治。但狄奥根尼斯被出卖，押解到君士坦丁堡，被判企图篡位，流放到一座岛上，我是当时参与审判的法官。人们感到难过，希望他能当皇帝，因为他是为了东正教。他不仅品质出众，而且相貌英俊，令人愉快。元老院为他感到惋惜，同情他。他被释放，皇后任命他为"领袖"（magistros）和军队司令，皇后和她的儿子们率领皇家（按照惯例是由皇帝率领的）列队行进到圣索菲亚大教堂。由于帝国遭到异族的蹂躏，处境极其危险，皇后、元老院和牧首一致认为，君士坦丁十世死前禁止其遗孀再婚是不利于公共利益的，将毁灭罗马帝国，公共利益高于去世皇帝的个人愿望，私人协议不应凌驾于公共利益之上。罗曼努斯·狄奥根尼斯被提名为皇帝，在小纪第6年（即公元1068年）1月1日即位。

第17章，罗曼努斯四世第一次东征（公元1068年）。罗曼努斯召集西部地区和卡帕多西亚（Kappadokia）的军队，与斯基泰人结盟，斯基泰人尚未到来，他就率领皇家禁军匆忙出发，本书作者被选中跟随皇帝，负责军事法庭，以下为作者亲身经历。皇帝出征通过比提尼亚到达安纳托利亚（Anatolikon）军区，部队指挥官们和士兵们聚集在那里，这些著名部队及其指挥官们现在仅由少量人构成，这些人贫穷，缺乏像样的武器和战马。他们长期遭到忽视，没有得到规定的金钱用于补给品，逐渐被敌人击溃，处境悲惨，虚弱无力，旗帜肮脏，士兵可怜，人数很少，没有作战经验。但皇帝并不沮丧，打算复兴罗马人国家。他征募年轻人入伍，安排能干指挥官率领他们，加上西部地区军队，他们很快就组成了一支做好战斗准备的军队，皇帝率领他们去攻打突厥人。皇帝率领骑兵追赶敌人，任命奥西莱利奥斯（Ausinalios）率军前往梅利蒂尼，其中有法兰克人，但奥西莱利奥斯损失了军队。皇帝率领整个军队驻扎在阿勒颇地区，派斯基泰人和罗马人劫掠敌人领土，掠夺了大量俘虏和牲畜。他率军靠近希拉波利斯（Hierapolis），和阿拉伯人交战，罗马人列成方阵，傍晚驻扎在希拉波利斯城前，按照通常的做法，挖了壕沟，立起了木栅栏。皇家禁军和亚美尼亚人部队攻下该城，获得大量谷物和其他粮食，以及一些酒等。罗马人使用投石机、弓箭等攻打并占领了塔楼和堡垒。随后罗马人占领了许多城市。皇帝正在希拉波利斯城中攻打塔楼的时候，阿勒颇埃米尔和阿拉伯人以及突厥人在城外打败了罗马人，我开始轻视罗马人的怯弱、无能或可怜，因为尽管罗马人战败，但是营地中其余军队没人行动。皇帝知道后非常痛苦，表达了对那些愚蠢的士兵和罗马人的鄙视，结果所有人都很害怕，负责守卫的亚美尼亚人步兵计划逃跑。半夜，敌人围攻罗马人营地，被赶跑。我认识到我们时代的罗马人不能抓住机会，不能设下埋伏，不能在恶战中做出明智的决定，不能分辨对手的力量。他们总是只遵循一条原则，即对付的敌人是最强大的还是最糟糕的，或者是中央军队还是地方军队。他们在打败阿勒颇统治者之后不敢追击。我们的统治者们不理解如何通过继续追击来取胜，因此他们使罗马人的领土成为敌人的纳贡者或者牧羊地。而且，皇帝在赶跑敌人之后在希拉波利斯待了一些时间，安置了驻军，任命了指挥官，这给了敌人恢复的时机。事实上，只要罗马人军队驻扎在那里，阿拉伯人就认为最好待在自己的领土上，但是只要皇帝调转军队，向阿扎斯（Azas）要塞进军，他们就开始冒出来。他们照常不断骚扰罗马人的后卫部队甚至是辎重部队，出其不意地埋伏或者突袭。皇帝使用远程弓箭手和轻盾兵打退了敌人，到达阿扎斯要塞。皇帝得知那里有足够的供水，足以供应大军。但是接近那里的时候，他发现那里防守森严，水量很少，不够供应军队的千分之一。他决定不在那里扎营，由于严冬即将来临。皇帝率军回到罗马帝国，途中烧掉了属于阿勒颇埃米尔的卡特玛（Katma）大村庄。边境以前遭到攻击，一片荒芜，几乎找不到避难之地，只有一些小房子里住着一些幸存者。皇帝占领了阿塔奇（Artach），这个要塞本来是罗马人的，被萨拉森人占领，皇帝围攻，萨拉森人夜里逃走。皇帝在那里安排了将军、驻军和粮食。只是在这位皇帝统治期间罗马人才开始抵抗敌人，在君士坦丁九世及其继任者们统治期间，他们没有真正和敌人交战。由于安条克以前遭到劫掠，粮食缺乏，皇帝为避免耗尽安条克的粮食，选择经过荒芜的地方、狭窄的道路、翻越陶洛斯（Tauros）山脉回到罗马人领土，但当时差不多12月底，皇帝的很多人、马匹、骡子冻死在路边。我也在通过陶洛斯山脉的狭窄小路时逃过一劫。当时我的马患了病，前腿弯曲了一下，我从右边掉了下来，左边是悬崖，我命令马重新站起来，结果马掉下了悬崖。所有人都目瞪口呆，认为这是奇迹。小路仅够一人一次通行，我骑上另一匹马，队伍才继续。途中消息传来说阿摩利翁（Amorion）城被敌人攻占，人们被屠杀或者俘虏。由于是冬天，皇帝不能采取进一步的行动。皇帝安排雇佣军和西部地区军队到冬营地，他自己和侍卫，以及禁军在隆冬、接近 1 月底时回到了君士坦丁堡。

第 18 章，罗曼努斯四世第二次东征（公元 1069 年）。皇帝花了些时间处理民事，授予荣誉，分发年度礼物，然后还没过复活节就再次出发东征攻打突厥人。当时有个来自意大利的拉丁人克里斯皮诺斯（Krispinos）在东部和他的同胞过冬，他认为没有得到皇帝适当的尊重或者没有得到足够的礼物，他想叛乱，开始抢劫税吏和任何碰到的人，不过没有杀人。皇帝得知后下令许多士兵对他开战，但被他打败，后来西部军队攻打他也失败。之后克里斯皮诺斯对罗马人俘虏发表讲话，谴责罗马人不虔诚，竟然在星期日攻打他们。这个消息迫使皇帝出发。他强迫我履行同以前一样的工作职责，授予我贵族显职。克里斯皮诺斯请求皇帝宽恕，皇帝同意。克里斯皮诺斯再次被指控，法兰克人天生背信弃义，他被谴责为忘恩负义、憎恨上帝，被禁止参加远征。他的伙伴们听说后侵略罗马人领土，伤害居民。皇帝率军来到拉里萨（Larissa），皇帝军队中有罗马人、拉丁人、斯基泰人雇佣军、法兰克人，皇帝处决突厥人俘虏后，在营地待了三天，敌人逃脱了。皇帝去追敌人，敌人已经渡过幼发拉底河。皇帝想出了一个非常卑鄙而危险的计划，得到所有人的赞美，这个计划是军队解散回家，因为敌人很远，我们的追击徒劳无益，于是，皇帝留下一些罗马人部队保卫该地区，其余部队回家。皇帝征求我们这些法官的意见，其他法官都赞成，只有我保持沉默。皇帝问我的看法，我说罗马人越懦弱，敌人就会越胆大，就会更容易打败我们，应该继续攻打突厥人，而不是回去。皇帝马上改变主意，接受了我的建议。但不久他的身体过热，急需雪和冷水，皇帝把大部分军队交给菲拉雷托斯（Philaretos）指挥，他是个有战绩但是私生活可耻卑劣的人，皇帝和他的士兵翻越了许多山，来到一个水草丰美、有粮食的地方，不久消息传来说菲拉雷托斯指挥的军队被突厥人打败，罗马人害怕突厥人，纷纷逃跑，突厥人夺取了他们的装备，俘虏了一些士兵。突厥人不敢来攻打皇帝，

他们进入卡帕多西亚军区，沿途劫掠，攻打人口众多的伊科尼姆（Ikonion /
Iconium）城。皇帝在凯莱辛（Kelesine）军营接待幸存者，以免他们四处游荡，
被亚美尼亚人杀害。皇帝主张追击敌人，他征求其他人的意见，其他人反对追
击，表达了各种意见。皇帝打算进军到卡拉莫斯（Keramos）城，一直到梅利
蒂尼，我指出没有必要在乎那些地区，因为它们已经因不断侵略而荒芜，应该
前往那些尚未受到侵略、仍然完好无损的军区，以防它们遭到敌人的破坏。我
的看法得到采纳。敌人劫掠伊科尼姆城后回去时害怕碰到皇帝，就翻越塞疏
西亚（Seleukeia）各山脉到达塔索斯（Tarsos）山谷，在那里碰到亚美尼亚人，
丢掉了几乎所有战利品，逃了回去。当时已经是秋天，皇帝留下一些士兵，因
为突厥人在劫掠罗马人领土，毁灭一切。皇帝回到首都，其余人马回家。

第 19 章，曼努埃尔·科穆宁（Manuel Komnenos）的东征（公元 1070 年）。
初春，皇帝任命年轻"首席主席"（protoproedros①）曼努埃尔·科穆宁担任东
部军队指挥官。曼努埃尔到达凯撒里亚。他确保军队需要得到满足，同时注意
遵守法律，惩罚违法的士兵，对他们处以罚款。他取得了一些胜利，野心勃勃
扩大自己的声望。皇帝表面上很高兴，但把军队分割，命令军队前往叙利亚，
曼努埃尔率军与突厥人激战，敌人逃跑，罗马人追击，追赶过程中分散，敌人
调转过来攻打罗马人，罗马人大败，曼努埃尔被俘。这之前，突厥人夺取了
霍奈（Chonai）城，亵渎了大将军（Archgeneral）教堂，洪水暴发，避难者淹
死。这些消息令我们极其沮丧，因为这些灾难似乎是上帝发怒引起的。这时俘
虏曼努埃尔的突厥人首领前来投靠皇帝，带来了曼努埃尔，因为突厥人苏丹
把他当作叛徒、攻打他。他到来许多天后，日出时，皇帝召集元老院在金殿
（Chrysotriklinos）② 召见了他，他是个矮小的年轻人，有着斯基泰人长相和祖
先，继承了他们的堕落和丑陋。皇帝授予他"元老院主席"头衔，想着他会为
攻打突厥人做出很大贡献，花了很多时间和他交谈。

① protoproedros，希腊文为 πρωτοπρόεδρος，由 proto-（"第一"）和 proedros 组成，即 first
proedros，译为"首席主席"。proedros，10–12 世纪拜占庭高级宫廷和神职人员头衔；作为宫廷头
衔，持有该头衔者为元老院主席；作为神职人员头衔，一般用于主教。参见 Alexander P. Kazhdan
(editor in chief), *The Oxford Dictionary of Byzantium*, pp.1727-1728.

② Chrysotriklinos，希腊文 Χρυσοτρίκλινος，意为"金殿""金色大厅"，是君士坦丁堡大
皇宫（Great Palace）中主要用于接待和仪式的一个大厅，象征着皇权。Alexander P. Kazhdan (editor
in chief), *The Oxford Dictionary of Byzantium*, pp.455-456.

第20章，罗曼努斯四世第三次东征（公元1071年）和曼兹科特战役。公元1071年3月12日，皇帝照例给元老院领导们分发礼物，称为年度津贴（roga①）。13日，皇帝召集士兵，准备出征。当他正在渡过卡尔西登（Chalke-don）海峡时，一只大部分羽毛为黑色的鸽子飞过头顶，靠近皇帝乘坐的船只，最后落在皇帝手上，皇帝派人把鸽子送给皇后，皇后待在首都皇宫中，这不符传统。这似乎是某种征兆，但没有一致的解释，有人预言是好的结果，有人预言是坏的结果。皇后与皇帝之间有些紧张，在皇帝出发的时间没有送他，但是第二天皇后渡过海峡和皇帝在一起待了几天，以恰当的方式告别，在通常的告别仪式后，皇帝出发东征，皇后则回家。皇帝没有在通常的港口登陆，改成在海伦诺波利斯（Helenopolis）上岸，海伦诺波利斯被称为"可怜的城市"（Eleeinopohs）。皇帝改变登陆地点也被看成是不好的征兆。支撑皇帝帐篷的杆子断裂，帐篷倒塌。皇帝继续到安纳托利亚行省，对那些陪伴他的人更为小气，不愿意驻扎在河岸长满小麦的平原上，他自己驻扎在陡峭、多岩石的地方，待在那里找到的小屋里。在那里出现了预示坏运气的征兆，因为不知怎么皇帝待的那些房子突然起火，许多人跑过去灭火，但是皇帝的财产包括马匹、武器、马勒、马车等被烧毁。这证明灾难已降临到皇帝身上，但这些事情的含义后来才显示。皇帝召集分散各地的士兵，从中挑选出想要的，解散了其余的，继续愉快行军，他不时离开军队去他自己的领地，或者去他下令建筑的要塞。最后他让军队驻扎在克亚佩兹（Krya Pege），那里位于缓慢倾斜的山坡上，饮用水丰富、树木丛生、有各种蔷薇花和百合花。皇帝在那里驻扎了几天，当他看到乡村正在被士兵们特别是雇佣军和外国人无情毁坏时，皇帝的内心感到刺痛，因为所有庄稼都被过早地收割用于喂养牲畜。他鞭打一群拉丁人（Nemitzoi）。这些傲慢、愤怒、无头脑的蛮族不顾一切地为自己的人报仇。大约在中午，他们骑马去皇帝的帐篷袭击皇帝，被皇帝降伏。这些人原来是皇帝

---

① roga，希腊文为ρόγα，指现金薪酬，特别是付给军队和文职官员的报酬。在10世纪，军区将军每年得到政府发的roga，军区士兵每四年得到政府发的roga。持有宫廷头衔的人也得到roga。roga可以通过购买官职或者头衔获得，因而形成一种政府年金，从11世纪起被授予显职的外国统治者也获得相应的roga。10世纪后皇帝给阿索斯山修道士发津贴也称roga。参见Alexander P. Kazhdan (editor in chief), *The Oxford Dictionary of Byzantium*, p.225, p.1801, p.2089, pp.2189-2190.

的护卫，皇帝把他们安排到最后的位置。皇帝率军来到格鲁吉亚一个岔路口，皇帝选择走左边的路，看到了许多尸体，这是前一年曼努埃尔·科穆宁将军（kouropalates①）被突厥人打败的地方。对士兵们来说这也是不祥之兆。皇帝到达塞奥多修波利斯（Theodosioupolis），这个地方原来被忽视，现在被抛弃，居民都迁到了附近的阿泽（Artze）城，那里位置更好，是一个大的地区中心，有来自波斯、印度和亚洲其余地方的各种产品。一些年前，由于突厥人在附近立足，突厥人对阿泽实行屠城，塞奥多修波利斯得到重建和加固，修建了护城河，加固了城墙。皇帝下令所有居民提供他两个月的粮食，因为他要率军穿过突厥人彻底毁坏的无人区。突厥人苏丹回到了波斯，皇帝派出斯基泰人雇佣军和罗塞利奥斯（Rouselios）率领的法兰克人（Franks / Germans）去西利亚（Chliat）劫掠。皇帝决定率领其余军队前去夺回罗马人城市曼兹科特（那里在前一年被突厥人苏丹征服，有大量突厥人驻军），然后再去攻打不远处的西利亚。皇帝轻视曼兹科特城的敌人驻军，让司令官约瑟夫·塔哈内奥特斯（magistros Ioseph Trachaneiotes）指挥大部分军队，还给了他相当数量的步兵，这些都是精兵，数量远远超出皇帝自己保留的士兵。在过去，皇帝个人的部队（往往称为 allagion②）通常不需要参加战争，在其余军队正在打胜仗时，他们和皇帝远离战场观战。由于西利亚的敌人不计其数，塔哈内奥特斯率军前去支援斯基泰人和法兰克人，同时保护西利亚城外的庄稼不被居民收割，以免饿死罗马人军队。皇帝率军兵临曼兹科特城下，寻找最佳攻城地点，皇帝准备了大量用来制造攻城塔的巨大圆木，使用了几乎 1000 辆四轮马车运输这些圆木，还驱赶了无数的牛羊以供军队使用。亚美尼亚人步兵在傍晚攻下了堡垒，城中派来使者说只要不损害他们的财产就交出城市。皇帝答应。但是居民无视条约，担心晚上军队伤害他们，不允许军队进城。于是皇帝下令攻城，突厥人前来向皇帝下跪求饶，他们带着武器，皇帝没带武器。我当时在场，不赞成皇帝让自

---

① kouropalates，高级头衔，在 11 世纪被授予皇族以外的几个将军，其重要性在 12 世纪极大下降。译为"将军"。参见 Alexander P. Kazhdan (editor in chief), *The Oxford Dictionary of Byzantium*, p.663, p.1157.

② allagion，希腊文为 ἀλλάγιον，复数形式为 allagia，军事分队，10 世纪的一支军事分队大约有 50–150 个军人，皇帝的 allagia 大约有 320–400 个军人。Alexander P. Kazhdan (editor in chief), *The Oxford Dictionary of Byzantium*, pp.67-68.

己置身于那些鲁莽无情的凶手之中。这时一个士兵被指控偷了突厥人一匹小驴，皇帝下令把他的鼻子割了，他请求献出自己所有财产，并祈求皇帝携带出征的圣母圣像说情，遭到皇帝拒绝。这个士兵被当众割掉鼻子，痛苦地大叫呻吟。当时我觉得这是不祥的预兆，我认为上帝会给我们严重的报复。皇帝派罗马人军队驻守曼兹科特城。第二天，皇帝准备签订书面协议，并为居民供应粮食，然后去西利亚。但是罗马人军队遭到突厥人袭击，皇帝派尼基弗鲁斯·布莱伊纽斯（Nikephoros Bryennios）率军抗敌，突厥人射箭，罗马人大量伤亡。皇帝派司令官瓦西拉基斯（magistros Basilakes）率军增援，敌人逃跑，罗马人追击，布莱伊纽斯下令停止追击，率军回去了，但是瓦西拉基斯不知道，他和自己的军队一直追到敌人的营地，他的马受伤，他摔倒在地，被俘虏。消息传来，军队感到害怕，伤员躺在担架上痛苦呻吟。皇帝率领剩余军队出去，一直到晚上也没有发现敌人。突厥人天生邪恶，擅长欺骗。皇帝傍晚回到营地。接着，突厥人倾泻而出，猛烈攻击营地外的斯基泰人以及那些给军队出售补给品的人。斯基泰人赶紧逃进营地。那天晚上没有月亮，加上斯基泰人雇佣军类似突厥人，结果那天晚上相当混乱。大家感到极其恐惧，有人谈论灾难，有人哭泣，有人大喊，场面极其混乱，到处都是危险。突厥人整晚在营地外跑来跑去大喊大叫，斯基泰人躲在营地里不敢睡觉。第二天敌人继续骚扰，并控制了前往附近河流的通道，一支斯基泰人投奔敌人。罗马人害怕所有斯基泰人都投靠突厥人，因为他们的生活方式非常类似。被派去西利亚的人马没有回来支援皇帝，塔哈内奥特斯一得知突厥人苏丹前来攻打皇帝就率领军队逃回了罗马人领土。我建议皇帝要求斯基泰人宣誓，他接受了建议，我负责完成了此事，让斯基泰人按照传统方式宣誓真正效忠皇帝和罗马人。这时苏丹派使者求和，皇帝答应并把皇帝的十字架给了使者，但要求苏丹率领自己的人马离开那里，突厥人不能在那里定居，然后他们才能讨论条约。但是皇帝把胜利送给了敌人，那些研究这种事情的人说他不应该把十字架这个胜利的象征给敌人。使者的任务还没有完成时，皇帝的一些密友劝皇帝拒绝苏丹求和请求，因为苏丹没有诚意，意在欺骗皇帝，他在等待援军，拖延时间。皇帝准备战斗，拒绝突厥人和谈请求。皇帝的军队列成方阵，打败了突厥人，皇帝率军追击敌人，一直追到晚上，然后命令调转皇帝的旗帜，示意军队停止追击，回到营地，但是远离主力的士兵看到旗帜调转，以为皇帝战败，许多人说一个等待机会推翻他的人即皇帝继子的堂兄弟在士兵中散布谣言说皇帝失败了，并率领自己的人马逃回营地，士兵们跟着逃跑。只有皇帝和自己的人马站在原地。苏丹率军掉过头来攻打皇帝，杀死或俘虏了很多罗马人，掠夺了大量战利品。皇帝手受伤，马被射中，最后被俘。苏丹品德高尚，宽恕敌人，款待皇帝，双方签订了和平协议，缔结了婚姻联盟。皇帝在苏丹那里待了八天后被释放。皇帝带着其他被释放的罗马人俘虏，还有突厥人使者回到罗马帝国。

第21章，内战和罗曼努斯四世垮台（公元1071-1072年）。皇后下令各地不得接待或承认狄奥根尼斯为皇帝，"凯撒"约翰（*kaisar* Ioannes，她第一个丈夫的弟弟）及其两个儿子入宫宣布皇后长子米哈伊尔（Michael）为唯一皇帝，并罢黜、流放皇后，把皇后送进修女院。狄奥根尼斯得知自己被废黜，占领多西亚（Dokeia）要塞，驻扎在那里。约翰和侄子派兵攻打狄奥根尼斯，内战爆发。一开始狄奥根尼斯占上风，他前往自己的家乡卡帕多西亚行省，但米哈伊尔召回被狄奥根尼斯流放的法兰克人克里斯皮诺斯，派他率军增援攻打狄奥根尼斯的军队，命令安条克总督（*katepano*①）率军攻打狄奥根尼斯，后者站到狄奥根尼斯一边。狄奥根尼斯使东部大量地区承认他的皇权，西部地区士兵也支持他，但他没有计划好，在陶洛斯山脉一条小道艰难行进，给了敌人集结军队的机会。米哈伊尔派堂兄弟率军进陶洛斯山脉攻打狄奥根尼斯，狄奥根尼斯的军队占据了高处，但未能利用这次机会。狄奥根尼斯待在阿丹（Adane）要塞，遭到围攻，缺乏必需品，最后双方协商，狄奥根尼斯同意放弃皇位，成为修道士。当狄奥根尼斯穿着黑色衣服从要塞中走出来的时候，他的护卫见此情景感到极其害怕和同情，感叹世事的无常。狄奥根尼斯在被押解回君士坦丁堡的途中被弄瞎。那个蔑视艰辛、恐怖军事生活的人在皇宫中平安无事，这样一位没有犯错、为罗马人福利冒着自己的生命危险、率军攻打最好战民族的人却遭此劫难。突厥人苏丹都尊重他的美德，善待他，以证明自己仁慈、审慎和宽容。而皇帝却弄瞎了放弃皇权、成为修道士的继父，而且当时他的继父已经生病，需要治疗和安慰。皇帝迟早将遭报应。狄奥根尼斯被绑住，一个毫无经验的犹太人用铁针三次插入他的眼睛，极其残忍地毁掉了他的眼睛。见到他可

---

① *katepano*，希腊文为 κατεπάνω，通常指军事指挥官，到10世纪末主要指地方总督，1100年后指地方官。Alexander P. Kazhdan (editor in chief), *The Oxford Dictionary of Byzantium*, p.1115.

怜样子的人都忍不住哭了起来。这就是对他为罗马人所做高尚事迹的回报。他的脑袋和脸肿胀起来，长了蛆，几天后去世，去世之前已经发出臭味。他遭受的苦难超过约伯，却始终没有说过一句亵渎或卑鄙的话。

第 22 章，米哈伊尔七世的统治（公元 1071-1078 年）和大臣尼基弗鲁斯（*logothetes*① Nikephoros）的叛乱。米哈伊尔任命宦官约翰（Ioannes）监督国家事务，约翰仁慈、富有美德、温和、乐于助人、容易接近。另一个宦官尼基弗鲁斯（Nikephoros）擅长阴谋诡计、煽动骚乱，原来是米哈伊尔父亲君士坦丁的秘书，后来被任命为安条克总督，他激起萨拉森人攻打罗马人，没收安条克居民的财产，给安条克居民强加不合理的财政要求和严酷的苛捐杂税，他被监禁和流放，后来通过贿赂，成为伯罗奔尼撒半岛（Peloponnesos）和希腊军区法官。皇帝米哈伊尔委任他管理国家事务。皇帝因缺乏稳定的判断且不成熟而被他的诡计支配。他排挤了皇帝最亲近的人包括宦官约翰和皇帝的叔父"凯撒"约翰，控制了儿皇帝，结果他的意志成为了皇帝的决定和命令。此后，清白无辜的人遭到指控，被迫无端缴纳费用，导致财产没收、不断起诉、大量审讯以及受害者的痛苦和愤怒。

第 23 章，罗塞利奥斯叛乱。这期间，突厥人在东北地区不断袭击，到处劫掠，摧毁一切。皇帝派遣伊萨克·科穆宁率领军队攻打突厥人，还派出了拉丁人罗塞利奥斯率领的至少 400 个法兰克人。但罗塞利奥斯公开叛乱。伊萨克·科穆宁被突厥人打败被俘，大量罗马人被杀被俘，行李被掠夺，大多数罗马人逃命。从此，突厥人毫无顾忌地在东部地区劫掠。伊萨克·科穆宁被赎回，花了大量赎金。皇帝派叔父"凯撒"约翰率军东征，但约翰战败，被罗塞利奥斯俘虏，罗塞利奥斯率军前往攻打君士坦丁堡。皇帝怀疑罗塞利奥斯叛乱是内部阴谋的一部分，派使者去见罗塞利奥斯，许以高官厚禄，后者不为所动。罗塞利奥斯率军驻扎在君士坦丁堡城海峡对岸的克莱索波利斯（Chrysopolis），各地近 3000 个法兰克人前来援助，罗塞利奥斯放火烧那里的房子。皇帝把罗塞利奥斯的妻子孩子送给他以安抚他，同时秘密联系当时正在袭击罗马人的突厥人，做出很多承诺，劝他们攻打罗塞利奥斯。罗塞利奥斯退到尼科米底

---

① *logothetes*，希腊文为 λογοθέτης，高级官员，部门首脑，主要负责财政但不限于财政，可译为"尚书""大臣"等。Alexander P. Kazhdan (editor in chief), *The Oxford Dictionary of Byzantium*, p.1247.

亚（Nikomedeia），释放"凯撒"约翰，拥护他为皇帝。罗塞利奥斯率领至多2700法兰克人和五六千突厥人交战，他和少数法兰克人追击突厥人，追得太远，筋疲力尽后罗塞利奥斯和"凯撒"约翰被俘。突厥人提出罗马人缴纳大量赎金赎买这两个人。罗塞利奥斯被他妻子赎回。"凯撒"约翰被皇帝赎回后成为修道士。

第24章，比较古代和当代罗马人。古代罗马人虔诚，研究问题原因加以改进。我们时代的罗马人，领袖们和皇帝们借口公共利益犯罪，军队指挥官丝毫不关心战争，甚至轻视胜利，相反，他关注的是牟利，把军事指挥权变成商业投机，军队中其他人得到长官们的默许，热衷于残忍虐待自己的同胞，夺取同胞的财产，在自己的家乡和国家举止跟敌人一样，在恶行或劫掠方面丝毫不亚于名义上的敌人。因此，他们自己的同胞对他们进行了最可怕的诅咒，因为他们战败将使罗马人村庄、田地和城市得到解脱。我自己参加了很多战争，大半个生涯在宫廷度过，我从未见过各个方面都取悦上帝的决策，也没有见过小心谨慎避免违法（违法是上帝厌恶的）的决策。相反，每个考虑都是有关利益的，根本不考虑教堂是否遭到亵渎或者人们是否遭到伤害，那些利益至上的人在宫廷中凌驾于所有其他人之上。而且，大多数时候，他们在商议和发布命令时并不认为上帝存在，甚至不提及上帝。因此我认为罗马人的灾难是上帝的惩罚。据说蛮族都尊重正义，相信好运来自造物主。由于我们完全抛弃了我们的美德，因此我们的信仰反而成了罪证和罪名。我批评我们的人们目的是使他们的行为变得更好，以赢得上帝的善意和帮助，复兴国家。我们已四面受敌，整个东方和西方被哥特人和其他民族占据上风，因为我们不虔诚，疯狂自相残杀，内斗时不怕死，与外敌作战时则怯弱，甚至战争还没开始就逃跑了。

第25章，尼基弗鲁斯的政策和仓库（phoundax）。皇帝不在乎突厥人攻打罗马人、屠杀基督教徒、蹂躏村庄和土地、东部地区的混乱、无数平民遭到杀害或者俘虏，所有这些他都认为是次要的。罗塞利奥斯率领拉丁人攻打突厥人，皇帝宁愿领土处于突厥人控制之下，送信给突厥人要他们设法抓住他，还派出"元老院主席"阿莱克修斯·科穆宁（Alexios Komnenos）率军攻打他。罗塞利奥斯与突厥人缔结友好条约，但被突厥人出卖，突厥人为了金钱出卖任何友谊。阿莱克修斯给突厥人礼物，与突厥人协商引渡罗塞利奥斯。当皇帝主持审讯时，消息传来说突厥人袭击卡尔西登和克莱索波利斯附近，第一次他们如此接近首都。皇帝则漠不关心，好像是别的国家在遭难似的。皇帝完全被尼基弗鲁斯操控，尼基弗鲁斯完全控制了皇权，给予那些贿赂他的人好处，他极其爱钱，贪婪地集聚土地和房地产。他贪得无厌，使西布多蒙（Hebdomon）修道院成为他囤积其余财产的中心和宝库。这座修道院是他收到的礼物，他从皇帝那里得到许多土地和收入，他努力把它变成皇帝逗留时使用的豪宅，但实际上他在计划占有并从献给修道院的财产中获益，因此以它的名义拥有巨额财富。尽管他受到所有任职者、士兵、海关官员和税务官员的贿赂，拥有许多大房子和大片私人地产，但是这一切仍然满足不了他的欲望。他不断诽谤，把诽谤作为增加财富的手段，他不断损害国家的利益，把人们的不幸和贫穷变成个人谋利的机会。因此，当他听说在雷德斯托斯城有很多马车拉着谷物在修道院旅馆和出口，以及在那些属于圣索菲亚大教堂（the Great Church）和当地人的许多旅馆和出口自由出售时，他嫉妒人们的康乐，在那座城市外面建造了一座仓库，通过皇帝下令所有马车必须在那里聚集。他因此垄断了谷物这种最必需的产物的贸易，所有人必须从那里购买。从此那座城市不再繁荣。因为过去是想买谷物的人去马车那里跟零售商交易，不满意的话可以去找另外的零售商；但现在所有谷物都被拉到仓库，那里有许多常驻的知名买家，这些商人提前取得谷物，付款并储存，然后争相以三倍购买价出售。人们不再从马车那里购买谷物，船长也不再运输谷物到首都或给城市乡村居民等。所有谷物交易都要通过仓库的谷物商人，按照他们规定的条件进行。腐败的仓库管理人起草新的规定，剥削那些运进谷物的人，对他们使用那里的设施征收高额费用。这破坏了社会的繁荣。结果，谷物购买从每一金币 18 莫迪奥（*modioi*）减至仅仅 1 莫迪奥（*modios*①）。从那时起，他们不仅独占了运输粮食的马车，而且垄断了

---

① *modios*，希腊文为 *μόδιος*，粮食和土地的计量单位，复数形式为 *modioi*，译为"莫迪奥"。通常罗马或意大利的 1 莫迪奥（*modios*）等于 20 罗马磅（*litrai*）小麦。拜占庭有各种 *modioi*。1 *thalassios* (maritime) *modios*（标准莫迪奥）= 1 *basilikos* (imperial) *modios*（皇家莫迪奥）= 40 *logarikai litrai*（罗马磅）或 17.084 公升，1 *monasteriakos* (monastic) *modios*（修道院莫迪奥）= 32 *logarikai litrai*（罗马磅）或 13.667 公升，1 *annonikos* (revenue) *modios*（税收莫迪奥）= 26.667 *logarikai litrai*（罗马磅）或 11.389 公升。席尔巴赫（E. Schilbach）认为，*megas* (large) *modios*（大莫迪奥）= 4 maritime *modioi*（标准莫迪奥），认为 *staurikos* (cross-signed) *modios*（十字架莫迪奥）等同于 *annonikos* (revenue) *modios*（税收莫迪奥）。他还认为有专门用于贸易的 *modios*，换算关系又有不同。maritime *modios*（标准莫迪奥）大多用于计量土地，用来计量土地时，1 莫迪奥

附近所有其他商品。结果那里的居民和雷德斯托斯的市民不能出售自己家里的
产品。甚至他们的秤砣和量具都被没收了，仓库现在成为计量单位的唯一决定
者。如果得知有人在自己的房子出售自己收获的谷物，那么，他的财产将会被
仓库管理人没收和掠夺，仿佛他是一个杀人犯、强奸犯或其他这类罪犯。仓库
主人指挥几百个各种背景的罪犯，不断骚扰贫穷的商人和农民。没人敢于对抗
他们，因为他们数量庞大，且得到尼基弗鲁斯的支持。他后来以 60 磅黄金的
价格把仓库租出，享受收益，而所有其他人则因缺乏粮食和其他商品而处于困
境。缺乏谷物引起缺乏其他一切，而那些获取薪水的人要求得到更高报酬以补
偿食物缺乏。最受人尊敬的人和那些受仓库影响的人理解它的危害和物资匮乏
的根源。结果，粮食短缺，富足变成了匮乏，人们日益不满。

　　第 26 章，内斯托(Nestor) 和罗塞利奥斯叛乱 (公元 1074-1076 年) 的结束。
多瑙河边的半蛮族地区也传来谣言。多瑙河岸边有许多大城市，那里的居民构
成多语种人群，养活了大量士兵。先前渡过多瑙河的斯基泰人给那些城市引进
了他们的生活方式。尽管那些城市遭到他们的劫掠，但是它们也因尼基弗鲁斯
的倡议而被剥夺了帝国国库给他们的年度津贴。结果，一些城市开始叛乱，并
派使者去联系佩彻涅格人。皇帝派密友德里斯特拉（Dristra）总督内斯托去统
治那里。他来自伊利里亚，是皇帝父亲的仆人。皇帝派他和一些承诺使城市归
顺皇帝的德里斯特拉人（Dristrians）一起前往。他在那里待了一段时间，发现
当地人根本不愿归顺，他们把要塞的全部指挥权交给了他们自己的首领、某个
塔托斯（Tatous）。内斯托本人不知道什么原因，可能是因为他们是同一民族，
可能是因为听说他的房子和财产被政府没收等，内斯托与他们达成了协议，还
联合了佩彻涅格人，攻打罗马人。与此同时，阿莱克修斯·科穆宁以一大笔赎
金从突厥人手中赎回了罗塞利奥斯，把他押解回首都。皇帝无意见罗塞利奥
斯，也没有做出宽大仁慈皇帝应有的决定，即对他进行法律诉讼并在判决下达
之后将他处以死刑，但并不真的处死，以便为帝国保住一位好战士和指挥官。
这样他就会感激皇帝的救命之恩，从而攻打突厥人。但是皇帝没有这样做，相
反，皇帝像对待逃跑的奴隶那样对待他，下令鞭打他，把他关在一座黑暗的

（*modioi*）= 40 罗马磅小麦种子。参见 Alexander P. Kazhdan (editor in chief), *The Oxford Dictionary of Byzantium*, p.1388.

塔楼里，剥夺了帝国的力量和繁荣。同时，内斯托率军和佩彻涅格人侵略马其顿，无情毁坏那里，然后率领大军穿过色雷斯，驻扎在君士坦丁堡（City of Byzas）附近，其余军队在其他城市和乡村劫掠。夏天才开始，首都和其他西部城市缺乏食物，甚至牲畜也没有足够食物，物资匮乏困扰着所有人。首都也没有能够抵抗敌人的强大军事力量，没有能使居民看到摆脱敌人希望的计划，皇帝在理性、判断和经验方面都不是出类拔萃的。人们要求把尼基弗鲁斯交给敌人或者把他免职，遭到皇帝拒绝。但圣母使我们幸免于难，因为两个佩彻涅格人使者被怀疑要谋杀内斯托，内斯托于是带着大量战利品（包括俘虏和牲畜等）率军和佩彻涅格人一起撤退到多瑙河地区，佩彻涅格人一直在蹂躏罗马人领土。首都得救，那些负责运进农产品和其他商品的人现在不用害怕了。大多数人对得救感到惊奇，进行庆祝，感谢上帝和圣母。这时来自西部军队的一支部队从亚得里亚堡前来向皇帝告状，因为他们被拖欠薪水，还有那些当权者贪婪和缺乏远见引起的其他问题。但皇帝身边的人下令设下埋伏，好像是敌人一样用铁棒、长剑攻打他们，夺走他们的帐篷和马匹。皇帝没有补偿这些士兵，没有给他们礼物。他们计划报复。那一年，在君士坦丁堡观察到了许多凶兆。一只三条腿的鸡出生了，一个婴儿前额上长着一只眼睛（只有那只眼睛），还长着山羊脚。"不朽之神军"（Immortals）两个士兵在君士坦丁堡西城墙旁边的公共场所被闪电击中。几颗彗星划过天空。同时，东部地区一直遭到蛮族蹂躏、毁坏、征服，每天都有大批人逃离那些地区，在君士坦丁堡避难，结果粮食缺乏，饥饿困扰着每个人。冬天来临时，皇帝极其吝啬，他没有从国库中拨款救济，结果人们处境悲惨，皇帝没有救济穷人，没有为他们提供日常用品，而通常穷人是这样得到必需品的。每天平民大量死亡，不仅有避难者，还有君士坦丁堡居民，结果，尸体堆积在门廊和公共场所，用担架抬走，每副担架上任意堆放着五六具尸体。到处看到的是悲哀的面孔，首都充满了悲惨气氛。统治者继续草菅人命，非法审判，对于折磨人们的外敌入侵、神的愤怒、贫穷和暴力漠不关心，实际上，他们想方设法掠夺人们的生计和生活资源。

第27章，尼基弗鲁斯·博塔尼埃蒂兹的兴起和起源。尼基弗鲁斯·博塔尼埃蒂兹是来自安纳托利亚（Anatolikoi）行省的贵族，在财富、世系、功绩方面出类拔萃，担任那里的军事指挥官，虔诚，为自己的所见所闻感到悲哀，不能忍受有生之年东部地区被敌人蹂躏、君士坦丁堡被其统治者的罪恶包围以及西部地区遭到蛮族和阴谋毁坏，决定帮助受苦受难的东正教徒。他抵御突厥人侵略，反对皇帝，因为皇帝本人并不是在以真正皇帝的方式行事。在多次劝谏皇帝无果后，他自己攻打突厥人，关心基督教徒。他的家族由福卡斯家族（the Phokades）发展而来，连续 92 代兴旺发达，是君士坦丁大帝的后代，在权力、军事力量、政治领导力、男子气概、家族地位、勇敢、军事功绩、官员任命、著名的军事指挥等方面超越所有其他家族。福卡斯家族是著名法比（Fa-bii）的后代，法比许多次解救了罗马，他们的后代有大西庇阿和小西庇阿（the Scipiones），大西庇阿（Scipio Africanus）打败了汉尼拔（Hannibal），彻底摧毁了他的城市迦太基（Carthage）；大西庇阿的弟弟西庇阿（Scipio Asiaticus，Asiaticus 为"征服亚洲的"之意）征服了亚洲；保卢斯（Aemilius Paulus）打败了马其顿人国王、亚历山大大帝的后代珀尔修斯（Perseus），获取大量财富和俘虏，把所有财富献给了罗马城和国库。那时高贵的罗马人追求的不是金钱和财富，而是名声、国家的安全和辉煌。福卡斯家族来自伊庇利亚，那里的人勇敢刚毅，君士坦丁大帝把西部伊比利亚人（Iberians）迁到东部的亚述地区，此后那个地区称为伊庇利亚。

第 28 章，尼基弗鲁斯·福卡斯（Nikephoros Phokas）征服克里特（Crete）（公元 961 年）。皇帝尼基弗鲁斯·福卡斯的虔诚、谋略和功绩等，他在征服的克里特岛建有一座教堂，我见过里面福卡斯的雕像，各方面都像尼基弗鲁斯·博塔尼埃蒂兹，证明尼基弗鲁斯·博塔尼埃蒂兹是福卡斯的后代。

第 29 章，尼基弗鲁斯·博塔尼埃蒂兹的父亲和祖父。他的祖父和父亲协助皇帝瓦西里二世（Basileios Ⅱ）征服了保加利亚人。他的祖父尼基弗鲁斯是皇帝瓦西里的将军和顾问，在同保加利亚人战斗过程中因马滑倒摔死；他的父亲米哈伊尔在英勇打败保加利亚人后头昏眼花跌下马，解救了塞萨洛尼基，深受人们感激，被救活，得到皇帝瓦西里的青睐，协助瓦西里征服格鲁吉亚。

第 30 章，尼基弗鲁斯·博塔尼埃蒂兹的反叛。尼基弗鲁斯·博塔尼埃蒂兹称帝消息传到君士坦丁堡时，大家都很高兴。每天首都许多居民投奔他，不顾在位皇帝的惩罚和报复、旅途的辛劳以及控制东部地区乡村和道路的众多突厥人，这是前所未有的。这是因为人们知道统治者是暴君，在以非正义和不负责任的方式统治。而城外那位具有美德，有能力在如此混乱的时代稳定统治国家，由于那些掌权者的恶意，我们的国家已经极大衰落，处于崩溃的边缘。人们的想法得到上帝的批准，上帝总是使尼基弗鲁斯·博塔尼埃蒂兹一切顺利，甚至在他到达首都之前就已经使皇帝的母亲和所有亲属同意让位给他。最令人费解的是，突厥人并没有阻止首都居民以及农民投奔他。皇帝继续作恶，给突厥人送去无数礼物和承诺，好像突厥人是他的朋友和盟友似的，煽动他们攻打尼基弗鲁斯·博塔尼埃蒂兹，杀死他，或者俘虏他。但上帝改变了事情的结果。突厥人去见尼基弗鲁斯·博塔尼埃蒂兹，承诺结盟。尼基弗鲁斯·博塔尼埃蒂兹打败了对抗他的突厥人和罗马人。10 月 3 日，出现了神奇的预兆，东部地区出现一场无形火灾，空气中充满了纯火焰，一直到卡尔西登和克莱索波利斯，火焰烧掉了周围的一切，并从克莱索波利斯跨越狭窄的海峡，部分吞没了布拉海尔奈（Blachernai）宫，部分往北烧。这一现象延续了很长时间，这是宣布东部大军到来的公开预兆。有人认为这预示了光明使者的到来，将烧毁反对他的人。

第 31 章，尼基弗鲁斯·布莱伊纽斯的反叛。10 月底迪拉基乌姆(Dyrrachion)[①]总督尼基弗鲁斯·布莱伊纽斯因被解职而在西部地区叛乱称帝，参加的有士兵、他的支持者、大量瓦兰吉亚人（Varangians）和法兰克人等，他们前往亚得里亚堡。我当时在雷德斯托斯我的地产上。这时雷德斯托斯一个妇女（她丈夫是布莱伊纽斯的亲戚）用礼物和承诺说服很多人支持布莱伊纽斯。一天半夜有人告诉我这个叛乱阴谋，我带着骡子、马匹、人员等匆忙逃跑，发现通往首都的道路安静和平，皇帝的士兵在各城过冬，没有做任何准备，我匆忙入城进宫向大臣尼基弗鲁斯报告一切，并提出建议，但尼基弗鲁斯拖延不解决。11 月天空黯淡，因为太阳移向了金牛宫（sign of Taurus）。布莱伊纽斯进入家

---

① Dyrrachion、Dyrrachium、Epidamnus / Epidamnos、Durazzo（意大利语）、Durrës（阿尔巴尼亚语）、Drač（塞尔维亚语和克罗地亚语），为同一个地方，位于亚得里亚海沿岸，现为阿尔巴尼亚主要海港，现称 Durrës（阿尔巴尼亚语，译为"都拉斯"）。最初由古希腊人建立于公元前 7 世纪，称为 Epidamnus / Epidamnos，译为"埃庇丹努斯"；Dyrrachion 是货币上发现的，拜占庭人称这个城市为 Dyrrachium，译为"迪拉基乌姆"。意大利语称之为 Durazzo，塞尔维亚语和克罗地亚语称之为 Drač，译为"都拉斯"。参见 A. Gutteridge, A. Hoti and H. R. Hurst, "The walled town of Dyrrachium (Durres): settlement and dynamics," *Journal of Roman Archaeology*, Volume 14 (2001): 390-410. https://www.britannica.com/place/Durres; https://www.perseus.tufts.edu/hopper/text?doc=Perseus:text:1999.04.0006:entry=epidamnos。

乡亚得里亚堡，受到市民欢迎。巴塔奇纳（Batatzina）在雷德斯托斯叛乱称帝，当地人摧毁城外的仓库，叛乱者占领了潘尼翁（Panion）要塞。许多外国人参与叛乱，劫掠周围地区。我在这座要塞的房子和在乡村的地产都遭到大量劫掠。布莱伊纽斯派兄弟约翰（Ioannes）率领军队攻打君士坦丁堡，未能攻下，约翰在城外放火，然后撤军。皇帝放出囚禁的罗塞利奥斯，给予承诺、礼物和荣誉，派他和阿莱克修斯·科穆宁以及罗斯的船只海陆两路进军，打败了叛军。

第 32 章，米哈伊尔七世的垮台和尼基弗鲁斯三世的登基（公元 1078 年）。尼基弗鲁斯·博塔尼埃蒂兹的诸多美德。在圣索菲亚大教堂参加礼拜仪式的人宣布尼基弗鲁斯·博塔尼埃蒂兹为皇帝。米哈伊尔七世则咨询狡猾的谋士、占星家、贩卖神迹和预言的人、煽动者、迷信的人。人们不喜欢皇帝的无知和傲慢，认为导致了各种罪恶，结果东部地区和西部地区都有人叛乱，大部分人因为必需品匮乏而奄奄一息，因为 1 莫迪奥（medimnos①）谷物卖到了 3 金币，埋葬死者不再容易。大主教们聚集起来与牧首科斯马斯（Kosmas）商议，支持博塔尼埃蒂兹当皇帝。皇帝派人把一位躲到圣坛的大主教拖了出来，他还劫掠了最富裕的神圣礼拜堂，拿走了圣器（仪式用灯、圣餐杯、洒圣水器具、覆盖圣坛的布等），还有福音书，因为它们有贵重装饰品。他把大量金银财富都锁起来了。佩彻涅格人在西部地区大肆劫掠，杀死了很多乡下人，夺走了无数牲畜。布莱伊纽斯躲在哈德良堡（city of Hadrian，即亚得里亚堡），不攻打佩彻涅格人，直到哈德良堡出现严重饥荒，他和他的人马驮畜深受其害。布莱伊纽斯被迫与佩彻涅格人达成协议，给他们不少于 20 塔兰特（或肯特纳里[kentenaria②]），还有大量织物和银器，这样佩彻涅格人才不再围攻。布莱伊纽斯榨取忠诚于他的人的财富，却不抵抗敌人，只会毫无顾忌地吹牛。博塔尼埃蒂兹慷慨，宽容，突厥人不敢攻打他，皇帝米哈伊尔派去攻打他的雇佣军转而投奔他。突厥人库特鲁莫斯（Koutloumous）兄弟俩在尼西亚拜见博塔尼埃

---

① medimnos，"麦第姆诺"，在古典化文献中指 modios（希腊文为 μόδιος），计量单位，通常用来计量干燥谷物，本书译为"莫迪奥"。参见 Alexander P. Kazhdan (editor in chief), *The Oxford Dictionary of Byzantium*, p.1388.

② kentenaria，重量单位，译为"肯特纳里"，这里与塔兰特同义。参见 Alexander P. Kazhdan (editor in chief), *The Oxford Dictionary of Byzantium*, p.1121.

蒂兹，为他服务。博塔尼埃蒂兹把突厥人和罗马人编入一个军团，派他们去攻打君士坦丁堡、布莱伊纽斯。博塔尼埃蒂兹受到东部地区和首都人们的欢迎，他的军队攻下大皇宫（Great Palace），废黜了米哈伊尔，维持市场秩序，任命司令官（*droungarios*①）指挥舰队，不流血地占领了首都。三天后博塔尼埃蒂兹即位。

第 33 章，尼基弗鲁斯三世的诸多善行。臣民吹喇叭，击铙钹，欢呼博塔尼埃蒂兹的到来，他进入皇宫后慷慨赐予好处，例如，官职、田地、头衔、黄金、免税，等等，最少的礼物有 15 磅黄金，不动产形式的礼物价值百磅黄金，一些人得到那个数目的两三倍。由于太多，我默默忽略了其他天被赐予的头衔。棕枝主日（Palm Sunday）那天，整个元老院每位元老被赐予大量头衔，连升四五级。甚至首都那些穷人、乞丐也变富了，他们甚至懒得在首都到处去得到好处了。皇帝给了那些支持他的市民和先于他到达首都的士兵包括外国人突厥人大量好处。皇帝发现皇宫在前任皇帝米哈伊尔垮台的混乱中被劫掠了金银等贵重物品。他还发现了米哈伊尔搬到皇宫中的圣器和教堂用品，他把这些都完璧归赵。首都周围的海岸有木制的码头，通常称为 *skalai*，有不同的所有权人，商船能够停泊在这些码头进行交易。最初它们的所有权人通常是救济院（poorhouses）、医院等慈善机构，以及首都及其周边港口城市的修道院。整个海岸通常由我们祖先法律和皇帝敕令规定的那些人拥有，这些法律和敕令把码头赐予了那些拥有海岸土地的人。前一位皇帝米哈伊尔剥夺了所有这些所有者对码头的权利，在这件事上他有一个帮凶即新凯撒利亚（Neokaisareia）主教，他的同事高级神职人员和大司祭（archpriests）都因他热心卷入世俗事务而拒绝承认他，拒绝与他分享圣餐。他违背教父们（Fathers）的律法和使徒教规（the Apostolic Canons），导致大量人生不幸以及教堂和修道院慈善机构的不幸。新皇帝到来后，他在黑海南岸（the Pontos）入海口结束了生命，憎恨他的人纷纷向他的尸体扔石头。皇帝博塔尼埃蒂兹热爱上帝，抛弃了前任皇帝的卑

---

① *droungarios*，希腊文为 δρουγγάριος，复数形式为 *droungarioi*，军衔，该术语最早被提及是在 7 世纪初，在 7-8 世纪军区军队中其地位较高，指军区军队分部（*droungos*）指挥官，指挥1000 人军队，地位高于 komes；在 9-10 世纪地位逐渐下降，到 11 世纪时，*droungarios* 和 komes地位相当。可译为"司令官""军队指挥官""军官"等。komes 参见后文。Alexander P. Kazhdan (editor in chief), *The Oxford Dictionary of Byzantium*, pp.484-485, p.663.

鄙,声明属于上帝的必须归还上帝,丝毫不关心国库及其迫切需要,他把沿海码头还给了原来的所有权人,并颁布金玺诏书规定不得转让或者破坏它们。皇帝每天分发各种礼物,极其慷慨,给每个人好处,包括好的弓箭手、长矛轻骑兵、步兵、轻装散兵、聪明的、不聪明的、愚蠢的、谨慎的、观天象者、辩论能手、驾战车者、信差、无所事事者、工匠等。他颁布法律免除他即位前后短期内所有人的债务,禁止没收财产以防免除债务的敕令失效,因为在前任皇帝统治期间,债务毁掉了很多人并且有限免除债务使很多人丧失了自由。

第 34 章,尼基弗鲁斯·布莱伊纽斯叛乱的结束。皇帝三次派使者去和布莱伊纽斯议和,遭到拒绝。布莱伊纽斯的帐篷倒塌,有洞察力的人把这件事解释为他失败的前兆,几天前出现了月食,也预示着他将失败。天文学家说月亮揭示了叛乱者的命运,月亮情况的变化预示了叛乱者命运的变化。皇帝根据上帝的意愿和意志以及自己的良好判断力和勇敢,预言了叛乱者的失败。所有官员都认为布莱伊纽斯在祖先、美德、功绩等方面都不如皇帝。所有人都拒绝承认布莱伊纽斯,发誓抵抗他。皇帝征募士兵包括突厥人攻打布莱伊纽斯,任命"贵族"(nobellisimos)阿莱克修斯·科穆宁担任指挥官,阿莱克修斯之前捕获了罗塞利奥斯押解到君士坦丁堡。阿莱克修斯的军队主要由罗马人和突厥人组成,布莱伊纽斯的军队主要由罗马人和佩彻涅格人组成,阿莱克修斯凭借卓越的军事指挥才能大败并俘虏了布莱伊纽斯,皇帝下令弄瞎了布莱伊纽斯,我为皇帝写了篇演说词,称上帝给了博塔尼埃蒂兹权力,阐述皇帝的惩罚并非不公平、没有理由,但皇帝赦免了所有其他叛乱者,并赐予布莱伊纽斯等叛乱者好处。

第 35 章,更多反博塔尼埃蒂兹的阴谋和叛乱。守卫皇宫的瓦兰吉亚人禁军(Varangian Guard)叛乱,被皇帝及其卫士打败,皇帝称其权力得自上帝。不久修道士米哈伊尔去世,他不赞成皇帝的慷慨施舍,人们认为上帝因他阻止皇帝施舍而把他带走了。瓦西拉基斯叛乱,他被前任皇帝任命取代布莱伊纽斯担任迪拉基乌姆总督,他以各种借口积聚财富,征募一支大军,包括罗马人、法兰克人、保加利亚人、阿尔巴尼亚人(Albanians),并与佩彻涅格人结盟。皇帝给他好处,遭到拒绝。皇帝派遣西部地区总督(doux of the west)、西部军队指挥官阿莱克修斯率军出征,阿莱克修斯大败并俘虏了瓦西拉基斯,通过驿站马匹把他送给了皇帝,皇帝下令把他弄瞎。斯基泰人和库曼人(Cumans)

攻击亚得里亚堡城墙外面的房子，放火烧房子，罗马人军队到来后，他们逃走。同年，菲拉雷托斯·巴克米奥斯（Philaretos Brachamios）将军臣服皇帝。他聚集了大量亚美尼亚人和其他各种人叛乱，前任皇帝未能征服他，博塔尼埃蒂兹成为皇帝后，菲拉雷托斯臣服。莱卡（Leka）煽动佩彻涅格人叛乱，多布隆（Dobromn）在梅森布里亚（Mesembria）煽动叛乱，皇帝准备派军队攻打他们，他们臣服，皇帝给他们好处。多瑙河旁的斯基泰人派使者去见皇帝表示臣服。

第 36 章，博塔尼埃蒂兹的国内政策。皇帝接受君士坦丁堡牧首科斯马斯建议，任命前任皇帝米哈伊尔为以弗所人（Ephesians）的大主教，并得到了牧首科斯马斯和大主教们的同意。皇帝优待米哈伊尔的母亲，她被儿子流放，皇帝允许她回到君士坦丁堡，和她的孩子们住在一起，赐予她礼物和官职，享有大量收入，允许她的女儿们嫁给最重要的元老，厚待康斯坦提奥斯（Konstantios / Konstantinos，米哈伊尔的弟弟，很小就跟母亲一起被米哈伊尔流放）。由于突厥人的袭击，以及罗马人与突厥人结盟进行内斗，东部地区状况恶化。皇帝派出大量罗马人军队包括"不朽之神军"攻打突厥人。但康斯坦提奥斯带领这些士兵发动兵变，失败后成为修道士，没有遭受肉刑，其他参与人员得到赦免，军队被送到西方。突厥人大肆蹂躏东部地区，围攻要塞。在小纪第 3 年（即公元 1080 年）10 月初，闪电击中君士坦丁广场的大圆柱，击穿了柱子顶部，割断了三根铁箍，但没有人和动物受伤。关于闪电的产生，研究这些事物的人解释是云的碰撞和崩溃引起了火流，他们认为闪电不能伤害织物和人体，外行反对这种说法。皇帝忙于颁布法律，处理精神病人的婚姻和离婚问题，恢复利奥六世（Leo Ⅵ）的相关规定。关于肉刑，皇帝恢复了以前塞奥多西大帝（Theodosios the Great）关于最终裁决 30 天后才能执行的法律规定，给予了 30 天的缓冲期。皇帝还善待仆人。以前，在前任皇帝死后，曾经日夜勤勉服侍前任皇帝的仆人没有得到继任皇帝的善待，他们的财产受到威胁，他们甚至可能被流放。皇帝颁布法律，正义、合法对待皇帝的仆人，保护皇帝的仆人在皇帝死后免受不合理的恐惧和怨恨，申明以下情况是极其荒唐的：私人的仆人即农民、市民和长官的仆人在主人死后被列为遗产、遗赠、赔偿金甚至列入主人的遗嘱；把仆人加入他们的财产，他们不受争议地拥有其财产；以及皇帝的随从被继任皇帝剥夺财产、像罪犯与敌人一样被流放。皇帝禁止随意没收仆人的财产或者改变仆人的地位或者使仆人受到其他伤害或骚扰，除非根据法律做了调查和裁决。这条法律在所有人面前宣读，所有市民和元老都非常高兴，他们赞扬皇帝。皇帝归还了被没收的财产，下令召回被流放的人，使他们获得新生。这位皇帝镇压叛乱，当叛乱者臣服时，他宽恕他们，不没收他们的财产，赐予他们官职，赠与他们大量礼物。他还仁慈接待投奔他的敌人，赐予他们公共土地，保证他们体面地生存。皇帝极其虔诚，对臣民慷慨仁慈，但他贪婪，因为虽然他已经获得了尘世的统治权，但他还贪得无厌地通过最高的慈善行为来追求控制天国的永恒王权。

（六）在经济和社会方面的史料价值

阿塔雷亚特的主要著作《历史》涉及 1034-1079/80 年间的历史，主要基于作者直接的观察，记载了拜占庭帝国一步步衰落的过程并解释了原因，全书的主题是帝国政治上日益动荡以及帝国政界军界的无能和不忠，认为帝国衰落主要原因在于统治精英的不忠、道德败坏和领导错误，反映了他的时代帝国的衰落以及他对能带领帝国复兴的皇帝的寻求。《历史》赞美尼基弗鲁斯三世，称赞他具有传统的皇帝美德，拥有高贵的出身和卓越的军事才能（较早的《帝王之鉴》[Mirrors of Princes] 即为统治者提供的忠告书没有提到这两个品质），但含蓄批评了博塔尼埃蒂兹过度慷慨、与突厥人结盟反对国内政敌以及未能打退蛮族侵略。书中对于人物情感的描绘不如普塞洛斯，但长于探求事件的缘由，还提供了对诸如大象和长颈鹿之类动物的逼真描绘。[①]《历史》主要记载的是战争和政治斗争，但其中也有部分内容反映了当时帝国的经济和社会状况，具有重要的经济和社会史料价值。

第一，《历史》记载了大量叛乱、内战、外敌入侵等，反映了当时拜占庭帝国战乱频仍，社会动荡，人们生活艰难，例如，第 6 章说乡村民众挤进君士坦丁堡大门逃避战乱，叛军所到之处任意洗劫，使得内战的破坏性不亚于与外敌的战争。第 7 章说佩彻涅格人到处蹂躏，到处是罗马人的鲜血。第 8 章说突厥人不断袭击罗马人领土，蹂躏了整个格鲁吉亚，占领城镇和乡村，到处制造

---

① 参见 Alexander P. Kazhdan (editor in chief), *The Oxford Dictionary of Byzantium*, p.229. Anthony Kaldellis and Dimitris Krallis, trans., *Michael Attaleiates: The History*, Cambridge, Mass.: Harvard University Press, 2012, pp.xiv- xvii.

混乱。第 14 章说突厥人的袭击持续不断，完全毁坏东部地区，阿尼城血流成河，俘虏沦为奴隶。1064 年 60 万乌兹人蹂躏整个伊利里亚地区，迫使欧洲所有人考虑移民。第 16 章说突厥人联合阿勒颇统治者和阿拉伯人在东部地区到处烧杀抢掠。第 17 章说东部边境地区因突厥人袭击已经一片荒芜，几乎找不到避难之地，只有一些小房子里住着一些幸存者。第 18 章说拉丁人雇佣军袭击罗马人领土，伤害居民。突厥人劫掠罗马人领土，毁灭一切。第 20 章说皇帝让军队驻扎在克亚佩兹，但几天后那里遭到士兵们尤其是雇佣军和外国人无情地毁坏，所有庄稼都被过早地收割用于喂养牲畜。皇帝率军来到格鲁吉亚一个岔路口，皇帝选择走左边的路，看到了许多尸体，这是前一年罗马人被突厥人打败的地方。突厥人曾对阿泽实行屠城，那里有来自波斯、印度和亚洲其余地方的各种产品。皇帝为了率军穿过突厥人彻底毁坏的无人区，下令塞奥多修波利斯所有居民提供他两个月的粮食。皇帝使用了几乎 1000 辆四轮马车运输用来制造攻城塔的圆木，还驱赶了无数的牛羊供军队使用。第 23 章说突厥人在东北地区摧毁一切，毫无顾忌地在东部地区劫掠。罗塞利奥斯率军驻扎在君士坦丁堡城海峡对岸的克莱索波利斯，放火烧那里的房子，各地近 3000 个法兰克人前来援助。第 26 章说佩彻涅格人一直在蹂躏罗马人领土，无情毁坏马其顿、色雷斯。夏天才开始，首都和其他西部城市缺乏食物，甚至牲畜也没有足够食物。由于东部地区一直遭到蛮族蹂躏，每天都有大批人逃离那些地区，在君士坦丁堡避难，皇帝没有从帝国国库中拨款救济，结果人们处境悲惨，每天人们大量死亡，首都充满了悲惨气氛。第 32 章说佩彻涅格人在西部地区大肆劫掠，杀死了很多乡下人，夺走了无数牲畜，围攻哈德良堡，导致哈德良堡出现严重饥荒。东部地区和西部地区都有人叛乱，大部分人因为必需品匮乏而奄奄一息，1 莫迪奥（medimnos）谷物卖到了 3 金币，埋葬死者不再容易。第 35 章说斯基泰人和库曼人攻击亚得里亚堡城墙外面的房子，放火烧房子。第 36 章说突厥人大肆蹂躏东部地区，围攻要塞。等等。

第二，记载了当时拜占庭帝国税收、诉讼、法律、官员贪污腐败、垄断贸易、修道院兼并农民土地以及当时存在奴隶等方面的情况。例如，第 9 章说君士坦丁死前两年强征暴敛，雇用最暴虐的税吏榨干了富人，没被处罚的人对所有税吏下跪，皇帝下令调查教堂和修道院的财产。第 12 章说伊萨克·科穆宁变成了严厉的税吏，并缩减了付给各种官职持有者的津贴，剥夺了很多私人财产、教会财产以及修道院财产。说一些修道院拥有不逊于帝国国库的大量财富，修道士因财产过于富饶，挥霍无度，染上了贪婪的恶习，压迫在邻近田地劳作的农民，迫使那些农民把土地交给他们。如果被农民告上法庭，他们会利用财富来战胜原告，甚至会在打败原告时要求得到认可。第13章说君士坦丁十世统治期间，社会充斥着谄媚、指控、诡辩、诉讼等，搞得人心烦意乱。那些被非法定罪的、受到无根据指控的、被迫向国库缴纳额外费用的人，以及承受着新的税收负担并因军队没有得到很好维护而遭受蛮族袭击的行省，都怨声载道。第22章说宦官尼基弗鲁斯曾没收安条克居民的财产，强加不合理的财政要求和严酷的苛捐杂税，后来通过贿赂，成为伯罗奔尼撒半岛和希腊军区法官。清白无辜的人遭到指控，被迫无端缴纳费用，导致财产没收、不断起诉、大量审讯以及受害者的痛苦和愤怒。第25章说皇帝赐予尼基弗鲁斯许多土地和收入，包括西布多蒙修道院，尼基弗鲁斯把这座修道院变成他囤积其他财产的中心和宝库，受到所有任职者、士兵等的贿赂，拥有许多大房子和大片私人地产。他在雷德斯托斯城外建造仓库，垄断谷物贸易。商人趁机囤积居奇，谷物价格飞涨。腐败的仓库管理人剥削那些运进谷物的人，还垄断附近所有其他商品，指挥大量罪犯骚扰贫穷的商人和农民。尼基弗鲁斯后来以60磅黄金的价格把仓库租出，享受收益，所有其他人则因缺乏粮食和其他商品而处于困境，人们日益不满。第26章说多瑙河岸边有许多大城市，居住着多语种人群，这些城市被尼基弗鲁斯剥夺了帝国国库给他们的年度津贴。结果，一些城市开始叛乱，并与佩彻涅格人结盟。来自西部军队的一支部队从亚得里亚堡前来向皇帝告状，因为他们被拖欠薪水，还有那些当权者贪婪和缺乏远见引起的其他问题。统治者草菅人命，非法审判，想方设法掠夺人们的生计和生活资源。第33章说尼基弗鲁斯三世进入皇宫后慷慨赐予官职、田地、头衔、黄金、免税等好处，每位元老被赐予大量头衔，甚至首都那些穷人、乞丐也变富了。首都周围海岸的木制码头，其最初所有权人往往是救济院、医院等慈善机构，以及首都及其周边港口城市的修道院，它们被皇帝米哈伊尔剥夺了对码头的所有权，皇帝博塔尼埃蒂兹恢复了它们的所有权，并颁布金玺诏书规定不得转让或者破坏它们。博塔尼埃蒂兹颁布法律免除他登基前后短期内所有人的债务，之前有限免除债务使很多人丧失了自由。第36章说皇帝博塔尼埃蒂兹处理精神病人的婚姻和离婚问题，恢复利奥六世的相关规定；恢复了以前塞奥多西大帝关于最终裁决30天后才能处以肉刑的法律规定。博塔尼埃蒂兹还善待仆人，以前，私人的仆人即农民、市民和长官的仆人在主人死后被列为遗产、遗赠、赔偿金甚至列入主人的遗嘱，皇帝的仆人被继任皇帝剥夺财产甚至被流放；博塔尼埃蒂兹禁止随意没收仆人的财产或者改变仆人的地位或者使仆人受到其他伤害或骚扰，除非根据法律做了调查和裁决；等等。

第三，反映了当时拜占庭人贪婪、不虔诚等面貌。例如，第12章说修道士贪婪。第24章说当时拜占庭人利欲熏心，不虔诚，领袖们和皇帝们借口公共利益犯罪，军队指挥官丝毫不关心战争，关注的是牟利，把军事指挥权变成商业投机，热衷于夺取同胞的财产，在恶行或劫掠方面丝毫不亚于名义上的敌人。作者说宫廷决策考虑的是利益，而不是教堂是否遭到亵渎或者人们是否遭到伤害，他们在商议和发布命令时一般不认为上帝存在，甚至不提及上帝。拜占庭人疯狂自相残杀，内斗时不怕死，与外敌作战时则怯弱，甚至战争还没开始就逃跑了。第25章说宦官尼基弗鲁斯极其贪婪，想方设法积聚财富，垄断贸易，导致民生艰难。等等。

第四，记载了一些自然现象和当时拜占庭人包括作者的一些迷信看法和做法。例如，第12章说伊萨克·科穆宁行军途中差点被倒下的树干砸中，认为这是不好的兆头。皇帝去世后，他的石棺很是潮湿，人们议论纷纷。第15章报道了1063年9月23日地震和人们的解释。一些人认为地震是自然现象，作者认为是上帝发出的征兆，虔诚者认为一切都依赖于神的意志。说地震持续了两年，闻所未闻见所未见。两年后，一场大地震爆发，几乎毁灭了一切。说这些事件是拜占庭人的罪过引起的，是神的愤怒造成的，似乎也预示了外敌的入侵。作者还记载了彗星。第17章说作者在通过陶洛斯山脉的狭窄小路时逃过一劫，所有人都目瞪口呆，认为这是奇迹。第19章说突厥人夺取了霍奈城，亵渎了教堂，洪水暴发，避难者被淹死，这些灾难似乎是上帝发怒引起的。第20章说罗曼努斯四世准备第三次东征时，一只鸽子落在皇帝手上，皇帝派人把鸽子送给皇后，皇后待在皇宫中，这不符传统。这似乎是某种征兆，但没有一致的解释。皇帝改变登陆地点也被看成是不好的征兆。皇帝的帐篷倒塌。皇帝驻扎处的房子突然起火，皇帝的财产被烧毁。这预示坏运气，证明皇帝灾难来临。皇帝率军经过前一年拜占庭人被突厥人打败的地方，看到了许多尸体，对士兵们来说这是不祥之兆。一个士兵被指控偷了突厥人一匹小驴，皇帝下令割掉了他的鼻子，作者认为这是不祥的预兆，认为上帝会给拜占庭人严重的报复。苏丹派使者求和，皇帝答应并把皇帝的十字架给了使者，作者认为皇帝把胜利送给了敌人，那些研究这种事情的人说他不应该把十字架这个胜利的象征给敌人。第26章说首都得救，大多数人对得救感到惊奇，进行庆祝，感谢上帝和圣母。说在君士坦丁堡观察到了许多凶兆，出现了三条腿的鸡，一个婴儿前额长着一只眼、还有山羊脚，"不朽之神军"两个士兵被闪电击中，彗星出现。第30章说东部地区出现一场无形火灾。我们今天可以判断这很可能是可燃气体的燃烧，作者说这是神奇的预兆，是宣布东部大军到来的公开预兆。有人认为这预示了光明使者的到来，将烧毁反对他的人。第32章说米哈伊尔七世咨询狡猾的谋士、占星家、贩卖神迹和预言的人、煽动者、迷信的人。第34章说布莱伊纽斯的帐篷倒塌，有人把这件事解释为他失败的前兆，几天前出现了月食，也预示着他将失败。天文学家说月亮揭示了叛乱者的命运，月亮情况的变化预示了叛乱者命运的变化。第35章说修道士米哈伊尔去世，他不赞成皇帝的慷慨施舍，人们认为上帝因他阻止皇帝施舍而把他带走了。

第五，记载了君士坦丁堡一些活动的场面。例如，米哈伊尔四世为庆祝战争胜利举行赛马和赛跑活动(第3章)；君士坦丁堡庆祝复活节的场面(第4章)；君士坦丁堡民众暴动的场面（第4章）；皇帝被废黜时骑骡子（第4章）；叛乱者入城的场面（第12章）；皇帝派人逮捕牧首，让他坐在骡子上（第12章）；臣民吹喇叭、击铙钹、欢呼博塔尼埃蒂兹的到来（第33章）；等等。

此外，《历史》还反映了当时拜占庭帝国军队中有很多外国雇佣军，包括瓦兰吉亚人、"不朽之神军"、拉丁人、突厥人、斯基泰人等，记载了当时拜占庭帝国的拉丁人雇佣军使用希腊火；记载了君士坦丁九世·摩诺马赫建立法律学校；伊萨克·科穆宁把皇帝任命教会行政人员或宗教机构财产保管人员的权利让给牧首；等等。

五　约翰·斯凯利兹斯的《历史概要》和斯凯利兹斯续编

（一）约翰·斯凯利兹斯简介

约翰·斯凯利兹斯，希腊文为 Ἰωάννης Σκυλίτζης / Σκυλλίτζης / Σκυλίτσης，

英文为 John Skylitzes / Ioannes Scylitzes / Iōannēs Skylitzēs / Skyllitzēs / Skylitsēs，是活跃于 11 世纪晚期的拜占庭历史学家、法律学者，也是一位拜占庭高官，生平不详。他写作了历史作品《历史概要》（希腊文为 Σύνοψις Ἱστοριῶν，拉丁文为 Synopsis historiarum），其标题称他为"将军"（kouropalates）和"前竞技场法庭庭长"（droungarios tes viglas）①。根据 11 世纪 90 年代的法律文献以及凯德诺斯（Kedrenos）历史和佐纳拉斯（Zonaras）历史中提到的，他似乎跟约翰·色雷克修斯（John Thrakesios）是同一个人。约翰·色雷克修斯拥有"竞技场法庭庭长"头衔和"将军"头衔，前者说明他当时是帝国司法大臣，后者也说明他是一位高官，kouropalates 头衔在 11 世纪被授予皇室之外的几位将军。② 凯德诺斯还称他为"首席司库"，这表明他是阿莱克修斯一世政权的忠实支持者，并在阿莱克修斯宫廷中占据很高职位。③ "色雷克修斯"姓氏表明他的家族来自小亚细亚西部的色雷斯军区（Thrakesion / Thracesian theme④）。斯凯利兹斯可能出生于 1050 年前的某个时候。关于他的早年生活或者家庭背景我们一无所知，很可能像米哈伊尔·普塞洛斯、米哈伊尔·阿塔雷亚特等一样，良好教育是他晋升的基础。现代学者知道他有三篇法律作品，其中两篇幸存，包括 1091 年向阿莱克修斯一世提交的关于他的新订婚法的说明书。⑤ 斯凯利兹斯去世时间不清楚，可能活到了 12 世纪初。在随后数十年里，斯凯利兹斯家族的其他几个成员在帝国政府占据了重要的职位。⑥

---

① droungarios tes viglas，希腊文为 δρουγγάριος τῆς βίγλας，原指军事指挥官，大约 11 世纪 30 年代后指法官，为竞技场法庭（court of the hippodrome）庭长。参见后文。Alexander P. Kazhdan (editor in chief), The Oxford Dictionary of Byzantium, p.663.

② Alexander P. Kazhdan (editor in chief), The Oxford Dictionary of Byzantium, p.663, p.1157, p.1749.

③ Catherine Holmes, Basil II and the Government of Empire: 976–1025, Oxford: Oxford University Press, 2005.

④ theme，希腊文为 θέμα，复数形式为 themes，军区。关于拜占庭军区和军区制度，参见 Alexander P. Kazhdan (editor in chief), The Oxford Dictionary of Byzantium, p.1751, pp.2034-2035.

⑤ Angeliki Laiou, "Imperial Marriages and Their Critics in the Eleventh Century: The Case of Skylitzes," Dumbarton Oaks Papers 46 (1992): 166–167.

⑥ 参见 Jean-Claude Cheynet, "Introduction: John Skylitzes, the Author and His Family," in John Skylitzes: A Synopsis of Byzantine History, 811–1057, trans. John Wortley, Cambridge: Cambridge

（二）约翰·斯凯利兹斯的《历史概要》

1. 手抄本

完整版《历史概要》幸存于 9 部 12-14 世纪的手抄本中，部分内容幸存于其他很多手抄本中，另外，乔治·凯德诺斯的"历史"抄写了全部的《历史概要》。汉斯·图恩（Hans Thurn）认为这些手抄本抄自一本注释很多的抄本。最著名的手抄本是装潢华丽的 *Codex Matritensis Biblioteca Nacional Vitrinas 26.2*，被称为"斯凯利兹斯马德里抄本"（Madrid Skylitzes），12 世纪晚期制作于西西里，包括 574 幅插图，很可能比其原稿少大约 100 幅画，这些插图大多数与文字一致。①

2. 出版

1570 年，约翰·贾比乌斯（Ioannes Baptista Gabius）出版了《历史概要》的拉丁语译本，汉斯·图恩把前半部分译成了德文，1973 年出版希腊语原文和部分译文版本，2000 年马德里手抄本的影印本出版。由于乔治·凯德诺斯逐字抄写了《历史概要》，因此在 1973 年汉斯·图恩版出版之前，学者们引用《历史概要》的时候往往使用的是乔治·凯德诺斯的波恩版本（George Kedrenos, *Compendium historiarum*, ed. I. Bekker, 2 vols, CSHB, Bonn, 1838）。②

John Skylitzes, *Historiarum compendium: quod incipiens à Nicephori Imperatoris, à Genicis obitu, ad Imperium Isaaci Comneni pertinent*, Venetiis: Apud Dominicum Nicolinum, 1570.

University Press, 2010, pp.ix-xi. Leonora Neville, *Guide to Byzantine historical writing*, with the assistance of David Harrisville, Irina Tamarkina, and Charlotte Whatley, Cambridge, United Kingdom: Cambridge University Press, 2018, pp.155-157.

① 参见 Bernard Flusin, "Re-writing history: John Skylitzes' Synopsis historion," in *John Skylitzes: A Synopsis of Byzantine History, 811–1057*, trans. John Wortley, Cambridge: Cambridge University Press, 2010, p.xxx. Hans Thurn (ed.), *Ioannis Scylitzae Synopsis historiarum*, Berlin: De Gruyter, 1973, pp.xx－xxxv.

② 参见 Bernard Flusin, "Re-writing history: John Skylitzes' Synopsis historion," in *John Skylitzes: A Synopsis of Byzantine History, 811–1057*, trans. John Wortley, Cambridge: Cambridge University Press, 2010, p.xii, pp.xxx-xxxi.

Georgius Cedrenus [*et*] *Ioannis Scylitzae ope*, ab Immanuele Bekkero suppletus et emendatus, Bonnae: Impensis Ed. Weberi, 1838-1839. （希腊语原文，拉丁语译文）

Hans Thurn (ed.), *Ioannis Scylitzae Synopsis historiarum*, Corpus Fontium Historiae Byzantinae 5, Berlin: De Gruyter, 1973. （希腊语原文，前半部分译成了德文）

Synopsis historiarum incipiens a Nicephori imperatoris à genicis obitu ad Isacii Comneni imperium: codex Matritensis Graecus Vitr. 26–2, facsimile edition, Scientific consultant Agamemnōn Tselikas, Athens: Milētos, 2000. （马德里手抄本的影印本）

3. 现代语言译本

德语部分译本：Hans Thurn (trans.), *Byzanz – wieder ein Weltreich. Das Zeitalter der Makedonischen Dynastie. Teil 1: Ende des Bilderstreites und Makedonische Renaissance (Anfang 9. bis Mitte 10. Jahrhundert),* Byzantinische Geschichtsschreiber 15. Graz: Styria, 1983.

法语译本：Jean- Claude Cheynet (ed.), *Empereurs de Constantinople*, translated by Bernard Flusin, Réalités byzantines 8, Paris: P. Lethielleux, 2003.

英语译本：John Wortley (trans.), *John Skylitzes: A Synopsis of Byzantine History, 811– 1057*, Cambridge: Cambridge University Press, 2010. （根据汉斯·图恩版本翻译）

现代希腊语译本：Eudoxos Tsolakēs (trans.), *Synopsis historion*, Athens: Kanakē, 2011.

4. 著作大意

《历史概要》记载了 811-1057 年拜占庭帝国历史，全文由序言和 23 章正文构成，每一章的标题为 811-1057 年拜占庭帝国各位统治者。其中，涉及 11 世纪的为第 16-23 章，下面主要依据 2010 年英译本，分别概括这八章的内容大意，重点介绍经济和社会方面的内容。

第 16 章，瓦西里二世和君士坦丁八世 [公元 976-1025 年在位]

第 1 节写瓦西里二世和君士坦丁八世继位，皇帝内侍瓦西里·雷卡平（Basil Lekapenos the *parakoimomenos*①）控制实权。第 2 节写巴尔达斯·斯克莱罗斯（Bardas Skleros）叛乱，通过逮捕国家税务员盗取税收收入、榨取富人财物以及一些人自愿送钱等途径，他很快筹集了大量金钱，夺取了美索不达米亚一个名叫夏皮特（Charpete）的设防要塞，把钱存放在那里，把那里作为叛乱据点，与相邻的萨拉森人埃米尔联姻结盟，获得很多金钱和 300 个阿拉伯人骑兵。人们蜂拥而至参加叛乱。一位修道士声称在一天夜里见到显圣，斯克莱罗斯得到显圣的激励。第 3 节写叛乱消息传来，皇帝和君士坦丁堡人们沮丧，只有那些可以趁乱打劫的人高兴，政府备战，派尼科米底亚（Nicomedia）主教、"牧首助理"斯蒂芬（Stephen the *synkellos*②）去劝说斯克莱罗斯放下武器。双方交战，帝国军队取胜。第 4 节写双方交战，斯克莱罗斯一方取胜，大屠杀，获取大量财富，来到富庶的扎曼多斯（Tzamandos），那里的人主动把钱财送给他，很多投靠了斯克莱罗斯。第 5 节写双方部署战争和交战，阿勒颇的萨拉森人去君士坦丁堡进贡，双方争夺，斯克莱罗斯一方战败，叛军大量被杀，特别是亚美尼亚人（Armenians）。第 6 节写双方交战，叛军分为三大部分，巴尔达斯·斯克莱罗斯率领中间部队，他的兄弟君士坦丁·斯克莱罗斯（Constantine Skleros）率领右翼部队，君士坦丁·加布拉斯（Constantine Gabras）率领左翼部队，帝国军队战败，很多贵族战死，军队司令官（*protovestiarios*）利奥（Leo）和其他高级军官被俘虏囚禁起来，巴尔达斯下令当众挖出叛逃人士的眼睛。第 7 节，巴尔达斯势力越来越大，海陆两路进军，叛军的海军到处劫掠，皇帝内侍瓦西里派出贵族塞奥多利·卡拉德诺斯（Theodore Karantenos）率领舰队迎战米哈伊尔·库里基欧斯（Michael Kourikios）指挥

---

① *parakoimomenos* 或 *parakoimomenus*，希腊文为 παρακοιμώμενος，字面意思是"睡在皇帝身边"，皇帝内侍，皇帝寝宫卫士长，是皇帝寝宫的守卫者，为授予宦官的最高职位。主要授予宦官，有时候也授予宦官以外的人。该职位在 10-11 世纪很重要，在 12 世纪地位下降。参见 Alexander P. Kazhdan (editor in chief), *The Oxford Dictionary of Byzantium*, p.1584.

② *synkellos*，希腊文为 σύγκελλος，字面意思是"共住一个小房间"，5 世纪时指牧首的顾问，跟牧首共住一个房间，作为牧首的心腹从 6 世纪起经常继任牧首，在 10 世纪（可能更早）成为指定的牧首接班人，由皇帝任命，并成为元老院成员。原来该头衔仅授予司祭和辅祭，10 世纪后有时也授予野心勃勃的都主教，该职位逐渐贬值。译为"牧首助理"。Alexander P. Kazhdan (editor in chief), *The Oxford Dictionary of Byzantium*, pp.1993-1994.

的海军叛军，打败叛乱海军。皇帝内侍瓦西里派出贵族曼努埃尔·埃罗蒂科斯（Manuel Erotikos）率军守卫尼西亚（Nicaea）。巴尔达斯围攻尼西亚，曼努埃尔英勇作战，用希腊火烧掉敌人的攻城器，巴尔达斯久攻不下，但曼努埃尔缺乏粮食，帝国军队用计撤出尼西亚，巴尔达斯占领尼西亚，派佩加西奥斯（Pegasios）驻守尼西亚。第 8 节，皇帝内侍瓦西里无计可施，召回被流放的巴尔达斯·福卡斯（Bardas Phokas），派他去攻打叛军，双方交战，巴尔达斯·斯克莱罗斯占上风。第 9 节，福卡斯到伊庇利亚向格鲁吉亚人统治者大卫请求军事援助，获得一支援军，与斯克莱罗斯交战，福卡斯英勇作战，击溃了斯克莱罗斯军队，斯克莱罗斯不得不向穆斯林埃米尔科斯罗埃斯（Chosroes）求援。第 10 节，皇帝派尼基弗鲁斯·乌拉诺斯（Nikephoros Ouranos）前去劝阻科斯罗埃斯，请求他不要帮助叛军，并向叛军承诺只要他们不再叛乱就宽恕他们。科斯罗埃斯监禁所有罗马人。叛军各指挥官在得到大赦后归顺皇帝。第 11 节，斯克莱罗斯叛乱期间，牧首安东尼（Anthony）去世，尼古拉·克莱索伯格斯（Nicholas Chrysoberges）被任命为牧首。保加尔人（Bulgars）叛乱，萨缪尔（Samuel）成为保加利亚统治者。萨缪尔趁斯克莱罗斯叛乱之机蹂躏帝国西部，包括色雷斯（Thrace）、马其顿（Macedonia）、塞萨洛尼基附近地区、塞萨利（Thessaly）、希腊、伯罗奔尼撒，夺取几座要塞，把居民编入军队，把圣阿奇尼奥斯（St Achillios）的圣骨迁到他的首都普雷斯帕（Prespa），在那里建筑了一座圣阿奇尼奥斯教堂。第 12 节，皇帝率军亲征保加利亚，这时西部军队司令官（*domestic* of the scholai for the west）① 矮子斯蒂芬（Stephen the short）报

① *domestic* of the scholai，即 *domestikos ton scholon*（希腊文为 δομέστικος τῶν σχολῶν），军队（*tagma of the scholae*）司令官，最初其地位处于安纳托利亚军区将军之下，高于其他军区将军。罗曼努斯二世（Romanos Ⅱ，959–963 年在位）统治期间分为东部地区军队司令和西部地区军队司令，但仍低于安纳托利亚军区将军。事实上 *domestikos ton scholon* 为军队总司令（或东部、西部军队之一的司令官）。从 9 世纪末起，福卡斯（Phokas）家族试图控制这一官职。君士坦丁八世及其继任者们为了限制贵族家族的独立性，往往把该职位授予宦官，但是从 11 世纪中期起该职位重新由军事贵族控制。*domestikos ton scholon* 的下属有 topoteretai，*komites*，*chartoularioi*，subaltern *domestikos* 等。*tagma*，希腊文为 τάγμα，复数形式是 *tagmata*，原指 8 世纪中叶君士坦丁五世（Constantine Ⅴ，741–775 年在位）创建的由皇帝直接指挥的职业军队、中央精锐部队，目的是遏制军区将军控制的军队。从 10 世纪末起 *tagma* 也驻扎在地方。11 世纪后军区军队和皇帝军队的区别消失。Alexander P. Kazhdan (editor in chief), *The Oxford Dictionary of Byzantium*, pp.647-648, p.2007.

告说利奥·梅里塞诺斯（Leo Melissenos）叛乱，皇帝撤军，遭到萨缪尔追击。皇帝发现利奥·梅里塞诺斯根本没有叛乱，就辱骂矮子斯蒂芬，后者抗议，皇帝被激怒，抓住矮子斯蒂芬的头发和胡子把他摔倒在地。第 13 节，小纪第 15 年 6494 年（即公元 986 年）10 月发生了一次大地震，许多房子和教堂倒塌，圣索菲亚大教堂的圆顶部分受损。皇帝积极修复受损部分，仅仅供工匠站立以接收材料的机器就花了 10 肯特纳里（kentenaria①）。第 14 节，一些有权势的罗马人，巴尔达斯·福卡斯及其同僚不满皇帝忽视、不尊重、侮辱和伤害他们，小纪第 15 年 8 月聚集在察西隆（Charsianon）军区司令官尤斯塔修斯·马利诺斯（magister② Eustathios Maleinos）家中，宣布巴尔达斯·福卡斯为皇帝。这时消息传来说斯克莱罗斯正从叙利亚回来。第 15 节，斯克莱罗斯如何被释放并回到罗马人领土。波斯人从东方突厥人中招募了一支约 2 万人的雇佣军，到处劫掠、蹂躏萨拉森人土地，科斯罗埃斯总是战败，就释放了斯克莱罗斯等罗马人，给了斯克莱罗斯大量金钱和军队，请求他率军抵抗叛军，斯克莱罗斯同意，但拒绝率领科斯罗埃斯手下由阿拉伯人、萨拉森人还有其他民族组成的军队，请求释放并武装叙利亚各城市的罗马人俘虏，科斯罗埃斯答应，释放了囚禁在那里的 3000 个罗马人，斯克莱罗斯率领他们打败了波斯人，获得大量战利品和许多马匹，决定回到罗马人领土，另一种说法是斯克莱罗斯战胜后，科斯罗埃斯款待了他们，不久他在去世前敦促儿子和罗马人签订协议并送他们回国。斯克莱罗斯夺回罗马人领土，发现巴尔达斯·福卡斯称帝，他也被同伴宣称为皇帝。第 16 节，斯克莱罗斯向福卡斯提议结盟，斯克莱罗斯的儿子罗

---

① kentenarion，希腊文为 κεντηνάριον，重量单位，复数形式为 kentenaria。1 kentenarion 相当于 100 罗马磅（logarikai litrai），相当于 32 千克。在一些模仿古典的文献中 kentenarion 与塔兰特（talanton）同义。从 6 世纪中叶起，1 kentenarion 通常相当于 100 罗马磅（logarikai litrai）的黄金或 7200 金币（nomismata / solidi）。极少情况下，kentenarion 用作 100 莫迪奥（modioi）的单位或与罗马磅（litra）同义。译为"肯特纳里"。参见 Alexander P. Kazhdan (editor in chief), *The Oxford Dictionary of Byzantium*, p.1121, p.1238. John F. Haldon, *The Palgrave atlas of Byzantine history*, New York: Palgrave Macmillan, 2005, pp.87-88.

② magister，即 magistros，希腊文为 μάγιστρος，"主人"之意。相关的，例如，magister militum 在罗马帝国晚期指军队总司令，magister officiorum 在罗马帝国晚期指首席大臣，在拜占庭帝国继续使用，但职权有变化，9 世纪后 magister officiorum 官职实际上不再存在，magistros 成为头衔。可译为"长官""司令官""领袖"等。参见 Alexander P. Kazhdan (editor in chief), *The Oxford Dictionary of Byzantium*, pp.1266-1267.

曼努斯投奔皇帝，被皇帝提拔为司令官，经常在战争中成为皇帝的顾问。皇帝罢免内侍瓦西里，令其待在家中，后来把他流放到博斯普鲁斯海峡，没收他的大多数财产。第17节，斯克莱罗斯与福卡斯协商合作，福卡斯把斯克莱罗斯囚禁在泰洛波昂（Tyropoion）要塞，派贵族卡洛基罗斯·德尔非纳斯（Kalokyros Delphinas）率军驻扎在君士坦丁堡对面的克莱索波利斯。皇帝在俄罗斯人中征募了盟军，把自己的妹妹安娜（Anna）嫁给俄罗斯人盟军首领弗拉基米尔（Vladimir），在夜里和一些俄罗斯人盟军驾驶几艘船到那里，打败了德尔非纳斯。第18节，福卡斯率军围攻阿比多斯（Abydos），皇帝的弟弟和皇帝先后去那里，福卡斯突然死亡，谣言说他的仆人被皇帝收买了，毒死了他。皇帝的军队活捉了很多叛军，把他们带到首都，让他们坐在驴子上在广场上游街示众。第19节，斯克莱罗斯重新叛乱。皇帝写信劝他不要叛乱，劝他不要被占星家"B将驱逐B，B将统治"的说法引入歧途。斯克莱罗斯与皇帝议和，皇帝任命他为将军，但把他弄瞎了。第20节，皇帝处理东部地区事务。第21节，皇帝率领军队路过卡帕多西亚（Cappadocia），受到尤斯塔修斯·马利诺斯款待，皇帝把他带到首都，禁止他回去，像养野兽一样把他养起来，他死后，政府没收了他所有财产。皇帝颁布法律禁止权贵兼并村庄。他的祖父君士坦丁七世（Constantine Porphyrogennetos）及其岳父罗曼努斯（Romanos）做过同样的事。第22节，牧首尼古拉·克莱索伯格斯在位10年后于公元992年去世，任命西西尼奥斯（*magister* Sisinnios）接班。西西尼奥斯精通医学，在位三年后去世，任命塞利吉奥斯（Serigios）接班。塞利吉奥斯是曼努埃尔修道院院长，牧首弗提乌斯（Photios）的亲戚。第23节，保加尔人侵略，萨缪尔到处蹂躏，杀死塞萨洛尼基总督格雷戈里·塔罗尼特斯（duke Gregory Taronites），俘虏塔罗尼特斯的儿子阿索提奥斯（Asotios）。皇帝任命司令官尼基弗鲁斯·乌拉诺斯为西部军队总司令，乌拉诺斯偷袭保加尔人军队，大败萨缪尔。第24节，萨缪尔把女儿米洛斯莱娃（Miroslava）嫁给塔罗尼特斯的儿子阿索提奥斯，派他们去驻守迪拉基乌姆，他们逃了回来，皇帝授予阿索提奥斯"司令官"头衔。阿索提奥斯带来了迪拉基乌姆一位名叫赫里塞利奥斯（Chryselios）的权贵的书信，赫里塞利奥斯承诺，只要他和两个儿子晋升为贵族，他就把迪拉基乌姆城献给皇帝。皇帝答应。第25节，塞萨洛尼基最著名的两个人被怀疑同情保加尔人，遭到处罚。亚得里亚堡一些富有军事指挥才能的著名人士也受到怀疑，投奔萨缪尔，例如，瓦塔泽斯（Vatatzes）全家，瓦西里·格拉巴斯（Basil Glabas），皇帝监禁了后者的儿子三年才释放。皇帝把阿吉洛斯（Argyros）的女儿嫁给了威尼斯总督（Doge）。皇帝侵略保加利亚。第26节，皇帝派军队攻打保加利亚，大胜。第27、28节，第二年皇帝攻打保加利亚，收复很多地方，皇帝回到塞萨洛尼基。第29节，阿拉伯人诺梅利特（Noumerite）部落和阿塔非特（Ataphite）部落袭击叙利亚（Coelo-Syria）甚至安条克，皇帝任命尼基弗鲁斯·乌拉诺斯为安条克总督，乌拉诺斯打败阿拉伯人。第30节，第二年皇帝攻打保加利亚，保加尔人首领们使用巨大的陶制容器来熄灭希腊火。皇帝在阿克修斯/巴达里奥斯（Axios / Bardarios）河边大败萨缪尔，萨缪尔逃走，斯科普里（Skopje）城投降。第31节，皇帝攻打佩尔尼科斯（Pernikos），久攻不下，回到君士坦丁堡。第32节，同一年即公元1004年，皇帝颁布诏令，规定权贵必须缴纳过世老百姓的税收，这称为"共同税"（allelengyon①）。牧首塞尔吉奥（Sergios）、许多主教和大量修道士请求撤销这一法令，皇帝拒绝。第33节，小纪第8年6518年（即公元1009年）埃及统治者破坏与罗马人的停战协定，破坏耶路撒冷圣墓教堂，摧毁那里的著名修道院，驱逐那里的修道士。第34节，第二年冬天极其严寒，从1月到3月9日发生大地震，3月9日，地震破坏了首都四十圣徒教堂和万圣教堂（churches of the Forty Saints and of All Saints）的圆顶，皇帝马上修复了圆顶。随后意大利爆发起义，领导人是巴里（Bari）地区的权贵梅里斯（Meles），皇帝派军队镇压。第35、36节，皇帝侵略保加利亚。萨缪尔逃进普利拉邦（Prilapon）要塞。皇帝下令把俘虏弄瞎，总共大约15000人，每100个俘虏留下一个人的一只眼睛不弄瞎以便带路，

---

①　allelengyon，希腊文为 ἀλληλέγγυον，"共同担保"之意。最早出现于纸莎草纸文献中，指债务或其他义务的共同担保人，4–7世纪实际上等同于共同担保（fideiussio）。查士丁尼大帝（Justinian I，527–565年在位）区分了两类担保（fideiussio）：一类要求共同担保人共同平等承担义务，另一类要求每个人承担总债务的一部分，其中富人只承担自己那部分，不承担合作者中穷人或逃亡者的债务。9–10世纪的文献中这个词用来指共同承担税收义务。尼基弗鲁斯一世（Nikephoros I，802–811年在位）要求农民集体为服兵役的邻居纳税，缴纳 allelengyon，"税收手册"（Treatise on Taxation）强迫农民为逃离土地的邻居缴税。1002年瓦西里二世推行 allelengyon，颁布法律要求权贵缴纳贫穷纳税人的欠款。1028年罗曼努斯三世迫于压力废除了 allelengyon，但实践中 allelengyon 仍有影响。这里译为"共同税"。Alexander P. Kazhdan (editor in chief), *The Oxford Dictionary of Byzantium*, p.69.

然后打发他们回去，萨缪尔见此惨状大受打击，晕倒在地，心脏病发作，两天后于公元 1014 年 10 月 6 日去世，他的儿子加布里埃尔（Gabriel）继位。皇帝烧掉加布里埃尔的宫殿，坐木筏和膨胀的皮囊渡过泽纳斯（Tzernas）河，回到沃德纳（Vodena），到达塞萨洛尼基。不到一年，加布里埃尔被约翰（John，又叫弗拉迪斯拉夫 [Vladisthlav]）谋杀。第 37 节，皇帝攻打保加利亚。第 38 节，约翰－弗拉迪斯拉夫派人向皇帝表示臣服。皇帝同意。皇帝发现被骗，攻打保加利亚。第 39 节，皇帝回到君士坦丁堡，派人攻打克尔松（Chazaria / Cherson）。上米底亚（Upper Media）统治者塞纳克林（Senacherim）受到穆斯林（Hagarenes，指突厥人）的极大压力，无法抵抗，就把统治的所有地区交给皇帝。皇帝封他为贵族，卡帕多西亚指挥官，赐予他塞巴斯蒂亚（Sebasteia）城、拉里萨城、阿巴拉（Abara）城等许多领地。第 40 节，皇帝攻打保加利亚，把战利品分为三份，一份给俄罗斯人盟军，一份给罗马人，一份给自己。得到消息说克拉克拉斯（Krakras）与约翰结盟，一旦得到佩彻涅格人的合作就会攻打罗马人领土。后来由于佩彻涅格人没有提供援军，他们没有攻打罗马人领土。帝国军队杀死很多保加利亚士兵，获得大量战利品。小纪第 15 年 6526 年（即公元 1018 年）1 月 9 日皇帝回到君士坦丁堡。第 41 节，约翰在统治两年多后死亡。克拉克拉斯把佩尔尼科斯等 36 座要塞交给皇帝，其他各地权贵也纷纷向皇帝称臣。皇帝来到保加利亚统治者所在地奥赫里德（Ochrid），受到热烈欢迎，皇帝在保加利亚统治者宫殿里找到大量金钱，珍珠装饰的王冠，黄金装饰的衣服，以及 100 肯特纳里金币，皇帝把金币分给他的军队。皇帝任命贵族尤斯塔修斯·达弗诺梅里斯（Eustathios Daphnomeles）统治奥赫里德城，在那里接待、安顿约翰的家人、萨缪尔的家人以及保加利亚的其他大人物。皇帝在附近建立两座要塞。第 42 节，在约翰－弗拉迪斯拉夫死亡、他的妻子儿子以及保加利亚其他重要人物臣服于皇帝之后，伊巴兹斯（Ibatzes）逃到一座山上叛乱，尤斯塔修斯·达弗诺梅里斯设计弄瞎了他，被皇帝任命为迪拉基乌姆指挥官，获得皇帝赐予的伊巴兹斯的所有动产。第 43 节，尼库利扎斯（Nikoulitzas）向皇帝投降，皇帝囚禁了他，安排迪拉基乌姆、科洛尼亚和德伊努波利斯（Dryïnoupolis）事务，处理萨缪尔俘虏的罗马人士兵、亚美尼亚人士兵问题，把约翰的妻子及其家人送往首都。摧毁塞尔维亚（Serbia）和索斯科斯（Soskos）等地所有要塞，贝尔格莱德（Belgrade）统治者等人归顺皇帝。皇帝在路上看到保加尔人的白骨，以及抵抗保加尔人的城墙，感到震惊，皇帝来到雅典感谢圣母，给圣母教堂献上大量礼物，回到了君士坦丁堡。皇帝的胜利入城式，皇帝到圣索菲亚大教堂感谢上帝，然后回到皇宫。牧首塞尔吉奥强烈要求他废止"共同税"（allelengyon），遭到拒绝。小纪第 2 年 6527 年（即公元 1019 年）7 月塞尔吉奥去世。尤斯塔修斯被任命为牧首。第 44 节，保加利亚臣服之后，附近的霍巴托（Chorbatoi）也臣服。西尔米乌姆（Sirmium）统治者拒绝臣服，被杀，西尔米乌姆臣服。第 45 节，皇帝修复导水渠，为君士坦丁堡人们提供充足的供水。皇帝征服格鲁吉亚，镇压贵族尼基弗鲁斯·希菲亚斯（Nikephoros Xiphias）和尼基弗鲁斯·福卡斯叛乱，没收叛乱者的财产，把一个被叛乱者收买、企图毒死皇帝的内侍扔去喂狮子。第 46 节，皇帝的妹妹安娜在俄罗斯（Russia）去世，她丈夫先于她去世。她丈夫的一个亲戚率领 800 个人来到君士坦丁堡，假装想当雇佣军，皇帝命令他们放下武器遭到拒绝。他们通过博斯普鲁斯海峡，来到阿比多斯，与罗马人交战，在利姆诺斯岛（Lemnos）被帝国海军消灭。第 47 节，小纪第 9 年 6534 年（即公元 1025 年）12 月，皇帝去世。几天前牧首尤斯塔修斯去世，他去世前在主持礼拜仪式时梦见可怕的异象，他看到 11 个兽头人身的主教进来，有猴子、狮子、豹子、猫、狼、熊等野兽，后面跟着其他人，但他被辅祭叫醒，异象被打断。皇帝指定斯图狄奥斯修道院院长、修道士阿莱克修斯继任牧首，后者带着施洗者圣约翰（St John the Baptist）的神圣头颅去见皇帝。皇帝让政府事务管理助手、首席文书（protonotarios①）约翰（John）为他举行牧首就任仪式。晚上，皇帝去世，活了 70 年，统治了 50 年。他指定弟弟继位，要弟弟把他埋葬在紧邻西布多蒙修道院的福音书作者兼神学家圣约翰（St John the Evangelist and Theolo-

---

① protonotarios，希腊文为 πρωτονοτάριος，复数形式为 protonotarioi，首席文书或公证人（notarios）。分为两类：一类是皇帝的文书，也称为高级文书（primikerioi of the notaries，primikerioi 指官员群体中地位高的成员，适用于军队官员、宫廷官员、文职官员、教会官员），一类是行政部门（sekreta）的文书。其中，邮政交通首席文书（protonotarios of the dromos，dromos 指拜占庭帝国邮政和交通系统）特别重要，是邮政交通大臣（logothetes tou dromou，负责公共邮政部门，履行仪式职能、保护皇帝、收集政治情报、监管外国人事务等职责，12 世纪成为皇帝的最亲密顾问）的副职。军区的文书属于帝国财政部（department of sakellion），他们处理陆军和海军的供给问题。Alexander P. Kazhdan (editor in chief), *The Oxford Dictionary of Byzantium*, p.662, pp.1247-1248, p.1267, pp.1719-1720, p.1746, pp.1829-1830.

gian）教堂，他弟弟遵旨照办。。

第17章，君士坦丁八世［公元1025-1028年在位］

第1节，君士坦丁行为任性，导致许多问题。他既不完成也不计划完成他应该做的事情，却痴迷赛马、演员和喜剧表演，夜晚沉溺于可笑的游戏，认为这些是他唯一的责任，其他一切都无价值。他重用醉醺醺、奴颜婢膝的侍从、宦官，提拔他们担任军事、民事和教会最重要职位，被提拔的甚至有臭名昭著的恶人，却忽视、压制那些出身高贵、富有美德、经验丰富、出类拔萃的人，弄瞎一些著名人士，其中有一位是东部大家族成员，娶了保加尔人贵族。第2节，佩彻涅格人入侵保加利亚，被罗马人驱逐回到多瑙河对岸。君士坦丁统治期间有一场严重的旱灾，甚至泉水和河水干涸。过去皇帝瓦西里通常豁免穷人的税收负担，允许迟交，他去世的时候，他们已经欠了两年税。君士坦丁要求他们马上缴税，还规定他们缴纳接下来三年的税款。三年中他要求他们缴纳五年的税款，不仅毁灭了穷人，而且导致富人破产。穆斯林舰队入侵基克拉泽斯群岛各岛，被击败，12艘船被俘。第3节，小纪第12年6537年（即公元1028年）11月，君士坦丁突然病倒，派宦官去召来退居亚美尼亚军区（Armeniakon theme）的君士坦丁·达拉塞诺斯（Constantine Dalassenos），打算把一个女儿嫁给他，让他继承皇位。但贵族罗曼努斯·阿吉洛斯（Romanos Argyros）的密友西米恩（Symeon）干预，皇帝改变主意，召来罗曼努斯·阿吉洛斯，给他两个选择：或者与妻子离婚，娶皇帝一个女儿，当上皇帝，或者被弄瞎。他的妻子自愿进入修女院，皇帝二女儿邹伊和他结婚，他继承皇位。三天后君士坦丁去世，活了70年，统治了三年。

第18章，罗曼努斯三世［公元1028-1034年在位］

第1节，罗曼努斯登基后慷慨赐予礼物。他曾担任过圣索菲亚大教堂等的管理人（oikonomos①），知道大教堂收入不够，因此规定每年从帝国国库拨款80磅黄金给圣索菲亚大教堂。他彻底废除了"共同税"（allelengyon）。赦免欠债的犯人，免除欠税，偿还私人债务。赎买因禁在佩彻涅格人地区（Patzinakia）的战俘。授予三位都主教"牧首助理"（synkellos）头衔：牧首的兄弟、

---

① oikonomos，希腊文为 οἰκονόμος，神职人员，通常为司祭，负责管理主教教区或宗教机构的房地产、收入和支出。译为"管理人"。Alexander P. Kazhdan (editor in chief), *The Oxford Dictionary of Byzantium*, p.1517.

以弗所的基里亚科斯（Kyriakos of Ephesus）；基齐库斯的迪米特里（Demetrios of Kyzikos），是罗曼努斯当皇帝之前的密友；欧凯塔的米哈伊尔（Michael of Euchaita），是迪米特里的血亲，都属于拉德诺（the Rhadenoi）家族。派人召回约翰，他在瓦西里二世统治期间已经是首席文书，成为了修道士，罗曼努斯授予他"牧首助理"头衔，让他保护邹伊的妹妹塞奥多拉。救济穷人。提供了大量金钱拯救他岳父的灵魂，安抚在他岳父统治期间遭遇惩罚的人，赏赐他们官职或者财产或者金钱。第 2 节，那些时候雨水充足，作物产量很高，特别是橄榄。圣灵降临节那天，在圣索菲亚大教堂圣餐仪式上都主教们关于就座顺序问题发生吵闹。第 3 节，镇压一场宫廷阴谋，保加尔人和邹伊妹妹塞奥多拉参与其中，塞奥多拉被关进修道院。镇压一场筹划中的叛乱，参与者有皇帝的亲戚、瓦西里二世的仆人和忠诚的军人、阿索斯山伊贝隆（Iberon）修道院院长等。10 月 31 日，一颗流星从西到东陨落，那天罗马人军队在叙利亚惨败。倾盆大雨一直下到三月，洪水暴发，几乎所有牲畜被淹死，作物被摧毁。第二年出现严重的饥荒。皇帝派军队攻打阿勒颇（Berroia /Aleppo）。阿巴斯吉亚（Abasgia）[①]派人前来求和联姻，双方签订和平条约，皇帝把自己的侄女许配给格鲁吉亚统治者。第 4 节，色雷斯军区发生令人惊骇的怪事，在库泽纳斯（Kouzenas）山高处，有人听到女人的哀号声，声音日日夜夜不断绝，从三月一直持续到六月，但是看不到哀号的人。似乎这预示着罗马人将在叙利亚遭遇灾难。萨拉森人特别是阿勒颇统治者侵略安条克等罗马人领土，安条克指挥官米哈伊尔·斯邦戴勒斯（Michael Spondyles）大败，在安条克避难时被阿拉伯人囚犯莫萨拉弗（Mousaraph）欺骗，后者假装投靠罗马人，承诺给罗马人好处，被他释放，后来暗中联系其他穆斯林统治者侵略罗马人领土。第 5 节，公元 1030 年，皇帝率军前往安条克攻打萨拉森人，阿勒颇派人前来求和，同意像以前一样每年进贡，许多指挥官劝皇帝接受，因为酷暑难耐、水源缺乏，遭到皇帝拒绝。阿拉伯人突袭罗马人军队，断绝罗马人生活必需品供应，罗马人缺粮缺水，很多了患了痢疾，战败而归。第 6 节，乔治·马尼亚克斯（George Maniakes）运用计谋杀死 800 个阿拉伯人，俘获 280 匹骆驼，获得大量战利品。第 7 节，的黎波里埃米尔联合罗马人对付埃及。罗马人夺取了叙利亚几座

[①]　阿巴斯吉亚属于格鲁吉亚地区。

要塞。第 8 节，在西西里，萨拉森人打败罗马人。皇帝购买特里亚孔塔菲洛斯（Triakontaphyllos）的地产，建筑一座修道院献给圣母。臣民被迫搬运石头和其他建筑材料。他用黄金白银装饰圣索菲亚大教堂和布拉海尔奈宫（Blacher-nae）圣母教堂的柱头。在修复布拉海尔奈宫礼拜堂的过程中，他发现那里悬挂着一个古老的圣像，下令修复圣像。当他发现墙壁灰泥上的白银剥落时，他下令把白银剥下来放回原处。在去掉旧的灰泥的时候发现了一个圣母把圣子抱在胸前的木制圣像，在那里待了 300 年。第 9 节，小纪第 15 年 6540 年（即公元 1031 年）9 月，阿勒颇埃米尔的儿子前来续签和约并进贡，得到认可。邹伊为她妹妹塞奥多拉举行削发仪式，以结束其阴谋活动。皇帝把自己的侄女嫁给大亚美尼亚（Greater Armenia）最高统治者。第 10 节，公元 1032 年 7 月 28 日，一颗星辰从南到北落下，照亮了整个地球，不久罗马帝国发生了灾难：阿拉伯人、佩彻涅格人（Patzinakes）、萨拉森人分别在东部、北部和南部侵略，阿拉伯人蹂躏了美索不达米亚直到梅利蒂尼的地区，佩彻涅格人渡过多瑙河，破坏迈西亚（Mysia），萨拉森人沿伊利里亚（Illyricum）海岸一直航行到科孚岛（Corfu），放火烧科孚岛。第 11 节，公元 1032 年，卡帕多西亚、帕夫拉戈尼亚（Paphlagonia）、亚美尼亚军区以及霍诺尼亚（the Honoriad）① 爆发了严重的饥荒和瘟疫，许多居民抛弃了祖祖辈辈的家园，寻找安身之处。皇帝在回首都的路上碰到了他们，由于不清楚他们迁徙的原因，给他们金钱和其他生活必需品，命令他们回家。当时管理安基拉（Ankyra）② 教堂的米哈伊尔行善，安顿这些灾民，使这些人生存下来。第 12 节，6540 年（即公元 1032 年）8 月 13 日，爆发了严重的地震。皇帝来到首都，他的前妻去世，皇帝为她分发了很多施舍物。公元 1033 年 2 月 20 日，一颗星辰从北到南移动，有喧闹和骚动。在 3 月 15 日前，一直可以看到它，上面有弓状物。3 月 6 日，爆发了地震。第 13 节，那个时候，萨拉森人侵略非洲，他们有 1000 艘船，10000 名战士，劫掠海岛和沿岸，被罗马人打败。东部地区的战争。第 14 节，埃及人阿兹佐斯（Azizios）③ 发疯，摧毁了耶路撒冷基督教堂，他死后，他儿子允许重建教堂。皇帝慷慨送去资金进行重建工作，但被去世打断，他的继任皇帝米哈伊尔完成

---

① 霍诺尼亚，指北部小亚细亚。

② Ankyra 是现代城市安卡拉的古名。

③ 根据作者的描述，Azizios 应该指的是埃及哈里发哈基木（al-Hakim，996–1021 年在位）。

了这项任务。第 15 节，皇帝妹夫瓦西里·斯克莱罗斯（Basil Skleros）因阴谋叛乱被赶出首都。第 16 节，东部地区事务，与各地穆斯林统治者的关系。罗马人军队中有俄罗斯人。阿巴斯吉亚的乔治（George of Abasgia）的妻子阿尔德（Alde，阿兰 [Alan] 人）献给皇帝防守坚固的安纳库菲亚（Anakouphia）要塞，皇帝授予她儿子司令官要职。第 17 节，公元 1034 年 2 月 17 日发生地震，叙利亚各城市受损严重。东部各军区蝗虫成灾，居民被迫卖儿卖女，迁到色雷斯。皇帝给他们每人三枚金币，安排他们回家。蝗虫最后被一股强风吹走，落入赫勒斯滂海峡（Hellespont）旁的大海之中淹死了，它们的尸体被冲上岸，覆盖了海滩的沙子。皇帝修理了引水入城的渠道以及接水的蓄水池，整修了麻风病人之家（leper house）和所有其他被地震毁坏的收容所。皇帝饱受慢性病折磨，他的胡须和头发掉光了。有人说约翰（后来成为孤儿院院长 [orphanotrophos]）对他下毒。这个约翰在他统治期间权势很大，他有四个兄弟，其中两个和他一样是宦官，另外两个（米哈伊尔和尼基塔斯 [Niketas]）不是宦官，是货币兑换商，过去经常给货币掺假。通过约翰，他们和皇帝关系亲近，命运使他们在将来行使权力，不断增加影响力。他们被授予各种官职。其中，米哈伊尔已经成年，长相英俊，皇帝任命他担任皇宫万神殿（Pantheon）国事厅的主管。皇后疯狂地爱上了他，经常偷偷和他约会，秘密性交。有人说这就是皇帝因慢性毒药影响患上令人痛苦的疾病而日益消瘦的原因，皇后趁机秘密除掉他，以便她能够把米哈伊尔扶上皇位。小纪第 2 年 6542 年（即公元 1034 年）4 月 11 日，皇帝去世。死前，他在分发元老们的薪水之后，在大皇宫的浴室中沐浴，结果被米哈伊尔的心腹闷死在浴室的游泳池中。金殿装扮一新，邹伊坐在皇帝宝座上，带来米哈伊尔，要求牧首让他们结婚，约翰和邹伊给了牧首 50 磅黄金，给了神职人员 50 磅黄金，完成婚礼。

第 19 章，米哈伊尔四世 [公元 1034-1041 年在位]

第 1 节，罗曼努斯埋葬在他最近建筑的"可敬"圣母（Peribleptos）修道院。① 第 2 节，邹伊想控制皇权，使米哈伊尔成为奴隶和仆人，但是米哈伊尔的兄长、孤儿院院长约翰控制了邹伊，掌握了实权。贵族君士坦丁·达拉塞诺

---

① *Peribleptos*，希腊文为 *περιβλεπτος*，字面意思是"著名的""可敬的"。该修道院是献给圣母的。

斯不满著名家族和高贵出身的人没有成为皇帝，米哈伊尔这样一个粗俗穷人却当了皇帝。约翰企图陷害他。他操纵元老院和民众，授予元老们更高的头衔，给平民礼物和恩惠。复活节那天下了一场很大的冰雹。树木、房子和教堂倒塌，作物和葡萄藤被摧毁，随后各种农产品短缺。复活节后那个星期日夜晚出现一颗流星，耀眼夺目，看起来像是正在升起的太阳。皇帝恶魔缠身，患上了引起疯狂的疾病，神力和医生都无法治好。第 3 节，一个来自帕夫拉戈尼亚、和皇帝关系密切的宦官去见君士坦丁·达拉塞诺斯，带了四种贵重的圣物发誓保证后者的安全，把他带到皇帝那里，皇帝把他安顿在首都。第 4 节，那一年，色雷斯军区一些瓦兰吉亚人纷纷离去过冬。其中一个在荒野碰到一个当地妇女，企图强奸，但被妇女抓住他的波斯类型的短剑杀死。瓦兰吉亚人聚会处理此事。前面所说死在赫勒斯滂海峡沙滩上的蝗虫复活了，重新在赫勒斯滂海峡沿海地区泛滥成灾，使色雷斯军区荒芜了整整三年。后来它们出现在帕加马，但是死在那里；正如主教的一个仆人先前在异象（vision，不是梦，因为他是清醒的）中看到的那样。好像是他看到一位白衣宦官，光芒四射，被命令依次开启并倒空他面前三个麻袋中的第一个、第二个、以及第三个。他按照命令行事。第一个麻袋涌出了蛇、毒蛇和蝎子；第二个麻袋涌出了蟾蜍、小毒蛇、蜥蜴、角蛇和其他有毒的生物；第三个麻袋涌出了甲虫、蠓虫、大黄蜂以及其他尾部有刺的生物。这个人站在那里吓得目瞪口呆；那个发光的幻影靠近他说："这些生物的出现是因为你们违背了上帝的命令，污辱了皇帝罗曼努斯，弄脏了他的婚床①。"第 5 节，米哈伊尔遭受疾病的折磨，皇权由约翰控制，他任命自己的弟弟尼基塔斯担任安条克总督。尼基塔斯不守誓言，处死 100 个安条克人，逮捕 11 位极其富有的杰出贵族送到君士坦丁堡。小纪第 2 年（即公元 1034 年）8 月，约翰流放了达拉塞诺斯，监禁了达拉塞诺斯的女婿君士坦丁·杜卡斯（Constantine Doukas），没收了小亚细亚三个富人的动产给皇帝的兄弟君士坦丁，驱逐了皇帝君士坦丁的一个仆人，使他成为修道士。第 6 节，同一年发生了一场地震，耶路撒冷受到严重损害。地震持续了 40 天，住房和教堂倒塌，死了很多人。6543 年（即公元 1034 年）9 月，东方出现火柱，火柱最高点向南倾斜。萨拉森人、阿勒颇人、格鲁吉亚人、佩彻涅格人、

---

① 指米哈伊尔和皇后通奸。

非洲人侵略，约翰不关心这些事。他患上口腔溃疡，无法治好，梦见伟大施行神迹者尼古拉（Nicholas）要他尽快去迈拉（Myra），在那里能治好。他赶紧去那里，给这位圣徒的神圣教堂捐献各种香和其他贵重物品。他还给迈拉城建造了非常坚固的城墙。第7节，皇帝各兄弟等亲属的职位。皇帝悔恨对皇帝罗曼努斯的冒犯，做善事，给穷人分发施舍物，建造新的修道院，在修道院中安置修道士，等等。他用国库来做善事，好像可以用别人的金钱来购得忏悔以免罪似的。第8节，小纪第3年6543年（即公元1035年）5月，最终打败侵略基克拉泽斯群岛（Cyclades）和色雷斯军区沿海地区的萨拉森人，他们来自非洲和西西里，签订条约。那年发生地震，布凯拉里翁（Boukellarion）军区出现裂缝，五个村庄整个被吞没。皇帝君士坦丁的宦官、"元老院主席"尼基弗鲁斯（Nikephoros）死里逃生，在斯图狄奥斯修道院削发成为修道士。第9节，打败入侵的非洲和西西里萨拉森人。天气极其寒冷，多瑙河结冰，佩彻涅格人过河入侵。色雷斯军区遭受又一场蝗灾，农作物被毁。第10节，小纪第4年6544年（即公元1036年）春，佩彻涅格人入侵，屠杀老人，折磨战俘，俘虏五位指挥官。塞尔维亚在皇帝罗曼努斯死后叛乱，现在重新签约。和埃及签订30年和约。小纪第5年6546年（即公元1037年）12月18日，发生了三场地震，其中两场小地震，一场大地震。阿拉伯人侵略埃德萨（Edessa）。皇帝提拔自己的兄弟君士坦丁担任东部军队司令官（domestic of the scholai for the east），任命自己的亲戚、宦官安东尼·帕斯（Anthony Paches）担任尼科米底亚（Nikomedia）主教，这个人不适合当主教，但是他知道何时保持沉默。皇帝任命利奥（帕夫拉戈尼亚人）担任保加利亚大主教，他博学多才，富有美德。整整6个月没有下雨，大旱，皇帝的兄弟们举行求雨仪式，抱着圣物，列队行进，从大皇宫步行到布拉海尔奈宫圣母教堂。牧首和神职人员列成另一队行进。然而，不但没有下雨，反倒下了一场大冰雹，毁掉了树木，打碎了君士坦丁堡城房子的屋顶。君士坦丁堡发生饥荒，约翰在伯罗奔尼撒和希腊购买了10万蒲式耳谷物，供应君士坦丁堡居民。第11节，西西里穆斯林统治者兄弟俩反目，一方向非洲求援，一方向罗马人求援，双方战争。第12节，约翰企图驱逐牧首阿莱克修斯，谋求君士坦丁堡牧首职位，未能得逞。第13节，小纪第6年6546年（即公元1037年）11月2日发生地震，余震一直持续到公元1038年整个一月份。色雷斯、马其顿、斯特里蒙（Strymon）和塞萨洛尼基、

一直到塞萨利发生饥荒。塞萨洛尼基的神职人员指责都主教塞奥法尼斯（The-
ophanes）扣留他们传统的津贴，皇帝警告他不得剥夺他们的法定津贴，塞奥法
尼斯拒不服从，皇帝派人审查他的金库，找到了 33 肯特纳里黄金，从中支付
了塞奥法尼斯任职以来所欠神职人员款项，剩下的分给了穷人，把塞奥法尼斯
逐出教会，规定他单独生活，从皇帝那里获取津贴。第 14 节，格鲁吉亚事态
发展。第 15 节，皇后邹伊收买医生企图给约翰下毒，医生的一个奴隶向皇帝
泄密，医生被流放，准备毒药的人被驱逐，皇后日益受到怀疑。第 16 节，罗
马人征服西西里岛，到处血流成河。第 17 节，小纪第 6 年 6546 年（即公元
1038 年），12 个阿拉伯人首领率领 500 匹马，500 匹骆驼，拉着 1000 个箱子，
里面装着 1000 个重装士兵，来到埃德萨，假装去给皇帝送礼，目的是攻占埃
德萨城。一个亚美尼亚人乞丐听到箱子里有人说话，报告给罗马人，埃德萨指
挥官格鲁吉亚人"第一持剑者"巴拉巴兹（protospatharios① Barasbatzes）率
领军队消灭了阿拉伯人。第 18 节，约翰恶贯满盈。小纪第 7 年 6547 年（即公
元 1039 年），他企图消灭达拉塞诺斯家族。他加征税收：每个村庄根据各自能
力都要缴纳一种附加税（aerikon②），有的交 4 枚金币，有的交 6 枚金币，一
直到 20 枚金币，还有其他可耻的税收。皇帝的病不见好转，他给每个司祭 2
枚金币，给每个修道士 1 枚金币，他还在新生儿洗礼的时候充当教父，给每个
新生儿 1 枚金币 4 米拉瑞斯（miliarisia③），但所有这些于事无补，他还患上

---

① protospatharios，或 prôtospatharios，或 protospatharius，希腊文为 πρωτοσπαθάριος，复
数形式为 protospatharioi 或 prôtospatharioi。由 protos（意为"第一"）和 spatharios（意为"持剑
者"）构成，即"第一持剑者"。8 世纪初到 12 世纪初拜占庭帝国高级头衔，通常授予元老院元老，
到 10 世纪时主要是授予军区指挥官的高级头衔，11 世纪丧失重要性。参见 Alexander P. Kazhdan
(editor in chief), *The Oxford Dictionary of Byzantium*, p.1748.

② aerikon，希腊文为 ἀερικόν，也写为 aer。附加税。Alexander P. Kazhdan (editor in chief),
The Oxford Dictionary of Byzantium, p.28.

③ miliarisia，即 miliaresion，希腊文为 μιλιαρήσιον，来自拉丁文 miliarensis，复数形式为
miliaresia，银币，译为"米拉瑞斯"。换算关系：miliaresion（米拉瑞斯，银币）= 1/12 nomisma
（诺米斯玛，金币）= 24 follis / folleis（弗里斯，铜币）。miliaresion 和 follis / folleis 在 1092 年阿
莱克修斯一世货币制度改革之后被弃用。follis / folleis，希腊文为 φόλλις，有时称为奥波尔（obol），
1092 年后作为货币被 tetarteron（"特塔特伦"）取代，作为计量单位被 keration（"克拉"）取代。
译为"弗里斯"。Alexander P. Kazhdan (editor in chief), *The Oxford Dictionary of Byzantium*, p.794,
p.1373.

了水肿。那一年不断发生地震，经常下暴雨，一些军区流行腺鼠疫（quinzy），活着的人不能埋葬死者。第19节，小纪第8年6548年（即公元1040年）2月2日发生了可怕的地震。士麦那（Smyrna）呈现出悲惨的景象，最美丽的建筑物倒塌，许多居民丧生。第20节，穆斯林侵略西西里岛，被罗马人击溃，穆斯林首领逃走，贵族乔治·马尼亚克斯指责守卫沿海地区的皇帝亲戚斯蒂芬（Stephen）未能阻止敌人逃跑，斯蒂芬写信给约翰说马尼亚克斯在策划造反。马尼亚克斯被监禁，指挥权落入斯蒂芬和一个宦官手中，他们后来因贪婪、懦弱、粗心丢失了西西里岛。"第一持剑者"卡塔卡隆·克考梅诺斯（Katakalon Kekaumenos）击溃了萨拉森人，获取了大量战利品，保卫了墨西拿（Messina）。第21节，皇帝大多数时间居住在塞萨洛尼基，他经常去殉道者迪米特里（martyr Demetrios）坟墓那里，希望缓解病痛。国家事务基本由约翰管理，他折磨臣民，人们不断祈祷上帝减轻痛苦。上帝不断晃动地球，世界出现可怕预兆：空中出现彗星，暴风雨，火山爆发，地震。这些预示着暴君即将到来的空前的灾难。约翰鄙视他姐妹的劝谏。他给住在塞萨洛尼基的皇帝送去10肯特纳里黄金，但是送钱的船只遭遇暴风，在伊利里亚海岸遇难，塞尔维亚首领获得黄金。约翰还出售官职。法官对人们征税，不受惩罚，没人关心发生了什么。第22节，皇帝派军队攻打塞尔维亚首领，遭遇不利地形，失败。第23节，公元1040年，保加利亚叛乱。君士坦丁堡一个居民的保加尔人奴隶彼得·德利诺斯（Peter Deleanos）逃到保加利亚，煽动保加尔人叛乱，称帝。迪拉基乌姆指挥官瓦西里·西纳德诺斯（Basil Synadenos）与手下米哈伊尔·德莫凯特斯（Michael Dermokaites）争执，后者向皇帝告发说西纳德诺斯企图篡位，西纳德诺斯被监禁。德莫凯特斯成为指挥官，恶劣对待手下，手下反对他，他逃走。手下因害怕皇帝而公开叛乱，宣布一个士兵泰霍梅洛斯（Teichomeros）为保加利亚皇帝。后来这两支叛军合为一支，泰霍梅洛斯被打死，德利诺斯成为两支叛军的首领，攻打塞萨洛尼基，皇帝逃走，皇帝的一个密友和一个侍从宦官投奔叛军。第24节，那年发生严重旱灾，泉水和河流几乎全都干涸。8月6日军械库发生火灾，停泊在那里的所有船只连同其附加设备都被烧毁。第25节，保加尔人叛军攻下迪拉基乌姆、希腊。尼科波利斯（Nicopolis）军区人们因税吏压迫过重而叛乱，因约翰贪得无厌而投奔保加尔人叛军。皇帝瓦西里收复保加利亚之后让当地保持现状，按照萨缪尔原来的规定管理，即每个拥有一对公牛的保加尔人应该上缴国库一单位（measure①）谷物、同样数量的小米以及一坛酒。但是约翰规定使用金币而不是实物支付，引起反抗。第26节，米哈伊尔·凯路拉里厄斯（Michael Keroularios）②等人造反，被剥夺财产并流放。一场兵变的参与人士遭到惩罚，被弄瞎。第27节，小纪第9年6549年（即公元1040年）9月，塞奥多修波利斯指挥官、贵族阿卢西阿诺斯（Alousianos）投奔保加尔人叛军，原因是约翰因有人指控他而向他索要50磅黄金并没收了他妻子一大块地产。阿卢西阿诺斯率领4万保加尔人叛军攻打塞萨洛尼基，塞萨洛尼基人们来到大殉道者迪米特里坟墓整夜祈求帮助，涂抹从圣徒坟墓中流出来的没药，在圣徒迪米特里的率领下大败保加尔人。第28节，小纪第9年（即公元1041年）6月发生了地震。第29节，保加尔人叛军首领德利诺斯和阿卢西阿诺斯发生内讧，阿卢西阿诺斯弄瞎德利诺斯后投奔皇帝，得到晋升，皇帝俘获了德利诺斯，镇压了叛乱。皇帝因病由修道士科斯马斯·齐齐鲁克斯（Kosmas Tzintziloukios）举行削发仪式，成为修道士，忏悔对皇帝罗曼努斯曾经犯下的罪行，于小纪第10年6550年（即公元1041年）12月10日去世。他是一个正派、诚实的人，度过了仁慈、虔诚的一生。

第20章，米哈伊尔五世［公元1041-1042年在位］

第1节，米哈伊尔死后邹伊掌握最高权力，收养米哈伊尔的外甥米哈伊尔并把他扶上皇位，把约翰关进修道院，流放军队司令官君士坦丁（*domestic of the scholai* Constantine）和军队司令官乔治（George）。米哈伊尔接受皇冠

---

① measure，拜占庭长度、表面积、容量、重量和时间单位，复数形式为 measures，译为"单位"。拜占庭基本的重量单位是罗马磅（*logarike litra*，大约320克）；主要的容量单位是墨伽里（*megarikon*，102.5公升）；测量表面积的单位主要有轭（*zeugarion*，指一对牛一日所耕土地）和莫迪奥（*modios*，粮食和土地的计量单位）。换算关系：maritime measure（标准单位）的葡萄酒为10.25公升；maritime measure（标准单位）的油为8.52公升；*annonikon* measure（税收单位）为 maritime measure（标准单位）的2/3；monastic measure（修道院单位）为 maritime measure（标准单位）的4/5。参见 Alexander P. Kazhdan (editor in chief), *The Oxford Dictionary of Byzantium*, pp.1325-1326. *Byzantine Monastic Foundation Documents: A Complete Translation of the Surviving Founders' Typika and Testaments*, eds. John Thomas and Angela Constantinides Hero, with the assistance of Giles Constable, 5 vols. Washington, D.C.: Dumbarton Oaks Research Library and Collection, 2000, p.1685.

② Keroularios，"蜡烛制造商"之意。蜡烛制造商（the Keroularioi）是君士坦丁堡的一个手工业行会。

的时候一阵眩晕，几乎跌倒，他们用香油、香水和其他芳香物质才使他苏醒过来。他统治的四个月里一直在地震。他在加冕成为皇帝后授予元老院荣誉称号，晋升元老，给臣民分发赏赐，召回流放中的君士坦丁，授予"贵族"(nobelissimos)①头衔。约翰和君士坦丁写信要他不要相信邹伊，如果可能就除掉邹伊，以免遭受他前两任的命运，说她用巫术铲除了罗曼努斯。他阴谋反对邹伊，决定先试探君士坦丁堡人们对他的态度。于是他戴着皇冠和元老院成员公开列队行进到圣使徒教堂，整个城市都出来观看。主干道（即梅塞大道［Mese］）旁的住户悬挂着金银物品，他们穿着金色绣花的衣服和织物，在欢呼着。米哈伊尔以为人们对他很有好感，就在夜晚驱逐了邹伊，把她流放到普林基博（Prinkipo）岛并把她削发为修女，第二天一早命令君士坦丁堡市长在君士坦丁大帝广场向人们宣布已驱逐邹伊，要求人们支持他。人们高喊不要践踏十字架的填船缝工做皇帝，要世袭统治者邹伊，并朝市长扔东西，差点杀死了市长，民众接着冲进圣索菲亚大教堂，牧首恰好在那里，他们诽谤皇帝，要求让皇后复职。她父亲的宦官们以及元老院成员派人把塞奥多拉从彼得利翁（Petrion）接到圣索菲亚大教堂，给她穿上皇帝的紫色衣服，宣称她和她姐姐邹伊为皇后（anassa）；接着民众冲进皇宫把米哈伊尔拽出来，米哈伊尔马上派人把邹伊接进皇宫，给她穿上皇后的长袍。米哈伊尔从大竞技场（Hippodrome）的皇帝包厢对民众讲话，遭到民众的侮辱和攻击。皇帝抵抗，民众拿着棍子石头等对抗皇帝的武装人员，死伤惨重，但最后因人数众多打败了皇帝的人；民众抢走了黄金等，撕掉了纳税清册，推挤着要逮捕皇帝。皇帝逃进斯图狄奥斯修道院成为修道士。第2节，邹伊企图驱逐妹妹塞奥多拉，但民众要求她们共同统治。塞奥多拉于是离开圣索菲亚大教堂，来到皇宫。邹伊对元老院发表演讲，然后站在高处对民众讲话，感谢他们的支持，征求他们处理皇帝的意见，民众要求处死皇帝，把皇帝弄瞎。邹伊不愿惩罚皇帝。塞奥多拉下

---

① nobelissimos，高级头衔，希腊文为 νωβελίσσιμος，拉丁文为 nobilissimus。3 世纪 nobilissimus 作为皇帝称号出现。5 世纪君士坦丁一世把它作为头衔授予自己的一些家人，地位低于"凯撒"(caesar)。11 世纪中叶之前，nobelissimos 一直是授予皇室成员的头衔，11 世纪中叶之后被授予最高军事指挥官，12 世纪成为新头衔（如 protonobelissimos 等）的基础，此后一直沿用到拜占庭末代王朝帕列奥列格王朝。文中译为"贵族"。Alexander P. Kazhdan (editor in chief), *The Oxford Dictionary of Byzantium*, pp.1489-1490.

令弄瞎皇帝及其舅父约翰。他们来到斯图狄奥斯修道院，把皇帝和约翰拖过广场，弄瞎并驱逐了他们，把米哈伊尔赶进埃勒格莫（the Elegmoi）修道院，米哈伊尔的亲属分散到各地。

第 21 章，君士坦丁九世［公元 1042–1055 年在位］

第 1 节，邹伊和塞奥多拉共同统治，给元老院成员提升头衔，给臣民分发礼物，承诺不再像过去那样买官卖官，禁止作恶。"贵族"君士坦丁交出藏在圣使徒教堂附近他家蓄水池中的 53 肯特纳里黄金。邹伊任命官员。商议邹伊再婚和皇帝问题。邹伊选择君士坦丁·阿多克利雷斯（*katepan* Constantine Artoklines①），据说他是邹伊的秘密情人，但他被妻子毒死。于是邹伊召回流放中的君士坦丁·摩诺马赫。两人结婚后，君士坦丁于 6550 年（即公元 1042 年）6 月 12 日被牧首加冕为皇帝。第 2 节，君士坦丁提升元老地位，给君士坦丁堡人们分发金币，向全国各地承诺办好事，镇压恶行。流放孤儿院院长约翰、前任皇帝米哈伊尔以及"贵族"君士坦丁。小纪第 11 年 6551 年（即公元 1042 年）10 月 11 日，一颗彗星从东向西运行，整个月都闪闪发光，预示了即将到来的灾难。如前文所述，斯蒂芬–波伊斯拉夫（Stephen-Boisthlav）离开君士坦丁堡，在伊利里亚山区立足，蹂躏塞尔维亚人和罗马人，皇帝派约 6 万大军攻打他，遭遇惨败，约 1.4 万人死亡。第 3 节，司令官乔治·马尼亚克斯叛乱始末。他原来被米哈伊尔四世派去意大利，他的军队中有 500 名法兰克人，他们的首领是阿杜因（Ardouin），后来马尼亚克斯被解除指挥权囚禁在君士坦丁堡，取代他的人不给法兰克人发每月的津贴，还鞭打阿杜因，导致法兰克人兵变，他们打败了罗马人，后来联合波河（Po）流域和阿尔卑斯山脉（Alps）山脚的意大利人再一次打败了罗马人，米哈伊尔四世派去的新指挥官也被打败被俘。法兰克人占领了意大利大量地方，罗马人控制的只剩下布林迪西（Brindisi）、希德鲁斯（Hidrous）、塔伦托（Tarento）和巴里四座城市。米哈伊尔五世下台后，邹伊派马尼亚克斯去意大利镇压叛乱，他驱逐了

① *katepan*，主管官员。*atriklines*，希腊文为 ἀτρικλίνης，源于拉丁文 *triclinium*（餐厅之意），*artoklines* 为其变形，来自希腊语 *arto*（面包之意），为负责皇宫宴会礼节的侍臣，他们根据高官的头衔和官职来安排皇宫宴会座次。在帝国等级制度中，该官职地位较低。Alexander P. Kazhdan (editor in chief), *The Oxford Dictionary of Byzantium*, p.227. John Wortley (trans.), *John Skylitzes: A Synopsis of Byzantine History, 811–1057*, Cambridge: Cambridge University Press, 2010, p.397, n.4.

卡普阿（Capua）、贝内文托（Benevento）和那不勒斯（Naples）的法兰克人。马尼亚克斯在安纳托利亚军区拥有大地产，他在那里的邻居罗曼努斯·斯克莱罗斯（Romanos Skleros）是他的仇人，两人企图谋杀对方。君士坦丁·摩诺马赫成为皇帝后，罗曼努斯·斯克莱罗斯因其姐妹是皇帝的情妇而地位飙升，他劫掠并摧毁了马尼亚克斯的村庄，玷污了马尼亚克斯的妻子。马尼亚克斯得知后大怒。接着，在罗曼努斯的唆使下，他被解除了指挥权。马尼亚克斯于是在意大利叛乱，杀掉了皇帝派去接替他的人，那个人是君士坦丁堡市民，皇帝的熟人。马尼亚克斯称帝，率领军队进入保加利亚，被皇帝派去由宦官斯蒂芬（sebastophoros Stephen）① 率领的军队打败，马尼亚克斯摔下马来死亡。斯蒂芬在主干道（即梅塞大道）上举行胜利入城式，马尼亚克斯的首级挑在长矛上，处于队伍的最前列，后面跟着坐在驴子上的叛乱者，再后面是骑着白马的斯蒂芬。第4节，塞浦路斯（Cyprus）岛指挥官塞奥菲洛斯·埃罗蒂科斯（Theophilos Erotikos）叛乱，煽动塞浦路斯人们杀死了税吏，说征税过重。皇帝派海军逮捕了他，送到君士坦丁堡。皇帝让他穿着女人服装，在竞赛日让他在大竞技场游行，没收了他的财产，然后释放了他。第5节，小纪第11年（即公元1043年）2月，牧首阿莱克修斯去世；3月，米哈伊尔·凯路拉里厄斯就任牧首，他曾被约翰流放，成为修道士。有人报告皇帝说阿莱克修斯的修道院存有黄金，皇帝派人去没收了25肯特纳里的黄金。5月，约翰被弄瞎，十来天后去世。宦官斯蒂芬被指控阴谋扶助贵族利奥·朗布罗斯（Leo Lampros）当皇帝，被没收财产，削发为修道士流放。利奥被残酷折磨，弄瞎，在广场上游行，不久去世。第6节，同年即公元1043年7月，俄罗斯人攻打首都。在那之前，他们是罗马人的盟友，双方相互交往，通商，和睦相处。这时在君士坦丁堡与一些斯基泰人（Scyths）商人发生了争执，事态升级失控，一个著名的斯基泰人被杀。俄罗斯人统治者听说后坐着船（drakhars）从海上侵略君士坦丁堡。皇帝率领军队海陆两路迎敌，海军有战船、轻便船，皇帝在皇帝游艇上，命令瓦西里·塞奥多拉卡诺斯（Basil Theodorakanos）率领三艘快艇去偷袭，瓦西里使用希腊火烧掉了敌人7艘船，弄沉了3艘船，俘

---

① *sebastophoros*，希腊文为 *σεβαστοφόρος*，10–12世纪拜占庭官职或头衔，主要授予宦官，其职能不清楚。参见 Alexander P. Kazhdan (editor in chief), *The Oxford Dictionary of Byzantium*, p.1862.

获了一艘船。敌人撤退，很多船触礁沉没，敌人死了约一万五千人。皇帝留下海军驻守，自己回到首都。罗马人获得大量战利品，但追赶敌人的罗马人船只陷入敌人包围圈，死伤惨重。然而，往回逃的斯基泰人在瓦尔纳（Varna）被罗马人大败。第 7 节，小纪第 12 年 6552 年（即公元 1043 年）9 月，狂风毁掉了几乎所有葡萄。牧首米哈伊尔与教宗关于不发酵面包问题的争端，他得到安条克牧首彼得、保加利亚大主教利奥以及所有受过良好教育的教会人士的支持。公元 1044 年 3 月 9 日，当皇帝正准备庆祝四十圣徒节日时，人们爆发了骚乱。皇帝和卫兵步行离开皇宫，人们欢呼，他到达萨尔基（Chalke[①]）的耶稣基督教堂（church of the Saviour）后，准备从那里骑马去圣徒圣陵，这时人群中有人大喊不要斯克莱雷娜（Skleraina，皇帝的情妇）当皇后。突然，场面混乱，人群骚动，想要抓住皇帝，邹伊和塞奥多拉出现，安抚民众。骚动平息后，皇帝回到皇宫，没有去四十圣徒圣陵。平民、元老院、邹伊和塞奥多拉对皇帝的情妇抱怨很多。当时一位著名修道士斯特萨托斯（Stethatos）责备他，但是没有用，因为皇帝完全被情妇的美貌迷倒了。第 8 节，小纪第 13 年（即公元 1043/1044 年），阿尼王国（principality of Ani）[②] 爆发了战争。皇帝对阿尼统治者发动战争。当初格鲁吉亚人的首领乔治（George）叛乱时，阿尼统治者约瓦涅斯克（Iovanesikes）与他结盟反对罗马人。瓦西里二世去攻打他们，约瓦涅斯克投奔瓦西里皇帝，瓦西里规定，允许他终生统治阿尼和所谓大亚美尼亚（Great Armenia），他死后阿尼和大亚美尼亚由皇帝控制，成为帝国领土一部分。但是他死后他的继任者卡基基奥斯（Kakikios）不愿把领土交给帝国，君士坦丁九世于是发动战争，并且联合萨达迪德家族（the Saddadides）的库尔德王朝（the Kurdish dynasty）统治者阿普勒斯法雷斯（Aplesphares）攻打卡基基奥斯，答应阿普勒斯法雷斯有权统治征服的土地，卡基基奥斯归顺。阿普勒斯法雷斯拒绝放弃征服的土地，皇帝对他宣战，

---

① Chalke，希腊文为 Ξαλκή，君士坦丁堡大皇宫的主要入口前厅，名称来自其镀金的青铜屋顶或来自其青铜大门。查士丁尼一世把它重建为一座中央圆屋顶的长方形建筑。Chalke 或其附属建筑在 7-8 世纪成为一座监狱。瓦西里一世修缮了这座建筑，把它变成了法庭。Chalke 在 11 世纪末被伊萨克二世（Isaac Ⅱ，1185–1195 年在位）夺去其铜门，1200 年后不再被提及。译为"萨尔基"。Alexander P. Kazhdan (editor in chief), *The Oxford Dictionary of Byzantium*, pp.405-406.

② 参见 Alexander P. Kazhdan (editor in chief), *The Oxford Dictionary of Byzantium*, p.98, p.244.

收回了几个地方。但这时贵族利奥·托尼基奥斯（Leo Tornikios）①叛乱，利奥·托尼基奥斯兵临君士坦丁堡城下，皇帝兵力不足，派人去把攻打阿普勒斯法雷斯的军队调去镇压叛乱，与阿普勒斯法雷斯达成协议。援军到达首都之前，皇帝安排君士坦丁堡居民和城中所有士兵（不到1000名）守城，皇帝险些丧命，利奥·托尼基奥斯未能抓住战机乘胜追击，最终失败被弄瞎。第9节，突厥人（Turks）占领波斯（Persia）的过程，突厥人首领坦格洛利佩斯（Tangrolipex）成为波斯统治者，称为苏丹。第10节，突厥人攻打阿拉伯人，派军队攻打罗马人。第11节，格鲁吉亚统治者潘克拉蒂奥（Pankratios）和权力仅次于他的利帕里特斯（Liparites）发生冲突，前者和后者的妻子通奸，后者叛乱打败前者，后者强奸前者的母亲，成为格鲁吉亚统治者。潘克拉蒂奥去找罗马人皇帝，两人达成协议，规定潘克拉蒂奥统治整个格鲁吉亚（伊庇利亚和阿巴斯吉亚），利帕里特斯终生统治梅斯基亚（Meschia），臣服于潘克拉蒂奥。第12节，突厥人苏丹派军队攻打罗马人，摧毁一切，在瓦斯普拉坎（Vaspurakan）被罗马人打败。第13节，突厥人苏丹派兄弟亚伯兰·阿莱姆（Abram Aleim）攻打罗马人。突厥人来到阿泽城，那里富庶，人口众多，商业繁荣，生活着本地商人，还有叙利亚人、亚美尼亚人等民族，突厥人不能攻下，就放火烧城，城中死亡人数据说大约有15万。突厥人占领阿泽后，夺取了大量黄金、武器和大量实用的铁器，以及大量马匹和驮畜。第14节，突厥人与罗马人在卡佩特罗斯（Kapetros）要塞战争。罗马人方面，利帕里特斯认为星期六不吉利，没有主动出击，双方交战后，利帕里特斯被俘，其他罗马人将领各自回家。苏丹因嫉妒企图除掉亚伯兰。第15节，皇帝赎回利帕里特斯，苏丹把赎金送给利帕里特斯，派使者去见皇帝，使者要皇帝向苏丹进贡，遭到拒绝。第16节，佩彻涅格人动乱问题。佩彻涅格人人数众多，分成13个部落，游牧民族，在多瑙河另一边从沃里斯特隆（Borysthenon）河到潘诺尼亚（Pannonia）之间的草原放牧羊群，他们的首领是出身高贵但倾向和平生活的提拉奇（Tyrach）。当时佩彻涅格人中有一个出身卑微但英勇善战的人叫凯金斯（Kegenes），提拉奇企图除掉凯金斯，凯金斯带着自己的部落和另一个部落共约2万人投靠罗马人皇帝，皇帝答应，为他们提供必需品，把凯

---

① 利奥·托尼基奥斯，就是米哈伊尔·阿塔雷亚特记载的莱昂·托尼基奥斯，详见前文。

金斯晋升为贵族，让他控制多瑙河边三座要塞和大量土地，凯金斯及其手下全部皈依基督教。第17节，凯金斯驻守三座要塞，渡过多瑙河杀死了很多佩彻涅格人，把妇女儿童卖给罗马人为奴隶。提拉奇派代表见皇帝，指出皇帝和他们有协议，不应该接收他们的叛徒，应该阻止那个人过河掠夺帝国的盟友，否则他将失去盟友。皇帝拒绝。提拉奇在冬天多瑙河结冰后率领8万军队渡过了多瑙河，到处劫掠，被凯金斯和罗马人军队打败。凯金斯要求处死所有俘虏，罗马人则想要把佩彻涅格人俘虏安置在保加利亚定居，以便征税征兵。凯金斯卖掉一些俘虏，杀死活捉的所有其他俘虏后回家。成千上万的佩彻涅格人被剥夺武器，安置在保加利亚的萨迪克（Sardike）、奈索斯（Naissos）和尤扎波利斯（Eutzapolis）平原。提拉奇及其140位追随者则得到皇帝的优待，皇帝给他们最高头衔，使他们皈依基督教。第18节，突厥人苏丹聚集突厥人、波斯人和阿拉伯人军队侵略罗马帝国。皇帝聚集一万五千名佩彻涅格人迎战。第19节，突厥人苏丹攻打罗马人，围攻曼兹科特，被罗马人指挥官、贵族瓦西里·阿波卡佩斯（Basil Apokapes）打败。第20节，皇帝召集东部的军队，任命宦官尼基弗鲁斯（Nikephoros）指挥军队，尼基弗鲁斯是君士坦丁当皇帝之前的神父，他放弃了神职，皇帝重用他不是因为他善战，而是因为他忠实地支持皇帝。突厥人逃走。攻打蒂维翁统治者阿普勒斯法雷斯，双方续签条约，尼基弗鲁斯带走人质。第21节，佩彻涅格人反叛皇帝的起因：他们在哈姆斯山脉（the Haemos）和多瑙河之间的平原上找到了一个当地称为百山（Hundred Mountains）的地方，那里有山谷、树林、各种灌木丛、溪流和草地，他们定居在那里，从那里侵略罗马人。皇帝叫凯金斯去首都商议，凯金斯率领整个军队来到迈塔斯（Maitas），夜晚他遭到三个武装佩彻涅格人的袭击，受伤，刺客被捕，凯金斯的儿子把他放在四轮马车上，由两匹马拉着，后面拖着囚禁的三个刺客，他的两个儿子跟着马车，率领整个骑兵军队，到达首都在大竞技场见到皇帝后，刺客说凯金斯阴谋反叛皇帝，企图劫掠首都后返回佩彻涅格人那里。皇帝借口给凯金斯治疗，把他和他的儿子们分别关起来，释放三名刺客，名义上款待实际上拘留其余的佩彻涅格人，但允许他们自由行动。佩彻涅格人夜晚离开首都，翻越哈姆斯山脉，连夜赶往他们的主力所在地。他们与主力会合，翻越哈姆斯山脉，在亚得里亚堡附近到处劫掠。第22节，西部地区司令官君士坦丁·阿里安尼特（Constantine Arianites）

被佩彻涅格人庞大军队打败，皇帝说服提拉奇和佩彻涅格人首领们支持自己，召集东部地区军队和拉丁人雇佣军，由尼基弗鲁斯（Nikephoros the *rector*①）统一指挥，罗马人的东部地区军队司令官（*stratelates*② of the east）卡塔卡隆·克考梅诺斯说要趁敌人分散的时候进攻，尼基弗鲁斯反对，说猎犬不够。等佩彻涅格人大军集结后，罗马人被打败。佩彻涅格人劫掠了罗马人大量武器，甚至占领了罗马人营地，掠夺了他们的行李。佩彻涅格人在掠夺死人物品的时候，一个名叫库利诺斯（Koulinos）的佩彻涅格人从死人堆中发现了克考梅诺斯，他来自多瑙河一个要塞，那里各种民族杂居，他认识克考梅诺斯，发现他有几处致命伤，已经昏迷但还有呼吸，就把他救了出来，精心照料，把他救活了。佩彻涅格人从此放肆劫掠罗马人。第二年皇帝又集结军队攻打佩彻涅格人，罗马人在亚得里亚堡再次战败，要不是罗马人的弹弩射出的箭射中了佩彻涅格人的首领和马匹，罗马人将全军覆没。第 23 节，一起未遂阴谋及其处理情况。第 24 节，皇帝释放了凯金斯，让他回去，为皇帝争取支持力量。接着皇帝召集军队，包括法兰克人和瓦兰吉亚人。皇帝还召集大约 2 万来自特鲁齐（Telouch）、黑山（Black Mountains）和卡尔卡罗斯（Karkaros）的骑射手，任命每个民族的出类拔萃者为首领，授予首领（*ethnarch*③）头衔，任命贵族布莱伊纽斯领导他们阻止佩彻涅格人侵略。佩彻涅格人在亚得里亚堡战役之后轻视罗马人，在马其顿和色雷斯到处烧杀抢掠，甚至到达接近首都的卡塔西泰（Katasytai），皇帝派遣一位宦官率领禁军等打败了他们。第 25

---

① 　*rector*，拉丁文，"ruler"之意，指地方组织的首领，适用于世俗、学术以及教会官员。参见 Robert E. Bjork (ed.), *The Oxford dictionary of the Middle Ages*, Oxford; New York: Oxford University Press, 2010.

② 　*stratelates*，希腊文为 στρατηλάτης，在晚期罗马帝国有两种不同含义，指将军，或指较低头衔，10–11 世纪这个术语通常指将军或总司令。Alexander P. Kazhdan (editor in chief), *The Oxford Dictionary of Byzantium*, p.1965.

③ 　*ethnarch*，希腊文为 εθνάρχης，字面意思是"民族或国家的首领"，用来指任何蛮族的统治者，10 世纪末这个术语还有 satrap 进入了拜占庭帝国等级制度中，很可能在 11 世纪这个术语指外国雇佣军的高级指挥官。satrap，"王国保护者"之意，波斯头衔，现在通常认为这个术语指地方总督，不过 satrap 并不总是有确切的职责，它是反映统治者青睐以及社会地位的头衔。参见 Alexander P. Kazhdan (editor in chief), *The Oxford Dictionary of Byzantium*, p.734. Simon Hornblower, Antony Spawforth (eds.), *The Oxford Classical Dictionary*, 3rd ed., Oxford; New York: Oxford University Press, 1996, p.1359.

节，凯金斯回去后被佩彻涅格人杀害并被碎尸。布莱伊纽斯率领的军队和贵族米哈伊尔（Michael the *akolouthos*①，瓦兰吉亚人禁军指挥官）率领的军队合作阻止佩彻涅格人侵略并保护村庄。他们在高洛埃斯（Goloes）和托普里佐斯（Toplitzos）消灭了两股劫掠的佩彻涅格人。佩彻涅格人蹂躏马其顿地区各村庄，罗马人军队连夜赶到并进入查里奥波利斯（Charioupolis）城，傍晚佩彻涅格人来到该城附近宿营，唱歌跳舞，夜晚睡着后被罗马人军队消灭。此后两年佩彻涅格人不敢大肆劫掠。第 26 节，罗曼努斯·博伊拉斯（Romanos Boilas）突然声名鹊起。他在禁军（*hetaireiai*②）中服役，他伶牙俐齿，看起来很老练很机敏。有一次皇帝注意到了他，和他交谈，他看起来极其令人愉快，此后成为皇帝形影不离的密友，为皇帝完成各种任务，担任皇帝的顾问、代理人、随从等。皇帝提升他的地位，他不断晋升，最后占据了皇宫的主要职位。他觊觎皇位，阴谋叛乱，被发现后其他人被流放、个人财产被剥夺，他被皇帝疏远但不久恢复原来职位。第 27 节，突厥人苏丹企图谋害兄弟亚伯兰，亚伯兰和侄子库特鲁莫斯反叛，亚伯兰被杀，库特鲁莫斯率领 6000 人和亚伯兰的儿子梅莱奇（Melech）请求与皇帝结盟，苏丹追了过来迫使他们逃走，苏丹沿途烧杀劫掠，罗马人的法兰克人和瓦兰吉亚人军队赶来，苏丹撤退。第 28 节，加利西亚人（the Traballes③）和塞尔维亚人首领与皇帝结盟。埃及统治者给皇帝送来一头大象和一头长颈鹿。皇帝派军队去攻打佩彻涅格人，无法攻下后撤退，途中被佩彻涅格人击溃。皇帝决定消灭佩彻涅格人，否则枉过一生，佩彻涅格人派代表求和，双方签订了 30 年和约。第 29 节，皇帝使用大量公款建筑曼加纳（Mangana④）修道院，献给圣殉道者乔治。经费短缺，就

---

① *akolouthos*，希腊文为 ἀκόλουθος，11 世纪后为外国雇佣军尤其是瓦兰吉亚人禁军的独立指挥官，12 世纪主要履行外交职责。Alexander P. Kazhdan (editor in chief), *The Oxford Dictionary of Byzantium*, p.47.

② *hetaireia*，希腊文为 ἑταιρεία，其复数形式是 *hetaireiai*，译为"禁军"，护卫皇帝的军队，其功能不确定。有学者认为保护皇帝只是它偶尔的责任，其主要职责是管理特种地产。有三支甚至四支，他们主要由外国人构成。到 11 世纪末发生了改变，由贵族青年构成，可能合并成一支部队。在 12 世纪这个词一般用来指权贵那些以誓言约束的私人随从，这种情况在 14 世纪更普遍。Alexander P. Kazhdan (editor in chief), *The Oxford Dictionary of Byzantium*, p.925.

③ 即 traballar，指加利西亚人（Galician）。

④ Mangana，位于卫城山（Acropolis hill）东面斜坡的君士坦丁堡地区，根据一个军械库的名字（μάγγανα）命名的。君士坦丁九世在那里建造了圣乔治修道院（monastery of St. George）、

设计了各种商业来增加收入，精心设计特别税，任命不虔诚的罪犯担任税吏，通过这些不法途径他积累了财富。他甚至解散了约 5 万伊庇利亚人军队，然后在那些地区征收重税取代征兵。他还想出了许多其他缺德的邪恶的税收。从他开始，由于他的浪费和炫耀，罗马帝国的财富开始日益减少。从那时开始直到现在帝国进入全面衰落。但他也不是完全一无是处。上述修道院有老人之家，它的旅店和救济院值得称赞。他给圣索菲亚大教堂的服务也值得称赞。在他之前，由于经费短缺，只是在重大宗教节日、星期六和星期日才举行圣餐仪式。他登基后，由于他的慷慨，每天举行圣餐仪式，这种情况一直持续到我们的时代。他还给那座教堂赠送镶嵌了贵重珍珠宝石的黄金器皿，用于圣餐仪式，还有其他许多珍宝。第 30 节，小纪第 7-8 年（即公元 1054-1055年），君士坦丁堡爆发了瘟疫，活着的人不能胜任埋葬死者的任务。公元 1054年夏天下了很大的冰雹，导致许多动物许多人死亡。皇帝患上了痛风，躺在他最近建造的曼加纳修道院，快要死亡，宫廷中的高官主要是皇帝身边的宦官商议皇帝人选，邹伊已经去世，服侍塞奥多拉的人把她带到大皇宫，宣布她为皇帝，流放了君士坦丁身边宦官的皇帝人选。公元 1055 年 1 月，君士坦丁在修道院去世。

第 22 章，塞奥多拉［公元 1055-1056 年在位］

第 1 节，塞奥多拉关于官员的任免，流放支持另一位皇帝人选的那些人，没收他们的财产，解除君士坦丁任命的一些官员的职务，重用她自己的宦官。她解除了伊萨克·科穆宁（*magister* Isaac Komnenos）的总司令（*stratopedarch*）职务。之前君士坦丁已经派遣所有马其顿军队到东部地区，负责指挥的人全部是马其顿人，其中之一是布莱伊纽斯，因为突厥人谣传他们将被一支军队毁灭，就像马其顿人亚历山大（Alexander）摧毁波斯人一样。布莱伊纽斯听说君士坦丁去世后率军来到克莱索波利斯，塞奥多拉逮捕了他，没收了他的财产，流放了他。保加利亚大主教利奥去世，她任命圣殉道者莫基奥斯（Mokios）修道院院长塞奥多洛斯（Theodoulos）继任保加利亚大主教。小纪第 9 年

一座宫殿（后被伊萨克二世毁坏）、一座医院以及一座法律学校。每年 4 月 23 日圣乔治节日朝廷都会前去修道院的教堂参与活动。1204-1261 年君士坦丁堡拉丁帝国统治期间那里被拉丁人占领，拉丁帝国灭亡后回到拜占庭人手中，直到 1453 年拜占庭帝国灭亡。参见 Alexander P. Kazhdan (editor in chief), *The Oxford Dictionary of Byzantium*, p.1283.

6564 年（即公元 1056 年）8 月，塞奥多拉去世。她咽气前，宦官们和管理国家事务的"牧首助理"利奥把年老的贵族米哈伊尔（Michael Stratiotikos）扶上皇位，要他当名义上的皇帝，发誓不违背他们的看法和意志，他们则随心所欲管理国家事务，掌控一切。

第 23 章，老者米哈伊尔六世（Michael Ⅵ the Elder/ Stratiotikos）[公元 1056–1057 年在位]

第 1 节，小纪第 9 年（即公元 1056 年）8 月 31 日，米哈伊尔即位。皇帝君士坦丁的堂兄弟认为自己更有权继位，召集亲戚、奴隶、邻居和一些熟人等发动叛乱，来到普雷托里乌姆（Praetorium）和萨尔基放出囚犯，宫廷宦官得知后派禁军包括罗马人和瓦兰吉亚人镇压了叛乱。第 2 节，米哈伊尔六世复兴旧习俗：下令清扫称为广场（the strategion）的地方，遭到君士坦丁堡市民的嘲笑，说在找他玩耍时弄丢的一块骨头；规定市民要用印度棉加上紫色织成的条纹亚麻布而不是现在的纯色亚麻布来包裹头部。他任命速记书记而不是元老担任收税官。他重用自己的外甥。到了皇帝给元老院分发赏金的时候（通常在每年的复活期 [Eastertide]），所有东部著名军事指挥官前来索要好处，因为听说新皇帝非常慷慨，但是他们只得到赞扬，却没有得到任何实质上的好处，他们的请求实际上遭到拒绝。第 3 节，皇帝召回流放中的布莱伊纽斯，派他率军攻打突厥人。一个名叫萨摩奇（Samouch）的突厥人带领 3000 突厥人在大亚美尼亚的高原和低地游荡，突袭、劫掠罗马人，给罗马人带来严重损害。布莱伊纽斯请求归还被塞奥多拉没收的财产，皇帝拒绝，说要先贡献，再谈回报，并解除了布莱伊纽斯的职务。布莱伊纽斯不满，伺机报复。第 4 节，埃尔韦·弗兰科普洛斯（Hervé Frankopoulos，拉丁人雇佣兵）也受到皇帝类似对待，他打了很多胜仗，请求皇帝授予他司令官头衔，遭到皇帝的拒绝和嘲笑。在此之前，他一直公开支持罗马人，从此，他阴谋报复罗马人。他告别了皇帝，离开首都，来到东方他在亚美尼亚军区的达加拉贝（Dagarabe）地产，收买了那里 300 个法兰克人，率领他们来到米底亚（Media），联合突厥人萨摩奇攻打那里的罗马人。不久，法兰克人和突厥人发生冲突，法兰克人打败了突厥人，进入西利特（Chleat）城，被埃米尔阿波那札尔（Aponasar）逮捕或者屠杀，埃尔韦被囚禁起来。第 5 节，东部各军事指挥官请求当时管理国家事务的利奥·斯特拉波邦迪罗斯（Leo Strabospondylos）为他们向皇帝求情，说不要蔑视他们，说皇帝给那些从未参战的人好处、却忽视他们这些从青年就开始作战、夜间站岗值班以便别人能够安稳睡觉的人，这是不公平的。但利奥冷漠对待他们，藐视他们。他们失去希望，于是聚集在圣索菲亚大教堂，阴谋叛乱，把布莱伊纽斯拉入，推举司令官伊萨克·科穆宁当皇帝。第 6 节，皇帝任命布莱伊纽斯率军前去东部地区，同行的贵族约翰·奥普萨拉斯（John Opsaras）负责给士兵们发津贴，在安纳托利亚军区分发津贴时，布莱伊纽斯下令增加津贴，比规定的多发，奥普萨拉斯拒绝，布莱伊纽斯一怒之下扯着他的头发胡子把他摔倒在地，接着把他囚禁起来，然后布莱伊纽斯按照自己的方式把皇帝的钱发给了士兵们。当时比西迪亚（Pisidia）和利考尼亚（Lykaonia）指挥官、贵族利卡泽斯（Lykanthes）恰好驻扎在附近，听说此事后率领安纳托利亚军区两支军队进攻布莱伊纽斯，囚禁了布莱伊纽斯，把奥普萨拉斯放了出来，奥普萨拉斯剜了他的眼睛，把他送到皇帝那里。东部各军事指挥官听说后，担心他被审问时泄密，就在小纪第 10 年（即公元 1057 年）6 月 8 日公开叛乱，宣布伊萨克为罗马人皇帝。第 7 节，叛乱的过程。参与叛乱的主要有以下军队：两支法兰克人军队、一支俄罗斯人军队、一支科洛尼亚军区军队、一支察尔迪亚军区军队，此外，还有亚美尼亚军区军队等。第 8 节，皇帝备战，召集西部地区军队，以及东部地区没有参与叛乱的军队（主要是安纳托利亚军区军队和察西隆军区军队），赐予他们头衔、礼物和大量金钱，派遣他们去攻打叛军。第 9 节，皇帝的军队占据索丰（Sophon）山高地，叛军占据尼西亚，双方士兵基本上相互认识，他们在搜寻粮草的时候劝对方到自己一方来，都无法说服对方。皇帝军队移营到离敌人不远处的彼特罗兹（Petroes）。最后，双方在哈得斯（Haides）交战，叛军打败皇帝军队。第 10 节，法兰克人伦道夫（Randolf the Frank）单挑尼基弗鲁斯·博塔尼埃蒂兹，战败被俘，被带给科穆宁。第 11 节，皇帝绝望，想要逃走，他的侍从劝他坚持抵抗，他企图争取君士坦丁堡市民的支持，于是对他们讲话，用礼物和赏金收买他们。皇帝派三位使者去见科穆宁，劝他放下武器，皇帝将收他为养子，把他封为"凯撒"，并宽恕他所有支持者。叛军拒绝。使者回去，皇帝要他们回去执行另一项任务：使者和科穆宁在里艾（Rheai）村谈判，使者声称科穆宁将被宣布为皇帝并被收为养子，所有支持他的人将由科穆宁授予头衔。科穆宁和所有同他在一起的军官们答应，并要求皇帝颁布书面金玺诏书以证明承诺不假。卡塔卡隆·克考梅诺斯则坚持要皇帝退位，认为他们不能放下武器，否则会遭到皇帝的报复。第 12 节，皇帝用礼物、金钱、大量头衔等争取君士坦丁堡市民的支持，颁布书面声明发誓绝不提名科穆宁为皇帝，强迫元老们同意，并在文件上盖上他的印章。贵族们和君士坦丁堡市民聚集在圣索菲亚大教堂，要求牧首去见皇帝，要求皇帝收回那份文件，牧首答应。但不久他们宣布科穆宁为皇帝，牧首赞成，并允许劫掠那些不赞成的高官们的房子，派代表去见科穆宁和米哈伊尔六世，后者退位。公元 1057 年 9 月 1 日，科穆宁在圣索菲亚大教堂被牧首加冕为皇帝。

5.在经济和社会方面的史料价值

约翰·斯凯利兹斯《历史概要》写作于 11 世纪晚期，记载了 811-1057 年拜占庭帝国历史，被认为是忏悔者塞奥法尼斯（Theophanes the Confessor，约 760-817/818 年）的续编，斯凯利兹斯称赞忏悔者塞奥法尼斯为最可靠的历史学家，把他与同时代几位作者（包括普塞洛斯）进行对比。《历史概要》各个部分篇幅长短不同，在文体上也不相同：米哈伊尔四世统治期间按照年代编撰（这是塞奥法尼斯典型的写法）成一系列短小、不连贯的主题，由一系列按照年代顺序的时间结合起来；而君士坦丁九世的历史则包括几段较长的记载，按年代顺序记载的痕迹不太明显，也避免描写前面部分很常见的军事战略；最后部分的主要英雄是卡塔卡隆·克考梅诺斯，可能斯凯利兹斯和那位将军关系亲密。这部作品在 11-12 世纪拜占庭历史创作中占有一定地位。11 世纪末 12 世纪初乔治·凯德诺斯逐字抄写了全部《历史概要》。大约 1150 年君士坦丁·马纳塞斯（Constantine Manasses）在写作他的诗体编年史（*Chronike synopsis*，"至尊者"［*sebastokrator*］安德罗尼库斯·科穆宁的妻子伊琳妮·科穆尼娜［Eirene Komnena］命令创作的）时运用了这部作品。12 世纪初尼基弗鲁斯·布莱伊纽斯使用了这部作品，几乎是逐字照抄。很可能在 12 世纪上半叶，约翰·佐纳拉斯（John Zonaras）退隐到马尔马拉海（Propontis①）的圣格利克里亚（St. Glykeria）修道院，在那里写作了他的简史（*Epitome historion*），从创世写到阿莱克修斯一世·科穆宁去世，其中约翰·斯凯利兹斯突出。皇帝前秘书米哈伊尔·格里卡斯（Michael Glykas）在佐纳拉斯之后不久写作，他的编年史

---

① 马尔马拉海的古名。

（*Biblos chronike*）也是如此。14 世纪伊弗列姆（Ephraim）和 15 世纪塞奥多利·贾札（Theodore Gaza）仍然运用约翰·斯凯利兹斯《历史概要》。①

《历史概要》涵盖从 811 年尼基弗鲁斯一世（Nicephorus I，802–811 年在位）去世到 1057 年米哈伊尔六世被废黜的拜占庭帝国历史，提供了有关 10 世纪晚期 11 世纪早期唯一幸存的记载，是关于这一时期的主要历史记载，约翰·斯凯利兹斯是关于瓦西里二世统治的唯一编年史家。尽管它并非原创，是很多人作品的汇编，有些是斯凯利兹斯逐字抄过来的，有些他进行了删改和修饰，但他在序言中列出、用作史料的 14 种历史作品大部分现在已经遗失。因此，《历史概要》具有重要的史料价值。②其中，它在经济和社会方面的史料价值主要如下。

第一，著作涉及大量历史人物、人物关系以及官员任免，有助于了解当时各家族情况和贵族势力，对研究家族、职位升降、贵族社会结构以及文职官员和军事贵族地位变化非常有用。其中涉及大量宦官，有助于研究宦官地位和作用的变化。另外，它明显反映了自瓦西里二世去世之后头衔在逐渐贬值。③

第二，记载了大量战争和叛乱，有贵族叛乱，保加尔人叛乱，士兵哗变，法兰克人叛乱，佩彻涅格人侵略，俄罗斯人侵略，萨拉森人侵略，阿拉伯人侵略，突厥人侵略，等等，反映了当时拜占庭帝国社会的动荡和混乱。《历史概要》还记载了这种战争频仍状况的影响，例如，文中多处记载了佩彻涅格人、突厥人等到处烧杀抢掠，罗马人军队不得不抵抗侵略保护村庄；说瓦西里二世在路上看到保加尔人的白骨和抵抗保加尔人的城墙，感到震惊（16-43）；说罗

---

① 参见 Alexander P. Kazhdan (editor in chief), *The Oxford Dictionary of Byzantium*, p.663, p.1914. Bernard Flusin, "Re-writing history: John Skylitzes' Synopsis historion," in *John Skylitzes: A Synopsis of Byzantine History, 811–1057*, trans. John Wortley, Cambridge: Cambridge University Press, 2010, pp.xxxi-xxxiii.

② 参见 Bernard Flusin, "Re-writing history: John Skylitzes' Synopsis historion," in *John Skylitzes: A Synopsis of Byzantine History, 811–1057*, trans. John Wortley, Cambridge: Cambridge University Press, 2010. Leonora Neville, *Guide to Byzantine historical writing*, with the assistance of David Harrisville, Irina Tamarkina, and Charlotte Whatley, Cambridge, United Kingdom: Cambridge University Press, 2018, p.155.

③ 参见 Stamatina McGrath, *A Study of the Social Structure of Byzantine Aristocracy as Seen through Ioannes Skylitzes' Synopsis Historiarum*, PhD diss., Catholic University of America, 1996. P. Magdalino, "Paphlagonians in Byzantine high society," in *Byzantine Asia minor (sixth-twelfth centuries)*, ed. Stelios Lampakis, Athens: Institute for Byzantine Research, 1998.

马人征服西西里岛，到处血流成河（19-16），等等。

第三，里面大量记载各种自然灾害及其灾难性影响。自然灾害主要有地震（16-13/34，18-12/17，19-6/8/10/13/18/19/21/28），蝗灾（18-17，19-4/9），酷寒（16-34，19-9），旱灾（17-2，19-10/24），暴风雨、水灾（18-3，19-18/21，21-7），雹灾（19-2/10，21-30），火山爆发（19-21），火灾（19-24）。

其灾难性影响主要是建筑物遭到破坏（16-34，19-2/6/10/19），城市受损（18-17，19-6），甚至整个村庄被吞没（19-8），动物和人员伤亡（19-6/19，21-30），葡萄、农作物被毁（18-3，19-2/9，21-7），饥荒和瘟疫（18-3/11，19-10/13/18，21-30），土地荒芜、人们被迫卖儿卖女、被迫迁徙他乡（18-11/17，19-4/9），多瑙河结冰、佩彻涅格人过河入侵（19-9，21-17）。相应而来的是皇帝修复建筑物（16-34，18-17），求雨活动（19-10），以及慈善活动等。

第四，记载了皇帝等人的一些慈善活动，主要是救济穷人和灾民。例如，修复引水渠和蓄水池，为君士坦丁堡人们提供充足的供水（16-45，18-17）；整修麻风病人之家和所有被地震毁坏的收容所，修道院建有老人之家、旅店和救济院（18-17,21-29）；给灾民金钱和生活必需品，安顿灾民（18-11）；救济穷人，给穷人分发施舍物，建造新的修道院，安置修道士，把没收的部分赃款分给穷人（18-1/12，19-7/13）；君士坦丁堡发生饥荒时，购买谷物供应居民（19-10）；给司祭、修道士、新生儿等分发金币（19-18），等等。

第五，记载了当时的一些迷信看法和迷信活动。例如，求雨活动（19-10），流星/彗星预示灾难（18-3/10/12,19-2/21,21-2），自然灾害预示灾难（19-21），女人哀号声预示灾难(18-4)，异象预示灾难(19-4)，重视梦的预示作用(16-47，19-4/6)，占星家的预言引起叛乱（16-19），16-47说牧首尤斯塔修斯去世前在主持礼拜仪式睡着时看到了可怕的异象；22-1说因为突厥人谣传他们将被一支军队毁灭，就像马其顿人亚历山大摧毁波斯人一样，因此君士坦丁派遣所有马其顿军队到东部地区，所有指挥官都是马其顿人；21-14说罗马人方面利帕里特斯认为星期六不吉利，结果没有抓住战机，罗马人战败。

第六，反映了当时拜占庭人的信仰，主要是重视教堂和修道院以及普遍的圣徒信仰。例如，皇帝建造、维修、装饰教堂和修道院，修复圣像，拨款给教堂，给教堂赠送贵重器皿等珍宝（18-1/8，21-29）；16-43说瓦西里二世来到雅典感谢圣母，给圣母教堂献上大量礼物，他举行胜利入城式，先到圣索菲亚大教堂感谢上帝，然后回到皇宫。16-2 反映了显圣对于叛乱者的激励；19-6 和 19-21 反映了重视圣徒的作用；19-6 说约翰患病，梦中得到圣徒指示，他照做并赐予这位圣徒的教堂各种捐献物等；19-21 说皇帝经常去圣徒坟墓那里以缓解病痛；19-27 记载了人们祈求圣徒帮助抵抗侵略，大败保加尔人。

此外，21-7 记载了牧首米哈伊尔与教宗关于不发酵面包问题的争端，米哈伊尔得到安条克牧首彼得、保加利亚大主教利奥以及所有受过良好教育的教会人士的支持。

第七，记载了当时的税收情况及其影响。例如，瓦西里二世颁布法律禁止权贵兼并村庄，规定权贵必须缴纳过世老百姓的税收即"共同税"，牧首、主教和修道士请求撤销，遭到拒绝，瓦西里二世还豁免穷人的税收负担，允许迟交（16-21/32/43，17-2）；君士坦丁八世要求穷人三年缴纳五年的税款（包括两年欠税），导致穷人走投无路、富人破产（17-2）；罗曼努斯废除"共同税"，免除欠税（18-1）；约翰加征附加税（*aerikon*）等（19-18）；尼科波利斯军区人们因税吏压迫过重而叛乱（19-25），瓦西里二世收复保加利亚之后让当地保持现状，按照萨缪尔原来的规定管理，保加尔人缴纳很少的谷物、小米和酒，但是约翰规定缴纳金币而不是实物，引起反抗（19-25）；塞浦路斯岛指挥官煽动塞浦路斯人们杀死了税吏，说征税过重（21-4）；君士坦丁九世想出各种缺德的税收，甚至解散军队，征收重税取代征兵，还任命不虔诚的罪犯担任税吏，以此增加财富（21-29）。

第八，反映了当时社会有买官卖官等腐败现象。例如，19-13 说塞萨洛尼基都主教克扣神职人员津贴，皇帝查出他私藏的 33 肯特纳里黄金；19-21 说约翰出售官职；21-1 说邹伊和塞奥多拉承诺不再像过去那样买官卖官，说君士坦丁交出藏在他家蓄水池中的 53 肯特纳里黄金；21-5 说经人举报皇帝没收了阿莱克修斯的修道院存有的 25 肯特纳里黄金；等等。

第九，反映了 11 世纪商人和工人地位迅速上升，甚至当上皇帝。例如，米哈伊尔四世原来是货币兑换商（18-17），米哈伊尔五世原来是填船缝工（20-1）。

第十，记载了君士坦丁堡的一些活动以及 11 世纪君士坦丁堡民众参与政治活动。前者例如，被镇压的叛乱者往往在君士坦丁堡的广场上游行，16-18 说叛军坐在驴子上在广场上游街示众；20-1 说皇帝和元老公开列队走进教堂时，整个城市都出来观看，主干道（即梅塞大道）旁的房子和人们都盛装打扮；21-3 说在梅塞大道上举行的胜利入城式，最前面是用长矛挑着的叛乱头子首级，接着是坐在驴子上的叛乱者，再后面是骑着白马的镇压叛乱的斯蒂芬；21-4 说皇帝让叛乱者穿着女人服装，在竞赛日让他在大竞技场游行；21-5 说叛乱者被残酷折磨弄瞎，在广场上游行。

君士坦丁堡民众参与政治活动，例如，民众驱逐了米哈伊尔五世（20-1）；邹伊征求民众关于处理米哈伊尔五世的意见（20-2）；统治者从大竞技场的皇帝包厢对民众讲话，或者站在高处对民众讲话（20-1/2）；民众大喊不要皇帝的情妇斯克莱雷娜当皇后，邹伊和塞奥多拉安抚民众才平息骚乱，皇帝被迫放弃去四十圣徒圣陵（21-7）；米哈伊尔六世企图收买君士坦丁堡市民支持自己（23-11）。

第十一，多处反映了当时罗马人因灾难而迁徙他乡；反映了当时多瑙河要塞各民族杂居，虽然罗马人和佩彻涅格人交战，但是有佩彻涅格人救治了认识的罗马人（21-22）；记载了佩彻涅格人的迁徙和帝国政府对他们的安置（21-17/21）；此外，还记载了商业繁荣、多民族聚居的富庶阿泽城（21-13）。

第十二，记载了战争期间罗马人使用了希腊火、猎犬等，记载了战争期间使用的一些攻城器，还有渡河使用的木筏和膨胀的皮囊，等等。反映了当时帝国军队中除了罗马人，还有俄罗斯人、瓦兰吉亚人、法兰克人等雇佣军。此外，当时存在奴隶，战俘有时候被卖为奴隶。

另外，君士坦丁堡应该会有动物园。例如，16-45 说皇帝把一个被叛乱者收买、企图毒死皇帝的内侍扔去喂狮子；21-28 说埃及统治者给皇帝送来一头大象和一头长颈鹿。

最后，这部作品的著名插图版手抄本制作于 12 世纪晚期的西西里，是唯一幸存的希腊语插图版拜占庭编年史，不管是原稿还是抄本，都提供了帝国仪式、武器、海陆运输、战争、建筑物、日常生活、服装等方面的信息，使我们得以直观了解皇帝的服装、宝座、加冕、接见场面、结婚场面、胜利入城式场面、打猎场面、皇帝去世场面、武器装备（盔甲、盾、长矛、标枪、剑、希腊火、攻城器等）、战争场面（交战、追击、围攻）、牧首任命、圣物、建筑物（宫殿、教堂、修道院、城市、要塞、大竞技场等）、日常生活（乐师、泥瓦匠、农业劳动者、浴室、连体婴、教学场面、大竞技场活动等）、服装（高官的、次要人物的、女性的、外国人的、神职人员的等），等等。①

（三）斯凯利兹斯续编

斯凯利兹斯续编（*Scylitzes Continuatus*）是短篇编年史，在许多手抄本中位于约翰·斯凯利兹斯的《历史概要》之后，作者不清楚，一些学者认为是斯凯利兹斯，例如，英译本译者埃里克·麦吉尔（Eric McGeer）；也有一些学者认为作者不是斯凯利兹斯。②

1.出版和现代语言译本

现代希腊语译本：*Hē synecheia tēs chronographias tou Iōannou Skylitsē.* (Ioannes Skylitzes continuatus) [Hypo] Eudoxou Th. Tsolakē, Thessalonikē, 1968.

英语译本：*Byzantium in the time of troubles: the continuation of the Chronicle of John Skylitzes (1057-1079)*, introduction, translation, and notes by Eric McGeer; prosopographical index and glossary of terms by John W. Nesbitt, Leiden; Boston: Brill, 2020. （希腊语原文，英语译文）

2.著作大意

"续编"先后记载了伊萨克一世·科穆宁（Isaac I Komnenos，1057–1059年在位）的统治、君士坦丁十世的统治、皇后尤多奇亚的摄政统治、罗曼努斯四世的统治、曼兹科特战役及其后果、米哈伊尔七世的统治以及尼基弗鲁斯三世的登基。下面根据英译本概括全书大意，主要介绍经济和社会方面的内容。

① 参见 Elena N. Boeck, *Imagining the Byzantine Past: The Perception of History in the Illustrated Manuscripts of Skylitzes and Manasses*, Cambridge: Cambridge University Press, 2015. Vasiliki Tsamakda, *The Illustrated Chronicle of Ioannes Skylitzes in Madrid*, Leiden: Alexandros Press, 2002. Nigel G. Wilson, "The Madrid Scylitzes," *Scrittura e civilita* 2 (1978): 209–219.

② 参见 Alexander P. Kazhdan (editor in chief), *The Oxford Dictionary of Byzantium*, p.1914. Bernard Flusin, "Re-writing history: John Skylitzes' Synopsis historion," in *John Skylitzes: A Synopsis of Byzantine History, 811–1057*, trans. John Wortley, Cambridge: Cambridge University Press, 2010, pp.xxxi-xxxii. *Byzantium in the time of troubles: the continuation of the Chronicle of John Skylitzes (1057-1079)*, introduction, translation, and notes by Eric McGeer; prosopographical index and glossary of terms by John W. Nesbitt, Leiden; Boston: Brill, 2020, pp.8-9.

第1章，伊萨克一世·科穆宁的统治（1057年9月1日–1059年11月22日）

第1节，伊萨克·科穆宁登基后发行货币，钱币上伊萨克手持宝剑，因为他把一切归功于他高超的作战能力和技巧，而不是归功于上帝。在奖赏那些帮他上台的同谋和民众之后，他开始处理国家事务。他任命许多监督人员保证税收的征收。他极其尊敬牧首米哈伊尔·凯路拉里厄斯，因此，牧首任命自己的侄子们在国家事务中担任要职。皇帝授予圣索菲亚大教堂自行处理自己事务的权利，使得这些事务完全脱离皇帝的控制。结果，教会管理人员和教会财物保管人员不是由皇帝任命，而是一切决定于牧首。皇帝把妻子接来，宣布妻子为皇后。皇帝重用弟弟约翰，还有卡塔卡隆·克考梅诺斯。第2节，皇帝见军队虚弱、急需钱财、普遍贫困导致帝国蒙羞、周边民族对罗马人傲慢，变成了一个暴虐的税吏。他也是第一个削减薪水的皇帝。他厉行节约，为皇室获取额外的土地，没收大量私人财产，完全无视以前皇帝颁布的金玺诏书；没收修道院财产，把修道士生活所需之外的都纳入国库。他的举措，对缺乏良好判断力的人来说，是动机明显不虔诚、非法、几近亵渎；对严肃看待这件事的人来说，并没有带来损害。他这么做的好处：既减少了放纵和恣意享乐，又使邻近的土地使用者免去了修道士的罪恶和贪婪。第3节，牧首对皇帝傲慢，威胁皇帝如果不服从他就罢黜皇帝；穿紫色靴子；声称教俗权威几乎没有区别，说自己的地位更高更受尊敬。皇帝于是行动。皇帝派遣瓦兰吉亚人士兵带走牧首，把他和他的侄子们囚禁在普罗康尼索斯岛（island of Prokonnesos）。皇帝要一些学识渊博的都主教转告牧首要他辞职，牧首拒绝辞职。皇帝反复思考这件事的时候，牧首去世。皇帝把牧首安葬在他的修道院。牧首死后奇迹。第4节，都主教和"首席司库"君士坦丁·雷科德斯（Constantine Leichoudes）在投票选举后被任命为牧首。新任牧首的履历、能力、任职过程和评价。第5节，匈牙利人破坏和约，佩彻涅格人劫掠，皇帝出征。匈牙利人求和，双方缔结和约。皇帝攻打佩彻涅格人。佩彻涅格人分成部落和氏族，他们的首领除了塞尔特（Selte），其他的都服从皇帝。皇帝打败塞尔特，归途中遭遇恶劣天气，当时皇帝率领军队驻扎在洛比佐斯（Lobitzos）的山脚，9月24日即最初殉教者圣塞克拉（Thekla）纪念日那天，突如其来的倾盆大雨和不合季节的暴风雪席卷了营地，给军队造成了重大损失，几乎所有骑兵和大多数在场的人因寒冷潮湿而丧生，军队补给品也被洪水和暴风雨冲走。暴风雪停了后皇帝继续行军，过河时很多人淹死。之后他和一些军官站在一棵树下，过了一会儿橡树发出噪音，皇帝走到一边，刚好没被树干砸中，橡树已连根拔起。皇帝险遭不测，惊得目瞪口呆。这件事是不祥之兆，预示着他将因自己的行为遭受苛求和惩罚。为感谢上帝，皇帝在布拉海尔奈宫修建美丽的教堂献给圣塞克拉。第6节，皇帝听说东部地区有叛乱，率领军队赶紧去君士坦丁堡，回到首都后发现消息不实，于是打猎消遣。一天，大约早餐时间，一道闪电闪过天空，皇帝追逐一头野猪，野猪跳进海中消失后，皇帝突然被闪电击中，掉下马来，滚到地上，口吐白沫。皇帝被安全送到皇宫，但是他神志不清，完全不认识自己。挣扎几天后，他感到大限将至，于是自愿放弃了他非法夺取的皇权。在完成这一善行后，他成为修道士，真诚忏悔以往的所作所为，其表现之一是他没有指定自己的弟弟或外甥或女婿为皇帝，而是指定"元老院主席"君士坦丁·杜卡斯为皇帝，杜卡斯是他争夺皇位的帮凶。第7节，科穆宁来到斯图狄奥斯修道院，皇后大力支持，声称他将升入天堂。他统治了两年三个月。他担任修道院看门人，绝对服从修道院院长，非常平静和谦卑。据说他极其贞洁。说是他当总司令的时候，患上了肾病，各种治疗都无效，医生们建议他和一个妇女发生关系，否则要使用烧灼术，会导致他不育，遭到他的拒绝，他说没有贞洁就不能到达天国。皇后和女儿也削发成为修女。第8节，皇帝死后墓地笼罩湿气，有人说这是上帝对他生前作为（内战、剥夺元老院津贴、没收教堂和修道院土地等）的惩罚和报复，有人说这是虔诚所致，证明他真正为所作所为忏悔。我认为两种说法都有道理。第9节，皇后安排纪念皇帝，意识到自己时日无多，她指示每年的纪念仪式照旧，但是规定的礼物加倍。皇后请求死后葬在斯图狄奥斯修道院。她和皇帝令圣施洗者约翰教堂(Church of the Prodromos)熠熠生辉。第10节，对皇帝的评价。性格坚定，心灵温和，坚持己见，行动果决，领悟力强，极好的战争指挥官，令敌人害怕，善待自己圈子的人，爱好学习。

第2章，君士坦丁十世·杜卡斯的统治（1059年11月23日-1067年5月23日）

君士坦丁·杜卡斯和平继位。对元老院和君士坦丁堡民众发表演说，授予头衔，把科穆宁统治期间被剥夺头衔的人复职。当伟大殉道者圣乔治纪念日到来时，皇帝按惯例前往曼加纳修道院去敬拜殉道者。仪式结束后，一些阴谋者试图叛乱，但是失败，因为上帝粉碎了阴谋集团。很多高官卷入阴谋，甚至当时的君士坦丁堡市长也参与其中，企图在皇帝经海路返回皇宫途中把皇帝及其全家扔入深海之中。他们被逮捕，被剥夺所有财产。第 2 节，皇帝渴望增加政府收入和审理私法案件，结果忽视皇帝的其他职责即保持军事优势和维持军人的战斗力。因此，罗马人世界充斥着阴谋诡计、司法程序和官方调查，结果，士兵把武器搁置一旁，罔顾服役期限，参与法律诉讼和阴谋诡计，长期离开战场和战争。皇帝虔诚，热衷于保护修道士和穷人，对其他事情则迟钝懒惰，极其吝啬，一心想要增加国家收入。他在法律裁决中行使权力，经常根据当事人的地位改变决定，对权贵态度严厉。第 3 节，皇帝不断忙于这种事情，忽视了军事事务。结果，东部地区遭到劫掠、蹂躏和毁坏。突厥人不断侵略和袭击，带走一切。富裕的伊庇利亚地区遭到彻底洗劫和摧毁，日益衰退。周边各地区也是如此。皇帝派出的军队装备不足，武器配备简陋，因为较好的士兵因薪饷多素质高而被取消服役资格。结果罗马人因恐惧而卑躬屈膝，蛮族则傲慢、兴奋，满怀信心地发起猛攻。第 4 节，亚美尼亚总督潘克拉蒂奥攻打突厥人，战败，苏丹攻占阿尼城及其周边地区，派军队驻守。整个东部地区陷入混乱之中。第 5 节，1065 年 9 月，在西部地区，乌兹民族（他们是斯基泰民族，比佩彻涅格人血统好，人数多得多）带着所有财产，坐着长长的独木舟，以及树干和兽皮做成的木筏，渡过多瑙河。他们突然袭击，打败了阻止他们的罗马人和保加利亚人军队，俘虏多瑙河沿岸城市统治者，蹂躏多瑙河沿岸地区。他们多达 60 万战斗人员，主力部队派出的小分队到处劫掠，远至塞萨洛尼基和希腊军区，毁坏了一切，带走无数战利品，归途中遭遇暴风雨，丧失了战利品和财物，回到营地。第 6 节，皇帝不愿派军队出征攻打乌兹人。有人说他不愿花钱，有人说他没有勇气对抗如此强大的敌人。所有人都认为敌人势不可挡，都认为不可能拯救，大多数人已经在准备迁居他处。乌兹民族人数太多，蔓延到保加利亚的许多地方，每天掠夺粮食，榨干了色雷斯和马其顿。皇帝按兵不动，遭到严厉批评，有人嘲笑他是守财奴，皇帝不堪忍受，就带上区区 150 名士兵离开皇城出征。使者报告说乌兹人整个民族不存在了，首领们乘船渡过了多瑙河，其余的则因饥饿和疾病而死亡，或者在同邻近的保加利亚人和佩彻涅格人作战中消亡。第 7 节，这都是上帝的杰作。据说，在彻底绝望的情况下，皇帝下令自己和军队斋戒，并举行大连祷，皇帝本人流泪忏悔，徒步行进在队列中；乌兹人出现在祖鲁隆（Tzouroulon）的士兵营地前那天，空中冲来一支军队敏捷地朝他们射箭，结果无人幸免于难。皇帝感谢上帝和圣母，返回皇城，发现那里的人们都感到震惊，都在感谢上帝。所有人都把这一切解释成上帝的显圣，每个人都把这一切归因于皇帝对上帝敬畏。第8节，这场灾难之后，这些人很多去找皇帝，在马其顿军区获得皇室土地，支持罗马人，直到今天仍是罗马人的盟友和臣民。那是1065年。第9节，1063年9月23日夜晚二更，发生大地震。这次地震比以往所有从西部地区开始的地震都更可怕。许多房子、教堂、圆柱倒塌。雷德斯托斯、潘尼翁和米里奥菲敦（Myriophyton）都是如此，墙壁倒塌，许多房子被夷为平地，很多人丧生。在基齐库斯，希腊神庙大部分倒塌。这座神庙因其坚固的结构、巨大美丽石块的排列和放置、高度和大小的比例而给人留下极其深刻的印象。之后两年里，地震反复发生。尼西亚遭受同样的影响。圣索菲亚大教堂和圣教父圣所震动，墙壁倒塌，还有许多私人住宅也倒塌了。地震最终结束了。地震是我们罪恶的代价，无疑是神怒的表达，它们预言了上述民族的到来和毁灭。因为在上帝的奇迹里，不仅现在，而且将来，都能被认识和预见。第10节，1066年5月，日落后出现一颗彗星，有满月那么大。向东绵延，持续40天。第11节，牧首君士坦丁去世，修道士约翰·西菲利诺斯（John Xiphilinos）继任牧首。他最初来自特拉比宗，智慧、学识渊博，在政治事务中获得卓越成就，在事业顶峰和盛年成为修道士，在奥林匹斯山当了不短时间的隐士。因此，人们认为只有他配得上牧首的职位，尽管他拒绝、不得不被迫接受该职位。皇帝任命保加利亚大主教。第12节，皇帝的生病、去世和葬礼。他统治了七年六个月。他的皇后、三个儿子、三个女儿和弟弟。去世前立遗嘱让自己的孩子继位。皇后发誓不会再婚。皇帝于是让皇后负责国家事务。对皇帝的评价。

第3章，皇后尤多奇亚的摄政统治（1067年5月22日-12月31日）

第1节，他的妻子和孩子们控制皇权。突厥人在东部地区劫掠。美索不达米亚特别是梅利蒂尼的罗马人军队的状况：没有粮食供应，缺乏补给品和薪饷，他们非常可怜和沮丧。突厥人发动攻击，只有梅利蒂尼的军队抵抗，他们得不到援助，战败逃跑，很多死亡，一些被蛮族俘虏，其余待在梅利蒂尼城内。第2节，蛮族推进到凯撒里亚，洗劫并毁坏一切，最后付之一炬。他们闯进并毁坏了大巴西勒（Basil the Great）圣所，掠夺了所有圣物，他们甚至闯进圣人的坟墓，但是无法亵渎圣骨，因为圣骨得到很好的保护，封存圣骨的建筑物坚固结实，不易毁坏。他们掳走了大门上镶嵌的黄金、珍珠和宝石。他们夺走了凯撒里亚一切美好的东西，杀死了那里很多人，还玷污了教堂。第3节，他们经山路突然出现在奇里乞亚（Cilicia），引起奇里乞亚人的恐慌和惊骇，杀死了许多人，使那里一片荒芜，在掠夺了大量战利品和俘虏后，他们前往阿勒颇。他们由一个敌对罗马人的叛徒引到那里。这个人被派去攻打突厥人，但因缺乏粮食供应而投奔突厥人，给那里造成了很大损害。第4节，突厥人和阿勒颇人签订协议后，他们在叙利亚的安条克及其周边地区无恶不作，屠杀、焚烧、奴役居民、掠夺、俘虏等。尼基弗鲁斯·博塔尼埃蒂兹率领军队攻打他们，但是由于政府对军队的吝啬和忽视，罗马人再次失败。付给他们的薪饷只是部分，没有付清，数额不大，消耗了士兵的士气。他们拿着付给他们的薪饷，四散回家了。蛮族再次蹂躏，把那里变成荒芜之地。安条克统治者聚集了一小帮未经训练的毛头小伙，他们年轻胆大，急于建立功勋，但是没有战斗经验，没有坐骑，大多数没有装备和武器，甚至没有日常的面包。他们受损严重，回到家乡，尽管总督尼基弗鲁斯·博塔尼埃蒂兹率领自己的扈从和一些外国雇佣军极力抗敌。尼基弗鲁斯·博塔尼埃蒂兹被解除指挥权后，蛮族更加胆大，各城因缺乏食物和必需品处于困境。第5节，形势要求一位皇帝稳定局势。许多人成为皇帝候选人，但获得胜利的是上帝的意志。因此，君士坦丁·狄奥根尼斯（Constantine Diogenes）的儿子罗曼努斯将军（*vestarches*）成为了皇帝。第6节，罗曼努斯·狄奥根尼斯的经历。他作战英勇，打败过劫掠的佩彻涅格人，晋升为撒尔底迦（Sardica）总督。君士坦丁十世死后，留下孀妇统治帝国。罗曼努斯同密友和附近各民族商讨形势，因为他深得那里的人心，他们非常熟悉他的高贵品质。但一个亚美尼亚人告发了他，他被押解到首都，被指控叛乱。通过熟悉他的高贵品质和英勇气概的人，所有人了解了他，他们开始崇拜他，结果，所有人祈祷他免于惩罚，希望他统治罗马人。因为他的野心不是出于私心，而是由于穆斯林每天屠杀基督徒引起的痛苦所致。他高大英俊，得到皇后和元老院的同情，得到了皇位。第7节，皇后巧妙争取牧首同意她再婚，牧首再争取元老院元老的同意，说君士坦丁十世让皇后发誓不会再婚不利于公共利益，称如果皇后跟一个高贵勇敢的人结婚，衰落的罗马人命运将再度繁荣。狄奥根尼斯和皇后结婚。1068年1月1日，狄奥根尼斯称帝。皇后和儿子们只统治了七个月。

第 4 章，罗曼努斯四世的统治（1068 年 1 月 1 日 –1071 年 10 月 24 日）

罗曼努斯·狄奥根尼斯登基后，除了处理手边的事务，还致力于维持军队良好的秩序和组织，尽管他最需要对付的是他的几个继子以及前皇帝的弟弟、"凯撒"约翰。从头至尾他们一直妨碍他，且对罗马人的事务处置失当，其结果今天可以看出来了。皇帝重用声誉好的人、经验丰富的指挥官，商讨战略战术问题，准备使者，禁止敌人入侵。结果，两个月后他就出兵马尔马拉海（Propontis）以东，渴望报复敌人，而不是沉溺于皇城悠闲愉快的生活。补给品的迅速准备、调动和获取更是令所有人震惊。第 2 节，秋天，苏丹率大军来到罗马人边境，准备在那里过冬，来年春天再全面侵略并彻底摧毁罗马帝国。皇帝召集一支军队，其中有马其顿人、保加利亚人、卡帕多西亚人（Cappado-cians）、乌兹人、碰巧在手边的外国民族，以及法兰克人和瓦兰吉亚人，匆忙出征。这支军队配不上罗马人皇帝，但是迫于局势只能如此。第 3 节，皇帝下令所有人在弗里吉亚（Phrygia）集合，也就是说在安纳托利亚军区集合。人们看到奇怪的景象，罗马人著名的精锐部队，过去曾征服东方和西方，现在的人数微不足道。他们因贫穷和虐待而堕落，没有武器。他们扛着打猎用的长矛和长柄大镰刀，而不是剑或者其他战争武器，他们缺乏骑兵和其他装备。皇帝已经很久不出征作战了。士兵们因此缺乏战斗力，他们的薪饷和传统的粮食供应遭到忽视。他们胆小，不喜欢打仗，也没有表现出能够建立功勋的迹象。他们的军旗脏兮兮，无声反映了他们的可怜状况。旁观者看到罗马人军队已沦落到这般田地，感到绝望。老兵和富有经验的士兵没有马匹和盔甲，新兵没有战斗经验，不习惯艰苦的军旅生活，他们的敌人则喜欢危险，性格坚定，久经考验，能够胜任战斗任务。第 4 节，尽管困难重重，但面对共同利益遭受威胁，皇帝不愿无所事事，他决定阻止敌人的进攻并驱逐敌人。他的迅速进军令敌人震惊，敌人不知道罗马人军队的窘境。苏丹因此撤退，把军队分成南翼和北翼两支。第 5 节，皇帝增强军队实力，以地位和礼物鼓励他们，给每个分队都仔细安排了最好的军官和指挥官，很快组建了一支名副其实的军队。皇帝率领军队攻打波斯人。皇帝决定攻打正在劫掠科勒叙利亚（Coele Syria）附近的奇里乞亚和安条克本身的敌人南翼部队。夏天他停留在利坎多斯（Lykandos）军区，准备秋天作战，以避免盛夏酷暑损耗军队。突厥人突袭并摧毁了新凯撒利亚，掠夺了大量战利品和俘虏。第 6 节，消息传来，敌人的嚣张令皇帝极其痛苦。

皇帝率军追敌，杀死很多敌人，追回敌人掠夺的战利品，释放了敌人俘虏的人和牲畜。敌人大为吃惊。皇帝让军队仅仅休息三天，就率军向叙利亚进军，进入特鲁齐军区（thema）。第7节，之前，他派大军前往梅利蒂尼抗敌。那支军队及其指挥官的表现。第8节，皇帝率军到达阿勒颇，派斯基泰人和许多罗马人去搜寻粮草，聚集了大量男人还有许多女人和牲畜。然后到达希拉波利斯，那里的阿拉伯人和突厥人骚扰罗马人军队。皇帝占领希拉波利斯后，按照达成的协议释放了敌人的外国雇佣军。所有协商的中间人是长官彼得·利贝利西奥斯（magistros Peter Libellisios），他是安条克人，是那里的领导人物之一，精通亚述文化和罗马文化。第9节，阿勒颇埃米尔同阿拉伯人和突厥人一起，集合大军，试图与皇帝作战。希拉波利斯地区有广阔的平原，只有几座小山，没有大山，这个地方很热，空气极热。敌人从远处射箭。罗马人禁军相互配合不好，战败，很多士兵死亡。第10节，遭受这次惨败后，幸存的罗马人军队或其军官无动于衷，他们一点也不痛苦，没有主动性，也不悲恸。但皇帝知道失败后极其难过。那天晚上所有人都垂头丧气，结果亚美尼亚人步兵分队准备投敌。1068年11月20日，罗马人击溃敌人，杀死许多敌人。第11节，罗马人俘虏很多敌人。但是罗马人错失良机。阿拉伯马尽管跑得快，但是耐力不行，罗马人未能利用敌人的这一弱点。皇帝下令停止追击，错失了获得辉煌胜利的机会，只是赶跑了敌人。皇帝认为这本身是重大胜利。第12节，皇帝率军前往阿扎斯要塞，敌人骚扰。阿扎斯城防坚固，坐落在山脊上，那里的水不够供应大军，于是皇帝移到另一个地方，驻扎在那里，那里有足够的水。第13节，从那里，皇帝继续行军前往罗马帝国边境。皇帝烧掉了阿勒颇埃米尔一个庞大的村庄。皇帝夺回了以前被萨拉森人夺走的阿塔奇城，在那里安排了驻军，储备了足够的粮食。第14节，正是在这位皇帝统治期间，罗马人才开始对抗敌人，恢复他们古老的英勇行为标准，团结一致抗敌，因为在之前几位皇帝统治期间，除了仅仅展示武力或者召集庞大人群之外，他们并没有与任何人进行艰苦的战斗。由此可以清楚看出，通常，所有事务的处理能力在于负责人。从这里皇帝不能前往安条克，因为安条克已经遭受饥荒和深重苦难，于是皇帝率军经隘路来到奇里乞亚，翻越陶洛斯山脉后进入罗马人领土。由于从极热的地方突然进入寒冷地区，军队许多人、大量牲畜死亡。皇帝在行军中得知阿摩利翁遭到洗劫，大量人口遭到屠杀，附近的罗马人指挥官并不前去攻打敌人，皇帝感到非常痛苦，但是什么也做不了。皇帝在妥当照顾军队需要后，解散大部分军队回去过冬，自己在一月底回到拜占庭城。第 15 节，皇帝处理政务，给元老院成员授予头衔，接待他们，分发年度礼物。皇帝很快再度出征。第 16 节，某个来自意大利的拉丁人克里斯平（Crispin）曾为皇帝服务，在东部地区过冬，认为没有得到期望的应得报酬，发动叛乱，偷抢碰到的税收官和其他人，打败很多人。当时，皇帝第一个妻子的兄弟、保加利亚人萨缪尔·阿卢西阿诺斯将军（vestarches Samuel Alousianos）在亚美尼亚军区过冬。复活节那天，他带着五个禁军军人（tagmata，都是西方人）突然袭击克里斯平。法兰克人得知此事后，屠杀、俘虏大量罗马人。克里斯平释放俘虏，治疗受伤人员，臣服皇帝，请求宽恕，皇帝因他作战英勇、杀死大量突厥人而答应他的请求。他带着自己的几个士兵追随皇帝，其余的士兵他留在莫罗卡斯特隆（Maurokastron）要塞，该要塞之前已被他控制，坐落于亚美尼亚军区一座高山上。不久，他被怀疑策划叛乱。法兰克人背信弃义、贪得无厌、忘恩负义，一点小挫折就能搅起谴责、骚乱和反叛。一个雇佣兵告发了他，他被赶出营地。他的同伙于是从莫罗卡斯特隆出来蹂躏美索不达米亚，对居民造成了很大伤害。第 17 节，皇帝来到凯撒里亚，得知大量突厥人在劫掠，派军攻打敌人。皇帝率禁军打跑敌人。第 18 节，士兵和乌兹人雇佣军继续追击敌人。下午，一支突厥人大军攻击罗马人营地，法兰克人赶跑敌人，驻扎那里的罗马人禁军没有一个人援助法兰克人。傍晚皇帝率领追兵返回。第二天，皇帝下令处决俘虏。第 19 节，皇帝率军追敌，前往幼发拉底河，沿岸扎营的敌人撤退。皇帝宣布菲拉雷托斯为总司令（strategos autokrator）①，那个人声名狼藉，因贪婪和狂妄而追求指挥权。皇帝把军队一分为二，让菲拉雷托斯指挥更强的一支。第 20 节，皇帝发热，到北部地区搜寻雪水和冷水。在通过崎岖不平、几乎无法通行的地带时来到一个收成很好的肥沃之地。皇帝继续行军。第 21 节，菲拉雷托斯指挥的士兵见到敌人突然出现，充满恐惧，士气动摇，离开驻守地去找皇帝，碰到敌人

---

① strategos autokrator，军队总司令，指挥权仅次于皇帝。Alexander P. Kazhdan (editor in chief), *The Oxford Dictionary of Byzantium*, p.1964. *Byzantium in the time of troubles: the continuation of the Chronicle of John Skylitzes (1057-1079)*, introduction, translation, and notes by Eric McGeer; prosopographical index and glossary of terms by John W. Nesbitt, Leiden; Boston: Brill, 2020, p.100, n.121.

就逃跑，徒步赶上了皇帝，敌人夺走了他们的装备。皇帝得知后极其痛苦。要不是因为皇帝的声望吓退了敌人，他们会掠夺那整个地区。敌人改变路线，穿越卡帕多西亚军区，劫掠途经的一切，袭击人口众多、富裕繁荣的伊科尼姆。皇帝聚集走散的士兵，追赶敌人。第22节，唯一的结论是，没有皇帝，罗马人无法下决心作战，一是因为军队的糟糕状况，一是因为指挥官们想要为自己和亲属在微不足道的偶然胜利中获得最高的报酬和头衔，这是其余人不愿意英勇战斗、建立功勋的原因。第23节，皇帝追赶敌人，派军队和安条克总督的军队一起阻击敌人。突厥人丢下战利品逃跑。第24节，秋天来到，皇帝留下很多士兵对付突厥人，自己返回拜占庭城。大量突厥人氏族和小分队以小偷和强盗的形式袭击罗马人领土，毁坏和抢掠一切。由于他们在所有道路上侵略，而皇帝一次只能在一个地方，因此无法抵挡他们。1069年底1070年初，皇帝回到皇城，军队各自回家，这时布拉海尔奈圣所被烧毁。第25节，皇帝任命"首席主席"曼努埃尔·科穆宁为将军（strategos），指挥军队。指挥官曼努埃尔年轻但成熟，深思熟虑，纪律严明。他率军出征东部地区，取得几次胜利，声誉提高。皇帝得知取胜，表面高兴，心里妒忌。曼努埃尔率军和突厥人作战，敌人佯装撤退，然后回转打败了追敌的罗马人，俘虏了很多人，包括曼努埃尔，杀死了大量罗马士兵，洗劫了罗马人营地。第26节，皇帝得知后极其悲伤，很快又传来突厥人攻占霍奈城、大肆屠杀、亵渎大将军（Archistrategos）教堂的消息。发生了怪事：水渠泛滥，把逃难者淹死在旱地上。第27节，这些报道令我们极其沮丧，我们认为这是上帝发怒的表现，因为攻击我们的不仅有敌人，还有大自然。外敌如此大规模侵略和屠杀罗马人统治下的人们，在以前的时代被看作是上帝的愤怒，但那是针对那些居住在伊庇利亚、美索不达米亚以及附近的亚美尼亚的异端，或者信奉犹太人的聂斯脱利派等异端信仰的人。这些地方到处是这类错误信仰。但是，当东正教遭受不幸时，所有奉行罗马人信仰的人都不知所措，认为需要正确的信仰。第28节，皇帝急于出征援助，但是被顾问们阻拦。这些人是尼基弗鲁斯·帕列奥列格（Nikephoros Palaiologos）、哲学家君士坦丁·普塞洛斯（Constantine Psellos，即历史学家米哈伊尔·普塞洛斯）以及"凯撒"（即前皇帝的弟弟）。这些顾问希望他死亡，仇恨他出身高贵、作战勇敢、阻挡了前任皇帝的儿子们继位。几天后，曼努埃尔回来，带来了俘虏他的突厥人，那个突厥人决定为皇帝服务，因为苏丹攻打他。皇帝授予他头衔，不断和他交谈，希望他攻打突厥人。

第5章，曼兹科特战役及其后果（1071年）

第1节，1071年3月13日，皇帝召集军队出征。前一天，皇帝给军队和元老院分发年度津贴，黄金不够，以丝绸衣服弥补。出征时的几个不祥之兆：鸽子没有预示胜利；军队停泊在"可怜之城"；皇帝帐篷倒塌。人们愚蠢，没有认真对待这些不祥之兆，皇帝无暇顾及这些预兆。第2节，皇帝无缘无故对所有人吝啬。又一个不祥之兆：皇帝所在住所发生火灾。第3节，皇帝部署军队。第4节，皇帝率军来到富足的克亚佩兹，那里遭到士兵的蹂躏，皇帝严厉处理了一些禁军士兵，他们反叛。皇帝把他们由原来接近他的位置调到队伍最后。第5节，皇帝在行军途中看到之前曼努埃尔·科穆宁将军指挥作战时倒下的尸体。皇帝来到塞奥多修波利斯，下令每个人都要携带两个月的粮食，因为他们要穿过荒凉的无人区。第6节，皇帝派乌兹人雇佣军和法兰克人前往西利亚搜寻粮草。皇帝向曼兹科特进军，该城在前一年被苏丹攻占，有突厥人居民。消息传来说成千上万敌人涌向乌兹人和法兰克人，皇帝让司令官约瑟夫·塔哈内奥特斯指挥步兵和骑兵精兵前去援助他们。第7节，皇帝这样分兵的原因，不是非理性的或者缺乏战略考虑。是命运，或者说是我们无法理解的上帝的愤怒或安排，使得结果恰恰相反。第8节，皇帝占领曼兹科特。根据与突厥人的协议，他惩罚一个偷了突厥人驴子的罗马人，割掉了他的鼻子。这时，大群突厥人袭击出去劫掠的罗马人士兵。皇帝派司令官（magistros）尼基弗鲁斯·布莱伊纽斯率大军攻打突厥人，罗马人很多受伤和被杀。第9节，司令官请求皇帝增援。皇帝指责他怯懦，集合军队，发表演说，其中一些语言相当严厉。同时，司祭朗诵福音书。智者将此视为征兆，认为司祭朗诵的福音书是准确而权威的预言。第10-17节，曼兹科特战役的详细经过。皇帝率军追敌，追到很远，天要黑了，皇帝下令返回；但是前皇帝的侄子安德罗尼库斯阴谋散布皇帝失败的谣言，士兵们以为皇帝战败，纷纷溃逃。山上的敌人见此情景，报告苏丹，苏丹率军返回，皇帝被敌人包围。返回的罗马人士兵有的说失败，有的说胜利，在发现皇帝不见了之后恐慌，四散逃命，遭到突厥人的追杀、俘虏和蹂躏。这是最为痛苦的一段经历。皇帝英勇抗敌，终因寡不敌众被俘。第二天苏丹得知皇帝被俘，归功于上帝，礼遇皇帝。双方议和联姻，承诺永久和平，相互友好，突厥人不再侵略罗马帝国，归还罗马人俘虏。双方握手确认条约。皇帝在苏丹那里待了八天后被释放。第18–21节，"凯撒"约翰及其儿子们同元老院某些成员把皇后关进修道院，宣布米哈伊尔为皇帝，到处发通知说不欢迎皇帝回来、不要把他当皇帝对待。最先这样声明的是普塞洛斯。狄奥根尼斯得知后占据多西亚要塞，后来去卡帕多西亚等地方。"凯撒"派儿子们攻打他。狄奥根尼斯放弃抵抗，答应退位，退居修道院。双方达成协议后，狄奥根尼斯被押解回都，途中腹痛，眼睛被挖出，脑袋和眼睛肿起来，几天后去世。他的妻子为他举行了盛大的葬礼，给后代留下了无法言说的苦难记忆。在遭受如此恶行的过程中，他始终举止高贵，表达感谢，未曾说过一句亵渎或者不体面的话。人们说这些事都是"凯撒"约翰干的，皇帝米哈伊尔都不知道。他统治了三年八个月。

第6章，米哈伊尔七世·杜卡斯的统治（1071年10月24日–1078年3月31日）

第1节，米哈伊尔性格温和，像是年轻人中的老人，消极，懒惰，无能。他让宦官、希迪（Side）大主教约翰管理国家事务。约翰能干，值得尊敬。但另一个宦官尼基弗鲁斯（人们称之为小尼基弗里泽斯 [Nikephoritzes]）极坏，是个祸害，惹是生非，以前担任安条克总督时引起了叙利亚无数的灾难和动乱；狄奥根尼斯称帝后流放了他，他通过贿赂成为希腊和伯罗奔尼撒（Hellas and the Peloponnese）军区的法官。米哈伊尔皇帝竟然召回这个人，让他负责公共事务。皇帝缺乏判断力，被他欺骗。结果，希迪大主教约翰遭到排挤，那个尼基弗里泽斯掌控了一切。第2节，同时，米哈伊尔忙于幼稚的消遣和事情，普塞洛斯使他懦弱无能，不能胜任任何工作。尼基弗里泽斯也排挤掉皇帝的叔父、"凯撒"约翰，完全控制了皇帝。从此，无罪者遭到指控，没欠钱的遭到勒索，没收财产，不是出于公正，而是为了增加国库收入，受害者极其悲痛。第3节，与此同时，上帝的愤怒降临到东方。突厥人与狄奥根尼斯的和约被搁置，他们对狄奥根尼斯被自己的亲友疯狂虐待导致悲惨死亡的不幸遭遇非常愤怒。突厥人不像以前那样分散行动，而是蜂拥而入罗马帝国，所到之处摧毁一切，控制一切，没人抵抗他们。第4节，皇帝派伊萨克·科穆宁（Isaac Komnenos）率大军出征，军队中有拉丁人罗塞利奥斯率领的400多个法兰克人分队。途中罗塞利奥斯公开叛乱。伊萨克·科穆宁被突厥人俘虏。第5节，皇帝像是尼基弗鲁斯的奴隶似的。从此，穆斯林肆无忌惮地天天侵略洗劫东部地区。第6节，伊萨克·科穆宁被赎回。"凯撒"约翰出征，同罗塞利奥斯谈判，把对方当作弱势和做错事的一方，提出只要承认错误、承认皇帝就赦免他的罪行。但这个蛮族对自己的骁勇善战感到非常自豪，双方未能达成协议，交战，罗马人溃败，"凯撒"被俘。罗塞利奥斯驻扎在克莱索波利斯，放火烧房子，居民骚动哀号。第7-8节，皇帝一边安抚这个蛮族，一边秘密收买突厥人对付他。突厥人太多，于是罗塞利奥斯释放"凯撒"，宣布他为皇帝。五六千突厥人大军出现，双方交战，罗塞利奥斯率军追击，碰到突厥人大军，估计有10万人，被俘。"凯撒"被赎回，担心遭遇不测，削发成为修道士。第9节，从所有这些事件中，智者得出结论：是上帝的愤怒在起作用，是上帝在同这些人开战，因为他们无视并拒绝神圣的戒律和禁令。即使他们知道这些，他们也率领罗马人军队进行战争，使军队陷入危险，而不是首先向上帝赎罪，在他们彻底失败、损失惨重时，他们没有认识到这是上帝的惩罚。过去的罗马人没有这样，所以建立了伟大的功勋。他们追求美德、正义、爱和真理，简言之，他们尽可能追求一切美好和正确的东西。因此，上帝照顾他们，使他们在各方面都战胜了敌人。第10节，人们的毁灭，帝国的收缩，基督徒被屠杀，村庄遭洗劫，整个地区遭到掠夺和蹂躏，皇帝把所有这些视为次要的。罗塞利奥斯收复他以前的要塞，攻打突厥人。皇帝听说后，宁愿突厥人占领罗马人领土。第11节，皇帝派"元老院主席"阿莱克修斯·科穆宁出征。罗塞利奥斯已同突厥人首领们建立起友好关系，习惯于单独去访问他们。阿莱克修斯·科穆宁买通了突厥人，突厥人在一次同他一起用餐时逮捕了他。阿莱克修斯把他押解回都，皇帝下令鞭打他，就像对待逃跑的奴隶一样，然后把他囚禁在最黑的塔楼里。第12节，对皇帝影响极大的尼基弗鲁斯，凡事根据自己的意愿来处理。在得到皇帝作为礼物赐予的西布多蒙修道院后，他给该修道院捐赠了所有财产和几乎所有土地，修道院收入很多，极大扩张，他以邪恶的方式赢得皇帝的恩宠，充分利用他的愚蠢，以修道院的名义堆积了巨额财富。他在雷德斯托斯垄断谷物交易，阻挡和限制所有销售者，只剩下他的市场能够出售，导致人们记忆中最大最残酷的饥荒。结果，皇帝被称为"少四分之一"（Parapinakes），因为当时一金币购买的谷物少四分之一。第13节，1073年，塞尔维亚人（他们也称之为克罗地亚人 [Croats]）征服保加利亚。以前在皇帝瓦西里征服保加利亚的时候，他让他们由自己的首领根据自己的习俗进行统治，并不希望取代他们的生活方式；他们因无法忍受孤儿院院长的贪婪而叛乱。现在，他们准备再次叛乱。不能忍受尼基弗鲁斯的贪婪和对所有人的算计、同时皇帝却忙于幼稚的消遣对此不管不顾，保加利亚的权贵们叛乱，请求当时克罗地亚的统治者米哈伊拉斯（Michaelas）援助和合作以摆脱罗马人的控制和压迫。后者的儿子沃迪诺斯（Vodinos）被保加利亚权贵们宣布为皇帝。第 14-17 节，斯科普里总督召集将军们（*strategoi*）攻打塞尔维亚人，罗马人惨败。于是，保加利亚人把沃迪诺斯改名为彼得，公开宣布他为皇帝，把军队分为两支，攻打罗马人。他们攻占了奥赫里德（Ohrid），那里以前被瓦西里皇帝夷为平地，因为他认为保加利亚人的统治中心会成为叛乱的强大动机，之后它一直是一片废墟，没有设防。罗马人在卡斯托里亚（Kastoria），他们打败前来攻城的保加利亚人军队。保加利亚人所到之处摧毁一切。皇帝派出由马其顿人、罗马人和法兰克人组成的军队出征，打败保加利亚人，俘获沃迪诺斯，送给皇帝。沃迪诺斯后被赎回，继承了他父亲的位置，一直到我们的时代仍在统治。第 18 节，德国人 ① 和瓦兰吉亚人都是西方民族，他们摧毁普雷斯帕剩余的保加利亚人宫殿，洗劫教堂，掠夺圣物。一些圣物找回，但军队把其余的分给了士兵，他们把这些圣物留给自己使用。一个来自马其顿分队的士兵被要求归还圣物，在拒绝后遭到惩罚，热炭放到他肩上，导致他的死亡。第 19 节，多瑙河沿岸各城市的士兵遭到忽视，没有生活费。内斯托率领大量佩彻涅格人发动叛乱，要求解除大臣尼基弗鲁斯的职务，因为这个人极大损害了他，没收了他的财产。皇帝拒绝。内斯托叛乱，摧毁马其顿和色雷斯以及保加利亚邻近地区，然后退居佩彻涅格人土地。第 20 节，一支马其顿人士兵，向皇帝抱怨他们的粮食和薪饷被剥夺，皇帝下令殴打、侮辱、驱逐他们，他们回去后不再忠诚于皇帝，计划报复。第 21 节，皇帝派使者去阿普利亚跟法兰克人罗伯特（Robert）联姻。罗伯特控制阿普利亚的过程：当初皇后邹伊派遣乔治·马尼亚克斯前去恢复意大利局势，乔治·马尼亚克斯招募了许多法兰克人为自己服务；他后来叛乱，被打败后，他的追随者们为皇帝服务，许多留在罗马人领土上，罗伯特是其中

---

① 公元 919 年，非加洛林王朝出身的萨克森公爵亨利一世当选为国王，历史学家认为这一事件标志着德国历史的开端。因此，本书对相关专有名词一律译为"德国"或"德国人"。参见林纯洁：《德意志之名：德国国名的起源与国号的演变》，《史学集刊》2021 年第 1 期，第 113-122 页。

之一，他公开宣称要把罗马人逐出意大利；他的法国妻子死后，他娶了一个拥有大片领地的王公的女儿，此后袭击罗马人领土，先后征服卡拉布里亚和意大利，砍掉俘虏的手或脚，出售俘虏，获得大量金钱。第22节，皇宫因内部事务糟糕，没有对意大利的这些事件做出反应。没有人抵抗罗伯特，他建立起强大的军队，拥有马匹、金钱和武器，而各个城市的将军们因缺乏人力和士兵怯懦而无力对抗他。伊萨克·科穆宁统治时，突厥人侵袭东部地区，佩彻涅格人蹂躏西部地区。第23节，罗伯特在西部地区的侵略活动，征服大部分意大利城市。忠诚于罗马人的城市。布林迪西将军（strategos）尼基弗鲁斯·卡拉德诺斯（Nikephoros Karantenos）假装交出城市，然后在法兰克人架上梯子企图爬上城墙时，把他们一个个都杀掉。第24节，帝国内外交困，内部混乱，突厥人不断侵略东部地区。狄奥根尼斯上台后全力以赴攻打突厥人，米哈伊尔则孩子似的心不在焉地统治帝国，这期间罗伯特及其追随者们以窃贼和掠夺者的方式控制了意大利，征服了阿普利亚和卡拉布里亚（Calabria），他们瓜分这个地区之后，自称伯爵，称罗伯特为公爵，脱离罗马帝国。第25节，米哈伊尔不仅没有试图收复属于他的那些地方，反而为了驱逐东方的突厥人而与罗伯特达成协议，企图借助他们来抵挡突厥人的进攻。他提出跟罗伯特联姻，企图以此解决问题，但遭到上帝的阻挡，上帝早就命令毁灭东部地区。第26节，这一时期出现了不祥之兆：君士坦丁堡出生了三条腿的鸡；有个婴儿前额长着一只眼睛，还有山羊脚，这个畸形婴儿被遗弃在公共大道上，发出孩子般的嚎啕大哭；"不朽之神军"两个士兵被闪电击中；天空出现大量彗星。第27节，由于蛮族在洗劫东部地区，大量人们遭到屠杀，或者涌进君士坦丁堡避难，形势迫切需要一位经验丰富、慷慨仁慈、管理有方的皇帝来统治。米哈伊尔吝啬、冷漠、愚蠢、不考虑首都的粮食供应，把时间浪费在徒劳无益的文学研究和全神贯注的诗歌创作上，即使并不真正了解艺术，他被普塞洛斯诱惑和误导，给整个世界带来了灭顶之灾。严重的饥荒爆发，随后是瘟疫和死亡，因为伴随而来的疾病同样致命。每天大量人们死亡，结果活着的不能埋葬死亡的。死者倒在门廊里没人管，许多被担架抬走，往往是一副担架上堆着五六具尸体。到处都是悲哀的表情，都城充满了绝望。那些当权者根本不考虑控制日常的不公和非法的审判及勒索，而是毫无顾忌地继续推行压迫性的邪恶政策，好像罗马人没有任何问题，没有外敌入侵，没有上帝的愤怒，没有贫穷和暴力损害民众。皇帝的每个打算和想法都是为了不公正对待自己的臣民，以哄骗他们，或者获得他们的资源和生活手段，结果，他们的贪婪甚至波及圣所，夺走了圣所的珍宝和财产。第 28 节，1077 年 10 月，东部地区的重要人物叛乱，宣布将军尼基弗鲁斯·博塔尼埃蒂兹为皇帝。皇帝得知后忧心忡忡，因为许多人在转告一个预言：名字以 N 开头的将取代 M 开头的皇帝。皇帝马上写信给突厥人，好像他们是亲友似的，向他们承诺礼物，请他们抓住博塔尼埃蒂兹及其追随者们交给他。博塔尼埃蒂兹出身名门，有着显赫的祖先。10 月 3 日晚上，博塔尼埃蒂兹正准备搭帐篷，突然空中闪过一道亮光，到达远方的卡尔西登（Chalcedon）、克莱索波利斯和布拉海尔奈宫。所有人认为这是个好兆头。第 29 节，他出发前往拜占庭城，这时西部地区爆发叛乱。迪拉基乌姆总督尼基弗鲁斯·布莱伊纽斯因被解职而叛乱，率领士兵、支持者和同谋犯向亚得里亚堡进军，亚得里亚堡总督是他的亲戚。他的兄弟约翰率领西部地区一些军队，还有大量瓦兰吉亚人和法兰克人，准备同他会合。皇帝自己的军队称为"不朽之神军"，他还有一支由各种人组成的相当好的军队。第 30–33 节，布莱伊纽斯在特拉亚努波利斯（Traianoupolis）称帝，智者认为这是不祥之兆。关于特拉亚努波利斯建城的故事。由于亲戚的合作，布莱伊纽斯也获得了雷德斯托斯的支持。布莱伊纽斯放火烧赫拉克利亚（Herakleia），杀死那里很多人。叛军来到君士坦丁堡城下，遭到城中居民攻击，叛军放火烧附近地区。陷入困境的皇帝从牢中放出罗塞利奥斯，讨好他，要他攻打布莱伊纽斯，从城墙上对叛军中的法兰克人讲话。"元老院主席"阿莱克修斯·科穆宁打败叛军。皇帝这边还有罗斯的舰队。佩彻涅格人在亚得里亚堡周围扎营，劫掠，屠杀，赶走无数的牲畜。布莱伊纽斯强迫自己的人交出大量钱财和织品，把这些人打发走了。第 34 节，皇帝任命修道士科斯马斯为牧首，他来自耶路撒冷（Holy City），没有受过世俗学问方面的教育，但是富有各种美德。第 35–38 节，博塔尼埃蒂兹的军队构成，其中有苏丹亲戚库特鲁莫斯指挥的庞大的突厥人分队。库特鲁莫斯和苏丹争夺最高统治权，双方正准备开战时，被赶到的哈里发劝阻，双方议和，最后决定，苏丹统治波斯，并帮助库特鲁莫斯夺取罗马人的领土进行统治。于是他们开始征服罗马人领土。博塔尼埃蒂兹的上台，其中起主要作用的是安条克牧首、伊科尼姆都主教。所有神职人员和整个元老院，以及几乎整个首都，都支持博塔尼埃蒂兹。首都有权势的市民攻占了皇宫，罢黜了皇帝，把他送进了修道院。米哈伊尔统治了六年六个月。

第7章，尼基弗鲁斯三世·博塔尼埃蒂兹的登基

第1节，市民占据皇宫三天，派人敦促博塔尼埃蒂兹尽快来首都。博塔尼埃蒂兹派自己的一个奴隶先行控制皇宫，不久他自己进城，加冕为皇帝。他慷慨赐予追随者们礼物、财产、显职，给支持自己的突厥人恩惠，免除了对国库的所有债务。第2—4节，皇帝先后三次派使者跟布莱伊纽斯交涉，要他放弃皇帝野心，授予他"凯撒"头衔等，遭到拒绝。布莱伊纽斯的帐篷倒塌；还出现了月食。多数情况下，这些现象往往表明叛乱者的倒台，那些精通星体的愚蠢胡话就是这么推测的。皇帝派贵族阿莱克修斯·科穆宁攻打布莱伊纽斯，阿莱克修斯之前已经逮捕了罗塞利奥斯。布莱伊纽斯被俘被弄瞎。皇帝得知后感谢上帝和圣母。布莱伊纽斯的兄弟约翰在拜占庭城被瓦兰吉亚人杀害。第5节，皇帝在妻子去世后，选择迎娶前皇帝米哈伊尔的妻子，后者因此被认为犯了通奸罪。第6节，"首席主席"尼基弗鲁斯·瓦西拉基斯（Nikephoros Basilakes）叛乱，他召集一支大军，由法兰克人、瓦兰吉亚人、罗马人、保加利亚人、阿尔巴尼亚人构成，还与佩彻涅格人结盟。皇帝派阿莱克修斯·科穆宁攻打他。瓦西拉基斯战败后眼睛被挖。第7节，与此同时，佩彻涅格人和一些库曼人放火烧掉了亚得里亚堡许多住房。第8节，菲拉雷托斯·巴克米奥斯将军在米哈伊尔皇帝统治期间叛乱，博塔尼埃蒂兹上台后臣服皇帝。第9节，某个勒卡斯（Lekas），来自菲利普波利斯（Philippopolis），是个保罗派（Paulicians），因通婚而投靠佩彻涅格人，并与他们结盟，对罗马人领土构成了严重的威胁。与此同时，某个多布罗米罗斯（Dobromiros）在蹂躏梅森布里亚。他们臣服皇帝。这时勒卡斯杀死了塞尔迪卡（Serdica）主教米哈伊尔，因为后者支持皇帝并劝告塞尔迪卡城也支持皇帝。第10节，皇帝安置前皇后尤多奇亚、布莱伊纽斯和瓦西拉基斯。第11节，由于突厥人在东部地区胡作非为，皇帝召集大军，让君士坦丁十世的儿子康斯坦提奥斯指挥。康斯坦提奥斯渡过海峡后叛乱称帝，失败被流放，成为修道士。第12节，1079年，一道闪电击中君士坦丁大帝圆柱，圆柱的顶端立着君士坦丁大帝雕像，在过去，这个雕像是阿波罗（Apollo）的，但后来改成了君士坦丁大帝的名字。闪电切断了部分圆柱，烧掉了三根支柱，这些支柱里面是铁，外面为铜。第13节，皇帝任命保加利亚大主教、安条克牧首。任命斯科普里总督，派利奥·迪亚巴特诺斯（Leo Diabatenos）同佩彻涅格人和库曼人签订协议。皇帝任命了很多都主教以及其他神职人员，这无可非议。第 14 节，皇帝节俭、慷慨、宽宏大量。皇帝的两个奴隶，不是以奴隶的方式服从他，而是完全按照自己的意愿行事，元老院重要成员对他们狗仗人势很是恼火，认为皇帝傲慢。第 15 节，关于大臣尼基弗鲁斯的死亡。他逃到罗塞利奥斯那里，跟后者一起被捕后，毒死了后者。皇帝派人审问他国库的钱财去向，皇帝的人担心皇帝宽恕他而对自己不利，就违背皇帝的命令，把他折磨致死。

3. 在经济和社会方面的史料价值

斯凯利兹斯续编涉及 1057-1079 年拜占庭帝国历史，主要改写自米哈伊尔·阿塔雷亚特的《历史》，带有明显的贵族偏见，它报道的主要是政治和军事方面的，但也有一些经济和社会方面的记载，反映了当时拜占庭社会战乱不已、贪污腐败、民生艰难、饥荒遍地等状况，具有一定的经济和社会史料价值。

第一，书中记载了大量战争，例如侵袭、劫掠、叛乱等，反映了当时拜占庭帝国战乱不已、生灵涂炭的惨状。掠夺各地的不仅有侵略军，也有政府军队、叛军以及劫掠的游牧民族等。拜占庭人联合拉丁人、突厥人、佩彻涅格人等发动叛乱，雇佣军叛乱，保加利亚人和塞尔维亚人叛乱，特别是突厥人不断侵袭掠夺，乌兹人、佩彻涅格人等不断劫掠，烧杀掠夺，摧毁一切，到处一片荒芜，甚至偏远的富足之地也未能幸免，日益衰败，帝国内外交困，陷入混乱之中，居民被迫背井离乡、移居他乡。继战乱而来的是，拜占庭帝国充斥着饥荒、瘟疫和死亡。此外，交战双方相互投敌，基督徒投奔突厥人，突厥人投奔拜占庭。拜占庭统治阶层利用突厥人来对付政敌，导致局势更加恶化，社会更加动荡。

第二，记载了当时拜占庭人包括作者的信仰和思想状况。他们相信奇迹和预兆。一些拜占庭人特别是作者虔诚信仰上帝，出现异常情况（包括气候）时通常认为是信仰出了问题，认为是上帝发怒的表现，认为一切都是上帝的意志。此外，书中还记载了作者对皇帝的评价，对拉丁人、突厥人、佩彻涅格人、乌兹人等的看法等。

第三，记载了当时的气候尤其是反常天气，并把天气同社会、同上帝联系起来。

第四，记载了一些游牧民族的相关信息，例如佩彻涅格人、乌兹人等，还记载了乌兹人在拜占庭帝国领土上的定居。

第五，记载了一些贪污、贿赂等腐败现象，记载了当时修道院扩张、修道士贪婪的情况，反映了拜占庭日常生活充满了欺骗、不公和勒索。

此外，作者记载了拜占庭政府军队、叛军等的复杂来源，书中还反映了拜占庭社会奴隶的通常地位和例外情况，以及当时拜占庭社会到处是贫穷和暴力的状况。

六　乔治·凯德诺斯的《历史概要》

（一）乔治·凯德诺斯简介

乔治·凯德诺斯（希腊文为 Γεώργιος Κεδρηνός，英文为 George Kedrenos / Cedrenus，或者 Georgius Cedrenus），12 世纪拜占庭历史学家，著有《历史概要》（*Synopsis historion*），其生平不清楚。

（二）手抄本

这部历史有很多手抄本，关于这些手抄本的描述，参见：Maisano, Riccardo. "Sulla tradizione manoscritta di Giorgio Cedreno," *Rivista di studi bizantini e neoellenici* 14–16 (1979): 179 – 201.

（三）出版和现代语言译本

这部历史第一次被编辑出版是在 1566 年威廉（Wilhelm Xylander）把它译成了拉丁文出版，这个版本后来再版。[1]

George Kedrenos, *Compendium historiarum*, ed. I. Bekker, 2 vols, CSHB, Bonn, 1838.

Georgius Cedrenus [et] *Ioannis Scylitzae ope*, ab Immanuele Bekkero suppletus

---

[1]　参见 Leonora Neville, *Guide to Byzantine historical writing*, with the assistance of David Harrisville, Irina Tamarkina, and Charlotte Whatley, Cambridge, United Kingdom: Cambridge University Press, 2018, p.167.

et emendatus, Bonnae: Impensis Ed. Weberi, 1838-1839.（希腊语原文，拉丁语译文）

意大利语译本：*Georgii Cedreni Historiarum compendium*, edizione critica a cura di Luigi Tartaglia, [Roma]: Bardi edizioni, editore commerciale: Accademia nazionale dei Lincei, 2016.

（四）内容简介和经济社会史料价值

11世纪晚期12世纪早期，乔治·凯德诺斯把现存历史书汇编成一部历史，称为《历史概要》，涉及从创世到1057年的历史。这部历史写作于11世纪晚期，晚于约翰·斯凯利兹斯的历史，早于幸存的12世纪初的最古老手抄本。其中，关于811-1057年历史，凯德诺斯完全抄自约翰·斯凯利兹斯。[①] 由于缺乏原创性，学术界很少研究这本书。

这本书对于研究11世纪拜占庭帝国经济和社会价值不大。不过，他指出，在君士坦丁九世统治期间，军人职业毫无价值，说士兵们放下武器，成为律师或者法学家；他也指出，罗曼努斯·博伊拉斯在君士坦丁九世宫廷中充当小丑。

七　尼基弗鲁斯·布莱伊纽斯的《历史素材》

（一）尼基弗鲁斯·布莱伊纽斯简介

"凯撒"尼基弗鲁斯·布莱伊纽斯（希腊文为 Νικηφόρος Βρυέννιος，英文为 Nicephorus Bryennius 或 Nikephoros Bryennios）是拜占庭历史学家和将军，12世纪初一位重要的政治和文学人物。他大约1080年出生于亚得里亚堡（？），大约1136/7年逝于君士坦丁堡。他是皇帝阿莱克修斯一世长女安娜·科穆尼娜的丈夫，他们大约在1097年结婚。布莱伊纽斯家族以亚得里亚堡为基地，曾在阿莱克修斯登基前争夺皇权。尼基弗鲁斯的祖父尼基弗鲁斯·布莱伊纽斯曾在1057年参与贵族叛乱被弄瞎眼睛。他的父亲尼基弗鲁斯·布莱伊纽斯在11世纪70年代是保加利亚总督（*dux* of Bulgaria）和迪拉基乌姆（Dyrrachium）

---

①　Alexander P. Kazhdan (editor in chief), *The Oxford Dictionary of Byzantium*, p.1118.

统治者，1077年叛乱反对米哈伊尔七世。同一年，尼基弗鲁斯·博塔尼埃蒂兹在东部地区叛乱，控制了君士坦丁堡，派出他的将军阿莱克修斯·科穆宁（即后来的皇帝阿莱克修斯）打败并俘获了布莱伊纽斯，接着把他眼睛弄瞎了。但博塔尼埃蒂兹允许布莱伊纽斯保留其所有财产，并赐予他新的头衔，结果布莱伊纽斯家族在色雷斯保持了重要权势。尼基弗鲁斯参加了阿莱克修斯的征战，大约在1111年被封为"凯撒"。1118年阿莱克修斯去世时他的妻子安娜和岳母、皇后伊琳妮·杜凯娜（Irene Doukaina）企图让他继位，但以失败告终。1118年后他写作了《历史素材》（*Hyle historias*）。他在约翰二世（John Ⅱ Komnenos，1118–1143年在位）的宫廷中处于尊贵地位，并跟约翰一起出征作战。他参加了1137年约翰远征安条克，回来后去世。他和安娜的后代基本上都是军事指挥官。①

（二）手抄本

其手稿没有幸存下来，目前幸存了一本17世纪中期皮埃尔·普西讷（Pierre Poussines）所做的抄本，还有一个残篇：尼基弗鲁斯历史第一卷，记载了突厥人的起源，保存在一本15世纪手抄本"圣马可图书馆希腊文抄本509"（*Marcianus graecus 509*）之中。

（三）出版和现代语言译本

法语译本：Henri Gregoire (trans.), "Nicephore Bryennios les quatre livres des histoires. Traduction Française avec notes," *Byzantion* 23 (1953): 469 – 530; *Byzantion* 25-27 (1955-1957): 881–926.

法语译本：Paul Gautier (trans.), *Nicephore Bryennios Histoire; Introduction, Texte, Traduction et Notes,* Corpus Fontium Historiae Byzantinae 9, Brussels: Byzantion, 1975.

现代希腊语译本：Despoina Tsouklidou (trans.), *Hylē Historias*, Keimena Vyzantinēs Historiographias 6, Athens: Kanakē, 1996.

西班牙语译本：María Salud Baldrich López (trans.), *Nicéforo Brienio: Mate-*

---

① 参见 Alexander P. Kazhdan (editor in chief), *The Oxford Dictionary of Byzantium*, pp.328-331.

ria de Historia, Biblioteca de textos Bizantinos 6, Granada: Centro de Estudios Bizantinos, Neogriegos, y Chipriotas, 2012.

（四）内容简介和经济社会史料价值

尼基弗鲁斯·布莱伊纽斯的《历史素材》集中写 11 世纪 70 年代拜占庭的军事事件，以及罗曼努斯·狄奥根尼斯、"凯撒"约翰·杜卡斯（John Doukas）、老尼基弗鲁斯·布莱伊纽斯（Nikephoros Bryennios the elder），特别是年轻阿莱克修斯·科穆宁的生涯，描写了阿莱克修斯·科穆宁的崛起。在前言中他说《历史素材》是应其岳母伊琳妮·杜凯娜的要求而写的，他岳母要求他写作阿莱克修斯的历史。他要求其作品只被称为"历史素材"。这部历史分为四卷。第 1 卷开始简单描述了科穆宁家族在 10 世纪晚期的起源，但很快转入写罗曼努斯四世·狄奥根尼斯抵抗突厥人侵略的努力，包括灾难性的曼兹科特战役。第 2、3、4 卷详细描写了 1071–1079 年帝国的军事和政治历史。尼基弗鲁斯集中写阿莱克修斯·科穆宁、"凯撒"约翰·杜卡斯以及老尼基弗鲁斯·布莱伊纽斯的功绩。罗曼努斯·狄奥根尼斯、约翰·杜卡斯以及老布莱伊纽斯被描写成真正的英雄，而阿莱克修斯受到不同程度的批评。文稿没有完成，在记载乔治·帕列奥列格（George Palaiologos）遭到博塔尼埃蒂兹的大臣们虐待时中断。尼基弗鲁斯的历史抄写并修改了普塞洛斯历史和斯凯利兹斯历史的部分内容。他的历史的一些信息似乎来自其他宫廷成员的个人回忆。[1]

这本书在经济和社会方面的价值在于作者记载了当时拜占庭帝国的众多大家族（科穆宁家族、杜卡斯家族、布莱伊纽斯家族）、内战和雇佣军等，反映了当时帝国大家族、军事贵族的发展程度和影响深度。作者认为 11 世纪的拜占庭充满了大家族之间的对抗，11 世纪帝国历史的发展不是皇帝们活动的结果而是大家族之间争斗的结果；作者称赞贵族特征，即高贵的出身、富裕以及

---

[1]　莱奥诺拉·内维尔（Leonora Neville）2012 年出版专著研究了这一史料，2018 年出版著作介绍了包括尼基弗鲁斯·布莱伊纽斯在内的 52 位拜占庭史学家。参见 Leonora Neville, *Heroes and Romans in twelfth-century Byzantium: the material for history of Nikephoros Bryennios*, Cambridge, UK; New York: Cambridge University Press, 2012. Leonora Neville, *Guide to Byzantine historical writing*, with the assistance of David Harrisville, Irina Tamarkina, and Charlotte Whatley, Cambridge, United Kingdom: Cambridge University Press, 2018, p.170.

军事力量。①

八　安娜·科穆尼娜的《阿莱克修斯传》

（一）安娜·科穆尼娜简介

安娜·科穆尼娜（希腊文为 Άννας Κομνηνής，英文为 Anna Comnena /
Komnene，1083- 约 1153 年）出生于拜占庭皇宫的紫色产房，是阿莱克修斯
一世·科穆宁皇帝和伊琳妮·杜凯娜皇后的长公主，因著有《阿莱克修斯传》
（希腊文为 Αλεξιάς，英文为 Alexiad）而名垂青史。安娜"颇有政治野心"，父
亲在世时，就与母亲合谋，劝父亲剥夺她的弟弟约翰的继承权，把皇位传给她
的丈夫，但事情不果而终。父亲逝世，约翰二世继位之后，她在政变中失败，
被贬入修道院，在幽居的岁月中，忆往事、思尊亲，在丈夫遗留稿件的基础
上，写出了《阿莱克修斯传》。身为公主，安娜生活在帝国的权力中心，熟悉
宫廷政治和公共事务，享有高级社会等级的一系列特权，有机会接触帝国政府
的第一手资料。她在著作中使用了大量外交信件与公文档案，以及帝国将士的
口述和书面资料，这些史料赋予其著作极高的历史价值。同时，安娜在希腊古
典哲学、历史学、修辞学等方面受过良好教育，这使她能够娴熟地驾驭写作资
料，进行生动准确的叙述。安娜被誉为西方史学史上第一位女历史学家，受到
诸多学者的高度称赞。②

（二）手抄本

这部传记的手抄本很多，几乎所有手抄本都不完整。最早的手抄本是 12
世纪的"佛罗伦萨劳伦斯抄本 70.2"（Florentinus Laurentianus 70.2）；14 世纪
的手抄本"巴黎科斯林抄本 311"（Parisinus Coislinianus 311）和"梵蒂冈希腊
文抄本 981"（Vaticanus Graecus 981）；1343 或 1344 年制作的手抄本"巴黎希
腊文抄本 400"（Parisinus Graecus 400）很短；其他幸存的手抄本制作于 1565

---

① 参见 Alexander P. Kazhdan (editor in chief), *The Oxford Dictionary of Byzantium*, p.331. A. P.
Kazhdan & Ann W. Epstein, *Change in Byzantine Culture in the Eleventh and Twelfth Centuries*, p.106.
Graeme Dunphy (ed.), *The Encyclopedia of the Medieval Chronicle*, 2 vols., Leiden: Brill, 2010, p.220.

② 参见 Alexander P. Kazhdan (editor in chief), *The Oxford Dictionary of Byzantium*, p.331.

年到 18 世纪之间。

（三）出版

Pierre Poussines (ed.), *Annae Comnenae porphyrogenitae caesarissae Alexias, sive De rebus ab Alexio imperatore vel eius tempore gestis, libri quindecim*, Paris: Ex Typographia Regia, 1649. （属于"巴黎拜占庭历史文献大全"）

Jacques-Paul Migne, *Patrologiae cursus completus: Series graeca*, vol. 131, Paris: Apud J.- P. Migne, 1864. （前一版本的再版）

Ludwig Schopen and August Reiff erscheid (eds.), *Annae Comnenae Alexiadis libri XV*, Corpus Scriptorum Historiae Byzantinae 39–40, Bonn: Weber, 1838 and 1878. （希腊语原文，拉丁语译文）

August Reifferscheid (ed.), *Annae Comnenae Porphyrogenitae Alexias*, 2 vols., Leipzig, 1884.

Bernard Leib (ed.), *Anne Comnène, Alexiade*, 3 vols., Paris: Société d'édition "Les Belles Lettres", 1937–1945. （1967 年和 2009 年再版）

Diether Reinsch and Athanasios Kambylis (eds.), *Alexiad*, Corpus Fontium Historiae Byzantinae 40, Berlin: De Gruyter, 2001.

（四）现代语言译本

英语译本：Elizabeth A. S. Dawes (trans.), *The Alexiad of the Princess Anna Comnena*, London: K. Paul, Trench, Trubner & co., 1928.

英语译本：E. R. A. Sewter (trans.), *The Alexiad of Anna Comnena*, Harmondsworth: Penguin Books, 1969. E. R. A. Sewter (trans.), *The Alexiad of Anna Comnena*, London: Penguin Books, 1969. 该版本于 2003 年再版。2009 年该版本修订版出版：Anna Komnene, *The Alexiad*, translated by E. R. A. Sewter; revised with introduction and notes by Peter Frankopan, London; New York: Penguin, 2009.

法语译本：*Alexiade (règne de l'empereur Alexis I Comnène, 1081-1118)*, 4 vols., Anne Commène; texte établi et traduit par Bernard Leib, Paris; Société d'édition "Les Belles lettres", 1937-1976.

德语译本：*Alexias*, Anna Komnene; übersetzt, eingeleitet und mit Anmerkungen versehen, by Diether Roderich Reinsch, Cologne: DuMont Buchverlag, 1996.

德语译本：Diether Reinsch (trans.), *Alexias*, Berlin: De Gruyter, 2001.

俄语译本：*Aleksiada*, Vstup. statʹia, perevod kommentariĭ IA. N. Liubarskogo, Moskva, Nauka, Glav. red. vostochnoĭ lit-ry, 1965.（*Алексиада*. Вступ. статья, перевод комментарий Я. Н. Любарского. Москва, Наука, Глав. ред. восточной лит-ры, 1965.）

俄语译本：*Алексиада*, Анна Комнина; перевод, комментарии и статьи Я.Н. Любарского,Санкт-Петербург: Алетейя, 2017.

中文译本：安娜·科穆宁娜著，李秀玲译：《阿莱科休斯传》，上海：上海三联书店，2018 年。（根据索特 [Sewter] 1969 年英译本翻译）

中文译本：安娜·科穆宁娜著，谭天宇、秦艺芯译：《阿莱克修斯传》，哈尔滨：东北林业大学出版社，2017 年。（根据俄语译本翻译）

（五）内容提要

《阿莱克修斯传》是安娜为其父皇阿莱克修斯一世写作的传记，记载了他在 1069 年到 1118 年期间生活和统治的历史，全书一共 15 卷。下面主要依据 1969 年英译本 [①] 简介内容，详细内容见中文译本。

第 1 卷，前言，从阿莱克修斯的少年时期到博塔尼埃蒂兹统治的最后岁月。主要讲述在米哈伊尔七世和尼基弗鲁斯三世统治期间，作为军队将领的阿莱克修斯成功镇压三个叛乱者的经过。他也展现了性格的另一面，即对母亲的服从。随后故事中断，开始叙述罗伯特·吉斯卡尔（Robert Guiscard）在意大利崛起并借口支持被罢黜的米哈伊尔七世，横渡亚得里亚海发动入侵拜占庭帝国的战争。在讲到吉斯卡尔和他曾与君士坦丁·杜卡斯订婚的女儿海伦娜时，安娜表现出了拜占庭人的普遍心理，即对外族人的蔑视和警惕。书中也提到教宗与亨利四世的冲突和战争。安娜宣称身为女性和公主，庄重和羞涩禁止她转述教宗的丑行，她在全书中严格地遵循这个原则。她也嘲笑教宗对最高统治权的要求。

第 2 卷，科穆宁家族的叛乱。生动描述了阿莱克修斯篡位之前，包括贵族、宠臣和玛丽亚皇后在内的宫廷阴谋以及阿莱克修斯贿赂卫戍部队攻占君士

---

① 　E. R. A. Sewter (trans.), *The Alexiad of Anna Comnena*, Harmondsworth: Penguin Books, 1969.

坦丁堡的经过。安娜的报道首次反映了皇帝的血亲或姻亲等"亲属"令人敬畏的影响力，阿莱克修斯如果没有兄长伊萨克、舅子乔治·帕列奥列格、勇敢精明的母亲安娜·达拉塞娜以及妻子的祖父约翰·杜卡斯的帮助和支持，他将无法夺取皇位。阿莱克修斯也首次利用诡计，把可能带来麻烦的人控制在"悬而未决"的状态，来对付他的另一个舅子尼基弗鲁斯·迈里西努斯。最后，安娜报道了权力争夺以及军队和舰队动乱状况。

第 3 卷，阿莱克修斯登基，杜卡斯家族和科穆宁家族之间的争斗。记载了1081 年尼基弗鲁斯三世被罢黜、流放到修道院，以及科穆宁和杜卡斯两个著名大家族之间的权力争斗。争吵主要围绕两个问题进行：伊琳妮是否应该和丈夫一起被加冕；伊琳妮潜在的竞争者前皇后玛丽亚是否应该继续住在皇宫。杜卡斯家族最终赢得胜利，伊琳妮加冕为皇后，玛丽亚被逐出皇宫，条件是恢复君士坦丁·杜卡斯共治皇帝的身份和权力，同意安娜·达拉塞娜任命宠信的尤斯特拉提乌斯·加里达斯（Eustratius Garidas）为君士坦丁堡牧首。作者生动描述了玛丽亚、阿莱克修斯和伊琳妮的肖像。随后介绍了阿莱克修斯的宫廷头衔体制改革，这是整部著作唯一专门介绍帝国政治制度的资料。任命安娜·达拉塞娜在皇帝外出作战期间担任帝国摄政者的金玺诏书，是安娜逐字引用的第一份官方文献。接下来是作者献给祖母的长篇颂词，称赞她道德纯洁、慷慨好施和虔诚仁慈，它们也是《阿莱克修斯传》始终赞美的品质。皇帝的苦修忏悔便是在母亲的指导下进行的。作者叙述了她父亲的伯父伊萨克一世神奇地脱离一次危险之后，转向了 1081 年帝国糟糕的军事和财政状况，记述了阿莱克修斯在东部阻挡塞尔柱突厥人，在西部抵制诺曼人的战前准备和战斗。第二份官方文献为阿莱克修斯写给德国国王的信件，阿莱克修斯建议结盟和通婚，同时试图与塞尔柱突厥人达成和平协议。解除都拉斯（Durazzo）不忠诚总督的职务，加强了伊利里亚地区对吉斯卡尔进攻的防御，新总督是阿莱克修斯的舅子乔治·帕列奥列格，他是安娜的主要引证者之一，对随后战斗的叙述，她参照了来自他和"巴里主教的拉丁使者"的记录，细节描写非常生动。最后叙述了一场摧毁吉斯卡尔的舰队并使其险些丧命的暴风雨。

第 4 卷，与诺曼人的战争（1081-1082 年）。主要写诺曼人及其傀儡伪米哈伊尔七世对都拉斯的围攻。阿莱克修斯请求威尼斯舰队提供援助，后者先后打败罗伯特·吉斯卡尔和他的儿子博希蒙德（Bohemond）。1081 年 8 月，阿莱克修斯离开君士坦丁堡去征募军队，途经塞萨洛尼基攻打敌人，在都拉斯外遭到严重溃败，本人侥幸逃命。

第5卷，与诺曼人的战争（1082-1083年），阿莱克修斯与异端分子的第一次冲突。以都拉斯落入罗伯特·吉斯卡尔之手为开端，为此阿莱克修斯在首都不顾神职人员的反对，采取了剥夺教会财产募集军费的激烈措施并督促德国盟军进攻意大利。吉斯卡尔被迫返回意大利，帮助教宗抵制德国军队。诺曼人军队留给了博希蒙德，他攻占了许多城镇并在战斗中两次打败阿莱克修斯，但最终因为后者的诡计在他的士兵中引发叛乱，被迫返回父亲那里。胜利回到首都的阿莱克修斯，开始了与异端分子约翰·依塔鲁斯的首次斗争，安娜在此阐述了自己的知识理念。

第6卷，诺曼人的失败和罗伯特·吉斯卡尔的死亡以及突厥人。拜占庭帝国领土上残余诺曼人军队向阿莱克修斯投降。阿莱克修斯通过背信弃义的手段镇压摩尼教教徒并最终引发了与佩彻涅格人的战争。因为掠夺教会财产招致谴责，阿莱克修斯被迫专门召开宗教会议为自己的行为申辩并许诺补偿。随后发生反对他的第一次叛乱，由"杰出元老院成员和军队领导人"（未列出姓名）策划，但事败后他们几乎没有受到惩罚。此后，安娜转向叙述罗伯特·吉斯卡尔的第二次入侵，这迫使阿莱克修斯授予威尼斯盟军商业特权，后来给帝国带来灾难性影响。战争因为罗伯特·吉斯卡尔1085年在凯发罗尼亚（Cephalania）突然死亡而结束，安娜完整地叙述了预言他的死亡的占星术和罗伯特的外表与性格。至此，安娜有关诺曼人第一次入侵战争的冗长叙述宣告结束。随后读者被带回首都，安娜的妹妹和弟弟在几年内相继出生。这一卷其余部分首先叙述了塞尔柱突厥人的内部权力纷争以及与拜占庭军队的战斗，然后提到后者与佩彻涅格人的战争。1086年的战争以失败和灾难开始，新的军队被迅速派往战场。阿莱克修斯作为"第十三使徒"从未放弃改变异端分子和蛮族人信仰的努力。

第7卷，与斯基泰人的战争（1087-1090年）。记述了1087年春天，阿莱克修斯在与佩彻涅格人作战的德里斯特拉战役中战败。库曼人和其盟友佩彻涅格人因为战利品发生争吵，阿莱克修斯借机与前者达成协议，试图借助其力量打败佩彻涅格人。但这一不体面的和平维持的时间很短，随后的战斗使阿莱克修斯失去了300名"领导者之子"（Archontopules）。来自佛兰德（Flanders）伯爵的500名雇佣骑兵在危机中到达，立刻被派往小亚细亚。在那里突厥人扎查斯（Tzachas）已经成为西部海岸的最高领主，正从海陆两线进攻帝国军队。伊琳妮的哥哥成功打败了达尔马提亚人，又被派到东部战场。随后，安娜转向色雷斯的佩彻涅格人，后者在冬天停止战斗时，驻扎在距离首都约 20 里格（league）① 的地方。在这一卷中，阿莱克修斯第一次因为发烧表现出身体的虚弱。

　　第 8 卷，与斯基泰人的战争（1091 年），莱瓦纽姆（Levunium）战役的胜利（1091 年 4 月 29 日），以及反叛皇帝的阴谋。继续叙述与佩彻涅格人的战争。阿莱克修斯在吉罗瓦基（Chirovachi）取得胜利并与军队开了恶作剧式的玩笑。一个格外严寒的冬天导致战斗暂停，战事重开时，库曼人再次出现并得到贿赂，成为盟友。1091 年 4 月 29 日，联盟军队在莱瓦纽姆战役中的胜利决定性地摧毁了佩彻涅格人的力量，为帝国赢得了三十年左右的和平。艰苦的战斗表明粮食供给非常困难，尤其是水的补给在古代战争中起重要作用。战斗结束后，佩彻涅格人战俘几乎全部惨遭杀害，屠杀行为导致库曼人盟军的惊逃。安娜极力为阿莱克修斯开脱责任，他派人给他们送去了许诺的酬劳。这标志着帝国暂时摆脱了斯基泰人的侵扰。随后，皇帝返回君士坦丁堡，发现了两次叛乱，但叛乱者得到宽恕，策划者分别是两个外族雇佣军将领和皇帝的侄子即当时担任都拉斯总督的约翰。这一卷结束于加布拉斯（Gabras）家族的背叛行为，这个颇有意思的故事表明，将功高震主的臣属任命为遥远城市的官员相当于实质上的流放，但仍需要把他的儿子作为人质扣留在宫廷以遏制其不轨行为。因为新郎父亲的第二个妻子是新娘的堂姐，原定婚姻被迫中断，从而引发了小加布拉斯的叛逃。对一件圣物的盗窃，反映了当时人的思想。这一卷让读者意识到当阿莱克修斯不能依靠他的将领、亲属或者家族成员的忠诚和尊敬时，其统治将会多么的不稳定。

　　第 9 卷，突厥人战争和达尔马提亚人事件（1092-1094 年）以及尼基弗鲁斯·狄奥根尼斯（Nicephorus Diogenes）反叛（1094 年）。继续第七卷开始的塞尔柱突厥人战争。对米提林尼（Mitylene）为期三个月的围攻以约翰·杜卡斯的胜利结束，双方将领签订和平条约，但条约很快遭到背弃。在整个战役中，双方都使用了诡计和骗术。随后，约翰对克里特岛和塞浦路斯岛叛乱的镇

———————

　　① league，一种长度单位，相当于 3 法定英里或 4.8 公里。

压引发了安娜的评论，她表达了对"甚至不能骑马"的叛乱者的蔑视，并且将阿莱克修斯把一个"没有高贵出身，但处事公正，为人廉洁谦恭"的人任命为塞浦路斯岛的税收评估员视为不寻常的事件。他是出现在安娜笔下唯一平民出身的官员，这从侧面说明了贵族对政治权力的垄断。此外，皇帝不亲临战场，却控制着所有重要军务，如果没有他提供作战建议，约翰·杜卡斯将不会攻占米提林尼。随后，安娜的叙述回到欧洲地区，讲述了阿莱克修斯通过外交和战争手段镇压达尔马提亚人的经过，后者最初在博尔坎（Bolkan）的领导下打败了约翰·杜卡斯的军队。皇帝的行军因罗曼努斯四世的儿子尼基弗鲁斯·狄奥根尼斯的阴谋叛乱耽搁，安娜详细叙述了这一事件，对这个年轻人的经历给予了大量细节描写：他出生于紫色产房，对阿莱克修斯忘恩负义，两三次刺杀阴谋流产，皇帝试图重新获得他的友好感情，但努力徒劳，狄奥根尼斯及其所有同谋者被捕。阿莱克修斯对叛乱者表现出一如既往的仁慈，没有追究涉嫌参与叛乱的前皇后玛丽亚，除了囚禁、流放和剥夺财产外，没有对叛乱主谋施加更严厉的惩罚并赦免了其他参与者。

第10卷，又一种异端，库曼人战争，以及第一次十字军东征（1094-1097年）。在许多方面这是所有卷节中最著名的一部分。安娜首先叙述了阿莱克修斯和异端分子奈勒斯之间有关基督教教义的争论，随后他亲自成功镇压由冒充罗曼努斯四世儿子的叛乱者领导的库曼人叛乱。接着，为了防止塞尔柱突厥人对比提尼亚内陆地区的入侵，确保尼科米底亚城的安全，阿莱克修斯在此重整运河并在盛夏的酷热中亲自监督建造要塞。最后是第一次十字军的到来。在这一卷中，皇帝第一次通过神圣的抽签方式决定是否作战，地方城市守卫者的不忠便利了蛮族人的入侵。对现代学者而言，这一卷的高潮部分是有关第一次十字军的记载，他们到达君士坦丁堡，其首领与阿莱克修斯的交往与冲突。在帝国舰队和普林斯皮特的理查德伯爵（Count Richard of Principate）的海战中，安娜详细描述了法兰克人使用的十字形弓箭并猛烈抨击了参加战斗的拉丁教士。君士坦丁堡城墙外爆发激烈的战斗，由于布永的戈弗雷（Godfrey of Bouillon）率领的十字军拒绝将战斗推迟到复活节之后，技艺精湛的弓箭手尼基弗鲁斯·布莱伊纽斯被皇帝委派带着最精良的士兵守卫防御墙。安娜笔下的另一个重要角色博希蒙德重新登台，在1083年的伊利里亚战役中，他只是作为罗伯特·吉斯卡尔的儿子和临时委托人发挥影响，但到十字军东征时，作为法兰克人军队中"最贪婪、最无耻、最狡猾的人",成为举足轻重的人物。十字军的主要首领最终被说服向阿莱克修斯宣誓效忠。这一卷结束于所有法兰克人军队离开首都向小亚细亚进军,阿莱克修斯紧随其后。

第11卷,第一次十字军东征(1097-1104年)。继续十字军的记载。尼西亚被围攻,多次战斗之后,戍军允许皇帝的使者布图米特斯(Boutoumites)秘密入城。牢固占据了要塞后,他劝诱剩余十字军将领向阿莱克修斯宣誓效忠。此后,十字军向安条克进军,阿莱克修斯派塔提修斯(Taticius)带领军队陪同前往,确保被攻占的城市按照誓言归还帝国。沿途进行了一些小规模的战斗之后,法兰克人和拜占庭人的军队到达安条克并进行围攻。博希蒙德使用诡计,利用编造的危险吓走了塔提修斯并与塞尔柱突厥人驻军密谋,最后违反对阿莱克修斯的誓言,将攻占的城市据为己有,成为安条克总督。十字军继续向耶路撒冷行军,戈弗雷在此被拥为国王。然后,安娜返回叙述父亲,他跟随法兰克人行军的计划首先被耽搁,随后因为害怕塞尔柱突厥人而中断。接着安娜将焦点集中在圣吉勒的雷蒙(Raymond of St. Gilles)身上,在十字军中,他是阿莱克修斯的朋友,攻占了劳迪西亚和其他地方之后,把它们转交给了皇帝的使者并围攻的黎波里(Tripoli)。但坦克雷德(Tancred)为自己和叔叔博希蒙德夺取了劳迪西亚。戈弗雷去世,他的弟弟鲍德温(Baldwin)在耶路撒冷继承了他的遗产。圣吉勒的雷蒙率领一支新十字军从君士坦丁堡向阿马西亚(Amaseia)进军,被塞尔柱突厥人打败之后,返回继续围攻的黎波里时去世。这时,阿莱克修斯和十字军间长期酝酿的矛盾达到顶点,相互指责对方违背誓言。他们的军队在奇里乞亚作战,比萨舰队进攻拜占庭人,后者利用新火船赢得胜利。后来,坎塔库震努斯(Cantacuzenus)与一支陆军合作从海上围攻劳迪西亚。这一卷以一个有趣的故事结束,即博希蒙德诈死,藏在棺材里经海路从安条克逃回意大利。这些令著者厌恶的细节与这一卷的整体格调相一致,"野蛮的"十字军似乎赋予它一种粗俗的风格:士麦那的新总督被人刺伤,他的水手们为了复仇洗劫全城;塞尔柱突厥人苏丹扎查斯的女儿被俘,成为尼西亚陷落的证据,被随军展示;十字军屠杀列队欢迎他们的拜占庭神职人员和平民;暴风雨和希腊火使海战成为可怕的噩梦,拜占庭海军杀死战俘,比萨人士兵惊慌失措地跳入海中被淹死。其他卷节则没有关于战斗、谋杀和突然死亡的如此集中的叙述。

第 12 卷，国内动乱，第二次诺曼人入侵（1105-1107 年）。开始于博希蒙德在意大利成功征募了进攻拜占庭的军队，他的侄子坦克雷德也在奇里乞亚大获全胜。阿莱克修斯尽管此时因痛风病而身体虚弱，仍在塞萨洛尼基(Thessalonica）扎营。安娜对父母进行了高度赞美。随后是有关达尔马提亚人事件的简短和混乱的叙述。接着是四个阿内马斯兄弟的阴谋，他们都是贵族，得到了许多高级军官的支持并利用富有的元老院成员约翰·所罗门（John Solomon）作为权力工具。叛乱败露，主谋被判处游行和瞽目的惩罚，但在最后时刻，阿莱克修斯被女儿和妻子说服，赐予缓刑，所有人都保住了眼睛，但米哈伊尔·阿内马斯（Michael Anemas）被囚禁在一座塔中，当叛乱者格雷戈里·塔罗尼特斯也被关押在此的时候，仍旧没有被释放。对于后者，可能因为妹妹嫁入了那个家族，阿莱克修斯表现出了更多的宽容。在本卷的最后，海军总司令伊萨克·孔托斯特凡诺斯（Isaac Contostephanus）没能夺取坦克雷德母亲防守的奥特朗托并怯懦地逃离职位，博希蒙德得以带着巨大船队顺利到达都拉斯。阿莱克修斯得知这些坏消息时，表现出了临危不乱的镇定。

第 13 卷，艾伦（Aaron）谋反，博希蒙德最终失败，以及德沃尔（Devol）条约（1107-1108 年）。在篇幅上仅次于第十五卷和第一卷，记述了阿莱克修斯统治期间的重大危机之一，即他与博希蒙德的战斗和条约。他必须首先处理艾伦兄弟的叛乱阴谋。随后，与博希蒙德的激烈较量开始。在整个冬天，尽管受到饥荒和瘟疫的严重威胁，诺曼人仍旧持续围攻都拉斯，利用小棚屋、坑道和木制塔楼的进攻均被驻军挫败。阿莱克修斯伪造信件，计划运用挑拨离间的计谋在敌人中间制造矛盾，借此打败博希蒙德，但被后者识破。直到一个新的海军舰队司令被任命，来自意大利的供给被切断，博希蒙德才被迫求和。这一卷前半部分有几处细节描写：在与拉丁人的战斗中，拜占庭将领为了炫耀胜利，命令士兵把敌人的头颅挑在矛尖上，列队前进；女人在阴谋叛乱中的作用不可小觑；阿莱克修斯根据诺曼人的盔甲的特点，指导拜占庭弓箭手如何射击。最后是对阿莱克修斯和博希蒙德拉锯战式的谈判过程的冗长叙述，包括人质、对于过去的既往不咎和接待的外交礼节问题等。本卷最后一节占用许多页，全文转载谈判成果《德沃尔条约》，博希蒙德在条约中重新宣誓效忠，安条克仍是双方争夺的焦点，皇帝争得了从圣索菲亚教堂选取神职人员担任安条克牧首的权力。条约最后详细列出了博希蒙德借以宣誓的圣物和见证人姓名。

第 14 卷，突厥人，法兰克人，库曼人，以及摩尼教徒（1108-1115 年）。开始于战败的博希蒙德返回意大利及其死亡。阿莱克修斯首先派尤马修斯·非罗卡勒斯成功收复了士麦那沿海地区的一些城市。随后为了远征已在安条克立稳脚跟的坦克雷德，派布图米特斯作为使者争取安条克周围地区的拉丁伯爵，尤其是耶路撒冷国王鲍德温伯爵的支持。他本人则在色雷斯半岛(Thracian Chersonese）监视来自海陆的威胁。一支法兰克人舰队被打败，一个地方统治者的叛乱被镇压。随后，阿莱克修斯和战败的科洛桑（Chorosan）苏丹的使节签订和平条约，但第二年，战争重新开始。尽管遭受痛风病的折磨，阿莱克修斯仍旧率军亲征。安娜在此追述了他的痛风病史，它来自于马球场发生的一次事故，长时间站着会见喋喋不休的拉丁人和为帝国事务长期操劳过度则加重了病情。宫廷生活被顺带提及，厌倦的朝臣，耐心的皇帝，警醒的皇后，这些描写使这一节成为整部作品中比较具有生活情趣的部分。战争的最后胜利使整个君士坦丁堡民众为之欢呼庆祝。随后，安娜沉溺于对主题的冗长偏离，描写了来自斯基泰人、诺曼人和塞尔柱突厥人的危险，并对自己写作的历史资料、真实或想象中的悲痛、著作的写作年代等进行叙述。最后是库曼人的入侵，阿莱克修斯为此匆忙赶往菲利普波利斯。在等待敌人的过程中，让无数保罗派教徒转变了信仰并为他们建造了一座按照他的名字命名的城市。安娜在此展示了自己的正统教义和哲学观点，对历史和地理知识的熟悉，对"使徒般"父亲的赞美。他现在的声望达到顶峰，库曼人听到他到来的消息便不战而退。

第 15 卷，对突厥人的胜利，孤儿院，鲍格米勒派异端，阿莱克修斯的疾病和逝世（1116-1118 年）。这是著作中最长的一卷，引导读者从顶点慢慢滑落到低谷。首先，伊科尼姆苏丹基利杰·阿尔斯兰多次入侵小亚细亚并公开嘲讽皇帝的痛风病，阿莱克修斯愤怒穿越海峡，前往尼科米底亚。他的随从中也有人嘲笑他不能行动，安娜暗示行动自由是一个优秀将领展示其英勇行为的基本条件。皇帝自创的作战队形的强大战斗力使拜占庭军队赢得了战争的胜利，并把所有战利品、战俘和避难者从菲洛米利昂（Philomelion）带回首都。在返回之前，他与苏丹签订了有利于帝国的和平条约，拜占庭人和塞尔柱突厥人恢复了罗曼努斯四世在 1067 年登位之前的边界。这样，阿莱克修斯的最后一次战役在辉煌的胜利中结束。从这次远征的记述中，读者可以了解塞尔柱突厥人的箭术和战术，供给困难在被掠夺地区引发的军事问题，马匹对战斗的极端重要性，叛逃者的背叛行为带来的严重后果等。回到首都，回避了隆重的入城仪式，阿莱克修斯立刻着手为随行的无家可归者安排居所。安娜描述了有关孤儿院（Orphanotropheion）的生动画面，谈到学校时，她悲叹文学研究长期被忽视并对自己接受的良好教育深感自豪。接下来是全书中最令人触目惊心的事件，鲍格米勒派异端在首都拥有大批信徒和重大影响力，阿莱克修斯亲自干预，其领导人瓦西里被诱骗坦白教义并因坚守信仰而被烧死在首都的大竞技场上，安娜以冷静的笔调详细叙述了整个过程。最后，安娜叙述了父亲恢复帝国实力的伟大功绩，著作结尾是有关他的疾病和死亡的感人场面以及安娜对自己"江河般不幸"的最后悲叹。

（六）在经济和社会方面的史料价值

安娜《阿莱克修斯传》是了解阿莱克修斯一世统治的最珍贵原始资料，国内李秀玲已经开展研究。[①] 这部传记涉及 11 世纪中后期和 12 世纪初期拜占庭帝国的政治、军事、外交、经济、妇女、宗教文化、社会习俗等各个方面的内容，侧重于政治、战争、军事和外交方面的记载，但也有经济和社会方面的史料价值，主要体现在以下几个方面，下面依据 1969 年英译本[②]予以介绍。

第一，反映了当时拜占庭帝国上层社会和社会流动情况（全书）。书中记载了大量官员的姓名、职位、头衔、收入来源、类别（军事贵族、文职官僚等）、与皇帝的关系（如血亲姻亲、宠臣等）、奖惩升迁降级以及各大家族之间的血缘或联姻关系等方面信息，反映了当时帝国军事贵族和文职官僚等各阶层的地位，使我们得以了解当时拜占庭帝国的上层社会。阿莱克修斯把宫廷头衔和重要职位授予自己的亲属，还授予他们大地产，他重用的主要是自己的血亲姻亲，但当时仍有一定的社会流动，因为出身一般的人也能在国家中达到高位。作者记载了很多大家族，他们相互联姻，如阿莱克修斯一世的兄弟姐妹与狄奥根尼斯（Diogenes）、塔罗尼特斯（Taronites）、杜卡斯等家族联姻。

第二，异端现象。（1）哲学教授约翰·伊塔洛斯（John Italos）（第 5 卷）。作者说他是米哈伊尔·普塞洛斯的门生，担任"首席哲学家"，深受古希腊文

---

① 参见李秀玲：《安娜·科穆宁娜及其笔下的拜占廷帝国：〈阿莱科休斯传〉研究》，北京燕山出版社 2014 年版。

② E. R. A. Sewter (trans.), *The Alexiad of Anna Comnena*, Harmondsworth: Penguin Books, 1969.

化的影响，宣传灵魂轮回，嘲笑圣像，很有影响力，青年人蜂拥而至听他讲课，许多人被他煽动叛乱，宫廷中许多贵族被他的思想毒害，他还是米哈伊尔七世的朋友，曾负责米哈伊尔与诺曼人的友好关系政策。阿莱克修斯先是让自己的兄长伊萨克审问他，然后把他提交教会法庭审判，并让牧首去做他的思想工作，但牧首本人接受了他的思想。这时君士坦丁堡民众攻击伊塔洛斯。惊恐的牧首不得不提请皇帝亲自审问他。于是伊塔洛斯被谴责为异端，他和他的门生被永远流放。(2) 隐士奈勒斯（Nilus）和神职人员布拉克尼德斯（Blachernites)（第10卷）。作者说隐士奈勒斯一直致力于自学圣经，不了解古希腊文化，没有受过逻辑学训练，研究圣徒关于圣经的著作后，他对圣经的解释误入歧途，特别是关于基督的神性和人性的解释不同于正统信仰，堕入一性论，吸引了很多信徒，当时首都有许多亚美尼亚人，他们也卷入其中。阿莱克修斯召开宗教会议，牧首和所有主教到场，奈勒斯和亚美尼亚人也到会，他详细阐述了自己的信仰，最终他被永远革出教门。神职人员布拉克尼德斯传播的信条也不符合正统信仰，也被宗教会议永久革出教门。(3) 保罗派(Paulicians)①，他们的信仰是基督教形式的摩尼教，作者在全书中说的摩尼教徒指的是这些人（第4、5、6、7、14、15卷）。作者说保罗派教徒好战，是勇士，他们劫掠，阿莱克修斯逮捕他们及其摩尼教徒妻子，让愿意接受洗礼的人皈依基督教。作者说阿莱克修斯有一个仆人是摩尼教徒，娶了皇后一个女仆，他知道自己四个姐妹被逮捕入狱、没收财产后叛乱。作者说菲利普波利斯有很多异端，有亚美尼亚人和所谓鲍格米勒派（Bogomils）②教徒，还有保罗派教徒。过去皇帝约翰一世（John I Tzimisces / Tzimiskes，969–976年在位）打败了保罗派教徒，把他们从亚洲卡里贝斯（Chalybes）和亚美尼亚人的土地上迁到欧洲的色雷斯，强迫他们居住在菲利普波利斯地区，让他们对抗斯基泰人侵略，保护那里的城

---

① Paulicians，希腊文为 Παυλικιάνοι，亚美尼亚语为 Pawlikeankʻ，大约843年到879年威胁拜占庭帝国东部地区的一个起源于亚美尼亚的教派，当时他们有一个独立国家，他们曾联合穆斯林劫掠拜占庭帝国东部地区，后来瓦西里一世灭亡了他们的国家，把他们迁到叙利亚、意大利南部以及巴尔干半岛。关于保罗派的很多问题学术界至今仍未研究清楚。参见 Alexander P. Kazhdan (editor in chief), *The Oxford Dictionary of Byzantium*, p.1606.

② Bogomils，10世纪建立于保加利亚的一种新摩尼教派别，主张二元论，否定东正教的大部分基本教义。奥斯曼土耳其人征服巴尔干半岛之后，他们在那里不再存在。参见 Alexander P. Kazhdan (editor in chief), *The Oxford Dictionary of Byzantium*, p.301.

市。菲利普波利斯的所有居民都是保罗派教徒，他们统治那里的基督教徒，劫掠基督教徒的财物，很少或者根本不理会皇帝的代表。他们的人数增多，最后菲利普波利斯城周边地区人们都成为了保罗派教徒。亚美尼亚人后来也来到那里。亚美尼亚人和保罗派教徒教义不同，但他们联合反叛。阿莱克修斯强迫保罗派教徒皈依东正教，劝说他们，和他们辩论，使绝大多数人皈依了东正教，把拒绝皈依的送到君士坦丁堡，继续对他们做思想工作，把坚决拒绝皈依的关进厄勒番丁（Elephantine）监狱。作者说阿莱克修斯使帝国各地成千上万的各种异端分子皈依了东正教。对著名的异端分子，他赠送大量礼物，让他们在军队中当军官；对出身低微的异端分子，他为他们在菲利普波利斯附近建造了阿莱克修斯城（Alexiospolis，又称新城 [Neocastron]），把他们全家老少迁到那里，给他们耕地、葡萄园、房子等不动产，给他们颁布金玺诏书确保他们财产的合法性，并规定这些财产可以世袭，如果男性去世，他们的妻子可以继承财产。(4) 鲍格米勒派（第 14、15 卷），作者说这一异端是摩尼教（也称保罗派）和玛沙利安派（Massalians）这两派异端教义的混合，他们在阿莱克修斯时代之前就已经出现，但没有被发现。他们擅长伪装，穿着斗篷，戴着头罩。他们声名远播，由一个名叫瓦西里的修道士控制。他有 12 个追随者，被他称为"使徒"，他还有一些品德败坏堕落的女信徒，影响很坏，吞噬了很多灵魂。阿莱克修斯对这一异端进行了彻底的调查，弄清楚了他们的领袖和"使徒"，找到了他们的领袖瓦西里，邀请他来到宫中，假装渴望成为他的信徒，不断赞美他，甚至邀请他一起进餐，最终他说出了鲍格米勒派教义，一位秘书在屏风后记下了他说的所有教义。作者说他怀疑基督的神性，完全误解基督的人性，甚至称神圣的教堂为魔鬼的庙宇，对她们所认为的基督的圣体和圣血不屑一顾。皇帝于是脱下伪装，召集宗教会议，所有元老院成员、主要军队指挥官、教会长老们参会。瓦西里承认自己不敬上帝，拒绝放弃自己的异端信仰，被关进监狱。鲍格米勒派教徒声称自己烧不死。后来阿莱克修斯把瓦西里处以火刑烧死，监禁他的信徒，除非他们放弃异端信仰皈依东正教。阿莱克修斯还命令修道士兹加本努斯（Zygabenus）编辑了《教义大全》（*Dogmatic Panoply*），他是位著名语法学家，擅长修辞学，精通教义。他在书中列出了所有异端，其中包括鲍格米勒派，以神圣教父们的作品来分别逐条驳斥这些异端信仰。

第三，记载了当时拜占庭人一些迷信活动和信仰状况（全书）。书中有关于他统治期间的预言、日食、彗星、铜像倒地、占星术和圣像崇拜等方面的记载。例如，一位神职人员模样的人显圣，预言阿莱克修斯将成为皇帝；阿莱克修斯相信一个叫尼古拉（Nicolas）的人对日食的预言，根据这一预言取得对斯基泰人的外交优势；阿莱克修斯认为彗星的出现有自然原因，君士坦丁堡市长瓦西里（Basil）则因观星和做梦而认为彗星的出现预示着诺曼人将入侵，阿莱克修斯于是备战；西南风突然刮倒君士坦丁大帝铜像，许多人认为这是不祥之兆，对阿莱克修斯不怀好意的那些人暗中散布流言，说这一事件预示着阿莱克修斯的死亡，阿莱克修斯并不相信，并加以驳斥。作者蔑视占星学，说阿莱克修斯反对占星术；当时占星家很多，例如，数学家、埃及人塞斯（Seth）和著名辩证家、埃及人埃利乌塞利奥斯（Eleutherios）都精通占星术，雅典人卡塔那克斯（Katanankes）也会占星术。当时很多年轻人蜂拥而至咨询塞斯，好像他是先知似的，皇帝担心塞斯对人们不利、使人们不去信仰上帝而去盲目信仰星体的影响、担心人们转向追求没用的占星术，就流放了他。

作者还描写了阿莱克修斯的虔诚，说他作战时祈祷，祈求上帝相助；说布拉海尔奈宫的圣马利亚（St Mary）教堂中的圣母圣像每周五显示奇迹，圣母圣像会神秘地除去面纱，如果不出现这一奇迹，阿莱克修斯就会警觉起来。作者说他有时候依靠上帝做决策。有一次，库曼人入侵，阿莱克修斯不能决定到底是否应该出征攻打库曼人，于是让上帝决定：他把教会人士和士兵聚集在圣索菲亚大教堂，他和牧首亲自到场，他在两张纸上写上问题（"我应该攻打库曼人吗"）和答案（一张上写"是"，一张上写"否"），然后让牧首放到圣餐台上，整夜唱赞美诗之后，牧首抽出一张，打开封条，当众宣读，牧首抽中了肯定回答的那一张，于是他出征攻打库曼人，似乎那来自某种神谕。有一次他率军攻打突厥人，突厥人得知他来后，放火烧掉亚洲所有庄稼和平原，结果人和动物都没有食物，阿莱克修斯不知道到底应该去科尼亚（即伊科尼姆 [Iconium]）还是攻打菲洛米利昂地区的敌人，就求助于上帝，把自己的问题写在两张纸上，放进圣坛，然后通宵唱赞美诗，祷告上帝，第二天凌晨，一位神职人员进来从圣坛中拿出一张纸，当众宣读阿莱克修斯应该去菲洛米利昂，于是他照做。

作者一再强调自己和祖母、父母亲等家人非常虔诚。书中记载了很多异端（见第二点），还记载了一些修道士，例如冒充皇帝米哈伊尔的骗子、修道士雷托（Raitor），异端鲍格米勒派的领袖、修道士瓦西里等。作者还记载了异教徒或者异端自愿或者被迫皈依东正教，说阿莱克修斯使蛮族斯基泰人和穆斯林皈依东正教，迫使大量异端皈依东正教。

第四，记载了特殊群体妇女和宦官的信息以及一些教育情况等（全书）。书中记载了皇室妇女和宦官的姓名、职务、活动、政治影响等，记载了当时拜占庭妇女的地位和当时拜占庭人对妇女的看法，作者作为拜占庭公主的教育、婚姻、经历等，她祖母、母亲、她自己等皇室妇女的日常生活、活动、经历、影响等，反映了当时拜占庭社会对于女性品行的基本要求和拜占庭女性自己对这些标准与要求的遵守。作者介绍了自己的教育和学识、伊塔洛斯的教育和主张等，说尼基弗鲁斯·狄奥根尼斯研究古希腊文学、几何学，说阿莱克修斯规劝好学者在学习古希腊文化之前先学习圣经。作者说阿莱克修斯创立了一所孤儿语法学校（第 15 卷），学校由一位校长负责，那里有各种民族的孤儿，他们有拉丁人、斯基泰人、君士坦丁堡人、希腊人等，这些男孩都站在校长周围学习，有的在思考语法问题，有的在分析语法，有的在学习希腊语，有的在阅读希腊语文献，有的在训练发音，等等。作者说阿莱克修斯重视教育，重视学术研究，说她们那代人中年轻些的人创造了语法分析技巧；但是她写作的时候那些卓越的研究遭到轻视，诗人，甚至历史学家，以及他们得出的经验，都得不到应有的重视，说她写作的时候是国际跳棋和其他违法活动风靡的时代，普通教育完全被忽视。

第五，记载了大量战争（全书），反映了拜占庭帝国领土不断遭到外族入侵或蹂躏，拜占庭底层人们生活艰难，这些外族例如诺曼人、库曼人、佩彻涅格人、塞尔柱突厥人、十字军、比萨人、热那亚人、伦巴第人等。一些地方被夷为平地，例如，突厥人把曾经非常繁荣的阿德拉米迪乌姆（Adramyttium）城变成了废墟（第 14 卷）；作者说皇帝到达菲洛米利昂后解救了突厥人的拜占庭人俘虏（第 15 卷）；作者还说皇帝建造了一座规模庞大的收容所，安置了不计其数的孤儿和退役军人（第 15 卷）。帝国境内有摩尼教徒，他们好战，联合佩彻涅格人劫掠拜占庭帝国领土。斯基泰人蹂躏帝国领土。库曼人和斯基泰人为争夺战利品而在帝国领土上战争。作者还说当时整个西方和所有生活在亚得里亚海与直布罗陀（Gibraltar）海峡之间的蛮族，全家老少，横跨欧洲，全都迁往亚洲，皇帝不得不安排十字军沿途供应给养，以免他们劫掠周边地区，但是十字军还是劫掠、蹂躏拜占庭领土，攻打君士坦丁堡，民众害怕、恸哭。

作者还记载了格鲁吉亚人与突厥人通婚，突厥人苏丹向阿莱克修斯提议联姻，等等。

第六，记载了一些慈善活动。例如，作者说她母亲皇后慷慨施舍乞丐并向乞丐提供忠告，当时乞丐很多，其中有身体健康强壮但是懒惰的乞丐（第12卷）。阿莱克修斯在行军途中解救拜占庭人俘虏，护送并善待他们，说皇帝到达菲洛米利昂后解救了突厥人的罗马人俘虏，带着俘虏、妇女、儿童和战利品行军，很多男人生病了，很多妇女已经怀孕，有妇女要生孩子时，皇帝下令吹喇叭，全军停止行军，孩子生下来后，皇帝下令吹喇叭行军；有人快死了也是这样；皇帝还会去看望那个人，叫来神职人员为他做临终圣事；吃饭时他让老弱病残的老百姓跟自己同桌吃饭，并让手下也这么做（第15卷）。阿莱克修斯在入海口的卫城（Acropolis）、献给伟大使徒保罗（Paul）的教堂附近，建立起一座孤儿院（第15卷）。这座孤儿院是一座规模庞大的收容所，犹如一座城市，走进去，左手边是人们居住的房子和修道院修女院，右手边是圣保罗大教堂和孤儿语法学校。皇帝下令那些失去父母、被委托给亲戚或其他可敬人们或神圣修道院院长照顾的孤儿，他们不应被当作奴隶而应被当作自由人对待，他们应该接受完整的教育，学习圣经；他把一些孤儿带到那里，交给那里的校长，让他们接受良好的全面教育。那里有大量两层楼的房子供穷人和残疾人士居住，这些人是孤儿和退役军人，不计其数，如果清早去一一看望这些人，晚上才能看完；皇帝为所有这些人提供衣服和食物等必需品，皇帝把肥沃地产分给这些人，确保他们得到大量的葡萄酒、面包以及所有其他与面包一起吃的食物；这些人相互帮助相互照顾，还有一些仆人照顾他们。皇帝颁布金玺诏书确保孤儿院里人们不可剥夺的权利，给圣保罗教堂任命了大量神职人员，提供昂贵的照明，规定里面有男女唱诗班。皇帝还安排女辅祭的工作，关心那里的伊庇利亚修女。这些修女以前只要来到君士坦丁堡就习惯于挨家挨户乞讨，现在皇帝为她们在那里建立起一座巨大的修女院，为她们提供食物和衣服。

第七，记载了拜占庭帝国境内的外族人。他们最大规模的是作为侵略者出现，例如，诺曼人、斯基泰人、突厥人（包括塞尔柱人、佩彻涅格人、库曼人等）。其次是作为雇佣军出现，例如，拉丁人雇佣军、突厥人雇佣军等。还有外族人在拜占庭当官，例如，斯基泰人鲍利诺斯（Borilos）和杰尔马努斯（Germanos）在拜占庭宫廷当宦官。

书中记载了作者和皇帝等作为拜占庭人对于外族人、异教徒和异端的看法和态度，例如，诺曼人、十字军、斯基泰人、突厥人（包括塞尔柱人、佩彻涅格人、库曼人等）、穆斯林、鲍格米勒派教徒、保罗派教徒等。例如，作者称拉丁人为蛮族，指责他们违背誓言，认为他们有无法控制的激情、反复无常的性情，他们犹豫不决、贪婪财富、背信弃义、鲁莽、易怒、骄傲自大、自吹自擂、啰嗦、喜欢长篇大论、傲慢无礼、毫无纪律、好斗、有独立精神（指不服从统治）等。安娜还指责博希蒙德奸诈、背信弃义、狡猾、天生是撒谎者、喜怒无常、难以控制、傲慢、反复无常等。作者说当时拜占庭宫廷认为，十字军首领利用朝圣者的天真阴谋推翻阿莱克修斯，夺取君士坦丁堡，占领拜占庭帝国，博希蒙德尤其如此。

书中还记载了拜占庭人和拉丁人关于基督教世界最高统治权、基督教会最高统治权以及君士坦丁堡牧首和教宗地位的不同看法。

第八，记载了阿莱克修斯为感谢威尼斯人帮他打败诺曼人侵略授予威尼斯人的特权：赐予威尼斯总督"首席贵族"（*protosebastos*[①]）头衔和相应年金；授予威尼斯牧首"最尊贵者"（*hypertimos*[②]）头衔和相应年金；每年帝国国库支付威尼斯所有教堂大量黄金；所有在君士坦丁堡有作坊的阿马尔菲人（Amalfitani）向使徒和福音书作者圣马可（St Mark the Apostle and Evangelist）教堂纳贡；他把犹太人的古老码头到维格拉（Vigla）之间的作坊和码头、首都和迪拉基乌姆城中许多房地产以及威尼斯人索要的其他地方都作为礼物送给了威尼斯；允许威尼斯人在拜占庭帝国境内所有地方自由贸易，威尼斯人在帝国境内贸易被免除所有税收包括关税。

第九，作者还记载了阿莱克修斯规定禁止没收教会圣器。阿莱克修斯即位时帝国面临财政破产，敌人四面八方包围帝国，他先是没收了一些教会圣器，把它们变成了货币，但在不满的压力下，他归还了与所没收圣器同样价值的金

---

① *protosebastos*，希腊文为 πρωτοσέβαστος，高级头衔，指第一（*protos*）"显贵"（*sebastoi*），译为"首席贵族"。一般认为这一头衔由阿莱克修斯一世创设，第一个获得这一头衔的拜占庭贵族是阿莱克修斯一世的姐夫米哈伊尔·塔罗尼特斯（Michael Taronites）。12 世纪该头衔被授予皇帝的近亲，有时候被授予"至尊者"（*sebastokrator*）的儿子们。参见 Alexander P. Kazhdan (editor in chief), *The Oxford Dictionary of Byzantium*, p.1747. 罗春梅：《1204 年君士坦丁堡的陷落》，第108 页。

② *hypertimos*，希腊文为 ὑπέρτιμος，用于基督教会高级神职人员的头衔，"最尊贵者"之意。

钱给教会，并颁布诏令规定将来动用教会圣器是非法的。

第十，书中记载了一些活动场面，例如，皇帝接待外宾仪式，皇帝在君士坦丁堡惩罚叛乱者的游行，马球运动等娱乐活动，等等。另外，作者的记载表明沐浴在当时被当作一种治疗方法。

九　约翰·金纳莫斯的编年史

（一）约翰·金纳莫斯简介

约翰·金纳莫斯（希腊文为 Ἰωάννης Κίνναμος，英文为 Iōannēs / John Kinnamos / Cinnamus）是一位拜占庭历史学家，出生于 1143 年约翰二世去世之后不久，逝于 1185 年后。他的历史著作是他生平的主要信息来源。他是曼努埃尔一世（Manuel I Komnenos，1143–1180 年在位）的秘书，参加了曼努埃尔的几次战争，包括 1165 年围攻泽格蒙（Zeugminon）以及可能还有 1176 年米利奥克法隆（Myriokephalon）战役，尼基塔斯·侯尼雅迪斯（Nicetas Choniatēs）的 "历史" 提到 1184 年金纳莫斯在安德罗尼库斯一世（Andronikos I Komnenos，1183–1185 年在位）面前辩论神学。他称自己的历史著作为 "编年史"（*chronikai*），后人改为《约翰和曼努埃尔功德记》（*Ἐπιτομὴ τῶν κατορθωμάτων τῷ μακαρίτῃ βασιλεῖ καὶ πορφυρογεννήτῳ κυρίῳ Ἰωάννῃ τῷ Κομνηνῷ, καὶ ἀφήγησις τῶν πραχθέντων τῷ ἀοιδίμα υἱῷ αὐτοῦ τῷ βασιλεῖ καὶ πορφυρογεννήτῳ κυρίῳ Μανουὴλ τῷ Κομνηνῷ ποιηθεῖσα Ἰωάννῃ βασιλικῷ γραμματικῷ Κιννάμῳ, Deeds*）。不同于尼基塔斯·侯尼雅迪斯，他是普世帝国（universal empire）思想的支持者，因此他比尼基塔斯更为仇视十字军。他持有决定论历史哲学，认为上帝而不是人主宰了一切。他对贵族特征颇为冷淡，但是非常关注军事技巧，他称赞曼努埃尔的军事改革造就了 "罗马人勇士"。他的历史著作写作时间不明。他还写有一篇修辞学文章（*Ethopoiia*）。约翰·金纳莫斯受到古希腊文化教育，受益于古典作家，功底不如安娜·科穆尼娜和尼基塔斯·侯尼雅迪斯。①

---

① 参见 Alexander P. Kazhdan (editor in chief), *The Oxford Dictionary of Byzantium*, p.1130.

（二）手抄本

目前幸存了一本 13 世纪手抄本"梵蒂冈希腊文抄本 163"（*Vaticanus Graecus 163*），其中包含了约翰·金纳莫斯所著历史，其结尾遗失，应该是原稿的受损版本。这个版本在 16-17 世纪被抄写了几次。

（三）出版和现代语言译本

A. Meineke, *Ioannis Cinnami Epitome rerum ab Ioanne et Alexio Comnenis gestarum*, Bonn, 1836.

法语译本：Jacqueline Rosenblum (trans.), *Johannes Cinnamus: Chronique*, Publications de la faculté des letters et des sciences humaines de Nice 10, Paris: Les Belles Lettres, 1972 .

英语译本：Charles M. Brand (ed.), *Deeds of John and Manuel Comnenus*, New York: Columbia University Press, 1976.

俄语部分译本：*Vizantiĭskiĭ istorik Ioann Kinnam o Rusi i narodakh Vostochnoĭ Evropy: teksty, perevod, kommentariĭ*, translated by M. V. Bibikov, Vizantiĭskie istoricheskie sochineniia, Moscow: Ladomir, 1997.

土耳其语译本：Işın Demirkent (ed.), *Ioannes Kinnamos'un Historiási (1118-1176)*, Ankara: Türk Tarih Kurumu, 2001.

（四）著作大意

这部编年史涉及 1118-1176 年的历史，主要记载并歌颂了皇帝约翰二世和曼努埃尔一世的生平、统治和军事战争。在手抄本中，它分为两卷。在现代版本中，它分为四卷或七卷。下面主要依据 1976 年英译本介绍著作大意。

第一卷

前言。约翰皇帝在东方收复失地的战争。攻下城市使用的战术。对佩彻涅格人（Petchenegs）采取分化策略。与佩彻涅格人的战争。命令持斧禁军（the ax-bearers，英国人）攻打佩彻涅格人的战车。重新忙于亚洲事务，攻打那里的蛮族，俘虏很多蛮族，使他们皈依基督教，把他们征募进入罗马人军队。他们还不会农业生产，喝牛奶，吃肉，就像佩彻涅格人那样，喜欢分散驻扎，因此容易被俘。突厥人以前是这样生活的。皇后的美德，皇后建立"全能者"基督（Pantokrator）修道院。匈牙利侵略，皇帝率领伦巴第人（Lombards）和突厥人雇佣军出征，打败匈牙利军队。皇帝认为守城将领柯蒂基奥斯（Kourtikios）通敌予以惩罚。塞尔维亚人叛乱，皇帝同样怀疑守城将领克里托夫斯（Kritophos），予以惩罚。匈牙利人袭击。皇帝转战亚洲，胜利，夺取卡斯塔蒙（Kastamon），那里的突厥人过去常常袭击周边地区，虐待那里的罗马人。皇帝举行胜利入城式，他拿着十字架走在前面，后面跟着一辆镀金的银车，车上放着圣母圣像。卡斯塔蒙丢失，皇帝拉拢伊科尼姆突厥人苏丹对付穆罕默德（Muḥammad），但穆罕默德联合苏丹一起对付罗马人。一些修道士劝皇帝征服恒格拉（Gangra），皇帝听从。皇帝占领卡斯塔蒙，恒格拉投降。突厥人加入罗马人军队。亚美尼亚人莱昂（Leon）占领奇里乞亚很多城市，皇帝出征，胜利。皇帝获得大量战利品和俘虏，让托马斯（Thomas）负责看管，自己率军前往阿勒颇。但托马斯遭到敌人突袭，丧失战利品和俘虏。托马斯出身低微，从小加入皇帝的秘书班子。皇帝攻打人口众多的繁荣沙伊扎尔（Shaizar）城，穆斯林投降，给皇帝大量金钱和礼物，纳贡。皇帝在东部地区的征战。皇帝率军来到普斯古斯（Pousgouse）湖区，那里的罗马人和突厥人团结一致，皇帝占领那里。皇帝早就承诺让长子阿莱克修斯继承皇位，但关于幼子曼努埃尔统治权的故事开始流行。有一次曼努埃尔梦见圣母让他穿上皇帝穿的紫色靴子。一个来自加利利（Galilee）的修道士预言曼努埃尔将成为皇帝。皇帝的长子和次子去世，三子伊萨克把他们送回首都。约翰打猎受伤，知道无法治愈，命人制作20塔兰特黄金的灯柱送给耶路撒冷教堂；召来一位修道士祷告，据说，这位修道士看到征兆。约翰传位于曼努埃尔，几天后去世。他统治了25年7个月，于公元1143年4月8日去世。

第二卷

曼努埃尔为父亲安排后事，建立一座修道院，安排好奇里乞亚事务，然后返回拜占庭（Byzantion，即君士坦丁堡）稳固地位。他回到拜占庭，与兄长伊萨克、叔父伊萨克和解；解散雇佣军；给拜占庭每个家庭2金币。任命奥克西亚（Oxeia）岛一座修道院的院长米哈伊尔担任君士坦丁堡牧首。举行加冕仪式。给圣索菲亚大教堂1英担金币，下令皇宫每年给神职人员2英担金币。皇帝派军队水陆并进攻打安条克的雷蒙（Raymond），使他成为自己的封臣。

曼努埃尔与伊琳妮（Bertha-Irene）结婚。据说她刚来的时候，一些贵族妇女迎接她，其中有约翰长子的妻子，她当时穿着紫色衣服，伊琳妮以为她是修女，问这位修女是谁，其他人认为这是不好的征兆。皇帝修筑要塞阻挡突厥人。大姐玛丽亚病重去世。玛丽亚曾揭发丈夫谋反，她丈夫是个意大利人。突厥人侵略，皇帝打败突厥人，释放了一些被突厥人监禁了很久的罗马人俘虏。突厥人苏丹逃走。皇帝率军攻打突厥人，用计谋打败敌人，围攻伊科尼姆，流言说西方将侵略罗马人领土，曼努埃尔撤退。皇帝军队中有很多是他的血亲和姻亲。军队中有突厥人。曼努埃尔单枪匹马对抗突厥人军队，我不认为这种鲁莽行为值得称赞。曼努埃尔身先士卒，打败突厥人，杀死很多突厥人，其中有一个是罗马人，但从小在突厥人中长大。曼努埃尔演讲，指出军队也是城市，必须备战。突厥人劫掠罗马人领土，皇帝追击突厥人，杀死很多敌人。皇帝把从非洛米利昂（Philomilion）救出的那些罗马人安置在比提尼亚，从一座修道院那里买了一块地产给他们，在那里建立起一座要塞。牧首科斯马斯被免职的原因和过程：一个修道士内丰（Nephon）没有受过普通教育和世俗科学教育，从小致力于圣经研究，对身边很多人就基督徒的教义进行错误教育，牧首米哈伊尔召开宗教会议谴责他，把他监禁起来；米哈伊尔去世后，科斯马斯成为牧首，取消对内丰的惩罚，因为很久以前内丰曾预言科斯马斯将会当上牧首，科斯马斯很喜欢他。内丰到处宣讲自己的学说，皇帝下令把他抓起来，科斯马斯反对；皇帝单独召见每个主教，问他们认为内丰是否虔诚，然后单独问科斯马斯认为内丰是否虔诚，最后把他们召集到一起，问所有主教认为内丰是否虔诚，主教们都认为内丰不虔诚，而科斯马斯认为内丰虔诚，主教们反对科斯马斯，把他赶下了台。突厥人求和，双方缔结和约。第二次十字军东征。作者对十字军目的、性质的认识：这时所有西方人前来，借口穿越欧洲去亚洲攻打突厥人、收复圣地，但他们的真正目的是占领罗马人领土。他们数量庞大。曼努埃尔派两个使者打探十字军的动机。这两个使者一个是罗马人，一个是意大利人，这个人原来是一个意大利城市的伯爵，后来被西西里暴君驱逐，投靠了皇帝。他们要求十字军发誓不损害帝国。作者对西方人伯爵、公爵、国王、皇帝等级问题的看法，公爵高于伯爵，国王高于公爵，皇帝高于国王，地位低的服从地位高的，在战争中支持地位高的。十字军不计其数。德国的十字军与法国的十字军分开走，作者不理解。当他们渡过多瑙河时，皇帝让秘书们计数，他们数到 90 万人后不能继续计数。帝国各地负责为十字军提供必需品。德国十字军的恶行。这些蛮族人抢劫那些在市场上提供必需品的人。曼努埃尔派军队监督。罗马人步兵抢劫并杀死一个德国人，弗雷德里克报复。罗马人军队与弗雷德里克开战，杀死很多蛮族人。曼努埃尔派人给十字军指路，十字军不听从。但还是走了被指的道路。途中十字军杀牛杀罗马人。曼努埃尔加紧君士坦丁堡的防守，派军队对付德国十字军的暴行。派去的军队中有个人是突厥人，但是在罗马人中长大，受教育。罗马人怀疑十字军所谓前往巴勒斯坦与异教徒作战的目的。十字军遭暴风雨洪水袭击，作者认为这是天意，是上帝对他们发怒，因为他们的誓言是骗人的，他们对信仰相同又没有虐待他们的人采取了极大的不人道行为。曼努埃尔给予安慰。康拉德（Conrad）观看拜占庭城，感到震惊，认为拜占庭坚不可摧。康拉德解释是暴民的冲动引起冲突，外国的军队到处游荡，一方面是为了考察，一方面是为了获得必需品，因此这样的伤害是避免不了的。曼努埃尔回答说十字军意在罗马帝国，应该是我们关心你们不受损害地通过我们的领土，以免我们得到不好客的坏名声。这样的事不应该责备你，我们不认为我们应该约束我们的人们的冲动，我们应该如你善意教导我们的归于暴民的愚蠢行为。曼努埃尔备战。双方交战。康拉德还不知道，仍然傲慢，对曼努埃尔指手划脚。康拉德威胁攻城。曼努埃尔收买一些德国十字军，分化瓦解其队伍。康拉德不再目空一切。曼努埃尔派使者与康拉德协议结盟，与突厥人作战。康拉德拒绝。德国十字军选择到非洛米利昂的路线。遭遇突厥人，失败。路易七世（Louis Ⅶ）领导的法国十字军与罗马人合作良好。皇帝款待路易。路易发誓对皇帝友好，与皇帝结盟。曼努埃尔任命尼古拉·穆扎隆（Nicholas Mouzalon）担任君士坦丁堡牧首，但遭到反对，因为他之前辞去了塞浦路斯人（Cypriots）牧首职务。皇帝任命塞奥多托斯（Theodotos）担任君士坦丁堡牧首。德国十字军损失大。遇到法国十字军。德国十字军与法国十字军冲突。康拉德决定回去，写信给曼努埃尔。康拉德回到拜占庭，观看各种表演、赛马、壮观的接待等，在那里恢复身体。罗马人用船送康拉德到巴勒斯坦朝圣。康拉德回来在塞萨洛尼基停留，与曼努埃尔会谈。路易、西西里人与罗马人海战，罗马人取得胜利，西方国家对罗马人领土的侵略在此结束。康拉德去世，弗雷德里克继位。后来西西里战争开始。

第三卷

　　西西里的罗杰（Roger）占领阿普利亚（Longibardia / Apulia）。洛塔尔（Lothar）率领大军侵略阿普利亚。罗马主教（bishop of Rome）与德国结盟反罗杰，失败。罗杰逼迫他封自己为国王。罗杰要求与罗马人联姻，贿赂罗马人使者，罗马人使者答应以后皇帝与罗杰平级。使者途中去世。曼努埃尔把联姻一事当作玩笑。罗杰发怒，报复、侵略罗马人领土，到处劫掠，掠夺了大量战利品，占领了科孚岛（Kerkyra，即 Corfu）。曼努埃尔迎战，准备一支舰队，水陆并进前往攻打西西里人，舰队包括 500 艘三层桨战船，1000 艘运马船和补给船。传言库曼人入侵，曼努埃尔率军前往多瑙河。多瑙河平原很多地方因库曼人侵略而抛荒很久，当地人抱怨皇帝不管库曼人侵略，任当地被蹂躏。曼努埃尔率领 500 人渡过多瑙河去寻找库曼人作战。派军中的库曼人前去打探、找寻库曼人。与库曼人交战，罗马人胜利，夺回库曼人抢劫的战利品，释放罗马人俘虏。曼努埃尔准备与西西里人战争。但舰队来迟，气候不利，乃罢战过冬。曼努埃尔派亲戚斯蒂芬率领舰队去收复科孚岛。斯蒂芬被投石机抛出的石头碎块砸中死亡。曼努埃尔派一位海军高级将领前去攻城。罗马人与威尼斯人争吵。曼努埃尔前往科孚岛指挥。攻下科孚岛。德国人、塞尔维亚人和匈牙利人（Hungarians）结盟攻打罗马人；突厥人攻打罗马人的亚洲领土。曼努埃尔攻打塞尔维亚人。派司令官约翰·阿克苏奇（John Axouchos the *domestikos*①）率领舰队骚扰意大利。舰队没有战果，许多船只被暴风摧毁。匈牙利人与塞尔维亚人结盟攻打罗马人。皇帝攻打匈牙利人与塞尔维亚人。塞尔维亚人重新服从皇帝。皇帝攻打匈牙利（Hungary）战果硕硕，大获全胜。匈牙利国王求和。罗杰去世。西西里的威廉一世（William I of Sicily）继位，求和。曼努埃尔拒绝，派军队前往。匈牙利再次求和。安苴鲁斯（Angelus）鲁莽寻找威廉从埃及返回的舰队作战，结果失败。匈牙利再次反叛，曼努埃尔再次前往，匈牙利又求和。安条克的雷蒙死亡，曼努埃尔令"凯撒"约翰·罗杰（John Roger）前往迎娶雷蒙遗孀，"凯撒"约翰·罗杰年老，未被看中。安德罗尼库斯来到奇里乞亚镇压亚美尼亚人托罗斯（Ṭoros），被打败。安德罗尼库斯的野心和反对曼

---

　　① *domestikos*，希腊文为 *δομέστικος*，指各种官员，包括教会官员、文职官员和军官。参见 Alexander P. Kazhdan (editor in chief), *The Oxford Dictionary of Byzantium*, p.646.

努埃尔的活动。曼努埃尔的兄长伊萨克赞美父亲。曼努埃尔的亲戚讨论曼努埃尔和其父亲约翰谁更有功绩。安德罗尼库斯企图行刺曼努埃尔未遂。匈牙利入侵，曼努埃尔率军前往。瓦西里（Basil）出身于并不显要的普通家庭，被任命为副官（*chartoularios*①），所率军队跟随曼努埃尔一同攻打匈牙利盟军波斯尼亚（Bosnia）军队。但是瓦西里却攻打匈牙利队伍的中心，双方伤亡大。匈牙利军队逃走。制止贝尔格莱德反叛。皇帝攻打匈牙利，匈牙利求和，订约。

第四卷

弗雷德里克向皇帝请求联姻，答应帮助罗马人获得意大利。后来反悔。曼努埃尔派贵族、两个"显贵"（*sebastoi*）米哈伊尔·帕列奥列格（Michael Palaiologos）和约翰·杜卡斯（John Doukas），以及被罗杰驱逐的流亡者孔韦尔萨诺的亚历山大（Alexander of Conversano）前往会见弗雷德里克，若不见则用金钱收买意大利人策反来为罗马人获得意大利即阿普利亚。他们收买不满分子西西里的罗杰二世（Roger Ⅱ）的外甥巴松维尔的罗贝尔（Robert of Bassonville，他曾想投靠弗雷德里克，未成）。帕列奥列格率十艘船与罗贝尔会见。攻下威斯迪（Viesti）及普鲁佐斯（Prountzos）把守的一座城堡。圣弗拉维亚诺（San Flaviano）城主动投降。收买守城人员攻下巴里。化装成修道士进入另一城内，内外夹攻攻下该城，巴松维尔的罗贝尔因仇恨罗杰把该城夷为平地。帕列奥列格获得特拉尼（Trani）和乔维纳佐（Giovinazzo）。安德里亚的理查德（Richard of Andria）等夺回乔维纳佐。杜卡斯等前去援助，打败理查德，安德里亚归附罗马人。罗马人军队一分为二。一部分驻守，一部分外出，攻打周边城堡，由杜卡斯率领；攻打卡斯特罗（Castro）驻守的城市，未能攻下；来到莫诺波利（Monopoli）。这时，罗马主教即拉丁人通常所称的教宗派使者前来邀请罗马人将军去罗马商讨一同战斗；将军们派使者（某个瓦西拉基斯［Basilakios］，皇帝的一个秘书）带黄金去雇佣骑士。与莫诺波利休战一个月。巴松维尔的罗贝尔求援。同时曼努埃尔派舰队到意大利，由约翰·安直鲁斯（John Angelus）总指挥。舰队上的人由阿兰人（Alans）、法国

---

① *chartoularios*，希腊文为 χαρτουλάριος，指各种部门的副官，在 9—10 世纪指中央和地方负责财政和档案职责的官员，类似教会官员中负责教会档案的 *chartophylax*（教会档案保管员），也指军队指挥官。译为"副官"。参见 Alexander P. Kazhdan (editor in chief), *The Oxford Dictionary of Byzantium*, pp.415-416.

人骑士和罗马人组成。阿兰人由约纳基奥斯·克里洛普斯（Ioannakios Kriloples）率领；法国人由孔韦尔萨诺的亚历山大率领。杜卡斯率军攻打博斯科(Bosco)。威廉闻讯攻打罗马人，被罗马人赶跑，攻下博斯科。罗马人占领蒙特佩洛索（Montepeloso）、格拉维纳（Gravina）等城市，还有五十多个村庄。帕列奥列格因病去世。杜卡斯率军前往布林迪西。会见巴松维尔的罗贝尔，占领并劫掠波利米里翁（Polymilion）、莫托拉（Mottola）和马萨夫拉（Massafra）。攻打莫诺波利。莫诺波利求和。杜卡斯请求曼努埃尔派遣更多海陆军到意大利。获得奥斯图尼（Ostuni），攻打布林迪西（古名特梅塞 [Temese]），入城。哈里奇昂（Halitzion）地区投降。击退威廉所率海军。用一种称为"乌龟"的器械攻打布林迪西城的城堡。曼努埃尔派舰队、陆军前往意大利，由阿莱克修斯一世的外孙阿莱克修斯总指挥，当时他的职位是海军总司令（grand doux）①。曼努埃尔令他再募集一支队伍去意大利，但他没有招募军队就直接去了布林迪西。巴松维尔的罗贝尔退出同盟。来自安科纳边地（March of Ancona）的骑士要求加薪未果退出同盟。威廉得知后率军攻打罗马人。布林迪西人们得知威廉要来就决心抵抗罗马人。罗马人方面军队中许多离开，盟友离去，曾服务罗马人的诺曼人雇佣军秘密投靠威廉。交战。阿莱克修斯·科穆宁（Alexius Comnenus）逃入布林迪西城内，杜卡斯被俘。罗马人失败。作者批评。曼努埃尔发怒。派司令官（protostrator②）阿莱克修斯·阿克苏奇(Alexius Axouchos)到安科纳去夺回意大利。曼努埃尔以前在科孚岛战斗时，认识到威尼斯人民族存心不良、顽固，认为坚持对安科纳的权利很重要。由此在很大程度上降低威尼斯人的自尊，并从那里很容易在意大利发动战争。阿莱克修斯·阿克苏奇带了很多金钱去安科纳。从那里派君士坦丁·奥托（Constantine Otto）和安德烈阿斯（Andreas）到阿普利亚。阿莱克修斯招募了大量雇佣军，征服了许多城市。罗马的一些贵族（曼努埃尔皇帝的盟友）煽动人们

---

①　grand *doux*，或 grand duke，即 *megas doux*（希腊文为 *μέγας δούξ*），或 *megadoux*，海军总司令，舰队司令。参见 Alexander P. Kazhdan (editor in chief), *The Oxford Dictionary of Byzantium*, p.1330.

②　*protostrator*，希腊文为 *πρωτοστράτωρ*，皇家侍卫队（*stratores*）队长或禁军司令官，在9—10 世纪其主要职责是陪伴骑马的皇帝，12 世纪后其地位很高。译为司令官或指挥官。参见 Alexander P. Kazhdan (editor in chief), *The Oxford Dictionary of Byzantium*, pp.1748-1749, p.1967.

反对罗马主教（bishop）①，罗马主教下令停止这些人的圣事活动，说新罗马与旧罗马毫无共同之处，因为它们很久以前（在古代）就分裂了。罗马人征服圣日耳曼诺（San Germano）②，又征服了三百多座别的城市。被西西里俘虏的阿莱克修斯·科穆宁和杜卡斯等向西西里人保证了许多皇帝并不愿意的事情。书信往来。西西里请求缔结条约结束战争。双方结束战争。威廉发誓成为皇帝在西方的同盟。曼努埃尔尊称威廉为国王。罗马人的意大利战争结束。与突厥人的战争。拜占庭发生教义之争：辅祭瓦西里（Basil）受命在宗教仪式上当众讲解圣经，他在这些布道中公开和不公开地辱骂一些最近和他争吵过的人，特别是塞萨洛尼基的米哈伊尔和尼基弗鲁斯·瓦西拉基斯（Nicephorus Basilakios），前者当时是修辞学教授，在圣索菲亚大教堂讲解福音书；后者受到文人的普遍尊敬，尤其以优秀的演讲辞作者著称，在修辞学方面训练有素。他们对自己被这么一个人嘲笑感到很是恼火，引起了不可挽救的灾难。当瓦西里在拜占庭城外神学家圣约翰（the apostle John the Theologian）教堂庆祝通常的仪式时，他们不怀好意地去听，在那里到处走动，嘲笑瓦西里对福音书的讲解，其他以学问著称的人赞成他们，特别是索特里科斯·潘太乌戈诺斯（Soterichos Panteugenos），这个人当时在知识和演讲方面出类拔萃，获得了安条克牧首职位但还没有就任，他不仅以语言而且以逻辑写作辩护他们的信条，他的文章采用对话形式，其中有很多荒唐的事物，结果，当皇帝对此进行仲裁的时候，他被革去安条克牧首职务，与他相关的人物也受到牵连。瓦西里之前失去了职位，这时恢复了职位，但是后来重新丧失职位，据说他被查出是异端。罗马人与突厥人的战争。安条克问题。雷蒙死亡。康斯坦丝（Constance）与沙蒂永的雷金纳德（Reginald of Châtillon）结婚。后者侵略塞浦路斯，俘虏"首席贵族"约翰·科穆宁（John Comnenus）和米哈伊尔·布拉纳斯（Michael Branas）。称朝圣者为乞丐。曼努埃尔前往奇里乞亚，碰到突厥人，找不到托罗斯，占领拉莫斯（Lamos）的城堡、基斯特拉莫斯（Kistramos）、阿纳扎尔博斯（Anazarbos）、隆吉尼亚斯（Longinias）及其周边、塔尔苏斯（Tarsus）以及迪里（Tili）。曼努埃尔派姐夫塞奥多利·瓦塔齐斯（Theodore Batatzes）围攻塔尔苏斯，守城

---

① 作者称之为罗马主教，即我们今天所说的教宗哈德良四世（Hadrian Ⅳ）。

② San Germano，意大利中部城市，现称卡西诺（Cassino）。参见 https://www.britannica.com/place/Cassino。

者以为皇帝前来，恐慌，不攻自破。托罗斯与雷金纳德派代表请求皇帝与他们和解。皇帝拒绝，雷金纳德答应把安条克交给皇帝，请求皇帝原谅他的罪行。雷金纳德与安条克主教的冲突。雷金纳德答应按照皇帝的意愿行动，由拜占庭任命安条克主教。耶路撒冷国王鲍德温三世（Baldwin Ⅲ the king of Palestine）。皇帝秘书、墨水瓶保管人（keeper of the inkstand）塞奥多利·斯迪皮奥特斯（Theodore Stypeiotes）预言皇帝已经超过寿命，宣布元老院必须选出一位真正上了年纪的人进行统治，他眼睛被弄瞎，舌头被割掉。安条克人不喜欢雷金纳德帮助皇帝作战，不喜欢从拜占庭委派安条克主教。曼努埃尔在安条克的胜利入城仪式。曼努埃尔准备攻打努尔丁（Nūr-ad-Dīn），后者释放一个意大利人和圣殿骑士团团长（Master of the Temple）以及其他许多贵族出身的人士。也释放了多达 6000 的普通人，这些人是在第二次十字军东征期间被俘的。努尔丁还同意援助皇帝在亚洲的战争。于是曼努埃尔放弃攻打计划。不久后罗马人遭到突厥人伏击（努尔丁不知道），曼努埃尔想放弃与努尔丁的结盟，但是传言西方骚动，于是曼努埃尔放弃这一想法。鲍德温手臂受伤，曼努埃尔治疗。曼努埃尔擅长医术。曼努埃尔回到拜占庭。皇帝攻打突厥人，曼努埃尔的个人英雄主义行为，英勇善战，率领一小支军队，成千上万敌人见到他就逃跑。皇帝率军夜里行军，下雪。皇帝以少胜多打败突厥人军队，回到拜占庭。突厥人报复。曼努埃尔聚集军队，做准备工作：他派约翰·孔托斯特凡诺斯（John Kontostephanos）去巴勒斯坦见鲍德温，带回鲍德温作为同盟同意提供给皇帝的人，还有一支雇佣军；命令安条克的雷金纳德（Reginald）、亚美尼亚人首领托罗斯和提格拉尼斯（Tigranes）、西西里人克莱萨菲奥斯（Chrysaphios）、维西（Kogh Visii）率军前来援助；从西部地区召来伦巴第人骑士、塞尔维亚大"祖潘"（grand župan①）及其手下军队，还雇佣了许多斯基泰人，从罗德岛（Rhode）雇佣骑士。皇帝准备供给，下令从色雷斯各村庄赶来无数拉着马车的牛。皇帝还离间苏丹与其亲友：写信给苏丹的兄弟沙汗沙（Shāhan-Shāh）和苏丹的女婿尤吉－巴桑（Yūghī-Basan），使他们怀疑苏丹。苏丹放弃了许多城市，请求曼努埃尔原谅。答应释放罗马人俘虏。约翰·孔托斯特凡诺斯从巴勒斯坦回来途中遭遇突厥人军队，击退敌人。苏丹答应每年按照罗马人要求提供同盟军；苏丹禁止突厥人

---

① *župan*，相当于术语 *satrap*（总督），译为"祖潘"。

踏上罗马人领土；对于骚扰罗马人领土的任何其他突厥人国家的人，苏丹将立刻对其发动战争，并将阻止所有阴谋；毫不犹豫地做皇帝命令的所有事情，之前被突厥人占领的任何罗马人城市，他答应还给罗马人。曼努埃尔结束冲突回国。得知库曼人渡过多瑙河入侵，曼努埃尔行军去攻打库曼人，但后者逃走。

第五卷

皇后伊琳妮去世。匈牙利王位继承之争。曼努埃尔安排塞尔维亚事务，扶德萨（Desa）上台，德萨把丹德拉（Dendra）给罗马人。苏丹基利杰·阿尔斯兰二世（Kilij Arslan II）来到拜占庭。官方接待仪式。皇帝宝座每一边都站立着官员，每个官员所站位置都由其家族和官衔规定。胜利游行时牧首拒绝苏丹进圣索菲亚大教堂（church of Hagia Sophia）。夜里发生地震。罗马人认为这是违背了牧首的劝告所致，违背上帝的意愿。曼努埃尔带着苏丹参观，按照惯例苏丹也参观了"希腊火"。双方签订条约：终其一生，凡是与皇帝为敌的，苏丹终其一生与他为敌；凡是与皇帝为友的，苏丹与他为友；苏丹归还所占罗马人城市；除非皇帝同意，苏丹不允许与任何敌人谈和；根据皇帝要求，苏丹作为皇帝盟友率领所有军队参战，不管战场是在东方还是在西方；对于苏丹统治下的以盗窃为生、习惯上被称为土库曼人（Turkomans）的那些人，不允许他们祸及罗马人领土而不受惩罚。苏丹答应，跟随他的那些显贵发誓监督苏丹实施条约。突厥人各部落首领前来求和。曼努埃尔准备再婚。派"显贵"（sebastos①）约翰·孔托斯特凡诺斯和一个意大利人前去的黎波里求婚。求婚

---

① sebastos，希腊文为 σεβαστός，字面含义是"可敬的"，译为"显贵"，复数为 sebastoi，女性为 sebaste。在公元 1–2 世纪的希腊人著作中，它是皇帝的专用称号，用来表达拉丁语的奥古斯都（Augustus）。在 11 世纪它成为荣誉称号。阿莱克修斯上台前，它极少被授予。据记载，君士坦丁九世曾先后授予两个情妇斯克莱雷娜和阿兰尼亚国王的女儿这一称号（sebaste，即"女君主"），阿莱克修斯和他的兄长伊萨克曾因战功被尼基弗鲁斯三世授予这一称号。sebastos 成为阿莱克修斯一世改革头衔的基础，成为阿莱克修斯宫廷中最高级别头衔的词根，例如，sebastokrator、panhypersebastos 和 protosebastos，sebastos 本身也是一个头衔。这些头衔 90% 以上被授予皇帝家族。sebastos 头衔到 12 世纪末贬值，到 14 世纪已经是一个低级头衔。参见 Michael Psellus, *Fourteen Byzantine rulers; the Chronographia*, translated, with an introd., by E.R.A. Sewter, London: Penguin Books, 1966, pp.184-185, pp.231-236. E. R. A. Sewter (trans.), *The Alexiad of Anna Comnena*. Harmondsworth: Penguin Books, 1969, pp.111-112. Alexander P. Kazhdan (editor in chief), *The Oxford Dictionary of Byzantium*, pp.1862-1863. 罗春梅：《1204 年君士坦丁堡的陷落》，第 107 页，注①。

对象恰好生病，且听说她并非合法婚生，于是放弃。派瓦兰吉亚人禁军指挥官（akolouthos）瓦西里·卡玛特罗斯（Basil Kamateros）到安条克求婚。派以下贵族前去与玛丽（Marie）订婚：海军总司令阿莱克修斯·科穆宁（阿莱克修斯一世的外孙），"显贵"尼基弗鲁斯·布莱伊纽斯（Nicephorus Bryennios，曼努埃尔的姻亲），"显贵"安德罗尼库斯·卡玛特罗斯（Andronicus Kamateros，曼努埃尔亲戚，君士坦丁堡市长）。公元 1161 年 12 月结婚，宴请高官，犒赏百姓，送给教会 100 英担黄金(约 5080 公斤)。匈牙利国王伊斯特万四世(István IV）求援，曼努埃尔率军到菲利普波利斯，把一部分军队交给外甥阿莱克修斯·孔托斯特凡诺斯（Alexius Kontostephanos），派他去匈牙利。伊斯特万四世逃亡到萨迪卡（Sardika）遇到曼努埃尔。曼努埃尔护送他回去。德萨倒向德国，违背以前的承诺。皇帝把德萨扣押囚禁于君士坦丁堡宫廷。曼努埃尔来到贝尔格莱德发现伊斯特万四世已不能统治，因为伊斯特万三世（István III）又被扶上台。曼努埃尔想坚持对匈牙利的权利。把伊斯特万三世的弟弟贝拉（Béla）许配给自己的女儿玛丽亚。派遣外国禁军指挥官、"显贵"乔治·帕列奥列格（George Palaiologos）前去匈牙利联姻。贝拉被迎回拜占庭，改称阿莱克修斯，被欢呼为"君主"(despotes) ①。努尔丁胜利进军，俘虏埃德萨统治者约瑟林（Joscelin），杀死普瓦图（Poitou）的雷蒙和统治马拉什（Marash）的鲍德温，接着俘获奇里乞亚总督小君士坦丁·卡拉马诺斯（Constantine Kala-manos the Younger）、安条克王公雷金纳德以及的黎波里统治者，并打败了托罗斯。匈牙利事务阻止了皇帝前去东方。曼努埃尔派一支军队去奇里乞亚，派孔托斯特凡诺斯的儿子安德罗尼库斯（Andronicus，不久后被任命为海军总司令）率军去匈牙利救斯蒂芬（即伊斯特万四世）。作者关于"皇帝""帝国""国王"的观点，认为帝国的称号在罗马很久以前就已经消失，权力的标志转给奥多瓦克（Odovakar），然后转给哥特人的统治者狄奥多里克（Theodoric），他们都是篡位者。从狄奥多里克时代或者更早一些直到现在，罗马一直处于叛乱之中；现在它又附属于蛮族暴君，他们效仿第一个国王和暴君狄奥多里克称为国王。由于他们没有要求帝国高贵地位的权利，他们从何处为自己提出这样的职

---

① despotes，希腊文为 δεσπότης，字面意思为"主人"。用于上帝、牧首、主教但主要用于皇帝的正式称号。在 12 世纪为地位仅次于皇帝和共治皇帝的最高头衔。Alexander P. Kazhdan (editor in chief), The Oxford Dictionary of Byzantium, p.614.

位（指国王职位）呢？因为这样的职位如我所说就像荣誉称号一样是从帝国的最高权威那里祖传的。不仅如此，他们还篡夺了最高权力，自称皇帝。这并不合适，需要解释。现在他们鲁莽地宣称在拜占庭的帝国不同于在罗马的帝国。当我想起这件事，它总是让我悲叹流泪。罗马的统治像一件财产一样已被卖给了蛮族和实际上是奴隶的人。因此，它无权任命主教，更无权任命统治者。罗马主教滥用主教头衔。如果你不同意在拜占庭的帝国宝座就是罗马的宝座，你是从哪里得到教宗的职位的呢？只有一个君士坦丁，第一个基督教徒皇帝，对他而言授予这一职位是正当的。作者认为教宗无权任命皇帝，无权转移帝国。曼努埃尔受到匈牙利教士和百姓的欢迎。渡过多瑙河，曼努埃尔获得了仁慈的名声，来到帕嘎奇昂（Pagatzion），受到欢迎。签订协议，结束战争。曼努埃尔回国，留下尼基弗鲁斯·查鲁弗兹（Nicephorus Chalouphes）陪伴老斯蒂芬（Stephen the older）；后又派米哈伊尔·加布拉斯（Michael Gabras）率军保证斯蒂芬的安全。尼基弗鲁斯·查鲁弗兹和米哈伊尔·加布拉斯都是"显贵"，后者的妻子是曼努埃尔的侄女/外甥女。曼努埃尔把殉教者普洛柯比（Procopius）的手臂运到奈索斯。曼努埃尔派首席文书阿莱克修斯（司令官阿克苏奇之子）率远征队去奇里乞亚，任命他为总指挥。公元1165年，因为当时努尔丁企图征服安条克，统治亚美尼亚人的托罗斯阴谋占领了许多属于皇帝的伊苏里亚（Isaurian）城市，他敌视当时统治奇里乞亚的皇帝的表兄弟安德罗尼库斯·尤发贝诺斯（Andronicus Euphorbenos）。托罗斯控告他许多事情，特别是谴责他谋杀了他兄弟斯蒂芬。弗雷德里克的扩张。曼努埃尔想控制他的推进以免他侵略罗马人领土，于是秘密派普通人前去亚得里亚海各国策划反弗雷德里克。派尼基弗鲁斯·查鲁弗兹带钱去威尼斯。弗雷德里克征服罗马后做了很多改变，尤其是，他驱逐了当时的罗马主教亚历山大三世（Alexander III），代之以奥塔维亚诺（Ottaviano）。因此，我认为他是想自己吞噬占有罗马人皇帝的头衔。因为只有罗马人皇帝才有权任命罗马主教。由于在拜占庭的皇帝们的忽视，这一惯例早已消失，没有人在罗马任命任何主教，这是由在罗马的主教组成的宗教会议和高级教士团体（即枢机主教团）来完成的。然而，弗雷德里克早就觊觎皇位，当他插手罗马主教的任命时，他似乎控制了皇位的重要标志。匈牙利的扩张。科穆宁家族某个曼努埃尔到达俄罗斯人的国家，提醒统治者以前与皇帝发誓签订的协议，且指责他友好加利西亚（Galicia）统治者雅罗斯拉夫（Iaroslav），因为后者庇护安德罗尼库斯。安德罗尼库斯出逃到俄罗斯。皇帝派使者曼努埃尔联合加利西亚的雅罗斯拉夫反匈牙利。俄罗斯的基辅(Kiev)城同意对匈牙利作战。弗雷德里克与罗马人谈和，同意对匈牙利发动战争。曼努埃尔侄女塞奥多拉（Theodora）的丈夫、奥地利（Austria）公爵亨利（Henry）也同意对匈牙利作战。还有隶属罗马人的库曼人和塞尔维亚人军队。苏丹也派出同盟军。同时俄罗斯一个主要人物弗拉迪斯拉夫（Vladislav）投靠罗马人。威尼斯人也同意派出舰队援助罗马人，重订以前的条约，并发誓终其一生反对德国人国王弗雷德里克及所有其他对罗马人作战的西方人。鲍德温三世去世，其兄弟阿马尔里克一世（Amalric I）继位，到拜占庭寻求联姻，且试探安条克问题。皇帝答应联姻；认为安条克城在古代就附属于罗马人，现在属于罗马人皇帝；只要我们活着，你或者其他任何人就不可能对它行使权利。阿马尔里克迎娶"首席贵族"约翰·科穆宁（John Comnenus）的一个女儿，对皇帝宣誓效忠。曼努埃尔派水陆军队前去支援泽格蒙（Zeugme）城反匈牙利人围攻。罗马人舰队火攻，打败匈牙利人。匈牙利人害死斯蒂芬四世，占领西尔蒙(Sirmion)。曼努埃尔率军前往攻打匈牙利。罗马人围攻泽格蒙（Zeugminon，即 Zeugme）。匈牙利国王前来援助。罗马人攻下泽格蒙，屠城，洗劫。匈牙利国王派使者前往曼努埃尔，同意把西尔蒙和整个达尔马提亚（Dalmatia）放弃给罗马人。议和。达尔马提亚 57 座城市归于罗马人。

第六卷

安德罗尼库斯从俄罗斯回来，皇帝给他许多黄金，送他去奇里乞亚解决那里的问题，授予他塞浦路斯的税收。但不久他就带着从奇里乞亚和塞浦路斯征收的税款去了巴勒斯坦（Palestine）。在那里迷恋上鲍德温三世的遗孀塞奥多拉，带她去了阿拉伯人国家。然后去了格鲁吉亚人（Georgians）的土地，然后去投靠突厥人，帮突厥人攻打罗马人。教义之争：某个罗马人迪米特里(Demetrius)，来自亚洲的兰佩（Lampe）村庄，接受了一点普通教育和世俗学问，通常把时间花在研究神圣教义和不断谈论教义上。由于他不断出使西方和意大利各民族，他回来后，不断说蠢话，沉溺于许多奇怪的事物，尤其是瞎扯上帝的本质，而上帝本质而是只有教授们和重要神职人员以及皇帝们才允许讨论的一个主题。他当时从德国人那里回来后声称那里的人观点错误，并把自己的信条告诉了皇帝，皇帝驳斥了他的观点。不久他把自己的信条写成书送给皇帝，皇帝劝他最好把书埋在地下，不要宣扬自己的信条。但他私下和公开宣传自己的信条，许多主教、辅祭赞成他的信条，他变得更加大胆，引起了大规模的论战，当时人们到处在讨论他的书。皇帝得知后，召开宗教会议进行调查，先是一个个、后是一对对地接见他们，再后来是一起接见更多人，使他们许多人皈依了真正的信条。皇帝头脑敏锐，才智超群，文武双全，致力于神学学习。这场教义争论持续了六年，最后迪米特里的信条遭到谴责，信奉者们被逐出教会阶层，例如科孚岛大主教约翰。匈牙利战争。罗马人将领关注的不是什么对罗马人有利，而是一个人如何欺骗另外一个人，特别是西尔蒙总督、"显贵"米哈伊尔·加布拉斯和军队指挥官布拉纳斯。这时的罗马人各自为政，并不为共同利益工作。罗马人军队逃跑。曼努埃尔派阿莱克修斯［即贝拉］与军队到多瑙河，军队由司令官阿莱克修斯·阿克苏奇指挥；派利奥·瓦塔齐斯（Leo Batatzes）率军经黑海附近攻打匈牙利，胜利。又派约翰·杜卡斯率军攻打匈牙利，胜利。曼努埃尔主张罗马皇位在拜占庭，教宗不愿接受，要求他在罗马统治，因此弗雷德里克重新虚张声势，又显示他的恶意。由于企图侵略罗马人领土，他开始野蛮荒唐地把它分给追随者们。罗马人与匈牙利人经过奥地利公爵亨利调解休战。不久匈牙利侵略达尔马提亚，俘虏尼基弗鲁斯·查鲁弗兹。皇帝参加马球运动。长期以来，这是皇帝及其儿子们的娱乐。曼努埃尔受伤。司令官阿莱克修斯·阿克苏奇因谋叛被削发为僧，不久去世。阿莱克修斯·阿克苏奇经常与一个拉丁人巫师往来密切。作者认为这是曼努埃尔不幸、总是没有男性继承人的原因。阿莱克修斯·阿克苏奇宣传反战。派贵族约翰·杜卡斯和米哈伊尔、宦官托马斯和尼基弗鲁斯（Nicephorus Kaspax）审判他。曼努埃尔派军队到西尔蒙，以其外甥安德罗尼库斯·孔托斯特凡诺斯（Andronicus Kontostephanos）为总指挥。安德罗尼库斯部署战争，军队中有很多贵族。一开始罗马人军队溃逃，最后胜利。迪米特里·布拉纳斯（Demetrius Branas）被俘。安德罗尼库斯·兰帕达斯（Andronicus Lampardas）、约翰·孔托斯特凡诺斯作战英勇。曼努埃尔整修城墙，修建地下水库。皇帝根除了罗马人一大恶俗。许多人被迫转让自由，受雇于人。普通人甚至一些出身高贵的人都服务于那些职位和地位更高的人。那些购买其服务的人就像他们是金钱买来的人那样对待他们，雇佣的报酬等于自由人的购买价格。如果不堪劳累，想要拒绝服务，那么，雇主就会像对待逃跑的奴隶那样对待他们，对他们进行惩罚。结果无人能够解脱。这一习俗太可怕，皇帝颁布法律，规定所有生来为自由民的人获得自由。公元1158年，曼努埃尔颁布金玺诏书，禁止骚扰拜占庭的修道院在任何地方的财产。由于法律规定许多日子是基督徒庆祝上帝的圣礼或者纪念圣徒的节日，政府的案件很多迟迟没有结案，因此，我发现有人在法律诉讼中变老，甚至死亡。皇帝颁布法律，摒弃这一弊病，规定节日不应该完全阻止法律诉讼，也不允许节日使案件一天天拖下去，但是上帝为人类谋取福利的那些日子应该完全禁止法律纠纷，其余日子里一些日子完全可以进行法律诉讼，另一些日子上午禁止审理法律诉讼，但是法庭整个下午开放并允许任何人进入。皇帝从达马里斯（Damalis）地区运来圣石，举行盛大仪式迎接圣石。曼努埃尔要求埃及按照以前的旧例向罗马人纳税，遭到拒绝。皇帝对埃及发动战争。派舰队前往，由海军总司令安德罗尼库斯·孔托斯特凡诺斯指挥。耶路撒冷国王阿马尔里克一世拖延。巴勒斯坦人这么做不知道是希望罗马人冒险因而他们得以坐享其成，还是完全嫉妒皇帝对埃及的统治。但是据说达米埃塔（Damietta）人贿赂国王引诱他这么做。远征埃及失败，撤退，途中遭遇风暴袭击，丧失了许多船只。埃及人同意每年缴纳特定数额的黄金。曼努埃尔因想再次远征而拒绝。曼努埃尔逮捕罗马人境内威尼斯人且没收其财产。威尼斯人品质邪恶，比任何其他民族都更爱开玩笑，更为粗鲁，这一民族充满了水手的庸俗。阿莱克修斯一世给予威尼斯人的特权以及威尼斯人在罗马人境内的迅速发展。他们当初作为盟军援助阿莱克修斯一世攻打侵略迪拉基乌姆的罗伯特，得到了各种报酬，特别是他们在拜占庭有一个区域（Embolon），只有他们在那里免交商品的十分之一税。他们由此而极其富裕，这很快使他们自吹自擂。他们常常像对待奴隶一样对待市民，不仅对平民百姓如此，甚至罗马人中的"显贵"乃至地位更高的达官贵人也受到轻蔑。约翰皇帝对此感到愤怒，因而把他们从罗马人的国家中驱逐出去。他们因此急于报复罗马人，占领希俄斯岛（Chios），劫掠罗德岛、莱斯沃斯岛（Lesbos），占领提尔（Tyre）。他们进行海盗劫掠，皇帝因而承认了他们以前的条约，使他们更加神气。他们打击了许多贵族出身的皇帝的血亲，通常野蛮地侮辱他们。甚至在皇帝曼努埃尔时代，他们仍然这样做，娶罗马人为妻，像别的罗马人一样居住在皇帝授予他们的居住区域之外的他们的房子里。他不能忍受这些，开始惩罚他们的恶行。威尼斯人攻击热那亚人，曼努埃尔责令威尼斯人赔偿热那亚人，威尼斯人拒绝且威胁攻击罗马人。曼努埃尔下令全国同一时间统一逮捕威尼斯人。过了段时间，监狱里人满为患，他们向皇帝相互担保就能出狱。有个极其富裕、出身高贵的威尼斯人曾高价卖给国库一艘极其巨大的舰船，皇帝已委托他照管这艘船，他和威尼斯人驾驶这艘船逃往家乡，罗马人得知后追赶，追到阿比多斯海峡（达达尼尔海峡）时准备向威尼斯人喷射希腊火，但是威尼斯人已经熟悉罗马人的做法，他们把布料泡在醋里，然后用布包裹整艘船，罗马人喷射希腊火要么没有喷到船（喷远了或者喷近了），要么喷到船但被布弹回落入水中熄灭，无功而返。部分威尼斯人乘船逃回威尼斯，他们造舰队，进攻罗马人，失败。曼努埃尔计划派海陆军攻打威尼斯人。但计划被人泄露，未成。泄密者艾伦是瓦兰吉亚人禁军指挥官，此人专横，好夸耀；总是敌对皇帝的事务，不断歪曲，干邪恶的事情。曼努埃尔给威尼斯人写信，指责威尼斯人不服从、轻视罗马人、威尼斯人历史短、靠罗马人出名。威尼斯人仍然不能以庞大舰队与罗马人作战，从那时候起他们等待机会，进行海盗行为，直到他们又受到打击。米哈伊尔·布拉纳斯、安德罗尼库斯·尤发贝诺斯、君士坦丁·卡拉马诺斯（Constantine Kalamanos）等先后被任命为奇里乞亚人总督。曼努埃尔派"首席贵族"约翰·科穆宁（John Comnenus）等贵族扶贝拉上台。塞尔维亚人反叛，曼努埃尔远征攻打塞尔维亚人，后者溃逃。东方战场：阿勒颇阿塔贝格（*atabeg*）①努尔丁、伊科尼姆苏丹基利杰·阿尔斯兰、亚美尼亚人统治者姆莱赫（Mleh）、安基拉统治者以及加拉提亚（Galatia）其他地区联合发起进攻罗马人。同时，德国人和威尼斯人联合水陆两路围攻安科纳。一个意大利妇女，比任何其他人更为慷慨，尤其有男子气概，②她率领自己的军队和安科纳人们击退敌人。曼努埃尔离间突厥人。苏丹求和。曼努埃尔学识渊博，化繁为简。

第七卷

基利杰·阿尔斯兰用曼努埃尔赐予的大量钱财兼并大量土地，特别是他兄弟沙汗沙的土地恒格拉和安基拉等地方，并不遵守与曼努埃尔的协议。曼努埃尔派阿莱克修斯·佩特拉利法斯（Alexius Petraliphas）率军6000人带一笔钱前往亚洲。基利杰·阿尔斯兰听说罗马人军队前来，就通知那些尚未被他攻下

①　*atabeg*，用于伊斯兰世界城市或地区统治者的头衔，字面意思为"国王的父亲"。译为"阿塔贝格"。

②　指贝尔蒂诺罗（Bertinoro）女伯爵阿尔德鲁达·弗兰吉帕（Aldruda Frangipane）。

的城市，告知皇帝军队将来到，于是那些城市向他投降。而他并不想把这些城市交给皇帝。曼努埃尔派"显贵"米哈伊尔·加拉布拉斯（Michael Grabras）去帕夫拉戈尼亚，去阿马西亚。约翰·坎塔库震努斯（John Kantakouzenos）的儿子曼努埃尔据说经常参加谋反活动，被捕，弄瞎。曼努埃尔从比提尼亚和林达科斯（Rhyndakos）的村庄征集军队，前往多里莱昂（Dorylaion），多里莱昂曾是一座大城市，那里繁荣美丽，人口众多，但被突厥人夷为平地。当时多里莱昂附近驻扎了大约 2000 突厥人，曼努埃尔驱逐了他们。皇帝重建多里莱昂城。米哈伊尔·加拉布拉斯到阿马西亚城，城中人们邀请他入城，他一再拖延，结果阿马西亚投向苏丹。曼努埃尔得知后派宦官托马斯去找基利杰·阿尔斯兰要回阿马西亚。托马斯后来因不忠被投入监狱。皇帝 40 天内建好多里莱昂，留下军队驻守。曼努埃尔离开，在林达科斯附近扎营。不久率军离开。发现军队中大部分人离开回家，派某个米哈伊尔去惩罚敢于离开的士兵。曼努埃尔带一些人前往兰佩，重建苏布莱昂（Soublaion）要塞。那个米哈伊尔是蛮族出身，似乎早就恼怒罗马人，以皇帝的愤怒作为他的借口，没有询问他就把碰到的每个人打倒在地，用铁戳进对方的眼睛，有时候甚至并非军人，而是农民或者商人等。他继续到别的地方弄残许多人，直到皇帝知道，才停止了他的暴行。苏丹派人前来求和，曼努埃尔拒绝。皇帝备战，从塞尔维亚人、匈牙利人中召集大量军队，从色雷斯赶来大量牛以供食用，以及 3000 多辆马车。曼努埃尔在林达科斯集合军队。但同盟军塞尔维亚人和匈牙利人没有按时前来，他不得不在夏季作战，错失了春季作战的良好时机。曼努埃尔准备围攻伊科尼姆。由于新凯撒利亚（Nea Kaisareia）准备投向曼努埃尔，他派外甥安德罗尼库斯·瓦塔齐斯（Andronicus Batatzes）率军去那里。曼努埃尔在离开拜占庭之前，派了一支 150 艘船的舰队去埃及，同时他率领整个军队去与基利杰·阿尔斯兰作战。因而攻打埃及军队不足……①

（五）在经济和社会方面的史料价值

约翰·金纳莫斯《约翰和曼努埃尔功德记》手抄本结束于 1176 年的事件，涉及从 1118 年到 1176 年的历史，是关于这一时期拜占庭帝国的重要史料，他

---

① 这是 1176 年，著作就此中断。

本人是其中很多记载的亲历者，全书颂扬了两位皇帝特别是曼努埃尔。它按照时间顺序记载，但时间不准确，没有12世纪一些杰出修辞学家的记载那么详尽。它在经济和社会方面的史料价值主要有以下几个方面。

第一，记载了大量官员的姓名、职位、头衔、与皇帝的关系（如血亲姻亲等）、出身等方面，使我们得以了解当时拜占庭皇帝重用的官员主要是自己的血亲姻亲，但出身一般的人也能在国家中达到高位，表明当时拜占庭帝国仍有社会流动。还记载了贵族的收入来源，例如，皇帝授权安德罗尼库斯获得塞浦路斯的税收收入。

第二，著作记载了大量战争、侵略、叛乱和海盗掠夺等，军费开支庞大，拜占庭人经常遭到劫掠。作者说多瑙河平原很多地方因库曼人侵略而抛荒很久，当地人抱怨皇帝不管库曼人侵略，任由当地被蹂躏；说多里莱昂曾是一座大城市，那里繁荣美丽，人口众多，但被突厥人夷为平地，曼努埃尔在那里进行重建工作；说曼努埃尔把从非洛米利昂救出的、被突厥人俘虏的那些罗马人安置在比提尼亚，从一座修道院那里买了一块地产给他们耕种；等等。

第三，反映了拜占庭人对拉丁人的看法，拜占庭人和拉丁人关系恶化，相互仇恨，以及教会分裂。（1）作者等拜占庭人极其敌视拉丁人，拜占庭皇帝和作者等怀疑十字军的动机，认为他们的真正目的是占领拜占庭人领土，而不是攻打突厥人、收复圣地；（2）十字军通行拜占庭领土期间，拜占庭各地负责为十字军提供必需品，拜占庭人和十字军因各种原因发生冲突；（3）作者等拜占庭人了解拉丁人伯爵、公爵、国王、皇帝的等级差别；（4）作者说教宗称新罗马与旧罗马毫无共同之处，因为它们很久以前、在古代就分裂了，作者说教宗等拉丁人宣称君士坦丁堡统治的帝国不同于罗马统治的帝国；（5）作者说威尼斯人品质邪恶，粗鲁庸俗，他们因阿莱克修斯一世授予的特权而在拜占庭境内迅速发展，像对待奴隶一样对待拜占庭人，甚至侮辱拜占庭达官贵人，娶拜占庭人为妻，居住在他们的居住区域之外，等等，包括作者在内的拜占庭人敌视威尼斯人的好炫耀、不服从、轻视拜占庭人等。此外，威尼斯有人卖船给拜占庭人，船只仍由威尼斯人照管。威尼斯人熟悉希腊火，知道怎么对付希腊火，使希腊火发挥不了作用。

第四，反映了当时拜占庭人的一些思想信仰状况和精神面貌。（1）反映了作者等拜占庭人的大国思想，例如，他把拜占庭帝国以外的民族都称为蛮族；

称教宗为罗马主教（bishop），而拉丁人称之为教宗（pope）；认为拜占庭帝国是古老的罗马帝国，当时西方各个国家都是篡位者，它们无权拥有帝国地位，其统治者无权拥有国王地位；认为教宗无权任命皇帝，无权改变帝国，只有拜占庭人皇帝才有权为罗马任命主教。（2）反映了作者等拜占庭人对拉丁人的看法，详见前面第三点。（3）详细记载了当时的神学辩论和教义之争，例如辅祭瓦西里事件，迪米特里事件。（4）反映了当时拜占庭人相信梦、征兆、预言等，例如，曼努埃尔新婚妻子误以为大嫂是修女，拜占庭人认为这是不好的征兆。反映了当时拜占庭人利用人们的思想信仰、利用梦和预言等争夺权力，例如，作者说曼努埃尔在成为皇帝之前关于他统治权的故事开始流行，说有一次曼努埃尔梦见圣母让他穿上皇帝穿的紫色靴子，一个修道士预言曼努埃尔将成为皇帝；修道士内丰曾预言科斯马斯将会当上牧首。（5）反映了当时拜占庭人对自然灾害的解释，例如，拜占庭人认为发生地震是因为不听牧首的劝告、违背上帝的意愿，等等。（6）作者说在曼努埃尔统治晚期，拜占庭人将领关注的不是什么对拜占庭人有利而是一个人如何欺骗另一个人，说当时的拜占庭人各自为敌，并不为共同利益工作。（7）反映了当时拜占庭人的圣物崇拜，例如，作者说皇帝从达马里斯地区运来圣石，举行盛大仪式迎接圣石。

第五，记载了当时拜占庭帝国境内的外国人。例如在君士坦丁堡经商定居的威尼斯人等，他们在君士坦丁堡有自己的特定区域，免交商品十分之一税；有一些外国人在君士坦丁堡政治避难；还有拉丁人巫师等；拜占庭战争多，军队成分极其多元，当时很多人以当雇佣兵为生，拜占庭军队中有库曼人、突厥人（作者主要指塞尔柱突厥人）、凯尔特人（Kelts）、佩彻涅格人、阿兰人、法国人骑士、伦巴第人、诺曼人等雇佣军，持斧禁军是英国人，还有威尼斯人盟军、匈牙利人盟军、塞尔维亚人盟军、突厥人同盟军等。

其中，拜占庭人和拉丁人特别是威尼斯人关系日益恶化，但是，有一些外国人在拜占庭官场任职，拜占庭皇室和外国人主要是拉丁人通婚，一些威尼斯人娶拜占庭人为妻。

拜占庭人和突厥人关系较为复杂。有突厥人在拜占庭人中长大，接受教育；有突厥人皈依基督教，参加拜占庭人军队；小亚细亚一些地方拜占庭人在突厥人中长大；普斯古斯湖区的拜占庭人和突厥人融洽相处，共同抵抗拜占庭人。作者还记载了突厥人和佩彻涅格人的生活习惯，说苏丹统治下的土库曼人以盗窃为生，祸及拜占庭人领土。

第六，记载了一些法律，反映了当时一些社会现象。例如，作者说当时许多拜占庭人被迫转让自由，受雇于人，丧失自由，曼努埃尔皇帝颁布法律，规定所有生来为自由民的人获得自由；又如，曼努埃尔颁布金玺诏书保护君士坦丁堡各修道院财产不受骚扰；再如，很多法律诉讼因宗教节日很多且禁止节日期间法律诉讼而迟迟没有结案，曼努埃尔颁布法律，改变了这种完全禁止在宗教节日法律诉讼的规定，增加了可以进行法律诉讼的日子，这也反映了当时法律诉讼很多的现象。

第七，记载了一些修道士的活动，例如，修道士看到征兆，预言，祷告，劝皇帝约翰征服恒格拉，担任君士坦丁堡牧首等。

第八，记载了一些活动场面，例如，君士坦丁堡凯旋入城仪式、皇帝接待外宾仪式、赛马、表演、马球等娱乐活动；安条克胜利入城式，等等。

十　约翰·佐纳拉斯的《历史概要》

（一）约翰·佐纳拉斯简介

约翰·佐纳拉斯（希腊文为 Ἰωάννης Ζωναρᾶς，英文为 John Zonaras 或 Joannes Zonaras）是 12 世纪拜占庭一位法官、历史学家、教会法规学者、神学家，是阿莱克修斯一世宫廷秘书处秘书长（*protasekretis*）[①] 和君士坦丁堡民事法庭庭长（*megas droungarios tes viglas*），写作了历史书、圣徒传记和颂词，评注了教会法规和教父文献。他自己的作品提供了有关他生平和事业的所有信息。他的《历史概要》（*Epitome historion* 或 *Epitomē Istoriōn*）在 14 世纪被译成古教会斯拉夫语。他是拜占庭官场的空想家，强烈反对阿莱克修斯政府

---

① *protasekretis*，希腊文为 *πρωτασηκρῆτις*，即 *protoasekretis*，意为 *asekretis*（希腊文为 *ἀσηκρῆτις*，拜占庭皇帝高级秘书阶层，地位高于皇帝的文书 [imperial notaries]）之首，拜占庭皇帝的秘书长，其主要职责是起草金玺诏书。*asekretis* 职位在 12 世纪后消失，被 *grammatikos* 取代，但 *protasekretis* 职位继续存在。有学者认为在 1106 年之后，*protasekretis* 主持君士坦丁堡一个重要法庭，不再是皇帝秘书之首。可译为"皇帝秘书处秘书长"或"帝国大法官法庭（Imperial Chancery）庭长"。参见 Alexander P. Kazhdan (editor in chief), *The Oxford Dictionary of Byzantium*, p.204, p.866, p.1742. *Mothers and sons, fathers and daughters: the Byzantine family of Michael Psellos*, edited and translated by Anthony Kaldellis, pp.147-148, n.3.

的统治风格。1118 年后他很可能丧失了自己的职位，成为圣格利克里亚（St. Glykeria）修道院的修道士，大约 1159 年后去世。①

（二）手抄本

佐纳拉斯《历史概要》有超过 72 本手抄本幸存下来，参见：Pietro Luigi Leone, "La tradizione manoscritta dell'epitome historiarum di Giovanni Zonaras," in Antonio Carile et al. (ed.), *Syndesmos: studi in onore di Rosario Anastasi*, Catania: Universit a di Catania, 1991, pp.221-261.

（三）出版和现代语言译本

Ioannis Zonarae Annales, ex recensione Mauricii Pinderi, Bonnae: Impensis Ed. Weberi, 1841-1897.（希腊语原文，拉丁语译文）

John Zonaras, *Ioannis Zonarae Epitomae Historiarum*, Ⅲ, ed. M. Pinder, CSHB, Bonn, 1897.（希腊语原文，拉丁语译文）

Ioannis Zonarae Epitome historiarum, cum Caroli Ducangii suisque annotationibus edidit Ludomicus Dindorfius, Lipsiae: in aedibus B.G. Teubneri, 1868-1875.

德语部分译本：Erich Trapp (trans.), *Militärs und Höflinge im Ringen um das Kaisertum: Byzantinische Geschichte 969 bis 1118 nach der Chronik des Johannes Zonaras*, Byzantinische Geschichtsschreiber 16, Graz: Styria, 1986.

现代希腊语译本：Iordanēs Grēgoriadēs (trans.), *Iōannēs Zōnaras: Epitomē historian*, 3 vols., Keimena Vyzantinēs historiographias 5, Athēna: Ekdoseis Kanakē, 1995-1999.

英语部分译本：Thomas Banchich and Eugene Lane (trans.), *The History of Zonaras: From Alexander Severus to the Death of Theodosius the Great*, Routledge Classical Translations, London: Routledge, 2009.

（四）内容简介和经济社会史料价值

佐纳拉斯《历史概要》从创世写到 1118 年，使用古典希腊语，相对世俗。这部历史应该写于 1118 年之后，因为它描述了阿莱克修斯的死亡，他在前言

---

① 参见 Alexander P. Kazhdan (editor in chief), *The Oxford Dictionary of Byzantium*, p.2229.

中说他退隐时写作了这部历史（他隐退到马尔马拉海的圣格利克里亚修道院），不过他的历史完全是一部世俗作品，没有修道院的痕迹。除了从创世开始写起，其文稿的世俗性和模仿古典并不符合拜占庭编年史写作传统。他吸收了大量之前的历史作品，其中一些失传。他利用了各种经典作品，包括约翰·马拉拉斯、普洛柯比（Prokopios，约 565 年去世）、塞奥法尼斯、修道士乔治（George the Monk，9 世纪）、普塞洛斯、阿塔雷亚特、斯凯利兹斯以及斯凯利兹斯续编。其中 811 年后历史的主要史料来源是斯凯利兹斯和普塞洛斯。但阿莱克修斯统治期间的历史部分是他自己的原创，显然是对安娜歌颂她父亲的《阿莱克修斯传》的反驳。①

他对罗马统治形式的改变很感兴趣，把罗马共和国到帝国的转变写成衰落。佐纳拉斯对阿莱克修斯·科穆宁持特别批评态度，抱怨说阿莱克修斯·科穆宁自认为是国家的所有者而不是管理人。他说阿莱克修斯把国家财产装满马车送给他的亲戚和亲信，给他们大量年金，他们生活得像国王，他们住的房子像城市，就像皇宫一样，但是对其他贵族他并没有表现出同样的慷慨。他警告对军人的过分纵容，不满过度征税和挥霍性支出。②

他的《历史概要》在经济和社会方面的史料价值主要在于他形象描述了阿莱克修斯统治期间皇帝的亲属和亲信的特权地位，当时军事贵族的统治地位，以及税收的繁重。

十一　君士坦丁·马纳塞斯的《编年史概要》

（一）作者简介

君士坦丁·马纳塞斯（希腊文为 Κωνσταντῖνος Μανασσης，英文为 Constantine / Konstantinos Manasses）是一位君士坦丁堡作家，生卒年不详。亚历山大·卡日丹认为他大约在 1130 年出生于君士坦丁堡，大约 1187 年去世，伊丽莎白·杰弗里估计他出生于大约 1120 年，死于 1175 年某个时候。他是宫廷作家，写作于 12 世纪的第三个四分之一年代，主要受到"至尊者"（*sebas-*

---

① 参见 Alexander P. Kazhdan (editor in chief), *The Oxford Dictionary of Byzantium*, p.2229.

② 参见 Alexander P. Kazhdan (editor in chief), *The Oxford Dictionary of Byzantium*, p.2229. Peter Charanis, "Monastic Properties and the State," *Dumbarton Oaks Papers* 4 (1948): 70.

tokratorissa）伊琳妮·科穆尼娜（曼努埃尔一世兄长安德罗尼库斯的妻子）和
"显贵"约翰·孔托斯特凡诺斯的赞助。马纳塞斯以散文和诗歌形式写作了
很多体裁的作品，例如传统颂词，赞颂曼努埃尔一世和大臣米哈伊尔·哈吉
奥塞奥多利特（*logothetes* Michael Hagiotheodorites），为尼基弗鲁斯·科穆宁
（Nikephoros Komnenos）写作了挽歌等。他用诗歌形式写作的传奇故事《阿里
斯丹德罗斯和卡丽丝亚》（*Aristandros and Kallithea*），今天仅存断简残篇。他
还写作了《旅程》（*Hodoiporikon*），以诗歌形式描写了他在 1160 年随同"显贵"
约翰·孔托斯特凡诺斯（*sebasto* John Kontostephanos）出使巴勒斯坦的过程，
整个叙述中有他大量的个人印象和观察。在一篇关于捕鸟的描述性作品《读画
诗》（*ekphrasis*）中，马纳塞斯描绘的那位年老胆大的首领，看起来凶狠，举
止可耻。有人认为马纳塞斯暗示的是安德罗尼库斯一世，因为据说他逮住了一
群鸟，结果没有报信者（Angelos，安茞鲁斯王朝统治者的姓氏）活着。马纳
塞斯创作了一种新的诗歌体编年史，他的《编年史概要》（*Synopsis Chronike*）
从创世写到 1081 年，其中 11 世纪历史来源于凯德诺斯和佐纳拉斯。他效仿佐
纳拉斯写作，但是遗漏了受到佐纳拉斯严厉批评的阿莱克修斯一世，声称不能
描述科穆宁王朝的功绩。马纳塞斯同情贵族，谴责尼基弗鲁斯三世支持铁匠、
伐木工人、商人以及其他"工匠"。他强调邹伊与年轻帕夫拉戈尼亚人米哈伊
尔关系中的性爱因素。他的历史很有趣，极具娱乐性，很受欢迎，幸存了大量
手抄本，被米哈伊尔·格里卡斯使用。[①]

（二）手抄本

马纳塞斯的编年史非常受欢迎，除了原作的大量手抄本，还有一本 14 世纪
希腊语方言改写本，一本续写，以及一本有大量彩饰的 14 世纪保加利亚语译本。

至少就传抄度而言，《编年史概要》可说是拜占庭史上最为成功的文史作
品，仅希腊语原文的现存手稿就有超过 100 余部。而在译本方面，编年史于

① 参见 Alexander P. Kazhdan (editor in chief), *The Oxford Dictionary of Byzantium*, p.1280. *Four Byzantine novels*, translated with introductions and notes by Elizabeth Jeffreys, Liverpool: Liverpool University Press, 2012, pp.273-274. Leonora Neville, *Guide to Byzantine historical writing*, with the assistance of David Harrisville, Irina Tamarkina, and Charlotte Whatley, Cambridge, United Kingdom: Cambridge University Press, 2018, pp.200-202.

14 世纪 30 年代首先被译成保加利亚语，其中现存最古老的抄本是如今收藏在莫斯科国立历史博物馆（Moscow State Historical Museum）的手抄本。① 第二个保加利亚语译文的抄本有 206 页，其中 69 页以缩小的图画装饰。这个抄本被称作"梵蒂冈斯拉夫语抄本"（Codex Vaticanus slav. II），从 15 世纪起收藏于梵蒂冈图书馆（Vatican Library）。② 1963 年伊凡（Ivan Dujčev）将该抄本连同缩图经过编辑后，由保加利亚科学学会（Bulgarian Academy of Sciences）分两卷出版。2007 年带有彩色印刷缩图的精装本在雅典出版，由杜罗瓦（Dzurova）和维利诺瓦（Velinova）分别编辑一卷，此外在梵蒂冈图书馆的网站上上传了该抄本的数字版。第三个保加利亚语抄本被称作图尔恰（Tulcea）抄本，完成于 16 世纪，如今存放在布加勒斯特的罗马尼亚科学学会（Romanian Academy of Sciences）。上述三个保加利亚语抄本使用的语言是 12–15 世纪的保加利亚人使用的中古保加利亚语（Middle Bulgarian），基本是逐字翻译，保留了希腊语原文的写作风格。

第四个抄本则是塞尔维亚语的译本，完成于 1580 年前后，藏于阿索斯山的希兰达尔修道院（Hilandar Monastery）。③ 第五个抄本是俄语版，则诞生于 17 世纪，从诺夫哥罗德的圣索菲亚大教堂转移到圣彼得堡的国立公共图书馆（State Public Library）。此外在贝尔格莱德存有两个塞尔维亚语抄本残篇，在圣彼得堡存有两个俄语抄本残篇。

（三）出版

1616 年和 1655 年分别出版了两个拉丁语译本，1837 年，希腊语原文和拉丁语译本被贝克尔（Bekker）编辑后收入波恩大全，是为供研究使用的标准版本，直到 1996 年被朗普西维斯（Lampsidis）编辑的版本所替代。

Leunclavius (ed.), *Annales Constantini Manassis: Nunc Primum in lucem pro-*

---

① *The chronicle of Constantine Manasses*, translated with commentary and introduction by Linda Yuretich, Liverpool: Liverpool University Press, 2018, p.4.

② *The chronicle of Constantine Manasses*, translated with commentary and introduction by Linda Yuretich, Liverpool: Liverpool University Press, 2018, p.5.

③ *The chronicle of Constantine Manasses*, translated with commentary and introduction by Linda Yuretich, Liverpool: Liverpool University Press, 2018, p.6.

lati, & de Graecis Latini Facti, Basel: Ex Officina Episcopiana, 1573.（拉丁语译文）

Joannes Meursius, *Constantini Manassis Annales: Graece Ae Latine. Grae Nunquam Hactenus Editos Primus Nunc Vulgavit*, Leiden: Ioannis Patii, 1616.（拉丁语译文）

Konstantinou tou Manassē Synopis historikē. Const. Manassis Breviarum historicum, ex interpretatione Ioannis Leunclavii, cum eiusdem, & Ioannis Meursii notis; accedit variarum lectionum libellus, cura Leonis Allatii, & Caroli Annibalis Fabroti jc, Parisiis: E typographia regia, 1655.（希腊语原文，拉丁语译文）

Constantini Manassis Breviarium historiae metricum, recognovit Immanuel Bekkerus, Corpus Scriptorum Historiae Byzantinae 29, Bonnae: Impensis Ed. Weberi, 1837.（希腊语原文，拉丁语译文）

Constantini Manassis Breviarium chronicum, 2 vols., recensuit Odysseus Lampsidis, Corpus Fontium Historiae Byzantinae 36, Athenis: apud Institutum Graecoromanae Antiquitatis auctoribus edendis destinatum Academiae Atheniensis, 1996.（希腊语原文，现代希腊语导言，拉丁语索引）

（四）现代语言译本

部分英译：Linda C. Yuretich, "The Chronicle of Constantine Manasses from the Creation of the World to the Reign of Constantine the Great: A Translation of the Middle Bulgarian and Greek Texts." MA, University of Massachussetts at Amherst, 1988.

部分英译：Ingela Nilsson, "Narrating Images in Byzantine Literature: The Ekphraseis of Konstantinos Manasses." *Jahrbuch der österreichischen Byzantinistik* 55 (2005): 121–146.（翻译了开篇对伊甸园的描绘）

英语全译本：*The chronicle of Constantine Manasses*, translated with commentary and introduction by Linda Yuretich, Liverpool: Liverpool University Press, 2018.

（五）内容提要

这部编年史的最大特点是使用精致的六步格诗句完成，君士坦丁·马纳塞斯可能是在 1145-1148 年间完成了这部作品。琳达·尤雷蒂奇（Linda Yuret-ich）翻译和注释的 2018 年版英译本，基于希腊语文本（Lampsidis，1996 年）和 14 世纪翻译的保加利亚语译本（Dujčev，1988 年）对照翻译而成。下面主要依据这个译本概括其内容提要。

编年史从创世开始叙述，直到 1081 年尼基弗鲁斯·博塔尼埃蒂兹去世为止。具体来说，编年史可以分成两个部分。第一部分叙述了创世（第 27-384 行）、大洪水和东方民族（埃及人、迦勒底人、亚述人、米底人和波斯人）的历史（第 385-919 行）、亚历山大大帝征服东方诸国（第 920-966 行）、希腊化时代的诸帝国历史以及希腊人和犹太人简史（第 967-1108 行）、特洛伊战争（第 1109-1470 行）、罗马的起源（第 1471-1778 行）、从元首政治到早期罗马帝国（第 1779-2290 行）、自君士坦丁一世起到公元 476 年罗马城落入蛮族人盖泽里克（Gaizeric）之手的罗马政治史（第 2291-2504 行）。第二部分以作者对新罗马(君士坦丁堡)在自己生活的曼努埃尔一世在位时期的繁荣为引子(第 2505-2512 行)，记述了从塞奥多西二世到 1081 年为止的历任皇帝的统治史。

尽管作者本人生活在 12 世纪中期的科穆宁王朝，但是他并没有记述科穆宁王朝历任皇帝的历史，而是写到 1081 年阿莱克修斯一世建立科穆宁王朝便搁笔。虽然缺少了作者亲历时代的记叙，但是这部编年史依然对于 11 世纪拜占庭帝国的社会状况进行了生动的记载。马纳塞斯按照时间顺序叙写 11 世纪历史，篇幅大约 5828-6620 行。他首先讲述了马其顿王朝诸帝：罗曼努斯二世两位儿子瓦西里二世和君士坦丁八世共治的历史，然后记载了君士坦丁八世专政的历史，此后分别是罗曼努斯三世、米哈伊尔四世、米哈伊尔五世、君士坦丁九世、皇后塞奥多拉的独裁统治史。紧接着叙写杜卡斯王朝诸帝：米哈伊尔六世、伊萨克一世、君士坦丁十世、罗曼努斯四世、米哈伊尔七世、尼基弗鲁斯三世。

马纳塞斯记载瓦西里二世和君士坦丁八世都出生于高贵的紫色寝宫之中。瓦西里二世没有贪图安逸享乐，而是选择了艰苦的战争生活。拜占庭对保加利亚的战争是作者记述的关于瓦西里二世的主要事迹。在瓦西里去世后，他的弟弟君士坦丁八世继位。君士坦丁八世和瓦西里二世截然相反，他厌恶战争、不理朝政，只钟情于锦衣玉食和宴饮狂欢，是一个懦弱之徒，他安排自己的女婿继位，即罗曼努斯三世。马纳塞斯称罗曼努斯三世睿智、虔诚、博学，他以圣母的名义建造了一所宏伟的"可敬"圣母（Peribleptos）修道院。他是在沐浴时被一群人袭击勒死的。罗曼努斯三世的妻子邹伊青睐来自帕夫拉戈尼亚的米哈伊尔，在丈夫甫一去世便与米哈伊尔成婚，后者成为米哈伊尔四世。此人出身低微但是相貌英俊、品德上佳、思维敏捷。他救济穷人，对人民关怀备至，但是一度身患重病，时时承受着痛苦。在病愈之后，米哈伊尔四世开始更加渴望修道生活，在政务上逐渐信赖兄长约翰。米哈伊尔四世收养自己的外甥，后者在舅舅去世后继位，是为米哈伊尔五世。马纳塞斯认为米哈伊尔五世性情傲慢暴躁，不仅惩罚了很多官员，还流放了邹伊和塞奥多拉。流放皇后的举动引发了民众的不满，导致了一次起义，米哈伊尔五世在即位不到四个月就被罢黜。重回首都的皇后邹伊认识到男性统治者的必要性，于是召来一位姓摩诺马赫的贵族继位，是为君士坦丁九世。尽管君士坦丁九世不习战争，但是品德高尚、性情温和、宽厚慷慨。他关怀贫民，这为他赢得了很好的名声。他的将军乔治·马尼亚克斯发动了一场叛乱，但是君士坦丁九世得到上帝的帮助，最终战胜了叛军。在君士坦丁九世病逝后，皇后塞奥多拉理政12个月，随后提拔了米哈伊尔六世成为皇帝，而当时米哈伊尔六世已然是一位老人了。作者指出米哈伊尔六世没能管教好臣属，只是个名义上的皇帝而已。伊萨克·科穆宁正是在这一时期崭露头角，发动了内战并且赢得了胜利，成为拜占庭新任皇帝。但伊萨克一世仅仅在位两年便退位，在退位前立君士坦丁·杜卡斯为帝，即君士坦丁十世。君士坦丁十世的妻子尤多奇亚当时正年轻，因此君士坦丁在去世前要求妻子不要再婚。君士坦丁十世去世后，其子米哈伊尔七世继位，但是尤多奇亚嫁给了罗曼努斯·狄奥根尼斯，后者成为米哈伊尔七世的监护人，同时也成为拜占庭皇帝，即罗曼努斯四世。罗曼努斯四世率军与突厥人交战（曼兹科特战役）但战败被俘，被迫与突厥人媾和才能够获释回国。此时担任拜占庭皇帝的是米哈伊尔七世，他无心政治，只对文化活动感兴趣。一位名叫尼基弗鲁斯·博塔尼埃蒂兹的拜占庭将军从小亚细亚起兵反叛米哈伊尔七世，并且最终进入首都加冕称帝，即尼基弗鲁斯三世，但是他的统治并不成功，皇位最终被科穆宁家族夺取。

（六）经济和社会方面的史料价值

马纳塞斯本人在编年史中表示，自己在写作时选择的资料都来自"那些可能是最为准确和值得相信的作者"（第 23-24 行），尽管他并没有列出这些作者的名字和作品，但是可以辨识出的资料来源包括圣经旧约以及希罗多德、哈利卡纳苏斯的狄奥尼修斯（Dionysios of Halikarnassos，活跃于约公元前 20 年）、约翰·利多斯（John Lydos,490- 约 565 年）、安条克的约翰、约翰·马拉拉斯、约翰·泽泽斯（John Tzetzes，1110- 约 1180 年）和约翰·佐纳拉斯等人的历史作品。

　　总的来说，马纳塞斯写作这部编年史的目的并非是就历史事件提供详细的记载，而是为当时的贵族家庭提供一个寓教于乐的故事结构。马纳塞斯是第一个用诗歌体裁写作拜占庭编年史的人，并且在写作过程中更侧重于讲述能吸引 12 世纪宫廷人士兴趣的内容。而这本编年史被 14 世纪的保加利亚统治者所看重，也说明了它在保加利亚的政治思想中占据了重要的地位。

　　这本编年史为后世学者研究拜占庭帝国相关时期历史提供了较为可靠的信息。作者基本囊括了历任皇帝的主要事迹，勾勒了拜占庭历史发展的主体脉络。此外，作者在写作时也加入了一定的评判，例如对多位皇帝的道德水准和性格特征都进行了描述，并且加入例子证明自己的论断，增加了文本的可信度，有利于与同时期其他史料进行对照研究。

　　值得一提的是，作者本人具有较为宽广的历史视角，没有将编年史完全写成帝王列传，而是夹杂了拜占庭社会情况的描述，例如提到了罗曼努斯三世修建修道院、米哈伊尔四世和君士坦丁九世关怀社会底层民众、米哈伊尔五世在位期间的民众叛乱等，这些内容既构成了编年史的叙述脉络，又增加了不同视角下的历史叙述，有利于学者从多个角度探究拜占庭历史与社会。

十二　米哈伊尔·格里卡斯的《简明编年史》

（一）米哈伊尔·格里卡斯简介

　　米哈伊尔·格里卡斯（希腊文为 Μιχαήλ Γλυκᾶς，英文为 Michael Glykas / Glycas）是活跃于 12 世纪下半叶的拜占庭作家和神学家，出生于 12 世纪前 30 年里，出生地可能是科孚岛。他在曼努埃尔一世·科穆宁宫廷中担任皇帝秘书，1159 年卷入了一起反对曼努埃尔皇帝的阴谋，他与曼努埃尔的一位顾问塞奥多利·斯迪皮奥特斯（Theodore Styppeiotēs）来往，后者因预言诅咒皇帝或因叛国而遭到谴责被弄瞎。① 他被监禁到 1164 年，写过一首"狱中诗"，这首诗被认为是最早使用希腊语方言进行表达的作品之一。米哈伊尔·格里卡斯的作家生涯持续到 12 世纪 60 年代，他著有《简明编年史》(*Biblos Chronike*)，还以问答形式写了一长篇神学论文，一篇驳斥曼努埃尔一世辩护占星术的文章，各种诗歌，以及箴言集。他对神学问题的一些回答似乎提到了 12 世纪 80 年代发生的事件。他在政治上对科穆宁王朝持反对态度，批评阿莱克修斯，谴责曼努埃尔对占星术的狂热。他反对占星术，反对"历史决定论"。他对古代也持批评态度，除了亚里士多德，他反对一切古代哲学家。他的编年史和书信中的主题类似，具有明显的道德说教性质。他的箴言集也是为了道德说教。②

（二）手抄本

他的历史幸存于 30 个手抄本中，一些学者描述了这些手抄本，但不完整。参见 Andreas Külzer, "Die Anfänge der Geschichte: Zur Darstellung des 'Biblischen Zeitalters' in der byzantinischen Chronistik," *Byzantinische Zeitschrift* 93, no. 1 (2000): 138-156; Maria Elisabetta Colonna, *Gli storici bizantini dal IV al XV secolo,* Naples: Armanni, 1956, p.56; Boris L. Fonkitch, "La Chronique de Michel Glykas: Note sur les origines du manuscrit de Leningrad (une fois de plus sur Nathanaël Emboros et Nathanaël Chicas)," *Thesaurismata: Bolletino dell'istituto ellenico di studi bizantini e postbizantini* 19 (1982): 78–89; Spyros Lambros, "Ein neuer Codex der Chronik des Glykas," *Byzantinische Zeitschrift* 4, no. 3 (1895): 514.

（三）出版和现代语言译本

Philippe Labbe (ed.), *Michaelis Glycae siculi, Annales, a mundi exordio usque ad obitum Alexii Comneni imper. Quatuor in Partes tributi*, Paris: Ex Typographia Regia, 1660.

Philippe Labbe and Johannes Leunclavius (eds.), *Tou kyrou Michaēl Glyka*

---

① Charles M. Brand (ed.), *Deeds of John and Manuel Comnenus*, New York: Columbia University Press, 1976, p.141. Harry J. Magoulias (trans.), *O City of Byzantium: Annals of Niketas Choniates*, Byzantine Texts in Translation, Detroit: Wayne State University Press, 1984, pp.63-64.

② 参见 Alexander P. Kazhdan (editor in chief), *The Oxford Dictionary of Byzantium*, pp.855-856.

Sikeliōtou Biblos chronikē = Michaelis Glycae Siculi, Annales a mundi exordio usque ad obitum Alexii Comneni Imper.: quatuor in partes tribute, Venice: Ex Typographia Bartholomaei Javarina, 1729.（1660年版本的再版）

Michaelis Glycae Annales, recognovit Immanuel Bekkerus, Corpus Scriptorum Historiae Byzantinae, Bonnae: Impensis Ed. Weberi, 1836.（希腊语原文，拉丁语译文）

Jacques-Paul Migne (ed.), *Patrologiae cursus completus: Series graeca*, vol. 158, Paris: Apud J.-P. Migne, 1866.

（四）内容简介和经济社会史料价值

米哈伊尔·格里卡斯的《简明编年史》写作时间晚于君士坦丁·马纳塞斯的历史，使用了君士坦丁·马纳塞斯的历史。整部作品有对一位第二人称读者做出的评论，可能是写给他儿子的。这部编年史从创世写到1118年，一共四卷。第一卷从创世写到亚当，围绕着上帝创世最初六天讨论了自然和神学，这一卷详细讨论了宇宙论、天文学、自然历史和动物学；第二卷从该隐和亚伯写到凯撒大帝，对占星术和神学问题特别感兴趣；第三卷从凯撒写到君士坦丁；第四卷从君士坦丁写到1118年阿莱克修斯去世。关于阿莱克修斯一世的统治，他跟佐纳拉斯一样猛烈批评阿莱克修斯。

这部编年史从神学上来审视人类历史，作者对自然历史和非同寻常的现象表现出特别的兴趣。这部作品除了反映了作者的历史观、兴趣和对政府的态度之外，在经济和社会方面的史料价值不大。

十三　塞萨洛尼基主教尤斯塔修斯的《塞萨洛尼基陷落记》

（一）尤斯塔修斯简介

尤斯塔修斯（希腊文为 Εὑστράτιος，英文为 Eustathios of Thessaloniki）是教会官员、学者和作家。他是塞萨洛尼基大主教，写作了《塞萨洛尼基陷落记》（*On the Capture of Thessalonike*），是关于1185年西西里诺曼人占领塞萨洛尼基后不久洗劫该城的生动的第一手记载。

尤斯塔修斯是 12 世纪的名人，有许多书信和修辞学作品幸存下来，但仍然难以准确重构他的传记。他出生的时间和地点不清楚。一般认为他出生于 1110–1115 年之间。他的书信表明他是在君士坦丁堡受的教育，他开始教会生涯，起初是圣尤菲米娅（St. Euphemia）教堂的司祭，后来大约在 12 世纪 60 年代担任牧首的辅祭。这期间他作为教师很活跃，他关于《伊里亚特》(*Iliad*) 和《奥德赛》(*Odyssey*) 等古代作品的著名注释很可能写作于这一时期。大约 1168 年，他获得了修辞学教师（*maistōr tōn rhētorōn*[①]）的高职位，这个职位包括在皇宫中的义务。尤斯塔修斯写给牧首米哈伊尔三世（Michael III Angelou，1170–1178 年在位）关于他从教会等级制度中第 11 级降到第 12 级的申诉书幸存了下来。大约在 12 世纪 70 年代某个时候，他被任命为迈拉主教，大约 1178 年被皇帝曼努埃尔一世·科穆宁任命为塞萨洛尼基大主教。他似乎在这个时候旅行各地，写作了对皇帝的各种演讲，包括一篇赞美皇帝曼努埃尔的颂词。关于穆斯林叛依者是否需要谴责安拉，他和曼努埃尔的观点不一致（尼基塔斯·侯尼雅迪斯对此做了记载）。1185 年，塞萨洛尼基被诺曼人占领，他被掳为人质。在安德罗尼库斯一世被废黜和诺曼人被伊萨克二世·安苴鲁斯（Isaac II Angelos，1185–1195 年在位）打败之后，他在 1186 年记载了洗劫、被俘这些事件。他与他的主教们关系不好。可能大约在 1191 年，他离开了（可能是迫不得已）塞萨洛尼基，但是他返回继续任职直到去世，学者们认为他去世时间大约在 1195–1196 年。[②]

尤斯塔修斯的作品很多，注释方面，除了前文所说关于荷马史诗的，还有关于狄奥尼修斯（Dionysios Periegetes）、品达（Pindar）、阿里斯托芬（Aristophanes）、大马士革的约翰（John of Damascus）的注释；还有历史记载《塞萨洛尼基陷落记》，大量政治演说，实践神学作品，布道词，赞美诗汇编，大量书信，以及大量其他作品。尤斯塔修斯是他所处时代最古典的学者，主要使用

---

① *maistōr tōn rhētorōn*，或 *maistor ton rhetoron*，希腊文为 μαόστωρ τῶν ῥητόρων，修辞学教师，君士坦丁堡牧首学校教师之一，由皇帝任命。参见 Alexander P. Kazhdan (editor in chief), *The Oxford Dictionary of Byzantium*, p.1269.

② 参见 John R. Melville Jones (trans.), *Eustathios of Thessalonki, the Capture of Thessaloniki: a translation with introduction and commentary*, Canberra: Australian Association for Byzantine Studies, 1988, pp.vii-xi.

古典时代伟大作家们的语言，大量引用古典时代希腊语作家作品和圣经。他的主要贡献是注释了古典时代的文献并收集了遗失的古代注释作品，但他也是一位原创思想家和伟大作家。他在政治上支持皇帝曼努埃尔一世，但有时候也批评皇帝，特别是曼努埃尔试图与伊斯兰教教义调和的政策。他赞美军事能力，谴责贪赃枉法的官僚和贪婪的文盲修道士。他为恩典礼物制（*charistikia*①）辩护。与同时代看法截然不同的是，他把世俗理想置于隐士的理想之上。他阐述了从原始生活方式到文明的历史发展过程的观念。他抨击奴隶制为罪恶的残忍的制度。他喜欢在作品中加入细节描写和讽刺挖苦。他享受生活，认为人类关系比宗教仪式上的关系更为重要。②

（二）手抄本

有一本手抄本幸存下来，其中有《塞萨洛尼基陷落记》和尤斯塔修斯的其他作品，保存在瑞士巴塞尔公共图书馆（Public Library of Basel, Switzerland），即"巴塞尔抄本 A Ⅲ 20"（*Ms. Basle A Ⅲ 20*）。马斯（Maas）认为这本手抄本部分由尤斯塔修斯书写，但是其他学者否定这一看法。目前学术界普遍认为，这本手抄本虽然不是尤斯塔修斯亲自写的手稿，但也跟尤斯塔修斯处于同一时代。③

（三）出版

1832 年塔菲尔（Tafel）第一次出版，没有注释或翻译，但分了段落：*Eustathii metropolitae Thessalonicensis opusculae. Accedunt Trapezuntinae historiae scriptores Panaretus et Eugenicus. E codicibus mss. Basilensi, Parisinis, Veneto nunc primum edidit Theophil. Lucas Frider. Tafel, pbil. dr. liter. antiq. in Acad. Tubing. prof. p.o. Francofurti ad Moenum. Sumptibus Sigismundi Schmerber. MDCCC XXXII.*

---

① *charistikia*，指把整座修道院及其所有财产授予私人或者机构的制度。详见后文。参见 Alexander P. Kazhdan (editor in chief), *The Oxford Dictionary of Byzantium*, pp.412-413.

② 参见 Alexander P. Kazhdan (editor in chief), *The Oxford Dictionary of Byzantium*, p.754.

③ 参见 John R. Melville Jones (trans.), *Eustathios of Thessalonki, the Capture of Thessaloniki: a translation with introduction and commentary*, Canberra: Australian Association for Byzantine Studies, 1988, p.vii.

1842 年贝克尔（Bekker）再版，其中有爱德华（Edward Brockhoff）翻译的拉丁文译文：*Leonis grammatici, Chronographia,* ex recognitione Immanuelis Bekkeri; accedit Eustathii, De capta Thessalonica liber, Bonnae: Impensis Ed. Weberi, 1842.

Sapientissimi et doctissimi Eustathii Thessalonicensis Metropolitae opera quotcunque argumenti sunt ecclesiastici. Accedunt Antonii Monachi cognomento Melissae loci communes ex sacris et profanis auctoribus collecti. Accurante et denuo recognoscente J.-P. Migne, Bibliothecae Cleri Universae, sive cursuum completorum in singulos scientiae ecclesiasticae ramos editore. Turnholti 1856.

[*Tou sophōtatou kai logōstatou Eustathiou mētropolitou Thessalonikēs hapanta osa ekklēsiastikēs estin hypotheseōs*] = *Sapientissimi et doctissimi Eustathii Thessalonicensis metropolitæ Opera quotcunque argumenti sunt ecclesiastici: accedunt Antonii monachi cognomento Melissæ Loci communes ex sacris et profanis auctoribus collecti,* accurante et denuo recognoscente J.-P. Migne, Lutetiæ Parisiorum: Apud J.-P. Migne, 1865.

（四）现代语言译本

德语译本：

Komnenen und Normannen. Beiträge zur Erforschung ihrer Geschichte in verdeutschten und erläuterten Urkunded des zwölften und dreizehnten Jahrhunderts. Aus dem Griechischen von G.L.F. Tafel, Stuttgart 1852, 2nd edition 1870.

Die Normannen in Thessalonike; die Eroberung von Thessalonike durch die Normannen, 1185 n. Chr., in der Augenzeugenschilderung des Bischofs Eustathios, übersetzt, eingeleitet und erklärt von Herbert Hunger, Byzantinische Geschichtsschreiber 3, Graz: Verlag Styria, 1955.

意大利语译本：

I siciliani in Salonicco nell'anno MCLXXXV, ovvero La espugnazione di Tessalonica, narrata dall'arcivescovo Eustazio, Tradotta da Giuseppe Spata, Palermo, V. Davy, 1892.

La espugnazione di Tessalonica [*di*] *Eustazio di Tessalonica,* Testo critico, introduzione, annotazioni di Stilpon Kyriakidis, Proemio di Bruno Lavagnini, Versione italiana di Vencenzo Rotolo, Istituto siciliano di studi bizantini e neoellenici, Palermo, 1961.

英语译本：

Eustathios of Thessaloniki: the capture of Thessaloniki, a translation with introduction and commentary by John. R. Melville Jones, Canberra: Australian Association for Byzantine Studies, 1988.

The capture of Thessaloniki, Eustathios of Thessaloniki; a translation with introduction and commentary by John R. Melville Jones, Leiden: Brill, 2017.

法语译本：Paolo Odorico (trans.), *Thessalonique: Chroniques d'une ville prise*, Toulouse: Anacharsis, 2005.

现代希腊语译本：Paolo Odorico, *Chronika tōn alōseōn tēs Thessalonikēs*, translated by Charis Messis, Athens: Ekdoseis Agra, 2010.

（五）著作大意

塞萨洛尼基大主教尤斯塔修斯《塞萨洛尼基陷落记》是关于 1185 年西西里诺曼人占领塞萨洛尼基后不久洗劫该城的生动的第一手记载。作者经历了这场洗劫灾难，开篇哀悼该城遭到洗劫，谩骂无能指挥官大卫·科穆宁（David Komnenos），叙述安德罗尼库斯一世登基和统治之初，对他的描绘是消极负面的，尤其强调安德罗尼库斯残忍对待拜占庭贵族。然后报道西西里的威廉二世（William Ⅱ，1155–1189 年）发动的战争，他的军队在短暂围攻之后进入塞萨洛尼基城，作者认为主要是大卫·科穆宁防守无力无能的结果。然后描述塞萨洛尼基居民在征服者手中遭受的灾难，以及他努力减轻征服者对他的同胞的虐待。下面主要根据 1988 年英译本概括著作大意。

前言：作者强调自己是作为目击者和献身宗教生活者记载这一灾难性事件；简述自己的写作思路和写作风格；简述主要内容和写作顺序。

关于这次占领的目击者记载的开始：亲历者和非亲历者记载的不同。塞萨洛尼基目前的惨状，不再美丽繁荣，城墙失去作用，所有神圣场所遭到损毁，财富流失，人们被敌人杀死或烧死，等等。婴儿死亡，人们死亡或逃往卫城，但逃命的人和动物太多，推挤在一起，全部倒在卫城门前，堆成一座山，跟城墙一样高。指挥官大卫·科穆宁逃走。大卫·科穆宁关门不让人们通行，导致惨剧。我指责大卫·科穆宁任由敌人摧毁较低的城市，自己却躲在较高的堡垒里。在围攻之前，我支持他，但现在他不再值得赞美。我将忠于事实进行记载。大卫·科穆宁是罪魁祸首，我只有在这时才认识他的本性。安德罗尼库斯多才多艺，复杂多变，有些值得赞美有些不值得赞美，性格多元，有好的有坏的，坏的占优势。我现在对大卫只有仇恨，因为他先是逃跑，后是投降。随着皇帝曼努埃尔·科穆宁的去世，希腊人的一切都崩溃了。他就像是太阳一样，他离开后留给我们的是巨大的黑暗。他去世后帝国的皇位争夺。曼努埃尔的未成年儿子继位，小皇帝母亲即皇后的风流韵事，贵族们争夺皇位，局势混乱。主耶稣受难节那天，选定的神职人员传统上要拥抱皇帝，给皇帝仪式性的亲吻，牧首必须到场。但那天牧首没有去皇宫，向皇帝表明推迟通常的拥抱仪式。一些高级神职人员和元老院成员阴谋废黜牧首，得到皇帝及其母亲、君士坦丁堡一些平信徒和教会人士等的支持，其他人同情牧首。反对牧首的皇帝一派和支持牧首的教会一派双方交战，死伤惨重，引起对皇后的普遍仇恨，人们渴望推翻她，渴望曼努埃尔的堂兄弟安德罗尼库斯·科穆宁前来拯救他们，希望他使小皇帝摆脱皇后及其情人的影响，认为他会信守自己尊重小皇帝的誓言。安德罗尼库斯野心膨胀，导致我们的完全混乱和毁灭。他率领一小支军队向君士坦丁堡进军，通过多种方式造成军队规模很大的假象，导致君士坦丁堡市民特别是他的敌人惊慌失措，把整个君士坦丁堡城都争取到了他那一边。为对付安德罗尼库斯，皇后及其情人诱惑君士坦丁堡城中的拉丁人（他们定居在城东一角沿海，多达6万多人），向他们承诺允许他们劫掠君士坦丁堡并奴役希腊人。安德罗尼库斯带来的帕夫拉戈尼亚人攻击城中拉丁人的暴行，他们烧杀抢掠，放火烧拉丁人，掠夺他们的财产，杀死妇女孩子，割开母亲的子宫，里面的婴儿很快死亡，这种残忍行径导致拉丁人对希腊人的仇恨，造成我们现在的灾难。他们后来报复我们，甚至亵渎上帝的神圣场所，在那里甚至连神职人员也杀害。安德罗尼库斯接着推翻皇后及其情人。少数聪明的人清楚他的本性，但大多数人因他出身高贵且发誓效忠皇帝等原因支持他。安德罗尼库斯计划改革统治方式，遭到大多数贵族和掌权人士的反对，他假装决定回到帕夫拉戈尼亚人地区，民众跪着不断哭泣恳求他留下。由于牧首反对他且意识到他将伤害皇帝，他决定除掉牧首，煽动民众攻击他，牧首被迫退位。不久他派人勒死皇后并抛尸海中。他召集最著名家族的所有贵族开会，逮捕了他们，监禁或者流放了他们，把其中部分人弄瞎。安德罗尼库斯通过煽动和利用民众，成为共治皇帝。他重用一些谄媚之徒、出身一般的人，例如，斯特凡诺斯原来财富中等，其父是管账目的，他为人胆大，与比他地位高的人结婚，因犯罪被割掉鼻子，但仍然在公开场合露面，后来被剥夺婚姻，在皇宫中徒劳无益，一天他在皇帝住所前大哭，说自己是最邪恶的人却得不到重用，不久他得到提升，和邪恶的人合伙，把见风使舵的现任牧首瓦西里·卡玛特罗斯（Basil Kamateros）吸引到身边。谄媚的人请求安德罗尼库斯当皇帝，这些暴民和牧首合作使他当上了皇帝。从此，他成为共治皇帝，凌驾于小皇帝之上。不久，他除掉了小皇帝，不知道用什么方式杀死了小皇帝，抛尸海中，接着他把小皇帝的新娘据为己有，迫害贵族和官员。安德罗尼库斯毁灭了我们。受到伤害的人很多，有来自比萨（Pisa）和热那亚（Genoa）的，有来自伦巴第（Lombardy）的，有来自贵族阶层的，这些人派出代表到处寻求援助，向突厥人、安条克和耶路撒冷的十字军国家、教宗、法王、德王、蒙费拉（Montferrat）侯爵康拉德、匈牙利国王等求援。西西里国王威廉报复以前曼努埃尔一世对西西里的攻打，企图借助阿莱克修斯·科穆宁的求援在君士坦丁堡成为皇帝。一个名叫阿莱克修斯的所谓修道士找了一个年龄、长相和小皇帝差不多的农村小孩充当小皇帝，到处招摇撞骗，博取同情，牟取了大量利益，并把这个伪皇帝带到西西里国王那里。因此，西西里国王从各地募集大军，包括 200 多艘战船，从海路和陆路侵略我们。这些拉丁人到达伊利里亚（Illyria），占领了迪拉基乌姆，安德罗尼库斯归咎于别人而不是他自己。实际上责任在他。不久前他派了某个罗曼努斯到那里，这个人贪得无厌，使迪拉基乌姆人们由富有变得贫穷，结果人们没有坚决抵抗，城市被占领，财产被烧掉，人们处于恐惧之中。将军约翰·布拉纳斯（John Branas）被俘虏。敌人海陆两路进攻并包围塞萨洛尼基。我们的将军和总督大卫三次写信给皇帝谎报军情，以愚弄皇帝，因为皇帝痛恨他这种出身高贵的人，而他同样仇恨皇帝。他以前常常说每天生活在恐惧之中，担心来自君士坦丁堡的某个人会把他的眼睛挖出来。他想要独自控制事务，防止安德罗尼库斯派人前来取代他的指挥权、落入安德罗尼库斯手中。安德罗尼库斯羁押了大卫的母亲和兄弟。皇帝派去援军，但并不进城或攻打敌人。敌人带来了新式攻城器，他们有一些投石机。大卫的种种过错，玩忽职守，惩处抱怨者，收受贿赂允许逃跑，等等，把我们推向毁灭。缺水，修复卫城上的蓄水池，利昂·马兹达斯（Leo Mazidas）建议过几天等维修的地方干了之后再放水进去，敌人还有很远。大卫没听，这造成了一场巨大灾难。下午大卫让乔尔泰兹山（Mount Chortaites）的水通过管道系统流入蓄水池，马兹达斯知道后建议马上停止放水，重新修复蓄水池，遭到拒绝。结果，水浸泡并冲掉了潮湿的石灰膏，几天后蓄水池就空了。我们依靠卫城的希望落空。大卫不考虑、不照顾这个城市和城市人们，他的所作所为简直是故意通敌。正如一艘船的舵手不是船的所有者而只是受雇人员，并极其仇恨船的主人，那么在危机中他就会无所作为，任凭船只触礁连同货物和船员沉没。安德罗尼库斯和大卫都有责任。没有人见到大卫骑着战马，他只是骑着骡子，穿着马裤，和最时兴的凉鞋，头上戴着格鲁吉亚款式的帽子。这种服饰是节日穿的，新郎官也这么穿。大卫无所作为，拒绝打开城门与敌人作战。乔姆诺斯（Choumnos）率领一支差劲的士兵出城攻打东门外的敌人，一些士兵和城中的孩子们出城支援，大卫在他们出城后关上了城门，同时他不愿出城攻打城市西门外的敌人，爬到高处妇女通常站的地方观战，遭到妇女的嘲笑。后来我们得知，拉丁人自己报道说，如果城市的守卫者从海港突击，那么他们能够夺取对方的围攻装备，赶跑对方，烧掉对方所有船只。大卫仍然无所事事。那些决定支持这座城市的人不再是那些市民、拥有我们自己生活方式的人以及房屋主人，而是野蛮的窃贼匪徒，这些人非常勇敢，渴望战斗，不顾危险在城墙上守城。不仅男性而且女性都参加守城，她们搬来石头供投石机使用，运来水，不仅年轻女性而且年老女性都参与其中；其他女性准备战斗，用破布做成类似护胸甲的东西，用头巾盘旋着包裹脑袋，装着适合手投的石块，爬到城墙上尽最大努力向敌人扔石头，她们还剪下自己的头发做成弓弦。他们白天战斗，晚上守卫，没有休息，最后他们崩溃，体力和精神都耗尽。这些人穿着平信徒的服装，但实际上是真正的使徒。后来在城市被洗劫的时候，他们遭到严厉报复。一个拉丁人说守卫塔楼的有人给敌人传递信息，透露城中信息。曼努埃尔·阿布迪莫斯（Manuel Aboudimos）是监督鱼价的检查员，他的遭遇也证明了塞萨洛尼基遭到了出卖，他在去工作的途中被五个拉丁人雇佣兵砍掉了右手。有三个人从西门跳下加入侵略者。等等。大卫为逃避皇帝，拒绝作为，不顾城中人们死活，听说敌人从外面挖了通到城内的地道也满不在乎。敌人用投石机攻破城墙。大卫打开东门逃跑，让敌人涌入城市。市民而不是士兵进行了顽强抵抗。抗敌中值得赞美的人。城市在被围攻的第24天陷落，那天出现大雾，鸟儿绝迹，以往常见的麻雀、鸽子和乌鸦杳无踪迹，尽管城市在遭到洗劫之后街道到处是各种谷物，甚至大雨瓢泼种子发芽长出庄稼，也没有食草动物来吃。我们的人基本上都逃跑了，只有几个人英勇抗敌，包括某个教会人士波利亚斯（Boleas）。我们自己不能指望卫城，因为它的水供应问题。我们平分补给品，拒绝考虑在圣迪米特里（Saint Demetrios）教堂或者其他教堂里避难，因为太多人在教堂里避难。我们待在家里，被敌人拖了出去，推着走，我们遭到冲击、侮辱和死亡威胁，被带到竞技场。海盗西潘托斯（Siphantos，他与西西里人达成了协议，一起进行侵略活动）带走了我们，看到城中和城墙边到处是仍然流着鲜血的尸体，我们忍不住流泪。西潘托斯强迫我们支付4000枚金币赎金，我们没有，他说这笔钱对于大主教来说很少，说一个大主教一年有一万磅黄金收入。某个仇恨安德罗尼库斯的威廉找到了我们，要杀我们，说是因为我们忠诚于安德罗尼库斯，最后被我们劝走，不再仇视我们。被俘期间敌人给我们一点点食物，甚至有个人给了几个小铜币。过了很久，我们回到家，各种拉丁人占据了那里，我们只能待在小花园里，躺在小浴室的长椅上，下面仅仅铺着一层稻草，在那里度过了整整八天。这期间我们没有纯面粉面包，只有糠饼，没有酒，之后我们有一些发酵的面包等。花园里的果树被毁坏，无花果尚未成熟，就被这些野蛮人采摘，花圃也被毁坏。我们的餐桌上只有糠饼。他们吃了葡萄腹泻，光着屁股对着我们拉便。我的同伴们非常愤怒，想要赶走他们，但我们禁止他们这样做。我们不能得到本属于我们的任何东西，但我们确实获得了50枚金币。敌人剥光街上尸体的衣服，四处抢劫，城市变成坟墓。地上到处是尸体，人和驴、狗、猫等的尸体躺在一起，这些野蛮人连动物也不放过，结果，狗变得稀少。幸存的狗会追着希腊人走，但是远离拉丁人，连这些动物也知道身处险境。这些野蛮人在街上横冲直撞，毁坏房屋，冲进教堂、修道院、修女院，他们杀死了很多圣徒般的人，强奸甚至轮奸女性，这是对上帝开战。他们亵渎圣物，弄碎没有内在价值的圣像，夺走装饰物，抢走教堂财物，在神圣场所随地小便甚至在圣餐台小便，圣十字架成为这些人的玩具。他们把教堂的水晶灯当作便壶，把真正的便壶当作饮用器皿。他们弄脏井水，又打井水喝。他们用斧头砍下圣迪米特里教堂里圣迪米特里圣墓上的银饰品，夺走圣徒头上的金冠，甚至抢走了他的一只脚。好在这时国王的一个宦官骑马带着一帮人进来阻止了亵渎活动，阻止了男男女女被杀害被抢劫。在拉丁人屠城开始后，很多人自杀，一些人从屋顶跳下来摔死，一些人投井自杀。一些人被蛮族投石机的石头砸死，一些孕妇在逃亡过程中虚脱而死，一些母亲和年幼孩子跑散，被敌人杀死，父亲逃跑，留下失去母亲的新生儿，这些父亲对死亡的恐惧战胜了与生俱来的爱。我们在逃亡过程中也是绝大多数丧命，死亡不计其数，根据那些到处统计死亡人数的估计，死亡的平民、保加利亚人士兵和希腊人士兵可能大约超过 7000 人；蛮族自己的估计是 5000 人，但他们只统计了死在外面的人，没有包括挤在教堂或者房屋中窒息而死的那些人。曾经繁荣的城市变成了一座空城。我们请求敌人把尸体埋掉，敌人说喜欢看到尸体，喜欢闻尸体的臭味，后来残忍地把人和动物的尸体放在一起烧掉了。塞萨洛尼基城被占领的当天下午屠杀和洗劫等大多数暴行停止。敌人的骑兵部队和船长及其属下纷纷占据城中的房屋，首领们及其随从占据大房子，其他人占据小房子，结果，他们住在房子里，所有市民包括我们待在房子外面。他们享用房中的一切，而房子主人则到处流浪，饥渴交加，瑟瑟发抖。由于缺少衣服，他们用各种各样的东西遮挡自己。有人用草席遮羞，有人只能用手掌和手指遮羞，甚至女性也遭受同样的命运。白天有长官约束还好，但晚上，这些敌人放肆作恶。只有妓女穿着好衣服，她们穿着神圣的祭礼服，身边陪着可耻的情人，和他们一起跳舞，在我们眼前公开展示她们的耻辱。我们大多数没有遮盖头部，拉丁人禁止我们戴头饰，小部分人头部受伤，不得不遮盖头部，其中只有最幸运的才戴了帽子，其他的用灯芯草或者绳子或者芦苇做成帽子遮盖头部。人们处境凄惨，贫富贵贱已无法分辨，每个人都变得差不多，难以辨认。每个人都非常饥饿，很难得到施舍物。如果有人出售食物，对犹太人或者亚美尼亚人他会给予合适的分量，但对塞萨洛尼基市民则食指和拇指形成的那么大圆圈的食物卖到了 3 个铜币（staters），但实际上不值 1 奥波尔（obol）。亚美尼亚人住在城外，在城市陷落之前与敌人一起攻城，现在对我们发号施令，剥夺我们的财产，高价出售面包，和拉丁人一样压榨我们。若非夏末农作物包括葡萄丰收，我们那时候就已死亡。我们用葡萄做酒，再用酒来换取衣服等。流言说亚美尼亚人亵渎面包，但人们顾不得那么多，必需品紧缺。有人说拉丁人也玷污食物，把猪油、牛脂与橄榄油混合，违反了星期三和星期五禁食的规定，他们似乎不仅要把我们变成奴隶，而且要嘲笑我们神圣的宗教。当我们在圣迪米特里教堂里唱赞美诗的时候，他们唱他们自己的歌，企图把市民们的吟唱比下去。在我们朗读圣经的时候他们争相大喊，扰乱良好秩序，破坏神圣和谐。我告诉了拉丁人首领阿尔杜因长官（Komes Aldouin），希望恢复秩序、不要嘲笑神圣事物，但是我无法如愿，尽管他在其他方面愿意帮助希腊人。在其他方面，他惩罚犯罪，给予圣迪米特里墓地金银以补偿被夺走的东西，送给我们很多书籍、盛放蜡烛的贵重银器、生活必需品、一些圣像和各种圣器。拉丁人仇恨我们希腊人，要求他处死所有希腊人，我们尽最大可能不断以各种方式和他谈话，成功说服他，劝他发誓不再伤害战败者。从此我们得到喘息之机，但是不能完全摆脱困境，因为拉丁人极其仇恨希腊人。他们认为他们和我们不能同时存在，在路上碰到我们时，打我们，推我们，使我们摔倒在地，侮辱我们，嘲笑我们，如果希腊人在狭窄路上碰到骑马的拉丁人，拉丁人会不失时机地践踏他，击打他，向他猛冲过去。他们的举止不像是人，而像是逮住了猎物的狮子。他们认为我们应该对自己的痛苦遭遇感到高兴，但如果我们高兴，他们会认为我们在嘲笑他们。他们还仔细检查路人的胸部，看是否藏有贵重物品，并检查他们的大腿看是否藏有武器。我们都被迫穿着破烂的衣服。他们还厌恶我们的长头发和长胡须。拉丁人的发式。拉丁人用剃刀、或匕首、或剑剪短希腊人的头发和胡须，剪成拉丁人的发式。但他们不愿意我们和他们住在一起。希腊人如果到自己的房子去，会遭到拉丁人的百般折磨，被逼着说出自己的财产下落，甚至被杀害，因为拉丁人担心受害人向长官（Kometes）告状。这些野蛮人甚至埋伏在房内，只要看到看起来有钱的人路过就会把他拖进去进行折磨，直到得到想要的为止。那时候不能在教堂里唱赞美诗，开始几天没有举行传统的聚会唱赞美诗，即使唱了也是为了找到住所或者逃离囚禁。后来我们得到允许唱赞美诗，但邪恶的拉丁人闯进来进行破坏。拉丁人还想阻止我们撞击"圣钟"来召集人们到教堂举行宗教仪式，甚至拔剑威胁并审问我们，但在发现我们是举行宗教仪式而不是阴谋叛乱时不再干涉。在晚上，市民必须闩好门，并且不能点灯点火，才可能安全，否则萨拉森人还有其他人就会破门而入为所欲为，但即使不点灯不点火，这些强盗也会在夜晚拖走丈夫的妻子或抢走少女，还夺走房中财富，在房中杀人，这些野蛮人还在夜里用棍棒等砸门，惊扰房主的睡眠。这些恶行把大多数俘虏驱赶到死亡的边缘，俘虏们不得已只好讨好拉丁人，尽一切可能活下去并远离恐惧，结果一些人无意中远离了正道，他们说出了藏宝处，参加劫掠，追赶逃亡者，妇女拒绝自己的丈夫，少女听天由命，等等。我们的神圣场所变成淫荡之地，我多次劝告那些堕入罪恶的妇女，但是没有用。拉丁人不仅洗劫城市，而且到处盗墓搜寻财富。我们以前没有听信预言，结果自食其果。之前有圣洁的人做了有凶兆的梦，他们劝告说我们将遭难，遭到我们的嘲笑和无视。他们还预见到圣迪米特里（the Myrobletes）将离开城市，并在城市被占领那一天回来，但我们并不相信。这时圣母也显示不利的迹象，表明不愿意支持我们，因为在宗教仪式列队行进把她搬回来的时候，搬运圣母圣像的人在门口差点摔倒，神职人员加入进来也不能把圣像搬进去，于是恐惧笼罩了所有人，他们放声大哭，直到圣像能够放回原处为止。圣经也预示我们将遭难。大卫唱圣歌时选择的赞美诗一开始就说异教徒来了，圣地遭到亵渎，上帝的仆人被杀等，这对那些聚集在那里准备祈祷的人来说是不祥之兆。所有这些预言了这次灾难。我们认识到无法逃脱，大声痛哭，他们吓得赶紧逃跑。因此，由于皇帝安德罗尼库斯和总督大卫之间的个人仇恨，我们遭受了巨大灾难，曾经繁荣的城市现在到处堆满尸体。敌人冲进教会医院杀死里面的人，抢走里面的一切，现在这座美丽的建筑物已经空空如也，不能治疗病人了，病人只好回家等死。在被这些残忍的畜生洗劫之后，一切都消失了，他们毫无优雅，甚至不知道优雅为何物，他们是最令人不快的人，根本不知道美好的事物，他们的社会粗俗无比，他们完全没有经历任何美丽的东西，在外面的城市里毁坏了一切美好的事物。毫不奇怪，他们杀死了这么多人，甚至杀死动物，打破罐子、长颈瓶、油瓶等一切碰到的东西。他们极力搜集储存在包装材料或袋子或亚麻布里的各种美好贵重的物品，打开后扔掉里面的东西，却在胸部塞满了无用的、大多不值钱的东西。但那些晚些到达的人则捡起四处散落的东西，满载而归，设法收集大量财富，但这些人也没有受过教育，他们用贵重的东西换取极少的酬金。许多次，黄金被换成不过两倍的无价值的铜币，白银甚至换成等量的无价值铜币。书籍、织物等被换成微不足道的钱。他们不喜欢我们的陈年葡萄酒，酒用于治伤极好，结果最后没有剩下酒，没有药膏，不可能治伤，因此没有人埋葬尸体，伤员也增加了死亡人数，给那些负责埋葬死者的人带来麻烦。这些伤者大量死亡，留下了大量空房子。拉丁人不喜欢陈酒，但喜欢新酒，认为新酒极好，迫不及待地吞食新榨的葡萄汁，大吃牛肉和大蒜，很多拉丁人因暴饮暴食而死亡。他们的首领阿尔杜因说超过 3000 拉丁人死于疾病。我们很是高兴，虽然他们没有我们的人死得多，但算上战死的人数我们感到更为慰藉。阿尔杜因抱怨我们不合理的抵抗和他的国王因此遭受的损失，说超过 3000 拉丁人死于城墙的投掷物，还有拉丁人死于搜寻粮草等，饥饿也导致许多拉丁人死亡，因为甚至敌人也发现难以获得生活必需品。一些拉丁人愿意同我们交友，因为我们能够和他们讨论宗教问题，他们说他们的军队有 8 万人，其中有 5000 骑兵，他们认为这些骑兵抵得上 5 万希腊人。其余的有些是骑射手，有些是轻装战士，其余使用其他各种武器。这些人从国王那里得到报酬。还有一些不从国王那里得到报酬，他们只是参加进来获取战利品的，称为 *Rizico*（意为"风险"）。这是陆军。他们的海军包括 200 艘船，还有不从国王那里得到报酬、期望获取战利品的海盗。这些人没有开化，相当于一帮乞丐，洪流般席卷了城中的一切。孩子似的愚蠢地随便一点钱就换走了他们手中的贵重物品，城中街道上到处是香油，芳香精华，用来治疗疾病、打扮或者染色的粉末，用于清洁生活的其他东西，等等。在他们看来，香木仅仅用来点火的，把贵重的葡萄干看作仅仅是燃烧的木炭碎片，玫瑰香水被当成污水，等等。奇怪的是，他们对铁环、小钉子、小刀子、火柴盒和针非常感兴趣，好像它们非常贵重似的，其他好东西他们则随地践踏。这个城市已被我们自己抛弃，这次灾难是我们自己的罪恶导致的，我们将要花很多年疗伤。嫉妒，盲目骄傲，诽谤，不诚实，贪财，轻视友谊，忘恩负义，缺乏仁慈，轻视、嘲笑神圣事物，作伪证，兼并土地，挪用钱财，我们对小额贷款索取过高的利息，使那些地产不多的人背负了沉重的负担。我们的这些罪恶导致了这场灾难。我们必须尽快改邪归正。

（六）在经济和社会方面的史料价值

塞萨洛尼基大主教尤斯塔修斯关于 1185 年西西里诺曼人（Normans of Sicily）攻占塞萨洛尼基城的记载虽然不长，但非常著名，现代学者经常引用，是关于科穆宁王朝末期历史的著名原始资料。《塞萨洛尼基陷落记》反安德罗尼库斯及其任命守卫塞萨洛尼基的大卫·科穆宁，描写了罪魁祸首安德罗尼库斯和大卫，描写了他们之间的矛盾，屠城后人们的惨状等。其重要性体现在几个方面：它是塞萨洛尼基陷落这一重大历史事件的目击者记载，写作于塞萨洛尼基陷落之后不久，生动记载了塞萨洛尼基的陷落，生动描述了安德罗尼库斯一世登基的最后阶段。它在经济和社会方面的史料价值，主要有以下几个方面。

第一，反映了拉丁人和希腊人[①]之间关系恶化，希腊人与亚美尼亚人、拉丁人之间的矛盾，记载了对拉丁人、萨拉森人等的看法。

第二，记载了君士坦丁堡民众参与政治活动，安德罗尼库斯利用民众达到自己的政治目的。

第三，记载了贪婪的官员，反映了当时社会的贪污腐败。

第四，描写了底层民众、女性，反映了作者对民众、女性的看法。

第五，记载了当时的一些建筑物和动物，例如，塞萨洛尼基在紧急时候使用卫城的蓄水池，教会医院，鸟类、家畜等动物。还描写了一些房子、教堂等。记载了当时的一些东西，例如香油，芳香精华，用来治疗疾病、打扮或者染色的粉末，用于清洁生活的其他东西，香木，葡萄干，玫瑰香水等。反映了拉丁人和作者等拜占庭人的喜好和生活状况等。

第六，记载了当时希腊人的一些服饰，他们的长发和胡须，拉丁人的发式等。

第七，记载了当时塞萨洛尼基的人口。

第八，反映了当时希腊人的一些信仰状况，例如，重视预兆、梦的预示意义、圣迪米特里和圣母的显圣等，反映了当时盛行圣母崇拜、圣像崇拜和圣徒崇拜。

第九，作者最后总结的拜占庭人自己的罪恶反映了当时的经济社会情况，他指责拜占庭人嫉妒，盲目骄傲，诽谤，不诚实，贪财，轻视友谊，忘恩负义，缺乏仁慈，轻视、嘲笑神圣事物，作伪证，兼并土地，挪用钱财，对小额贷款索取过高的利息，使那些地产不多的人背负沉重的负担等。

此外，作者还记载了塞萨洛尼基的妓女，指出一般人在教堂避难，俘虏被带到竞技场遭到羞辱等。

十四　卓埃尔的《编年史概要》

（一）作者简介

卓埃尔（希腊文为Ἰωήλ，英文为Joel）是活跃于13世纪上半叶的一位拜

---

① 即今天所说的拜占庭人，下同。12世纪末13世纪初一些拜占庭人开始自称"希腊人"，以区别于拉丁人。

占庭编年史家，写作了一部《编年史概要》(*Chronographia en synopsei*)，这是一部简短的世界编年史，从创世写起，写到 1204 年或 1258 年。他可能还就拉丁人征服君士坦丁堡写作了未发表的哀歌。他的具体生平不清楚。

（二）手抄本

这部著作幸存在四本手抄本中，其中三本手抄本涉及时间从亚当到 1204 年君士坦丁堡陷落："维也纳神学希腊文抄本 304" (*Vindobonensis Theologicus Graecus 304*，大约 14 世纪)、"梵蒂冈希腊文抄本 483" (*Vaticanus Graecus 483*，14 世纪) 以及"梵蒂冈巴贝里尼抄本 192" (*Vaticanus Barberinianus 192*，为 *Vaticanus Graecus 483* 的抄本)。

第四本手抄本涉及时间延伸到 1258 年："阿索斯山伊维隆抄本 349" (*Athos, Iveron 349*，14 世纪)。

（三）版本和现代语言译本

Immanuel Bekker (ed.), *Ioelis Cronografia compendiaria*, Corpus Scriptorum Historiae Byzantinae 28, Bonn: Weber, 1836. （希腊语原文，拉丁语译文）

Jacques-Paul Migne (ed.), *Patrologiae cursus completus: Series graeca*, vol. 139, Paris: Apud J.-P. Migne, 1865. （希腊语原文，拉丁语译文）

意大利语译本：Francesca Iadevaia (ed.), *Joel: Cronografia compendiaria*, translated by Francesca Iadevaia, Messina: EDAS, 1979.

（四）内容简介和经济社会史料价值

卓埃尔的《编年史概要》是一部简短的世界编年史，从创世写到 1204 年或 1258 年，很可能写于 13 世纪 1261 年之前。作者可能使用了修道士乔治、斯凯利兹斯、斯凯利兹斯续编以及乔治·凯德诺斯的作品。编年史按顺序列出了一系列统治者，一开始列出了犹太人、巴比伦、波斯、马其顿、塞琉古王朝 (Seleucid) 等的统治者们，列出了他们的统治时间、死亡原因，从凯撒大帝开始，这部编年史记载的是罗马人皇帝。阿莱克修斯一世统治期间写得最为简短，从曼努埃尔一世去世很快写到 1204 年，表明上帝以拉丁人征服形式进行打击的必然性。在这部编年史最后几行中，作者列举了安德罗尼库斯一世·科穆宁谋杀阿莱克修斯二世（Alexios Ⅱ Komnenos，1180–1183 年在位），伊萨克二世·安苴鲁斯谋杀安德罗尼库斯，阿莱克修斯三世·安苴鲁斯（Alexios Ⅲ Angelos，1195–1203 年在位）弄瞎伊萨克，阿莱克修斯四世（Alexios Ⅳ Angelos，1203 年 7 月 18 日–1204 年 1 月 27 日在位）流放阿莱克修斯三世，以及阿莱克修斯五世（Alexios Ⅴ Doukas Mourtzouphlos，1204 年 1 月 28 日–4 月 12 日在位）谋杀阿莱克修斯四世。他下结论说：基督徒对基督徒做这种事，正义怎么可能保持沉默，怎么可能不让我们被俘获和摧毁呢？由于这种邪恶，君士坦丁的著名城市被意大利人占领。①

　　这部编年史除了表明了作者对于 1204 年拉丁人攻陷君士坦丁堡的看法之外，很少有拜占庭经济和社会方面的史料价值。

十五　尼基塔斯·侯尼雅迪斯的《年代记》

（一）作者简介

　　尼基塔斯·侯尼雅迪斯（希腊文为 Νικήτας Χωνιάτης，英文为 Nicetas Choniates / Choniatēs，或 Nikētas Chōniatēs，约 1155–约 1215/1216 年），12 世纪末拜占庭宫廷高官，在 1204 年拉丁人占领君士坦丁堡后逃亡尼西亚，写作了著名的《历史》（希腊文为 ΙΣΤΟΡΙΑ，英文为 History 或 Chronike diegesis），英译本译为《年代记》，该书涉及 1118–1207 年拜占庭帝国历史。他大约 1155 年出生在地方城镇霍奈，即今天的霍纳兹（Khonas），该城以大天使米迦勒（the Archangel Michael）教堂及其奇迹著称。该城在 9 世纪是大主教所在地，但 1071 年曼兹科特灾难后突厥人占领期间，开始衰落，直到 1090 年突厥人才被驱逐出去；在 12 世纪，该城是一个边境城镇，出征的拜占庭军队经常从那里经过，安苴鲁斯王朝（the Angelos）统治期间蹂躏安纳托利亚（Anatolia）的许多叛乱波及该城。1206 年后霍奈处于突厥人统治之下。1258 年塞奥多利二世（Theodore Ⅱ Laskaris，1254–1258 年在位）统治期间，拜占庭人夺回了

---

① 参见 Alexander P. Kazhdan (editor in chief), *The Oxford Dictionary of Byzantium*, p.1042. Leonora Neville, *Guide to Byzantine historical writing*, with the assistance of David Harrisville, Irina Tamarkina, and Charlotte Whatley, Cambridge, United Kingdom: Cambridge University Press, 2018, p.216.

这座城镇，但不久它再次陷入突厥人统治之下，沦落成为一个无足轻重的村庄，直到 1924 年这里的居民仍是希腊人，但只说土耳其语。尼基塔斯的家境应该还不错，但似乎不属于在首都有重要社会关系的贵族阶层。他的长兄米哈伊尔·侯尼雅迪斯（Michael Choniatēs）是雅典都主教（1182-1204 年在位），约 1138 年出生，约 1222 年去世。他们被父亲送到君士坦丁堡求学，曾有一段时间他们在那里没有朋友或熟人。尼基塔斯大约 9 岁时被父亲送到君士坦丁堡，由长兄照顾和教育，学习语法、修辞学、诗歌、数学、天文学、法律、政治学、圣经等。后来成为塞萨洛尼基（Thessaloniki）大主教、博学的尤斯塔修斯是他长兄的老师，影响到兄弟俩的文学风格。尼基塔斯大约 1182 年前某个时候开始在蓬托斯（Pontos，黑海南岸的古称）地区担任税务官，他可能还在帕夫拉戈尼亚担任过税务官，很可能在阿莱克修斯二世统治期间，他被录取为皇帝的秘书。安德罗尼库斯一世登基后，尼基塔斯退出皇宫以抗议篡位者和暴政，致力于研究法律。1185 年伊萨克二世登基后，尼基塔斯回到皇宫担任皇帝秘书。1185 年底或 1186 年初，尼基塔斯在伊萨克二世的婚礼上致辞。这时他娶妻成家，妻子是他和长兄的同学兼好友贝里萨利奥特斯兄弟（the Belissariotēs）的姐（妹），富有美德。到 1188-1189 年，他已被提升到财政大臣职位（*proestos tou epi ton koinon chrematon koitonos*）[1]。不久，他成为色雷斯诸多城市的统治者（*harmostēs*）[2] 和那里驻军的军需官。1189 年第三次十字军通过拜占庭领土时，他卷入其中，被命令摧毁刚刚重建的菲利普波利斯城墙；随后在 8 月 25-26 日，菲利普波利斯被德王弗雷德里克"巴巴罗萨"（Frederick Barbarossa，1152-1190 年在位）占领；11 月 22 日，他参加了司令官曼努埃尔·卡米齐斯（*protostrator* Manuel Kamytzēs）在菲利普波利斯附近骚扰"巴巴罗萨"军队的战斗。1190 年 1 月 6 日主显节（Epiphany），他在皇帝面前致辞。同年或者 1191 年，他被任命为"帘子"法庭（*Velum*）[3] 法官。当曼努埃尔一

---

① *proestos tou epi ton koinon chrematon koitonos*，即 head of the public treasury，财政大臣。

② *harmostēs*，即 governor，统治者，总督。

③ *Velum*，希腊文为 βηλον，"帘子"法庭，最高级法庭之一，即竞技场（the Hippodrome）法庭，由 12 名法官构成。参见 Alexander P. Kazhdan (editor in chief), *The Oxford Dictionary of Byzantium*, pp.2157-2158. *Mothers and sons, fathers and daughters: the Byzantine family of Michael Psellos*, edited and translated by Anthony Kaldellis, pp.147-148, n.3.

世的私生子阿莱克修斯被怀疑谋反时，他在帕皮基奥斯（Papykios）山的一座修道院中承担监督阿莱克修斯的削发仪式工作。他还担任地方行政长官（*ephoros*①）职务，其职责不明，可能负责土地登记或者皇室领地。1194-1195 年，他拥有中央法庭法官（*epi ton kriseon*②）头衔，这个头衔可能表示他作为"帘子"法庭法官主持民事法庭的职能。他还有 *genikos* 头衔，表明他可能担任财政大臣（*logothete of the genikon*③）或者帝国税务督察官（*logisēs ton foron*）。1195 年，尼基塔斯被任命为首席大臣（*logothete of the sekreta* 或 *grand logothete*），控制整个文职部门，他还是元老院首脑。1204 年 1 月 25 日君士坦丁堡民众、元老院、主教和神职人员聚集在圣索菲亚大教堂商量推举皇帝，他们请求尼基塔斯提名候选人，但他因担心候选人生命安全而保持沉默。④

　　他的处境在第四次十字军来到君士坦丁堡之后日益恶化。在君士坦丁堡陷落前两个半月，他的首席大臣职务被阿莱克修斯五世解除，被阿莱克修斯五世的岳父取代。拉丁人放的第二把火烧掉了尼基塔斯位于斯弗拉基昂（Spho-

---

　　①　*ephoros*，希腊文为 ἔφορος，复数形式为 *ephoroi*，用于古代斯巴达地方行政长官的术语，11 世纪重新使用，通常有司法职能，1204 年后消失。*ephoros* 也是用于修道院平信徒管理人的术语，他们负责修道院的经济管理，被授予修道院及其财产的所有权，被认为是修道院的保护人，确保修道院获得免税权等，在修道院院长的任免中起到重要作用。有学者认为，*ephoros* 通常由贵族身份的修道院创办人（*ktetors*）任命，非贵族的修道院创办人章程或者有意避免这种任命，或者任命的 *ephoros* 主要代表修道院利益负责跟外界联系但不得干预修道院内部管理。在贵族的修道院创办人章程中，*ephoros* 通常是修道院创办人的亲属，往往是 *charistikarios*（修道院管理者）的委婉说法，从修道院获取财务收益，修道院作为 *charistikion*（"恩典的礼物"）被授予他们。这种 *ephoroi* 有时候会滥用特权毁掉修道院。参见后文。Alexander P. Kazhdan (editor in chief), *The Oxford Dictionary of Byzantium*, pp.707-708.

　　②　*epi ton kriseon*，希腊文为 ὁ ἐπὶ τῶν κρίσεων，1043-1047 年设置的司法职位，和竞技场法庭庭长（*droungarios tes viglas*）、法官（*quaestor*）、君士坦丁堡市长（*Eparch* of Constantinople）一起构成四位法庭法官。该职位在 1204 年后不复存在，尼基塔斯是最后持有该职位的人之一。参见 Alexander P. Kazhdan (editor in chief), *The Oxford Dictionary of Byzantium*, pp.724-725.

　　③　*genikon*，希腊文为 γενικόν，为处理土地税等税收评估的主要财政部门，也是处理财政案件的法庭。*genikon* 在科穆宁王朝地位下降，之后在 12 世纪末地位上升。其首脑称为 *logothetes tou genikou*（财政大臣），在 1204 年后仅为头衔。*logothete of the genikon*，即 *logothetes tou genikou*，指负责国库的主要财政官员，财政大臣。参见 Alexander P. Kazhdan (editor in chief), *The Oxford Dictionary of Byzantium*, pp.829-830.

　　④　参见 Harry J. Magoulias (trans.), *O City of Byzantium: Annals of Niketas Choniates*, pp.ix-xiv. Alexander P. Kazhdan (editor in chief), *The Oxford Dictionary of Byzantium*, p.428.

rakion)、富丽堂皇的三层房子。君士坦丁堡陷落后，尼基塔斯在他位于圣索菲亚教堂附近的第二个家避难，然后来到他帮助过的一位威尼斯人酒商多米尼库斯（Dominicus）家里避难，由于不能长期躲藏，他最后决定逃离首都。1204年4月17日，在君士坦丁堡陷落5天后，尼基塔斯带着家人和朋友亲戚一起离开首都，成年人肩上坐着不会走路的孩子，手上抱着婴儿，他的怀孕妻子快要生产。快到圣莫基奥斯（St. Mokios）教堂时，一个十字军士兵抓走他一个同事法官的金发女儿准备强奸，他向其他十字军求助，救下了法官女儿。他们来到塞林布尼亚，在那里待到1206年复活节，他妻子很可能在那里生下了孩子。他们回到君士坦丁堡，在那里待了半年，然后大约在1206年底或1207年初来到尼西亚。在尼西亚，他曾在皇帝塞奥多利一世（Theodore I Laskaris，1205-1221年在位）面前发表几篇致辞，但未能在尼西亚政府获得重要职位。他在那里完成了其神学论文《东正教知识宝库》（*Dogmatikē Panoplia*）的写作，论述了他所处时代的神学辩论。可能他的健康状况恶化，他的《年代记》结尾仓促。尼基塔斯大约在1215年到1216年之间去世，终年约60岁。[①]

（二）手抄本

尼基塔斯《年代记》幸存的手抄本超过12本，其中有14世纪的、15世纪的、16世纪的。范迪登（van Dieten）教授把这些手抄本分为三大版本：(b) 版本结束于1205年3月；(a) 版本较长，结束于1206年11月；(LO) 版本开始于第四次十字军东征的准备工作，结束于1207年秋季。他把这些手抄本分为四大谱系，第五大谱系是尼基塔斯原稿的改写版。[②]

谱系一：(b) 版本

R = *Vaticanus graecus 169* (13世纪)；

M = *Marcianus graecus 403* (14世纪)；

D = *Vaticanus graecus* (13-14世纪)；

F = *Vindobonensis Historicus graecus 53* (14世纪)；

C = *Coislinianus graecus 137* (1399/1422-1422/1450年)；

---

① 参见 Harry J. Magoulias (trans.), *O City of Byzantium: Annals of Niketas Choniates*, pp.xiv-xvi.

② 引自 Harry J. Magoulias (trans.), *O City of Byzantium: Annals of Niketas Choniates*, p.367, n.3.

Σ = *Parisinus graecus 1722* (16 世纪)；

Φ = *Fuggeranus V 159, vol. A* (1555 年)；

T = *Taurinensis C. Ⅲ. 2* (15 世纪)；

Ψ = *Atheniensis 449* (16–17 世纪)；

Ω = *Matritensis graecus 4621* (15 世纪)。

谱系二：(a) 版本

V = *Vaticanus graecus 163* (13 世纪)；

A = *Vaticanus graecus 1623* (13 世纪)；

P = *Parisinus graecus 1778* (13 世纪)；

Γ = *Marcianus graecus Ⅶ 13, vol. 1* (14 世纪)；

Δ = *Berolinensis graecus 236* (1541 年)；

Θ = *Philippicus graecus 6767* (1541 年)；

Λ = *Parisinus graecus 1707* (约 1541 年)；

Ξ = *Monacensis graecus 93* (16 世纪)。

谱系三：(b) 版本和 (a) 版本之间的过渡版本。

P 校订前的；

W = *Vindobonensis Historicus graccus 105* (14–15 世纪)。

谱系四：LO 版本。

L = *Laurentianus Ⅸ 24* (13 世纪)；

O = *Oxoniensis Bodleianus Roe 22* (1286 年)。

谱系五：

Z = *Marcianus graecus Ⅺ 22* （13–14 世纪，描写了十字军毁坏了雕像）。

（三）出版

Nicetae Choniatae Historia, ex recensione Immanuelis Bekkeri, Bonnae: Impensis Ed. Weberi, 1835. (希腊语原文，拉丁语译文)

Jan Louis van Dieten (ed.), *Nicetae Choniatae historia*, 2 vols., Corpus Fontium Historiae Byzantinae 11, Berlin: De Gruyter, 1975.

Riccardo Maisano (ed.), *Grandezza e catastrophe di Bizanzio (Narrazione cronologica)*, 2 vols., translated by Anna Pontani, Milan: Fondazione Lorenzo Valla,

1994–1999.

（四）现代语言译本

德语译本：

Franz Grabler (trans.), *Die Krone der Komnenen. Die Regierungszeit der Kaiser Joannes und Manuel Komnenos (1118– 1180) aus dem Geschichtswerk des Niketas Choniates*. Vol. 1. Byzantinische Geschichtsschreiber 7. Graz: Styria, 1958.

Franz Grabler (trans.), *Abenteurer auf dem Kaiserthron. Die Regierungszeit der Kaiser Alexios Ⅱ., Andronikos und Isaak Angelos (1180– 1195) aus dem Geschichtswerk des Niketas Choniates*. Vol. 2. Byzantinische Geschichtsschreiber 8. Graz: Styria, 1958.

Franz Grabler (trans.), *Die Kreuzfahrer erobern Konstantinopel. Die Regierungszeit der Kaiser Alexios Angelos, Isaak Angelos uns Alexios Dukas, die Schicksale der Stadt nach der Einnahme sowie das "Buch von den Bildsäulen" (1195– 1206) aus dem Geschichtswerk des Niketas Choniates*. Vol. 3. Byzantinische Geschichtsschreiber 9. Graz: Styria, 1958.

英语译本：Harry J. Magoulias (trans.), *O City of Byzantium: Annals of Niketas Choniates*, Byzantine Texts in Translation, Detroit: Wayne State University Press, 1984.

土耳其语译本：*Historia: (Ioannes ve Manuel Komnenos devirleri)*, Niketas Khoniates; çeviren Fikret Işıltan, Ankara: Türk Tarih Kurumu Basımevi, 1995.

意大利语译本：Riccardo Maisano (ed.), *Grandezza e catastrophe di Bizanzio (Narrazione cronologica)*, 2 vols., Translated by Anna Pontani, Milan: Fondazione Lorenzo Valla, 1994– 1999.

（五）著作大意和重要内容翻译

尼基塔斯·侯尼雅迪斯的《年代记》篇幅较长，除了前言部分，其他一共分为十个部分，这十个部分除了最后两个部分，其他都是一位在位皇帝一个部分，一般下面再分篇记载。下面主要依据1984年英译本概括全书大意，并翻译其中重要内容。

前言

关于历史写作，关于历史。写作目的：记录我的时代以及我的时代前不久发生、值得记载和记忆的事件，让后人知道这些事件。历史叙述应该明晰，避免矫揉造作以及深奥、粗俗的词汇。历史以真实为唯一目标。我的历史从阿莱克修斯一世去世之后开始记载。

第一部分 约翰·科穆宁（John Komnenos）的统治

阿莱克修斯一世有三子四女，约翰是长子，最大的孩子是女儿安娜，拥有"凯撒丽莎"（kaisarissa）头衔，她的丈夫是"凯撒"尼基弗鲁斯·布莱伊纽斯。阿莱克修斯偏爱约翰，决定让约翰继位，允许他穿红色靴子，宣布他为共治皇帝。皇后伊琳妮则支持女儿安娜，不断在阿莱克修斯面前诽谤约翰，嘲笑他冲动、喜欢玩乐、性格软弱。皇后总是企图使皇帝改变主意，赞美女婿布莱伊纽斯。阿莱克修斯经常假装没有听到，有时说他没有忽视她的请求。实在受不了的时候，阿莱克修斯就会说皇位继承都是父死子继，在有适合统治的儿子的情况之下，不会传位于女婿。他比任何人都更善于伪装，认为秘而不宣是聪明的，对他打算做的事情从不多说。

约翰登基的过程。跟着约翰进入大皇宫的混杂人群中有许多人参与抢劫。约翰为防止政敌夺权，没有参加父亲阿莱克修斯的葬礼，但是允许跟他在一起的大多数男性亲属参加。几天后，约翰牢牢控制政权，赐予亲戚和密友好处。弟弟"至尊者"（sebastokrator①，头衔由阿莱克修斯授予）伊萨克（Isaakios）对约翰登基贡献最大，得到约翰最高礼遇和重用。约翰任命自己的血亲管理政府事务，任命约翰·科穆宁（John Komnenos）为皇帝内侍，任命格雷戈里·塔罗尼特斯（Gregory Taronitēs）为"首席司库"。内侍约翰行事自命不凡，异常专横，很快被解除职务。格雷戈里没有越权，任职更长。后来格雷戈里·卡玛特罗斯（Gregory Kamateros）与他共事，卡玛特罗斯博学，尽管出身并不非常

---

① sebastokrator，希腊文为 σεβαστοκράτωρ，译为"至尊者"，是 sebastos 和 autokrator 的结合，是阿莱克修斯一世为他兄长伊萨克·科穆宁（Isaac Komnenos）创造的头衔。在科穆宁王朝，它是最高的头衔，位居"共治皇帝"（co-emperor）和后来的"君主"（despotes）之下，授予皇帝的儿子和兄弟。1204 年后拉丁帝国也采用这一头衔。该头衔主要授予皇帝的亲属。拥有这一头衔的人有权使用蓝色墨水签署文件，用蓝色丝线系住印章，他们穿蓝色鞋子，但被允许戴红色镶金冠冕，穿红色上衣。sebastokrator 的妻子是 sebastokratorissa。参见 Alexander P. Kazhdan (editor in chief), *The Oxford Dictionary of Byzantium*, p.1862.

显赫或高贵，但得到阿莱克修斯赏识，他作为副秘书（under secretary）巡视各地，从所征税收中聚集了巨额财富，他渴望与皇帝联姻，在娶了皇帝的一位女亲属后，他晋升为首席大臣。

然而，约翰·阿克苏奇（John Axuch）最受皇帝宠爱，超过了所有其他人，得到了最高荣誉。他是突厥人，在比提尼亚首府尼西亚被前往巴勒斯坦途中的西方军队占领时，他被俘虏并作为礼物被献给皇帝阿莱克修斯。他与皇帝约翰同年，作为约翰的玩伴，成为家仆和内侍中他最亲密的朋友。当约翰登基时，他被授予全国总司令（grand domestic）职务，影响很大，甚至皇帝许多显赫的亲戚在偶然碰到他时会下马向他鞠躬。他擅长战争，行动迅速敏捷，头脑高贵开明，尽管出身卑贱，但赢得所有人的喜爱。

皇帝统治还不满一年，他的亲戚们集合在布莱伊纽斯身边发动了叛乱。由于布莱伊纽斯懒惰不行动，不顾协议，因而他的支持者们热情熄灭，叛乱失败。叛乱者们没有被弄成残废，也没有遭到鞭打，但被没收了财产，这些财产不久后大多数归还给了他们。当约翰面对没收来的主谋者"凯撒丽莎"安娜的一屋子财物时，说亲戚成了敌人，陌生人成了朋友，下令安娜的所有财物归约翰·阿克苏奇所有，约翰·阿克苏奇请求皇帝原谅安娜并且归还财物，因为安娜毕竟是皇帝的姐姐，有血缘关系，皇帝听从并与安娜和好。他的母亲伊琳妮皇后没有卷入这一阴谋。

突厥人违背与阿莱克修斯一世的条约，蹂躏弗里吉亚地区和沿迈安德河（Maeander）的城市。公元1119年春天约翰出征攻打他们，攻占劳迪西亚（Laodikeia），为其修筑城墙，一切安排妥当后回到君士坦丁堡。在拜占庭（Byzantion）①待了不久，约翰再次出征，一是为了保卫国土，一是为了训练军队。约翰采用攻打城市、佯装逃跑、埋伏夹击的战略战术，征服了潘菲利亚（Pamphylia）的索佐波利斯（Sozopolis）。接着迫使希拉科科里菲提斯（Hiera-kokoryphitis）要塞投降，还有许多原来向罗马人纳贡却与突厥人议和的设防城镇和要塞也投降。

约翰统治的第五年，佩彻涅格人渡过多瑙河，劫掠色雷斯。约翰给军队装

---

① 尼基塔斯·侯尼雅迪斯在文中对君士坦丁堡有很多称呼，包括 Byzantion、Byzantis、Constantinople、queen of cities、the imperial city、the City、the fair city of Constantine 和 the megalopolis 等，笔者统一译成君士坦丁堡。其他历史作品也是如此。

备尽可能好的武器，率军攻打佩彻涅格人，使用的战术是收买敌人首领与进攻相结合。佩彻涅格人数量庞大，他们把马车排列成一个圆圈。在罗马人方阵对抗敌人时，约翰在战场上求助于圣母圣像，大声恸哭，令人同情，最终击退敌人，俘虏了无数佩彻涅格人。把许多俘虏安置在罗马帝国西部边境上的村庄，使许多俘虏成为盟军，把许多俘虏加入罗马人军队。约翰设立佩彻涅格人节日。

不久，皇帝攻打塞尔维亚人，迫使他们求和，获得无数战利品，把俘虏带到东部地区，将他们安置在尼科米底亚，把富饶的土地分给他们，征募一些俘虏入伍，使其余的成为纳贡者。

皇帝封长子阿莱克修斯（Alexios）为共治皇帝，允许他穿紫色袍子，红色靴子；授予次子安德罗尼库斯（Andronikos）、三子伊萨克（Isaakios）、四子曼努埃尔（Manuel）"至尊者"头衔。据说约翰皇帝做了个梦，梦见他新加冕的儿子阿莱克修斯骑上一头狮子，抓着狮子耳朵当缰绳，但是不能训练它做任何有用的事情。这个梦的含义是，这个孩子会只是名义上的皇帝而没有实权，不久应验：死亡把阿莱克修斯带离了人间。

夏天，匈牙利人渡过多瑙河，洗劫了布拉尼切沃（Braničevo）、撒尔底迦，其隐藏的原因是匈牙利统治者斯蒂芬（Stephan）的兄弟阿尔莫什（Álmos）投靠皇帝，受到热情接待，表面的原因则是布拉尼切沃居民攻击并抢劫去那里贸易的匈牙利人。约翰攻占富饶的弗兰戈霍里昂（Frangochorion），占领泽弗基米隆（Zevgiminon），攻打赫拉蒙（Chramon），从那里带走大量战利品。与匈牙利人又进行了几场战争后，双方议和。皇帝和西部边境地区其他蛮族建立起友好关系，他认为自己有责任使用任何可能的手段来争取境外民族的支持，特别是那些航行到君士坦丁堡贸易和请求恩惠的民族。他也安抚意大利沿海地区，船只从那里航行到君士坦丁堡。

平息西方各民族后，约翰率军到东部地区攻打波萨美尼亚人（Persarmenians），通过比提尼亚和帕夫拉戈尼亚地区后，围攻并占领了卡斯塔蒙，俘虏了大量突厥人，回到君士坦丁堡。

约翰庆祝胜利，下令建造装饰有宝石的双轮镀银战车。庆祝胜利那天，从东门到大皇宫，街上装饰着金线绣花的紫色布幔，上面绣有基督和圣徒，栩栩如生，游行队伍通行的街道两旁摆放着木制的平台和脚手架以便观众站立，四匹雪白的骏马并肩拉着双轮战车，上面放着圣母圣像，皇帝本人没有登上双轮战车，他把自己的胜利归功于圣母，认为圣母是不可战胜的将军，他命令最重要的大臣们牵马，命令最亲近的亲属们照看战车，他自己走路，手握十字架，在圣索菲亚大教堂，他把胜利归于上帝，当着所有人的面致谢，然后进入皇宫。

不久，约翰再次出征攻打并收复卡斯塔蒙，继续向恒格拉进军。恒格拉投降，约翰驱逐那里的突厥人，留下2000人驻军，回到君士坦丁堡。但不久更多突厥人前来，迫使守军投降。约翰率军远征奇里乞亚，控制整个亚美尼亚。

约翰进入安条克城，受到安条克王公雷蒙和城中人们的欢迎，在那里待了十来天。他把安条克王公和的黎波里伯爵看作是自己的臣子，攻打安条克周边被穆斯林占领的各个城市，占领很多要塞，获得大量战利品，把投降的比扎（Piza）要塞给了埃德萨伯爵，把攻下的费雷普（Ferep）要塞给了安条克某个伯爵。皇帝攻下尼斯特里翁（Nistrion）城，允许士兵特别是攻下该城的佩彻涅格人新兵劫掠该城。皇帝攻打沙伊扎尔，取得胜利。皇帝改编方阵，按民族和氏族把军队分为一个马其顿人分队、一个凯尔特人分队以及一个佩彻涅格人分队。埃德萨被突厥人围攻，前来求援。皇帝解围，带着极好的礼物（宝马、丝绸、桌子、十字架、艺术品等）离开埃德萨，前往安条克。沙伊扎尔的萨拉森人说献给皇帝的十字架和桌子是他们的祖先很久以前俘虏罗马人皇帝罗曼努斯·狄奥根尼斯时获得的战利品。皇帝在安条克举行胜利入城仪式，所有人出来迎接他，手中拿着圣像，街道装饰华丽，准备盛大的接待仪式。告别安条克后，皇帝率军返回，途中攻打伊科尼姆的突厥人，获得俘虏和各种动物，回到君士坦丁堡。结束了为期三年的东方战争。

"至尊者"伊萨克这时回到皇帝身边，他帮助镇压了前述流产的篡位阴谋。之前，伊萨克由于恼怒于一件小事，和兄长分道扬镳，带着长子约翰（John）离开了罗马人领土，他和许多不同的国家接触。但由于皇帝约翰战功赫赫，声名远播，他得不到援助，最后只好回到了兄长那里。皇帝很高兴看到自己的弟弟和侄子回来，接待了他们，深情地拥抱他们，保留他以前的好感丝毫未减，也没有怀恨在心，没有像那些当权者那样往往伺机报复。臣民对他胜利归来和他弟弟回家感到高兴。

突厥人侵略，约翰率军奔赴战场。约翰第一次显得冷酷无情，专横跋扈，似乎忘记了或者是没有意识到罗马人在东方战场已度过了三年。特别令人恼怒的，使军队无比仇恨的是，他不许士兵顺便看望家里的情况，士兵在生病、缺少给养、丧失坐骑的情况下，仍然被迫前往皇帝的营地。皇帝非常清楚他们抱怨的原因，并没有假装对此一无所知或满不在乎，但任由他们毫无用处地发牢骚，坚持自己的目标，声称他不是想要不断远征使军队精疲力竭，而是要使军队成为自己的热情助手。罗马人军需耗尽，所有驮畜和战马死亡，结果战败，损失大。但皇帝让优秀的罗马人长矛轻骑兵和擅长攻击的拉丁人骑上优良种马进攻敌人，并命令立起大量步兵旗帜以造成更多骑兵的假象，从而遏制了突厥人的攻击。皇帝率军匆忙来到新凯撒利亚。皇帝最小的儿子曼努埃尔作战勇敢，激励了军队，皇帝担心他的安全，批评他鲁莽，禁止他与敌人短兵相接。

这时"至尊者"伊萨克的儿子约翰投奔突厥人。在与突厥人战斗时，皇帝见一个来自意大利的著名骑士没有马，就命令旁边的侄子约翰从他的阿拉伯种马上下来，把马给那个骑士，因为他并不缺马，侄子抵制皇帝的命令，傲慢无礼地向那个拉丁人挑战决斗，要是他赢了，这匹马就是他的，但他发现皇帝正怒发冲冠，无法长时间公然抗拒伯父，就不情愿地交出了马。他拿起长矛，沮丧地骑上另一匹马，叛变投奔了突厥人。突厥人热情欢迎他。不久，他放弃基督教仪式，与伊科尼姆突厥人统治者的女儿结婚。皇帝感到吃惊，担心侄子告诉敌人罗马人军营中缺马匹缺给养等困境，于是皇帝秘密撤军，回到君士坦丁堡。

春天来临，皇帝重新出征，冬天来临时回到君士坦丁堡。第二年春再次出征，穿过弗里吉亚，到达极其繁华美丽的阿塔雷亚城。该城周围有些地区已经投降突厥人，其中有普斯古斯（Pousgousē）湖。湖中有坚墙保护的小岛，这些岛屿中混杂居住着基督教徒和突厥人，他们之间关系友好，有很强的商业联系。他们与邻居结盟，视罗马人为敌。于是，随着时间流逝，种族和宗教逐渐淡化。这些人拒绝服从皇帝。约翰敦促他们离开，迁到突厥人那里，因为这个湖自古以来就为罗马人所有。皇帝劝告无效，开始军事行动。尽管摧毁了防御工事，但罗马人损失很大。

这时皇帝的长子阿莱克修斯和次子安德罗尼库斯先后去世。皇帝尽管悲痛，并认为他们的去世对他继续行军来说是不吉利的预兆，但他并没有改变目标，即使出征已整整一年。到达伊苏里亚（Isauria）安排好事务后，他回到叙利亚，最小的儿子曼努埃尔陪伴着他。

这次出征表面上的目标是更好部署亚美尼亚，重新确认他以前所占城市和要塞的忠诚，但真正的目标是统一安条克，拜访圣地，装饰圣墓，驱逐蛮族。皇帝率军来到安条克，发现拉丁人敌对，皇帝没有强行入城，禁止对基督徒作战，但因缺乏补给而允许军队劫掠其扎营的安条克周围地区并且带走一切，然后率军前往奇里乞亚边境。

约翰率军扎营在两座高峰之间宽阔的峡谷之中，约翰去打猎时意外被毒箭擦伤皮肤去世。约翰临终前召集所有亲友、显贵和官员，正式介绍最小儿子曼努埃尔，说自己征服穆斯林土地的抱负没有实现，对自己的一生进行总结，解释说他作为长子继承皇位，遵守了严格意义上的继承顺序，长子继承是惯例，但并不总是如此。他选择年幼的曼努埃尔而不是年长的伊萨克继位，是因为虽然两个儿子都有美德，但伊萨克易怒，而曼努埃尔谦卑理智，而且有许多人预言曼努埃尔应成为罗马人皇帝。

约翰给曼努埃尔加冕。军队聚集，宣布曼努埃尔为罗马人皇帝，每个贵族大声欢呼新皇帝。然后，当圣经拿来时，每个人对着圣经发誓对曼努埃尔友好和忠诚。这些仪式的首倡者和主持人是全国总司令约翰·阿克苏奇，其意在瓦解和驱散野心家的骚乱和叛乱企图，减少许多人对皇帝几个亲属的支持，这几个亲属把年长作为一个极大的值得尊敬的传统，并且夸大他们通过联姻与皇族的联系，认为自己更适合统治帝国。

几天后约翰去世。对约翰的评价：他极好地统治了帝国，他的一生受到上帝的喜爱；在道德品质上，他既不放荡又不荒淫；通过礼物和远征，他追求伟大，经常给君士坦丁堡居民分发金币，建筑了许多美丽的大教堂。他爱好荣耀，留给后代极其显赫的名声。他对家庭成员的礼仪举止是如此挑剔，以致他会检查他们的发式，仔细审查他们脚上的鞋子看是否刚好符合脚的形状。在正式接见中他扫除了宫廷中的闲谈和淫秽的交谈，去除了奢侈的食物和放荡的服装，以及所有其他对生活有毁灭性影响的东西；扮演了严厉惩罚者的角色，并且希望他的随从效仿他，他从未停止对美德的追求。他并不缺乏优雅，并非难以捉摸、不易接近、表情阴沉、眉头紧锁甚至愤怒。他在公众眼中表现为每个高贵行为的楷模，当没有公共事务、享受暂时的休息时，他会避开混乱的人群，对他们的唠叨和喋喋不休充耳不闻；他言语高尚雅致，但并不轻蔑拒绝机敏的应答或者阻止大笑。他的自制、坚定和节俭恰到好处；在他整个统治期间，他没有剥夺任何人的生命，没有制造任何的身体伤害，他被所有人认为值得赞美，甚至到我们的时代也是如此。可以说他是科穆宁王朝坐在罗马人皇帝宝座上的至高无上的荣誉，可以说他可与过去一些最好的皇帝相媲美，超过了其他的皇帝。

第二部分　曼努埃尔·科穆宁的统治

第一篇

曼努埃尔一被宣布为皇帝，就派总司令约翰·阿克苏奇和副官（*chartou-larios*）瓦西里·钦齐卢基思（Basil Tzintziloukēs）前去君士坦丁堡安排权力平稳交接，为他进城安排相应的庆典，并监禁其兄长"至尊者"伊萨克，以免他得知父亲去世、皇位传给弟弟后叛乱，因为他有权继承皇位，且这时恰好在君士坦丁堡，居住在皇宫中，那里存有大量金钱和皇帝的礼服。于是约翰匆匆进入君士坦丁堡，逮捕伊萨克，监禁在约翰皇帝建造的"全能者"基督修道院中。伊萨克得知父亲去世、弟弟即位之后抱怨，他觊觎皇位，坚持认为自己是法定君主。但是没有用，全国总司令约翰·阿克苏奇负责皇家禁军，留心市民对皇帝曼努埃尔的欢呼，给圣索菲亚大教堂神职人员送信，这封信由红字书写，盖有金印，封有丝线，浸有贻贝之血，赐予他们每年200磅银币。据说阿克苏赫还带了一封信赐予同等数目的金币。皇帝认为，伊萨克一听说父亲去世弟弟即位就会在君士坦丁堡煽动叛乱，这是合理的，因为伊萨克是兄长，更有资格继位，而且由于这时形势具有不确定性，煽动民众动乱会给新的统治者带来困难并危及统治，因此，他交给约翰两份慷慨的皇帝公文。

他们为皇帝的到来做准备。皇帝完成了父亲的丧葬仪式，把父亲遗体放在船上，安排好安条克事务，从奇里乞亚出发返回。这时，安德罗尼库斯·科穆宁（Andronikos Komnenos）和塞奥多利·达西奥特斯（Theodore Dasiotēs）被突厥人俘虏，带到当时的伊科尼姆统治者马苏德（Masʿūd）那里，其中前者是曼努埃尔的堂兄弟（即后来的安德罗尼库斯一世），后者的妻子是曼努埃尔兄长"至尊者"安德罗尼库斯的女儿玛丽亚。皇帝这时顾不上他们。

曼努埃尔到达君士坦丁堡，受到热烈欢迎。曼努埃尔的能力，品质和外貌。曼努埃尔入宫。在宫殿门口，曼努埃尔的坐骑阿拉伯种马用蹄子不断踢打地面，转圈然后才进去。精于此道的那些人认为这是吉利的征兆，其中占星术家们认为皇帝会长寿。

由于牧首利奥·斯迪普斯（Leo Stypēs）已经去世，曼努埃尔考虑任命新的牧首，向亲属、元老院成员和神职人员表达自己的看法，最后大家几乎一致选举来自奥克西亚修道院的修道士米哈伊尔，他品德高尚，学识渊博。曼努埃尔加冕。伊萨克与皇帝和解，相互发誓兄弟友好。伊萨克暴躁易怒，为一点小事就会惩罚许多人，且性格懦弱，没有男子汉气概。他的父亲约翰是最好的皇帝，被所有人都认为成功的，值得赞颂，得到祝福，而且他正确地选择了曼努埃尔而不是伊萨克继承皇位。

马苏德劫掠，曼努埃尔出征攻打突厥人，收复梅兰吉亚（Melangeia），派兵驻守，回到君士坦丁堡，患上胸膜炎。安条克王公雷蒙阻止奇里乞亚各城市臣服罗马人。为了报复，曼努埃尔派遣军队，任命外甥约翰和安德罗尼库斯·孔托斯特凡诺斯兄弟俩以及懂军事事务的某个普罗苏奇（Prosuch）为指挥官，并派迪米特里·布拉纳斯率领舰队前往。曼努埃尔出发攻打突厥人。撤军回到首都。

皇帝结婚。妻子为德国人，不好打扮，注重内在美，性格不屈不挠，固执己见。结果皇帝不专注于她，她享有荣誉、护卫以及皇后的其他荣耀，但在床第之事上她受委屈。曼努埃尔放荡，沉迷于感官享受、盛宴、狂欢作乐，沉溺于无节制的性交，秘密与许多女人交媾，非法把阴茎插入女亲属的阴道，形象受损。

皇帝任命普齐的约翰（John of Poutzē）为公共税收长官（procurator of the public taxes）和账目督察监察官（grand commissioner and inspector of accounts）；任命约翰·哈吉奥塞奥多利特（John Hagiotheodoritēs）为掌玺官（chancellor），其职责是执行皇帝的命令。

普齐的约翰在公共事务中极其聪明，是个狡猾、严苛的税吏，天生比任何人更加冷酷无情，固执己见，不可接近，不理会请愿者。他从皇帝那里得到如此大的权力和权威，以致他拒绝并且撕毁不合他意的皇帝命令，把别的内容加入政府登记簿。

由于这个人的劝告，一项有利于所有岛屿的公共福利措施被约翰皇帝放弃，危害极大。征集来的船税在过去用于建造舰队，而他则转入国库，几乎完全放弃岛屿按要求提供的载人三层划桨战船。他认为政府和公众并不总是需要三层划桨战船，为政府和公众进行的远征是每年沉重的负担，因此这些资金应该放在国库，只是在需要的时候才由帝国国库给海军提供补给和薪金；他似乎是最好的人，似乎是国家事务专家，他依靠海盗把俘虏扔到水里。通过这样的措施，他使皇帝不过量花费，而掌玺官对开支减少感到高兴。现在，由于这一考虑不周的政策或者说吝啬，海盗统治了大海，罗马人沿海地区受到海盗船的骚扰，敌人虎视眈眈。

到这时，约翰已证明自己是热心公共福利的财政大臣，是精明吝啬的管理人，他的权力是绝对的，可以毫无疑问地做任何想做的事情，他所想的任何事情都是可能的。他摧毁所有对他权力的正当限制。他极其贪婪吝啬，是个守财奴，把别人送给他的食物送到商店里卖掉；他贪吃，在路边吃饭，命令下人在路边捡废品；他死的时候仓库里堆满了金钱。

世事变化无常，聪明的塞奥多利·斯迪皮奥特斯绊倒了约翰·哈吉奥塞奥多利特。塞奥多利是二把手，仅次于约翰，但继续往上爬。利用米哈伊尔·帕列奥列格（Michael Palaiologos）和约瑟夫·巴尔萨蒙（Joseph Balsamon，约翰·哈吉奥塞奥多利特的姐夫／妹夫）之间的分歧，攻击约翰，把他排挤出宫廷。最后，塞奥多利成为皇帝的墨水瓶保管人。他同意皇帝命令的一切，命令皇帝想要的一切。

皇帝的美德：慷慨，同情心强，友善，诚实，坦率。国库满得装不下钱。皇帝约翰从征收的税款中拿出一部分给上帝，一部分给应得的人。他不浪费，堆积起了成堆的金钱。曼努埃尔专横跋扈地管理国家事务，把他的大臣们不是当作自由人，而是当作分配的奴隶对待；且浪费钱财。

当皇帝这样统治帝国时，一群敌人，像可怕的瘟疫，扑向罗马人边境：我说的是德国人的战争，其他相似的民族加入其中。其中有女人，像男人那样骑着马，不是坐在横座马鞍上面，而是无耻的双腿分开跨骑，像男人一样带着长矛等武器，穿着男式服装，她们完全一副战争模样，比亚马逊女战士（Amazons）还要有男性特征。其中有一个突出，俨然是另外一个彭忒西勒亚（Penthesilea）。

这次远征的借口由主耶稣的空墓提供，那些德国人想要尽快到耶路撒冷，准备走笔直平坦的道路，而不是弯曲危险的小路。他们声称只带必要的东西清除道路的障碍，这指的是盾、剑、锁子甲等适用于战争的武器。他们宣布并发誓耶路撒冷是这次远征的动机，后来的事件证明他们的声明不假。他们派使者向皇帝请求准许通行，要求沿途设立市场。皇帝措手不及，陷入混乱，但采取了权宜措施。皇帝友善地与使者讨论食物供应问题，并不真诚地高度赞扬他们的行动，并假装钦佩他们的虔诚目的。皇帝马上下令为他们的通行做准备，保证提供充足的市场货物。他们所需做的是发誓他们的通行是真正热爱上帝的，他们将没有战斗地通过罗马人国境。

皇帝做准备工作。下令沿途准备生活必需品。怀疑他们是披着羊皮的狼，皇帝聚集军队，公开研讨形势：即将过境的军队强大，有骑兵、重装步兵和步兵，武器都是黄铜的，这些人数量庞大，嗜杀成性。他向元老院、大臣们和军队说明这些情况，并且讲述西西里暴君侵袭沿海地区。曼努埃尔整修城垛，加强城墙周边，给军队发放锁子甲，装备黄铜长矛，配备快马，分发军饷，鼓舞士气。

在上帝和首都保护者圣母的帮助下，曼努埃尔部署军队，让一些军队守卫君士坦丁堡，其余的紧跟德国人军队，以免后者劫掠。但一切都要以和平而不是战争的方式完成。大部分行军双方相安无事。德军驻扎在菲利普波利斯，主教米哈伊尔·意大利科斯（Michael Italikos）款待国王。国王残酷对待那些带来粮食的人，不给钱。德国人和罗马人双方争吵动武，要不是前述主教安抚国王，这些禽兽们的国王会发动战争。在亚得里亚堡，国王的一个男亲属生病，夜晚一些冷酷无情的罗马人烧掉了这个病人的住处，烧死了那个人及其同伴。国王康拉德得知，命令侄子弗雷德里克报复，烧掉德国人住宿过的修道院。罗马人官员平息冲突。几天后德国人驻扎在乔洛巴乔伊（Choirobacchoi）大草原。洪水泛滥，德国人遭灾。目击这一事件的人认为是上帝发怒，国王惊异于大自然也帮助罗马人。

康拉德接近君士坦丁堡，他马上被迫同军队渡过海峡。每一艘划艇、渡船、渔船和运马船都被征用去把德国人渡过海峡。皇帝曼努埃尔任命记录人员登记每个渡海的人，但因人数太多而最终放弃。曼努埃尔下令罗马人埋伏杀敌，德国人到达君士坦丁堡城门前，市民要他们先交钱后给食物，秤不足，有些拿走钱后一点食物都不给就消失了，有些把石灰掺进大麦。流言说所有这些是皇帝下令的，对此我不能肯定，但这是邪恶的行为。皇帝铸造贬值的银币供意大利军队购买他们的必需品。简言之，皇帝本人策划的每个罪恶都在场，他命令别人进行损害，以便这些事情成为后代永不磨灭的记忆，阻止进攻罗马人。

曼努埃尔写信给突厥人，同样激起他们反德国人，对德国人作战。某个马穆普拉内斯（Mamplanēs）指挥的突厥人军队在巴锡斯（Bathys）附近打败德国人，但在弗里吉亚，突厥人战败。他们本不该杀戮。西方军队的行为表明他们极度容忍，他们不突袭罗马人方阵，绕过城市，不劫掠、不杀戮城市居民。十字军来到迈安德河河边，突厥人阻止他们过河。他们准备第二天攻打突厥人。国王发表演说，号召军队为基督而战，称突厥人是基督的敌人；十字军是神圣的，是上帝选择的军队，为上帝而战，为上帝而死；激励军队相信上帝，必打败敌人；号召报复突厥人，他们的亲属和同宗教的人玷污了圣墓；说不知道为什么罗马人为他们服务，好像他们是献祭的狼崽牺牲品似的，罗马人的血肉养育、养肥了他们；罗马人应该恢复他们的活力和精明人的推理，把他们从自己的乡村和城市中赶出去；相信过河如履平地，河水自动退开。双方交战，最后十字军打败了突厥人。

第二篇

法国人占领科勒叙利亚（Coele Syria），穿越罗马人边境，前往耶路撒冷。他们经过上弗里吉亚、利考尼亚和比西迪亚，这些地方曾经是罗马人的领土，现在由蛮族统治，由于罗马人统治者懒惰，没有男子气概的管理，被蛮族攻占。这时，曼努埃尔在考虑如何报复西西里人，如何解救科孚岛（Kerkyra/Korypho/Corfu）。当时统治西西里的罗杰二世（Roger Ⅱ Guiscard）或与德王达成协议，或自行在德国人远征的同时侵袭罗马人海岸，攻占科孚岛，市民没有抵抗。市民不能忍受专横自负的税吏，他们计划叛乱；不能完成计划，就抓住机会投降西西里人，同意由 1000 西西里武装骑士守城。西西里人继续攻打莫奈姆瓦夏（Monemvasia），未能攻下。西西里人蹂躏阿卡南人（Akarnanians）、艾托利亚人（Aitolians），攻占"七门"底比斯（Thebes of the Seven Gates）。西西里人头领贪婪，搜罗底比斯的财宝，洗劫那里，掳走出身高贵功绩显赫的人、漂亮的女人以及精通编织的女人。西西里人攻打富庶古城科林斯（Corinth）的卫城（Akrocorinth），守军毫无斗志，曼努埃尔派去的军队连同其指挥官尼基弗鲁斯·哈卢菲斯（Nikephoros Chalouphēs）在城里无所事事，结果攻下。西西里人舰队指挥官进入城堡后发现它坚不可摧，认为攻下乃上帝所助，谴责并侮辱守军，骂哈卢菲斯比只会纺线的女人更加缺乏男子气概。西西里人劫掠财物，使出身高贵的科林斯人沦为奴隶，俘虏漂亮女人，掠夺塞奥多利将军（Theodore the Stratelatēs）圣像，满载返回科孚岛。

曼努埃尔决定水陆进攻西西里人，备战：聚集东西方军团，修缮舰队，建造三层划桨战船，配备希腊火，召集50个桨手的船只、小海盗船、骑兵运输船、装满粮食的商船、轻型海盗船。征集了近1000艘船，步兵成千上万。那时的罗马帝国养育了有英雄般力量的人，到处是善良的真正的人，军人卓越，像狮子般不可抵挡。曼努埃尔的父亲约翰是最称职的皇帝，最精通军事技巧，只关心公共福祉，特别指示军事登记员以经常赏赐来使军队富裕，同时通过不断的军事训练来使他们为战争做准备。曼努埃尔命令舰队出航，任命他的姐（妹）夫斯特凡诺斯·孔托斯特凡诺斯（Stephanos Kontostephanos）为海军总司令（grand duke），任命约翰·阿克苏赫为全国总司令。

威尼斯同盟船只与罗马人船只分开停泊，以避免争吵。不久，曼努埃尔率领军队出发攻打库曼人，然后前往科孚岛。斯特凡诺斯·孔托斯特凡诺斯战死，牧首科斯马斯·阿提科斯（Kosmas Attikos）的预言应验。关于牧首米哈伊尔·奥克西特斯（Michael Oxeitēs）的退位。科斯马斯·阿提科斯的美德，曼努埃尔的亲哥哥"至尊者"伊萨克极其欣赏他。当时的主教们敌对美德，向曼努埃尔诽谤科斯马斯，说他阴谋把帝国给伊萨克。这些人指控他试图罢黜曼努埃尔，敦促伊萨克当皇帝。曼努埃尔开始怀疑他哥哥，结果科斯马斯被免职，罪名是与修道士尼峰（Niphon）搞阴谋。关于尼峰。科斯马斯受到审判，满腔愤怒，诅咒皇后不会生儿子，开除皇帝身边某些官员的教籍，诅咒罢免他的宗教会议，说他们舔皇帝的靴子，是重要人物的马屁精，因而非法聚集驱逐他。孔托斯特凡诺斯认为皇帝会遭受痛苦，因为皇后的子宫遭到诅咒。他走近科斯马斯，准备打倒他，但控制住了，受到皇帝的血亲和在场元老的指责。科斯马斯诅咒他会被石头打死。

约翰·阿克苏赫控制海陆军，曼努埃尔登上旗舰考察整个科孚岛，提出建造木制的各面都是塔形的云梯。建成后，起初没有人敢爬，四个诺曼人兄弟爬上云梯，全国总司令的护卫普帕克斯·阿布－巴克尔（Poupakēs Abu-Bakr）爬到他们前面，很多人效仿。普帕克斯爬上城墙，这时塔形云梯倒塌。普帕克斯吓跑守军，发现一个打开的旁门，从旁门中跳进了城堡。这时罗马人与威尼斯人争吵，双方冲突。威尼斯人攻击来自埃维厄岛（Euboia）的罗马人船只，烧船，偷窃皇帝的御船，在那里搞恶作剧，嘲笑并侮辱曼努埃尔皇帝，嘲笑神圣的帝国仪式。皇帝想要惩罚他们，但担心自相残杀，派亲属宣布赦免他们。皇帝忍住怒火，但怀恨在心，等待时机再行报复。

皇帝坚持围攻，因为已经付出了这么多努力，牺牲了这么多战士，放弃会被人轻视；科孚岛最近仍属于罗马帝国；不能在自己的领土上保留1000海盗；不能让科孚岛成为西西里人进攻罗马人的海军基地和船坞。过了一些天，西西里人派使者前来，要求给予时间，让他们带着武器和财产撤退。皇帝允许他们去留自便。许多西西里人留下来加入皇帝这一边，特别是要塞司令塞奥多利，其余的回到了西西里。

皇帝进入城市，派德国人戍守该城。皇帝前往阿夫洛纳（Avlona），下令渡海去西西里。由于暴风大作、电闪雷鸣，放弃，停泊在佩拉戈尼亚（Pelagonia），转而进攻塞尔维亚人，因为塞尔维亚人趁机攻打罗马人，蹂躏罗马人邻居。皇帝打败塞尔维亚人，回到君士坦丁堡。庆祝胜利，举行凯旋仪式，观看赛马和表演。

1155年春，皇帝再次占领佩拉戈尼亚，派遣米哈伊尔·帕列奥列格带着大笔钱财去威尼斯招兵买马，攻打阿普利亚，得到西西里国王血亲亚历山大的帮助。收买人心，扩大队伍，征服大部分城市。

塞尔维亚人与匈牙利人阴谋反对罗马人。约翰·坎塔库震努斯与敌人短兵相接，失去手指。曼努埃尔俘虏大"祖潘"巴基诺斯·巴金（Bakchinos Bagin），胜利回到君士坦丁堡。庆祝胜利，极其壮观，匈牙利人和塞尔维亚人俘虏扩大了游行队伍规模，把俘虏分组，相隔一定的距离，使观众以为的俘虏数量比实际上的要多。

库曼人蹂躏罗马人土地，皇帝派某个卡拉马诺斯前去攻打敌人，战败，许多罗马人包括卡拉马诺斯战死，库曼人带着战利品回家。

皇帝派表兄弟海军总司令阿莱克修斯·科穆宁（Alexios Komnenos，"凯撒"布莱伊纽斯的儿子）和贵族约翰·杜卡斯去卡拉布里亚，攻打西西里国王，布林迪西战役，两人被俘，战败。曼努埃尔派遣另一支海军，任命出身不很高贵的姑父君士坦丁·安茸鲁斯（Constantine Angelos）为指挥官，他的妻子是阿莱克修斯一世的女儿塞奥多拉（Theodora）。

应受谴责的是，曼努埃尔相信，恒星的逆行和前进运动、它们的位置，还有行星的方位、它们的接近和远离，影响着人类生活的运气和境况；他相信占星家们错误归于上帝旨意的所有骗人话，例如他们说"法令规定"和"必然之法不可改变不可废止"等。这样，他决定了安苴鲁斯的出征是吉利的。

做出必要的安排后，他派遣君士坦丁·安苴鲁斯出发。但太阳还没有下山，在皇帝的命令下，君士坦丁就回来了，因为出发时机不对，安苴鲁斯出发时恒星的方位不利于这样的行动，更准确地说是对星盘的读解不准确。于是再次占星，仔细观察星盘。在仔细观察研究恒星之后，安苴鲁斯出发，认为这时恒星的影响有利。结果安苴鲁斯马上落入敌手，被送到了西西里国王那里囚禁起来。

皇帝认为战争难以产生效果，是不利的，认为持续的大规模远征迅速消耗国库的财富（他已经花了 3 万磅黄金），他决定与国王谈和。罗马主教派使者来调和。曼努埃尔派全国总司令的长子、司令官阿莱克修斯·阿克苏奇（Alexios Axuch）去安科纳，招募雇佣军，协商谈和。阿莱克修斯一边招兵买马，一边协商。双方签订和约，西西里无偿释放俘虏，但来自科林斯和底比斯的除外，这些人是编织工。但不久双方关系破裂。皇帝煽动邻近地区的强大统治者反西西里国王，西西里国王命令舰队指挥官迈奥斯（Maios）率领 40 艘船到君士坦丁堡前示威，轻蔑皇帝，但只是小孩子的把戏。

第三篇

皇帝在西西里和卡拉布里亚战争的结果就是这样，投入其中的巨额金钱对罗马人毫无用处，也没有给后继的皇帝们带来持久的好处。

皇帝对匈牙利人宣战，匈牙利人求和，于是皇帝攻打塞尔维亚人，回到君士坦丁堡。安德罗尼库斯·科穆宁秘密勾结匈牙利人，阴谋废黜曼努埃尔。曼努埃尔解除了他作为布拉尼切沃（Braničevo）和贝尔格莱德的总督的职务，囚禁了他。派军队攻打匈牙利人，取得胜利。

皇帝出征亚美尼亚，因为亚美尼亚王公索罗斯（Thoros）蹂躏下亚美尼亚（lower Armenia）边境地区。双方签订条约，皇帝前往安条克。

皇帝在塔尔苏斯得知安德罗尼库斯逃狱。他被囚的原因上面已述，但同样重要的原因是，他总是直言不讳，在身体力量方面他超出了大多数人；他的完美体型与帝国相配，他骄傲、不谦卑。所有这些在统治者们的内心深处引起怀疑和恼火，因为担心皇位被篡夺。由于这些特征，也由于他的善于作战和高贵出身（曼努埃尔父亲约翰皇帝和安德罗尼库斯父亲"至尊者"伊萨克都是阿莱克修斯一世的儿子），因此安德罗尼库斯遭受嫉妒和极大的不信任。此外，曼努埃尔有三个哥哥，阿莱克修斯、安德罗尼库斯和伊萨克，前两位在约翰皇帝在世时已经去世，阿莱克修斯的女儿嫁给了全国总司令约翰的儿子阿莱克修斯；安德罗尼库斯生有三个女儿，即玛丽亚、塞奥多拉和尤多奇亚，还有两个儿子约翰和阿莱克修斯，其中尤多奇亚以为丈夫已死就公开与安德罗尼库斯进行邪恶的性交。在别人谴责他无耻乱伦时，他说自己在效仿皇帝。曼努埃尔更应受谴责，因为他和他哥哥的女儿塞奥多拉性交，而安德罗尼库斯是与他堂兄弟的女儿性交。这令曼努埃尔不悦，也激怒了尤多奇亚的亲属，特别是尤多奇亚的兄弟约翰（"首席贵族"和"首席司库"）和姐妹玛丽亚的丈夫约翰·坎塔库震努斯阴谋反对他，不断谴责他。曼努埃尔于是囚禁了他。关于很长一段时间，安德罗尼库斯逃狱，被抓住后重新监禁。皇帝派邮政交通大臣（*logothete of the dromos*①）约翰·卡玛特罗斯（John Kamateros）前去调查牢狱环境。

　　曼努埃尔在安条克举行凯旋游行，参加的有叙利亚美食家、伊苏里亚强盗、奇里乞亚人海盗、意大利持矛骑士等；举行马上比武大赛，罗马人打败了拉丁人，皇帝表现突出，赢得安条克人的崇拜。曼努埃尔决定返回君士坦丁堡。他解散军队，结果军队走失大半，后卫遭到猛攻；解散的几个分队被突厥人摧毁，要不是皇帝回来击退突厥人进攻，他们的结局会很悲惨。据说当他看到尸横遍野时，他痛苦地捶打大腿，咬牙切齿，放声恸哭。皇帝击退敌人。

　　约翰·卡玛特罗斯嫉妒塞奥多利·斯迪皮奥特斯的影响和权势，设计陷害他，假装对他友好。伪造信件控告他是骗子、叛国，说他在西西里事件中煽动骚乱。皇帝发怒下令弄瞎了斯迪皮奥特斯。卡玛特罗斯对学问不感兴趣，口才好，是最大的美食家，饮酒量最大，喜欢唱歌跳舞，通过不断的酒宴，他不仅极大地赢得了皇帝的欢心，也成为了那些喜欢喧闹酒宴的各国统治者的朋友。作为皇帝的使者出现在他们面前，一些人喝得醉倒昏迷很久才醒来，而他喝得

---

　　① *logothete of the dromos*，即 *logothetes tou dromou*（希腊文为 *λογοθέτης τοῦ δρόμου*），译为"邮政交通大臣"或"外交大臣"。负责公共邮政部门，履行仪式职能、保护皇帝、收集政治情报、监管外国人事务等职能，12 世纪成为皇帝的最亲密顾问。参见 Alexander P. Kazhdan (editor in chief), *The Oxford Dictionary of Byzantium*, pp.1247-1248.

比他们更多。这些人一下子灌下整桶酒，手拿着双耳细颈酒瓶好像它们是酒杯似的，而他们的餐后酒杯像赫拉克勒斯（Herakles）用过的那样巨大。有一次，卡玛特罗斯和曼努埃尔打赌喝酒，酒量很大。他爱吃蚕豆，食量很大。他身材高大，好战，勇敢。晚年他为自己对斯迪皮奥特斯所做坏事感到良心上的痛苦，哭着请求他原谅，斯迪皮奥特斯原谅了他，并为他灵魂的拯救祈祷。

曼努埃尔的德国妻子去世，之后娶安条克王公雷蒙的漂亮女儿为第二任妻子。

马苏德死前把土地分为三份给儿子和女婿，三人交恶，都来找曼努埃尔。曼努埃尔挑唆他们相斗；盛情款待前来求援的苏丹基利杰·阿尔斯兰（Kilij Arslan），举行凯旋入城式，让阿尔斯兰参加仪式；这时发生地震，神职人员说上帝发怒了，皇帝不应该让不信上帝的人参与仪式。苏丹跟皇帝在一起待了80天，在大竞技场看了赛马。皇帝送给他一屋子金银财宝，要求他用这些钱财支付雇佣军和本地人军队援助罗马人攻打敌人。苏丹答应给皇帝塞巴斯蒂亚（Sebasteia）及其隶属地区，曼努埃尔很高兴地答应给他更多钱财，要是他信守承诺的话。皇帝后来还收养他为儿子。但后来苏丹食言，不仅没有把塞巴斯蒂亚及其隶属地区给皇帝，反而不断劫掠、侵袭罗马人领土；苏丹嘲笑地对密友说他对罗马人造成的损害越大，他从皇帝那里得到的财宝就越多。皇帝派军队攻打突厥人，双方不断交战。

第四篇

匈牙利统治者盖扎二世（Géza Ⅱ）有两个兄弟（伊斯特万四世、拉斯洛二世［László Ⅱ］）和两个儿子（伊斯特万三世、贝拉三世［Béla Ⅲ］），两个兄弟先后逃亡君士坦丁堡。伊斯特万三世继位。皇帝干涉匈牙利王位继承权力斗争，企图扶持听命于自己的伊斯特万四世控制匈牙利，没有成功，皇帝对匈牙利人发动战争。皇帝选择贝拉为自己女儿玛丽亚的丈夫。匈牙利人毒死伊斯特万四世，皇帝宣战。

安德罗尼库斯再次越狱，出逃罗斯人（Rhōs）领土，受到加利察（Galitza）统治者的欢迎。皇帝认为安德罗尼库出逃是自己的耻辱，流言说安德罗尼库斯集合了无数的库曼人马匹以蹂躏罗马人边境。皇帝召安德罗尼库斯回宫。

匈牙利人劫掠沿多瑙河的罗马人地区。皇帝攻打匈牙利。攻打泽弗基米隆，城墙倒塌，罗马人入城，城中一个显贵的妻子优雅美丽，看到妻子被一个罗马人拖走要被强奸，这个人无法保护妻子，只好拔剑把妻子杀了。城中许多人形成亲罗马人派别，他们在晚上把文件粘在没有箭头的箭上射向罗马人军营，泄露了蛮族的作战计划和他们的军力。一个穿着民族服装、戴着民族帽子的匈牙利人被俘虏，一个罗马人杀死了他，这个罗马人戴上那个匈牙利人的帽子，一个罗马人碰到他后认定他是匈牙利人，一刀结果了他。皇帝安排姑父君士坦丁·安苴鲁斯等人重建泽弗基米隆，加强贝尔格莱德的堡垒，给尼什（Niš）修建城墙，在布拉尼切沃殖民。皇帝率军进入塞尔维亚，迫使塞尔维亚统治者德萨求和。

由于曼努埃尔仍未生儿子，就让女儿玛丽亚继承，让每个人发誓承认玛丽亚和其丈夫阿莱克修斯（即贝拉）为皇位继承人。所有人按照皇帝的命令宣誓，只有安德罗尼库斯不情愿，嘲笑曼努埃尔招外国人为女婿。在宣誓仪式之后，一些人当场宣布支持安德罗尼库斯的看法，一些人认为让外族人掌权既不利于皇帝的女儿，也不利于罗马人公民。

皇帝非常关心奇里乞亚的城市和要塞，其中塔尔苏斯是中心。许多血统高贵的人被派到那里统治。安德罗尼库斯·科穆宁被派到那里，他从塞浦路斯征税用于开销。他极其鲁莽，在那里和索罗斯二世（Thoros Ⅱ，1145-1169年在位）的战争无任何战绩可言。他被雷蒙的女儿、曼努埃尔第二任妻子的姐（妹）菲利帕（Philippa）迷住，前往安条克会见情人，打扮成花花公子，丧失理智，征服了情人。曼努埃尔派"显贵"君士坦丁·卡拉马诺斯（Constantine Kalamanos）去负责亚美尼亚事务，并让他与菲利帕结婚，结果遭到菲利帕的嘲笑。安德罗尼库斯风流史，与曼努埃尔兄长"至尊者"伊萨克的女儿塞奥多拉发生性乱，塞奥多拉的丈夫、耶路撒冷国王最近已去世。曼努埃尔敦促科勒叙利亚（Coele Syria）当局以乱伦罪逮捕安德罗尼库斯，安德罗尼库斯带着塞奥多拉出逃。

每个有权的人都害怕、多疑。这些统治者不信任富裕的人，在比他们更有男子气概的人面前直不起腰。他们杀掉最好的人以便自己可以为所欲为。他们因滥用权力而丧失审慎。阿莱克修斯·阿克苏奇受到将士的爱戴，对所有人慷慨，有人指控他，曼努埃尔逮捕了他，没收他的所有财产，把他削发为僧，关押在帕皮基奥斯山一座修道院里。诽谤者指控他运用巫术反叛皇帝。阿莱克修斯的妻子悲痛欲绝，她是约翰二世长子的女儿。阿莱克修斯的修道士生活。曼努埃尔没有必要浪费精力去寻找名字开头字母为A、将继承他皇位、结束他统治的人，他应该像约翰在圣经《启示录》（Apocalypse）中教导我们的那样，让那个说他就是这个 *alpha* 和 *omega* 的人控制政府。

阿莱克修斯的主要指控者科林斯的艾伦·伊萨克（Aaron Isaakios），当时担任皇帝接见拉丁人的翻译。不久，他被抓住正在施行巫术。在拉丁人觐见皇帝时，他担任翻译，利用皇帝听不懂外语，劝告拉丁人做不利于罗马帝国的事，皇后听到后告诉了皇帝，皇帝大怒，弄瞎了他，剥夺了他的所有财产。后来当安德罗尼库斯作为暴君统治时，艾伦劝他不要满足于挖出对手的眼睛，而是要把他们都处死或者施以最惨无人道的酷刑消灭他们。他以自己为例，证明攻击不仅是用手，因为只要他活着、走动、呼吸、交谈，他就能够给予劝告。后来废黜安德罗尼库斯的伊萨克·安茸鲁斯（Isaakios Angelos）割掉了他的舌头。

曼努埃尔下令弄瞎斯克莱罗斯·塞斯（Skleros Seth）和米哈伊尔·西基迪特斯（Michael Sikiditēs），因为他们献身于占星术和巫术。斯克莱罗斯用巫术诱奸了一个适婚的处女。西基迪特斯施行巫术，使一个船夫看到红蛇，打碎了自己的陶器；使一群洗澡的人看到黑人从水中跳出打自己，被吓得逃走。两人都被弄瞎，西基迪特斯被削发为僧，成为修道士。

皇帝做了一件伟大的事。亚洲的城市，克利亚拉（Chliara），帕加马（Pergamon），阿泰米提昂（Atramyttion）遭到突厥人的蹂躏，邻近地区因突厥人的侵略而荒芜。曼努埃尔给这些城市修筑城墙，修建堡垒。结果，这些地区人口激增，物资丰盈。这是曼努埃尔统治期间所做的唯一一件有利于臣民、最有利于公共福利的事情。这些堡垒都被称为"新城堡"（Neokrastra），由君士坦丁堡派出的总督统治，每年给国库贡献税收。

第五篇

匈牙利人违背诺言，战争爆发。曼努埃尔出发前往撒尔底迦，命令军队在那里与他会合。军队在集结时，消息传来说，君士坦丁广场西边拱门上的两个很久以前就立在那里的女铜像，其中被称为罗马妇女的铜像因其挺直的姿势倒下了，而另外一个被称为匈牙利妇女的仍牢牢立于其基座上。曼努埃尔感到惊讶，马上下令立起罗马妇女铜像，推倒匈牙利妇女铜像，认为改变铜像的放置方式就能改变事情的结果，从而提高罗马人的运气。

军队聚集后，讨论由皇帝还是由一个将军率军出征，决定由舰队司令

（*dux*）安德罗尼库斯·孔托斯特凡诺斯担任军队总指挥。军队出发前，曼努埃尔发表演说，鼓励孔托斯特凡诺斯，对战略部署、进攻时机、军事装备、战争队形提出建议，号召每个人战斗，忍受艰苦，争取胜利；如果胜利归来，他会奖赏他们。军队兴奋。突然军队大骚动。一个匈牙利人骑马全速前进，还没跑多远就连人带马脸朝下摔倒在地。皇帝听说此事非常高兴，激励每个人鼓起勇气，从这一事件预测未来，认为战争结果肯定是好的，鼓励他们对此高兴。同时曼努埃尔祈求上帝率军作战。军队进入泽弗基米隆。

匈牙利人招募大量雇佣军，任命狄奥尼修斯为总指挥。孔托斯特凡诺斯列阵，自己在战线最前面，右翼由安德罗尼库斯·拉帕达斯（Andronikos Lapardas）指挥。准备作战。这时信使送来皇帝的书信，命令推迟到第二天作战。孔托斯特凡诺斯收下信件藏在怀中，不管它的内容，也不把指示告诉在场的高官，值得称赞地把注意力转移到别的事情上。那天被认为不适合作战，但是成败在于上帝的意愿。我不知道曼努埃尔怎么会相信星体的会合、位置和移动，并听从占星家的胡扯，好像它们就是上帝的判决似的。孔托斯特凡诺斯演说，分析敌我优劣，激励军队英勇作战，不辜负皇帝的热望。匈牙利军队总指挥狄奥尼修斯轻敌。匈牙利军队的列阵队形，军队的组成和装备。中午两军交战，孔托斯特凡诺斯率军打破敌人的密集队形，敌人逃走。孔托斯特凡诺斯率军凯旋。

皇帝高兴，下令举行凯旋入城式，从东门进城。四匹白马拉着镀银马车，马车上放有圣母圣像，后面跟着皇帝的血亲、元老院元老、皇帝宠爱的显贵，然后是骑在马上的皇帝，紧跟后面的是孔托斯特凡诺斯。队伍进入圣索菲亚大教堂，再进入皇宫。然后是赛马。

塞尔维亚人总督斯特凡·内马尼亚（*satrap* Stefan Nemanja）扩张，被皇帝打败，跪地求饶，发誓友好，不与德国国王和匈牙利人结盟。

曼努埃尔想在国外征战，听说埃及富饶多产，土地肥沃宽广，决定出征埃及。曼努埃尔不顾自己领土麻烦不断，竟然与名声很大、领土很广的国王相争，这是不合时宜的。耶路撒冷国王阿马尔里克答应合作。曼努埃尔装备了一支舰队，包括 200 艘长形大船，任命海军总司令安德罗尼库斯·孔托斯特凡诺斯为舰队指挥官。派人率领 60 艘三层划桨战船先行通知阿马尔里克。由于阿马尔里克一再拖延，没有支援，且阻止攻城，最后军队饥荒，舰队不得不在

12 月不利航海的时候返航，损失重大，许多船只遇风沉没海中，很多船到达君士坦丁堡后被抛弃，没有压载物，任由海浪颠簸。埃及人担心罗马人再次进攻，派使者前来跟皇帝议和。

皇后快生孩子，移居紫色寝宫。皇帝陪伴，不断看占星学家，而占星家打着哈欠看天象。由于生的是男孩，占星家预言他是他父亲皇位的继承人。大家感谢上帝，每个人都很高兴。孩子出生后第八天，皇帝按照习俗宴请宾客，给儿子取名为阿莱克修斯，取这个名字既不是因为冲动，也不是为了纪念祖父，而是根据回答"阿莱克修斯·科穆宁王朝将统治多久？"这个问题的预言取的。这个预言是 aima；首字母按顺序 a 指的是阿莱克修斯（Alexios），i 指的是约翰（Ioannēs [John]），另外两个字母指的是曼努埃尔及其皇位继承人。

随着孩子长大，曼努埃尔把以前向女儿玛丽亚及其订婚者匈牙利人阿莱克修斯的宣誓效忠转给儿子。不久，把玛丽亚与阿莱克修斯分开，让妻妹跟他订婚成为他的妻子。匈牙利统治者去世，曼努埃尔马上扶阿莱克修斯上台。曼努埃尔再次为女儿挑选丈夫，轻视罗马人贵族，仔细挑选未婚的各国君主或者有望继位的人。与德国和西西里协商未成，最后选择了蒙费拉伯爵 ① 的儿子。

威尼斯人居住在亚得里亚海最北部，是狡猾的漂泊者，罗马人在需要海军力量时收留了他们，他们成群离开家乡，前往君士坦丁堡，从那里他们分散到罗马帝国各地，只保留了姓，把自己看作本地真正的罗马人，他们数量越来越多，群集在一起。他们积聚了巨大财富，变得极其傲慢无礼，不仅对罗马人好战，而且无视皇帝的威胁与命令。

曼努埃尔认为威尼斯人恶行太过分，下令全国统一逮捕威尼斯人，没收其财产。被没收的财产部分存放在国库，大部分被地方长官占有。住在君士坦丁堡的威尼斯人特别是没结婚的乘船逃跑，罗马人驾船没能追上。威尼斯人舰队侵略。曼努埃尔派遣海军总司令安德罗尼库斯·孔托斯特凡诺斯率领大约 150 艘三层划桨战船攻打威尼斯人，威尼斯人逃跑，无法交战，舰队回到君士坦丁堡。

威尼斯人与西西里国王结盟，以便在罗马人进攻时能得到西西里国王的保护。皇帝试图拆散这一同盟，威尼斯人拒绝。皇帝提供宽容与友谊，恢复威尼

---

① 原文有误，应该是侯爵。

斯人与罗马人平等的公民权利，归还存放在国库中他们的财产，威尼斯人同意罗马人分期支付 1500 磅黄金以补偿他们的损失。

第六篇

突厥人苏丹基利杰·阿尔斯兰二世蹂躏罗马人领土，曼努埃尔出征。两人都好战，苏丹谨慎、深思熟虑，自己不作战，由指挥官作战；皇帝勇敢、鲁莽、身先士卒。曼努埃尔从拉丁人和库曼人中征募雇佣军，聚集数万军队，准备征服苏丹。出发前皇帝到圣索菲亚大教堂祈求上帝相助，给他胜利。但显然上帝并没有同意这些请求，因为战争结束时，上帝不可理解地把胜利判给了敌人。

皇帝率军出发，经过弗里吉亚和劳迪西亚，来到作者的家乡、繁荣的霍奈，进入大天使教堂，继续到兰佩和科莱奈（Kelainai）城，再经过霍马（Choma），最后来到被抛弃的古老要塞米利奥克法隆。突厥人毁坏沿途草地，使罗马人的马没有饲料吃；污染水，使罗马人没有干净水可喝。罗马人患上了消化道疾病。苏丹纠集庞大军队，同时派使者向皇帝求和。所有富有战争经验，特别是具有与突厥人丰富作战经验、年纪大的人都请求曼努埃尔同意议和。曼努埃尔不听，他听从他的血亲的意见，尤其是那些从未听过战争号角声、发式漂亮、脸蛋发亮、令人愉快、脖子上戴着黄金项圈和闪闪发光珠宝项链的人。苏丹继续求和，皇帝拒绝。于是苏丹占领了崎岖的齐夫里泽（Tzivritzē）隘路，堵住了罗马人撤离米利奥克法隆的必经之路。罗马人惨败，大部分罗马人倒下，皇帝大部分最著名亲属死亡。

皇帝口渴，叫人打来水喝，发现水中有血，恸哭，说幸好没尝基督徒的血，有个人发牢骚骂皇帝不止一次喝基督徒的血了。当皇帝看到突厥人在抢钱，就叫罗马人去抢，那个人又骂，说这些钱应该在以前给，而不是现在，现在只能经过极大困难和流血冲突才能得到，要抢皇帝自己去抢。皇帝又保持沉默。夜晚战斗停止，恐惧包围了每个人。他们听到突厥人在罗马人的营地边高喊，怂恿过去加入罗马人的同乡离开，因为营地的人都会死。苏丹及其高官同情皇帝的处境，想到以前在和平时期曾得到皇帝慷慨赐予的金钱，于是苏丹派人前去谈和，条约和以前的一样。送皇帝马匹和长剑。由于年代久远，某些条款已经不太清楚，但条约规定应摧毁多里莱昂和苏维利昂（Souvleon）两座要塞。签订和约后，皇帝要求走另外一条路离开此地，但向导带他原路返回，看到尸横遍野，罗马人无不痛哭。

除了上帝，没有谁能够拯救人类。皇帝在开始打算行军攻打突厥人的时候做了个噩梦。皇帝出发危险地行军那天，一个罗马人译员来到皇帝身边告诉他说自己做了个不祥之梦。

到达霍奈，皇帝给每个病人一金币治疗，自己去了费拉德尔菲亚（Phila-delphia），在那里恢复身体。派信使给君士坦丁堡送信，叙述发生的事件，描写皇帝遭到与罗曼努斯·狄奥根尼斯（Romanos Diogenēs）同样的失败命运，然后他盛赞与苏丹的条约，吹嘘说突厥人看到皇帝的旗帜迎风飘扬感到害怕就签订了和约。

皇帝按条约只摧毁了苏维利昂，留下了多里莱昂。突厥人报复，蹂躏罗马人领土。皇帝派军队出征攻打突厥人，获得胜利，突厥人25000人仅剩下极少数活着回去。皇帝多次出征，打败突厥人，受到爱戴和钦佩。

第七篇

皇帝认为难以抵挡居住在小亚细亚西部爱奥尼亚海湾（the Ionian gulf）的那些民族的进攻，认为罗马人军队不能抵抗西方军队，认识了这些民族可能联合反罗马人，怀疑他们可能阴谋联合，皇帝主张允许诱骗东方的蛮族，用金钱购买他们的友谊，用战绩说服他们停止侵略。但是他对分散在许多地方的西方民族持怀疑态度，因为这些人自吹自擂，精神上大胆，绝不谦卑，被训练得残忍嗜杀。他们都穿得很奢华，穿着甲胄上战场；他们也时刻保持着对罗马人的戒备和敌视，他们斜眼看罗马人，充满着永恒的发狂的仇恨。

因此，对威尼斯（Venice）、热那亚、比萨、安科纳，以及其他沿海民族，他提供以发誓保证的协议所认可的友谊，在君士坦丁堡给他们提供特定区域，以阳光般的友好姿态争取他们；担心他们所谓的国王召集庞大军队攻打罗马人，他给他们大堆金钱；他对那些处于更强大统治者控制下可能分崩离析的民族实施影响，激起他们战斗。

皇帝支持意大利人反德国的弗雷德里克，写信给教宗，阻止教宗给弗雷德里克加冕，支持米兰（Milan）反德国人。皇帝谋取蒙费拉侯爵的友谊，给他大量礼物，把自己的女儿玛丽亚嫁给他最小的儿子，进一步挫败了弗雷德里克的图谋。皇帝在意大利各城市甚至更远的地方扶植忠心于自己的人，这些人向皇帝汇报罗马人的敌人所干的任何坏事和阴谋。皇帝派使者到安科纳争取支持，德国国王得知后派军队围攻安科纳，被打败。皇帝大赞安科纳人（Anconi-ans），允许他们享有与罗马人公民同等的公民权，答应满足他们提出的合法的实际的需要，送去大量黄金。

罗马人嘲笑皇帝徒劳地培养这种过度的野心，大大逾越以前皇帝们所定的边界，把征收的税收浪费在无用的目的上，搜集税收登记簿，耗尽了巨额税收。然而，公民这样的指责是不公正的，因为他的行为并非完全不合理，因为他看到了邻近拉丁国家不可抵抗的军事力量，担心阴谋会吞没我们的领土。正如他去世之后事情所证明的那样。他的思想和行动既明智又合理；在这位聪明的舵手去世后不久，国家这艘大船就沉没了。

他努力增加税收。当权者按照他的意愿作为包税人把未开垦地变成农田；他用自己的犁耕地，从那里长出沉甸甸的谷穗，归他所有。征集的税收中，存于国库或者藏于隐秘处的，少于流失在慷慨资助修道院和教堂以及捐赠给贫穷的罗马人的，但是绝大部分源源不断地送给了各种各样的民族，特别是流入拉丁人之中。为追求炫耀式的慷慨政策，他挥霍浪费了他所聚集的一切钱财，这些钱财是他通过任命贪婪的税吏为财政长官、负责政府收入而聚集的。

他的亲属和密友也得到了特定的花销。例如，他那与他有性关系的侄女塞奥多拉只差没有戴皇冠了，她天生傲慢，只有在宫殿被打扫干净才愿进去，她自负地拱起眉毛以示轻蔑。她给皇帝生的儿子，以及一个接一个的其他儿子，获得了海量金钱。

皇帝很容易受到内侍、侍寝宦官们的影响，同样也很容易受到那些来自外国、说结结巴巴希腊语的随从们的影响，他甚至下令支持富人，不断侧耳倾听他们，乐于答应他们的每项请求。对这些人来说，谋生途径是如此之多，以致他们在金钱的河流中游泳，世界上的杰出人物和最伟大民族中最有名望的人也是如此。他完全信任这些人，把他们当作最忠诚的仆人，他不仅把最高官职托付给他们，而且任命他们为法官，好像他们最近成了法律专家似的。

只要有必要登记某些地区的纳税土地，这一专家集团就得到任用。要是一个审慎聪敏的罗马人贵族成为他们的同事，他被派遣同去，当他登记税收，标明要征收的税收时，他的蛮族同事聚集收益，密封钱袋交给皇帝。但这些措施大部分不利于皇帝，使得他的计划无效；因为他怀疑罗马人，认为他们侵占公款而拒绝任用他们，他没有认识到，当他使爱钱的蛮族高兴、有益于思想邪恶的侏儒时，他在疏远天生和通过训练忠实又忠诚的本地罗马人。由于罗马人认识到皇帝怀疑他们，认识到他们被看作是追求不公平收入的仆人，而不是受到信任的官员，因此，他们支持外国人，与外国人一起被派遣，好像他们是拴在皇帝马车上的赛马似的。他们仅仅执行他们的命令；他们收获钱币，把钱捆在一起好像是拿到脱粒门上的一捆捆谷物，把钱交给那个被任命为高于许多人、被认为比大多数别的人更有价值的蛮族。他们忽视其他一切，尽管他们经常带一些钱给皇帝，似乎它们是整体中的精华部分，但是大部分他们占为己有。因此，皇帝有美德的忠诚的仆人用地里的小麦即金币先做自己的面包，然后再给一部分给他的同事。

皇帝的一大成果是在达马里斯建立了一座塔楼，在海峡另一侧紧挨着曼加纳修道院建立了另外一座塔楼。皇帝修建这些塔楼，通过从一侧海岸拉一条铁链到另一侧海岸，以阻止蛮族船只的进攻，使君士坦丁堡卫城附近地区和通往布拉海尔奈宫殿群的水路都不会受到侵入。

皇帝因热衷于修建美丽的建筑而受到批评。他极好地忍受战争的劳累。但当他不作战时他沉迷于奢华与娱乐之中，享受美味，弹里拉琴和三角竖琴。

他重建圣厄瑞涅（Hagia Eirenē，圣和平之意）教堂，但是没有建完。他在蓬托斯（Pontos，即黑海南岸）一个名叫卡塔斯格普（Kataskepē）的地方修建了一座神圣的修道院，命名为大天使米迦勒修道院，在那里聚集了当时最著名的修道士，给他们提供完全没有忧虑的隐居生活。考虑到拥有地产以及受到许多事情的打扰，使那些选择隐修生活的人不能平静，使他们远离上帝的生活，他没有给他们留出任何小地产或者分配田地和果园给修道院。通过由国库负责支付修道士的日常必需品，我认为他因此限制了大多数人建立修道院的过度欲望；他也树立了供人效仿的榜样，即只要有必要建立教会建筑物，就也有必要为那些没有生计和不关心物质生活的隐士提供伙食。当时那些自称修道士的人在物质上更富有，但比那些喜爱世俗乐趣的人更加忧心忡忡，皇帝对此非常不满，于是恢复尼基弗鲁斯·福卡斯皇帝关于禁止修道院增加财产的规定。他也指责他的父亲和祖父以及他所有建立修道院、给修道院分配肥沃土地和绿草地的其他亲属。因为修道士应该住在山洞里和山顶上荒凉的地方，而不是住在君士坦丁堡。但有些修道士在市场、在十字路口建立修道院，不是选择美德而是把削发、道袍和胡须作为修道士的特征。由于这些事情，或者为了坚持修道院的庄严（这未达到预期效果，很快消失），或者担心他被发现在做他自己所谴责的事情，皇帝采取了不同于其亲属的措施。

罗马人有条法律，我相信蛮族也有，该法令规定了士兵的薪金，并规定要定期检查，弄清他们是否装备良好，是否照顾他们的马匹；新应征者首先要受到检查，看看他们是否健康，射箭术是否熟练，是否有挥舞长矛经验，只有那时他们才会被登记到军事花名册里。皇帝把佃农（paroikoi①）的所谓礼物倒入国库，就像把水倒入贮水器一样，通过支付供应品，充分满足军队的渴求，因而滥用了以前皇帝们开始使用、但那些经常重创敌人的皇帝们几乎不用的策略。

他不知道他把无数的金钱倒入无用的胃里、对罗马地方管理不善，他这样在削弱军队。勇敢的战士对以身犯险使自己扬名失去兴趣，因为人们不再激励他们取得辉煌的战绩，现在所有人都在关心变富。地方居民在过去必须给帝国收税官缴税，现在因军人的贪婪而极其恐惧，不仅被剥夺了银币和奥波尔（obols），而且被剥夺了他们最后的外衣，有时他们被拖离自己的爱人。

由于这些原因，每个人都想参军入伍，许多人告别了他们当裁缝、修鞋匠的职业，声称这些不足以提供他们的必需品，而一些人逃离了他们照看马匹的责任，冲洗掉制砖的泥土，擦掉铁匠铺的煤烟，出现在征兵官员面前。在交出一匹波斯马或者支付一些金币后，他们就被登记在军事花名册上，不用例行检查，并马上获得皇帝的书信授予他们的露水打湿的土地、麦田，还有作为奴隶为他们服务的罗马人进贡者。有时皇族会向半突厥人半希腊人的蛮族侏儒缴税，即使罗马人精通战争，而那些侏儒对战争一窍不通。

军队的混乱给罗马人地方带来了应有的损害。一些地方被国外各民族劫掠，服从他们的统治；另一些地方被我们自己的人蹂躏破坏，好像它们是敌人的土地似的。

大多数罗马人皇帝不愿意完全接受他们只应该统治、穿着金质服饰、使用

① paroikos，希腊文为 πάροικος，复数形式为 paroikoi，指佃农，拜占庭 10 世纪以后的依附农民，类似中世纪西欧的农奴（serf）。10 世纪中期起拜占庭史料中经常提及 paroikoi，越来越多的农民成为 paroikoi，逐渐超过先前占优势的村社（village community）独立农民。11 世纪的史料表明 paroikoi 地位变成世袭。他们依附地位的性质仍不清楚。参见 Alexander P. Kazhdan (editor in chief), *The Oxford Dictionary of Byzantium*, pp.1589-1590.

公共财产好像是自己的私人财产似的；他们也不愿意只是像对待奴隶似的对待自由人。因为他们相信，除非他们决心在外形上长得像神，在力量上是英雄，在上帝的事情上像所罗门（Solomon）一样聪明，是信条的最好捍卫者，对道德生活比教规有更准确的标准，简言之，是神人事务的一贯正确的注释者，否则，他们会遭到磨难。因此，他们认为谴责粗鲁、傲慢的人是他们的责任，这些人引进奇怪的新教义或别的去求助于那些专职于知晓有关上帝之事并进一步阐释它们的人。但是即使在这些事情上他们也不愿意位居其次，因此他们自己成了信条的主人，坐在那里裁断，提供它们的定义，甚至经常惩罚那些与他们意见不同的人。

因此，这位皇帝巧舌如簧，善于表达，不仅书写极其迷人的书信，而且写作使用问答方式的布道词（selentia），并在公众面前宣讲。在演讲中，他会谈及神圣的教义，并论述关于上帝的问题。他经常假装困惑，对圣经提出问题，然后像学者一样解决这样的问题。所有这一切会值得称赞，如果他询问这些问题而不讨论人类无法理解的教义的话，或者如果在思考这些事情的时候他不那么固执的话，或者如果他不歪曲书面词的含义的话，而他经常歪曲，以使词的含义与他自己的目的一致，提供教义的含义与解释，好像他因从上帝那里得到关于上帝的神秘性的最明确教导而完全理解了基督似的，而关于这些教义的正确含义神学家们早已做出了明确系统的阐述。

当讨论圣经中关于上帝的肉身既是施与者（the Offerer）、又是接受者（the Offered）的内容的时候，当时有学问的人分成了对立的派别；讨论和辩论旷日持久。皇帝支持其中的一派，持有相反观点的被免职。据说，在这场教义辩论公开进行期间，天空响起震耳欲聋的打雷声，这雷不合季节，是不祥的预兆。当时皇帝在佩拉戈尼亚，一个名叫埃利亚斯的文人，他是军队中的哨兵，他翻开一本有关打雷和地震的书，找到了关于在那个季节打雷的含义，给出了以下解释："智者倒下。"那些被免职的人是当时最有学问的人，他们被逐出教会，不得担任任何教会职务；其他许多人被关进修道院，被逐出他们的辖区。

一些年后，曼努埃尔开始研究神人（God-Man）即耶稣基督的话："我父比我伟大。"（"My father is greater than I."）他很少关心神学家们的解释，而是提出了自己的解释，好辩地捍卫自己的新奇信仰，并且召开宗教会议，召集所有那些精通神圣教义的人，敦促他们赞成自己的信仰。这是可笑的。曼努埃尔对任何敢于质疑其信仰，尤其是攻击其信仰的人以逐出基督教和死亡相威胁。他把其信仰解释刻在石桌上，放在圣索菲亚大教堂中。所有其他人都对它持有怀疑态度。

曼努埃尔去世前做了一件不可理喻的事。《教义问答书》(*Book on Catechism*) 中列出来逐出教会的，有对穆罕默德 (Muhammad) 的神的诅咒。曼努埃尔提议把这一诅咒删去，认为穆斯林皈依基督教时被要求咒骂上帝是很可耻的。于是他召集牧首塞奥多修斯 (Theodosios Boradiotēs)，以及君士坦丁堡那些学问和美德出众的大主教，向他们提出删去对穆罕默德的神的诅咒。这些人纷纷摇头，指明受到诅咒的并非天国和尘世的创造者上帝，而是骗子、着魔的穆罕默德编造的既不被生又不生的所谓上帝。但曼努埃尔坚持自己的意见，写成著作，要求在牧首官邸宣传，派元老院领袖们和有学问的贵族们称赞其内容，认为穆罕默德所说的神 (god) 就是真正的上帝 (God)。牧首坚决反对，并说服主教们反对。曼努埃尔侮辱主教们，称他们为世上的蠢货。但这时他患上了将夺去他生命的重病，因此脾气不好。曼努埃尔又撰写一本著作，要求牧首和主教们接受。反复折腾后，最后他们勉强同意从教义问答书籍中删去对穆罕默德的神 (god) 的诅咒，写进对穆罕默德和他所有教导的诅咒。

一个名叫尼基塔斯的宦官是霍奈城主教，具有预言能力，他曾对刚登基的曼努埃尔说出预言。当时曼努埃尔前往亚美尼亚，途经霍奈时来到大天使教堂接受这位著名主教的祝福。神职人员怀疑曼努埃尔这么年轻是否能够真正统治罗马帝国，这位主教说他能够统治帝国，他兄长伊萨克将会服从他，这是上帝的意愿；说他将会比他祖父阿莱克修斯多活几年，接近死亡时，他会发疯。

皇帝在公元 1180 年 3 月前生病，到 9 月初生命走到尽头。他没有为帝国取得杰出成就，没有为他死后做出任何准备或者安排，因为他决不愿接受死亡临近，他声称确信自己还能活 14 年。牧首塞奥多修斯劝他趁自己清醒时考虑国事，寻找坚决支持他尚未到青春期的儿子即皇位继承者的人，这个人应该像忠诚于自己的母亲般忠诚于皇帝。而那些最有害的占星术骗子则极力劝说皇帝在性欢乐中打发闲暇，大胆告诉他说他会很快康复，无耻预言他会摧毁国外城市。更加令人难以置信的是，由于他们油嘴滑舌，习惯于撒谎，他们预言宇宙的运动，最大恒星的接近和会合，暴风的爆发；他们几乎预言了整个宇宙的变化，好像他们是发神谕的人而不是占星家。他们不仅计算这些事情发生的年月星期并清楚地向皇帝指出，而且他们指出确切的日子并预言准确的时刻，好像他们对于那些只有上帝掌握的事物有准确的了解似的。皇帝寻找洞穴防风，并准备洞穴居住；他把皇宫的玻璃移开，以便它们不会被风损坏，而他的随从们、亲属们、谄媚者们也急于干这些事。

但是随着皇帝病情恶化，他鲁莽地使用浴室；在那里，他看到他继续生存的希望像水一样被冲走。他简短地同那些在场人员讨论了自己的儿子阿莱克修斯，预见到他死后可能发生的事，他的话语中混合了悔恨。在牧首的建议下，他放弃了他原来对占星术的信任。最后皇帝把手放在一条动脉上探脉，深深叹息，用手拍打大腿，索要修道士服装。由于没有准备，随从们好不容易找来一件破烂的黑斗篷。皇帝在他统治的第 38 年差三个月去世。他名字的最后一个音节代表数字 38。曼努埃尔的坟墓。

第三部分 皇帝曼努埃尔的儿子、"生于紫色产房的"阿莱克修斯（Alexios Porphyrogenitos）的统治

曼努埃尔去世后局势混乱。皇帝阿莱克修斯二世尚未到青春期，沉迷于玩乐，他父亲的朋友和血亲忙于别的事情，无暇顾及他的教育和栽培。这些人有的热烈追求皇后，有的贪婪，占用公款，大肆挥霍；有的不遗余力想当上皇帝。特权不再被有权势者和皇帝的亲属重视，对国家事务的关心消失。会议和委员会消失。

据说皇帝曼努埃尔的侄子"首席贵族"和"首席司库"阿莱克修斯·科穆宁（Alexios Komnenos）与小皇帝的母亲有性关系，常常和她厮混，因而胜过了所有其他人。看到专制统治形成，曼努埃尔的血亲恼火，不信任"首席贵族"，不是因为皇帝可能受到损害，而是因为害怕自己被捕。于是他们到处散播谣言，说阿莱克修斯与皇帝的母亲有性关系，计划废黜小皇帝，自己登上皇位。

帝国完全混乱。形势可与蝮蛇的神话相联。皇帝曼努埃尔临死之时已有不祥之兆，一个妇女生下了一个脑袋特别大身子畸形的男孩，这被认为是混乱的征兆。之前，特拉比宗总督尼基弗鲁斯·帕列奥列格（Nikephoros Palaiologos）逮捕了曼努埃尔堂兄弟安德罗尼库斯·科穆宁的情妇塞奥多拉·科穆尼娜及其孩子们。安德罗尼库斯不得已前去请求曼努埃尔宽恕，故意用铁链缠住自己的脖子，博取皇帝的同情，并发誓说他绝不会反叛，除非皇帝命令站在那里的一

个人拽着他的铁链把他拖到皇帝宝座前并把他撞上宝座。皇帝同意了他的请求。当时牵着他的铁链的人正是后来废黜他的伊萨克·安茞鲁斯，可能这并非偶然。皇帝赦免了他，给了他大量礼物。

曼努埃尔去世时，安德罗尼库斯住在奥伊纳翁（Oinaion），他了解到皇宫内混乱的详细情况：小皇帝贪玩，贵族监护人有的忙于到地方敛财，有的觊觎皇位，有的挥霍公款。安德罗尼库斯想办法夺取皇位。说服曼努埃尔生前的忠诚朋友，赢得各方支持。

"首席贵族"阿莱克修斯专制。前几任科穆宁皇帝辛苦积累的收入流入他和皇后的腰包。结果，整个君士坦丁堡期待安德罗尼库斯的到来。皇帝的同父异母姐姐"生于紫色产房的"玛丽亚（*Porphyrogenita* Maria）公主和她的意大利人丈夫"凯撒"雷涅尔（*kaisar* Renier）更是鼓励安德罗尼库斯前来。玛丽亚对"首席贵族"和自己继母乱伦感到愤怒，特别嫉妒继母，不能忍受被打败并被怀疑为竞争对手，仇恨"首席贵族"。

玛丽亚赢得一些亲属的支持，特别是那些支持安德罗尼库斯、反对"首席贵族"的人，宣誓效忠她弟弟，争取到教会和民众的支持。玛丽亚不能忍受"首席贵族"控制国家事务，认为他使王朝蒙羞，坚持驱逐他。玛丽亚派兵把守圣索菲亚大教堂，招募雇佣军，把神圣场所变成了军营。她的行为越来越应受谴责。她不理会谈和的劝导，不听从牧首，激怒了牧首。民众逐渐公开叛乱。他们无理性，冲动，成分驳杂，反复无常，易暴动，性情不稳，不可信，不满其他繁荣城市，天生蔑视当权者，缺乏判断力，容易激动。民众诅咒"首席贵族"和皇后，摧毁建筑物，劫掠市长塞奥多利·潘特赫尼斯（Theodore Pantechnēs）的住所。

"首席贵族"集结军队到大皇宫，和玛丽亚的军队交战，晚上停战，第二天议和，一些显贵调解，军队解散。玛丽亚和丈夫回到大皇宫。交战双方都有罪。"首席贵族"企图罢免牧首塞奥多修斯未果。安德罗尼库斯率领军队向君士坦丁堡进军，遭到一些贵族抵制，一些贵族投奔他。"首席贵族"及其支持者、亲属等被捕，"首席贵族"被挖去了眼珠。作者感叹他的失败。

安德罗尼库斯对君士坦丁堡城中拉丁人发动战争。拉丁人有的分散到城中，有的寻求贵族庇护，有的上船逃走，驾船沿路袭击罗马人。

这些天一颗彗星出现在天空，预示着灾难，显然指的是安德罗尼库斯。一只猎鹰从东边猛扑向圣索菲亚大教堂，三次逃走，最后被抓住，有人就此预言安德罗尼库斯的结局。牧首塞奥多修斯第一次见到安德罗尼库斯，看出他的邪恶。牧首离职。安德罗尼库斯烧死一个被怀疑为施巫术的人。安德罗尼库斯见皇帝及其母亲，到访曼努埃尔坟墓。

安德罗尼库斯随心所欲处理国事，派人密切监视皇帝，不是致力于提高罗马人的福利，而是致力于消灭有道德有能力有战绩的人。他奖励对他友好的帕夫拉戈尼亚人和所有参与叛乱的人，赐予头衔和礼物，给某些人高官显职，提升他自己的儿子们；剥夺别人的官职给自己的追随者，迫害贵族后裔，驱逐或监禁或弄瞎他们。挑唆臣民相互告发，结果人们相互怀疑，即使是最真诚的朋友之间、兄弟之间、父子之间也相互揭发，一些人亲自告发自己的亲戚嘲笑安德罗尼库斯或者忠诚于皇帝阿莱克修斯的世袭统治，最终指控者和被指控者进了同一所监狱。人人自危，互不信任。

安德罗尼库斯建立起暴政。先后毒死玛丽亚和其丈夫。让自己的私生女嫁给曼努埃尔的私生子阿莱克修斯·科穆宁（Alexios Komnenos），收买宗教会议参与人员，大多数人同意，牧首塞奥多修斯强烈反对，辞职离开。安德罗尼库斯命令恰好在君士坦丁堡的保加利亚大主教为婚礼举行宗教仪式，任命绝对服从自己的瓦西里·卡玛特罗斯为牧首。

不仅首都形势如此混乱，而且地方情况更加糟糕。突厥人一听说曼努埃尔去世就入侵，占领了许多城市。亚洲地区还爆发了内战，安德罗尼库斯派军队攻打反对他的势力。这种内战比外国人入侵更为有害。

安德罗尼库斯迫使皇帝加冕他为皇帝，发动暴民迫使牧首塞奥多修斯同意驱逐皇帝母亲，要求帝国的主要法官起诉皇帝母亲，他们回答说要查明一下，安德罗尼库斯下令逮捕这些法官，民众救出了这些法官。君士坦丁堡一些贵族和高官密谋叛乱，被安德罗尼库斯镇压。安德罗尼库斯任命绝对服从他、出身低下的人绞死皇帝母亲，煽动委员会高呼安德罗尼库斯马上登基。君士坦丁堡各种族、行业、年龄的愚蠢民众追随委员会的结果。一个法官成为安德罗尼库斯的最热情支持者；另一个人靠舌头谋生，成为暴政的可耻代表。这些民众聚集到这个暴君的住所，狂热庆祝。啊，多么的可耻、狭隘、轻浮啊！

皇帝阿莱克修斯被迫加冕安德罗尼库斯为共治皇帝。几天后安德罗尼库斯命人勒死阿莱克修斯，抛尸大海。安德罗尼库斯用脚踢他的尸体，嘲笑他的父母。他的头被割下，尸身被抛入大海。

第四部分　安德罗尼库斯·科穆宁的统治

第一篇

谋害皇帝阿莱克修斯后，安德罗尼库斯不久娶阿莱克修斯的妻子、法王的女儿安娜（Anna）为妻，安娜才 11 岁。安德罗尼库斯要求牧首瓦西里·卡玛特罗斯和宗教会议解除他曾经对皇帝曼努埃尔及其儿子所发誓言，并赦免所有被认为违背誓言的人。宗教会议马上公布大赦所有违背誓言的人。安德罗尼库斯反复无常。安德罗尼库斯镇压贵族和各地叛乱，处决尼西亚投降人员，攻占普鲁萨（Prusa）后屠城，劫掠城中财物，屠宰羊群牛群，残忍杀害叛乱者，在洛帕蒂翁（Lopadion）干同样的坏事。

安德罗尼库斯观看演出和赛马，皇帝包厢的部分栏杆倒塌，杀死了六个人。暴民被鼓动。安德罗尼克斯吓得要逃，被宠臣劝阻，宠臣们担心他离开会死亡。安德罗尼库斯又坐了一小会儿，赛马和体操比赛一结束就离开，后面的演出完全不看了。

曼努埃尔兄长"至尊者"伊萨克女儿的儿子伊萨克被曼努埃尔任命为亚美尼亚和塔尔苏斯总督，统率那里的驻军，被亚美尼亚人俘虏，后被圣殿骑士团赎出。后来他到塞浦路斯，统治稳固后开始干坏事：无理由的谋杀，使人体伤残，惩罚人致死，玷污别人的婚床，掠夺处女，抢劫曾经繁荣富裕的家庭，抢走所有财物。他成为那里的暴君。

安德罗尼库斯怀疑名字以 i 开头的人会结束自己的统治，害怕伊萨克推翻自己的统治。但无法制服伊萨克，就审问伊萨克的姨父君士坦丁·马克罗杜卡斯（Constantine Makrodoukas）和亲属兼朋友安德罗尼库斯·杜卡斯（Andronikos Doukas），指控他们犯有大逆不道罪，尽管他们是安德罗尼库斯党徒的最重要领导和最强大成员。在庆祝耶稣升天那天，人群聚集，皇宫所有随从都到场，下令剑子手朝两人扔石头，并叫人们扔石头，否则将受到同样处罚。结果两人被乱石打昏，钉死在尖桩上。

阿莱克修斯·科穆宁（Alexios Komnenos）是曼努埃尔兄长安德罗尼库斯的孙子，是曼努埃尔的侍酒者，被安德罗尼库斯判处流放到库曼人那里，他从那里到达西西里，同去的有来自菲利普波利斯的马利诺斯（Maleinos），这个人既非来自显贵家庭，又不因职业著名。这两个人对安德罗尼库斯的愤怒使他们损害自己的国家，他们到处讲述，争取国王威廉和大批人的支持。他们几乎舔国王的鞋底，不仅要使安德罗尼库斯遭受悲惨结局，而且煽动西西里暴君占领罗马人领土。这些话激励了威廉，而且他经常从拉丁人那里听到类似的报道，这些拉丁人过去当罗马人的雇佣军，与皇宫有往来，但后来因冷酷无情的安德罗尼库斯漠不关心而分散到各地。威廉召集军队侵略罗马人帝国，攻占塞萨洛尼基城，洗劫，屠城，亵渎神圣，非常野蛮。

拉丁人非常野蛮，不懂罗马人音乐，仇恨希腊人，认为我们的土地是天堂，他们永远干邪恶的勾当，轻视我们，视我们为最恶毒的敌人，在我们和他们之间形成了最大的分歧鸿沟，我们意图不同，截然相反，即使我们密切联系，同处一室。他们自负地炫耀他们的坦率，会上上下下盯着我们看，好奇地注视我们举止的文雅和谦逊；而我们讨厌地看待他们的傲慢、自夸和炫耀，他们鼻涕溅到空中，我们咬紧牙关，相信基督的力量，上帝给虔诚信徒力量践踏蛇蝎，给他们保护免受伤害。西西里人的暴行和贪婪。他们比野兽更野蛮，毫无同情心，吹嘘将占领整个罗马帝国，嘲笑塞萨洛尼基人衣不蔽体食不果腹，嘲笑他们的发式。他们到处大小便，肮脏不堪。对迪米特里墓流出的油膏极感兴趣，嘲笑并扰乱罗马人的宗教仪式。塞萨洛尼基大主教尤斯塔修斯的经历。

安德罗尼库斯绞死两兄弟，据说他们阴谋废黜他，推举曼努埃尔的私生子（即他自己私生女的丈夫）登基。把女婿弄瞎流放，命令女儿恨自己的丈夫。

有人预言，东方会与西方统一，长期以来的敌对会消除；语言和意图不同于罗马人的民族会合作，原来的分歧会以一种新奇的方式被同一种习俗所取代。城市的良好统治会得到增强，作物的收成会持续增长，作物会反常生长。事实上，编造这些谎话的人显然是傻子。他们声称自己聪明，能预知未来，然而他们却不能看见他们鼻子底下的事。他们说话是为了讨好，为了得到好处，讨皇帝欢心。

安德罗尼库斯还逮捕了女婿的大量著名的随从，弄瞎他们，把其中一个弄瞎一只眼，剥光衣服，用长杆戳起放到大竞技场上的火堆上活活烤死，同时烧了一些书。一个读经人因批评安德罗尼库斯所干坏事而被监禁，遭到戳在烤肉叉上烤死拿给他妻子吃掉的威胁。

安德罗尼库斯反复无常，对自己的党徒也不能保持善意。除了前面所说处死的两个党徒，他还弄瞎了君士坦丁·特里普斯科斯（Constantine Tripsychos），这个人为他的暴政提供了多方面服务，监视人们的闲谈，惩罚任何表达不满的人，而现在他自己因说话冒失而受到惩罚。他的一个亲戚向安德罗尼库斯告发他，称他发牢骚说没得到一点好处，安德罗尼库斯对他不好。其实他被施予大量恩惠，被授予最高封号，在皇帝的书信中被称为心爱的儿子和当时最杰出的人。安德罗尼库斯心如刀割，认为每个人都不忠，变得很焦虑。这些指控燃起了他的怒火。告密者见他发火，就进一步指控说特里普斯科斯不断毁谤他的儿子、皇位继承人约翰，嘲笑约翰丑陋矮小，还嘲笑宫廷官员。安德罗尼库斯大怒，不能忍受，收回他的特权，弄瞎他的眼睛，特里普斯科斯的统治从此结束。

第二篇

西西里人的侵略。安德罗尼库斯的应对。阿莱克修斯·科穆宁随西西里军队出征，没被任命为指挥官，愚蠢地为西西里国王服务，企图继承曼努埃尔的皇位，对外国军队说他会受到罗马人的热烈欢迎。当西西里军队推进的消息一个接一个传来时，安德罗尼库斯不以为然，每个人痛哭时他反倒镇定。同时，他沉溺于非人的癖好，远远超出有史以来的所有暴君。

他经常带着一帮妓女和情妇离开君士坦丁堡，去寻找极其偏僻、气候温和的地方，就像野兽出没于幽谷，进入青翠的树林一样，后面跟着一群情妇。在固定的日子里，他的廷臣们（其中有他的至亲）看见他让每条通道对吹长笛的少女和妓女开放，他一直沉溺于与这些人性交的欢乐之中。他疯狂地想要性交，借助于软膏和过多的准备活动，吃尼罗河一种很像鳄鱼的动物，这种动物使性交的人兴奋、获得性满足。

在从外面寻欢作乐回来的路上，安德罗尼库斯由蛮族侍卫护送，这些蛮族侍卫毫无教养，以缺乏教育为乐，大多不懂希腊语。他总是从这样教养不好的人中挑选侍卫。最后他还养了只看门狗。晚上，狗拴在门上，侍卫睡在离皇帝卧室有一定距离的地方。安德罗尼库斯嘲笑君士坦丁堡人愚蠢，被自己牵着鼻子走，嘲笑他们急于讨好君主。在市场拱门上悬挂打猎所得的巨大鹿角，表面上展示巨大的鹿角，实际上嘲笑市民，毁谤他们的妻子无节制。

不管哪一天，只要他寻欢作乐回到君士坦丁堡，就会被认为是不幸的日子；似乎除了屠杀被他怀疑为阴谋推翻他的人之外，他就没有别的理由回来了。对许多人来说，安德罗尼库斯的到来意味着损失和绝望，或者死亡，以及他能想出的最坏可能的恶事。那时，人们生活在沮丧和绝望之中。能踏实睡觉的人不多，人们担心被突然抓走。甚至妇女也不能免除他的报复和厌恶；许多人被弄瞎，挨饿，被监禁，被拷打。父子互相不顾。安德罗尼库斯易怒，野蛮，残忍，永远要惩罚，以身边那些人的不幸和痛苦为乐，以别人的毁灭为乐，他认为他在巩固自己的统治，在为儿子们加强皇位，这增加了他心灵的快乐。

然而，他做了许多善事，他并非敌视每一个人。他以礼物安慰贫穷者。他惩罚贪婪的权贵，仔细搜寻、限制那些人伸出手抢夺别人的财产。大部分地区人口增加。礼物被送回。他给官员高薪，派政府官员出去，威胁如果忽视他的命令就会结局悲惨。拒绝出售官职，不去为了一笔钱就把官职卖给出身低微的人。仔细挑选官员，任命政府官员不收回报。因此，那些在过去失势的人现在得势。不久，大部分城市复兴，恢复了过去的繁荣。安德罗尼库斯召回政府官员以结束税吏的殴打，限制精明税吏伪造并确认为每年义务的不断税收要求，这样阻止了对破产人们的吞食。

罗马人中盛行一种极不理性的习惯做法：遭受风暴袭击的船只被吹到岸边，被岸边的罗马人抢劫一空。官员们认为这一恶行无法矫正。过去的许多罗马人皇帝颁布皇帝诏书禁止抢劫失事船只，但他们的诏令只是一纸空文。安德罗尼库斯命令血亲和忠诚者结束这一恶俗，勒令沿海地区官员和地产主遵守命令，禁止抢劫失事船只，否则将没收财产，悬挂违令者示众。

安德罗尼库斯重建古代的地下引水管，未完成，因其生命行将结束。后被伊萨克破坏。安德罗尼库斯恢复文职总督（*praetor*①）职位，任命显贵和元老院中最优秀的人担任官职，给他们大量礼物，给他们封地，以防扰民，支付他们40.80磅银币。人们不再受到统治者的压榨。人口很快增加，作物增收百倍，生活必需品很少被出售。

———————

① *praetor*，或 *praitor*，希腊文为 πραίτωρ，指晚期罗马帝国的警察和司法官员，9 世纪中期该术语以希腊文形式 *praitor* 重新出现，指将军（*strategos*）下面的地方官员，从 10 世纪末起，该术语为 *krites*（法官）的同义词，指地方文职官员。虽然理论上 *praitor* 和总督（*doux* 或 *katepano*）区别很大，但二者的职责在 12 世纪通常合为一体。这里尼基塔斯·侯尼雅迪斯指安德罗尼库斯任命新官员并增加他们的薪水。这个术语似乎在 1204 年后不再使用。Alexander P. Kazhdan (editor in chief), *The Oxford Dictionary of Byzantium*, p.1710.

安德罗尼库斯对任何指责强权者的人都态度和蔼，虽然他不尊重人，但不拒绝给予正直人士权利。他在裁判中，对于地位低微的人、出身高贵的人、富裕的人，同等听取他们的意见。他会严厉批评有罪的人，并给予相应惩罚，即使是被穷人起诉。例如农民起诉塞奥多利·达迪布列诺斯（Theodore Dadibrenos）一案。达迪布列诺斯是当初绞死小皇帝阿莱克修斯的刽子手，有一次视察的时候住在农民家里，获得他及其仆人以及他所有马车所需的一切，离开的时候却分文未付。安德罗尼库斯开庭审理，发现起诉属实，判处鞭打达迪布列诺斯 12 鞭，下令帝国国库官员支付数倍费用。

当时同现在一样有公开辩论神圣教义的会议，但是安德罗尼库斯并不想讨论或听到关于上帝的新奇思想。当听到优西米厄斯（Euthymios）和约翰·金纳莫斯讨论"我父比我伟大"（"My father is greater than I"）时，安德罗尼库斯大怒。他重视知识，亲近神父，重视哲学，赞美修辞学教授和法学专家。

安德罗尼库斯准备墓地，立起巨幅画像。想为自己立铜像；修改皇帝阿莱克修斯二世母亲的画像，画成老太婆；立起自己的画像。在四十殉道者教堂（Temple of the Forty Martyrs）旁边耗巨资修建建筑物，因无战绩，乃以他当皇帝之前的事迹装饰建筑物。

安德罗尼库斯极度绝望：国土缩小，外敌纷纷入侵；市民开始叛乱。但他不管，仍然干坏事，处死所有被监禁的人，并向他们的亲属开刀。他叫来党徒和收买的法官，让他们描述西西里人的入侵，把责任推到那些反对他的人及其血亲和近亲身上。他们批准处死所有被监禁的人和被判流放的人及其随从和亲属。但安德罗尼库斯的儿子"至尊者"曼努埃尔（Manuel）拒绝执行这一命令，因为它实际上是判所有罗马人和许多外国人死刑。

其他事情也迫使安德罗尼库斯干出这样的坏事。他知道帝国各方面都陷入绝境，西西里人入侵，君士坦丁堡城中那些人渴望他死，因为他们相信天罚，认为他的死亡会解决他们的困境。安德罗尼库斯猜想上帝因他残忍杀害了这么多贵族而已经抛弃了他。因此，他急切地求助于对未来事情的预言。他认识到古代的祭祀艺术已废止，通过这一技艺揭示未来的做法也不复存在并完全消失；占卜术在罗马帝国境内也消失，消失的还有梦的解析和对征兆的观察。幸存的只有那些用桶和盆错误预言的江湖骗子，以及那些仔细观察恒星的位置自欺欺人的那些人。他把占星术置于一旁，完全听命于那些在水中读解未知迹象的那些人。

安德罗尼库斯把这件事交给斯特凡诺斯（Stephanos Hagiochristophoritēs）。他召来早被曼努埃尔皇帝挖眼的塞斯，问谁将在皇帝安德罗尼库斯之后统治？或者谁将废黜他？回答说是某个伊萨克（Isaakios）。安德罗尼库斯推测是统治塞浦路斯的那个暴君。安德罗尼库斯问继自己之后统治罗马帝国的时间，回答是不超过9月14日。这些事是在9月初进行的。当他听到对他的第二个问题的回答，轻蔑地嘲笑这个神谕是胡说，因为伊萨克怎么可能在这么短短几天时间内就从塞浦路斯航行这么远来推翻他呢，因此他没给予任何注意。被安德罗尼库斯任命为"帘子"法庭法官的约翰·阿波蒂拉斯（John Apotyras）问他是否有必要逮捕伊萨克·安茞鲁斯，因为神谕的回答可能与他有关，但他并没有那样解释神谕。安德罗尼库斯则嘲笑约翰居然怀疑这些事会与伊萨克·安茞鲁斯有关，因这个人性格柔弱、女人气而蔑视他，认为他不可能干出任何聪明的事业。他的死亡即将来临，上帝比他聪明。

性急的斯特凡诺斯前往逮捕伊萨克·安茞鲁斯准备监禁并处死他，结果伊萨克·安茞鲁斯杀死了斯特凡诺斯，逃到圣索菲亚大教堂避难，得到民众的援助。安德罗尼库斯没有采取措施。第二天清早，安德罗尼库斯的随从企图阻止暴民，他本人回到君士坦丁堡到达大皇宫。民众打开监狱放出囚犯，拿起武器，欢呼伊萨克为罗马人皇帝，给他戴上皇冠。伊萨克茫然不知所措，好像在梦中。站在他旁边的伯（叔）父约翰·杜卡斯取下帽子露出光头，热切请求人们把皇冠戴在他头上。暴民拒绝，声称再也不愿意让老头子统治了。

这时戴着黄金马饰的皇帝的马匹正准备运过海峡前往小圆柱宫（the Little Columns），其中一匹马竖起后腿，挣脱了缰绳在街上跑。当这匹马被抓住时，它被带给伊萨克为坐骑。安德罗尼库斯准备抵抗暴动，只有几个人愿意听从。安德罗尼库斯戴上蛮族的高帽出逃。伊萨克到达皇宫，马上被民众欢呼为皇帝和罗马人的"独裁者"(autokrator)。伊萨克派军队追赶安德罗尼库斯。民众在皇宫中抢劫了一切能拿到手的东西，抢走了贮藏在克里修普尼西亚（Chrysioplysia）造币厂的所有金钱：除了还没有铸造的原材料金属，还有1200磅金币，3000磅银币，20000磅铜币。他们进入武器库，拿走了无数武器。抢劫皇宫中的教堂，劫掠圣像的装饰品，劫掠圣物。

安德罗尼库斯被捕获，没人同情他。愚昧无知的君士坦丁堡民众把他残暴折磨致死的经过，拉丁人也参与攻击他。安德罗尼库斯身材匀称，面容极其标致，姿势挺直，身材高大，身体健康。评论他的死亡、生前对曼努埃尔所开玩笑或者说是诅咒，但这诅咒落到了他自己身上。尸体的处理。

安德罗尼库斯用黄金装饰保罗圣像。当他快要垮台时，保罗圣像的眼中不断流泪，预示他将遭灾。安德罗尼库斯要是不那么残忍的话，就不会是最不重要的科穆宁皇帝。他在流亡期间从蛮族国家那里学会了残暴手段。他也关心人类幸福。他并非在所有事情上都不人道。关于安德罗尼库斯传诵着一首诗。

第五部分　伊萨克·安茞鲁斯的统治

第一篇

伊萨克极其熟练地发挥着正直人的角色。凡被安德罗尼库斯流放的和剥夺财产的，伊萨克慷慨相待，恢复其财产。人们从各地赶来看伊萨克或者参军攻打西西里人。安德罗尼库斯两个儿子被弄瞎。

当伊萨克看到大量来自东方各城的人们集合来参加对西西里人的作战，他十分欢迎他们，给他们大量礼物，然后武装他们，派他们到布拉纳斯将军（strategos[①] Branas）指挥的军队那里去。给前往战场的罗马人军队供应大量粮草，给即将到来的战争增加了 4000 磅黄金。

布拉纳斯率军打败西西里人军队。西西里败军逃跑，没来得及逃走的西西里人被阿兰人雇佣军残酷处死。这时发生了相当奇怪的事。据说塞萨洛尼基陷落之后，狗不去动被杀的罗马人的尸体，但它们这时撕烂倒下的拉丁人的尸体。被俘的两个西西里人将军，还有叛逃西西里的阿莱克修斯·科穆宁被弄瞎了眼睛。

上帝使罗马人战胜西西里人。陆战如此，海战也是如此。西西里人舰队达到了 200 多艘船，罗马人仅仅 100 艘船，追赶西西里人舰队，因敌我悬殊，追到迪普洛基昂尼昂（Diplokionion）后不再追赶。西西里舰队火烧卡洛尼莫斯

---

　　① strategos，希腊文为 στρατηγός，复数形式为 strategoi，希腊文为 στρατηγoι，"将军"。在 8世纪或许更早它指的是控制地方财政和司法的军区军事总督，在 8 世纪初，主要军区的 strategoi是帝国最强大的人物。但他们的权力逐渐受到限制，大军区被分成众多小军区，任期被限制为三四年，并被禁止在他们的军区购买地产。10 世纪末引进了许多新的 strategoi。11 世纪他们的地位下降。他们成为驻军的指挥官，置于总督（doukes）的控制之下。参见 Alexander P. Kazhdan(editor in chief), *The Oxford Dictionary of Byzantium*, p.1964.

（Kalonymos）岛屿和赫勒斯滂海峡海岸，然后往回航行。据说他们的许多船遭遇暴风沉没，饥饿和疾病使许多人死去。西西里损失不少于一万战斗人员。4000多人被俘，被关在监狱里，每天都有俘虏死亡。

伊萨克刚登基还没打败西西里人时，召来那两个西西里将军俘虏，谴责并威胁他们，遭到一个俘虏嘲笑，伊萨克下令处死他们，那个俘虏讨好、奉承伊萨克，于是伊萨克沉默。伊萨克明确指示，不让任何人致残，即使这个人最可恨，甚至阴谋杀害他篡夺皇位。结果大受欢迎。但不久皇帝效仿安德罗尼库斯摧毁反对者。

突厥人入侵，大肆劫掠。伊萨克以大量金钱安抚东方各民族，每年向他们纳贡。

伊萨克与匈牙利国王女儿结婚。蛮族弗拉赫人（Vlachs）对罗马人宣战。彼得（Peter）和阿森（Asan）兄弟俩要求加入罗马人军队，要求被赐予土地，遭到拒绝，愤怒威胁叛乱，"至尊者"约翰命令打阿森耳光。他们回去后挑起叛乱。

皇帝派约翰·孔托斯特凡诺斯和阿莱克修斯·科穆宁率领70艘船组成的舰队攻打塞浦路斯的暴君伊萨克·科穆宁。阿莱克修斯因眼睛被安德罗尼库斯弄瞎而被认为不适合作战，他的任命被许多人认为是不祥之兆。舰队遭遇风暴。塞浦路斯的暴君和当时最可怕的海盗打败了罗马人。

皇帝率军攻打彼得和阿森。彼得和阿森诉诸宗教和预言团结人们侵略罗马人领土。皇帝回到首都。叛乱者更加大胆，嘲笑罗马人。阿森招募库曼人援军。见罗马人军队离开，更加大胆。

皇帝把军队指挥权交给了伯（叔）父"至尊者"约翰。约翰有战绩，但不久因企图篡位而被剥夺指挥权。皇帝把指挥权交给姐（妹）夫"凯撒"约翰·坎塔库震努斯，约翰的眼睛已被安德罗尼库斯用烧热的烙铁弄瞎，被打败。阿莱克修斯·布拉纳斯（Alexios Branas）继任指挥，他个子矮，智力超群，筹划狡诈，精于指挥，作战谨慎。

布拉纳斯企图篡位。他轻视伊萨克，不能忍受看见他统治。率军兵临君士坦丁堡城下，攻不下就封锁都城，企图以饥饿胁迫。皇帝致力于乞求上帝相助，忽视战争准备。"凯撒"康拉德分析形势，激励斗志，制定策略，抵押银器向修道院借钱（但胜利后钱没还，还拿走了银器），招募雇佣军，大约250

个骑士，500个步兵，其中有拉丁人、突厥人和格鲁吉亚人。忠诚于皇帝的贵族和皇宫的随从大约1000人。康拉德批评皇帝热衷于美食而不是退敌。这时天空出现预兆：白天出现星星，空气狂暴，出现日晕，太阳光暗淡。皇帝发表演说。双方军队的部署和构成。皇帝的军队有罗马人、拉丁人、突厥人、格鲁吉亚人。叛军有罗马人和库曼人。双方交战。布拉纳斯的军队抵挡不住康拉德的重装步兵和骑兵的冲击，纷纷逃散。布拉纳斯被杀。胜利者和从城中涌出的民众把敌营劫掠一空。战争中君士坦丁·斯特萨托斯（Constantine Stethatos）也被杀，他是安基亚洛斯（Anchialos）地区总督，当时最著名的占星家。据说他预言那一天布拉纳斯会进入君士坦丁堡庆祝辉煌胜利。

皇帝举行庆功宴。饭后命令拿来布拉纳斯的头颅，扔在地上，像球一样踢来踢去。后来头颅被拿到他妻子那里，他妻子说心在流血。她的舅父、皇帝曼努埃尔曾称赞她为品行端正的女性、家族的精华。叛军溃逃。皇帝大赦叛军。叛军中许多人投奔阿森和彼得，但不久接到皇帝的书信后回来。

这时发生了一件极其意外的事。皇帝实际上允许市民和外国人虐待生活在君士坦丁堡附近的农民以及马尔马拉海（Propontis）沿岸居民，因为他们投奔叛军。在叛军战败的当天晚上，石油被泼到不幸的马尔马拉海沿岸居民的房子上，大火烧掉了一切。

第二天一早，"凯撒"康拉德率领拉丁人军队劫掠，城中的平民、乞丐也跑来，劫掠中处死抱怨者。后来有人报告皇帝，皇帝马上派高官显贵阻止。

君士坦丁堡城中手艺人不满，因为拉丁人高谈阔论，自夸打败了布拉纳斯，又令城外邻近的罗马人遭难。这些手艺人成群结队攻击拉丁人住房，企图驱逐拉丁人，并夺取他们的财物。但拉丁人有准备，严阵以待。这些人没有武装，被全副武装的拉丁人打败。第二天罗马人大多带着武器又来鲁莽地战斗，但皇帝派了一些要人来劝阻，而拉丁人的一些代表也来缓和他们的过分冲动。拉丁人把冲突中被打死的罗马人的尸体搬到一起，换掉他们的衣服，剪短他们的头发，使他们被误认为拉丁人。拉丁人假装很悲伤，请求不要再战斗，不要使他们再受损失。暴民见此情景，怒火平息。作者嘲笑暴民。

第二篇

皇帝再次率军出征攻打弗拉赫人，招募库曼人雇佣军。"凯撒"康拉德不满皇帝，离开君士坦丁堡，到达提尔，攻打穆斯林，收回阿克（Acre）等地。

但是这些人注定在那些地方遭受厄运：许多优秀的勇敢的将军自愿为了基督自费旅行到那里，丧失了生命。康拉德本人因其审慎勇敢受到穆斯林崇拜，但不久被一个阿萨辛派（Assassin）杀害。关于阿萨辛派（Assassins）。

阿森和彼得采用游击战战术。皇帝出征，没有成果，回到首都玩乐。皇帝抓住阿森的妻子，扣押他的弟弟约翰为人质。形势恶化。

这时费拉德尔菲亚人（Philadelphian）塞奥多利·曼加法斯（Theodore Mangaphas）叛乱，取得费拉德尔菲亚许多平民百姓、吕底亚人（Lydians）以及附近地区的支持。皇帝以议和、贿赂等方式，挫败了叛乱。曼加法斯投奔突厥人，蹂躏罗马人领土。皇帝给突厥人苏丹金钱，曼加法斯被交出，被判处长期监禁。

这时德国人国王弗雷德里克突然来到。他派使者要求皇帝允许他和他的军队通过罗马人领土、前往巴勒斯坦，为他们提供给养，以便他们购买，保证生活所需，并要求皇帝派使者回答这些问题。皇帝派外交大臣（*logothete of the dromos*）约翰·杜卡斯前去协商，要求国王不得损害罗马人城市、乡村、山上的堡垒或设防的城镇等；罗马人提供大量粮食，确保国王通行。皇帝做准备，下令收集食物，运到德国人经过的地方。

弗雷德里克派出身高贵的人捎信宣称自己进入罗马人领土。皇帝派约翰·杜卡斯和安德罗尼库斯·坎塔库震努斯（Andronikos Kantakouzenos）帮助国王通行，但由于他们忽视义务又无男子汉气概，他们激起了国王对罗马人的愤怒，诱使皇帝视国王为敌。随之誓言破裂。聚集的生活必需品不够。当时我们遭遇许多麻烦，因为我们当时被任命为菲利普波利斯军区总督和收税官。皇帝命令我们重建菲利普波利斯城墙，修筑壕堑加强防卫；但我们刚完成不久，在那艰难而危险的时代，我们又被下令摧毁它们，以防它们可能为国王提供避难所。弗雷德里克出击获取必需品，皇帝扣押国王使者，砍倒大树，阻塞狭窄的山路。命令他的表兄弟曼努埃尔·卡米齐斯和西部地区司令官（domestic of the West）阿莱克修斯·吉多斯（Alexios Gidos）紧跟德军，在德国人搜寻饲料和食物时攻击他们。国王改道，到达菲利普波利斯。弗雷德里克进入菲利普波利斯，发现城中大部分居民已经撤出，只剩下些穷人和亚美尼亚人。在所有民族中，只有亚美尼亚人没有把德国人的经过看成是侵略，而看作是朋友的到来，因为德国人与亚美尼亚人有交往，他们在其异端信仰方面大多数内容相一致。他们都排斥圣像崇拜，圣餐仪式都使用未经发酵面团所做面包，都把正教基督徒所拒绝的其他错误教义当作是合法教义。

弗雷德里克写信给曼努埃尔·卡米齐斯。卡米齐斯没有劝皇帝求和，反而劝皇帝和国王交战。他相信耶路撒冷牧首多西塞奥斯（Dositheos）的预言，后者说这个国王从未打算占领巴勒斯坦，他的目的是侵略君士坦丁堡，他会从希洛克尔科（Xylokerkos）边门进城；在犯下可恶的罪行之后，他会受到上帝正义的报复。于是皇帝堵上了这道门，并经常开玩笑说攻打德国人。这个多西塞奥斯生于威尼斯人家庭，据说是维提克里努斯（Viticlinus）的儿子，是伊萨克掌权前的密友，他向伊萨克预言他会成为皇帝，这一预言证明是正确的，因而他极受皇帝的尊敬，对皇帝影响极大。

皇帝们的热情和权力是如此之大，以致他们毫不犹豫地根据自己的喜好改变神和人的事务。伊萨克成为皇帝后，罢免瓦西里·卡玛特罗斯的牧首职务，先后任命圣索菲亚大教堂财务官尼基塔斯·穆塔尼斯（*sakellarios*[①] Niketas Mountanēs）、某个修道士勒昂提奥斯（Leontios）以及耶路撒冷牧首多西塞奥斯为君士坦丁堡牧首。主教们反对多西塞奥斯担任君士坦丁堡牧首，秘密召开宗教会议，向暴民呼吁，把多西塞奥斯赶下台。不久皇帝再次把他扶上台，但他再次被赶下台。最后，圣器总管（grand *skevophylax*）乔治·西菲利诺斯（George Xiphilinos）被任命为牧首。后来到处传说多西塞奥斯从所罗门书（books of Solomon）中选取关于未来事件的图像和某些梦的解释，由魔鬼送给皇帝，告诉皇帝，把皇帝耍得团团转。

按照皇帝的指示，曼努埃尔·卡米齐斯在德国人去寻找柴火时继续骚扰他们，率领大约 2000 装备良好的骑兵埋伏，但亚美尼亚人把他的计划告诉了德国人，于是 5000 多德国军全副武装进攻罗马人。罗马人军队除了阿莱克修

---

① *sakellarios*，希腊文为 σακελλάριος，拜占庭行政官员和教会官员头衔，具有行政、财政等方面职能。到 9 世纪中叶，*sakellarios* 成为总审计长，这是在各个部门都有文书的高官。11 世纪末，*sakellarios* 前面加上了 *megas*，成为牧首区仅次于牧首的教会官员，直接参与了牧首尼古拉三世（Nicholas Ⅲ Grammatikos，1084–1111 年在位）和皇帝阿莱克修斯一世的修道院保护制度改革。到这时，这一官职已丧失财政职能，负责监管君士坦丁堡的修道院，其中包括登记和执行牧首把修道院委托给平信徒保护人照管的法令，到 13 世纪，帝国各地的 *megas sakellarios* 像首都的一样，履行同样的职能。参见 Alexander P. Kazhdan (editor in chief), *The Oxford Dictionary of Byzantium*, pp.1828-1829.

斯·布拉纳斯的儿子塞奥多利率领阿兰人抵抗之外，其余纷纷溃逃。罗马人军队劫掠罗马人自己的领土以获得给养。

这些事件的消息传来，皇帝仍然拒绝让步。我们劝皇帝让步。皇帝想让德国人赶快去东方。但弗雷德里克推迟到第二年春天（当时是11月份），于是皇帝给他写信，预言他会在复活节之前死亡，皇帝这么做是不合适的。

我劝皇帝答应放德国使者回去。当国王得知使者没有被提供座位，而是站在皇帝前面并被认为不配坐下的时候，他大为恼火，触及痛处。当我们的使者到他那里去的时候，他强迫他们所有人包括随从、厨师、马夫、面包师都坐在他身边。我们的使者们抗议说仆人们与强大的皇帝坐在一起是不合适、不恰当的，他们的主人在会议上和皇帝坐在一起就够了。但他不愿让步，非要仆人们与他们的主人们坐在一起。他这么做是为了嘲笑罗马人，表明他们之间在美德和门第方面毫无区别。

由于供给不足，国王分兵，先行离开，把儿子和主教们留在菲利普波利斯，要他们好好养伤，因为站在希腊人皇帝面前导致双腿瘫痪、膝盖虚弱。皇帝与国王续签誓约。国王保证规矩通行，皇帝提供亲戚做人质，提供向导和食物。达成协议后，皇帝送400磅银币和金线给国王，国王以自己的礼物作为回报。于是大量骑兵运输船把德国军队运输到了东方。

国王接近费拉德尔菲亚，离开时，傲慢自负的城中居民准备战斗，进攻部分劫掠的德军，但没有成功，逃跑。接着德军到达劳迪西亚，受到热烈欢迎。德军祝福劳迪西亚人。国王最为感激，认为如果罗马人领土到处都是这样友善欢迎基督战士的基督徒的话，那么他们就会高兴地把自己身上带的钱财给他们以换取和平提供的食物了，这样的话，他们会早就穿越了罗马人领土，他们的长矛也不会尝基督徒的鲜血了。

他们到达内地，发现突厥人不友好；他们避免公开冲突，但尽可能抢劫突厥人。尽管突厥人与罗马人签订了协议，允许他们和平通过，并提供他们所需要的一切。但是如果德国人自己遵守条约的话，就不会遭到任何损害了。德军与突厥人交战，取得胜利。每个蛮族都贪财，或者更确切地说，他所做的或说的一切都指向伸手拿钱。德国人占领伊科尼姆。突厥人与德国人议和，提供人质和向导。德国人攻打奇里乞亚，杀了许多人。亚美尼亚人恭敬地接待国王。国王前往安条克，路过一条河时，根据人类不可理解的上帝的判决，国王淹死在河中。他是一个值得祝福和永远纪念的人，审慎的人有理由认为他的结局是幸运的，不仅因为他出身高贵，作为继承人和第三代统治了许多民族，而且因为他对基督的强烈热爱超过了同时代任何其他基督教君主。他离开祖国，抛弃王室的奢华与舒适，抛弃在家享受亲人们陪伴的尘世幸福和奢侈的生活方式，相反，他选择为了基督为了圣墓而与巴勒斯坦基督徒一起遭受苦难。这样，他选择到国外，而不是待在祖国，在长途跋涉中、在痛苦的旅程中没有因为异族带来的危险而放慢自己的脚步。没有因为缺水少粮不卫生而放弃目标，也没有因孩子们围满身边、泪流满面拥抱和最后告别而心灵困惑或动摇；他仿效使徒保罗，并不珍惜自己的生命，而是奋勇前进，即使为基督而死。因此，这个人的热情是使徒般的，目的是亲近上帝的，成就是过于完美的。我相信他有一个幸福的结局。他的儿子承担了他父亲的指挥权，进入安条克，不久去世，幸存的德军由海路返回故乡。

法军和英军经海路到达提尔，未能攻下圣城耶路撒冷，他们也都回乡。到巴勒斯坦之前，英王征服了塞浦路斯，派货船到塞浦路斯装载生活必需品贡品。离开巴勒斯坦时，他把塞浦路斯给了耶路撒冷国王，好像那是他的领土似的。

第三篇

皇帝伊萨克在登基之前生有二女一子，皇帝把大女儿献给了修女院，把二女儿嫁给了西西里国王坦克雷德（Tancred）的儿子，把儿子阿莱克修斯培养为皇位继承人，尽管他从未想到过他的生命这么快就将结束，也没有料想过他自己会倒台，因为他明确预言自己将统治32年，好像他能预见神的意志或他自己能确定生命的限度似的，而这是上帝自己的权利。

许多人叛乱。例如，某个阿莱克修斯声称是皇帝曼努埃尔的儿子，从君士坦丁堡出发，到达哈尔马拉（Harmala），在那里被一个拉丁人当作客人款待。两人一起去见突厥人老苏丹，苏丹允许他在突厥人中征兵。伪阿莱克修斯征召了8000突厥人，侵略罗马人领土。后来他酒后在哈尔马拉被一个司祭杀害。这个伪阿莱克修斯毁坏了霍奈城的米迦勒教堂。不久，又一个骗子冒充阿莱克修斯，潜入帕夫拉戈尼亚，一些地区归顺于他，后来被俘获、杀害。瓦西里·霍札斯（Basil Chotzas）叛乱，后来被弄瞎。皇帝安德罗尼库斯的侄子伊萨克·科穆宁从狱中逃出，进入圣索菲亚大教堂，煽动暴民叛乱，被捕死亡。

君士坦丁·塔提基奥斯（Constantine Tatikios）秘密组织了一个 500 人的阴谋集团，藏匿在君士坦丁堡城中，相当长一段时间没被发现，后被告发，不久被俘，眼睛被挖出。某个衣衫褴褛的家伙，是科穆宁家族的后裔，也加入了阴谋集团，被捕后被剥夺了视力。

经常发生叛乱的原因是伊萨克统治帝国的软弱方式。伊萨克绝对相信他的皇位是上帝授予的，上帝保护着他。这位皇帝对管理帝国事务的漠不关心，唤起了权力野心，以致公开叛乱。这些企图篡位的人大多自我欺骗，企图效仿伊萨克上台的过程。他们因错误的判断而遭到了痛苦的失败。因为上帝不喜欢以同一种手段或者方法改变和引导人类事件的过程，在对这个世界上所有事物的管理和控制中显示了多样化，在不同的时代，以不同的方式，上帝处理权力更换，甚至关注最微小的细节。

这位皇帝动辄发怒，想象关于自己的大事，因受到最小的挑拨而痛苦地折磨许多人，有时仅仅基于怀疑或某些人的曲意奉承。他下令立即逮捕安德罗尼库斯·科穆宁，他是"凯撒"布莱伊纽斯和阿莱克修斯一世女儿安娜的儿子，塞萨洛尼基总督，被指控觊觎皇位，与曼努埃尔皇帝的私生子、前"至尊者"阿莱克修斯阴谋叛乱。未经审判，安德罗尼库斯被逮捕关入监狱，不久，他的眼睛被挖出。这一阴谋中据说的帮凶阿莱克修斯也被逮捕，在我们监督下被削发为修道士，关入修道院。

伊萨克强烈敦促君士坦丁·阿斯普耶蒂斯（Constantine Aspietēs）攻打弗拉赫人。阿斯普耶蒂斯回答说，他不能忍受自己的士兵与饥饿和弗拉赫人作战，两者都难以抵挡，必须付他们年薪。伊萨克大怒，马上免去他的指挥权，剥夺他的视力，因为怀疑他会借口保护军队煽动军队叛乱。上述安德罗尼库斯·科穆宁的儿子在父亲被弄瞎后不久进入圣索菲亚大教堂叛乱，被制伏并被剥夺了视力。

皇帝又一次出征攻打弗拉赫人和库曼人。回来途经几乎无法通行的山间隘路时，遭到敌人袭击，军队损失过半。谣传皇帝已死。回到首都后，这一不吉利的谣言被另一个宣布皇帝获胜的谣言取代。

伊萨克以非同寻常的方式解释这些事情，并声明他会成为唯一的统治者。他将解放巴勒斯坦，获得黎巴嫩（Lebanon）荣耀，屠杀、劫掠幼发拉底河的穆斯林，横扫周围的蛮族……据说，伊萨克所有这些都是牧首多西塞奥斯教的。他让皇帝躺着，用神话故事的魔力使他萎靡不振，告诉他命运女神无须伊萨克举手就已命令所有王国都服从他，而幸运女神则把城市收集在鱼网中交给他。甚至更令人震惊的是，他明确声明，安德罗尼库斯注定应统治罗马帝国九年，但上帝把他的九年统治缩成了三年，因为他是作恶者；在这三年中他注定绝不会友善温和，也不会因善行而高兴，因此他的作恶必定影响、感染他的本性。由于六年过去了，这些事件本身表明，并非时间问题，而是思想特性阻止了一些人获得他们想要的，因为尽管伊萨克向臣民承诺未来将有更大的幸事，但是他并没有比过去做得更好。

弗拉赫人的侵略扩张势不可挡。皇帝派军队攻打。派堂（表）兄弟君士坦丁（Constantine）前往攻打弗拉赫人，任命他为将军和舰队司令（dux）。弗拉赫人害怕他。但他觊觎皇位，后被弄瞎。弗拉赫人极其高兴，嘲笑罗马人事态日渐衰落，祈祷安茞鲁斯王朝长盛不衰。这些可恶的人沉迷于预言未来事物，认为只要安茞鲁斯王朝统治，弗拉赫人就会不断胜利，扩张领土。

皇帝把政府所有事务都交给自己的舅父塞奥多利·卡斯塔蒙尼特（Theod-ore Kastamonitēs）指导和管理。关于卡斯塔蒙尼特其人及其权势和去世。卡斯塔蒙尼特死后不到一年，一个矮个子男孩君士坦丁·梅索波塔米蒂斯（Constantine Mesopotamitēs）成为皇帝的新宠。他牵着皇帝的鼻子走，负责军队花名册，权力比卡斯塔蒙尼特大得多，认为皇帝想要的一切都是合法的，以前请求者能直接拜访皇帝，现在只能通过他，还要用钱买通。

皇帝每天享受奢华的生活：食用山珍海味，隔天洗浴，抹香油，同一件衣服从不穿第二次，喜欢粗俗的玩笑，淫荡的歌声，与逗笑的侏儒为伍，欢迎流氓、无赖、小丑、吟游诗人，经常醉酒，狂欢，性乱，情妇多，沉溺于寻欢作乐、享受奢华之中。

他热衷于建筑活动，在宫殿中建立奢华的浴室和豪华寓所，沿着马尔马拉海他建立起奢华的建筑物，用土填海、构筑小岛，摧毁东部地区的古老教堂，荒废大量著名住所，甚至夷平财政部（genikon）的辉煌建筑物，他还拆毁了著名的曼加纳修道院（house of Mangana），毫不顾及它的美观，毫不畏惧它所奉献的殉道者圣乔治。修复米迦勒教堂时，搬来豪华建筑物地面和墙壁上最美丽的抛光大理石板，运来君士坦丁堡或地方当作保护神的大天使的绘画或者马赛克。通过欺骗从莫奈姆瓦夏获取基督圣像。还把原来在大皇宫门口、我们时代在萨尔基（Chalkē）监狱门口的又宽又高的铜门搬到那里。他剥光了大皇宫著名的新（Nea）教堂的所有圣物和圣器。他掠夺、窃取一个地方的圣物装饰另外一个地方，还洋洋自得，认为上帝会高兴，不会发怒。他还厚颜无耻地亵渎抢夺来的圣物，用于餐桌。把皇帝们坟墓中镶有宝石、献给上帝的纯金高脚杯状祭器拿来当酒杯痛饮。窃取圣十字架等圣物上的宝贵装饰品，用来制作项链，装饰他的皇袍。有人劝他说这些做法是亵渎圣物，不符合热爱上帝的皇帝身份，他愤怒斥责他们，认为皇帝有权动用一切东西，在上帝与世俗政府统治者之间并无不同或对立；并故意曲解君士坦丁大帝的先例。

他在银币中掺假，铸造贬值的货币，增加了国家收入，但并非无可指责；他增加了政府税收收入，但把金银浪费在放纵的生活中。他兜售国家官职，就像小贩叫卖水果一样。但经常把非捐纳官员派送到地方，认为这些人不会藏匿国家税收。

在他之前，没人像他那样给教堂、圣所、小礼拜堂和神圣修道院慷慨施与礼物。他修复那些失修的宏伟建筑物，以马赛克和绘画装饰失去光彩的建筑物。他虔诚信仰圣母，致力于圣母圣像崇拜。

他把"至尊者"伊萨克位于索菲亚（Sophiai）港口斜坡上的房子改成免费旅馆，可以容纳 100 人，100 头驮畜；把皇帝安德罗尼库斯在四十殉道者教堂旁边修建的大厦改成医院；购买高级海军军官（Grand *Droungarios*）的房子，改成病弱者的休息之家，那里有病人休养康复所需的一切。当君士坦丁堡北部地区被大火毁坏时，他给那些丧失家园和财产的人分发救济金。在他统治期间，他给市民分发了 500 磅黄金。随着圣周的到来，他捐助救济寡妇，给处女提供婚礼蜡烛、洞房和婚礼歌曲。

他不仅给个人、家庭和亲属大量礼物，还免去城市的税收，成为其恩人。换言之，他乐善好施，急于用光征收的财政收入，用双手倒出涌入的收入，由此从并不总是正当的渠道聚集钱财的思想秘密潜入他的头脑。大多数人并不认为过多花费接近挥霍，他们被委以设计新税收的任务，把非法获得的非法收入同正当收入糅合在一起。尽管容易发怒，但他并不缺乏同情心，同情经常缓和了他的怒气，他的性情也变得友善。同情人们的不幸，他会让每个人减轻痛苦。

由于他做了这些事情和其他诸如此类的事情，他认为他的皇位固若金汤。

但是上帝让他下了台，谁知道上帝怎么想的呢？上帝跟谁商量呢？上帝已事先考虑撤换这个人，唤起他的高尚行为和最高热情，赋予他勇气，使他受到许多人的爱戴，甚至是在他被废黜之后。

皇帝不能忍受库曼人的突袭和弗拉赫人的劫掠，派东西方军队指挥官阿莱克修斯·吉多斯和瓦西里·瓦塔齐斯（Basil Vatatzēs）攻打敌人，双方在阿卡迪奥斯（Arkadios，即阿卡迪奥波利斯[Arkadiopolis]）附近交战，罗马人溃散，吉多斯逃跑，瓦塔齐斯阵亡。皇帝招募雇佣军，向岳父匈牙利国王求援，岳父派来同盟军。皇帝率领大军，带着 1500 磅黄金、6000 多磅白银以及其他有用的物资，从都城出征攻打敌人。他信任上帝，下决心不消灭敌人誓不返回。

许多人警告皇帝说他兄长阿莱克修斯阴谋篡位，阴谋杀害他，但皇帝拒绝考虑，不仅不调查核实指控，反而谴责那些告发者，这是因为他对兄长的爱已深深烙在心中。伊萨克到达雷德斯托斯，庆祝耶稣复活节，献祭并享用神秘的复活节食物（pascha）。在这里他遇到了瓦西拉基斯（Basilakios）。所有人都认为这个人有预言能力，但他的预言从来不准。尽管如此，他极受欢迎，找他预言的人络绎不绝。我们认为他被巫鬼附体。他预言伊萨克被人篡夺皇位，将被弄瞎。过了几天，皇帝的兄长阿莱克修斯和密友、同谋叛变，军队一听到叛变的风声纷纷背叛，那些倾向于伊萨克的人也是如此，例如他的随从和仆人以及元老院元老。

伊萨克听说他兄长政变，不断祈求上帝保护，取出戴在胸前的圣母圣像，不断拥抱圣像，同时坦白自己的罪过，承诺补过，在极度痛苦中他祈祷逃过逼近的灾难。他逃跑但被抓住，眼睛被挖出。这是复仇女神在报复，上帝希望报复者人道对待敌人，因为权力从来就不长久。之后许多天，没人给伊萨克提供食物，他后来过着乡下生活。下台时不到 40 岁。

第六部分 阿莱克修斯·安茞鲁斯（Alexios Angelos）的统治

第一篇

由于一些人的邪恶思想和对更大荣耀的热爱，他们篡夺皇位，相互对抗。正是因为这个原因，蛮族轻视罗马人。他们认为这是以前政府不断被推翻、一个皇帝取代另一个皇帝所有这些悲惨事件的结果。连兄弟都不可靠，人们不敢相信任何人。

阿莱克修斯奖赏那些支持他上台的人，讨好所有人，因为他们乐意归顺他且避免政治冲突。他开始毫无理由地把伊萨克积聚起来用于军事行动的金钱分发给所有人，满足他们的全部要求。当这些钱因他挥霍散发而耗尽时，他赐予小块肥沃农田和政府财政收入给请求者。一旦这些耗尽，他增加显职。他并不提拔那些因学问而名声很高的人，也不提升高官显贵到上一级别，但他提拔那些曾短期担任显职的人和那些连最低官职也担任不了的人到最高、至高无上的显职。这样，最高荣誉成了耻辱，热爱荣誉成了徒劳。许多人把晋升等同于降级。财产所有权凭证很容易获得；不管什么文件呈送到皇帝面前，他马上签字，即使文件包含语法错误，也不管提议是多么的荒谬。

完成这些事之后，阿莱克修斯允许军队解散各自回家，丝毫不顾弗拉赫人和库曼人的侵略。他并不急于回到首都，因为伊萨克被弄瞎，他没有什么担心的了，他一路逗留慢慢回到首都。政府官员已声明支持他，他的妻子尤弗洛西尼（Euphrosynē）已为他进城做好准备，元老院至少有一派乐意接受事件的结局，市民听说后平静。

尤弗洛西尼一出发前往大皇宫，一些手艺人和下等人就形成阴谋小集团，集合在某个阿莱克修斯·孔托斯特凡诺斯（Alexios Kontostephanos）周围，在集会地点欢呼他为皇帝，大喊他们已经受够了科穆宁家族，再也不想受到他们的统治。当皇后冒着极大的危险进入大皇宫时，那些护送她的显赫家族成员鲁莽地攻击孔托斯特凡诺斯。粗俗的城市暴民被驱散，孔托斯特凡诺斯被捕入狱。这个人是占星家，早就觊觎皇位。

一旦城市平民恢复平静，圣索菲亚大教堂的所有那些人就赞成了新的暴政。一个圣器保管人被一点钱收买（市场的煽动者和几个法官紧随其后），登上圣布道坛，未等牧首指示就开始颂扬欢呼阿莱克修斯。牧首因阿莱克修斯没露面反抗了一会儿，然后改变了主意。牧首动摇后，其他人就没人抵抗了。所有人一起来到皇宫投奔皇后，好像他们是奴隶似的；甚至他们还没看见暴君或者还不确切知道前任皇帝发生了什么，他们就匍匐在据称是皇帝的妻子脚下了。这样，这些愚蠢的人被道听途说统治，而狡猾的皇后随机应变，骗得他们高高兴兴。结果，没有流血冲突，他们都接受了政权更替。

几天后，阿莱克修斯本人进入君士坦丁堡城，对于他对弟弟所做的一切毫无自责之意。一些法官开下流玩笑。一些人叹息，他们看到伊萨克为自己缝制的皇帝装饰品被他的兄长戴着，感到震惊。从这一统治的变更，他们预言了新的灾难的开始。

阿莱克修斯加冕那天，从圣索菲亚大教堂出来后，他准备骑上他的阿拉伯种马，这时发生了一件异常奇怪的事情。这匹马眼睛血红，耳朵竖起，鼻子哼哼，扬起前蹄不断敲地，猛烈地跳跃，怒气冲冲地防备他，躲避他，好像不屑于载他似的。阿莱克修斯不断尝试骑上去也没能成功。在使劲安抚它后，最后皇帝好不容易骑上去了。但马仍然狂怒，最后它把皇帝头上装饰珠宝的皇冠摔到地上，皇冠的某些部分被摔得粉碎，还把他像球似的扔了下来。当另一匹马被牵来，阿莱克修斯戴着摔破的皇冠游行时，这被认为是未来的不祥之兆：他不能保持帝国完整无缺，而会从高高的皇位上摔下来，遭到敌人的虐待。

陪伴皇帝骑马游行的是他的两个女婿安德罗尼库斯·孔托斯特凡诺斯（Andronikos Kontostephanos）和伊萨克·科穆宁（Isaakios Komnenos），以及他的伯（叔）父、年迈的约翰·杜卡斯。杜卡斯在这一胜利游行中发生了一件意外的事。没有任何可见原因，没有人激怒他骑的骡子，他戴的王冠从头顶摔落到地上。旁观者见了大喊大笑，杜卡斯则毫不介意，很是高兴。

皇帝抛弃了他父亲的姓氏安苴鲁斯，选择科穆宁为姓。每个人都寄予厚望，但是失望。每个人都以为一旦阿莱克修斯称帝，帝国恢复平静，他就会身着戎装待在战场，着手处理手边的紧急事务，认为他会采取行动补救以前的失败，尤其是对付蛮族。然而，恰恰相反，由于他达到了梦寐以求的最高目标，他放松下来，认为他被给予皇位不是为了对人实施合法统治，而是要给自己提供奢华的享受和快乐。他退出国家事务管理，把时间消磨在戴黄金装饰品和倾听并同意那些帮他上台的人的每项请求之中。毫不吝啬的双手倒出伊萨克积聚的钱财，毫不考虑以后积累钱财有多困难，也不考虑这样毫无目的有多大损失。只有在后来他需要资金的时候，这位致力于无用慷慨的皇帝才会谴责自己的挥霍。

皇后非常有男子气概，自诩天生拥有诡辩家的口才，雄辩，且嘴像涂了蜜似的甜。她擅长预言未来，知道根据自己的意愿和欲求处理手边的事情，在所有其他事情上，她像个可怕的祸害。我不是说贪污和挥霍帝国的财富，以及她能说服丈夫改变既定准则、制定新的规则（这些在历史上没有，对于女性很不恰当，对皇后也是如此）。她不顾妇女的端庄，对着丈夫大声喊叫、咆哮、责骂。起初，每个人都以为他知道她举止不当，只是假装不知道而已。但后来从他的行为来看，当他妻子的行为被发现时，他明确表示他并非不知道她放肆无礼的行为。

由于皇后逾矩，轻视以前罗马人皇后们的行为准则，帝国分成了两个统治权。并非仅仅皇帝按自己的选择发号施令；她以同样的权力下达命令，并常常根据自己的喜好废止皇帝的命令。只要皇帝准备接见重要的外国大使，两个豪华的宝座就会并排挨着摆放。她和皇帝坐在一起议事，打扮奢华。有时候，他们分开出现在其他皇家建筑物里，且轮流出现，因而把臣民分成了两部分。如果他们先对皇帝行臣服礼，他们会接着去见皇后，行更大的礼。皇帝不少保留了最高官职的血亲，他们靠近皇后的宝座，肩膀像木梁似的放在皇后的宝座下面，抬起皇后。

阿莱克修斯登基不到三个月，消息传来，说奇里乞亚某个人，自称是曼努埃尔的儿子阿莱克修斯，投靠突厥人，被承认为皇帝曼努埃尔的真正儿子，得到突厥人援助，袭击罗马人领土。皇帝派了一个宦官出征，一无所获。皇帝决定自己出征并与突厥人议和，但突厥人拒绝和谈，除非皇帝马上给他 500 磅银币，此后每年给他 300 磅银币，还有七门底比斯（Thebes of the Seven Gates，又译"七门忒拜"）供给皇帝的 40 件丝绸衣服。后来这个伪阿莱克修斯被人谋杀。

紧接着，皇后一个近亲伊萨克·科穆宁企图篡位，他原来统治并摧毁了塞浦路斯岛，被英王抓住，后来逃出，投奔突厥人，企图寻求突厥人援助攻打罗马人。后来皇帝用重金收买他的一个侍酒者，毒死了他。

阿莱克修斯上台后，企图与弗拉赫人议和，遭到拒绝。弗拉赫人侵略并劫掠罗马人领土，打败罗马人军队。流言说阿莱克修斯精于战争，比他弟弟伊萨克有能力得多。但阿森认为不应听信流言，他认为阿莱克修斯上台靠的不是努力，而是残酷命运女神所施的诡计；认为阿莱克修斯与伊萨克是同父母所生，作战能力无差别；而且罗马人废黜了把他们从痛苦的暴政中拯救出来的伊萨克，他们已引起上帝的愤怒。于是弗拉赫人士气大振，大肆侵略，库曼人俘虏了皇帝的女婿"至尊者"伊萨克，罗马人军队损失惨重纷纷溃逃，阿森下令杀害伊萨克。当时有个被俘的司祭请求阿森不要杀害伊萨克，遭到拒绝。这个司祭预言上帝也不会同情阿森，阿森死期将至，并且不是自然死亡，而是与那些被带到他面前的人被杀一样死去。不久后阿森被一个亲属谋杀。

阿森因自己的宠臣伊万科（Ivanko）与自己妻子的姐（妹）私通，要惩罚并杀掉伊万科，结果被对方杀害。伊万科占领特尔诺沃（Trnovo），与彼得的军队相持不下，呼吁皇帝援助。皇帝派去的军队到达迈西亚边境时哗变，害怕死亡，不愿前进，混乱逃离那里。此后皇帝派出更大规模军队，但形势更糟，没人试图与敌人交战以援助伊万科。伊万科绝望，弃城投奔皇帝。不久彼得被一个同乡谋害。于是弗拉赫人的统治归于第三个兄弟约翰尼察（Ioannitsa）①。

这么多年罗马人被弗拉赫人打败这么多次，罗马人一点胜利也没有。但是主教们、修道士们却没有一个人思考上帝几乎完全抛弃了我们。没有人布道宣传需要安抚上帝，也没有哪个可以在皇帝面前畅所欲言的人详尽阐述解救的途径。他们似乎都成了无用的废物，他们不能理解正在发生的事情，不能对抗上帝派来的惩戒。古代希腊人尚且知道需要治恶。

伊万科受到皇帝热情欢迎，他证明在许多方面对罗马人有用。皇帝把女儿安娜的女儿许配给他，给他特权和财富。看到许配给他的还是个小孩，他想和安娜结婚。盯着如花般美丽的安娜，他问皇帝为什么他需要一个成年人而皇帝却给了他一个小孩。这个人主要在菲利普波利斯周边地区有效抵挡住了他的同乡人的进攻。

不仅在北方我们难以抵挡蛮族弗拉赫人和库曼人的进攻，而且在东方罗马人领土也遭到突厥人的蹂躏。在被突厥人打败后，皇帝与突厥人议和，高兴地向突厥人纳贡，好像他能很快抹去耻辱似的。

罗马帝国刚刚稍微歇息，这时传来了更坏的消息；未来证明会比现在更加多灾多难。因为如果说部分地丧失自由是令人痛苦的话，那么，西方各国的进攻则让我们预见将强加于我们整个种族之上的压迫性的奴役制度。

德国统治者弗雷德里克的儿子亨利（Henry）征服意大利之后，准备侵略罗马人领土。他派使者到皇帝那里，要求埃庇丹努斯（Epidamnos）②和塞萨洛尼基之间所有罗马人领土归他所有，要求罗马人或者以巨额代价购买和平或者准备马上与他作战；而且他想被称为"众王之王"，坚持派海军援助巴勒斯坦

---

① 即卡洛扬（Kaloyan）。

② 即迪拉基乌姆。

的同胞。阿莱克修斯同意付钱购买和平。这是到此为止从未听说过的。阿莱克修斯吹捧罗马帝国的富有，这是不合时宜的，既不值得尊敬，也不得体，在罗马人看来几乎荒谬可笑。圣诞节（或称"主降生节"）那天，阿莱克修斯及其大臣们盛装出场。德国人看到这一场面是如此震惊，以致他们郁积的欲望被罗马人的盛装燃成了火焰，他们渴望更快征服希腊人；他们认为希腊人在战争中怯懦，热衷于谄媚的奢侈品。对于罗马人的炫耀，他们说，德国人既不需要这样的场面，也不想崇拜装饰品和胸针固定的衣服，这些东西只适合讨好男人的妇女；现在是脱下女人气的服装和胸针、穿上铠甲而不是黄金饰品的时候了。如果罗马人不同意他们的主人和皇帝的条件，那么他们就必须战斗，罗马人要换取和平，须付给德国人5000磅黄金。

皇帝派君士坦丁堡市长埃夫马修斯·菲洛卡利斯（Eumathios Philokalēs）出使见德王。皇帝高兴地给他提供旅途补给，但他必须自费出使。于是他站在那里显得奇怪又古怪，不仅没被给予与以前的使者同等的尊重，而且他因为自己服装的奇怪而受到嘲笑。他在西西里等待罗马人送去黄金。皇帝向各地征收"德国人税"（Alamanikon），召集市民、元老、神职人员以及各行各业的人，要求他们每个人捐出部分财产。但是无效。大多数人认为这些沉重的罕见的命令完全不可容忍，开始吵吵嚷嚷，煽动叛乱。一些人指责皇帝滥用政府财富，把地方分给愚昧无知的没用亲属。皇帝很快放弃这一提议，甚至说不是他引入这一税收。皇帝又要索取圣所的金银用品，许多人批评他渎圣。于是他决定掠夺皇帝们的陵墓，夺走所有珍贵的装饰品，只剩下冷冰冰的墓穴。甚至君士坦丁大帝陵墓也未能幸免。从那里搜集了7000多磅白银和大量黄金，皇帝把它们放到熔炉里熔化。皇宫中负责搜集这些贵金属的两个人不久死亡，一个发高烧而死，另一个全身肿胀，像个酒囊，死于水肿。

至于后来的事，谁能说出上帝的伟大功绩，谁能让上帝的赞美听到呢？钱款还没发出就传来德王的死讯。罗马人和西方各国极为高兴，特别是那些他使用武力而不是说服争取的国家，以及那些他准备攻打的国家。他终日操劳，为了建立一个君主国，成为四面八方国家的统治者，他反对一切享乐；他效仿伟大帝王；脸色苍白，外表严肃，他只在一天里较晚的时候才吃食物；对那些认为他有责任进食以避免极度瘦弱的人，他回答说，对一个平民来说，任何时间都适合吃，尤其是那些习惯如此的，但是对一个满腹忧虑的皇帝来说，如果他不想对心爱的人撒谎，夜晚是享受的时候。

因此，所有国家都祈祷德王死亡，特别是西西里人，因为在这个岛屿陷落时，他对他们干了大量坏事，屠杀，没收钱财，流放，酷刑折磨，而且许多西西里城市被夷为平地，许多重要的堡垒被摧毁。为保证西西里人再也不渴望自由和反叛，亨利使他们的每个希望都破灭，那些寄托于金钱或双轮战车或马匹，信任坚固城墙、勇士和强大防御工事的希望全都破灭。一些人密谋反叛，但亨利战胜了他们，把他们折磨致死。一个被煮了然后送给其家人，另一个被烧死，还有一个用麻袋装起扔入大海。主谋、这一阴谋的领导则被戴上铜做的王冠，然后用四颗巨大的钉子钉入脑袋致死。

西西里陷落时，皇帝伊萨克的女儿伊琳妮和其他人被俘。她被嫁给德王的兄（弟）菲利普（Philip），他是个私生子。

尽管上帝给罗马帝国解除了这一罪恶，但另一罪恶随着海浪滚滚而来。一个热那亚人加福里奥（Gafforio）建造各种船只，劫掠沿海城市和爱琴海各岛屿，进攻阿泰米提昂，带走大量战利品。最后行动迟缓的罗马人派约翰·斯得瑞欧内斯（John Steiriones）率领 30 艘船攻打加福里奥。斯得瑞欧内斯是卡拉布里亚人，曾是最坏的海盗；为获取慷慨礼物，他投奔皇帝伊萨克，在海战中曾许多次使罗马人捞到好处。但在与加福里奥的作战中，他遭到对方的偷袭，所有船只连同船上的武器、生活物资一切都被夺走。

皇帝决定与他议和。他派加福里奥的一些热那亚朋友前去和平商谈，同时准备战争，装备其他船只，由斯得瑞欧内斯指挥。双方达成协议，皇帝送 6 英担黄金给加福里奥，分配足够供养 700 个热那亚武装人士的土地；加福里奥则服从皇帝，听从于皇帝的所有命令。当和平还不确定时，斯得瑞欧内斯按照皇帝的命令，率领他的比萨军队意外出现于敌人之前，杀死了加福里奥，俘获了他的船只，只有四艘船逃脱。

一次宫廷动乱，极大损害了政府，引起了长期的混乱。

皇帝阿莱克修斯在上台前，大多数人认为他不是一个爱好和平的人，而是一个极其好战的人；因此每个人都期待他会攻击罗马人的敌人，且完全不会宽容他的臣民。但是一旦他成为皇帝，对所有人来说他似乎完全不同了，他用行动证明了他可以随意交谈。

他一上台就宣布政府各部不得拍卖，而只应根据功劳授予。这值得赞美。

皇帝的所有亲戚都很贪婪，而官员的经常流动，除了教给他们热切地偷盗窃取财政收入、积累巨大财富之外，别的什么也没有教给他们。请求者因为他们对皇帝的影响而来到他们那里，却遭到他们的抢劫；聚集的钱财超过了任何私人的财产，他们据为已有。

结果，阿莱克修斯比其他任何皇帝都更为失败，政府各部变得更加糟糕；政府各部再次被卖给那些想买的人。任何想买官的人都能成为地方总督，得到最高职位。不仅出身低微的人、粗俗的人、货币兑换商、亚麻布商被授予"显贵"头衔，而且库曼人和叙利亚人也发现他们能购买"显贵"头衔，这遭到那些曾服务过以前诸皇帝的人的轻视。

所有这一切的主要原因在于皇帝的轻率和管理国家事务的无能；同样重要的是那些围绕在他身边的人的贪婪，一些人贪得无厌，不能遏制积聚钱财的欲望，使得国家事务成了妇女房内的娱乐和皇帝男性近亲的消遣。事实上，对于罗马帝国正在发生的事情，阿莱克修斯一无所知。结果，所有人都把阿莱克修斯这个国家之船的舵手说得很坏，而他任命的官员遭到了最恶毒的诅咒。

皇后认为这一局势不可容忍，因为什么也逃不过她的质问和爱钱，她决定不愿长久保持平静；要么她的丈夫不卖官，要么聚集的钱财必须放在国库里。首先，皇后任命君士坦丁·梅索波塔米蒂斯为她的大臣，这个人在皇帝伊萨克统治期间曾握有最高权力，在阿莱克修斯上台前就不满阿莱克修斯，甚至在他登基后仍然不满，煽动罗马人反叛，使一切陷入混乱之中。后来阿莱克修斯与他和好。

由于政府事务重新移交给梅索波塔米蒂斯管理，别人的权威受到压制。其他人痛苦地承受这一意外变化，特别是那些从权力巅峰上摔下来的人。皇后的女婿安德罗尼库斯·孔托斯特凡诺斯和皇后的兄（弟）气得说不出话来。他们的怒火直指皇后，伺机报复。在皇帝正准备去西部地区时，他们跟皇帝说他们是皇帝而不是皇后的朋友，说皇后淫乱，她的情人已被皇帝收为养子，皇后准备把情人扶上台；劝皇帝赶快除掉皇后的情人，惩罚皇后则应推迟到皇帝办完事回到君士坦丁堡之后。

于是皇帝马上派侍卫去处死瓦塔齐斯（Vatatzēs），当时他正在对抗伪阿莱克修斯。结果瓦塔齐斯被肢解，整个军队极度痛苦、困惑。他的头被割下来，装入小袋，扔到皇帝脚前，皇帝用脚踢它，看了好长时间后，骂了不堪入耳的话。

然后，皇帝出征前往基普塞拉（Kypsella）解救色雷斯各城，那里遭到弗拉赫人和库曼人的蹂躏；而且想抓住赫里索斯（Chrysos），或至少遏制他的偷偷入侵和对塞雷（Serrai）周围地区的劫掠。赫里索斯是弗拉赫人，原是罗马人同盟，后因倾向于同胞弗拉赫人被逮捕，放出后成为罗马人不可阻挡的祸害。皇帝在基普塞拉集结大军，一无所获，待了不到两个月就回到君士坦丁堡。

皇后到处求人说情，求人援助。皇帝从寝宫的宦官那里弄清事情的准确细节后，把皇后流放关押在一座修女院里。结果那些指控皇后的人不安了，因为他们本没想把她完全驱逐出宫。皇后重视他们，而他们给皇后带来了耻辱，因而人们普遍仇恨他们，这迫使他们采取措施使她复位。皇帝的所有亲属一条心坚持推翻梅索波塔米蒂斯，于是尤弗洛西尼马上恢复原来地位，并且比以往更加强大。她驯化丈夫，哄骗丈夫，向丈夫献媚求宠。这样，她几乎完全控制了帝国的管理。

梅索波塔米蒂斯拒绝担任皇帝墨水瓶保管人职务，要求被授予从读经人到辅祭的圣职，皇上马上答应并亲自跑到教堂。牧首把他从读经人提升到辅祭，享有突出地位。教会法禁止神职人员同时参与世俗事务。但皇帝迫使牧首西菲利诺斯（Xiphilinos）允许梅索波塔米蒂斯既服务上帝又服务皇帝，既服务教会又服务宫廷。结果，不久后他被任命为塞萨洛尼基大主教。但由于他的野心和好管闲事，最后上帝把他从权力的顶峰推到了命运的谷底。他认为，除非他左手控制教会，右手控制宫廷，否则任何情况都是不能容忍的。他把自己的兄弟们安插到政府。结果，他的主要政敌、皇后的姐（妹）夫舰队司令米哈伊尔·斯蒂芬诺斯（Michael Styphnos）为首的反对派猛烈攻击他，到皇帝那里指控他。最后他被赶出了宫廷和教会。

令人震惊的是，没有应有的调查和由于不公正的指控，梅索波塔米蒂斯被免去高级神职。完全不可原谅的是，它显示了那些负责人士的极其愚蠢。由于有必要推选新的塞萨洛尼基大主教，有人提议缺席审判梅索波塔米蒂斯免职一案。牧首召集一些主教充当法官。由于证据还不足以免去大主教圣职，牧首增加了一些假定他有罪的指控，结果他被剥夺了所有礼拜仪式特权。牧首把这份判决存放在教会档案保管员（*chartophylax*①）那里，后来把一份抄本给了新任塞萨洛尼基大主教克莱桑索斯（Chrysanthos）。这些人兴奋异常。

就这样，他和两个兄弟被逐出了公共事务管理，取而代之的是塞奥多利·埃林尼科斯（Theodore Eirenikos）。这个人并不缺乏对统治的彻底理解，且举止优雅，口才极佳，表现得符合所有人的要求。有个人协助他工作。他极其爱钱，不断咳嗽。他们负责公共事务。他们并不认为梅索波塔米蒂斯的倒台是可笑的事，总是警惕，怀疑皇帝反复无常。由于害怕下场不好，他们总是通过阴谋诡计限制、抑制自己的权力，忽视了许多需要做的事情。

伊科尼姆的突厥人统治者凯库斯鲁（Kaykhusraw）无视他与皇帝的和约，抓获埃及苏丹送给皇帝的两匹阿拉伯种马。皇帝大怒，下令把君士坦丁堡城中来自伊科尼姆的罗马人商人和突厥人商人都投入监狱，并没收他们的财产。他没有把他们的商品和驮畜据为己有（这是恰当的），也没有留给其主人，而是分给了其他人，消失于视野之中。

凯库斯鲁于是进攻罗马人。攻打沿迈安德河的卡利亚（Karia）城和坦塔洛斯（Tantalos）城，使青壮年沦为奴隶。劫掠了其他许多城市，继续推进到弗里吉亚的安条克（Antiocheia）②，因意外或者上帝的意愿而离开那里。因为当时城内一个很有权势的人正在为女儿举行婚礼，彻夜狂欢，非常喧闹，他以为城内人们事先知道他来，在准备作战，就离开去了兰佩（Lampē）。在兰佩，他任命官员登记俘虏，询问每个俘虏的出生地和姓名，俘虏他的人是谁，他是否丢失了什么物品，突厥人有没有藏匿他的儿子或者女儿或者妻子。完成调查之后，他把一切还给罗马人，根据地位和亲属关系进行分组，然后继续行军。

---

① *chartophylax*，希腊文为 χαρτοφύλαξ，拜占庭帝国东正教教会中负责官方文件和记录的教会官员，通常为辅祭，从 6 世纪起出现于史料中，主要有档案和文书职能，随着宗教会议事务的增多，其职权范围扩大，重要性日益上升，成为牧首的主要助手，代表牧首，在牧首不在场时主持宗教会议，等等。一些修道院也有 *chartophylax*（男性）或 *chartophylakissa*（女性，女修道院即修女院的），负责保管修道院档案。译为"教会档案保管员"或"牧首秘书长"。参见 Alexander P. Kazhdan (editor in chief), *The Oxford Dictionary of Byzantium*, pp.415-416.

② 这个安条克是弗里吉亚的古城，又称比西迪亚的安条克（Antioch Pisidian），位于今天土耳其的中西部。另一个安条克更有名，是叙利亚古城，位于今天土耳其的中南部，奥隆特斯河（Orontes River）附近，现名安塔基亚（Antakya），本书中提到的安条克一般指的是这座古城。参见 https://www.britannica.com/place/Antioch-ancient-city-west-central-Turkey; https://www.britannica.com/place/Antioch-modern-and-ancient-city-south-central-Turkey。

那些俘虏多达 5000 人。他尽力让所有俘虏拥有生活必需品，给他们提供面包，没有忽视寒冷天气，他拿起双刃斧头，亲自劈柴，要那些跑过来看的突厥人一起劈柴并解释原因。突厥人随时可以离开去砍木头，但是罗马人不允许，有人看守，以防逃跑。凯库斯鲁率领军队和俘虏来到非洛米利昂后，把他们分到没有围墙的村庄，分给他们肥沃的土地耕种，给他们种子和粮食。告诉他们一旦他和皇帝和好，续签以前的条约，他们就可以回家了。如果皇帝继续战争，他们将整整五年免缴所有税收；五年之后征收不超过限度的轻税，这是罗马人的惯例。然后他回到了伊科尼姆。他的人道政策使俘虏安心工作生活，没有惦记家乡，吸引了这些俘虏的许多亲属和同乡，他们没有落入突厥人之手，但听说了这个突厥人的所作所为。

因此，我们这代罗马人宁愿定居在蛮族之中，也不愿定居在希腊人城市中，他们高兴地放弃自己的家乡。经常的暴政使人们不再慎重，大多数人被劫掠剥夺得精光，毫不考虑对自己的同胞温和。

皇帝的反应如何呢？他派了安德罗尼库斯·杜卡斯（Andronikos Doukas）出征，安德罗尼库斯不久回到君士坦丁堡。皇帝到尼西亚、普鲁萨只待了一个月就回到首都。

皇帝的关节炎周期性发作，治疗。皇后发现秘密在于皇位继承人。皇帝没有儿子继位，只有两个寡居的女儿。各种候选人被提出。人们提出、投票选皇位继承人不是考虑谁配当罗马人皇帝和优秀的国家事务管理人，而都是为了对自己有利，因此连婴儿也被选为继承人。贵族和富人垂涎皇位，相互反对。由于皇帝的三个兄弟还有姐（妹）夫被安德罗尼库斯弄瞎，于是他们的儿子们追求皇位。啊，罗马人的皇位啊！罗马人的皇位就像一个美丽绝伦的女子，被无耻的、不配的求爱者不顾她的尊严和高贵，拖走强奸，于是成了妓女。

库曼人和弗拉赫人渡过多瑙河，进攻梅森（Mesenē）和祖鲁洛斯（Tzour-oulos）周围的色雷斯城镇，到处劫掠。庆祝圣殉道者乔治(George) 节日那天，他们攻打库佩里翁（Kouperion）。信徒用马车把教堂围了起来，城镇的防御工事抵挡了蛮族的进攻，库曼人离开。前往祖鲁洛斯避难的信徒在途中被库曼人俘虏。之前，那些地区的总督发出信件警告说库曼人将要来到，禁止人们在库佩里翁聚集。安提戈诺斯（Antigonos）修道院一个修道士到那里征收节日税，为了钱他藏匿了警告信，还对聚集的人群预言说他们不会遭受不快之事，好像他是上帝似的。库曼人带着大量战利品离开，罗马人军队追击，打败了库曼人，释放了大部分俘虏。但是罗马人与生俱来、极其愚蠢、永恒不变的贪婪，破坏了这一胜利。当他们忙于抢夺库曼人从罗马人城镇劫掠来的战利品时，敌人逃跑了，然后敌人掉转过来赶跑了罗马人。

第二篇

赫里索斯占据形势险峻、坚不可摧的普罗萨科斯（Prosakos）。皇帝从基普塞拉出发到塞萨洛尼基，然后出征攻打赫里索斯。军中那些富有作战经验（如果当时还有这样的人的话）和了解当地地形特征的罗马人，认为有必要并因此建议皇帝绕过普罗萨科斯，进攻赫里索斯控制的其他城镇和村庄，以获取战利品，提高士气；直接攻打普罗萨科斯则可能损失惨重。而以乔治·奥因奈奥蒂斯（George Oinaiotēs）和未长胡须的毛头小伙从为首的内侍宦官们则猛烈攻击前一派，这些人劝皇帝直接攻打普罗萨科斯，以尽快结束战争，早日去享受生活。皇帝听从他们的意见。罗马人沿途攻掠，突厥人同盟军俘虏了弗拉赫人。精于教义、虔诚的东正教徒热切恳求皇帝把突厥人与弗拉赫人分开，使弗拉赫人俘虏成为罗马人的奴仆，给突厥人别的友谊保证，但皇帝立刻拒绝了他们的忠告。由于玩忽职守，准备不足，一个宦官没准备好攻城工具，也可能是上帝对那些人不高兴，结果没有攻下城。第二天再攻，敌人士气高涨，罗马人军队损失重大，攻城器遭到摧毁。皇帝求和，割让普罗萨科斯、斯特拉米查（Strummitsa）以及周围地区给赫里索斯，并让自己一个女亲属与丈夫离婚，把她嫁给赫里索斯，尽管后者并非没有妻子。

库曼人袭击，蹂躏了整个马其顿，摧毁加诺斯（Ganos）山上许多修道院，杀害了许多修道士。

皇帝把大女儿伊琳妮嫁给阿莱克修斯·帕列奥列格（Alexios Palaiologos），把二女儿嫁给塞奥多利·拉斯卡利斯（Theodore Laskaris）。举办婚礼，皇帝皇后及其最显赫的亲戚和最信任的随从观看宦官表演、贵族青年比赛等。

这些幼稚的游戏还没有结束，就传来消息说伊万科在菲利普波利斯叛乱。皇帝派他在那里指挥军队攻打他的同胞，给予过多权力，过分信任，过多好处。当皇帝的顾问们怀疑他动机不纯时，皇帝认为自己外孙女的婚礼能够保证他的忠诚。得知他叛乱后，皇帝派他最信任的朋友、某个宦官前去游说以改变其思想。第二天，皇帝派女婿、密友、亲属出征。宦官鼓励伊万科叛乱并通知他罗马人要来，要他避开平原躲到山中，说山里安全。罗马人战败，许多贵族牺牲，曼努埃尔·卡米齐斯被俘，叛军兴高采烈。伊万科煽动大量城市叛乱，屠杀罗马人，对一些罗马人索要赎金。皇帝对于卡米齐斯被俘则喜出望外，没收他所有财产，把他的妻子儿子投入监狱。春天快要结束的时候皇帝出征基普塞拉。

这时关于圣餐的教义争论使基督徒分成对立的派别。在广场和十字路口，谁都可以大声蔑视那些受到敬畏的事物。约翰·卡玛特罗斯在乔治·西菲利诺斯之后担任牧首，他决定把始作俑者、伪修道士西基迪特斯作为引进新奇教义的异端首领革出教门。西基迪特斯诉诸辩证法技巧和牵强附会的证据，依靠奇怪的不相宜的外来论点。而且他在大斋节（又称四旬斋）开始时写作教义问答式的布道词，依次提到教义以安慰那些进行信仰斗争的人。这样，他讨论了自己的一些观点，而不提对手们的论点，以避免他们的反驳；在攻击教义时，他指责他们一无所知或者从未表达的一些看法。

问题的关键在于，圣餐仪式中领受的基督圣体是否不易腐蚀，因为它是在耶稣受难和耶稣复活之后；或者是否易腐蚀，因为它是在耶稣受难之前。认为圣体不易腐蚀的人引用大神学家西里尔（Cyril）的观点，认为分享圣餐是信奉和纪念基督为我们死亡、为我们复活；任何分享一份圣餐的人摄入了整个圣体；根据"金口"约翰（John of the Golden Tongue），认为分享圣餐是在耶稣复活之后；他们还援引尤提奇乌斯（Eutychios）的话进行论证。另一派则认为，代表圣体和圣血的圣餐用面包和葡萄酒并非表明对耶稣复活的信仰而只是圣餐；因此圣体容易腐蚀，既无思想，又无灵魂，领受圣餐者接受的不是整个基督而只是一部分，因为分享的只是部分。但圣经中找不到这种说法的根据。

皇帝支持较好的观点。他到达基普塞拉，但叛军不可征服。罗马人军队一提到敌人就害怕，反对作战。大多数民众认为他会匆忙逃跑。皇帝派最信任的使者邀请伊万科和谈，企图背信弃义地杀了他。皇帝率军攻下斯特尼马霍斯（Stenimachos）城堡。伊万科拒绝和谈，除非皇帝放弃他所征服的地区和城市，并把承诺的新娘塞奥多拉（Theodora）以及官职标志给他。皇帝答应他的要求，签订条约。之后，皇帝设计了一个计划，这个计划我不知道是否适合将军和皇帝，因为他们被要求信守誓言。皇帝派大女婿前往，在协议生效之后逮捕伊万科，投入监狱，占领了他统治的城市和堡垒，然后回到首都。

皇帝发现妻子尤弗洛西尼不满足于待在家里，而是扮演男人的角色反击煽动叛乱者，解决了某个孔托斯特凡诺斯的图谋。皇后的疯狂幻觉和过度热情，使她相信通过辛勤询问未来，她就能挫败、驱散迫近的灾难，就像太阳驱散乌云一样。她致力于可怕的仪式和占卜，实施许多可恶的仪式，砍掉了大竞技场上卡吕冬野猪铜像（bronze Kalydonian boar）的口鼻部，并想出不断鞭打杰作胜利者赫拉克勒斯背部的主意。

啊，赫拉克勒斯，勇敢的伟大的英雄，那些荒谬可笑的东西竟然敢打你！一个荡妇竟然这样轻蔑地对你？

除了这些可耻的行为，她还砸掉其他雕塑的四肢和头部。君士坦丁堡民众极其厌恶这些不当行为，严厉责骂她。一些粗俗的市民训练那些能模仿人说话的鸟儿在小巷和十字路口不断重复："啊，荡妇，只要你愿意就有好价钱！"皇后训练一只鸟打猎，出去打猎时大声喊命令，后面跟着许多关注这些事物的人。

基利杰·阿尔斯兰把统治区域分给四个儿子，四个儿子内战。凯库斯鲁两次来向皇帝求援，都未能如愿，失望而归。

第二年，弗拉赫人和库曼人又大肆进攻，要不是罗斯（Rhōs）大主教请求他们的首领去援助罗马人，弗拉赫人和库曼人会抵达君士坦丁堡城门。加利西亚统治者罗曼（Roman）率领大军攻打库曼人，他们不能忍受库曼人一年到头劫掠，不能忍受罗马帝国被非基督徒占领，他们结束了库曼人的侵袭，成为罗马人的救星；不久罗曼打败基辅王公留里克（Rurik），杀死很多同胞和加入留里克的库曼人。

有个名叫卡诺莫迪奥斯（Kalomodios）的货币兑换商，富有，贪婪，吝啬。他的黄金引诱了皇帝的财政官员。但他们一逮捕卡诺莫迪奥斯，就引起了君士坦丁堡的叛乱，受到了惩罚。那天晚上民众知道卡诺莫迪奥斯被捕及被捕原因后，第二天黎明群集于圣索菲亚大教堂，胁迫牧首写信给皇帝要求放人，结果卡诺莫迪奥斯被释放。

没多少天之后发生了流血冲突。约翰·拉各斯（John Lagos）被皇帝任命负责普雷托里乌姆监狱（Praetorian prison），这个人想从这个职位为自己和他的官员捞钱。他半夜从监狱中放出臭名昭著的小偷洗劫住所，带回偷来的东西，一起分赃。许多人向皇帝指控他的不虔诚行为，但皇帝不管。在这些卑劣的家伙中的一个被抓住后，君士坦丁堡民众中鲁莽的人和受害人的同行工匠叛乱。城中一片混乱。许多工匠聚集在普雷托里乌姆，急于抓住拉各斯，但他溜走了。民众赶紧去圣索菲亚大教堂宣布另一个皇帝。但圣索菲亚大教堂已被皇帝事先派出的持斧禁军把守，群众只好待在普雷托里乌姆辱骂皇帝。皇帝当时驻扎在克莱索波利斯附近，派自己的侍卫占据了普雷托里乌姆，君士坦丁堡市长也赶到那里。群众愤怒赶走市长和侍卫。打开普雷托里乌姆，放出囚犯，让囚犯劫掠那里的基督教堂，把萨拉森人的清真寺夷为平地，释放萨尔基监狱的囚犯。皇帝的大女婿率领帝国军队前来，民众没有撤退，而是与全副武装的军队开战。他们爬上了屋顶，扔瓦片，扔石头，射箭，直到夜晚才散去。次日未战。

紧接着，科穆宁家族一个成员"胖子"约翰叛乱，支持他的人很多，几乎所有人都是贵族。他们进入圣索菲亚大教堂，民众得知后纷纷前来。民众和一些叛乱者涌入集会地点和街道，到达海滨，宣布约翰为罗马人皇帝，拆毁了那里的豪华住所。傍晚，约翰没有派侍卫守卫宫殿，也没有修复被打翻的门。他的军队在大竞技场无目的闲逛。民众散去，想着早起再去攻击豪华住宅，搜寻财物。皇帝聚集亲属和老兵，派他们清早进攻约翰。甚至天刚破晓民众也不安心休息，他们大多数急于天一亮就聚集在约翰周围攻打帝国军队。皇帝的侍卫攻击并杀死了约翰，割下他的头颅给皇帝，然后把头颅悬挂在集会场所示众；尸身则放在布拉海尔奈宫南门一个停尸架上示众。从下面可以看到皇帝在宫里往下看尸体，得意洋洋。后来，尸体被抛弃让狗啃食，让鸟啄食。所有人都认为这一行为残忍无道。约翰的同谋被捕入狱。

皇帝派君士坦丁·弗兰戈普洛斯（Constantine Frangopoulos）率领六艘战船到达黑海（Euxine Pontos），表面上是为了搜寻一艘前往君士坦丁堡途中失事船只的货物，实际上是为了攻击航行到阿敏索斯（Aminsos）城的商人，劫掠他们的货物。根据皇帝的命令，弗兰戈普洛斯沿途没有放过一艘船，掠夺了所有商人，抢劫了他们前往君士坦丁堡的满船货物，以及那些已卸下货物、装载新的商品在返回途中的商人。两个月后他回来了，已经杀害了一些商人，侵吞了他们的钱财，把尸体抛入大海；把一些人剥得精光，一丝不挂。那些被剥光的人到达君士坦丁堡，进入宫廷和教堂，请求皇帝帮助弥补他们的损失。但一旦皇帝卖掉了他们的商品，把收入存入自己的宝库，就对他们冷酷无情。

伊科尼姆的商人向鲁肯·丁（Rukn al-Dīn）求助，后者于是派使者到皇帝那里和谈，要求归还他们的钱财。皇帝撒谎，企图遮掩明显的事实，谴责弗兰戈普洛斯违背自己的意愿，宣布他所干罪恶勾当与自己无关。后来双方达成协议，鲁肯·丁得到50迈纳（minae①）银币补偿商人的损失，还有年贡。一些天后，皇帝被当场抓住企图谋害鲁肯·丁，他收买了一个阿萨辛派，给他一封皇帝的信函，派他去杀害鲁肯·丁，结果此人被俘，信件和阴谋被发现，和约破裂。突厥人再次进攻帝国东部地区各个城市。

"至尊者"约翰的私生子米哈伊尔被派到米拉萨（Mylassa）地区担任税吏，米哈伊尔叛乱，失败后投奔鲁肯·丁，被提供军队，劫掠迈安德河沿岸各城。他比外国人更坏，更无情。

帝国毁灭的主要原因正是科穆宁家族；由于他们的野心和叛乱，她的地方和城市被征服。这些科穆宁人在敌对罗马人的蛮族国家中逗留，成为自己国家彻底毁灭的原因，而一旦他们试图夺取并控制国家事务，他们是最无能的、最不胜任的、最愚蠢的人。

皇帝出征攻打米哈伊尔。回来途中在皮提亚（Pythia）洗浴，饮酒作乐。皇帝和他所有朋友登上旗舰到海中游玩，遭遇风暴，船差点沉没。他们回到首都后，赛马，表演娱乐民众。

之后，皇帝想去布拉海尔奈宫，但由于时机不合适（因为我们时代的皇帝们在迈出每一步之前都要仔细查看恒星的位置），他不情愿地在大斋节第一星期待在大皇宫。由于第六天不适合改变居所，特别是在黎明，因此他决定傍晚到达布拉海尔奈宫。上帝证明主宰一切：皇帝床前的地板无可见原因地塌陷，张开成一个大裂口。令人意外的是，皇帝没有危险。但他的大女婿和其他许多人掉了进去，腿严重受伤。一个宦官掉进裂口底部死亡。对这些事皇帝是怎么看的，我不得而知。我现在记载紧接其后发生的事情。

皇帝的第三个女儿原来被其叔父伊萨克许配给塞尔维亚统治者一个儿子为

---

① mina，复数形式为minai或minae或minas，译为"迈纳"，古希腊和亚洲使用的重量单位（主要用来计量白银）或者货币单位（一种银币），作为银币，相当于100德拉克马（drachmas或drachmae［复数形式］，单数形式为drachma）。参见Michael Vickers, Golden Greece: Relative Values, Minae, and Temple Inventories, *American Journal of Archaeology* Vol. 94, No. 4 (Oct., 1990), p.613, n.3.

妻，后被以通奸罪名赶出来。塞尔维亚统治者的儿子们相互混战。当自相残杀作为模式和普遍规则传遍从君士坦丁堡到地球的遥远角落时，不仅突厥人、俄罗斯人、塞尔维亚人、匈牙利人，而且其他蛮族国家的统治者使他们的国家充满了叛乱和谋杀，拔剑杀害自己的亲属。

在这些年，约翰尼察率领大军从迈西亚出发，攻占康斯坦提亚（Konstantia），围攻瓦尔纳。大部分守军是勇士，得到拉丁人军队的援助，顽强抗敌。三天后约翰尼察攻占瓦尔纳，把所有俘虏推入壕堑活埋。

同时，曼努埃尔·卡米齐斯被关押在迈西亚，请求皇帝从他自己的财产中支付赎金。皇帝不为所动。绝望中他向女婿赫里索斯求助，请求他赎买自己。被赎出之后他恳求皇帝把赎金还给赫里索斯，达 200 磅黄金，认为他被没收的财产除了金银器皿、丝绸、华丽服装之外，远远不止 200 磅黄金。阿莱克修斯权衡了他与司令官曼努埃尔·卡米齐斯的关系以及这位司令官的财产，认为后者重得多，于是对他的请求不予理睬。绝望中，卡米齐斯和赫里索斯决定进攻普罗萨科斯周围罗马人各军区，征服了很多地方，煽动地方叛乱，引起骚乱和动荡不安。

某个塞浦路斯人约翰·斯拜里顿阿基斯（John Spyridonakis），相貌平平，中等身材，斜视，是个工匠，乡下人。皇帝的这个随从，由于不合理的提拔晋升，被任命为皇帝私人财库的保管人，后来被任命为斯莫莱纳（Smolena）总督。他注意到皇帝的思想卑鄙无耻，对自己地区的安全兴高采烈，令皇帝绝望。

皇帝慢性关节炎发作，都是因为他没有赎买他的表兄弟卡米齐斯，以及他任命斯拜里顿阿基斯这个恶棍统治如此多固若金汤的城市。皇帝派遣军队分别攻打斯拜里顿阿基斯和卡米齐斯，同时设计拉拢赫里索斯，打败了叛乱军队，并与约翰尼察签订和平协议。

从现在起，我不知道该如何继续。对于必须详细讲述君士坦丁堡在安茸鲁斯家族统治期间所遭灾难的人来说，什么样的判断才是合理的呢？我希望我应该全面叙述最沉重最痛苦的罪恶。但是，由于这是不可能的，我会缩短叙述，以更有利于后代，因为在报道苦难时，适度节制会减轻过度的痛苦。

皇帝阿莱克修斯把弟弟伊萨克监禁在海峡岸边的双柱宫（Double Column），提供舒适的生活，任何人都可以前去拜访。任何想去的人，尤其是拉丁人，都前往拜访伊萨克。密谋推翻阿莱克修斯，伊萨克写信给女儿伊琳妮、德王菲利普的妻子，要女儿为父亲报仇；那里的回信告诉他该怎么办。

后来皇帝释放了伊萨克的儿子阿莱克修斯，允许他自由行动。当皇帝准备出征攻打司令官曼努埃尔·卡米齐斯，驻扎在达莫克拉尼亚（Damokraneia）时，他带了阿莱克修斯一起去。后者可能按照他父亲的指示，同某个比萨人（一艘巨大圆船的舰长）协商逃跑。比萨人驾船停靠在赫勒斯滂海峡的阿夫洛尼亚（Avlonia）岸边，它的小船停靠在阿西拉斯（Athyras）接阿莱克修斯。阿莱克修斯上了小船，换上大船。皇帝得知他逃跑后，派人搜船，但没搜到。阿莱克修斯剪了头发，穿上了拉丁人服装，混在拉丁人中。到达西西里后，她的姐姐伊琳妮派来大量侍卫迎接，她请求丈夫菲利普尽最大努力援助她父亲，帮助她弟弟。

安茞鲁斯兄弟对国家事务管理不善。他们痴迷于金钱，不满足于通过合法收入使自己富裕，也不珍惜积聚的财富，而是双手倒出钱财，过分享受和进行昂贵的装饰。而且，他们使那些对国家完全无用的妓女和亲属富裕。他们不仅发明新的税收，敲诈罗马人城市，也向这些城市中的拉丁人征税。他们往往不尊重同威尼斯人签订的条约，诈骗他们的钱财，对他们的船只征税，煽动比萨人反对他们。这两个民族交战，有时在君士坦丁堡城中，有时在海上，不分胜负。

威尼斯人撤销了他们与罗马人的古老协议，不能忍受看到保证给他们的友谊给了比萨人。显然他们在逐渐反对罗马人，等待合适的时机结清宿怨。而且，阿莱克修斯吝啬地拒绝给他们 200 磅黄金，这是皇帝曼努埃尔承诺因他逮捕威尼斯人并没收他们的钱财而赔偿他们 1500 磅黄金中仍然欠着他们、尚未还清的钱。

威尼斯总督恩里科·丹多洛（Enrico Dandolo）是最令人恐惧的人物。他视力已损伤，年事已高，极其奸诈，极端嫉妒罗马人，是诡诈的骗子，称自己比聪明者更聪明，疯狂地渴求荣誉，宁死也不让罗马人逃脱对他们侮辱性对待自己民族进行惩罚。一直以来他在思考，威尼斯人所承受的多少罪恶与安茞鲁斯兄弟、他们之前的安德罗尼库斯以及他之前的曼努埃尔这些人的统治有关。认识到要是他与同胞背叛罗马人，他会给自己带来灾难，他计划把别的帮凶纳入其中，同那些他知道仇恨罗马人并用嫉妒、贪婪的眼睛看着他们的财产的人分享他的秘密图谋。当一些出身高贵的首领急于出发前往巴勒斯坦时，机会来了，好像是碰巧似的；他会见了他们，安排联合行动，把他们争取过来作为反对罗马人军事行动的盟友。这些人是蒙费拉侯爵卜尼法斯（Boniface），佛兰德的鲍德温（Baldwin）伯爵，圣波尔的休（Hugh of Saint Pol）伯爵，布卢瓦（Blois）的路易伯爵，以及其他许多高大的勇士。

整整三年里，威尼斯人建造了110艘运马的快速大帆船，60艘长船，70多艘巨大的圆船，其中有一艘比其他船大得多，叫作"科斯莫斯"（Kosmos）。1000个全副武装的骑兵，3万个持圆盾的士兵，大多编入重装步兵，特别是那些弩手。这些人被命令上了船。

教宗和德王菲利普写信给伊萨克·安茱鲁斯的儿子阿莱克修斯，信中向这帮海盗保证，如果他们欢迎阿莱克修斯并把他扶上皇帝的宝座，收回他父亲的皇位，那么他们会深深感激的。后来当阿莱克修斯出现在舰队面前时，他的出现被认为是不仅提供了航海掠夺罗马人适时的幌子，而且提供了充分满足威尼斯人贪婪、爱钱性情的貌似有理的理由。由于他们手段极其狡猾，惹是生非，他们控制住了阿莱克修斯，而阿莱克修斯思想比实际年龄幼稚，他们说服他发誓同意不可能满足的要求。这个年轻人同意他们的要求，答应以巨额钱财报答，答应提供重装罗马人军队和50艘三层划桨战船，援助他们攻打萨拉森人。更糟的和最应该遣责的是，他竟然公开放弃自己的信仰，欣然接受拉丁人的信仰，同意革新教宗的特权，改变罗马人的古老习俗。

1202年11月11–24日，舰队围攻扎拉（Zara）。罗马人皇帝阿莱克修斯早就得到关于拉丁人行动的消息，却无意做任何更有利于罗马人的事情；由于他过于懒惰，同样由于他的愚蠢，忽视了公共福祉所必需的东西。当有人提出他应该准备好充足的武器，准备合适的战争器械，特别是建造战舰时，劝谏者们好像是对着尸体说话。他沉溺于餐后妙语，存心忽视有关拉丁人的报道；他忙于修建奢华的浴室，铲平山丘种植葡萄，填满沟壑，把时间浪费在这样那样诸如此类的活动。那些想要砍下树木建造船只的人，遭到看守树木茂密的皇帝狩猎专用山脉的宦官以最严重的危险进行威胁，好像它们是上帝种植的树林、花园似的。而皇帝不仅没有责备这些愚蠢的人，反而被他们的废话愚弄，赞成他们的做法。

征服扎拉之后，拉丁人在埃庇丹努斯登陆，当地人宣布阿莱克修斯为皇帝。皇帝得知之后，开始维修腐坏的、虫蛀的小船，不足 20 只，巡视君士坦丁堡城墙，下令拆毁外面的住房。

威尼斯舰队从埃庇丹努斯出发，停泊在科孚岛，待了 20 天。他们认识到城堡坚不可摧，就扬帆前往君士坦丁堡。因为西方人早就知道罗马人皇帝除了关心痛饮大醉、使君士坦丁堡成为另一个因骄奢淫逸著名的锡巴里斯(Sybaris)外，其他什么也不关心。在极其顺利的航行之后，他们出现于君士坦丁堡之前，几乎没人注意。

罗马人出现在附近的山丘，沿海岸朝战舰发射投掷物，但因太远、大多数落入海中而毫无用处；另一支小分队在敌人猛攻时纷纷溃逃。没过多少天，拉丁人水陆联合进攻拴有沉重铁链的堡垒，守军短暂抵抗后逃跑，铁链断裂，拉丁人舰队进入金角湾（Golden Horn）。他们稍事休息，制定了战略。拉丁人陆军驻扎在一个小山旁，从那里可以看到布拉海尔奈宫。我们与拉丁人只有一墙之隔。皇帝早就决定逃跑。皇帝的亲友召集骑兵队和一小支步兵，不时出击，双方相互投射石头。

7 月 17 日，敌人的陆海军决定攻下城市，攻不下就达成协议。敌人舰队停泊在彼得里亚（Petria）对岸。敌人的船覆盖了牛皮，使船不着火。扬帆索做成了爬梯，横档由绳索做成，升降由系在桅杆上的缆绳控制。当陆军加强其攻城器并在许多地方部署了弩手时，敌人发信号开始攻城。随后可怕的战斗充满了四面八方的呻吟声。尽管拉丁人受到罗马人盟军比萨人和持斧蛮族的勇敢抵制，但最终占据了城墙。占据部分城墙的敌军放火烧临近的房子，驱散居民。那天的场面惨不忍睹，需要泪流成河来抵消大火造成的过分损失：从布拉海尔奈宫到"恩人"圣母（*Evergetēs*）① 修道院的一切都被烧成了灰烬，大火一直烧到了称为杜特隆（Deuteron）的区域。

当阿莱克修斯看到君士坦丁堡的可怜困境和人们的苦难时，他最后拿起了武器。他看到民众怒气冲冲，辱骂他，侮辱他，因为他选择安全地待在宫里，没有给被亵渎的君士坦丁堡提供任何援助，结果使敌人胆子更大。他竟然允许战争蔓延城墙，这是迄今从未发生过的事情，似乎他没有认识到事先筹划优于事后思考，没有认识到先发制敌比被敌人先制更好，没有认识到当身体遭受过

_____

① *Evergetēs*，意为女施主，女恩人。

大的病痛时不会恢复健康。阿莱克修斯从宫中出发，率领许多骑兵和一支出身高贵的步兵团，他们是城中精英，匆匆赶来加入队伍。当敌人的陆军突然看到这一庞大的队形时，他们怕得发抖。事实上，要是皇帝的军队一致抗敌的话，君士坦丁堡本会得到解救，但是现在围绕在阿莱克修斯身边的那些人的恼人的逃跑想法和怯懦阻碍了阿莱克修斯做需要做的事情。令罗马人高兴的是，他率军出城了，表面上是去攻打拉丁人了，但是极不光彩地回来了，结果使敌人更加傲慢无礼。拉丁人傲慢地追逐溃逃的罗马人，炫耀他们的武器。

阿莱克修斯进宫准备逃跑。他搜集了 1000 磅黄金和别的由贵重珍宝做的皇帝的装饰品，然后在夜里一更时分逃出皇宫，前往德维尔顿（Develton）。这个人类中可耻的坏蛋，既没被孩子的感情软化，也没被妻子的爱限制，也没有被这么伟大的一个城市感动，由于他爱惜自己的生命和他的怯懦，他也没有考虑除了拯救自己之外的其他任何东西，即使这一点也是可疑的，因为他放弃了如此多的地方和城市以及他所有的亲属。

阿莱克修斯统治了 8 年 3 个月 10 天。在战争事务上已如前述，在对国家事务的管理上他也完全不精，我的意思并不是说他完全忽视他的责任。然而，在别的方面他并不应该受到嘲笑。他的温和举止超过了所有其他人；他平易近人，没有以凶恶的态度和傲慢的怒视以及咆哮吓跑任何人，任何人愿意的话都可以接近他，向他请求，有时人们可以反驳他，不用限制自己的言谈。而且他躲避相互诽谤的人和谄媚者。由于他曾经非法反叛他弟弟，他受到良心的谴责，担心自己的命运，害怕遭到那不断调查人类事务的正义的报复，结果，他衷心地悔罪。精神上受到困扰，他心烦意乱，忧伤痛苦。如果说皇帝们很难不去摧毁那些出类拔萃的人，很难不残忍地打击那些冒犯他们的人的话，那么，人们可以看到阿莱克修斯富有这些美德。他没有给人眼中打入尖桩以嵌入黑暗，也没有像修剪葡萄藤一样修剪人的四肢，他没有成为杀人的屠夫。只要他当皇帝，他就没有使妇女穿上黑衣哀悼死去的丈夫。他也没有让怒火射出他的眼睛，就像宝石发出的光芒一样。他也没有侮辱性辱骂任何人，使别人的泪水珍珠般滚下。

第七部分 伊萨克·安苴鲁斯的第二次统治，和他儿子阿莱克修斯共同统治

就这样阿莱克修斯自己骑马去了德维尔顿。根据一位因女管家建议而蒙受

重大损失的皇帝的箴言，妻子和心爱的配偶不是提供帮助而是损害，这是可怕的。但是作为一个女人气的男人，这是一件令人痛苦和最糟的事，因为不管他下达什么命令，即使导致不幸和极端危险，都会得到服从。这确实与罗马人的利益相冲突，罗马人不幸有女人气的、追求快乐生活的放荡皇帝。

布拉海尔奈宫中人们认为阿莱克修斯的逃亡令人无法忍受，认为不能抵挡拉丁人的进攻，因大祸临头而陷入混乱和惊恐之中。他们怀疑阿莱克修斯的亲戚和密友甚至皇后叛国，没有把皇位提供给他们，转而求助于监禁之中的伊萨克，视他为最后的希望。帝国财政大臣、宦官君士坦丁聚集持斧禁军讨论，确定了对伊萨克的支持，派人逮捕了皇后尤弗洛西尼，监禁了她的亲属。宣布伊萨克为皇帝。

伊萨克立即派使者去儿子阿莱克修斯和拉丁人首领那里。但拉丁人对于君士坦丁堡的期望没有任何改变。在伊萨克同意履行阿莱克修斯对他们做出的所有承诺之前，他们也不愿按他的要求把阿莱克修斯送给他。阿莱克修斯这个不懂国家事务的愚蠢青年，为了登上父亲的皇位，不惜干一切事情，既不理解任何存亡攸关的问题，又从未思考过罗马人仇恨拉丁人的情绪。这样一个人被认为配得上作为共治皇帝和他父亲共同坐上皇帝的宝座，所有市民去皇宫效忠两个皇帝。

没过多少天，拉丁人首领来到宫中，凳子提供给了他们，他们都坐着和皇帝们商议，被称为恩人和救星以及所有其他高贵称呼。此外，他们享受了所有的友善和殷勤，给他们提供消遣和美味。伊萨克控制了国库中可怜的钱财，掠夺了尤弗洛西尼及其亲属的所有财产，把金钱慷慨赠与拉丁人。

但由于拉丁人认为这笔钱微不足道（因为没有哪个民族比这个种族更爱金钱，也没有人比他们更贪婪，更急于冲到宴席上去），由于他们欲壑难填，于是伊萨克完全违背法律，动了碰不得的，由此，我想，罗马人国家完全被颠覆而消失。由于缺钱，他劫掠圣所。用斧子砸碎基督的圣像，投入火炉，夺走装饰品；拿走教堂中令人敬畏的圣器，熔化成普通的金银，交给敌军。皇帝本人对这种极其疯狂的亵渎行为毫不恼怒，也没有人出于敬畏提出抗议。在我们的沉默中，虽不能说麻木不仁，我们与那些疯子毫无区别，由于我们有责任，我们既遭受了也看到了最具灾难性的罪恶。

城市暴民极其愚蠢地摧毁、铲平海边西方民族的住所，根本不区分朋友与敌人。不仅在罗马人风俗中教养的阿马尔菲人（Amalfitans），而且选择以君士坦丁堡为家的比萨人都厌恶这种恶行和鲁莽。皇帝阿莱克修斯一逃跑，这些民族就满怀希望减轻痛苦。阿莱克修斯出逃、伊萨克继位后，比萨人与威尼斯人和好，甚至图谋反对我们；他们乘船到敌人驻扎的佩雷亚（Peraia），与自己原来的对手分享帐篷和餐桌，并一致同意所有事情。

公元 1203 年 8 月 19 日，一些法国人、比萨人和威尼斯人航行穿过海峡，相信萨拉森人那里会有横财宝藏，就坐渔船进入君士坦丁堡，袭击人们称为米德松（Mitation）的清真寺，劫掠财产。萨拉森人反击，罗马人闻声也赶来援助，拉丁人被迫撤退。撤退中借助于放火作为最有效的防卫手段和征服君士坦丁堡的最快行动步骤。这场大火尤为猛烈，证明以前君士坦丁堡发生的大火不过是火花而已。大火在风力作用下极具灾难性。

面对这些极其可怕的事件，伊萨克和他的儿子阿莱克修斯一点都不震惊。他们祈祷所有事情的结束。甚至在大火完全熄灭之前，神圣珍宝又被搜集和熔化，比以往更为彻底。拉丁人把这些提供给他们的黄金白银用于自己的身体需要，好像它们是渎神的金属制品卖给任何想买的人。他们认为自己是无辜的，因为他们不知道给他们的这些钱从何而来；由于他们只是接受欠他们的，他们引起了上帝对罗马人的愤怒，罗马人珍爱自己的私人财产，却亵渎了属于上帝的财产。

阿莱克修斯在答应支付 16 英担黄金之后，得到拉丁人军队援助，出征攻打逃亡的前皇帝，迫使后者逃走。他巡视色雷斯各城，征服并掠夺了它们，因为他的军队贪得无厌。所有与他伯父合作弄瞎并推翻他父亲的共谋者都被绞死。

伊萨克迫不及待地等待机会对那些如此可恶对待他的人发泄长期郁积在胸中的仇恨；他不断说儿子的坏话，特别是自从他发现自己的权威逐渐消失、转移到了他儿子身上。对于公众欢呼中名字的换位，他气得说不出话来；他儿子的名字放在了前面，欢呼声很大，而他的名字放在了后面，对他的欢呼好像是回音。由于不能影响事务，他低声咕噜；他诽谤儿子，透露了他内心深处的秘密。

伊萨克抨击他儿子并非徒劳或者无理由，因为后者极端无耻地冒犯、亵渎了罗马帝国的伟大光荣的名声。他和一些随从渡海到蛮族的营地，饮酒，掷骰子。他的玩伴们摘下他的皇冠戴到自己头上，把拉丁人邋遢的羊毛头巾戴到阿莱克修斯头上。

不仅阿莱克修斯因与拉丁人贵族参加这样的活动消磨时间而被明智的罗马人认为是可憎的，而且他的父亲伊萨克同样受到轻蔑，因为他忙于不祥的妄想，不断听从比他第一次统治期间更加不可言喻的预言和神谕。他想象自己像以往那样是唯一统治者，他也无耻地认为他将统一东方与西方，将统治整个世界。他期待那时他能重见光明，并摆脱痛风，彻底成为一个上帝般的人。因此，最该诅咒的修道士，胡子长得像麦田，这些仇恨上帝的人丢脸地穿着上帝喜爱的服装，追逐皇帝的盛宴，狼吞虎咽美味佳肴，一边和他吃着饭，喝着醇香的酒，一边口头确认他为唯一的统治者。他们不时抱着他粗糙的手，让他的手去摸他的眼睛，预言他的视力会恢复到以前。他对这些话极为高兴，听到这些粗俗的玩笑，高兴得跳起来，好像它们是绝对可靠的预言似的。

他允许占星术信徒到自己面前，听从他们的劝告。并且求助于别的措施，例如把大竞技场上的卡吕冬野猪铜像移到大皇宫，认为这样就可以预先阻止猪似的鲁莽粗俗的城市民众的攻击。

粗俗的酗酒民众砸碎了君士坦丁广场上的雅典娜（Athena）雕像，他们愚蠢地认为她在引诱西方军队。雅典娜雕像右手指向南方，头朝南，眼睛也朝南。那些人完全不懂罗盘上各点的方位，认为雕像在朝西看，手在召唤西方军队，因此他们的判断和理解错误。这样，他们抛弃了有男子气概、智慧的保护女神，尽管她只是这些的象征。

皇帝们忙于筹钱，因为接受者无法满足，他们被给予得越多，就渴望更多的黄金。征税人员很辛苦，不满的民众闹哄哄地要造反，于是他们选择榨取那些被认为非常富有的人。圣索菲亚大教堂的巨大黄金动产和银灯都被拿走投入了熔炉。

然而，这些非法措施什么也没完成。强征钱财的人，对罗马人的头脑简单感到很高兴，嘲笑皇帝们的愚蠢，对他们不断进行勒索和掠夺。拉丁人首领们轮流出现于君士坦丁堡的豪华住宅区，马尔马拉海沿岸的圣所，以及最辉煌的皇帝们的大厦，在那里，他们相继拿起武器，掠走了其中的一切，把这些建筑物付之一炬。没有哪座建筑幸免于难。

许多次，他们航行到君士坦丁堡岸边作战。罗马人取得胜利。君士坦丁堡民众表现得像男人，催促皇帝率军作战，因为他们是爱国者。但是无效，阿莱克修斯不能拿起武器同拉丁人作战，伊萨克鼓励他不管粗俗民众的闲谈，把最高荣誉给予那些扶他上台的人。皇族剩余人员赞成。一些与拉丁人交好的人，也忽视民众的请求。

所有这些人中，只有阿莱克修斯·杜卡斯（Alexios Doukas，由于他的眉毛相连，垂在眼睛上，青少年时就被同伴称为"连心眉"[Mourtzouphlos]）努力争取君主和民众的支持，勇敢地同拉丁人作战。一次他同敌人战斗时，我们自己在场的指挥官没有一个人试图援助他，因为皇帝禁止这么做。

君士坦丁堡民众发现没有人准备战斗并结盟攻打拉丁人，开始起来叛乱，像烧沸的水壶似的不断吹出辱骂皇帝们的蒸汽，他们长期受压迫的隐藏的情绪显露了出来。公元 1204 年 1 月 25 日，一大群骚动的民众聚集在圣索菲亚大教堂；元老院成员、主教们和德高望重的神职人员被迫集合在那里商议推举皇帝。他们热切请求我们主动发言。但我们没有试图在集会上提名候选人，因为我们充分认识到，任何人被选上都会像羊一样被宰杀，拉丁人首领们会拼命保护阿莱克修斯。民众头脑简单反复无常，声称他们再也不愿被安茞鲁斯家族统治，集会不许解散，除非选出了他们中意的皇帝。

知道这些人的固执，我们保持沉默，任泪水下流。这些民众荒谬可笑，愚笨。直到第三天，他们抓住了一个名叫尼古拉·坎纳沃斯（Nicholas Kanna-vos）的青年，违背他的意愿宣布他为皇帝。

当皇帝阿莱克修斯听说这些事情（伊萨克已奄奄一息），召来卜尼法斯侯爵商议，把拉丁人军队引入宫内，驱逐新皇帝和集合的民众。杜卡斯得知后抓住机会开始叛乱。他带着许多亲属，争取到负责帝国国库的宦官的支持，聚集了持斧禁军告诉他们皇帝的意图，说服他们采取罗马人所期望的正确行动。他在深夜逮捕阿莱克修斯，然后监禁坎纳沃斯，驱散民众，称帝，绞死了阿莱克修斯。

第八部分　"连心眉"阿莱克修斯·杜卡斯的统治

杜卡斯夺取皇位后想改变国家事务。他极其聪明、傲慢，认为伪装是精明的标志。他认为自己完全掌控着所有问题。到处跟随他的助手是他那软弱的岳父菲洛卡利斯（Philokalēs），为了把他置于元老院之首，他免去了我的首席大臣职务，甚至无需堂皇的借口，就让他取代我的职位。这个人忽视他的职责。

由于皇帝杜卡斯发现帝国国库已经完全空空如也，他到处搜集钱财，那些原来在安茞鲁斯家族统治下享有最高职位、被封为"至尊者"和"凯撒"的人极其苦恼，他们的钱财被他没收用于政府需要。

在莽撞抵抗拉丁人方面，他超过了所有其他人；他用横梁支撑君士坦丁堡的海墙，给陆墙提供防御工事，用自己的榜样重新激起军队的勇气。而且，手握利剑，带上青铜锤矛，他会打退敌人的突击，当他们不时出击搜寻食物时，他会自愿突然出现在他们面前。

这样的行为使他受到公民的喜爱，尽管他极其不信任自己的血亲，并对自己的血亲毫不妥协；他们愚蠢，软弱，蔑视苦行，自我吹捧，冷酷无情。他们厌恶杜卡斯的指责和愤怒（因为他天生有一副沙哑但响亮的低嗓音）。他们认为他的倒台是神的惩罚。

因此当佛兰德伯爵鲍德温劫掠菲利亚（Phileas）周围地区，并从那里征收贡品时，皇帝出征攻打他。但罗马人害怕溃逃，剩下皇帝一个人差点被杀。圣母圣像被敌人夺走，这是罗马人皇帝上战场携带的圣像，被皇帝们认为是共同指挥作战的将军。

不仅这些事情可怕，而且那些随后发生的事情比预料的更加糟糕，更有灾难性。拉丁人建爬梯、攻城器，再次攻城。友好的考虑完全被忽视。某些邪恶的心怀恶意的人经常使协商无法进行。威尼斯总督恩里科·丹多洛与皇帝和谈，登上一艘三层划桨战船，停泊在科斯米蒂昂（Kosmidion）。皇帝骑马到那里，双方交换意见。总督和其他首领要求立即支付5000磅黄金和其他一些令人感到屈辱、为那些享受自由、习惯于下命令而不是接受命令的人不能接受的条件。这些要求对罗马人来说是沉重的打击，而总督则大声重申这些要求，并且声称这些条件是完全可以接受的，根本不重。当他们在和谈时，拉丁人骑兵突然出现在上面，猛攻皇帝。皇帝幸免于难，而他的一些同伴则被俘。他们对我们的极度仇恨，以及我们与他们的极大差异，使得我们与他们毫无人道的感情。

公元1204年4月8日，敌人攻城，占据从"恩人"圣母修道院到布拉海尔奈宫的区域。杜卡斯准备抗敌。4月9日，敌人攻城，被罗马人打败。随后两天，拉丁人停止攻城。4月12日，大斋节的第六周星期一，敌人再次攻城。直到中午之前，我们的军队占据优势。由于君士坦丁堡必须戴上奴役的枷锁，上帝允许我们被奴役，因为我们所有人，不管是神职人员还是平信徒，都像硬脖子的脱缰的马似的背弃祂。两个拉丁人从爬梯跳上塔楼赶走守军。一个名叫彼得的骑士从那里的门进入城内。皇帝身边的贵族和军队中其余的人习惯性逃跑，以此作为拯救的灵丹妙药。于是成千上万个懦夫被一个人从他们本应守卫的城墙上赶跑了。当他们到达陆墙的金门时，他们摧毁了那里新建的城墙，跑了出去，走上了通往地狱和彻底毁灭的道路。敌人这时没有遇到任何抵抗，到处奔跑，杀死不分男女老幼所有人。敌人并没有形成战斗队列，而是蜂拥而出，分散开来，因为每个人都怕他们。

晚上敌人放火烧"恩人"圣母修道院不远处的君士坦丁堡东部区域，从那里大火一直烧到海边，最后在将军门（Droungarios Gate）附近熄灭。拉丁人毫不费力地劫掠了皇帝的帐篷，攻占了布拉海尔奈宫，然后在"全知者"基督（Pantepoptēs）修道院建立总部。皇帝在君士坦丁堡的狭窄街道上到处穿梭，试图集合、动员无目的闲逛的民众。但他们不为他的规劝和奉承所动，战争的失败使所有人绝望。每个公民都忙于搬走、埋葬自己的财产。一些人选择离开君士坦丁堡，有能力的都忙于自救。

当杜卡斯看到自己扭转不了局势时，他担心自己被捕、成为拉丁人的美餐，于是他进入大皇宫，同尤弗洛西尼及其女儿们（包括他热恋着的那个），登上了一艘小渔船逃走了。他统治了两个月16天。

这时，两个头脑清醒、精于作战的青年杜卡斯（Doukas）和拉斯卡利斯（Laskaris）争夺最高权力，后者胜出，但拒绝当皇帝。拉斯卡利斯劝诱民众抵抗，敦促持斧禁军作战，提醒他们，如果罗马帝国灭亡，他们会和罗马人一样遭到毁灭，他们再也不会得到作为雇佣军的丰厚报酬，再也不会得到作为皇帝禁军的驰名礼物。但是民众没有一个人响应他的规劝；持斧禁军则同意为报酬作战，狡猾地利用极度危险的局势来赚钱。当全副武装的拉丁人军队出现时，他们四散逃命。

敌人发现出乎自己意料之外，没有任何人抵抗他们。民众希望讨好他们，拿着十字架和基督圣像迎接他们，就像在庄严游行庆祝活动期间所习惯做的那样。但敌人丝毫不为所动。他们无耻地劫掠了一切，包括奉献给上帝的圣物。神圣的圣像、圣徒的圣骨以及圣化过的面包和葡萄酒被他们扔到地上，踩在脚下。宝贵的圣餐杯和圣餐盘，一些被他们打碎以夺取上面的装饰品，其余的他们用作餐盘和酒杯。圣索菲亚大教堂镶满宝石的祭台被砸成碎块瓜分，教堂中所有神圣的珍宝都遭此厄运；骡子和驴子被牵进圣索菲亚大教堂搬运金银，滑倒在光滑的大理石地板上的一些骡子或驴子被当场杀死，结果它们肠中的粪便和流出的鲜血玷污了神圣的地板；一个妓女坐在圣坛后牧首的宝座上唱着淫荡的歌曲，接着跳起舞来。

不只这些恶行，最邪恶的是他们奸淫妇女，不管是虔诚的已婚妇女、还是适婚年龄的女孩、还是献身上帝的修女，这些疯子都不放过。很难请求他们使他们对我们友善些，因为他们极其暴躁易怒，什么也不愿听，一切都使他们发怒。自由公开说话的人遭到他们的训斥；对表达一点不同意见、或没有马上实现他们愿望的人，他们往往会拔刀相向。城中到处是人们的哀号、恸哭、呻吟的声音，到处是哀歌，到处是男人的叫喊声、女人的尖叫声……场面非常悲惨。

长话短说，这就是西方军队对基督的遗产犯下的滔天罪行。他们没有人性地洗劫了一切，他们剥夺了所有人的金钱和动产、住所和衣服，没有给我们留下一点财物。更应受到谴责的是博学多闻的聪明人，他们信守誓言，热爱真理，仇恨罪恶，他们比我们"希腊人"更虔诚、更恰当、更认真地遵守基督的训诫。更加有罪的是那些人，他们肩背十字架，不断以十字架和主耶稣的话发誓不流血地经过基督徒的土地，发誓不转向右边也不转向左边，发誓拿起武器攻打萨拉森人，用他们的血染红自己的剑；他们洗劫了耶路撒冷，发誓只要肩背十字架就不结婚，也不同妇女性交，他们献身上帝，致力于追随上帝的脚步。

实际上，他们是骗子。寻求为圣墓报仇，他们公开地狂暴地反对基督，用他们背上的十字架破坏耶稣受难的十字架。为了一点金银，脚踏在上面甚至不发抖。通过攫取珍珠，他们抛弃了基督这颗无价珍珠。伊斯玛仪（Ismael）的儿子们没有这样行事。穆斯林（Ismaelites）既不奸淫拉丁人妇女，又没有把基督的纪念碑变成阵亡者的共同墓地，也没有把通往带来生命的坟墓的入口变成通往地狱之路，也没有以人类的堕落来取代耶稣复活。相反的，他们允许任何人交一些金币离开；他们只拿赎金，不动人们的任何财产，即使这些财产比沙子还多。因此，基督的敌人对拉丁人异教徒宽宏大量，既不杀他们，也不烧他们，也不饿他们，也不迫害他们，也不剥光他们的衣服，也不打伤他们，也不囚禁他们。多么的不同啊，如我们已简短叙述的那样，拉丁人竟这样对待我们这些热爱基督、是他们同类信徒的人，我们没有对他们犯罪。

悲叹君士坦丁堡的悲惨遭遇，过去和现在形成鲜明对比。由于上帝的意志，你引起了愚蠢的民族的嫉妒，更确切地说，这些人并不是真正的民族，而是模糊的分散的部落，你养育了他们。流亡者的感受，遭遇，以及对君士坦丁堡的感情。圣经中描述的灾难与现在的灾难相似。上帝全能。祈求上帝拯救。期望上帝热爱人类，我们应该同大卫（David）大声叫喊："记住我们，啊上帝……"我们完全知道，不敬神的人最终将被忽视被鞭打，对那些仰望主耶稣的人来说，他们的惩戒将伴随着对悔悟和安慰的呼唤。

第九部分　君士坦丁堡陷落后发生在罗马人身上的事件

在我们的国家里，皇帝们懒惰，贪睡，好吃，不关心国家事务，关注诸如冬天开花、春天结果此类琐事；而臣民们关心的只是经商贸易，对战争毫不关心。

上帝常常使骄傲的人跌落，使他们遭受耻辱，使他们被比他们自己更野蛮的民族毁灭。我们没有必要一直保持沉默，而应引用书面文字以证明上帝的杰作。上帝说："我永远存在，报复我的敌人，彻底毁灭恨我的人。"

因此，君士坦丁的美丽城市被西方各民族蹂躏。这些民族聚集起来进行海盗掠夺的航行，像画的面具一样隐藏他们的真实动机，借口替伊萨克·安苴鲁斯报仇，他们载着他不幸生出的儿子作为他们最好最珍贵的货物，来毁灭我们的国家。罗马帝国得过且过、死气沉沉的大臣们，把这些海盗作为法官迎接进来，谴责我们，惩罚我们。

君士坦丁堡所遭受的命运，事先既没有天国的预兆也没有尘世的迹象，过去通常不是这样的，这预示着人类的灾难和恶魔的致命进攻。

拉丁人劫掠一切，夺走一切，不留给财产的原主人任何东西，轻蔑他们，拒绝与他们交往，俘虏他们，辱骂他们，驱逐他们。罗马人衣衫褴褛，因断食而消瘦，面色苍白，貌如死尸，眼睛血红，流的血比泪更多。他们成群结队离开君士坦丁堡，一路上有的伤心失去的财产，有的恸哭女儿被奸污，有的悲伤伴侣丧失，等等。

当时我自己的情况如下。那天我的许多密友来到我家。我们在斯弗拉基昂区域的豪华住所已被第二场大火毁灭。我过去曾保护过的一个威尼斯商人在那艰难时期帮助我。他装扮成拉丁人队伍中的战士，说着他们自己的蛮族语言，声称他最先占据了我的住所，赶跑了掠夺者。但是由于要来抢劫的太多，他感到绝望，特别是法国人，他们性情或体格都不同于其他人，吹嘘说他们唯一害怕的是上帝。由于他无法攻击他们，他嘱咐我们离开，以免我们因为自己的金钱而被囚禁，以免女人被奸污。他把我们带到另一个房子里，那里住着我们的威尼斯熟人。不久后我们离开了。由于城市的这个区域被法国人占领，我们再次迁移。仆人无情抛弃了我们，四散而逃，我们不得不肩上扛着不能走路的孩子，怀里抱着男婴。在君士坦丁堡陷落后我们待了五天后出发了。那天是星期六，我认为发生的一切并非没有意义，并非偶然或巧合，而是上帝的旨意。许多亲友来护送我们。拉丁人在搜寻财物和女人。我们把女人安排在队伍中间，祈祷上帝使我们安全通行，不被这些凶残的野兽伤害。当我们来到圣殉道者莫基奥斯（the Noble Martyr Mokios）教堂时，一个淫荡邪恶的野蛮人从我们中间抓走了一个金发少女，她是一个法官的女儿。我们惊呼。她的老父亲摔倒在泥坑里，嚎啕大哭，悲痛欲绝，恳求我解救他的女儿。我马上去追赶那个抢劫犯，说服了并非完全不懂我的语言、路过的军队来帮我，甚至抓着一些人不放，这样我获得一些人的同情帮我追赶，追到后，我用手指着他，说这个人违反出身名门首领们禁止强奸的命令，我请求保护那些受法律保护的人，恳求其他人的同情和帮助。最后其他人威胁绞死他，他才不情愿地交出了法官的女儿。当我们离开君士坦丁堡时，其他人回去了，痛哭自己的不幸；但我拜倒在地，指责城墙无动于衷，既不流泪，也没有变成废墟，却仍然站得笔直。

牧首骑着驴子在我们前面走着，他什么也没带，只穿着一件外衣。我们到达塞林布尼亚休息。出身微贱的乡下人对我们这些来自君士坦丁堡的大加嘲讽。看到我们贫困潦倒、衣不蔽体的悲惨境遇，他们愚蠢地说是公民权利平等，因为他们还没有遭到即将到来灾祸的惩戒。对于他们同胞出售的财物，他们支付的钱少得可怜，许多人说他们发财了。他们傲慢、轻蔑地对待罗马人。

这就是我们以及我们这种地位的人还有那些与我们一起进行修辞学研究的人的命运。粗俗邪恶的人则忙于牟利，他们再次亵渎神圣，购买拉丁人出售的那些东西并且非法贩卖，好像那些只是普通银器，好像它们已被移出教堂就不再神圣。敌人纵情于淫荡、邪恶的行为，嘲笑罗马人的风俗。他们穿着宽边长袍在街上闲逛，不是因为需要而是为了嘲笑。他们用上等亚麻布头纱包裹坐骑的头部，骑着在城市里到处奔跑。一些人拿着芦苇笔和墨水池，假装在书上写字，嘲笑我们的秘书。他们大多数人把抢来的女人提到马上，一些女人穿着飘垂的长袍，没有戴假发，而是把头发编成一个辫子；这些野蛮人把女人鼓形的帽子和卷曲白发装饰戴在他们的马匹上。他们整天狂饮纯葡萄酒，一些人狼吞虎咽精美的食物，一些人吃他们本国的食物。

拉丁人瓜分战利品时亵渎圣器，亵渎圣像。他们划分势力范围，甚至把亚历山大城（Alexandria）、利比亚（Libya）以及从利比亚到努米底亚（Numidia）和加的斯（Cadiz）之间的地区，乃至北方地区也列入瓜分范围之内。他们有的庆幸运气好，分到了马匹众多、税收收入充盈的城市；有的夸耀其他好运，不住惊叹；还有一些可能分到伊科尼姆的人激烈竞争。他们把君士坦丁堡诸城门送给他们在叙利亚的同胞，一同送去的还有几段断裂的、原用于拦住金角湾的铁链。他们派出信使，到处宣布君士坦丁堡的陷落。

拉丁人选举皇帝。众所周知，威尼斯总督丹多洛以欺骗手段操纵选举，结果佛兰德伯爵鲍德温当选，卜尼法斯侯爵落选。因为丹多洛想要选出顺从他、不太有统治野心、不会危及威尼斯的人。卜尼法斯来自伦巴第，伦巴第位于沿海地带，从那里很容易航行到罗马帝国；且和威尼斯相邻，很容易严重损害威尼斯人。而鲍德温来自法国低地地区，法国和威尼斯并不接壤，相隔很远，就像威尼斯和罗马帝国相距很远一样；而且鲍德温绝对听从丹多洛，对国家事务经验不够，还不到 30 岁。

鲍德温虔诚，行为节制，贞洁。1204 年 5 月 16 日，他成为皇帝。同年夏，他出征西部地区。拉丁人自称天生勇猛，不能容忍别的民族的军功可跟他们的相比。至于别的美德，他们则不感兴趣。我相信他们本性残暴，他们的愤怒先于理性。卜尼法斯和鲍德温之间的矛盾。塞萨洛尼基投降，欢迎拉丁人统治。卜尼法斯一开始伪装得很好，不久就诈取他们的钱财，没收他们的豪宅分给自己的骑士。卜尼法斯打着拥立他的妻子（即前皇后玛丽亚）与伊萨克所生长子的旗号四处征讨，有几个贵族出身的罗马人陪他出征，结果，兵不血刃，卜尼法斯就拥有了最强大的地区和最多的城市。鲍德温派弟弟亨利还有布拉西厄的彼得（Peter of Bracieux）东征。塞奥多利·拉斯卡利斯率领罗马人大军迎战，军队逃跑。所有不与拉丁人交战的城市没有受到损害，虽然为拉丁人服务是罪恶的。拉丁人的语言不同于希腊人的语言，拉丁人天生爱钱，眼睛无鉴别力，胃贪得无厌，心灵愤怒凶暴，手永远伸出去拿剑。

拉丁人攻打普鲁萨，攻不下，普鲁萨人杀敌。其他地方的罗马人纷纷仿效。费拉德尔菲亚人塞奥多利·曼加法斯攻打亨利率领的拉丁人，罗马人骑兵逃跑，战败。卜尼法斯继续征服，几乎没有遇到抵抗。只有莱昂·斯古罗斯（Leon Sgouros）埋伏，但一见拉丁人骑士就害怕，逃跑。斯古罗斯扩张，攻打雅典，我的兄长、雅典大主教米哈伊尔劝他撤退，他不听，执意攻城，米哈伊尔率军守城，斯古罗斯攻不下，离开了那里，后来碰到前皇帝阿莱克修斯，与他女儿爱多吉娅（Evdokia）结婚。爱多吉娅第二个丈夫、前皇帝阿莱克修斯·杜卡斯被她父亲弄瞎，后落入拉丁人之手，拉丁人说他杀害自己的主人与皇帝阿莱克修斯，杜卡斯说他是卖国贼，理应受到惩罚，许多人参与了这一惩罚。拉丁人根本不听，空前残暴地处死了杜卡斯，把他从高高的石柱顶上推下来摔死了。卜尼法斯继续扩张，地方居民卑鄙地投降，支持更强大的一方，尽管卜尼法斯率领的军队人数不多，从许多城市征募而来，在大多数事情上意见不一致。

要不是上帝使这些民族不和、驱散渴望战争的民族，保护我们，亚洲地区和西部地区会在一年之内全部臣服于拉丁各民族。逃亡的皇帝阿莱克修斯以皇帝的标志跟卜尼法斯交换面包和葡萄酒，被对方送到一个以其命运命名的地方哈米洛斯（Halmyros，意为"痛苦之地"）。

与皇帝阿莱克修斯一起出逃的罗马人，大多为贵族出身，精于战争。他们想加入卜尼法斯为他服务，遭到拒绝；后来又请求鲍德温接受他们的服务，再次遭到拒绝。于是他们投奔约翰尼察，受到欢迎。约翰尼察已经摧毁了几乎所有西部地区。他厌恶拉丁人的傲慢，他曾派使者前去与拉丁人建立友好关系，但被命令臣服拉丁人，否则拉丁人将攻打他。约翰尼察命令投奔他的罗马人回到家乡攻打拉丁人，以便他能更有效地打击拉丁人。他们回到家乡，在弗拉赫人的帮助下，煽动色雷斯和马其顿各城叛乱，杀死或驱逐拉丁人。东方的拉丁人被迫回到西方作战。鲍德温镇压叛乱，约翰尼察设下埋伏，大败拉丁人，鲍德温被俘虏。

公元1205年3月25日鲍德温离开君士坦丁堡后，城中的罗马人仍然遭到拉丁人劫掠和屠杀。我们仍然在塞林布尼亚逗留，处于危险之中，因为我们亲眼目睹附近的道尼特斯（Daonites）发生了大屠杀，而且这些屠夫持剑进入塞林布尼亚，洗劫了我们的包裹和破衣烂衫。

　　约翰尼察证明是敌人，是罗马人的报复者。拉丁人和库曼人到处洗劫，到处屠杀。卜尼法斯把前皇帝阿莱克修斯及其妻子送给德国人统治者。这么异乎寻常的新奇事情在罗马人中间闻所未闻，见所未见。卜尼法斯攻打约翰尼察，战败，躲进塞萨洛尼基，约翰尼察占领了所有其余服从他的城市。丹多洛死亡。拉丁人四处征讨，到处劫掠和屠杀。他们镇压叛乱，威尼斯人进攻、劫掠东部沿海地区。亨利率军来到奥雷斯特亚斯（Orestias），要求与居民达成协议，居民一听协议就恼火，回答说从今以后罗马人再也不会相信拉丁人发出的誓言，因为拉丁人的保证完全不可信，拉丁人残忍对待那些投奔他们的人，罗马人知道他们对待战俘极其冷酷无情。亨利攻城，攻不下，请求君士坦丁堡派遣援军。枢机主教马丁（Martin）和君士坦丁堡牧首托马斯·莫罗西尼（Thomas Morosini）最近刚从威尼斯来到君士坦丁堡，威胁军队拒绝援助的话就把他们革出教门逐出教会。托马斯·莫罗西尼的衣着和外貌。援军还未到，亨利的军队生病。不只他们遭此结局，几乎所有征讨的拉丁人军队都被弗拉赫人和库曼人摧毁。

　　拉丁人轻视、怀疑罗马人，傲慢，对付不了叛乱的罗马人，他们就惩罚他们控制下的罗马人。东部地区的罗马人对于他们受难的同胞漠不关心，他们的完全忽视和忘却令人难以容忍，而且，对西部城市，他们既没有提供金钱援助，又没有提供军事援助。他们不援助同胞，腐败，不尽职，无感情，倒是自相残杀，分成党派，煽动城市叛乱，不顾亲属关系，相互混战，四分五裂，不团结，从来达不成一致意见，从未提出解救西部城市。他们致力于选举皇帝。曼努埃尔·马夫罗佐梅斯（Manuel Mavrozomēs）、塞奥多利·拉斯卡利斯、大卫·科穆宁三人混战，争当皇帝。

　　约翰尼察攻占、劫掠菲利普波利斯，把该城夷为平地，屠杀许多居民。该城统治者阿莱克修斯·阿斯普耶蒂斯（Alexios Aspietēs）被钉死在木桩上，其党徒逃走，或投奔塞奥多利·拉斯卡利斯，或与拉丁人和解。

　　约翰尼察说再也不能忍受罗马人的狡诈、背信弃义、反复无常，率领弗拉赫人和库曼人军队征服绝大部分西部地区，把城市夷为平地，屠杀居民，或把居民卖为奴隶。他们摧毁一切，把昔日繁荣美丽的城市、城镇、田地、草原、花园、果园等都变成了牧场。

　　我们回到君士坦丁堡，待了六个月后离开去东方，以避免看见拉丁人，或听到拉丁人喋喋不休。但我们到尼西亚后处境没有改善，只被给予一点点面包，偶尔有一点点酒。

约翰尼察把马其顿和色雷斯变成了牧场和荒地。拉丁人同样蹂躏罗马帝国。卜尼法斯在与约翰尼察交战中被箭射死。这个粗暴的人爱钱，执拗，顽固，是劫掠罗马人的恶魔。对塞萨洛尼基人（Thessalonians）来说，这支箭回答了他们的祈祷。要是他不死，塞萨利人（Thessalians）的著名城市（即塞萨洛尼基）就会没有人烟了。因此，他是一个无法忍受、难以满足的祸害。

一些法国人瓜分雅典、底比斯、埃维厄岛以及梅索尼（Methonē）和帕特雷（Patras）周围地区。这些地区的原主人满足于在耻辱和辱骂中服从，毫不心痛，不像男人那样为自己为孩子奋不顾身；他们也不主动为自由精神驱策，他们后来也没有表现出任何这样的决心。有些罗马人野心勃勃地反对自己国家的利益，他们占据险峻的堡垒、要塞和城防坚固的城市，在那里建立可怕的暴政。他们本应拿起武器抵抗拉丁人，却自相残杀，并惊人地与拉丁人谈和。在西部地区，莱昂·斯古罗斯、莱昂·查马雷托斯（Leon Chamaretos）、米哈伊尔·杜卡斯（Michael Doukas）、卜尼法斯侯爵等各据一方。这些暴君无恶不作，没收金钱，驱逐当地人，到处是大屠杀和逃跑，等等。大多数恐怖是由罗马人暴君制造的。

在东部地区，一些地方承认塞奥多利·拉斯卡利斯为皇帝。塞奥多利·拉斯卡利斯建造舰队，征服了大部分岛屿。他与伊科尼姆苏丹凯库斯鲁议和，割让部分领土(包括我的故乡霍奈)给凯库斯鲁的岳父曼努埃尔·马夫罗佐梅斯。拉斯卡利斯、马夫罗佐梅斯、罗马人暴君曼努埃尔·安德罗尼库斯（Manuel Andronikos）两个儿子大卫和阿莱克修斯、阿尔德布兰迪努斯（Aldebrandinus）等各自为政。这些统治者本该团结，收复失地，却相互混战，但敌人进攻就臣服于敌人。

因此，拉丁人人数不多却到处扩张。君士坦丁堡首位拉丁人皇帝鲍德温的弟弟亨利加冕为皇帝。鲍德温被俘后，被约翰尼察残忍处死。拉丁人迷信，毁坏公牛广场上象征征服拉丁人的雕像，以确保在君士坦丁堡的统治稳固长久。

拉丁人反对我们的人们，我们的人们屈服于任何喜欢他们最后一件衣服的人，背井离乡，不是作为传布福音的信徒，而是作为不合格的最劣等的战士，在作战中比妇女更胆怯，一见到敌人就害怕。

我们自己的人对敌人对同胞两副截然不同的面孔。这些人不仅不想看到君士坦丁堡的收复，因为他们得到了比以往所拥有的更多财产，而且责备上帝懒惰，过去没有更严厉对待君士坦丁堡和我们，责备上帝对人类的容忍和爱一直拖到现在才毁灭君士坦丁堡和我们。他们本应同情我们的不幸，我们在过去拥有大量财富，据有显职，而现在却没有了君士坦丁堡，没有了家，没有了生计。他们嘲笑我们，谩骂我们。我们选择居住在尼西亚，好像我们是俘虏似的，聚在教堂里，被看作是外国人。

亨利攻打库曼人和弗拉赫人。

第十部分

法国人攻占君士坦丁堡后，不久从威尼斯来了一个名叫托马斯的人，担任君士坦丁堡牧首。他中等身材，比猪还胖；同他的种族其他人一样，他的脸刮得很干净；手上戴着戒指。他的助手和随从在衣着、饮食和胡须修剪上看起来和他完全一样。

君士坦丁堡的劫掠者们，从一开始就如他们所说的天生爱钱，他们想出了一条逃脱所有人注意的发财新途径。这些人盗窃皇帝们的坟墓，夺走一切珍宝。见到皇帝查士丁尼（Justinian）的尸体仍未腐烂，他们认为是奇迹，但这并未阻止他们掠夺坟墓里值钱的东西。西方各民族既也不放过活人也不放过死人，从上帝及其仆人开始，他们对所有一切都表现出彻底的漠视与不敬。

不久后，他们毁掉了圣索菲亚大教堂的祭坛华盖，这个祭坛华盖由重达数万磅最纯的银做成，上面涂有厚厚的黄金。

由于他们需要钱（因为这些蛮族不能满足对财富的渴望），他们贪婪地看着铜像，把它们扔入火中铸成铜币。被摧毁的铜像有：君士坦丁广场（Forum of Constantine）赫拉（Hera）铜像，帕里斯·亚历山大（Paris Alexander）铜像，几乎与城中最高圆柱同样高的铜制机械装置（四面，精美艺术品，上面雕有小鸟、农夫、羊、大海、鱼、厄洛特斯［Erotes］等，顶部像个金字塔，上面悬着一个随风转动的女性雕像），公牛广场（Forum of the Bull）上骑在马上的英雄雕像，骑在狮子背上的赫拉克勒斯像，驴子和赶驴人像，给罗慕洛和罗莫斯（Romos）哺乳的母狼像，与狮子搏斗的人像，尼罗河马像，挥动长鼻的大象铜像，带翼狮身女面怪物（Sphinxes）像，脱缰之马像，海妖斯库拉（Skylla）像，大竞技场上抓着蛇的老鹰像，美丽的海伦铜像。作者对这些铜像的细致描写和相关传说的详细叙述。所有的艺术品都被熔化，铸成铜币。这些人对钱财的疯狂使得艺术珍品到处遭到彻底毁坏。这些人经常为了一点钱卖掉、送走自己的女人，而他们自己待在赌桌旁整日沉溺于国际跳棋，或者渴望穿上战袍疯狂相互攻击，并且以其所有财产甚至妻子甚至灵魂作为胜利的奖赏。毕竟，人们怎么能够期待这些完全不知道自己字母表的未受过教育的蛮族有能力阅读和了解你吟唱的那些史诗呢。

遭到摧毁的还有：年轻女人像，骑在马上的男人像，双轮战车御者像，公牛和蛇怪像。作者对这些铜像的详细描述。公牛和蛇怪相互摧毁、杀害。民族间也是如此。杀人者和被杀者都被基督的力量毁灭。

（六）在经济和社会方面的史料价值

尼基塔斯·侯尼雅迪斯的《年代记》涉及时间是 1118 年 8 月 15-16 日阿莱克修斯一世去世到 1207 年秋天，是关于这一时期拜占庭帝国最重要的史料。尽管作者似乎没有帝国档案文献可供使用，但他本人是其中很多事件的亲历者，很多史料来源于他的所见所闻，全书感情强烈，记载相当详细，描绘细致生动，从亲历者和被害人的角度深刻反思了 1204 年君士坦丁堡陷落的原因，对学术界关于这一事件的看法产生了深远影响，具有极其重要的史料价值，是一部史学名著。因此，笔者在上文翻译了这部史书的重要内容并概括了全书大意。它在经济和社会方面的史料价值主要有以下几个方面。

第一，记载了作者作为 12 世纪末拜占庭宫廷高官眼中的帝国官场，反映了当时拜占庭帝国中上层社会大体情况。其中有大量官场权力斗争、敛财贪污、挥霍公款、卖官鬻爵等方面的记载，描绘了一些拜占庭官员谄媚、势利、奴性、见风使舵、明哲保身等面目。作者还记载了皇帝和皇室成员的私生活情况，指出其中有些乱伦、淫乱。此外，还记载了拜占庭官场酒宴，等等。

第二，书中记载了大量官员的姓名、职位、头衔、数量、类别(军事贵族、文职官僚等)、与皇帝的关系（如血亲姻亲、宠臣等）、奖惩升迁降级等方面信息，反映了当时帝国军事贵族和文职官僚等各阶层的地位，使我们得以了解当时拜占庭帝国社会流动情况。12 世纪拜占庭皇帝重用的主要是自己的血亲姻亲，但其数量、重用程度、性别等有变化，出身一般的人也能在国家中达到高位。一些特殊群体如皇室妇女和宦官在 12 世纪末拜占庭帝国比较突出，其中记载了一些皇室妇女和宦官的姓名、职务、政治影响和数量的变化等，作者和当时拜占庭人对女性的看法等反映了当时的拜占庭妇女的地位。12世纪末官吏的任免出现随意性。

第三，反映了当时特别是12世纪末拜占庭帝国的阶级矛盾和民不聊生。著作反映了贵族贪婪、财产庞大，他们得到皇帝授予的官职、头衔、土地等，还掠夺百姓，例如，作者说，皇帝的所有亲戚都很贪婪，而官员的经常流动，除了教给他们热切地偷盗窃取财政收入、积累巨大财富之外，别的什么也没有教给他们；请求者因为他们对皇帝的影响而来到他们那里，却遭到他们的抢劫；聚集的钱财超过了任何私人的财产，他们据为己有。一些地方税收很重，例如，作者说，科孚岛税吏专横自负，人们不堪忍受，准备叛乱，投降西西里侵略者。12世纪末君士坦丁堡民众不断叛乱，君士坦丁堡附近农民参与叛乱。1204年君士坦丁堡陷落后乡下人嘲笑来自首都的同胞。君士坦丁堡陷落后社会阶层出现巨大变动，1204年后，一些拜占庭人在地方建立起独立政权，作者这样原来拥有显职的官员处境日益窘迫，而很多拜占庭人得到了比以前拥有的更多财产，嘲笑作者他们。

著作记载了大量战争、侵略、叛乱和海盗掠夺等，军费开支庞大，小亚细亚很多城市因突厥人侵略而荒芜，曼努埃尔采取措施使那些地方恢复繁荣。特别是12世纪末战争频仍，叛乱、侵略不断，士兵厌战，军队劫掠、蹂躏、摧毁各个地方，战争期间有百姓被俘被强奸被抢劫等。另外，12世纪末官僚掠夺老百姓，皇帝劫掠商人。可以想见，当时生灵涂炭，民不聊生。作者说大多数人被劫掠剥夺得精光，他们这代罗马人宁愿在蛮族之中、也不愿定居在希腊人城市中。

第四，记载了拜占庭人和拉丁人关系日益恶化，特别是12世纪末。例如，作者说罗马人和拉丁人相互厌恶仇恨；诺曼人恨罗马人（即今天我们所称的拜占庭人）；罗马人与拉丁人完全不同，西方人恨罗马人，西方人不理解拜占庭宫廷仪式，罗马人和十字军冲突，作者不满曼努埃尔重用拉丁人；威尼斯人在拜占庭帝国迅速发展，傲慢无礼，引起仇视；威尼斯人盟军攻击拜占庭船只，嘲笑并侮辱曼努埃尔，嘲笑神圣的帝国仪式；曼努埃尔逮捕威尼斯人，曼努埃尔选择外族人为女婿时遭到嘲笑，安德罗尼库斯屠杀拉丁人、遣散拉丁人雇佣军，1185年罗马人和拉丁人武装冲突，罗马人和德国人礼仪差别，罗马人和拉丁人的宗教矛盾，拉丁人亵渎神圣，嘲笑、摧毁拜占庭文化。1204 年君士坦丁堡陷落后，作者说拉丁人是异教徒、骗子，穆斯林都比他们好。但有些拜占庭人如作者也和拉丁人交往。1204 年后，一些罗马人投奔拉丁人，罗马人贵族企图为拉丁人服务遭到拒绝。等等。

第五，记载了当时拜占庭帝国境内的外国人。例如在君士坦丁堡经商定居的意大利各城市国家人们（威尼斯人、热那亚人、比萨人、阿马尔菲人等）和突厥人，其中意大利各城市国家人们在拜占庭帝国影响很大，皇帝在君士坦丁堡给他们提供特定区域，突厥人经常来君士坦丁堡经商，他们在那里建有清真寺。有一些外国人在拜占庭官场任职。有一些外国人在君士坦丁堡政治避难。拜占庭帝国军队中有大量拉丁人（诺曼人、凯尔特人等）或游牧民族（库曼人、佩彻涅格人、阿兰人等）或突厥人（作者主要指塞尔柱人）雇佣军，还有威尼斯人盟军、匈牙利人盟军、突厥人同盟军等。

第六，反映了当时拜占庭人的思想、信仰状况等。作者记载了大量迷信活动，拜占庭人相信预言、预测，当时占星术盛行，影响国家重大决策，有人施巫术，有专门解释打雷和地震的书籍等。作者说拜占庭皇帝作战必带圣母圣像；圣像、宗教人物的马赛克或绘画等在当时是驱邪物。记载了当时的教义争论，说皇帝和教会人士辩论神学问题；记载了曼努埃尔提议修改穆斯林皈依基督教时诅咒的内容，遭到教会人士反对。作者批评当时拜占庭社会金钱至上，人们关心的是变富而不是荣誉，雇佣军金钱至上；说当时很多修道士并不专注于美德，仅仅注意外在形式。作者还描绘并评价了各位皇帝，表达了好皇帝的标准，报道了当时拜占庭人包括民众对皇帝的指责。

著作也反映了作者作为拜占庭高官和知识分子的思想状况，例如，作者批评当时拜占庭人不虔诚，记载了他们的一些渎神行为还有修道士骗子；说主教和修道士不理解当时的形势，没有对 12 世纪末拜占庭帝国的发展起到积极作用；说 12 世纪末皇帝不关心国家事务，臣民关心经商贸易，不关心战争。作者表达了对皇权、皇帝、其他官僚、民众、拉丁人整体、十字军、威尼斯人、德国人、德王、亚美尼亚人、穆斯林等的看法。另外，著作中记载了大量人物和事件，比较清晰地描绘了当时的拜占庭人。

第七，反映了当时一些经济状况。皇帝们把地方分给亲属，贵族获得征税地方的税收收入。例如，曼努埃尔实行包税制度，收入归包税人所有；安德罗尼库斯从塞浦路斯征税归自己所有；阿莱克修斯·安茞鲁斯授予土地、收入、官职等。曼努埃尔统治期间罗马人任命本国贵族和外国人担任税吏，合作进行征税；曼努埃尔国库充盈，政府慷慨资助修道院和教堂以及捐赠给贫穷的罗马人，贪婪的税吏聚集的钱财被挥霍浪费；沿海地区抢劫失事船只。当时修道院进行土地兼并。曼努埃尔建立修道院，不给修道院地产，修道士的日常生活所需由国库支付，禁止修道院兼并地产；规定佃农交税；规定参军可以得到地产和佃农，所有人都想入伍。12世纪末有的视察官员掠夺农民，白吃白喝。安德罗尼库斯任命显贵和元老院中最优秀的人担任文职总督（praetor）职位，给他们封地。伊萨克贬值货币，增加税收。还记载了伊萨克慈善活动。等等。

第八，反映了小亚细亚的突厥化进程。例如，作者说阿塔雷亚城周围地区有些基督徒和突厥人已经融合，敌对拜占庭帝国；记载了凯库斯鲁俘虏了一些城市的拜占庭人青壮年，他实施的政策不仅使得这些俘虏不想回家乡，还吸引了他们的亲属和同乡前往。作者说他们这代罗马人宁愿定居在蛮族之中、也不愿定居在希腊人城市中，原因在于暴政导致大多数人被劫掠剥夺得精光。

第九，记载了拜占庭人视角下的第二次、第三次和第四次十字军东征，其中第四次十字军东征写得特别详细。反映了十字军东征对拜占庭经济和社会的影响，例如拜占庭准备市场供应十字军，记载了女性参与第二次十字军东征，东征期间拜占庭人和拉丁人之间的冲突等。

第十，记载了拜占庭帝国一些城市的情况，其中最著名最突出的是君士坦丁堡的情况，详细记载了皇帝的活动，官场的情况，民众的活动，君士坦丁堡凯旋入城式、赛马等娱乐活动，君士坦丁堡大量艺术珍品等。其中君士坦丁堡民众活动在12世纪末很多，有民众暴动，叛乱，有救出法官，洗劫皇宫、造币厂和武器库等，把安德罗尼库斯折磨致死，驱逐拉丁人，责骂砸掉雕塑的皇后，辱骂皇帝，与军队开战，砸碎雕像，抵抗拉丁人，选举皇帝，攻打拉丁人，等等。他也简略记载了他的家乡、地方城镇霍奈，称那里有著名的大天使米迦勒教堂，指出安茞鲁斯王朝皇帝们统治下蹂躏安纳托利亚的许多叛乱波及该城，报道了1189年该城被叛乱者塞奥多利·曼加法斯蹂躏，大天使教堂被付之一炬；1191-1192年第一个伪阿莱克修斯让他的突厥人军队亵渎、毁坏了圣餐台、讲道坛和马赛克圣像；1206年初皇帝塞奥多利·拉斯卡利斯把霍奈割让给了伊科尼姆苏丹的岳父曼努埃尔·马夫罗佐梅斯。此外，他记载了安条克胜利游行、马上比武大赛等。

第十一，记载了对战俘的安置工作。例如，约翰皇帝对佩彻涅格人俘虏的处理：安置在边境，收编入军队，结盟等。对塞尔维亚人俘虏的处理：安置在东部地区，部分俘虏入伍，部分俘虏纳贡。

第二类　档案资料

　　档案资料是历史研究的最重要资料，是研究过去的经济和社会的最重要史料，使我们能够了解过去日常生活的细节。档案资料往往以原貌存留下来，未经篡改，而历史学家的著述往往是在事后记载的，会自觉不自觉地在记载中融入自己的立场和主观看法，因此，档案资料通常比历史学家的记载更为可靠。在 9 世纪末之后，拜占庭帝国幸存下来的档案资料比较多，其中最多的是修道院档案资料，后面单独列出。本类别文献中，安条克的约翰向皇帝阿莱克修斯控诉把修道院赠给平信徒做法的文章本不属于档案资料，由于一篇文章不便单独列为一类，且它与本类别文献有关，故列入其中。

一　皇帝的金玺诏书

　　拜占庭皇帝的金玺诏书（*Chrysobull*），希腊文为 χρυσόβουλλον，指盖有皇帝黄金宝玺印章的文件，通常用来授予特权，包括四类。第一类是 *chryso-boullos logos*，是用来授予特权的重要正式文件，包括单方面批准同西欧各国所签条约的文件，有时也用来传达重要的行政决定或颁布新的法律，这类金玺诏书保存至今的原件有 11–15 世纪的；*logos* 一词（通常写三次）、部分日期、*legimus* 一词（12 世纪之前）以及皇帝完整的亲笔签名都用红色墨水书写。第二类是 *chrysoboullon sigillion*，用于授予较小的特权，通常与不动产相关，保留至今的原件有 11 世纪到 14 世纪中叶的；*sigillion* 一词、*legimus* 一词（1119 年之前）以及皇帝的亲笔签名和日期（*menologem*①）用紫色墨水书写；有些早

---

① *menologem*，希腊文为 μηνολόγημα 或 μηνολόγιον，是用来确定某些法令日期的惯用表

期的这类金玺诏书中皇帝的金印还伴有皇帝的蜡封。第三类是 *chrysoboullon*，是用来批准条约、安全通行证以及代表委任的文件，13–15 世纪使用，有完整签名或日期。第四类是 *chrysoboullos horismos*，14 世纪中叶使用，里面只有皇帝的完整签名用紫色墨水书写。① 下面介绍一些金玺诏书，后面修道院文献中也保留了一些金玺诏书内容。

（一）米哈伊尔·普塞洛斯起草的诏书

米哈伊尔·普塞洛斯为某位皇帝起草、批准财产授予的金玺诏书，诏书中皇帝是匿名的。

1. 手抄本

这份文件现存有三本手抄本，其中两本是 13 世纪的："巴黎希腊文抄本 1182"（*Parisinus graecus 1182*）和"梵蒂冈希腊文抄本 672"（*Vaticanus graecus 672*），这两本手抄本包含了米哈伊尔·普塞洛斯的大部分作品；一本是 17 世纪的："梵蒂冈希腊文抄本 19003"（*Vaticanus graecus 19003*）。

2. 出版和现代语言译本

法语译文：Paul Gautier, "Un chrysobulle de confirmation rédigé par Michel Psellos", *Revue des études byzantines*, tome 34 (1976), 79-99. 可以在线获取：https://www.persee.fr/doc/rebyz_0766-5598_1976_num_34_1_2043

3. 内容提要

根据这份文件的法语译本，其主要内容如下。

提出被批准人的姓名和官职："长官"（*magistros*）兼皇帝秘书长（*protoasekretis*②）艾皮法尼斯（Epiphanes）。

达，包括日期（月份和小纪），也用作签名，由签名人书写。书写日期红色墨水由皇帝使用，黑色墨水由牧首和一些高级神职人员使用。参见 Alexander P. Kazhdan (editor in chief), *The Oxford Dictionary of Byzantium*, p.1341.

① 参见 Alexander P. Kazhdan (editor in chief), *The Oxford Dictionary of Byzantium*, pp.451-452.

② *protoasekretis*，即 *protasekretis*，希腊文为 πρωτασηκρῆτις，由 *proto* 和 *asekretis* 构成，拜

皇帝批准两个地方归"长官"兼皇帝秘书长艾皮法尼斯所有，即弗洛杨（Phlôrion，Φλώριον）村庄附近和加拉达利亚（Galataria，Γαλατάρια）村庄。

文件指出这两块地产的原主人是尼古拉（Νικόλαος），说明了他拥有这两块地产合法所有权的过程，介绍了他从地位卑微到被引进皇宫的经历，最后指出他因为密谋反叛皇帝所有财产都被充公，成了帝国的财产。

皇帝已经将尼古拉位于弗洛杨附近的财产赏赐给了"长官"兼皇帝秘书长艾皮法尼斯。皇帝颁布金玺诏书确认这一赠与行为。不管是立法者，法官，被没收财产的当事人和其他任何人，都不得干扰干预艾皮法尼斯对这笔财产由皇帝授予的所有权。他能随心所欲地处置这笔财产，赠送，转让，售卖，只要是法律和惯例允许的就行。如果艾皮法尼斯将它转赠给下一个人，那么他的所有权也受到同样的保障。这种恩惠由他的所有继承者们继承。

4. 史料价值

主要是反映了当时存在着社会流动以及皇帝的赠与是地产转移的一种方式，这两块地产的原主人由地位卑微到进入皇宫服务最后参与谋反财产被没收，皇帝把没收的财产转赠给他人，并以金玺诏书保证受赠人的财产所有权。

（二）关于教俗地产和教会圣器等方面的立法

1025 年瓦西里二世去世，之后他坚决反贵族的法律遭到废除，禁止权贵支付穷得无法纳税的农民的欠税，其他社会立法也得不到实施。同时 10 世纪的巨大军事胜利使得边境安稳，导致 11 世纪拜占庭一些统治者忽视军队。这一时期皇帝们给各修道院颁布加盖金印的诏书即金玺诏书，通常是明确规定和确认各修道院的财产，有时候还往往授予各修道院免除各种义务、劳役（corvées）和税收，以及司法独立。这些加盖金印的诏书很多幸存了下来，大多数是 11 世纪下半叶到 14 世纪末这一时期的。它们是研究这一时期拜占庭帝国的农业状况、税收制度、民族构成和社会情况的最珍贵史料。彼得·查拉尼

占庭皇帝的秘书长，后来主持君士坦丁堡一个重要法庭，不再是皇帝秘书长。参见 Alexander P. Kazhdan (editor in chief), *The Oxford Dictionary of Byzantium*, p.1742. https://en.wikipedia.org/wiki/Protasekretis。

斯（Peter Charanis）对拜占庭帝国的修道院立法进行了研究。[①] 根据他的研究，11-12 世纪拜占庭帝国有关修道院等方面的立法主要有以下这些。

（1）1045 年 6 月君士坦丁九世颁布的金玺诏书

1045 年 6 月君士坦丁九世给希俄斯岛上圣母修道院新莫内修道院（*Nea Moné*）颁布金玺诏书，授予该修道院不受政府官员司法管辖的权利，此后政府官员不得骚扰或进入该修道院的房地产。这是最早提到豁免权（*exkuseia/exkousseia*[②]）的文件，即授予修道院税收和司法特权，在拜占庭档案中以术语 ἐξκουσσεία 表示。该诏书已经出版，参见：F. Miklosich et J. Miiller, *Acta et Diplomata Craeca Medii Aevi*, 5 (Vindobonae, 1887), 2 ff. 65.

（2）阿莱克修斯一世登基初期颁布诏书禁止动用教会圣器

皇帝阿莱克修斯一世登基时帝国面临财政破产，敌人四面八方包围帝国，他先是没收了教会一些圣器把它们变成了货币。但在不满的压力下，他归还了与没收圣器同样价值的金钱给教会，并颁布诏令规定将来动用教会圣器是非法的。但 1083 年罗伯特·吉斯卡尔夺取都拉斯之后，他又没收了教会一些圣器，称"出售教会神圣财产来赎回战犯是合法的"。卡尔西登的利奥（Leo）激烈反对这一举措，最终被罢免职务。该诏书已经出版，参见：Zachariae von Lingenthal, *Jus Graeco-Romanum*, 3 (Leipzig, 1957): 355-358.

（3）瓦托佩蒂（Vatopedi）修道院档案

这份档案明确声明，属于瓦托佩蒂的地产被没收，是因为国库空虚，必须采取措施打退威胁帝国的敌人。这份档案上面没有时间，没有提到皇帝名字，但很可能是阿莱克修斯一世颁布的。关于该档案，参见：F. Dolger, "Chronologisches und Diplomatisches zu den Urkunden des Athosklosters Vatopedi," *Byzantinische Zeitschrift*, 39 (1939), 328 ff.

---

① 参见 Peter Charanis, "Monastic Properties and the State," *Dumbarton Oaks Papers* 4 (1948).

② *exkousseia*（希腊文为 ἐξκουσσεία），或者 *exkuseia*，复数为 *exkousseiai* 或 *exkuseiai*。指免除对政府的某些义务，以及官员不得进入地产。作为财政术语，从 10 世纪到帝国灭亡它一直出现于档案和文献之中。*exkousseiai* 被授予带有财政义务的各种经济手段（包括土地、佃农、船只、建筑和牲畜）的所有人或者持有人。通常认为它等同于西方的免税权，指完全的免税，以及 14 世纪对地主领地（demesne）的具体司法特权。卡日丹持不同看法，认为至少在 10-12 世纪它跟西方的免税权无关。在 14-15 世纪它似乎指任何的免税权。Alexander P. Kazhdan (editor in chief), *The Oxford Dictionary of Byzantium*, p.603, pp.770-771.

（4）1084 年阿莱克修斯一世颁给劳拉（Laura）修道院修道士的金玺诏书

阿莱克修斯把整个卡桑德拉（Cassandra）半岛赐予他弟弟阿德里安（Adrian），包括半岛中的公共领地和私人拥有地产的所有公共收入。1084 年颁给劳拉修道院修道士的金玺诏书规定，在卡桑德拉半岛上拥有大量地产的劳拉修道院修道士，其私人地产地位不变，他们并没有成为阿德里安的附庸（paroikoi），但其税收不再归国库而是归阿德里安。该诏书已经出版，参见：G. Rouillard and Paul Collomp, *Actes de Laura* (Paris, 1937), 104 ff.

（5）阿莱克修斯颁布诏书授予利奥·凯法拉斯（Leo Kephalas）地产

利奥·凯法拉斯是尼基弗鲁斯三世·博塔尼埃蒂兹（1078-1081 年在位）统治期间的高级官员，他从皇帝尼基弗鲁斯（Nicephorus）那里得到某块公共领地，但是还没有占有它，皇帝尼基弗鲁斯就被阿莱克修斯推翻了。利奥·凯法拉斯于是向阿莱克修斯求助，1081 年阿莱克修斯颁布加盖金印的诏书认可了尼基弗鲁斯的这一土地授予。凯法拉斯成为这块土地的绝对所有者，他支付 4.5 诺米斯玛（*nomismata*①），但是没有任何其他费用和义务。三年后他从阿莱克修斯那里获得另一块土地，在塞萨洛尼基附近的梅索林纳（Mesolimna），这块地产原属于弗兰克·奥顿（Frank Othon）和利奥·巴斯普拉卡尼特斯（Leo Baasprakanites），因他们是叛徒而被没收。1086 年，阿莱克修斯授予他霍斯皮亚内（Chospiane）村庄，完全、永久免除所有费用、强迫劳役，以回报他保卫拉里萨抵抗博希蒙德。该诏书已经出版，参见：G. Rouillard and Paul Collomp, *Actes de Laura* (Paris, 1937), 55, 104, 110 ff.

---

① *nomisma*，希腊文为 *νόμισμα*，*nomismata* 为复数形式，译为"诺米斯玛"，意为"货币"，但专门用于构成罗马帝国晚期和拜占庭帝国货币制度基础的 24 *keratia*（"克拉"）标准金币，等同于拉丁语所称的货币 *solidus*（"索里达"）。11 世纪晚期后标准金币更常用的名称是 *hyperpyron*（"海培伦"）。拜占庭帝国 1 罗马磅黄金或 12 盎司黄金铸成 72 诺米斯玛金币，每 1 诺米斯玛值 12 米拉瑞斯（*milliaresia*，银币）或者 24 克拉（*keratia*）；1 克拉（*keratia*）相当于 12 弗里斯（*folleis*，铜币），铜币弗里斯（*folleis*）是日常使用的最小货币。*keration*（"克拉"），希腊文为 *κεράτιον*，复数形式为 *keratia*，重量单位，在希腊罗马时代，1 克拉为 0.189 克；1 罗马磅为 72 索里达（*solidus*），为 12 盎司（*oungiai*），为 1728 克拉（*keratia*）；1 索里达（*solidus*）为 1/72 罗马磅（*logarikai litrai*），为 1/6 盎司（*oungiai*），重 24 克拉（*keratia*）。参见 Alexander P. Kazhdan (editor in chief), *The Oxford Dictionary of Byzantium*, pp.1123-1124, p.1490, p.1924.

（6）阿莱克修斯颁布法律授权牧首调查修道院

由于安条克的约翰（第一次十字军东征期间的安条克牧首约翰四世［John Ⅳ］）谴责把修道院作为"恩典的礼物"（*kharistikia*）① 授予他人的做法（见后文），因此，阿莱克修斯颁布法律改正约翰谴责的罪恶。根据这部法律，阿莱克修斯授权牧首调查并改正所有修道院修道士的道德不端，调查这些被授予其他人管理和监督的修道院是否不受控制，是牧首的、政府的、皇帝的还是独立的。阿莱克修斯还授权牧首保证修道院在被授予其他人后不被他们损害，如果遭到损害，那些持有者须做出必要的赔偿。该诏令可能颁布于 1082 年或 1097 年或 1112 年，确切时间不清楚。目前已经出版，参见：Zachariae von Lingenthal, *Jus Graeco-Romanum*, 3 (Leipzig, 1957).

（7）1158 年曼努埃尔颁布的金玺诏书

这指的是 1158 年曼努埃尔颁布的加盖金印的诏书，这道诏令保存至今，参 见：Zachariae von Lingenthal, *Jus Graeco-Romanum*, 3 (Leipzig, 1957): 450-455。12 世纪拜占庭历史学家、曼努埃尔的一位顾问金纳莫斯概括了这道诏令：在曼努埃尔统治的第 15 年，他规定不应干预君士坦丁堡周边的修道院及其地产，他为此颁布了一道金玺诏书。这份文件是关于君士坦丁堡附近地区的修道院的，规定列出这些修道院的所有财产，确认了这些修道院拥有的财产以及授予它们的重要免税，责令政府的财政代理人远离这些修道院及其财产；并规定修道院无权增加它们已经获得的地产，不管是地产还是佃农（*paroikos*）。参见：

---

① *kharistikion* 或者 *charistikion*，希腊文为 χαριστική，复数形式是 *kharistikia* 或者 *charistikia*，字面意思是"恩典的礼物"，指把整座修道院及其所有财产有条件、限期（通常为终身或者三代）授予私人或者机构的制度。这种授予包括修道院及其财产的管理，可能是教会领导层本身即控制修道院财产的大主教、主教提出的。修道院没有丧失财产，但修道院被置于被授予人或机构的管理之下，这些个人或机构得到修道院消费和修道院建筑维护之外的收入。这种做法起源不清楚，盛行于 11-12 世纪拜占庭帝国，1204 年后罕见。受封者即被授予人或机构称为"恩典礼物受封者"或修道院管理者 (*kharistikarios* 或 *charistikarios*)，是监督者，而不是所有者，对修道院地产行使管理权而不是干预教会事务。有权进行这种授予的是皇帝、牧首、都主教、修道院创办人、政府高级官员等。这种授予在当时引起争议，也不同于"普洛尼亚"。"恩典礼物受封者"或修道院管理者对被授予物负责，"普洛尼亚"持有者对"普洛尼亚"授予者负责。译为"恩典的礼物"或者"恩典礼物制"。参见 Alexander P. Kazhdan (editor in chief), *The Oxford Dictionary of Byzantium*, pp.412-413. Peter Charanis, "Monastic Properties and the State," *Dumbarton Oaks Papers* 4 (1948): 75.

Zachariae von Lingenthal, *Jus Graeco-Romanum*, 3 (Leipzig, 1957): 435。在登记修道院地产之后，政府的财政代理人无权干扰修道院，除非他们能够证明修道院拥有超过 1158 年金玺诏书颁布时它们所持有的财产，这样的财产一旦被发现，就会被没收。关于这一诏令，尼基塔斯·侯尼雅迪斯有记载，但其记载比较笼统，参见前文。

（8）曼努埃尔 1176 年颁布的诏令

曼努埃尔的修道院政策绝妙，限制修道院发展的同时又授予特权。但是修道院过于强大。他最终被迫消除限制并同时消除一些特权。1176 年颁布的诏令原件和全文没有幸存下来，但有简短的概括。有关该诏令的概括文字，参见：Zachariae von Lingenthal, *Jus Graeco-Romanum*, 3 (Leipzig, 1957): 502.

（三）皇帝们颁给意大利各商业城市国家的金玺诏书

11-12 世纪拜占庭帝国和意大利各商业城市国家签订了一些贸易条约，重要的有 1082/92 年阿莱克修斯一世颁给威尼斯人的金玺诏书 ①，1111 年约翰二世颁给比萨的金玺诏书，1155 年曼努埃尔一世颁给热那亚的金玺诏书，以及 1187 年伊萨克·安苴鲁斯颁给威尼斯的金玺诏书。这些金玺诏书对于研究拜占庭帝国的政治和经济发展等非常重要。1126 年、1148 年、1187 年、1198 年约翰二世、曼努埃尔一世、伊萨克·安苴鲁斯以及阿莱克修斯三世·安苴鲁斯分别确认并更新了阿莱克修斯颁给威尼斯的金玺诏书，内容大体一致。这些文件的拉丁文版本已被编辑出版，最近的是马可·波扎（Marco Pozza）和乔治·拉维尼亚尼（Giorgio Ravegnani）的版本，达芙妮·佩娜（Dafni Penna）对这些文件进行了比较研究，并根据马可和乔治的版本，把 1198 年阿莱克修斯三世·安苴鲁斯金玺诏书法律部分译成英文，放在附录中。②

阿莱克修斯一世颁给威尼斯人的金玺诏书，使威尼斯进入拜占庭市场，包

---

① A. R. Gadolin, "Alexis Comnenus and the Venetian Trade Privileges. A New Interpretation," *Byzantion,* 50, Paris: Champion, 1980, p.440.

② 参见 G. Tafel and G. Thomas (eds.), *Urkunden zur älteren handles und Staatsgeschichte der Republik Venedig*, 3 vols, Vienna, 1857 (vol. 1). *I trattati con Bisanzio, 992-1198*, a cura di Marco Pozza e Giorgio Ravegnani, Venezia: Il cardo, 1993. Dafni Penna, *The Byzantine imperial acts to Venice, Pisa and Genoa, 10th-12th centuries: a comparative legal study*, The Hague, The Netherlands: Eleven International Publishing, 2012.

括君士坦丁堡和帝国其他很多地方，取消威尼斯商人原来对帝国所缴关税和税收，在君士坦丁堡建立起一个拉丁人区。该诏书原件已经遗失。13 世纪威尼斯总督安德里亚·丹多洛（Andrea Dandolo）写的两部编年史（《编年全史》[Chronica per extensum descripta] 和《编年简史》[Chronica brevis]）都说一份拜占庭皇帝金玺诏书被带回了威尼斯，后者记载这份文件授予总督"首席贵族"头衔，[1] 前者说拜占庭皇帝授予总督及其继任者们"首席贵族"头衔，以及对克罗地亚（Croatia）和达尔马提亚的管辖权。[2]

这些特权的拉丁文译文幸存于 1148 年曼努埃尔一世和 1187 年伊萨克二世颁布的确认和扩大特权的金玺诏书之中。[3]12 世纪中期安娜的《阿莱克修斯传》在记载 11 世纪 80 年代诺曼人攻打拜占庭帝国快结束、报道诺曼人首领罗伯特·吉斯卡尔死亡前时，安娜说她父亲阿莱克修斯非常感激威尼斯人支援攻打诺曼人，授予威尼斯人一系列特权，概要介绍了这些特权，她可能利用了这些特权的概要而不是原件。[4]

这三种史料都说威尼斯总督被授予"首席贵族"头衔，格拉多（Grado）牧首被授予"最尊贵者"(hypertimos)头衔，两个都得到相应的年金；拜占庭皇帝同意每年支付一笔黄金给威尼斯各教堂；圣马可（St. Mark）教堂得到皇帝的特殊对待，威尼斯人在君士坦丁堡的竞争对手阿马尔菲人群体负责支付年金给威尼斯的圣马可教堂；威尼斯人被授予君士坦丁堡一块地区，特别是"属于犹太人的古老码头"（从犹太人之门 [Jews' Gate] 延伸到维格拉 [Vigla] 塔）专门留给威尼斯商人；威尼斯人还在帝国其他地方享有特权；取消威尼斯人进出口货物的税收。安娜没有记载但拉丁文版本记载了的有：总督和牧首得到的

---

[1] Andrea Dandolo, *Chronica brevis*, ed. E. Pastorello, *Rerum Italicarum Scriptores*, vol. 12, part 1, Bologna, 1938, p.363.

[2] Andrea Dandolo, *Chronica per extensum descripta*, ed. E. Pastorello, *Rerum Italicarum Scriptores*, vol. 12, part 1 (Bologna, 1938), p.217.

[3] *I trattati con Bisanzio, 992-1198*, a cura di Marco Pozza e Giorgio Ravegnani, Venezia: Il cardo, 1993. S. Borsari, "Il crisobullo di Alessio I per Venezia," *Annali dell'Instituto Italiano per gli studi storici*, 2 (1970): 124–131. G. Tafel and G. Thomas (eds.), *Urkunden zur älteren handles und Staatsgeschichte der Republik Venedig*, 3 vols, Vienna, 1857, vol. 1, pp.51–54.

[4] Peter Frankopan, "Byzantine trade privileges to Venice in the eleventh century: the chrysobull of 1092," *Journal of Medieval History* 30: 2 (2004): 137-138.

头衔由其各自继承者们世袭，列出了皇帝支付给威尼斯各教堂的具体数额，君士坦丁堡的阿马尔菲人群体负责支付给威尼斯圣马可教堂的年金的具体数额，具体哪些区域留给威尼斯商人，留给威尼斯船只的停泊地有多少，在哪里；迪拉基乌姆（Dyrrakhion）的圣安德鲁（St. Andrew）教堂连同其房地产和收入给威尼斯人，贮存在那里、供帝国海军使用的物资除外；皇帝的这些授予不可违反，对这些让步、特权、授予的任何违反都将受到罚款，包括马上支付 10 磅（lb）黄金和多达任何被侵占货物价值四倍的赔偿金。但安娜说由于皇帝的授予，威尼斯人的贸易从此不受干涉，威尼斯人完全不受拜占庭帝国政府控制。[①]

二　税收文献

赋税在拜占庭帝国经济和社会中占据着相当重要的地位，拜占庭主要的纳税人是地产主，拜占庭法律认为纳税是农民（georgoi）的主要职责。主要赋税是土地税（kanon），还有灶税（hearth tax）、各种繁琐的附加税（accessory / secondary taxes）、以及劳役（corvées）、服务等。诸如向手工业生产及相关行业所征特定税收（chrysargyron [χρυσάργυρον] 等）到 7 世纪时消失，城市税收（city taxes）对城市居民的不动产（土地和建筑物）征收，也在 7 世纪后消失，但进出口关税（customs）继续存在。拜占庭政府牢牢控制进出口，在边境、特殊市场、通往君士坦丁堡的海峡入口、港口等地征收关税，至少在 634 年前征收 12.5% 的关税，称为 octava（όκταβα），之后关税称为 kommerkion（κομμέρκιον），降为 10%，14 世纪中叶再降为 2%。政府监督商品的流通，禁止贵重物资或"战略"物资出口，例如黄金、丝绸、武器、铁、木材等，阻止未授权的出口。威尼斯人等西方商人在 11 世纪获得免缴这些关税的特权，而几乎所有拜占庭人（除了一些享有特权的修道院之外）都必须缴纳关税。商品还要缴纳通行费、销售税等。除了 kommerkion（关税）征收十分之一税（tithes [δεκατεία]），国有土地一般征收各种十分之一税，对土地所征十分之一税主

---

① 参见前文安娜·科穆尼娜的《阿莱克修斯传》。Peter Frankopan, "Byzantine trade privileges to Venice in the eleventh century: the chrysobull of 1092," *Journal of Medieval History* 30: 2 (2004): 138.

要是地产主对其佃户征收的，征收总产量的 10%，对牧场征收的租金也是十分之一税（由那些拥有牲畜的人缴纳）。附加税以实物缴纳或包括服役，但往往转换成货币形式，成为定期的财政义务，很可能由收税员（主要是包税人）任意征收。税收以货币、实物以及服务（angareiai, mitaton 等）的形式缴纳。财产并非税额的唯一决定因素，因此贫穷的农民通常比他们的富裕邻居税收负担更重，由于税收减免和特权授予，即使财产不变，税额也可能发生变化。征税要先估定税额，这需要进行土地测量（land survey [γεωδαισία]）和准备好地籍册等。拜占庭有专门的估税官员，在 8-12 世纪，anagrapheus (ἀναγραφεύς) 进行土地测量和修订地籍册，epoptes (ἐπόπτνς) 核查个人纳税量；12 世纪之后，进行土地测量和税收估算的是 apographeus (ἀπογραφεύς)，其编制的土地清册（praktikon [πρακτικόν]）逐渐取代地籍册（kodikes），成为计算财政收入的基础。还有专门的征税官员，在 8-12 世纪，dioiketes (διοικητής) 负责征税，军区的首席文书负责地方财政和征收大部分附加税和劳役，10-11 世纪地方法官也征税。11 世纪中叶后征税经常外包给个人或者授予免税的地主。与兵役地产（strateia）有关的军事义务由军队财务大臣（logothetes tou stratiotikou [λογοθέτης τοῦ στρατιωτικου]）控制，邮政义务由邮政交通大臣（logothetes tou dromou [λογοθέτης τοῦ δρόμου]）控制。12 世纪之后，征税官员是 praktor (πράκτωρ)，通常为包税人；财政收入由政府或被授予免税权的地主征收或将分给普洛尼亚（pronoia）领主。征收的税收上交给中央部门，首先是财政部（genikon [γενικόν]），还有其他财库（sakellion [σακέλλιον]、vestiarion [βεστιάριον] 等）；皇帝领地的收入由专门的部门（如皇帝金库 [kouratoreia / kouratorikion]）收取，但国库和皇帝的金库之间的区别不太清楚。财政收入可以直接授予个人，通常是作为对他们服务国家的报酬，例如普洛尼亚领主就是如此。①

11-12 世纪拜占庭税收方面的史料主要有税收手册扎沃达（Zavorda）手册、"估税的新旧方法"（Logarike, Palaia and Nea）等，还有"底比斯地籍册"

---

① 详见各相关词条：Alexander P. Kazhdan (editor in chief), *The Oxford Dictionary of Byzantium*, p.84, p.97, p.134, p.363, p.380, p.450, p.467, p.536, p.566, pp.627-628, p.725, pp.787-788, pp.829-830, p.906, pp.1078-1079, p.1102, pp.1141-1142, p.1156, pp.1174-1175, pp.1247-1248, p.1385, pp.1711-1712, pp.1733-1734, p.1746, pp.1863-1864, p.1965, pp.2015-2018, p.2088.

（*Cadaster of Thebes*）、拉多利沃斯地籍册（*praktikon* of Radolibos），以及修道院档案，等等。其中，"估税的新旧方法"幸存于唯一一本手抄本巴黎国家图书馆希腊文抄本 1670（Paris, B.N. gr. 1670）中，这本手抄本制作于 12 世纪晚期，这篇手册写作于 1118 年阿莱克修斯一世去世之后，或者在 1118 到 1120 年间，或者在 1134 或 1135 年，包括两个部分，第一部分介绍了按土地税估算附加税的方法，第二部分包括 12 世纪初财政官员们的几篇报告和阿莱克修斯的答复。这篇指南提供了阿莱克修斯一世改革前后有关附加税以及土地税征收方法等方面的信息，反映了阿莱克修斯一世改革税收制度使之符合当时的货币贬值状况，以及财政部负责使地方配合阿莱克修斯一世货币改革设立的新规则。[1] 修道院档案中关于修道院土地占有情况和特权授予情况表明了税收的类型和税收额。但除了富裕的各修道院，我们很少有关于纳税人的文件。这里主要介绍税收手册和地籍册。

（一）税收手册

税收手册是专为收税官写的指南，幸存下来的不少，其中最重要的是保存在威尼斯圣马可图书馆（Biblioteca Marciana）的，下面简称"圣马可手册"。这里主要介绍这篇手册和扎沃达手册。这两篇是 10–11 世纪的史料，其作者主要关注的不是征税的实际方法，而是税收登记簿中专有名词的意思和解释。查尔斯·布兰德（Charles M. Brand）把两篇税收手册译成了英文。[2]

1. 圣马可手册和扎沃达手册简介

圣马可手册比较长，作者不详，保存在唯一一本羊皮纸手抄本威尼斯圣马可图书馆希腊文抄本 173 第 276 页背面到第 281 页（Venice Marc. gr. 173, fols. 276v-281）。最早于 1915 年由艾什博讷（W. Ashburner）出版，后来由多尔戈

---

① *Logarike, Palaia and Nea*，字面意思是"估税的新旧方法"。参见 Alexander P. Kazhdan (editor in chief), *The Oxford Dictionary of Byzantium*, p.1245.

② Charles M. Brand, "Two Byzantine Treatises on Taxation," *Traditio* Vol. 25 (1969): 35-60. 可以在线获取：https://www.jstor.org/stable/27830865?seq=1#page_scan_tab_contents。还可以参考莱奥诺拉·内维尔的翻译和研究：Leonora Alice Neville, "Local provincial elites in eleventh-century Hellas and Peloponnese," Ph. D. Dissertation, Princeton University (Princeton, 1998), pp.126-203.

（F. Dölger）出版。多尔戈认为该抄本制作时间在 1166 年之前，手册写作时间在 913 年到 1139 年之间，奥斯特洛格尔斯基则认为写作时间在 912 年到 10 世纪 70 年代之间。圣马可手册包含有关村庄结构、税收、税收减免、收税官活动及报酬（synetheiai [συνήθεια]）等方面的独特信息，详细解释了税收登记簿中的术语，附注了某些情况为什么会出现、如何出现，并举出了税收计算的例子。结构相对具有逻辑性，使用的希腊语似乎是"公文体"，处于街头口语和官方文件中严格的古体形式之间。作者很可能是位法学家，目的是指导帝国政府定期派出校订每个村庄税收登记簿的检查员。①

扎沃达手册很短，保存在扎沃达圣尼卡诺尔（St. Nikanor）修道院一本 13 世纪纸质手抄本之中。扎沃达位于塞萨利和马其顿之间的阿利亚克蒙（Aliakmon）河边，那里的圣尼卡诺尔修道院图书馆有几种原来不为人所知的史料在 20 世纪中叶被人发现。1966 年，卡拉扬诺普洛斯（J. Karayannopulos）出版了其中一份极具价值的税务检查员指南的残篇，这是圣马可手册的宝贵补充，提供了关于征税的重要信息。这本手抄本制作时间似乎在 11 世纪，比圣马可手册手抄本稍早。扎沃达手册没有提到个人或者事件，但有一行字准确定义了"普洛尼亚"（pronoia）② 地产或者财产，这个定义符合最早的普洛尼亚的非军事性质，

---

① 参见 Charles M. Brand, "Two Byzantine Treatises on Taxation," *Traditio* Vol. 25 (1969): 35-60. Alexander P. Kazhdan (editor in chief), *The Oxford Dictionary of Byzantium*, p.1993, p.2017.

② *pronoia*，希腊文为 *πρόνοια*，复数形式为 *pronoiai*，字面上是"关心""照顾"之意，在拜占庭既是神学术语，也是行政财政术语，译为"普洛尼亚"。彼得·查拉尼斯认为，*pronoia* 在 11 世纪出现，在 12 世纪充分发展，指政府转让产生收入的财产给个人以换取某些服务，通常是军事服务，但不只是军事服务；这种授予通常包括土地，但也可能是河流或者渔场，在拜占庭以术语 *pronoea* 表示，其持有者以术语 *pronoetes* 表示；授予物从相当大的地区到一个村庄大小不等，通常但不总是由持有者终身使用；它既不能转让也不能遗传给一个人的后代，并且总是容易被国库收回。马克·巴图西斯（Mark C. Bartusis）则认为，作为财政术语，*pronoia* 从 12 世纪开始使用，是皇帝有条件给军人、领主、权贵以及主教的一种授予物，被一些学者等同于西方的封地并构成拜占庭封建制度理论的基础之一，但和西欧的封地完全不相关，在 12 世纪相关史料不足且有争议，在 13-15 世纪的文献中指授予的来自特定地产和佃农的一定量的税收收入等，普洛尼亚为有条件的授予物，米哈伊尔八世（Michael VIII Palaiologos，1259–1282 年在位）是第一位使普洛尼亚大规模世袭的皇帝，学术界关于 *pronoiars*（普洛尼亚持有人）的地位问题也有争议；*pronoia* 不作为财政术语则指各种"关心""照顾"（*charistikion*），指管理皇帝的地产或宗教机构以及特别是地方（如保加利亚、雅典等），这种普洛尼亚的管理人称为 *pronoetes*（这个词在 10 世纪开始出现）。参见 Peter Charanis, "Monastic Properties and the State," *Dumbarton Oaks Papers* 4

由于在 11 世纪中叶之前普洛尼亚的使用不为人所知，因此，这份手册写作的时间大致是 11 世纪中叶。跟圣马可手册一样，扎沃达手册也包括一系列术语的定义，这些定义只有几个与圣马可手册中的定义不同，两篇手册用词也相似，卡拉扬诺普洛斯因此认为两篇手册出自同一史料。① 但是扎沃达手册结构安排混乱，例如，提到 klasma② 很久之后才给出定义，文稿内容是指南形式，包括一系列问答，以及处理办法。③ 下面全文翻译 1969 年查尔斯·布兰德的英译版。

2. 扎沃达手册译文

关于会计员和估税员应该确切知道的土地租赁等事务。

土地租赁是什么。

以租约取得他人的田地。当税务检查员发现已被授予税收减免的［个人］地产并以租约把地产转让给他人使用直到土地所有者回来为止，如果超过法律规定的时间［30 年］，它应被分成小块地产（klasma）出售并售出；但是如果没有超过法定时间，它就又被租赁，称为土地租赁。——收税人员［dioiketes］如果发现村庄中额外的土地［直线测量之外的］，要把它租给村民。

［皇帝私人地产］管理人办事处的小块地产如何形成。

当皇帝授予一小块地产给管理官员时，管理人办事处有权任意出售或转让它。

sympatheia④（税收减免）是什么。

(1948): 87. Alexander P. Kazhdan (editor in chief), *The Oxford Dictionary of Byzantium*, pp.1733-1734. Mark C. Bartusis, *Land and privilege in Byzantium: the institution of pronoia*, Cambridge, UK; New York: Cambridge University Press, 2012, pp.1-26.

① 参见 Charles M. Brand, "Two Byzantine Treatises on Taxation," *Traditio* Vol. 25 (1969): 35-37.

② klasma，希腊文为 κλάσμα，复数形式为 klasmata，字面意思是"碎片"，指因纳税人消失而归属政府的地产，通常是小块地产。译为小块地产或小块土地。Alexander P. Kazhdan (editor in chief), *The Oxford Dictionary of Byzantium*, p.1132.

③ 参见 Charles M. Brand, "Two Byzantine Treatises on Taxation," *Traditio* Vol. 25 (1969): 35-60. 可以在线获取：https://www.jstor.org/stable/27830865?seq=1#page_scan_tab_contents。Alexander P. Kazhdan (editor in chief), *The Oxford Dictionary of Byzantium*, p.2017.

④ sympatheia，希腊文为 συμπάθεια，复数形式为 sympatheiai，字面意思是"同情"，指税收减免，或者税收减免地产。Alexander P. Kazhdan (editor in chief), *The Oxford Dictionary of Byzantium*, p.1989.

　　当发现一座村庄被彻底摧毁时，不管是整个还是部分毁灭，都要仔细检查它的税收。当无法找到土地所有者时，就要做一份书面证词并提供给军区[地方]法官；法官仔细检查并同意后，它就被转交给管理人办事处；有一张收条。税务检查员给它们一次税收减免。此后它们被税务检查员以租赁形式分发。或者收税人员把它们租给村民；因为在 30 年之内，不允许荒芜的地产被分成小块地产或转让，特别是因为地产所有者的缘故。因为如果他们在 30 年之内回来了，他们就会要回自己的财产；但是如果 30 年过去了，那么它就可以被税务检查员分成小块地产出售，如果地产所有者回来并想要它的话，就卖给他们自己，因为在 30 年之后它还没有恢复到[完全征税]，但是如果不是这样①，就把它卖给别的人。并且，他要详细说明，它是某某的 [财产]，被分成小块土地（klasma），出售给某某。如果它征税 1 诺米斯玛（nomisma），那么税务检查员出售它的售价为 24 诺米斯玛（nomismata）。并且，他 [税务检查员] 要这样陈述：1 诺米斯玛的为 1 米拉瑞斯（milliaresion [1 诺米斯玛的 1/12]），因为出售 [也就是说，对政府出售的小块土地所征税款为原来税收的 1/12]。但是，经常的情况是，在被分成小块土地之前，它就被以牧场的形式出售 [给其他村民?]，直到土地所有者回来为止。

　　什么是补税。

　　税务检查员恢复了[完全征税]。不管他为谁恢复②，他都要征收三年的欠税；或者一个村庄得到一些荒芜土地的一次税收减免，也许是 40 诺米斯玛；然后一些年之后另一位 [税务检查员] 来恢复（税收）：如果村民乐意接受每个人恢复税收，他们就补缴三年的税款，可能是因为占用了它们，可能是因为那个原因；但是如果不是，那么他就给别的人恢复或者按照自己的意愿来行事。

　　什么是分离的土地。

　　一位税务检查员出售 500 莫迪奥（modioi）土地。他记下了 400，漏掉 100 莫迪奥没有提到。后来另一位税务检查员审察，发现了 [额外的一百] 并进一步确认给国库；因此它被称为 [分离的土地]。

　　什么是附加税。

　　假设税务检查员恢复了地方的 306 磅（pounds）[金币：即带来那么多税收

———————

① 即地产所有者没有回来或者回来后不想要它。

② 指征收全部税款。

的土地被恢复了完全征税］；他公布了一份登记簿；接着他又登记了 3 磅，因此，如果发现任何争议土地，他们不应该从那 ［306］ 磅中扣除，而应该从这 3 磅附加税中弥补；但是如果没有发现这样的［争议］土地，那么 3 磅附加税［课税］就终止，并被称为批准的（税收）恢复。

什么是没有转让的 ［土地］。

［它们是］一个地方财库的小块土地（*klasmata*）中没有被税务检查员售出的，因为没有找到买主。例如，一个村庄可征税土地 ［每年税款］［是］50 诺米斯玛；［价值］40 诺米斯玛的（土地）被售出，另 10 诺米斯玛（土地）［没有转让］。

什么是被遗漏的 ［土地］。

即在恢复者恢复之后未被恢复［完全征税］、但是后来另一位恢复者因（土地）有人居住而恢复（征收全部税款）的 ［土地］。①

什么是普洛尼亚（*pronoiatic*）［地产］［暂时的，在这个词的两个意义上都是暂时的］。

［它们是］皇帝授予男性终身使用的。

转让契据如何废止。

当有人的田地在 30 年期限过完之前被作为小块土地售出时：那么，当土地所有者在 30 年期限之内回来时，购买者丧失他们所购买土地，并请求皇帝［归还］他们的购买价；但是土地所有者得到他们自己的财产。

临时税收减免是什么。

在 ［税收登记簿］的注释中可以找到条目，也就是说，某块（土地）40 诺米斯玛，另一块（土地）1 诺米斯玛；某个村庄所谓一般税收达到 6 诺米斯玛；但是除此之外发现［另一种］税收，1/2 或者 1 诺米斯玛，它被称为临时减税。②

什么是未公布的 ［小块土地］。

［它们是］没有恢复 ［到完全征税］并且没有登记 ［在册］的（小块土地），因为没有所有者。

li…是什么。

---

① 这一段两个"恢复者"都指税务检查员。

② 这一段含义模糊。

当时的模式是，每1诺米斯玛［税收?］收税人员谋取1/12诺米斯玛。但是后来收税人员因不足而减轻并规定，按照1磅中扣除3诺米斯玛的比例，从其正当义务中扣除［相应比例的诺米斯玛］①。

什么是根据转让契据［持有财产］。

当一个地方被分成小块土地并根据标准，即1诺米斯玛（税金）（收费）24诺米斯玛［也就是说，价格是每年应缴税金的24倍］出售，那么，出售它的税务检查员就会制作一份转让契据证明他的行为。如果规定他［买主］支付1米拉瑞斯（*milliaresion*）而不是1诺米斯玛，那么，这称为转让契据税。但是在30年期限过完之前、在荒芜地产成为小块土地之前，它同样适用于税收减免，如果有人请求把它恢复［到完全征税］，它就被恢复到旧的税收，并且在30年期限期间，视土地所有者要求而定。也许皇帝下令按照规定的标准售出了它；同样，这称为根据转让契据［持有财产］，按照规定，出售财产缴纳税金的1/12，如果在30年之内找到了财产所有者，那么，转让契据无效。

税收减免何时产生。

在财产所有者逃跑或者死亡之后，税收［由邻居］共同承担，成为他们额外的负担；那么，为了避免他们筋疲力尽，税务检查员会规定税收减免。

何时恢复［到完全征税］。

当一些财产所有者决定回来并使用他们自己的地产的时候，或者，其他人定居在荒废的地产上的时候，税收减免地产（*sympatheia*）恢复到完全征税。自古以来，惯常做法是，恢复先是1诺米斯玛的1/6，然后是（1诺米斯玛的）1/6再加1/2，接着是［整个］诺米斯玛，也就是说由一系列税务检查员恢复。

小块地产何时出现。

当地产荒废后、30年已过去但没有恢复（到完全征税）的时候，小块地产就产生了。因为在被发现之后，它被税务检查员出售，并且每一诺米斯玛征税1米拉瑞斯（*milliaresion*）［即原税金的1/12］；它被称为根据转让契据持有的［地产］，因为它是通过转让契据被出售和征税的。

修改何时发生。

---

① 即减半收取，因为1磅=72诺米斯玛，按照1诺米斯玛收取1/12诺米斯玛的比例，本该收取6诺米斯玛。

修改发生在河水泛滥的时候或者 sym……① （文稿在此中断）。

3. 史料价值

这两篇税收手册没有提到商业税收和城市税收，只涉及乡村可耕地的税收。这两篇指南中的定义使学者得以理解当时拜占庭的税收制度和农村社会结构。圣马可手册是关于自由农民村社的主要史料。扎沃达手册残篇解释了圣马可手册的陈述，表明了税务检查员真实的习惯做法。

这两篇手册关注拥有自己土地（通常较小）的农民，以及这种自由农民作为主要纳税人的村社（*chorion*②）。除了宗教机构享有免税权，圣马可手册没有提到大地产主，它提到的地区（*kteseis*）可能是普通农民各自的农田。自由农民的村庄在拜占庭帝国一开始就得到了证实，当时至少在埃及与大地产共存。③ 反映 7 世纪中叶到 9 世纪拜占庭乡村状况的《农业法》（Farmer's Law④） 主要与自由土地所有者及其村庄相关。在 10 世纪，马其顿王朝皇帝们努力保护贫困的土地所有者防止被贪婪的强大家族兼并。但是政府拥有的依附

---

① Charles M. Brand, "Two Byzantine Treatises on Taxation," *Traditio* Vol. 25 (1969): 57-60.

② *chorion*，希腊文为 χωρίον，指村庄。*chorion* 还有财政的含义，特别是在 *Rhiza Choriou* 中（见后文）。10 世纪的农业法强调 *chorion* 在经济上和财政上的共同责任，把它看作村社（village community）。*chorion* 也可能是具有法律边界的乡村司法实体。它极少指地产。Alexander P. Kazhdan (editor in chief), *The Oxford Dictionary of Byzantium*, p.431.

③ village （村庄），指乡村的地理、经济和行政实体，在古典时代用 *kome* 表示，在拜占庭帝国时代以 *chorion* 表示。理论上村庄被认为处于地方城市中心的控制之下，但似乎实际上村庄从 7 世纪起就不受城市控制。village community，希腊文为 κοινότης τοῦ χωρίου，村社，由通常居住在同一村庄的地产主组成的财政和法律单位，村社成员通常是自由农民，也有富裕地产主以及教会机构，村社是拜占庭帝国基本的税收单位，村社成员共同承担税收责任，至少直到 12 世纪，村社成员共同缴纳同村成员拖欠的税款。10 世纪的立法极力维持村社的完整，但小块地产（*klasma*）、津贴（*solemnion*）等使得权贵能够在村庄中获得更多地产，因而削弱了村社的一致性。村社作为经济和财政单位通常集体防御强盗，在法庭中共同对付相邻村庄或者地主，共同修筑桥梁，集体庆祝共同的节日等。村庄有自己的代表大会，"乡村法庭"，以及负责与帝国官员（主要是收税官）交涉的长者（*protogerontes*）。地方司祭和小修道院的修道士在村社生活中发挥着重要作用，他们担任教师、抄写员、主持宗教仪式等，那些宗教仪式往往与农业活动（求雨、消灭蝗虫等）相关。Alexander P. Kazhdan (editor in chief), *The Oxford Dictionary of Byzantium*, pp.2168-2169.

④ 参见 Alexander P. Kazhdan (editor in chief), *The Oxford Dictionary of Byzantium*, p.778.

农民已经和大地产主的依附农民并存，农民陷入依附境地以逃避无情税务检查员的状况无法遏制。到 11 世纪农民土地所有者减少。[①]

拜占庭乡村自由农民村社的中心是居民的房子，由封闭的花园包围。村庄的可耕地划成一块块，分为中心田地和外围田地。一些田地远离村庄的中心，难以耕种，一些个人可能搬出村庄中心，在村庄土地的外围部分形成很小的村庄（*agridia*）或者地产（*proasteia*）[②]，最初，它们在法律上属于村社的一部分。据记载，地产所有者并不居住在那里，而是由其奴隶、雇佣劳动者等进行耕种；很小的村庄里居住着土地所有者、他的家人以及依附于他的劳动者。因此，在乡村土地的边缘，兴起了大地产的中心，这将导致自由村庄的衰败。村庄中的主要居民拥有自己的土地。农民有权出售自己的土地。通过嫁妆或者购买，农民可以拥有不同村庄的土地。如果土地所有者抛弃自己的土地，他并没有丧失自己的土地，在规定时间内他仍然拥有土地所有权。村庄中地主有很多财富，除了土地，圣马可手册表明一些还拥有奴隶和雇佣劳动者，这些奴隶和劳动者因村庄中心过于拥挤而搬到乡村土地边缘的很小村庄和地产上。同时代的马其顿立法表明，贫穷的土地所有者面临着富裕强大的邻居。把地产分给继承人以及给女儿们嫁妆的做法促使地产分解，而可以得到奴隶、农奴和雇佣劳动者导致大地产扩大。[③]

拜占庭村社（*homas*）为税收单位，每年共同负责给收税人员缴纳固定的税金。如果纳税人欠税，其他人要补足欠税，但其他人有权耕种欠税人的地产。这两篇税收手册表明其他人的这种额外负担可以通过获得政府的免税得到减少。维奥蒂亚（Boeotia[④]）税收幸存的残篇没有提到强加于村社的税收。[⑤]

---

① 参见 Charles M. Brand, "Two Byzantine Treatises on Taxation," *Traditio* Vol. 25 (1969): 38.

② *proasteion*，希腊文为 προάστειον，复数形式为 *proasteia*，指远离村庄居住中心的地产，其所有者通常并不居住在那里，往往由地产所有者的奴隶、雇佣劳动者（*misthioi*）等居住在那里，10 世纪之后指佃农居住其中的地产。*misthios*，希腊文为 μίσθιος，也写为 *misthotos*，复数形式为 *misthioi* 或者 *misthotoi*，雇佣劳动者。Alexander P. Kazhdan (editor in chief), *The Oxford Dictionary of Byzantium*, pp.1381-1382, p.1724.

③ 参见 Charles M. Brand, "Two Byzantine Treatises on Taxation," *Traditio* Vol. 25 (1969): 39-40.

④ Boeotia，希腊文为 Βοιωτία，中部希腊的一个地区，7 世纪起衰败，9–11 世纪复兴，1204 年后人口稠密，其首府为底比斯（Thebes），属于希腊军区（theme of Hellas）。Alexander P. Kazhdan (editor in chief), *The Oxford Dictionary of Byzantium*, p.300.

⑤ 参见 Charles M. Brand, "Two Byzantine Treatises on Taxation," *Traditio* Vol. 25 (1969): 41.

这两篇税收手册只涉及乡村可耕地税收，这种土地税非常重要，称为"公共税收"（demosios kanon，或者只是 kanon）①。法律和修道院档案涉及其他各种乡村税收，其中主要的是灶税（kapnikon②）；货币税收（synone）起初是被迫以规定价格卖给国家的食物和原料（代替了罗马帝国的 annona[实物税收]），③后来以货币支付；对牲畜征收税收，并且征用役畜为公共工程服役；对拜占庭军队和路过的政府官员，民众有义务提供食物、住宿和用于运输的牲畜；此外，还有不计其数的各种小税和专门的应急强征。这两篇收税官指南只论及土地税及其附加税，没有提及其他税收，可能是因为拜占庭官僚分工很细。缴纳1或2诺米斯玛土地税的中等土地所有者所承受的附加税负担最重。④

这两篇税收手册表明每个村庄的土地都要丈量划分为不同质量和类型的可耕地，得出原始税（Rhiza Choriou⑤），记录下来，以便所有官员了解村庄的原始税。税务检查员大约每隔15年也可能更久到访村庄，审查每个村庄的纳税人名单并予以更新。报告因出售或继承所致所有权变更情况，记录各继承人共同耕种、分担税收负担的情况。最后是确定每位纳税人原始税的数额。完成审查之后，另一群官员进行征税工作，处理免税、恢复完全征税的情况。这两篇税收手册表明当时威胁农民的主要苦难是敌人入侵导致大量农民被杀死，造成土地荒废，编年史表明侵袭非常频繁。税务检查员为应付这种情况采取减免税收的做法。幸存的维奥蒂亚税收登记簿中许多条目表明了这种部分减免税收。扎沃达手册表明了政府把荒废土地租给村民或外来者，荒废土地原所有者

---

① demosios kanon，或 kanon，指对土地及耕种土地的人所征基本税。关于税额的计算等问题，详见 Alexander P. Kazhdan (editor in chief), *The Oxford Dictionary of Byzantium*, p.610, p.1102.

② kapnikon，希腊文为 καπνικόν，来自 kapnos（意为"烟""灶"），即 hearth tax（灶税）。Alexander P. Kazhdan (editor in chief), *The Oxford Dictionary of Byzantium*, p.906, p.1105.

③ synone，希腊文为 συνωνή，"购买"之意，指农民被迫以规定的价格把产品卖给政府官员。10 世纪起主要指货币税收。它发展为实物税收（annona）的货币代偿金，并允许必要时先前的货币代偿金改回到实物税收。13 世纪被 sitarkia 取代。annona，希腊文为 ἀννῶνα，这里指实物税收。Alexander P. Kazhdan (editor in chief), *The Oxford Dictionary of Byzantium*, pp.105-106, pp.1994-1995.

④ 参见 Charles M. Brand, "Two Byzantine Treatises on Taxation," *Traditio* Vol. 25 (1969): 41-42.

⑤ Rhiza Choriou，希腊文为 ρίζα χωρίου，字面意思是"村庄之根"，指村社担负的总税额，在扣除各种减免（如前文所述 sympatheia、klasma 等）之前的总税额。Alexander P. Kazhdan (editor in chief), *The Oxford Dictionary of Byzantium*, p.1791.

在 30 年内出现，他们的所有权得到承认，税务检查员逐渐恢复它们的完全可征税性，还会要求征收三年的欠税（圣马可手册没有提及），很可能是对那些租用荒废土地的人征收欠税。扎沃达表明税务检查员任意恢复完全征税，征收欠税对贫穷的原所有者不利，给租用废弃土地的人免税，这些承租人往往是富裕的地主。政府可能借此牺牲离开的人的土地所有权来增加税收收入。恢复完全征税要求征收欠税，有利于土地所有者以外的人。如果土地所有者不再出现，30 年内不恢复完全征税，土地作为荒废土地归政府所有；30 年后原所有者不能收回土地，该土地此后永久享有特殊地位，可能被政府部门耕种或者被租赁，最后可能被以原年税金的 24 倍的价格出售，并把税收减为以前的 1/12，这种土地很可能被有劳动力和资金的人获得。扎沃达表明税务检查员可能非法出售税收减免地产。①

圣马可手册不断提到村社（*homas*）的税收登记簿，幸存下来的维奥蒂亚调查证实了该手册的描述。税收登记簿由条目（*stichoi*）②组成，登记每位纳税人的土地，包括负责纳税的人名、税款、免税以及欠款总额。圣马可手册把继承人集体负责税收的土地视为一个整体，而维奥蒂亚调查则表明许多个人只持有土地的小部分。通过改变条目，税务检查员改变了所有权。该村社登记簿结尾列出了具有独立税收地位（*idiostatic*）的财产。村庄税收登记簿被并入地方首府的税收总登记簿，为君士坦丁堡制作抄本。

尽管税收手册有专业性，但反映了拜占庭社会的变化。《农业法》中的村社仍然存在，作为税收单位村社有利于政府。但是大量小块土地不再属于村社，小块地产被出售，往往是卖给了外人，免税地产（*logisima*）往往被授予青睐的修道院或者个人。扎沃达手册实际上承认了税务检查员可能腐败，在30 年期满之前把税收减免地产（*sympatheiai*）作为小块土地出售。在恢复完全征税之前要求缴纳欠税的做法到扎沃达手册时代已合法化，也反映了富者对

① 参见 Charles M. Brand, "Two Byzantine Treatises on Taxation," *Traditio* Vol. 25 (1969): 42-46.

② *stichos*，希腊文为 στίχος，复数为 *stichoi*，字面上为"行"的意思，指地籍册（*praktikon* 或 *kodix*）中的基本条目，通常包括三个部分：负责缴税的纳税人姓名（在 *kodix* 中不一定是实际耕种土地的人，在 *praktikon* 中通常还列出纳税人家庭的其他成员），纳税人的财产描述（在 *kodix* 中只列出不动产，在 *praktikon* 中列出纳税人拥有的不动产和牲畜），纳税人应该缴纳的税额（在 *kodix* 中是交给国库，在 *praktikon* 中是交给其主人）。*stichos* 在 10-12 世纪有时候指财产本身。Alexander P. Kazhdan (editor in chief), *The Oxford Dictionary of Byzantium*, p.1956.

贫者的优越性。

（二）地籍册

地籍册是为征税而编订的土地登记簿，至少在 995 年之后拜占庭进行周期性（可能是每 30 年一次）的人口普查，按照地方行政区划确定的地理格局进行普查，普查的结果写入地方的地籍册（*kodikes*①），副本保存在位于君士坦丁堡的特定部门财政部和军队财务部（*stratiotikon*②）。在地籍册中，每块可确认的土地单独列为一行即条目（*stichos*），每一条目都包含土地所有者（或纳税人）的姓名或逐渐相继增加的所有者的姓名，以及土地的税额。地籍册（*kodikes*）是土地所有权的必要证明。纳税人收到一份土地清册（*praktikon*③），上面由官方列出其不动产及其财政义务并签字盖章。13-15 世纪，*kodix* 被 *praktikon* 取代，地籍册按照纳税人登记，一个纳税人拥有多处地产，以前是同一个纳税人登记在多处地产之下，13 世纪后则是不同地产登记在同一个纳税人名下。④

1.底比斯地籍册

11 世纪拜占庭政府全面记录每位纳税人的税收负担，构成征税制度基础

---

①　*kodix*，希腊文为 *κωδιξ*，来自拉丁语 codex（抄本），复数为 *kodikes*，指财政部（*genikon*）制作的书本形式的地籍册，该术语在 1204 年后消失，被 *praktikon* 取代。Alexander P. Kazhdan (editor in chief), *The Oxford Dictionary of Byzantium*, p.1135.

②　*stratiotikon*，该部门的负责人为军队财务大臣（*logothetes tou stratiotikou*），是位高官，控制士兵家庭的免税和重新征税事务，11 世纪还履行法官职责。1088 年后该官职消失。Alexander P. Kazhdan (editor in chief), *The Oxford Dictionary of Byzantium*, p.1248.

③　*praktikon*，希腊文为 *πρακτικόν*，复数形式为 *praktika*，指不动产清单，上面列有税收、地主或其代理人经营的领地（the demesne land）、以及个人或者宗教机构拥有的佃农家庭，由帝国估税员或者抄自帝国地籍档案，或者当场编写、后来被抄写成地籍档案并交给所有者，通常包括以下因素：领地的边界定界；佃农的家庭和财产简介；土地和人口应缴税收以及各种额外收费；财政特权及其他特权。已知最早的 *praktikon* 是 1073 年给安德罗尼库斯·杜卡斯（Andronikos Doukas）的，绝大多数 *praktika* 属于 14 世纪上半叶、涉及马其顿南部地区，几乎所有都是关于修道院财产的清单。demesne，指由所有者或其代理人经营的领地，或者使用奴隶，或者使用佃农，或者短期出租；领地通常面积巨大；学者们也用 demesne 指国家的土地和皇帝的私人地产。参见 Alexander P. Kazhdan (editor in chief), *The Oxford Dictionary of Byzantium*, p.603, p.1711.

④　参见 Alexander P. Kazhdan (editor in chief), *The Oxford Dictionary of Byzantium*, p.363.

的中央土地登记册被拜占庭学家称为 Cadaster，拜占庭人自己则不曾使用过这个词，他们使用的是 *kodix* 或者 *praktikon*。这种土地登记册在修道院档案特别是在阿索斯山档案（Athos Archives）中幸存下来。20世纪50年代末60年代初一份称为"底比斯地籍册"的中世纪税收登记册的残篇为世人所知，这份文件涉及中部希腊的底比斯城附近的纳税土地，保存在一本11世纪的纸质手抄本的四张纸中，后来加入一本14世纪的关于几何学和农业科学的手抄本之中。底比斯地籍册很可能是11世纪下半叶的，大约是1085年即阿莱克修斯一世时代的，它是幸存下来的唯一一份拜占庭税收名单，涉及维奥蒂亚地区，包括了圣马可手册和扎沃达手册中讨论的许多习惯做法。它由一份地籍册抄本（*isokodikon*，即 *kodix*[地籍册或登记簿]形式的政府地籍册的官方抄本）的断简残篇构成。这些残篇有45个条目（*stichoi*），列出了近50位纳税人姓名、税额以及减税的情况（*klasmats* 和 *sympatheiai*）。纳税人主要是中等阶层的显要人物，他们拥有"权贵"（*archontes*）、"第一持剑者"（*protospatharioi*）、"佩剑官"（*spatharokandidatoi*）、"长官"（*komites*）、"军官"（*droungarioi*）、"秘书"（*protokankellarioi*）等头衔或官职，只有一次一位纳税人被描述为穷人（*ptochos*）。尽管其描述地区为维奥蒂亚的底比斯（Boeotian Thebes）地区，但是纳税人不仅来自底比斯，而且来自雅典，埃夫里普（Euripos），甚至阿夫隆（Avlon）。① 尼古拉斯·斯沃罗诺斯（Nicolas Svoronos）出版了这份地籍册并

---

① *archon*，希腊文为 ἄρχων，复数形式为 *archontes*，意为"统治者"，指任何有权的官员。10世纪之前通常指地区统治者，10–12世纪通常指城镇统治者。还可以用来指独立王公。译为"权贵"。*protospatharios*，或 *prôtospatharios*，或 *protospatharius*，希腊文为 πρωτοσπαθάριος，第一 *spatharios*，复数形式为 *protospatharioi*，8世纪初到12世纪初拜占庭帝国高级头衔，通常授予元老院元老，到10世纪时主要是授予军区指挥官的高级头衔，11世纪丧失重要性。*spatharokandidatos*，希腊文为 σπαθαροκανδιδᾶτος，复数形式为 *spatharokandidatoi*，是 *spatharios* 和 *kandidatos* 的结合，拜占庭中级头衔，12世纪消失，低级官员的头衔。译为"佩剑官"。*comes*，或者 *komes*，前者为拉丁语形式，后者为希腊语形式，希腊文为 κόμης，复数形式为 *comites* 或 *komites*，字面意思是"同伴"，指皇帝或者蛮族国王的个人顾问或者侍从。用于不同级别的官员，包括多种含义。作为荣誉称号被授予一些最高政府官员，也用于地方行政官，履行财政或者经济职能的人，或者看守人和监督人。后来希腊语形式的 *komes* 仍然被用于具有各种职能的官员，也是陆海军的副官或下级军官。*comes* 的官职或职能称为 *comitiva*。*droungarios*，希腊文为 δρουγγάριος，复数形式为 *droungarioi*，指军区军队分部（*droungos*）指挥官，7–8世纪指挥1000人军队，地位高于 *komes*，后来地位下降，到11世纪时，*droungarios* 和 *komes* 地位

进行了研究。①

这份地籍册可以在"拜占庭世界人物志"数据库（PBW）查到其中的人物信息，网址是：http://db.pbw.kcl.ac.uk/jsp/narrativeunit.jsp?NarrativeUnitID=23374。该地籍册记载了大约 1085 年近 50 位地产主在底比斯附近拥有不动产，这些地产主具体如下：

1. 波莱提亚（Poletiane，姓氏为波莱提亚 [Poletianos]），寡妇，瓦西里·哈耶（Basileios Chage）的女儿，Georgios 13108（见后文）的岳母，最初来自霍里托斯（Pholetos），该数据库标为"Anonyma（指无名女性，下同）13104"。在底比斯地籍册中被记载为当时的地产主：底比斯：地籍册 BVf9。

2. 雅典人弗提乌斯（Photios，数据库中标为"Photios 13101"）的遗孀，数据库中标为"Anonyma 13105"。在底比斯地籍册中被记载为当时的地产主：底比斯：地籍册 BVf1。

3. 菲塞科斯（Pithekos，姓氏），大司祭（*protopapas*②），Ioannes13119（见后文）的儿子，数据库中标为"Anonymus（指无名男性，下同）13130"。在底比斯地籍册中被记载为当时的地产主：底比斯：地籍册 BVe1。

4. 一个住在底比斯的男人，数据库中标为"Anonymus 13136"。在底比斯地籍册中被记载为当时的地产主：底比斯：地籍册 AIa1。

5. 德摩哈里斯（Democharis，姓氏），军官（*droungarios*），Anonymus 13106 的继承人，Leon 13118（见后文）的兄弟，数据库中标为"Anonymus

---

相当。*protokankellarioi*，各级部门有秘书职能的官员。*ptochos*，穷人，乞丐。参见 Alexander P. Kazhdan (editor in chief), *The Oxford Dictionary of Byzantium*, p.160, pp.484-485, pp.663-664, p.1748, p.1936, pp.2032-2033. *Constantine Porphyrogennetos: The Book of Ceremonies*, with the Greek Edition of the Corpus Scriptorum Historiae Byzantinae (Bonn, 1829), tr. Ann Moffatt and Maxeme Tall, Leiden; Boston: Brill, 2017, p.830. Leonora Alice Neville, "Local provincial elites in eleventh-century Hellas and Peloponnese," Ph. D. Dissertation, Princeton University (Princeton, 1998), p.206.

①　Nicolas Svoronos, "Recherches sur le cadastre byzantin et la fiscalité aux XIe et XIIe siècles: le cadastre de Thèbes," in *Bulletin de correspondance hellénique*, Volume 83, livraison 1, 1959. pp.1-145. 可以在线获取：https://www.persee.fr/doc/bch_0007-4217_1959_num_83_1_2318.

②　*protopapas*，希腊文为 πρωτοπαπάς，意为"首席司祭"（first priest, archpriest）。在 8—12 世纪拜占庭，指特别重要教堂的首席司祭，或者主教在乡村地区的代理人。译为"大司祭"。参见丁光训、金鲁贤主编：《基督教大辞典》，上海：上海辞书出版社，2010 年，第 112—113 页；https://en.wikipedia.org/wiki/Protopapas。

13137"。在底比斯地籍册中被记载为当时的地产主：底比斯：地籍册 AIa5。

6. 君士坦丁·哈巴伦（Konstantinos Chabaron, Konstantinos 13105, 克雷普长官 [abydikos① of Chrepou]，军官）的儿子，数据库中标为 "Anonymus 13139"。在底比斯地籍册中被记载为当时的地产主：底比斯：地籍册 AIb1。

7. 波莱提亚诺斯（Poletianos），哈斯提亚诺斯（Chastianos）田地（agros）和 Z[..] ninika 村庄的共有人，数据库中标为 "Anonymus 13140"。在底比斯地籍册中被记载为当时的地产主：底比斯：地籍册 AIc1。

8. 希罗科顿（Xylokodon, 姓氏），长官（komes），在底比斯城（kastron of Thebes）之外拥有两座水磨坊，数据库中标为 "Anonymus 13141"。在底比斯地籍册中被记载为当时的地产主：底比斯：地籍册 AIIe1。

9. 来自安索斯（Anysos）的哈耶（Chage, 姓氏），前文寡妇波莱提亚的父亲瓦西里·哈耶（数据库标为 "Basileios 13101"）的父亲，来自安索斯，数据库中标为 "Anonymus 13142"。在底比斯地籍册中被记载为当时的地产主：底比斯：地籍册 AIIf4。

10. 莱霍泽莫斯（Lechozesmos, 姓氏）（?），Basileios 13102（见下文）的亲戚，路特拉奇（Loetraki）的所有者，数据库中标为 "Anonymus 13143"。在底比斯地籍册中被记载为当时的地产主：底比斯：地籍册 AIIIa1。

11. 瓦西里（Basileios），路特拉奇的所有者，莱霍泽莫斯（?）即上文 Anonymus 13143 的亲戚（?），数据库中标为 "Basileios 13102"。在底比斯地籍册中被记载为当时的地产主：底比斯：地籍册 AIIIa1。

12. 迪米特里（Demetrios），长官约翰·斯拉波塞多洛斯（Ioannes Sklabotheodoros，数据库中标为 "Ioannes 13122"）的儿子，数据库中标为 "Demetrios 13107"。在底比斯地籍册中被记载为当时的地产主：底比斯：地籍册 BVf6。

13. 迪米特里·帕拉克洛斯（Demetrios Phalakros），君士坦丁·伦达基奥斯（Konstantinos Rendakios，数据库中标为 "Konstantinos 13110"）的儿子，

---

① abydikos，希腊文为 ἀβυδικός，控制海上交通的官员，起初指赫勒斯滂海峡海上交通巡视员，其职能后来结合了关税征收员（kommerkiarios, κομμερκιάριος）的职能，作为军衔相当于、通常取代了 komes 军衔。译为 "长官"。Alexander P. Kazhdan (editor in chief), *The Oxford Dictionary of Byzantium*, p.8, p.1141.

数据库中标为"Demetrios 13108"。在底比斯地籍册中被记载为当时的地产主：底比斯：地籍册 AIId3。

14. 埃雷尼奥斯（Eirenaios），"佩剑官"（*spatharokandidatos*），数据库中标为"Eirenaios 13102"。在底比斯地籍册中被记载为当时的地产主：底比斯：地籍册 BVb2。

15. 乔治（Georgios），约翰·卡姆波斯（Ioannes Kampos，数据库中标为"Ioannes 13121"）的儿子，数据库中标为"Georgios 13105"。在底比斯地籍册中被记载为当时的地产主：底比斯：地籍册 BVf3。

16. 乔治（Georgios），数据库中标为"Georgios 13106"。在底比斯地籍册中被记载为当时的地产主：底比斯：地籍册 AIa4。

17. 乔治（Georgios），君士坦丁（Konstantinos，数据库中标为"Konstantinos 13113"）的儿子，哈斯提亚诺斯田地（*agros*）和 Z[..] ninika 村庄的共有人，数据库中标为"Georgios 13107"。在底比斯地籍册中被记载为当时的地产主：底比斯：地籍册 AIc1。

18. 乔治·罗斯利诺斯（Georgios Roslinos），是上文 Anonyma 13104 的女婿，数据库中标为"Georgios 13108"。在底比斯地籍册中被记载为当时的地产主：底比斯：地籍册 BVa1。

19. 主教君士坦丁（Konstantinos the bishop），Philippos 13101（见后文）的堂/表兄弟，数据库中标为"Konstantinos 13107"。在底比斯地籍册中被记载为当时的地产主：底比斯：地籍册 AIa4。

20. 科斯马斯·阿尼莫斯菲克特斯（Kosmas Anemosphaktes），Kosmas 13101 的曾孙，Euphemios 13101 的儿子，数据库中标为"Kosmas 13102"。在底比斯地籍册中被记载为当时的地产主：底比斯：地籍册 BVIa2。

21. 科斯马斯（Kosmas），Theodoros 13107 的儿子；数据库中标为"Kosmas 13103"。在底比斯地籍册中被记载为当时的地产主：底比斯：地籍册 BVf5。

22. 基里亚科斯·拉卢马里斯（Kyriakos Laloumaris），数据库中标为"Kyriakos 13102"。在底比斯地籍册中被记载为当时的地产主：底比斯：地籍册 BIVa1。

23. 雅典人莱昂（Leon），来自雅典，希帕提奥斯·杰隆塔斯（Hypatios Gerontas，数据库中标为"Hypatios 13101"）的儿子，数据库中标为"Leon

13108"。在底比斯地籍册中被记载为当时的地产主：底比斯：地籍册BVf4。

24. 莱昂（Leon），菲拉格里斯（Philagres，数据库中标为"Anonymus 13133"）的女婿，前文Eirenaios 13102的继承人，数据库中标为"Leon 13116"。在底比斯地籍册中被记载为当时的地产主：底比斯：地籍册BVb2。

25. 莱昂长官（Leon *abydikos*），前文德摩哈里斯（数据库中标为"Anonymus 13137"）的兄弟，数据库中标为"Leon 13118"。在底比斯地籍册中被记载为当时的地产主：底比斯：地籍册AIa5, AIa6。

26. 莱昂·舒里奥斯·莫罗莱昂（Leon Choulios Moroleon），来自安索斯，数据库中标为"Leon 13119"。在底比斯地籍册中被记载为当时的地产主：底比斯：地籍册BIVa1。

27. 莱昂·卡萨里奥曼迪勒斯（Leon Kathariomandyles），前文Eirenaios 13102的继承人，"佩剑官"（?），数据库中标为"Leon 13120"。在底比斯地籍册中被记载为当时的地产主：底比斯：地籍册BVb2。

28. 马里阿诺斯（Marianos），塞奥佐罗斯·普萨赫内特斯（Theodoros Psachnetes，数据库中标为"Theodoros 13110"）的儿子，数据库中标为"Marianos 13103"。在底比斯地籍册中被记载为当时的地产主：底比斯：地籍册AIIa2。

29. 梅莱托（Meleto），莱昂军官（Leon *droungarios*，数据库中标为"Leon 13117"）的媳妇，数据库中标为"Meleto 13101"。在底比斯地籍册中被记载为当时的地产主：底比斯：地籍册BVc1。

30. 梅莱托（Meleto），长官希帕提奥斯（Hypatios，数据库中标为"Anonymus 13125"）的媳妇，数据库中标为"Meleto 13102"。在底比斯地籍册中被记载为当时的地产主：底比斯：地籍册BVc1。

31. 尼基塔斯（Niketas），巴内斯·邦达科斯（Baanes Boundarchos，文书 [*notarios*]，数据库中标为"Baanes 13101"）的孙子，数据库中标为"Niketas 13104"。在底比斯地籍册中被记载为当时的地产主：底比斯：地籍册AIIf1。

32. 尼科劳斯（Nikolaos），加拉顿（Galaton）的儿子，上文Baanes 13101 的孙子，来自阿尔巴尼亚的阿夫隆；数据库中标为"Nikolaos 13109"。在底比斯地籍册中被记载为当时的地产主：底比斯：地籍册AIIf1。

33. 尼科劳斯（Nikolaos），迪米特里·卡姆波斯（Demetrios Kampos，数据库中标为"Demetrios 13106"）的儿子，数据库中标为"Nikolaos 13115"。

在底比斯地籍册中被记载为当时的地产主：底比斯：地籍册 BVf8。

34.尼科劳斯·马里阿诺斯·穆西莱诺斯（Nikolaos Marianos Mousilenos），数据库中标为"Nikolaos 13119"。在底比斯地籍册中被记载为当时的地产主：底比斯：地籍册 AIa4。

35.尼科劳斯·佩泽门托斯（Nikolaos Petzementos），数据库中标为"Nikolaos 13120"。在底比斯地籍册中被记载为当时的地产主：底比斯：地籍册 BVb1。

36.彼得（Petros），科斯马斯·加拉斯德斯·阿尼莫斯菲克特斯（Kosmas Garasdes Anemosphaktes，数据库中标为"Kosmas 13104"）的儿子，数据库中标为"Petros 13105"。在底比斯地籍册中被记载为当时的地产主：底比斯：地籍册 BVIa1。

37.菲利波斯（Philippos），阿加利亚诺斯（Agallianos，数据库中标为"Agallianos 13101"）的儿子，上文 Konstantinos 13107 的堂 / 表兄弟；数据库中标为"Philippos 13101"。在底比斯地籍册中被记载为当时的地产主：底比斯：地籍册 AIa2，AIa3，AIa4。

38.波索斯（Pothos），修道士，住在埃夫里普，最初来自劳纳（Naona），数据库中标为"Pothos 13102"。在底比斯地籍册中被记载为当时的地产主：底比斯：地籍册 AIIf5。

39.萨缪尔·杰隆塔斯（Samuel Gerontas），军官，住在希腊的底比斯，数据库中标为"Samuel 13101"。在底比斯地籍册中被记载为当时的地产主：底比斯：地籍册 AIIf3。

40.西西尼奥斯（Sisinios），"元老院主席"，住在埃夫里普，来自亚霍（Iachou）（?），拥有波莱提亚诺斯（Poletianos）村庄；数据库中标为"Sisinios 13105"。在底比斯地籍册中被记载为当时的地产主：底比斯：地籍册 AIIa1，AIIa2。

41.斯塔夫拉基奥斯（Staurakios），来自雅典的"持剑者"塞奥佐罗斯（Theodoros *spatharios*①，数据库中标为"Theodoros 13112"）的儿子；数据库中

---

① 　*spatharios*，希腊文为 σπαθάριος，字母意思是"持剑者"，在罗马帝国晚期指的是侍卫，或者是私人的或者是皇帝的。在 8 世纪初很可能成为头衔，9 世纪时重要性下降，1075 年后消失，12 世纪偶尔被提到的是无足轻重的人。参见 Alexander P. Kazhdan (editor in chief), *The Oxford*

标为"Staurakios 13101"。在底比斯地籍册中被记载为当时的地产主：底比斯：地籍册 AIIf2。

42. 塞奥佐罗斯（Theodoros），修道院管理人（*oikonomos*），主教欧塞恩提奥斯（Auxentios，数据库中标为"Auxentios 13101"）的侄子（外甥）；数据库中标为"Theodoros 13113"。在底比斯地籍册中被记载为当时的地产主：底比斯：地籍册 BVf2。

43. 塞奥佐罗斯（Theodoros），托马斯·杰隆塔斯（Thomas Gerontas，来自西格［Sige］，拥有"持剑者"头衔或官职，数据库中标为"Thomas 13103"）的儿子；数据库中标为"Theodoros 13114"。在底比斯地籍册中被记载为当时的地产主：底比斯：地籍册 BVf11。

44. 塞奥菲拉克托斯（Theophylaktos），文书塞奥佐罗斯（Theodoros *notarios*，数据库中标为"Theodoros 13108"）的孙子，君士坦丁（Konstantinos the Athenian，数据库中标为"Konstantinos 13104"）的儿子。数据库中标为"Theophylaktos 13102"。在底比斯地籍册中被记载为当时的地产主：底比斯：地籍册 BVf7。

2. 拉多利沃斯地籍册

拉多利沃斯（Rodolibos），希腊语为 Παδολίβους，斯拉夫语为 Radoljubo（拉多卢博），现代称 Rodolibos，是马其顿地区的一个村庄，考古发现表明，那里在罗马帝国晚期是一个村庄，7–10 世纪没有相关史料。那个地区显然定居着斯拉夫人，地名为斯拉夫语，许多农民的名字也是斯拉夫语。11 世纪末拉多利沃斯地产（*proasteion* of Rodolibos）由帕库里亚诺斯（Pakourianos）家族控制，1098 年，将军辛巴条斯·帕库里亚诺斯（Symbatios Pakourianos）的遗孀、修女玛丽亚（Maria）把拉多利沃斯地产捐给了阿索斯山的伊维隆修道院（monastery of Iveron）。勒法赫（Lefort）把它和拉多利沃斯村社（*koinotes of chorion*）进行了区分。①

拉多利沃斯地籍册是拉多利沃斯村庄（*chorion*）的地籍册。1103 年，阿

Dictionary of Byzantium, pp.1935-1936.

① 参见 Alexander P. Kazhdan (editor in chief), *The Oxford Dictionary of Byzantium*, pp.1769-1770.

莱克修斯一世兄长"至尊者"伊萨克的儿子约翰·科穆宁（Ioannes Kom-
nenos）按照皇帝的指示，下令制作拉多利沃斯地籍册。约翰·科穆宁命令"元
老院主席"、财政官（*logariastes*①）瓦西里·霍伊罗斯凡克特斯（Basileios
Choirosphaktes）和秘书（*grammatikos*②）尼科劳斯（Nikolaos）列出拉多利沃
斯的佃农。他们在修道士和来自其他村庄的证人的见证下，确定了拉多利沃斯
的定界线。起初，伊维隆修道院的修道士和西亚马尔顿（Siamalton）、齐多米
斯塔（Zidomista）的村民对于转让给该修道院的土地的定界有争议，瓦西里
和尼科劳斯派了三位代表去找西亚马尔顿村长（*proestos*③）、齐多米斯塔村管
理人（pronoetes）、修道士基里洛斯（Kyrillos）解决问题，后者声称关于转让
给该修道院的拉多利沃斯村土地不再有争议，争端得以解决。瓦西里和尼科劳
斯确定了拉多利沃斯村庄的定界线，列出了村庄的佃农。十位证人在拉多利沃
斯地籍册上签字，其中八位签署了名字，两位用十字架签字但没有署名，约
翰·科穆宁予以确认并盖章，瓦西里和尼科劳斯在拉多利沃斯地籍册上亲笔签
名后，把地籍册连同其领地和建筑物交给了伊维隆修道院。④

3. 史料价值

　　底比斯地籍册中既有按照地理位置登记的地产条目，也有以纳税人为中心
登记的个人条目。一些纳税人拥有多处地产，这些地产通常离得比较远，记载
在同一条目之下，而其他纳税人则因拥有不同地方的地产被记载了几次。其
中，个人条目的每一条都以姓名列出，简单描述了财产，以及税收额；详细说
明征税财产的部分通常包括原来拥有这份财产的人的姓名，最古老的财产所有

---

　　① *logariastes*，希腊文为 *λογαριαστής*，指主要控制开支的财政官，任职于中央和地方政府各
部门以及修道院、私人地产等。参见 Alexander P. Kazhdan (editor in chief), *The Oxford Dictionary
of Byzantium*, pp.1244-1245.

　　② *grammatikos*，希腊文为 *γραμματικός*，复数形式为 *grammatikoi*，在古代指"学者""教师"，
后来还有"抄写员"或"秘书"的意思。参见 Alexander P. Kazhdan (editor in chief), *The Oxford
Dictionary of Byzantium*, p.866.

　　③ *prostates*，或 *proestos*，古老术语，意为"保护人"，后来指"首领"。参见 Alexander P.
Kazhdan (editor in chief), *The Oxford Dictionary of Byzantium*, pp.1740-1741.

　　④ "拜占庭世界人物志"数据库（PBW）有这份地籍册的制作过程和地籍册的部分内容：
https://db.pbw.kcl.ac.uk/jsp/narrativeunit.jsp?NarrativeUnitID=25394；https://db.pbw.kcl.ac.uk/jsp/
narrativeunit.jsp?NarrativeUnitID=25395。

者最先列出，接着是所有其他所有者，然后是被列为纳税人的第一个人，接着是所有其他纳税人。例如条目 VIa1："这块播种的土地连同葡萄园……彼得，科斯马斯·加拉斯德斯（称为阿尼莫斯菲克特斯）的儿子。对他祖父那部分土地，征税 1/24 诺米斯玛；对特里亚农（Terianon）村庄中利奥（Leo，君士坦丁的儿子）租种的土地部分，征税 1/24 1/48 诺米斯玛；对佩尔吉翁（Pergion）村庄中彼得（Peter，约翰 [John] 的儿子）和基思瑞德（奥?）（Kithrid[io?]）租种的土地部分，征税 1/48 诺米斯玛；对毛里基奥斯（Maurikios）在帕萨加利科伊（Pasagarikoi）村庄租种的播种土地部分，征税 1/6 1/24 诺米斯玛；对来自帕特罗尼亚·阿诺（Patronia Ano）村庄的兰帕达拉里奥斯（Lampadararios）在相邻奇莫尼乌（Chiomoniou）村庄租种的播种土地部分，征税 1/48 诺米斯玛；对巴锡（Bathy）村庄中伦达基奥斯（Rendakios，杰隆塔 [Geronta] 的儿子）租种的土地部分，征税 1/48 诺米斯玛；那是'持剑者'彼得·西米安马雷（Peter Thymianmare）；那是这同一位彼得。[应缴税款为] 0.5 诺米斯玛。"[①] 这种个人条目列出了纳税人的姓名，纳税人所有各处地产，耕种地产的佃农名字，应缴税额，最后注明了总税款。如前所述，地籍册原来是按照地理位置登记帝国每个地方的，一个纳税人有多处地产，纳税人登记在不同地产条目下，但在底比斯地籍册中，除了这种登记方法，还出现了按照纳税人登记的条目，把一个纳税人所有地产都登记在同一纳税人条目下面。底比斯地籍册中这两种登记方法都有，反映了从 kodix 到 praktikon 的过渡和变化。尼古拉斯·斯沃罗诺斯认为底比斯地籍册描写了传统的拜占庭农村，与税收手册呈现的没有区别，勒梅勒（Lemerle）在《拜占庭农业史》中指出这份地籍册反映了社会变化，但他也认为村社具有持续性，仍然由独立农民构成，部分根据是底比斯地籍册没有提及地产（proasteion）和普洛尼亚。[②] 此外，底比斯地籍册登记的纳税人约四分之一拥有头衔，但是这些头衔在 11 世纪相当常见，绝不是高级贵族。几个纳税人（不是那些拥有最重要头衔的人）的税收数额最大，所有其他人缴纳的税款较少。

---

① 参见 Leonora Alice Neville, "Local provincial elites in eleventh-century Hellas and Peloponnese," Ph. D. Dissertation, Princeton University (Princeton, 1998), pp.236-237.

② P. Lemerle, *Cinq etudes sur le XIe siècle byzantine*, Paris: Centre national de la recherche scientifique, 1977. Alexander P. Kazhdan (editor in chief), *The Oxford Dictionary of Byzantium*, p.2033.

　　不同于底比斯地籍册，拉多利沃斯地籍册按照纳税人登记，上面列出了拉多利沃斯的佃农（即纳税人）及其家人的名字以及应纳税额；"拜占庭世界人物志"数据库（PBW）展示的片段中还有一位名叫潘托利昂（Pantoleon）的拉多利沃斯村民，没有说他是纳税人，没有标明税额，也没有注明其家人，只说他清除了一块林地，把林地变成了田地。拉多利沃斯除了1103年这份地籍册，后来还有1316年地籍册以及1341年地籍册，这些地籍册有助于我们了解拉多利沃斯的特征和历史变迁，例如人口、财产、税收等方面的变化，使我们得以重构拉多利沃斯村，村民居住在村中心，可耕地离村中心不远，除了耕地，还有大量葡萄园，周围是牧场和森林，也有助于我们了解地籍册的制作和争端的解决等方面情况。①

三　尤斯塔修斯·博伊拉斯的遗嘱

　　遗嘱，希腊文为 *διαθήκη*，*diataxis* 和 *diatyposis* 也有遗嘱之意。遗嘱主要是处理财产继承问题的文件，也涉及奴隶解放、财物遗赠、债务处理等方面，往往会列出财产清单。拜占庭法律规定遗嘱须有证人签名盖章，由法官开启遗嘱；男女都可以立遗嘱，但查士丁尼法典禁止修道士立遗嘱（除了某些例外），利奥六世则允许修道士处理自己的财产。修道士的遗嘱很难跟修道院章程（*typika*）区分开来，不仅包括财产的处理，也包括宗教教导、自传，有时候还会有修道院院长（*hegoumenos*）任命等信息。遗嘱包含经济、社会、法律关系、文化等方面的信息，具有重要的史料价值。② 这里只列出尤斯塔修斯·博伊拉斯的遗嘱，还有五份遗嘱放在修道院章程里。

（一）遗嘱的发现和出版历史

　　尤斯塔修斯·博伊拉斯的遗嘱，发现于巴黎的国家图书馆一部11世纪的手抄本（*ms. Coislin 263*）之中，抄写在圣约翰·克里马库斯（John Climacus）的《精神阶梯》（*Spiritual Ladder*）后面。这本手抄本由圣母教堂的修道士和司

---

① 参见 https://db.pbw.kcl.ac.uk/jsp/narrativeunit.jsp?NarrativeUnitID=25395；Alexander P. Kazhdan (editor in chief), *The Oxford Dictionary of Byzantium*, p.1769-1770.

② 参见 Alexander P. Kazhdan (editor in chief), *The Oxford Dictionary of Byzantium*, p.2198.

祭塞奥杜鲁斯（Theodulus）应博伊拉斯之请写于 1059 年，里面除了《精神阶梯》，还有莱图的丹尼尔（Daniel of Raithou）写的约翰·克里马库斯生平（有删节）、丹尼尔写给约翰的一封信以及约翰的一封回信，遗嘱抄写在手抄本最后几页，有很多语法和拼写错误。1890 年奥蒙（H. Omont）首先公布这件史料的内容，1907 年贝内塞维奇（V. Beneshevich）出版这份遗嘱的原文，1911 年别佐布拉佐夫（P. Bezobrazov）出版了部分评注。拜占庭学家小斯佩罗斯·弗莱奥尼斯（Speros Vryonis, Jr.）主要根据贝内塞维奇出版的文本，核对了国家图书馆提供的该手抄本的缩微胶卷，把这份遗嘱翻译成了英文（其中仅有几处小变动），英译版于 1957 年出版。[1] 20 年后，勒梅勒把遗嘱译成法文出版。

英语译文："The Will of a Provincial Magnate, Eustathius Boilas (1059)," English trans. by Speros Vryonis, Jr., *Dumbarton Oaks Papers*, Vol. 11 (1957): 263-277.

法语译文：Paul Lemerle, *Cinq Etudes sure le XIe siecle byzantin*, Paris: Centre national de la recherche scientifique, 1977, pp.29-35.

（二）立遗嘱者尤斯塔修斯·博伊拉斯

这份遗嘱的作者尤斯塔修斯·博伊拉斯是 11 世纪拜占庭帝国的一位地方权贵。博伊拉斯这个姓在拜占庭帝国史料中很早就有记载。《塞奥法尼斯编年史》（*Chronicle of Theophanes*）最早提到 8 世纪一位姓博伊拉斯的贵族，10 世纪史料中提到三位姓博伊拉斯的高级官员。11 世纪史料记载君士坦丁九世统治期间有一位名叫罗曼努斯·博伊拉斯的宫廷小丑。但这位博伊拉斯相当重要，不只是个宫廷小丑，他最终据有元老院中的最高职位，并企图取代君士坦丁成为皇帝，于 1051-1052 年和其他元老阴谋推翻君士坦丁九世的统治。事败后叛乱者被捕，罗曼努斯·博伊拉斯在暂时流放之后官复原职，其他叛乱元老则遭到严厉惩罚。11 世纪第二个有文字记载的就是这份遗嘱的作者尤斯塔修斯·博伊拉斯。[2]

---

① 参见 "The Will of a Provincial Magnate, Eustathius Boilas (1059)," English trans. by Speros Vryonis, Jr., *Dumbarton Oaks Papers*, Vol. 11 (1957): 263-264. Alexander P. Kazhdan (editor in chief), *The Oxford Dictionary of Byzantium*, p.302.

② "The Will of a Provincial Magnate, Eustathius Boilas (1059)," English trans. by Speros Vryonis, Jr., *Dumbarton Oaks Papers*, Vol. 11 (1957): 273.

尤斯塔修斯·博伊拉斯的头衔有"第一持剑者"、"金殿主管大臣"（*epi tou chrysotriklinou*）和"执政官"（*hypatos*），[①] 这表明他的地位很高。前者说明他是宫廷中的一位高官，后者表明他是一位元老院元老。家人有妻子安娜（Anna）、两个女儿伊琳妮和玛丽亚、一个儿子罗曼努斯（Romanus）。儿子三岁夭折，三年后妻子去世，尤斯塔修斯·博伊拉斯在1059年立遗嘱，应该是不久就去世。

小斯佩罗斯·弗莱奥尼斯认为，尤斯塔修斯·博伊拉斯可能是罗曼努斯·博伊拉斯的亲戚，参与了1051-1052年后者的叛乱，因此被流放，被逐出首都君士坦丁堡和家乡卡帕多西亚。[②] 理由是，遗嘱说尤斯塔修斯·博伊拉斯有三个孩子，即两个女儿伊琳妮和玛丽亚，以及儿子罗曼努斯。罗曼努斯最小，3岁时死于小纪第6年。博伊拉斯的妻子安娜死于小纪第9年，这份遗嘱本身写于小纪第12年，即1059年。罗曼努斯、安娜的死亡时间和立遗嘱时间如果发生在同一个小纪，则时间分别为1053年、1056年和1059年，那么罗曼努斯很可能出生于1050年。尤斯塔修斯在遗嘱中说他被迫离开家乡卡帕多西亚，来到相隔一个半星期路程远的地方。根据遗嘱，不能确定三个孩子出生于这次迁徙之前还是迁徙之后。由于遗嘱说他的儿子和妻子死后葬于他们来到的新地方，因此，这次迁徙可能发生于1050年他儿子出生之后、1053年他儿子死亡之前，即1051-1052年，这与罗曼努斯·博伊拉斯阴谋叛乱的时间巧合。而且，罗曼努斯·博伊拉斯和尤斯塔修斯都是元老院元老，都活跃于宫廷，罗曼努斯·博伊拉斯叛乱有元老院同谋。此外，尤斯塔修斯·博伊拉斯进一步提到他在总督米哈伊尔（*dux* Michael）手下服务了15年，在接下来的八年（到1059年为止）里他不再服务这位总督。他为米哈伊尔服务的结束时间

[①]　小斯佩罗斯·弗莱奥尼斯的写法是：*protospatharius epi tou chrysotricliniou* 和 *hypatus*。本书采用的是《牛津拜占庭辞典》的写法。*epi tou chrysotriklinou*，负责君士坦丁堡大皇宫中的金殿（*Chrysotriklinos*）的宫廷官员。*hypatos*，希腊文为 ὕπατος，用来指"执政官（consul）"的希腊语术语，6世纪后成为头衔，之后重要性降低；在11世纪，它的地位比"第一持剑者"高些；该头衔似乎在1111年后消失。参见 Alexander P. Kazhdan (editor in chief), *The Oxford Dictionary of Byzantium*, p.302, pp.455-456, pp.963-964.

[②]　"The Will of a Provincial Magnate, Eustathius Boilas (1059)," English trans. by Speros Vryonis, Jr., *Dumbarton Oaks Papers*, Vol. 11 (1957): 274.

因此与 1051 年反君士坦丁九世阴谋在时间上巧合。①

关于尤斯塔修斯的流放地的位置，小斯佩罗斯·弗莱奥尼斯认为是泰克（Taiq）地区，因为遗嘱中列出了博伊拉斯的 11 块地产，其中有一块地产卡尔穆奇（Calmouche）可以确定地点，位于小亚细亚北部，泰克地区的索罗克（Tsorokh）河边。这个位置表明博伊拉斯的地产位于亚美尼亚人－格鲁吉亚人的泰克地区，即他的流放地所在地。②

尤斯塔修斯非常勤奋，他刚到流放地的时候，那里荒无人烟、土地贫瘠，他花了很多钱，"用火和斧头把它变成灰烬"，把那里变成了适宜居住的地方。他在那里建设家园，建筑了房子和两座教堂（圣母教堂和圣芭芭拉 [Barbara] 教堂），给教堂捐赠了大量圣器和圣像，还建有一座藏书丰富的图书馆。他开辟出草地和公园，种植了葡萄园和花园，建造了输水管道、小农场和水磨坊，并带来了用于田地耕作的牲畜。去世前他在流放地拥有 11 块地产，但由于当地大地产主即他的领主的掠夺等原因，只有四块地产留在他的家人手中。③

（三）遗嘱简介

这份遗嘱写于 1059 年，写作时间在遗嘱末尾标出来了。遗嘱简要介绍了作者即尤斯塔修斯·博伊拉斯的地位和经历，介绍了尤斯塔修斯·博伊拉斯的家人、仆人、奴隶，详细列举了尤斯塔修斯·博伊拉斯的财产，详细说明了财产如何分配，以及尤斯塔修斯·博伊拉斯与他的领主米哈伊尔总督及其儿子瓦西里司令官大人（*magistrus Kyr* Basil）之间的关系。

遗嘱说，尤斯塔修斯拥有"第一持剑者""金殿主管大臣"和"执政官"的头衔，他先是在总督米哈伊尔手下为政府服务了 15 年，接着迁出家乡，来到离家乡一个半星期路程远的异乡定居，那里在宗教和语言上都很奇怪，跟他的不同。他在那里不再为政府工作，生活了八年后去世。尤斯塔修斯·博伊拉

---

① "The Will of a Provincial Magnate, Eustathius Boilas (1059)," English trans. by Speros Vryonis, Jr., *Dumbarton Oaks Papers*, Vol. 11 (1957): 274.

② "The Will of a Provincial Magnate, Eustathius Boilas (1059)," English trans. by Speros Vryonis, Jr., *Dumbarton Oaks Papers*, Vol. 11 (1957): 275-276.

③ "The Will of a Provincial Magnate, Eustathius Boilas (1059)," English trans. by Speros Vryonis, Jr., *Dumbarton Oaks Papers*, Vol. 11 (1957): 265-270.

斯的家人有妻子安娜、两个女儿伊琳妮和玛丽亚、一个儿子罗曼努斯、两个女婿"佩剑官"格雷戈里大人（*spatharocandidatus Kyr* Gregory）与指挥官米哈伊尔（*merarchus* Michael）。儿子三岁夭折，三年后妻子去世。1059 年尤斯塔修斯·博伊拉斯去世的时候他的两个女儿和两个女婿还活着。仆人有西里亚库斯（Cyriacus）、塞姆妮（Semne）、索菲娅和玛丽札（Maritza）姐妹、阿巴斯格斯（Abasgus）、拉斯卡利斯（Lascaris）、尼基塔斯（Nicetas）、马西亚努斯（Marcianus）、索特里库斯（Sotericus）、乔治（George）、色勒格农（Selegnoun）等。奴隶有塞奥多拉（Theodora）、阿布斯法里乌斯（Abouspharius）、穆瑟塞斯（Mouseses）、加里皮乌斯（Garipius）、邹伊（Zoe）等。①

尤斯塔修斯去世前在流放地拥有自己的房子、两座教堂即圣母教堂和圣芭芭拉教堂，以及 11 块地产，即达佐特（Tantzoute，即塞伦 [Salem] 或者扎莱玛 [Tzalema]）、布齐纳（Bouzina）、伊赛翁（Isaion）、巴拉布里昂（Parabounion）、欧兹克（Ouzike）、乔斯巴克拉底（Chouspacrati）、科普特利乌（Copteriou）、奥菲多布里（Ophidobouni）、考斯内尼亚（Cousneria）、卡尔穆奇、巴尔塔（Barta）。动产方面，他有大量贵重的圣器、圣像，还有大量服装、丝巾、丝绸布等，90 来册书籍，还有大量现金，羊群，等等。②

11 块地产中有 7 块落入外人之手。尤斯塔修斯把欧兹克村给了继承人（遗嘱中没有给出名字），把科普特利乌村和乔斯巴克拉底给了贫穷的孤儿兄弟克里斯托弗（Christopher）和乔治（George）及其堂兄/弟（也是孤儿）。尤斯塔修斯被迫把奥菲多布里村、考斯内尼亚以及卡尔穆奇转让给了他的主人、总督米哈伊尔，被迫把巴尔塔地产（*proasteion*）卖给了米哈伊尔的儿子、司令官瓦西里，但是都没有得到报酬。③

其余四块地产他分给了家人和教堂。他的大女儿伊琳妮分得 30 磅或者 2160 诺米斯玛嫁妆和遗产，其中包括达佐特（即塞伦，除了赠与被释放奴隶

① "The Will of a Provincial Magnate, Eustathius Boilas (1059)," English trans. by Speros Vryonis, Jr., *Dumbarton Oaks Papers*, Vol. 11 (1957): 264-267, 270-271.

② "The Will of a Provincial Magnate, Eustathius Boilas (1059)," English trans. by Speros Vryonis, Jr., *Dumbarton Oaks Papers*, Vol. 11 (1957): 266-272.

③ "The Will of a Provincial Magnate, Eustathius Boilas (1059)," English trans. by Speros Vryonis, Jr., *Dumbarton Oaks Papers*, Vol. 11 (1957): 266.

的 4 轭土地 [*zeugotopia*①] 之外），还有奴隶、银饰的衣服以及羊群。他的小女儿玛丽亚也分得 30 磅嫁妆和遗产，其中包括布齐纳的一半，还有价值相当于 10 磅的奴隶、银饰的衣服以及羊群。尤斯塔修斯把伊赛翁村庄给了他的女婿米哈伊尔。②

圣母教堂分得布齐纳的另一半，尤斯塔修斯规定这一半地产不可转让，用于供养在教堂中服务的神职人员；尤斯塔修斯还给司祭和辅祭提供 26 诺米斯玛的薪水，提供 12 诺米斯玛用于蜡烛的照明。圣芭芭拉教堂是尤斯塔修斯的母亲、妻子、儿子以及他自己的埋葬之地，尤斯塔修斯给这座教堂 12 诺米斯玛用于仪式和纪念仪式，还从巴拉布里昂村庄给了它 200 莫迪奥的谷物和 1000 罗马磅（*litrai*）③ 的酒，以及尽可能多的水果。他把圣器、圣像、神职人员使用的服装、丝绸布等，以及他的图书馆的书籍等都捐赠给了两座教堂。④

尤斯塔修斯规定如果两个女儿和女婿同心同德，和睦相爱，忠诚地执行他的命令，就允许他们住在他的房子里，并拥有他的所有财产，包括四块地产，即塞伦、布齐纳、伊赛翁以及巴拉布里昂，还有两座教堂即圣芭芭拉教堂和圣母教堂。⑤

遗嘱中有关于尤斯塔修斯的家仆和奴隶的详细安排。他给予绝大部分仆人

---

① *zeugotopion*，复数为 *zeugotopia*，指一对公牛一日所耕的土地，译为"一轭土地"。

② "The Will of a Provincial Magnate, Eustathius Boilas (1059)," English trans. by Speros Vryonis, Jr., *Dumbarton Oaks Papers*, Vol. 11 (1957): 266-267.

③ *litra*，希腊文为 λίτρα，拉丁文为 *libra*，复数形式为 *litrai*，通常译为"罗马磅"。拜占庭重量单位 *logarike litra*，通常简称 *litra*，也可称为 *chrysaphike* or *thalassia* (maritime) *litra*（黄金或标准罗马磅）；有时在古典化文献中被称为 *mna*（穆纳）甚至 *talanton*（塔兰特）。君士坦丁一世时它作为货币制度的基础：1 罗马磅（*logarike litra*）黄金 = 72 索里达（*solidi*）或伊萨吉（*exagia*）= 12 盎司（*oungiai*）= 1728 克拉（*keratia*）=6912 斯托可卡（*sitokokka*）=1/100 肯特纳里（*kentenarion*）。*logarike litra* 的确切重量有争议，理论上从大约 324 克逐渐降至 319 克。*logarike litra* 也可以是测量土地的单位：1 罗马磅（*logarike litra*）= 1/40 标准莫迪奥（*thalassios modios*）。*soualia litra* 是专门用于油或木材的重量单位，1 *soualia litra* = 4/5 罗马磅（*logarike litra*）=256 克；30 *soualiai litrai* 橄榄油 = 1 标准单位（*thalassion metron*）。参见 Alexander P. Kazhdan (editor in chief), *The Oxford Dictionary of Byzantium*, p.1238, p.1359.

④ "The Will of a Provincial Magnate, Eustathius Boilas (1059)," English trans. by Speros Vryonis, Jr., *Dumbarton Oaks Papers*, Vol. 11 (1957): 267-270.

⑤ "The Will of a Provincial Magnate, Eustathius Boilas (1059)," English trans. by Speros Vryonis, Jr., *Dumbarton Oaks Papers*, Vol. 11 (1957): 267.

和奴隶自由，给他们遗产，安排他们的婚姻、教育和生活。仆人西里亚库斯、瓦西里以及阿巴斯格斯每人从塞伦地产中得到了一轭土地（zeugotopion①），拉斯卡利斯和尼基塔斯各得到了半轭土地（boidotopion②）。尤斯塔修斯的仆人和奴隶还得到了一些现金、衣服、工作等。③

此外，他还安排莫德斯图斯（Modestus）照顾管理他母亲在家乡卡帕多西亚建造的三圣教父（Three Hierarchs）教堂。给著名的兄弟俩瓦西里和著名法官大人法里斯马尼斯（perivleptos vestarch Kyr Pharesmanes）④2磅甚至3磅（黄金）；给主教6诺米斯玛或者一本书；给司祭相似数目。他规定所有剩余财产分给穷人，还有财产的话就分给亲戚。他的衣服分给修道士，等等。⑤

最后，他还安排了遗嘱的管理人：上帝及圣母、瓦西里及其兄弟法里斯马尼斯、主教、他的两个女婿即"佩剑官"格雷戈里与指挥官米哈伊尔，以及他的教堂的高级神职人员。⑥

（四）遗嘱译文

小斯佩罗斯·弗莱奥尼斯1957年的英译版全文翻译如下。

随着时间的到来，我希望平静地、彻底地、视野开阔地安排我的事务，这样就不会有事想不起来，因为这是大脑的习惯。我不能叙述时代不公给我带来的艰辛。我被重重困难和汹涌的暴行压倒，不得不离乡背井，迁出生养我的土地，离开家乡走了一个半星期，在宗教和语言很奇怪的异族中定居下来。我曾在最著名总督米哈伊尔的帮助下成长，在他手下我为政府为皇帝服务了15年。接着我休息了八年，他在这里以合适的方式结束了生命。他的最值得称道的儿子、最著名的司令官赏赐我各种胜利和所有自由，给我大量恩惠。现在压迫我

---

① zeugotopion，指一对公牛一日所耕的土地，译为"一轭土地"，复数为zeugotopia。

② boidotopion，指一头公牛一日所耕的土地，译为"半轭土地"，复数为boidotopia。

③ "The Will of a Provincial Magnate, Eustathius Boilas (1059)," English trans. by Speros Vryonis, Jr., *Dumbarton Oaks Papers*, Vol. 11 (1957): 270-272.

④ perivleptos，或 peribleptos，希腊文为 περίβλεπτος，字面意思是"著名的""可敬的"。

⑤ "The Will of a Provincial Magnate, Eustathius Boilas (1059)," English trans. by Speros Vryonis, Jr., *Dumbarton Oaks Papers*, Vol. 11 (1957): 271-272.

⑥ "The Will of a Provincial Magnate, Eustathius Boilas (1059)," English trans. by Speros Vryonis, Jr., *Dumbarton Oaks Papers*, Vol. 11 (1957): 272.

灵魂的重担，不是使我忘记，而是（使我）赶紧忏悔，并（给我提供）一个回顾一生的机会，（因此）把一切献给全知全见的正义，并把三位一体置于我的话语的开头和结尾。

以圣父、圣子和圣灵之名，我，尤斯塔修斯，"第一持剑者""金殿主管大臣"和"执政官"，起草了目前这份书面签字秘密遗嘱；我这样做是出于自愿和单纯的愿望，而不是出于某种需要、强迫、嘲弄、欺骗、邪恶、忽视、诱惑或者狂妄；相反，我非常愿意，生活和思想非常真诚，行为正当，健康良好，头脑清醒，具有自主行动能力。

我从祖先那继承了一块免税地产和极好的本性，我从一开始就完全是东正教徒，遵守七次神圣全基督教宗教会议的训诫和规则。至今我没有欠债，而是过着自由、没有负债的生活，完全（受惠）于仁慈的上帝，（受惠）于皇帝的神圣之手，（得到）我前面提到的大人和主人即已故总督的无数好处和恩惠，以及他的儿子和继承人、著名的司令官瓦西里大人的所有那些好处和恩惠。在我结婚之后，我的合法妻子安娜（和）我离开家乡定居在这块土地上；（我带着）所有的金钱和财产以及通过正当途径积累的一切，还有赐予我的两个女儿和儿子。儿子只活到第三个年头，在小纪第 6 年去世。在小纪第 9 年初，他的母亲即我的妻子削发为修女，然后随她儿子去了，留下两个女儿伴我度过余生。直到现在小纪第 12 年，我一直照顾她们，正如上帝所规定的那样。在这些境况下，死亡的回忆不断刺激我，不合时宜地意外地来到我眼前，我希望安排我的事务。我首先关注的是更高尚更美好的事物，即关于上帝的事物，关于灵魂的事物，类似受神启示的杰作，人们称为上帝的教堂和圣殿以及圣母的教堂和圣殿；（这，因此）肉体应该远离欢愉的刺激。当我最初到达并定居在这里的时候，我得到了这块土地，它污秽肮脏，毫无秩序，住着蛇、蝎子和野兽，因此住在对面的亚美尼亚人甚至不能稍微休息。尽管他们（亚美尼亚人）受制于这块土地对大多数人来说难以接近和未知这一事实，我却用火和斧头把它变成灰烬，正如赞美诗中所说的那样。在这个地方我建立起我的房子和神圣教堂，（我创建）草地、公园、葡萄园、花园、沟渠、小农场、水磨坊，（我带来）牲畜以便使用，既是必要的也是有用的。我的布齐纳地产以同样的方式形成，它恰好是一块完整的地产（*monidion*），它原来土地贫瘠，经过我的耕种变成这样；还有被抛荒且土地贫瘠的伊赛翁村，除了扎莱玛地产（*monidion*）。

同样地，欧兹克村，还有乔斯巴克拉底，科普特利乌村，奥菲多布里村，以及考斯内尼亚，这些地方很久就荒无人烟了，我花了很多钱设法改进这些地方。我把欧兹克村给了我指定为继承人的那些人，还给了原始出售单据。科普特利乌村和乔斯巴克拉底我给了孤儿兄弟克里斯托弗和乔治以及他们的堂兄弟，因为他们是贫穷的孤儿。奥菲多布里村和考斯内尼亚以及卡尔穆奇的使用权，由于我那死后升天的总督即我的主人的请求，我通过一份财产转让书把它们给了他。我把巴尔塔地产给了最显赫的瓦西里司令官，由于我接受这块地没有加以改进，我被迫出售了它；但是我没有得到报酬。同样地，尽管持有我的主人们、最显赫的司令官以及死后升天的总督和总督夫人（ducaina）欠债（多达25磅）的其他书面证据，但是我没有得到任何报酬。让全知全见的上帝审判这一切吧。因为上帝这位知道人心的神明证明我至今没有有意背叛或者欺骗祂或者祂的子民；我也没有显得邪恶或企图诽谤或书写任何造谣中伤的东西，相反我努力至死不为了它们而进行欺骗或耍诡计。由于我们全能的上帝，由于无敌的十字架的积极作用，由于我的圣母（Theotocos）的援助，我已经完成了伟大的、出乎意料的事情，尽管我被他们毁谤，经历了许多艰难困苦，他们甚至谋害我的性命。但是正如我期望从一贯正确的眼睛①那里得到补偿一样，我并没有因此丧失理智。

　　剩下的四块地产（proasteia），我把达佐特（即塞伦）作为嫁妆给了我的婚生大女儿伊琳妮和她的丈夫；也就是说，包括这块地产多达80诺米斯玛的租金还有牧场收费（ennomion），不包括自由民事实上拥有、我授予他们继承权的那4轭土地（zeugotopia）。她将拥有80诺米斯玛、牧场以及整块土地的所有权，因此我这个女儿将通过她父亲的遗产和嫁妆拥有30磅。除此之外，她已经拿走动产、自动产、半动产。一些她秘密拿走，一些她公开带走，即奴隶，以银饰的衣服，以及羊群。她将带着我的祝福和愿望拥有所有这些东西，她将住在我的房子里，虔诚地生活，信奉东正教，有义务受到帝国定期的人口普查。我给了她的妹妹玛丽亚、我的婚生女儿，（价值）10磅的动产、自动产和半动产作为嫁妆，也就是说，奴隶、银饰的衣服以及羊群。希望以类似她姐姐30磅遗产和嫁妆的方式来完成她的嫁妆，我给了她我的一半布齐纳地

---

① 指上帝。

产。她将拥有所有这些作为嫁妆和父亲的遗产，达到 30 磅。这块地产的另一半，我捐赠给我的圣母教堂，用于供养在教堂中服务的神职人员，这是我建立的教堂，其所有权完全不可转让；我给了 26 诺米斯玛作为司祭和辅祭的薪水，12 诺米斯玛用于蜡烛的照明。给圣殉道者芭芭拉教堂（这是我真正的母亲、我的儿子罗曼努斯以及我的妻子的埋葬之地，也将成为我这个不幸的微不足道之人的埋葬之地）12 诺米斯玛用于仪式和纪念仪式，也就是说用于教堂和葬礼。我从我的巴拉布里昂村庄给了 200 莫迪奥的谷物和 1000 罗马磅的酒，以及上帝赐予的尽可能多的水果。我把伊赛翁村庄而不是 5 磅给了我的女婿米哈伊尔。

如果由于上帝的恩典和圣母的代祷，我的两个女儿和女婿同心同德，和睦相爱，居住在我的房子里，有圣母为证，他们也将拥有我的所有财产，包括动产、自动产以及不动产。

我已经分配给我的家仆他们的份额，因此每个人熟悉自己的份额和实物财产。

我也没有得到或者留下任何债务，甚至是 1 诺米斯玛，因为上帝这位保护人在积累的同时付出了。

我没有留给任何其他人甚至 1 诺米斯玛或其他东西，除了很久之前我在我建造的最神圣教堂中捐赠的圣物和圣器。具体如下：一个镶嵌了黄金的圣十字架，装饰了彩色圣像（以及）6 个圆雕饰；另一个带有浮雕的镀银十字架，供引导游行用；还有一个银质小十字架。圣器有一个圣餐杯，一个筛子，一个四芒星，两块勺子，一个圣餐盘，另一个深的圣餐盘，一个香炉，都是纯银镀金的。吊灯①。所有这些东西花了 300 诺米斯玛。另一个圣餐杯是木制的，有配件；也就是说，六条紫色丝巾和圣袱；三块圣餐盘盖布，以及一条盖圣餐杯的绿白丝巾；五件罩袍和司祭穿的法衣，其中两件是黑色的，其他四件是白色的，②还有一件紫色的，尼古拉藏起来了；还有七件带有圣带和腰带的法衣；

---

① 小斯佩罗斯·弗莱奥尼斯指出"吊灯"是后来加入手抄本的。参见 "The Will of a Provincial Magnate, Eustathius Boilas (1059)," English trans. by Speros Vryonis, Jr., *Dumbarton Oaks Papers*, Vol. 11 (1957): 267, n.21.

② 应该是抄写员计数错误。参见 "The Will of a Provincial Magnate, Eustathius Boilas (1059)," English trans. by Speros Vryonis, Jr., *Dumbarton Oaks Papers*, Vol. 11 (1957): 268, n.23.

两条主教戴的披肩带（*omophoria*）①；四条极大的纯丝巾；一件紫色束腰长袖长袍，上面有带字母的十字架；另一块金线织花丝绸锦缎布，（有）紫罗兰色和白色。其他的银质镀金圣器：一个银烛台和多个装满圣骨的圣骨匣。8 个镀金的圣像；其中，一个是双联画上耶稣受难圣像，一个是圣乔治圣像（St. George *scoutaren*），一个是圣塞奥多利（St. Theodore）和圣乔治圣像，一个是圣母小圣像，一个是圣巴西勒（St. Basil）圣像，两个是圣母大圣像，一个是耶稣受难圣像（*scoutaren*）；总共是 8 个。其他 12 个铜质圣像。30 个各种各样的镀金圣像，有主的节日的圣像，有各种圣徒的圣像。另外 10 个各种圣徒小圣像，其中 8 个是可折叠的，2 个是不可折叠的。2 个大型铜质枝状大烛台，5 个铁质枝状大烛台；一个小灯台；两个有 8 盏灯的灯台；6 个有链条的枝形吊灯；4 个香盒，以及 2 个香炉。

各种书籍：我的最珍贵的或者说我的无价之宝、神圣的福音书，通篇以金字写成，包括四位福音书作者的镀金图像，泥金装饰，紫色封皮，银质镀金斜纹图案。它有一个扣形装饰，是彩绘的字母，还有一个基督降生节的场景。它有镶嵌了黄金的 89 个小扣环。另一本羊皮纸福音书也是这样。一本象牙雕刻的破旧小书，四福音书。另一本是四位福音书作者的解释。一本方便随身携带的小书《使徒行传》。另一本大书是《精神草原》（*Leimonarion*）。《创世纪》，《箴言》，以及《先知书》。另一本大书……里面有"摩西五经"（*Pentateuch*），还有两本《列王纪》。《法令全书》（*Pandectes*）。一本庆典日历（*heortologion*）②。三本《诗篇》（*contacaria*）。一本大书，包含对安提帕（Antipas）的两篇布道文以及他的生平。另一本书是大马士革的圣约翰（St. John Damascene）的，其中还有神学家圣格里高利(St. Gregory the Theologian）的诗歌。另一本书是《梅丽莎》（*Melissa*）。《良药宝库》（*Panarion*）。③ 一本有注解的《诗篇》。一本《诗

---

①　主教在宗教仪式上戴在肩上的长条披巾，通常相当于天主教的 pallium（披肩带）。参见 "The Will of a Provincial Magnate, Eustathius Boilas (1059)," English trans. by Speros Vryonis, Jr., *Dumbarton Oaks Papers*, Vol. 11 (1957): 268, n.24.

②　*heortologion*，列出了教会节日并简介了纪念圣徒的书。参见 *Byzantine Monastic Foundation Documents: A Complete Translation of the Surviving Founders' Typika and Testaments*, eds. John Thomas and Angela Constantinides Hero, with the assistance of Giles Constable, 5 vols. Washington, D.C.: Dumbarton Oaks Research Library and Collection, 2000. p.1682.

③　*Leimonarion*，指 6–7 世纪修道士约翰·莫斯库斯(John Moschus) 的《精神草原》(*Spiritual

篇》和两本《圣咏集》(*stichologia*)。四本译本。两本教会日历 (*synaxaria*)。一本各种作品的摘录集。另一本书有《桃》(*Persica*) ① 和其他作品。另一本书是关于大天使（Archistrategus）的礼拜仪式的。克里索斯托（Chrysostom）三本伦理书。圣巴西勒的《创世之论说》(*Hexameron*) 和克里索斯托著作小册子。大巴西勒反优诺米（Eunomius）的作品《驳优诺米》(*Antirrhetica*) 16 本小册子。一本注释书。卡尔西登会议概要 (*Synodicon*)。《指南》(*Odegos*)。一本教规 (*canonicon*)。另一本教规，包含节选的旧约和新约。《摩西律法》(*Nomos*)。《亚历山大》(*Alexander*，宗教书)。《勒俄基柏》(*Leucippe*)②。《解梦》(*Oneirocritus*) ③。《十二先祖》(*Twelve Patriarchs*)。伊索寓言（Aesop）。皮西迪亚 (Pisides)［传］。马利努斯（Maleinus）［传］。尼蓬（Niphon）传。斐罗 (Philon)［传］。两本《阶梯》(*Climaces*)。两本编年史。*Epanectirin*④《语法问题》(*Questions of Grammar*)。另一本是《教父生平集》(*patericon*)。两本晨祷仪式书 (*heirmologia*)。《五部曲》(*Pentabiblos*) ⑤。五本《八重奏曲》(*octaechoi*)。两本仪式吟唱圣歌(*idiomela sticheraria*)。一本复活节前后仪式书(*triodion*) ⑥。六本全年仪式书 (*menaia*⑦)。克里索斯托的其他著作。另一本书，其中有圣

Meadow)。*Pandectes*，是 7 世纪修道士安提阿古（Antiochus）的基督徒灵修手册。*Melissa*，是 11 世纪修道士安东尼（Antonius）编的谚语选集。*Panarion*，4 世纪教父塞浦路斯萨拉米的埃彼发尼（Epiphanius of Salamis）驳斥异端的作品，其标题称"抵消异端毒药的良药宝库"。参见 https://en.wikipedia.org/wiki/Panarion；*The panarion of Epiphanius of Salamis*, Book I (Sects 1-46), translated by Frank Williams, Leiden, Boston: Brill, 2009. http://preteristarchive.com/Books/pdf/2009_williams_the-panarion-of-epiphanius-of-salamis_01.pdf。

① *Persica*，可能是 6 世纪阿加提亚斯（Agathias）的作品。

② *Leucippe*，阿基琉斯·塔提奥斯（Achilles Tatius）的小说。

③ *Oneirocritus*，可能是一本梦的解析书。

④ 含义不明。

⑤ *Pentabiblos*，3 世纪早期史学家塞克图斯斯·尤利乌斯·阿非利加努斯（Sextus Julius Africanus）所写世界史著作的书名，该书从创世写到公元 221 年，分为五部。参见 *Penny Cyclopaedia of the Society for the Diffusion of Useful Knowledge*, London: C. Knight, 1833, p.190. https://www.biblicalcyclopedia.com/A/africanus-julius.html；https://en.wikipedia.org/wiki/Sextus_Julius_Africanus。

⑥ *triodion*，仪式书，关于复活节前 9 周和复活节后 8 周祷告等仪式的规定。

⑦ *menaion*，希腊文为 μηναῖον，复数形式为 *menaia*，指一套 12 本仪式书，一个月一本，包括了各种赞美诗等，用于教会日历上节日的晚祷和晨祷。译为全年仪式书。参见 Alexander P.

伊西多尔（St. Isidore of Pelusium）的问题和书信。一个盆和盘子。

这些献给神圣教堂，以便我的两个女儿能使用和拥有它们进行吟唱、阅读和学习。其他人不得转让它们；除非神职人员想要和同意，否则这些东西必须在必要时和必要处使用。同样地，（她们将）拥有我的四块地产，如果她们忠诚地执行我的上述命令（我已经详细说明这些）。如果我的两个女儿友好和平相处，她们将拥有它们，即塞伦、布齐纳、伊赛翁和巴拉布里昂。她们也将遵守节日和纪念仪式，她们将保证完全照管教堂、神职人员，以及我可怜的不幸灵魂。她们将庆祝以下节日：童贞女圣母临盆日（the lying-in of the Virgin），圣母安息节（Dormition，或译圣母升天节），举荣圣架节（Exaltation of the life-giving Cross），圣母进殿节（the entrance of the Virgin into the temple），在11月5日纪念我的父母，在9月26日纪念我那已故升天的妻子；而且上帝会使她们有能力庆祝和纪念的。她们将严格遵守三个神圣节期的第一个礼拜天（Quadragesima）斋戒，即大斋节的，圣使徒节的以及圣诞节的。除了复活节以及圣诞节至主显节12天期间（Duodecameron①），根据七次全基督教宗教会议的传统，（她们将庆祝）神圣星期三和星期五。我希望对我的家人的这些纪念活动永久持续，正如我希望神圣教堂的仪式不受干扰一样，我使用我的自由财产来保证。如果我的孩子们和后代乐意且可靠完成这些事情，他们将成为我所有财产的领主和主人。但如果我的继承人疏忽或不在意这些事情，他们将拥有塞伦、伊赛翁和巴拉布里昂。但是我的布齐纳地产将用于救济神职人员和上述两个教堂的蜡烛照明。

我照顾我的家仆，以及那些在我的房子里出生的人，几年前，我全部解放了他们，为他们提供遗产（一些已经去世，其他仍然活着），以便他们将根据有关他们的"遗嘱附录"（codicils）取得完全的自由，成为罗马帝国的公民。他们将永远自由拥有赠与他们的土地（zeugotopia）。首先（我指的是）西里亚库斯，他和我一起长大，在我一生中为我辛勤劳作。我给他一位自由妇女（修道士、司祭克莱门特［Clement］的妹妹）为妻，我为他完成结婚仪式。在我

Kazhdan (editor in chief), *The Oxford Dictionary of Byzantium*, p.1338.

① *Duodecameron*，即从圣诞节到主显节（Epiphany）的12天。参见 Greg Peters, C. Colt Anderson (eds.), *A Companion to Priesthood and Holy Orders in the Middle Ages*, Boston: Brill, 2015, p.84.

重病期间，我立遗嘱给他 15（诺米斯玛）以及他得到的所有个人衣服和床上用品。在小纪第 6 年我又给了 10（诺米斯玛）。现在，在我的生命尽头，由于我把他的儿子君士坦丁献给了圣母，我给了他 10（诺米斯玛）。在两次场合我为仆人塞姆妮做出类似的规定，并为她的儿子瓦西里娶了一位妻子且使他成为一名司祭之后，我给他一轭自主支配的土地和 10（诺米斯玛）。索菲娅和玛丽札姐妹及其丈夫、孩子，我给了他们自由，在前述以往两次场合做出了规定。我最近给了阿巴斯格斯一轭土地；给拉斯卡利斯半轭土地；尼基塔斯也是一样，只是第一次给他做出规定，我现在给他半轭土地和 3（诺米斯玛）。由于我把阿巴斯格斯的儿子乔治和拉斯卡利斯的儿子米哈伊尔献给了圣母，我留给乔治 5（诺米斯玛），留给米哈伊尔 3（诺米斯玛）。我安排了马西亚努斯的合法婚姻，（我希望）他也得到自由并按照我要求的情况得到赡养。在给索特里库斯自由，把他的份额给了他之后，我给了他"遗嘱附录"（codicil）。我给了乔治和他的妻子塞奥多拉自由，塞奥多拉（原来）是我那升天妻子安娜的奴隶。我任命他为圣母教堂的一名神职人员，他将得到辅祭的薪水和实物报酬（annona①），以及他作为抄写员从职业中得到的一切；以及 3（诺米斯玛）作为遗产。我给予自由的仆人和奴隶的家庭中出生的所有男孩，将在圣母教堂长大，学习神圣的文字，将成为神职人员，由教堂养活。但是所有希望为我的后代工作的男人和女人，如果有的话，他们将得到令所有人满意的薪水和实物报酬，不得以任何方式抛弃或者出售他们任何人。我希望他们得到各种尊重和自由。色勒格农，我以前使他自由并使他和我的奴隶阿布斯法里乌斯结婚，我把他给我女儿玛丽亚服务，从现在即小纪第 12 年到（下一个小纪）第一年。我希望他也得到自由并得到 3（诺米斯玛）作为遗产；同样，我的奴隶穆瑟塞斯和他的父亲加里皮乌斯也是如此，以拯救和纪念我最爱的儿子罗曼努斯。

即使我从我的家乡、虔诚的卡帕多西亚军区迁了出来，我并不希望抛弃我母亲建造的三圣教父教堂。（因此）我任命莫德斯图斯为看管人和主人来照管它。[这里一段空白有大约五六个词] ……我的姐（妹）、新入教者（catechumen）伊琳妮的孙儿女们，以及刚说的教堂的所有圣器、银十字架、镀金圣像、书

---

① annona，指以实物而不是现金支付的报酬。参见 Alexander P. Kazhdan (editor in chief), *The Oxford Dictionary of Byzantium*, pp.105-106.

籍、最后还有司祭的长袍。

关于圣所就说到这里。如果由于上帝旨意和圣母干预，我有时间完成上述遗愿的话，我将非常感激。但是如果（还没有完成这些事情）共同命运就降临的话，那么希望能够从我的地产年收入（扣除帝国税收后）中完成这些事。剩下的一切分给我的弟兄们和主人们，即穷人。如果发现我的任何牲畜和财产（动产和半动产），就把它们分给我在那里的亲戚。我不能记起我整个一生中做过的任何好事，我仅仅徒劳地工作，成为我的胃和快乐的奴隶。

我不知道我花了 400 诺米斯玛买来的奴隶邹伊怎么被忽略的。即使在给她自由的"遗嘱附录"中，声明如果她违背对上帝的誓约则将再次成为奴隶，尽管她未经我同意便把自己给了一个男人，我希望她自由并与她的孩子们完全自由。

全知全能的上帝 [此处遗漏大约 28 个字母] ……或者 [此处遗漏几行] ……我躺在指定的埋葬地墓地里。我恳求并祈祷所有人，司祭、修道士和我的继承人们对我的遗体吟诵三圣颂（*trisagion*①），并且每年举行纪念仪式以补偿我的罪过。最重要的是，我使我的继承人和后代以及所有高官（大主教、主教、地方长官 [*catepans*]、都督 [*duces*]、军区法官）发誓对"全能者"(Pantocrator)上帝、完美的圣母、天堂所有有权力的神负责，保护我的命令不受损害。如果我的任何亲戚或继承人或我给予自由的人们陷入迷途，偏离东正教信仰，信奉奇怪的异端信仰，那么，如果他是继承人，他将丧失他的份额；如果他是我给予自由的人，他将沦为奴隶；如果他是外来者，他将被逐出我的管辖权之外。

如果我的女儿或者她的丈夫双方一致同意想要定居他处，如果她们要建立一座类似或者小于圣母教堂的教堂，那么教堂的所有神圣财产应被瓜分。对每个分配的份额这将足够，因此每个人将受益于上帝和圣母的祝福；此外，[遗漏 8 到 10 个词] …… [遗漏 13 到 14 个词] ……他 [遗漏 5 到 6 个词] …… [遗漏 16 个字母] ……他将死亡，将被所有人谴责为弑亲者和杀害兄弟姐妹者。

除此之外，我让以下人管理我的遗嘱：首先是"全能者"基督及圣母；还有最尊敬的瓦西里司令官及其兄弟著名法官大人法里斯马尼斯；上帝最爱的教

---

① *Trisagion*，希腊文为 Τρισάγιον，字面意思是"三圣"赞美诗，拜占庭人用这个词来指圣经的"*Sanctus*"（三圣颂），东正教圣餐开始时吟唱的赞美诗。参见 Alexander P. Kazhdan (editor in chief), *The Oxford Dictionary of Byzantium*, p.2121.

区主教；作为管理者和统治者的我的两个女婿，即"佩剑官"格雷戈里和指挥官米哈伊尔；以及我的教堂的高级神职人员。我遗赠给著名的兄弟俩（瓦西里和法里斯马尼斯）2 磅甚至 3 磅（黄金）；给上帝最爱的神圣主教 6（诺米斯玛）或者一本书；给司祭相同数目。如果发现我的衣服或者睡衣，它们应该分给神圣的修道士。

这份文件由圣母教堂的修道士和司祭塞奥杜鲁斯根据我的命令书写并整理好，并且在小纪第 12 年 6567 年 4 月由在场的证人在圣父圣子圣灵面前签名。我，尤斯塔修斯·博伊拉斯，"第一持剑者"和"执政官"，亲笔签名。

（五）史料价值

第一，如前所述，小斯佩罗斯·弗莱奥尼斯的研究表明，遗嘱的内容为确定遗嘱作者身份提供了一些线索，虽然需要得到其他证据的进一步证实。

第二，遗嘱表明了尤斯塔修斯·博伊拉斯及其家人、仆人、奴隶的信仰状况及其在生活中的地位。尤斯塔修斯说他信奉东正教，遵守七次神圣全基督教宗教会议的训诫和规则，说大女儿伊琳妮虔诚地生活，信奉东正教。他有大量珍贵的圣器和圣像，他的图书馆中的 90 来册书籍基本上是宗教书籍。他要求两个女儿友好和平相处，遵守节日和纪念仪式，保证完全照管教堂、神职人员以及他的灵魂，要求她们遵守七次全基督教宗教会议的传统，要求两个女儿和后代们永久纪念他的家人，并使用他的自由财产来保证这种纪念活动延续下去，他规定他的后代们完成这些义务就能完全拥有他的财产，否则他们只拥有塞伦，伊赛翁和巴拉布里昂，但是他的布齐纳地产将用于救济神职人员和两个教堂的蜡烛照明。尤斯塔修斯在遗嘱最后进一步规定，如果他的任何亲戚或继承人或他给予自由的人陷入迷途，偏离东正教信仰转而皈依奇怪的异端信仰，那么，如果是继承人则将丧失其财产份额；如果是他给予自由的人则将沦为奴隶；如果是外来者则将被赶出他的势力范围。[1]

另外，尤斯塔修斯对他的仆人和奴隶做了详细的安排，给予绝大部分仆人和奴隶自由，使他们成为根据"遗嘱附录"获得自由的罗马帝国公民，例如，

---

① "The Will of a Provincial Magnate, Eustathius Boilas (1059)," English trans. by Speros Vryonis, Jr., *Dumbarton Oaks Papers*, Vol. 11 (1957): 265, 267-270, 272.

西里亚库斯、塞姆妮的儿子瓦西里、阿巴斯格斯、索特里库斯等；给他们遗产保证他们的基本生活，例如，给西里亚库斯 35 诺米斯玛以及他得到的所有个人衣服和床上用品，给塞姆妮 25 诺米斯玛以及他得到的所有个人衣服和床上用品，给塞姆妮的儿子瓦西里 10 诺米斯玛，等等；并为他们安排婚姻，例如，安排西里亚库斯和一位自由民、修道士克莱门特的妹妹结婚，为塞姆妮的儿子瓦西里安排了婚姻，等等；尤斯塔修斯还为他们的子女提供教育和安排谋生手段，规定他给予自由的仆人和奴隶的家庭出生的所有男孩，将在圣母教堂长大，在那里接受教育，将成为神职人员，由教堂养活，例如，尤斯塔修斯把西里亚库斯的儿子君士坦丁、阿巴斯格斯的儿子乔治、拉斯卡利斯的儿子米哈伊尔献给了圣母教堂，使塞姆妮的儿子瓦西里成为司祭，任命仆人乔治为圣母教堂的神职人员，使他得到辅祭的薪水和实物报酬，以及他作为抄写员从职业中得到的一切，等等。①

一个让尤斯塔修斯失望的奴隶是邹伊，当初他花了 400 诺米斯玛购买她，但她未经他同意便与一个男人同居，不过，尤斯塔修斯还是给了她自由，声明如果她违背对上帝的誓约她将再次沦为奴隶，但他还是希望她自由并与她的孩子们完全自由。② 这反映了当时有奴隶买卖，奴隶有获得自由的途径。

第三，遗嘱表明了尤斯塔修斯与他的领主米哈伊尔总督及其儿子和继承人瓦西里司令官之间的关系。在遗嘱中，尤斯塔修斯一方面说他受惠于米哈伊尔及其儿子瓦西里：他曾在米哈伊尔的帮助下成长，在他手下为政府为皇帝服务了 15 年，得到米哈伊尔和瓦西里无数的好处和恩惠；另一方面说，他被迫把奥菲多布里、考斯内尼亚以及卡尔穆奇转让给了他的主人、总督米哈伊尔，被迫把巴尔塔地产卖给了瓦西里司令官，但是都没有得到报酬，他虽然有领主米哈伊尔夫妇及其儿子瓦西里欠他多达 25 磅黄金的书面证据，但是无法收回债务，甚至遭到领主夫妇及其儿子的诽谤，他们甚至谋害尤斯塔修斯的性命。此外，在遗嘱最后，尤斯塔修斯规定的遗嘱的诸多管理人中，瓦西里司令官及其兄弟著名法官大人法里斯马尼斯位居上帝和圣母之后，处于主教、他的两个女

---

① "The Will of a Provincial Magnate, Eustathius Boilas (1059)," English trans. by Speros Vryonis, Jr., *Dumbarton Oaks Papers*, Vol. 11 (1957): 270-271.

② "The Will of a Provincial Magnate, Eustathius Boilas (1059)," English trans. by Speros Vryonis, Jr., *Dumbarton Oaks Papers*, Vol. 11 (1957): 272.

婿以及他的教堂的高级神职人员之前。这反映了尤斯塔修斯作为政治流放者依附于当地大地产主，其部分财产遭到后者掠夺的状况。

遗嘱提到尤斯塔修斯的领主米哈伊尔总督及其儿子瓦西里司令官和法里斯马尼斯的名字和地位，没有提到他们的姓。但根据阿塔雷亚特、凯德诺斯的希腊语记载和埃德萨的马修（Matthew）的亚美尼亚语记载，可以判断他们的姓是阿波卡普斯（Apocapes）。而且，尤斯塔修斯·博伊拉斯的一块地产卡尔穆奇可以确定位置，表明他的地产位于亚美尼亚人－格鲁吉亚人的泰克地区，这个地区在 1000–1001 年被皇帝瓦西里二世兼并，成为伊庇利亚军区。因此，尤斯塔修斯的领主阿波卡普斯家族来自泰克地区，他们强行夺走了尤斯塔修斯·博伊拉斯的一些土地。①

第四，遗嘱描绘了流放地最初荒无人烟、土地贫瘠的状况，反映了塞尔柱人侵略之后伊庇利亚军区的情况。尤斯塔修斯的流放地位于泰克地区，属于伊庇利亚军区。1047 年那里的军队被召集前去镇压利奥·托尼修斯叛乱，1047–1049 年塞尔柱人侵略了那里，1050–1051 年那里的军队被召集去攻打佩彻涅格人，塞尔柱人再次入侵。当 1051–1052 年尤斯塔修斯到达那里时，发现那里土地贫瘠、很久就荒无人烟了，住着蛇、蝎子和野兽。他的 11 块地产中，有 7 块地产（欧兹克，乔斯巴克拉底，科普特利乌，奥菲多布里，考斯内尼亚，布齐纳，以及伊赛翁）荒无人烟。在花了很多钱和很多努力之后，他改进了这些地产。这是描述塞尔柱人侵略开始后帝国东部地区状况最详细的拜占庭文件。②

四　米哈伊尔·普塞洛斯关于解除
女儿婚约的法庭公文

作者米哈伊尔·普塞洛斯见前文介绍。关于拜占庭法律相关问题，参见《牛津拜占庭辞典》各相关词条。拜占庭各法庭产生大量公文，这里要介绍的

---

①　"The Will of a Provincial Magnate, Eustathius Boilas (1059)," English trans. by Speros Vryonis, Jr., *Dumbarton Oaks Papers*, Vol. 11 (1957): 274-276.

②　"The Will of a Provincial Magnate, Eustathius Boilas (1059)," English trans. by Speros Vryonis, Jr., *Dumbarton Oaks Papers*, Vol. 11 (1957): 276-277.

米哈伊尔·普塞洛斯关于解除女儿婚约的庭审备忘录（*hypomnema*）就属于其中之一。*hypomnema*，希腊文为 *ὑπόμνημα*，指各种文件，这里指庭审备忘录，包括相关证据、证词和辩论，要呈交皇帝；对它的回复称为 *lysis*（*λύσις*）或者 *semeioma*（*σημείωμα*）或者 *semeiosis*（*σημείωσις*），通常只包括案件的判决和理由。① 下面介绍这份庭审备忘录相关信息。

（一）手抄本

关于其手抄本和相关研究，见 Paul Moore, *Iter Psellianum,* Toronto: Pontifical Institute of Mediaeval Studies, 2005, pp.382-383.

（二）出版和现代语言译本

K.N. Sathas, *Μεσαιωνικὴ βιβλιοθήκη* (Bibliotheca *graeca Medii Aevi*), vol. 5: *Pselli miscellanea*. Venice: Phoenix; Paris: Maisonneuve et Cie, 1876, pp.203-212.

G. Dennis, *Michaelis Pselli Orationes, Forenses et Acta*, Stuttgart and Leipzig: Teubner, 1994, pp.143-155.

法语译本：R. Guilland, "Un compte-rendu de Proces par Psellos." *Byzantinoslavica* 20 (1959), pp.205-211; reprinted in 1967, pp.84-90.

英语译本：M. Kyriakis, "Medieval European Society as Seen in Two Eleventh-Century Texts of Michael Psellos." *Byzantine studies/Études byzantines* (1976-1977) 4.1: 70-80.

英语译本：*Mothers and sons, fathers and daughters: the Byzantine family of Michael Psellos*, edited and translated by Anthony Kaldellis; with contributions by David Jenkins and Stratis Papaioannou. Notre Dame, Ind.: University of Notre Dame Press, 2006, pp.147-156.

（三）内容大意

下面主要根据安东尼·卡尔德利斯 2006 年英译本翻译大意。

---

① 参见 Alexander P. Kazhdan (editor in chief), *The Oxford Dictionary of Byzantium*, p.965, p.1784, p.1868. *Mothers and sons, fathers and daughters: the Byzantine family of Michael Psellos*, edited and translated by Anthony Kaldellis, p.147, n.1.

这份庭审备忘录的副本是由同一位修道士米哈伊尔·普塞洛斯（当时他的头衔是"大法官"[*vestarchês*①]）在关于解除他女婿艾尔菲迪奥斯·肯切尼斯（Elpidios Kenchres）婚约的审理中制作的。法官席有帝国大法官法庭庭长（*prôtoasekretis*），中央法庭法官（*epi tôn kriseôn*），君士坦丁堡法律学校校长（*nomophylax*）和竞技场法庭法官（*skribas*）。②

导言，因判断错误，解除婚约是明智的。

虔诚修道士米哈伊尔拥有广博学识，从皇帝那里获得"大法官"头衔和哲学教授职位（Consulship of Philosophy），极其照顾其养女，把收养关系变成了血缘关系，对养女十分慈爱。由于他没有其他孩子，他对这个孩子极其慷慨，

---

① *vestarchês* 或者 *vestarches*，希腊文为 βεστάρχης，10–12世纪拜占庭头衔。在11世纪，其地位处于 *magistros*（高级荣誉头衔，10世纪后贬值，12世纪消失）和 *vestes*（11世纪授予重要将军的高级头衔，11世纪末贬值，后消失）之间。原授予宦官，后来范围扩大，被授予地位很高的人，例如高级将军，持有该头衔的甚至后来成为了皇帝，也被授予地位低些的官员如"帘子"法庭法官。11世纪末该头衔贬值，出现了新头衔 *protovestarches*，即 first *vestarches*，授予法官和文书。*vestarches* 于12世纪初期之后消失。可译为"将军""军官""大法官""法官"等。这里译为"大法官"。这份庭审备忘录通篇以米哈伊尔·普塞洛斯拥有的这个头衔来称他。参见 Alexander P. Kazhdan (editor in chief), *The Oxford Dictionary of Byzantium*, p.1267, p.2162.

② 这里列出的法官按照其荣誉的优先顺序排列，表明了法官席的构成，这个法官席是由塞奥多拉皇后直接任命的，其中，*prôtoasekretis*，即 *protasekretis*，是帝国大法官法庭（Imperial Chancery）的首脑。*epi tôn kriseôn*，希腊文为 ὁ ἐπὶ τῶν κρίσεων，其所在法庭听取地方申诉，负责解决地方法官提交的法律问题，但不是上诉法庭。*nomophylax*，希腊文为 νομοφύλαξ，主管法律教育。*epi tôn kriseôn* 和 *nomophylax* 都是高级法官，为"帘子"法庭成员。*skribas*，希腊文为 σκρίβας，原来是 *quaestor* 的下属，但11世纪其职责延伸到竞技场法庭。*quaestor*，希腊文为 κυαίστωρ 或 κοιαίστωρ，法官，原来负责起草法律、处理向皇帝的申诉等，是皇帝最亲密的法律顾问，大约8世纪或9世纪后地位下降，成为法官之一，负责监管君士坦丁堡的游客和乞丐，处理佃户和地主之间的冲突等，在9世纪他有自己的工作人员。这个法官席的构成表明这个案件是在竞技场法庭（即"帘子"法庭，不是在大竞技场上，而是在皇宫西边有屋顶的竞技场法庭上）审理的，不同于 *quaestor*（法官）和 *eparchos*（行省总督或者城市长官）的城市法庭和刑事法庭，竞技场法庭主要处理民事案件，这个法庭的首脑是 *droungarios tês viglas*，他下面有12位法官，这12位法官被认为是"帘子"法庭法官（可能这些法官坐在帘子后面）。案件由几个法官审理，依据的是争端的内容和重要性以及皇帝的旨意，皇帝通常应帝国大法官法庭的请求，直接把案件提交给该法庭。*prôtoasekretis* 作为跟竞技场法庭并不直接相关的法官往往参与该法庭诉讼程序。参见 *Mothers and sons, fathers and daughters: the Byzantine family of Michael Psellos*, edited and translated by Anthony Kaldellis, pp.147-148, n.3. Alexander P. Kazhdan (editor in chief), *The Oxford Dictionary of Byzantium*, p.704, pp.724-725, p.1491, p.1742, pp.1765-1766, p.1913, pp.2157-2158.

不仅满足她目前所有需要，而且提前规划，以便她可能享有最好的未来。他还没有等她进入青春期，在她还是个孩子、太小还不能结婚的时候就把她许配给了艾尔菲迪奥斯，他是"第一持剑者"约翰·肯切尼斯（prôtospatharios Ioannes Kenchres）的儿子，刚过青春期，年龄是他未婚妻的两倍。① 许多其他人也订立这种婚约，这是法律允许的，且认可订婚双方的婚约。由于我们不知道自己还能活多久，不知道我们在孩子成年的时候是否还活着，因此我们提前安排了他们的婚姻。而且，"大法官"当时是在位皇帝君士坦丁·摩诺马赫的密友，并且是元老院最重要的成员，因此，他决定在他运气好的时候为他的女儿做打算，以免他运气不好、处境困难的时候悔之晚矣。作为一个智慧的人，他非常清楚，人类事务并非一成不变，看起来稳定的事物实际上处于运动和演变之中，虽然许多人没有认识到这一点。负责的人会把事务安排得对他有利。这样的人应该得到辩护，这样做是没有罪的。

因此，在拒绝了许多官员和贵族之后，他把养女许配给了艾尔菲迪奥斯，并马上为他做出安排。首先，他使他成为"第一持剑者"（prôtospatharioi②），接着，安排他进入安提方尼特斯教会（Church of the Antiphonetes）机构，成为帝国低级公证人，最后，他安排他进入大竞技场法庭，成为那里的法官。"第一持剑者"职位被视为部分嫁妆，其他官职则被看作是"大法官"慷慨的体现。他承诺给女儿 50 磅的嫁妆，其中，10 磅为金币，20 磅为各种动产，剩下 20 磅为"第一持剑者"官职。艾尔菲迪奥斯在得到这些礼物之前，他作为"持剑者"（spatharios）获得 12 诺米斯玛薪水，但是"大法官"现在把这个数额增加了 60。③

但是，"大法官"不应该马上用外在的装饰品或珠宝来装饰他，而应该从

----

① 很可能米哈伊尔·普塞洛斯的养女在订婚的时候 9 岁，解除婚约的时候 11 岁半，艾尔菲迪奥斯是她年龄的两倍，订婚时可能 18 岁，即刚过青春期。拜占庭人认为青春期的男孩子是 14 岁到 17 岁，男孩子的青春期从 14 岁开始，女孩子的青春期从 12 岁开始。孩子在 7 岁的时候就能订婚，但是直到青春期才能结婚或发生性关系。参见 Mothers and sons, fathers and daughters: the Byzantine family of Michael Psellos, edited and translated by Anthony Kaldellis, pp.148-149, n. 6.

② prôtospatharioi，希腊文为 πρωτοσπαθάριος，8 世纪初到 12 世纪初拜占庭头衔，通常授予元老院元老，到 10 世纪主要授予军区指挥官，11 世纪丧失重要性。参见 Alexander P. Kazhdan (editor in chief), The Oxford Dictionary of Byzantium, p.1748.

③ "持剑者"年薪为 12 诺米斯玛，"第一持剑者"年薪为 60 诺米斯玛。艾尔菲迪奥斯现在的年薪是二者之和，即 72 诺米斯玛。参见 Mothers and sons, fathers and daughters: the Byzantine family of Michael Psellos, edited and translated by Anthony Kaldellis, p.150, n. 10.

关心他的灵魂来表现出他的感情。我不知道为什么，他首先关注的是身体而不是灵魂，使最重要的成为次要的。艾尔菲迪奥斯痴迷于表面的美丽，却无视学问的光辉，"大法官"努力培养他的灵魂，但是艾尔菲迪奥斯却不愿意接受给他的。前者给他机会读书，发展他的才智，但是后者要求的是一匹好马，他和小丑和马车夫共度时光。两个人无法一致。一个是为了另一个变好，另一个却一无是处。两个人在价值观和习惯上大相径庭，相互不和。艾尔菲迪奥斯完全无知，拒绝受到"大法官"的影响。

这些事情令"大法官"悲伤，尽管他经常咒骂艾尔菲迪奥斯，但是他并没有马上解除婚约，仍然希望他改变性情。但是时间也不能改变艾尔菲迪奥斯，反而使他更加排斥学问，使他更加热衷于一种完全与学问相反的生活，显然，"大法官"企图把他引上学问之路的努力应该抛弃了。同时，他继续劝他远离小丑和笑剧，劝他和聪明的人交谈。但是艾尔菲迪奥斯对这些劝告充耳不闻，继续自行其是。尽管如此，"大法官"继续以荣誉提升他，使他声誉更高，以期他后来能够拥抱更好的生活。他先是请求皇帝，为他获得在"帘子"法庭中的法官地位，接着他先后给予他"帘子"法庭法官助理（*thesmographos*）和皇帝私人秘书助理（*mystographos*）职位，最后把他提升为高级法官（*exaktôr*）。①事实上，他无法胜任这些职位，但他仍然不改，还是老样子。

不久，"大法官"病倒，差点死亡。他削发成为修道士。身体有所康复后，皇帝提出给他所有他想要的。他只请求了一件事，即艾尔菲迪奥斯提升为"贵族"（*patrikios*②）。多亏我们的皇后和女皇不断催促，皇帝才不情愿地答应了这个请求。这一晋升实现之后，"大法官"马上出发前往奥林匹斯圣山，准备加入那里的苦行者，开始苦行生活。不久，他回到君士坦丁堡访问他自己的人并处理一些小事。

但是艾尔菲迪奥斯更加肆无忌惮。就像他完全不和哲学、文学交谈一样，

---

① *thesmographos*，竞技场法庭（即"帘子"法庭）法官（*thesmophylax*）的下属。译为竞技场法庭（即"帘子"法庭）法官助理。*mystographos*，可能是 *mystikos*（皇帝私人秘书）的助理。*exaktôr*，希腊文为 ἐξάκτωρ，高级法官，可能有一些财政职能，1204年后该职位消失。参见 Alexander P. Kazhdan (editor in chief), *The Oxford Dictionary of Byzantium*, pp.1431-1432.

② *patrikios*，希腊文为 πατρίκιος，头衔，无行政职能，8-10世纪被授予最重要的总督和将军，其后贬值，12世纪后消失。译为"贵族"。参见 Alexander P. Kazhdan (editor in chief), *The Oxford Dictionary of Byzantium*, p.1600.

他不和他的未婚妻谈话。"大法官"不知所措，逃到皇后那里，向她提交了一份诉状，告诉皇后自己为艾尔菲迪奥斯付出了那么多，但是得到的报答恰恰相反，只是对他的敌意和违抗，以及对他女儿的厌恶，他最终和艾尔菲迪奥斯断绝关系，终止婚约；"大法官"请求撤回给予艾尔菲迪奥斯的那些荣誉，因为解除了婚约，如果可能，让他保留"贵族"头衔以便他给未来的女婿。

皇后非常清楚"大法官"的情况，知道这些荣誉在很多年前授予了他，后来得到了她的认可，她马上感到同情，决定取消艾尔菲迪奥斯的"贵族"头衔，这一决定得到记录，具有法律效力，不容申诉。我们不要就皇后已经审理和宣布的问题重新做决定，而是要对婚约解除情况做仲裁。

因此，我们召集各方来审判。他们一方是修道士和"大法官"米哈伊尔，另一方是前"贵族"艾尔菲迪奥斯，由"持剑者"约翰·科尔达卡斯（Ioannes Kordakas）代表。当"大法官"被问及为什么解除婚约时，他被迫在法庭上把原因公之于众。但是，他描述了他为艾尔菲迪奥斯所做的一切以及得到的回报。他在证言中叙述了他的居心不良的性格、他对学问的漫不经心和仇恨、他行为举止的不得体、他不愿意服从他、他拒绝像元老地位的人那样生活、却乐于与小丑以及白痴为伍、拒绝听从"大法官"的劝告和批评、他的观点的激烈和刺耳、他的固执己见和自行其是、他对未婚妻的厌恶、他反对那个使他获得如此多财富和荣誉的人。他不仅陈述这些事情，还带来了可靠的、在场的证人，他们是执政官（consul）和宫廷仪式主持人（*epi tês katastaseôs*）塞奥佐罗斯·米拉利德斯（Theodoros Myralides），皇帝私人秘书助理尤弗洛斯诺斯·谢利塔斯（Euphrosynos Xeritas），"帘子"法庭法官助理加布里埃尔·谢利塔斯（Gabriel Xeritas），以及"帘子"法庭法官助理、奢华服装行会会长（*exarchos* of the *vestiopratai*①）米哈伊尔。执政官塞奥佐罗斯·米拉利德

---

① *exarchos* of the *vestiopratai*，奢华服装行会会长。*exarch / exarchos*（ἔξαρχος），几个世俗官员和教会官员的名称，就世俗官员而言，原指总督，在 10 世纪《君士坦丁堡市长手册》（*Book of the Eparch*）中指几个行会的会长。*vestioprates*（βεστιοπράτης），复数为 *vestiopratai*，指奢华服装（主要是丝绸服装，也指精美亚麻布服装）商人，他们也承担某些政府职能，例如，在皇帝仪仗队列前往圣索菲亚大教堂时，他们负责在大皇宫中的一个厅（Tribounalion）以及从金殿到萨尔基沿途铺上贵重的纺织品。根据 10 世纪《君士坦丁堡市长手册》，这些商人构成经营国内生产的奢华服装的行会。奢华服装行会的活动由君士坦丁堡市长严格控制。参见 Alexander P. Kazhdan (editor in chief), *The Oxford Dictionary of Byzantium*, p.767, pp.2163-2164.

斯（Theodoros Myralides）证明了他态度的恶劣、他对"大法官"的仇恨以及他对未婚妻的厌恶，两位谢利塔斯（Xeritas）也提到了这些事情，还有他拒绝按照"大法官"的要求和对生活方式的喜好来生活，却采用与"大法官"选择相悖的方式生活。"帝子"法庭法官助理米哈伊尔（Michael）重复了其他证人的证言，并指出他对"大法官"忘恩负义，他的无耻和顽固，以及他完全不愿意服从他的恩人。

证言与"大法官"提交给皇后的书面诉状是一致的，证明了诉状中的叙述是可靠的。但还有几件小事，法官们要"大法官"或者再提交证明解除婚约他自己无须缴纳罚款的证据，如果有的话，或者他支付罚款，解决他不愿维持婚约的申诉。"大法官"沉默了一会儿，考虑他的决定。他最后同意支付罚款解除婚约。

整个法庭沉默，双方对案情陈述完毕。于是婚约解除。"大法官"支付罚款，因此解决了这部分案件。但是"大法官"提出了一个有关他养女嫁妆的复杂情况，他说艾尔菲迪奥斯保留了"第一持剑者"的官职，这个职位给他以代替20磅，这在婚约里明确说明了。当他给皇后提交书面诉状时，他说艾尔菲迪奥斯应被剥夺其他官职，但是允许他保留"第一持剑者"（*protospathariate*）职位，这是给他作为部分嫁妆的。我们已经复审这份诉状，确实它是这么规定的。批准他降级的文件存放在帝国国库局（Bureau of the Imperial Treasury），要求艾尔菲迪奥斯成为"第一持剑者"中的一员，"大法官"说是他请求的。而且，对他请求的回答开头是这么说的："你的请求将获得批准。"它意味着嫁妆将维持50磅，不剥夺艾尔菲迪奥斯的"第一持剑者"职位，这并非出于同情，而是为了不减损他女儿的嫁妆。因为如果她允许艾尔菲迪奥斯保留他的许多礼物，那么她将被剥夺"大法官"为了她给他的一切，尽管导致他降级的是他自己，但她却将无法收回她的嫁妆，将蒙受耻辱，陷入贫穷之中。

当艾尔菲迪奥斯争辩并拒绝"第一持剑者"荣誉的时候，他似乎羞于说出这一点，因为他知道他已经堕落到什么地步了。但是，这无损于"大法官"，因为如果艾尔菲迪奥斯拒绝这一职位，那么，他能够的话，就让他换一个，他不能够的话，他就仍然欠着这个职位所值的20磅，这在最初的婚约里写得很清楚，"大法官"没有什么在乎的。但是为什么我们要争论这个问题呢？这个问题无需进一步讨论，因为我们伟大的皇后已经就这一问题和所有其他问题做出决定。因为正如"大法官"在法庭上所证明的那样，"大法官"在他的书面诉状中要求艾尔菲迪奥斯保持"第一持剑者"，但由于这一职位是部分嫁妆，他应该偿付该职位的费用。皇后接受了这一论点并做出了决定，送到国库的文件中记录了艾尔菲迪奥斯应该保持"第一持剑者"的理由。由于在这一问题上也做出了判决，法官和法律的尊严都认可了这一判决，因此我们裁定"大法官"欠艾尔菲迪奥斯 15 磅罚款，艾尔菲迪奥斯欠"大法官"20 磅"第一持剑者"职位的酬金，最终艾尔菲迪奥斯应该支付"大法官"5 磅酬金。法庭附加了一项关于艾尔菲迪奥斯的富有同情心的条款，免除他支付 5 磅酬金的义务，只要他放弃要求他的两倍聘金（*arrha sponsalicia*①）的权利，不管聘金数额是多少，他说在他们最初订婚的时候他给了未婚妻聘金。

这份文件颁布的目的是，公布这一由我们神圣的女主人和皇后做出、由我们证实并宣布的决定，时间是小纪第 9 年 6564 年（即公元 1056 年）8 月。愿主耶稣记住你的仆人的灵魂。

（四）经济和社会方面的史料价值

这份文件反映了当时拜占庭人给孩子安排订立婚约、准备嫁妆、解除婚约等情况，反映了拜占庭人诉讼的情况（法官席的构成、诉讼的程序、提交书面诉状、法庭辩护、提交证据、传唤证人、辩论、做出判决等），反映了当时拜占庭社会里官职和头衔成为交易的工具，等等。米哈伊尔·普塞洛斯气势磅礴、有理有据、声情并茂、不容辩驳地陈述了他解除婚约的理由，叙述了准女婿性格不良、仇恨学问、行为举止不得体、拒绝服从自己、自降身份、生活方式和社会地位相悖、拒绝听从自己的劝告和批评、固执己见和自行其是、厌恶未婚妻、反对自己，虽然自己使他获得如此多财富和荣誉；指出准女婿在价值观、习惯、兴趣、追求等方面和自己的差异太大，且厌恶自己的女儿；他为准女婿付出了那么多，却事与愿违，得到的回报是准女婿对他的敌意和违抗，以及对他女儿的厌恶。这份文件反映了主动提出解除婚约的一方要支付罚款，如

---

① *arrha sponsalicia*，希腊文为 ἀρραβών，指订婚礼物，聘金，聘礼。参见 Alexander P. Kazhdan (editor in chief), *The Oxford Dictionary of Byzantium*, pp.185-186.

果是女方提出解除婚约，男方有权要求得到订婚时给女方的聘金的两倍；反映了在当时的拜占庭社会，官职和头衔可以当作礼物赠送，可以充当女方嫁妆，等等。

五　安条克牧首约翰的文章 ①

（一）安条克牧首约翰简介

约翰·奥克西特斯（John IV [V] Oxeites）是安条克牧首（约 1089–1100 年在位），1100 年后去世。他原为一名修道士，1089 年 9 月，被任命为安条克牧首，在君士坦丁堡一直待到 1091 年，来到安条克后处境不幸，因为当时安条克处于塞尔柱突厥人统治之下，后来又遭到十字军围攻；十字军攻下安条克后，他处于拜占庭教会和拉丁人教会双方管辖之下，最终被指控阴谋把该城献给拜占庭皇帝。之后他回到君士坦丁堡，1100 年 10 月正式声明放弃牧首职位。他退隐到霍德贡（Hodegon）修道院，但引起修道士们的仇恨，他很可能迁到了奥克西亚岛屿，后来埋葬在那里。他的作品具有明显的政治印记。1085 或 1092 年他发表了一篇关于恩典礼物制（charistike / kharistikia）的文章。他还写了一篇文章抨击阿莱克修斯，认为后者应该对拜占庭国内国际所有问题负责，辱骂那些拥有"城中城"的人，谩骂税吏，悲叹贫穷农民、商人、工匠的悲惨处境。此外，他还写了一篇文章论述无酵母面包。②

（二）翻译出版

Paul Gautier, trans. "Requisitoire du patriarche Jean d'Antioche contre le charisticariat," *Revues des études byzantines* 33 (1975), 77-130.③

Tiziana Creazzo, trans. *Ioannis Oxeitae Oratio de monasteriis laicis non tradendis*, Spoleto (Perugia): Centro italiano di studi sull'alto Medioevo, 2004.

---

① 这篇不属于档案资料，由于它与前文立法有关且只有一篇不便单列一类，姑且放到这里了。

② 参见 Alexander P. Kazhdan (editor in chief), *The Oxford Dictionary of Byzantium*, p. 1049.

③ 可在线获取：https://www.persee.fr/doc/rebyz_0766-5598_1975_num_33_1_2027.

（三）主要内容翻译

根据保罗·戈蒂埃（Paul Gautier）1975 年法语译本，翻译其主要内容如下。

最神圣，最有福的安条克牧首，

约翰大人（Kyr Jean），在奥克西亚岛上实施苦行主义

文章说明凡是通过捐赠（不管是主教的还是皇帝的）得到修道院并从中获得收益的，均属违法行为。

文章在开篇反思了修道士的生活；它总共包含十八条。

1. 修道制出现之前的情况。

2. 修道制出于什么原因和在帝国的哪个地区开始出现和发展。

3. 我们等级制度中神圣的立法把修道院的秩序及其宗教仪式置于何等地位。

4. 修道士的神圣和削发仪式的本质和价值；已婚和未婚之间的区别，换句话说，修道士和平信徒之间的区别。

5. 我们的圣教父们写的苦行书。

6. 修道士的神圣而令人钦佩的成长；狂暴的敌人给他带来无情的仇恨；反对圣像崇拜的人造反。

7. 修道士在神的指示下推翻了反圣像崇拜的异端；随后，虔诚的信徒敬仰他们，使他们甚至被赋予约束和解脱罪恶的权力。

8. 敌人再也无法容忍这种场面，他们想起了曾经的诡计，决定不再正面攻击信仰、攻击修道士或者在俗教徒，而是阴险地、不露声色地使用一个阴谋诡计颠覆他们、摧毁他们。这些十分善于玩弄诡计的人想出了一个比之前所有诡计都要可恶的迂回办法，一个他们保留到最后一刻才会使用的办法。因为迫害和杀害我们的人不再是马克西米安（Maximin）和戴克里先，阿里乌（Arius）和聂斯脱利（Nestorius），萨伯利乌（Sabellius），阿波利纳里（Apollinaire）和一些反对崇拜圣像的人，而是我们自己在打击自己。啊！多么不幸！信徒攻击信徒，正教徒攻击正教徒，我们互相攻击，互相残杀，不是身体上的，而是精神上的。的确，有了这种独特的毒药，敌人杀死了所有人，不管是皇帝、主教、修道士还是在俗教徒，更可悲的是，这些人"服毒"时心中充满快乐，就好像在吞食有益于身心健康的良药，而不是致命的毒药。文章的后续内容将会

揭示这一切是怎样发生的。

耶利米（Jérémie）说："唉，是谁往我的脑袋里灌水，是谁使我的眼睛里充满了泪水，让我整日整夜为压迫我们、无法忍受的不幸而哭泣？我想说什么呢？拥护基督的皇帝、主教、贵族、修道士和在俗教徒献给上帝的那些财产，现在被人转赠……"

9. 然后，由于敌人的诡计和挑动恶行的人，就像我们所说的那样，他们总是被善吸引，却堕入罪恶。这种罪行萌生有一个明显的动机：那些继任统治者和主教的关切，转让已毁或即将被毁的修道院和济贫院给地方权贵，不是通过捐赠的方式或者给予物质上的好处，而是通过对善的爱来管理修道院，来获得明显是精神上的收益。但是随着时间的流逝，敌人又在其中混杂了自己的"毒液"，即诱惑和贪婪。在表面正直诚实的借口下，后来的皇帝和主教将上述前任统治者明显出于优化管理的目的而实施的转让改为无条件整体转让，甚至在涉及到运行良好的修道院和济贫院的时候也是如此，并随着时间的流逝，涉及到重要的和盈利性的修道院和济贫院。

圣西西尼奥斯（Sisinnios）在君士坦丁堡担任了短时间的牧首，被如此严重的恶行激怒了，起身反抗并下令禁止。但是他的继任者们对此毫不在意，加深了恶行，并在人们眼皮底下不断扩张。因为不再是捐赠这个或那个修道院，所有的都必须无条件捐赠：大的小的、穷的富的、男的或是女的（修道院），除了一些少量的稀有的最近才建立的修道院，但他们不久也将如此，就如同那些被这邪恶的惯例支配命运的古老的重要修道院一样。他们被赠与两个在俗教徒、夫妻、有时甚至授予外国人。多么聪明啊，还有什么语言能为如此罪行哀悼呢？下面尽可能地揭示众多案件里的一些例子。

10. 例如，这个有损于灵魂的捐赠的序言就一下子亵渎了神明：

我的陛下，或者我们凡人，以两个人的名义，为你捐赠一个耶稣、上帝或者救世主基督，或者东正教圣母或某个神的修道院，以及它的权利和特权，它的附属不动产，和它终生的全部额外收入。

别说了，我的朋友！想想你说的，你写的，颤抖吧，因为你，作为一个会腐朽，会死去，只拥有短暂生命的人，竟敢将一个承载着可怕的、神的、或者东正教圣母或某个神的名字的修道院赠与另一个人。人们只捐献他们所拥有的事物，而不是不属于他们的事物。如果你声称捐赠了你所拥有的，你觉得上帝的财产都属于你，你觉得自己和上帝没有不同，好像自己就是上帝，你就可以随意赠与你的财产。但如果你捐赠了并不属于你的东西，你在干什么？你说说。你不知道修道院是什么吗？它们是真正的迎接和拯救人们于生命海洋的港湾。把它们捐给那些唯利是图的人只会破坏这港口的神圣：让海水涌入淹没港口，从此不再有什么港湾，船只遇难成了必然。

11.你不知道修道院是什么吗？它无疑是一个神圣的房子，必要时以基督上帝的名义建造，在圣殿里展示着神迹和耶稣受难；每个教堂里保留着神圣的书籍和花瓶。这是一个神圣的社会组织，并因此与世隔绝，放弃了世间的财产以及它自己，它信仰上帝，依赖上帝，整日整夜地歌颂和赞美上帝，在教堂里唱圣诗，赞颂上帝的荣耀并时刻把上帝作为它真诚神圣诺言的中心。此外，它的收入是圣洁且多样的，从多种渠道获得，用于建筑、维修和日常管理。

事实上，之所以说亵渎或者轻视圣物，如圣像或者神圣的花瓶，或是部分属于神的物品，哪怕仅仅一次，都是为神所憎恶的，是因为这种侮辱冒犯了神，就如同我们给它们赋予的光荣一样。我的话在旧约全书里得到了验证。书里说，凡是偷窃留给上帝的财产的人，连同家人用石块击毙。在新约全书里也写道：侵占上帝财产者将被处以死刑。如果我们仔细审视的话，那些看起来没有盗用上帝财产的人，其实是侵占了基督徒的财产。一些富人在耶稣门徒脚下贴上标签，根据教徒的需要进行贩卖，这种行为严格来说也是侵占了上帝的财产，应该被判处死刑。如果人们互相间偷窃财产都应该被惩罚，那么那些悄无声息厚颜无耻地偷盗上帝的以及捐献人财产的人，怎能不受到命运的惩罚？对于那些不断亵渎、侮辱、侵占修道院，不是一两个，十几个而是全部修道院的人，还有什么刑罚不值得他们消受呢？

12.最糟糕的是，这种荒唐的行径改变甚至颠覆了教会的立法。以前，地位最高的是神和祝圣仪式的神职人员，接着是修道士，然后是虔诚的信徒。但现在教堂被扰乱了，认为世俗教徒地位高于修道士。然而，无人不知教堂才是基督的主体。神职人员伊格内修斯（Ignace）说："侮辱了上帝的教堂的人，即使是殉道者也不应被原谅。"

13.他们声称捐赠修道院以便于其修缮和养护，但事实截然相反。那些修道院许多被转让了土地。我们不知道到底有没有一座修道院被修护了，即便是有，上帝也不会允许这种罪恶的捐赠。至少目前为止，只有自由发展的修道院才是生机勃勃的，被控制的都沦为了废墟。你，你口口声声说着终身的奴役是高于自由的。这些修道院的捐赠根本就不是为了更好的修缮和保护，证据如下：人们不捐赠毁坏的修道院，而是运行良好、利润丰厚的修道院，这样其利益倾向就十分明显了：一旦确定了修道院固定的花费，那些多余的收入就悄无声息地被上层收入囊中。如果他们说这样做是因为免除了一些额外的花费，那不如听听这个：收不收取额外费用取决于你们，取消了这笔花费就不用免除了。

所有这一切都不过是借口、理由和对罪行的伪装。有哪句福音书中的神圣的话语是这样建议的？哪个符合使徒教义的劝诫是这样规定的？哪个研究教父著作的符合教规的传统是这样定义的？哪项民事法律曾规定神圣的教堂和修道院能够赠与给某个人？

14. 该说说那些接受赠与的人了。他们一接手修道院，就立马敞开了巨大的罪恶之口，吞噬了所有修道院的财产：房子、地产、牲口、各种类型的收入，甚至还有教堂本身；他们像对待奴隶一样对待修道士们；他们把所有的人和事都当作是自己的，像使用自己的财产那样利用它们，完全没有想过这些是属于上帝的神圣财产。那些教堂和修道士们只分得收入的很小一部分，还得是在不断地祈求祷告之后才会拿到，就好像是为了拯救他们的灵魂而给予的似的。直接的结果就是，那些管理者对于上帝的虔诚关切已经绝迹，不再在神圣的节日举办隆重的仪式、上香和诵经，不再为修道院提供日常的照明灯饰，不再进行施舍（或者是节日规定的或者是每天在门口都有的，或者是为了纪念某个修道院创立者，或者是在节日时让修道士们放松，以及在纪念日、斋戒日和复活节的时候，给予修道士们的必要生活费）。总之，所有过去的创立者在教堂里给予男女修道士们的怜悯都消失了。

这些人的罪恶行为不仅限于此，他们甚至把手伸向了一些不可触动的事情上，比如，神圣的神职授予仪式。正常来说，入院修道士必须是那些放弃了世俗和世间财产的人，由修道院院长和弟兄们接收，历经整整三年的考验期，确定他是否能够和是否有能力成为修道士，通过之后才会行剃发礼并且进入修道院学习，如果不行的话，就回到他原先的地方去。然后修道院院长就会把这个刚刚剃度的人托付给一个苦修生活很成功并且道德高尚的人，让他指引他，学习到艺术和科学的精髓，即修道士的哲学。他只有被认为可以独自修行时才能够得到一个修道院单人小室。这才是神圣的规定以及圣洁生活的根基所在。但这些恶人摧毁了规则，给修道院的领导层下了这样的命令：

我们在修道院里安插了这样一个兄弟，接收了他，剃度完之后再给他安排一个单人小房间以便他吃饭休息。别的兄弟有的他也需要拥有。

15. 我们再说说那些卑微可怜的修道士们，他们成了这头作威作福的狮子和它难以满足且无法消除的欲望的靶子，而它的"一腔热血"也是源于此。这种热忱推动着它筹划着上述的一切阴谋诡计，却声称只因为无法忍受修道士们成为上帝拯救人类的中间人。迫于缺乏必需品的压力，修道士们开始卑躬屈膝地受它支配，甚至为其束缚，像奴隶一样遵从指令和罪恶的意志，甚至不确定他们有没有高层管理人员。

除了上述的打击修道士们的恶行，还有更严重的等着他们：他们中最有钱的被以两个人或三个人的名义送给贵族，最穷的被送给不那么富有的家庭。而这些人一旦得到了他们，不仅会将其收入纳为己有，给他们留下的东西很少甚至没有，还会在家里建造禁地以确保可以终身拥有这些修道士们。将来，无论男人和女人，男仆女仆，都可以和修道士们住在一起、聚在一块。那么谁又能讲述那些贫穷的、基本生活都无法保障的修道士的故事呢？这些罪恶之人的过错使得所有修道院神圣的原则都消失不见；所有服从谦卑、克己的原则都不复存在，因为这些人在各处都有着绝对权威，修道院的领导层被无视了，修女们附属于服从于女统治者而不是她们的修女院院长，她们对统治者和修道院领导层之间持续的、无休止的纷争、不和与恶言相向表现得津津乐道。

这种情况下还谈什么救赎的希望？道德在哪里？哪里还有教授真正的哲学和艺术精华的学校？

16. 这可怕的、巨大的、形式多样的、难以超越的罪行是对宗教的严重亵渎和绝对的异端邪说。那些见证着他发展壮大的继任皇帝和主教们本有能力将其取消制止，却任由其生长，使用它、加强它，完全背离了前任们的初衷。罪恶一代一代不断加深，修道院的秩序一点一点消失殆尽。他们从来没有想过，这是一份原罪。

17. 教父说精神上的原罪无须后悔。但是，那些捐赠和接受修道院的人从来没为这违背天性的、巨大的罪过而后悔过吗？如果他们从未后悔过，又怎能被拯救于不幸和永恒的惩罚中呢？他们怎么可能没意识到，再也没有比这更大的罪过了呢？

18.伟大的耶稣基督，伟大的上帝，伟大的主，感谢您的坚忍、耐心与无法言表的仁慈。这样违背天性的、巨大的罪过长时间地统治罗马帝国，引导着基督徒们大摇大摆地、无所畏惧地在您眼皮底下肆意犯罪，您没有被激怒、被愤怒冲昏头脑（尽管这样才是正常反应），也并没有将人类灭绝，而是依旧耐心等待。而在其他地方，您却将愤怒化为可怕的地震、灾难事故、暴毙或者火灾，我们也因此受到震动，找回了自我并加以改正。

正因如此，请允许我做出以下的祷告："我的主，伸长您的耳朵听听，张开您慈悲的双眼看看您的人民和用您珍贵的鲜血赎得的遗产。我们的心属于您，无论是皇帝还是主教，行政官还是庶民，修道士还是老百姓，都遵循您神圣的指引。我们的身体已被神圣的忧虑钉牢，也请允许我们担忧您伟大而值得尊敬的声名，以不违反您的法律，尊重您神圣的指引和您的权利，为了您能摆脱那些亵渎、那些正表现于行为、言语和思想上的罪行，为了让我们成为让您欣慰的存在，这样我们就不会在接受您赐予我们恩惠时感到羞愧。阿门。"

（四）经济和社会方面的史料价值

约翰的文章谴责把修道院作为"恩典的礼物"授予的做法，反映了 11 世纪拜占庭帝国修道院和济贫院以及其中生活的人被当作财产送给平信徒的社会现实。他在第一次十字军东征期间是安条克的牧首约翰四世，在 11 世纪末写了这篇文章，其中涉及阿莱克修斯统治的前半期，描写了当时盛行的状况。他说这种做法开始于毁坏圣像运动期间，到他的时代皇帝和牧首授予地方权贵仍然把修道院和济贫院连同其中生活的人一起作为礼物送给男女平信徒，有时甚至被授予外国人，甚至被授予两个人，这成为灾难，大的小的、穷的富的、男的女的修道院都被授予平信徒，只有少数逃脱了这种命运。修道院所有财产，动产不动产，权利和特权，被授予人终身持有。这些修道院不少变成了私人地产。

第三类　修道院文献

　　修道院文献本来可以归入档案资料，由于拜占庭帝国修道院文献非常丰富，也非常重要，因此把它单独列为一个大类。其中，阿索斯山各修道院的档案是幸存至今的 9-15 世纪拜占庭帝国档案资料的最重要部分。其他地方保存下来的原始档案资料较少，例如，保存在梅特拉（Meteora）和帕特莫斯（Patmos）岛修道院的档案，不过原始档案资料通常有很多抄本流传下来。本章分为两大部分，第一部分介绍阿索斯山档案，第二部分详细介绍修道院章程和遗嘱等重要修道院文献。

一　阿索斯山档案

（一）阿索斯山简史 [①]

　　阿索斯山（Mount Athos），又称圣山（*Hagion Oros*，即 Holy Mountain），从 10 世纪晚期起一直是东正教修道制(Monasticism[②]) 最重要的中心。阿索斯（Ἄθως）是哈尔基季基（Chalkidike）半岛最北端突出部分的名称，有 45 公里长，5-10 公里宽，顶峰高达 2033 米，耸立于这块岩石重叠的指状狭长地带。连接它与大陆的地峡非常狭窄，只有 2 公里宽。这个半岛有森林和草地，可以放牧；有小块土地，适合种植葡萄之类水果、橄榄、花等，因此那里有小块葡萄园、果园、橄榄树林和花园。

[①]　参见 Alexander P. Kazhdan (editor in chief), *The Oxford Dictionary of Byzantium*, pp.224-226, pp.1392-1394.

[②]　monasticism，指修道士和修女实践的献身礼拜的生活，译为"修道制"，详见后文。参见 Alexander P. Kazhdan (editor in chief), *The Oxford Dictionary of Byzantium*, pp.1392-1394.

修道士们最初很可能在 8 世纪晚期或 9 世纪早期开始定居阿索斯山，当时这里实际上一片荒芜，无人居住；据 10 世纪历史学家杰内修斯（Genesios，58.22）记载，843 年阿索斯山已经是一个主要的修道士居住区，但是他的记载并不可靠。曾有人认为，阿索斯山最早的修道士是逃离阿拉伯人征服拜占庭帝国东部地区的难民，或者逃离毁坏圣像运动迫害的崇拜圣像的人，这些说法现在遭到普遍质疑。最初的修道士似乎来自附近地区，他们受到这个寂寞静谧半岛的吸引。但由于圣山与世隔绝、地形崎岖、容易遭到阿拉伯人海盗的袭击，因此修道制在那里发展缓慢。这里的修道士最初是独居的隐士，或者小群居住在一起，包括半传奇式人物彼得（Peter the Athonite）和 859 年到达这里的小优西米厄斯（Euthymios the Younger）。阿索斯山附近第一座隐修院是科洛布（Kolobou）修道院，883 年之前某个时候建立于耶里索斯（Hierissos）附近。瓦西里一世的一道诏书（*sigillion*①）碎片是保存下来的关于圣山的最早诏令，它保护了阿索斯山修道士们不受当地牧羊人的侵扰。

隐修院最早出现于阿索斯山的确切时间无法确定，但到 10 世纪中叶时，有证据表明那里出现了一些强调修道士共同生活的修道院（*koinobia*②），例如色诺波塔莫（Xeropotamou）修道院。963 年，阿索斯山的阿萨纳修斯（Athanasios）在尼基弗鲁斯二世（Nikephoros Ⅱ Phokas，963–969 年在位）的支持下建立了大拉伏拉修道院（Great Lavra），它迅速在阿索斯山等级制度中占据了头把交椅，这一地位得到永久保持。到 10 世纪末，许多最重要的阿索斯山修道

---

① *sigillion*，希腊文为 *σιγίλλιον*，复数为 *sigillia*，指加盖印章（但不一定都盖有印章）的文件，由几个办事处（秘书、书记员、文书等官员组成的专门为皇帝或者牧首起草各种文件的部门）使用。皇帝的 *sigillia* 上有红墨水显示的词 *σιγίλλιον* 以及皇帝的亲笔签名（包括签名时间），但不一定加盖金印，加盖金印的为金玺诏书（*chrysobull*，即 *chrysoboullon sigillion*）。在牧首办事处，*sigillion*（或 *sigilliodes gramma*）这个术语于 13 世纪中叶第一次正式使用，并逐渐取代 *hypomnema*（备忘录）用来指牧首发出的正式文件以确定教会法令或规则（通常由宗教会议表决）或者授予主教或修道院的特权。政府官员（包括法官和收税官）的 *sigillion*（或 *sigilliodes gramma*）是加盖铅印的正式文件。参见 Alexander P. Kazhdan (editor in chief), *The Oxford Dictionary of Byzantium*, p.408, p.1341, pp.1893-1894.

② *koinobion*，希腊文为 *κοινόβιον*，复数为 *koinobia*，字面上是"共同生活"的意思，指强调集体和平等的生活方式的男女修道院，留院团体隐修的修道院，类似精神上的家庭，修道士或修女由兄弟或姐妹情谊联系在一起，强调服从修道院院长，遵守修道院章程。参见 Alexander P. Kazhdan (editor in chief), *The Oxford Dictionary of Byzantium*, p.1136.

院（即伊维隆 [Iveron]，希兰达尔，埃斯菲格迈诺 [Esphigmenou]，潘泰莱蒙 [Panteleemon]，瓦托佩蒂，色诺佛托斯 [Xenophontos]，可能还有佐格拉佛 [Zographou]）已经建立；到 1001 年已经有 46 座修道院。

非希腊人地区的修道士在 10 世纪开始来到圣山：979/980 年格鲁吉亚人将领约翰·托尼基奥斯（Ioannis Tornikios）建立起伊维隆修道院，随后意大利的阿马尔菲人修道院很快建立。埃斯菲格迈诺修道院有很多亚美尼亚人东正教徒（Chalcedonians，他们认可卡尔西登会议）。在 12 世纪，这个半岛开始吸引更多的斯拉夫人修道士：来自罗斯的修道士接管了潘泰莱蒙修道院，希兰达尔修道院则被整修为一座塞尔维亚人修道院。佐格拉佛修道院在 13 世纪开始主要由保加利亚人修道士占据。

10 世纪阿索斯山的组织相对简单。修道士们出席在卡里斯（Karyes）的普洛塔顿（Protaton）召开的三次年度会议，选举一位"第一修道士"（protos[①]）代表阿索斯山修道士同教会和世俗机构处理各种关系。我们不清楚这一制度的起源，有证据表明"第一修道士"（protoi）可能早在 7 世纪就已经存在。到 10 世纪（?）末，这种年度会议被不定期的"委员会"取代，该委员会通常有 15 位成员，有时多达 40 位。选出的"第一修道士"终身任职，但 14 世纪末引进了一年一度选举制度，他们在阿索斯山一直存在到 16 世纪晚期。"第一修道士"（protos）对阿索斯山修道士的权利难以确定。他们由修道院院长协助负责对阿索斯山修道士执法和维持纪律，也代表皇帝批准修道院院长的选举，还负责把皇帝的年度津贴（roga）发给阿索斯山修道士。他们的主要政治任务是保留阿索斯山修道士群体的独立性。理论上他们只依附于皇帝，但实际上他们不得不经常应付牧首对阿索斯山独立性的蚕食。10 世纪较大的修道院开始独立于普洛塔顿，到 11 世纪，大拉伏拉、伊维隆和瓦托佩蒂三座修道院的修道院院长在当地等级制度中地位提高，权威超过了"第一修道士"。

在 10-11 世纪，阿索斯山引起了皇帝的极大关注。罗曼努斯一世（Romanos I Lekapenos，920-944 年在位）很可能在 941/942 年提出给阿索斯山修道士们年度津贴，下令划分边界。拉伏拉修道院在尼基弗鲁斯·福卡斯庇护下迅速发

---

① protos，希腊文为 πρῶτος，复数形式是 protoi，字面意思是"第一（修道士）"，指一群分散的隐士隐居处和修道院的首领，例如在阿索斯山。参见 Alexander P. Kazhdan (editor in chief), *The Oxford Dictionary of Byzantium*, pp.1746-1747.

展，引起了阿索斯山许多修道士特别是隐士的不满。约翰一世为促成和解，在970 到 972 年间为阿索斯山颁布了法规（*typikon*）即著名的"雄山羊"（Tragos[①]）规章，承认修道院院长（*hegoumenoi*）、周末共同礼拜隐修士（*kelliotai*）[②] 以及独居的隐士有权出席在卡里斯召开的会议。尼基弗鲁斯二世和约翰一世都把

---

① Tragos，字面意思是"雄山羊"，970 年至 972 年间斯图狄奥斯（Stoudite）修道院修道士优西米厄斯（Euthymios）为阿索斯山起草、由约翰一世签署颁布的法规（*typikon*），其名称来自原始文件书写的厚山羊皮。这份文件有阿索斯山各位"第一修道士"（*protos*）和 56 位修道士的签名，现在保存在卡里斯的普洛塔顿档案馆。这是为阿索斯山修道士制订的第一份章程，当时独立的隐士群体和圣山上的新修道院（*koinobia*）关系紧张。这份文件确认了修道院院长（*hegoumenoi*）的权利，因而确保了未来阿索斯山上留院团体隐修制（*cenobitic* monasticism）的主导地位，但同时保护了小团体生活或独居生活的隐士的利益。每年在普洛塔顿召集的会议由三次减少到一次，未经修道院院长同意，"第一修道士"不得做出任何决定。Alexander P. Kazhdan (editor in chief), *The Oxford Dictionary of Byzantium*, p.2103.

② 关于 *kelliotai*，爱丽丝－玛丽·塔尔伯特（Alice-Mary Talbot）和亚历山大·卡日丹在《牛津拜占庭辞典》的词条 "Athos, Mount" 中解释为"隐士群体的精神领袖"，但爱丽丝－玛丽·塔尔伯特在词条 "Monk" 中解释为"生活在单独的小房间但是一起做礼拜的修道士"。修道士（μοναχός）是抛弃尘世献身禁欲和祈祷生活的男性。爱丽丝－玛丽·塔尔伯特把修道士分为五类：(1) *cenobites*，修道士在集体社会即修道院（*koinobion*）中一起吃住，留院团体隐修，修道士遵循同样的日程安排，工作、祈祷、就餐、睡觉等作息一致，通常睡在各自的小房间，但是在餐厅吃同样的食物，共同拥有衣服、工具等，强调服从修道院院长，遵守修道院章程，*koinobion* 类似精神上的家庭；(2) *lavriotai* 或 *kelliotai*，修道士各自住在单独的小房间但是一起做礼拜，工作日作为隐士独居，周末聚集在修道院（*lavra*）礼拜，为其手工获得食物和材料，笔者译为"周末共同礼拜隐修士"；(3) *idiorrhythmic* monks，14 世纪晚期圣阿索斯山一些修道院采用这种修道制，修道士留院独自隐修，允许获得个人财产，通过劳动获得收入购买食物和衣服，各自在自己的小房间进食，可以吃肉，其修道院的组织也不同于 *koinobion*，其修道院事务由寡头委员会（*synaxis*）管理；(4) *anchorites* 或 hermits，隐士，独自住在偏僻地方；(5) 云游修道士。*lavra*，希腊文为 λαύρα，一种修道院，在这种修道院中，处于中心的建筑物群包括教堂、餐厅、公共大厅、储藏室、马厩、面包房等，周边分散着修道士小房间（*kellia*），修道士工作日作为隐士生活，忙于祈祷和手工劳动，但须服从修道院院长，周末聚集在修道院礼拜并获得食物和手工材料。这种修道院代表了隐士修道制（eremitic monasticism）和留院（*koinobion*）团体隐修制之间的妥协。但是到 8 世纪 *lavra* 和 *koinobion* 的区别似乎消失。*kellion*（希腊文为 κελλίον，复数为 *kellia*）或者 *kella*（希腊文为 κέλλα，κέλλη），指修道士小房间，爱丽丝－玛丽·塔尔伯特把它们分为四类：(1) *koinobion* 中的修道士小房间，住一两个修道士；(2) *lavra* 中的修道士小房间，住在 *lavra* 中的修道士通常称为 *kelliotes*（复数形式为 *kelliotai*）或 *lavriotes*（复数形式为 *lavriotai*）；(3) 隐士的小房间；(4) 小修道院。参见 Alexander P. Kazhdan (editor in chief), *The Oxford Dictionary of Byzantium*, p.225, p.920, pp.981-982, p.1120, p.1136, p.1190, p.1395.

阿索斯山视为"贫穷修道制"的大本营。但是在瓦西里二世统治期间，一些修道院开始获得圣山以外的地产，并逐渐发展成为大地产主。留院团体隐修（cenobitism）开始占主导地位，危及隐士生活方式。在 11-12 世纪，新的修道院（卡斯塔蒙尼托 [Kastamonitou]，多切亚里乌 [Docheiariou]，库特鲁穆西乌 [Koutloumousiou]）建立，旧的修道院则扩大其属地。阿索斯山上的经济得到发展，例如出售阿索斯山森林的木材以及修道院地产上生产的过剩农产品（水果、蔬菜、酒）。许多修道院拥有船只，用来运输这些商品，输入必要的粮食；这些船只通常被授予关税豁免权。尽管约翰一世禁止宦官、无须青年、妇女甚至雌性动物出现在这个半岛上，但是在 11 世纪有大群弗拉赫牧羊人及其家人定居在阿索斯山，并给修道士供应牛奶。"弗拉赫人问题"引起流言蜚语，大约 1100 年阿莱克修斯一世被迫把这些牧民逐出阿索斯山。

1045 年君士坦丁九世颁布的加盖金印的诏令，解释了阿索斯山在行政管理方面的发展。个别修道院的独立性增强，拉伏拉修道院、瓦托佩蒂修道院以及伊维隆修道院成为最重要的修道院，优先于"第一修道士"的统一管理。土地所有权的发展引起了修道院之间对地产的争夺，以及修道院与当地地产主之间的冲突（特别是在耶里索斯），修道院与定居于马其顿南部的库曼人之间的冲突，以及修道院与帝国官员之间的冲突。另一方面，牧首们极力建立起对阿索斯山的管辖权，至少是部分管辖权，而阿索斯山一直被认为只隶属于皇帝。

1204 年第四次十字军东征攻陷君士坦丁堡以及拉丁帝国的建立，导致阿索斯山进入困难时期。拉丁人占领马其顿，保加利亚人权势上升，尼西亚帝国与伊庇鲁斯（Epiros）帝国之间对抗。从 1204 年到 1224 年，阿索斯山处于法兰克人的塞萨洛尼基王国的统治之下，修道院丧失了其半岛外的一些地产，1261 年拜占庭人收复君士坦丁堡之后，这些修道院寻求收复那些地产。但阿索斯山很不喜欢米哈伊尔八世·帕列奥列格的统治，拒绝 1274 年里昂（Lyons）会议的教会合并决议。

14 世纪初，阿索斯山遭到加泰罗尼亚军团（Catalan Grand Company）的侵袭，但接着经历了一段繁荣时期，其间几座新的修道院建立起来，即格雷戈里乌（Gregoriou）、狄俄尼修（Dionysiou）、"全能者"基督（Pantokrator）、西莫佩特拉（Simopetra）等修道院。记录 9 世纪以来皇帝们授予阿索斯山各修道院各种特权的档案，从 14 世纪上半叶以来特别丰富。10 世纪拜占庭政府授予的特权主要是皇帝颁发的年度津贴（*solemnia*①），11 世纪加盖金印的诏令主要是授予已设立修道院豁免权（*exkousseia*），14 世纪的文件主要是捐赠土地及佃农。

　　阿索斯山的财产有田地、葡萄园、牧场、磨坊、养鱼塘、整个村庄、城市出租房地产以及作坊等。这些财产集中在马其顿（包括塞萨洛尼基），特别是在哈尔基季基半岛和斯特里蒙河谷，但延伸至色雷斯、萨索斯（Thasos）、利姆诺斯岛、塞尔维亚以及瓦拉几亚（Wallachia）。阿索斯山法令大部分是关于这些财产的，包括地籍册（*praktika*②），出售、交易和捐赠的特许状，还有皇帝颁布以确认修道院财产所有权并保证免税权的金玺诏书。各阶层人们，从卑微的农民到皇帝，都迫不及待虔诚地向阿索斯山各修道院捐赠财物；阿索斯山的捐赠者，除了君士坦丁堡的皇帝们，还有特拉比宗的大科穆宁王朝皇帝（Grand Komnenoi），塞尔维亚和保加利亚的统治者，以及瓦拉几亚的总督（*voivodes*）。

　　在 14 世纪，修道士留院独自隐修的修道制（*Idiorrhythmic* Monaticism）在阿索斯山发展起来，留院团体隐修的修道院（*koinobion*）衰落。14 世纪中叶，奥斯曼人海盗袭击半岛，迫使一些修道士出逃。奥斯曼人威胁导致政府限制修道院财产的发展，并在 14 世纪下半叶没收了一些阿索斯山地产；1371 年马里查（Marica）战役土耳其人胜利之后，政府把阿索斯山一半小修道院（*metochia*③）变成"普洛尼亚"（*pronoiai*）转给士兵。这一政策在 15 世纪继续实施。1430 年奥斯曼人在圣山建立起永久性统治。土耳其人承认阿索斯山的

---

①　solemnion，希腊文为 σολέμνιον，复数形式为 solemnia，"津贴"之意，皇帝一年一次作为礼物颁发的一笔钱，有两种形式，一是直接从国库拨款，10—12 世纪的史料中通常君士坦丁堡的大教堂或者修道院获得这种津贴；另一种是税收手册中描写的 solemnion logisimon，这个有三种形式：（1）津贴从领受人的财产税中扣除（即减税），（2）地方财政官员从当地征收的税收中给出津贴，（3）皇帝下令某个村庄把税收作为津贴直接给领受人（具体说来是某个教会机构）。Alexander P. Kazhdan (editor in chief), *The Oxford Dictionary of Byzantium*, p.1924.

②　praktikon，希腊文为 πρακτικόν，复数形式为 praktika，指不动产清单，详见前文。参见 Alexander P. Kazhdan (editor in chief), *The Oxford Dictionary of Byzantium*, p.1711.

③　metochion，希腊文为 μετόχιον，复数形式为 metochia，指的是独立大修道院的附属修道院，或者建立于乡村用于监管修道院地产，或者建立于城市作为修道院城市活动的基地以及作为修道士有事去城市时的居住地。通常只有一两个修道士长期居住在那里。译为小修道院。参见 Alexander P. Kazhdan (editor in chief), *The Oxford Dictionary of Byzantium*, pp.1356-1357.

自治，作为交换，阿索斯山支付年金，但修道院丧失了它们的免税权以及它们在色雷斯和马其顿的地产。

修道院对智力生活的态度不断变化。隐士和周末共同礼拜隐修士，重视宗教生活和苦行生活，很少需要书籍。正如伊科诺米德斯（N. Oikonomides）所指出的，许多阿索斯山修道士来自乡村，不识字。但在按照斯图狄奥斯修道院模式建立的修道院（koinobia），更为强调智力追求，特别是13世纪以后。修道院收集了重要的手稿集，一些出自它们自己的缮写室，例如菲洛塞欧（Philotheou）修道院、希兰达尔修道院和伊维隆修道院。阿索斯山修道士中有作曲者约翰·库库泽利斯（John Koukouzeles），圣徒传记作者约瑟夫·卡洛塞多斯（Joseph Kalothetos），神学家格雷戈里·帕拉马斯（Gregory Palamas），以及教会作者费拉德尔菲亚的塞奥里普多斯（Theoleptos）。随着阿索斯山聚集了国际修道士，文化交流不可避免，希兰达尔修道院、佐格拉佛修道院、潘泰莱蒙修道院以及伊维隆修道院分别变成了拜占庭宗教文化传播到塞尔维亚、保加利亚、俄罗斯、格鲁吉亚的中心。

由于圣阿索斯山从10世纪以来出类拔萃，它吸引了拜占庭修道士长达6个世纪。许多圣人习惯于从一个修道院或者圣山云游到另一个修道院，在阿索斯山待上一阵子后继续云游，因此减少了阿索斯山各修道院文化上的孤立。由于它在地理上更接近塞萨洛尼基而不是君士坦丁堡，因此塞萨洛尼基与圣山有着更为密切的联系。对一些修道士例如格雷戈里·帕拉马斯来说，阿索斯山上的修道院院长职位（hegoumenate）是通往主教职位的跳板；对另一些修道士来说，它可能是通往君士坦丁堡牧首职位的跳板，例如，尼峰、卡利斯托斯（Kallistos）和费洛塞奥斯·科基诺斯（Philotheos Kokkinos）。

14世纪一位云游圣人格雷戈里·西纳特斯（Gregory Sinaites）在阿索斯山引进了"耶稣礼拜"，后来发展成一种神秘的宗教生活，强调静修（Hesychasm[①]），得到帕拉马斯的拥护，1351年最终被宣布为正统信仰。

---

① Hesychasm，修道士祈祷和冥想（hesychia）方法的常用术语，旨在通过内心寂静达到与上帝合一的目的。这个术语也常被用来指14-15世纪拜占庭的政治、社会和宗教运动。译为"静修"或"静修派"。参见 Alexander P. Kazhdan (editor in chief), *The Oxford Dictionary of Byzantium*, p.923.

（二）阿索斯山档案简介

阿索斯山档案是现存拜占庭档案中最为丰富的。《牛津拜占庭研究手册》详细介绍了阿索斯山档案的发现、拍照、编辑、出版以及语言、分类、意义等基本情况。[1] 阿索斯山上所有修道院都有自己的档案室，有些修道院的档案更为重要，例如，大拉伏拉修道院、伊维隆（Iviron）修道院、瓦托佩蒂修道院、切兰达里（Chelandari）修道院，这些修道院档案数量多，其中许多非常重要，篇幅很长。但大多数拜占庭修道院的档案比较少，例如，康斯塔莫尼图（Konstamonitou）修道院和卡拉卡鲁（Karakalou）修道院，有些修道院没有档案幸存下来，例如，斯塔夫罗尼基塔（Stavronikita）修道院、西蒙诺佩特拉（Simonopetra）修道院和格雷戈里乌修道院。

阿索斯山各修道院档案的内容通常包括修道院的历史、组织以及财产，与修道院行政管理和男女修道士精神生活有关的档案主要有修道院内部章程（typika）、修道院院长的遗嘱、重要修道士的珍贵书面决定。修道院档案资料通常列出了书籍、圣像等动产，并且往往更详细地列出了不动产，不动产的获得以书面证据保证。出售、遗赠、交易、调整、遗嘱、长期租赁、各种私人法律文件等使我们了解到修道院与私人和其他修道士的关系。还有政府文件，是皇帝、高级官吏、政府官员、法官、从牧首到普通神职人员的教会官员颁发的文件，这些文件使我们了解修道院和官方的关系、它们上缴的税收、它们享受的特权和如何获得特权，以及它们如何处理平信徒和其他修道士提出的不利于它们的要求。这些文件提到阿索斯山上以及阿索斯山以外的土地和地产，一些修道院在马其顿或爱琴海北部（特别是在利姆诺斯岛），或者在城市（例如，塞萨洛尼基、塞雷斯 [Serres]、维里亚 [Veroia]、卡瓦拉 [Kavala]、君士坦丁堡）等地方有地产。

除了修道院自己的财产，阿索斯山档案往往包括平信徒之间处理财产交易的文件。修道院档案上出现财产（例如遗产）时，通常会伴随所有相关文件，这些相关文件在财产争议时必不可少。因此，大拉伏拉修道院保存了皇帝赐

---

[1]　Elizabeth Jeffreys, John Haldon, and Robin Cormack, eds., *The Oxford Handbook of Byzantine Studies*, Oxford; New York: Oxford University Press, 2008, pp.136-140.

予某位莱昂·塞法拉斯（Leon Cephalas）特权的相关文件，莱昂·塞法拉斯是位军官，11 世纪 80 年代还活着，皇帝赐予他的特权连同特权规定的土地在 12 世纪被他的后代遗赠给了该修道院。或者，决定退居修道院的人会带上他个人的文件，这些文件即使对修道院没有实际用处通常也会归入修道院档案。

阿索斯山档案包括了大量有关经济和社会的重要信息，是研究拜占庭经济和社会的重要史料。例如，色诺佛托斯修道院档案和佐格拉佛修道院档案里有关于"普洛尼亚"这种财产获得的记载，使我们得以了解拜占庭晚期支付军队的主要方法。多切亚里乌修道院的一份出售清单告诉了我们有关 12 世纪塞萨洛尼基豪华私人住宅状况恶化、被分割成小房间和商店的重要信息。另外，修道院档案中关于特权和税收豁免的文件很多，表明从 12 世纪起社会组织是建立在特权基础上的。

阿索斯山档案中除了拜占庭帝国的文件之外，还保存了其他一些语言（例如，保加利亚语、塞尔维亚语、拉丁语、俄语、土耳其语等）的文件，保加利亚的佐格拉佛修道院有斯拉夫语文件，切兰达里修道院有塞尔维亚语文件，圣潘泰莱蒙（St Panteleimon）修道院有俄语文件，狄俄尼修修道院还有特拉比宗统治者们颁布的一些法令，等等。其中，现存中世纪斯拉夫语文件比拜占庭文件更少，非常珍贵。

大量希腊语文件主要是关于修道院财产以及与其他基督教徒诉讼的，还有希腊语的教会文件和私人文件。这些文件除了有历史价值，还极具语言学价值，因为当时读写能力有限，文件主要是根据语音写下来的，因而记录了各种语调的发展。

现在阿索斯山档案一些可以在线获取，参见前文"史料汇编类"中的"阿索斯山各修道院的手抄本集"，以及"数据库类"中的"阿索斯山和帕特莫斯修道院档案文件"数字化文献库。阿索斯山档案很多译成了现代语言，其中巴黎系列译本（La collection Archives de l'Athos）计划翻译出版约 1200 份拜占庭文件，系统翻译出版了中世纪部分的阿索斯山档案资料（阿索斯山档案时间上一直延续到现在），把这些档案译成了法语。所有档案包括对其修道院和修道院档案室的历史的介绍，每份文件的希腊语文本（有描述、详细分析和注释），专业名词和重要术语的索引。巴黎系列的阿索斯山档案版本大致按时间先后有以下译本：

阿索斯山档案 3：*Actes de Xéropotamou*, ed. Jacques Bompaire. Archives de l'Athos Ⅲ. Paris: P. Lethielleux, 1964.

阿索斯山档案 4：*Actes de Dionysiou*, ed. Nicolas Oikonomides. Archives de l'Athos Ⅳ. Paris: P. Lethielleux, 1968.

阿索斯山档案 5，8，10，11：*Actes de Lavra i–iv*, ed. Paul Lemerle, André Guillou, Nicolas Svoronos, Denise Papachryssanthou, Sima Ćirković. Archives de l'Athos Ⅴ, Ⅷ, Ⅹ, Ⅺ. Paris: P. Lethielleux, 1970–82.

阿索斯山档案 6：*Actes d'Esphigménou* ed. Jacques Lefort. Archives de l'Athos Ⅵ. Paris: P. Lethielleux, 1973.

阿索斯山档案 7：*Actes du Prôtaton*, ed. Denise Papachryssanthou. Archives de l'Athos Ⅶ. Paris: P. Lethielleux, 1975.

阿索斯山档案 9：*Actes de Kastamonitou*, ed. Nicolas Oikonomides. Archives de l'Athos Ⅸ. Paris: P. Lethielleux, 1978.

阿索斯山档案 12：*Actes de Saint-Pantéléèmon*, ed. Paul Lemerle, G. Dagron et S. Çirkoviç. Archives de l'Athos Ⅻ. Paris: P. Lethielleux, 1982.

阿索斯山档案 13：*Actes de Docheiariou*, ed. Nicolas Oikonomides. Archives de l'Athos ⅩⅢ. Paris: P. Lethielleux, 1984.

阿索斯山档案 14，16，18，19：*Actes d'Iviron i–iv*, ed. Jacques Lefort, Nicolas Oikonomides, Denise Papachryssanthou, Vassiliki Kravari, Hélène Métrévéli. Archives de l'Athos ⅩⅣ, ⅩⅥ, ⅩⅧ, ⅩⅨ. Paris: P. Lethielleux, 1985, 1990, 1994, 1995.

阿索斯山档案 15：*Actes de Xénophon*, ed. Denise Papachryssanthou. Archives de l'Athos ⅩⅤ. Paris: P. Lethielleux, 1986.

阿索斯山档案 2：*Actes de Kutlumus*, ed. Paul Lemerle. Archives de l'Athos Ⅱ, 2d edn. Paris: P. Lethielleux, 1988.

阿索斯山档案 17：*Actes du Pantocrator*, ed. Vassiliki Kravari. Archives de l'Athos ⅩⅦ. Paris: Centre National de la Recherche Scientifique and P. Lethielleux, 1991.

阿索斯山档案 20：*Actes de Chilandar i, Des origines à 1319*, par Mirjana Živojinovíc, Vassiliki Kravari, Christophe Giros, 1998.

阿索斯山档案 21-22：*Actes de Vatopédi i–ii*, ed. Jacques Bompaire, Jacques Lefort, Vassiliki Kravari, Christophe Giros, Kostis Smyrlis. Archives de l'Athos XXI–XXII. Paris: P. Lethielleux, 2001, 2006.

其中，第 1 卷为 *Actes de Lavra*，是 897-1178 年间拉伏拉修道院的文件，现在被第 5 卷取代。

第 2 卷为 *Actes de Kutlumus*，是库特鲁姆斯（Kutlumus）等修道院的文件。介绍了库特鲁姆斯修道院和阿洛普（Alôpou）修道院的历史，编辑了 80 份文件，附录还有 7 份文件，涉及时间从 1012 年到 1500 年。

第 3 卷为 *Actes de Xéropotamou*，是色诺波塔莫修道院的文件，涉及时间从 956 年到 1445 年。

第 4 卷为 *Actes de Dionysiou*，是狄俄尼修修道院的文件。其中介绍了该修道院的历史，每份文件的注释对于了解阿索斯山的历史、巴尔干半岛的历史、与塞尔维亚人的关系、突厥人以及特拉比宗帝国非常重要。这一卷包括 44 份文件，其中有 30 份此前完全不为人所知，时间从 1056 年到 1503 年。

第 5 卷为 *Actes de Lavra*，是拉伏拉修道院文件的第一部分。该修道院是阿索斯山上的最重要修道院，这一卷详细介绍了该修道院档案室的历史、1204 年前该修道院的历史（在很大程度上是阿索斯山本身的历史）以及 1204 年前该修道院地产的历史。该修道院是拉丁人征服之前阿索斯山中史料最丰富的一座修道院。这一卷中有 69 份文件，时间从 897 年到 1196 年，附录中还有 6 份文件，其中 22 份文件是皇帝颁布的，12 份文件是政府官员颁布的。

第 6 卷为 *Actes d'Esphigménou*，是埃斯菲格迈诺修道院的文件，其中介绍了该修道院及其档案室从 10 世纪到 16 世纪的历史，编辑了 1034 年到 1409 年间的 31 份文件，涉及到该修道院在马其顿地产的大量信息。

第 7 卷为 *Actes du Prôtaton*，是普洛塔顿修道院的文件，这一卷先是分析了 8 世纪末 9 世纪初首批修道士出现在阿索斯山时的状况，10 世纪末之前最早的修道院的出现和发展，阿索斯山中心组织的设置和运转，接着编辑了 14 份文件，包括定义了整个拜占庭时期阿索斯山修道生活的 3 份章程，附录中有 6 份文件。

第 8 卷为 *Actes de Lavra*，是拉伏拉修道院文件的第二部分，涉及时间从 1204 年到 1328 年，编辑了 48 份文件。

第 9 卷为 *Actes de Kastamonitou*，是卡斯塔蒙尼托修道院的文件，涉及时间从 1047 年到 1513 年，其中编辑了 8 份文件，另外附录中有 5 份文件。

第 10 卷为 *Actes de Lavra*，是拉伏拉修道院文件的第三部分，涉及时间为 1329 年到 1500 年，包括 57 份文件。

第 11 卷为 *Actes de Lavra*，是拉伏拉修道院文件的第四部分，介绍了在拉丁人统治期间，接着在帕列奥列格王朝统治期间，以及直到奥斯曼人统治建立的拉伏拉修道院的历史，研究了这座修道院在帕列奥列格王朝统治期间的地产和收入。分析和评注了这座修道院保存的 1357 年到 1452 年间的 12 份塞尔维亚语文件。

第 12 卷为 *Actes de Saint-Pantéléèmôn*，是圣潘泰莱蒙修道院的文件，其中介绍了阿索斯山上这座俄罗斯人修道院的历史，编辑了 1030 年到 1430 年的 20 份文件，加上附录中的 4 份文件，分析并注释了 1349 年到 1429 年间的 15 份塞尔维亚人文件。

第 13 卷为 *Actes de Docheiariou*，是多切亚里乌修道院的文件，涉及时间从 1037 年到 1496 年，包括 62 份文件。

第 14 卷为 *Actes d'Iviron*，是伊维隆修道院文件的第一部分，涉及时间从 927 年到 11 世纪中叶，包括 30 份文件。其中介绍了阿索斯山上的这座格鲁吉亚人修道院及其在马其顿的广大地产。

第 15 卷为 *Actes de Xénophon*，是色诺佛（Xénophon）修道院的文件，涉及时间为 1089 年到 1452 年，包括 33 份文件。

第 16 卷为 *Actes d'Iviron*，是伊维隆修道院文件的第二部分，涉及时间从 11 世纪中叶到 1204 年，包括 23 份文件。

第 17 卷为 *Actes du Pantocrator*，是"全能者"基督修道院的文件，涉及时间从 1039 年到 1501 年，包括 29 份文件。

第 18 卷为 *Actes d'Iviron*，是伊维隆修道院文件的第三部分，涉及时间从 1204 年到 1328 年，包括 31 份文件。

第 19 卷为 *Actes d'Iviron*，是伊维隆修道院文件的第四部分，涉及时间从 1328 年到 16 世纪初，包括 23 份文件。

第 20 卷为 *Actes de Chilandar I*，是希兰达尔修道院文件的第一部分，涉及时间从创建到 1319 年。塞尔维亚人的希兰达尔修道院于 1198 年由前大"祖潘"（Great Zupan）内马尼亚及其儿子圣徒萨瓦（Sava）建立，由于拜占庭皇帝们和塞尔维亚国王们的资助，它成为阿索斯山上的大修道院之一。13世纪末，皇帝安德罗尼库斯二世（Andronikos Ⅱ，1282-1328年在位）的女婿米卢廷（Milutin）国王极大促进了这座修道院的经济发展。希兰达尔修道院文件的第1卷开始详细陈述了相关时期与该修道院相关的斯拉夫人史料，该修道院从创建到1319年的历史以及地产。接着描述、分析、评注和编辑了47份希腊语文件。附录中有四份文件，一份是伪造的，三份是希腊语版本已经遗失只有斯拉夫语译本留存的。其中有所有文件的复制件。其中值得特别注意的是皇帝安德罗尼库斯二世及共治皇帝米哈伊尔九世（Michael Ⅸ，1294-1320年在位）与安德罗尼库斯三世（Andronikos Ⅲ，1328-1341年在位）颁发的许多金玺诏书原件。

　　第21卷为 *Actes de Vatopédi I*，是瓦托佩蒂修道院文件的第一部分，涉及时间从建立到1329年。该修道院由拜占庭一位贵族成员大约建立于980年，据说这位贵族成员来自亚得里亚堡，该修道院很快成为阿索斯山上最大的修道院之一，在12世纪末之前，其历史很少为人知晓，因为该修道院12世纪末之前的文件只保存了11份。但该修道院的档案是13-15世纪阿索斯山资料最丰富的。许多文件表明了该修道院与拜占庭最高级别贵族之间的联系，以及后者在扩大该修道院中发挥的作用。这一卷涉及有关该修道院建立的传说，它的历史，它在阿索斯山、马其顿、色雷斯以及利姆诺斯岛上的地产，涉及时间段从建立到1329年，其中专门研究了主教管区大教堂（*katholikon*）的建筑和装饰，接着对69份文件进行了描述、分析、注释和编辑，附录分析了一份斯拉夫语文件并编辑了两份伪造文件。其中提供了所有文件的复制件。其中特别值得注意的是费拉德尔菲亚附近鲍莱因（Boreine）修道院创办者马克西莫斯（Maximos）的修道院章程，几份遗嘱，以及关于塞萨洛尼基附近葡萄种植的许多出租证书。

　　第22卷为 *Actes de Vatopédi Ⅱ*，是瓦托佩蒂修道院文件的第二部分，涉及时间为1330-1376年，包括84份文件，对这些文件进行了描述、分析、评注和编辑，该卷还包括三份伪造文件和一个总的索引，所有文件在该卷中都有复制；该修道院极力借助拜占庭人和塞尔维亚人统治者们的慷慨以及它与贵族的联系来增加其土地财富，成为阿索斯山最重要的修道院；贵族成员把该修道院当作存款银行，向它支付一笔钱，成为那里的修道士，换取终身养老金。

二 修道院规章制度

（一）11–12 世纪拜占庭修道院规章制度概况

拜占庭修道院规章制度（*typikon*①）是规定修道院的管理组织工作和行为准则以及宗教仪式的一套规则，*typikon* 成为一个约定俗成的术语，用来指各种机构创办章程和修道院契约，其名称除了 *typikon* 之外，还有 *diatheke*，*hypotyposis*，*thesmos*，*diataxis*，*hypomnema* 等。这些文件涉及时间为 9 到 15 世纪，但大多数是 11 到 14 世纪的，通常被学者称为创办人（*ktetor*②）章程（*ktetorika typika*），幸存下来的大约有 50 份，15 份是君士坦丁堡各修道院的，18 份是希腊（包括圣阿索斯山）各修道院的，其余是小亚细亚、塞浦路斯、叙利亚－巴勒斯坦（Syro-Palestine）、北部巴尔干半岛以及意大利各修道院的。其中，11–12 世纪的有 24 份，包括 5 份创办者遗嘱。由于拜占庭没有修道团体（修

---

① *typikon*，希腊文为 *τυπικόν*，复数形式是 *typika*，希腊文为 *τυπικά*，可译为"章程""规则"等，其中还有些是遗嘱、皇帝颁布的法令等，故文中统一称之为规章制度。*typikon* 主要有以下两种：第一种为修道院章程（monastic *typikon*），本书主要介绍的是这一种。第二种为礼拜仪式规则（liturgical *typikon*），指礼拜仪式日历，其中有每天礼拜仪式的指示，规定每天应做什么，这种 *typikon* 为两种拜占庭礼拜仪式书中的一种（另一种称为 *diataxis*，规定礼拜仪式的次序安排），它包括三类规则：大教堂规则（*Typikon* of the Great Church）、斯图狄奥斯修道院规则（*Stoudite Typika*）以及萨巴斯修道院规则（*Sabaitic Typika*），其中大教堂规则指君士坦丁堡圣索菲亚教堂宗教仪式规则书，是拜占庭最早的完整宗教仪式规则，适用于圣索菲亚教堂以及其他教堂，按照两种教会日历（Church Calendar，参见前文）顺序描述了每天的宗教仪式，保存于七本手抄本中，是研究 9–10 世纪君士坦丁堡宗教仪式必不可少的资料，第四次十字军东征之后大教堂规则在君士坦丁堡不再使用，但在塞萨洛尼基一直使用到拜占庭帝国灭亡。参见 Alexander P. Kazhdan (editor in chief), *The Oxford Dictionary of Byzantium*, p.1823, p.1961, pp.2131-2133.

② *ktetor*，希腊文为 *κτήτωρ*，指的是教会机构（教堂、修道院等）及其财产的创办者、庇护人或所有者。*ktetor* 的权利（*ktetorikon dikaion*）来自创建本身或者继承或者获得的特权，这种权利可以终身拥有或者两三代拥有。*ktetor* 有时候也可以被称为 *ephoros*，*pronoetes*，*epikouros*，*authentes* 等，可以是平信徒、神职人员或者教会机构。*ktetor* 的权利（*ktetorikon dikaion*）会在章程（*typikon*）中得到规定，包括精神上的权利、管理上的特权以及收入，他们要履行义务，例如，维修和装饰建筑物、提供灯油、照管圣器等。11–12 世纪盛行的 *charistikion* 制度是 *ktetorikon dikaion* 的衍生物。*ktetorikon dikaion* 一直存在到 15 世纪。Alexander P. Kazhdan (editor in chief), *The Oxford Dictionary of Byzantium*, p.1160.

会），每个修道士群体都需要自己的宗教仪式书，但在某些情况下创办人会仿效较早的例如君士坦丁堡的"恩人"圣母修道院章程。这些文件在长度、格式和内容方面差异很大。通常它们包括有关修道院院长选举和其他官员任命、住宿、见习期、饮食、服装、纪律以及修道院捐助者纪念仪式。它们可能还包括创办者的传记（或自传）以及修道院财产（包括动产和不动产）的清单（*brebion* / inventory）。*typika* 通常分为"贵族的"和"非贵族的"，二者之间的区别在于，前者强调家族联系，后者由修道院成员写作，强调精神上的亲属关系纽带。贵族的章程通常提供了有关修道院管理结构的更多细节。[①] 幸存下来的 11–12 世纪的文件现在全部译成了现代语言，主要是英语和法语。

1.译成法语的主要有：

（1）"全能者"基督（Christ Sauveur Pantokrator）修道院章程：Paul Gautier, "Le typikon du Christ Sauveur Pantokrator." *Revue des Études Byzantines*, Paris, 32 (1974), 1–145.

可在线下载：https://www.persee.fr/doc/rebyz_0766-5598_1974_num_32_1_1481

（2）11 世纪"恩人"圣母（Théotokos Evergétis）修道院章程：Paul Gautier, "Le typikon de la Théotokos Evergétis," *Revue des Études Byzantines*, Paris, 40 (1982), 5–101.

可在线下载：https://www.persee.fr/doc/rebyz_0766-5598_1982_num_40_1_2131

（3）格雷戈里·帕库里亚诺斯（*sébaste* Grégoire Pakourianos）修道院章程：Paul Gautier, "Le typikon du sébaste Grégoire Pakourianos." *Revue des Études Byzantines*, Paris, 42 (1984), 5–145.

可在线下载：https://www.persee.fr/doc/rebyz_0766-5598_1984_num_42_1_2154

（4）万福圣母（Théotokos Kécharitoménè）修女院章程：Paul Gautier, "Le typikon de la Théotokos Kécharitoménè." *Revue des Études Byzantines*, Paris, 43 (1985), 1–165.

可在线下载：https://www.persee.fr/doc/rebyz_0766-5598_1985_num_43_1_2170

2.译成英语的：

幸存下来的 11–12 世纪拜占庭修道院规章制度全部译成了英语，结集为

---

① Alexander P. Kazhdan (editor in chief), *The Oxford Dictionary of Byzantium*, p.2132.

《拜占庭修道院创建文件：幸存创办者章程和遗嘱全译》：*Byzantine Monastic Foundation Documents: A Complete Translation of the Surviving Founders' Typika and Testaments*, eds. John Thomas and Angela Constantinides Hero, with the assistance of Giles Constable, 5 vols. Washington, D.C.: Dumbarton Oaks Research Library and Collection, 2000.

可在线下载：https://www.doaks.org › publications › books › book_uploaded_pdfFile

11-12 世纪的修道院规章制度文件一共 24 份，包括 5 份创办者遗嘱。其中 11 世纪的有 10 份：（1）约翰·塞诺斯（John Xenos）为克里特岛米里奥克法拉"答复者"（*Antiphonetria*① of Myriokephala）圣母修道院（Monastery of the Mother of God）所立遗嘱；（2）盖勒西昂山（Mount Galesios）拉撒路（Lazarus）的遗嘱；（3）斯特洛米查（Stroumitza）主教曼努埃尔（Manuel）为慈祥童贞女（*Eleousa*②）圣母修道院制定的章程；（4）皇帝君士坦丁九世制定的法规；（5）尼科德莫斯（Nikodemos）为莱克德蒙（Lakedaimon）附近新杰菲拉（Nea Gephyra）修道院所立遗嘱；（6）米哈伊尔·阿塔雷亚特为他在雷德斯托斯的救济院和为君士坦丁堡"至慈者"（*Panoiktirmon*③）基督修道院制定的章程；（7）黑山的尼康（Nikon）的章程；（8）蒂莫西（Timothy）为"恩人"（*Evergetis*④）圣母修道院制定的章程；（9）格雷戈里·帕库里亚诺斯（Gregory Pakourianos）为巴奇科沃（Bačkovo）的佩特里佐斯圣母（*Petritzonitissa*⑤）修道院制定的章程；（10）克里斯托杜洛斯（Christodoulos）为帕特莫斯的神学家圣约翰（St. John the Theologian）修道院制定的章程、所立遗嘱及其附录。12 世纪的有 14 份：（1）黑山的尼康为石榴童贞（*tou Roidiou*⑥）圣母修道院和

① *Antiphonetria*，意为答复者圣母。
② *Eleousa*，希腊文为 Έλεούσα，意为温柔仁慈，是对婴儿耶稣基督依偎在童贞女马利亚脸颊上这种圣像中圣母的描绘。
③ *Panoiktirmon*，意为仁慈的或最为仁慈的或者至慈者。
④ *Evergetis*，意为女施主，女恩人。
⑤ *Petritzonitissa*，现代保加利亚的巴奇科沃城附近的中世纪佩特里佐斯（Petritzos）城圣母的别称。参见 *Byzantine Monastic Foundation Documents: A Complete Translation of the Surviving Founders' Typika and Testaments*, p.1687.
⑥ *tou Roidiou*，意为石榴童贞马利亚。

救济院制定的章程；（2）格雷戈里（Gregory）为西西里弗拉加拉的圣菲利普（St. Philip of Fragala）修道院所立遗嘱；（3）卢克（Luke）为墨西拿的基督救世主（圣萨尔瓦多［San Salvatore］）修道院制定的章程；（4）皇后伊琳妮·杜凯娜·科穆尼娜（Irene Doukaina Komnene）为君士坦丁堡万福（*Kecharitomene*①）圣母修女院制定的章程；（5）皇帝约翰二世·科穆宁为君士坦丁堡"全能者"基督修道院制定的章程；（6）"至尊者"伊萨克·科穆宁为贝拉（Bera）附近救世主（*Kosmosoteira*②）圣母修道院制定的章程；（7）约翰（John）为弗贝洛斯圣施洗者约翰（St. John the Forerunner of *Phoberos*）修道院制定的章程；（8）纳夫普利亚（Nauplia）主教利奥（Leo）为阿雷亚（*Areia*）圣母修道院写的备忘录和制定的章程；（9）阿萨纳修斯·菲兰斯罗彭诺斯（Athanasios Philanthropenos）为君士坦丁堡圣马玛斯（St. Mamas）修道院制定的章程；（10）皇帝私人秘书（*Mystikos*③）尼基弗鲁斯（Nikephoros）为"太阳祭坛"（*ton Heliou Bomon*）或"谴责"（*Elegmon*）④ 的圣母修道院制定的章程；（11）涅奥菲托斯（Neophytos）为阿索斯山多切亚里乌（Docheiariou）的大天使圣米迦勒（St. Michael the Archangel）修道院制定的章程；（12）耶路撒冷附近萨巴斯（Sabas）修道院的创办者章程；（13）尼古拉（Nicholas）为奥特朗托（Otranto）附近卡苏隆的圣尼古拉（St. Nicholas of Kasoulon）修道院制定的章程；（14）塞尔维亚人萨巴斯（Sabbas）为阿索斯山卡里斯（Karyes）的圣萨巴斯小修道院（*Kellion*）制定的章程。

下面分别介绍 11-12 世纪 24 份修道院规章制度文件的详细情况，包括手抄本、出版和现代语言译本情况，并主要根据 2000 年英译版翻译或介绍文献

① *Kecharitomene*，意为"充满恩典的"，用于圣母马利亚通常译为"万福"马利亚。

② *Kosmosoteira*，意为救世主。

③ *Mystikos*，希腊文为 μυστικός，意为秘密的、私人的，指的是皇帝的私人秘书。参见 Alexander P. Kazhdan (editor in chief), *The Oxford Dictionary of Byzantium*, pp.1431-1432.

④ *ton Heliou Bomon*，意为"太阳祭坛"；*Elegmon*，字面意思为"刑事罪犯"，这里译为"谴责"。似乎"太阳祭坛"修道院和"谴责"修道院是同一座修道院或者二者合并，因为其章程（*typikon*）中把这座修道院说成是"太阳祭坛"（*ton Heliou Bomon*）或"谴责"（*Elegmon*）修道院。该修道院也被用作流放地，皇帝的敌人通常被送到那里。参见 https://www.doaks.org/resources/seals/byzantine-seals/BZS.1951.31.5.898；Alexander P. Kazhdan (editor in chief), *The Oxford Dictionary of Byzantium*, pp.910-911.

的具体内容。

（二）11-12 世纪拜占庭 24 份修道院规章制度文件详情

1. 约翰·塞诺斯为克里特岛米里奥克法拉 "答复者" 圣母修道院所立遗嘱

（1）手抄本、出版和现代语言译本

这份遗嘱的时间是 1031 年 9 月 20 日。

手抄本：*Codex Cisamensis*（1703 年）。

出版：

N. B. Tomadakes, "Ho hagios Ioannes ho Xenos kai Eremites en Krete (10os–11os aion)," *Epeteris Etaireias Byzantinon Spoudon* 46 (1983–1986), 1–117.

现代语言译本：

吉安弗兰科·菲亚卡多里（Gianfranco Fiaccadori）的英语译本，见 *Byzantine Monastic Foundation Documents: A Complete Translation of the Surviving Founders' Typika and Testaments*, eds. John Thomas and Angela Constantinides Hero, with the assistance of Giles Constable, 5 vols. Washington, D.C.: Dumbarton Oaks Research Library and Collection, 2000, p.146.

（2）主要内容翻译

[1] 以主耶稣基督的名义，这是我对每一个人的命令和吩咐、安排和劝告：我在上帝帮助下创建的所有修道院和教堂，以及我捐献给它们的所有动产和不动产，我希望所有这些毫无例外永远处于米里奥克法拉圣母修道院的权威之下。

[2] 如果有人胆敢否认我捐献给我所建立的那些修道院的不动产和个人遗产（如我规定的，让前述米里奥克法拉修道院拥有所有这些财产），不管是皇帝还是牧首还是都主教，不管在统治者还是被统治者，不管是大人物还是小人物，这种人首先将受到全能的上帝、我们的主耶稣基督的诅咒，既不能分享纯洁的圣餐礼，死后也不能化为尘土。愿他遭受和叛徒犹大一样的命运，愿他被第一次尼西亚会议受上帝启发的 318 名教父诅咒，愿他受到永恒的惩罚。

[3] 相反，所有遵守我的遗嘱的人，保持我的劝告不变的人，愿神圣的天

国上帝和全世界的女仲裁人圣母宽恕他的所有罪过。在可怕的最后审判时刻，愿主宽恕他在现世和来世的所有过错，并把他置于自己右手边。

6536 年（即公元 1027/28 年）9 月 20 日。

汉达克斯（Chandax）城辅祭和文书摩斯科斯（Moschos）亲笔签名。

我，菲拉雷托斯·布拉希昂（Philaretos Bracheon），克里特"第一持剑者"和将军（strategos），是修道士约翰遗嘱的见证人，已应召签名。

我，尤马西奥斯（Eumathios），克里特"第一持剑者"和将军，是修道士和隐士约翰遗嘱的见证人，已签名。

我，司祭利奥·达弗雷拉斯（Leo Daphereras），是皇帝授权的文书，抄写了我们神父克里特的约翰、别名"修道士色诺斯（Xenos）"的这份遗嘱。

2. 盖勒西昂山拉撒路的遗嘱

（1）手抄本、出版和现代语言译本

这份遗嘱的时间为 1053 年 10 月 31 日。

手抄本：*Codex Lavrioticus I.127*, fols. 81–293 (14 世纪)。

出版：

Hippolyte Delehaye (ed.), "Vita S. Lazari auctore Gregorio monacho", *Acta sanctorum novembris*, vol. 3, Brussels: Société des Bollandistes, 1910, pp.508–606.（该遗嘱是从中重新整理出来的）

现代语言译本：

帕特里夏·卡琳－海特（Patricia Karlin-Hayter）的英语译本，见 *Byzantine Monastic Foundation Documents: A Complete Translation of the Surviving Founders' Typika and Testaments*, eds. John Thomas and Angela Constantinides Hero, with the assistance of Giles Constable, 5 vols. Washington, D.C.: Dumbarton Oaks Research Library and Collection, 2000, pp.155-165.

（2）内容大意

128. 修道院的修道士们经常讨论他们遇到的问题，这些问题有的来自圣经，有的来自他们自身。他们也会向神父咨询相关问题。

129. 有修道士向神父询问关于通奸的问题。神父回答，如果犯错的人没有忏悔和纠正他们的行为，必然会受到惩罚。

130. 有些修道士向神父询问关于修道院习惯的问题。"我们只看到一个习惯，习俗是如何从中演变出多种习惯的呢？"神父回答，这种划分跟神父、使徒、天使的排列顺序类似。

135. 修道士们关于宗教仪式的问题争论不休，为此征求神父的意见。神父回答，在每个宗教节日唱圣母马利亚赞美诗（*theotokion*）是对的，都要唱赞美诗。

138. 修道士劳伦蒂奥斯（Laurentios）向神父问了关于教堂和修道院的小房间里的灯的问题。神父回答，教堂是天国的代表者，里面的灯光代表星辰。对于那些在修道院的小房间的人而言，如果有人想唱什么无法用心感受到的歌曲或者阅读，他可以点亮灯，完成任务以后再关掉。如果有人拥有圣像，就让他带进教堂里。修道院没有规定每个人必须在小房间里摆放圣像，但要求大家安于清贫乐道。

139. 修道院的修道士们向神父谴责约翰·士麦那奥斯（John Smyrnaios），后者因为身体虚弱站在教堂里时倚靠在一个管理员的身上。

140. 在一个重要圣徒的纪念日，修道院的修道士们要求神父款待他们，给他们买一些鱼。神父回答，圣徒并不是通过奢侈和安逸的生活才成为了圣徒，而是通过斋戒和奋斗，如果我们真心想庆祝他们的节日，就要尽其所能地模仿他们的生活方式。

141. 神父经常说这样的话。但是此时，修道士们听到他的话缺乏热情，他们不希望他去世之后，修道院能够继续生存下来。大部分修道士，私下里或者公开地请求他同意在他去世后让他们离开修道院。他只答应了部分人离开的请求。有人跟他说不管是谁接替他成为了修道院院长，都不可能像他一样拥有对修道士们精神上的洞察力，也不能负责承担所有人的弱点，不能以适当的方式照顾他们的精神和物质需求。神父回答道："我知道在我去世之后，修道院肯定会有新的院长，他会充分满足你们的物质需要。你们要在所有事情上都服从他、信任他。院长不可能总是待在修道院，对于精神方面的问题，你们可以求助于年长者。多年的经验让他们精通精神方面的事务，你们可以把他们作为灵魂的指导者，不管做什么，都要征求他们的意见并得到他们的同意。正如你所预料的，他们可能会将你们中的某些人驱逐出修道院，那么就让被驱逐的人在门外待七天，如果他们既不给他食物和水，也不允许他进入修道院，那么就让他去他想去的地方。"

144. 有人在晚上从修道院的马厩里偷走了一匹带着马鞍的马，逃走了。第二天早上，接到通知的神父派出一些修道士进行调查。他们四处寻找，但一无所获地返回。所有人都聚集到神父那里，请求他绕着修道院建造一面墙并上锁，以此控制人员进出，他们的理由是同样的事情已经发生了许多次。但是，神父并没有同意这样做，他对他们说，如果明天没有找到马，就不再庆祝节日。第二天，修道院丢失的马带着马鞍出现在山脚下，发现它的修道士便将它带回了修道院。

147. 在一个神圣的节日，有些修道士没有按照通常那样与其他人到餐桌上就餐，而是在待在自己的小房间里吃饭。神父得知这件事之后，将他们召集在一起，说道，在庆祝宗教节日的时候，不参与聚餐的人，将会受到诅咒。

150. 有些修道士要求神父制定一条关于每天出现在修道院的陌生人的规定，意思是，他们只能在修道院待三天，并且不能与修道士们一起就餐，而是要在救济院就餐，尤其是拜访的修道士和流浪者。由于劝说多次未果，他们到他面前说，陌生人带来许多麻烦，负责招待客人的修道士没有照顾好他们，他从酒窖里取出豆类拿给他们吃，他们挑拣出能吃的，将腐烂的留给我们。听到这些话的神父假装对招待客人的修道士很生气，便将他请来，说道，你是如何照顾外来的修道士们的？你没有意识到自己对他们的良好照顾或者漠视会转移到上帝身上吗？从现在起，如果我得知外来的人得到你的善待，你也会被同样对待。就让他们在这里只待三天就离开吧，但我希望他们能与修道士们一起共餐。即使他们是穷苦人和流浪者，但因为是我们的兄弟，让他们与平信徒在救济院一起吃饭也不合规矩。

180. 在开头的时候，我已经讲述了关于我的修道院的神父和修道士们的事情。按照他规定的生活模式的要求，他们在各个方面都很努力，服从他的神圣的建议和命令，辛苦地劳动，不会隐瞒自己的想法，不会按照自己的意愿，在未经他同意的情况下做任何事情，不会做不自量力的事情，也不会做违背修道院规定的任何事情。在教堂、餐桌上和其他事情上，我们满腔热情地执行修道院的规定，对拥有的东西充满感恩，我们所有人都静静地离开教堂或者餐桌，内心充满了感恩，直接回到自己的房间，而不是聚在一起闲聊、喝酒和吃东西。我们不会私下议论别人的缺点，却会不断反思自己的弱点。

182. 有些人向他询问关于教堂的地方。他回答，那些了解圣经的人和唱诗班的人，就像田地里的收割者，那些不能阅读和不会唱歌的人，就像跟在收割者的后面拣麦穗的人。收割者经常会在他们收割的成捆的麦子中收集到杂草，但跟在他们后面的人捡到的却只有麦子。因为，唱诗班的人要应付他们正在唱的东西，有些人可能会因为没有注意到唱的内容，不适宜地提高了嗓音。其实，他们无法完美地完成自己的任务。但是不识字的那些人，他们独自站在一旁，关注着唱诗班的人唱的内容，只要他们愿意，就能抓住他们心里想要理解的东西。他通过这种方式，让前者变得谦虚，让后者能够耐心和冷静地站在教堂里。

他还规定，在晨祷开始时没有参加的人，酒窖的管理者不要给他们提供葡萄酒，甚至是食物。相反，对于那些热心教堂事务的人，他经常当面进行表扬和称赞。

184. 有些人向他询问有关懒怠的问题，他回答，如果有修道士除非在特殊情况下，在祈祷之前就进食了，上帝将会认为他已经把七头死驴子剥皮并在没有洗手的情况下吃东西。有人问他，这种行为是否会受到上帝的惩罚时，他回答，当然会，除非他们完全坦白，得到上帝的宽恕，并且以后不会犯同样的错误。

185. 对于那些专心于自己职务工作的人，他采用了不同的勉励方式，告诫和指导他们诚实热情地履行好岗位职责。他说，不管何时他们推迟去教堂，都不要忽视每天固定要做的事情和礼拜仪式。如果他们没有中断，就会唱出来。如果他们无法做到这一点，至少让他们默祷，让他们在晚上反思白天的行为，不仅要唱赞美诗，而且要热泪盈眶地忏悔。这也是他自己经常做的事情。因为如果他白天忙于大量的事务，无暇顾及修道院规定的宗教仪式，那么晚上他就会补上。

187. 有些人到他这里祈福，为创建的修道院寻求规则和准则。他的建议是，在所有事情上，将他们自己中的准则展现给信众，在饮食、服饰或者身体需要的其他必需品方面，都没有区别，大家的待遇都是一样的。提交的规则不可动摇和破坏。因为不平等，提交的规则经常被破坏，在这种情况下，不要因为有些能力较强的人对自己的职位充满了热情，就偏袒他们，不要将弱者视为无用的人，严酷地要求他们。

189. 修道士们表示，相比规则规定的，他们更希望遵从隐士的生活方式。他拒绝了一些人，也同意了一些人。因为，通过细致观察和大量的经验，他在所有事情上都遵从上帝的旨意。他准确地知道每个人能在哪个领域有所成就，那些拒绝他的建议而按照自己的意愿做事的人都后悔太晚意识到这一点。

190. 修道院里有些修道士也被委派到外面工作。如果他们中有人碰巧犯错并且为此哭泣，他会立刻将他召回，然后派别人过去。原因在于，他担心习惯会使犯错人一再犯错。他经常建议所有从事手工艺品制作的修道士将他们工作所得纳入修道院的公共财产。如果有人因为疾病或者其他原因，要求花费其中的一部分，如果在教堂服务的人有人提出这样的要求，他会首先满足他的需求。如果他发现修道士们对此不满意，他会允许他从自己的工作中满足自身的需要。如果他这样做，他会允许他按照自己的意愿行事。但是如果是没有阅读能力的人，他则不会同意，除非他拥有某一职务，在休闲时间已经完成了工作。教堂的修道士有工作要做，在教堂里服务，有些东西给他们，尤其是当他们只能得到餐桌上的供应的时候。他说，没有阅读能力的人，因为不能在教堂中扮演积极的角色，因此不能允许你任何东西，如果你被委派了任务，就能得到一些补偿。按照他的命令，食品管理员将为那些提供服务的人，供应相对更多的食物和酒。在救世主修道院和圣母修道院，所有东西都是共同所有，没有人拥有任何私有财产。这是通常情况下存在的一般规则，但是，有些已经在修道院接受削发仪式的人，随身从外面带钱进来。因为他们对修道院提供的东西不满意，因此坚决不放弃。

192. 我们的神父规劝他们处理掉这些钱，按照修道院的规定生活。他们中的有些人接纳了他的建议，过上了修道院的生活，将他们的财物分给了穷人，或者捐赠给了神父和修道院。如果有人买来了祭品，他就会接受，但他不会强迫任何人这样做，也不会为修道院要求任何礼物，但别人自愿提供的任何东西，他都不会拒绝。有些人则为自己留下了一部分钱，但都没有花到正确的地方。他们对钱财的保存和花费都没有得到良好的建议。还有一部分决定放弃一切财物，但强迫神父同意修道院为他们提供某些舒适的条件。在这样做的时候，他们忽略了真正的目的，而是通过这种方式，给修道院带来了不少丑闻并吸引了其他许多人。

196. 如果一个修道士看到神父的生活方式并且尽其所能地进行模仿，或者希望追随比修道院更严格的生活规则。神父说，仔细观察你们正在从事的事情，可能无法有始有终地完成。因为，许多人开始后，却不能完成，由于刚愎自用，失去了优势和原先的成绩，因为他们不满意修道院提供给他们的东西。但是，那些按照修道院的规则前行的人，就会走得比较顺畅，因为他们没有激起魔鬼的多种恶意。他说，对于一个修道士而言，相比较身体上的苦行，他更应该关注灵魂上的简单纯粹，回避许多人的聚会和交谈。

因为这个原因，一个修道士不应该经常与这些年轻人在一起，以防他的思想里种下邪恶的思想的种子。让他放低自己，保持自己的想法，如果上述想法萌生，就让他面向上帝，从开始的时候，就拒绝情感的相互交流。同时吟唱"主耶稣啊，上帝之子，请帮助我。"当他这样祈祷时，由于上帝的原因，邪恶的思想被消除。如果仍旧存在困惑和迷茫，也有针对魔鬼邪恶思想的各种计划和规避这些思想带来的危害的手段。如果非要选择的话，当面对两种邪恶思想的时候，选择危害性较小的一种。在这种情况下，将一个人的思想转移到另外一种或许是管用的——热爱黄金或者热爱称赞，或者其他诸如此类的东西。通过赞成或者控制住它，跟你的思想开个玩笑，摆脱对别人进行暴力攻击的想法。真正的解决办法是，黎明时起床，然后努力把头脑最初的想法和活动奉献给上帝，以防敌人产生影响。带着谦卑的思想，整日劳作，能够说，"请对我的折磨和麻烦袖手旁观，原谅我所有的罪恶。"在晚上睡觉之前，好好反思白天的错误，以避免被错误的想法引诱。

让他在工作中守护自己的思想，不断地与它对话，避免飘摇不定的思想被情绪所控制。不要让他寻找别人的错误、判断、嫉妒、诽谤或者听信别人的中伤。让他不要以恶制恶，如果有人无意中错怪了他，宽容地忍受一切，自愿原谅和忘记发生在他身上的一切错事。

他必须谨慎行事，不要伤害其他人，不能为了满足食腹之欲，被引入歧途，而是每天都按照修道院的规定饮食，不要吃得心满意足，而是在吃饱之前就停下。他们规定，与其开两天或者三天宴会，让每个人都吃饱喝足，更好的办法是每天都吃一点儿。服饰方面，则更加俭朴。一个真正希望得到拯救的人应该以谦卑、简单和纯朴的心态，追求这些东西，杜绝一切徒有其表的东西。这样做的人，将自己的所有希望都放在上帝身上，信任他，将他视为所有好东西的供给者。

223. 神父即将离世之前，我来到他身边。他对我说，我希望你不要让修道士们来我这里，在生命垂危之际，我无法回答他们任何问题。我回答，修道士们担心，你突然去世后，没有给两座修道院留下遗嘱或者指令。神父说，他们没有理由担心这件事，将会有一道法令，皇帝和牧首都会看到。

如果存在什么阴谋，第二人则代替第一个人。在这件事情上，我们神父不会撒谎。修道士们去了君士坦丁堡，见了皇帝，满意地解决了所有问题，因为神父之前就已经给他写了信，指责他不公正和不合理的行为。

246. 当被神父送到都城和其他地方的修道士们返回修道院之后，神父就立刻病倒了。在他去世的八天前，他请来了尼古拉，让他写一份章程。后者被告知了所有应该写在章程里面的要点，写好后读给神父听，神父表示很满意。章程内容的要点是，神父如何离开自己的出生地来到圣地，返回后来到山上，建造了三座修道院。截止到今天，他一直竭尽全力地管理他们。地产和礼物应该被送给贝塞（Bessai），因为应该有一个院长。圣耶稣复活修道院有 40 个修道士，救世主修道院有 12 个修道士，圣母修道院有 12 个修道士。院长从这些人中选择，修道士们经过协商后选择了一个有能力管理好修道院事务的人。他会任命一个管理者，委托他照顾修道士们，他做的所有事情都不会遭到阻碍。但是，每年的 8 月底，院长将进行检查，如果他发现修道院的东西有剩余，会带到贝塞。如果没有发现剩余，他也不会要求他提供任何东西。章程也包括关于修道士们日常饮食、宗教节日、服饰、鞋子及其他需求的规定。管理者的职责就是确保为修道士们提供这些供给。

最后，就像通常一样，制定章程时，敢于改变或者违背遗嘱的任何一个字词的人，将受到神父们的诅咒。我并不是漫无目的地写了关于神父章程的事情，而是为了能够发现我们的神父自己寻求的真理。

由于病重，知道他去世的那天，章程仍旧没有签字，没有任何人敢强迫他签字，因为所有人仍旧希望他能够活着。

247. 当许多修道士讨论贝塞的财产时，神父说，一道山脊将两个修道院隔开，山脊以内的所有一切都会在这里管理。院长只有权力从这里带走他例行每年一次的检查时发现的多余财物，其他的东西他无权管辖。至于保索尼普（Pausolype）修道院，它有自治权，拥有艾波普丁（Epoptine）的地产。一个名叫基里洛斯（Kyrillos）的修道士说，你一向对我们的食物非常慷慨大方，我很难想象我们去哪里能轻易地找到这样的待遇。他这么说的原因是，当时的修道院普遍存在食物短缺的情况，甚至缺乏必需品；并且没有人认为在他去世后，修道院还会存在。神父回答，我信任上帝，如果你们按照我的教导行事，你需要的东西都会很充裕。

250. 神父在临去世之前，当着修道士们的面，在章程上签上了自己的名字。

3. 斯特洛米查主教曼努埃尔为慈祥童贞女圣母修道院制定的章程

（1）手抄本、出版和现代语言译本

这份文件的时间为 1085–1106 年。

手抄本：*Parisinus, supplément grec 1222* (19 世纪)。

出版：

Louis Petit, "Le Monastère de Notre-Dame de Pitié en Macédoine," *Izvestiia Russkago Archeologicheskago Instituta v Konstantinople* 6 (1900), 1–153.（文本在第 69–93 页，注释在第 94–114 页）

这份文件的照相复制版，见 Petar Miljković-Pepek, *Veljusa: Manastir Sv. Bogorodica Milostiva vo seloto Veljusa kraj Strumica* (Skopje, 1981), pp.258–272.

现代语言译本：

马其顿语译本：Petar Miljković-Pepek, *Veljusa: Manastir Sv. Bogorodica Milostiva vo seloto Veljusa kraj Strumica* (Skopje, 1981), pp.258–272.

阿纳斯塔修斯·班迪（Anastasius Bandy）的英语译本，见 *Byzantine Monastic Foundation Documents: A Complete Translation of the Surviving Founders' Typika and Testaments*, eds. John Thomas and Angela Constantinides Hero, with the assistance of Giles Constable, 5 vols. Washington, D.C.: Dumbarton Oaks Research Library and Collection, 2000, pp.174-189.

（2）内容大意

这是神父曼努埃尔的圣母修道院章程的抄本，修道院建在斯特洛米查军区的阿诺帕列奥卡斯特隆（Ano Palaiokastron）村庄。

1. 在越界之后，我们受到诅咒，在时间的支配下，陷入堕落，必定走向虚无。为此，我们必须考虑身体的分解，持续不断地研究死亡。曼努埃尔长期以来在修道院中过着苦行僧的独居生活。

2. 我相信全能的主，为了救赎罪恶，我信奉洗礼，期待死者死而复生和未来的生活。我的信仰毫不动摇，我也赞成他们在七次宗教会议上列举和修改的神圣教义和信条，谴责异教徒的信仰。我也祈祷我的信仰会成为通往未来生活的通道和桥梁。

3. 关于我新建的圣母修道院，我的遗嘱会详细清晰地阐述我对修道院的愿望和要求。我用自己的钱购买了这个原本荒芜的地方，将它变成了现在的模样，并将它献给圣母。我们通过神圣的集会和赞美诗让自己靠近上帝。我为那些有智慧和品德的修道士剃度，让他们居住在同一个修道院。

4. 我规定那些过着隐修生活的修道士们在饮食方面不存在差别。真正的隐修生活是这样的：在许多方面不允许存在不同和多样性，即使是修道院院长也与大家享受一样的待遇，在很多事情上都是榜样和模范。

5. 我规定在圣母修道院生活的修道士数量为十人，如果修道院发展得很好，数量将来可以慢慢增加。他们居住的小房子里只能有床、衣物和用于礼拜的圣像。那些过于关注自我的修道士和试图在过着隐修生活的群体中寻求多样性和不同的修道士，如何在修道院中独居生活呢？这些人会在修道院的修道士中带来分裂，制造不同和不和。我规定他们在所有事情上都要服从修道院院长，尊重修道院的生活方式。我也规定一个年长和一个年轻的修道士住在一起，以便于前者为后者做表率。

6. 当所有修道士进入圣母修道院的教堂时，我希望他们带着饱满的热情专心完成自己的职责。我让这些修道士们居住在圣母修道院，过着独居的生活，让他们能够不受干扰地完成晚上的课业，为我们万能的皇帝们的长寿祈祷。

7. 马丁的赞美诗完成以后，开始荣誉颂，就好似是一个黄金链一样，我的意思是按照最有救赎性的顺序。第一个小时是向所有人宣告耶稣复活，接下来的第三小时是称赞上帝荣耀的赞美诗。祈祷结束之后，第六个小时的神圣赞美诗开始，之后，第九个小时荣誉颂开始。

8. 神父和修道士们完成了这些神圣仪式和弥撒之后，不再聚集在这里。我尽我所能地规劝和指导你们，将你们聚集在同一个地方。我自信你们能够在上帝这里找到尊严和真正的快乐。既然你们已经了解了自己的目的，就尽快付诸行动。

9. 当我们许诺的时候，你可能不知道我们对上帝公开声明的誓言。天使们已经记录了这些诺言。在我们生病的时候，他们会查看我们是否履行了这些诺言，并会严厉惩罚那些食言者。对我们而言，解救的方式不能依靠亲戚和熟人，而是只能依靠我们自己的行为。我们身上穿着的白色衣服，从本质上看是天使和纯洁的象征。修剪头发既是神圣祭坛的习俗，也是我们头的献祭。我们要保持自己的尊严。我们由于自己的习惯变得高贵，不要因为自己的行为自贬身份。你身上的破烂衣衫，表明了你受奴役的状态，经过努力奋斗，或许你可能被上帝重新接受。那些强迫自己严格按照修道院生活要求进行辛勤劳作的人，会得到相应的补偿。既然你已经穿上了修道士的衣服，就要服从上帝的命令，利用上帝赋予的精神武器阻止邪恶力量的进攻。

10. 得到主耶稣精神上的照看和被我爱的孩子们都是上帝的选民，就像我已经指出的，严格地按照修道院的要求生活，大家因为爱和真诚连接在一起。现实生活中，上帝不会允许任何残缺和不好的东西存在你们中间，不会允许你们的灵魂种下伤害和邪恶，让纷争和怨恨远离你们。你们要与灵魂厌恶的事情做斗争，例如，酗酒、纵欲、贪吃、喋喋不休、撒谎、中伤、残忍、嫉妒、谋杀、贪财等，一生都做正确的事情。既然我们拥有一个充满爱、宽容、热情和同情心的主人，就要留在他的身边，以防被无情地遗弃。我们不能成为行为乖戾和充满反叛精神的人，不要陷入声色犬马的世俗生活。

11. 既然我已经任命最受人尊敬的修道士埃利亚斯成为修道院院长，那么，修道院里的一切财物和人都归他管理。这些权力如下：埃利亚斯的任期是终身制，不会被任何人罢黜；他可以按照自己的意愿管理修道院中的一切；他有权给他自己选择的任何人剃度，也有权将公开违背他的命令、再三警告和指导都无果的修道士驱逐出修道院。这些权力都绝对不受侵害。修道院的修道士们都要服从和尊敬他，一方面，他是你们选出来的，另一方面，他是一个品行俱佳的人，多年来践行苦行主义者的生活方式。如果你们有人骄傲自负，或者性格冲动和喋喋不休，或者暴躁易怒和充满怨恨，修道院院长平和谦卑，温和安静，宽容仁慈，可能不会立刻改正他的错误。修道院院长天生具有各种美好的品行，拥有足够的能力担当你们的牧羊人。正因为如此，我要求你们必须尊敬和服从他。

12. 至于修道院院长，我要说的是，作为一个具有博爱精神的人，你要照顾好修道士们的精神和身体，保护他们远离邪恶。作为基督的信徒，在他们吵架的时候要安抚他们，在他们悲伤的时候要安慰他们，要尽其所能地照顾他们，心中要充满友好的情感，平等地爱所有人，要让那些精神上出现问题的人变得健康。但是并不是每个人都有这样的责任。不要谴责他们的单纯，不要嫌弃他们，不要将那些偶尔犯错的人驱逐出修道院，不要进行身体上的惩罚。

13. 让他们坐在一起，在饮食方面毫无差异，如果有人生病或者年老无力，他们可以得到特殊的对待，周一、三、五为他们准备时令的蔬菜和豆类，周二、四、六、日为他们提供豆类和鱼。在 11 月的第 21 天的节日宴会上，要根据修道院的能力为他们提供特殊的食物。在 11 月份的第 23 天，为了给我一生中的错误赎罪，要提供同样的特殊食物。

14. 我为你们、修道院院长和修道士们规定了这些事情。

15. 我希望并规定，继承修道院院长职位的埃利亚斯和他的继承人都是这种类型的人。他们不仅因为洞察力、举止得体和无可指摘的生活方式而知名，能够让修道院的修道士们变得完美，而是能够在管辖范围内处理所有事情。他们中没有人能够将修道院的东西据为己有，没有人能够剥夺和挪用其他修道士们的东西。他既不无情，也不傲慢，既不酗酒，也不暴躁。他具有许多美好的品德，例如，谨慎、谦卑、慈爱、好客等。他也是这些品德的源泉。

16. 我规定了修道院院长的任命条件，他的选举不能带有任何偏见，必须是杰出的修道士，征得其他修道士们的同意，将他带到深受上帝宠爱的斯特洛米查主教那里得到祝福（sphragis）。为体现我的慷慨，主教可收到 3 诺米斯玛作为礼物。斯特洛米查主教不能将祝福作为对修道院的特权。事实上，作为权力的监督者或者行使者，他可以将祝福授予将要成为修道院院长的人并收到 3 诺米斯玛。这是他作为当地主教遵照教会教义的规定应该做的事情。但是如主教是一个贪婪的人，不满足于 3 诺米斯玛，而是做了违背修道院规定的事情，那么祝福将不会由他来授予，而是由当时的修道院院长授予。我的章程代替祝福足够了。

即将担任修道院院长的人在得到祝福，与修道士们返回修道院之后，便正式接受圣职。当埃利亚斯卸任后，我的盖章文件（sigillion）和章程赋予他的权力将不再有效。这些权力将交给新任修道院院长。如果他发现有人不服从管理或者做了危害修道院的事情，并且再三警告都无用，那么，不管这个人是谁，都要将他驱逐出修道院。如果修道院院长被发现贪污、玩忽职守并激怒了修道士们，他将被解除职务。

17. 如果陌生人来到修道院，他们会受到款待。但是，如果他们是来找修道院一些修道士聊天的，那么修道院不能允许他们悄悄进入，守门人要向修道院院长报告，再允许他们进入。女性不能进入修道院。小于18岁的年轻人也不允许进入修道院。

18. 我希望我的圣母修道院拥有自治权，不从属于任何人。我不希望在我去世之后，将修道院的所有东西列出财产清单，而是当着我的亲戚的面，由修道院院长和修道士进行检查。我建议这种检查在埃利亚斯去世之后再进行。

事实上，修道院不需要任何人保存账目，它不会清除任何东西，也不会转交给任何人。根据阿莱克修斯一世给我的金玺诏书，修道院所在的斯特洛米查军区的征税者或者其他国家官员、主教，都没有权利以任何借口改革、伤害或者谴责我的圣母修道院。

19. 如果有人试图破坏或伤害我的修道院，他会受到严厉的惩罚。那些严守规定的人，则会得到奖赏。

20. 遵守我的规定、保护修道院及其财物的人将得到主的祝福。

21. 修道院的院长和修道士，都不能将修道院转交给任何人，不能转移修道院中的任何东西，不能以任何方式将修道院的不动产转交给任何人。如果有人违反了我在《章程》中列举和规定的事情，将会受到诅咒并被驱逐出修道院。

22. 我用书面的方式在《章程》中写下了所有的规定，希望你们能够严格按照要求来做。

4. 皇帝君士坦丁九世制定的修道院法规

（1）颁布背景、手抄本、出版和现代语言译本

这份文件的时间是1045年9月。

颁布背景：这份文件反映了皇帝行使为其所庇护的阿索斯山各修道院立法的特权，实际作者是修道士科斯马斯·齐齐鲁克斯（Kosmas Tzintziloukes），君士坦丁九世派他前去圣阿索斯山各修道院处理一系列纪律问题，指示他根据之前约翰一世皇帝制定的法规和相关皇帝诏令来处理问题。但实际上阿索斯山的修道士劝告科斯马斯·齐齐鲁克斯认可了很多变化，皇帝本人在一年后颁布了金玺诏书，批准了这份文件，认可了这些变化。

手抄本：*Codex Iveron* (1096)。（这是遗失原件的官方抄本）

出版：

Denise Papachryssanthou, *Prôtaton* (= Archives de l'Athos 7), Paris, 1975, pp.216–232.（文本在第 224–232 页）

现代语言译本：

俄语译本：Porfirii Uspensky, *Vostok kristianskii. Athon. Istoriia Athona,* vol. 3, pt. 1, Kiev, 1877, pp.169–181.

蒂莫西·米勒（Timothy Miller）的英语译本，见 *Byzantine Monastic Foundation Documents: A Complete Translation of the Surviving Founders' Typika and Testaments*, eds. John Thomas and Angela Constantinides Hero, with the assistance of Giles Constable, 5 vols. Washington, D.C.: Dumbarton Oaks Research Library and Collection, 2000, pp.284–291.

（2）内容大意

这是修道士科斯马斯·齐齐鲁克斯根据皇帝君士坦丁九世的命令为圣山（Holy Mountain）公布的法规的副本。

皇帝不仅关注政治事务和军队安排，不仅关注击退敌对民族，征服敌人，制服人口密集的城市，而且关注维护神圣的宗教仪式和教规，他极其关注圣山的修道士。当阿索斯山的修道士们变得懒散，敌人悄悄引起冲突和分裂，破坏他们之间的和平、爱与和谐。他们请求皇帝派遣一位有过独居生活、懂得神圣教规并知道如何纠正和对待那些罪恶丑闻的修道士，将他们从罪恶和源自罪恶的精神危险中解救出来。皇帝同意了他们的请求，派去符合他们要求的修道士，在圣山建立了秩序，为那里的修道士建立了真正的和谐。修道士科斯马斯·齐齐鲁克斯奉皇帝之命到达圣山，召集山上最虔诚的修道士和修道院院长按照惯例在卡里斯的拉伏拉修道院聚会，他们多达 180 多人，纷纷感谢上帝并为皇帝祈祷，因为皇帝满足了他们的愿望。科斯马斯和他们一起坐下，倾听他们双方的问题，发现他们遭受恶魔的烦扰，进行着毫无意义的争斗。科斯马斯起草文件，向他们宣读，向皇帝征询修改意见。

1.他们说有些修道士并不尊重章程中的规定，例如，修道士们不得接收宦官或者未成年人。因此，修道士们聚集在一起谴责他们的这种行为并许诺将驱逐这样行事的人。

2.他们指出许多修道士和修道院院长配备了船只将葡萄酒和其他产品卖往君士坦丁堡和其他城市。

修道院章程禁止修道院进行商业贸易，那些敢这样做的人，将被驱逐。另一方面，它允许修道士们拥有自己的小船只并允许他们贩卖自己剩余的葡萄酒，但是他们不能像商人一样进行倒卖。修道院可以拥有一定数量的船只，用来满足他们的基本需求。修道士们远至塞萨洛尼基和艾诺斯（Ainos），向当地人贩卖他们的剩余农产品，然后买回他们自己需要的东西。但是，在大斋节和其他宗教节日，任何修道士都不能坐船离开去这么远的地方，不能从外面购买任何物品，例如，小麦、大麦、葡萄酒、橄榄油等。那些拥有船只的人，如果不遵守这些规定，他们的船就有可能被卖掉。除了那些拥有皇帝金玺诏书的修道院和瓦托佩蒂修道院，大型船只也全部停止使用。

3.章程和皇帝的诏令都规定，任何修道士都不能有自己的牛或者牛群，也不能将它们从外面带到圣山修道院放牧。但是，现在许多修道院有绵羊和山羊，阿萨纳修斯大人（lord Athanasios）的主耶稣复活拉伏拉修道院甚至有自己的牛。改革者下令所有人尽快处理掉他们不能合法拥有的东西。一个名叫涅奥菲托斯的修道士反对这样的规定，认为没有这些牛，供养大量修道士是不可能的。他说不是自己将这些牲畜弄到圣山修道院的，50年前，他的前任者们就已经这样做了，要求将牛群放置在专门和隔离的地方。既然700多个修道士不可能只通过吃鱼来维持营养，考虑到现实情况，最终允许前面提到的牛待在远离所有修道院至少12英里以外的地方，由修道士们放牧，但永远不能进入修道院。

4.很久之前，阿萨纳修斯大人的拉伏拉修道院被允许拥有一组牲畜为修道院磨粮食，因为修道士们的数量已经由100名增长到700名，修道士们同意将牲畜增加到三组。

5.阿马尔菲人的修道院允许保留一艘大型船只，因为他们没有其他谋生方式，但不能将这条船用于商业目的。如果修道院需要某些必需品，他们可以乘船去君士坦丁堡。

6.有人提到，一些修道士通过船只从修道院运出建筑木材、薄木板、木柴并将这些东西卖给俗世之人。这样的行为应该禁止，但这些东西可以卖给圣山上的人，以满足他们自身的需求。

7. 圣山修道院的章程规定，如果一个修道士在没有得到修道院院长同意的情况下离开了修道院，其他修道院不能接收他入院。

9. 有些修道士拿着地里和修道院的礼物进行买卖和交换，他们还在受人尊敬的十字架上刻上了自己的名字，还召集了一些人见证这些事情。为此，我们规定不管是谁，如果敢这样做，就必须辞去修道院院长的职务。

10. 关于砍木头的事情，圣山上的一些修道士指控拥有强大势力的修道院禁止他们砍木头取暖、供厨房和烘面包房以及建造房屋使用。为此，我们将砍木头取暖合法化，并且规定可以在公共林地砍树用于建筑，但如果在修道院的管辖领地内，必须经过修道士们及其修道院管理人员的同意。

11. 许多修道士们提到，以前有许多公共用地，足以能够满足他们的需要。但是，这些年来，有些人出于特殊的关系将它们给了他们想给的人。因此，公共用地不断缩减，修道院处于捉襟见肘的境况。为此所有人都同意，以后任何人都不能将公共用地赠予任何人或者卖掉它们中的任何部分。违反上述规定的人，将被驱逐出修道院。

12. 他们也说卡里斯的拉伏拉修道院已经变成了一个商业中心，修道士们禁止使用的所有东西都被卖掉了。在征得所有人的同意之后，我们规定拉伏拉修道院必须符合古老的规定，任何修道士如果做了禁止的事情，将立刻被驱逐出修道院。

13. 几乎所有人都私下讨论拉伏拉修道院的修道院院长带着许多仆从参加宗教会议，他们给会议带来了许多困难，这些仆从中的任何人都可以胆大妄为地傲慢地说出他心中所想并与能够做决策的人进行讨论。他们向拉伏拉修道院的修道院院长涅奥菲托斯汇报谴责了这些行为。涅奥菲托斯赞同古老的章程的规定，表示自己将带着两个仆从参加会议，"第一修道士"将带着三个仆从，其他人则不带任何仆从。其他修道院的院长听说此事之后，都表示反对，认为因为年老体衰，自己不可能在不带仆从的情况下参加会议。鉴于这些情况，征得了所有人的同意，我们规定，无论何时，允许参加宗教会议时，"第一修道士"带着三个仆从，阿萨纳修斯大人的拉伏拉修道院带着六个仆从，瓦托佩蒂的修道院院长带着四个仆从，伊维隆的修道院院长带着四个仆从，其他人带着一个仆从。这些仆从将待在修道院的房间里，不能进入会议会场，不能打扰参会者开会和做出决断，被允许带入会场的仆从必须保持沉默，否则将被武力驱逐出会场。

14. 除了这些事情，令所有人高兴的是，其他重要的事情也将通过召开会议决定，让德高望重的人客观公正地研究和决定一切重要事项。一些相对不太重要的事情则提交给"第一修道士"，让他选择 15 个修道院院长作为顾问，一起处理这些事情。

15. 参加会议的大多数年长者宣称当务之急需要解决的事情是，一些修道士和修道院院长任命一些不满 20 岁的年轻人为辅祭和司祭。由于某种亲属关系或者某种不合适的爱，有些人在遗嘱中任命这个年纪的人为修道院院长。这种行为是不合法的。因此，为了彻底杜绝这种不合法的行为，会议规定，一个人要成为辅祭，年龄需要达到 25 岁，要成为司祭和修道院院长，年龄需要达到 30 岁。圣山上的所有修道士必须遵守这些规定。任何人如果违反这些规定，都将受到神圣宗教会议的谴责。

5. 尼科德莫斯为莱克德蒙附近新杰菲拉修道院所立遗嘱

（1）手抄本、出版和现代语言译本
这份文件的时间为 1027 年 5 月 1 日。

手抄本：*Parisinus, supplément grec 855*, fol. 10. 这份手抄本是 1730 年米歇尔·弗尔蒙（Michel Fourmont）从施工现场发现的一根柱子（现已遗失）上的铭文上抄写的。

出版：

D. Feissel and A. Philippidis-Braat, "Inventaires en vue d'un recueil des inscriptions historiques de Byzance. III. Inscriptions du Péloponnèse (à l'exception de Mistra)," *Travaux et mémoires* 9 (1985), 267–396.（文本在第 301–302 页）

现代语言译本：

菲利皮迪斯－布哈特（A. Philippidis-Braat）法语译本：D. Feissel and A. Philippidis-Braat, "Inventaires en vue d'un recueil des inscriptions historiques de Byzance. III. Inscriptions du Péloponnèse (à l'exception de Mistra)," *Travaux et mémoires* 9 (1985), pp.302–303.（有希腊语原文和法语译文）

斯蒂芬·雷讷特（Stephen Reinert）的英语译本：*Byzantine Monastic Foundation Documents: A Complete Translation of the Surviving Founders' Typika and*

Testaments, eds. John Thomas and Angela Constantinides Hero, with the assistance of Giles Constable, 5 vols. Washington, D.C.: Dumbarton Oaks Research Library and Collection, 2000, pp.324-325.

（2）内容大意

1. 在上帝的怜悯和命令下，我，修道士尼科德莫斯，在莱克德蒙要塞附近的伊里斯（Iris）河上建造了一座神圣的新桥。在上帝的命令下，我决定在桥的左边为主耶稣建造一座神圣美丽的教堂，这座教堂建于皇帝君士坦丁八世统治时期。

2. 在我的余生中，我决心通过皇帝的保护为修道院赢得独立；确保整个教堂得到军区法官和将军的照顾，确保这个城市的主教及其神职人员不得对这个教堂行使任何权力，甚至不得进入教堂。

3. 在我去世之后，修道院要由前面提到的官员们管理和正确引导，让他们中的一个人从修道院的修道士中选择一个品行兼优的人做院长，不能选择从属于其他修道院的人做院长。院长要负责照顾好教堂、桥和修道士们。如果他渎职，就将他驱逐。

4. 这份遗嘱是在我的要求下写的，时间是在 1027 年的 5 月 1 日。

6. 米哈伊尔·阿塔雷亚特为他在雷德斯托斯的救济院和为君士坦丁堡"至慈者"基督修道院制定的章程

（1）手抄本、出版和现代语言译本

这份文件的时间是 1077 年 3 月。

手抄本：*Codex Constantinopolitanus Metochii Sancti Sepulchri 375* (1077. 3)；*Codex 85, nunc 79* (1761). 前一本手抄本接近原稿，得到后一本手抄本的补充。前一本手抄本现存于雅典国家图书馆。后一本手抄本原存于哈尔基神学学院（Theological School, Halki），现存于伊斯坦布尔牧首图书馆（Patriarchal Library, Istanbul）。

出版：

Paul Gautier, "La diataxis de Michel Attaliate," *Revue des études byzantines* 39 (1981), 5–143.（文本在第 17–130 页）

现代语言译本：

法语译本：Paul Gautier, "La diataxis de Michel Attaliate," *Revue des études byzantines* 39 (1981), pp.16–128.（有希腊语原文和法语译文）

爱丽丝–玛丽·塔尔伯特（Alice-Mary Talbot）的英语译本：*Byzantine Monastic Foundation Documents: A Complete Translation of the Surviving Founders' Typika and Testaments*, eds. John Thomas and Angela Constantinides Hero, with the assistance of Giles Constable, 5 vols. Washington, D.C.: Dumbarton Oaks Research Library and Collection, 2000, pp.333-370.

（2）内容大意或提要

米哈伊尔·阿塔雷亚特（Michael Attaleiates），拥有"贵族"（*patrikios*）和"行政长官"（*anthypatos*①）头衔，为竞技场法庭和"帷子"法庭（the hippodrome and the *velum*）法官。这份文件是由米哈伊尔·阿塔雷亚特为管理他所创办的救济院和修道院而制定的，分为章程和财产清单两部分。

第一部分是章程，一共有 46 章，以下为内容大意。

第 1 章是创办人的自传。创办人米哈伊尔·阿塔雷亚特出生在外地，在父母的影响下成为一名东正教徒，在君士坦丁堡没有从祖先那里继承任何财产，曾经在出生地拥有和继承的财产也全部分给我的姐妹们了，并且在我的祖传财产中增加了我自己的许多财产。当在寻求教育时，我还获得了生活必需品和尘世的成功。我的妻子去世后，我从她的遗嘱中仅仅得到了一个小房子和一点钱，因为我按照妻子的遗嘱把她的所有遗产都分给穷人。我的所有财产都是我自己花钱买的，我还以极高价格购买了妻子在塞洛卡卡（Selokaka）的地产，巴尼兹（Banitzes）的财产出售后的收入全部分配给穷人。我出身低微，出生在外地，由于上帝赐福，我当选为元老院元老，成为最杰出的民事法官，因此我应该对上帝表达尊敬和感恩。

第 2 章，建立修道院的动机。创办人决定将在雷德斯托斯的部分地产捐赠给上帝来赎罪，我认为无论给穷人们什么施舍都是献给上帝的祭品，而上帝的回报是根据赠与人的态度而不是赠品的价值来衡量的。

第 3 章，关于已献祭且完全属于继承人、不受皇权和教权影响的不动产。

---

① *anthypatos*，希腊文为 ἀνθύπατος，原指地方总督或君士坦丁堡行政长官，9 世纪后成为头衔，12 世纪初后消失。译为"行政长官"。参见 Alexander P. Kazhdan (editor in chief), *The Oxford Dictionary of Byzantium*, p.111.

为了施舍穷人，创办人把在雷德斯托斯和在君士坦丁堡的最重要和最值钱的部分不动产献给了上帝。

第4章，关于在雷德斯托斯的救济院。我也规定，位于雷德斯托斯城的房子用作救济院。这个房子原先是我妻子的姑母（aunt）、修女、"第一持剑者"的妻子（protospatharissa）尤弗洛辛（lady Euphrosyne）的。许多年前，在姑母尤弗洛辛进修女院之前，我就承诺购买她的这所房子和她的利普斯（Lips）或巴布鲁（Baboulou）地产，并签订了合同，交了保证金。之后我以合法途径购买了这栋房子并继承了地产。但由于多年来的正常老化和最近的地震破坏，这所房子破旧不堪，无法使用，因此我用自己的积蓄，付出了巨大的代价和努力整修了这栋楼，配备了家具。我又购买了索拉里奥斯（Psorarios）和纳塞斯（Narses）的房地产，使它们成为一栋大房子。我希望这整个建筑群成为收藏和储存所有收成的仓库，并用作穷人休息和寄宿的救济院。

第5章，关于阿特雷亚特斯在君士坦丁堡的房子。我把从我的嫂子(sister-in-law)、"第一持剑者"和皇帝秘书的妻子（asekretissa）阿纳斯塔索（lady Anastaso）那里买来的在首都的房子也作为救济院使用，但不包括一楼，那里是接待厅（triklinos），因为一楼毗邻圣施洗者约翰教堂并且有个大门通往我另一个房子（即购自我妻子姑母尤弗洛辛修女的房子）的庭院，也不包括狭长的走廊，因为那里能俯瞰我上述购自姑母尤弗洛辛修女的房子的庭院。我把一楼和走廊以及一栋三层公寓（那里有一个驴磨坊）合为一栋房子，使它们成为我从姑母那里买来的小房子的一部分。

第6章，我将从阿纳斯塔索那里购买的房子的所有剩余部分和雷德斯托斯的房子，一起作为救济院使用，统一命名为"至慈者"救济院，并将施洗者约翰教堂作为祷告的场所。即使在我首都房子的小教堂很小，装饰简陋，也没有多少财富，但仍旧可以给予穷人施舍，并礼拜上帝。我任命了虔诚的人作为教堂的工作人员，并给他们提供一定的给养和俸禄。我并不是因为缺乏合法继承人而进行这样的安排，而是为了感谢上帝给予了我智慧、充分的教育和足够的财富。

第7章，祈祷上帝庇佑我的这些奉献（救济院），强调救济院的一切资产都是独立神圣不可侵犯的，卷入政治和宗教事务的任何人都必须远离救济院的神圣财产，不得移走献给那里的任何财产和神圣财物，不得强加任何超出其资源和财富的支出。

第8章，关于诅咒那些胆敢违反救济院章程的人的规定。如果有人违背了我的训诫或者做了违反我规定的事情，不管他是谁，是何种身份，都将会遭受诅咒和永远的惩罚。

第9章，关于为那些服从章程的人的祈祷。那些遵守我的规定，不违背我的良好教导的人，会受到上帝的祝福，能够实现自己的愿望。

第10章，关于保护人和继承人。我任命我的儿子、皇帝私人秘书助理（mystographos）、皇家文书塞奥多利大人（lord Theodore）① 及其直系后代为继承人和管理人，我的儿子死后由我的一个孙子继承，继承人只有一个，男性优先于女性，继承人应该年纪最大，以学识和正直著称。如果发现继承人有不良行为，例如，扣留虔诚捐赠的钱财、某人的薪水或年金、用于教堂照明的金钱，或者忽视建筑物和财产的修护和保护等，如果受到批评和警告也不知悔改，那么另外选择他的另一个富有美德、品行端正的合法兄弟。如果没有男性，就让女性继承，她不会被她的配偶、儿女或仆人剥夺财产的管理权。如果他们去世，可让孙子继承，依此类推。不允许任何人出于所有权或者交易的目的，将救济院写进婚姻的契约中。它将根据我的章程的规定进行管理，所有神圣的捐赠物都必须被完好无损地管理。关于捐赠给它的财产，任何人都不得继承，或者抵押它们，或者用它们偿还私人或者公共的债务。如果有人做了这样的事情，将其作为礼物或者进行交易，那么这些行为是无效的。胆敢这样做的人，将被剥夺其保护人（ephoros）职位、所有权和监管权，除非他愿意弥补。另一个近亲将接替他的职位，他以虔诚和敬畏上帝著称并且承诺遵从我的指导。如果我的儿子塞奥多利这样做了，他将不能被驱逐，而是让他悄悄地如实地弥补自己的过失。我和我的儿子的直系后裔将享有永久的所有权，但禁止我的旁系亲属参与救济院的事务。

第11章，关于让修道士主持宗教仪式的规定。由于我重视虔诚，我决定在神圣"至慈者"教堂安排唱赞美诗的人员，我规定他们应该是修道士，以便他们能够在这所救济院找到避难所。我为他们在前述君士坦丁堡的救济院留出

---

① 或者称为塞奥佐罗斯（Theodoros），是同一个人。米哈伊尔·阿塔雷亚特只有一个儿子，参见前文米哈伊尔·阿塔雷亚特的《历史》部分。

房间，给他们分配必需品，以便于他们能专心唱赞美诗和参与礼拜仪式。他们可以和我的继承人一起合作管理救济院的捐赠物，提醒继承人应该遵循我的指示和规定。

第 12 章，关于修道院和救济院的合并。我任命了一位修道院管理人和教堂司事，他们负责向我的继承人报告一切事情。修道院管理人教导和鼓励其他修道士品行端正，教堂司事负责以适当方式监督教堂的有关事务。他们都应该尊重和服从我的继承人。所有修道士要服从和尊重我的继承人。我的继承人应被称作救济院院长（*ptochotrophos*），是这所机构的保护人、管理人和主人（在雷德斯托斯的机构和在首都的机构，我认为它们是一所机构，我颁布指示好像它们是一所机构）。如前所述，我在首都的救济院安顿了虔诚的修道士，我规定在雷德斯托斯的机构拥有这所救济院的名称，首都的机构也是如此。因为首都的机构也成为修道士的居所，它应该称为"至慈者"救济院的修道院，两所机构构成一座救济院，即雷德斯托斯救济院。

第 13 章，关于没有继承人时的安排。如果我的继承人世系中断，当时担任修道院管理人的修道士将被提升为院长，担任这所独立的"至慈者"救济院和修道院的院长。我的旁系亲属中，如果有品行良好、生活节制、富有智慧的人，则应该继承保护人职位。他应和院长以及修道士们一起管理所有捐赠物，不得从中挪用或拿走任何东西，除了两位修道士的津贴和 150 莫迪奥大麦。如果在按照章程分配和支出后仍有盈余，则拿出一半给救济院的修道院用于必要支出，剩余的将分给贫穷的弟兄们。从那时起，修道院应该隶属于我的救济院。由于在雷德斯托斯的救济院和它合并，因此两所机构都应该由院长和修道士以及我那担任修道院保护人职位（*ephoreia*）的亲属无误地管理。只要我的儿子和他的直系后嗣活着，他们将永远对一切负有主要责任，包括虔诚的捐赠物和神圣的机构，修道士们必须服从他们的意愿，只要他们虔诚并遵守我的指示。我在首都的救济院由修道士居住，现在称为修道院，这没关系；因为我奉献的所有动产和不动产都被捐献给了我修建的这所救济院，首都救济院中的修道院从属于它，它的修道士将从我的继承人救济院院长那里得到指定的年金和我将在未来写明的其他东西，只要他们的行为举止符合修道士生活。

第 14 章，关于独立管理的规定，强调救济院和修道院的独立自主。任何时候任何情况下，我都希望这些机构即救济院和附属修道院独立自主。如前所述，只要我的后代承担保护人职位，我的救济院和附属修道院，都应由他和选择的修道士来管理，并在我的直系后裔结束、设立院长职位时由院长管理。如果没有我的后嗣，那么一切应由修道院院长、修道院管理人和其他修道士按照我的章程来管理、安排和处理。我的修道院不能给予或者从属于任何皇帝或牧首的权威，不能隶属于国库（sakelle①），不能附属于任何其他世俗或教会部门，不能依附于都主教或主教或任何其他人。

第15章，关于这些神圣机构的保护人和庇护者。这些机构的保护人和庇护者是上帝、圣母、圣米迦勒、可敬的圣施洗者约翰以及所有其他圣徒。因此，无人能够更改我的指示或者损害虔诚的捐献物，不管是部分还是整体，除非他不虔诚、敌对上帝、仇恨人类。

第16章是捐献的财产清单。以下是捐献给我的救济院的地产：我的塞洛卡卡连同马克隆村（Makron Chorion）的地产；我的巴布鲁或利普斯地产；我的圣米洛普（St. Myrope）房地产即单人小修道院（Monokellion）；我的西米恩尼乌（Symeoniou）的地产；我从"贵族"瓦西里·斯克利巴大人（lord Basil Skribas）的侄女那里购买的梅索科米昂（Mesokomion）的地产；梅塔克萨斯（Metaxas）的庭院（aule）；阿科利克斯（Arkolykes）的庭院连同与圣索菲亚大教堂交易得来的建筑物；肯塔霍斯（Kentarchos）的庭院以及那里的所有建筑物；另外我在塞林布尼亚租赁财产的一半，以及雷德斯托斯城镇西门外我的其他租赁财产的一半，这些建立在我购自国库的荒地上。捐赠给救济院的还有首都附属于我在那里的救济院、租金为24诺米斯玛的面包房，以及租金为14诺米斯玛的香料店，还有塞奥多利医生持有的租金为5诺米斯玛的租赁地产。此外我还把过去属于"第一持剑者"尼西亚的托马斯（Thomas）、我的房子的租

① *sakellion*，希腊文为 σακέλλιον，或写为 *sakelle* 或 *sakella*，指国库、金库，有以下不同含义：第一，指帝国国库，不同于 *vestiarion*。除了作为国库，还有多种职能，例如，控制货币重量、度量衡，管理慈善机构，负责公共娱乐开支，等等，到11世纪时，它用来存放登记帝国修道院及其财产的清单，管理部分档案。第二，用于教会，*sakellion* 或 *sakelle* 原指君士坦丁堡圣索菲亚大教堂（Great Church of Constantinople）金库，类似于皇帝的金库；大约到11世纪90年代该机构的官员丧失了财务作用，变成牧首管辖下负责宗教机构的官员，其中，*megas sakellarios* 负责修道院，*sakelliou (ho sakelliou)* 负责公共教堂。*Sakelle* 还是圣索菲亚大教堂关押神职人员罪犯的监狱名。参见 Alexander P. Kazhdan (editor in chief), *The Oxford Dictionary of Byzantium*, pp.1829-1830.

金收入的一半即 18 诺米斯玛捐赠给救济院，另外 18 诺米斯玛中的 8 诺米斯玛用于维护我坟墓的基帕里斯昂（Kyparission）的圣乔治（修道院）的司祭们的薪俸，10 诺米斯玛要用于纪念我和我两任妻子索菲娅（lady Sophia）和伊琳妮（lady Irene）以及我父母埃林尼科斯（Eirenikos）和卡尔（Kale）。

第 17 章，关于其他个人财产的世袭继承。我遗赠给儿子、皇帝私人秘书助理塞奥多利大人的所有不动产，他和他的后嗣及其继承人都不得转让。他们继承的所有不动产都将顺延给后代继承人，这些不动产所得的收入应该完全由他们花费，且享有皇帝的金玺诏书所授予的税收豁免权。如果我的后嗣没有后代，则这些财产不得转让给陌生人和外人，而应该转让给我的救济院和修道院，尤其是我从"第一持剑者"妻子尤弗洛辛那里购买的小房子。如果我一直有后嗣，那么这些财产应该永远由我的后嗣继承，即使国库也不得染指这些财产。但是如果我的儿子无子而终，或者他的子孙和继承人把这些财产用作嫁妆或者婚前礼物，那么我的救济院和修道院应该只偿付 45 罗马磅，财产被收回，并以和已经捐献的其他不动产同样的方式授予他们。如要他们因其他原因要立下关于遗赠给他们的不动产的遗嘱，数量应仅限于 30 罗马磅。如果地产被几个继承人分割，那么捐赠物应该按照比例进行划分，财产将归还他们。但是它们的事务必须按照我最终的旨意和遗嘱进行管理。我在梅索科米昂的其余地产（除了买自斯克利巴的那块），应该留给我的儿子和他的后嗣或者其他继承人。同样的规定适用于塞林布尼亚一半的租赁财产和雷德斯托斯城西门外的那些财产。但是这些财产不能转让给其他人，只能卖给或者捐赠给我的救济院或者修道院。

第 18 章，关于君士坦丁堡修道院的慈善分发。我规定在首都救济院圣所（修道院也在那里）门口分发慈善物，每周日分发给穷人兄弟大莫迪奥（large modios[①]）面包；每天有六个穷人在食堂吃饭，每人得到一块面包，还有肉、鱼或奶酪，或者煮过的干蔬菜或者新鲜蔬菜，或者上帝赐予的其他食物，每人得到 4 弗里斯（folleis，铜币）；简言之，他们应该像我在世时那样得到照顾。我规定分发 216 莫迪奥小麦给 18 个不幸的人、寡妇或者可怜的老人，即每人得

---

① *modios*，希腊文为 *μόδιος*，粮食和土地的计量单位，复数形式为 *modioi*。参见 Alexander P. Kazhdan (editor in chief), *The Oxford Dictionary of Byzantium*, p.1388.

到 12 税收莫迪奥（*annonikoi modioi*）。

第 19 章，关于雷德斯托斯救济院每年的慈善分发。帕尔孔（Phalkon）的圣尼古拉（St. Nicholas）修道院得到 3 诺米斯玛；雷德斯托斯城西门外的圣乔治修道院得到 3 诺米斯玛，作为恩典礼物（*charistikion*）我以两个人的名义持有这座修道院，第二管理人（*charistikios*）是我的儿子、皇帝私人秘书助理塞奥多利大人；位于西边海门的圣普洛柯比（St. Prokopios）修女院得到 2 诺米斯玛，那里的第二管理人（*charistikios*）是我的儿子，因为他是从前任修道院管理者（*charistikarios*）巴尔达斯·塞拉达斯（Bardas Xeradas）那里得到这座修女院的，这座修女院遭到叛乱者的毁坏，我已经修复这座修女院；达峰（Daphne）的圣母修道院得到 2 诺米斯玛。因为我知道这些修道院完全没有收入来源。我规定它们应该从我的救济院建筑群（*aulai*①）的收入中得到这些钱，这些年金应该分发给这些机构的男女修道士，数目不变，它们应该纪念我。位于雷德斯托斯西门的可敬圣施洗者约翰教堂得到 1 凹面币（*nomisma trachy*）②；我们的慈祥童贞女圣母教堂应该得到 1 诺米斯玛；大天使教堂应得到 1 诺米斯玛。我的儿子和我们的直系后代将提供、分发、供应和管理所有这一切。

第 20 章，关于为朝圣者修建招待所和其他的慈善分发。我希望并命令，如果我未能在雷德斯托斯我的救济院外面、庭院边上、公共道路旁修建一座招待所（*kyklion*）供虔诚朝圣者和其他贫穷陌生人休息，那么，这项工作应该由我的这些神圣机构的院长们完成。要建筑卧室供他们休息，每周分发 2 税收莫迪奥面包和 1 单位（measure）葡萄酒。每年在我的纪念日给 12 个虚弱残废的贫穷年迈弟兄每人分发 1 诺米斯玛和 6 税收莫迪奥小麦。在我的纪念日要有唱弥撒的神父为我祈祷和祷告的庄严仪式（*parastasimon*）③，并分发 6 凹面币（*nomismata trachea*）和 6 莫迪奥面包。

---

① *aulai*，指带围墙庭院中的建筑群。

② *trachy*，希腊文为 νόμισμα τραχύ，即 *nomisma trachy*，复数形式为 *trachea*，基本意思是"粗糙的"或"不平的"，指一种凹的拜占庭货币（11—14 世纪），通常用于金银合金币（electrum）和银铜合金币（billon）（后来是铜币）。译为凹面币。参见 Alexander P. Kazhdan (editor in chief), *The Oxford Dictionary of Byzantium*, p.2101.

③ *parastasimon*，指为死者祈祷和祷告的庄严仪式。*Byzantine Monastic Foundation Documents: A Complete Translation of the Surviving Founders' Typika and Testaments*, p.1687.

第21章，关于修道士生活的规定。如前所述我规定救济院应为修道士们提供住所，修道士生活应该进行引导和管理以服务上帝并分发规定的虔诚捐赠物。我规定生活在救济院的修道院修道士应该有规则和章程，并小心遵守它们，规定修道士应该和平相处，相互爱护。

第22章，关于神圣财产的不可转让性。我规定，所有监管这些神圣财产的我的继承人和亲属或者他们的亲属必须按照我的规定进行管理；所有保护人在任何时候都不得以任何方式任何借口转让、转移、赠送救济院或者修道院，不得通过出售、交易、赠与、长期租赁（*emphyteusis*①）或其他任何方式转让其中的财产给任何人。这些财产是免税的、统一的、自治的、不可转让的，属于我的救济院和修道院，享有金玺诏书赐予我的完全免税权。金玺诏书规定，不管我把财产授予谁或遗赠给谁，他们都将部分或全部享有金玺诏书赐予的帮助和豁免，即使财产增加也是如此。不得临时出租不动产，除非个别田地不适合耕种，这种情况下可以按照当地习俗出租给佃农固定的时间。但是捐献给这些神圣机构中适合耕种的土地不得出租，以免导致饥荒和规定用于虔诚目的的开支减少。

第23章，关于财产的管理。我的继承人应该托付一个正直虔诚的人经营和管理这些财产，这个人对我的继承人负责，照看和管理这些财产，向财产保护人提供账目，接受他们关于收支的盘问，对所有疏忽和欺骗负责；除了租赁财产，我禁止捐赠房屋，否则将受到诅咒，违背我的命令捐赠出去的财产必须物归原主。任何胆敢改变或者违背我的指示的人将受到诅咒。

第24章，关于创办人财产的多余收入的使用。我的地产的所有收入要进行详细登记并储存在雷德斯托斯救济院。在支付完我确定的所有费用后，剩余的带到首都。我的继承人负责从这些钱中分发神圣的捐赠和其他支出，如果他不想要任命修道院院长的话，他要与修道院管理人合作，并要让其他修道士知晓。任何修道士或者修道院院长都不能动用这笔钱，但如果修道院章程规定的费用已经支出，那么，剩余的三分之一要储存在库房，三分之二归我的儿子、皇帝私人秘书助理塞奥多利大人所有，他不必提供账目或接受调查。但是如同

---

① *emphyteusis*，指长期租赁教会土地。*Byzantine Monastic Foundation Documents: A Complete Translation of the Surviving Founders' Typika and Testaments*, p.1681.

我在章程里规定的，在分发神圣捐赠物和其他费用之前，来自捐献给这些神圣机构的财产的收入，他无权保留或者花费。他的继承人也是如此。如果家族灭绝，所有财产都将属于救济院和修道院。

第25章，关于对违反者的惩罚。如果是外人和陌生人违反戒律，他将会被上帝遗弃，而且他的做法无效。如果是修道院管理人或者我的继承人任命的修道院院长违反规定，则撤销其职务。其他官员违反规定，则被革职。如果是我的继承人违反规定，他要支付双倍的亏空额。如果他被院长和修道士们再三警告仍旧没有悔改，那么，如我已经解释的那样，那些被指定得到虔诚捐赠的人应该得到捐赠物，这些捐赠物来自指定用来分发虔诚捐赠物的财产的收入，即使这违背继承人的意愿。我的继承人和他们任命的修道士，不管是管理人还是院长，以及其他遵守我的戒律、努力向修道院虔诚捐赠的修道士，应该题写在双连记事板上，永远纪念。任何违背这些戒律、减少或藏匿神圣捐赠物的人，他们不值得纪念，他们的名字不得题写在双连记事板上，他们将永远受到诅咒和轻视。那些看到神圣捐赠物遭到滥用、能够制止却什么也没做的人同样受到谴责。

第26章，关于继承人任命修道院院长。修道院院长职位应该按照我的继承人的意愿来设立。如果他不乐意，修道院管理人将管理修道院纪律，按照教会法指导修道士们的精神生活，我的继承人支持他反对那些违抗者。不得强迫继承人任命院长。应该优先考虑那些虔诚、敬畏上帝、谦卑的修道士。谦卑是我考虑院长人选的最重要品质。不谦卑的人就算是能使死者起死回生，也要被驱逐和否决，我想要这一品质在我的救济院修道院中占据首要位置。如果对于两个候选人存在争议，就将两个人的名字写在两张纸上，放在教堂的圣坛上，然后让一个纯真的孩子进来拿走一张纸，纸上写的那个人就被任命为修道院管理人或者修道院院长。在他被我的继承人任命之后，一旦他在上帝和修道士们面前发誓，他将遵守我的戒律和指示，直到去世。其他官员也是如此，我的章程将一直有效。修道院院长或者修道院管理人不应被免职，除非犯了以下错误：信奉异教，淫乱，背叛或者侮辱或者蔑视圣职、教堂和虔诚捐赠物，傲慢、轻视或者制造麻烦，让我的继承人苦恼。如果这样，他将遭到驱逐。但如果他被怀疑无意犯了些小错误，并在我的继承人和重要的修道士对他进行劝告或批评后准备将功赎罪，他不应被驱逐。

第 27 章，关于修道士的数目。我规定我的修道院中修道士的数量限制为七人，即使目前因经济拮据只有五名。这个数目永远不变，因为在前十个数字中，只有七这个数字是贞洁的，既不生也不被生。我相信正是因为这个原因，天国军队指挥官加百利（Gabriel）才给神圣童贞女圣母带来好消息，因为和其他人不同，只有他的名字是七个字母。如果救济院和修道院的收入有所增加，则修道士和捐赠物的数量也应相应增加。

第 28 章，关于进入修道院不要求礼物。举行削发仪式的修道士，无需上交入院礼物，除非是为了建筑物的修建或修复或不动产的购买。他们应当积极服务教会，或者是会计或者是公证人或者是秘书，他们应当是节制、可敬的人，而不是急躁或爱争论或奸诈或残忍的人。如果有人被发现是这种人则应该驱逐。所谓入院礼物毁坏服从，引起很多纷争，我不想在我的修道院提到或存在这种纷争。但是在他举行削发仪式时，他可能需要支付 10 诺米斯玛，用于购买香和修道士们的食物等。

第 29 章，关于纪律规定。我不仅禁止支付入院礼物，还禁止闲聊或者无所事事地坐着不从事体力劳动与服务。最重要的是，我命令修道士们平静、服从、谦卑，共同和睦相处。我的继承人任命的修道院院长或管理人应该关心没有修道士是在愤怒或者敌对某个人的时候入睡的。修道士应该待在他们的小房间里，服从我的继承人及其任命的修道院管理人或者修道士领导人。他们应该踏实履行修道院的义务和责任，遵守教堂的指示和职责。空闲时候他们应当在各自房间里做手工制品，不得闲逛、串门、一起闲聊或吃喝。每一天每个修道士都要自我检讨，看看那天完成了什么忽视了什么，这样慢慢随着时间的流逝走上美德的道路。他的身体会死亡，但是他将通过其神圣举动和谦卑以及爱上帝而生活在天堂。谦卑和爱上帝是最重要的美德，它们是我的救济院修道院中不变的规则和理想。如果在有美德的人中选择修道院院长，我希望优先选择那些以真正谦卑和性情和平著称的人。午饭时每个修道士必须选择一名穷人一起分享食物，即使食物很少，不管是面包还是酒都可以。每天都要做慈善，哪怕只有一口面包也要分享给穷人。我重申禁止在修道士小房间聚会，除非是在圣徒周年纪念日或者其他好的理由。违者处以扣除 6 个月私人津贴的处罚，再犯者将被我的继承人驱逐出去。但是不得公开责备那些犯有其他小错和违背我的章程的人。如果是修道院院长或者管理人犯小错，他们也会受到我的继承人和修道士们的指责。在我的继承人主持下，每个人应该忏悔对别人的冒犯，他将调和所有人。如果有人被发现喜欢吵架和争论，再三批评仍不悔改的人将被驱逐。

第30章，关于入院礼物。绝对不允许来自其他修道院的修道士入院。但是如果有人捐献了不动产因此他可以得到生活津贴时，这是允许的。如果有人捐赠是为了未来得到纪念，这也是允许的。我禁止在其他地方接受削发仪式的修道士入院，有两个例外：由我本人任命为教堂司事的修道士安东尼（Antony），他熟悉教堂的修道院章程，且修道士容忍他；另一个修道士安东尼，他是我安顿在我的救济院的第一个修道士。我还规定在本修道院居住的修道士必须是宦官和没有情欲的，因为圣施洗者约翰教堂特别珍视没有激情，而且这个修道院位于首都的中心，非常接近广场，有须修道士生活在那里很危险。因此禁止有须修道士居住在那里，除非他是我的血亲，或者其生活方式证明他虔诚、敬畏上帝，他捐赠了一些地产给修道院，并且年龄超过50岁。只有满足这些条件我才允许为有须修道士举行削发仪式，但其他外来人士不行。

第31章，关于纪念日。规定周六为我去世的父母埃林尼科斯和卡尔、我本人（我将永远被纪念）、索菲亚和伊琳妮，以及瓦西里、利奥、安娜、尼古拉和君士坦丁举行专门的礼拜仪式，并专门为我们神圣的虔诚的皇帝们吟诵三圣颂，以便使他们感动，同情我的救济院和修道院，并保护它们。

第32章，关于上帝赞美诗。我希望所有的礼拜仪式，不管是白天的还是晚上的，都要按照我亲自草拟的修道院章程和其中的规定来举行。

第33章，关于修道士的津贴和体恤金。修道士的津贴和捐赠给救济院和修道院的其他现金，首先要和修道院章程一起放置在圣坛上，在圣坛前吟诵完三圣颂并为皇帝祈祷之后，一个最可敬的人进来取钱，然后朗读我的章程，然后分发津贴，我的继承人不得克扣或窃取这些钱。我希望我的儿子塞奥多利得到所有人的爱戴、敬畏、尊重，就像尊重我一样尊重他，我把创办者的特权遗留给他。他是我的继承人，这是不可废止的。他不得转让捐赠的财产，或者扣留神圣捐赠物，或者改变我的章程。如果他偶然做了违背我章程的事情，修道士们应该温和地批评他，并敦促他遵守我的章程。他也应尊重修道士们，不得虐待他们，无正当理由不得剥夺修道士的应得权益。

第34章，关于审判。如果出现关于救济院和修道院财产的调查或诉讼，我希望在君士坦丁堡市长（*eparch* of Constantinople）① 的知晓和帮助下进行审判，因为他总是虔诚、热爱上帝的。作为报酬，他可能得到上帝的奖赏，把他题写在神圣双连记事板上并永远纪念他，他还应得到 5 诺米斯玛的报酬。任何未经他知晓的审判都是无效的，除非我的继承人因诉讼无足轻重不想要市长参与其中。那样是允许的。君士坦丁堡市长没有其他特权，如果他试图参与其他事务，应该禁止。

第 35 章，关于修道士津贴的详细规定。院长 12 诺米斯玛；官员每人 8 诺米斯玛；司祭每人 7 诺米斯玛；其他每人 6 诺米斯玛；院长还应得到 48 莫迪奥小麦，其他人是 30 莫迪奥小麦。除此之外我规定每个修道士应该得到额外 3 莫迪奥小麦，以便他们按我规定的每天在门口进行慈善分发。院长应该得到 36 单位（measures）葡萄酒，其他人每人得到 24 单位葡萄酒；对于其他食物，院长应该得到 3 诺米斯玛，其他人每人 2 诺米斯玛；每人 3 莫迪奥豆类和 1 诺米斯玛的油，院长得到 2 诺米斯玛的油。

第 36 章，关于宗教节日的花费。一年的宗教节日应按照下列方式进行庆祝：在主显圣荣节（Transfiguration），6 诺米斯玛花费在蜡烛、油和修道士的食物上面，1 诺米斯玛用于对穷人的施舍。在圣母安息节（Dormition），支出 3 诺米斯玛。在天国军队指挥官大天使米迦勒节日，花费 2 诺米斯玛。在可敬圣施洗者约翰节日，在夏至他的神圣出生日，支出 4 诺米斯玛用于照明、香和食堂，但他的其他节日每个节日支出 1 诺米斯玛。圣诞节和主显节以及耶稣复活节（Resurrection），花费都是 3 诺米斯玛。修道院教堂全年蜡烛的费用为 12 特塔特伦（*nomismata tetartera*）②，150 单位油，香的费用为 2 诺米斯玛。全年的圣餐面包和葡萄酒为 18 莫迪奥小麦和 18 单位葡萄酒，1 诺米斯

---

　　① *Eparch* of Constantinople，君士坦丁堡市长，是君士坦丁堡及其周围地区的最高法官，仅低于皇帝，是首都的警察局长，负责首都的秩序、装饰、仪式，并管辖监狱，控制首都的商业和工业活动。1204 年后这一职位地位下降，权力减小。参见 Alexander P. Kazhdan (editor in chief), *The Oxford Dictionary of Byzantium*, p.705.

　　② *tetarteron*，希腊文为 *νόμισμα τεταρτηρόν*，即 *nomisma tetarteron*，复数形式为 *tetartera*。用来指拜占庭两种不同的货币，一种是约 965–1092 年的，是一种轻质金币（*nomisma*）；一种是 1092 年到 13 世纪下半期的，是一种小铜币（最初是铅币）。由于这份文件的时间是在 1092 年之前，因此这里属于前一种。译为"特塔特伦"。参见 Alexander P. Kazhdan (editor in chief), *The Oxford Dictionary of Byzantium*, pp.2026-2027.

玛用于小玻璃灯。

第37章，关于继承人有不当行为时的处理方式。如果我的亲戚有人对我的修道院和救济院的财产表现出欺骗或者疏忽或者其他不端行为，那么这个人将被剥夺保护人职位，被剥夺所有权和监管权。由另一位近亲继承，他应该已经证明是虔诚的、敬畏上帝的，并同意按照我的章程处理一切事务。如果没有男性，则由女性来继承。如果没有其他直系亲属，如果当时那个持有所有权和保护人职位的人是唯一幸存的亲属，那么，他应该交出对我的修道院和救济院的监管权。修道士们将按照我的这份修道院章程，自行管理自己的事务，监督和分配所有东西。但他们在支付了修道院章程规定的用于改进财产和建筑物的所有费用之后，他们应该把多余收入的一半交给他。另一半则存起来用于购买其他不动产和进行必要的修缮。如果有一位配得上的亲戚取代那位因渎职而被免职的保护人，被任命承担保护人职位并获得所有权，那么，出于同情，他应该每年支付那位免职的保护人相当于一位修道士的津贴。如果我的儿子塞奥多利渎职，不得开除他，而应该强迫他执行我的指示，即使违背他的意愿。但是如果发现他犯有渎职罪，则应该让他支付章程中规定数额的双倍罚款。只要他虔诚执行我的指示，不挪用财产，他将得到祝福，并令所有人满意。但他不得通过盗用这些神圣机构的财产来致富，因为这种方法将导致贫穷和遭受谴责。如果他急于获得更多金钱，就让他以自己的父亲为榜样，做好工作，努力奋斗，以良好诚信的态度获得更多财产。

第38章，关于家族无血脉继承时，救济院和修道院的管理。如果很久以后我的家族世系消亡，那么我的修道院和救济院将独立。所有修道士选出一名举止出众、富有美德、虔诚的院长，他要从最可敬的斯图狄奥斯修道院院长那里得到祝福（*sphragis*①），但斯图狄奥斯修道院院长不得染指保护人职位，无权干涉我的修道院和救济院的事务，他仅有权给予新院长祝福、处理未来关于院长职位的可能争端以便选择更好的候选人，他没有其他特权。如果有两个修道士竞争院长职位，各有支持者，则按照我前面所说的神判法进行，被抽签选

---

① *sphragis*，字面意思是"印章"，这里是祝福、批准的意思，即授职的主教在新当选的修道院院长头上画十字，修道院院长在任命修道院其他官员时也对他们举行同样的仪式。参见 *Byzantine Monastic Foundation Documents: A Complete Translation of the Surviving Founders' Typika and Testaments*, p.1689.

中的院长应该得到前述斯图狄奥斯修道院院长给予的祝福。最尊贵的君士坦丁堡市长将按照章程对我的修道院和救济院提供法律帮助，如果斯图狄奥斯修道院院长企图获取这些神圣机构的所有权或保护人职位，那么市长应该阻止他并剥夺他的这一特权，然后最尊贵的市长应该得到院长就职仪式的这一特权，但他除此特权以及帮助和支持法律事务之外别无他权。我的修道院和救济院完全独立，任何教俗权威不得染指，否则将受诅咒，并希望他被开除教籍。

第 39 章，关于依附农和佃农。不得骚扰我的依附农和佃农，不得要求他们担负更多的税收或劳役，他们支付的数目和从事的工作和我在世时一样；我禁止改变他们服役的类型和形式，除非他们被发现占有和耕种的土地超过了分配给他们的，或者其他意料之外的情况需要他们做出额外的贡献或者服务。

第 40 章，关于房地契的相关事宜。附属于我的修道院和救济院的不动产的房地契，以及金玺诏书原件，应该放置在箱子里，或者存放在修道院圣器收藏室，或者放在其他安全的地方。每个箱子应该有两把钥匙，我的继承人保留一把钥匙，修道院管理人保留另外一把，如果没有修道院院长的话。我的继承人和修道士们还应一起贴上封条。当需要房地契的时候，他们应该打开箱子，拿出房地契，完事后，再放回原处。这些文件应该一年解开摊开三次，然后放归原处。所有房地契都应该抄写在登记簿上，以便于人们能够弄清每一种财产房地契的数目和种类。因为我以合法有效的举措诚实地获得我的所有财产，我从未欺骗国库或者违法。我的所有财产都有合法文件。章程原件应该顶部密封，应该使用抄件，每年宣读三次，即在给修道士分发津贴时、在 9 月份时以及在主显节时。但是如果对抄件中的言词有疑问，就应该打开原件。在校对、比较文本之后，应该重新密封原件顶部妥善保管，正常情况下使用抄件。

第 41 章，关于修道院管理人的指示及其待遇。我任命虔诚修道士米哈伊尔为修道院管理人，因为他品行端正，是第一个削发为僧的。他应该在所有事情上使我亲爱的儿子和继承人满意。他应该为了他自己的福祉和成功全力以赴，他还要引导我的儿子虔诚行事。因此他现在的报酬比别人多。他的现金报酬是 10 诺米斯玛，食物津贴是 36 莫迪奥小麦和 30 单位葡萄酒，其余的按照先前的指示。如果我的家族灭绝（上帝不允许的），斯图狄奥斯修道院院长为"至慈者"救济院修道院任命院长，那么他应该得到 3 诺米斯玛。

第 42 章，关于离世修道士的仆人的抚恤金。离世修道士的仆人可在救济院待40天，如果他品德高尚名声很好可被列入每天与修道士一起进餐的6个弟兄之一，如果他不愿意，则把他定为18个有资格得到小麦的人之一，每年得到12税收莫迪奥小麦。

第43章，给那些可能对救济院和修道院提起法律诉讼的人的警告。如果有人对我的救济院或修道院的地位、或其保护人职位或管理，实行司法调查，并且企图违反我的指示，他应被判决堕入地狱，遭受最可怕的诅咒。只有皇帝能够受理诉讼。我还规定，如果我的任何旁系亲属企图骚扰我亲爱的儿子塞奥多利及其合法后代，那么首先这个人应受到诅咒，然后有关我旁系亲属的那一整章无效，我在那里规定我的任何旁系亲属愿意的话都应该削发为僧都可以入院。即使我的所有后代灭绝一万次，我的旁系亲属一个也不得染指保护人职位，或得到我的宗教机构的收入，哪怕一口面包或其他事物；他们甚至不准进门，因为他们阴谋算计并敌对我的命令。

第44章，关于记录未来皇帝金玺诏书的规定。如果将来皇帝颁布另一道金玺诏书，确认我的指示、我的财产免税权以及其他事务，那么应当把这道金玺诏书记录到我的这份章程中。为此我已经留下几处空白页。附在我的章程后面的财产清单也是如此，如果额外获得财产或者金钱，也要记录在章程的财产清单上。

第45章，总结。上帝将保护所有这一切永远都不受损害和动摇，将扩大范围，保持良好秩序，时间和嫉妒都不能倾覆和毁坏它们；愿它们一直得到指引，走向发展、扩大和更加稳定的状况。愿它们得到赐予生命的神圣之手的统治，在其庇佑之下，永永远远荣耀圣父、圣子和圣灵。阿门。

我，米哈伊尔·阿塔雷亚特（拥有"贵族"和"行政长官"头衔，竞技场法庭和"帝子"法庭法官），确认了所有上述条款，在上帝的帮助下，愿它们不容亵渎，附上了我的签名，盖上了我的印章，时间是6585年［即公元1077年］3月。

第46章，关于修道院章程中某些规定的说明。我规定我的家族如果没有男性后代，那么女性可以继承前述宗教机构，我再次确认这一点；继承人的性别永远不会损害家族以及创办人的指示和旨意。因为实际上这些机构的监管权往往是委托给女性的，但事实上是由男性（她们的丈夫或儿子或声誉良好、德高望重的仆人）来行使的，因而同时维护了合法继承和虔诚行为。任何企图违背我的指示的人，不管他是谁，愿他归入钉死我主、上帝、救世主耶稣基督的那些人之列。我的继承人无子时，任何强加给他们的归还财产的条款应马上废除，不管是在他们在世时还是在他们死后，都应该允许他们把我留给他们的财产转让给任何他们愿意转让的人。此外，他们拥有前述我所建立宗教机构的监管权和所有权，他们将来按照我的指示保护它们。

我，米哈伊尔·阿塔雷亚特（拥有"元老院主席"头衔，竞技场法庭和"帘子"法庭法官），现在以我的签名确认前面这一附加条款是我规定的。

第二部分是修道院财产清单，共有18条，以下为内容概括。

第1条，创办人表达对上帝帮助的感谢。

第2条，创办人忏悔并祈求上帝宽恕自己的罪过。

第3条，创办人请求上帝的怜悯和宽恕。

第4条，创办人感谢上帝，感谢捐赠动产和不动产的人，捐赠人包括创办人和其他人，他们的名字应该登记，他们将被永远纪念。

第5条，圣物清单，包括各种圣像和十字架等的名称和描述，捐赠人为创办人之外的，列出了名字和简介以及捐赠时间等。

第6条，圣器清单，包括圣杯、圣餐盘、圣灯、圣门、香炉、匣子等的名称和描述，捐赠人为创办人之外的，只列出了名字，因该捐赠人的身份和捐赠时间在上一条已经介绍。

第7条，书籍清单，列出了大量书籍，对书籍进行了描述，并介绍了书籍捐赠人和捐赠时间。

第8条，织物清单，列出了覆盖各种圣器的各种织物，如祭台布、圣餐杯幕，还有幔子等，介绍了创办人之外的捐赠人及其应受待遇。

第9条，房地产清单，包括出租房产清单、承租人、收入去向，收到的捐赠房地产、捐赠人及其应受待遇。列出了通过交易、购买、捐赠等途径获得的房地产，以及创办人的所有其他房地产。

第10条，皇帝米哈伊尔七世1075年颁布的金玺诏书的抄本。先是以圣父圣子圣灵以及皇帝的名义，指出皇帝米哈伊尔七世的金玺诏书的副本先后在帝国税务部门（office of the *genikos logothetes*）、房地产部门（office of the *oikeia-ka*）、档案部门（office of the *sakelle*）、财政部门（*oikonomion*）、司法部门（office of the *stratiotikos logothetes*）登记的时间。接着，创办人诚挚感谢皇帝的慷慨，忠诚服务皇帝；称创办人很得皇帝青睐，从皇帝那里得到了很多好处；介绍了创办人米哈伊尔·阿塔雷亚特的品质；并解释创办人请求皇帝颁发金玺诏书的原因。然后，指出皇帝在1075年颁发金玺诏书保护修道院和救济院，详细介绍了金玺诏书的内容，规定不可侵犯救济院和修道院及其附属财产等，承认它们的所有权和独立自主性，不得骚扰它们；帝国的法官或收税官或军人或登记官员等不得进入视察，不得给它们增加新的负担，不得以任何借口如公事或路过等进入这些圣所；不得强迫里面的人或牲畜提供强制性劳役或粮食等；强调前述所有财产得到该金玺诏书的保护，并详细列出了几十项豁免权。最后，作者列举了各级官员，声明他们不得废除该金玺诏书中的任何规定，并附上皇帝的签名。

第11条，皇帝尼基弗鲁斯三世1079年颁发的金玺诏书的抄本。包括的内容和第10条类似。主要抄自皇帝米哈伊尔七世颁布的金玺诏书，主要是承认创办人及其继承人后代对救济院和修道院的合法所有权，通过了创办人为这些圣所和机构制定的章程，承认其独立自主权的不可侵犯性，并附上授予豁免权的财产清单，同意"长官"即作者的捐赠请求，在支付给"佩剑官"报酬时捐赠12诺米斯玛给修道院。

第12条，修道院院长米哈伊尔捐赠的书籍清单。

第13条，创办人财产中的书籍清单，由遗嘱执行人在创办人去世后递交。

第14条，创办人去世后获得的书籍。

第15条，创办人去世后由修道士约翰即已故创办人的告解神父捐赠的书籍。

第16条，后来购买的书籍。

第17条，创办人去世后获得的和购买的其他物品。描述了物品，注明如何获得，如由谁捐赠或遗赠，或从谁那里购买等。

第18条，详细列出了文书兼皇帝的私人秘书和内侍、已故修道士约翰捐赠的诸多物品。最后还列出了其他人捐赠的物品以及1079年花费4诺米斯玛购买的两本书籍。

7.黑山的尼康的章程

（1）手抄本、出版和现代语言译本

这份文件的时间为大约 1055–1060 年。

手抄本：*Codex Sinaiticus graecus 441*。（存于圣凯瑟琳修道院 ［St. Catherine's Monastery］）

出 版：Vladimir Benešević, *Taktikon Nikona Chernogortsa* (Petrograd, 1917), pp.22–67.

现代语言译本：

罗伯特·埃里森（Robert Allison）的英语译本：*Byzantine Monastic Foundation Documents: A Complete Translation of the Surviving Founders' Typika and Testaments*, eds. John Thomas and Angela Constantinides Hero, with the assistance of Giles Constable, 5 vols. Washington, D.C.: Dumbarton Oaks Research Library and Collection, 2000, pp.385-416.

（2）内容大意或提要

[1–7] 关于祷告时间和礼拜仪式的相关规定

不管是宗教节日还是平时的仪式，司祭都必须完成连祷（synapte①）和热切祈祷（ektenes②）。祷告时间必须以间隔时间（mesoria③）结束，有时候间隔时间的每首赞美诗吟诵一次三圣颂，有时候是每三首赞美诗吟诵一次三圣颂。所有修道士都必须按照独居隐修的规则聚在一起唱晚祷。

[8] 与复活节的祷告时间有关的事宜

在复活节周的祷告时间，每个小时唱三次"基督复活了"。所有吟唱要符合斯图狄奥斯和耶路撒冷修道士们的规定。

[9–12] 一年中其他时间的祷告时间

---

① *synapte*，由一系列代祷和回应一起构成的连祷。译为"连祷"。参见 *Byzantine Monastic Foundation Documents: A Complete Translation of the Surviving Founders' Typika and Testaments*, p.1689.

② *ektenes*，由祈求和回应构成的长时间热烈的连祷。译为"热切祈祷"。参见 *Byzantine Monastic Foundation Documents: A Complete Translation of the Surviving Founders' Typika and Testaments*, p.1681.

③ *mesorion*，复数形式为 *mesoria*，指四个祷告时间（第一、三、六、九）中每个祷告时间后重复的间隔时间，这四个祷告时间每个都紧接着附加仪式，称为 *mesoria* 即间隔时间。参见 *Byzantine Monastic Foundation Documents: A Complete Translation of the Surviving Founders' Typika and Testaments*, p.1685.

所有人必须每小时聚集在一起吟唱，除非修道士们因为职责被分散到各处。当修道士们离开的时候，他们必须在适当的时间在所在地吟唱每个小时规定的内容。留在修道院的那些人在每次集会时必须做同样的事情。

在平时或者中小型的宗教节日上，在祷告时间，必须在每个祷告时间的间隔时间为每首赞美诗吟唱三圣颂。每一个小时必须在适当的时间单独吟唱。星期六和星期天，在指定的就餐时间，必须一起吟唱两个小时。晚饭后的第九个小时必须吟唱。

[13-20] 与晚祷相关的事宜

当太阳完全落山之后，晚祷时间，开始唱规定的六首赞美诗。星期天的晚祷，除了完成平时的祈祷，还必须加上两首经典作品。在大斋节、圣使徒节和圣菲利普节，吟唱的内容要符合耶路撒冷的规定。午夜的祷告从吟唱赞美诗开始。在星期六，赞美诗后吟唱"使徒、预言者和殉道者"。必须按照固定的顺序点灯焚香、阅读吟唱。周日午夜礼拜仪式的顺序和本章规定要遵从的顺序都是最合适的。正如我们写的一整年有关祷告的事项一样，有必要按照这种顺序指导周日的午夜礼拜仪式。

在章程中，没有关于在宗教节日或者周日整夜的守夜祈祷的规定，只有为全年、晚祷、午夜礼拜仪式的顺序进行的规定，总体上是根据独居隐修的相关立法规定。

[21-23] 关于读赞美诗的相关规定

在复活节的星期六，不会吟诵赞美诗。复活节后的第一个星期一，吟唱两篇诗篇（*kathismata*）①。根据圣徒们的规定，一个人每个小时要通读一篇诗篇（*kathisma*）。星期六和星期天，每天吟唱两篇诗篇。在斯图狄奥斯修道院的章程里，在星期天和重大节日里都没有大荣耀颂（great doxology）。斯图狄奥斯修道院和耶路撒冷有必要拥有书面的章程，通过它们全面坚定地维持教父们的传统。

[24-29] 关于特殊赞美诗的规定

除非征得了修道院院长的同意，修道士们都不能单独在房里吃饭。根据传

---

① *kathisma*，复数为 *kathismata*，圣经的诗篇，指祷告用的分印诗篇，允许坐着唱的圣咏。参见 *Byzantine Monastic Foundation Documents: A Complete Translation of the Surviving Founders' Typika and Testaments*, p.1683.

统，祈祷和吟唱也不能单独进行。在屋里，只有表达安慰、祈祷或者心生内疚时，吟唱才是合适的行为。从 8 月 15 日到 9 月末，增加赞美诗是适合的。从菲利普的节日开始，在晚上能够守夜祈祷很长时间的人，必须去作坊把灯或者其他东西点燃，每个人或者阅读或者工作，根据自己的能力按照自己的喜好去工作，当他完成自己的任务时，就可以回去休息，如果没有别人在，他必须熄灯，以防浪费灯油。修道士们禁止在房间里点灯。

大斋节第一周的周一，要求必须在房间里完成 50 个跪拜。在圣周六，直到晚祷开始，每个人要尽其所能地进行跪拜。在复活节的一周里，赞美诗的吟唱要暂停。

这就是一整年的时间里，你必须在房间里吟唱的内容。如果一个修道士因为工作或者其他合理的理由没有参加礼拜仪式，也必须做正确的事情。在其他情况下，必须参与共同的吟唱。在漫长的冬夜或者其他夜晚，如果一个人不想睡觉，也不想阅读或者工作，只想吟唱赞美诗，这是允许的。

章程必须包括斯图狄奥斯和耶路撒冷的修道士们的其余书面规定，遵守教父们的传统和跟修道士生活相关的团体隐修制规则。把这些内容写下来并尽可能地实施这些法令是必须的。将基督教所有其他传统书面化也是必须的，不管是修道士的还是教堂工作人员的。

[30—32] 与神圣的礼拜仪式相关的事宜

星期六的礼拜仪式必须在四点开始，以便于食堂在五点的时候布置好。星期天的礼拜仪式必须在三点开始，以便于食堂在四点的时候布置好。在中等规模的宗教节日，礼拜仪式必须在五点开始，以便于食堂在六点布置好。在小规模的宗教节日和其他日子里，礼拜仪式应该在五点开始，在适当的时间结束。但是，不管在宗教节日还是在平时，食堂都必须在适当的时间布置好。所有人在礼拜仪式结束后必须离开，吃饭的时候再聚集在一起。大斋节则有不同的规定。

神圣宗教仪式的顺序，部分来自斯图狄奥斯、耶路撒冷和圣山的修道士们的章程，部分来自《圣塞拉修斯（St. Thalassios）传记》。

[33—37] 有关饮食的数量和种类

在餐厅为修道士们服务的人必须聚集在一起去食堂并吟唱赞美诗，行为和言语上都非常虔诚。读经师进行祈祷和祈福，也负责洗餐具。在餐厅，除了诗文和阅读以及修道院院长必须要说的话或者其他人有必须说话的理由外，其他人都不能说话。

在复活节的整个星期，他们必须定时吃饭。从星期一的面包祝圣开始，三点、六点开始吟唱赞美诗中的诗歌。根据教父的传统，在9点吟唱之后，根据教父的传统，必须饱餐一顿。如果有礼拜仪式，必须在三点给祝圣过的面包。六点和九点的吟唱仪式以后，必须饱餐一顿。

根据修道院的规定，星期二和星期四必须吃两道菜，一是用橄榄油煮的豆子汤，一是清煮蔬菜。如果当时刚好有奶酪、鸡蛋和鱼，也可以吃，但是必须按照定量吃。这些规定不管何时都有效，除了来自客人的一些特殊的食物。但是也不要轻易打破标准和亵渎上帝。如果这样的事情没有发生，在指定的日子里，奶酪、油和其他食物都必须定量供应。

[38-57] 关于苦修赎罪的事宜

在星期一、星期三和星期五，必须吃水煮蔬菜和干粮。如果有朋友提供点心，必须开斋，那些苦修赎罪的人和没有参加集会的人除外。那些苦修赎罪的人平常不能吃奶酪和鸡蛋，但在圣灵降临节的星期一、星期三和星期五，能够吃所有食物。

在星期天和主的节日，必须吃用橄榄油做的两道菜，如果碰巧有基督教徒送一些东西来，需要吃三餐。按照规定，如果碰巧有葡萄酒，除了星期天、主的节日或者有朋友提供的点心，也不应该提供葡萄酒。在能够提供葡萄酒的日子里，也应该定量。根据圣徒的规定，修道士们不允许喝葡萄酒，除非因为身体生病，出于治疗的目的。

全年按照神父们的建议维持有关奶酪、橄榄油和葡萄酒的规定是对的。圣灵降临节结束之后，星期二和星期四的九点，只能吃没有油的水煮蔬菜和其他干粮。星期一、星期三、星期五应该吃面包和水等干粮。从圣使徒节到圣菲利普节，在星期二和星期四，一个人能够吃两餐水煮蔬菜和没有甜味的果汁。如果有人带来了一些点心并且一直在这里，为了上帝的荣耀，可以吃这些东西。如果带来东西的人不在场，应该将这些东西留到周六或者周日或者假日。如果刚好是斋戒日，点心不应该给带来的人。

在星期二和星期四，如果吃没有油的食物有用，就这样吃，如果没有用，就吃有油的食物，尽管违反了教父们的传统。除了大斋节和其他斋戒日，都应该接受这一规定。根据大巴西勒有关苦修的作品，小的章程要求为了修道士们的营养，斋戒日应该为他们提供食物，但禁止吃肉。

在星期一、星期三和星期五的晚祷之后，必须按照某些教父的传统吃饭和布置餐厅，必须根据神圣会议的传统和立法吃干粮——面包、水或者类似的东西，如果有的话。在斋戒日，晚祷后如果方便吃饭的话，就直接吃饭，如果不方便，就九点再吃。

关于蔬菜和水果，需要遵从大修道院的规定。除了煮扁豆、蚕豆和鹰嘴豆，也会提供一定量的葡萄酒和米饭。如果这些豆类煮成汤，酒和米饭就会减半。

关于服饰的规定，与豆类和水果相同。有些很容易得到，有些则很稀缺。容易得到和满足基本需要的，要根据季节选择。干粮、葡萄干和橄榄油、干果和干无花果，每个人都定量供给。新鲜的蔬菜和水果的配额有所不同。

过着独居生活的人遵从不同的传统和规定，要符合身体的情况和灵魂的引导。隐修的修道士们并没有严格遵守独居隐修的规定。耶路撒冷的查里顿（Chariton of Jerusalem）在描述他的生活时写道，每天只给修道士们面包、盐和水。大巴西勒在写给神学家圣格里高利的信中说，通常情况下，关于衣服，首先要考虑的是必需品，食物也是一样。对于我们和动物而言，与大自然和谐共处是造物主规定的，错误通常来自贪婪，让我们甘于贫困的生活。

圣徒的法则和格言不仅适用于修道士，而且适用于其他人。神圣的使徒消除了人们心里的贪念。

星期六的五点，需要布置餐厅，吃用橄榄油做的蔬菜和豆汤，也可以吃少量的沙拉、鸡蛋和鱼，但是修道士们不能沉溺于口腹之欲。星期天，三点结束时，需要布置餐厅，吃两道或者三道菜，这一点不是固定的规定。

在重大的宗教节日，除了大斋节，星期天的相关规定必须遵守。

在规模中等的宗教节日，六点和晚上需要布置餐厅，吃饭的方式与其他日子相同，但中午和晚上需要吃两次干粮。

在小的节日，九点吃饭，就像其他日子一样。如果刚好是斋戒日，就像平常一样吃干粮。因为是节日，吃饭时间比固定时间要早一些。

神父们对节日食物的相关规定的解释进行了详细规范，使它们得以流传下来。

人们习惯于按照自己的意愿命名某些日子为圣徒节日，但这些日期没有被圣经指定为节日。这就会与宗教会议上规定的斋戒日相冲突。

在神父们指定的节日、平常的日子里和斋戒日，饮食方面，需要严格敬畏地遵从神父们的规定。

在圣菲利普节和圣使徒节的斋戒日，因为白天变短，只在晚上九点吃饭。但是，如果守夜祈祷的时间是星期六或者星期天，不是斋戒日，那么白天只吃祝圣后的面包，晚上则饱餐一顿。

我们提到了圣诞节的十二天和圣灵降临节的那些日子，可以吃一点奶酪和鸡蛋。在星期三和星期五的九点，可以吃一点奶酪。

大斋节的第一天，根据圣山的规定，不能吃任何东西。在星期二、星期三和星期四，可以吃一片面包、水和盐。在星期五晚上，在圣塞奥多利节日前夜守夜晚祷时，可以喝没有橄榄油的豆汤，吃一些干粮、面包和水。星期六和星期天，不能吃奶酪、鸡蛋和鱼，可以吃橄榄油，喝葡萄酒。除了大斋节之外的其他周末都可以吃奶酪、鸡蛋和鱼。从第二周开始到大斋节结束，除了周末，可以吃干粮、水果、蔬菜和橄榄油。

在一年里，星期六和星期天都不允许斋戒。

[58-62] 大斋节中间一周的相关事宜

在大斋节中间一周（Mid-Lent Week）的星期三，不能开斋。一周只能吃干粮。

在四十圣殉道者和圣施洗者约翰的节日，晚祷结束后，可以吃不加橄榄油的豆汤和水果。在第一周的宴会上，不能开斋。

在圣母领报节（Annunciation），必须吃含有橄榄油的两道菜和鱼，但是在大斋节的其他日子里，不允许吃鱼，如果当天碰巧有葡萄酒，可以喝一些，但是一天只能在晚祷之后吃一顿饭。

在圣拉撒路（St. Lazarus）节日前夜守夜晚祷的星期五，需要吃没有橄榄油的豆汤、水果、面包和水。

在圣周的星期一、星期二和星期三的晚上，需要吃面包、水、蔬菜或者盐。

[63-72] 与圣周四相关的事宜

在圣周四，需要吃不加橄榄油的豆汤和其他干粮。但关于这一天的饮食存在不同的规定。一些经典典籍规定大斋节的前些天可以吃干粮，但劳迪西亚（Laodicea）会议规定大斋节最后一周的星期四需要斋戒，大斋节的每一天都要斋戒干粮。圣约翰则认为如果在之前的日子开斋了，这一天也可以开斋。否则就不要开斋。著名修道院的章程规定，可以吃含有橄榄油的豆汤、煮豆，可以喝葡萄酒。

在圣周五，如果可能的话，不能吃饭。但我们都没有严格遵守这一规定。如果可能的话，星期五和星期六可以斋戒两天，如果不行，星期五或者星期六可以吃面包、水和生的蔬菜。

在圣周六，需要在晚上第三个小时结束时吃饭，需要烘烤面包。斋戒和教堂的礼拜仪式不能缩短。按照圣山的规定，需要在餐厅吃面包和水果，也可以喝葡萄酒。

根据相关规定，信徒们的斋戒必须到公鸡啼叫的时候，但第六次宗教会议规定截止到午夜。著名修道院的章程规定，截止到晚上的第三个小时，然后可以吃面包、水果和少量的葡萄酒。

我们比较了关于圣周六的传统规定，根据神父们的要求，太阳落山的时候，礼拜仪式结束时要解散。

在大斋节或者斋戒日，需要吃生的蔬菜或者水果。至于食物的数量，如果没有干粮，就提供两种生的蔬菜，或者一种干粮，一种生的蔬菜。

在一整年，不管是负责餐厅的人，还是修道士，在餐厅安置好之前，任何人都不能在不恰当的时间碰触任何东西，直到在教堂里进行了祝圣仪式后，在餐厅里就座。

不管他们是否进行了礼拜仪式，在仪式结束后，修道士们准备吃饭的时候，教堂里每天都需要给祝圣的面包，但是只有一小片。在餐厅外，不允许吃任何食物，参加交谈的人除外，他们可以喝点水或者葡萄酒。当修道士们离开餐桌的时候，除了水，不能带走任何食物。

根据传统，关于赞美诗，在团体隐修制修道院，除了共同吟唱赞美诗外，没有必须的规定。

在食物方面，根据传统，除非极度自律或者其他合理的理由，不允许私下里吃任何东西。大巴西勒说，食物必须与个人的劳动和贡献相一致。在圣帕霍米奥斯（St. Pachomios）的作品中，允许饮食多样化。通常情况下，在男性和女性的团体隐修制修道院，许多圣徒进行额外的斋戒和晚祷。

[73-74] 司祭和其他人的职务的委任

在教堂里进行司祭职务委任的那些人，可以私下里在圣器室进行，需要一些水或者葡萄酒和小片祝圣的面包。如果礼拜仪式举行的时间不是饭点，有人碰巧参与了圣餐仪式，必须接受足够漱口的水或者葡萄酒。如果是饭点，必须吃祝圣的面包。

在斋戒日，礼拜仪式在第六个小时，但斯图狄奥斯的修道士们的章程规定，在星期三和星期五，我们在第九个小时庆祝。神圣的法令惩罚那些不严肃对待这件事而开斋的人。生病的人、年长者和身体虚弱的人也需要做好这些事。

[75-77] 关于衣服、鞋子和身体需要的东西

教父们规定修道士的食物必须简单朴实，关于衣服的规定也类似。大巴西勒在他的有关苦修的作品中，详细规定了修道士的每一项适当需求。

每个修道士都应该有两件短袍，一件是缝补过的旧衣服，一件是为了正式场合穿的好衣服。无论哪种衣服，都在当地制作，在国内市场上是最便宜的。如果在当地市场上，发现了更加便宜的外来货，就买这些。在通常情况下，需要在所有事情上都追求简单。

每个修道士都应该有一件厚斗篷，要尽量是最便宜的，也需要一双靴子，主要是为了冬天取暖和在路上走路，但在夏天，它们就不是必须的。

每个修道士都应该有一双特别便宜的凉鞋，以及质量和价格都非常便宜的小斗篷。另外一件服装在冬天穿，其他必须的东西都符合在修道院的等级。

每个修道士都要有一顶帽子，布面类似于服装。如果一个修道士打算放弃修道士的身份，修道院院长必须撕掉这个修道士帽子上的布并据为己有，或者拿走整个帽子。

执意离开修道院的修道士，必须被完全剥夺修道院的衣服并驱逐出修道院。

在早晚祷告期间，在阅读的过程中，所有修道士就座后，他们双手挥动彩色穗带，其目的一方面是为了保持清醒听经文，另一方面是为了祝福。他们将这些穗带系在弟兄们外穿的衣服上，这是修道士们之间存在的一种习俗。如果有人单纯地打算离开修道院并放弃修道士生活，他们会给他适当的补偿。如果

不是这样，他们会要回穗带，就像撤回了送出去的祝福一般，将他驱逐出修道院。

除了遵从古代教父们的规定，我们也需要了解逃离者的习惯。如果合适的话，修道院院长可以脱下逃离者的斗篷，给他穿上平信徒的斗篷。如果不合适的话，就只拿走他的帽子，给他外面的人戴的帽子，或者带走他的遮盖物，然后将他驱逐。逃离者必须像修道院以外的人一样穿着，因为他们不再在修道院生活和劳作，不适合徒有其表。

[78-86] 关于修道院官员和其他事务

在修道院服务的人必须遵守神圣教父们制定的规定，他们必须轮流服务。每个修道士都必须轮流在厨房工作一个月。如果修道院院长发现有人工作得很好并且适合这份工作，对他个人和其他修道士都有益，就会将他留在那个位置上。

如果群体服务是繁重的，需要工作到第三个小时，到了第六个小时，可以换相对轻松的工作。如果没有这样的工作，需要在修道院内做手工或者其他事情。如果在修道院之外，需要工作到第六个小时，从第六小时起便不需要外出工作，而是在修道院内做手工和学习圣经。

总体而言，每个人都必须努力通过自己选择的方式来拯救自己的灵魂。自制力和纪律性不能以工作为借口被打破或者减弱。如果职责是必须的，能干的人必须承担相应的工作量，并且在不受伤害的前提下尽可能地多做一些。

修道士住的小房子可以用来一起做手工。其中证明具有良好品行的修道士，应该主持和指导，有时候给正在工作的人阅读，有时候提醒闲聊的人集中注意力并保持安静，有时候领唱赞美诗，有时候与其他人一起工作。总体而言，他负责管理和监督屋外的重活和屋内的手工，教不识字的人圣经。如果修道院院长不在，如果他有能力，必须暂时代替院长负责修道士们精神和身体方面的事务。但是，他的能力必须得到修道院院长的肯定。

领唱人必须在食堂阅读，任何能够阅读的人都能充当领唱者。按照规定，读经师必须洗盘子。

所有修道士都必须劳动，做自己擅长的工艺。能干活的人必须在固定的时间劳作，然后做手工，那些不能劳作的人必须做适合自己能力的其他工作。修道士们的管理和需求都由自己提供。如果有人不愿做手工或者学不会，只要他的身体允许，就要安排去地里进行重体力劳动。如果他的身体虚弱，就让他去做其他适合他的工作。

如果理由合理，修道士们可以私下里独自工作。这种情况很常见，神圣教父们鼓励大家依靠自己的劳动满足个人需求。

在修道院的人没有兴趣接受任何财产，因为要得到这些财产所作的工作违背了修道院团体隐修制生活的目的。我们要像避开致命的毒液一样躲避这些东西。修道院的生活在很大程度上拥有世人所拥有的东西。我们应该遵从"创造奇迹的人"圣西米恩（St. Symeon）的教义和传统，他穷极一生将对世界的解释传授给他的信徒。

格拉修（Gelasios）在《教父言行录》（*Paterikon*①）等中的教导是比较特殊的，它们不适合我们，没有收入我们的规定中。

我们被告知不管何时，除了教父们在圣经中允许的情况外，不要接受外面的人提供的金钱或者其他任何东西。

任何人都不能允许女性以任何理由进入修道院，也不允许她们出现在修道院的周围或者附属地区。

[87-88] 圣母斋戒日的相关事宜

圣母斋戒日在目前保存下来的章程里，没有安排正确的顺序。我们必须按照圣经中的规定斋戒。那些在修道院的人需要从八月初开始斋戒，也就是从圣玛加比节开始，因为没有节日就开始斋戒是不合适的，也可以从前面的星期天开始，但不适合从斋戒日开始。按照其他节日的规定，圣母的节日开始之前必须进行斋戒。关于食物和喝的东西，要遵从圣使徒和圣诞节的斋戒日的规定。

主显圣容节持续两天，如果可能的话，需要开斋。如果理由充足，宴会后的赞美诗要吟唱几天，为此，如果我们从神圣教父们的作品里找到了禁止斋戒的合法的书面证据，我们也要求放弃。如果不是这样，没有圣经里的证据，无视神圣教父们的书面规定是不合时宜和危险的。

[89-91] 关于节日

这里提到的节日包括三种等级，即重大的、中等的和小型的，这种规定来

---

① *Paterikon*，有关各个教父的故事和言论的书，译为《教父言行录》。参见 *Byzantine Monastic Foundation Documents: A Complete Translation of the Surviving Founders' Typika and Testaments*, p.1687.

自圣典，与饮食和礼拜仪式有关的事宜也是如此。关于中型和小型节日，我们从斯图狄奥斯和圣山的章程得知它们在庆祝时间、跪拜礼和劳作方面存在的不同。重大节日的标志是一个环绕着光环的十字架，中型节日的标志是一个十字架的标识，小型节日的标志是有三个点的标识（kentemata）。在小型节日上，教堂里没有屈膝礼和共同的斋戒，这两件事都是私下里进行。在中等节日上，也是如此。在重大节日上，教堂里和居住的小房子里，都不用进行屈膝礼和共同的斋戒。

从圣诞节到主显节，教堂里没有屈膝礼，但私下里有这个仪式。有些人习惯于提前在圣诞节之前的节日期间开斋和举行相关的仪式，而不是在圣诞节开始的节日期间。教父们的传统没有这么规定，但他们规定在此期间应该加强努力。

在大斋节前第二周（Meatfare）的前一个星期，亚美尼亚人斋戒，有些人则不斋戒。周三或者周五，没有奶酪，也没有其他任何东西。但是，对我们而言，如果得到允许，根据奶酪周的规定，在星期三和星期五，在第九个小时，可以吃一点奶酪。在奶酪周的星期三和星期五，礼拜仪式结束后，可以吃一些奶酪和鸡蛋。

在整个圣灵降临节期间，必须遵从节食的规定。但根据神圣宗教会议的规定，在教堂和小房间，都没有斋戒，也没有完全的屈膝礼。因为节食是必须的且适宜的。但斋戒在某些季节和日子里是不合适的，跪拜和站着祈祷也是这样。因为斋戒和节食是两回事，斋戒是完全不吃任何东西，而节食是吃一点儿。

[92] 与主显节相关的事宜

我们有必要了解与主显节相关的事宜，它们由神圣教父们传下来的大公使徒教会（Great Catholic and Apostolic Church）的章程记载下来。关于这件事，我们在圣经中没有找到证据，找到证据的请启迪我们。

8.蒂莫西为"恩人"圣母修道院制定的章程

（1）手抄本、出版和现代语言译本

这份文件的第一版时间是1054-1070年，后来定期修改，1098-1118年最后定稿。

手抄本：*Codex Atheniensis, National Library 788*（12 世纪）。

出版：

Paul Gautier, "Le typikon de la Théotokos Évergétis," *Revue des études byzantines* 40 (1982), 5–101.（文本在第 15–95 页。有希腊语原文和法语译文）

现代语言译本：

法语译本：Paul Gautier, "Le typikon de la Théotokos Évergétis," *Revue des études byzantines* 40 (1982), 14–94.

罗伯特·乔丹（Robert Jordan）的英语译本：*Byzantine Monastic Foundation Documents: A Complete Translation of the Surviving Founders' Typika and Testaments*, eds. John Thomas and Angela Constantinides Hero, with the assistance of Giles Constable, 5 vols. Washington, D.C.: Dumbarton Oaks Research Library and Collection, 2000, pp.472-500.

2012 年罗伯特·乔丹和罗斯玛丽·莫里斯合作出版了对这份章程的翻译和研究著作：R. H. Jordan and Rosemary Morris, *The Hypotyposis of the monastery of the Theotokos Evergetis, Constantinople (11th-12th centuries): introduction, translation and commentary*, Farnham, Surrey; Burlington, VT: Ashgate, 2012.

（2）内容大意或提要

"恩人"圣母修道院的修道士生活和仪式章程由该修道院创办人之后的第二任修道院院长蒂莫西传下来。全文一共 43 章。

第 1 章，章程概述。概述介绍说，撰写该章程是既使上帝喜悦，又使信众受益的善事。章程规定了修道院所有教务的性质、范围、教规处理程序，以及处理时间和执行方式，还规定了根据实际需要何时废除不符合实际的规则，以此逐渐形成一个准则、一个榜样、一个通行范本；只有这样，在上帝的指导下，制定修道院章程，对于正确指导修道士生活，规范修道准则，防止修道士走上弯道邪道意义重大。制定该修道院章程对当时和后世也具有极大的益处。

第 2 章，介绍了"恩人"圣母修道院的由来，这座修道院是在神父保罗（Paul）的地产上修建的。保罗从家中继承了这块地产，在他众多尘世房地产中，他最喜欢这块偏僻的地产，因为他渴望美德，追求沉思的生活。因此他辞别父母、亲朋好友，抛弃了自己的财富和在尘世的所有其他事物，立刻离开帝国首都即自己的出生之地，带着对上帝的无限热爱，于 6556 年 6 月到达这处偏僻的地产，开始兴建这座修道院。作者也紧随其后，于 6557 年（公元 1049 年）9 月到达这处地产。这就是神父保罗兴建这座修道院的早期历史。

第 3 章，"恩人"圣母修道院第一位创办人保罗神父接手遗产后，经过他和蒂莫西神父的努力，使一座简陋粗俗、规模狭小、破败不堪和微不足道的修道院，逐渐地有了重大变化：规模宏大、建筑完整、人数众多、装饰豪华以及拥有影响力剧增的大教堂；并且获得了大量的捐赠，例如数量众多的各种书籍、圣器和圣像、神圣的仪式用布以及教堂的其他装饰物还有地产等。这些众多的捐赠都已经登记造册，有据可查。在历经五年的艰难建设后，神父保罗于 6562 年（公元 1054 年）的 4 月 16 日升入天堂。生前将这座规模宏大、影响日隆的修道院遗赠给神父蒂莫西大人管理。

第 4 章，关于晨祷的宗教规范。每天早晨唱赞美诗和祈祷一个小时，晨祷结束后，祈祷者应该离开主殿前往他们的房间继续歌颂上帝，履行义务。并规定在值班修道士监督下，全体祷告者唱赞美诗时要态度虔诚，并规定了唱赞美诗的肢体动作，严明的唱祷纪律，否则将受到严厉的惩罚。

第 5 章，关于圣餐仪式的规定。如果没有修道院院长的指示，任何人都不应接受圣餐，如果没有接到圣餐通知，任何人决不能参加圣餐仪式。因为圣餐是信奉基督教的最神圣、最神秘的仪式，正如基督本人所说："吃我肉，喝我血的人住在我里面，我在他里面"（约翰福音 6:56），再说一次，"除非你吃我的肉和喝我的血，否则你内无生命"（约翰福音 6:53），正如神的使徒所说："与主联合的人成为一体的灵"（约翰福音 6:17），正如大卫最温和地预言说："远离你的人必灭亡"（诗篇 72 [73] :27）。由此可见圣餐仪式是每一个基督徒神圣的权利，参加圣餐仪式能使基督徒敬畏耶稣基督，使信仰更加正统，使身心更加纯洁无瑕，还可以克服人类的软弱个性。因此，凡是确信自己是纯洁的，没有可耻的想法，没有屈从于可耻的想法，没有愤怒、抱怨、悲伤、诋毁、欺骗、乱笑、怨恨、恼怒、言谈可耻等，应该每周分享三次圣餐。有以上情况并且忏悔的，一周分享一次圣餐，或者由修道院院长决定，一次也不参加。但是未经修道院院长允许不得自行决定不分享圣餐。

第 6 章，关于第九小时祷告、晚祷和夜祷以及午夜祷和晨祷的规定。介绍说第九小时和前几个小时一样吟唱赞美诗，以敲响"圣钟"来提醒。日常规则非常明确地规定了如何进行晚祷，紧随其后的是夜祷，以及在晚饭后的寝前祷告，在此期间，无论什么借口，都不应该参加宴会，在每一天的晨祷中都要祷告"主就是上帝"（"God is the Lord"）（诗篇117[118]:27）。当寝前祷告完毕时，司祭会说惯常祈祷语，然后各位祷告者像第一小时祷告结束时那样跪下，正面向前，聆听修道院院长的教诲。还介绍了晨祷晚祷的许多祈祷语和各种祈祷规定。

第7章，关于心灵救赎的忏悔。修道院院长要抛开繁杂的行政事务，抽出专门的时间，必须每天两次在隐秘场所，专心致志地听取那些忏悔者的告解，给予相应的治疗，晨祷时治疗那些常年住在修道院内而没有从事任何事工的人，夜祷后治疗那些做事工的人。修道院院长如果忙不过来，可以让司祭和辅祭甚至虔诚的弟兄听取告解；但需要治疗和照顾的必须由修道院院长给予相应的治疗。忏悔者跪拜之后，必须虔诚地告解，述说自己的过失，然后等待这位院长的心灵救赎，甚至是处罚。忏悔者告解时要坦白一切，不能隐瞒，根据所犯罪行，任由修道院院长的惩罚，这样会得到灵魂的救赎、上帝的饶恕，也是一次心灵的洗涤。还规定了忏悔者的告解必须真实，否则将会受到不同程度的惩罚，直至驱逐出修道院；倾听告解的修道院院长必须为忏悔者保密并尽可能帮助他们解决困难，还提出了解决困难的各种方法。

第8章，关于守夜及其时间的规定。关于禁食的做法，教会日历（synaxarion①）将会准确通知你们，你们应该执行。按照规定，每周日前夜、主的节日前夜以及其他圣徒纪念日前夜要进行守夜。

第9章，关于饮食和用餐的规定。提到用餐的重要性，指出人的身体由两部分构成，即肉体和灵魂，为了加强更好地信仰上帝，必须注意饮食。但应注意饮食时间和不同节假日等具体规定。其中规定了"食物的数量和性质"，以及"餐厅的良好秩序"，规定了修道士就餐前和就餐期间的行为规范，以及违反规定后应受的惩罚；规定在餐厅不应因就座顺序发生争吵，应该就地入座，并禁止就餐时相互分享饮食；强调千万不要偷偷吃东西；指出控制自己的财物进行施舍不应被认为比贫穷生活更好；规定了修道士晚餐行为规范；指出修道

---

① synaxarion，希腊文为 συναξάριον，复数为 synaxaria。指固定宗教节日的教会日历，每个宗教节日都有相应诵读经文。这个术语也指专门的短评集，通常为圣徒传记，篇幅很短，通常只有一段话。这里译为教会日历。Alexander P. Kazhdan (editor in chief), *The Oxford Dictionary of Byzantium*, p.1991.

士不能毫无防备地花时间和偶然碰到的人在一起或交谈；还规定了对就餐迟到的处理等。

第10章，关于神圣的斋戒。这一章首先对大斋节期间的饮食进行了具体规定。规定大斋节第一周星期一的生活方式，"在第一周的星期一他们不应该关心他们的食物"，规定要斋戒；在本周随后的几天可以吃一点水煮豆子、一些生的蔬菜和水果，喝加了莳萝籽调味的热水，星期五因为圣塞奥多利节日可以吃不加橄榄油的两道菜，喝大份上等葡萄酒；星期六允许吃贝类，但不能吃鱼。大斋节的第一周可以这样度过。大斋节的所有星期六和星期日要吃加橄榄油的两道菜，喝大份葡萄酒。大斋节中间一周的星期三和大斋节第一周的星期四（Thursday of the great canon）也是这样。但星期二和其他星期四要吃两道菜，其中只有一道菜加橄榄油，葡萄酒为小份，即大份的一半。其他日子，即星期一、三、五，不要分享任何烹饪的食物，也不要喝酒，只吃煮熟的豆子和一点小水果（如果有的话），以及加莳萝籽调味的热水。但如果圣约翰珍贵头颅发现纪念日或者四十圣徒纪念日恰好在这些天之中，那么要打破斋戒习俗，要吃加橄榄油的两道菜，喝大份葡萄酒。这一章其他内容是关于大斋节和圣母领报节期间吃鱼的规定，圣母领报节期间举行宴会的规定，以及圣使徒节和圣诞节两个节日短期斋戒的规定。

第11章，关于基督和圣母所有节日的庆祝方式。

第12章，关于修道院的独立自治。追溯了"恩人"圣母修道院由一座私人农场，经过艰辛努力，逐渐发展成一座规模宏大，影响日隆的修道院；强调该修道院的独立原则和决心，规定了这座修道院只能由品德高尚纯洁，而又将身心奉献给上帝的神父来管理。

第13章，关于该修道院院长和修道院管理人的就职，以及院长不能去城里或远离修道院的任何地方过夜，但三个原因例外。规定了作者去世后，新任修道院院长任命下一任修道院院长的具体方式和做法。

第14章，关于修道院创办人提出修道院管理人的任命条件。合格的修道院管理人必须品德优良，细心，热情，清廉，守规矩，将提升至修道院院长职位，如果配得上的话，不合格修道院管理人会被撤职。

第15章，关于修道士要向修道院院长告解自己的想法，修道士不得有其他告解神父。规定了修道院院长一旦就任，修道士们必须信任他、尊重他，那些固执己见的修道士们会受到不同程度的惩罚。

第16章，规定修道士必须尊重和服从修道院院长的管理或劝诫。引用使徒保罗的话来说服修道士要顺从他们的修道院院长："要服从你们的领袖，听他们的话。他们常常看顾你们的灵魂，因为他们将来要向上帝交账"（希伯来书 [Heb.] 13:17）

第17章，对修道院院长的告诫。规劝修道院院长要像父亲那样关爱自己的修道士，最好是效法主耶稣本人，尽量地体谅修道士，要给予他们兄弟般温暖，对所有修道士保持公平和正义，并代表神圣的上帝像父亲一样给予他们训牧和教化；还规定修道院院长的财务管理职责。

第18章，规定修道士不得向修道院院长询问修道院的收入或者支出，但修道院院长不得用修道院的财富为亲戚朋友牟取私利并规定了惩罚办法。

第19章，规定献给该修道院的一切不可转让，包括圣器、仪式用布、圣像、书籍、不动产，除非发生灾害或者敌人入侵，这时可以由修道院院长、修道院管理人、教堂司事以及其他官员一起公开转让。

第20章，规定财务主管必须准确记录每一笔财务收入和支出状况，以备所有人查看。

第21章，禁止闲聊，规定修道士不应相互口头争论，否则会遭到惩罚。

第22章，规定任何人不得违反修道院章程拥有任何东西，不应偷偷吃喝或者接收信件，否则会遭到惩罚。盗取修道院财产且不做弥补的人会被逐出修道院。

第23章，规定修道院要量力而行，能够为既有数量的修道士提供足够的膳食；修道士要虔诚、守纪和顺从。

第24章，规定修道士不得拥有仆人，三个修道士同住一个小房间，见习修道士应听从年纪大的修道士的，未受过教育的应听从受过教育的，笨拙的应听从精明的，年轻的应听从年纪大的。

第25章，规定所有必需品统一购买，储存在仓库里。修道士住的小房间不应该上锁。

第26章，规定除了病人以外，所有人的饮食和衣服一样。

第27章，规定修道院院长每月进入修道士的房间检查，将多余物品没收，存放在仓库，给需要的人。

第 28 章，规定修道士平时不应沐浴，生病的可以洗热水澡，但在一年中的三个重大节日时可以洗三次热水澡。

第 29 章，规定各类官员的就职仪式应按照修道院管理人的就职方式进行。

第 30 章，规定在修道院应有三位财务主管，其中一位看管圣器等重要物品，一位管钱，一位从仓库给弟兄分必需品。

第 31 章，强调修道院必须有一位纪律官员，还要有一位餐厅管理员，并规定了他们的职责。

第 32 章，规定管理人员的职责，任用恪尽职守的人员，玩忽职守的人员将被解除职务，另外任命他人取代。借职务之便挪用物品的将受到创办人的诅咒。

第 33 章，规定修道院所有管理人员各司其职，尽心尽责，鼓励管理人员为上帝的光荣事业奉献。

第 34 章，规定了派遣前去管理修道院地产的人的条件。自那以后由于我们的软弱，我们获得了几小块不动产，修道院院长必须关心它们，在选派人员去管理地产时应尽量谨慎，应派出虔诚、谨慎、尽可能上了年纪、不受激情影响的人去管理地产。

第 35 章，规定了该修道院创办人、神父保罗纪念日盛大隆重的纪念方式。

第 36 章，规定为已故的神父和修道士以及那些为修道院做出贡献人士举行纪念活动，做了具体规定。

第 37 章，关于剃度。规定著名人士或者修道院早就认识、熟悉修道生活的人在按照惯例规定的时间内举行剃发仪式，不认识的普通人的修道士见习期为三年，修道院院长根据其见习期表现来决定是否为他举行剃发仪式；禁止向那些举行剃发仪式的人索要入院礼物或者出家礼物，但允许接收他们主动送的礼物，他们并不因此有相对其他修道士而言的优先权，他们主动送的礼物也不能索回。

第 38 章，规定分发必须在门口进行，必须安慰并看望陌生人和病人。修道士的旧衣服旧鞋子由修道院院长施舍给没有衣服鞋子的人穿，把超过修道士需要的面包、酒和豆类施舍给饥饿的人吃。

第 39 章，规定除了节日，妇女不得在修道院门口领取分发物；妇女不得参观修道院，除非她们因其生活方式和美德、出身高贵显赫而闻名。

第 40 章, 修道院创办人告诫所有人, 包括修道院院长、修道院管理人和修道士们, 一定要始终如一地遵守这份章程的所有规定。

第 41 章, 关于医务室和病人。规定留出一个房间给病人作为医务室, 安置八张床让他们休息, 安排一位修道士小心照顾他们, 照顾他们不能敷衍, 房间里放一个火炉煮食物, 并为他们准备热葡萄酒等一切使他们舒服的东西, 修道院院长应该不断探望他们, 关心他们。

第 42 章, 创办人的进一步劝诫, 要全体人员珍惜荣誉, 热爱修道院, 谦卑, 相互尊重, 献身主耶稣, 认真洗涤自己的罪恶灵魂, 服从修道院院长和管理人员的管理等。

第 43 章, 要求每个月初都要进行章程的阅读。在每个月初的用餐期间, 都要阅读章程, 感谢万能的上帝给予了一切。

9. 格雷戈里·帕库里亚诺斯为巴奇科沃的佩特里佐斯圣母修道院制定的章程

(1) 手抄本、出版和现代语言译本

这份文件的时间是 1083 年 12 月。

手抄本: *Chios Koraes 1598* (13 世纪)。

出版:

Paul Gautier, "Le typikon du sébaste Grégoire Pakourianos," *Revue des études byzantines* 42 (1984), 5–145, at 19–133. (有希腊语原文和法语译文)

现代语言译本:

罗伯特·乔丹的英语译本: *Byzantine Monastic Foundation Documents: A Complete Translation of the Surviving Founders' Typika and Testaments*, eds. John Thomas and Angela Constantinides Hero, with the assistance of Giles Constable, 5 vols. Washington, D.C.: Dumbarton Oaks Research Library and Collection, 2000, pp.519-557.

法语译本: Paul Gautier, "Le typikon du sébaste Grégoire Pakourianos," *Revue des études byzantines* 42 (1984), 18–132.

俄语译本: V. A. Arutyunova-Fidanyan, *Typik Gregoriya Pakuriana* (Yerevan, 1978), pp.68–121, with commentary, pp.122–235.

现代格鲁吉亚语译本：Simon Kaouchtschischvili, *Typikon Gregorii Pacuriani* (= Georgica. Scriptorum byzantinorum excerpta ad Georgiam pertinentia 5) (Tbilisi, 1963).

（2）内容大意或提要

这份文件是由西部军队司令官（*megas domestikos* of the West）格雷戈里·帕库里亚诺斯大人为他创办的佩特里佐斯圣母修道院颁布的章程。由我们根据著名的至圣（*Panagios*）修道院的章程编纂而成，一些修道士根据修道士的日常生活行为准则汇编而成的，其中还添加了一些他们认为正确的内容。全文一共 33 章。

第 1 章，关于格鲁吉亚最神圣修道院的建立方式，述说了该修道院建立的资金来源、经过及其建院原则，特别强调了格雷戈里·帕库里亚诺斯作为主要出资人的巨大资金投入，修道院建成是虔诚的基督徒无私奉献的劳动结晶，而没有任何强迫劳动的情况发生。

第 2 章，关于修道院财产的规定，确定了奉献物品的划分，确定了动产和不动产划分及其使用原则。修道院的许多地产收入应该分类入库保管使用，规定了修道院建筑的使用期限并对维修做了详细规定，对修道士的安葬地点做了明确规定，

第 3 章，这个修道院不接受任何不合理规定，甚至是最高教俗阶层施加的非法管理，摆脱束缚和不必要的争执，以保持该修道院的独立和纯洁。对于修道院接受的动产和不动产，修道院有自己独立的管理权，不受任何形式的外界约束，不受任何形式的勒索，不允许任何对修道院的骚扰。皇帝、牧首、都主教、大主教等政府或教会人员以及我的亲属都不得骚扰修道院。

第 4 章，严格禁止所有修道士独处房间，绝不允许独自外出私自行动，也禁止独享食物或侵占他人任何物品。在同一张餐桌用餐，吃同一种饭食；严禁在秘密或无耻的争吵中进食和饮酒；不论上下级生活待遇应保持一致，都应该保持谦卑和庄重的态度，愉悦地生活在同一座修道院，才能在其他方面表现出色。

第 5 章，关于修道院院长选拔的诸多规定。在经过全体修道士讨论、修道院院长长期考察后，确定下一任修道院院长人选，在上一任院长即将去世时，新院长上任，院长必须具备才智、辨识力和公正性，并愿意遵守修道院的各项

规定。

第6章，修道士的数量是分发食物和按比例任命管理者和服务人员的重要依据。该修道院对修道士数量进行了具体规定，规定修道院人数不少于50名，院长50岁以上。人数不得减少，如果减少，应该是由于死亡或其他一些合理的偶然原因造成的，他们应该如实填写修道士具体数目。章程还规定了修道院应该有哪些管理人员及其任职条件。

第7章，关于神职人员履行神职，如何选择和任命神职人员，他们每周应如何执行神职，以及每周执行神职具体时间等。

第8章，关于餐桌的布置，以及就餐时的良好表现。进餐者应该坐在桌旁就餐，就餐时必须保持沉默和安静。规定对饮食设定限制。就餐管理者负责就餐人的秩序，应该动作轻微，不得大声喧哗。每天提供三道菜，但是复活节等重要节日食物会很丰盛。

第9章，规定了修道院院长何时以何种方式给修道士们分发衣服和酬金。购买生活必需品的花费来源，部分来自修道士自己的津贴，部分由修道院提供，按照修道士等级提供日常用品。修道士们单独去买日用品，有伤大雅。规定了修道院三个等级的津贴，其中，第一等级的达15人，除了修道院院长获得36诺米斯玛的津贴外，其他各得到20诺米斯玛的津贴；第二等级也是15人，各得到15诺米斯玛的津贴；第三等级20人，各获得10诺米斯玛的津贴。他们的全部津贴应使用标准的凹面币（*trachy*）货币。

第10章，关于三个神圣的斋戒期间怎样禁戒，以及如何向基督教信徒进行慈善布施。在三个神圣的斋戒期间，修道士们必须禁食葡萄酒和橄榄油，但在周六和周日除外，在周六和周日，他们可以各喝一杯，以便恢复精力。每天必须在修道院的门口将食物分给基督教信众即穷人。但是在大斋节期间的周六和周日，应该提供规定的食物和葡萄酒。但是，修道士们不能吃鱼，并且在一周的五天内不应使用橄榄油调味。

第11章，规定了各种庆祝宴会类别，主要有该修道院自己既定的宴会；其他以上帝的名义举行的神圣而光荣的其他节日宴会；那些为纪念殉道者和圣徒们而举行隆重盛大的宴会；每年8月15日庆祝圣母马利亚安息日等节日盛宴。

第12章，关于教堂照明，以及不受干扰的祷告和唱赞美诗。在圣母马利亚的圣像前，每天长明三盏灯；在耶稣基督的十字架前一盏灯，在施洗者约翰的圣像前一盏灯，在圣乔治的圣像前一盏灯。在全年中，每一次唱诗时，即在祭坛上，在神圣的礼拜仪式中，规定所有点亮的蜡烛应持续燃烧，直到燃尽；唱诗班在朗诵赞美诗时，切勿相互抢夺而毁坏唱诗本，唱诗班应唱诗完整，不得吟唱一支曲子半途而废。

第 13 章，关于所有修道士每天都必须向院长坦白自己的罪过，包括其行为、言语和思想意图。

第 14 章，关于修道士的体力劳动和从事其他辛劳的工作，他们在劳动期间必须认真唱赞美诗。不应阻止那些从事体力劳动的人唱赞美诗，但是当他们用手工作时，他们应该用嘴献出赞美诗。

第 15 章，未经修道院院长准许，修道士们不能在修道院外到处游历；那些在会众中假意祈祷的人要受到惩罚。

第 16 章，关于按章程任命的修道院管理人员的规定。选择有管理经验并敬畏上帝的虔诚人士担任管理者。

第 17 章，修道院院长应严格限制宦官和年轻男孩进入修道院。许多神圣的教父禁止宦官和年轻男孩参加教堂的圣礼以防止犯罪，修道院不应该以任何借口，接待这样的人从事某些服务或劳作。

第 18 章，修道院里应避免任何形式的暴力行为和伤害，修道院的所有财产要避免任何形式的勒索。

第 19 章，修道院院长在某一方面犯了错误，以及那些修道院管理人员不计后果地花钱，不仅应及时制止他们这样做，而且应将其全部驱逐出修道院。如果负责修道院的人鄙视所制定的规则，而不是帮助那些受到伤害的修道士，那么，无论是谁，全体修道士都要起来对他们斗争，并坚决地纠正这些行为，以保证修道院正常运行，不被那些用心不良的人摧毁，变得荒废和无用。

第 20 章，关于为逝者在教堂举行圣餐仪式捐赠金钱的平信徒，以及他们应该接受何种人捐赠的忠告。规定可以接受平信徒捐赠，但这些捐赠必须是有助于修道院发展的，而不能给修道院造成损害，捐赠者也不能对修道院提出苛刻的条件，修道院只接受爱上帝、希望灵魂救赎的人的捐赠。

第 21 章，关于对我和我的亲属的纪念，指示全体修道院人员，修道院内各个纪念节日期间，将举行纪念宴会，给弟兄们分发金币，还向穷人举行盛大的慈善活动，周济穷人。

第22章，关于去世的修道院院长和其他修道士如何举行葬礼，以及应该如何通过神圣圣餐仪式和祈祷来纪念他们。当这座修道院院长去世时，所有兄弟都必须以唱赞美诗的隆重方式向他致敬；如果是司祭则举行一般的仪式；如果是一般修道士则举行简单的仪式；对每一位逝者都会举行去世一周年纪念仪式。

第23章，关于妇女不得进入我的神圣教堂以及禁止在我的修道院内建造修女院的规定。规定禁止已婚妇女进入我的教堂或修道院，也不允许在教堂边界内建造女性修道院。不允许已婚妇女以任何理由进入教堂或修道院，也不希望已婚夫妇甚至任何年幼的孩子居住在这些修道院内，以免发生丑闻，但他们应该住在修道院以外的村庄和田野。但应仅在该修道院举行圣礼的当天，允许妇女当场祷告，圣礼结束，应尽快打发她们出修道院，除上述日期外，我们谴责任何妇女在此修道院内的存在。

第24章，关于禁止以任何理由在修道院中任命希腊人为神职人员或修道士的命令，担任公文书写的公证人除外。由于希腊人多有暴力倾向，善于权谋，一旦掌握了修道院，就可能会在该修道院周围设立新的修道院；还会强迫修道士们信仰和遵守他们的教义。

第25章，关于如何接收我们的格鲁吉亚人亲属入院，以及他们本身如何以正确的态度，良好的方式生活在这座修道院中。如果我们的亲戚因亲属关系想要入院成为修道士，他们经验丰富、聪明、适合提升神圣修道院的利益、很有影响力等，那么我们认为这些人比陌生人和外国人对修道院更重要更有帮助，要允许他们入院。品行不端、不守纪律的人不得允许入院。对格鲁吉亚人亲属应量才使用，尤其当修道院人数少于法令规定的人数时，优先选择这些格鲁吉亚人，但这些被选中的人员必须全心全意地为修道院服务。

第26章，关于修道院管理人和其他官员被修道院院长问责，以及院长被修道院弟兄们问责的规定。修道院总管理人如果发现复活节上有剩余的东西，就会要求管理助理拿走上交，并为管理助理开出收据；修道院院长应及时将各次活动中的剩余钱财，严格审查后，交给财务主管，并开出收据；在每个复活节后，应由管理人、财务主管和弟兄们要求修道院院长审查账目。同样，修道院院长和弟兄们每年应要求财务主管两次入账检查。如果发现有不正当骗取或者愚蠢使用钱财的情况，造成了修道院损失，必须弥补损失，追回丢失钱财，还应该解雇那些贪污和弄虚作假者。

第 27 章，在神圣的礼拜仪式和圣餐仪式中纪念死者，在不断的祈祷中安抚他们的灵魂。

第 28 章，关于修道院应该如何给年老体虚者提供适当的休息和安慰。那些年迈、虚弱和其他不幸的人，以及那些疲惫不堪，处于困境中的信徒，必须得到特别的照顾和安慰；修道院院长应该热心公益事业。

第 29 章，关于我们建立的三所收容所以及建造的经过。我们在斯特尼马霍斯（Stenimachos）、在马尔马龙（Marmaron）附近以及在普里隆科斯（Prilonkos）建造了三座收容所。其中，斯特尼马霍斯收容所的花费来自斯特尼马霍斯村庄；提供给旅客和穷人每天 2 莫迪奥谷物、2 单位葡萄酒以及其他食物或者烹饪过的豆类和蔬菜等；规定斯特尼马霍斯村庄的一位村民负责照顾该收容所；该负责农民从修道院里领取津贴；该收容所冬天住房里有便携式炉子；被收容者应该休息三天，除非身体特别虚弱者，否则三天后应该提醒他上路。另外两所收容所也是为了救助旅客和穷人。没有特殊情况，修道院所提供的食宿招待应保持不间断，不受干扰，固定不变。

第 30 章，关于我们任命的第一位修道院院长格雷戈里·巴尼诺斯（Gregory Baninos），他去世后应该如何纪念他，以及在哪一天纪念他。规定在这位备受爱戴的院长去世纪念日举行盛宴，并用丰盛的饮食来安慰修道士们。

第 31 章，关于年轻男孩，他们应该在哪里居住，如何教导他们，他们是否应该入院每一集在圣尼古拉教堂主持宗教仪式的司祭。规定六个男孩要待在圣尼古拉修道院长大，由一位富有美德和知识的年老司祭负责，教他们圣经，他还应该是圣尼古拉教堂的司祭。关于他的职责和报酬。六个男孩完成学业后，当他们长出胡须时，合适的成为司祭。关于他们的待遇和职责。

第 32 章，修道院院长无权把修道院的任何财产给任何弟兄，不管是依附农民的土地还是别的土地还是花园或葡萄园还是任何其他财产，以免破坏弟兄和睦。同样，他不得出售或者出租给任何人，修道院的地产只允许依附农民耕种。

第 33 章：关于这份章程文件的保管以及遵守这份章程的规定并保持章程内容不变。

[A] 关于这份章程的保管，章程中的所有规定都不得删除或更改。修道

院院长和弟兄们要严格执行章程规定，不得偷窃或减损修道院财产。

[B] 关于修道院的圣物和圣像，还有各种转让、奉献和转赠给神圣修道院的所有其他捐献物，以及饲养的牲畜等。这些财产的清单。

[C] 关于修道院拥有的大量牲畜。这些牲畜的清单。

[D] 关于保存在君士坦丁堡圣索菲亚大教堂的大量金玺诏书。这些诏书的清单。

[E] 关于保存在我们修道院的大量金玺诏书等文件。这些诏书以及相关文件的清单。

[F] 目前这份章程以希腊语、格鲁吉亚语和亚美尼亚语写作于小纪第 7 年 6592 年 12 月，由作者本人格雷戈里·帕库里亚诺斯以及耶路撒冷牧首优西米厄斯（Euthymios）签名。使用三种语言的原因。希腊语版本为权威版本。副本及其保存地点。修道院院长和修道士必须遵守此章程，否则将受到惩罚。如果外面对存放在本修道院、列于本章程的东西有争议，向他们出示章程副本，章程原版不动。

耶路撒冷牧首优西米厄斯的签名。

10. 克里斯托杜洛斯为帕特莫斯的神学家圣约翰修道院制定的章程、所立遗嘱及其附录

（1）手抄本、出版和现代语言译本

章程的时间是 1091 年 5 月，遗嘱的时间是 1093 年 3 月 10 日，遗嘱附录的时间是 1093 年 3 月 15 日。

手抄本：

章程的手抄本：*Codex Patmou 267* (12 世纪)。

遗嘱以及遗嘱附录的手抄本保存在帕特莫斯档案馆（Patmos archives），有作者亲笔签名。

出版：

F. Miklosich and F. Müller, *Acta et diplomata graeca medii aevi sacra et profana*, vol. 6 (Vienna, 1890), pp.59–90.

现代语言译本：

帕特里夏·卡琳－海特把章程、遗嘱和遗嘱附录译成了英语，见 *Byz-*

antine Monastic Foundation Documents: A Complete Translation of the Surviving Founders' Typika and Testaments, eds. John Thomas and Angela Constantinides Hero, with the assistance of Giles Constable, 5 vols. Washington, D.C.: Dumbarton Oaks Research Library and Collection, 2000, pp.578-601.

塞奥菲洛斯·乔治塞克斯（Theophilos Georgousakes）把章程译成了现代希腊语：Theophilos Georgousakes, *Akolouthia hiera tou hosiou kai theophorou patros hemon Christodoulou* (Chania, 1913), pp.32–41.

（2）内容提要

这是著名神父克里斯托杜洛斯为他在帕特莫斯岛的修道院制定的章程、遗嘱及其附录。其中，章程由 28 条组成，遗嘱共有 15 条，附录共有 12 条。

章程［A］

神父克里斯托杜洛斯制定的修道院章程，带有很强的自传性，其主要内容如下：

［A1.］介绍了趁自己在有生之年，为了修道院今后有一个良好的发展，为该修道院众修道士能够平静的生活、更好地信仰上帝，他决定以上帝的名义制定该章程，以规范该修道院的管理。

［A2.］作者介绍了他青年时期就立志献身上帝的事业，说他少年时代就富于宗教大志，敢想敢做，很小的时候就辞别父母，离开家乡，到一位学识渊博的神学家那里去学习神学知识。

［A3.］回顾了自己少年时代独自一人去巴勒斯坦遍访圣迹，渴望加深对上帝的理解，渴望获得完整的神学知识，还在巴勒斯坦居住了一段时间，后来被野蛮的撒拉逊人驱逐出境，后来又去了亚洲古代名山拉特罗斯（Latros）寻访古迹。

［A4.］作者介绍了定居在拉特罗斯山，并进行基督教修行的经过，说他们奉行禁欲主义；遵守当地古老传统；每个周一信徒们聚会举行礼拜仪式，其他六天一起唱赞美诗并祷告；信徒们从没有讲过粗话，还一起劳动；从来没有发生过臭名昭著同居丑闻；修道院弟兄们之间从没有冲突、仇恨或者嫉妒，脱离了世俗，大家生活得很有尊严。

［A5.］回顾了自己在小亚细亚所经历的战火磨炼，由于小亚细亚地区的战乱，爱奥尼亚人在此遭到大肆杀戮，罗马帝国的大量领土沦陷，作者被迫再

次移居他乡，在此艰难之际，他接受了拉特罗斯山修道院院长的委托保护修道院。

[A6.] 讲述了为躲避野蛮人无端骚扰，作者带领一帮修道士来到海滨城市斯特罗比洛斯（Strobilos）的经历。说在当地他们遇到一位名叫阿西尼奥斯·斯库努里奥斯（Arsenios Skenourios）的教徒，他非常虔诚，出身高贵，性情温和，品格高尚；他把自己在斯特罗比洛斯的修道院给了作者，见作者因敌人入侵不愿待在那里，他把自己在科斯岛上的祖传土地献给作者，请求作者在那里创建一座修道院。作者对那里很满意，最终在他的地产皮立翁山（Pelion）建立了一座修道院。

[A7.] 回顾了在皮立翁山的艰难历程，尽管忍受了无以言表的磨难，还是无法在此立足。说作者率众历尽艰辛独自建立了一座修道院；修道院周围景色宜人，岛上有虔诚信众热情帮助修道院；修道院通过购买等方式迅速增加了自己财富，保证了修道院的正常运转。

[A8.] 作者回顾了新建的修道院与周围居民不断的土地纠纷，造成的混乱局面常常难以收拾，作者还是决心继续努力为修道院找一处和平安静之所。

[A9.]述说作者历尽艰辛终于在伊卡里亚海以东找寻到了一个非常理想的、适合建筑修道院的一座名叫帕特莫斯的小荒岛，作者经过和皇室反复讨价还价，最终作者以大量牺牲自己财富作为交换的方式，作者获得了独自拥有帕特莫斯岛及其周围两座小岛的所有权。

[A10.] 回顾了作者购买帕特莫斯岛财务问题。作者还有充足的财富以保证独自在岛上修建修道院；还初步给岛上制定了规则，即不得有男女老少同居；不要太监；男孩到长胡须的年纪必须离开；不得虐待别人；消除混乱根源，保持岛内和平安静。

[A11.] 介绍了作者通过交换和皇室赠与，完成了帕特莫斯岛及其周围两座小岛私产的法律手续，然后率领信徒们在岛上大兴土木，建筑修道院；由于新建的修道院处在荒凉僻静之所，一部分意志不坚定的信徒逃跑了，最终只有那些真心喜欢和平宁静环境的虔诚信徒留了下来，这些信徒构成了该修道院神职人员最初的精华。

[A12.] 介绍了修道院建立之初，为了严明院规和保证安全，将修道院的院墙修葺的极高，使之成为一座堡垒。

[A13.] 对岛上是否存在女人做了严格规定。由于岛上要进行繁重的体力劳动，必须招收一些已婚成年男子来参加劳动，规定已婚男子必须时刻看护好自己的妻子，防止与神职人员接触；后来不得不在远离修道院的该岛的另一端，修建一个居民社区；规定了修道院各级管理人员的工作时间，即每周工作5天，星期五晚上各自回家，周日后回到修道院，星期一破晓开始按照给定的指示完成修道院的任务，不能有任何马虎潦草的工作态度；修道院的管理者外出拜访居民家庭必须有两名修道士紧紧跟随。

[A14.] 关于院外普通信徒在岛上居住的愿望和规则，强烈要求遵守这些规则。禁止院外普通信徒随意让自己的妻子女儿，或者任何其他妇女进入该岛，否则将其一起驱逐出该岛；至于岛上神职人员，无论何时都应该遵守章程，如果没有院长的指令，随意让女人进入修道院殿堂，则将受到服苦役、进食干面包和禁酒20天的处罚；神职人员如果屡次犯禁，达到两至三次，屡教不改，则驱逐出修道院。

[A15.] 倡导禁欲主义和禁止私有财产，做一名上帝满意的神职人员，只关心上帝事业，安心静修。

[A16.] 强调该修道院的自由和自治原则，独立的办院法则，自给自足的财政来源，该修道院管理不受任何组织、任何人的干扰，包括不受帝国最高教俗组织的管理；该修道院也不会以任何原因签订奴役性的条款、丧失其独立与自由。

[A17.] 强调神职人员最重要的事务是赞美颂扬全能的上帝，其重要的表达方式是向上帝祷告忏悔和唱赞美诗，修道院必须严格履行这一光荣职责；规定了修道院祷告和唱赞美诗的顺序，都按照神学教规来执行；在四旬期的周日，为守夜和漫长的晚宴，庆祝的次序无可更改；在其他星期日，可以稍微放松一下，包括守夜；修道院会预先制定出全年节日庆典、赞美诗吟唱和祈祷忏悔的确切顺序，全修道院要遵守执行。

[A18.] 规定了修道院全体人员选举各级管理者及其就职仪式。说经全院共同投票选出来各级管理者，先是进入教堂主殿，唱诗班赞美上帝之后，当选者要全体起立歌唱赞美圣父圣母和圣子，接着是祷告；然后司祭把当选者领到圣坛前，亲吻他，紧接着全体修道士亲吻当选者，最后各位当选者坐在各自当选席位上接受众修道士敬礼；从此当选者就有了修道院授予的相应管理权限和

权威。规定了各位当选者要各司其职，善待各位修道士，全体修道士要服从管理，维护管理者尊严，以保证修道院的正常运行。

[A19.] 规定凡是到该修道院来的修道士，无论是谁，都要一律平等地遵守作者制定的章程，作者作为修道院院长，也会以身作则管理好修道院，让众修道士完成灵魂救赎。

[A20.] 修道院各级管理者偶然犯了错误，众修道士应该善意地提醒他，促使他改正错误。但是这些人明知有错，经多方教育仍不悔改的，修道院院长有权撤销他们的职务，并以规定的方式选出另一名候选人。修道院院长的候选人，经过长期观察，发现如果不是正直诚实的人，没有处理宗教事务的热情，缺乏才智，现任修道院院长将建议免去或放弃该人将来修道院院长的继任资格。

[A21.] 关于修道院管理人员选举和晋升的规定。从全体修道院人员中，选拔有美德和有沟通及协调能力的人担任修道院管理人，管理修道院所有财产。修道院院长主持隆重的典礼，宣布职务任命，修道院管理人直接对修道院院长负责。修道院院长经选举任命一名教堂司事，负责地契、书籍等财产登记保管，并负责修道院照明所用的蜡烛和灯油的购置等。还应以上述方式提拔两名财务主管，分别负责款项的支出和服装被褥的购置。院长应当提拔一个虔诚而有能力的人，购买和管理铁制工具。设置一名葡萄酒管理员，负责葡萄酒的购置和管理酒窖，还要给他配备两名助理。规定了晋升条件，即如果他们诚实地工作，他们一定会得到晋升。

[A22.] 规定每个修道士除了自己的衣服和铺盖以外，不允许拥有私人财产，贫穷有利于禁欲修心，金银那些尘世物质会败坏修道士们的品质。从事手工劳动的不得以此获利。练习书法的由修道院提供材料，作品要交给修道院。

[A23.] 修道院为那些渴望独居的修道士提供帮助，提倡这种崇高的生活方式。

[A24.] 规定了隐士的日常修行方式。隐士每周五天要吃生食，每天在第九小时之后，吃一次由院长下令修道院提供给他的干粮和一些必要补给品；周六要回到修道院参加礼拜仪式，并与众修道士一起圣餐和守夜；如果院长允许，隐士周日还要参加修道院的一些神学事务，但不允许和其他修道士私聊；周日晚上，在修道院会餐之后回到自己独居处，开始新的一周的静修。如果在

圣诞节或者其他重要节日，在修道院院长命令下，他必须回到修道院参加神学事务。否则，隐士不能以任何理由终止独修。如果不遵守修道院的独居修行规定，肆意妄为，不听劝告，修道院就会终止他的独居修行，甚至驱逐出修道院。规定隐士年龄不得小于 12 岁。

[A25.] 明文规定修道院将尽自己的财力为穷人和遭遇海难的人们提供力所能及的帮助。

[A26.] 制定了平信徒进入修道院成为修道士的批准程序。首先，由修道院院长仔细审查申请人的身世，出家动机，对神学修行的了解及其决心。其次，申请者如果是出于逃避仇杀，躲避追债，家中贫穷为了糊口等原因而选择加入修道院的，是不能准予成为神职人员的。而那些真正符合神职人员条件的人们，还将有最多 40 天修道院教规和神学知识学习过程，成为见习修道士；再经过三年的试用期才可能成为一名正式的神职人员。

[A27.] 祷告赞美三位一体，万能的上帝洞察一切，惩善扬恶；奉劝世人向善、信奉万能的上帝，按照上帝的旨意行事。

[A28.] 规定最后说，在上帝光耀下，在全修道院弟兄们的帮助下，作者制定了这个章程，希望大家遵守它，敬仰上帝的事业；并奉劝全体修道士好自为之，虔诚修行，抵制各种世俗诱惑，各位修道士之间要仁爱，遵守章程是保证修行前提。阿门！！

最后说克里斯托杜洛斯于 6599 年（即公元 1091 年）5 月 8 日亲笔签署该章程。

遗嘱 [B]

我，拉特罗斯的修道士克里斯托杜洛斯，在这份遗嘱开头做了亲笔签名。内容如下。

[B1.] 奉劝世人信奉上帝，现世受罪，多行善修德，死后进天堂，方能永生。

[B2.] 作者说虽然他疾病缠身，身体虚弱，但受上帝的恩惠，目前脑子非常清醒，决定处理自己的财产，即帕特莫斯岛、莱普索（Leipso）岛以及莱罗斯（Leros）岛上的两块地产帕提尼翁（Parthenion）和特梅尼翁（Temenion），这两块地产是由皇帝阿莱克修斯一世颁发金玺诏书捐赠给他的，完全免税。

[B3.] 交代了自己所属岛上的所有财产，还打算放弃那些局势混乱地区的

已有财产。

[B4.] 规定将四艘船留给帕特莫斯的修道院，说明了这四艘船的特征及现状；还规定了作者所属房产和马匹的归属。

[B5.] 规定帕特莫斯修道院院长人选和权限。说这一修道院由神父阿西尼奥斯·斯库努里奥斯大人来管理，如果他不愿意接管或者已经去世，将由他的继子接管；如果这位大人来管理这座修道院，则在他去世以后，将由塞奥多修斯（Theodosios）完全接管该修道院。作者强调这些继任院长将具有独立的管理权，但他们无权将任何亲戚介绍进修道院，没有任何权利处置修道院的财产，死后都要转交给下一任院长。

[B6.] 作者介绍自己的人事关系，说那些常年跟随他的弟兄们，祝愿他们平安地在修道院修行，互相团结；至于那些背叛他的人员，如果诚心前来修行，要收留他们，但必须遵守院规。

[B7.] 嘱托将修道院他亲笔签名的书籍列出清单，交给他的继承人塞奥多修斯大人保管。

[B8.] 作者规定他的三个侄子没有任何法律权利干涉修道院的事务。

[B9.] 作者说当他即将死亡之际，修道士西奥多雷多斯（Theodoretos）将从该修道院得到捐赠，然后他可以去往所愿去的任何地方。

[B10.] 作者交代他在埃维里波斯拥有一些圣像，留给修道院：一幅刻有耶稣基督、圣母马利亚和大天使的木版圣像、有神学家圣约翰的十字架苦像、耶稣基督与十二门徒盛宴的双连画、圣母木版圣像；按照合约，将往来船只收费账单交给管理船只的修道士。

[B11.] 至于作者的侄子，他没有给予继承权。

[B12.] 嘱托将那些遭受异教徒袭击而走散的修道士妥善安置。

[B13.] 作者强调维护修道院的独立性，任何人无权转让修道院。

[B14.] 以上帝的名义，诅咒将来那些不遵守该章程的人，强调该遗嘱的法律效力和神圣性。

[B15.] 强调该修道院要供养遗嘱公证人乔治及其两个儿子。还列举一些遗嘱见证人和让他们见证遗嘱盖章签署仪式。

遗嘱最后说明拉特罗斯的修道士克里斯托杜洛斯口授自己的私人遗嘱，阅读满意后亲笔签名，并要求证人签名盖章，后面列出了 7 位证人的签名盖章。

遗嘱附录 〔C〕

我，拉特罗斯的修道士克里斯托杜洛斯，亲自在附录开头签署了名字。

〔C1.〕指定继任人，授权塞奥多修斯指导修道院所有事务，他是作者的恩典礼物受封者(charistikarios)、皇帝侍臣(kastrisios①) 瓦西里(Basil) 的侄子。

〔C2.〕任命财务主管，规定在他去世后，修道士涅奥菲托斯作为修道院的财务主管，管理和控制该修道院的所有财产，他将和院长一起管理该修道院。修道院院长要服从恩典礼物受封者。

〔C3.〕履行仪式职责。严格按照修道院日常规定祷告，强调不能忘记创办修道院的宗旨。

〔C4.〕规定除复活节、圣灵降临节、圣诞节、圣使徒节和大斋节前一周周日 (Sunday of Cheesefare) 外，任何非神职人员不得在餐桌用餐；修道院里的仆人在长胡须之前不得饮酒，不得上餐桌饮食；修道士们要服从修道院院长，修道院院长要服从恩典礼物受封者。

〔C5.〕嘱托抄写员埃比凡尼奥斯(Epiphanios) 除了实施苦行以外，还要把修道院的契约、金玺诏书、书籍等全部完好交给恩典礼物受封者即修道院的主人、皇帝侍臣瓦西里的侄子、向作者告解的塞奥多修斯大人。修道院的所有其他财产都已交给他。他将到君士坦丁堡告别兄弟和亲属，来到修道院举行削发仪式。他还将就科斯岛(Kos) 上的修道院及其财产事宜向皇帝求助。

〔C6.〕作者规定了自己书籍的分配原则，按不同比例分配给斯蒂洛斯(Stylos) 修道院、拉特罗斯修道院和圣索菲亚大教堂，这些书籍名称和去向将登记造册。

〔C7.〕这些书籍的历史。作者嘱托将他在迈拉努迪昂(Melanoudion) 修道院的书籍转移到君士坦丁堡保存，他在其遗嘱附录中作了分配。

〔C8.〕作者祝福密友修道士塞奥法尼斯(Theophanes) 和神父约翰。

〔C9.〕作者提醒卡帕多西亚一个名叫卢克的修道士租借了他的一条船只，已经付了押金，嘱托修道院及时收回租用船只和全部租金。

〔C10.〕下令起草仪式规则。嘱托修道士们要以圣萨巴斯的诗篇为样本，

---

① kastrisios，指皇帝的侍臣。参见 *Byzantine Monastic Foundation Documents: A Complete Translation of the Surviving Founders' Typika and Testaments*, p.1683.

修道士们要遵守宗教秩序。

[C11.] 提议皇帝归还科斯岛上的修道院。

[C12.] 关于作者的埋葬。作者强调在本附录中弥补了先前的私人遗嘱中所遗漏的部分。

最后注明该文件签署日期和公证人签字盖章等，即日期是 6601 年（即公元 1093 年）3 月 15 日，由埃夫里普（Euripos）的司祭和文书、斯特罗比洛斯的乔治手写。除了作者，还有 5 位证人签字盖章。

11. 黑山的尼康为石榴童贞圣母修道院和救济院制定的章程

（1）手抄本、出版和现代语言译本

这份文件的时间为 12 世纪第一个十年。

手抄本：*Codex Sinaiticus graecus 441.*（存于圣凯瑟琳修道院 [St. Catherine's Monastery]）

出版：

Vladimir Benešević, *Taktikon Nikona Chernogortsa* (Petrograd, 1917), pp.68–80.

现代语言译本：

罗伯特·埃里森的英语译本：*Byzantine Monastic Foundation Documents: A Complete Translation of the Surviving Founders' Typika and Testaments*, eds. John Thomas and Angela Constantinides Hero, with the assistance of Giles Constable, 5 vols. Washington, D.C.: Dumbarton Oaks Research Library and Collection, 2000, pp.429-437.

（2）主要内容翻译

[A] 同一位作者的另一份章程，得到为纪念圣母建造的修道院保存的圣经的证明，内容是有关慈善、教会以及其他有助于拯救灵魂的必不可少的主题。

[A] 1. 根据上帝的意愿，皇帝委派我管理修道院的精神事务。我之前曾给他写信提到了有关来到修道院的穷人、陌生人、朋友和敌人以及教堂和类似的事情，但没有提到食堂和团体隐修制，因为这种生活方式在许多年前已经衰微。在还能看到的地方，是人们的自愿行为而不是法律和上帝要求的。既然我

已经被委托负责修道院的精神事务，那么就不再需要一位修道院院长了。修道院的内部活力在精神上受到了破坏，因此，据有修道院院长等职位的人在精神上受到肉体和非法动机的诱惑而堕落。在这种情况下，仍旧需要官员来管理修道院。他们主要负责在食堂接待前来拜访的穷人和陌生人，朋友和敌人，以及教堂类似的事务。

[A] 2.教堂和救济院，一个负责礼拜和正确信仰，赞美热爱上帝的行为以及类似的事情。一个负责爱邻居和陌生人。修道院周围的所有土地都捐赠给它们，也包括修道院和救济院所需要的任何东西以及你们能够提供的任何东西。由于团体隐修制生活方式遭到了破坏，修道院里没有食堂或者其他重要的东西。如果有人能在自己的住所为弟兄们提供拯救灵魂的东西，就可以这样做。

有些弟兄过着周末共同礼拜隐修的生活，自己照顾自己，有些弟兄则不是这样，存在不同的生活方式。因此，需要一个修道院管理人负责这件事情，因为任何随意为之的自发行为往往是危险和无序的。

[A] 3.为了避免丑闻和攻击，修道院管理人对救济院内部或者外部的任何事务都没有权力，对教堂也是。但是，的确需要为教堂和救济院分别任命一名管理者。根据修道院的规定，在救济院服务的人应该被提供食物、衣服和其他必需品。负责管理教堂的人也享受同样的待遇，被提供所有必需品。另一方面，对于如何使用捐赠的土地财产为教堂的服务者和管理者提供供给，要根据现存作品中的神圣规定和法律来执行。

[A] 4.根据我们的神圣教父和圣西米恩的修道院的规定，修道院管理人和修道院院长对教堂和救济院没有任何权力。

[A] 5.我负责弟兄们的精神和灵魂拯救。既然你负责满足他们的物质需求，就要忠于职守，在管理穷人、陌生人、旅居者和弟兄们的需要方面，要按照被给予的指令去做，依照上帝的意愿。

我们规劝通过神圣的权威和虔诚进行统治的人以及处于他的统治下的所有人，在灵魂的拯救方面不要掉以轻心。让上帝保护和庇佑所有人，拯救所有人的身体和灵魂。

[A] 6.我写下了我了解的所有事情。由于上帝的照拂，我躲过了来自各个方面的潜在的危险。

[B] 同一位作者给居住在修道院的那些人的论述

[B] 1.既然我和你们居住在一起，你们问我什么有助于灵魂的拯救。正如你们所看到的，我尽其所能地认真阐述圣经，让所有人都能理解，这是我的职责。既然你们已经选择和任命了一个人负责管理救济院，就需要提醒你们什么是正确的行为。

[B] 2.神圣教父们规定，来自外地的修道士或者平信徒，他们途经此地去耶路撒冷或者其他地方，可以允许他们在这里休息三天，此后，给他们祝圣的面包后将他们送走。如果他生病了，就让他住到身体恢复健康，如果他想迅速离开，就给他准备食物，送他离开。对于外来者而言，每天都需要与救济院的人一起就餐，如果他急于离开，需要给他提供食物，送他离开。

[B] 3.如果他是一个法兰克人，就招待他一天，然后送他离开。如果他生病了，就让他住到恢复健康以后。出于拯救身体和灵魂的目的，也可以允许他在此休息三天。对所有人而言，一切都要符合上帝的意愿。

[B] 4.救济院的管理者要与外来的修道士或者平信徒们一起吃饭，除非被招待的人太多，他希望为他们服务。法兰克人除外，但如果他们的思想符合正统，也可以一起就餐。

[B] 5.如果一个修道士邀请了客人，他要在自己的住所招待他。但如果他是弟兄们的朋友，救济院的管理者应该邀请他，如果有需要，可以招待他三天。如果一个修道士还带来了另外一个客人，则需要自己招待。

[B] 6.关于修道士将人带到自己房间的规定不适合团体隐修制修道院。每个修道士都是独自照看自己的房间，救济院的需要被单独管理。这与修道士们的需求没有任何共同之处，修道士们对救济院的任何东西都没有拥有权。团体隐修制的法律和法令有其他的传统，不允许修道士私下拥有任何东西，也不允许他们以任何理由招待朋友。

[B] 7.在客人离开时，需要给他们提供祝圣的面包。如果来访者是贵族，需要按照他的身份为他提供服务。

[B] 8.关于救济院的管理者与客人吃饭的规定，如果是合适的，就这样做，但是如果不利，就按照有利和合适的规定做。我同意上帝赞成的所有事情。如果救济院的管理者追求更大程度的斋戒和禁欲，就让他给予客人们适度的招待，不与他们一起吃饭。但是，他需要保持机警和小心谨慎，以防因疏忽

大意而伤害了客人们的灵魂。

[B] 9.救济院的管理者需要在宴会上小心谨慎和警惕，庆祝圣母安息节是一种习俗。基督教的节日不是为了狂欢和醉酒，所有的圣典对此都有规定。

[B] 10.利用可以获得的东西滋养身体是正确的也是必须的。这也是圣典所规定的。我们必须遵从和效仿这些规定，在圣母安息节的宴会上，晚上只吃面包和含有橄榄油的豆汤，第二天吃捣碎的豆类和水煮蔬菜。圣经不允许我们吃配菜和葡萄酒。但是如果有人带来了这些东西或者上帝赐予了这些东西，那么在节日当天可以吃一些。但是如果上帝没有赐予这些东西，那么任何东西都不能吃。如果有上帝的敬仰者为了营养提供了某些东西，不要在晚上接受，而是要等到第二天。

[B] 11.如果临终的修道士拥有任何东西，负责管理教堂和救济院的人必须锁住临终的人的房间，并且将所有东西交给修道院和救济院，以防止其他修道士或者继承人由于无知、粗野或者嫉妒，犯有渎圣罪。因为这些东西都要献给上帝，用来维持穷困的人的生活和拯救去世的人的灵魂。我们提到的人并没有额外的财产，而是只够自给自足。所有这些做法都是为了增加上帝的荣耀和拯救灵魂。

与临终的人住在一起的修道士对他的东西拥有所有权。如果临终的人选择遵照上面写到的规定处理，他必须用书面的形式写下自己的意愿。如果他选择不这样做，那么我们也不会按照传统或者指令强行处理这些东西，而是尊重他的个人意愿。我们不会伤害为上帝服务的人。

在这些事情上不会以任何形式谋求一致或者建议，因为上帝的法律不允许修道士们冒着犯罪的风险处理这些事情。对于那些有额外财产的人，可以按照自己选择的方式处理，但必须确保不伤害灵魂。

[B] 12.如果修道院里有司祭，按照东正教教徒的传统，在第三天、第九天、第四十天和一周年时，为死者举行礼拜仪式。如果没有司祭，需要把圣餐祭品发到有司祭的地方。

[B] 13.这些事情在与圣经的目的保持一致的前提下被宣布，我们明确地引用了圣经和传统，圣使徒的法令中提到，为了拯救死者的灵魂将其捐赠的所有物用于维持穷人的生计。圣彼得和圣保罗在规定中提到，在参加平信徒的纪念日时，司祭要怀着对上帝的敬畏按照规定的礼仪吃饭，作为长者和上帝的辅

祭，你可以为了自己和其他人维持秩序。关于这个主题，圣经中只是提到了穷苦人，但其他圣典提到了司祭、辅祭和对纪念性节日的指导。圣典只允许庆祝纪念仪式的司祭和辅祭吃饭，剩下的东西给穷苦的人。对于平信徒和修道士群体而言，没有永久性的救济院。奉献给救济院的东西永远都是为了供养穷人。

[B] 14.有些事情存在于教父们共同的习俗中，但圣典中没有证实。因为在纪念死者的仪式上就餐就要哭泣的习俗没有法律约束和正当理由。

因为这些理由，让他能够在上帝的帮助下明白上帝完美的意愿是什么，上帝认为最好的东西是什么。没有圣典，我不能教任何东西。如果有些人的行为可能存在危害，所有的圣典需要宣布出来。如果它们允许这些行为存在，就让它们存在。任何人都不应该忍受犯罪的借口。

[B] 15.如果有健康的人愿意给穷人捐赠，我们建议他放心将东西捐赠给救济院，因为经常有修道士在这种事情中受到伤害。这种行为会让他的美德彰显，让他的名字众所周知，从而会滋生自负和其他恶行。能摆脱这种危险的人需要强大的精神力量。做慈善活动的人经常无法明确地知道谁是真正的穷人，谁是伪装的穷人。因为这些原因，无论谁途经救济院，不管是穷人还是富人，如果他当时急需食物和住所，需要按照上帝的命令满足他们的需求。另外，捐赠是被秘密给予的，也不是暂时的。我们将这些建议送给那些健康活着并选择慈善捐赠的人。

[B] 16.任何人都不能养动物，除了捕猎老鼠的雄性动物。必须将希望寄托在上帝和圣母身上，而不是动物和土地。

[B] 17.除了已经拥有的，没有必须获取额外的土地财产，因为它们对灵魂的拯救无益。给救济院的捐赠要在去世之后或者身体健康的时候。

[B] 18.不管我遗漏了什么，我都一直生活在你们中间。如果你们询问我关于灵魂拯救的问题，我会尽我所能地根据圣经解释上帝的话。

[B] 19.如果你和其他人都忽视了这些事情，没有带来灵魂的拯救，那么就会变得可憎。如果它们有助于上帝的事情，就留意它们。一切都会为了上帝和圣母的荣耀而得以很好地确立。正如我们之前提到的，修道院院长的职位缺乏法律合法性，也不符合圣典中的规定，因此不允许再存在。但是，如果有人专横地确立了这个职位，就不让他在教堂或者救济院中拥有绝对的权威，而是让一个人管理教堂，另一个人管理救济院，按照圣西米恩的修道院的教堂和救

济院的规定进行管理。从一开始，它就被写在两个神圣的规定中，即热爱上帝和邻居。让在救济院中服务和控制教堂的人都被提供身体所需。关于他们的住所和饮食，都要符合灵魂拯救的目的。

[B] 20.为了驳斥和谴责那些专横地进行统治的人，需要再三确定增加这些规定。为了夺取周围神圣的土地而寻找借口的那些人，为了支持他们的要求，会提出在更早的时候，那些地方便处于现任者的权力下。不要让罪恶以这种方式找到攻击控制教堂和救济院的人的时机。否则，有必要割让这些土地。现在当教堂和救济院以这种方式重新开始，就让他们遵守这样的方式。

根据我们的神圣教父萨巴斯的规定，让圣母以这种方式管理，没有来自世俗世界的任何税收。当时的形势跟当前的有所不同。根据他的传记的记载，他本人不从皇帝或者其他地方接受税收或者捐赠。如果救济院以土地的方式广受欢迎，有必要将它割让，重新建立一所。因此，为了避免丑闻，不要让救济院和其他任何东西之间有共同之处。

12.格雷戈里为西西里弗拉加拉的圣菲利普修道院所立遗嘱

(1) 手抄本、出版和现代语言译本

一共有 3 份遗嘱，第一份遗嘱时间为 1096/1097 年，第二、第三份遗嘱时间为 1105 年。

手抄本：

第一份遗嘱：*Catania, Archivio di Stato, Fondo pergamenaceo, Archivio privato Raddusa.*

第二份遗嘱：*Palermo, Archivio di Stato, Ospedale Grande di Palermo, Abbazie di San Filippo di Fragala e Santa Maria di Maniace, no. 8*，以及 *Catania, Archivio Provinciale, Fondo Raddusa, no. 22.*

第三份遗嘱：*Palermo, Archivio di Stato, Pergamene varie, no. 73.*

出版：

朱塞佩·斯帕塔（Giuseppe Spata）、维拉·冯·法肯豪森（Vera von Falkenhausen）先后在 1861 年、1983 年出版第二、三份遗嘱和第一份遗嘱：

Vera von Falkenhausen, "Die Testamente des Abtes Gregor von San Filippo di Fragalà," *Harvard Ukrainian Studies* 7 (1983), 174–195.（第一份遗嘱文本在第

191–194 页）

Giuseppe Spata, *Le Pergamene greche esistenti nel Grande Archivio di Palermo*, Palermo, 1861, pp.197–214.（第二份遗嘱文本在第 197–204 页，第三份遗嘱文本在第 211–213 页）

现代语言译本：

帕特里夏·卡琳–海特把第一份遗嘱译成了英文，见 *Byzantine Monastic Foundation Documents: A Complete Translation of the Surviving Founders' Typika and Testaments*, eds. John Thomas and Angela Constantinides Hero, with the assistance of Giles Constable, 5 vols. Washington, D.C.: Dumbarton Oaks Research Library and Collection, 2000, pp.628-630. 他依据的版本是：Vera von Falkenhausen, "Die Testamente des Abtes Gregor von San Filippo di Fragalà," *Harvard Ukrainian Studies* 7 (1983), 174–195.（文本在第 191–194 页）

蒂莫西·米勒把第二、三份遗嘱译成了英文，见 *Byzantine Monastic Foundation Documents: A Complete Translation of the Surviving Founders' Typika and Testaments*, eds. John Thomas and Angela Constantinides Hero, with the assistance of Giles Constable, 5 vols. Washington, D.C.: Dumbarton Oaks Research Library and Collection, 2000, pp.630-634. 他依据的版本是：Giuseppe Spata, *Le Pergamene greche esistenti nel Grande Archivio di Palermo*, Palermo, 1861, pp.197–214.

第二、三份遗嘱还有意大利语译本：Spata, *Le pergamene*, pp.197–204（第二份遗嘱), pp.211–213（第三份遗嘱).

第三份遗嘱还有拉丁语译本：G. Cozza-Luzi, "Del testamento dell'abate fondatore di Demenna," *Archivio storico siciliano* 15 (1890), 35–39.（文本在第 37–39 页）

（2）内容提要和主要内容翻译

内容提要：

第一份遗嘱一共有 12 节。第 1 节，讲述作者格雷戈里将自己奉献给圣菲利普（St. Philip）修道院。第 2 节，讲述了在作者和最早追随他的修道士们的努力下，经罗杰一世（Roger I）批准，修建了主教堂、塔楼、献给天国军队司令官米哈伊尔的教堂以及修道院其他设施。第 3 节，作者还修建了给修道士居住的房间，用葡萄园和田地的收入来养活修道士和前来修道院的人。第 4 节，规定禁止吃肉，大斋节、在圣诞节和圣使徒节前的净化期间斋戒，星期三和星期五要按传统斋戒。第 5 节，要求星期日、主耶稣的十四个节日、使徒和圣徒的节日以及圣母的节日期间举行庆祝活动，可以什么工作都不用做，只专心唱赞美诗。第 6 节，作者说自己已年迈，思考死亡问题。第 7 节，作者指定在修道院院长大的门徒布拉西奥斯（Blasios）担任自己的继任人，管理修道院。第 8 节，要求继任人照顾修道士，新的修道士进来有 3 年见习期。第 9 节，如果继任人的指导工作做的好就不能埋怨他，要顺从他的指令。第 10 节，要求继任人对修道士们要温和而不是暴躁，恰当管理他们。第 11 节，强调遗嘱的重要性，违背遗嘱的人将受到诅咒。第 12 节，遗嘱最后呼吁上天保佑。指出这份遗嘱由赛拉（Syla）主教卢克手写于 1096/97 年，列出了 6 位证人的名字，其他证人的名字则没有写出来。

第二份遗嘱一共有 12 节，主要是对第一份遗嘱的补充完善。第 1 节主要抄自第一份遗嘱第 1 节，介绍创办人与修道院的个人关系。第 2 节抄自第一份遗嘱第 2 节，并补充说明作者不仅参与了主教堂的修建，还有附近一些教堂的修建：大天使米迦勒教堂、圣施洗者约翰教堂、圣母教堂、使徒彼得（the Apostle Peter）教堂、圣菲拉德尔福（the Holy Philadelphoi）教堂、圣塔莱劳奥斯（Saint Thallelaios）教堂、主教尼古拉教堂等。第 3 节抄自第一份遗嘱的第 3 节，写创办人的个人贡献。第 4 节抄自第一份遗嘱第 4 节，介绍创办人的早期贡献，补充说明作者将自己从家里继承的动产和不动产都捐给了修道院。关于斋戒的规定。第 5 节主要抄自第一份遗嘱第 5 节，规定修道士在节日期间不工作，要专心唱赞美诗；命令修道士研究圣经。第 6 节抄自第一份遗嘱第 6 节，思考死亡。第 7 节任命布拉西奥斯为继任人，抄自第一份遗嘱第 7 节。第 8 节抄自第一份遗嘱第 8 节，规定修道士见习期时间，命令增加留院修道士人数。第 9 节抄自第一份遗嘱第 9 节，规定服从新任修道院院长，补充了禁止拥有私人财产的规定。第 10 节，关于继任修道院院长的其他安排。如果继任人想要去耶路撒冷朝圣，修道士可以等他 3 年。如果他按计划回来了，就继续担任；如果没有，作者将提拔另一个人继任修道院院长，或者由所有修道士选出一个院长。第 11 节，向赞助人致谢。讲述了作者在罗杰一世、尼古拉、大臣利奥（Leo the *logothetes*）等人的帮助下完成了上述教堂和修道院的修建工作，这些人和尤吉尼奥斯（Eugenios）以及君主夫妇都对这些教堂的建设付出了努力，并且捐赠了不少财产。第 12 节强调文件的有效性不可侵犯，不可剥夺修道院的财产，不可废除作者提拔的修道院院长继任人或废除神圣教父们的教规，否则将遭到诅咒和谴责，甚至咒逐。最后说明这份遗嘱的书写人和书写时间以及作者的签名。

　　第三份遗嘱一共有 5 节。第 1 节为致谢，再次讲述了作者格雷戈里在罗杰伯爵及其妻子，我们的君主和夫人阿德莱德（Adelaide），她的儿子新伯爵和我们的统治者西米恩（Symeon）及其弟弟罗杰二世（Roger Ⅱ）等人的帮助下修建了这个修道院和前文提到的一些宗教建筑。第 2 节列举了圣菲利普修道院的附属机构：神圣大天使教堂、圣尼古拉教堂、圣彼得教堂、圣殉道者塔莱劳奥斯教堂、圣使徒马可（Mark）教堂、马尼亚克斯（Maniakes）修建的圣母教堂、另一座圣彼得教堂以及圣菲拉德尔福教堂。第 3 节强调该修道院对其附属教堂的所有权。第 4 节，圣菲利普修道院对附属机构的所有权不可侵犯，修道士们要为这些帮助修建的人祈祷。第 5 节，希望伯爵夫人阿德莱德和她的儿子能接受作者的继任人。最后说明遗嘱的书写人和书写时间。

　　主要内容翻译：

　　第一份遗嘱［A］

　　格雷戈里，卑微的修道士，德梅纳（Demenna）的圣菲利普修道院院长。

　　[A1.]我格雷戈里，是上面写到的卑微的罪人，从小就放弃了世俗的一切，将自己奉献给了圣菲利普修道院。这座修道院曾经彻底荒芜，不为人知，不像现在挤满了修道士。在上帝和最神圣的菲利普的帮助下，我坚守在这个修道院，努力使它闻名于世。

　　[A2.] 的确，几乎整个西西里岛都处在杀戮和俘虏中，我自己也是每天在修道院经受了穆斯林的多次恐怖行为。在最高贵的伯爵罗杰一世的赞同，以及我和最早追随我的修道士们的努力下，这个教堂在其原来的基础上建成，还修建了这座塔楼，正如今天人们所看到的那样。我们不仅修建了主教堂，还有献给天国军队指挥官米迦勒的教堂，以及属于这座修道院的所有其他建筑物。

　　[A3.] 我还修建了房间给修道士住。我捐献了葡萄园和田地来养活修道士

和所有来到这座修道院的那些人。总而言之，为了敬畏上帝和兄弟们的利益，我尽全力去完善修道院。

[A4.] 至于修道院里由我举行剃发仪式的修道士们，我统治他们，给他们制定章程，这并非我的自创，而是选自教父们的规定。我规定完全不吃肉，严格节制；在著名大斋节以及圣诞节和圣使徒节之前的净化期间斋戒。如上所述，星期三和星期五斋戒是我们神圣教父们的传统。

[A5.] 我规定修道士不仅要庆祝礼拜日，还要庆祝主耶稣的 14 个神圣节日，以及使徒和主要圣徒的节日；这些天不要做任何工作，以免他们在唱赞美诗时分心。我规定圣母的节日也要庆祝，她是整个基督教的堡垒。因为我们规定了要庆祝使徒的节日，因此，圣母马利亚就更不用说了。

[A6.] 现在我已经步入老年，身体虚弱，我已经意识到死亡临近。所有人都会死亡，它不尊重老者，也不同情年轻人，而是一视同仁。用那位善唱赞美诗的先知的话来说："那里是什么人？"他说，"谁能永生不死呢？谁能将灵魂从冥王手中解救呢？"

[A7.] 因为死亡会不可预知地突然发生，所以我选择我最虔诚的门徒布拉西奥斯继承我的位置，他是一个神父，从小就生活在这座修道院。他将有能力掌管修道院和管理住在里面的修道士，并作为上帝提拔的极其优秀的"牧羊人"，根据福音虔诚合法地带领和管理他们。

[A8.] 他不仅要养活我托付给他的修道士，还要养活那些通过严格考验后将随时加入修道院的人。在三年见习期之后，他才能为他们举行削发仪式。通过他们为上帝提供服务并进一步发展教会。他不仅要努力增加人数，还要强化为修道士制定的整个规则传统。

[A9.] 如果他在引导信徒和指引修道士们的灵魂方面做得很好，那就不能对他有何怨言，而要向他表示作为修道士的顺从。

[A10.] 信徒尊重他，他不应该对他们暴躁，而应该善良温和。只要我任命的"牧羊人"恰当地看管羊群，他手下的人得到很好保护，就不会有人背叛他或制造派系之争，就不会有混乱的纷争不和。

[A11.] 任何人不得将这份遗嘱搁置，弃之不顾，它是我在头脑清醒心智健全的情况下拟定的，合法且真实。如果有人企图不完全贯彻它，那么他将受到诅咒。

[A12.] 这份遗嘱不可更改，蒙受圣母、天使和所有圣徒的代祷和祝福。阿门。

由赛拉主教卢克当着所有修道士的面书写。

时间是 6605 年（即公元 1096/97 年）。卡斯特隆的圣尼古拉修道院（Saint Nicholas of Kastellon）① 与圣菲利普修道院不可分割。

得到以下可信赖证人的见证：大司祭瓦西里（Basil *protopapas*）。司祭君士坦丁，见证人。司祭波利卡尔波斯（Polykarpos），见证人。司祭、修道士杰拉西莫斯（Gerasimos），见证人。尼古拉，辅祭。塞尔吉奥（Sergios），司祭。还有其他司祭和修道士作证。

第二份遗嘱［B］

这份遗嘱由我，德梅纳的圣菲利普修道院院长格雷戈里公布并确认。

[B1.] 我格雷戈里，是上面写到的卑微的罪人，从小就放弃了世俗的一切，将自己奉献给了圣菲利普修道院。这座修道院曾经完全荒芜，不被人知晓，不像现在挤满了修道士。在上帝和最神圣菲利普的帮助下，我坚守在这个修道院并为了让这个不起眼的地方变得显著而努力奋斗。

[B2.] 的确，几乎整个西西里岛都遭到萨拉森人杀戮，人们被掳为俘虏，我自己在修道院也遭遇了许多次恐怖行为。在最高贵的伯爵罗杰一世的支持下，由于我的努力，由于修道士们的服从，这个教堂在其原来的基础上建成，还修建了这座塔楼，正如今天人们所看到的那样。我不仅参与了这个修道院的修建，还有附近的大天使米迦勒教堂、圣施洗者约翰教堂、圣母教堂、使徒彼得教堂、圣菲拉德尔福教堂、圣塔莱劳奥斯教堂、主教尼古拉教堂、另一座使徒彼得教堂，以及已故最尊贵马尼亚克斯修建的圣母教堂，还有最近修建的圣马可教堂，等等。

[B3.] 修建塔楼的同时，我还修建了小房间和上层楼房，供修道士们睡觉和吃饭。我把葡萄园和田地的收入给这个修道院，用来供养这里的修道士和那些来到这里的人。总而言之，我尽全力去改进修道院的所有资源了。

[B4.] 此外，当我刚被剃发成为修道士时，我把我从家族继承的所有属于我的动产和不动产都捐赠给了这座修道院。至于经由我剃发的修道士们，我传

---

① 卡斯特隆的圣尼古拉修道院为圣菲利普修道院的附属修道院。

给他们一个神圣教父们的规定：完全戒除肉食。西西里岛因穆斯林劫掠而陷入混乱，这条规则在那里没有得到遵守。同样地，我规定修道士不仅要在著名的大斋节期间斋戒，而且在圣诞节前（从使徒菲利普的节日开始）和使徒节前的净化期间也要斋戒。如上所述，在全年的星期三和星期五斋戒（除了主要圣徒的节日和身体有病的人），这是神圣教父们的传统。

[B5.] 我规定修道士在十二使徒节日、主要圣徒节日和复活节期间不做任何工作，只要毫不分心地给上帝唱颂歌。我也命令他们更加重视圣经，以便基督宽恕我们的罪行并照顾他的子民，解除他们的恶行。

[B6.] 现在我已经到了虚弱的晚年，我已经意识到残酷而必然的死亡就要到来了，它不偏袒老人，也不同情年轻人，而是一视同仁。

[B7.] 因为死亡是不可预知地发生，我选择我最虔诚的门徒布拉西奥斯继承我的位置，他是一个学识渊博的神父，从小生活在这个修道院，十分清楚作为一个修道士应有的所作所为。我任命他为院长，他有能力掌管修道院，带领里面的修道士进入宁静的港湾，引导他们进入天国。

[B8.] 他必须养活我托付给他的修道士，还有那些通过严格考验后随时可能加入修道院的人。新进修道士有三年见习期。他不仅要努力增加人数，还要保持所有规则传统不变。

[B9.] 如果他在引导和指引修道士的灵魂方面做得很好，那么不能对他有何怨言，而应服从他。我命令修道院院长和所有修道士必须避免拥有任何私有财产。根据使徒行传中"他们共有一切"（使徒行传 2:44），大家共同持有一切，拥有同样权利。我命令他们服从。

[B10.] 如果我提拔的这位院长要去耶路撒冷，由于他渴望前往，并考虑到他已多次向我提出请求，那么修道士们可以按照他在我和弟兄们面前的声明等待三年。如果他按照声明的方式归来，那么应该保留他的修道院院长职位。如果他没有回来且我还活着，那么我将提拔另外一个人服务修道士。如果我在他的规定归来日期之前离开了人世，就由弟兄们慎重选出一个得到上帝恩宠、了解圣经的合适修道士接班。他要按照我所传下的章程，圣洁而公正地领导他们。他不得使用在俗人员和官员使这个尊贵职位蒙羞，而应该对得起之前提到的弟兄们的判断，按照上帝的旨意进行统治。

[B11.] 前述教堂和这个大修道院是我在被圣灵引导的已故升天者伯爵［罗

杰一世] 和尊贵官员们（即最荣耀的国王侍从 [*kaprelingas*①] 尼古拉和大臣利奥）的帮助下完成的，这些人和出身高贵的尤吉尼奥斯，还有君主和君主的妻子阿德莱德，都为这些教堂的修建做出了巨大的努力。此外，他们还为司祭捐献了其他东西，并为赦免自己的罪过和为永生捐赠了其他财物。这座修道院为他们的祈祷将永不停止。

[B12.] 如果有人被恶魔控制、企图抵制我的合法遗嘱，企图将上述附属机构从伟大的圣菲利普修道院分离出来，企图从我的家庭成员和我的继承人那里牟取我父母捐献给这座修道院的财产，企图驱逐我提拔的修道院院长或者废除神圣教父们的教规，他将遭到上帝指引的神圣教父们的诅咒和谴责，甚至咒逐，还有我自己的诅咒。愿我的遗嘱令人满意，得到认可，正派合理，这份遗嘱由主教、抄写员卢克书写于 6613 年（即公元 1105 年）5 月。

德梅纳的阿吉罗（Argiro）的圣菲利普修道院院长格雷戈里签名。

第三份遗嘱 [C]

这份遗嘱由德梅纳的圣菲利普修道院院长格雷戈里公布并确认。

[C1.] 我害怕死亡会在我没有立遗嘱时就夺走我，因为这种事情经常发生在很多人身上。因此我在所有方面为圣菲利普修道院及其附属机构都做好了预防措施。在伟大罗杰伯爵和他的妻子、我们的君主和夫人、一直同儿子支持已故升天者伯爵的阿德莱德、她的儿子新伯爵和我们的君主西米恩及其弟弟罗杰二世的帮助和合作下，我修建了这些机构。这些人照管并保护修道士们和修道院的附属机构，正如已故升天者伟大伯爵所做的那样。

[C2.] 以下都是修道院的附属机构：首先是附近的神圣大天使教堂，然后是圣尼古拉教堂、圣彼得教堂、殉道者塔莱劳奥斯教堂、使徒马可教堂、马尼亚克斯修建的圣母教堂、另一座圣彼得教堂以及圣菲拉德尔福教堂。

[C3.] 正如我已声明的，这些建筑物都是由已故升天者伯爵和阿德莱德夫人及其孩子们个人资助修建的，资助的还有尼古拉大人（已故升天者伯爵及其儿子的文书），新君主西米恩取代其父亲，和其母亲一起进行了资助。对于这些人，还有所有那些为这些修道院捐赠过的官员，修道院将永不会停止在这些

---

① *kaprelingas*，希腊文为 *καπριλίγγας*，指（国王的）侍从、内侍。参见 Hiroshi Takayama, *Sicily and the Mediterranean in the Middle Ages*, Abingdon, Oxon; New York, NY: Routledge, 2019.

教堂里为他们祈祷。因此，我处理事务恰如我在其他遗嘱中一样，以便伟大的圣菲利普修道院坚决拥有上述附属机构的所有权。

[C4.] 如果发现有人企图使这些附属机构脱离这座伟大的修道院，或者有人停止为已故升天者伯爵和阿德莱德夫人及其儿子们，还有尼古拉大人以及所有那些热爱这些教堂的人祈祷，那么他将受到神圣教父们的诅咒并遭到我的诅咒。相反地，只要这些教堂还在，就让修道士们为上这些人祈祷，因为他们建立了这些教堂，以便能够永远为他们和他们的好运祈祷。愿上帝怜悯他们，引导他们。

[C5.] 我也希望小君主伯爵和他的母亲阿德莱德夫人像爱我一样爱我的继任修道院院长。愿这些统治者绝不允许这些教堂遭到抛弃。

这份遗嘱由赛拉主教卢克书写于 6613 年（即公元 1105 年）5 月。

13. 卢克为墨西拿的基督救世主（圣萨尔瓦多）修道院制定的章程

（1）手抄本、出版和现代语言译本

这份文件的时间为 1131 年 5 月到 1132 年 7 月。

手抄本：*Codex Messinensis graecus 115.*（不知道是否亲笔签名原稿）

出版：

1905 年由科扎·卢兹（J. Cozza-Luzi）出版：J. Cozza-Luzi, *Novum patrum bibliotheca,* vol. 10, pt. 2, Rome, 1905, pp.117–137.（文本在第 121–130 页）

现代语言译本：

科扎·卢兹译成了拉丁语：J. Cozza-Luzi, *Novum patrum bibliotheca,* vol. 10, pt. 2, Rome, 1905, pp.117–137.（有希腊语原文和拉丁文译文，文本在第 121–130 页）

蒂莫西·米勒根据科扎·卢兹的版本把它译成了英语，见 *Byzantine Monastic Foundation Documents: A Complete Translation of the Surviving Founders' Typika and Testaments*, eds. John Thomas and Angela Constantinides Hero, with the assistance of Giles Constable, 5 vols. Washington, D.C.: Dumbarton Oaks Research Library and Collection, 2000, pp.643-647.

（2）内容大意或提要

这份文件一共有 13 章。

第1章，叙述了作者开始制定章程的缘由：服务上帝，罗杰二世敦促。

第2章，我们来到前述神圣救世主教堂，那里还没有投入使用，也没有修道士。我们马上着手制定修道院章程，参拜西西里和卡拉布里亚的所有神圣修道院。

第3章，通过基督的帮助、圣母的代祷，在最幸运王公的赞助下，这些修道院制定了真正的章程，不再混乱：每座修道院都安排了足够的神职人员负责赞美诗，要求修道士服从修道院院长命令；要求教堂有必要的照明；圣所完全禁止食肉；禁止修道士之间滥交；禁止混乱的生活和社交；禁止接收庶务修道士；禁止与女性交谈或建立精神关系；禁止与修女频繁会面或在修道院外游历；禁止独自活动（*Idiorhythmic* practices）和独自偷偷吃东西；禁止拥有私有财产或类似物品。取而代之的是告解、良好的秩序、服从和谦卑以及医院、招待所和访客室。

第4章，规定每年的主显圣容节在救世主修道院向修道士们宣读这些规定。

第5章，在上帝的帮助下，这些神圣修道院和修道士群体的事务已经经历重大变革，现在情况良好。救世主修道院安排如下：首先，我们渴望聚集热爱上帝敬畏上帝的人，主要是有圣事经验、懂圣经、受过教会音乐训练的人，以便使那些唱赞美诗的人更加坚定，使他们更加热切地练习圣歌。因为把愉快的音乐与神圣的赞美诗结合起来将使苦行者更加热情地唱赞美诗并祷告上帝。

第6章，此外，我们引进能够为修道士身体健康提供必要和有用服务的人、有各种手艺的人、抄写员和书法家、受过充分世俗文学训练的圣经教师。我们收集了许多美丽的书籍，包括宗教经典和非宗教著作。我们收集了教父们的作品、禁欲主义作家的作品、历史作品和论著等。此外还用伟大圣徒的圣物和圣像来装饰和美化这座教堂，使它成为神圣而庄严的地方。

第7章，在上帝帮助下，我们聚集了很多这样的人之后，对他们进行充分的培养和教导。

第8章，此外，我们建造了一所医院、一座救济院、供访客使用的设施、粮仓、一个面包房、一个磨坊，以及供平信徒仆人居住的小房间等。

第9章，除此之外，我们还建造橄榄树林、葡萄园、蔬菜园，还在田野修建很大的房子以储存收获季节的农产品和供劳作人员休息使用。在一些地方，我们还修复了教堂或者建立新的教堂。简言之，我们从一开始一直在努力增加人员。修道士们没有理由中断苦修。我们还时刻注意不让野驴冲出森林毁坏修道院。

第10章，为了修道士们，我们必须制定书面的修道院章程来规定修道士的生活和组织，从一开始，我们就从斯图狄奥斯修道院、圣山、耶路撒冷还有另外几座修道院的章程中精选了一些规则。其他规则我们自己仔细制订。这些规则涉及了教堂的教会仪式、修道士在房间的规则、在餐厅的饮食规定以及所有其他行政管理事务。我们教授这些规则，并以口耳相传的形式传承下去。然后，依照这一不成文的传统，我们公布了目前这份书面形式章程的条款，以免章程随着时间流逝而湮灭，并服从前述国王的命令。

第11章，关于修道院院长继任人的选择方式。当任何附属修道院的院长去世时，那里的两个弟兄要去向大修道院院长汇报死讯，他们要牵来修道院院长带鞍的驴子。然后，马上敲响木质"圣钟"（semantron），聚集所有弟兄，修道士为那些已经去世的人吟唱惯常的三圣颂并祈祷。然后，这里最重要的两个弟兄带着大修道院院长的文件被派到那座修道院。他们要详细记录那座修道院里里外外所有财产。他们要劝告那里的弟兄们，加强他们对上帝的敬畏。他们要告诉那些弟兄提名他们的领导人。如果那里提名了两位合适的人，那么增加一位来自这座大修道院的候选人。如果没有找到两名合适的，那么大修道院两名候选人，那里一名候选人。之后，派去的大修道院两名弟兄回来。那座附属修道院的修道士做出书面提名，他们来到大修道院，请求大修道院院长从被提名的修道士中确定一位最虔诚的担任修道院院长。

第12章，关于大修道院院长在全体一致同意后确认附属修道院的新任院长。

第13章，关于新任修道院院长的就职仪式。被选中的那个人当着选择他的那些修道士的面就职。辅祭说："让我们恳求主吧。"之后，大修道院院长把手放在那个人的头上，为任命修道院院长做祷告。然后，大修道院院长把那位候选人的旧披肩拿开，给他披上另外一件。当新任修道院院长对教堂进行惯常的宣誓之后，大修道院院长拥抱他，然后所有人和平解散。

14. 皇后伊琳妮·杜凯娜·科穆尼娜为君士坦丁堡万福圣母修女院制定的章程

（1）手抄本、出版和现代语言译本

这份文件的时间在 1110 年到 1116 年之间。

手稿：*Parisinus graecus 384.*（亲笔签名原稿）

出版：

Paul Gautier, "Le typikon de la Théotokos Kécharitôménè," *Revue des études byzantines* 43 (1985), 5–165.（文本在第 19–155 页）

现代语言译本：

蒙福孔（B. Montfaucon）把它译成了拉丁语：B. Montfaucon, *Anecdota graeca*, Paris, 1688, pp.129–298. 后来再版：J. P. Migne, *Patrologiae cursus completus. Series graeco-latina*, 161 vols. (Paris, 1857–66)，其中第 127 卷再版了蒙福孔的译本。

保罗·高缇耶（Paul Gautier）把它译成了法语：Paul Gautier, "Le typikon de la Théotokos Kécharitôménè," *Revue des études byzantines* 43 (1985), 18–148.（有希腊语原文和法语译文）

罗伯特·乔丹根据保罗·高缇耶的版本把它译成了英语，见 *Byzantine Monastic Foundation Documents: A Complete Translation of the Surviving Founders' Typika and Testaments*, eds. John Thomas and Angela Constantinides Hero, with the assistance of Giles Constable, 5 vols. Washington, D.C.: Dumbarton Oaks Research Library and Collection, 2000, pp.664–717.

（2）内容大意或提要

这份文件由两个部分组成。首先是前言部分，阐述了修女院创办人和文件作者伊琳妮·杜凯娜·科穆尼娜皇后得到圣母诸多帮助，为感恩而修建了万福圣母修女院。然后是章程的正文内容，一共有 80 章。

第 1 章，阐述了修女院的独立自治权不可剥夺，它不受制于任何皇权或者教权或者个人权利，不得转让，由修女院院长根据这份章程管理，她的丈夫阿莱克修斯一世在世时对修女院拥有和她一样的权利。参考了"恩人"圣母修道院章程第 12 章。

第2章，讨论了那些在万福圣母修女院采取修女生活方式的人追求隐修生活方式的必要性，要求各方面都要遵守隐修生活的秩序和生活方式，永远不变。

第3章，关于那些被任命保护修女院的人，关于她们的权力，强调她已经在其遗嘱中对这座修女院所做规定和本章程一样重要，本章程永远不得改变。作者嘱咐她的修女女儿尤多奇亚（Lady Eudokia）在自己和皇帝离世后保护修女院。任何人不得干扰修女院及其所有财物或插手修女院的管理，而是由修女院院长和修女们按照章程管理修女院。禁止修改这份文件的规定。

第4章，关于她的那些已经削发入院的外孙女和允许居住在那里的外孙女，关于来到这座修女院接受削发仪式的贵族妇女，以及她们应该怎样在这座修女院生活。如果她亲爱的女儿安娜（Lady Anna）或者玛丽亚（Lady Maria）的女儿们想要在这座修女院接受削发仪式或者在别处接受削发仪式后进入这座修女院，都要允许。如果她进入修女院后不习惯突然改变的生活方式，就要向修女们的共同神父告解她的行为和思想；如果她适应了，可以给她一个带盥洗室和其他必需品的小房间，她可以独自生活并且可以吃的比其他修女多一些。此外，她还允许有两个仆人，仆人可以是自由女性或甚至可以是奴隶，仆人由修女院赡养。禁止男性进入修女院，如有必要需要经过修女院院长允许，才可以在大门口见一面；如果是家中亲人生病，经同意后可以由一个虔诚的年迈修女陪同回家两三天，病情严重的可陪伴生病的家人直至最后去世。允许其他出身显赫、虔诚的贵族女性加入修女院，并可以有自己的私人房间和一个仆人，但在其他方面要和其他修女一样严格遵守规定。

第5章，关于修女的数目。规定修女的数量为24名，如果修女院的财富极大增加，则数目可定为30人，或者甚至允许超过一点，定为40人，但不得超过这个数目。院长和两个女孩以及六个仆人不在这个人数之列，规定修女院要抚养并教育这两个女孩长大，在合适的时候为她们举行削发仪式，六个仆人为修女们服务，仆人不够的话还可以再加一两个仆人。允许修女的数量多达40，但如果造成混乱了则40人数目规定无效。

第6章，所有修女必须待在一栋房子里。作者最近修建了一栋宿舍，所有修女必须睡在那里，还有房间供她们工作，这些房子不得做任何形式和状况的改变。如果修女人数过多，可安排多余的修女住在宿舍隔壁房间一部分地方，隔壁房间其余地方给修女用来做手工，院长看着她们做手工，并安排一切事务。

第7章，规定免费举行削发仪式，但允许接受主动赠送的礼物。举行削发仪式和入院是免费的，不得索要礼物，否则会导致那些送礼的人不服从、争论和反抗，不仅伤害了她们，还为其余修女树立了坏的典型。因此作者规定入院免费，不得向她们索要任何东西。但是如果有人主动赠送她自己的财产，不管是动产还是不动产，那么这种主动赠送的礼物将被接受。不得拒绝虔诚捐献给万福圣母、用来维护该修女院以及纪念并帮助捐赠者灵魂的礼物。但送礼人对其他修女没有优先权，也不得再要回礼物。部分抄自"恩人"圣母修道院章程第37章。

第8章，应该接受平信徒为取悦上帝而捐赠给万福圣母修女院的动产或不动产。所捐赠的不动产带来的收入要用于增加修女数量、给穷人们的慈善施舍活动以及节日和纪念仪式的花费。

第9章，修女院的所有财产（包括动产和不动产）都不能转让。牧首和修女院保护人以及其余修女要收回已被转让的不动产。

第10章，完全禁止修女院转让不动产。动产的转让只允许一种情况，即只有在修女院遭受重大损害或者说修女院财产遭到外敌攻击或者火灾或地震破坏、修女院没钱维修时，作者才允许转让一些动产以维修不动产，只能转让给教堂和小礼拜堂，因为众所周知所有捐献的都不得变成公共财产。而且，这种动产转让必须经过审查，必须公开进行，修女院所有人都要知道，不得秘密转让，不得在角落进行。修女院院长、管理人、教堂司事、圣器保管员以及其余重要官员、司祭要聚会决定提议的费用，考虑转让物品的种类，然后把清楚了解要出售物品的人叫进来，并公布详细的估价清单，这份清单必须和修女院的文件一起保存。修女院保护人必须知道所有这一切。部分参考了"恩人"圣母修道院章程第19章。

第11章，关于修女院院长的选择和就职仪式。作者已经任命一位修女院院长。如果作者在世时需要重新任命院长，则院长将由作者任命。但作者去世后按照她的这份章程行事。她规定，如果提前知道修女院院长将要离世，所有修女都要去院长那里，由修女们和院长共同决定，选出三位候选人，这三个人生活方式受人尊敬、才智超群、判断力强、在引导和照顾灵魂方面比其他人更为聪明更有技巧，得到一致认可，她们可以是官员，也可以是一般修女。如果院长意外去世，没有考虑继任人，那么所有修女应该聚集，当着修女院保护人的面选出三位候选人。如果出现争议，不能选出三位候选人，修女院保护人将解决争端，支持富有美德和精神生活超群的人的意见，但她要小心地冷静地决策。然后把三个人的名字写在三张一样的纸上，每张纸盖上保护人的印章，在星期六晚祷时由司祭放在圣餐桌上，由保护人和所有修女看着，或者，如果当时是救世主耶稣或圣母的节日，那么在节日前夜守夜完成和祷告上帝之后进行。第二天庆祝神圣圣餐仪式之后，司祭仍穿着祭礼服时，当众选择一张纸，给保护人确认她的印章，接着当众打开这张纸展示上面的名字。然后，被选中的那个人发誓保护修女，站在院长的位置上，所有人亲吻祝贺她。作者希望修女们总是能够自己选出院长候选人，如果选不出三位候选人，选出两位就足够了。其他程序和前面一样。但如果没有人适合院长位置，就由修女院当时的保护人从另一座修女院找一位虔诚的合适人选，然后修女院内部那名不合适的候选人和外部那名合适的候选人，再遵循和前面一样的其他程序。部分参考了"恩人"圣母修道院章程第13章。

第12章，要求理性地选择修女院院长和任命其他官员。修女院院长要客观选择其他官员，要做好照顾和引导修女的工作。抄自"恩人"圣母修道院章程第14、16、17章。

第13章，关于对不称职的修女院院长的免职处理。如果她是因为年老或缺乏才智而被免职，并且她愿意继续待在修女院服从新院长，那么只要她没有破坏修女院良好秩序，没有伤害别人或没有人要伤害她，那么允许她继续留在修女院；但是如果她明显破坏修女院组织、纪律和生活方式，不顾本章程的指示，那么应该彻底驱逐她。其他规定抄自"恩人"圣母修道院章程第13、14章。

第14章，规定修女院管理人必须是虔诚的宦官。规定了管理人的选择方式、就职仪式和职责要求。管理人要按照院长的决定管理照顾修女院的财产，根据院长的意愿处理事务。规定设置一个管理助理。管理人在适当的时候及时安排船只运送农作物和其他物品，修女院收到的钱要当着管理人的面和收据一起交给修女院院长和财务主管，如果管理人不在修女院，就当着管理助理的面，都不在的话就只给院长和财务主管，并一起签字确认录入收支簿。

第15章，关于司祭。规定修女院附近要有两个司祭，他们应该是宦官和修道士，生活方式值得尊敬，温和，克制，能读好圣经。但是如果缺乏修道士，那么他们应该证明是具有美德的虔诚宦官。其中一个还是管理助理。

第16章，所有修女应向一个神父告解。这个神父是以美德著称的宦官，他因其年纪和修道院生活在倾听告解方面富有经验，能够恰当治疗告解者的灵魂。

第17章，关于访客。允许修女的女性亲人探访，但当晚要离开。如果是母亲来探访生病的修女女儿，可在第二天晚上离开。禁止男性亲人进入修女院探访，只能在门口短暂相聚。允许尊贵的女贵族（平信徒或修女）参观修女院并可以留宿一晚。

第18章，关于修女院官员的选择和就职仪式。修女院所有官员的选择和就职由院长决定和负责。

第19章，关于圣器保管员。院长任命一个圣器保管员管理圣器和礼拜仪式服装等，此外她还是档案保管员，详细规定了她的职责要求。

第20章，关于教堂司事（ecclesiarchissa）的任命及其职责。

第21章，关于负责接收和分配食物的官员。她必须详细登记这些食物，写清楚数量、时间、地点等。

第22章，关于葡萄酒管理员。院长还要任命一位葡萄酒管理员，她接收所有运进修女院的新旧葡萄酒，列出清单，并按照院长的指示分发葡萄酒。

第23章，关于粮食供应者。院长还要任命一位粮食供应者，她负责接收所有的谷物和豆类，按照院长的指示分发谷物和豆类，并照管好这些东西。

第24章，关于财务主管职位。作者规定修女院设置两个财务主管，一个负责管理修女院财物收支的钱箱，一个负责管理衣物储藏室。财务主管要详细记录一切收入和支出。收入和支出钱箱必须由两位财务主管和修女院院长密封起来。规定另设一个钱箱储存多余的钱，由院长、管理人、圣器保管员和两位财务主管密封起来，存放在圣器收藏室里，做好记录，以便修女院出现不幸情况缺钱时使用。

第25章，关于餐厅管理员及其职责。院长任命一位餐厅管理员，她提供管理人给她的一切，在就餐时间负责维持餐厅的安静和秩序，向院长汇报没有就餐的修女等。主要抄自"恩人"圣母修道院章程第31、33章。

第26章，关于纪律官员的任命及其职责要求。

第 27 章，关于工作组织人。规定院长任命两位修女负责管理修女的手工工作，她们从仓库拿出修女手工所需材料，做好记录，把材料给那些按照院长指示工作的修女，然后将完成的手工制品拿到储藏室。

第 28 章，关于衣物储藏室财务主管的职责要求。她按照院长指示负责接收和分发修女的衣物，并做好记录，交给院长。

第 29 章，关于守门人的职责要求。修女院院长必须任命一名虔诚的老妇人担任守门人，掌管大门钥匙，开门必须经过院长同意，保证进出修女院的人必须经过院长允许，晚上把钥匙交给院长，平时和其他修女坐在一起，门铃响后经过院长同意才去大门边，履行职责后回来重新和其余修女坐在一起。

第 30 章，关于见习期时间。规定削发后的修女有 6 个月考查期，如果是熟悉修女院生活的有地位的女性，院长可以决定何时对她们举行削发仪式；如果是之前穿着世俗衣服过着隐修生活的虔诚女性，则有 6 个月考查期；不了解且无隐修生活经验的则有 3 年考验期。考验期之后才能举行削发仪式。

第 31 章，关于修女院财产看管人的选择。院长和管理人必须选择声誉良好、知足不贪、精打细算的人看管修女院财产，这些人不能盗用修女院财产，一定不要选择血亲姻亲等关系密切的人。一旦这些人偏离正直，院长有权把这些人送出去，并找人接替他们。只要院长派财产看管人去检查仓库，管理人就要监督他们，接收他们的账目并管理一切事情。

第 32 章，关于第一、第三、第六小时的祷告（office）。主要抄自"恩人"圣母修道院章程第 4 章。

第 33 章，关于第一、第三、第六小时祷告的间隔时间仪式（*mesoria*），吟唱本章程，以及神圣宗教仪式和圣餐仪式的注意事项。参考了"恩人"圣母修道院章程第 4、5 章。

第 34 章，每天的圣餐仪式上要提供 7 个面包，每个星期六、星期日提供十字架形状的圣餐小面包（*stauria*①）。

第 35 章，关于第九小时祷告、晚祷和夜祷。参考了"恩人"圣母修道院章程第 6 章。

---

① *staurion*，复数形式为 *stauria*，十字架形状的圣餐小面包。参见 Alexander P. Kazhdan (editor in chief), *The Oxford Dictionary of Byzantium*, p.1689.

第 36 章，关于晚祷（晚饭后）。参考了"恩人"圣母修道院章程第 6 章。

第 37 章，关于夜祷（睡觉前）。参考了"恩人"圣母修道院章程第 6 章。

第 38 章，关于午夜祷告。参考了"恩人"圣母修道院章程第 6 章。

第 39 章，关于晨祷前的准备。参考了"恩人"圣母修道院章程第 6 章。

第 40 章，关于召唤修女去餐厅和修女在餐厅的行为规范。参考了"恩人"圣母修道院章程第 9 章。

第 41 章，进餐期间有人扰乱餐厅秩序时，餐厅管理员先进行劝告和警告，如果这个人不知悔改将受到惩罚。参考了"恩人"圣母修道院章程第 9 章。

第 42 章，关于对争论座位先后顺序的人的惩罚。参考了"恩人"圣母修道院章程第 9 章。

第 43 章，禁止相互分享任何饮食，如果需要用水冷却过热的葡萄酒，须经修女院院长同意，由她决定。参考了"恩人"圣母修道院章程第 9 章。

第 44 章，健康的人必须到公共餐厅一起用餐，禁止缺席。生病的人允许缺席，院长要关心照顾生病的人。

第 45 章，修女们用完餐站起来后，应该有第二轮的面包和菜肴。第一轮和第二轮用餐都禁止带走餐桌上的任何食物。

第 46 章，关于平时的饮食。星期二、四、六、日的午餐是两三道菜，有鱼和奶酪；星期一是两三道橄榄油烹调的豆类菜肴，可能还会有贝类；星期三、五是橄榄油烹调的豆类和蔬菜菜肴；星期一、三、五如果有虔诚的人提供点心或是遇上节日的话，院长会提供鱼肉；平日提供葡萄酒；晚餐是面包、时蔬和小水果，还有葡萄酒。

第 47 章，关于大斋节期间的饮食规定。主要抄自"恩人"圣母修道院章程第 9、10 章。

第 48 章，关于圣使徒节和主降生节（Nativity of Christ，即圣诞节）斋戒期间的饮食规定。参考了"恩人"圣母修道院章程第 10 章。

第 49 章，禁止偷偷吃东西。

第 50 章，关于贫穷。不得保留隐修规则禁止持有的任何东西，院长随时进行检查。

第 51 章，修女要积极遵守隐修生活方式的戒律和指示，不得垂头丧气，应该高兴，因为没有忧虑就不会分心，就会全力以赴致力于精神拯救。

第52章，规定修女们的家用开支由修女院的收入支付，包括衣服、斗篷、头巾等所有必需品，要在市场价便宜时采购储存起来。由修女院院长任命人员管理和监督这些东西，负责保证新的物品不被损坏并修补旧的物品。

第53章，不得接收外来的修女或强加的客人进入修女院。

第54章，在其他修女院举行削发仪式的修女，如果品行端正，没有求助于皇权或请求政府或牧首帮助，而是根据神圣教父们的苦行规则请求转进本修女院，则应该接收。

第55章，不得改变隐修的生活方式和规定。

第56章，除了病人，所有修女吃穿一样。给病人提供更好的饮食。抄自"恩人"圣母修道院章程第26章。

第57章，规定安排一名宦官或老年医生住在修女院内，以便探望病人，并提供适当的治疗。修女院院长要根据需要为病人准备饮食和其他必需品，专门给病人留出房间休息，在合适的时候采购药物，准备一切对病人有用的东西。参考了"恩人"圣母修道院章程第41章。

第58章，规定修女们每月洗一次澡，生病的修女由医生决定洗澡次数。

第59章，关于圣母安息节的相关规定。规定在门口施舍穷人，还要买新鲜的鱼肉给修女们食用等。

第60章，关于庆祝圣母圣诞节的要求。

第61章，关于庆祝主降生节（即圣诞节）的要求，包括在门口施舍穷人的规定。

第62—63章，关于主进殿节（Presentation of Our Lord in the Temple）和圣周等节日的庆祝要求，照明、施舍和饮食等方面的规定。

第64章，规定每天在门口施舍1/3莫迪奥（*modios*）的谷物或够吃三天的1莫迪奥谷物，还要分发当天餐桌上剩下的食物。参考了"恩人"圣母修道院章程第38章。

第65章，规定每月第一天要向所有人宣读章程。参考了"恩人"圣母修道院章程第43章。

第66章，关于神圣教堂的日常照明。

第67章，关于点亮和熄灭穹顶上悬挂的灯的规定。

第68章，关于点蜡烛的规则。

第69章，有关水的规定。作者修建了两个容量相等的蓄水池，一个给修女院和皇室房子供水，一个给修道院供水。作者规定两个蓄水池各有一根水管输水，各由一个人负责，如果输水管有损坏要及时修复。

第70章，关于修女的埋葬地，规定将去世修女葬在已经捐赠给本修女院的塔凯拉莱亚斯（*Ta Kellaraias*）修女院，规范她们的葬礼和纪念仪式。

第71章，列举修女院每年必须纪念的人，这些人都是作者的亲人，阐述了他们的纪念仪式的规范要求。这些人是：作者的丈夫皇帝阿莱克修斯陛下（Lord Alexios Komnenos），作者自己即伊琳妮·杜凯娜·科穆尼娜皇后，作者的长子"瓦西勒斯"约翰（*basileus* Lord John）和他的妻子"君主"伊琳妮（*despoina* Lady Irene），作者的儿子"至尊者"安德罗尼库斯（Lord Andronikos），作者的女婿"凯撒"尼基弗鲁斯（Caesar Lord Nikephoros），作者的儿子"凯撒"伊萨克（Lord Isaac），作者的女婿"上等大贵族"尼基弗鲁斯（*panhypersebastos* Lord Nikephoros）和君士坦丁（*pansebastohypertatos* Lord Constantine）①，作者的外孙女、"凯撒丽莎"安娜（Caesarissa Lady Anna）的女儿伊琳妮·杜凯娜（Irene Doukaina），作者的女儿"凯撒丽莎"安娜和玛丽亚（Lady Maria）以及尤多奇亚（Lady Eudokia），作者的儿媳"至尊者"伊琳妮（*sebastokratorissa* Lady Irene）和"凯撒丽莎"伊琳妮（Lady Irene），作者的女儿塞奥多拉（Lady Theodora），作者的父亲安德罗尼库斯·杜卡斯（Lord Andronikos Doukas）即修道士安东尼大人（Lord Antony），作者的母亲玛丽亚（Lady Maria）即修女塞妮（Lady Xene），作者的公公约翰（Lord John）和婆婆安娜·达拉塞娜（Anna Dalassena），作者的兄弟司令官米哈伊尔·杜卡斯（*protostrator* Lord Michael Doukas）和"显贵"约翰·杜卡斯（Lord John Doukas）即修道士安东尼大人（Lord Antony），作者的姐妹塞奥多拉（Lady Theodora）即修女伊琳妮（Lady Irene）和"显贵"安娜·杜凯娜（*sebaste* Lady Anna Doukaina）。作者的孩子们去世时，他们的名字要题写在那些已经过世的人的双连记事板上，对他们的纪念活动跟以上规定一样，但如果他们有人捐赠了重要的动产或不动产给修女院，则可以按他们的规定举行纪念活动。

第72章，关于圣周四（Holy Thursday）洗脚的规定。

---

① *pansebastohypertatos*，科穆宁王朝皇族成员持有的头衔。

第 73 章，规定不得改变修女院的建筑物，如果有损坏的地方，要按原来的样子及时修复。

第 74 章，禁止观察修女院活动。

第 75 章，禁止男性进入修女院，包括唱弥撒的神父或唱诗班成员。每年棕枝主日前夕由七名司祭在教堂墓地主持涂油圣礼，其中一名进入修女院为修女涂圣油并祷告，涂完要马上离开。

第 76 章，作者规定，如果她自己的女儿们或儿媳们或孙女们选择葬在该修女院，那么只要她成为了修女就允许葬在那里，作者还规定了她们的葬礼和纪念仪式的规范要求。

第 77 章，规定将三份写在羊皮纸上的章程和三份财产清单分别保存在圣索菲亚大教堂圣器收藏室、本修女院的保护人和本修女院的圣器收藏室那里，每处各放一份章程和一份财产清单，另外还有纸质的章程和财产清单各一份供修女院日常使用。

第 78 章，关于修女的行为规范要求，主要抄自"恩人"圣母修道院章程第 42、43 章。

第 79 章，作者在修女院新建了更加豪华的建筑物，这些豪华建筑物原来规定由她的女儿尤多奇亚修女继承，但尤多奇亚已过世，因此，作者规定，在她自己离世后，她的女儿"凯撒丽莎"安娜将继承所有这些建筑物，拥有和使用作者在世时她居住的房子和万福圣母修女院的所有建筑物，即所有供作者、作者的孩子们和仆人们使用的建筑物，还有紧挨这些豪华建筑物内庭院的外庭院，她还拥有圣迪米特里教堂，包括其中的两间浴室和第三处泉水，她有权修建新的建筑物，或者改建已有的建筑物，只要没有对"仁慈"（*Philanthropos*）救世主修道院和万福圣母修女院的隔离墙造成新的压力和不能俯瞰该修女院和该修道院就可以。在安娜死后，以上所有不动产将由安娜的女儿即作者的外孙女伊琳妮·杜凯娜继承。伊琳妮死后，如果安娜还在世，留下了遗嘱，那么她应该把这些不动产遗留给她的任何子孙，男性女性都可以，由她决定。如果安娜在伊琳妮之前去世，或者在伊琳妮之后去世，但是没有解决继承问题，那么以上不动产由安娜最年长的子孙继承，男女都可以，如果继承人离世，留下了遗嘱，那么他可以把这些不动产遗留给自己的子孙，如果他没有子孙或没有解决继承人问题，那么这些不动产由安娜最年长的子孙继承，只要安娜有子孙，这一条款就永远有效。安娜在其遗嘱中可以把这些不动产遗留给她的子孙，也可以遗留给自己的儿媳，但儿媳改嫁的话则不能继承。其他继承人的儿媳也是只有不改嫁才有权继承。如果安娜没有子孙后代来继承了，则这些不动产都将归于修女院。外庭院的建筑物可用来出租，修女院获得租金收入；内庭院的建筑物应该拆掉改为花园和果园，修女院获得花园、果园和浴室的收入。那些居住在以上建筑物里的人应该虔诚，不得给修女院制造麻烦；他们有权在赐予他们的建筑物边界内修筑房子，但新建的建筑物的高度不能俯瞰该修道院或该修女院，且这些新建的建筑物要完全独立，不得建在修女院周围的空墙或修女院的建筑物上。继承人不得把这些建筑物给陌生人使用，不管是通过出售、出租、交易、赠送、抵押或任何其他方式，不得让其他人居住在这些建筑物中。如果继承人欠债、犯罪或甚至谋反，那么，以上不动产不负有偿付责任，它们不负有任何偿付责任。如果继承人是欠债等与金钱有关的问题，那么他仍有继承权；如果是犯罪甚至是谋反，那么他将丧失继承权，不能使用这些建筑物，将按照以上规定重新选择继承人。如果没有后代，那么这些建筑物将归修女院所有。如果这些建筑物遭到部分或者全部烧毁，那么拥有这些建筑物的继承人有权在原址上进行重建工作，但不得将这些建筑物所在地改成花园或者用于出租，而是要在原址上重新建造用来居住的建筑物，否则将被驱逐出这些建筑物并将丧失对它们的拥有权，重新确定继承人来继承这些不动产。

第80章，关于承担修女院保护人职位（*ephoreia*）的那些人。作者规定，修女院保护人的职责是保护修女院，保护本章程中的规定完整，不被违反；如果有人企图损害修女院，应该进行报复。作者规定她的女儿尤多奇亚担任保护人，由于尤多奇亚已经去世，作者规定她去世后将由女儿安娜担任修女院保护人，安娜去世后，将由作者的女儿玛丽亚和安娜的女儿伊琳妮担任保护人。这些人去世后，将由安娜的另外一个女儿或者孙女、重孙女等担任保护人。作者希望由安娜的女性后代中最年长的担任保护人。如果安娜没有女性后代，则由安娜的长儿媳即长子的妻子担任保护人，但不得改嫁，否则将被剥夺保护人职位，再重新确定保护人。如果所有这些都不行，则将由作者家族中最受人尊敬的女性担任保护人，她不是年纪最大的，而是该修女院中的修女和院长一起选出来的。该规定永远有效。作者还就保护人进入修女院和使用教堂做出了相关规定，还规定了如何管理修女院通往皇家建筑物的大门。

在章程最后，作者划定了修女院的边界。

文件最后有两份附录，简介如下。

附录 A 有三张清单，第一张清单是位于佐多霍斯·佩吉（Zoodochos Pege）修女院外不远处的葡萄园向万福圣母修女院缴纳的税收清单，其中列出了 13 个人（12 位有名字），列出了税收量。第二张清单是万福圣母修女院的房地产税（*chrysoteleia*①）清单，其中列出了庭院以外的 19 处房子（其中一栋房子加上其田地，另一栋房子加上其葡萄园）及其税收量。第三张清单也是万福圣母修女院的房地产税清单，其中列出了四处出租的房子（其中一栋是面包烘房）、17 处房子（其中一处用于葡萄加工）和一个葡萄园以及它们的税收量；这张清单还列出了一些收入（税收收入、作坊收入以及来自加拉达 [Galatas②] 的收入）和支出（购物支出、司祭年度津贴、葡萄园照看人员的年度津贴以及教堂的蜡和油的支出）的数额。

附录 B 列出了一些圣物和圣器，有皇后伊琳妮捐赠给修女院的十字架，有几个圣骨匣，很多圣像，十字架，一些圣物、烛架、圣门、窗帘、圣餐盘、圣餐杯，等等，其中很多都有详细描述。

15. 皇帝约翰二世·科穆宁为君士坦丁堡"全能者"基督修道院制定的章程

（1）手抄本、出版和现代语言译本

这份文件的时间为 1136 年 10 月。

手抄本：*Parisinus graecus 389*, fols. 1–61（1740 前）；*Codex 85, nunc 79,*

---

① 　*chrysoteleia*，希腊文为 χρυσοτέλεια，字面意思是"黄金贡金"，阿纳斯塔修斯一世（Anastasios I，491–518 年在位）推行的一种税收，以货币征收，这里译为"房地产税"。参见 Alexander P. Kazhdan (editor in chief), *The Oxford Dictionary of Byzantium*, p.455.

② 　Galatas，希腊文为 Γαλατᾶς，译为加拉达，是一个定居地，与君士坦丁堡隔着金角湾，处于金角湾北端的海岬上，原名希凯（Sykai），大约 425 年成为君士坦丁堡第 13 区，528 年被授予城市地位，称为查士丁尼城（Joustinianoupolis），7 世纪后史料没有提到这个城市，但 8 世纪后海滨有个名叫加拉图（*ton Galatou*）的城堡（*kastellion*），是封锁金角湾入口铁链的连接点。加拉达可能在 11 世纪成为了一个犹太人区，1203 年十字军占领了这里，摧毁了犹太人区。1261 年米哈伊尔八世收复君士坦丁堡后，他在 1267 年把这个地方赐予热那亚人。13–15 世纪也称佩拉（Pera），1453 年加拉达向土耳其人投降，作为商业中心迅速衰落。Alexander P. Kazhdan (editor in chief), *The Oxford Dictionary of Byzantium*, pp.815-816.

fols. 69–122v (1749). 后一本手抄本原存于哈尔基神学学院（Theological School, Halki），现存于伊斯坦布尔牧首图书馆（Patriarchal Library, Istanbul）。

出版：

Paul Gautier, "Le typikon du Christ Sauveur Pantocrator," *Revue des études byzantines* 32 (1974), 1–145.（文本在第 27–131 页）

现代语言译本：

保罗·高缇耶把它译成了法语：Paul Gautier, "Le typikon du Christ Sauveur Pantocrator," *Revue des études byzantines* 32 (1974), 26–130.（有希腊语原文和法语译文）

罗伯特·乔丹根据保罗·高缇耶的版本把它译成了英语，见 *Byzantine Monastic Foundation Documents: A Complete Translation of the Surviving Founders' Typika and Testaments*, eds. John Thomas and Angela Constantinides Hero, with the assistance of Giles Constable, 5 vols. Washington, D.C.: Dumbarton Oaks Research Library and Collection, 2000, pp.737-774.

（2）内容大意或提要

这份文件由序言和 72 章正文构成。

序言部分陈述了作者约翰二世·科穆宁皇帝和妻子皇后一起建筑了这座修道院的原因，指出上帝使他登上罗马人皇位、战胜了各种叛乱和外敌入侵，为表达感谢，他和妻子修建了一座新教堂和圣所献给上帝，他的妻子在建成之前去世了。作者说为修道院召集了一群修道士，为教堂和圣所挑选了很多司祭和辅祭等神职人员。他还在建筑一座圣所献给圣母，建筑了一座慈善机构容纳年老体衰者、穷人、病人，还为麻风病人建立了慈善机构，为他们提供衣食住所并对他们进行救治。

第 1 章，关于祷告仪式的规定。周日和盛大的节日时从夜晚的第五个小时开始晨祷，其余日子在午夜祷告前后开始，要保证去教会的人有适度的睡眠。

第 2 章，关于供香的规定。

第 3 章，关于为纪念皇帝们和向皇帝们表示敬意而吟唱赞美诗和祈祷的规定。

第 4 章，关于先后顺序的规定。修道士们的位置如下：司祭站在辅祭前面，其余的像这样按顺序站立，由教堂司事按照修道院院长指示安排位置。辅祭不能站在司祭中间，修道院管理人有自己的位置。

第5章，关于修道士在教堂中的行为规范。

第6章，关于平日主教堂（Main Church）的照明规范。

第7章，关于节日期间主教堂的照明规范。作者还规定了主显圣容节和复活节时在门口的施舍及其数量，给修道士们提供三道鱼肉菜肴；主降生节（即圣诞节）的慈善施舍一样，但给修道士们提供两道菜肴；主显节和举荣圣架节（Exaltation of the Cross）也是两道，但门口的慈善施舍减半；规定了圣母领报节、圣灵降临节、棕枝主日、主进殿节、圣母圣诞节和圣母进殿节在门口的慈善施舍及其数量，给修道士们提供一道菜肴。规定圣巴西勒节日、圣神学家格里高利节日以及圣约翰·克里索斯托（St. John Chrysostom，即"金口"约翰）节日给修道士们提供一道菜肴。规定了圣周四和圣母安息节在门口的施舍及其数量。

第8章，关于礼拜仪式和纪念活动的规定。规定了礼拜仪式中祭品的要求，列出了要纪念的人（基本上是作者的亲人，还有几个是作者的臣属），明确了纪念仪式的规范要求。作者一个侄女／外甥女的丈夫约翰·阿班特诺斯（*pansebastos sebastos*[①] Lord John Arbantenos）给修道院捐赠了自己的一栋房子和带来大量收入的一些地产，要按照他的条件纪念他，对他的纪念性施舍活动的支出要相当于他捐赠地产的三分之一收入。

第9章，关于圣餐。修道士应该一起用餐。禁止偷偷吃东西。吃饭的时间不总是一样。修道士要有序进入餐厅。司祭主持圣餐仪式，走在最前面，后面跟着修道院院长，院长后面一个接一个跟着其他弟兄。餐前祈祷。不得坐修道院院长的位置。不得带任何食物回房间。被派去办事而错过用餐时间的人，回来后同样要把相同的食物放在桌上给他们吃，他们也不得把食物带到自己的房间。

第10章，关于照顾生病修道士。如果有人生病，卧床不起，要给予相应的照顾。修道院院长要真诚关心照顾病人，找医生过来帮他们看病，给他们提供减轻痛苦的膏药和精油，经常去看望他们，给他们提供白面面包和上等葡萄酒等好的食物。修道院的疗养所（即医院）应有6张床供病人休息，还有一张

---

① *pansebastos sebastos*，科穆宁王朝皇族成员持有的头衔。

供医生使用以便照顾病人，并提供足够6个人同时使用的洗漱用具，即盆、大口水壶、肥皂盒、毛巾、擦头巾、擦手巾等，这些东西所有修道士都要有。

第11章，关于晚餐的规则。

第12章，关于平日和斋戒期间饮食的种类和数量的规定。教堂司事根据修道院院长的命令发信号晚祷。重大节日特别是救世主的节日的前夜守夜祈祷时，食物要更丰盛，更仔细准备，要有蔬菜、豆类、时令水果，鱼肉应经常供应，葡萄酒要比平常多。周三和周五必须遵守神圣教规的规定（指斋戒），病人是否禁食由修道院院长酌情决定处理。不在重大斋戒期的周一应为修道士提供三道菜肴，用橄榄油和调味品烹饪蔬菜、豆类以及应季的牡蛎和贻贝。修道士周二和周四吃奶酪和鸡蛋，周六和周日吃新鲜鱼肉，总是有三道烹饪的菜肴，上述四天有两道菜由咸鱼、新鲜鱼肉、奶酪和鸡蛋做成，第三道菜是豆类。

重大斋戒期有所不同。圣使徒节斋戒期禁食奶酪和鸡蛋；除周六和周日外，圣菲利普节日斋戒期将在一周的五天内停止吃鱼；如果周一到周五有一天是斋戒日，则允许那天在完成点灯祷告后吃一次鱼肉。在这五天内修道士的食物有时可以放橄榄油。在基督或圣母或著名圣徒的节日期间，修道院院长会酌情提供点心。这部分还对就餐仪式做了规定，规定了每天在门口的施舍及其数量。在大斋节前一周（week of Cheesefare），要吃奶酪和鸡蛋。大斋节的斋戒要严格遵守饮食规定，除了周六和周日，一天只吃一餐。第一周要提供面包、用水浸泡的豆子、没有橄榄油的腌制卷心菜（*almaia*①）、坚果以及干无花果，面包分量要比平时小，喝的葡萄酒要比平时少。第一天允许完全禁食。周五晚上圣塞奥多利节日前夜守夜应给每位弟兄1单位葡萄酒，并在腌制卷心菜上喷洒橄榄油。周六和周日给修道士提供三道菜，第一道是蔬菜，第二道是豆类，第三道是牡蛎、贻贝、扇贝和洋葱，三道菜都加橄榄油。还要给他们提供和平常一样多的葡萄酒。大斋节期间接下来几周的各个周一、周三、周五的饮食和第一周一样，周二和周四提供豆类和新鲜蔬菜，烹饪后倒适量的橄榄油。豆类加上蜂蜜。给修道士提供和平常一样多的葡萄酒。四十圣徒节日斋戒时允许吃

---

① *almaia*，用盐水和醋腌制的卷心菜。参见 *Byzantine Monastic Foundation Documents: A Complete Translation of the Surviving Founders' Typika and Testaments*, p.1679.

鱼，但如果这一天在第一周的五天之中则不能吃鱼，可以喝橄榄油。棕枝主日也可以吃鱼。但大斋节期间的第四周整周食物和第一周一样。圣周（Holy Week）也是如此，圣周四允许吃橄榄油。耶稣受难节（Good Friday，或译"圣周五"）及圣周六（Holy Saturday）直到晚上的饮食都是面包、水泡豆子、添加糖和莳萝籽加热的葡萄酒。圣母领报节不管是在大斋节期间的哪一天，只要不是第一周和圣周的五天，就允许修道士吃鱼；但如果是在第一周和圣周的五天之中，那么，修道士将喝葡萄酒和橄榄油；但如果是在圣周四，则他们也吃鱼。①

第13章，大斋节期间禁止沐浴和外出，除非生病需要沐浴，急需外出的须经修道院院长许可从侧门出去。

第14章，修道士应该尊敬修道院院长，碰到院长要问候，去见院长要双手合十，要对院长表现出尊敬，修道士凡事要以和平和服从为指导。

第15章，关于沐浴，规定没有斋戒的时候每月沐浴两次，大斋节期间禁止沐浴，另外两个斋戒期间每月沐浴一次。

第16章，关于接收入院申请人，规定对所有入院申请人进行严格的考核，如果申请人来自其他修道院，必须得到修道院院长的支持。

第17章，关于无需入院礼物。不得索要入院礼物，因为所有修道士平等。但如果需要某个人向修道院捐献财产，或者有人因某些原因需要捐赠财产，或者因为他来自显赫的家族，或者因为他从小生活奢华，那么，将由院长根据修道院利益采取措施照顾那个人。

第18章，禁止女性进入修道院，除非是来参加亲人的葬礼或纪念仪式，她们不能从修道院大门而只能从慈祥童贞女圣母教堂大门进入。

第19章，关于修道士的数目和职责。规定修道士总数不少于80人，其中在教堂工作的多达50人，他们致力于赞美上帝，不断吟诵神圣赞美诗，他们要虔诚，忠于职守，富有美德和智慧，注意不得因粗心导致修道院财产被毁坏。其余修道士做杂役。不仅有面包师、园丁、厨师等仆人，还有教堂司事的

---

① 圣周指复活节前从棕枝主日到复活主日的一周。圣周四是为纪念耶稣建立圣体圣血之圣餐礼的节日。圣周五即耶稣受难节。圣周六为耶稣受难节翌日，圣周的最后一日，复活节前一天。参见丁光训、金鲁贤主编：《基督教大辞典》，上海辞书出版社2010年版，第571–572页，第755页。

助手和修道院管理人的助理等。以下人员必须来自那些在教堂工作的人：教堂司事、圣器保管员、档案保管员、疗养所（即医院）主管人、招待所主管人、财务主管、粮食供应者、两位唱诗班指挥、六位司祭、六位辅祭（修道院院长可以决定需要更多的司祭和辅祭）、两位领唱人、两位唱诗班指挥助理以及一位负责召集弟兄们到教堂的官员。仆人中有四个做地位最低的工作，或者更确切地说是最重要最神圣的工作，为所有弟兄服务，给他们清洗短上衣和外衣，给那些很脏的人洗澡，服侍病人，清洗水壶、盘子和罐子等。修道院院长控制所有这些人，记录他们的表现。不得委托任何修道士监管财产，或者委托他们从事需要在修道院之外度过的工作。所有修道士在修道院内完成所有任务。平信徒不得居住在修道院内。但平信徒须履行修道院地产上的职责，每个人须对相应的账目负责。在教堂工作的修道士不得离开修道院唱赞美诗，不管是谁在庆祝节日，不管是什么节日，都是禁止的。

第 20 章，关于向修道院院长告解。

第 21 章，禁止修道士在外过夜。任何应修道院院长要求出去的修道士必须在日落前返回修道院。

第 22 章，关于衣服。规定复活节期间每位修道士将得到两件内衣、一件棉上衣（里面的棉花重达 4 罗马磅）、两双靴子，每两年给他们提供一件羊毛斗篷和一件背心。修道士换新衣服新鞋子时要把旧的拿给修道院院长看以便院长处理。

第 23 章，关于修道院院长的自由裁量权。

第 24 章，关于修道院院长的选择和任命。作者规定在自己离世后，修道院院长独立从所有修道士（包括"全能者"基督修道院及其附属修道院甚至附属机构中的修道士）中选出三位弟兄，把他们叫过来，在他们眼前把他们的名字写在一张纸上，然后院长签名并盖上印章，存放在圣器收藏室，一直到院长去世这张纸一直保存在那里，但这三个名字不会让弟兄们知道。院长去世后，所有弟兄聚集，拿出纸张打开，由修道士共同选出其中一位任职。

若产生分歧，则在其他修道院的所有修道士聚集在主修道院（即"全能者"基督修道院）之后祷告上帝，然后将三名候选人的名字写在三张纸上，由一个不识字的人拿到圣桌上，放在圣布下，然后举行三天的夜祷还有晚祷和圣餐仪式，再由另一个不识字的人从中抽出一张纸，展示给所有修道士看，纸上写的那个人将成为新任修道院院长。若有比三名候选人更出色的人（三分之二的修道士承认他更合适），但他并非候选人时，则有权通过皇帝私人秘书向皇帝寻求帮助，纠正过来。

第25章，关于修道院院长的就职仪式。

第26章，关于修道院院长的特权。修道院院长享有特权，其他人不得嫉妒。他每天吃优质发酵面包，喝上等葡萄酒，在弟兄们允许吃鱼的日子里，他将获得仓库里的食物。作者规定在自己去世后，修道院院长只要按照本章程的规定虔诚高尚地行事，就不得批评院长或者要求院长提交账目。

第27章，关于附属修道院的收入。作者规定，各附属修道院，即诺希埃（Nossiai）修道院、莫诺卡斯塔隆（Monokastanon）修道院、安西米欧（Anthemiou）修道院、梅蒂卡丽欧（Medikariou）修道院、加拉克雷奈（Galakrenai）修道院以及萨提洛斯（Satyros）修道院，这些修道院连同其在君士坦丁堡城内和城外的所有财产，其收入首先用于修道士本身和修道院中各个教堂的管理、照顾和给养，以及传统的节日和纪念仪式及各修道院的其他必需品，多余的收入要交给"全能者"基督修道院。如果有附属修道院处境困难，则满足它的一切需求。

第28章，关于各附属修道院的构成。诺希埃修道院按其章程保持隐修生活方式，其余修道院和原来一样，保持周末共同礼拜隐修的（*kelliotic*①）生活方式。规定诺希埃修道院过隐修生活的修道士12名，仆人6名，为修道院提供一切必要服务；莫诺卡斯塔隆修道院周末共同礼拜隐修的内部修道士16名；安西米欧修道院周末共同礼拜隐修的修道士12名；梅蒂卡丽欧周末共同礼拜隐修的内部修道士6名；加拉克雷奈修道院周末共同礼拜隐修的修道士6名；萨提洛斯修道院周末共同礼拜隐修的修道士18名。这些修道院都不会有修道院院长，都归"全能者"基督修道院院长控制，由各修道院管理人处理事务，这些管理人包括在各修道院弟兄人数之列。

第29章，关于作者在"全能者"基督修道院附近修建的慈祥童贞女圣母教堂的照明规定。

---

①　*kelliotic*，即 *Idiorhythmic*，指修道士拥有自己的财产、单独生活在修道士群体中的生活方式，即前文所说的周末共同礼拜隐修士（*kelliotes / kelliotai* [*pl.*] 或 *lavriotes / lavriotai* [*pl.*]）的生活方式，工作日作为隐士独居，周末聚集在修道院（*lavra*）礼拜。译为周末共同礼拜隐修的。

第 30 章，规定慈祥童贞女圣母教堂的神职人员一共 50 人。

第 31 章，关于慈祥童贞女圣母教堂神职人员的职责。

第 32 章，关于给慈祥童贞女圣母教堂神职人员的报酬。规定给他们现金津贴和谷物津贴，按职位分，各个职位不等：最重要的司祭每人得到 15 "海培伦"金币 (hyperpyra nomismata①)，还有 25 标准莫迪奥（maritime modioi）的谷物；其余 6 位司祭每人得到 14 "海培伦"金币和 25 标准莫迪奥的谷物；10 位辅祭每人得到 13 "海培伦"金币，还有 24 标准莫迪奥的谷物；两位唱诗班指挥的报酬和辅祭一样；两位秩序员（laosynaktai②）和 16 位唱诗班成员每人 12 "海培伦"金币，还有 20 标准莫迪奥的谷物；四位领唱人和 8 位孤儿点灯人每人 6 "海培伦"金币，还有 15 标准莫迪奥的谷物；四位看管员（graptai③）每人 4 "海培伦"金币，还有 12 标准莫迪奥的谷物。

作者还规定了给仆人的津贴，规定每周给仆人 1 "海培伦"金币（hyperpyron nomisma），每周五守夜给他们每人 1 "海培伦"金币，在圣母的两个节日即圣母领报节和主进殿节（Purification，即 Presentation of Christ in the Temple）每人得到 2 "海培伦"金币，在纪念作者父亲那天每人得到 3 "海培伦"金币，在纪念作者那天每人得到同样数目的津贴，在纪念作者妻子那天每人得到同样数目的津贴，在纪念作者母亲那天每人得到 2 "海培伦"金币，在纪念作者祖母那天每人得到 2 "海培伦"金币，在纪念作者长子"瓦西勒斯"阿莱克修斯

---

① hyperpyra nomismata，"海培伦"金币，单数形式为 hyperpyron nomisma，即 hyperpyron。hyperpyron，希腊文为 νόμισμα ὑπέρπυρον，字面意思是"高纯度的"。拜占庭帝国传统的金币是 nomisma（"诺米斯玛"），拉丁文为 solidus（"索里达"），其含金量在 7 个世纪里几乎保持 24 克拉不变，但是从 11 世纪 30 年代起，这种金币日益贬值，到 11 世纪 80 年代含金量几乎为 0。1092 年阿莱克修斯一世引进新金币 hyperpyron，其重量和 nomisma 一样，含金量则为 20.5 克拉，直到 1204 年为止，这种金币重量、尺寸和纯度没有变化。10 世纪出现了一种轻型金币 tetarteron（"特塔特伦"），tetarteron 在 1092 年后被用来指一种铜币。参见 https://en.wikipedia.org/wiki/Hyperpyron; https://en.wikipedia.org/wiki/Solidus_(coin); Alexander P. Kazhdan (editor in chief), The Oxford Dictionary of Byzantium, pp.964-965, p.1924, pp.2026-2027.

② laosynaktai，单数为 laosynaktes，指修道院负责维持教堂秩序的官员。译为"秩序员"。参见 Byzantine Monastic Foundation Documents: A Complete Translation of the Surviving Founders' Typika and Testaments, p.1684.

③ graptai，"全能者"基督修道院四位照管慈祥童贞女圣母教堂的老年妇女的头衔。译为"看管员"。参见 Byzantine Monastic Foundation Documents: A Complete Translation of the Surviving Founders' Typika and Testaments, p.1682.

（*basileus* Lord Alexios）那天每人得到 3 "海培伦"金币。

第 33 章，关于圣母的各个节日里在慈祥童贞女圣母教堂举行的礼拜仪式的规范。规定神圣的圣母安息节（*Metastasis*，或译圣母升天节）里所有认真完成礼拜仪式的神职人员将得到 14 "海培伦"金币，缺席或不认真的神职人员将会受到惩罚，不得参与节日分享，还要罚款 2 "海培伦"金币。还对照明、祭品、供香等做出了规定。

第 34 章，关于圣米迦勒教堂的照明。

第 35 章，关于圣米迦勒教堂的礼拜仪式。

第 36 章，关于医院的建立。规定建立一所医院，能容纳 50 个卧床病人，医院有 50 张床，每张床配备席子、床垫、枕头和床罩，在冬天还应配备两床山羊毛毛毯。将 50 张病床分为五个病房，10 张床给受伤或骨折患者使用，8 张床用于眼炎、胃病以及其他急症患者，12 张床供女病患使用，其余的留给普通病患。如果眼炎、胃病以及其他急症患者的床位经常不够用，则从普通病患用床那里增补。每个病房还要加一个床位供紧急需要，此外，还要另加六张床给完全不能挪动的重病患者使用，这六张床的床垫中间要刺穿孔。

第 37 章，关于为病人提供床上用品和衣服。规定给贫穷的病人或患有严重疾病的病人提供 15 或 20 件衬衫和宽大外衣。规定每年更换床上用品和其他完全不能使用的衣物，拆开床垫和枕头，拉出羊毛，更换或缝好破旧的亚麻织品。换下来的旧衣服和旧床上用品，还能给病人使用的由医院主管人保存，其余的分给穷人。

第 38 章，关于医务人员。规定五个病房每个病房安排两名医生、三名经认证的正式助理、两名辅助助理和两名护理员。每晚安排四名男助理和一名女助理，每位助理在一个病房和病人待在一起，称为值班员。女性病房安排两名男医生、一名女医生、四名经认证的正式女助理、两名辅助女助理和两名女护理员。医生中有两名首席医生（*protomenitai*），病房还有两名主管医生（*primikerioi*①），一位教师教授医术，还有两位服务员。四名额外的医生负责外面来的病人，其中两名为内科医生和两名为外科医生，两名外科医生还负责

---

① *primikerios*，希腊文为 πριμικήριος，复数形式为 *primikerioi*，"全能者"基督修道院医院里主管医生的头衔。参见 *Byzantine Monastic Foundation Documents: A Complete Translation of the Surviving Founders' Typika and Testaments*, p.1687.

治疗女性病房中受外伤的女病患，跟这四名医生在一起的还有四名经认证的正式助理与四名辅助助理，其中两名辅助助理轮流为修道院服务一个月。

第 39 章，关于医生。将所有医生分为两组，两组每月轮流工作，即一半医生在一个月提供医疗服务，另一半医生在下个月提供医疗服务。这一规定也适用于两名主管医生。医生每天白天都要到医院出诊，但从 5 月起到举荣圣架节他们还要在傍晚出诊，在按照惯例吟唱赞美诗之后他们将仔细检查病人，准确细致地分析每个人的疾病，用恰当的药物治疗每个人，为所有人做出适当的安排，对所有人表现出极大的奉献精神和细致的关心之情。

第 40 章，关于主管医生的职责。每位主管医生会轮流工作一个月，负责监督工作。每天询问病人治疗情况，纠正不当情况，责备疏忽行为，坚决制止任何不当行为，监管病人的食物以及每天给病人的所有物品。他将仔细监视一切。还给病情严重的外来患者安排最有经验的医生进行治疗。

第 41 章，关于医院主管人和监管人。规定由一名医院主管人和一名监管人负责接收足够的必需品以提供给所有病患。他们无需考虑费用。

第 42 章，告诫医院工作人员要虔诚，要认真对待工作。

第 43 章，关于医院的服务人员。规定配备一名首席药剂师，三名经认证的正式药剂师和两名辅助人员，一名守门人，五名洗衣妇，一名男子烧水，两名厨师，一名马匹饲养员（跟马匹在磨坊工作，并在医生工作时照顾医生的马匹），一名大门门卫，一名男子备办食物，两名教堂的司祭和两名读经师（其中一名司祭得到主教许可有权倾听重症患者的忏悔，以免他们还没有忏悔就去世），两名面包师，四名殡葬承办人，一名葬礼司祭，一名下水道清洁工，以及一名磨坊工人。

第 44 章，作者关于其父亲、妻子、自己和长子的纪念仪式规定。

第 45 章，关于给医院的病人和服务人员的食物分配额。规定 50 名病人和四名助理（也称值班员）、四名男护理员、一名女助理、一名女护理员以及那位负责烧水的每天得到一条重达 1 标准莫迪奥（a maritime *modios*）的 1/15 的白面包、同样重量的蚕豆、1 莫迪奥（*modios*）的另一种豆子（如果是豌豆，则重达 1/2 莫迪奥）以及 100 个洋葱头。有时候可以用新鲜蔬菜代替一种豆子。监管人要提供足够的油来准备这两道菜肴。每天要给这 50 名病人每人 1 凹面币（*trachy nomisma*）用于葡萄酒和其他食物，或者给他们分发当时更好的金币，每周日给他们每人 3 弗里斯买肥皂。还有一个面包烘房供医院和养老院使用，还有两座磨坊和三匹马。

第 46 章，关于病人的沐浴。规定病人需要在医院的浴室沐浴，按照医生规定的一周沐浴两次，由足够的助理和护理员陪同。如果有病人需要沐浴更多次以治疗身体，则由医生带着病人去浴室，任何人不得阻拦。

第 47 章，关于医院的洗漱用具和厨房用具的数量规定。医院要配备 10 条擦手巾、10 条毛巾、10 条擦头巾、3 个洗盆、4 个铜桶、4 把大口水壶，由医院主管人替那些要沐浴的人保管，还要备有厨房用的铜锅和烧水壶以及其他小容器，医院用的杵棒和研钵，以及一口大锅，还有一口小锅。

第 48 章，关于给修道院分派的医生。规定额外安排两名医生每月来修道院护理病人，使病人得到医院恰当的治疗，包括药物、膏药和其他必需品。还规定了医生的晋升过程。

第 49 章，关于给医院主管人分配的供应品。医院主管人每年除了得到规定的钱用于医院之外，还将得到 20 "海培伦"金币用于修道院所需。由于四位男护理员和一位女护理员包括在医院病人的每日面包和食物分发之内，由于每个病房两位护理员，护理员将得到每日的分配额，一半护理员是在一天，另一半护理员是在另一天。男女护理员都是如此。

规定给医院主管人提供 66 标准单位（maritime measures）的橄榄油以配制所有的软膏和制作膏药，用于医院教堂中两盏长明灯的照明，教堂晨祷、圣餐仪式和晚祷必须点亮的另外 8 盏灯，病房的 5 盏灯（一盏在门廊，两盏在盥洗室，三盏在医生办公室），以及其他需要使用橄榄油的地方。

同样给医院主管人提供 50 标准单位的蜂蜜用于制作药物、玫瑰香水、醋蜜剂、神液（liquid of Diospolis）、蜂蜜酸葡萄汁以及所有其他需要使用蜂蜜的东西。他还将得到 40 单位的醋用于各种用途，得到 20 佩塞（peisai）的柴火用于烹调药物、果汁和小蛋糕（kollyba①）祭品。他还将得到 100 罗马磅的纯蜡，得到 2 "海培伦"金币用于教堂用香、添加糖和香料的热葡萄酒、教堂用蜡烛，得到 3 "圣母金币"（theotokia）用于野生葡萄藤花朵中提取的芳香油，

---

① kollyba，希腊文为 κόλλυβα，一种小蛋糕，主要由煮熟的小麦做成，掺有葡萄干、石榴仔、坚果、香草、少量烤面粉和糖等，在纪念仪式后食用。参见 Alexander P. Kazhdan (editor in chief), *The Oxford Dictionary of Byzantium*, pp.1137-1138.

得到 10 凹面币（*trachea nomismata*）用于购买杯子和盘子，得到 2 "圣母金币" 用于冷烧灼器，得到 1 "圣母金币"（*theotokion*）用于购买灯具。①

每个月他将得到 5 修道院莫迪奥（monastic *modioi*）的优质小麦面粉，一年得到重达 100 罗马磅的糖，每个节日得到三桶葡萄，两桶石榴，四桶葡萄汁，4 标准莫迪奥的大麦用于制作大麦汁，每天得到一条面包用于制作泥敷剂，还有发酵面包。他将在棕枝主日和圣周得到 2 "海培伦" 金币用于为病人、医生、助理、护理员等购买蜡烛，在初春得到 2 标准罗马磅（*hyperpyroi litrai*）用于购买医疗用品、药物、膏药以及除了解毒剂和万应解毒药之外用于医院的其他制剂。每年他还将得到 10 标准莫迪奥的小麦和 10 标准莫迪奥的葡萄酒，用于为医院两个教堂的男男女女捐献面包和葡萄酒。

第 50 章，关于给医院监管人分配的供应品。监管人完成的是食品管理员的工作，他本人也将得到 36 标准单位的油用于给医院病人每天两顿饭的菜肴调味，还用于调制热敷药、灌肠剂以及所有其他使用橄榄油的东西；得到 50 标准单位的蜂蜜、48 标准单位的浓缩葡萄汁以及 30 标准单位的醋，用于果汁、膏药、止咳糖等；得到 36 单位葡萄酒、30 莫迪奥的亚麻籽、30 莫迪奥的盐、8 莫迪奥的大米、8 莫迪奥的斯佩耳特小麦（spelt）、18 莫迪奥的杏仁，用于葡萄糖浆、热泥敷剂和膏药，所有这些都是修道院莫迪奥（monastic *modios*）和修道院单位；每月得到 3 "海培伦" 金币，用于购买乳香、没药、香、树胶胺以及其他简单的医疗物品，还用于购买海枣、李子、鸡蛋、麻纤等；每年得到 3 莫迪奥的淀粉和果酱；得到 1 "海培伦" 金币，用于购买甜菜和适当的腌制卷心菜调味品；每月得到 40 标准佩塞（maritime *peisai*）的柴火用于一大一小两口锅子不断使用，也用于厨房。

监管人每月还将得到一根松木火把，每月得到 12 修道院莫迪奥的大麦用于大麦茶、干的泥敷剂、大麦粉、去壳大麦等，得到 1 修道院莫迪奥的小麦面粉，1/2 莫迪奥的豆粉，1/2 莫迪奥的扁豆，1/2 莫迪奥的小米，1/2 莫迪奥的

---

① *theotokion*，希腊文为 θεοτοκίον，复数形式为 *theotokia*，指献给圣母的赞美诗；也指约翰二世·科穆宁统治期间的标准拜占庭金币，金币背面有皇帝和圣母马利亚像。译为 "圣母金币" 或者 "圣母马利亚赞美诗"。参见 Alexander P. Kazhdan (editor in chief), *The Oxford Dictionary of Byzantium*, p.2070. *Byzantine Monastic Foundation Documents: A Complete Translation of the Surviving Founders' Typika and Testaments*, p.1690.

鹰嘴豆，以及 1/4 莫迪奥的箭箬豌豆；每年得到 1 "海培伦" 金币用来购买羊油、猪油、鹅油、鹿骨髓以及其他这类东西；每年得到 2 莫迪奥的腌制碎橄榄，每年得到 4 莫迪奥的葡萄干，每年得到 12 莫迪奥的干无花果和 50 罗马磅的玫瑰香水；每年得到 4 "海培伦" 金币用于夜壶、烹饪锅、围裙、罐子、木椅子、海绵、锯屑、糠、布料、头梳以及其他东西；每年得到 1/2 "海培伦" 金币，用于购买扫帚及勤务工一月两次清洗餐厅。

第 51 章，关于医院的各种安排。规定医院配置一个大火盆，手术室和女病房各配置一个小火盆，每年供应 20 马车的木炭。还对医院必须举行的圣餐仪式以及病逝患者纪念仪式做出了规定。规定主持葬礼的司祭得到 2 艾斯伯凹面币（*aspra trachea nomismata*①）或当时更好的金诺米斯玛的 1/24，用于给每个去世病人买香和蜡烛；修道院院长在圣周四为病人洗脚，50 位病人每人得到 1 "三头" 金币 (*trikephalon nomisma*②)，那天整座医院将得到 3 "海培伦" 金币。规定修道院的助理或者仆人等不得占用医院的床位，如上所述对修道院的病人的护理将在修道院进行。喝了泻药的人要跟患了眼炎的人以及那些肠道病患者躺在一起，以免不断起床影响其他病人。

第 52 章，关于医院工作人员的薪水。规定医院所有工作人员报酬如下：

两位主管医生的津贴是每位得到 7.5 当时最好的金诺米斯玛、1/2 当时最好的金诺米斯玛用于食物，以及 45 税收莫迪奥的谷物补贴。两位首席医生每人得到 7 当时最好的金诺米斯玛津贴、1/2 当时最好的金诺米斯玛用于食物，以及 38 莫迪奥的谷物补贴。两位首席外科医生得到的薪水一样多。他们之后其他四位医生每人得到 6.5 当时最好的金诺米斯玛津贴、1/3 诺米斯玛用于食物，以及 36 莫迪奥的谷物补贴。修道院的两位医生每人得到 4 当时最好的金诺米

---

① *aspra*，单数形式为 *asper*（希腊文为 ἄσπρον），基本意思为 "粗糙的"，延伸为 "新鲜的" 和 "白色的"（指银币颜色），在 12 世纪常用来指一种货币，主要用来指凹的白色银铜合金币（billon trachy，τό νόμισμα τραχύ ἄσπρον），有时候也用来指凹的金银合金币（electrum trachy）。译为 "艾斯伯"。参见 Alexander P. Kazhdan (editor in chief), *The Oxford Dictionary of Byzantium*, p.211.

② *trikephalon*，希腊文为 νόμισμα τρικέφαλον，复数形式为 *trikephala*，指的是 1/3 *hyperpyron* 或者 12 世纪初凹的金银合金币（electrum trachy），上面有皇帝、圣母和基督三人头像，*hyperpyron* 上面只有基督和皇帝的像。译为 "三头" 币。参见 Alexander P. Kazhdan (editor in chief), *The Oxford Dictionary of Byzantium*, p.2115.

斯玛津贴、1/4 诺米斯玛用于食物，以及 30 莫迪奥的谷物补贴。治疗外来病人的两位内科医生和担任助理的两位外科医生每人得到 4 当时最好的金诺米斯玛津贴、1/4 诺米斯玛用于食物，以及 30 莫迪奥的谷物补贴。

医院主管人得到 8 当时最好的金诺米斯玛津贴、2/3 诺米斯玛用于食物、50 莫迪奥的谷物补贴、60 莫迪奥的大麦，以及 1000 捆干草。

女医生得到 3 当时最好的金诺米斯玛津贴（含食物补贴），还有 26 莫迪奥的谷物。

两位服务员每人得到 3 当时最好的金诺米斯玛津贴、1/6 诺米斯玛用于食物，以及 28 莫迪奥的谷物。

医院监管人得到 4 当时最好的金诺米斯玛津贴、1/3 诺米斯玛用于食物，以及 36 莫迪奥的谷物。

首席药剂师得到 3 又 1/6 当时最好的金诺米斯玛津贴、1/3 诺米斯玛用于食物。药剂师在准备葡萄酒和食物时得到 25 凹面币，42 税收莫迪奥的谷物，在准备筛子时得到 1 "圣母金币"（theotokion nomisma），在 5 月收集药草时得到 6 旧 "海培伦" 金币，以及 9 莫迪奥的谷物。

16 位经认证的正式助理和 4 位女助理每人得到 2 又 1/2 当时更好的新诺米斯玛津贴、1/6 诺米斯玛用于食物以及 24 莫迪奥的谷物。

8 位辅助助理和女助理每人得到 2 当时更好的新诺米斯玛津贴、1/12 诺米斯玛用于食物，以及 20 莫迪奥的谷物。

3 位经认证的正式药剂师每人得到 3 又 1/3 当时更好的新诺米斯玛津贴、1/6 诺米斯玛用于食物，以及 24 莫迪奥的谷物。两位辅助药剂师每人得到 2 又 1/2 当时更好的新诺米斯玛津贴、1/12 诺米斯玛用于食物，以及 20 莫迪奥的谷物。被分派护理外来病人和修道院病人的 4 位辅助助理得到一样的薪水。

8 位男护理员还有 3 位女护理员每人得到 4 当时更好的新诺米斯玛津贴、1/4 诺米斯玛用于食物，以及 30 莫迪奥的谷物，每人每月津贴是 4 凹面币。

两位读经师每人得到 3 新 "海培伦" 金币津贴（含食物补贴）、12 标准莫迪奥的谷物，以及 9 单位葡萄酒，每月每人还有 4 诺米斯玛的津贴。

看门人得到 3 新诺米斯玛津贴（包括食物补贴），24 税收莫迪奥的谷物，每月还有 4 凹面币的津贴。

负责烧水的得到 3 新诺米斯玛津贴、1/4 诺米斯玛用于食物，以及 30 莫迪奥的谷物，每月津贴是 4 凹面币。

两位厨师还有那位负责备办食物的每人得到 3 新诺米斯玛津贴（含食物补贴），还有 30 莫迪奥的谷物，每月津贴是 4 凹面币。

五位洗衣妇每人得到 1.5 新诺米斯玛津贴，还有 12 莫迪奥的谷物，每月津贴是 4 诺米斯玛，每个周日每人还得到弗里斯用于购买肥皂清洗卧床病人的衣服。

主持葬礼仪式的司祭每人得到 3 新诺米斯玛津贴（含食物补贴），还有 20 莫迪奥的谷物，每月津贴是 4 凹面币。

四位殡葬承办人每人得到 2 新诺米斯玛津贴和 12 莫迪奥的谷物。

大门门卫得到 2 又 1/3 新诺米斯玛津贴、1/6 诺米斯玛用于食物，以及 15 税收莫迪奥的谷物。

两位面包师每人得到 4 新"海培伦"金币津贴、1 诺米斯玛用于食物，以及 30 莫迪奥的谷物。

马匹饲养员和马匹在磨坊工作，在医生工作的时候照顾他们的马匹，他得到 4 新"海培伦"金币津贴和 24 莫迪奥的谷物，还得到 547 税收莫迪奥的大麦用于喂养磨坊三匹马，还有 3000 捆干草和足够的稻草。每年分发 180 标准佩塞的柴火，用于为医院病人和养老院弟兄烘烤面包；每年分发 2 "圣母金币"（theotokia nomismata），用于面包烘房的筛子；另外分发 3 "圣母金币"，用于揉面盆、亚麻盖布及其他所有相关用具。

磨坊工人在有两座磨坊时得到 2 "海培伦"金币津贴和 16 税收莫迪奥的谷物，在只有一座磨坊时则得到这个数目的一半。下水道清洁工得到 2 新"海培伦"金币津贴、1/6 诺米斯玛的食物补贴和 15 修道院莫迪奥的谷物。

此外，还有一位清洁打磨工（sharpener）负责清洁整理医院用来给病人放血的医疗仪器。医院总是备有刺血针、烙铁、导管、拔牙钳、用于胃和头的仪器等。还要有铜脸盆和大口水壶，每个病房一个，供医生在护理完病人之后进行清洗。清洁打磨工得到 1.5 新"海培伦"金币津贴和 12 税收莫迪奥的谷物。

医院还要有一位疝外科医生，他得到 3 又 1/3 新"海培伦"金币津贴、1/3 诺米斯玛用于食物，以及 30 莫迪奥的谷物补贴。

铜匠还必须是桶匠，得到 2 新"海培伦"金币津贴和 20 莫迪奥的谷物。

月津贴的数额是，医生和助理每月得到 5 "三头"金币（trikephala nomismata），首席医生（*protomenites*）每月得到 1 "三头" 金币用于分发给外来病人，值班员每月得到 36 凹面币。

第 53 章，其他款项。

主显圣容节发 1 税收单位（*annonikon* measure）的橄榄油用于医院两座教堂和其他地方的照明，发 2 税收莫迪奥的谷物用于做祭品和小蛋糕，给 50 名病人每人发 1 凹面币，给医生和医院其他职员发 50 凹面币和 920 特塔特伦（*tetartera*）。

阿纳吉洛圣徒（saints the *Anargyroi*①）节日（11 月 1 日）发 1 税收单位的橄榄油用于这两座教堂和其他地方的照明，发 1 税收莫迪奥（*annonikos modios*）的谷物用于做祭品和小蛋糕，给医生和医院其他职员发 15 凹面币。

在主进殿节，给医生和医院其他职员发 9 特塔特伦（*tetartera nomismata*）。

在圣周四给医生、助理和医院其他职员发 42 凹面币。

第 54 章，禁止医生到君士坦丁堡以外的地方给人治病，病人非常重要、是皇帝的亲戚也不行。禁止医生从事任何额外工作。偶尔在皇帝命令下在尘世旅行时不得进行无偿治疗，更不得从医院拿走医疗用品用于这些出行。

第 55 章，关于医学教师的职责。医学教师负责教授医学知识，得到的报酬和医院主管人一样。合格的将得到食物补贴，不尽责的将被剥夺食物补贴并被其他人取代。

第 56 章，关于梅蒂卡丽欧修道院墓地。在医院和养老院去世的，把他们埋葬在圣使徒路加教堂的公共墓地或者君士坦丁堡城内其他墓地或者君士坦丁堡城外墓地，这是很麻烦的，因此在附属的梅蒂卡丽欧修道院奉献一块地方来埋葬他们，这块墓地大约 2 莫迪奥，其中有一个小礼拜堂，四面以墙围起来，有一个大门供人出入。在这座小礼拜堂中，一位司祭（梅蒂卡丽欧修道院的一位修道士）每周六为死去弟兄主持圣事，周五晚上晚祷、夜祷。每年 "全能者" 基督修道院给这个小礼拜堂提供 12 罗马磅蜡、1.5 税收单位（*annonika* measures）的橄榄油、6 罗马磅香、6 修道院莫迪奥的谷物和同样重量的葡萄酒。

---

① *Anargyroi*，指免费给人治病的圣徒，可称为穷人的圣徒。参见 Alexander P. Kazhdan (editor in chief), *The Oxford Dictionary of Byzantium*, p.85.

这位司祭可能因其为亡者的服务而收到捐赠物，其他弟兄不得指责。

第 57 章，关于计量标准。修道院莫迪奥和修道院单位（monastic measures）分别等于标准莫迪奥和标准单位的 4/5，税收单位等于标准单位的 2/3。

第 58 章，关于养老院机构。规定修道院里有一个养老院，容纳 24 名老人，都是残废、瘸腿的病弱老人；安排 6 名护理员给他们提供帮助；修道院院长或任何其他人不得安排健壮的人住进去，如有人违反将被定罪。

第 59 章，关于养老院居住者的津贴。居住在养老院里的老人，每年将得到 20 标准莫迪奥的面包、18 标准单位的葡萄酒、2 标准莫迪奥的豆类、50 罗马磅的奶酪、1 标准单位（maritime measure）的橄榄油、3 标准佩塞的柴火、2 "海培伦" 金币的津贴和衣服补贴。在节日和纪念日，他们将得到修道院分发的施舍物，他们还将参加作者他们的纪念仪式，为前面规定要纪念的人做祷告。他们要去小礼拜堂参加礼拜仪式，每年将得到 2 标准单位的橄榄油、6 标准单位的葡萄酒用于圣餐、6 标准莫迪奥的谷物用于祭品、24 罗马磅的蜡、6 罗马磅的香。小礼拜堂的司祭得到的报酬（含食物补贴）是：6 "海培伦" 金币、24 标准莫迪奥的谷物、18 标准单位的葡萄酒。读经师的报酬是他的一半。

第 60 章，关于把病人转移到医院。规定养老院中如有人生病，养老院的司祭要通知医院主管人，把信息提供给医疗人员，安排一个医生或助理来照顾病人；如果病情很严重则把病人送去医院住院，获得必要的护理和医疗；病好后再回到养老院。养老院中每个老人每个月去医院的浴室沐浴两次。

第 61 章，关于医院主管人的任命。从修道院任命其中最为虔诚、会全力以赴照顾老人的修道士担任养老院的主管人。修道院院长也要关心这些弟兄，在圣周四他除了要给医院病人洗脚，还要给养老院老人洗脚。洗完后，他要给老人们 3 "海培伦" 金币，即 1/8 诺米斯玛。

第 62 章，关于护理员的津贴。6 名护理员每人的津贴是 2 "海培伦" 金币、20 标准莫迪奥的谷物、16 标准单位的葡萄酒，以及 2 标准莫迪奥的豆类和 50 罗马磅的奶酪。

第 63 章，关于麻风病患者疗养院（Lepers' Sanatorium）的建立。由于在君士坦丁堡城中建立麻风病患者疗养院会令疗养院周围地区的人恼怒，在修道院同一地区建立疗养院也困难，因此选择在罗曼努斯皇帝养老院附近建立疗养院。专门拨出经费供他们使用。如果他们纪念作者他们，作者会感谢他们；如果他们疏忽，未能为作者他们祈祷，作者也不强求。

第 64 章，关于修道院管理人的职责。由于修道院院长忙不过来，因此任命几位修道院管理人，其中一位必须在主修道院中任命，处理主修道院事务；一位负责处理各附属修道院事务，同等对待那些修道院自己的管理人；一位处理慈祥童贞女圣母教堂事务；一位处理医院和养老院的事务。他们处理应该归他们处理的事务，必须经过修道院院长许可并让院长知道。

修道院院长在处理最重要事务时必须召集他们一起商讨，听取他们的建议。这些管理人都必须居住在主修道院内，因为他们也应该是修道士，不得在外居住，除非其中一位迫不得已不得不出去到外面一处房地产那里。如果修道院院长不时发现各附属修道院有修道士能够担任管理人，那么在院长和各位管理人一起聚集商讨后作出决定。但这些接替的管理人各自居住在其所负责的修道院里。

第 65 章是作者和他去世妻子转让给修道院的财产清单，规定禁止转让这些财产。这些财产中，作者转让的有：

在迪亚贝尼提（Diabenetoi）村庄：安塞米奥特斯（Anthemiotes）的地产、科斯多米斯（Kostomyres）的地产和科塔波斯（Kottabos）地产（连同其招待所）；

在塔米多（Ta Mintou）村庄：基布里奥斯（Kiboulios）的地产和基克勒比奥斯（Kyklobios）的或卡米齐斯（Kamytzes）的地产；

摩诺马卡多斯（Monomachatos）在道里昂（Daonion）的地产，即他的托尼基奥斯（Tornikios）地产和奥奇津（Auzizin）地产；

塞斯（Seth）在雷德斯托斯的房子，连同其租赁财产，还有：

内斯东戈斯（Nestongos）的房子，连同其两座招待所还有田地，以及他在该城外面的葡萄园；

阿吉拉斯多斯（Agelastos）的地产；

梅兰德罗斯（Melandros）村庄；

克里昂·内隆（Kryon Neron）地产；

摩洛哈赞内斯（Morochartzanes）购自坎切雷斯（Kanchres）修道院的地产；

阿奇尼斯泰（Achnistai）村庄；

潘菲隆（Pamphilon）地区主教（eparch）的地产和圣塞奥多利地产；

潘尼翁要塞内特里亚孔塔菲洛斯（Triakontaphyllos）的两个带围墙和庭院

的建筑群(*aulai*)，其中一个在波利德利昂(Polydrion)大门旁，另一个在海岸；

西克隆·佩加丁（Psychron Pegadin）村庄；

扎佩霍尼昂（Zapechonion）地产；

阿拉卡塞斯家族（the Alakasseis）占据的马迪托斯（Madytos）村庄；

阿普洛斯（Apros）地区的圣布拉西奥斯（St. Blasios）地产；

马尔马拉斯（Marmaras）村庄；

鲁克（Leuke）村庄；

已故西纳德诺斯（Synadenos）的"普洛尼亚"，位于布拉奇尼昂（Brachionion）市场中的赫克萨米尼昂（Hexamilion）；

布拉奇尼昂市场，有海运权，带有钓鱼场；

斯利穆巴金（Thrymbakin）村庄及其地产，那里有佃农，佃农属于那里的兵役地产（*strateia*[①]）；

利穆宁（Limnin）地产；

普拉塔宁（Platanin）地产；

布皮（Boupi）村庄；

格雷戈拉斯（Gregoras）村庄；

金斯特纳（Kinsterna）地产；

阿穆科米斯（Armoukomis）村庄；

切索内索斯（Chersonesos）的所有盐场；

切索内索斯的科拉（Koila）市场中整个犹太人区和葡萄酒的十分之一税；

兵役地产（*strateiai*）之外的整个马迪托斯市场；

该市场内阿卢西阿诺斯（Alousianos）的所有地产，即他的房子、他的租赁财产、他的花园和公共浴室连同那里的耕地和葡萄园，他的米洛斯（Melos）的圣乔治房地产，圣迪米特里房地产，他的科霍拉基亚（Kochlakea）地产，

---

① *strateia*，希腊文为 στρατεία，复数形式为 *strateiai*，表示纳入国家（民事或者军事）或者教会服务以及相应的义务。军事 *strateia* 的持有者（*stratiotes*）或者要自己服兵役（*stratiotes* 自己提供装备）或者要供养一个士兵。最初是个人的和世袭的，到 10 世纪附属于维持它的地产，史料记载了各种军事 *strateia*，在 11 世纪，*strateia* 成为了一种财政义务。它有时候被列入免除各种税收负担的名单。参见 Alexander P. Kazhdan (editor in chief), *The Oxford Dictionary of Byzantium*, p.1965.

他的卡雷昂（Kareon）地产，塞拉比（Sthlaboi）地产，属于兵役地产的两座村庄即达峰（Daphne）村庄和达蒙（Damon）村庄连同定居在那里的阿卢西阿诺斯的佃农；

被没收并移交国库的达杜纳（Dadouna）地产（*episkepsis*①）和佐巴科斯（Tzoubakos）地产；

卡米尼亚（the Kaminia）地产，因欠政府债务而被移交国库，通过交易和赠送转交给修道院；

洛沙迪（Loxadi）村庄；

附近的卡尼雷昂（Kanikleion）村庄；

麦加勒波斯（Megalebos）村庄；

米西斯（Mixis）村庄连同其津渡；

达布罗布洛斯（Dabroboulos）村庄；

普莫（Poumoud）村庄……

基普塞拉（Kypsella）的地产和基普塞拉要塞本身；

亚鲁科斯（Ialoukos）的地产连同马里察（Maritza）河的津渡；

帕鲁尼亚（Pareuria）的地产，由作者的堂兄弟、"显贵"、修道士约翰（Lord John，已故"至尊者"之子）的女儿们购买，并由"显贵"博塔尼埃蒂兹（Botaneiates）赠送而归作者所有；

萨尔基乌斯（Chalkeus）的圣约翰（St. John）房地产，购自安札斯（Antzas）；

马……（Ma........）和马隆（Malon）的地产，连同基普塞拉的招待所，购自西科索斯特斯（Psychosostes）修道院；

伊特阿（Itea）地产，购自柯蒂基奥斯（Kourtikios）；

尼科斯（Lykos）地产，购自西纳德诺斯（Synadenos）；

科塞斯……（Koxes......）村庄，在波波尼亚（Popolia）地区；

———————

① *episkepsis*，希腊文为ἐπίσκεψις，字面意思是"照顾、检查"的意思，财政术语，有三种不同含义：（1）最经常指的是属于皇室领地的特定地产，由皇帝和皇室、有时候其他个人的地产构成的税收单位（10—13世纪）。（2）指的是军区财政部门（到12世纪）。（3）指的是对地产特别是皇室地产的日常管理。参见 Alexander P. Kazhdan (editor in chief), *The Oxford Dictionary of Byzantium*, p.717.

塔阿德里安娜（Ta Adriana）村庄；

泽库比奇安勒斯（Tzerkoubitzianes）村庄；

上下布拉克提斯塔（Blaktista）村庄，连同内奥霍里昂（Neochorion，"新村"之意）；

作者的近臣（*sthlabopolos*①）塞奥多利泽斯（Theodoritzes）的地产，连同地产上的磨坊，被称为科多尼安讷斯（Kodoneianes）；

奥尼亚勒斯（Orniales）村庄；

塞奥多利泽斯在克里斯托波利斯（Christoupolis）的房子，连同其葡萄园；

克里斯托波利斯海滨附近的旅馆（*praitorion*），连同其周围的租赁地产；

P......... 村庄，内奥波利阿讷斯（Neobolianes）通过皇帝私人金库主管部门（bureau *epi ton oikeiakon*②）代理人由金库购自已故"显贵"尤马西奥斯（Eumathios）的孙子，连同其中的磨坊；

潘纳卡斯（Panakas）要塞；

塞萨洛尼基的新地产，由加拉顿（Galaton）让与，连同它的其他权利；

乔尔泰兹（Chortaites）水域的所有权，连同塞萨洛尼基的输水道和磨坊；

塞萨洛尼基城内的建筑工地（？），购自卡科迪克斯（Kakodikes）和卡尔比亚斯（Karbeas）；

克拉姆比亚斯（Krambeas）慈善组织（*diakonia*）③，连同其两大公共浴室、租赁财产以及其他权利；

圣加拉克特（St. Galaktere）房地产，由塞萨洛尼基一些人赠送给修道院；

阿勒颇的地产，由"显贵"曼努埃尔·博塔尼埃蒂兹（Lord Manuel Botaneiates）赠送给作者，连同其牧场和其他权利；

马奇塔里奥斯在米蒂里尼（Mytilene）的（Machetarios）地产；

卡普塞克斯（Kapsex）在科斯（Kos）的地产，连同德洛索斯（Drosos）

---

① *sthlabopolos*，字面意思为"奴隶"，表示与皇帝关系密切，尊称。译为"近臣"。参见 *Byzantine Monastic Foundation Documents: A Complete Translation of the Surviving Founders' Typika and Testaments*, p.1680, p.1689.

② *epi ton oikeiakon*，皇帝私人金库主管。参见 *Byzantine Monastic Foundation Documents: A Complete Translation of the Surviving Founders' Typika and Testaments*, p.1681.

③ *diakonia*，confraternity 之意，指教会福利中心，慈善组织。关于拜占庭帝国的慈善事业，参见 Alexander P. Kazhdan (editor in chief), *The Oxford Dictionary of Byzantium*, pp.1649-1650.

的地产和修道士克里斯托杜洛斯（Christodoulos）的地产；

帕特雷城（metropolis of Patras）的税收；

梅索尼主教辖区（episcopate of Methone）的税收；

墨利波托斯（Molibotos）修道院税收中的 4 标准罗马磅；

奥姆贝托波罗斯（Oumbertopolos）的房子；

萨拉特诺斯（Sarantenos）的房子；

诺希埃修道院；

莫诺卡斯塔隆修道院；

安西米欧修道院；

梅蒂卡丽欧修道院；

萨提洛斯修道院，连同其所有有条件无条件的权利。

作者妻子即已故皇后捐赠的财产有：

科多尼安讷斯的地产；

斯克莱雷娜（Skleraina）在迪亚贝尼提的地产，连同她在弗洛里奥斯（Phlorios）村庄的权利、码头、海运权以及钓鱼场；

博岱（Bordai）修道院，在奥普斯金（Opsikion）；

加拉克雷奈修道院和圣霍莱奥泽（St. Horaiozele）修道院，后者（连同其所有有条件和无条件的权利）通过让与（*epidosis*①）归前者所有；

拉乌尔（Raoul）的房子；

雅典都主教的房子；

拉德诺斯（Radenos）的建筑工地（？）；

埃尔戈多特斯（Ergodotes）的建筑工地（？）；

卡马宏（Kamachon）的建筑工地（？）；

在萨利巴尼亚（Salibaria）的房子

作者规定"全能者"基督修道院的所有这些财产不能转让。

第 66 章，关于未列财产的权利。作者规定，已经转让给修道院但是这份文件遗漏、没有列出的财产，或者将在以后转让给修道院、这里没有提及的财

---

① *epidosis*，让与（物），给予（物），捐赠（物）。指教会机构的让与，一个教会当权者把教会机构给另外一个。参见 *Byzantine Monastic Foundation Documents: A Complete Translation of the Surviving Founders' Typika and Testaments*, p.1681.

产，修道院对其完全拥有所有权。作者指出要妥当管理这些财产，如果管理不善，要予以改进；要遵守本章程。

第67章，创办人有权修订本章程，以后的规则和修订一旦以书面形式确定下来就具有效力。

第68章，关于创办人的秘密遗嘱。作者另外拟定了一份文件，密封存放在修道院圣器收藏室里，这份文件在作者去世的时候才能拿出来，在通知牧首之后，由修道院院长、修道院管理人、教堂司事、档案保管员、高级海军军官尼基弗鲁斯（*megas droungarios* Nikephoros）①、首席文书君士坦丁（Constantine）、尼科米底亚都主教的侄子一起启封，文件中提到的人要按照里面的指示行事。

第69章，关于该修道院的独立地位。规定该修道院完全独立自治，不受制于任何权威。

第70章，关于修道院的保护人。作者规定该修道院先是由他的长子"瓦西勒斯"阿莱克修斯保护和支持，然后由他家族的重要成员来保护。保护人不得拿走修道院任何东西，还要赶走那些从外面骚扰修道院的人。

第71章，对"全能者"基督的祈祷。

第72章，对修道士们的最后告诫。

作者的"全能者"基督修道院的这份章程由他签字，时间是3345年（即公元1136年）10月。

约翰·科穆宁，"生于紫色产房的"虔信基督的皇帝，罗马人皇帝。

16."至尊者"伊萨克·科穆宁为贝拉附近救世主圣母修道院制定的章程

（1）手抄本、出版和现代语言译本

这份文件的时间为1152年。

手抄本为1904年前埃里亚斯·特斯特利斯（Elias Tsitelis）抄自一本16世纪手抄本。

---

① 尼基弗鲁斯可能是作者约翰皇帝的叔叔、阿莱克修斯一世最小的弟弟。参见 *Byzantine Monastic Foundation Documents: A Complete Translation of the Surviving Founders' Typika and Testaments*, p.778, n.99.

出版：

L. Petit, "Typikon du monastère de la Kosmosotira près d'Aenos (1152)," *Izvestiia Russkago Archeologicheskago Instituta v Konstantinople* 13 (1908), 17–75. （文本在第 19–75 页）

G. K. Papazoglou, *Typikon Isaakiou Alexiou Komnenou tes mones Theotokou tes Kosmosoteiras*, Komotene, 1994.

现代语言译本：

南希·帕特森·舍甫琴科 (Nancy Patterson Ševčenko) 根据佩蒂 (L. Petit) 版本把它译成了英语：*Byzantine Monastic Foundation Documents: A Complete Translation of the Surviving Founders' Typika and Testaments*, eds. John Thomas and Angela Constantinides Hero, with the assistance of Giles Constable, 5 vols. Washington, D.C.: Dumbarton Oaks Research Library and Collection, 2000, pp.798-849.

(2) 内容大意或提要

这份文件一共有 119 章。

第 1 章是文件的序言，陈述这份章程的作者"至尊者"伊萨克·科穆宁是伟大皇帝阿莱克修斯·科穆宁的儿子，这份章程是作者为 6660 年（即公元 1152 年）修建的救世主圣母修道院而作；指出修道院所在地非常荒凉，杳无人烟，只有蛇和蝎子出没，到处是树。作者说他这份文件详细阐述了他关于这座修道院的管理规定，要求他的章程永远保持不变且不受干扰（他公布的这些规定也写在他的遗嘱里，如果不是全部的话）。最后作者说这份章程的序言和全文是他在重病时公布的。

第 2 章，作者说许多人做了许多让上帝高兴的事情来赞美上帝，例如，唱赞美诗，给穷人施舍钱财，自费修建宏伟的教堂，在城市和城镇到处建立神圣的修道院，缺乏世俗物质财产的人献身上帝等；作者说他自己是这方面的后进者，说他曾被流放，饱受病痛折磨。为了赎罪，他自费重建了这座修道院，献给圣母。那个地方通常称为贝拉，荒无人烟，原来只有灌木丛。作者还为修道院修建了围墙，在修道院周围修建了其他必要的房子，如酒窖、粮仓以及修道士需要的所有其他一切。作者认为有必要为修道院和修道士制定良好的制度。

第 3 章，作者规定，修道院 50 名虔诚的成年修道士担任唱诗班领唱，为圣母和上帝唱赞美诗，侍奉上帝，并为作者祈祷；规定另 24 名成年修道士服侍上述修道士，满足他们的需求。规定这些修道士年龄不得低于 30 岁，且不能是宦官，因为宦官导致混乱。规定修道院院长接收富有美德的人入院成为修道士，不得接收庸俗粗野、不守纪律、完全没有学问的人。

第 4 章，规定继任修道院院长由所有修道士选出，由特拉亚努波利斯都主教正式任命，都主教不得限制修道院的自由。规定修道士之间不能解决的棘手问题由他们一起去找修道院院长裁决。如果修道士提出针对修道院院长的问题，且不能解决，则由提出问题的修道士和修道院院长一起，带着当时的特拉亚努波利斯都主教的正式报告，去找牧首解决，牧首按照教规予以解决。牧首不得派遣代表来调查该修道院。作者恳求牧首不要轻率或者延误处理修道院的这种事务，以免修道士忙于法律事务在首都逗留过久。

第 5 章，作者说把他几乎所有财产包括动产不动产都捐赠给了这座圣母修道院。要求修道士同心协力，共同坚定支持他的这些规定，因为分裂导致毁灭。作者已为修道院任命一位完美无缺的管理人。

第 6 章，规定该修道院为隐修机构，修道士要服从修道院院长。规定修道士每天在一起用餐，院长要给修道士提供充足的食物，院长要吩咐一些修道士每天把餐桌上剩下的食物拿到修道院门口，由院长分发给穷人。

第 7 章，规定修道院院长和修道士每天晚上在晚祷结束后，聚集在圣母圣像前吟唱三圣颂，虔诚、专心、热诚、勤勉地吟诵"求主垂怜"（kyrie eleison）40 遍，然后为作者祷告，祷告完后回到各自房间休息。

第 8 章，作者说许多修道院更喜欢"恩人"圣母修道院章程，他也是如此，要求修道士在赞美诗、行为规则等方面遵守"恩人"圣母修道院章程规定，他因此抄写了那份章程，加入自己的规定，要求修道士遵行。

第 9 章，关于全年所有圣母节日的规范要求；修道院门口给穷人的慈善分发由修道院院长决定。

第 10 章，关于圣母安息节期间的规范要求。要求非常隆重地庆祝该节日。作者规定，在仪式结束之后，修道院院长和修道院管理人要在修道院门口给 100 个穷人施舍，给每人分发一条面包（当地 1 莫迪奥面粉做 10 条面包）、6 凹面币和 1 单位（measure）葡萄酒。规定作者去世后在这个节日期间要给 100 个穷人发煮熟的豆子或新鲜鱼肉或奶酪，这些穷人坐在地上分享食物，坐成一排或一圈，要举止庄重。他们吃饱后要马上起身，举起双手为作者祷告，吟诵 40 遍"求主垂怜"才回家。

第 11 章，关于庆祝圣母其他节日的规定。要求修道士进行节日前夜的守夜祷告，为作者吟诵 40 遍"求主垂怜"。要求隆重庆祝圣母安息节之后圣母的其他节日并委托修道院院长给穷人施舍。还要求隆重庆祝圣诞节、基督受难节和主显圣容节。规定如果情况允许圣周四那天的施舍要和圣母安息节的施舍规定一样。还要求庆祝圣施洗者约翰节日和圣尼古拉（Saint Nicholas）节日。不是节日的时候，要先敲小"圣钟"召集修道士唱赞美诗，后敲木头大"圣钟"。在周日和列出的节日特别是圣母安息节，要敲作者高高悬挂在塔楼上的那两个金属大钟。

第 12 章，规定该修道院永远完全独立，任何人不得侵犯它，它不受制于皇权、个人或牧首权威，也不受制于作者的财产继承人，不得屈从于任何人的保护（ephoreia）。修道院必须雇佣的只有他的忠诚秘书米哈伊尔和忠诚老仆利奥·卡斯塔蒙尼特斯（Leo Kastamonites）。作者说有些修道院院长遭到欺诈，使修道院被贪婪的人控制，成为他们的财产；作者说要避免这种导致毁灭的情况，要求该修道院完全独立于任何保护，指出圣母是该修道院及其所有财产的庇护人（ephoros），作者诅咒任何企图取代圣母的人。作者因此规定全年在基督圣像和圣母圣像前各点两支大蜡烛，每天唱赞美诗时小蜡烛如何点则由修道院院长决定。

作者还规定了选出继任修道院院长的方法：修道院院长负责选择任命继任院长，如果修道院院长在去世的时候有完全行为能力，他要召集并咨询所有修道士，从所有修道士中选出继任人。如果修道院院长因某个原因想要辞职，则让院长在其余修道士的帮助下选出最杰出的修道士担任院长。作者在世时由作者选出并任命院长。

第 13 章，关于修道士吟唱赞美诗和其他礼拜仪式程序的规定，抄自"恩人"圣母修道院章程第 4 章。

第 14 章，关于圣餐仪式。要求净化思想，思想纯净、没有屈从可耻想法、没有不良表现（愤怒、抱怨、悲伤、诽谤、欺骗、乱笑、怨恨、烦躁、言谈可耻等）的修道士一周分享三次圣餐，有这些不良表现但悔改了的则由修道院院长决定一周分享一次圣餐还是一次也没有。修道士自认为不配分享圣餐且修道院院长不知道，这种情况不允许。抄自"恩人"圣母修道院章程第5章。

第15章，关于第九小时祷告、晚祷、夜祷（晚饭后）、寝前祷告、晨祷。抄自"恩人"圣母修道院章程第6章。

第16章，规定修道院院长每天两次坐在私密的房间听修道士的告解，如果人太多他没时间，则他可以授权他属意的司祭、辅祭或虔诚的修道士去听告解。抄自"恩人"圣母修道院章程第7章。

第17章，关于告解的要求。告解时撒谎将遭到惩罚；不告解的将被院长逐出教会，直到改正为止，不改正的逐出修道院。主要抄自"恩人"圣母修道院章程第7章。

第18章，规定修道士每日告解。修道士第一次告解是在剃度仪式时，必须单独对修道院院长告解。抄自"恩人"圣母修道院章程第7章。

第19章，关于神圣斋戒的程序，要按照教会日历执行，基督所有节日斋戒前夜的守夜祝祷仪式也应按章程进行。抄自"恩人"圣母修道院章程第8章。

第20章，人有灵魂和肉体两部分，都需要关注。抄自"恩人"圣母修道院章程第9章。

第21章，关于用餐的规定。规定修道士在礼拜仪式结束后等待召集用餐，圣钟敲响后，修道士吟诵赞美诗有序进入餐厅，按修道院院长的指令入座用餐，迟到者如果理由正当可赦免，否则修道院院长责令其行屈膝礼。就座时要进行传统的读经，不得喧哗干扰阅读。抄自"恩人"圣母修道院章程第9章。

第22章，就餐时不得因座位安排吵架，不得违抗修道院院长的命令，不得对座位安排不满，否则将受到处罚。抄自"恩人"圣母修道院章程第9章。

第23章，关于进餐时的行为规范，不得分享饮食，如需要某物，要询问修道院院长，由他酌情决定。抄自"恩人"圣母修道院章程第9章。

第24章，关于平时晚餐的规定。饭后离席回房间的行为规范；晚餐在感恩祷告之后才到的修道士如无正当理由将受到和午餐迟到一样的处罚；节食的人不会被问责，他们晚餐只有少量的面包，可能还有修道院院长决定提供的水果；第二轮用餐期间执行纪律的官员检查第一轮用餐缺席的修道士，以及对他们的处理办法。抄自"恩人"圣母修道院章程第9章。

第25章，关于大斋节第一周的饮食规定。抄自"恩人"圣母修道院章程第10章。

第26章，关于大斋节期间其他日子的饮食规定，以及如果其间遇上圣施洗者约翰头颅发现日或四十圣徒纪念日时的饮食规定。抄自"恩人"圣母修道院章程第10章。

第27章，关于大斋节期间遇上圣母领报节、圣周四、耶稣受难节（即圣周五）和圣周六、主进殿节和神圣上帝接受者西米恩（holy God-receiver Symeon）纪念日时的饮食规定。主要抄自"恩人"圣母修道院章程第10章。

第28章，关于圣使徒节和主降生节斋戒期间的饮食规定。抄自"恩人"圣母修道院章程第10章。

第29章，规定隆重庆祝圣母安息节，要在门口进行慈善施舍。抄自"恩人"圣母修道院章程第11章。

第30章，以上主要摘自"恩人"圣母修道院章程。下面主要是作者关于修道院独立性、院长和其他官员委任、修道士削发仪式、入院礼物、行为规范、事务处理等方面的规定。

第31章，规定该修道院独立，不受任何人控制，该修道院自治，不受任何权利支配，不管是皇权、教权，还是私人权利，不管是官方的还是私人的。不得以任何借口把该修道院抵押或者转让给任何人或者机构或者政府部门等。规定违背作者命令者将遭受犹太人的命运及与那些钉死耶稣基督的人一样的诅咒。关于修道院院长的权力和职责，规定院长全权负责修道士的入院出院和所有的收入开支。修道院在受到威胁时要请求皇帝的帮助。作者请求皇帝在该修道院受到威胁时保护它，驱逐那些企图染指该修道院的人。这一章有一小部分参考了"恩人"圣母修道院章程第12章。

第32章，关于修道院院长继任人的选举。作者去世后，修道院院长快要去世时，召集所有修道士，选出大家一致公认或者大多数修道士赞成的为院长继任人，不得贿赂。如果修道院院长在选举继任人之前去世，则由所有修道士选出继任人，由特拉亚努波利斯都主教主持就职仪式。

第33章，关于修道院院长的就职仪式。部分抄自"恩人"圣母修道院章程第13章。

第34章，关于修道院管理人的选举和就职仪式。规定由修道院院长和一些杰出修道士公正选定。管理人的条件要求和院长的差不多。管理人就职仪式基本抄自"恩人"圣母修道院章程第13章。

第35章，关于其他官员的就职仪式，抄自"恩人"圣母修道院章程第29章。

第36章，规定应有三位财务主管，即一位是圣器保管员，看管修道院的圣器和神圣礼拜仪式用布；一位财务主管，负责管理钱财和处理收入与开支，他要详细记录修道院的一切收入和支出，修道院院长要知情并且掌控，其他特别虔诚的修道士要进行监督，财务主管要当着他们的面开启钱箱，并用他们的印章密封；还有一位财务主管，负责给修道士分发衣服鞋子等必需品，并保证访客在房间尽可能舒适。部分参考了"恩人"圣母修道院章程第30章。

第37章，关于纪律官员和餐厅管理员的职责。抄自"恩人"圣母修道院章程第31章。

第38章，谨慎、虔诚地履行职责的修道院在职官员保持职位不变，玩忽职守甚至涉嫌欺骗的那些人则予以革职。抄自"恩人"圣母修道院章程第32章。

第39章，要求所有执行职务的人要全心全意履职，包括食品管理员、面包师、厨师、看骡人、附属机构负责人、修道院财产管理人、派去君士坦丁堡等地方执行职务的人等。抄自"恩人"圣母修道院章程第33章。

第40章，责令修道院院长关注作者捐赠给修道院的不动产，谨慎挑选并派遣上了年纪的虔诚修道士去照管这些不动产。主要抄自"恩人"圣母修道院章程第34章。

第41章，规定根据管理人的表现决定升职或免职，管理人不合格但院长拒绝把他免职时该如何解决，以及如何处理被免职管理人。部分抄自"恩人"圣母修道院章程第14章。

第42章，规定在选择修道院院长或者管理人的时候应该诚实、理性，不得偏袒、欺诈，不得搞派系，不得根据地位、出身、捐赠的钱财选择不配的人，而要选择极其虔诚、明察善断的人担任院长或管理人。参考了"恩人"圣母修道院章程第14、17章。

第43章，责令修道士服从修道院院长，和睦相处，相互支持。参考了"恩人"圣母修道院章程第16章。

第44章，要求修道院院长关心照顾好修道士们的灵魂和身体。参考了"恩人"圣母修道院章程第17章。

第45章，声明捐赠给该修道院和教堂的圣器、礼拜仪式用布以及所有不动产都是作者不幸一生辛苦获得的，规定所有这些财产不可转让，不得放弃。

任何财产转让都将遭到亵渎圣物的指控，除非有合理的无可责难的理由，例如火灾、敌人侵袭、地震等导致修道院倒塌需要重建。在这种情况下，如果急需金钱，可以处理一些财产，合法出售给其他教堂。财产的处理必须公开进行，所有人都要在场，修道院院长必须在财产清单上签字，已被处理的财产必须详细列出，写清楚处理的财产及其转让理由，所有人都要签字，存放在圣器收藏室里。参考了"恩人"圣母修道院章程第19章。

第46章，规定那些收集和分配修道院农产品（如谷物、大麦、葡萄酒、橄榄油等）的官员，要十分仔细地记录这些农产品的来源、时间和消费去向，收集和分配要让弟兄们满意。参考了"恩人"圣母修道院章程第20章。

第47章，不得闲聊，否则修道院院长将予以训诫。指责弟兄且拒不悔改的；无所事事聚集且拒绝改正的；违反修道院章程获取财产（哪怕是1奥波尔[obol]或一片水果），且修道院院长不知情的；偷偷吃喝且拒不忏悔的；接收和回复亲友信件的，这些人都将受到惩罚。盗取修道院财产且不赔偿的人将遭驱逐。参考了"恩人"圣母修道院章程第21、22章。

第48章，规定修道院院长可以根据修道士的虔诚、爱与和睦、饮食的供应特别是不动产的收入来决定修道士的人数。参考了"恩人"圣母修道院章程第23章。

第49章，24岁以下的任何男子不得以任何借口居住在修道院，否则将受到惩罚。

第50章，修道士的亲属或熟人如果有隐修意愿、能够提供服务且在26岁以上，应该接收入院，但他必须遵守教会法和修道院的规定，服从修道院院长，不得只服从那位修道士或者只为他服务。

第51章，规定两位修道士住一个房间，一些情况下修道院院长可安排一些修道士单独居住。参考了"恩人"圣母修道院章程第24章。

第52章，规定保管好旧衣服鞋子等一切必需品，修道士要用旧的更换新的，不把旧的衣物交给仓库不能拿到新的。抄自"恩人"圣母修道院章程第25章。

第53章，规定所有修道士的饮食、衣服和鞋子都一样，除了修道院院长、管理人、教堂司事、那些富有美德的年老修道士等，这些人的饮食会更好。修道院院长每月可查房一次，没收修道士额外的东西，放进衣橱或者给穷人，抄自"恩人"圣母修道院章程第 26、27 章。

第 54 章，作者关于纪念其过世父母即已故皇帝皇后的规定，关于为已故修道士修建墓地的计划和安排，以及关于其老仆利奥·卡斯塔蒙尼特斯的葬礼及纪念的规定。

第 55 章，规定见习修道士考验期为 6 个月，之后才能举行削发仪式。不得强迫合格的见习修道士出家和赠送入院礼物，自愿赠送的礼物则可以接受，修道士不管是否赠送入院礼物，修道院院长都要平等相待。但礼物一旦捐赠就不能带走，因此捐赠者离开修道院时便无法要回这些礼物。如果很富的人来修道院剃度，愿意捐赠动产或不动产给修道院，想在修道院内单独居住，则应该答应并满足其要求，即使这个人是宦官，地位很高、财富很多也可以。参考了"恩人"圣母修道院章程第 37 章。

第 56 章，除了圣母的节日和纪念仪式，其他时间不得在修道院门口给女性任何施舍物。参考了"恩人"圣母修道院章程第 38 章。

第 57 章，要求修道士团结友爱，杜绝金钱的诱惑，不得利用修道院财产或以任何其他方式牟利，不得因疏忽导致修道院财产损失，避免不合适的亲密。部分抄自"恩人"圣母修道院章程第 42 章。

第 58 章，禁止转让作者和所有其他人无条件捐赠给修道院的所有财产，不管是动产还是不动产，不管是通过契约、交易、赠与或任何其他转让形式，还是通过改变这些财产所有权的方式，都是禁止的，不管价格多高。禁止任何人违反作者的规定，不管他是谁，违者是背教者是恶魔，将下地狱。

第 59 章，规定每个月初进餐时读这篇章程。抄自"恩人"圣母修道院章程第 42 章。

第 60 章，命令两个财务主管和管理人在修道院院长的知情下共同监管钱财，详细记录收入和支出，他们一起开启和密封钱箱。如果有钱储存，修道院院长必须和管理人、圣器保管员以及两位财务主管一起密封。需要用钱时，修道院院长要当着他们的面去掉封条。

第 61 章，规定修道院配备一位能干的称职的医生，支付相应的报酬和薪水。医生的职责是护理病人并尽力治疗他们，包括修道院的生病修道士，以及修道院里老人疗养院（the old age infirmary）的生病弟兄。修道院院长负责医疗用品的采购，不得吝啬。院长应安排十名仆人服侍病人和卧床不起的人；他们要侍候老人疗养院的人，那里有 36 个老人，修道院院长要关心他们。

第 62 章，规定给修道士提供足够的衣物，每年给每位修道士发一件双层短上衣，两件内衣，三双鞋子（一双冬季穿）；每三年发两件背心（一件冬季穿，一件夏季穿），两件斗篷（一件冬季穿，一件夏季穿）；每个月发 1 罗马磅（*litra*）的油用来点房间的灯，发 1 罗马磅的肥皂用于清洗。用旧的衣物由修道院院长收回存放在衣橱，给还没到发新衣物时候没有衣物的新修道士使用。骡子饲养员、面包师和农民每人得到一件双层短上衣、两件内衣、一双鞋、两双靴子、一只羊一次剪得的羊毛（用来做冬季鞋子）、够做一副绑腿的山羊皮，每两年得到两件背心（一件冬季穿，一件夏季穿）。

第 63 章，关于平日饮食的具体规定。规定周一、周三和周五提供肉汤和豆类，一周其他四天提供两道菜：鱼肉和足够的奶酪，平时每天提供 2 修道院单位葡萄酒，大斋节期间每天提供 1 修道院单位（monastic measure）葡萄酒。在圣使徒节、圣诞节以及作者的纪念日，饮食由修道院院长规定。

作者规定修道院院长在适当的时候从艾诺斯（Ainos）采购足够一年使用的油，不要从代理商那里购买，而要从停泊在艾诺斯的运油船那里购买，那里便宜。院长还要在合适时候购买葡萄酒，除非修道院自己种植葡萄。

第 64 章，关于作者的纪念仪式。

第 65 章，关于圣母安息节的庆祝。

第 66 章，规定修道院院长应该备有一条船，供修道士出行到艾诺斯采购东西，并在属于修道院的马里察河捕鱼给修道士食用，说内奥卡斯特隆（Neokastron，"新城"之意）近郊的萨米亚（Samia）河里有很多大鱼，要求修道院院长派人守卫那条河，防备有人捕鱼。

第 67 章，作者要求修道院院长注意做出计划维持修道院收入，并看管作者修建供陌生人过河的桥梁和附近另外一座桥梁，如有损坏要求修道院院长用修道院的收入重建，并要让其他修道士知晓花费。

第 68 章，规定了冬夏两季叫醒修道士的时间和赞美诗。

第 69 章，作者关于其不动产的所有权的安排，以及这些不动产的契约的保存。作者说他继承的不动产和他已经转让给修道院的不动产，永远不可转让，这些财产有：

内奥卡斯特隆以及定居在城内城外的佃农，该城的房子，包括作者的和其他人的房子；对那里每年举行的集市的权利，以及萨米亚河和马里察河的捕鱼权。还有几处地产：卡尼克莱奥（Tou Kanikleiou）地产，尼科霍利昂（Lyko-chorion）地产和德拉霍（Tou Drachou）地产，以及巴尼安努斯（Banianous）岬角。以下地产：西基亚（Sykea）村庄；之前被称为特里菲利欧（Tou Triphylliou）的地产也要计算在内，根据皇帝的诏令，它在阿斯皮奥特斯（Aspeiotes）去世之后将属于内奥卡斯特隆，目前是阿斯皮奥特斯在使用，作者希望把它换到修道院附近。

艾诺斯城内外属于作者的所有不动产；内奥霍里昂地产；库里安尼斯（Kourianis）地产；霍洛斯巴托（Tou Choirosphaktou）地产；巴齐尼亚（Batzinea）村庄；霍斯德里（Tou Chousderi）村庄；西纳勒（Tou Sinale）地产；弗拉雄的索蒂尔（Soter ton Blachon）新建的贝洛斯（Beros）地产；圣尼科劳斯（Hagios Nikolaos）地产；两个兵役地产迪利亚努（Tou Dilianou）村庄和德拉嘎巴斯塔（Dragabasta）村庄；埃托斯（Aetos）要塞和哲霍巴（Tzechoba）村庄；苏卡拉吉（Sukaragi）地产；布兰尼斯塔（Branista）村庄；内波塞洛斯（Ne-boselous）地产；德尔博齐亚努斯（Delbotzianous）地产；赞贝（Tzampe）地产；拉乌尼安努斯（Raunianous）地产；索弗斯（Sophous）村庄（如果在作者有生之年没有卖掉的话）；萨古达乌斯（Sagoudaous）市场，连同定居在市场里的佃农和居民，还有那里的船只、*tou basilikatou*[1]权、以及那里的仓库。作者规定这些财产在他去世后将归修道院所有。

在卡斯塔蒙尼特斯死后，修道院将拥有加拉图（Tou Galatou）地产和哲尼古（Tou Tzernikou）村庄。在斟酒人（*pinkernes*[2]）君士坦丁（Constantine）死后，修道院将拥有拉达邦多斯（Radaboundos）村庄。在尼基塔斯·罗马尼特斯（Niketas Romanites）死后，修道院将拥有克基佐斯（Kerkizos）村庄。在作者的养子康斯提泽斯（Konstitzes）死后，如果他没有孩子的话，那么修道

---

① 可能指皇帝的代理人，也可能是一种税收。参见 *Byzantine Monastic Foundation Documents: A Complete Translation of the Surviving Founders' Typika and Testaments*, p.850, n.36.

② *pinkernes*，希腊文为 *(ἐ)πιγκέρνης*，一般指皇帝的侍臣、斟酒人，在科穆宁王朝这一职位由皇室成员担任，13世纪之后该职位的重要性上升。史料中还出现了牧首的 *pinkernes*，以及本文中大地主伊萨克·科穆宁的 *pinkernes*。参见 Alexander P. Kazhdan (editor in chief), *The Oxford Dictionary of Byzantium*, p.1679.

院将拥有哈特西奥（Tou Chatesiou）村庄；如果他有孩子的话，如果他愿意就可以把村庄遗留给孩子。

作者还把以下地方的所有权转让给修道院：卡鲁泽拉（Kalosera）村庄；齐泽（Tou Tzitze）田地（作者购买的）；在特拉亚努波利斯，属于作者、还没有给他的秘书米哈伊尔的农田；作者父亲生前颁布皇帝诏令授予他免税权的12条船，其容量达4000莫迪奥。

作者要修道院院长把所有这些财产的契据保存在圣器收藏室里。但他手边同时要有抄件以便展示给那些代表国库和政府来调查财产权利的官员看。规定如果作者的契据提到几个受益人的话，那么要把相关段落抄写给这些财产的所有人，作者把这些财产及其所有权转让给他们，契据上有法官的签名。

除此之外，作者还把他在特拉亚努波利斯城外拥有的那些农田转让给修道院。作者祈求上帝延长他的寿命以确保履行这些命令，以及建立并收回在艾诺斯的那些房子和耕地；如果他来不及做，委托修道院院长完成这些，因为它们对修道院非常必要和有用。

第70章，关于疗养院。作者说已经为生病弟兄修建了一座疗养院，为他们提供医疗服务，它在修道院外面，位于外层围墙之内。作者规定那里容纳36位弟兄。如果作者寿命延长，他将负责那里，否则，修道院院长负责那里。作者规定为这36位弟兄提供床、寝具（双层克里特羊毛垫子、灯芯草垫子、两床小羊毛毯子、厚重的羊毛被子、羊毛枕头）。

作者规定，这些弟兄每人每天得到一条面包（由当地1莫迪奥的1/10做成），面包的质量和修道士们的一样；每人每天两道菜（修道士在餐厅也是两道菜）；以及1修道院单位的葡萄酒。他们每人每月得到6凹面币。如果他们恢复健康，可以自愿离开那里，然后让其他人进来，确保人数36人不变，确保床位不会空闲不用。

作者命令修道院院长雇佣一位在骨折方面富有经验的医生，为那些弟兄提供精心的治疗，医生常驻修道院。医疗用品由修道院出钱购买，由修道院院长放在橱柜里。

规定给每个弟兄提供一个盘子、一只碗还有一个陶杯。安排8个仆人照顾他们。修道院院长要在每个周日看望他们一次。

在圣母的节日期间，修道院院长要给修道士和这些弟兄提供鱼肉。在大斋节期间，修道院院长要让生病的修道士沐浴，给他们治疗，并提供合适的食物。如果医生要求一些病人沐浴以有利于身体，就让他们沐浴。修道院院长要把这些弟兄当作上帝本人，要珍爱他们。如果有弟兄必须长期卧病在床，修道院院长要拿修道士的旧外衣给他们穿。修道院院长要保证这些弟兄暖和，从修道院附近收集足够的柴火。疗养院每天晚上都要点着很亮的灯。

疗养院旁边要有一座教堂，修道院院长必须安排一些被授予圣职的修道士来举行礼拜仪式，以便这些弟兄能够听到这些赞美诗。要让司祭举行晨祷和晚祷以及圣餐仪式。

必须长期卧病在床的弟兄，要给他们穿修道士们的贴身内衣和旧外衣；如果他们治不好，不要抛弃他们，要继续治疗和照顾他们。如果他们去世，要给他们举行适当的葬礼，把他们葬在远离修道院、他们自己选择的地方。

疗养院和其中的床位如有损坏，修道院院长要予以修复。房顶要经常铺瓦。如果哪天这些房子因火灾或地震而毁坏，修道院院长必须把它们修复如初。不要给疗养院的弟兄发酵的葡萄酒，因为有害于身体，不利于治疗。

第71章，不得压制修道院各村庄的居民，不得贪婪，要怜悯穷人，不得伤害他们，不得使他们处境悲惨。

第72章，作者规定修道院不隶属于任何人，吩咐修道院院长和所有修道士照顾修道院。要求疗养院弟兄们在每次晚祷时、在圣母安息节以及在作者的纪念仪式上为作者念40遍"求主垂怜"。

第73章，关于蓄水池。作者已经着手在修道院围墙内修建一座蓄水池，如果有生之年建成的话，委托修道院院长和修道士注意蓄水池的保养，如有损坏要修复，以保证修道院供水问题。该水源的继承人以书面形式把它捐赠给了作者，使作者拥有了该水源，特拉亚努波利斯都主教在上面签了字，作者要求把这份文件保存在圣器收藏室以永久保管。作者要求这个蓄水池一直装满水，盖好顶盖，照管水渠和水管，确保输送的流动水可供修道院饮用。

第74章，作者盛赞修道院的地理位置、周边环境、气候资源等，说修道院的魅力将吸引许多人前往。

第75章，作者关于修复该修道院过程中奇迹的描述。说开始修建的时候缺乏建筑材料，但好像得到了圣母的帮助，奇迹般地发现了石灰，发现了水源。说在修建教堂的时候，教堂里有蜜蜂在筑蜂巢，智者认为教堂里有最甜美的圣灵。作者说不久后他本人在教堂外亲自见证了另一奇迹。他当时生病了，坐在教堂外面检查工匠们的工作，这时他看到一只金色脖子的鸽子平静地坐在教堂的一根桩子上，当时教堂屋顶已经盖好。他不知道鸽子从何而来，试图赶走鸽子，但是鸽子只移动了一点点，飞起来又落在旁边坐在那里。智者认为这预示了教堂存在着圣灵。

第76章，要求修道院院长和修道士们善待托付给他们的村庄里的居民，除了合理记录的欠款，不得给他们增加新的负担，不得敲诈勒索他们，因为他们用自己的双手和艰辛劳动为自己、家人、管理人和主人提供食物。

第77章，禁止给作者制作圣像和画像。

第78章，规定修道院院长和其他一些重要修道士把已经转让给修道院的动产和不动产清单存放在圣器收藏室里。要求以后修道院院长由所有修道士从修道院内部选出。

第79章，作者要求修道院院长注意给屋顶换瓦，以免铅皮屋顶毁坏，防止暴雨破坏教堂的大理石和黄金装饰。

第80章，禁止唱诗班成员缺席宗教仪式，除非生病。

第81章，要求修道士和仆人做好自己的本职工作，不得调查修道院院长，除非他可能明里暗里导致修道院毁灭。

第82章，规定修道士每天要清洁地面，保持闪闪发光的大理石地面干净，唱诗班修道士进教堂要换上干净的鞋子。

第83章，禁止平信徒进入修道士的磨坊。

第84章，允许女性崇拜圣母并为作者祷告，规定女性一年三次（圣母安息节、圣母领报节、圣母圣诞节）进入修道院做礼拜，崇拜神圣三位一体（Holy Trinity）。其他时间禁止女性进入修道院。女性要庄严有序地从东门进来，以便把她们与修道士分开来。圣餐仪式结束后，她们要由教堂司事或者其他虔诚的人护送去做礼拜，做完礼拜后，她们不得在修道院内逗留，除非有人是院内修道士的亲属，这种情况下，经修道院院长允许修道士可与其女亲属说话。她们平日可在修道院围墙外面，在围墙门上的圣母马赛克像下做礼拜。

第85章，规定修道院院长注意禁止司祭埋藏、隐匿圣餐仪式剩余的圣餐。作者说他见过司祭在圣餐仪式结束后，脱下司祭祭礼服，把圣餐递给了辅祭，说这完全是出于对某些必需品的贪婪，要禁止这种情况。

第 86 章，作者规定自己离世后，只有他的老仆利奥·卡斯塔蒙尼特斯、秘书米哈伊尔、"首席司库"司祭君士坦丁（Constantine）和他的养子康斯提泽斯允许葬在修道院内，要对他们进行纪念。其他人不得葬在修道院内。非常富有的人如果给修道院捐赠很多动产和不动产，则允许葬在修道院里。住在修道院围墙附近的尼科霍利昂或德拉霍的乡下人死后要葬在远离镇上、他们想要的任何地方，不得葬在村庄里，以防污染。

第 87 章，作者要求修道士和修道院院长尽力帮助穷人，尽可能多进行慈善分发，不得借口收入不足逃避施舍。

第 88 章，规定如果修道院收入增加，允许修道院院长增加修道士人数。

第 89 章，作者说他曾经想要埋葬在霍拉（Chora）修道院里，在那里修建了一座坟墓，并告诉了那里的修道士们；但现在他改变了想法，他重建了救世主圣母修道院后，决定葬在这里。他已经和霍拉修道院协商好，会把他的棺材等从那里迁移过来。他把霍拉修道院院长的书信存放在救世主圣母修道院的圣器收藏室里。作者说如果他来得及的话会在有生之年完成迁移计划，如果没来得及就去世，则委托修道院院长和其他修道士完成他的计划，把他坟墓的大理石棺材等运过来，放在这里教堂前厅的左边，在那里建立他的坟墓。他的墓盖中央要有一个圣母银饰品。作者在霍拉修道院的坟墓，重要东西除了大理石之外，还有铸铜栏杆，他父母的肖像，以及圣母圣像基座，都要运过来。他自己的肖像则留在霍拉修道院。如果霍拉修道院的修道士贪婪，拒绝移交这些东西，救世主圣母修道院院长和一些修道士要去找皇帝提出指控，皇帝会帮助的。

第 90 章，作者关于他的坟墓的装饰要求，要求修道院院长和修道士们每天晚上在晚祷后去他的坟墓那里纪念他。

第 91 章，规定由修道院院长决定纪念作者的仪式和形式。

第 92 章，要求修道院院长将作者所捐献财产的文件妥善保存在修道院安全的地方。如果他来不及做就离世，则让修道院院长把这些文件从霍拉修道院院长那里拿过来。

第 93 章，要求特殊照顾两名犹太教改宗者即阿莱克修斯和其妻子伊琳妮，规定只要他们活着就给予照顾，按照约定，伊琳妮每月得到 3 莫迪奥谷物，每年得到 15 凹面币和一件斗篷；阿莱克修斯每月得到 2 莫迪奥谷物和 2 单位葡萄酒，每年得到 2"海培伦"金币。如果有其他人拿着他密封的承诺信前来，那么修道院院长要立即将信上写的东西给他。

第 94 章，规定从修道院的资金中拿出 30 标准罗马磅和收益盈余存放在圣器收藏室，以备将来修道院遇到灾难时使用。

第 95 章，关于作者父母的纪念仪式规定。

第 96 章，作者规定对他转让给修道院的财产的管理永远不变，规定修道院院长要全心全意照顾好修道院和老人疗养院。

第 97 章，关于公共浴室。作者说他重建了一座公共浴室，转让给了该修道院。它在修道院外面，位于流经修道士墓地的小溪附近。作者还在浴室旁边修建了供休息的房屋。作者规定把浴室租出去；女性只能在星期三和星期五使用浴室，其余日子女性不能使用浴室。修道士每月沐浴一次，修道院院长要允许生病的增多沐浴次数。修道士只能在这座公共浴室沐浴，禁止在任何其他地方沐浴。修道院院长要注意维修这座浴室以防毁坏。修道院里要有工匠。

第 98 章，作者规定，当修道院地产上有居民放火烧别人的房子时，修道院院长要聚集那个村庄所有居民重建被烧毁的房子。那些丧失房子的人不用出钱，那个村庄的居民要进行重建。如果抓住了纵火犯，修道院院长要监禁他，要清楚明白、无可争辩地公开事件。并且惩罚罪犯：如果他没有家室就把他的所有财产分给受害的居民以及其他一些没有财产的贫穷的居民；如果有家室则将他的一半财产分给受害者和穷人。修道院院长还要维护被冤枉的居民，严惩那些冤枉他们的人。

第 99 章，由于转让给修道院和老人疗养院的不动产的原始文件已给修道院院长保管，原件的抄件得到主教的认可，当有人要看原件时，修道院院长千万不要展示原件，而应出示抄件。原件和原始财产清单以及这份章程必须一直保管在安全的地方。这些文件的抄件应该一直给修道院院长和其他修道士参考使用。

第 100 章，规定修道院不动产上的每一笔收入、支出和存款，修道院院长、管理人、圣器保管员及修道院其他重要负责人都要知晓。

第 101 章，规定修道院的所有牲畜，不管是牛还是其他驮畜，不得生活在修道院大围墙之内，而要安顿在围墙之外的 S 形墙边。马匹饲养员在那里照顾马匹和骡子，农民则把劳动和犁地的牛赶拢休息。这样，包围教堂及其周边房子的大围墙内部区域就不会有动物粪便了。

第 102 章，如果哪天教堂因地震而遭灾，修道院院长要马上按原样原材质修复，不得有任何改变。

第 103 章，规定耶稣复活日要和圣母安息节那样举行游行，给每个修道士发一支蜡烛，每根蜡烛重 1.5 盎司。修道院院长不得搬走修道院附近的村庄，或任由其他地方建立起村庄；可能的话要在修道院附近增加村庄，这对修道士和修道院是有利的。

第 104 章，作者在修道院围墙外重建了圣普洛柯比教堂给乡民用，规定修道院院长注意乡民在星期三和星期五不得吃鸡蛋、奶酪或肉，要允许他们在周日或重要节日进教堂晨祷或参加圣餐仪式。如果这个教堂有损坏由乡民负责修复。

第 105 章，如果修道院院长看到"全能者"基督修道院同加斯蒂维利亚村庄（the Gastivilenoi）的葡萄园和睦相处，则维持现状，让加斯蒂维利亚（Gastivilea）继续属于他负责的修道院，这是此前确认的。但如果纷扰不断，引起法律纠纷，修道院院长则要平静处理这些事，要把加斯蒂维利亚连同其所有权利卖给想要买它的"全能者"基督修道院，再用出售这个村庄所得的金钱购买另一个对修道院有益的村庄。作者说"全能者"基督修道院曾出价 16 标准罗马磅购买该村庄，他拒绝了，因为价格太低。

第 106 章，作者禁止修道院转让他遗赠的书籍，其中一本是他写作的，他希望这本书经常得到阅读以纪念他。

第 107 章，作者要求修道院照顾他的秘书米哈伊尔、老仆利奥·卡斯塔蒙尼特斯和养子康斯提泽斯，规定了他们死后的墓葬要求。由于作者的秘书米哈伊尔为该修道院的修建做出了巨大努力，提出了很多好建议，因此作者允许他在修道院内自费修建住所居住，不得赶走他。修道院院长要特别珍爱他，每周要给他葡萄酒和两条新鲜面包，给他的葡萄酒要和给每位修道士的一样多。要求隆重举行他的葬礼。作者还对他的棺材和坟墓做出了具体规定。作者规定修道院院长要同样珍爱他的老仆利奥·卡斯塔蒙尼特斯，他的棺材和坟墓和米哈伊尔的一样。在卡斯塔蒙尼特斯去世后，作者给他的财产归修道院，他的亲属和陌生人不得染指，这是他的心愿。他的养子康斯提泽斯，是皇帝的侍卫

（*vestiarites*①）尼基塔斯·罗马尼特斯的侄子，作者规定修道院院长要同样珍爱他，他去世后修道院要予以厚葬。

第108章，作者将他在君士坦丁堡耗费无数黄金重建的圣斯蒂芬（St. Stephen）教堂转让给该修道院，作为它的附属机构，作为修道士们去首都时暂住的地方。这座教堂及其附近建筑物是作者根据牧首法令得到的。作者规定修道院院长任命三名修道士去管理，并保管其纸质文件。

第109章，规定作者墓前的圣像损坏时要及时修复。

第110章，作者已把迪利亚努和德拉嘎巴斯塔两个村庄转让给修道院，这两个村庄里有一些士兵，他们经常对其邻居和村庄的监管人举止无耻且欠税。但修道院院长要礼貌对待他们，使他们成为盟友，以便赶走那些定居在村庄周围并因贪婪想要暴力攻击村庄（这种情况已经发生多起）的那些坏人，他们对保护修道院很有用。作者希望其秘书米哈伊尔和养子康斯提泽斯的村庄得到帮助和爱护。

第111章，在修道士们反对修道院院长且得不到解决时，修道士们和修道院院长要去找君士坦丁堡牧首解决。牧首对修道院没有任何其他权利。

第112章，作者说他从内奥卡斯特隆地产选出皇家侍卫（*vestiaritai*），这些人为他服务，为他修建了这座修道院，还提供了其他重要服务，作者规定他们在他离世后终身免税，修道院村庄的监管人或修道院院长不得强迫他们提供强制性服务或额外强制性服务或附加税（*psomozemia*②）。他们可以一起带着家眷离开现居地，重新安居在修道院附近的尼科霍利昂和德拉霍。他们要援助修道院并赶走那些企图损害修道院、毁坏修道院财产的人。他们要服从修道院院长，还要提供运输工作。在作者死后他们免除其他强制性服务和附加税（*psomozemiai*）。

修道院院长需要他们提供服务时要给他们提供马匹供他们路上使用，并给予与路程相符的报酬。如果他们想要为其他主人服务，不再为该修道院服务，且不服从修道院院长，就剥夺作者给他们的特权，把他们逐出内奥卡斯特隆地

---

① *vestiarites*，希腊文为 βεστιαρίτης，复数形式为 *vestiaritai*，皇帝的侍卫。参见 Alexander P. Kazhdan (editor in chief), *The Oxford Dictionary of Byzantium*, p.2163.

② *psomozemia*，希腊文为 ψωμοζημία，复数形式为 *psomozemiai*，11 世纪末开始出现的一种重要附加税，可能是为军队提供面包。参见 Alexander P. Kazhdan (editor in chief), *The Oxford Dictionary of Byzantium*, p.1755.

产。作者在这份章程和给他们的书面命令中都写清楚了这些规定。他们的帮助对修道院很有用，修道院院长要尽可能接纳他们。

第113章，关于蓄水池、厕所的卫生打扫以及作者修建的两个浴室。规定修道院外面的浴室是修道院的收入来源之一；修道院内的是作者的私人浴室，在作者去世后，供修道士使用；但如果成为修道院的负担，导致修道士遭到路过修道院、进来礼拜圣母的权势人物的打扰，那么修道院院长要命人把它拆掉，其建筑材料可用来在修道院围墙外建筑其他房子。

第114章，修道院附近那条大路，很多年前作者从父亲那里继承了那条路的通行费，作者规定取消收取通行费，允许陌生人在那条路上通行无阻。善待和保护穷人令上帝欣喜，也会得到上帝的慷慨奖励。

第115章，作者在修道院内浴室外修建的自己的住房，如果修道院院长认为那座房子损害或扰乱修道院了（因为有旅客可能会因贪婪而在里面住宿），那么，就要把那栋房子拆掉。

第116章，作者将所有转让给修道院的财产的《赠与和授予条令》（*Gift and Grant Ordinance*）都卷起来用铅印密封，并保存在圣器收藏室，其内容在作者去世之前保密。在作者去世时修道院院长和修道士们要马上打开这份条令，遵行其中的规定，管理作者捐赠的不动产，包括卡鲁泽拉村庄、齐泽村庄以及在特拉亚努波利斯属于作者的田地。

第117章，强调修道院院长要优待他的秘书米哈伊尔和老仆卡斯塔蒙尼特斯，保护他们。委托修道院教育他的养子康斯提泽斯，养子到18岁时，应该把已经转让给他的钱财和衣物存放在修道院，他不得挥霍钱财，作者任命教育他的人要仔细注意他并给予忠告，直到他满24岁并结婚为止。

第118章，关于修道士的墓地的修建。作者已经开始在修道院外面为修道士修建墓地和小礼拜堂，如果他有生之年不能完成建筑工作，则委托修道院院长完成。

第119章，结尾语。

17.约翰为弗贝洛斯圣施洗者约翰修道院制定的章程

（1）手抄本、出版和现代语言译本

这份文件的第一版时间在1113年后，大约1144年再版。其手抄本藏于

圣彼得堡的公共图书馆（Public Library, St. Petersburg），1913年由帕帕多普洛斯－克拉梅乌斯（A. I. Papadopoulos-Kerameus）编辑出版：A. I. Papadopoulos-Kerameus, *Noctes Petropolitanae*, St. Petersburg, 1913, pp.1–88. 罗伯特·乔丹根据这个版本把这份文件译成了英文，见 *Byzantine Monastic Foundation Documents: A Complete Translation of the Surviving Founders' Typika and Testaments*, eds. John Thomas and Angela Constantinides Hero, with the assistance of Giles Constable, 5 vols. Washington, D.C.: Dumbarton Oaks Research Library and Collection, 2000, pp.880-946.

（2）内容大意或提要

这份文件开头说约翰为莫纳黑昂（Monacheion）的圣施洗者约翰（St. John the venerable Forerunner）修道院写作了修道士生活和仪式的章程。全文一共59章。

第1章，作者引用圣经分析人，说人这种生物有理性，有思想，聪明，有自由意志，但人往往受到非理性的欲望驱动，本质上更为非理性更为世俗，因此归类为动物；讨论了肉体的战争和灵魂的战争，人类生活的目标；介绍了作者即约翰自己在1113年10月初来到这座修道院，指出刚来的时候修道院状况很差，作者改善了修道院条件，建立了一座教堂，献给施洗者约翰，建造了修道士居住的小房间，为修道院提供书籍、圣器、圣像、圣幔、仪式用布、地产等。部分参考了"恩人"圣母修道院章程第3章。

第2章，关于莫纳黑昂修道院的早期历史。作者说这座修道院最初很小，时间和外来侵略使它化为乌有，这个地方变得树木茂密，寒冷难耐，四面被海水冲刷，更适合野兽生活；后来一位非常杰出的人、皇帝的一位密友来到这里，施洗者圣约翰显圣，指示他在这里建立教堂并建议他在附近定居，于是他在这里建立起一座教堂，修建了这座修道院。这座修道院得名于山间大峡谷的名称，被称为卡斯马迪昂（Chasmadion）修道院，有时被称为马哈迪昂（Machadion）或哈马迪昂（Chamadion）或霍贝鲁修道院（*Mone Phoberou*）。

第3章，介绍了画家拉撒路在流放期间用左手制作了圣约翰圣像，说他擅长制作圣像，遭到诽谤，被流放到这里，右手被弄残，他用左手制作了圣约翰圣像，这个圣像具有超自然能力。作者找到了这个圣像，视为珍宝。

第4章，作者进行宗教教导，强调通过唱赞美诗和祷告在精神上同撒旦作战。

第 5 章，作者阐述了真正的斋戒规则，指出不吃得过饱即日常斋戒，比禁食三四天甚至一星期更有用更有利于虔诚。只要食物的摄取量足以维持生命所需，又不至于使人沦为欲望的奴隶，就不禁止使用食物。除了斋戒，其他有利于信仰虔诚的美德有：谦卑、不贪财、不怒、不悲、不虚荣、不傲慢、克制。过度不利于信仰，例如过度节食和吃得过饱、不睡觉和睡得过多，适度有利于信仰。

第 6 章，关于如何击退疲倦（akedia）的心灵。作者指出修道士只有通过祷告、节制享乐和闲聊、研究圣经、在诱惑面前坚定不移才能控制疲倦，因为感到疲倦的人只想着娱乐，后来会醉心于世俗事务，完全脱离修道生活。修道士坚持工作将驱散疲倦，为他们自己提供食物，并帮助需要帮助的人，例如陌生人、穷人和囚犯。

第 7 章，关于灵魂的完美以及如何达到。作者说敬畏上帝是美德的第一阶段，是获得拯救的开始；敬畏上帝就会漠视一切世俗事务，从而达到谦卑；介绍了谦卑的特征。

第 8 章［A］部分，作者阐述了谦卑，谦卑的好处，以及如何达到完美。

第 8 章［B］部分，关于"灵魂上升的另一阶梯"。作者说拯救始于敬畏上帝，敬畏上帝就会顺从，服从就会漠视一切世俗事务，从而产生谦卑，谦卑就会禁欲，享乐之根就会枯萎，灵魂的缺陷就会消除，美德成长，心灵纯洁，达到完美，坚持下去，通过施洗者圣约翰和圣母的代祷，就容易进入天国。

第 9 章，关于唱赞美诗期间的良好秩序和关于屈膝礼。基本抄自"恩人"圣母修道院章程第 4 章，对修道士进行行为规范。

第 10 章，规定在圣灵降临节、复活节、圣诞节 12 天期间以及其他宗教节日期间不必行屈膝礼。

第 11 章，关于圣餐礼。抄自"恩人"圣母修道院章程第 5 章。

第 12 章，关于第九小时祷告、晚祷和夜祷。主要抄自"恩人"圣母修道院章程第 6 章。

第 13 章，关于晨祷。主要抄自"恩人"圣母修道院章程第 6 章。

第 14 章，关于告解。抄自"恩人"圣母修道院章程第 7 章。

第 15 章，关于削发仪式时的告解。抄自"恩人"圣母修道院章程第 7 章。

第 16 章，关于大斋节和星期三以及星期五斋戒。

第 17 章，关于何时应该打破斋戒规则。在应该斋戒的星期三和星期五，身体虚弱和生病的修道士不用斋戒。

第 18 章，规定了饮食的数量、食用时间以及质量。规定如果纪念圣徒的日子恰好是斋戒的日子即星期三和星期五，就根据符合教规的传统斋戒，但圣徒名字前有十字形符号的除外，不需要斋戒，可以使用橄榄油煮豆类和蔬菜吃；关于酒，作者规定中餐可以喝 3 单位葡萄酒，晚餐可以喝 2 单位葡萄酒。工作努力、任务繁重的官员一天吃两顿，不工作的一天吃一顿，官员不工作时饮食和其他人一样。斋戒包括细嚼慢咽，吃少量食物，不吃两道菜，不吃多种食物。

第 19 章，不得违反星期三和星期五斋戒的规定。规定斋戒时不吃奶酪或鱼或蛋，适用于圣灵降临节、圣诞节、大斋节前第三周（the week before Meat-fare）以及大斋节前一周（Cheesefare）期间的星期三和星期五。这一章列出了全年的纪念节日等。

第 20 章，关于食物的数量和性质。主要抄自"恩人"圣母修道院章程第 9 章。

第 21 章，关于餐厅的良好秩序。规定了修道士就餐前和就餐期间的行为规范，以及违反规定后应受的惩罚。抄自"恩人"圣母修道院章程第 9 章。

第 22 章，规定在餐厅不应因就座顺序发生争吵，应该就地入座，并禁止就餐时相互分享饮食。抄自"恩人"圣母修道院章程第 9 章。

第 23 章，强调千万不要偷偷吃东西。主要抄自"恩人"圣母修道院章程第 9 章。

第 24 章，指出控制自己的财物进行施舍不应被认为比贫穷生活更好，这样的人还没有抛弃尘世，但如果他们散财后确实渴望修道生活方式，要让他们成为修道士。这一章最后一段抄自"恩人"圣母修道院章程第 9 章，对修道士晚餐行为进行规范。

第 25 章，指出修道士不能毫无防备地花时间和偶然碰到的人在一起或交谈。主要抄自"恩人"圣母修道院章程。

第 26 章，关于餐厅的良好秩序。抄自"恩人"圣母修道院章程第 9 章，规定了对就餐迟到的处理。

第 27 章，规定在第一周的星期一修道士不应该关心他们的食物，规定要斋戒。抄自"恩人"圣母修道院章程第 10 章。

第 28 章，关于修道士应如何规定大斋节期间的饮食。部分抄自"恩人"圣母修道院章程第 9、10 章，对大斋节期间的饮食做了具体规定。

第 29 章，规定了圣使徒节的斋戒。主要抄自"恩人"圣母修道院章程第 10 章。

第 30 章，规定了主降生节的斋戒。主要抄自"恩人"圣母修道院章程第 10 章。

第 31 章，规定了圣母安息节的斋戒。

第 32 章，规定施洗者圣约翰的所有节日必须隆重庆祝，他被斩首的节日要更加隆重庆祝，规定了庆祝方式。主要抄自"恩人"圣母修道院章程第 11 章。

第 33 章，声明该修道院完全自治，由它自己控制，因为据说各种修道院管理者（charistikarioi）把这座曾有 170 个修道士的著名修道院变得一无所有，君士坦丁堡牧首尼古拉三世·格拉马提科斯（Nicholas Ⅲ Grammatikos，1084–1111 年在位）颁布备忘录明确了这种独立地位。还说这座修道院建立于利奥一世（Leo I，457–474 年在位）统治期间，产生过两位君士坦丁堡牧首，但只纪念牧首尼古拉三世·格拉马提科斯。

第 34 章，关于官员就职。这一章很短，主要抄自"恩人"圣母修道院章程第 13 章。

第 35 章，规定作者去世后，新任修道院院长任命下一任修道院院长的具体方式和做法。抄自"恩人"圣母修道院章程第 13、14、15 章。

第 36 章，规定了该修道院的修道士只能向他们的修道院院长告解。主要抄自"恩人"圣母修道院章程第 15、16、17 章。

第 37 章，指出修道士千万不要向修道院院长询问修道院的收入或者支出，但修道院院长不得用修道院的财富牟取私利并规定了惩罚办法。主要抄自"恩人"圣母修道院章程第 18 章。

第 38 章，规定了捐赠给该修道院的一切不可转让，包括圣器、仪式用布、圣像、书籍，除非发生灾害或者敌人入侵，这时可以由修道院院长、管理人以及其他官员一起公开转让。主要抄自"恩人"圣母修道院章程第 19 章。

第 39 章，禁止闲聊。主要抄自"恩人"圣母修道院章程第 21 章。

第 40 章，规定修道士不应相互口头争论，否则会遭到惩罚。主要抄自"恩人"圣母修道院章程第 21 章。

第 41 章，规定任何人不得违反修道院章程拥有任何东西，不应偷偷吃东西或者接收信件，否则会遭到惩罚。盗取修道院财产且不做弥补的人会被逐出修道院。抄自"恩人"圣母修道院章程第 22 章。

第 42 章，规定修道士应受过教育，数目达到 12 人，有条件的话可以增加。主要抄自"恩人"圣母修道院章程第 23 章。

第 43 章，规定修道士不应有仆人，三个修道士同住一个小房间，见习修道士应听从年纪大的修道士的，未受过教育的应听从受过教育的，笨拙的应听从精明的，年轻的应听从年纪大的。主要抄自"恩人"圣母修道院章程第 24 章。

第 44 章，规定修道士住的小房间不应该上锁，所有必需品统一购买，储存在仓库里。主要抄自"恩人"圣母修道院章程第 25 章。

第 45 章，规定所有人的饮食和衣服一样。抄自"恩人"圣母修道院章程第 26、27 章。

第 46 章，规定修道士不应沐浴，除非生病。主要抄自"恩人"圣母修道院章程第 28 章。

第 47 章，规定各类官员应如何就职，规定应有三位财务主管。主要抄自"恩人"圣母修道院章程第 29、30 章。

第 48 章，强调修道院必须有一位纪律官员，还要有一位餐厅管理员，并规定了他们的职责，教导其他任职人员如食品管理员、面包师、厨师、骡子照看人、修道院附属机构负责人、修道院地产管理人、派出去执行职务的人等要尽心尽责履行职责。抄自"恩人"圣母修道院章程第 31、32、33 章。

第 49 章，规定了派遣前去管理修道院地产的人的条件。说自那以后由于修道院的软弱，很久以前建立这座修道院的皇帝也获得了一些不动产，由于不同的人夺走了很多土地，结果只剩下一些品质差的小块土地；修道院院长在选派人去管理地产时应尽量谨慎，应派出虔诚、谨慎、尽可能上了年纪、不受激情影响的人去管理地产。部分抄自"恩人"圣母修道院章程第 34 章。

第 50 章，关于逝者。这一章列出了修道院每年应该纪念的人，包括这座修道院的创办者约翰（这份章程的原作者，已故），卢克（梅森布里亚都主教、该修道院院长、神圣的神父和作者的引领人），"显贵"尼基弗鲁斯·博塔尼埃蒂兹（lord Nikephoros Botaneiates，阿莱克修斯一世兄长"至尊者"伊萨克·科穆宁的女婿，后来成为这座修道院的修道士涅奥菲托斯）及其妻子"显贵"尤多奇亚·科穆尼娜（sebaste Eudokia Komnene，"至尊者"伊萨克·科穆宁的女儿、阿莱克修斯一世的侄女）以及他们的儿子、修道士约阿尼科厄斯（Ioan-nikios），"君主"玛丽亚（despoina Lady Maria），牧首尼古拉·格拉马提科斯，捐助人利奥（Leo，喜卡纳多斯 [Hikanatos] 的儿子）及其妻子安娜（Anna）以及孩子们，副官君士坦丁（chartoularios lord Constantine，齐基亚 [Zikchia]都主教的侄子 / 外甥），作者的祖父母尼基弗鲁斯和修女塞奥多勒（Theodoule）以及父母克里斯托弗罗斯（Christophoros）和修女玛丽亚。其中，作者称"显贵"尤多奇亚·科穆尼娜为上帝之后的该修道院第二创办人，她成为修女塞妮（Xene），给了这座修道院大量礼物和好处，1144 年她捐给修道院重达 4 罗马磅的金诺米斯玛用于购买一些不动产，金币上是戴有十字架的君士坦丁九世。这一章详细规定了对这些人的具体纪念方式。还有部分内容抄自"恩人"圣母修道院章程第 34、35、36 章，规定还要纪念名字刻在双连记事板的修道士以及最近去世的修道士，并明确规定了具体的纪念方式。

第 51 章，关于削发仪式。规定著名人士或者修道院早就认识、熟悉修道生活的人在按照惯例规定的时间内举行削发仪式，不认识的普通人其修道士见习期为三年，修道院院长根据其见习期表现来决定是否为他举行削发仪式。主要抄自"恩人"圣母修道院章程第 37 章。

第 52 章，规定不接收其他修道院的任何修道士。

第 53 章 [A] 部分，主要抄自"恩人"圣母修道院章程第 37 章，禁止向那些举行削发仪式的人索要入院礼物或者出家礼物，但允许接收他们主动赠送的礼物，他们并不因此有相对其他修道士而言的优先权，他们主动送的礼物也不能索回。

第 53 章 [B] 部分，大量引用圣经，规定不得因偶然困难离开修道院，否则将受到最严重的神罚。

第 54 章，规定施舍必须在门口进行，必须安慰并看望陌生人和病人。修道士的旧衣服旧鞋子由修道院院长施舍给没有衣服鞋子的人穿，把修道士多余的面包、酒和豆类施舍给饥饿的人吃。抄自"恩人"圣母修道院章程第 38 章。

第 55 章，规定除了节日，妇女不得在修道院门口领取分发物；妇女不得参观修道院，除非她们因其生活方式和美德、出身高贵显赫而闻名。抄自"恩人"圣母修道院章程第 38、39、41 章。

第 56 章，关于生病修道士，规定留出一个小房间给病人作为医务室，安置四张床让他们休息，安排一位修道士小心照顾他们，照顾他们不能敷衍，房间里放一个火炉煮食物，并为他们准备热葡萄酒等一切使他们舒服的东西，修道院院长应该不断探望他们，关心他们。部分抄自"恩人"圣母修道院章程第 41 章。

第 57 章，规定修道院内外不得有雌性动物，包括母牛、母羊，允许两头公牛为修道院干活。

第 58 章，关于男孩是否应被修道院接收。规定不得接收无须青年，但是如果缺乏举行礼拜仪式和照顾老人的修道士，那么修道院院长可以让无须青年居住在修道院房地产上。他们服侍修道士兄弟直到他们长出胡须为止，那时他们应该被接收为修道士。

第 59 章，总结：履行教会法规定的所有宗教仪式，坚持斋戒，忠诚于修道院院长并尊敬他，谦卑，不要引起争吵或建立不恰当的友谊或引起分裂，不得要求上座、不得坐在一起说话，不得爱钱、不得偷窃修道院财产或者未经修道院院长允许私藏东西，修道院内外不得有雌性动物，要过贫穷安静的生活，辛勤劳作，相互照顾，不得懒惰，爱钱是罪恶之源，恩人托马斯·尤金奥特斯（Thomas Eugeniotes）建筑教堂等，必须铭记感谢。

18.纳夫普利亚主教利奥为阿雷亚圣母修道院写的备忘录和制定的章程

（1）出版和现代语言译本
备忘录的时间是 1143 年 10 月，章程的时间大约是 1149 年。
手抄本：*Codex graecus bibliothecae Taurinensis* 326（16 世纪）。
出版：
G. A. Choras, *He "hagia mone" Areias*, Athens, 1975, pp.239–252.
现代语言译本：

帕帕多普洛斯（S. Papadopoulos）把备忘录译成了现代希腊语：S. Papa-dopoulos, *Epistemonika Analekta*, Athens, 1967, pp.220–230.

爱丽丝－玛丽·塔尔伯特根据霍拉斯（G. A. Choras）版本把两个文件译成了英语，见 *Byzantine Monastic Foundation Documents: A Complete Translation of the Surviving Founders' Typika and Testaments*, eds. John Thomas and Angela Constantinides Hero, with the assistance of Giles Constable, 5 vols. Washington, D.C.: Dumbarton Oaks Research Library and Collection, 2000, pp.960-970.

（2）内容大意或提要

这份文件由备忘录和章程两个部分组成。

备忘录部分，开头声明这是阿尔戈斯（Argos）和纳夫普利亚主教利奥为他在阿雷亚以圣母名义修建的新修女院写作的备忘录。备忘录一共有 15 条。

第 1 条，作者以圣母的名义在阿雷亚修建了一座修女院，规定修女人数为 36 名。作者除了为她们修建安居的地方，还为她们规定了生活必需品。他规定该修女院永远不受任何教会或政府权威控制。

第 2 条，关于修女院的迁移。

第 3 条，关于搬迁的原因。原因是该修女院靠海，其沿海水域全年充斥着海盗，他们劫掠一切，为所欲为，作者因此感到恐惧，焦虑不安，担心修女院被海盗摧毁，担心修女院财产损失，以及修女被海盗强奸。

第 4 条，作者因此以圣母名义另外修建了一座修女院，位于远离大海的布泽（Bouze），给修女院捐赠了足够的财产。作者宣告该修女院永远独立于任何权威。作者聚集了修女，任命了修女院院长。把原来在阿雷亚的修女院改为男修道院，在那里聚集了修道士，任命了修道院院长，规定修道士人数永远不得少于 36 名。

第 5 条，规定之前捐赠给阿雷亚修女院的财产全部归布泽修女院所有。禁止改变这份文件的任何内容。

第 6 条，作者允许修道院院长监督修女院的管理人，希望修道院院长要像保护人（*ephoros*）一样，在修女们求助时尽力帮助她们，要求修道院院长一年去修女院一两次，在那里对所有修女公开发表讲话，但他不得动用修女院的任何财产，不管是谷物、葡萄酒，还是牲畜，违令者永远受到咒逐惩罚。

第 7 条，规定了修道院院长在年龄和美德方面应该受到修道院所有修道士的尊敬，并得到他们的认可，是其他修道士美德的楷模。规定了修道院院长的就职仪式。

第 8 条，规定在宗教仪式和餐厅就餐等方面，修道士都要遵行梅勒提奥斯（Meletios）修道院章程的规定，要求修道士的饮食相同，除非生病。修道院院长要关心照顾生病的修道士，提供有助于健康的食物。

第 9 条，规定修道院院长在修道士中任命一位管理人和一位教堂司事，教堂司事负责管理修道院书籍、文件以及其他圣物。规定修道院设置一位财务主管和一个金库，每次存取款都要当着修道院院长和其他三位修道士(指管理人、教堂司事和财务主管）的面进行，金库要由修道院院长密封。简言之，这三位修道士不在的话修道院院长不能做任何事，修道院院长不在的话这三位修道士不能做任何事。

第 10 条，规定修道院应该接受信徒捐赠的免税不动产；但如果捐赠的不动产必须交税，则要拒绝，以免修道士因税收义务被税吏打搅而分心。

第 11 条，规定修道院独立，不可转让，不受修道院保护人或者修道院管理者（charistikarios）或者其他任何人控制。任何人不得假装管理修道院事务或者帮助修道院来占有修道院的任何东西、破坏并掠夺修道院。作者规定其继任主教们也不得干涉修道院事务、对修道院也没有任何权力，规定修道院完全不受他们控制，只是在宗教仪式和调查信仰过错时纪念他们的名字。

第 12 条，规定主教派遣的任何官员进入修道院只能是做祷告，禁止做其他事情，禁止损害修道院，否则将遭到三位一体的谴责。规定该修道院独立自治，修道士不受外界干扰，过着苦行生活。。

第 13 条，强调修道士要关注训练美德、追求善、致力于苦行理想。

第 14 条，作者委托圣童贞女马利亚作为修女的引导人和保护人。

第 15 条，再次告诫主教继任人及其代理人要仅仅满足于得到纪念，不得在该修道院牟取其他任何特权，不管是就职仪式，还是选择修道院院长，还是转让修道院给其他人，还是指派一个修道士。不得滥用或毁坏或奴役该修道院，它永远独立于任何教会或官方权威。

作者签名确认了这份备忘录，还在备忘录上盖有自己的印章，他的印章一面描绘的是圣母，另一面是圣塞奥多利。这份备忘录在 6652 年（即公元 1143 年）委托给修道士们保管。

章程部分，开头声明这是同一修道院创办者、阿尔戈斯和纳夫普利亚主教利奥为他在阿雷亚以圣母名义修建的新修道院写作的章程。然后是序言，表达对基督的感谢，作者感谢基督允许他为圣母建立一座修道院。接着是章程正文，一共13条。

第1条，规定修道士共同吟唱赞美诗，规范了吟唱赞美诗的具体要求，规定其他事务由各修道士在各自房间进行，周六、周日还有基督和圣母的节日除外。另外，每个周日晚上、重要节日和圣母所有节日的前夜都要守夜。

第2条，关于圣餐仪式和照明的规定。必须共同分享圣餐，未经修道院院长允许不得自行享用圣餐。

第3条，关于餐厅用餐过程和纪律、食物数量、用餐次数以及沐浴等的规定。修道士用餐后回到各自房间做手工。修道士不得在自己房间吃东西，除非卧病在床或得到修道院院长许可，不得私藏私人财产。关于食物的数量，要求修道士遵行斯图狄奥斯修道院章程的规定。

第4条，关于修道士的衣物。修道士的衣服鞋子用旧了，要告诉修道院院长，把旧的放到储藏室，再换成新的。

第5条，关于大斋节禁食，要求遵守斯图狄奥斯修道院章程和圣菲利普修道院章程里的相关规定，但是圣使徒节前的斋戒期修道士可以一天吃两餐。斋戒期间不得吃奶酪和鸡蛋。

第6条，关于所谓"入院礼物"。规定禁止接收需要缴税的不动产，免税的则可以接受；作者说更喜欢新修道士的服从而不是其他入院礼物。

第7条，关于官员的任命。规定财务主管、教堂司事和食品管理员这三位官员，由修道院院长任命，由其他修道士同意和批准。他们应该虔诚、积极、清白、无过失。他们必须参加祈祷仪式、吟唱赞美诗，不得怠慢。

第8条，关于不动产的管理。规定修道院院长任命一位受人尊敬的清白老修道士负责管理修道院的不动产。

第9条，关于捣乱分子。规定如果有修道士制造麻烦，争论，吵架，打乱平静的修道院生活，再三警告拒不悔改的，要把他关进一个房间监禁起来，仍不悔改的，要逐出修道院。这种惩罚同样适用于不断违抗修道院院长的任何修道士。作者还禁止修道士无正当理由相互串门，规定那些克制不住闲聊的人应该受到惩罚。

第 10 条，关于修道院院长继任人的选举和修道院院长就职仪式。规定修道院院长去世后，要选出所有或者大多数修道士认可的一位修道士继任修道院院长，不得选择其他修道院的修道士，不得选择在该修道院之外举行削发仪式的修道士。规定了修道院院长的就职仪式。要求修道士尊敬、服从修道院院长。修道院院长做任何事情必须得到最重要修道士们的知情、建议和同意。官员们负责收集并分配一切，对修道院院长负责。修道院院长要热爱、珍视、关心修道士。

第 11 条，关于圣器。一个银质圣餐杯，带圣餐盘和两块配套的勺子，一共重达 4 罗马磅，3 盎司。一个小银十字架。其他带圣餐盘的铜质圣餐杯，两套。两块绣有字母的丝绸布。

第 12 条，规定该修道院永远保持独立，不受任何皇帝、牧首、修道院、都主教、大主教、主教、修道院院长等的奴役，即不受任何人的控制。任何人不得违反本章程，否则遭到诅咒，受到咒逐惩罚。任何损害本修道院独立性的人都将受到诅咒，等同于叛徒犹大，等同于那些钉死耶稣的人。

规定每年在修道院财政允许的情况下举行纪念仪式。在作者的忌日纪念他，在作者忌日的第二天纪念作者的父母（修道士尼科德莫斯 [Nikodemos] 和修女凯瑟琳 [Catherine]），兄弟姐妹（修道士彼得、海伦以及主教约翰），养育他的叔伯父们（君士坦丁·安查 [Constantine Antza] 大人和修道士亚科博斯 [Iakobos] 大人），以及已故的修道院院长们，在接下来的一天要纪念所有已故修道士。规定邀请纳夫普利亚的所有修道士参加作者的纪念仪式。

第 13 条，结语。作者规劝修道士保持这份章程内容不变，注意灵魂的救赎，告诫修道士务必在教堂参加宗教仪式和在房间祷告。

最后有一条补充，作者说由于修道院有渔船，因此他规定在每个周六守夜祈祷时以及纪念日和一些节日期间，修道士吃五六道鱼肉菜或吃足够多的鱼肉。

19. 阿萨纳修斯·菲兰斯罗彭诺斯为君士坦丁堡圣马玛斯修道院制定的章程

（1）手抄本、出版和现代语言译本
这份文件的时间是 1158 年 11 月。

手抄本：*Parisinus, supplément grec 92*（12 世纪晚期 –13 世纪）；*Codex 85, nunc 79* (1761). 后一本手抄本原存于哈尔基神学学院，现存于伊斯坦布尔牧首图书馆。

出版：

S. Eustratiades, "Typikon tes en Konstantinoupolei mones tou hagiou megalo-martyros Mamantos," *Hellenika* 1 (1928), 256–314.（文本在第 256–311 页）

V. Laurent, "Remarques critiques sur le texte du typikon du monastère de Saint-Mamas," *Echos d'Orient* 30 (1931), 233–242, and by A. Sigalas, *Epeteris Etaireias Byzantinon Spoudon* 7 (1930), 399–405.

现代语言译本：

阿纳斯塔修斯·班迪（Anastasius Bandy）的英语译本，见 *Byzantine Monastic Foundation Documents: A Complete Translation of the Surviving Founders' Typika and Testaments*, eds. John Thomas and Angela Constantinides Hero, with the assistance of Giles Constable, 5 vols. Washington, D.C.: Dumbarton Oaks Research Library and Collection, 2000, pp.991-1037.

（2）内容大意或主要内容翻译

这份文件由四部分组成。

第一部分是文件的序言，关于修道院的新创建者、皇帝的私人秘书（*mystikos*）、已故卡帕多西亚人乔治（George the Cappadocian）。作者说卡帕多西亚人乔治大人拥有热爱上帝、仁慈、乐善好施的灵魂，在皇帝曼努埃尔·科穆宁还年轻的时候，他的父亲皇帝约翰二世·科穆宁就委派乔治大人专门服务曼努埃尔。在约翰二世去世、曼努埃尔即位后，乔治大人在宫廷中获得了领先地位，成为皇室财产的保护人和管理人，他忠于皇帝，思维活跃，具有多种优良品质，特别是谦逊、热爱上帝、正直。

殉道者马玛斯修道院原来非常繁盛，财产很多，但是随着时间流逝，其财产由于各个时期恩典礼物受封者（*charistikarioi*）的贪婪无耻而流失，这些受封者就像是豺狼一样盯着它。当他发现这座修道院处于有利位置但是情况混乱时，他力图使它恢复昔日的繁荣。于是他去找君士坦丁堡牧首，告诉他这座修道院的荒废情况，强烈恳求他重建这座修道院，请求牧首批准他自己及其合法继承人得到这座修道院，因为当时这座修道院处于圣索菲亚大教堂神圣的金库

(*sakelle*) 部门的管辖之下。获得批准后，他马上着手重建这个修道院。他先是通过贿赂和劝说那些把该修道院财产视为战利品的人，使他们一些人把财产归还给该修道院；然后，他花了大量金钱重建修道院。而且，为了防备寄生虫蚕食导致它再次被毁，为了它的长久发展，乔治再次去找君士坦丁堡牧首，请求授予它独立自主权，由院内修道士自主统治和管理，任何时候它不受制于任何人，任何人不得借口保护 (*ephoreia*) 或者作为让与物 (*epidosis*) 把它赠与任何人，任何人不得控制它，它甚至不再隶属于神圣的金库部门。牧首答应，写了一份备忘录授予修道院独立权。并且，皇帝曼努埃尔·科穆宁给这座修道院颁布了金玺诏书，授予它独立自主权。

接着，乔治为修道院物色修道院院长，找到了作者，当时作者在帝国"仁慈"救世主 (*Philanthropos* Savior) 修道院担任管理人。乔治任命作者担任这座修道院的院长进行管理，聚集了修道士，提供一切必需品。于是，该修道院日益发展强大，恢复了过去的庄严，拥有纯银镶金圣器、神圣绣金遮布、装饰华丽的圣像、装饰华美的书籍、建筑物内外装饰精美。刚开始泉水还没有输入修道院，乔治花费大量开支雇佣熟练工匠给修道院供应足够的水。

因此，乔治极其慷慨，极其热爱这座修道院，任何人看看修道院财产清单就会清楚这一点。乔治去世时，修道院在作者任职期间已经完全自治。作者也花了很多开销，且使修道院真正实现独立。

作者还为该修道院制定了本章程。乔治在世时不断敦促作者写作修道院章程，把修道院和修道院管辖下的一切托付给作者。因此，作者有权规定修道院的一切。

第二部分是章程的正文，一共有48章。

第1章，关于修道院院长的选择和就职仪式。如果修道院院长快要离世，则所有修道士去见修道院院长，修道院院长从所有修道士中公正无私地提名三位候选人，候选人应该富有智慧和美德，擅长引导灵魂。院长把三位候选人的姓名亲手写在三张同样大小的纸上，当着最重要修道士的面密封，存放在圣器收藏室，不得让三位候选人自己知道。院长去世后把纸拿出来打开，向所有修道士公布三位候选人，然后所有修道士从中选择一位担任修道院院长。如果院长还没有考虑继任人问题就突然去世，则所有修道士聚集起来进行选举。如果所有修道士共同选举一致认可担任修道院院长，无需修道院保护人做决定，除非他得到通知；而且如果所有修道士一致同意由修道院院长选择的三位候选人中的一位继任院长，则不需要存放那些纸；若意见分歧，则需要修道院院长提出三位候选人并写下存放起来，再由修道院保护人做出最后决定，支持美德突出的修道士所支持的候选人，他应该客观做出决定。作者还规定了候选人名单的书写格式，并对修道院院长的就职仪式做出了具体规范。主要抄自万福圣母修女院章程第 11 章。

第 2 章，关于不合格修道院院长的免职。修道院院长上任后，如果玩忽职守，或者为亲属牟利，或者挪用修道院财产，或者使修道院财产被人控制，或者完全不顾本章程指示，或者屈从肉欲，等等，则他证明是不合格的，不适合引导灵魂，如果他及时改正了则让他留任院长，若不悔改则修道士和修道院保护人商议后将他免职，并按照规定重新选出修道院院长。被革职者如果服从新修道院院长且不再制造麻烦，可继续留在修道院，否则把他赶出修道院。抄自"恩人"圣母修道院章程第 13、14 章。

第 3 章，关于修道院保护人。由于修道院必须有保护人，以免修道院成为那些想要抢劫别人财产的人的掠夺物，因此，作者规定，由修道院的新创建者已故乔治大人的亲兄弟卡帕多西亚人塞奥查里斯托斯（Theocharistos）大人担任修道院保护人，照顾、帮助、保卫修道院，击退那些企图欺辱修道院的人，他有权修改本章程。塞奥查里斯托斯去世后，由当时最显赫的皇帝私人秘书继任保护人。修道院保护人没有报酬，但修道院要永远纪念他。除了塞奥查里斯托斯，其他保护人不得控制修道院的任何财产，不得滥用本章程的任何规定损害修道院，不得擅自免去修道院院长职务，不得擅自招收或介绍或开除修道士，不得要求修道院院长或者管理人或者负责相关事务的修道士提供账目，不得要求了解修道院的收入和支出，不得企图从修道院得到任何东西或者挪用任何东西等。保护人只需纠正不利于本章程的有害事物，赶走那些想要对修道院施加无礼行为的人，并调和修道士和修道院院长之间的矛盾。保护人无需任何捐赠，如果愿意的话，他们每天被修道院纪念三次，去世后其姓名题写在双连记事板上，可以埋葬在修道院。部分抄自万福圣母修女院章程第 3 章。

第 4 章，关于修道院自治。强调了修道院的独立自治权不可侵犯，规定它由修道院院长按照本章程的规定进行管理。主要抄自万福圣母修女院章程第 1 章。

第 5 章，规定修道士必须追求隐修生活方式；修道士人数为 20 名，如房间足够可多招收修道士，规定了修道士的职责，修道院应该有两三位司祭和两位辅祭。规定免费为修道士举行削发仪式，修道士主动赠送的礼物应予接收，送出的礼物不得索回。修道院所有动产不动产都不可转让。部分抄自万福圣母修女院章程第 2、7 章。

第 6 章，规定由修道院院长任命官员们，规范了官员就职仪式的做法。主要抄自万福圣母修女院章程第 18 章。

第 7 章，规定修道院院长任命管理人以及管理人的就职仪式。抄自"恩人"圣母修道院章程第 13 章。

第 8 章，规定了教堂司事的任命及其职责。教堂司事由修道院院长任命，有一位助理教堂司事辅助，有一个钱箱用来接收和支付钱币，要详细记录收支。主要抄自万福圣母修女院章程第 20 章。

第 9 章，关于圣器保管员兼档案保管员的任命和职责。规定他一方面负责圣器和仪式用布的管理、照顾和保护，圣器收藏室由修道院院长锁好；另一方面负责保管修道院所有文件包括修道院所有权文件，他和修道院院长必须同时在场才能开启文件柜。他保管的一切都须完好无缺，疏忽、轻视职责的将被修道院院长免职。主要抄自万福圣母修女院章程第 19 章。

第 10 章，关于财务主管。规定记录修道院的收入和支出，设立一个钱箱用来存放聚积的钱币以及修道院收支账簿，须妥善保管。存钱的时候，修道院院长、财务主管、修道院管理人、教堂司事以及圣器保管员必须同时在场；存好钱后，修道院院长和这些官员密封钱箱；修道院院长要当着这些官员的面从钱箱中拿出一笔钱供财务主管用于修道院日常开支。修道院所有开支都要详细记录。财务主管还有另外一本账簿，详细记录他的所有支出，并每周两次拿给修道院院长查看。当他用完收到的钱后，须在修道院院长和前述官员面前念出所有支出，修道院院长计算核对清楚后，财务主管须提交开支账簿，并记录他所收到的和支出的钱币，然后他才能收到另外一笔钱用于修道院日常开支。部分参考了万福圣母修女院章程第 24 章。

第 11 章，关于食品管理员的职责和修道士的食物。食品管理员负责接收和分发修道院所有饮食，并按照修道院院长指示接收、分发和照看所有谷物和豆类，还要负责准备和管理修道士的伙食以及厨房，他的下属有一位助理食品管理员和一位厨师。修道士一次吃一道菜肴和一份主食，每月从保管橄榄油的人那里得到橄榄油。修道院院长任命专人保管橄榄油或者自己保管橄榄油。部分参考了万福圣母修女院章程第21、23章。

第12章，关于大门门卫的职责和要求。主要抄自万福圣母修女院章程第29章。

第13章，关于来到修道院门口乞讨的穷人。如果有穷人来到修道院大门口，门卫要去找食品管理员，拿来面包给穷人。如果穷人是修道士，则还要给他葡萄酒、鱼肉或者奶酪等，在全体修道士用完餐后，门卫还要把吃剩的煮食给他。不能让门口乞讨的穷人空手而归。好客和慈善的要求永远不得改变。

第14章，修道院院长有权任命其他官员。参考了"恩人"圣母修道院章程第39章。

第15章，禁止修改本章程任何规定。规定除了乔治的亲兄弟之外，任何其他人不得修改本章程任何规定。

第16章，规定每三个月当众诵读一次本章程，在乔治、作者自己以及乔治亲兄弟塞奥查里斯托斯大人的纪念仪式上也要诵读本章程。

第17章，关于餐厅用餐的做法和规则，以及修道士平日的食物。主要抄自"恩人"圣母修道院章程第9章和万福圣母修女院章程第45、46章。

第18章，关于三次斋戒期修道士的饮食规定以及斋戒期遇上节日时的饮食规定。部分抄自"恩人"圣母修道院章程第10章。

第19章，规定大斋节前第二周之前那一整周吃奶酪和鸡蛋，大斋节前一周整周同样吃奶酪和鸡蛋。所有园丁、葡萄藤修剪工以及所有其他服务人员除了值班的每天都要一起到餐厅在第一轮入席就餐，因执行公务或者因个人私事（修道院院长知道）错过用餐的回来后要给他当天同样的食物。圣母安息节修道士们在餐厅用餐时按照传统要吃葡萄，葡萄须由举行日常礼拜仪式的司祭事先在教堂里祝福过，这一传统必须得到遵守。但不能在节日前吃，葡萄园工作人员也不能偷吃，否则要受惩罚。圣母安息节之后，修道士在餐厅一周吃两三次葡萄，一直到葡萄收获期为止。如果有应时的无花果和瓜果则每天给修道士分享。

第20章，修道士不得偷偷吃喝，不得私藏隐修规则之外的任何东西，修道院院长将随时检查修道士房间。主要抄自万福圣母修女院章程第49、50章。

第21章，规定任何人如果不是生病或有其他正当理由不得缺席教会祷告仪式，不管是白天和晚上的吟唱上帝赞美诗还是守夜祷告，否则将予以惩罚。

第22章，关于见习期时间和削发仪式具体过程。著名人士或者早就认识的人或者熟悉修道院生活方式和管理体制的人应在6个月见习期后举行削发仪式；普通人见习期2年，若表现合格则可举行削发仪式；从其他修道院来的修道士见习期8天。不得强迫他们提供入院礼物，但应该接受主动提供的礼物。部分抄自"恩人"圣母修道院章程第37章。

第23章，要求所有修道士集中精力，全神贯注于祷告，绝不能轻视祷告。抄自"恩人"圣母修道院章程第33章。

第24章，要求修道士尊敬和服从修道院院长。修道士如果要离开修道院，不管是为了沐浴还是理发等，必须事先得到修道院院长的祝福。任何修道士在开始工作前，必须先得到院长的祝福，不管是敲圣钟，还是执行神圣宗教仪式，还是吟唱赞美诗，等等。修道士见到院长，要向他鞠躬。

第25章，规定修道士永远保持这种隐修生活方式不变，哪怕修道院只剩两个修道士也是如此。如果有修道院院长不愿意保持隐修生活方式，修道士们要反对他；如果修道士们不愿意，院长要进行阻止；如果他们全都不愿意，修道院保护人要保护章程得到遵守；如果保护人也同意他们，那么，任何人只要愿意都允许去起诉他们，以确保规定得到遵守并把那些企图废除隐修生活方式的人赶出修道院。主要抄自万福圣母修女院章程第55章。

第26章，规定修道院不得有周末共同礼拜隐修士或者强加的客人。但如果有在俗世地位高的人来到修道院想要成为修道士或者已经剃度，如果他不能突然放弃奢侈生活方式，则修道院院长将做出让步，允许他拥有一个仆人，特别是如果这个人因地位高或者给修道院捐赠或者二者兼有而有利于修道院的时候更应如此。但他们也应该保持隐修生活方式，因为修道院里不得使用"周末共同礼拜隐修士"这个称呼，不管他们是俗世地位高，还是家财万贯，因而捐赠大量钱财给修道院，或者承诺从修道院外带来某些具体的物资。任何人不得给修道院强加客人。部分参考了万福圣母修女院章程第4、53章。

第27章，禁止女性进入修道院，除了是来参加已故乔治的血亲或者后来一些权贵的血亲的葬礼或纪念仪式，但在仪式结束后她们必须当天马上离开修道院。还有那些因生活方式和美德而著名的女性，以及那些显赫的贵族女性，她们也允许进来做礼拜。其他女性则禁止进修道院，修道院院长或者任何修道士的女亲属也不行。任何平信徒都不得居住在修道院内。部分抄自"恩人"圣母修道院章程第 39 章。

第 28 章，关于修道士的衣物，以及沐浴和肥皂的价格。规定修道院给所有修道士提供隐修生活所需要的所有衣服和鞋子，如果出现争执和抱怨，则最好给修道士发钱，除了不干活的老年修道士由修道院院长酌情处理，其他所有修道士发的钱一样多，用来购买衣物，每位修道士目前每年发 2 "海培伦"金币 (hyperpyra) 和 2 旧 "三头"币 (trikephala)。即每年 9 月初和 3 月初每位修道士两次各发 1 "海培伦"金币（hyperpyron）和 1 "三头"币 (trikephalon)。如果修道院经济许可，则给每位修道士每年发 3 "海培伦"金币。此外，每年还应给那些履职的修道士（包括在葡萄园工作的）每人发一件厚外套。如果修道院没有浴室，则每月给每位修道士一笔钱以购买肥皂和洗一次澡。

第 29 章，关于修道士向修道院院长告解。

第 30 章，告诫修道士要毫不犹豫、诚实地告解和忏悔。抄自"恩人"圣母修道院章程第 7 章。

第 31 章，关于第三小时和第六小时及其祷告。当圣钟敲响时，所有修道士必须聚集在教堂前厅吟唱第三小时和第六小时赞美诗并祷告。在第六小时祷告开始时，司祭和辅祭以及助理教堂司事必须向修道院院长行屈膝礼，然后他们去教堂准备仪式，院长则去敲响大圣钟。

第 32 章，关于圣餐仪式，以及哪些弟兄、如何及何时分享圣餐。抄自"恩人"圣母修道院章程第 5 章。

第 33 章，关于修道院那些变老的修道士。修道院中那些已经变老或者干过重活并且身体伤残因此不能提供服务的修道士，不得驱逐他们，要尽可能照顾他们，不让他们工作，他们的饮食应该和那些年轻健康修道士的一样。

第 34 章，规定每个人的饮食一样，修道院院长应该给生病修道士提供更好的饮食和其他必需品。如果可以的话，修道院院长应确保每天请修道院附近医院的医生探访生病的修道士，提供适当的医治和护理；如果修道院不能请医生过来，则生病修道士去医院请求得到床位住院，修道院为他提供饮食。修道士不得拥有仆人，所有修道士将各自照顾自己，或者相互照顾。主要抄自"恩人"圣母修道院章程第 24、26、41 章。

第 35 章，禁止参加集体劳动的人闲聊，禁止吵架斗殴，禁止无正当理由或者修道院院长不知情的聚会和相互拜访，禁止偷盗修道院的财产，否则将遭到惩罚。基本上抄自"恩人"圣母修道院章程第 21、22 章。

第 36 章，禁止为座位吵架。如果有人借口年龄或工作领域引起麻烦、拒不服从修道院院长命令、不满安排给他的座位，则安排他坐最后的位置。但在一边，管理人和教堂司事将坐在所有其他修道士前面；在另一边，神职人员根据其资历级别就座，先是司祭，然后是辅祭（除非修道院院长安排年老的或者值得尊敬的人坐在辅祭前面）。在他们就座之后，修道士对座位不得有偏好，由修道院院长酌情安排座位。部分抄自"恩人"圣母修道院章程第 9 章。

第 37 章，规定修道院财产清单（作者有签名）登记的所有财产不可转让，无论何时以何种方式获得的财产，所有银质圣器、圣像、遮布、书籍、铜器都不得转让。

第 38 章，对修道院保护人的规劝。如果修道士去找保护人，给他看本章程，说他们受到一些人的不公正对待，特别是把水从外面输入修道院，保护人要给予支持和帮助，保护修道院，保护人将在生前和死后被修道院纪念。

第 39 章，关于去世修道士的葬礼和纪念仪式。修道院院长的纪念仪式要更隆重。在大斋节前第二周的周六、大斋节前一周的周六和圣灵降临节的周六给每个修道士一个十字架形状的圣餐小面包（*staurion*）来纪念他们的父母，然后由门卫集合他们在门口进行施舍活动。主要抄自万福圣母修女院章程第 70 章。

第 40 章，关于乔治和他的亲兄弟及其他人的纪念仪式。作者说乔治是该修道院最重要的、真正的创办人，作者对他的纪念仪式做了具体规定。规定乔治的亲兄弟塞奥查里斯托斯及其妻子邹伊·达拉塞娜（Zoe Dalassena）的纪念仪式按照他们自己的规定进行。部分抄自"恩人"圣母修道院章程第 36 章。

第 41 章，关于本章程制定的必要性，禁止修改本章程规定，违者将遭到最可怕的诅咒。

第 42 章，关于修道院院长应如何对待修道士的指示。抄自"恩人"圣母修道院章程第 17 章。

第 43 章，关于从其他修道院引进的修道院院长的指示，规定最多只能带一个门徒进修道院。

第 44 章，禁止质疑修道院院长的工作事务。如果他非法使用修道院钱财，例如为亲友牟利、进行不合理支付、改变修道院事务和财产等，那么，除非他停止非法活动，否则将被逐出教会直到悔改为止。主要抄自"恩人"圣母修道院章程第 18 章。

第 45 章，关于所有其他修道士和保护人本人选择修道院院长的劝诫。告诫他们在选择修道院院长的时候要公正，不得有冲突、嫉妒、偏袒、争吵，不得根据资历、学识、工作领域、贵族出身、地位、捐赠的钱财等进行选择，以免选择的院长损害修道院。主要抄自"恩人"圣母修道院章程第 14、17 章。

第 46 章，关于修道士的行为规范。规定修道士按照"恩人"圣母修道院教会日历正确履行教会法规定的所有宗教仪式，忠诚并尊敬修道院院长，要爱其他修道士，共同劳动，不得争吵，不得建立不正当的友谊，不得引起分裂，不得争座次，修道士只需虔诚，要驱除各种罪恶之源，即热爱金钱、窃取修道院财产，或者修道院院长不赞成或本章程不允许的其他罪恶，不得因疏忽、漠视导致修道院财产丢失。主要抄自"恩人"圣母修道院章程第 42、43 章。

第 47 章，关于晨祷、第一小时祷告、第三小时祷告、第六小时祷告、第九小时祷告、晚祷、夜祷（晚饭后）、寝前祷告、午夜祷告等的具体做法规定。主要抄自"恩人"圣母修道院章程第 3、4、6 章。

第 48 章，给修道院院长的建议、劝诫和忠告。

第三部分是签名。签名的一共有 30 人，具体翻译如下：

本章程是我的亲兄弟、已故皇帝私人秘书乔治大人下令，由圣马玛斯修道院院长、"仁慈"救世主修道院修道士阿萨纳修斯撰写的，我本人在 6667 年（即公元 1158 年）11 月签名。

皇帝的臣仆（*doulos*①），卡帕多西亚人塞奥查里斯托斯。

我，"仁慈"救世主修道院卑微的修道士和圣马玛斯修道院院长阿萨纳修斯，在我按照我们修道院的新创建者、已故著名的卡帕多西亚人乔治大人的命

---

① *doulos*，希腊文为 δουλος，复数形式是 *douloi*，字面上是"奴隶"的意思，和奴隶制作为一种社会制度在拜占庭帝国长期存在一样，这个术语也长期保持了其古老的字面含义。它也用来指其他形式的依附关系。皇帝的所有臣民都被认为是他的 *douloi*。它也是表示跟高级官员（通常是皇帝）关系密切的头衔。这里译为"臣仆"。参见 Alexander P. Kazhdan (editor in chief), *The Oxford Dictionary of Byzantium*,

令，按照他尊贵的健在亲兄弟塞奥查里斯托斯大人（他本人已经亲笔签名）的旨意公布了本章程后，我在 6667 年（即公元 1158 年）11 月签名。

同一修道院卑微的修道士和管理人格雷戈里（Gregory）。

同一圣马玛斯修道院卑微的修道士和教堂司事西奥多雷多斯（Theodoretos）。

同一圣马玛斯修道院的修道士和司祭萨巴斯（Sabbas）。

同一修道院的修道士和司祭卡利尼科斯（Kallinikos）。

另一位修道士和司祭卡利尼科斯（Kallinikos）。

同一修道院的修道士和司祭勒昂提奥斯（Leontios）。

同一圣马玛斯修道院卑微的修道士和卑微的辅祭阿萨纳修斯（Athanasios）。

我，同一修道院卑微的修道士和财务主管瓦西里（Basil），亲笔签名。

同一修道院的修道士伊塞亚斯（Isaias）。

同一修道院的修道士和圣器保管员约瑟夫（Joseph）。

同一圣马玛斯修道院卑微的修道士基里洛斯（Kyrillos）。

同一修道院卑微的修道士克莱姆斯（Klemes）。

同一修道院卑微的修道士西米恩（Symeon）。

同一修道院卑微的修道士涅奥菲托斯（Neophytos）。

同一修道院卑微的修道士安东尼（Antony）。

同一修道院卑微的修道士尼基弗鲁斯（Nikephoros）。

同一修道院卑微的修道士乔治（George）。

那些用十字架标志签名的有：

同一修道院的修道士卢克（Luke）。

同一修道院的修道士希拉利昂（Hilarion）。

同一修道院的修道士塞奥多修斯（Theodosios）。

同一修道院的葡萄藤修剪工、修道士梅勒提奥斯（Meletios）。

同一修道院的葡萄藤修剪工、修道士瓦西里（Basil）。

同一修道院的修道士杰拉西莫斯（Gerasimos）。

同一修道院的马匹饲养员、修道士约阿尼科厄斯（Ioannikios）。

同一修道院的面包师、修道士梅勒提奥斯（Meletios）。

同一修道院的门卫、修道士萨巴斯（Sabbas）。

同一修道院的园丁、修道士希拉利昂（Hilarion）。

最后签名的是同一座伟大圣马玛斯修道院卑微的修道士基里洛斯（Kyril-los）。

第四部分是司法认定。译文如下：

本章程永远合法有效，任何人不得更改或废止，因为我们还在 6672 年（即公元 1164 年）1 月份对司法判决做了记录（semeioma）。

法官（quaestor）兼君士坦丁堡法律学校校长塞奥多利·潘特赫尼斯（The-odore Pantechnes）。

两个印章（bulls）。一个是法官的，读起来是：

塞奥多利·潘特赫尼斯文件的印章

另一个是"仁慈"救世主修道院的阿萨纳修斯即圣马玛斯修道院院长，读起来是：

修道士阿萨纳修斯文件的印章

这本章程封面是丝绸布，有 9 个银扣、8 个杏仁状的银饰纽、16 个圆形银印。

第一份司法判决记录（semeioma），这份记录是为了确认，内容如下：

在 6672 年（即公元 1164 年）1 月 5 日星期日，在场的有：神圣斯图狄奥斯修道院院长、最可敬的塞奥菲拉克托斯（Theophylaktos）大人；我们神圣皇帝的著名秘书约翰·迪西特斯（John Dithetes）大人；约翰·马里卡斯（John Maurikas）将军大人；斯图狄奥斯修道院管理人、最可敬的修道士塞奥多修斯（Theodosios）；神圣"可敬"圣母（Peribleptos）修道院司祭 [是不是司祭不确定]、修道士保罗（Paul）；神圣"可敬"圣母修道院的修道士塞奥多洛斯（Theodoulos）；神圣斯图狄奥斯修道院的司祭阿卡基奥斯（Akakios）、司祭巴纳巴斯（Barnabas）、修道士菲拉雷托斯（Philaretos）、修道士米哈伊尔（Michael）以及修道士基里洛斯。

今天我们被召集到神圣的著名圣殉道者马玛斯修道院，这座修道院正好位于阿里斯特内（Aristenai）团体隐修制（cenobitic）修女院对面，离神圣亚斯特斯（Iasites）修道院不远。我们发现这同一座修道院最可敬的修道士和院长、"仁慈"救世主修道院的阿萨纳修斯大人以及他下面的修道士们聚集在主教堂。

前述修道院的修道士们当着他们最可敬的修道院院长说，圣马玛斯修道院原来处于牧首管辖之下，过去被牧首们多次交给各种修道院管理者，他们大多数把修道院作为地产进行虐待，仅仅从中牟取利益，毫不关心修道院及其事务。因此，事实上，修道院的财产几乎化为乌有。不仅修道院所有建筑物倒塌，仅剩下教堂立着，甚至没有了屋顶，修道士减少到两人，他们没有居住在修道院里，而是每天到处搜寻食物。

最后，这座修道院被已故著名牧首科斯马斯（Kosmas）大人托付给已故著名的皇帝私人秘书卡帕多西亚人乔治大人，他成为恩典礼物受封者。于是，当这位皇帝私人秘书接管修道院事务，发现它已经完全荒废，修道院已几乎不存在时，他像是得到神的鼓励，以极大的热情渴望整顿修道院事务，使修道院恢复过去的盛况甚至更好。

由于他担心修道院在他逝后或者继承他管理修道院的人逝后重新落入贪婪的恩典礼物受封者之手，就像以前那些只追求收入不照顾修道院的恩典礼物受封者那样，他们将会毁掉他的投资，于是他去找已故牧首尼古拉·穆扎隆（Nicholas Mouzalon）大人，寻求让修道院独立于牧首的控制，牧首同意，并签署了一份让修道院独立的文件（备忘录）。

修道院独立地位的确立激发了这位皇帝私人秘书的热情。因此，他开始把自己几乎所有的财富都投入修道院的重建和恢复修道院事务之中，为此他还请最可敬的现任修道院院长一起进行重建和恢复工作。皇帝私人秘书提供了经费，院长则处理修道院事务。他监督事务，不允许浪费经费，而是所有事情都尽力完成得最好。

然而，建筑物和修道院还没有完工，著名皇帝私人秘书就撒手人寰，把修道院托付给上帝和他的著名亲兄弟卡帕多西亚人塞奥查里斯托斯大人以及院长本人。他规定由院长为将来确定生活方式，制定修道院章程，要按照章程管理修道院事务和修道士。

但在皇帝私人秘书去世后，建造了更多更好的建筑物，如餐厅，浴室（供修道士使用，并对外开放以获得收入），等等。

于是，这本章程也在6667年（即公元1158年）11月制定，已故著名塞奥查里斯托斯大人和修道院院长本人都在章程上面亲笔签名。因此，这本章程由修道士们和修道院院长本人交给我们，展示并公证他的亲笔签名。这本章程的开头写道："有一颗热爱上帝和仁慈的灵魂是一件极其伟大神圣的事情"，结尾写道："这些事情足以表明您的虔诚。但为我向上帝祈祷吧，我在黑暗之中，我撰写了但是没有完成。愿爱人类的上帝和救世主耶稣基督的恩典通过我们最为纯洁的圣母和神圣的伟大殉道者马玛斯的代祷与你们与我们同在。阿门。"整本章程61页。

这本章程末尾写道：

本章程是我的亲兄弟、已故皇帝私人秘书乔治大人下令，由圣马玛斯修道院院长、"仁慈"救世主修道院修道士阿萨纳修斯撰写的，我本人在6667年（即公元1158）11月签名。

皇帝的臣仆，卡帕多西亚人塞奥查里斯托斯。

后面是修道院院长的签名，这么写着：

我，"仁慈"救世主修道院卑微的修道士和圣马玛斯修道院院长阿萨纳修斯，在我按照我们修道院的新创建者、已故著名的卡帕多西亚人乔治大人的命令，按照他尊贵的健在亲兄弟塞奥查里斯托斯大人（他本人已经亲笔签名）的旨意公布了本章程后，我在6667年（即公元1158年）11月签名。

后面是这座修道院的修道士签名（签名的修道士名字如上面所写）。

这本章程盖有这位修道院院长的铅印，写道：修道士阿萨纳修斯文件的印章。我们也在这本章程上盖了铅印，写道：塞奥多利·潘特赫尼斯文件的印章。我们还在最后一位修道士签名后面签上了名字，确认了这本章程，以便将来它具有固有的可靠性；这本章程永远合法，不可更改或废止，因为我们也做了一份司法判决记录。

所有修道士和修道院院长本人一起声称他们想要使这本章程永远保持不变，并且修道院事务永远根据这本章程进行管理。修道院院长、管理人以及其余修道士将按照这本章程行事。任何人企图破坏本章程任何规定进而反对本章程都将被逐出修道院。本章程是前述修道士和修道院院长应皇帝私人秘书要求撰写的，皇帝私人秘书敦促院长制定章程，得到了尊贵塞奥查里斯托斯大人的同意，后者实际上还在章程上亲笔签名了。已故皇帝私人秘书本人还托付塞奥查里斯托斯大人照顾和保护这座修道院。事实上，这座修道院有两位修道士即伊塞亚斯和基里洛斯去向不明，根据他们的地位给他们留了地方以便他们能在回来后签名，所有修道士都必须在章程上签名。

在章程编完并按照习惯做法确认后，章程在前述年月6672年（即公元1164年）公布。签名是：

法官兼君士坦丁堡法律学校校长塞奥多利·潘特赫尼斯。还盖有他惯常的铅印。

我，首席文书和收支总控制官（*megas logariastes*），在章程原件和司法判决记录原件的这些抄件上签名，这些抄件是在他们对照完原件之后，由尊贵的法官根据修道院院长和其余修道士的意愿制作的。

我，塞奥多利·潘特赫尼斯，法官兼君士坦丁堡法律学校校长，在章程原件和司法判决记录原件的这些抄件上签名，这些抄件是在对照完原件发现它们完全相同之后，由我制作的。

我，约翰·马努特斯（John Manoutes），"帘子"法庭法官，在章程原件和司法判决记录原件的这些抄件上签名，这些抄件是在他们对照完原件之后，由尊贵的法官根据修道院院长和其余修道士的意愿制作的。

我，托马斯·阿普鲁歇尔（Thomas Aploucheir），"帘子"法庭和竞技场法庭法官 (*epi ton hippodromon*)，在章程原件和司法判决记录原件的这些抄件上签名，这些抄件是在他们对照完原件之后，由尊贵的法官根据修道院院长和其余修道士的意愿制作的。

我，利奥·莫纳斯特里奥特斯（Leo Monasteriotes），"帘子"法庭和竞技场法庭（*tou hippodromou*）法官，在章程原件和司法判决记录原件的这些抄件上签名，这些抄件是在他们对照完原件之后，由尊贵的法官根据修道院院长和其余修道士的意愿制作的。

[补充说明]

章程原件和财产清单原件存放在"仁慈"救世主修道院之后的补充说明。

几年前我公布了章程的三份相同的抄件和财产清单的三份相同的抄件，我把章程原件和财产清单原件跟确保修道院独立权的原件一起存放在神圣"仁慈"救世主修道院，修道院保护人知道这一点，这么做是修道院院长和所有修道士的意愿。在存放这些文件的时候也制作了一份司法判决记录，这份记录是由将军和法官瓦西里·利帕里特斯（Basil Liparites）大人在目前小纪第 4 年（即公元 1171 年）3 月 15 日制作的，理应附在这本章程之后。

因此我劝告并吩咐神父们以及弟兄们（包括修道院院长和其余修道士）坚决遵守其中的规定，这有利于修道院，并按照前述司法判决记录的内容以各种途径进行保存。不愿意这么做的，不管是谁，都将受到这本章程中写的那些诅咒。因此，我在目前小纪第 4 年（即公元 1171 年）4 月公布的这份补充说明也是如此。

我，"仁慈"救世主修道院卑微的修道士和圣马玛斯修道院前院长阿萨纳修斯，还公布了这份补充说明并签名。

第二份司法判决记录

小纪第 4 年（即公元 1171 年）3 月 15 日星期一，当着乔治·潘特赫尼斯（George Pantechnes）大人、尼古拉斯·伊克萨霍普洛斯（Nicholas Exarchopoulos）和尤提奇乌斯·伊贝罗普洛斯（Eutychios Iberopoulos）的面，最可敬的圣马玛斯修道院院长阿萨纳修斯大人，在该修道院的修道士和管理人塞奥菲洛斯（Theophilos）大人及修道士和仓库管理员伊塞亚斯（Isaias）大人的陪同下，今天还召集我们到神圣的"仁慈"救世主（Christ *Philanthropos*）修道院。在场的除了我们，还有"仁慈"救世主修道院最圣洁的院长和财务主管伊塞亚斯（Isaias）大人，修道士和司祭塞奥提斯多斯（Theoktistos）大人，教堂司事马克西莫斯（Maximos）大人，修道士尼科德莫斯（Nikodemos）大人。阿萨纳修斯大人说，在这个月第 8 天（3 月 8 日），在"仁慈"救世主修道院，当着我们的面，当着最有学问的圣索菲亚大教堂辅祭君士坦丁·奥弗里达斯（Constantine Ophrydas）大人（他代表我们强大神圣皇帝的著名私人秘书，这位秘书也是圣马玛斯修道院的保护人）的面，他给了"仁慈"救世主修道院圣器保管员一个箱子，里面有我们上帝保佑的最强大的神圣皇帝批准圣马玛斯修道院独立权的金玺诏书，关于该修道院独立性的牧首文件（*lysis*，根据已故皇帝私人秘书卡帕多西亚人乔治大人的备忘录撰写的），赞成该修道院独立的牧首备忘录，该修道院财产清单和章程（二者都是书籍形式）以及一份司法判决记录（由当时一位法官为这本章程颁布的，他现在是著名法官）。

他把这个箱子给了这同一位圣器保管员，箱子是关上的，以铅印密封的，铅印上印着这位修道院院长的名字［指阿萨纳修斯］。给了箱子后，阿萨纳修斯说这个箱子必须保存在"仁慈"救世主修道院的圣器收藏室里，里面的文件在任何时候都不能给保护人，或者来自圣马玛斯修道院的另一方，除非圣马玛斯修道院的代表和保护人同时在场才可以，单独一方不行。紧急情况下，双方在场时，文件给了一方，三天后，文件必须归还"仁慈"救世主修道院，绝不允许保留更久。

现在，阿萨纳修斯也把这种情况通知了最圣洁的修道院院长和前述修道士，并通过他们通知了其余修道士。为了这些文件的安全，他还说，由于修道院院长本人和整座圣马玛斯修道院都会受到影响，因此，即使当着保护人的面，他的圣马玛斯修道院一方也不能拿出保存的一份或者几份文件，除非事先当着一位法官的面把属于圣马玛斯修道院财产的第一份也是最重要的文件移交给了"仁慈"救世主修道院。

这份文件必须一直保存在前述"仁慈"救世主修道院里，直到被拿出来的前述文件归还并当着这同一位法官的面重新保存在那里为止。然后，在文件被归还并保存时，圣马玛斯修道院一方将被允许重新拿回该修道院那份如前所述作为担保书给了"仁慈"救世主修道院的文件。

20. 皇帝私人秘书尼基弗鲁斯为"太阳祭坛"或"谴责"的圣母修道院制定的章程

（1）手抄本、出版和现代语言译本

这份文件的时间是 1162 年。

手稿：*Patmos 265.*（亲笔签名原稿）

出版：

Aleksei Dmitrievsky, *Opisanie liturgicheskikh rykopisei*, vol. 1: *Typika*, pt. 1, Kiev, 1895, pp.715–769.

现代语言译本：

阿纳斯塔修斯·班迪（Anastasius Bandy）的英语译本：*Byzantine Monastic Foundation Documents: A Complete Translation of the Surviving Founders' Typika and Testaments*, eds. John Thomas and Angela Constantinides Hero, with the assistance of Giles Constable, 5 vols. Washington, D.C.: Dumbarton Oaks Research Library and Collection, 2000, pp.1050-1088.

（2）内容提要或大意

这份文件由序言和正文两部分组成。

序言部分介绍了这本章程是皇帝曼努埃尔·科穆宁的私人秘书尼基弗鲁斯于 1162 年为"太阳祭坛"或"谴责"的圣母修道院编写的，指出该修道院位于奥普斯金军区的卡塔波利翁（Katabolion）地区，原来处于圣索菲亚大教堂管辖之下，后来作者取得君士坦丁堡牧首君士坦丁·克利亚里诺斯（Constan-tine Chliarinos）颁布的协议备忘录使该修道院获得独立，这份备忘录还得到了皇帝的批准。然后，作者在皇帝的帮助下，收回了该修道院之前被别人掠夺的所有动产和不动产，并且还通过皇帝颁布的一道神圣诏令每年给该修道院拨款100"三头"金币。作者还对该修道院进行了修复和重建工作，介绍了修复之前该修道院的破败状况。此外，作者介绍了这本章程为该修道院及其在君士坦丁堡的附属机构各方面做了具体规定，包括修道士的行为准则和生活方式，以及修道院的管理等。

正文部分有51章，前47章主要抄自马玛斯修道院章程。

第1章，关于修道院院长的选择和就职仪式。抄自马玛斯修道院章程第1章。

第2章，关于对不合格的修道院院长的处理或革职。抄自马玛斯修道院章程第2章。

第3章，关于修道院保护人的任命及其职责要求。抄自马玛斯修道院章程第3章。

第4章，关于修道院的自治，声明修道院通过牧首协议备忘录和皇帝金玺诏书获得了独立。主要抄自马玛斯修道院章程第4章。

第5章，规定修道士必须追求隐修生活方式，主修道院及其在君士坦丁堡的附属机构修道士人数为20名，如房间足够可多招收修道士，包括两三位司祭和两位辅祭，有足够的房间情况下可招收新的修道士。规定免费为修道士举行削发仪式，修道士主动赠送的礼物应予接收，送出的礼物不得索回。修道院所有动产不动产都不可转让。主要抄自马玛斯修道院章程第5章。

第6章，规定修道院院长任命所有官员，并为其举行就职仪式。抄自马玛斯修道院章程第6章。

第7章，关于管理人的就职仪式。抄自马玛斯修道院章程第7章。

第8章，关于教堂司事的任命和职责。抄自马玛斯修道院章程第8章。

第9章，关于圣器保管员兼档案保管员的任命和职责。基本上抄自马玛斯修道院章程第9章。

第10章，关于财务主管。抄自马玛斯修道院章程第10章。

第 11 章，关于食品管理员的职责和修道士的食物。抄自马玛斯修道院章程第 11 章。

第 12 章，关于大门门卫的职责和要求。抄自马玛斯修道院章程第 12 章。

第 13 章，关于来到修道院门口乞讨的穷人。抄自马玛斯修道院章程第 13 章。

第 14 章，关于修道院院长有权任命其他官员。抄自马玛斯修道院章程第 14 章。

第 15 章，规定禁止修改本章程任何规定。抄自马玛斯修道院章程第 15 章。

第 16 章，规定每两个月当众诵读一次本章程。主要抄自马玛斯修道院章程第 16 章。

第 17 章，关于餐厅用餐的做法和规则，以及修道士平日的食物。抄自马玛斯修道院章程第 17 章。

第 18 章，关于三次斋戒期修道士的饮食规定以及斋戒期遇上节日时的饮食规定。抄自马玛斯修道院章程第 18 章。

第 19 章，规定大斋节前第二周之前那一整周吃奶酪和鸡蛋，农夫、园丁、葡萄藤修剪工以及所有其他服务人员除了值班的每天要一起到餐厅就餐，规定了葡萄的吃法。主要抄自马玛斯修道院章程第 19 章。

第 20 章，禁止修道士偷偷吃喝东西和私藏隐修规则之外的东西，修道院院长将随时检查修道士房间。抄自马玛斯修道院章程第 20 章。

第 21 章，规定除非生病或有其他正当理由否则不得缺席教会祷告仪式，违者将予以惩罚。抄自马玛斯修道院章程第 21 章。

第 22 章，关于见习期时间和削发仪式具体过程。不得强迫他们提供入院礼物，但应该接受主动提供的礼物。抄自马玛斯修道院章程第 22 章。

第 23 章，要求所有修道士全神贯注于祷告，绝不能轻视祷告。抄自马玛斯修道院章程第 23 章。

第 24 章，要求修道士尊敬和服从修道院院长。抄自马玛斯修道院章程第 24 章。

第 25 章，规定修道士永远保持这种隐修生活方式不变。抄自马玛斯修道院章程第 25 章。

第 26 章，规定修道院不得有周末共同礼拜隐修士或者强加的客人。主要抄自马玛斯修道院章程第 26 章。

第 27 章，禁止女性进入修道院，除了来参加血亲的葬礼和纪念仪式，但仪式结束后她们必须当天马上离开修道院。圣母安息节允许她们进入修道院。任何平信徒不得居住在修道院内。主要抄自马玛斯修道院章程第 27 章。

第 28 章，关于修道院给修道士发钱购买衣物和肥皂，以及沐浴。除了不干活的老年修道士由修道院院长酌情处理，其他所有修道士发的钱一样多，用于购买衣物；规定除了纪念仪式，每半年给每位修道士发 1.5 "海培伦" 金币。每年给那些履职的修道士（包括务农的和捕鱼的）每人发一件厚外套。每月还给每位修道士一笔钱以购买肥皂和洗一次澡。主要抄自马玛斯修道院章程第 28 章。

第 29 章，关于修道士向修道院院长告解。抄自马玛斯修道院章程第 29 章。

第 30 章，告诫修道士要毫不犹豫、诚实地告解和忏悔。抄自马玛斯修道院章程第 30 章。

第 31 章，关于第三小时和第六小时及其祷告。抄自马玛斯修道院章程第 31 章。

第 32 章，关于圣餐仪式，以及哪些弟兄、如何及何时分享圣餐。抄自马玛斯修道院章程第 32 章。

第 33 章，规定每个人的饮食一样，修道院院长应该给生病修道士提供更好的饮食和其他必需品。病情严重的需要送去住院的修道士，他的饮食由修道院提供。此外不允许修道士有仆人。主要抄自马玛斯修道院章程第 34 章。

第 34 章，禁止参加集体劳动的人闲聊，禁止偷盗修道院的财产。抄自马玛斯修道院章程第 35 章。

第 35 章，禁止因座位吵架。抄自马玛斯修道院章程第 36 章。

第 36 章，关于修道院内年老的和因工受伤的修道士，不得驱逐他们，要尽可能照顾他们。抄自马玛斯修道院章程第 33 章。

第 37 章，规定修道院财产清单（有作者签名）登记的所有财产不可转让；修道院文件原件须妥善保管，只有在迫切需要的情况下才能拿出修道院，拿出时须立字据，要很快归还，存放在原处。主要抄自马玛斯修道院章程第 37 章。

第 38 章，对修道院保护人的规劝。抄自马玛斯修道院章程第 38 章。

第 39 章，关于去世修道士的葬礼和纪念仪式。抄自马玛斯修道院章程第 39 章。

第 40 章，关于本章程制定的必要性，禁止修改本章程规定，违者将遭到最可怕的诅咒。抄自马玛斯修道院章程第 41 章。

第 41 章，关于修道院院长应如何对待修道士的指示。抄自马玛斯修道院章程第 42 章。

第 42 章，关于从其他修道院引进的修道院院长的指示，规定最多只能带一个门徒进修道院。抄自马玛斯修道院章程第 43 章。

第 43 章，禁止质疑修道院院长的工作事务。但如果他非法使用修道院钱财，则除非他停止非法活动，否则将被逐出教会直至悔改为止。抄自马玛斯修道院章程第 44 章。

第 44 章，关于所有其他修道士和保护人本人选择修道院院长的劝诫。抄自马玛斯修道院章程第 45 章。

第 45 章，关于修道士的行为规范。抄自马玛斯修道院章程第 46 章。

第 46 章，关于晨祷、第一小时祷告、第三小时祷告、第六小时祷告、第九小时祷告、晚祷、夜祷（晚饭后）、寝前祷告、午夜祷告等的具体做法规定。抄自马玛斯修道院章程第 47 章。

第 47 章，给修道院院长的建议、劝诫和忠告。抄自马玛斯修道院章程第 48 章。

第 48 章，规定隆重庆祝圣母安息节，主修道院及其附属机构都要庆祝；允许女性在这一天进修道院做礼拜，做完要马上离开。

第 49 章，具体规定了曼努埃尔一世生前和逝后的纪念仪式。规定皇帝曼努埃尔去世后每年纪念他时，要在修道院大门口进行慈善施舍，规定要分发 3 标准莫迪奥面包，3 标准单位葡萄酒，以及价值 2 "三头"金币的特塔特伦。规定除了纪念仪式，每天的晨祷、圣餐仪式和晚祷都要纪念他。

第 50 章，具体规定了作者生前和逝后的纪念仪式。规定作者去世后每年纪念他时也要在修道院大门口进行慈善施舍，规定给穷人分发 4 标准莫迪奥面包，4 标准单位葡萄酒，以及价值 2 "三头"币的特塔特伦。

第 51 章，关于修道院最初的创办者们的纪念仪式规定。

我们伟大的神圣的皇帝的臣仆、私人秘书尼基弗鲁斯。

21. 涅奥菲托斯为阿索斯山多切亚里乌的大天使圣米迦勒修道院制定的章程

（1）手抄本、出版和现代语言译本

这份文件的时间大约是 1118 年。原件保存在多切亚里乌修道院。

出版：

Nicolas Oikonomides, *Actes de Docheiariou* (= Archives de l'Athos 13), Paris, 1984, pp.91–97.（文本在第 94–97 页）

现代语言译本：

罗伯特·埃里森的英译本，见 *Byzantine Monastic Foundation Documents: A Complete Translation of the Surviving Founders' Typika and Testaments*, eds. John Thomas and Angela Constantinides Hero, with the assistance of Giles Constable, 5 vols. Washington, D.C.: Dumbarton Oaks Research Library and Collection, 2000, pp.1306-1309.

（2）内容大意或提要

这份文件是作者涅奥菲托斯为多切亚里乌修道院写作的，一共有 7 章。文件开头声明作者、圣山的"第一修道士"、多切亚里乌修道院院长、修道士涅奥菲托斯以自己的签名使这份章程正式生效。接着是正文。

第 1 章，关于对死亡的沉思。作者认为死亡是有益的。

第 2 章，引言。

第 3 章，关于修道院建立的历史。作者说他接手多切亚里乌修道院后，修建了大量建筑物，种植了葡萄园，建造了修道士居住的小房间，添加了最贵重的仪式用布、圣器、圣物和圣书，增加了动产和不动产，并建造了圣米迦勒教堂。他还聚集了大量财富。

第 4 章，作者指定自己的一个门徒继任修道院院长。

第 5 章，作者给继任人的忠告。继任人在作者逝后管理该修道院所有事务，控制其所有财产，拥有其他特权，没有人能够将他免职。继任人的职责有：第一，组织吟唱赞美诗，遵守圣米迦勒的命令，维护神圣教父们的指示，保护圣山的规则；第二，珍爱和照顾所有修道士，指导所有修道士获得救赎；第三，全心全意照顾好修道院的所有财产，建造建筑物，种植葡萄，栽培果树，为修道院的建立和发展贡献一切；第四，每年庆祝圣米迦勒节日，纪念该修道院所有已故神父和弟兄并为他们祷告。继任人注意不得干任何非法事情，即不得出售或者转让修道院的任何财产，除非情况紧急，有最迫切的需要，那时，只有经当时的"第一修道士"批准并在所有修道士一致同意下才能这样做。神圣仪式用布和贵重圣器则完全不能转让。

第 6 章是给修道士的忠告。强调要听从修道院院长的指示，服从修道院院长，不得违抗院长；要控制自己的物欲，要爱彼此。

第 7 章，总结。

22. 耶路撒冷附近萨巴斯修道院的创办者章程

（1）手抄本、出版和现代语言译本

这份文件的时间在 1100 年之后。

手抄本：*Codex Sinaiticus 1096.*（12 世纪）

出版：Ed. Kurtz, *Byzantinische Zeitschrift* 3 (1894), 168–170.

现代语言译本：

俄语译本：A. Dmitrievsky, "Puteshestvie po vostoku," *Trudy kievskoi duchovnoi Akademii* (January 1890), 170–192.

L. 迪·塞格尼（L. Di Segni）的英语译本，见 Joseph Patrich, *Sabas, Leader of Palestinian Monasticism: A Comparative Study in Eastern Monasticism, Fourth to Seventh Centuries*, Washington, D.C., 1995, pp.274–275.

吉安弗兰科·菲亚卡多里（Gianfranco Fiaccadori）的英语译本，见 *Byzantine Monastic Foundation Documents: A Complete Translation of the Surviving Founders' Typika and Testaments*, eds. John Thomas and Angela Constantinides Hero, with the assistance of Giles Constable, 5 vols. Washington, D.C.: Dumbarton Oaks Research Library and Collection, 2000, pp.1316-1317.

（2）内容大意或提要

这份文件开头表明这是神圣萨巴斯修道院的规则、传统和法则。全文一共有 9 条。

第 1 条，规定必须遵守已故神父萨巴斯的命令，禁止宦官、无须年轻人、女性进入该修道院，女性甚至不准进入该修道院的附属机构。本修道院任何修道士不得进入修女院吃喝逗留，不管什么理由；不得与女性通信，不得与女性有任何关系，甚至精神上的关系也不行，否则将逐出修道院。

第2条，禁止伊庇利亚人、叙利亚人或法兰克人在他们的教堂举行完整的圣餐仪式。他们要聚集在那里，用他们自己的语言唱赞美诗、读圣经，然后来到大教堂和所有弟兄一起分享圣餐。

第3条，关于在圣徒圣所的守夜祈祷以及对缺席的处罚。任何人不得在周六离开修道院，除非迫不得已且有利于修道院。应该在守夜之后去办事，要得到修道院院长或者教堂司事的同意。如果有人缺席守夜，则剥夺他的一切，因为之前整周足够他办事。那些离开前往隐士隐居地方的修道士，只要得到了院长的许可则是允许的。但如果他未经允许擅自离开，则不再接收他入院。

第4条，规定任何晋升都主教或主教或其他修道院院长的修道士或在大教堂任职的修道士，将无权处理他在该修道院或其附属机构的房间，不管是出售还是捐赠都是不允许的，这些房间将由修道院院长分给需要房间的弟兄使用。在有修道士去世的时候，也应该严格遵照执行。未经修道院院长同意，任何人不得擅自将自己的房间留给他的门徒。

第5条，关于对发生纠纷修道士的处理办法。规定修道士发生纠纷、动手互殴时，若不能和好则予以驱逐。

第6条，规定任何修道士若发现酗酒、施暴、骂人，或者与人结交或结伴，则予以纠正或者驱逐。若在神职任期发现有欺骗行为的，则予以免职，并且除了宗教仪式和祷告，其他时候不得离开房间。

第7条，隐士仅参加守夜仪式即可，不用参加其他公开活动。

第8条，对外来客人，可招待他们在修道院休息七天；对城镇居民或前来参加礼拜者，则只招待他们三天，因为考虑到每天有很多穷人来修道院。

第9条，规定叙利亚人不得担任修道院院长，但允许他们担任其他官职。

23.尼古拉为奥特朗托附近卡苏隆的圣尼古拉修道院制定的章程

（1）手抄本、出版和现代语言译本

这份文件的时间是1160年。

手抄本存于都灵（Turin）大学图书馆：*Graecus 216 (ex-Royal Library Codex C Ⅲ 17)*, fols. 173r–81v (1174).

出版：

Angelo Mai and J. Cozza-Luzi, *Nova patrum bibliotheca*, vol. 10, pt. 2 (Rome, 1905), pp.149–166.（文本在第 155–166 页）

现代语言译本：

科扎·卢兹的拉丁语译本：Angelo Mai and J. Cozza-Luzi, *Nova patrum bibliotheca*, vol. 10, pt. 2 (Rome, 1905), pp.155–166.

让塞姆（E. Jeanselme）和奥科诺莫斯（L. Oeconomos）的法语译本：E. Jeanselme and L. Oeconomos, "La règle du réfectoire du monastère de Saint-Nicolas de Casole près d'Otrante (1160)," *Bulletin de la Société d'histoire de la Médecine* 16 (1922), 48–58.

蒂莫西·米勒的英语译本：*Byzantine Monastic Foundation Documents: A Complete Translation of the Surviving Founders' Typika and Testaments*, eds. John Thomas and Angela Constantinides Hero, with the assistance of Giles Constable, 5 vols. Washington, D.C.: Dumbarton Oaks Research Library and Collection, 2000, pp.1324-1328.

（2）内容大意或提要

这份章程主要关于卡苏隆的圣尼古拉修道院的饮食规定，由该修道院院长尼古拉修道士撰写于小纪第 8 年 6668 年（即公元 1160 年）。一共有 25 章。

第 1 章，本修道院由卡苏隆的圣尼古拉修道院最神圣的神父约瑟夫大人（lord Joseph）创建于小纪第 7 年 6607 年（即公元 1099 年）。他留下了第一条规则：禁止修道士吃奶酪和鸡蛋。修道士们一直遵守这条规则，不管他们在哪里，不管是在主修道院，还是在所有附属机构。

第 2 章，他还规定，修道士始终吃豆类（加橄榄油）、蔬菜和鱼肉，除了宗教节日，其他时间还要喝葡萄酒；大斋节的星期一不吃油，星期三和星期五不喝酒；整个斋戒期间除了重病修道士，其他修道士不吃鱼肉。

第 3 章，关于圣菲利普和十二圣使徒节日的斋戒期间的食物规定。这期间，在星期三和星期五，修道士不吃橄榄油，但在星期二和星期四吃两道煮食；这期间修道士还吃鱼。圣菲利普节日斋戒期间，在圣母进殿节（Entry in the Temple of the holy Mother of God）和圣尼古拉节日修道士吃鱼；但在圣使徒节斋戒期间，修道士仅在圣施洗者约翰诞生日那天吃鱼。

第 4 章，除此之外，他还规定，修道士全年所有星期日午餐吃两道煮食，晚餐吃生食。

第 5 章，神圣的神父还规定，每周一、三、五这三天斋戒，如果那些日子碰上主耶稣的节日，或者圣母的节日及节日开始八天（octave），或者天使的节日，或者圣施洗者约翰的节日，或者十二使徒的节日，或者纪念任何其他圣徒的节日，这些节日则不斋戒，正常饮食。每周其他四天即周日、周二、周四和周六修道士吃一道煮食，或者是一份豆类，一份加油的蔬菜，或者是鱼肉，如果能够的话。

第 6 章，作者增加两天即星期三和星期五（除了重要的节日）完全不吃鱼肉，这些日子里修道士不用工作，生病修道士也不用工作。

第 7 章，在圣灵降临节（Pentecost Sunday）神圣圣餐仪式之后，修道士不去餐厅就餐，而是在教堂前厅吃祝圣过的面包和一杯葡萄酒。晚祷后修道士去餐厅吃圣灵的恩典赐予的晚餐。

第 8 章，主降生节和主显节的前夜守夜如果是在星期六或星期日，修道士在指定的时间吟唱圣餐仪式赞美诗，然后在教堂前厅吃祝圣的面包，喝一杯葡萄酒。晚上在基督神圣洗礼仪式之后，修道士要尝圣水，唱着"我赞美你，我的上帝"进入餐厅，和圣灵降临节晚餐一样。修道士吃圣灵的恩典提供的食物，在餐厅里做晚祷祷告。

第 9 章，关于大斋节第一周、从正信凯旋主日（Sunday of Orthodoxy[①]）到棕枝主日期间，以及圣周期间的饮食规定。

第 10 章，从复活节（Sunday of Easter）直到万圣节（Sunday of All Saints[②]），修道士每天吃两顿，食物遵循本修道院的习惯做法。从万圣节直到圣使徒彼得和保罗的节日，这期间除了周六、周日以及诸圣徒的纪念节日，修道士遵循圣使徒的传统用餐一次；在这一斋戒期间修道士的饮食和圣使徒菲利

① Sunday of Orthodoxy, 即 Sunday of the Triumph of Orthodoxy, 大斋节（即四旬斋）的第一个星期日，843 年毁坏圣像运动最终失败，在大斋节第一个星期日庆祝为 Sunday of Orthodoxy，译为"正信凯旋主日"或"正统节"。参见 Alexander P. Kazhdan (editor in chief), *The Oxford Dictionary of Byzantium*, pp.2122-2123.

② Sunday of All Saints, 在东正教里为圣灵降临节之后的第一个星期日，和天主教万圣节时间不同。

普节斋戒期间的饮食一样。但如前所述，修道士在这一斋戒期间碰到圣施洗者约翰节日时吃鱼。

第11章，在8月15日圣母安息节，司祭要在圣餐仪式后祝圣葡萄，修道士按传统在教堂吃祝圣过的面包之后吃祝圣过的葡萄。

第12章，9月14日举荣圣架节（Exaltation of the venerable and life-giving Cross）那天，修道士吃两次，只有豆子、豆荚或者一些加醋的蔬菜；那天修道士不吃橄榄油或者鱼，只吃面包和加醋的果汁，并按照圣山的规定喝葡萄酒。

第13章，修道士遵循修道院创办者、神父约瑟夫大人的规定吃同样的面包、喝同样的葡萄酒。

第14章，每位修道士都要坐在餐厅里，喝自己面前高脚酒杯里的葡萄酒。每个高脚酒杯盛三份葡萄酒。当修道院院长敲响圣钟，本周负责餐厅的官员宣布祝福时，修道士喝第一口酒，赞美神圣三位一体；喝第二口酒，感谢圣母的代祷和帮助；喝第三口酒，感谢神圣教父们的代祷，感谢修道士们最神圣神父的拯救和恩赐，并祝祷整个修道士群体的拯救。餐厅管理员第四次敬酒，修道士们喝酒祝祷愉快入睡，祝祷离世的神父们和弟兄们安息，并纪念修道士们最神圣的神父和弟兄。在给圣母祭献一片面包感谢圣母的代祷和帮助后，修道士们喝第五口酒，这一次不祷告。

第15章，用餐时不得交谈；不得咳嗽，除非克制不了。

第16章，拉撒路节日（Lazarus Saturday）的前一天即周五晚上，如果修道院院长愿意，则修道士喝葡萄酒庆祝拉撒路的复活，是否喝酒由修道院院长自行决定。

第17章，从基督诞生节直到主显节第八天期间，修道士不须斋戒，每天自由吃鱼和橄榄油，喝葡萄酒。

第18章，主耶稣和圣母的节日开始八天期间，修道士不用斋戒，可以自由吃加橄榄油的鱼肉和菜肴。

第19章，在奶酪禁食（cheese fast）周，除了周六和周日其他每天都要斋戒，在周六周日那两天，修道士吃一餐，有橄榄油和鱼肉，直到周六晚上为止，周六晚上修道士在餐厅晚祷，然后，每位修道士唱着三圣颂回到自己的房间休息。

第 20 章，神圣的神父还规定，修道士饭后不得去其他弟兄的房间聊天或寻求建议，只能回自己的房间。如果他识字，可以阅读；如果不识字，则为自己的罪过流泪哀求宽恕，或者认真做手工来驱逐恶念。

第 21 章，如果有弟兄被派去办事，则为他保留他那份食物，不管是鱼还是什么食物，一直等到他回来为止。如果食物变质，则应该给生病的或年老的弟兄，或由食品管理员送人。而等他返回时要给他其他类似或更好的食物。

第 22 章，关于星期三晚上和星期四的饮食规定。

第 23 章，在第一周的星期五和拉撒路节日的星期五，修道院院长自行决定葡萄酒的使用。第一种情况是因为伟大殉道者塞奥多利（Theodore），第二种情况是因为圣拉撒路的复活。

第 24 章，在 3 月 24 日圣母领报节前夜守夜、3 月 25 日圣母领报节以及节后的 3 月 26 日，在这三天，修道士们自由吃加橄榄油的食物，喝上等葡萄酒，庆祝愉快的圣母领报节。

第 25 章，关于渔夫修道士在大斋节期间的饮食，规定他们在两天即星期三和星期五完全不得食用橄榄油和鱼，但在其他几天，他们可以自由吃鱼和橄榄油，饮葡萄酒，因为他们日夜劳累。

[后来注释者的注解] 这条规定因违背教父们的习惯做法已被废止。

24. 塞尔维亚人萨巴斯为阿索斯山卡里斯的圣萨巴斯小修道院制定的章程

（1）手抄本、出版和现代语言译本
这份文件的时间为 1197 年或者 1199 年。手抄本是 1874 年的现代手抄本。
出版：

Ph. Meyer, *Die Haupturkunden für die Geschichte der Athosklöster*, Leipzig, 1894, pp.184–187.

1928 年科洛维奇（V. Ćorović）编辑出版了中世纪塞尔维亚语原文版：V. Ćorović (ed.), *Spisi Svetoga Save*, Belgrade, 1928, pp.5–13.

现代语言译本：

乔治·丹尼斯（George Dennis）的英译本：*Byzantine Monastic Foundation Documents: A Complete Translation of the Surviving Founders' Typika and Testa-*

ments, eds. John Thomas and Angela Constantinides Hero, with the assistance of Giles Constable, 5 vols. Washington, D.C.: Dumbarton Oaks Research Library and Collection, 2000, pp.1333-1335.

（2）内容大意或提要

这是我们的神父、塞尔维亚第一大主教萨巴斯亲笔撰写的章程，一共有13章。

第1章，作者阐述敬畏上帝是智慧的开端。

第2章，作者去圣山，看到了具有美德的圣人、尘世的天使、属于天国的人。于是他在上帝的帮助下以圣母名义建立了一座大修道院，并在里面安顿了修道士。他还在卡里斯购得一些房间供出来办事的修道士休息。另外，他还在卡里斯以神父萨巴斯的名义建造了一座小修道院和一座教堂，供两三个弟兄居住使用。

第3章，任何人都没有权力控制圣萨巴斯小修道院，不管是"第一修道士"，还是大修道院院长，还是大修道院的任何其他弟兄。他们不得打扰居住在小修道院的修道士，不得盗用那里的香料、教堂神圣的祭礼服、书籍及其他诸如此类物品，更不能转让这些东西，或把它们带到大修道院，大修道院院长也不能处置小修道院的任何东西。恰恰相反，大修道院要为小修道院提供蜡烛、香油和熏香以举行纪念仪式，香油应该重达60罗马磅，其余的由大修道院院长和所有修道士自行决定给他们足够的量。

第4章，如果他们遵守以上规定，上帝会给他们报酬。作者去世后，小修道院院长（housemaster）继续留任直到去世，待他死后，大修道院院长和修道士们聚集在一起，选出一名虔诚的弟兄并把他送到小修道院担任那里的院长。

第5章，在那座小修道院，他全权负责那里，大修道院或其院长不得对小修道院行使任何权力，通过送礼、不够格的人不得送到那里担任院长。

第6章，居住在小修道院的修道士必须遵守以下规定：在周一、周三和周五，不得尝橄榄油或葡萄酒；一周五天（周一到周五）只允许吃一顿；但周六周日要端上鱼摆出奶酪，白天吃两餐。

第7章，在大斋节期间，修道士只有在周六和周日才喝橄榄油和葡萄酒。但在圣诞节前40天和在圣使徒节斋戒期间，修道士在一周五天（周一到周五）白天的饮食和前面规定的一样。

　　第 8 章，关于晨祷、晚祷，以及第一小时、第三小时、第六小时、第九小时祷告仪式的具体做法规定。

　　第 9 章，关于在教堂举行午夜祷告的具体规定。

　　第 10 章，关于星期六晚上守夜祷告的具体规定。

　　第 11 章，在主耶稣的节日期间要尽可能多地举行圣餐仪式，居住在小修道院的修道士要做好守夜祈祷。

　　第 12 章，必须遵守以上关于祷告、斋戒、圣餐仪式等规定，除非病得严重。如果有非常亲密的朋友拜访居住在小修道院的修道士，则除了星期三和星期五，其他日子斋戒可以适度些，不用过于严格。

　　第 13 章，规定小修道院永远自由。作者规定，如果有人胆敢打扰居住在那里的修道士，或者带走那里的东西，或者转让那里的书籍或圣像或任何其他东西，那么，愿他被圣三位一体即圣父圣子圣灵以及作者自己咒逐，愿他生前死后永不被宽恕。

（三）11-12 世纪拜占庭修道院规章制度的史料价值

　　修道制（Monasticism）在拜占庭帝国占有重要地位，指修道士和修女实践的献身礼拜的生活，是拜占庭帝国社会和宗教组织中必不可少的部分，影响到每个拜占庭人的生活，发挥着精神、经济、慈善和文化的作用。它最初出现于 3 世纪晚期，当时基督徒退隐埃及沙漠过苦行生活，圣安东尼（Antony the Great）是其中著名的沙漠教父，其传记为后来的修道士提供了模仿的榜样。4 世纪随着隐士引来门徒，男女修道士居住区发展起来。埃及修道制扩展到叙利亚和巴勒斯坦的修道院（lavras）以及安纳托利亚，大巴西勒在安纳托利亚写作了《长篇规则》（Long Rules），为拜占庭修道制提供了基础。他推崇留院（koinobion）团体隐修制（cenobitic monasticism），主张修道院应该成为自给自足的修道士的居住区，提倡适度的苦行生活，主张建立城市修道院。君士坦丁堡的第一所修道院建立于 4 世纪晚期，之后男女修道院在城市和乡村迅速发展起来。到 536 年，君士坦丁堡差不多有 70 所修道院。很多圣山逐渐出现，实践隐士修道制（eremitic monasticism）和留院团体隐修制。拜占庭修道制的一大特征是许多修道士的个人主义，甚至 14 世纪发展起修道士留院独自隐修的修道制。不像西方，拜占庭没有公认的隐修院修会（monastic orders），拜占庭每个修道院都是一个独特的机构，各有自己的修道院章程，尽管一些修道院章程效仿了较早的章程。修道院作为劳动群体的传统在9世纪早期的斯图狄奥斯修道院得到了最完美实现。后来的皇帝们特别是查士丁尼一世授予修道院经济特权，但9世纪之前大多数修道院仍是不大的地产主，10世纪修道院开始获得大量不动产。通过购买以及皇帝和私人的捐赠，修道院的田地、葡萄园、牧场、牲畜、磨坊、鱼塘、盐场、城市出租房地产、作坊等逐渐增加。修道院还得到信徒赠送的现金和珍贵的仪式用品等礼物。修道院财富因通常免缴国家税收而进一步增加。尼基弗鲁斯二世等皇帝极力限制修道院地产的发展。1204年拉丁人的《瓜分协议》（*Partitio Romaniae*）① 仅仅把"全能者"基督修道院列为大地产主。13世纪末到15世纪有大量档案记载修道院获得地产，但政府极力控制修道院地产的发展。修道院的最重要功能是提供远离尘世的圣所，虔诚的男女信徒在那里献身沉思生活，寻求自身的拯救和他们代祷的人的拯救。修道院也发挥慈善功能，为老弱病残、被社会遗弃的人、被殴打的妻子等需要帮助的人提供避难所。修道院还是监禁或流放被废黜的皇帝和牧首以及失败的叛乱者或政治对手的地方。修道院还使用一些财产运营慈善机构，如医院、老人之家（*gerokomeia*）、救济院（*xenodocheia*）等，还定期给有需要的人分发食物、金钱和衣服等，日益行使一些国家功能。由于修道院财产的相对稳定性，许多修道院保护人（*ktetores*）把修道院当作便利的投资对象，把土地让渡给修道院以换取某些特权。另一方面，皇帝和牧首授予一些平信徒或教会机构类似那些修道院保护人享有的好处，即"恩典的礼物"（*charistikion*）。与西方不同的是，在拜占庭，除了训练一些决定成为修道士的小孩之外，教育并非拜占庭修道院的一大功能，不过修道院确实在拜占庭帝国的精神文化生活中发挥了不可或缺的作用。很多修道院有缮写室制作手抄本。有学者估计10-11世纪拜占庭帝国的抄写员大约一半是修道士。尽管大多数修道院图书室规模不大，且藏书通常是宗教性质的，但也有一些是世俗性质的。唱诗班的兄弟姐妹要求有读写能力。在9世纪初拜占庭帝国有读写能力的人大多数是男女修道士。修道院也对拜占庭神学和精神生活的发展产生了重要影响。许多最重要的

---

① *Partitio Romaniae*，瓜分协议，指1204年4月13日君士坦丁堡陷落后，威尼斯人和非威尼斯人十字军为了瓜分原拜占庭帝国领土开始草拟并公布的瓜分协议；关于协议公布的时间，学术界有争议。参见Alexander P. Kazhdan (editor in chief), *The Oxford Dictionary of Byzantium*, p.1591.

神学家和神职人员本身是修道士。修道士在 4–5 世纪的基督大公会议中发挥了关键作用，在毁坏圣像运动中他们是圣像的主要支持者，他们捍卫正教，反对东西教会统一。11 世纪初神学家西米恩（Symeon the Theologian）和 14 世纪阿索斯山的修道士静修派（Hesychasm）的神秘主义深刻影响了正教传统的发展。许多修道士因升任主教或牧首而有机会影响教会政策。修道院还资助了艺术和建筑学的发展。①

拜占庭修道院档案是了解拜占庭修道制的最重要途径，具有极其重要的史料价值，修道院档案中最重要的是章程或规则（typika）。这里列出的 24 份修道院规章制度文件有的是修道院创办章程，有的是遗嘱，有的是改革法令和规则，还有的是关于礼拜仪式的规定等，它们用来确立修道院的法律和经济地位，规范修道院的生活习俗，保护修道士的特殊权利和生活方式等。通常，这些文件会介绍作者自己、修道院历史、修道院财产、修道院的规模、状况等信息，规定修道士的饮食并规范修道士的行为，明确修道院院长的任命方式，通常还会反映作者的宗教观点、价值观念等，例如，对金钱和财富的看法，极具史料价值。下面先以第 17 份文件为例介绍其史料价值，然后分析这些文件的整体史料价值。第 17 份文件的经济社会史料价值主要有：

第一，这份文件很多地方反映了作者约翰的宗教观点、价值观念等，特别是第 1、4–8 章、第 53 章 [B] 部分、第 57–59 章，第 24 章反映了对金钱和财富的看法。

第二，这份文件中简单介绍了作者自己（第 1 章）、修道院财产（第 1 章）、修道院历史（第 2、33 章）、圣约翰圣像的制作和超自然能力等，提供了这座修道院的简要状况信息。第 33 章提供了关于这座修道院过去曾有 170 个修道士、但因各种恩典礼物受封者的掠夺而变得一无所有的重要信息，并且提供了这座修道院经君士坦丁堡牧首尼古拉三世·格拉马提科斯授权完全独立的重要信息，是研究 12 世纪恩典礼物制和修道院私有化的重要史料。

第三，这份文件中有很多地方规定了修道士的饮食，例如，第 18 章提供了饮食的数量、食用时间以及质量等方面的信息，第 19 章规定了斋戒期间禁吃的食物，第 20 章规定了食物的数量和性质，第 28 章对大斋节期间的饮食做

①　Alexander P. Kazhdan (editor in chief), *The Oxford Dictionary of Byzantium*, pp.1392-1394.

了具体规定，第29章规定了圣使徒节的饮食，第30章规定了主降生节的饮食，第31章规定了圣母安息节的饮食，等等。这些都为研究12世纪拜占庭修道院食物和饮食的重要史料。

第四，这份文件很多地方对修道士进行了行为规范。例如，第9-11、13-19、21-23、25-27、29-32、36-37、39-41章，对于屈膝礼、圣餐礼、祷告、告解、节食、就餐、斋戒等进行了具体规定，明确规定唱赞美诗期间、餐厅就餐时要保持良好秩序，第19章列出了全年的纪念节日。规定了各种节日的庆祝方式，例如，第10-11、16、28-32章。第39章禁止闲聊。第40章禁止修道士相互口头争论。第36章规定了修道士的告解。第35章还规定了修道院院长的任命方式。

第五，这份文件涉及到了修道院财产相关问题。例如，第37章指出修道士千万不要向修道院院长询问修道院的收入或者支出，但修道院院长不得用修道院的财富牟取私利并规定了惩罚办法。第38章规定了捐赠给该修道院的一切不可转让，包括圣器、仪式用布、圣像、书籍，除非发生灾害或者敌人入侵，这时可以由修道院院长、管理人以及其他官员一起公开转让。第41章规定任何人不得违反修道院章程拥有任何东西，不应偷偷吃东西或者接收信件，否则会遭到惩罚。盗取修道院财产且不做弥补的人会被逐出修道院。第53章[A]部分禁止向那些举行剃发仪式的人索要入院礼物或者出家礼物，但允许接收他们主动赠送的礼物，他们并不因此有相对其他修道士而言的优先权，他们主动送的礼物也不能索回，说有很多这方面例子，送了礼物之后要求索回，要求带着这些礼物离开修道院。

这些文件每一份本身都需要根据修道院的历史和写作背景来研究，但它们在总体上解释了留院团体隐修的修道院各方面情况，提供了诸如修道院财产、慈善机构（医院、救济院、老人之家等）、修道院历史、重要人物、价值观念、行政管理、食物、服装、书籍、圣器、照明等方面的信息，具有极其重要的经济和社会方面的史料价值。总体说来，其经济社会史料价值主要体现为以下几个方面。①

---

① 关于这些文件的史料价值，详细请参考《拜占庭修道院创建文件：幸存创办者章程和遗嘱全译》全书以及各份文件的相关研究。

第一，呈现了 11-12 世纪拜占庭帝国的宗教生活与修道院机构，反映了修道院生活的几乎所有方面以及修道院的发展情况。这些文件规定了修道院规模、修道院院长的选择、接受和对待新成员、入院年龄、修道士换机构、各种仪式、修道士的饮食、活动、行为举止、修道士之间的关系和差别等。

修道院章程规定的修道士入院年龄不一。最小入院年龄，有的规定为 18 岁，有的规定在 20 到 30 之间。许多修道士已经结婚。修道士见习期长短因候选人年龄和经验而异，有的规定 6 个月，有的规定 2 年、熟人 6 个月，有的规定 8 天，有的规定要缩短虔诚人士见习期。修道士换修道机构比较常见。这些文件几次提到修道士换到其他修道院。这些文件反映修道院规模不一，人数不等，有的只有三四个修道士（第 24 份），有 80 个修道士的（第 15 份），有 700 个修道士的（第 4 份），12 世纪及之后的修道院章程所反映的修道院大多数在 20 人到 50 人之间。有些偏好较小的修道机构，强调修道士规模不能超出其资源。第 6 份文件限制修道士数目为 7 人，第 17 份限制为 12 人，但如果资源允许则允许增加人数。

这些文件规定了修道士的活动和行为举止。修道士的活动主要是参加宗教仪式、进行私人祷告以及从事各种工作。当时社会认为个人和整个社会的幸福都仰赖修道士的祷告。这些文件大量提到为修道院创办人、保护人、恩人特别是皇帝和统治家族成员、为修道士群体成员、为所有基督徒（很少）、或为社会特定群体举行的纪念仪式。由于纪念活动太多，"恩人"圣母修道院章程规定限制纪念所花的时间。修道士最重要的事情是庆祝圣餐仪式。各个修道院关于圣餐的庆祝规定不同。圣餐仪式的频率有时没有明文规定。修道士群体所有成员都要工作，不仅是为了避免懒惰也是为了禁欲以及提供经费。允许修道士在其小房间工作。他们的活动由"圣钟"的声音规定。一些修道院有几个"圣钟"，"圣钟"有小的、大的、木的和金属的。根据不同的声音，修道士知道应该做什么。修道士的告解非常重要。一些修道院，要求修道士每天忏悔。这些文件往往规定向修道院院长或神父而不是其他修道士或外人忏悔，有的允许向其他修道士等忏悔。修道院章程规范修道士的行为举止，非常重视修道士的行为以及他们之间特别是对修道院院长和修道院官员合乎体统的行为举止。允许私人祷告和祈祷。对修道士最严重的惩罚通常是驱逐。

它们反映了修道士群体成员之间的差别。关于修道院里具体的修道士信息我们很少知道，除了地位高或富裕的人。有几份章程废除了入院收费的规定，使穷人进入修道院更容易，但是实际情况如何难以确定。章程反映了修道院中普通修道士之间具有重要区别，几乎所有修道机构中富裕和权势家庭成员拥有特权，尤其是如果他们与皇帝或者修道院创办者有亲戚关系的话。其中大量提到旅客、朝圣者、乞丐、陌生人、仆人、平信徒以及各种食客，提到修道院中的妇女和男孩等。第 19 份文件说有乞讨的修道士。第 15、16 份文件说它们的修道院监狱用于政治囚犯（称为强加的客人）。它们经常禁止强加客人，反对内部修道士和外部修道士，这表明有时候修道士由修道院出钱生活在修道院之外。有的修道院的修道士有几种语言和种族，例如，有的规定只接收格鲁吉亚人，有的规定接收希腊人和叙利亚人、修道院院长应该是希腊人、但管理人和财务主管应该是叙利亚人。修道院有主要服务教会的人员，包括修道院官员。它们区分享有不同津贴的三类修道士。第 15 份文件表明，那里有 4 个仆人，80 个修道士（其中 30 个做杂役），50 个赞美上帝，这三类人报酬各不相同。它们把修道士分为识字的和不识字的。

修道院章程关注饮食，详细规定一年宗教仪式期间不同时候食物的精确数量和类型。有的禁止吃鸡蛋和奶酪，但在纪念恩人的时候往往增加小份额补助。有的规定给予那些参与仪式的人食物上的好处。一些章程特别关注身体健康，有的说饮食适度有利于身体健康，有的提到泉水和水渠，充足的水供应被认为是修道院的重要恩惠，水用于饮用、烹饪、沐浴、淋浴，是章程中各种规定的主题。修道院章程通常主要关心修道院生活的物质方面而不是智力方面，较少提到识字或阅读，尽管个别修道院的财产清单列出了一些书籍。

第二，这些文件规定了一种理想的修道院生活。

修道院章程之间差异很大，但都强调离开俗世，服务上帝，致力于祷告、纯洁和超脱世俗的独特生活方式。宗教生活被比作天使的生活。阿索斯山上的修道士在第 24 份文件中被描写为"尘世的天使"。进入修道院是第二次洗礼，包括尘世生命的死亡和洗清罪恶的生命的新生。第 8 份文件表明，修道士和修女致力于努力、忍耐和坚持不懈的生活。他们被要求定期地、经常地忏悔，有时候往往是一天一次。章程强调修道院的天堂特征以及它们与尘世社会构成对比。强调禁欲主义、弃绝自己和服务上帝，同时也强调人性方面，例如爱、工作、谈话等。章程力图切断修道士与世俗社会的联系。第 8、13、22 份章程禁止宗教机构和外面的平信徒之间有精神上和收养的各种关系，包括不能充当教父母、洗礼引领人。

修道院极其关注性纯洁。第 17 份文件中有一段担心同性恋。根据第 7、8、16 份文件，这些规定并非因为厌恶女人，而是为了避免受到诱惑。第 15 份文件规定女性在修道院里的医院工作。宦官在拜占庭社会发挥了突出作用，一些男女修道院禁止宦官，第 16 份文件接纳了一名富裕宦官，这是特例。第 6 份文件规定修道士必须是宦官和"没有情欲的人"，蓄须的修道士遭到禁止。在第 14 份文件中，修女的告解神父、管理人以及医生都要求是宦官。第 2 份章程表明原则上并不反对宦官修道士。

第三，体现了 11-12 世纪拜占庭的修道院改革运动，反对当时社会的不正之风，特别是平信徒对修道院的控制，限制修道院创建者和赞助人的权力，维护机构的独立性。这些文件的作者更喜欢修道士集体生活而不是隐居，他们把隐居跟固执、不服从、私有财产联系在一起。各个修道院改革的形式各不相同，并没有适用于所有修道院的改革运动。

这些文件包括了大量关于修道院机构的组织结构和行政管理方面的资料，反映了作者希望修道院独立、担心外部干扰修道院事务。这反映了当时恩典礼物制（*charistike*）的盛行。恩典礼物制在 10-11 世纪的拜占庭盛行，修道院被私人和机构占有，这些机构和私人往往利用修道院为自己牟取利益。理论上，赠与修道院是有条件的，有时间限制，有益于恩典礼物受封者和修道院，以保持其成员不受世俗干预。但实际上这种制度导致平信徒控制修道院和占用税收收入。11-12 世纪的拜占庭修道院改革运动是要反对这种对修道院的控制。这些改革者有些本身是恩典礼物受封者，他们想要推进以有限的保护（*ephoreia*）制度来取代恩典礼物制，前者强调的是对修道院的保护和监管而不是占有。根据第 19 份文件，牧首在过去控制着该修道院并把它授予各种修道院管理者，他们绝大多数往往滥用修道院的土地财产，仅从中谋取利益，毫不关心修道院及其事务。但当皇帝的私人秘书卡帕多西亚人乔治持有圣马玛斯时，他认识到这座修道院可能又会被坏的恩典礼物受封者控制，因此寻求让该修道院独立、从牧首权利中解放出来。但即使皇帝也不容易保护修道院不受外界干预，尤其是在这种外部干预以保护的面目出现的时候。

保证修道院独立的最重要途径是把修道院从其对外部当权者的义务中解放

出来。这些被称为豁免权（*exkousseia*）。第 6 份文件表明 1075 年后雷德斯托斯救济院和君士坦丁堡"至慈者"基督修道院获得豁免权，包括皇帝米哈伊尔七世免除修道士一系列义务（包括给军官和士兵提供住宿、供应各种物品、强买强卖、强制服役、各种款项、课征、性质不明的税收等）的特权等。

改革者特别想要阻止外部势力特别是平信徒恩典礼物受封者控制修道院院长的选择，主张从内部选拔。一些章程的作者规定创办人任命修道院院长，有时候没有修道士群体的参与，但他们主要是赞成抽签或者由修道士集体选举。在一些机构，年纪更大或更突出的修道士发挥了主要作用，修道院院长由修道士群体所有成员或者大多数成员选举产生。修道院章程不太关注修道院新院长如何就任，在这些规章制度中，*cheirotonia*（圣职授任）、*sphragis*（祝福）以及 *procheirisis*（平信徒授圣职）可以互换使用，用来指修道院院长或修道院其他官员的就任。例如，第 14、15、16、18 份章程。牧首或主教在修道院院长就任中的作用在大部分章程中并不突出，往往只是说他们祝福修道院院长，偶尔说牧首或主教授权听取忏悔。第 17 份章程说选举修道院院长部分加上了牧首祝福。一些章程的作者甚至允许平信徒授职。

修道院院长一旦就职，履行广泛的职责。伊萨克·科穆宁在第 16 份文件中提到修道院院长对纵火犯的司法权，以及他对农民行为的责任，农民不允许在星期三或星期五吃鸡蛋奶酪或肉。章程往往指望修道院院长咨询修道士群体成员进行管理，或者至少咨询官员们和年长修道士，但实际上他们往往是独断独行。随着时间推移，修道院管理权往往越来越集中在修道院院长手中，对修道院院长的唯一真正的限制似乎是罢免的威胁，章程对此提到许多次。修道院院长在管理修道院时得到各种官员和修道士群体中最重要的优秀成员或级别高的成员的帮助，第 10 份文件说他们更重要。官员们有时候本身是优秀的成员。

基本的管理单位是修道士群体，其成员共同生活。这些文件一般赞成留院团体隐修而不是隐士生活。在第 19 份文件中，留院团体隐修在与俗世隔绝意义上等同于隐士独居，非修道士的所有修道生活形式都是禁止的。但并非所有修道士都是留院团体隐修修道士（*cenobites*），实际上或原则上都是如此。章程很多次提到隐士，称之为周末共同礼拜隐修士或静修道士（*hesychastai*），他们生活在修道院之外的小房间或者洞穴里，但仍然是修道士群体成员。例如，第 15 份文件中提到很多周末共同礼拜隐修的修道士；第 10 份文件中提到的隐士，在星期六和星期日回到修道院并被给予食物；在第 22 份文件中，12世纪初修道士群体包括拉伏拉修道院中生活在一起的修道士和参与守夜但不参与仪式庆祝活动的静修道士。

尽管拜占庭修道院原则上反对私人财产，但个人贫穷并非常态，通常有例外，特别是对来自强大富裕家族的修道士和修女来说是这样，按照当时的标准，他们不可能和修道士群体中其他成员一样过普通生活。在第 6 份文件中，君士坦丁堡"至慈者"基督修道院中的宦官修道士有仆人，这些仆人在他们的主人去世后有津贴；在第 9 份文件中，在第 15 份文件中，对习惯于奢侈生活方式的修道士做出让步；在第 10 份文件中，在帕特莫斯，个人的仆人被要求有胡须才能坐在桌边或喝酒；在一些修道院，修道士收到现金补贴以支付衣服等费用；在另一些修道院，所有食物和衣服都由修道院官员分配；第 6、19 份文件说修道院的浴室位于修道院之外；等等。

内部外部修道士以及章程中提到的被明确认为是滥用权力强加的客人，尽管他们的准确地位并不清楚。第 15 份文件区分了内部外部修道士，在第 16 份文件中伊萨克·科穆宁规定他的秘书不应被作为内部修道士对待。第 19 份文件禁止周末共同礼拜隐修士和外部修道士。这些资料表明，内部修道士可能是从其他修道院分派的修道士，生活在修道院但并不参与普通生活，生活在外面的外部修道士费用由修道院承担。强加的客人显然是由保护人安排的，但是他们可能包括有时监禁在修道院的政治囚犯。

这些文件不断提到修道院的财产和财源。修道院的安全更多受到贫穷而不是富裕的威胁，大多数章程的作者寻求为其修道院获得充足的捐赠，并尽可能获得免除税收和其他财政义务的权利。修道院地产主要由附属机构经营，并由依附农民耕种，伊萨克·科穆宁在第 16 份文件中表达了对他们的关心。修道院其他两个重要的收入来源是入院礼物（一些修道院禁止，一些修道院欢迎），以及用来换取纪念和葬礼的捐赠。一些机构要求富裕的申请人在加入修道士群体之前处理自己的财产。

除了修道士群体本身的花费，慈善和施舍活动是消耗修道院收入最大的方面，尽管章程没有提到它们耗费修道院收入的比例。几乎所有修道机构都在门口施舍穷人和旅客，并在免费招待所（*xenodocheion* 或 guesthouse）提供食物和住处，许多修道院帮助孤儿、囚犯以及缺乏准备嫁妆所需必要资金的女性。

君士坦丁堡的"全能者"基督修道院附属的医院独一无二，许多修道院都资助救济院，养老院和医院，还赞助桥梁。桥梁被认为是有价值的慈善事业，有几份章程提到桥梁，包括第16份文件。在第9份文件中，巴奇科沃的修道院医院由相关负责农民照顾。

修道院财产的保护往往是比获得财产更大的问题，这些文件反映了11-12世纪对神圣财产转让的关心。即使最大的机构，那些拥有最多特权的机构，也可能受到贵族和教会人士包括皇帝和牧首的压迫和侵略，它们的创办者极力在保护和控制之间找到合适的平衡。理想情况是一个强大但遥远的保护人——强大到足以帮助驱逐侵略者，但足够远不至于本身成为压迫者。这些文件反复强调修道院的独立和自治。

在这些文件中，主教们往往呈现的是困难之源而非保护之源。章程很少提到教规，例如卡尔西登宗教会议第四条教规，它授予主教们对每座城镇和每个地区的修道士的权力；很多章程或者根本没有提到主教，或者主张它们的修道院是独立的、不受主教管辖的。在第9份文件中，主教被排除在巴奇科沃的礼拜仪式服务之外。主教并没有被排除在所有修道院之外。主教可以批准和祝福、偶尔选择新的修道院院长、听取忏悔，在有的修道院他们有监管权力，例如第16份文件。在第18份文件中，主教对修道院没有权力，但是能够调查信仰过错。

这些文件的作者们更可能的是向世俗权威而不是教会权威寻求保护。考虑到恩典礼物受封者的威胁，他们转而求助更有限的保护人，称为 *ephoros* 或者 *prostates*，他们往往是统治者，修道院创办人家族成员，或者大贵族，或者有时候是地方权贵，伊萨克·科穆宁在第16份文件中期望附近村庄的士兵和皇家侍卫保护修道院。一些保护人（*ephoroi*）不仅是外部事务的保护人，还是内部事务管理者。保护人的报酬原则上是精神上的，但实际上报酬往往更为具体。保护人也行使和恩典礼物受封者同样的一些权力，但随着时间流逝，他们的权力得到有效限制。

如果各种保护形式都失败，修道士群体通常会寻求超自然力量的帮助，向上帝和圣徒求助，这些文件提到过圣徒作为保护人的作用。即使没有得到特别祈求，但圣徒一直出现在修道院。根据第16份文件，圣徒圣像在贝拉似乎是活着的。第19份文件说庇护圣人亲自出现。自然和超自然之间的密切联系是东西方宗教生活的特征，提醒男女修道士生活在超自然力量的陪伴之中和对永恒拯救的期待之中。

这些文件一般介绍了修道院的历史和现状，很多非常详细地列出了修道院的各种财产，还有的对修道院财务做了具体规定，例如不同修道士的具体报酬；很多地方涉及到慈善事业，例如修道院慈善分发、救济院、养老院、医院等，是研究当时拜占庭帝国慈善活动和慈善机构的重要史料；有些文件还反映了一些社会问题，例如有的修道院有士兵保护；等等。所有这些都是研究当时拜占庭修道院经济和社会生活的重要史料。

总之，这些文件具有极其重要的经济和社会方面的史料价值。但需要注意的是，这些文件规定的是一种理想的修道院生活，其他史料表明许多章程并不总是得到遵守。

第四类　圣徒传记

　　圣徒传记，现代称为 Hagiography，目的是崇拜圣徒和创造理想的基督教徒
行为举止等。它与历史作品和布道词都有相似之处，作为对历史人物的描写，
与历史作品相似，其中有历史信息；作为教导性作品，和布道词相似。圣徒传
记主要有三类：第一，*martyrion*，希腊文为 μαρτύριον，殉教，叙述殉教者的受审、
受刑和处死；第二，*vita*，圣徒传记，希腊文为 βίος，生动描绘了圣徒真实的生
活细节，以及奇迹、幻象、显圣、天国等，结集为圣徒传记集（*menologia*）；第
三，*apophthegmata patrum*，埃及沙漠教父轶事和箴言集。可能到 7 世纪时对圣
徒死后奇迹的描写单独成为一类。其中，*vita* 尽管保留了古代传记的某些传统，
但它是一种新的文体，新型创作者创立了新型行为理想；这种文体由凯撒里亚
的尤西比乌斯（Eusebios of Caesarea）创造，他写作了《君士坦丁大帝传》（*Vita
Constantini*），强调道德说教目的甚于事实可信度。圣徒传记提供了各种信息，
包括圣徒的生平、日常生活、相关修道院和地方情况、当时的重要事件以及拜
占庭人的思想观念等。早期圣徒传记（4–7 世纪）极力抛弃古代城市文明的价
值观念，这一时期的圣徒传记主要创作于埃及、巴勒斯坦和叙利亚的城市和修
道院。7 世纪晚期随着文学活动的衰落，圣徒传记在几乎整个 8 世纪逐渐消失，
8 世纪末复兴，9 到 11 世纪繁荣，不再像早期圣徒传记那样狂热否定古代理想。
盖勒西昂山圣拉撒路（Lazaros of Mt. Galesion）行传是 11 世纪圣徒传记的最后
一部杰作。在 12 世纪，知识分子开始批评圣徒的形象，圣徒传记很少。帕列奥
列格时代的圣徒传记作家往往赞美早期的圣徒，其他人则致力于写作同时代人
的生平，一些是政治家和神学家传记，还有作家强调隐士的苦行生活。①

---

　　①　参见 Alexander P. Kazhdan (editor in chief), *The Oxford Dictionary of Byzantium*, p.139, p.897,

一 盖勒西昂山圣拉撒路圣徒行传

（一）盖勒西昂山圣拉撒路和传记作者格雷戈里简介

盖勒西昂山圣拉撒路（Lazaros of Mt. Galesion，Λάζαρος ὁ Γαλησιώτης）是一位 11 世纪圣徒，其洗礼名为利奥（Leo），出生于迈安德河（the Meander）边马格尼西亚（Magnesia）附近，1053 年 11 月 7 日逝于盖勒西昂山。关于他的出生时间，通常认为是大约 972 年，拉撒路出身于农民家庭，在完成初等教育之后，逃到了阿塔雷亚，在那里成为了修道士，接着去了巴勒斯坦圣萨巴斯（St. Sabas）大修道院。回来后他在以弗所附近的盖勒西昂山建筑了三座修道院，他在那里度过了大半生，生活在一根柱子顶上面，去世的时候已经声名远扬。他的修道士群体建立在个人主义原则基础之上，以修道士住的小房间为修道士活动的中心，同时强调修道院集体生活和服从；允许修道士工匠赚取个人收入。拉撒路的门徒、修道院食品管理员格雷戈里（*kellarites* Gregory，即 Gregory the Cellarer）写作了他的传记。他的传记中超自然的奇迹较少，日常生活细节很多，例如描写了很多偷窃、争吵、游历和访问等。格雷戈里集中写当地事件，君士坦丁堡则被描绘成充满危险的遥远城市。13 世纪末，君士坦丁堡牧首塞浦路斯的格雷戈里二世（Gregory Ⅱ of Cyprus，1283–1289 年在位）修订了这部传记。[①]

据修道院食品管理员格雷戈里记载（参见这部传记），拉撒路谦卑、幽默、仁慈、慷慨、宽容、热心、极具洞察力和远见，决心强大，富有说服力，口头和书面表达能力强，个子高，身体好，终身献身于基督教苦行生活，在露天的柱顶生活了 40 多年。他提倡参加教会活动，谴责私下礼拜，谴责拒绝参加集体餐饮，强调修道士平等，谴责拥有私人财产以及追求私人利益，强调修道院院长的作用和责任，他自己密切参与修道院的日常生活，例如亲自管理修道院事务，参与关于个人财产的争论等。他关心所有信徒的幸福，强调照顾虚弱者、穷人和能力差的。他在荒芜、缺水的盖勒西昂山上建立了三座修道院：救世主（Savior）修道院、圣母（*Theotokos*[②]）修道院和耶稣复活

---

pp.1308-1309, p.2180.

① 参见 Alexander P. Kazhdan (editor in chief), *The Oxford Dictionary of Byzantium*, p.1198.

② *Theotokos*，希腊文为 *Θεοτόκος*，圣母马利亚的称号。参见 Alexander P. Kazhdan (editor in

（Resurrection）修道院，前两座建于主峰以西的峡谷里，圣母修道院比救世主修道院地势高，最大的修道院耶稣复活修道院在山上更远处，高于峡谷。拉撒路还建立了尤弗拉西亚（Eupraxia）修女院、贝塞（Bessai）的圣母修道院、保索尼普（Pausolype）修道院等，建有附属机构菲利普科厄斯修道院（house of Philippikos），控制了圣玛丽娜（St. Marina）修道院，拥有地产例如马塞亚小修道院（*metochion* of Mathaia）、彭塔克勒尼（Pentakrene）地产、艾波普丁地产等。

　　作者格雷戈里是位修道院食品管理员，根据他自己写的这部拉撒路传记，我们了解到，他的修道士名字是格雷戈里，来自君士坦丁堡，他到盖勒西昂当修道士后他母亲还住在君士坦丁堡，给他写过信，他在君士坦丁堡的朋友曾到盖勒西昂拜访。他还是平信徒的时候就同盖勒西昂有联系，直到拉撒路在圣母修道院柱顶上生活（1030/1031 年后）才成为那里的修道士。[1] 他得到拉撒路的信任和尊重，担任过与食品储藏室联系密切的服务员（trapezopoios[2]）一职，到拉撒路晚年，他在盖勒西昂的耶稣复活修道院担任食品管理员这一重要职位。对拉撒路，虽然他偶尔持有异议，但基本上是一直支持的。在拉撒路去世后，他仍然是修道院中非常重要的人物。[3] 他应该受过良好的宗教教育，还有一些医学知识，但相信撒旦和魔鬼的活动。他至少比拉撒路多活了 5 年，很可能在 1058 年完成传记的写作。[4]

---

chief), *The Oxford Dictionary of Byzantium*, p.2070.

　　[1] 参见这部传记的 75、96、97、98、127 章；*The life of Lazaros of Mt. Galesion: an eleventh-century pillar saint*, introduction, translation, and notes by Richard P.H. Greenfield, Washington, D.C.: Dumbarton Oaks Research Library and Collection, 2000, p.52.

　　[2] *trapezopoios*，服务员，是食品管理员或餐厅管理员的下属。

　　[3] 参见这部传记的第 81、82、97、98、121、127、151、170、172、191、192、209、210、211、212、213、217、249 章；*The life of Lazaros of Mt. Galesion: an eleventh-century pillar saint*, introduction, translation, and notes by Richard P.H. Greenfield, Washington, D.C.: Dumbarton Oaks Research Library and Collection, 2000, p.51.

　　[4] *The life of Lazaros of Mt. Galesion: an eleventh-century pillar saint*, introduction, translation, and notes by Richard P.H. Greenfield, Washington, D.C.: Dumbarton Oaks Research Library and Collection, 2000, pp.52-53.

（二）手抄本

1. 最初版传记

阿索斯山幸存一本 14 世纪的手抄本（*Lavrioticus* Ⅰ*.127*），最初版传记在这本手抄本的第 81 到 293 页，一共 5 个部分。德莱海（Delehaye）在《圣徒行传》（*Acta Sanctorum*）的序言和"柱上苦行者"部分对这本手抄本做了介绍（拉丁文：*Acta Sanctorum,* 71 vols, Paris, 1863–1940, Nov. 3: 503, 3–4; *Stylites,* cvi–cvii）。后来在阿索斯山发现了这本手抄本的 18 或 19 世纪的复制品（Athos manuscript s. Annae n. 6, 第 145–307 页）。

14 世纪手抄本末尾（第 294 页）有抄写员留下的一条注释，说这本手抄本是在君士坦丁堡的耶稣复活（the Anastasis）修道院为阿索斯山上的大拉伏拉修道院抄写的，说这本手抄本根据的原稿来自盖勒西昂，但原稿不完整，在修道院被突厥人侵占时被抢走，落入一个香料商人手中，那个商人撕掉原稿多个地方用来包装他的货物。但注释没有解释抄写员如何得到原稿的。理查德·格林菲尔德（Richard P.H. Greenfield）认为，根据幸存手抄本篇幅来看，原稿损失应该不是很大，幸存手抄本缺失的部分主要是关于拉撒路各修道院历史的：第 170 章末尾（第 207 页大部分）、第 202 章末尾（第 236–236v 页）、第 223 章末尾（第 253 页大部分，第 253v 页整页）、第 230 章末尾（第 262 页大部分，第 262v–263v 页全部）、第 237 章开头（第 270v 页部分，第 271 页全部）、第 245 章开头（第 279 页部分，第 279v–281v 页全部），不是关于各修道院历史的主要有第 210–211 章（第 242v）；这本手抄本还有其他一些地方有内容缺失，不是损坏引起的，但主要也是关于各修道院历史的，例如，第 52–53 章、第 90 章、第 141 章、第 194 章；第 25、34、63、64、69 章也有问题，但这些地方不是关于各修道院历史的。理查德认为这些空白部分不是偶然所致，很可能是有人故意篡改的结果。很可能 13 世纪末修订这部传记的塞浦路斯的格雷戈里和我们一样对缺失部分的内容一无所知。①

---

① *The life of Lazaros of Mt. Galesion: an eleventh-century pillar saint*, introduction, translation, and notes by Richard P.H. Greenfield, Washington, D.C.: Dumbarton Oaks Research Library and Collection, 2000, pp.49-51.

2.塞浦路斯的格雷戈里修订版传记

塞浦路斯的格雷戈里二世在1283–1289年担任君士坦丁堡牧首。他的修订版传记幸存于一部15世纪手抄本中（梵蒂冈：*Barberiniano* Ⅵ.22, ff. 283–314）。同一部手抄本中还有这本传记的副本（阿索斯山：*Lavrioticus* Ⅰ.127, ff. 296–341v，抄写于18世纪）。

这部修订版传记差不多变成了颂词，其价值主要是证明了拉撒路崇拜的发展。修订版比最初版篇幅少很多，没有提供关于拉撒路的新的信息，但是有几点与最初版观点有差异，重要的例如，修订版说皇帝君士坦丁九世资助了盖勒西昂山上耶稣复活修道院的建造，说拉撒路72岁去世，把拉撒路的去世写成了奇迹故事。修订版对最初版有补充的地方其资料的准确性可疑，价值不大。①

3.其他幸存的手抄本 ②

这些是最初版和修订版的梗概，非常短，几乎没有历史价值。主要有：

第一，拉撒路小传（an *akolouthia* of Lazaros），其手抄本与最初版传记在同一本手抄本中。

第二，瞻礼集会传记（*synaxarion*③），幸存于13世纪或者14世纪初的一本手抄本中，这本手抄本现存于莫斯科：Moscow, Historical Museum (ГИМ) 369/353, ff. 217v-220v。比前一本梗概篇幅稍长，未出版。

第三，阿卡基奥斯·撒贝特斯（Akakios Sabbaites）写作的传记，幸存于

---

① *The life of Lazaros of Mt. Galesion: an eleventh-century pillar saint*, introduction, translation, and notes by Richard P.H. Greenfield, Washington, D.C.: Dumbarton Oaks Research Library and Collection, 2000, pp.58-59.

② 参见 *The life of Lazaros of Mt. Galesion: an eleventh-century pillar saint*, introduction, translation, and notes by Richard P.H. Greenfield, Washington, D.C.: Dumbarton Oaks Research Library and Collection, 2000, pp.59-61.

③ *synaxarion*，希腊文为 συναξάριον，复数为 *synaxaria*。指专门的短评集，通常为圣徒传记，篇幅很短，通常只有一段话。这个术语也指固定宗教节日的教会日历，每个宗教节日都有相应诵读经文。这里译为瞻礼集会传记。Alexander P. Kazhdan (editor in chief), *The Oxford Dictionary of Byzantium*, p.1991.

手抄本：Dionysiou 268, ff. 483v–491v。这一篇叙述了苏梅拉（Soumela）修道院创办者巴纳巴斯（Barnabas）和索菲罗尼奥斯（Sophronios）的生平，由阿卡基奥斯·撒贝特斯写作于 13 世纪初，其中包括阿卡基奥斯·撒贝特斯本人在参拜盖勒西昂山上耶稣复活修道院时听说的关于拉撒路生平的口头传说。这部史料对于拉撒路生平价值不大，但是提供了拉撒路创建的耶稣复活修道院在 13 世纪初关于他的传说的发展情况的信息，完全没有拉撒路的旅行方面的信息，比塞浦路斯的格雷戈里修订版传记更加侧重奇迹传说。在这本资料中，拉撒路被说成逃离了他受教育的修道院，在 12 岁的时候直接搬到了盖勒西昂，直到 70 多岁的时候才住到柱子顶上；其中只提到耶稣复活修道院，没有提及其他修道院；说他和他的早期弟子们住在石头小屋里；说皇帝君士坦丁九世资助了盖勒西昂山上耶稣复活修道院的建造。

（三）出版

1. 最初版传记

(*BHG* 979) Hippolyte Delehaye (ed.), *Acta Sanctorum Novembris* 3 (Brussels: Société des Bollandistes, 1910), 508–588.（一共 255 章）

2. 塞浦路斯的格雷戈里修订版传记：

(*BHG* 980) Hippolyte Delehaye (ed.), *Acta Sanctorum Novembris* 3 (Brussels: Société des Bollandistes, 1910), 588–606.

3. 其他版本传记

第一，拉撒路小传（an *akolouthia* of Lazaros）：

(*BHG* 980e) Hippolyte Delehaye (ed.), *Acta Sanctorum Novembris* 3 (Brussels: Société des Bollandistes, 1910), 607–608.（译自 Athos' Lavrioticus I.127, ff. 74v–77）

第二，阿卡基奥斯·撒贝特斯写作的传记：

O. Lampsides, "Ἀνέκδοτον κείμενον περὶ τοῦ ἁγίου Λαζάρου Γαλησιώτώτου," *Theologia* 53 (1982), 158–77.

（四）现代语言译本

最初版传记英语译本：*The life of Lazaros of Mt. Galesion: an eleventh-century pillar saint*, introduction, translation, and notes by Richard P.H. Greenfield, Washington, D.C.: Dumbarton Oaks Research Library and Collection, 2000. 该书由理查德·格林菲尔德根据最初版传记（即 *BHG* 979）翻译，为全译版，有英语译文、注释和导言。

塞浦路斯的格雷戈里修订版传记英语译本：*Byzantine Monastic Foundation Documents: A Complete Translation of the Surviving Founders' Typika and Testaments*, eds. John Thomas and Angela Constantinides Hero, with the assistance of Giles Constable, 5 vols. Washington, D.C.: Dumbarton Oaks Research Library and Collection, 2000, pp.148–166. 由帕特里夏·卡琳－海特根据塞浦路斯的格雷戈里修订版传记（即 BHG 980）翻译，为部分翻译，只译了拉撒路的遗嘱。

（五）最初版传记内容大意

下面根据理查德·格林菲尔德 2000 年英译本概括其内容大意。文中作者通常称拉撒路为神父（father，或译"神甫"），这里为方便起见一般写为拉撒路。

第 1 章，开篇。

第 2 章，写拉撒路的出身，来自亚洲马格尼西亚附近、一个以圣母命名的乡下地方，父母是农民，非常虔诚，自给自足，拉撒路是他们的第五个孩子，坚定不移，出生的时候出现奇迹，天空出现强光，接生婆说拉撒路出生后就面朝东站了起来，双手构成十字架形状紧紧按在胸膛上。接生婆是修道士勒昂提奥斯（Leontios）的妻子，勒昂提奥斯告诉了我这些事情以及拉撒路离开家乡前往圣地之前的其他事情。

第 3 章，拉撒路六岁的时候，他的叔父 / 舅父、卡拉泰（Kalathai）修道院的修道士埃利亚斯（Elias）要求他父母把他送给前述勒昂提奥斯进行教育，因为他出生的时候出现了奇迹。三年后，他叔父 / 舅父要求他父母把他送到欧罗波伊（Oroboi）一位文书（notary①）乔治那里去接受教育。他在那里待了三

---

① notary，登记交易和证明文件的官员，译为"公证人"或"文书"。有各种名称，例如，

年后，他叔父／舅父把他带到修道院，教他教会事务，随身带着他。然而，当他看到叔父／舅父生活富足但是根本不给穷人施舍财物时，他偷偷地给穷人东西，后来他叔父／舅父找不到东西时察觉到，就审问、殴打、侮辱他，但他忍受了一切，他还从教堂拿书独自阅读，从中大为获益。

第4章，拉撒路决定去圣地，一天夜晚，他偷偷溜出修道院踏上旅途，但被叔父／舅父派人找了回去，遭到叔父／舅父严惩，被严禁离开修道院。他跟着叔父／舅父在修道院待了两年后，他叔父／舅父送他去了斯特罗伯里翁（Strobelion）修道院，到了文书尼古拉那里接受进一步的文书专业技能教育。尼古拉和他叔父／舅父一样无情，根本不施舍任何东西，毫无同情心。他于是毫不犹豫地教训并告诫他的老师不要对穷人这么无情这么吝啬，但尼古拉不为所动，他因此像以前送叔父／舅父的东西一样把尼古拉的东西送给穷人。尼古拉知道后对他的良好判断力和性情感到震惊。有一次半夜尼古拉醒来听到人们在唱赞美诗，他起来发现是拉撒路在独自祈祷、唱赞美诗，他回去躺下赞美上帝，从此他不再把拉撒路当作是学生而是当作老师来看待。

第5章，但当拉撒路和尼古拉待在一起三年后，一天他溜走了。他和一些修道士一起游历，把自己的世俗服装换成了修道士服装，非常高兴，但是不久他被抓了回去。

第6章，拉撒路回来六个月后，他再次逃跑，来到一个地方，那个地方有位修道士在柱子顶上隐修，他过去告诉这位修道士自己的想法，这位修道士提供了很好的建议，脱下了他的世俗服装，给他穿上了修道士衣服。然后祝福他，送他踏上了旅途。夜晚来临，他不想去村庄，看到田野中有一座小礼拜堂，就进去关上了门，并祷告上帝，然后躺在地上睡着了，但不久突然被叫声惊醒，仔细一听是狼在外面不远处嚎叫，他起来用石头挡住门，祷告，然后躺下睡着了。早晨他离开前往霍奈。

第7章，途中，他发现一些来自卡帕多西亚的人也要去大天使教堂，就和他们一起走，其中有个少女在痛哭，拉撒路询问后得知她被一些人欺骗，与家人疏远，因为这些人骗她从家里拿走了很多钱，这些人骗走了钱后遗弃了她消

---

notarios, taboullarios, tabellion, symbolog, nomikos 等。参见 Alexander P. Kazhdan (editor in chief), *The Oxford Dictionary of Byzantium*, p.1495.

失了。她很害怕，担心被人玷污，因为她还是处女。于是拉撒路和她说话，劝她，保护她，到达霍奈后把她交给了她的亲戚们带回家乡。晚上，拉撒路站在大天使教堂的前厅里祷告后躺下睡了，但这时一个修女打扮的妇女过来引诱他进行可耻的性交，拉撒路赶紧起来什么也没说离开了那里。他站在另外一个地方祷告了很久，上帝使他避免了淫乱。早晨他马上出发前往耶路撒冷。

第 8 章，那天晨祷结束后他看到一个修道士走进教堂祈祷，修道士出去后，他去问他来自何处、前往何处，修道士说他来自帕夫拉戈尼亚，前往圣地，拉撒路跪下求他带自己一起走。修道士让他跟着自己。这个修道士不是直接去圣地，而是不断离开直接的路线绕到村庄里去乞讨面包等各种东西，把要到的东西放进袋子里让拉撒路背着。夜晚则会去村庄或者地方市场里，把这些东西卖掉，然后把卖得的钱据为己有。拉撒路发现这个修道士这么贪婪后，开始告诫他，问他为什么不施舍给穷人，却整天扛着东西到处转悠，结果拉撒路激怒了他，遭到他的侮辱和殴打，于是拉撒路不再说话，转而采取行动。在这个修道士去乞讨的时候，拉撒路会把所有东西送给碰到的人，修道士回来发现袋子空空如也，就狂怒地盘问他，怀疑他卖掉了，就侮辱他，殴打他，拉撒路忍着不吱声。

第 9 章，他们这样来到了阿塔雷亚。但那个奸诈的人举止不像是真正的修道士，而像是犹大，他去船主那里用亚美尼亚人的语言说话，与船主达成出售拉撒路的协议。但上帝保佑，一个船员无意中听到，在修道士和船主还在谈话的时候告诉了拉撒路，拉撒路赶紧逃跑，他离开主道，爬到附近的山上，他还在较低的山坡上时天就黑了，他说他手脚并用爬了整整一晚，第二天破晓才爬到山顶，碰到一位年老修道士，老修道士询问他，了解他的情况后，劝他不要去耶路撒冷，因为他还小，建议他去自己的修道院（他是修道院院长），直到年龄合适再去耶路撒冷。拉撒路于是拜倒在地，听从了老人的劝告。在老人的修道院待了一段时间后，他从老人那里得到第一件道袍，还得到了新名字拉撒路，他原来名叫利奥（Leo）。经过这位可敬老人的教诲，拉撒路很快成为修道士的楷模，听从老人的所有教导，不做未经老人同意的事情。

第 10 章，但拉撒路从其他修道士那里得知山上有个洞，适合静修，他请求老人允许去洞里居住，过苦行生活，附近村庄一些异端人士以侮辱和嘲笑来攻击他，想把他赶出山，甚至威胁说如果他不赶紧离开这座山就要殴打他，但他忍受了一切，不停告诫和鼓励他们，结果他们不仅停止攻击他，甚至抛弃了他们祖先的异端邪说，转而皈依东正教。他写信给菲莱托斯（Philetos）主教，后者在他们诅咒自己的异端信仰之后接受他们参加圣餐仪式，他们正式皈依东正教。其中一些人不断请求拉撒路把他们削发为修道士并与他住在一起，拉撒路写信给那位老人，得到了老人的鼓励，于是他接受了他们。

第11章，主教听说之后来看拉撒路，和他交谈，答应提供他所有需求。主教把自己的弥撒礼服（无袖长袍）送给他，他还给了主教。他的名声传开，很多人慕名而来，他自己说山上多岩石，难以攀登，他们用铁制工具修建了一条近路，在主教的帮助下，他们在山洞旁边建立起一座小礼拜堂和修道士住的一些小房间。有六位修道士，其中两个修道士是主教任命的。但有一次在一个重要宗教节日，这两个修道士争论谁应该穿那位主教的弥撒礼服（他们有另外一件），拉撒路知道后把那件礼服还给了主教，他剪下一些毛织物，亲手缝制，递给他们，让他们主持宗教仪式。

第12章，有一次，一个人看起来像是着了魔，拉撒路要其他修道士给他礼物打发他离开。这个人单独去见拉撒路说他是假装着了魔，说他行骗的经历（勾结教堂负责人，拿走好的教堂用品例如十字架并埋起来，然后假装着魔，带着教堂里的人用铁锹挖出来，放回原处，假装病也好了，然后去别的地方），拉撒路听后感到吃惊，劝他收手、不再作恶，不能工作的话也可以乞讨，于是打发他离开了。

第13章，一次，这座山附近村庄一些人要去陡峭地方收集蜂巢，前来请求拉撒路祝福他们。但拉撒路要修道士们拿来蜂蜜给他们吃，劝他们不要去悬崖。一个人说他收集了很多蜂巢也没有出事，拉撒路说这次不行。他们去了悬崖那里，结果这个人系在身上的绳子断裂，掉下悬崖摔死了。其他村民把这个人埋掉了，把拉撒路的预言告诉了每个人，人们感到震惊，于是带着妻儿子女去见拉撒路，唱赞美诗，称他为先知。

第14章，但人们经常这么做，拉撒路发现他们经常打扰他不让他独自待着，还给他先知的名声，他开始感到害怕，害怕他们的赞美妨碍他的隐修生活。他于是决定离开那里前往圣地，因为这个时候那位老人即他的导师已经去世，而且他的年龄也适合了，他已经在那里待了七年。于是一天夜晚他偷偷溜走，只穿了一件短上衣，光着脚，什么也没有带，独自离开上路了。

第 15 章，拉撒路来到安条克城附近时，看到一些人站在路中间悲叹一个女孩刚刚被路过的亚美尼亚人军队劫走了，他马上去追赶军队，到达军队扎营的地方，寻找指挥官，士兵们知道他是要找那个女孩后威胁要他的命，他毫无惧色回答说要找指挥官归还女孩并惩罚他们，他们害怕，软化下来，他坚持他们必须交还女孩，他们只好找来女孩交给他，女孩完好无损，没有受到伤害。他祝福他们，带上女孩离开了。但他们还没有到达她的村庄，天就黑了。拉撒路于是在离大路有一段距离的地方在沙地上给女孩做了个床，他到不远处祷告，回来见她睡着后回到祷告处躺下，但半夜里醒来发现她躺在身后，于是他起来唱赞美诗，一直唱到早晨，然后他们离开那里，快到她的村庄的时候，他为她祈祷并送她离开，她请求他一起回去以便感谢他，但他离开了她，继续自己的旅途了。

第 16 章，拉撒路到达耶路撒冷后在所有神圣场所、所有修道院做礼拜，渴望在圣萨巴斯大修道院居住。他坐在神圣耶稣复活教堂时，教堂的辅祭长（archdeacon）注意到他，邀请他去家里款待他，得知他想进圣萨巴斯大修道院后，带着他去那个修道院，按照圣萨巴斯大修道院的规定给了修道院院长 12 诺米斯玛，拉撒路于是被接收为那里的修道士。他常常告诉我们说，他在那里待了六年，和另外一位修道士一起担任唱诗班领唱人（kanonarches[①]）职务。

第 17 章，之后，拉撒路很想和那些通常在大斋节期间去沙漠的人一起去那里，但是修道院院长不让他去，拉撒路于是偷偷地和其他人一起去了沙漠，回来后，修道院院长把他逐出了修道院，因为他独自修行，并且自作主张，违抗修道院院长的意旨。拉撒路于是离开去了圣优西米厄斯（St. Euthymios）修道院，但待了一些时间后他又回到圣萨巴斯大修道院，他自己说理由是，他和其他一些修道士出去摘鹰嘴豆，但一些阿拉伯人带着妇女和孩子跟着他们，那些阿拉伯人几乎赤身裸体，不成体统，对修道士说着可耻的话，因此他退出了圣优西米厄斯修道院，去找辅祭长帮忙，辅祭长于是带着他去圣萨巴斯大修道院，送给修道院院长一本价值 12 诺米斯玛的福音书（Gospel），安排他像第一次那样被接收。不久，修道院院长见他有长进，就要他担任神职，给了他使徒

---

① *kanonarches*，希腊文为 *κανονάρχης*，修道院唱诗班的领唱人，很重要。

的道袍，送他和其他一些修道士去牧首那里。在辅祭长的帮助下，拉撒路见到了牧首，得到牧首的称赞。牧首先后委任他为辅祭和司祭，然后他回到圣萨巴斯大修道院，在那里一直待到穆斯林暴动为止。他说他在圣萨巴斯修道院的整个期间，从未在教堂外面喝酒，从未尝过油或者奶酪或者其他让人长脂肪的东西，他也没有躺下睡觉，而是做了一把特制的椅子，睡觉时就坐在上面。

第18章，一天，拉撒路和一些修道士去沙漠，他站在干涸的河床上祷告上帝时，听到从上面传来一个声音要他回到家乡，这个声音说了三次，回到修道院后他说起这事，了解那里的人说，这个河床上有个洞，一个修女在那里生活了很久，可能她受到上帝的启示，才对他这么说。

第19章，那时以阿齐兹（Azizes）为首的穆斯林迫害基督教徒，毁灭了有修道院和教堂的几乎整个文明世界。阿齐兹摧毁了圣地的基督复活教堂。这些穆斯林杀害了许多人，包括修道士和平信徒。因此，拉撒路和其他神父决定离开圣地。

第20章，拉撒路和另一位修道士保罗离开圣地去罗马。他们还在耶路撒冷的时候听到不好的消息，原来和拉撒路一起在圣萨巴斯大修道院担任唱诗班领唱人的修道士抛弃了基督教信仰，抛弃了修道士生活，成为了穆斯林。拉撒路和保罗去看他，见他穿着萨拉森人衣服，拉撒路劝他悔改，他回答说不能悔改，否则当地埃米尔会杀了他和他们两个，他要他们去劝埃米尔让他离开。他们去请求埃米尔放了他，他们三个在夜晚离开，穿过了沙漠。

第21章，他们走了很远后在地上躺下睡觉，那个人见拉撒路和保罗睡着后起来返回去了，拉撒路和保罗醒来后发现他不见了，对拯救他感到绝望，继续赶路，穿过了沙漠。

第22章，中午酷热难挡，拉撒路和保罗非常渴，上帝奇迹般地引导他们找到了荆棘灌木掩盖的水源，喝了水后他们从灌木丛中钻出来，躺在灌木树荫下，四头狮子朝他们走过来，他们祈求上帝帮助，狮子把他们从头舔到脚，狮子钻进灌木丛喝水出来后，又舔了他们一遍，没有吃他们就离开了。他们起来感谢上帝，喝了更多水之后上路了。

第23章，拉撒路和保罗在沙漠里走了三天，除了水，没有吃任何东西，来到提比利亚斯（Tiberias），他们进城从基督教徒那里得到施舍，出城时，三个赶骆驼的人想要抢走他们的面包，他们给了一个面包，赶骆驼的人吃完后仍然追着他们要，拉撒路说把面包全给他们就可以摆脱他们避免受伤了，保罗大怒，朝他们大吼，吓走了他们。拉撒路和保罗继续前进。

第 24 章，他们在塔博尔（Tabor）山做礼拜后，下山到了大马士革，然后穿过黎巴嫩，来到的黎波里和劳迪西亚（Laodikaia）。还没到劳迪西亚的时候，有人给他们 1 诺米斯玛，有人给他们一个袋子。拉撒路没有让保罗知道就把袋子给了一个穷人，因为基督教导说不得携带袋子还有其他东西。他们来到劳迪西亚后决定分开，保罗说去货币兑换商那里去平分那 1 诺米斯玛，拉撒路拒绝，要他给穷人或者自行处置。他们分开后，保罗生活在那里某个地方的一根柱子顶上，但他最后离开了那里。

第 25 章，拉撒路离开那里后去了安条克，来到奇妙峰（the Wondrous Mountain）和圣西米恩（St. Symeon）修道院，接着他离开那里，穿越奇里乞亚，来到卡帕多西亚地区，当他来到阿尔杰艾斯（Argeas）山下时，他想要爬山，但是住在那里的人阻拦他，因为当时已经是冬天。但是他把所有希望寄托在主基督和圣母身上，开始爬山，爬到半山腰时，他过去常常说，浓雾包围了他，怎么睁大眼睛也看不清，但他没有放弃，而是双手着地爬了上去，途中他和一头熊因为看不清撞到了一起，熊离开了，他继续爬山，到山顶上时他发现了一座小教堂，门被牢牢闩上了。他打开门进去祈祷，出来后闩好门，下山了。

第 26 章，他下山后继续赶路，途中碰到一群羊，狗看到他开始追赶他，他爬上一块岩石，想着狗不会爬上去，但是这些狗在恶魔的驱使下爬了上去，抓住他过去穿的皮质短上衣，扯破了，每条狗扯下一块，衔着下去了。结果拉撒路没有了衣服，赤身裸体，但他还是赞美了上帝，他从岩石上下来后走了不久，碰到一个骑马人，骑马人把自己穿的斗篷给了拉撒路，拉撒路穿上后祝福了这个人，感谢了上帝。

第 27 章，拉撒路到达凯撒里亚（Caesarea）后，进入圣巴西勒教堂祷告，然后离开去了圣塞奥多利将军（St. Theodore Stratelates）礼拜堂。但他在路上独自走的时候，一只大黑狗突然跳出来跟着他，对他大叫。晚上他来到一个村庄，几乎绕着村庄走了一圈也没有人邀请他进村。他在离村庄不远处找到了一个山洞，走了进去，狗在洞前大叫，村庄里的狗也都赶过来在洞前狂吠，村民以为有野兽，拿着剑赶到洞前大喊，企图吓出野兽，拉撒路在洞中回答，村民离开。早晨他起来继续赶路，那只狗仍然在后面对着他吠叫。到晚上时拉撒路又来到那个村庄，又绕了一圈，仍然没有人邀请他进村，他一点面包屑也没有获得。于是他离开去了一个有面包烤炉的地方，煤块还是热的，他取出煤块，在旁边坐了下来，但是那只狗又在他面前狂吠，村子里所有的狗也跟着在那里狂吠。拉撒路站了起来，拾起一根木头在那里站了一整夜，把狗赶走了。

第 28 章，天破晓时，拉撒路决定不离开那座村庄，因为那天是基督四十殉道者（Forty Martyrs of Christ）节日，他还想考验一下那里无情的村民。但庆祝圣餐仪式后仍然没有人给他哪怕一点面包屑吃。他意识到这些人没有分享观念。他感谢上帝后离开了村庄。他看到附近有一座小礼拜堂，就走了过去，发现里面有位修女，修女给了他面包和水，让他吃东西。他吃了后感谢了上帝，祝福了修女，然后上路了。但是狗又跟着他，对他狂吠，直到天黑才离开。尽管拉撒路本人没有直说，但我推断这不是真正的狗，而是变成狗的样子的恶魔。

第 29 章，拉撒路这样来到尤凯亚（Euchaïa），在那里敬拜圣殉道者塞奥多利（Theodore），然后来到尤查达（Euchaïta），在那里的圣殉道者塞奥多利·特隆（Theodore Teron）教堂做礼拜和祷告。离开那里后，他步行穿越安纳托利亚军区，来到霍奈，在大天使教堂祷告，然后和一些云游修道士一起离开去以弗所，来到神学家圣约翰教堂，在那里他和这些人分开，这些人先行前往罗马，他准备先去家乡探望一下父母再去罗马。

第 30 章，那些人走后，拉撒路来到欧罗波伊，到曾是他老师的乔治文书的礼拜堂那里，他在那里找到乔治的儿子，打听他的父母和亲戚以及老师乔治，这个孩子去告诉了他父亲乔治，乔治认出拉撒路，派人去叫他的亲戚和修道院院长，他们马上认出了他，特别是修道院院长，他是拉撒路的舅父①。修道院院长把他关在一个小房间里，派人去叫他母亲，因为他父亲已经去世，他母亲仍然健在。他母亲一开始没有认出他，后来才认出他来，马上跑过去抱住他亲吻他，高兴得涌出眼泪，说找到了最亲爱的儿子。拉撒路见母亲紧抱自己，不情愿地承认自己确实是她的儿子。消息迅速传开，他的亲朋好友以及熟人纷纷前来看望他，分享他母亲的快乐和幸福，这样一整天后他们各自回家，

---

① 　可能就是前文第 3–4 章所说的修道士埃利亚斯。

他拒绝了母亲邀请他回家的恳求，在修道院里待了一些天，然后离开回到了以弗所。

第31章，拉撒路进城后在圣神学家约翰教堂祷告，然后在上帝的指引下晚上来到了马尔帕得艾斯（Malpadeas）村庄，被司祭乔治接待，得到慷慨款待。拉撒路问他这里是否有修道院可供他入住，乔治带着他到了圣母（Theotokos）的修道院即亚比安（Appion）修道院，位于科皮翁（Kepion）村上方。拉撒路进入修道院，但是不想在这座修道院定居，修道院院长带着他来到库梅伦（Koumaron）山脚，那里有一泓泉水，一座献给圣殉道者玛丽娜的小礼拜堂，里面有两个修道士希拉里奥斯（Hilarios）和勒昂提奥斯，他们接收了他。不久，拉撒路劝他们为他建立一根有顶盖的柱子，他搬到柱子顶上，过了不久，他把顶盖拆掉，效仿非凡的西米恩，过着露天生活。

第32章，不久，拉撒路的名声传开，许多人，不管贫富，从附近的村庄和城镇赶过来看他。他和蔼地接待这些人，给他们分发面包。修道士希拉里奥斯和勒昂提奥斯不满，要求他停止接待那些人，停止给他们东西，否则不是他离开就是他们离开。拉撒路拒绝停止接待人们、分享和离开，那两位修道士于是离开，去了勒戈斯（Legos）村上方的希普思罗斯（Hypselos）山那里，他们在那里找到了一泓泉水，建造了一座修道院，这座修道院现在还在那里。

第33章，他们离开后不久，一些人抛弃尘世，和他生活在一起，从他那里得到道袍。由于人很多，必须建造房子供他们休息，满足他们的需要，还要建造礼拜堂，因为那座小礼拜堂太小了。修道士们和虔诚基督教徒建造了修道士住的小房间，一位名叫尤迪塔（Iouditta）的妇女捐助了教堂的建造，她来自卡拉布里亚，住在以弗所。她资助修建了圣玛丽娜教堂，收养拉撒路的弟弟伊格纳提奥斯（Ignatios）为儿子。伊格纳提奥斯当时只有大约八岁，现在是我们的修道院院长。于是，这里成为了带有教堂和修道士房间的修道院。

第34章，他们的食物大多由附近的虔诚基督教徒提供，但以弗所都主教塞奥多利（Theodore）给了他们一些土地劳作，通过劳动他们从土地上生产了很多粮食。那里出现了奇迹。有一次，他们播种了豆子，还没有长成，由于这块地靠近路边，每一天，所有过路人都拔走一些。修道士们跟拉撒路说要早点收获豆子，或者由一些修道士守在那里赶走偷豆子的人。拉撒路没有答应，说上帝会让他们收获很多豆子。修道士们以为会颗粒无收，结果却收获了两倍播种量的豆子。

第 35 章，他在那里待了 7 年，露天站在柱子顶上，承受酷暑严冬。他的身体从肩膀到腰部绑着镣铐，腰部被另一个两边固定的环形铁带围起来。腋窝下有另一个环形物环绕着他，这个环形物系在镣铐的中间部分。他有一件皮质短上衣，但他也戴神圣的头罩，系十字装饰的圣带，穿神圣的无袖法衣（肩衣）。他有一张小凳子，有时候坐在小凳子上睡一会儿。他的食物通常只有面包和水，但三年前他不再吃面包，仅吃豆子和蔬菜，一些是生的，一些是白水煮的，没有放油。

第 36 章，拉撒路的这种生活方式像灯塔一样吸引着每个人。由于修道院在路边，所有过路人都去找他，或者寻求精神上的帮助，或者出于物质的需要，或者由于生活中的困境，这些人都满意而归。但是由于每天都有人来找，修道院又在路边，非常嘈杂，拉撒路的耳朵里充满了旅客、监工、农田劳动者的声音，他开始寻找一个安静的地方以便远离这些人的烦扰。恰好那里有盖勒西昂山，这座山恰好不能通行，岩石很多，崎岖不平，而且缺水，因此拉撒路决定在这座山上定居，特别是他听许多人说山上有个山洞，许多年前，一位修道士帕弗诺修斯（Paphnoutios）在洞中过苦行生活，去世了。拉撒路告诉了我这位修道士的故事。

第 37 章，帕弗诺修斯来自雅典，很小就离开家乡，去了罗马，在那里一个非常封闭的小房间里过苦行生活，能创造奇迹，声名远播，治好了所有患上不治之症的病人和受到恶魔攻击的人，随着他名声越来越大，恶魔开始攻击他。

第 38 章，一对富裕夫妇带着中了魔的女儿前来治病，两次靠近帕弗诺修斯的房间时小女孩好了，但离开后又中魔，第三次夫妇俩把小女孩交给帕弗诺修斯独自照顾后离开了。帕弗诺修斯着了魔，强奸了小女孩，然后把她杀了。帕弗诺修斯良心受到谴责，哭泣乞求上帝宽恕。

第 39 章，帕弗诺修斯在上帝的指引下离开罗马，来到亚洲的盖勒西昂山，进入这个山洞，待了三年，没有站立，以山洞前他种植的作物为食，以岩石上滴的水解渴，三年后才站起身来，赞美上帝。

第 40 章，一天，帕弗诺修斯爬到山洞上面去摘鹰嘴豆，一个牧羊人赶着一群羊路过山洞，以为他是一头野兽，就张弓搭箭射中他的肋骨，他没有呻吟，拔出箭，赞美上帝，牧羊人发现自己伤的是人而不是野兽后想要自杀，帕弗诺修斯阻止了他，要他把自己抱进山洞，见牧羊人在痛哭，要他不要哭，并告诉了牧羊人自己的一切经历，然后要牧羊人在他死后把他埋葬在山洞里，并要牧羊人安排好一切后回到山洞定居。牧羊人照做，在山洞中一直待到去世，升入天堂。人们把圣帕弗诺修斯的遗体带到了君士坦丁堡，一些虔诚的人瓜分了牧羊人的遗骨，他的神圣头骨保存在救世主教堂。

第 41 章，夜晚，拉撒路在无人知晓的情况下离开，先去佩特拉（Petra）看望柱上苦行者，苦行者告诉他那里不适合精神安宁，他正是因为这个原因准备离开那里。苦行者建议他去圣帕弗诺修斯的山洞那里。他于是开始爬山，边爬边唱赞美诗，在岩石上画十字并祷告后通过了一条隘路。后来拉撒路命人在那块岩石上刻下十字，作为过路人的护符。他进入山洞，在那里待了 6 个月。他通常出来在山间漫步，然后回到山洞。

第 42 章，拉撒路独自生活在山洞里经历的恶魔的诱惑。一些修道士经历了恶魔的诱惑，特别是在山洞和峡谷。修建救世主教堂的时候，一个干活的人去砍树建教堂，突然看到一个头发凌乱的阿拉伯人（Ishmaelite）引诱他去峡谷最高处砍树，他祈求拉撒路祝福和画十字，那个人马上消失。

第 43 章，修道士西米恩请求拉撒路允许他住在山洞里，拉撒路不让他去，因为他不能经受恶魔的诱惑，但他坚决要去，拉撒路答应。一天夜晚他站在洞中祷告的时候遭到一些恶魔的暴打，当"圣钟"敲响、召集修道士集合晚祷的时候，恶魔离开，他跑进救世主修道院，没有按照规定做祷告、在脸上画十字、跪拜修道士们，而是一进教堂就躺倒在救世主圣像前面的地板上，胡言乱语，仪式结束后，修道士们扶他起来，带他去见拉撒路，拉撒路当时一个人在圣母修道院柱子上，知道情况后下令修道士给他读圣经，他恢复了神智和健康。

第 44 章，另一位修道士约翰夜晚站在峡谷中间祷告，突然发现一头大母猪带着小猪在他的脚边走动，被吓得赶紧逃离了那里，再也不敢去那里。还有一位修道士安东尼（Antony）在洞中度过了一些时间，也在那里经历了恶魔的许多诱惑，说有时候恶魔向他扔石头，有时候痛打他，有时候叫他的名字，给他很多幻觉。

第 45 章，修道士伊格纳提奥斯（修道士马修 [Matthew] 的侄子 / 外甥）

小时候和另外一个小男孩进入山洞打水，看到一个凶神恶煞的人拿着根棍子，那个人把他打倒在地，另外一个小男孩见状叫来修道士，那个修道士拜倒在圣帕弗诺修斯圣像前面，唱赞美诗，从灯中取油涂抹伊格纳提奥斯，使他站立起来，给他的陶罐装上水，带着他们出了山洞，护送他们走了一段路就回去了。但伊格纳提奥斯无法回到圣母修道院，接下来的 18 个月他躺在那里，病得很重，卧床不能动弹，上厕所也要人背着，不能进食。拉撒路知道后派人把他背到自己那里，当时拉撒路在神圣耶稣复活柱子上。拉撒路把自己的一些食物（水煮的豆子，没有放油）给伊格纳提奥斯吃，并下令给他吃甜面包（*paximadia*①），给他酒喝，为他念了祝福语，让他回去了。那之后，伊格纳提奥斯慢慢恢复健康。

第 46 章，修道士纳勒斯（Neilos）还是平信徒的时候的奇遇。当时修道院食品管理员约阿尼科厄斯（Ioannikios）要他走出救世主修道院，并给他指路，要他走到一些平信徒（他们来寻求祝福）那里，他照做后离开平信徒往回走。结果大白天他周围突然一片漆黑，他仰望天空，想着他能够看见星辰，看着这些星辰，他找到了去救世主修道院的路，到修道院附近时，他大喊，请求约阿尼科厄斯祝福，约阿尼科厄斯祝福他后，他周围马上恢复光明。他感谢上帝，走进修道院。

第 47 章，修道士菲利普科厄斯（Philippikos）被恶魔攻击的经历。恶魔攻击他，使他相信恶魔的幻觉，他听从神圣神父的劝告远离恶魔的欺骗后，恶魔又使他失去控制行动和语言的能力。但是上帝通过拉撒路治愈了他。拉撒路为他祷告，放上自己亲手做的圣十字架并读圣经后，他痊愈了。

第 48 章，另一位修道士萨巴斯在自己房间的时候，以为看到小偷进了修道院，他走出房间，还能看见小偷，就叫来弟兄们，但是小偷马上看不见了。萨巴斯意识到他们是恶魔而不是人，就吓得发抖。修道士尼古拉被恶魔的幻象吓得发抖，上帝也通过拉撒路的祷告治愈了他。

第 49 章，修道士格雷戈里（我们的修道院管理人、修道士西里尔 [Cyril] 的父亲）被恶魔的幻象戏弄，变得过于自高自大，丧失理智。他走进山洞庆祝圣餐仪式，结果看到幻象，称是圣灵，说圣灵要他去神学家圣约翰教堂告诉都

---

①　*paximadia*，一种烤了两次的小块甜面包干。

主教和所有神职人员使用纯酒而不是掺水的酒举行圣餐仪式，并称如果拉撒路不让他去的话，所有犹太人都会来这里。他不顾拉撒路警告，在夜晚擅自偷偷离开去了神学家圣约翰教堂。拉撒路得知他逃走后，派了一些修道士去找他。修道士们找到他后，把他绑回修道院，他仍然胡言乱语，拉撒路见他完全被恶魔的幻象控制，下令把他的双脚用铁镣铐起来，给他一个篮子，让他收集庭院中的石头，把石头搬出修道院，下令给他最恪守教规的饮食，直到他亲口承认错误承认被恶魔欺骗为止。

第 50 章，有一天晚上拉撒路独自在圣母修道院柱顶准备下来的时候，修道士梅勒提奥斯（Meletios）上来请求去救世主修道院，拉撒路提醒他在两条溪流相交之处注意安全，梅勒提奥斯果真在那里出现幻觉，梅勒提奥斯相信拉撒路会祷告，克服了幻觉。

第 51 章，梅勒提奥斯在返回拉撒路那里的途中遇到一个衣衫褴褛、咒骂拉撒路的老人，告诉了拉撒路，拉撒路说很快就会有这个老人的消息，傍晚梅勒提奥斯听说一个牧羊人从山上掉下去摔死了。

第 52 章，拉撒路去世后，只有一只手的修道士科尼利厄斯（Cornelius）一天中午在他位于山洞前面的小房间里睡觉，梦见两个人站在他面前说他将双目失明，他醒来后发现什么也看不见，救世主修道院的修道士们把他带进修道院一个房间离开了，那两个梦中出现的人再次出现并戏弄他，三天都是这样。他要修道士们把自己背到圣耶稣复活，过了一些天，他死了。修道院院长即拉撒路的弟弟伊格纳提奥斯当时在贝塞看到异象：一颗星星从山上升入天堂，并听到一个声音说这是科尼利厄斯的星星。

第 53 章，前面已经说过，拉撒路独自在山洞中待了六个月，以弗所都主教听说后亲自写信要他离开那座山，回到圣玛丽娜修道院。不久，这位都主教去君士坦丁堡了，拉撒路派人去叫来一个建筑工人和一个修道士维修与山洞相联的小蓄水池。建筑圣施洗者约翰教堂的马尔马斯托斯（Marmastos）很久之前修建了这个蓄水池，在那里住了一段时间，后来他离开山洞，去了他建造的圣施洗者约翰教堂，在那里去世。这个蓄水池修复后，冬季来临，蓄水池中盛满了从山上流下来的水，拉撒路就带着前述司祭乔治、他的弟弟伊格纳提奥斯还有其他三位修道士，在一天夜里离开了圣玛丽娜修道院，爬上了山，进入山洞，唱赞美诗一直到天亮，然后打发他们离开，要他们一周一位修道士来山洞给他送一满罐水和一些水煮的豆子。拉撒路在山洞里一直待到修道士们给他在干涸的溪流河床上修建起一根露天柱子，然后他搬到了柱顶上。

第54章，恶魔以狗或石头的幻象攻击拉撒路，失败。

第55章，修道士给拉撒路送水送豆子离开后，拉撒路的脚突然被蝎子扎了一下，打破了罐子，洒了水，拉撒路于是决定什么也不吃，一直到星期五没吃东西。上帝通过天使托梦告诉平信徒洛基安诺斯（Loukianos）说拉撒路快要渴死了，洛基安诺斯是拉撒路的信徒，经常向拉撒路告解。他梦醒后赶紧给拉撒路送水去，当时拉撒路差点渴死。

第56章，不久，拉撒路的名声在周边地区传开，一些人上山来找他。一个名叫伊琳妮的妇女，居住在以弗所，刚刚丧夫，听说了拉撒路的一切后亲自来看他。她看到他坚持单独待在露天的柱子顶上后，深受触动，决定成为修女，并且，如果拉撒路同意的话，在他附近修建一个小房间，在那里生活。但是拉撒路不同意，祝福她后打发她走了。但是伊琳妮天天上来找他，给他提供一切必需品。结果恶魔诱惑盖勒西昂的那些村民，诽谤他们，说她去找他不是为了精神上的好处而是为了罪恶和可耻的交媾。恶魔让一些年轻人在伊琳妮和另外两个虔诚妇女（伊琳妮从不单独去找拉撒路）必经的最狭窄通道那里等她们，但是他们在那里睡着了，结果她们没有被人强奸。

第57章，拉撒路在救世主修道院度过12年之后，离开了那里，搬到峡谷更高的地方。原因是伊琳妮在削发为修女之后更加频繁地去找拉撒路，一天，她站在教堂那里时，拉撒路正在柱顶上，修道士们站在柱子周围，他在斥责一个吃水果时扔掉水果皮的修道士，这个修道士不仅没有拜倒在地请求宽恕，反而在教堂里到处跑，他抓住了伊琳妮的肩衣把她拉出了教堂，带到拉撒路面前说伊琳妮伤害了他和站在那里的其他修道士，其他修道士附和，拉撒路因此禁止伊琳妮再去找他，伊琳妮拜倒在地，痛哭离开。

第58章，几天后，拉撒路召来一位修道士，要他和另外两位修道士去峡谷较高处，给他指出地点，要他砍下野橄榄树，在附近挖一个坑，用来烧石灰。要他在野橄榄树那里修建起一根像他当时所在柱子那样的无顶棚露天柱子。新柱子建好后，拉撒路在一天夜晚离开了前一根柱子，爬上了新柱子。修道士们知道后，到新柱子那里，得到他的祝福和关于他们如何生活的指示，然后回到救世主修道院。拉撒路一个人在新柱子顶上，遭到恶魔的石头攻击，拉撒路通过祷告赶走了恶魔。

第59章，拉撒路在新柱子那里时，人们经常去找他求助，他从一些人那里听说有一个妇女生活在一根柱子顶上，把脚伸到一个洞外面。他听说后自言自语说连女性都为了天国这么做，那么他应该做出更加艰难的事情。于是他把脚从墙壁中伸出来，修道士们以及他母亲（她也被他削发为修女）围着柱子站在下面，见此情景哭着请求他不要这么做，说他站在露天柱子顶上，几乎裸体，接受寒暑考验，禁食，守夜，身上戴着铁镣铐，忍受虱子叮咬，不要再承受其他苦行折磨。拉撒路劝说他们，他们由忧伤转为高兴。恶魔化身为蛇爬上他的脚，他通过祷告和十字架使蛇逃走。

第60章，一位从西方来到以弗所祷告的修道士听说拉撒路后，来到他那里，看到他那么做后，严厉斥责他，他最终把脚缩回柱子里。

第61章，一位修道士穿着毛衬衣来找拉撒路，请求去一趟世间，拉撒路拒绝，说以免他犯下意外罪过。但这位修道士坚持下山。三天后他回来告诉拉撒路说他进入一个羊圈，发现有一口铜锅，里面有肉，他因为饿了就吃了肉。拉撒路原谅了他并祝福他，让他回到山上。

第62章，山上之前有一些修道士和修女，但他们只是拯救自己，我们的神圣神父拉撒路上山之后，使得这个默默无闻的地方变得众所周知，他不仅拯救了自己，还拯救了其他人。

第63章，一位来自安纳托利亚军区的修道士，告诉拉撒路说他曾是蛮族土地上的战俘，发誓如被释放将不再回家，而是成为修道士，前往圣地。后来承蒙上帝的恩典他逃了出来，成为了修道士。因此他准备出发去圣地，但顺路去看望家乡，看望一下家人。拉撒路允许他去圣地，但反对他回家乡。他下山后去了家乡，在他自己村庄附近的一个村庄里和一个贫穷女人发生了性关系，然后向那个女人打听自己的村庄以及他自己，结果发现那个女人是自己的女儿，她说她父亲去战场之后，生死未卜，下落不明，不久她母亲去世，留下她和另外两个男孩子，由于他们都很小，结果村民夺取了他们的所有财产，把他们赶出了家门。因此她落到这般田地。这位修道士什么也没说，赶紧逃离了那里。拉撒路要他苦修赎罪，祝福他后让他去了圣地，并劝他一直待在圣地。

第64章，拉撒路单独在那根柱子上的时候，他安排接受圣餐，他们在柱子对面用石头建立起一座小礼拜堂。救世主修道院修道士中一位司祭会去小礼拜堂主持圣餐仪式，并把圣餐给拉撒路。一位来自萨马基奥斯（Samakios）村庄、名叫梅纳斯（Menas）的在俗司祭也经常去找拉撒路，也经常遵照拉撒路的命令去主持圣餐仪式，会给他圣餐。一天，梅纳斯照常去找拉撒路，遇到两头熊在路上打架，他不断祈求拉撒路祝福，两头熊见到他后逃跑了。他到拉撒路那里后照常说："祝福我。"拉撒路说："你碰到了什么吓人的东西吗？……熊不会攻击人，除非人试图伤害熊。"梅纳斯感到吃惊，把一切都告诉了他。梅纳斯主持了圣餐仪式，给拉撒路圣餐，接受拉撒路的再次祝福后回家了。

第65章，梅纳斯的儿子君士坦丁（Constantine）告诉我说，他小时候有一次被父亲派去给拉撒路送蜂蜜，半路上他忍不住偷吃了一点，到拉撒路那里后，介绍了自己和来意，那里一个修道士想拿走他手中的蜂蜜，拉撒路说不要拿，让他吃。他发现什么也瞒不了拉撒路，且良心受到谴责，就拜倒在地，承认了自己的过错，请求原谅。得到原谅后，他把蜂蜜给了那里的修道士，得到拉撒路的祝福后，回家了。

第66章，修道士帕克萨马得斯（Paxamades）离开去了阿维里翁（Avilon）修道院。不久，一天夜晚他到救世主修道院偷修道士的衣服等所有能找到的东西，因为他知道修道士们房间通常不锁，在守夜的时候教堂外面通常没有人。他来到修道院的时候听到修道士们在唱赞美诗，他坐下痛哭，放弃了偷窃念头，去找拉撒路承认过错，得到了原谅。拉撒路给了他2诺米斯玛，为他给救世主修道院的修道士们写了封信，要他们给他提供食物，然后祝福他，打发他离开了。他回到阿维里翁修道院，但最终回到了救世主修道院，在忏悔中直到去世。

第67章，恶魔化身为蛇，在拉撒路坐着写字的时候，爬上他的左臂钻进他的皮衣，爬进他的胸部，把头探到他面前，他用手抓住了蛇，画十字让蛇逃走了。也有真正的蛇，一些修道士看到真蛇后吓病了，拉撒路通过祷告使蛇离开了。

第68章，拉撒路有一次生病时，恶魔化身为光的天使来到柱顶上，说要取走他的灵魂，拉撒路通过画十字使幻影消失。

第69章，恶魔在夜里用斧头砍圆木，不让拉撒路休息，拉撒路下令搬走圆木，恶魔不再用敲打声骚扰拉撒路。

第70章，约翰·库法利德斯（John Kouphalides）来自阿塔雷亚，他着了魔，也来找拉撒路。通过读圣经，放上圣十字架，他被治愈，高兴地回了家。

第 71 章，利奥（Leo）也来自阿塔雷亚，右手瘫痪，被拉撒路奇迹治愈。

第 72 章，利奥想在晨祷后把拉撒路的奇迹告诉教堂中每个人，但被教堂司事阻止，就没有说了，只告诉了以弗所都主教，然后回到阿塔雷亚。第二年他回到修道院，给拉撒路带来"第一持剑者"利奥·瓦西里泽斯（Leo Basilitzes）的一封来信。修道士凯里科斯（Kerykos）把他带到拉撒路那里，拉撒路说不是他而是上帝治好了他的手。修道士们看到了他的手，询问他，后来他们把这个奇迹故事告诉了我。

第 73 节，不久前去世的劳伦蒂奥斯·哈尔米雷诺斯（Laurentios Halmyrenos）告诉了我一个类似的奇迹故事。他还在尘世的时候，有一次他母亲要他把田地上的马牵回来，他骑着马来到有乳香灌木的地方，看到一头黑牛从乳香灌木丛中冲了过来，马受到惊吓，把他摔倒在地，跑回了田地。他中了魔，躺在地上像是死了似的。他被母亲和村民抬进献给圣殉道者普洛柯比的教堂，身上放着十字架，在那里昏迷了两天两夜，第三天午夜恢复意识，一位穿着皮上衣的光脚光头高个老修道士进来祷告后要他跟着，他们离开后教堂的门自动关上，走了一段路后老人要他回家，如果早晨病愈就和他母亲一起去盖勒西昂山去找修道士拉撒路。说完，老人就消失了。

第 74 章，劳伦蒂奥斯回家后告诉了母亲一切，早晨，母亲带着他去找拉撒路，拉撒路要他母亲回家，下令修道士们把十字架放在他身上，并对他读圣经，三天后他完全痊愈。过了一段时间，他回家安排好事务，征得母亲同意后，回到修道院削发成为见习修道士。但是不久后在亲戚的劝告下，他放弃了正式削发成为修道士的计划，准备娶妻建立家庭，但在订立婚约之后他再次着魔病发，摔倒在地，口吐白沫，翻白眼，拧头发。他母亲于是请拉撒路把他削发为修道士，回去安排好事务后，她回来请拉撒路把她也削发为修女。她现在修女院，年纪很大了。

第 75 章，有一次拉撒路命令我下山去以弗所要塞处理修道院一些事务，一位平信徒和我同行，他说他和拉撒路关系更近，因为拉撒路给了他一枚铅印，上面刻有圣母，他把这枚铅印挂在脖子上做护身符。他亲吻铅印并要我亲吻铅印，说圣拉撒路的祷告使他免除了所有危险，因为他是一个水手，有一次海上波涛汹涌，他们都以为没有生存希望了，这时一个乘客哭着请求上帝通过圣拉撒路的祝福来拯救他们，结果他们全都得救，他们向那位乘客打听到拉撒路的情况，后来他们来到菲吉拉（Phygela）港口，了解了拉撒路的更多细节，发现那里有人去找过拉撒路。于是他去找拉撒路，临走时向拉撒路请求他亲手做的东西作为护身符，拉撒路于是给了他铅印。他亲吻了铅印和拉撒路，然后下山，发誓以后每年把赚到的一半拿回来捐献给拉撒路，以便拉撒路能够在祷告时记得祝福他。从此他一直戴着这个铅印。他后来又有很多次得到拯救。我听了之后也希望削发成为修道士，因为我那时还是平信徒。

第 76 章，希俄斯岛的修女过去通常每年来修道院，带走一罐圣拉撒路节修道院生产的圣油，在回去后，她会用这灌油涂抹所有病人，并吟诵拉撒路的名字和祝福，病人很快就会好了。

第 77 章，提起拉撒路的名字和祝福能够把人们从危险中拯救出来。"高个子"美多迪乌斯（Methodios）和来自里泽农（Rizenon）的萨巴斯，从查尔科斯·哈洛尼奥斯（Chalkos Halonios）地区过来去找拉撒路。在爬山过程中，他们碰到了一群野山羊，萨巴斯用拉撒路的名字控制了它们，使它们乖乖听话，最后释放了它们。

第 78 章，在盖勒西昂山外和山上，都有人不相信拉撒路的奇迹能力。有人认为他是个暴食者和酒鬼，说他分享洁净的圣餐，命令司祭们在他的圣餐杯中放入更多的分量，以便他饱食，等等。

第 79 章，我对这些说法的辩驳。拉撒路最初独自上山时，没有住房，没有鞋子，只有一件皮质短上衣和铁镣铐，但他在盖勒西昂山上建立起三座修道院，还在贝塞建立修道院，聚集了大约 300 位修道士，为他们提供一切必需品，而且每天养活了这么多客人。拉撒路没有祖传财产，仅仅依靠一些亲戚朋友的帮助就建立了这些修道院。

第 80-81 章，拉撒路的弟弟伊格纳提奥斯告诉我说，拉撒路在上山之前在圣玛丽娜的时候，他通常只吃祭饼、未煮的蔬菜、浸泡的豆子，如果水煮的话也不放油。上山后，他在救世主修道院和圣母修道院的时候，他通常在每周三和周五不吃任何用火加工的食物，在大斋节、基督降临节、圣使徒节（Fast of the Apostles），除了星期六和星期日，拉撒路不吃任何东西。他搬到圣耶稣复活柱子上后，每天吃没有放油的煮食，晚上才喝酒。恶魔往往会泼洒他的饮食，使他整天不进食。恶魔会在他解手的地方摔掉他吃饭的器皿。他喝的是加了蜂蜜的葡萄汁，但往往会被恶魔倒掉，使他很渴，一直到第二天晚上才有喝的。

第 82 章，拉撒路搬到圣耶稣复活柱子上后，只在大斋节禁食。但餐厅服务员（*trapezopoios*）、修道士伊格纳提奥斯告诉我说拉撒路有一次决定一些天什么东西也不吃，结果他 15 天没有进食，修道士科斯马斯·菲利普科厄斯（Kosmas Philippikos）劝他吃了点东西，并劝他脱下了身上穿了 12 年的破烂皮质短上衣，换上新的皮质短上衣。有人说他们从教堂食物中拿圣饼给拉撒路吃，但这不是事实，修道士本贾民（Benjamin）可以作证，他当时常常给拉撒路圣饼。而且拉撒路发誓不吃面包后再也没有吃过。但一年一次的纪念圣巴西勒节日，修道士们通常会做称为"拉兰吉亚"（*lalangia*）的薄饼，给他的薄饼放上的是蜂蜜而不是油。

第 83 章，关于分享圣餐，长者、司祭纳勒斯（Neilos）说，一些修道士通常试图强迫他把大份分给拉撒路，但他从未那么做，因为没有得到拉撒路这样的指示，但有些修道士没有得到指示也这么做，一些人是为了借此批评拉撒路，一些人是出于同情，以为他们在做好事。因此，拉撒路经常要一些修道士不要那么做，我们的修道院管理人巴塞洛缪（Bartholomew）也证实了这一点。

第 84 章，修道士弗提乌斯（Photios）告诉了我以下故事，他离开耶路撒冷去了君士坦丁堡，然后在听说拉撒路之后来到我们修道院，渴望见到他。当他在圣塞奥菲拉克特修道院即库泽纳（Kouzena）修道院的时候，碰到一个很久前从耶路撒冷搬来的修道士，那个修道士说了拉撒路很多坏话，弗提乌斯见到拉撒路本人后发现那个修道士是在污蔑他，拉撒路超过了他在巴勒斯坦、埃及等地方见过的所有其他圣徒。

第 85 章，弗提乌斯见到幻影，幻影中拉撒路和一些人住在天堂和尘世之间的建筑物里，拉撒路在升往天堂的梯子上。

第 86 章，修道士尼基弗鲁斯来自吕底亚（Lydia）的斯特拉汤尼基亚（Stratonikia），他告诉我一天晚上他从教堂去他房间，在厨房旁边，他看到了来自天堂的一道闪电，教堂的圆顶被火包围，火从圆顶下来进入拉撒路的柱子。他见此情景又害怕又高兴，回到自己的房间赞美上帝。

第 87 章，该地区将军（*strategos*）罗曼努斯·斯克莱罗斯说他去见拉撒路，刚踏上通往柱顶的梯子的第一级，拉撒路从小窗户中探出头来，拉撒路在罗曼努斯看起来像火一般，像是天国的皇帝一般，罗曼努斯不由自主地退回来，向拉撒路鞠躬，然后再上楼梯。

第88章，拉撒路的预见能力。塞奥多洛斯（Theodoulos）说他以前在修道院外面地上捡到 1 特塔特伦金币（*tetarteron nomisma*），放进口袋，怕告诉拉撒路会被拿走，决定买本诗篇，但卖书人要 1 标准的诺米斯玛，碰到一个要去见拉撒路的平信徒，要求和他换钱，那个人说身上没带钱，要回去拿。那个人回去后，塞奥多洛斯去见拉撒路，问他是否可以去见他的兄弟，以便得到 1 诺米斯玛购买一本诗篇。得到允许后，他下山没有去他兄弟那里，而是去了那个平信徒那里，得到了 1 诺米斯玛，他先前捡到的钱也在身上，因为那个平信徒不愿意要。塞奥多洛斯去见拉撒路，拉撒路问了他三次他兄弟是否给了他钱，他说给了，拉撒路打开小窗户，得知只有他一个人来后，拉撒路微笑着要他感谢上帝给了他第一和第二诺米斯玛，说他兄弟并没有给他钱。塞奥多洛斯感到羞愧，请求原谅。

第89章，来自吕底亚的涅奥菲托斯也有 1 诺米斯玛，是他兄弟给他的，没人知道，但没有逃脱拉撒路的注意。拉撒路要他把钱借给自己，以便拉撒路能把钱给一个正在请求施舍的穷人。开始涅奥菲托斯拒绝承认，但拉撒路坚持要，他最后不得不承认有，拿来钱给了拉撒路，拉撒路给了穷人。

第90章，我们现在的修道院管理人巴塞洛缪告诉我说，一次拉撒路派他和另外一个修道士去修道院一块地产上去。天黑了他们还在路上，就投宿在一个平信徒家中，吃完睡下后，女主人偷偷爬进另一个修道士的床，劝他和她发生性关系。巴塞洛缪知道后心想要是有把刀就好了，他就可以杀掉那个女人。巴塞洛缪回到修道院后，拉撒路对他说幸亏他没有刀，不然他和另一个修道士以及那个女人都会被女人的丈夫杀死。巴塞洛缪感到震惊。

第91章，来自亚美尼亚的科尼利厄斯负责照看从河流运水到修道院的驮畜，有一次他赶着驮畜去科莫松（Komothon）为修道院运酒。回来路上驮畜偏离道路，他于是伸出手去拿棍子打它，结果碰巧打掉了挂在鞍上的酒壶，看到酒流出来，他于是抓住酒壶喝酒，结果烂醉如泥，摔到地上，像是死了一般。劳伦蒂奥斯·哈尔米雷诺斯和香料商卢克（Luke the perfumer）路过那里，一个人把修道士带到弗加林（Voulgarin）村，另一个人把驮畜带到瓦尔瓦齐亚纳（Varvatziana）。科尼利厄斯醒来后去瓦尔瓦齐亚纳把驮畜和剩下的酒带到修道院，见到拉撒路时，拉撒路已经知道发生的一切，责备了他，一个平信徒为他辩解说他是为了不浪费酒，拉撒路说浪费也比喝醉好，因为酒鬼不能继承上帝之国。科尼利厄斯忏悔并请求并得到了拉撒路的宽恕。

第 92 章，现在是瓦尔瓦齐亚纳修道院管理人的修道士杰尔马努斯，以前曾和另外两个修道士照看马匹，他去塔尔基洛（Targyrou）运食用油，他取了 3 单位食用油归他们自己使用，回到修道院后，又要自己的份额，遭到拉撒路的质问，承认了过错。

第 93 章，梅库里奥斯（Merkourios）是个熟练的泥水匠，他告诉我说他还是平信徒的时候，有个邻居以漆工为生，这个邻居告诉他拉撒路说了他的寿命，后来这个邻居去世，和拉撒路的判断一致。梅库里奥斯还告诉我说一个修道士刚刚离开圣山，他自己正要离开君士坦丁堡，他们一起踏上旅途，那个修道士说也从拉撒路那里得知了寿命，后来去世时也和拉撒路预言的一致。

第 94 章，一个水手，他有一只小船，一次他在洛帕蒂翁碰到了前往君士坦丁堡的修道院院长（拉撒路弟弟）和修道士们，告诉了他们拉撒路预言他回家后会发现发生了一件悲伤的事情但这件事将为他带来快乐，果真，他回去后发现五岁儿子去世了，儿子生前告诉了他自己的死后埋葬处并要他在指定的地方给他建造小礼拜堂，他照办后，儿子的棺材创造了奇迹。

第 95 章，一个修女在克里索斯托碰到修道士"老者"涅奥菲托斯，当着一些人的面给他讲了自己的故事，涅奥菲托斯告诉了我这个故事：这个修女打扮成修道士从君士坦丁堡前往耶路撒冷，途中和一些人去以弗所的神学家圣约翰教堂祷告，跟着别人爬上盖勒西昂山去见拉撒路，听完拉撒路的布道后，他们去免费招待所吃饭，但拉撒路派人把修女叫了过去，问她为什么要离开自己的房间去耶路撒冷，难道她不知道妇女不能到处走动吗？要她回去，以免遭受身体和精神上的伤害，说只要做好事，哪里都是真正的耶路撒冷。修女听从了拉撒路的告诫，回去了。

第 96 章，我在外面世界的朋友、平信徒乔治请我充当中间人，请求拉撒路把他削发为僧，他成为修道士后，告诉我说拉撒路确实是伟大的圣徒，因为他去柱顶向他忏悔时说不出话来，拉撒路列举了他的罪过后他才毫无畏惧地忏悔了所有罪过。

第 97 章，约翰·利巴诺斯（John Libanos）去安纳托利亚军区办事之前去找拉撒路接受祝福，他下山后，我和拉撒路谈起利巴诺斯，因为我和他之前认识。拉撒路问我他是不是有个儿子在君士坦丁堡，我说是的，他的儿子大约 16 岁了，聪明过人，他安排儿子接受了教育。拉撒路要我们为他祷告，说这个孩子这么聪明，活不长。结果果真是如此，第二年我收到母亲来信说这个孩子去世了。所有这些例子足以证明上帝赋予了拉撒路预言的能力。

第 98 章，科尼迪亚斯（Konidiares）的儿子科斯马斯是我的一个老朋友，他在削发为僧后去找拉撒路接受祝福，告诉我说要离开处理完事务后再回来，拉撒路预言他不会回来了。果真如此，他回归尘世，参加了科穆宁叛乱，去了君士坦丁堡。

第 99 章，某个瓦西里，来自士麦那，是布拉托波洛斯（Blattopolos）的儿子，被拉撒路削发成为修道士，在修道院待了一些时间后，由于不满意这里，离开去了库泽纳修道院，一些修道士批评拉撒路允许他离开，但拉撒路预言瓦西里肯定会回来，最近他真的回到了修道院，和我们生活在一起。

第 100 章，宦官斯蒂芬的故事也证明了拉撒路的预言天赋。为避免宦官和其他修道士之间出现问题，拉撒路送斯蒂芬和所有其他宦官去了救世主修道院，斯蒂芬请求拉撒路允许他去圣耶稣复活修道院，拉撒路劝他坚忍，预言他将在救世主修道院度过余生。预言应验。

第 101 章，海姆里奥斯（Himerios）是约翰·米塔（John Mita）的姻亲，过去经常讲述马克雷波利特斯（Makrembolites）去见拉撒路的故事，当时拉撒路还在圣母修道院柱子上。马克雷波利特斯和拉撒路交谈后，在从柱顶走下来之前，请求拉撒路为他健康进入君士坦丁堡祷告，拉撒路预言他将健康进入天堂之城。果然，他还没有跨过军区边界就去世了。

第 102 章，拉撒路曾派艾赛亚和涅奥菲托斯送信给君士坦丁堡的尼基弗鲁斯·卡姆帕尼斯（Nikephoros Kampanes），尼基弗鲁斯以前担任拉撒路所在军区的法官时见过他，信中说君士坦丁堡会发生政治骚动，但告诉尼基弗鲁斯不用担忧。不久，皇帝米哈伊尔·卡拉法特（Michael Kalaphates）造反，把邹伊削发为修女并流放了她，接着，君士坦丁堡人们起来叛乱，竞技场有很多流血冲突，米哈伊尔和他舅父被弄瞎。尼基弗鲁斯明白了拉撒路的预言。

第 103 章，前述约翰·米塔被委托检查色雷斯军区米雷莱翁（Myrelaion）的税收，他以前担任以弗所和阿托科佩翁（Artokopeion）的收税官的时候曾见过拉撒路，非常信任拉撒路。他去请求拉撒路为他伯父 / 叔父尤斯塔修斯·米塔（Eustathios Mita）的健康祷告，因为他患有痛风病。拉撒路见只有约翰在那里后，告诉他尤斯塔修斯将不久于人世，摆脱痛苦，进入天堂。因为尤斯塔修斯致力于施舍，是修道士的朋友，给拉撒路的修道院捐赠了大量礼物。不久尤斯塔修斯去世，拉撒路的预言应验。

第 104 章，乔治（George）是个吹长笛的，他和约翰·米塔去见拉撒路，拉撒路揭露了他做的坏事，预言死亡离他不远了。他不久去世，预言应验。

第 105 章，君士坦丁·巴里斯（Constantine Barys）因阴谋叛乱被皇帝君士坦丁九世·摩诺马赫流放，他得知拉撒路的名气后，写了封信，把信和大量金币放进一个袋子里，用铅印封口，然后派自己的心腹把金币和信还有一件昂贵的丝绸紧身衣（skaramangion）送给拉撒路，东西送到后，拉撒路下令修道士们按照惯例招待送信人。但是拉撒路打开信后，发现巴里斯在咨询他是否要夺取皇权。拉撒路把所有金币和丝绸衣服还给送信人，还给了他 2 诺米斯玛，打发他离开了。不久，巴里斯企图篡位失败，舌头被割掉。优西米厄斯（Euthymios）的儿子尼基弗鲁斯虽然被同一位皇帝怀疑篡位，同样被流放，但由于好的判断力得到好的结局。

第 106 章，这位尼基弗鲁斯在流放地碰到拉撒路的一位门徒修道士，把他拉到一边，对他说自己非常熟悉拉撒路，因为他曾担任那个军区的法官，说他想写信给拉撒路，请他为自己祷告，祈祷自己脱离困境，但是担心皇帝知道后自己和送信人有生命危险，因此请那位修道士把自己的信息口头传达给拉撒路。那位修道士回来后告诉了拉撒路，拉撒路预言说过几天皇帝会召回尼基弗鲁斯。不久，尼基弗鲁斯派使者送信告诉拉撒路自己已被释放，并带来了 3 磅诺米斯玛。

第 107 章，萨格普洛斯·塞奥菲拉克特（Sagopoulos Theophylact）去见拉撒路，要他的一个奴隶去买鱼以便在修道院吃，因为修道院没有鱼。然后塞奥菲拉克特爬山去见拉撒路，拉撒路预言他的一个奴隶从以弗所来到了修道院，带来了三条鱼给他吃。塞奥菲拉克特感到震惊。

第 108 章，一个修道士趁其他修道士在教堂之机溜进修道士梅库里奥斯房间，偷走大约 4 米拉瑞斯（*miliaresia*①）现金，然后往自己房间走去。拉撒路在柱顶上叫住他，他到柱顶后，拉撒路要他交出从梅库里奥斯房间拿走的钱，他恳求宽恕，请求保密，拉撒路在他承诺不再偷东西后，宽恕并祝福了他，把他打发走了。礼拜仪式结束后，拉撒路叫来梅库里奥斯，把钱还给了他，但对小偷的信息保密。

第 109 章，建筑人员要修建食堂的时候，拉撒路站在柱顶上用右手给他们描绘食堂的长和宽，修道士马修认为这是在浪费时间，因为当时修道士很少，他认为拉撒路去世后盖勒西昂村的村民会把他们修道士赶出去，使得那里到处是动物。但拉撒路坚信食堂将挤满人而不是动物。事实证明了拉撒路的预见。

第 110 章，修道士马修还告诉我说，修道院修道士住的房间建好后，拉撒路想要在西边建立其他房间，被修道士们劝阻。但是现在拉撒路去世后他的老计划已经实现。

第 111 章，拉撒路以话语或者祷告像灯塔一样照亮每一个人。

第 112 章，几个犹太人见拉撒路，知道他身上的皮衣穿了 12 年后，感到震惊。

第 113 章，以弗所都主教施洗的一个阿拉伯人知道拉撒路后请求去见他，以弗所都主教派了一个翻译跟他一起去，这个阿拉伯人见到拉撒路后大受触动，请求拉撒路给他一个东西作为护符，保佑他没有危险。

第 114 章，修道士耶利米亚（Jeremiah）是格鲁吉亚人，在巴勒斯坦过着隐士生活，根据上帝旨意前往君士坦丁堡，到达以弗所后，得到都主教优西米厄斯（Euthymios）的友好接待，并得到尊敬。他的头发扎成 12 根辫子，垂到腰部和腹部，他的衣服即短上衣和带帽肩衣完全是毛发做的。他从都主教和神职人员那里了解到神父，他们劝他去见拉撒路，他仔细检查拉撒路后感到震惊，对修道士们说拉撒路是真正的隐士，自己还没有达到那个层次。他待了几天后回到以弗所，告诉了都主教和所有神职人员，说从未见过这样苦行的隐士。

第 115 章，一个保罗派教徒见到拉撒路后很快抛弃自己的异端信仰，皈依

---

① *miliaresion*，希腊文为 μιλιαρήσιον，复数形式为 *miliaresia*。8–11 世纪拜占庭铸造的一种基本的银币，价值 1 *nomisma*（或 *solidus*）的 1/12，译为"米拉瑞斯"。参见 Alexander P. Kazhdan (editor in chief), *The Oxford Dictionary of Byzantium*, p.1373.

东正教，拉撒路下令他在修道院受洗，他在修道院待了一段时间后回到家乡，后来去耶路撒冷成为圣萨巴斯修道院的一名修道士。

第116章，另一位平信徒和其他人来找拉撒路请求祝福，他一见到拉撒路就立刻头朝下倒在地上，痛哭流涕，向拉撒路忏悔自己的罪过，得到了宽恕。

第117章，一个妇女和一些人来修道院，见到拉撒路后她感到震撼，痛哭流涕，其他人按照惯例去修道院吃饭后，她单独一个人向拉撒路忏悔，得到了宽恕，内心平静了下来。

第118章，一个拥有副司令（topoteretes①）职务的人去见拉撒路，谈起战争和其他尘世事务，拉撒路面朝教堂墙壁没有回答，那个人扫兴而归，没有按照惯例在修道院吃饭，直接下山了。他到以弗所，碰到我们修道院管理人西里尔，说他去见拉撒路受到了伤害而不是帮助，因为拉撒路一句话不说。西里尔建议他向拉撒路请求精神上的帮助。他照做后，拉撒路说了很多救赎性的精神上有用的话语，使他内心充满了喜悦，他泪流满面忏悔了罪过，得到了宽恕。

第119章，普洛特翁（Proteuon）的儿子尼基弗鲁斯，是该军区的法官，非常了解拉撒路的名声，步行去见他，开玩笑说，爬山很艰难。拉撒路回答说，通往永生的道路艰难而崎岖，需要大量的汗水和付出。他马上变得谦逊。

第120章，有一次，一些来自阿塔雷亚的人来请求拉撒路祝福，他们相互之间谈论对福音书的理解，争论不休，请求拉撒路仲裁，拉撒路建议他们求助上帝，向其他人请教，学习教父们特别是"金口"约翰·克里索斯托的著作，但是不要争辩不休。他们停止了争论，请求宽恕。

第121章，拉撒路一直致力于帮助前来求助的人。

第122章，拉撒路还处理日常生活问题。许多有房地产等各种争端的人去找他仲裁，特别是在节日。通常，他在人们争吵、相互侮辱的时候保持沉默，直到人们暂停，他才来解决争端，使他们高兴离开。

第123章，每天都有人去找拉撒路，拉撒路给予他们相应的治疗，使他们摆脱痛苦，使贪婪的人甚至愿意把财产送给穷人，使许多人放弃巫术等邪恶做法，使许多人停止做坏事，使一些人选择成为修道士，例如长笛吹奏者梅里

---

① topoteretes，希腊文为 τοποτηρητής，拜占庭高级军事指挥官的副官，大约12世纪指负责小地区和要塞的军官。可译为"副司令""副指挥官""军官"。参见 Alexander P. Kazhdan (editor in chief), *The Oxford Dictionary of Byzantium*, p.2095.

东（Meliton）在拉撒路去世后成为我们修道院的修道士；使一些人依靠手工劳动生活富裕，例如横笛吹奏者君士坦丁依靠横笛吹奏谋生时几乎不能糊口，但在拉撒路建议下从事手工劳动后生活日益富足，不仅能养活自己，还能施舍穷人。

第124章，拉撒路治愈了那些有罪之人，使他们一些成为修道士，一些虽然仍然是平信徒但悔过自新。这些被他引上拯救之途的人不计其数，我无法一一列举。我讲一件事。

第125章，我们附近一个村庄中有个妇女的丈夫是个司祭，那个司祭每天殴打她，虐待她，她决定想办法离婚。另外一个妇女建议她把污血跟葡萄酒混在一起给她丈夫喝，他喝了后就会发狂，这样就有了离婚的合法理由。司祭的妻子听从了劝告，因为女人容易误入歧途。她把污血放进丈夫通常装圣餐酒的坛子里，准备以后给丈夫喝。结果，司祭把这坛酒作为圣餐分给了教徒，由于圣灵把污血变成了基督的圣血，司祭和所有分享的人都没有发狂。司祭的妻子发现那坛酒被司祭拿去分享后，知道自己玷污了圣餐，就跑到修道院向拉撒路忏悔。

第126章，拉撒路告诉她说由于圣灵的保护，圣餐并没有遭到玷污，并建议她尽量不要回家，直接去修女院当修女。司祭回家后见她不在，到处找她，得知她上山去修道院后，找到了她，她不肯回家，司祭质问她原因，她没有回答，带他去见拉撒路，拉撒路拒绝告诉他原因，只是劝告他进修道院。司祭于是回去处理好事务，然后进入修道院成为修道士，妻子成为修女。

第127章，一位平信徒是我在尘世的一个旧相识，他在以弗所碰到我，问丈夫和妻子的告解神父（spiritual father）是同一个人怎么办。我说妻子应该告诉神父事情，神父依情况决定。回来后，拉撒路要我写信告诉那个人说，要么妻子向另外一个神父忏悔，要么保证那个神父绝不向她丈夫透露实情。他说以弗所附近曾经发生过这种事情：一个妇女向神父忏悔，神父不知道怎么办，就告诉了妇女的丈夫，结果丈夫用刀把妻子谋杀了。我照办，最后没有发生不幸。

第128章，拉撒路通常单独劝告、教导、鼓励、责备每一个修道士，使用各种方法，引用圣经，早期基督教圣徒的苦行禁欲事例，等等。他经常站在柱顶上，手里拿着书，向每个人大声朗读教父们的事迹和教导，回答每个修道士的各种问题。

第129章，一位修道士问拉撒路：那些经常通奸、尝试忏悔但不由自主又通奸的修道士，那些永远钟情于一个对象、满足于一个激情对象的修道士，哪个更好？拉撒路说两种人都有过失，都必须忏悔，但前一种修道士好些，因为他们经常忏悔，由于良心谴责和别人嘲笑与谴责可能改过自新，后一种不容易忏悔。

第130章，一些修道士问修道士道袍为什么分成三等，拉撒路回答说这与天国分成殉道者、使徒和天使三个等级是一致的，等等。

第131章，一名大约18岁的年轻平信徒来到修道院想成为修道士，但是还没有举行削发仪式，他在被修道士伊格纳提奥斯派去采摘野葱的时候，从圣奥努弗里奥斯（St. Onouphrios）地区的悬崖上摔下来死了。修道士们找到他的尸体后，把尸体抬到修道院，修道士们见尸体血肉模糊很是悲伤，拉撒路说他既不是自愿去那个地方的，也不是自杀，而是被恶魔杀死的，现在成为了殉道者。

第132章，拉撒路解释说，从前有个平信徒做了很多坏事，但最后决定去山上一座修道院削发成为修道士，忏悔过错。但是他开始爬山的时候天就黑了，他就地睡下。睡梦中，一个身着修道士服装的人出现在他面前，叫醒了他，带他上了山脊，然后把他推下悬崖杀死了他。那座修道院的院长在梦中看到一些白衣天使把这个摔死的人的灵魂带走，准备升入天堂，但是一些黑色魔鬼阻止天使，双方展开争论，争夺那个人的灵魂，最后上帝说他的行动表明他已经忏悔并离开了尘世，他的死亡偿还了他的罪过，于是他的灵魂最终升入天堂。

第133章，修道院院长醒来后认为这是上帝显圣，于是召集修道士，把梦告诉他们，要他们去山中寻找那个人的尸体，找到后，他们把尸体抬到修道院，按照修道院规则采取适当的仪式把他埋葬在修道士的墓地里。拉撒路说那个过错很多的人都得到上帝宽恕，这个年轻人没有犯过错更应该被列为殉道者。修道士们感到很满意，一致认同拉撒路的说法，于是他们按照修道院规则埋葬了年轻人的尸体。

第134章，伊格纳提奥斯因为自己让那个年轻人去摘野葱导致这种结局，感到非常自责和不安，拉撒路说这是恶魔给他灌输这种想法，目的是使他悲伤，说自己刚刚派修道士出去办事，如果那个修道士被河水冲走淹死了，那样岂不是拉撒路淹死了他？那个年轻人不幸摔死，但获得了永生，这并非不幸。伊格纳提奥斯最终平静离开。

第 135 章，修道士们对于宗教仪式中应该唱什么赞美诗意见不一致，拉撒路指示说应该唱圣母马利亚赞美诗（theotokion），因为所有基督教赞美诗中，对圣母的赞美是最适宜、最必不可少的。

第 136 章，拉撒路说从前有个修道士懒惰粗心，但是他总是唱圣母马利亚赞美诗，因此他认为自己将得救，果真如此，他去世的时候，一个长者看到天使和恶魔抢夺他的灵魂，最后圣母仲裁，他的灵魂升入天堂。

第 137 章，拉撒路讲述耶路撒冷一个修道士信仰圣母并看到圣母显圣的故事。

第 138 章，劳伦蒂奥斯现在是柱上苦行者，曾经和我站在拉撒路所在柱子前，他问教堂的灯和修道士房间的灯的问题，拉撒路做了回答，说教堂呈现的是天堂的形象，因此教堂的灯代表的是星辰；至于修道士房间的灯，已经获得知识启迪的人无需灯照明，但如果要阅读或唱赞美诗，就要点灯，完成后要熄灭灯火。

第 139 章，有一次修道士们向拉撒路告发士麦那人（Smyrnian）约翰，说他站在教堂里时拄着手杖。拉撒路问他，他说自己身体虚弱，拄着手杖是为了不离开教堂，回到房间躺着无所事事。拉撒路说考虑到他这种状况，他可以拄两根手杖，只要不因身体虚弱离开教堂就行。

第 140 章，有一次，修道士们在一个著名圣徒的节日照常站在柱子前，要求拉撒路派人去买鱼准备特殊的晚餐，拉撒路说这位圣徒不是因为奢侈和放纵而是通过斋戒和苦行成为圣徒的，他们应该尽力效仿圣徒的生活。

第 141 章，修道士们通常对拉撒路逝后的前景感到悲观，认为拉撒路逝后修道院将不再存在，因为以弗所都主教不断派人骚扰修道士们，要他们搬离那座山。因此，修道士们或私下或公开请求拉撒路允许他们在他逝后离开这里。他允许一些人离开，但是禁止其他人离开。一些修道士也对他的继任者感到悲观，拉撒路鼓励他们，说他的继任者会保障他们的物质生活，他们的精神生活将由长者得到保证，因为继任修道院院长不会总在这里。如果有修道士被逐出修道院，他应该坐在门外七天，七天里修道院没有给他提供饮食或者不想接他回来的话，他就可以离开去任何地方。

第 142 章，有一次，"高个子"美多迪乌斯房间失盗，怀疑是一个已离开修道院、安家在基里欧·卢卡（Kyriou Louka）村的还俗修道士干的，拉撒路知道后，派一些修道士抓来那个人，让他站在拉撒路的柱子前，拉撒路站在柱子顶上，当着所有人的面严厉批评指责他，那个还俗修道士否认自己偷了东西，拉撒路威胁他说要挖出他的眼睛、打断他的腿。那个人坚决否认。拉撒路下令修道士带他去吃饭。那个人吃完回来后，拉撒路并没有给他任何惩罚，而是打发他走了。不久后，那个人回来重新成为修道士，两年前在贝塞修道院去世。

第 143 章，对拉撒路的处理，一些修道士抱怨，一些修道士赞成，他们说如果是他自己下令洗劫他们的房间，他们怎么能怪别人呢。因为拉撒路过去常常对一些拒绝放弃不应拥有的财产的修道士那么做。修道士们私下批评拉撒路说：他把这么多修道士聚集在一起，天天对他们生气，被他们烦扰，不能使他们顺从他的意志，这样有什么好处？这种状况下他还要继续把其他人削发为僧！这时士麦那约翰为拉撒路辩护，说他效仿上帝，总是宽恕他们，忍耐他们，即使他们每天违抗他的戒律，他也没有驱逐他们，也没有不让人削发为僧。大家一致赞成他的辩护，但是对他的变化感到奇怪，因为之前他不习惯赞美拉撒路，有时候还骂他。

第 144 章，有一次，有人在夜晚从修道院马厩里偷走了一匹马及其马鞍，逃走了。第二天早晨拉撒路知道后命人去搜寻，但一无所获。修道士们于是请求他允许修建一道围墙把修道院围起来，把出入口锁起来，因为修道院已经失窃很多次。拉撒路不同意，认为有基督和圣母保护，无需围墙。到圣乔治节日那天，一些修道士按照惯例准备前往位于马塞亚的附属修道院，那里有座献给殉道者圣乔治的教堂，拉撒路要他们对圣乔治说，除非第二天那匹马回到修道院，否则他们将从此不再去庆祝他的节日。第二天，那匹丢失的马连同其马鞍果真回来了。

第 145 章，拉撒路谦卑，慷慨。前来乞讨的穷人称他为圣人，拉撒路说自己并不比他更圣洁，鼓励他，不让穷人空手而归，如果他没有东西给穷人，他会当着修道士们向穷人解释说没有，但私下里还是会给穷人东西，或者是他自己的，或者是修道士的。如果没有东西给，他就会告诉穷人去修道士们的房间看看能否找到一件衣服穿。最后穷人高兴地下山，丢失衣服的修道士会很烦恼，但到每年分发修道士道袍的时候，拉撒路会给他新的道袍。

第146章，一些穷人发现拉撒路很慷慨，就来请求他资助他们的孩子们，有些是真的，有的是编造的。拉撒路热心帮助他们，满足他们的需求。他知道他们这么做的真正原因。有一次，一个看起来很穷的人前来乞讨，说没有一点粮食了。拉撒路给了他1诺米斯玛和一封亲笔信，命令把修道院一头山羊和4单位葡萄酒给他，并要修道院管理人给他油、豆子、奶酪、面包和蔬菜。由于他如此慷慨，结果那个人根本带不回那么多东西，拉撒路问他是否还需要别的东西，他说还需要。修道士们公开批评他贪得无厌。拉撒路说他是被逼无奈，要同情他。修道士们于是帮他带走东西。

第147章，有一次，在一个重要节日，一些修道士没有去餐厅，而是在自己的房间吃饭。拉撒路在修道士们离开餐厅后，召集他们到柱子前，向他们布道，除了照常使他们高兴、给他们忠告以外，还声明节日修道士必须在餐厅吃饭，否则受诅咒。

第148章，又有一次，一些修道士向拉撒路告发说鞋匠修道士凯里科斯房间有张折叠桌，拉撒路派一个修道士去取来折叠桌放在柱子前，向修道士们布道，禁止修道士（用袋子和箱子）私藏水果、甜食、针、剪刀、皮带，私藏桌子同样受诅咒。接着他要修道院管理人把折叠桌放到储藏室里。那个修道士指责神父是拿他来杀鸡儆猴，老是针对他，因为不久前拉撒路因为他私藏锅子（*miliarion*）及袋子和斗篷已当众谴责过他两次，问拉撒路为什么不谴责修道士优西米厄斯。拉撒路说修道士优西米厄斯生病了，允许拥有这些东西，而他没病。

第149章，一些修道士不满拉撒路的话，他们反驳说，因为这些小东西就要受他的诅咒，那么，其他修道院的修道士不仅拥有这些小东西，还有仆人、大量金钱、骡子、商业交易、娱乐消遣，难道那些修道士都会死吗？拉撒路说他不是其他修道院的法官，他来这里是因为知道这座山条件艰苦，到处是野兽、蛇和恶魔，是为了通过这些考验以便能够拯救灵魂，如果不愿忍受艰苦就可以离开去任何地方，在这里不能像在尘世那样迷恋金钱、桌子等诸如此类东西。

第150章，一些修道士敦促拉撒路就不断来到修道院的访客制定规则，要求来访者只能待三天，因为拉撒路通常允许访客想待多久就待多久。他们还不断唠叨，要拉撒路规定来访的修道士特别是云游修道士不能在修道院餐厅吃饭，只能在免费招待所吃饭，说招待所管理人没有管理好这些人，比如说，他从修道院管理人那里得到豆子，然后把豆子给这些人，但这些人挑出好的豆子吃掉，留下坏的豆子给修道士们，说拉撒路不愿听从修道士们的话，不愿效仿其他修道院，但至少要听从基督的教导："拿信徒的面包去喂狗是不公平的"□因此，他们要拉撒路规定这些人待三天后必须离开。拉撒路听完假装对招待所管理人很生气，下令把他带到自己面前，责备他没有照顾好来访的修道士，甚至不给他们水喝，交代他让访客待三天后离开，让来访的修道士在餐厅吃饭，因为他们是修道士，不应该跟平信徒一起吃饭。招待所管理人拜倒在地，得到宽恕后离开。

第 151 章，那些批评招待所管理人的修道士们感到羞愧，也回去了。路上他们议论拉撒路的谦逊、同情穷人和旅客、非凡的理解力和判断力。晚上我去见拉撒路，他要我告诉招待所管理人好好招待访客，不要赶他们走，如果客人生病，满足他一切需要，他想待多久就待多久。

第 152-153 章，修道士杰尔马努斯被委托照顾教堂，有一次，他在教堂和艾赛亚争论。之后，他去找拉撒路，怪他引起这些问题，因为他把这些年轻人削发为僧，没有管教他们、使他们学会自我控制，要求他驱逐他们。拉撒路等他平静下来才说话，质问他驱逐年轻人的后果，教导他要谦卑，要他向艾赛亚忏悔。他照做。又有一次，修道士杰尔马努斯和伊格纳提奥斯（即马修的侄子/外甥）打架，拉撒路派人去找他，伊格纳提奥斯向杰尔马努斯忏悔，但杰尔马努斯不愿意原谅他。杰尔马努斯吃完饭后还是不愿意原谅他，在蒲席上睡着了，梦见一个埃塞俄比亚人（Ethiopian）拥抱他亲吻他，接着要一群黑狗亲吻他。他醒来后很害怕，去找拉撒路，拉撒路告诉他说对弟兄心怀愤恨、不愿宽恕弟兄的人是恶魔的朋友，劝他去向伊格纳提奥斯忏悔，与他和好。杰尔马努斯赶紧去忏悔，和伊格纳提奥斯结为朋友。

第 154 章，另一位修道士过去经常被拉撒路派去以弗所办事，经常住在某个人家中。他住在那里的时候开始遭到一个罪恶想法的折磨，告诉了拉撒路，拉撒路说不再派他去，过了一些天，拉撒路又派他去，鼓励他有上帝保佑会没事的，要他努力完成任务。他完成任务后不再受那个罪恶想法的困扰。他后来又有许多次被派去那里。有一次他回来晚了，夜晚经过刻有十字岩石的半山腰时听到脚步声，他祈求拉撒路祝福，赶回修道院后把赶路的恐惧经历告诉了拉撒路，拉撒路要他关注一件事就行，即忠实可靠地完成交代的任务。

第155章，修道士约翰·阿达加斯特诺斯（John Ardagastenos）的侄子／外甥约翰小时候一天中午在那个刻有十字岩石的地方，看到一个无头人，祈求拉撒路祷告、上帝帮助，那个人马上消失。另一次，两个修道士夜晚在那个刻有十字的岩石的地方，听到马蹄声和人们的叫喊声，祈祷拉撒路祝福，也顺利通过了那里。但修道士丹尼尔（Daniel）死在刻有十字的岩石的地方，这证明确实是有恶魔。拉撒路自己说救世主修道院、圣母修道院以及圣耶稣复活修道院把恶魔赶出了峡谷和其他地方，但还是有一些恶魔潜伏在查尔科斯·哈洛尼奥斯地区。

第156章，前述那位修道士又被拉撒路派去某个地方办事，同行的还有其他一些修道士。到达目的地后，他们在那里一座教堂里住宿，教堂一位司祭住在附近，那位修道士被委托安排食物。他走进那位司祭家中开始执行任务，但是司祭的妻子看到没有其他人就开始勾引他，他祈求拉撒路的祷告，画十字，忙于工作，保持沉默，头脑中唱赞美诗，最终逃脱了恶魔的陷阱。

第157章，还有一次，这位修道士在晨祷的时候在教堂前厅门前睡着了，当时其他修道士在教堂里面唱赞美诗。他做了一个梦，梦见三个人，中间一个金色须发，紫色衣服，头扎束发带，站在他左右两边的两个人是宦官，中间的命令宦官给人们分发金钱，教堂里面的人比外面的人得到的钱多。梦醒后他告诉了拉撒路，拉撒路说任何人特别是修道士不应该相信梦，但他这个梦是上帝送来的，站在中间的是基督，两边的是天使，基督给教堂里的人比给教堂外的人报酬多，因为外面的人懒惰，因此不能错过礼拜仪式。

第158章，在某个地方庆祝某位圣徒节日的时候，一些修道士得到拉撒路允许去了那里，前述那位修道士一再请求拉撒路让他也去，拉撒路勉强答应了。他在那里无节制地暴饮暴食，结果吃到呕吐。他向拉撒路忏悔，得到了宽恕。

第159-163章，凯里科斯在修道院做了各种工作，后来得到拉撒路允许，他生活在盖勒西昂村上方的佩特拉柱顶上，但那个地方太过嘈杂，不利于精神安宁，他在征得拉撒路同意后离开了那里，搬到了圣母教堂的柱子上，因为当时拉撒路搬到了圣耶稣复活。但在那之前，他请求了拉撒路很多次，没有得到同意后，他决定离开，用那根拉食物上去的绳子绑住自己，想用绳子把自己拉下去，结果他的衣服挂住一块木头，他被悬在半空中，他祈求拉撒路祝福，最终脱险，回到柱顶上。从此，他过着隐士生活，完全不喝酒，不吃油，不吃奶酪、鸡蛋或鱼，不穿两件短上衣，只穿一件短上衣，一件肩衣，以及一个他自己用羊毛做的头罩。他的柱子是露天的，他头上无遮盖，光着脚。他如此苦行，结果看起来只剩皮包骨。他本身很高，力气超出一般人，有一次他用马车拉着约9莫迪奥豆子从脱粒处去圣玛丽娜修道院，到了修道院所在山较低的斜坡上时，马车坏了，他把那袋豆子背上肩膀，把豆子倒进修道院粮仓。他最初完全不识字，后来通过问别人努力学会了字母，不久学会了组词和语法。他放羊的所有这些年，他极少喝奶，但总是慷慨地、毫无怨言地把奶给穷人和乞丐，因为拉撒路教导他这么做。有一次拉撒路还派他去照顾葡萄园，他高效负责地执行任务，直到收获葡萄的时候他一颗葡萄也没有尝过。但他把一串葡萄带回了修道院，在得到拉撒路祝福后才吃了葡萄。另一位修道士瓦西里也这样做过，他带来的是另外一种水果。这是拉撒路从一开始建立修道院就做出的关于各种水果的规定，即修道士在照顾果园的时候不能享用照看的水果，只有在他们把水果样品带到修道院并得到祝福的时候才能够吃。凯里科斯因苦行而身体萎缩，双腿溃烂，拉撒路知道后命令修道士把他搬下柱子，把他背到神圣耶稣复活修道院一个房间里，让他喝了一些酒、油，吃了鱼，他躺在干石头上，身下只有一个草席和一件破烂的毛织品，修道士们向拉撒路要求把他搬到一张好床上去，拉撒路说如果修道士躺在床上去世就不值得埋葬，因为天使下令修道士不得躺着睡觉，应该坐着睡觉，躺在石头卧榻上已经足够。凯里科斯快去世时，拉撒路要所有修道士去看凯里科斯，以便他为他们祝福，所有人唱赞美诗，凯里科斯做出回应，修道士们告别他后不久，拉撒路命人把凯里科斯枕头里所有东西拿给他，很快凯里科斯去世，拉撒路拿着凯里科斯枕头里的约60弗里斯（*foleis*）（这是凯里科斯经拉撒路许可从别人那里得到的礼物），说是这些钱阻止他去上帝那里，修道士们说这么少的钱阻止他去上帝那里，那么那些去世时拥有诺米斯玛的修道士又会怎样。拉撒路说如果修道士去世时身上有1诺米斯玛，那么他不应该对他举行正常的葬礼。早晨修道士们按照修道院规则埋葬了凯里科斯。

第 164 章，修道士约翰来自奥普斯金军区，尽管年轻，但已经是司祭。他来修道院后从未下山，完全不喝酒，不吃油、奶酪和鱼，他没有一枚金币或者银币或者铜币（*obol*，奥波尔）。他父母贫穷，他母亲得到他的消息后，来到修道院，看到儿子和修道院后，她感谢上帝，也由拉撒路削发为修女，进入拉撒路母亲的修女院过苦行生活。约翰也像凯里科斯那样足部溃烂后去世。不久他母亲去世。

第 165-170 章，另一位修道士，也叫约翰，来自吕底亚的萨迪斯（Sardis），年岁已高，在圣母修道院过着苦行生活，很少睡觉，几乎通宵唱赞美诗，祷告上帝。但晚上恶魔把他拖出椅子，拖到房门，想把他扔出去，他叫杰拉西莫斯（Gerasimos）把他扶上椅子。反复如此后，他向拉撒路求助。拉撒路要一些修道士对他唱赞美诗等，一些天后，晚上恶魔不再拖他。不久，他口中一直流出发臭的唾液，弄湿了他的短上衣前襟，腐烂生蛆。拉撒路先后让人给他送去毛织物和皮制品放在他的胸脯上，以保持他的短上衣干燥。这样一年后，他不得不躺在石头卧榻上，从大腿到脚的肉变冷，脚化脓生蛆，肩膀溃烂发出恶臭。即使这种状况，他仍然坚忍自制，被拉撒路称为新"约伯"。有一次，暴风雨袭来，洪水从山顶和两侧冲向修道院，修道士坚决要他离开，但他不听，决定死在那个房间。他这样病了三年后去世，比拉撒路多活了 23 天。他去世前半年开始陷入昏睡状态。他快去世那天即圣使徒安德鲁节日那天，我去看他，当时他处于昏睡之中，修道士叫了他很久才把他叫醒，告诉他修道院管理人来看了，我告诉他想法后，他劝我不要离开修道院管理人职位，在修道院新院长任职之前不要去耶路撒冷，因为我离开的话其他修道士也会离开，会导致拉撒路努力建立的修道院解散。

第 171-173 章，另一位修道士尼康（Nikon），来自吕底亚，真正的农民出身，朴实，不识字，被安排做大多数适合仆人做的工作，但他内心聪明灵巧。他请拉撒路下令每个碰到他的人都可以打他的脸，由于有些人打得太重，把他打出血来，他后来不这么做了。他不愿穿新道袍，把修道院发的新道袍给碰到的乞丐，自己则穿着破烂的旧衣服，问他，他说弄丢了。他身上很脏，有很多虱子，他并不掐死它们。他总是站在教堂里，从不坐下，脸朝神坛，眼睛朝上望，一动不动，问他，他说在想象天堂。他脚上面溃烂生蛆，但仍然坚持参加礼拜仪式。拉撒路让我处理一下他的伤口，但他不愿意让我把蛆弄掉，说人最终都会被虫子吃掉的。结果他至死也没有处理伤口，也从未放弃参加礼拜仪式。他死前跟其他修道士一起参加晚祷，结束前向其他修道士鞠躬，然后离开去了餐厅（他通常睡在餐厅地板上），在那里去世。第二天早晨，修道士们按照惯例把他抬到拉撒路柱子前准备埋葬，拉撒路说他是位殉道者，他在放弃被别人打脸之后，经拉撒路允许，他每天鞭打自己200下，后来脚生病不能工作后每天鞭打自己300下。

第174-175章，另一位修道士也叫尼康，来自弗里吉亚，行为举止很像前一位尼康。他还是个孩子的时候就曾偷偷离开家，什么也不带，去偏僻的地方和礼拜堂。他来到这里，被拉撒路削发成为修道士后，从未喝酒或者油等，从不穿两件短上衣，从不穿鞋。他被拉撒路派去服务圣母修道院的修道士们，当时，圣耶稣复活修道院没水了，圣母修道院还有一些水。他就在夜晚偷偷用容器从圣母修道院装水送到圣耶稣复活修道院，给修道士们加上水。他夜里在山上走路的时候，恶魔朝他扔石头或者叫他的名字，他不断祷告，唱赞美诗。有一次天快黑时，他去给修道士们送酒，刚离开圣母修道院，天就黑了，他摸黑前行，来到了一棵刻有十字的橡树那里。他叫喊当时的修道院管理人杰拉西莫斯，杰拉西莫斯和另外一位修道士过来把他放到肩膀上，背着他到他房间离开了。他躺在草席上，恶魔打他的头部和全身，结果他许多天躺在那里又聋又哑。他后来请求拉撒路答应让他生活在柱子顶上，拉撒路见他太小不适合生活在那里，就让尼康三年只能跟他说话，不得跟任何其他人说话，每天两次从河流爬山到修道院，拎来两罐水，令人满意地完成这些事情后他才可能生活在柱顶上。尼康于是不再跟人说话，假装愚蠢，任凭别人怎么逗他也不说话。有一次厨房没有木材，拉撒路命令所有人去拣木柴，尼康硬是不去，别人怎么打他他也不去，他们就把他放倒在地，给他脚上和胸部压上石头，直到回来才把石头挪开让他站起来。但他在夜晚两次偷偷出去带来木柴。三年还没结束，生活在佩特拉柱子顶上的修道士梅库里奥斯去世，拉撒路于是让尼康搬上去，尼康向所有修道士鞠躬，得到大家祝福后生活在柱顶上，但不久去世，被埋葬在救世主礼拜堂，大约20来岁。

第176章，一位修道士是从另一个修道院来到我们修道院的，拉撒路要他赶着驮兽从河里运水到修道院。他光着脚去运水，当时是冬天，拉撒路命令他穿鞋，他半路上脱下鞋，光着脚，他那又长又浓的胡子沾了水，冻结了，结果慢慢掉光了。

第177章，多罗塞奥斯（Dorotheos）来自伊科尼姆，是位司祭，年事已高，拉撒路见他非常虔诚，为他举行削发仪式。成为修道士后他从未吃过奶酪或鸡蛋，每周三和周五他完全禁食，在大斋节、基督降临节、圣使徒节，他不喝酒或者油或者任何煮食，只吃面包。尽管年纪大，但他从未缺席礼拜仪式，通常到得最早走得最晚，唱赞美诗的声音高过其他人。仪式结束后他回到房间关上门，站在那里唱赞美诗和祷告很久，偶尔坐下歇一会，又站起来唱，直到礼拜仪式开始。他一直以上帝喜悦的方式活到去世。

第178-179章，两位著名修道士"矮子"拉撒路和尼古拉的情况。"矮子"拉撒路在参加礼拜仪式和无休止赞美上帝方面超过几乎所有其他人，他也很擅长流泪、捶胸、哀叹等。（潘托利昂[Pantoleon]也是如此，他非常勤勉，真正热爱穷人和上帝）尼古拉的服从性、行为诚实正直、体力劳动等超过其他人。他非常虔诚，在感谢上帝、感谢拉撒路并亲吻拉撒路的镣铐之后，在主显节（Day of Lights）后一天去世。

第180章，拉撒路每天公开和私下教导修道士们，规定他们不得向他隐瞒想法，不得拥有私人财产，未经他同意不得私自行事，不得违反教导，不得做超出能力的事情，等等；他们应该在教堂、餐厅以及任何其他地方遵守修道院的规章制度，并感激地接受给予他们的一切；从教堂或者餐厅出来时，他们应该保持安静，回到各自房间，不得聚集在一起，浪费时间闲聊，不得聚在一起喝酒狂欢，不得因无聊或拜会某人而走出自己的房间，除非出于必要，而应该耐心地坐在自己的房间。这样做是为了避免在修道士们中间出现诽谤、批评和侮辱，避免人们不注重关注自己、控制自己、认识自己的弱点，反而不停议论别人的过错，避免整天惹是生非。他最后总是说这样做就能升入天堂。

第181章，拉撒路常常建议身体有病或者遭到恶魔攻击的人不要胆怯，不要绝望，不要亵渎上帝。相反，他们应该感谢上帝，耐心地、勇敢地忍受不幸，同时期待未来的回报。拉撒路建议不要老是看望病人以免妨碍他恳求上帝宽恕，并对苦行的年轻修道士提出建议。他会宽恕那些胆怯的修道士。

第182章，拉撒路关于参加礼拜仪式的教导和规定。他下令修道院管理人不得给酒给那些缺席晨祷的修道士，有时候还不让吃东西。他常常赞美那些坚定地站在教堂里热切地唱赞美诗的修道士，有时候会批评那些心不在焉、无精打采的修道士。

第183章，拉撒路对违反规定的修道士的处理：训斥、威胁，甚至有时候笞打。对变好的修道士给予鼓励，告诫，宽恕以往的过错。对于顽固不化的，他的做法与此相反。看到悲伤的修道士，他会叫他们过去，先向他们鞠躬，请求他们宽恕。如果两个修道士之间出现争端，他会把两个都叫过去，宽恕过错方，使另一方更为高贵，虽然他被冤枉。公开是这样，但私下恰恰相反，他会告诫过错方不要殴打弟兄，以免苦行受损，宽恕无过错方，说他会因此得到上帝的报酬。

第184章，拉撒路关于那些疏忽礼拜仪式的规定，说除非必要，必须先唱赞美诗再分享食物，否则会受到上帝惩罚，必须忏悔，祈求上帝宽恕。

第185章，对那些服务修道士群体的人，拉撒路会给予不同的建议。要他们首先完成委托的任务，但不能忽视礼拜仪式，有空就得参加，没有空就要唱赞美诗，至少要祷告，晚上要在适当的时候完成白天的义务，唱赞美诗，流泪忏悔。他自己也是如此，如果白天太多事情干扰，他就会在晚上完成白天的义务，特别是哭泣和恸哭（通常是在修道士们聚集在教堂的时候，以便修道士们听不到他的恸哭）。他做所有事情都避免引人注意，不喜欢炫耀。

第186章，拉撒路关于奇迹的回答。说上帝随便创造奇迹只会有害而不是有益，特别是当时谦逊的人少。

第187章，修道院外面的人前来请求拉撒路祝福，并咨询修道院规章制度，以便创建修道院，拉撒路建议他们自己成为修道士的榜样，在食物和衣服等必需品方面没有任何例外，一律平等，以保证服从规则，不得尊重强者轻视弱者，有时候要体谅弱者。那些人因此受益，他们至今仍过着修道院生活。

第188章，拉撒路早就践行这些做法。他总是体谅、同情弱者，实际上，他对每个人都是如此。他从不直接命令别人，当他要委托别人办事的时候，他总是采用忠告的方式，如果有人抱怨或者不高兴，他不会强迫他去做，并会原谅他，因为他想要通过说服而不是强迫所有人行善以最终得到拯救。因此，对不守规矩的修道士，他会进行教导和劝告，如果言语不起作用，他会鞭打他们，以便他们改正，最后他会解释说他不得不这么做，这是为了拯救他们。

第189章，当一些修道士想要独自隐修时，拉撒路不会允许，坚持隐修的人最后发现他是对的。

第 190 章，如果接受任务的修道士在修道院之外犯过错，拉撒路知道后会马上派修道士去替换他，以免其罪过难以补救。

第 191 章，拉撒路会建议并敦促所有匠人把他们的手工艺收入用于整个修道士群体的共同福利。如果唱诗班弟兄想要把其中的一些收入用来满足其个人需要，拉撒路会先自己花钱满足他的需要，但如果他对此不满意，拉撒路会让他在得到自己的允许后从他自己的艺术收入中花钱满足需要。而对文盲修道士则禁止这么做，因为他常说他要补贴那些履行教堂日常职责的修道士，主要是因为他们没有得到餐厅饮食以外的额外报酬，但对文盲修道士则没有必要补贴，因为他们不在教堂工作，而且他们事实上得到额外添加的饮食，因为他通常要修道院管理人给他们更多饮食。但他只是在来到圣耶稣复活之后才这么做，他还在救世主修道院和圣母修道院的时候，修道士们一切共同拥有，没有私人财产。这一规定至今是有好处的，因为一些修道士仍有一些来自尘世的金钱，不愿意完全放弃这些钱，因为他们不满意修道院为他们提供的一切。

第 192-193 章，拉撒路通常会建议所有准备成为修道士的人先去处理好一切，放弃一切，然后开始修道院生活。一些人会听从忠告，把一些财产分给穷人，其余的给拉撒路和修道院。拉撒路会接受人们的自愿捐助，但不会要求也不会强迫准备成为修道士的人必须捐助。一些人则给自己保留了一些钱，但使用这些钱使他们结局不幸。还有一些人表面上放弃了所有财产，但是强迫拉撒路规定修道院给他们某些必需品，他们也没有达到修道士生活的真正目标。结果他们给修道院带来了很多问题，把其他修道士拖进同一方向。前者例如科斯马斯·波利特斯（Kosmas Polites），他保留了一些钱进行施舍，拉撒路批评他，他不满，最后他在去以弗所施舍的时候病倒，一些人把他送到圣玛丽娜修道院，他在那里去世。拉撒路派了一些修道士把他带回修道院埋葬。后者例如科斯马斯·菲利普科厄斯，他强烈反对拉撒路，曾两次退出修道院，并对弟兄们开战。结果拉撒路被迫还击。这件事差点导致谋杀。但我们都清楚菲利普科厄斯因此付出代价，过着艰难痛苦的生活。

第 194 章，由于一些修道士非常顽固，不容易改正，拉撒路会严厉指责并嘲笑他们，以教导其他修道士。他有时候发现一些年老才削发为修道士的人悲观失望，认为时间和体力不够进行苦行来获得上帝拯救，针对这些人，他会予以鼓励，激励他们坚持不懈，保持信心。

第195章，如果一个人行为无耻、被人指控而大多数人不知道其罪过，拉撒路会表现出宽容，但如果是众所周知且影响到许多人，他就会严厉对待，有时候甚至会下令鞭打。因为他实际上是一个说话和长相都可怕的人，即使他因良好性情和苦行而以举止温和著称。

第196-197章，有时候，有人迫切效仿他，他会给予忠告，说修道士应该更加注重精神上的克制和圣洁，而不是身体上的苦行；避免与普通人特别是年轻人交谈和交往，一旦恶魔让他们建立起精神上的友谊，就会想方设法以肉体上的堕落来毁灭他们，因此要避免这样的关系，如果可能，不要看他们的脸而应专注于自己的思想和上帝以抑制恶念；修道士要早晚祷告忏悔，研究圣经，不应注意别人的罪过，不应下判断，不应心怀恶意，不应诽谤，听到有人散布诋毁言论时不应高兴，不应以恶还恶，应该忍耐，勇敢，不怀恨，宽恕；修道士应该根据修道院规则大约一天吃一次，不要吃饱，穿粗陋的衣服。总之，真正想要得到拯救的人必须谦逊、简朴、圣洁。信仰上帝而不是自己的热情和苦行，这样更容易战胜激情。有人听从了他的忠告，有人没有听从，结果许多人正如拉撒路预料的那样未能善始善终，但精神上和身体上更谦逊的人其努力有着好的结局，例如修道士科斯马斯。这样的修道士大多数先于拉撒路去世，还有一些仍然活着，有些效仿拉撒路用镣铐捆绑自己，因身体不够强壮不能坚持到最后，有些在腰部绑上绳索，也不能坚持到最后，通常，这些做法大多很快结束，这是因为身体虚弱或者精神虚弱，或者因自负而被上帝抛弃。实际上，许多人甚至因此被剥夺上帝的帮助结果精神上受损。例如，修道士艾赛亚(Isaiah)。

第198-200章写的是艾赛亚的故事。他是个文盲，严格遵守修道院和拉撒路的规定，极其虔诚，促使许多人信仰他和拉撒路，结果他给修道院带来了基督教信徒的大量捐赠，他还用这些捐助装饰了山上的三座修道院，还有许多其他东西。他的一生使得拉撒路名声更大。有一次他路过一个村庄，那里有一位极其吝啬、铁石心肠的妇女，艾赛亚教她施舍并要她去见拉撒路，她得到拉撒路的教导后变得乐善好施。但是艾赛亚受到一些坏人坏主意的陷害和诱惑，结果他抛弃了绝对服从的戒律，开始盗用基督教信徒给他修道院的捐助，他也不再像以前那样细致地对拉撒路忏悔了，最后堕入通奸，虽然后来不再通奸，但是仍然私吞捐赠物。他堕落了五年后去世。他去世时，被恶魔抓住，所有人发现他发出无法理解的叫喊。他死后，40 天哀悼期过后，拉撒路在黎明要修道院管理人去做小蛋糕（kollyba）以纪念他。当天夜晚，修道士卢克说艾赛亚站在拉撒路的柱子前要他和所有弟兄帮助他。第二天夜晚，拉撒路要修道士们为艾赛亚守夜，他自己为艾赛亚写了一份赦免书，要教堂圣器管理人把赦免书放在圣坛上的台布下面。第二天早晨，圣餐结束后，拉撒路下令司祭、辅祭以及所有修道士到艾赛亚坟墓为他举行赦免仪式，帮他得到上帝的宽恕，帮他把灵魂从地狱中解救出来。

第 201 章，修道士西米恩的故事，他一开始遵从拉撒路的忠告，绝对服从他，但是听从自己的意愿或者恶魔的意愿堕入通奸的深渊，结果没有告诉拉撒路就自行离开修道院，回到了家乡，临死前向修道士劳伦蒂奥斯（现在是柱顶苦行者）忏悔。他回到家乡后不久，回到了修道院，受到拉撒路热情欢迎，但隐瞒通奸事实，不愿对此忏悔，借口去看望女儿去了（他女儿在他死后成为修女）。结果他死后拉撒路说他的灵魂堕入了地狱。

第 202 章，"大高个"巴纳巴斯（Barnabas）也是一开始极其热情地执行各种任务，但是后来因思想肤浅变得自高自大，对拉撒路行为傲慢，甚至通过和修道士美多迪乌斯交谈使后者变得和他一样，两个人一起离开修道院，到马格尼西亚，跟那里的主教说了拉撒路及其弟弟伊格纳提奥斯（现在是我们的修道院院长）很多坏话。拉撒路写信给他们，斥责他们，同他们辩论，告诫他们，在主教的建议和合作下，他们最后回到修道院，但是回来后给拉撒路和弟兄们带来了很多麻烦，结果都得到应有惩罚。美多迪乌斯在拉撒路去世时，把毒药倒进葡萄酒给伊格纳提奥斯喝，企图杀死他，然后回到马格尼西亚，在那里被一些牧猪人杀害。巴纳巴斯则在从贝塞回到修道院后马上找拉撒路要回了自己原来的小房间，然后没有告解没有请求得到宽恕，马上强迫拉撒路同意他回到贝塞处理事务，拉撒路建议他挑选一位修道士去那里处理事务，遭到拒绝，拉撒路只好让他去，结果他回去后马上就死了，灵魂堕入地狱。

第 203-204 章，这些是已经去世的人，同样堕入罪恶深渊但仍然活着的人，我也要简略讲几个他们的故事，为避免他们绝望我不说出他们的名字，因为他们许多已经陷入绝望，变得无耻而不是羞耻或者悲伤。一个修道士做坏事，拉撒路下令把他强行带回修道院，并命令脱下修道士道袍，换上平信徒服装，由于他向弟兄们和拉撒路求助，最后他没有受到严厉惩罚，但他正如拉撒路预料的那样没有改变。另一个修道士堕入通奸深渊，在拉撒路去世后不参加礼拜仪式等所有集体活动，想被称为"静修道士"（hesychast），回到了家乡。我们都知道他发生了什么。

第205-208章，关于我们神圣神父本人的故事大多没有传下来，因为知道那些故事的人已经去世。而且，我也不能写下所有我知道的故事，因为太多，还有一些人认为我说的不可靠，但我要讲一讲我从值得信赖的人那里得知，或者我目击，或者从神父本人那里听到的故事。拉撒路晚年的身体状况：缺血，牙齿掉得只剩下两颗。他自己叫一个当时在修道院做事的平信徒给他挖了坟墓。但修道士马修梦见异象，梦中预示着拉撒路还能活三年。老年拉撒路经常生病，拒绝接受修道士们为他做的垫子。一天中午恶魔化身为一个老妇人进入他的柱子上，说她治好了很多皇帝、牧首和元老院所有元老，要给他治病，他用手画了个十字后老妇人马上消失。

第209章，有一次我还在食品储藏室服务的时候，面包短缺，只剩下5块普通面包和4块小圣餐面包，修道士杰尔马努斯当时是教堂圣器管理人助理，他过来取他通常拿的两块大圣餐面包，我给他两块小圣餐面包，剩下两块准备给救世主修道院和圣母修道院，但他还要另外两块，我不肯，他就去找拉撒路告状，拉撒路把我叫过去问清楚后，他要杰尔马努斯拿走那两块，杰尔马努斯不肯，这时两位修道士赶着两头骡子来到修道院，一头驮着油和酒，一头驮着普通面包和圣餐面包，这是利姆奈（Limnai）修道院院长和圣器管理人派人送来的。杰尔马努斯见状拜倒在地请求宽恕，得到宽恕后，拿着圣餐面包走了。

第210-211章，拉撒路去世前一年这个地区发生了严重的饥荒，每天都有一群穷人上山来到修道院，每个人都得到食物。当时我是修道院管理人，我很多次问拉撒路说："你确定他们不是来得到祝福的?"他说这些人是为了食物来修道院的。修道院食物短缺后我告诉他说明天没有面包了，他笑着说我们现在变成真正的修道士了，应该感谢上帝。我问他是否还有面包，他说还有，说上帝为穷人和访客安排了这些面包，多亏他们我们才也有食物。

第212章，又有一次，葡萄酒短缺，酒坛子里只剩下一小壶（stamnia）加半壶的葡萄酒。我告诉了神父这种情况，询问是否给弟兄们提供掺水的圣餐酒，他不让我掺水，但说掺一点点水。结果我看到奇迹，坛子里的酒分给修道院弟兄们和免费招待所里的人后还像原来一样多。

第213章，有一次，大斋节前的星期日（Cheese-eating day①）修道院奶酪短缺，神父派铁匠尼古拉去盖勒西昂村，尼古拉只从那里带回来一块奶酪，神父要我根据规定把这块奶酪分给三座修道院的修道士和招待所的平信徒。我用这一块奶酪供给了每一个人。

第214章，还有一次是豆子短缺，地窖里只剩下一满盘豌豆，当时的厨师、修道士雅各布（Jacob）去报告了拉撒路，拉撒路要他去把那盘豌豆煮了给修道士们吃。结果，他把锅子里的豆子倒空后，锅子里又有那么多豆子了，最后我们都吃饱了。

第215-217章，下面我说说我们从这座山得到的好处。住在救世主修道院的宦官斯蒂芬敦促拉撒路让他换到贝塞修道院那里住，拉撒路说贝塞商品贸易发达，真正的修道士不应参与买卖活动，那里不像这座山那样适合真正的修道士。斯蒂芬请求宽恕，安心住在山上。我们的前辈、修道士纳勒斯也去请求拉撒路同意他去贝塞，遭到指责后放弃了那个念头。有一次我听一个修道士说拉撒路想去贝塞，我去问拉撒路，他说不愿去那里，我们都会在这座山上过完一生，但有人不愿意让我们待在这座山上。拉撒路还阻止了柱顶苦行者劳伦蒂奥斯去贝塞。

第218章，修道士雅各布离开修道院，不久想回去，回去在河边碰到恶魔，恶魔要他去贝塞，只要他往山上那个方向走眼睛就失明，去贝塞那个方向眼睛就变好，最后，他坐在河边，过路人带他过了河，他视力恢复正常，上山回到修道院。

第219章，有一次，一个青年和一些习惯来修道院获得祝福的人一起上山，这个青年被恶魔控制，大骂拉撒路，企图激怒他，但是徒劳。

第220章，又有一次，一个这样的人站在柱子前说着这样的话，有人问拉撒路他在说什么，拉撒路说那是恶魔在胡言乱语，不用理会。一个修道士给拉撒路写了赞美诗，遭到他的审问、训斥和威胁。

---

① Cheese-eating day，指 Quinquagesima Sunday，即大斋节前的星期日，复活节前第七个星期日。参见 *The life of Lazaros of Mt. Galesion: an eleventh-century pillar saint*, introduction, translation, and notes by Richard P.H. Greenfield, Washington, D.C.: Dumbarton Oaks Research Library and Collection, 2000, p.307, n.846.

第221-223章，下面我要写一写拉撒路对自己死亡的预言。拉撒路在菲利普科厄斯房中任命自己的弟弟伊格纳提奥斯为修道院管理人，由于菲利普科厄斯和其他一些修道士因怀疑拉撒路搞裙带关系而攻击伊格纳提奥斯和拉撒路，伊格纳提奥斯辞职并想离开这里去坎普塞（Kampsai）修道院，拉撒路不准他去那里，敦促他待在贝塞修道院，告诉他说不久他将主管修道院。这个确实是如此。还有，拉撒路派帕霍米奥斯（Pachomios）和加布里埃尔以及其他一些修道士去君士坦丁堡和其他地方处理修道院事务，他们担心自己不在修道院的时候拉撒路去世，拉撒路告诉他们说他们没回来他不会死。后来确实是如此。这些修道士出发后，拉撒路要修道士、耶路撒冷人科斯马斯带上一封信去君士坦丁堡见皇帝，要皇帝任命自己弟弟伊格纳提奥斯为下一任修道院院长，科斯马斯担心他去世不愿去，拉撒路告诉他说他没回来他不会死。这时除了疾病，恶魔还用虱子、虫子和蚂蚁来折磨他。虱子和虫子极大增多，柱子外面到处都是，蚂蚁来自柱子旁边的橡树，修道士们无法赶走它们，见拉撒路备受折磨，他们未经拉撒路许可把橡树砍倒了。拉撒路要我告诉修道士们不要去找他，因为他生病，不能一一回应他们，我说担心没有颁布章程没有做出安排他就突然去世，他要我别担心，告诉我说皇帝和牧首会看到章程。他也告诉柱顶苦行者劳伦蒂奥斯说自己死后他会看到盖有皇帝印章的章程。正如他所预言的，我们现在确实有这份盖有皇帝印章的章程，皇帝和牧首确实见过。修道士们去君士坦丁堡见皇帝，令人满意地解决了一切事情，皇帝愿意满足他们的请求，虽然不久前他对拉撒路让修道士科斯马斯带去的信感到恼火，因为拉撒路在信中指责他邪恶的、不合理的做法。

第224-225章，关于守夜祈祷。在教堂守夜时，如果有修道士站着唱赞美诗的时候睡着不唱，拉撒路命令另一位修道士一巴掌把他叫醒。修道士纳勒斯告诉我说，他年轻的时候，总是发睏，因此经常被打，对拉撒路很是生气。拉撒路要他监督自己，如果见到自己打瞌睡就用芦苇秆弄醒他。结果他在守夜的时候特别精神。拉撒路白天被许多平信徒和修道士骚扰，晚上守夜时忍不住打瞌睡。纳勒斯见此情景很是高兴，去拿芦苇秆准备挠拉撒路，被一位也叫拉撒路的修道士阻止。纳勒斯当时很是恼火，但现在忏悔，把这件事告诉了每一个人，请求宽恕。

第226章，拉撒路派修道士梅勒提奥斯下山办事，晚上他回来后向拉撒路汇报，但有一件事他不愿意说，拉撒路一再敦促他说，最后他说完后，突然听到一声撞击声，梅勒提奥斯以为是那里的圣像倒下来了，就叫修道士西里尔拿灯上来，发现圣像并没有倒下。拉撒路告诉梅勒提奥斯说是恶魔弄出的声音，是恶魔阻止他忏悔；告诉西里尔说恶魔变成鼬鼠的样子阻止梅勒提奥斯忏悔，爬进小窗户，当他对它画了个十字后它逃了出去，弄出了声音。

第227章，一个名叫达米阿诺斯（Damianos）的平信徒在外貌和力气方面超出大多数人，谎称自己是贵族子弟，一再恳求拉撒路为他举行削发仪式，拉撒路拒绝，他于是到以弗所找了几个和他一样的骗子，要他们来到修道院，谎称他们是皇帝派来找他的。几天后，他来到修道院，那几个骗子上来找他，他恳求拉撒路马上为他举行削发仪式，以免被他们抓到皇帝那里去。拉撒路要几个人把他带到秘密的地方为他削发，让他穿上道袍。后来证明，这个人确实不配拉撒路为他举行削发仪式，也不配在教堂举行。那几个骗子见他穿上了道袍就离开了。达米阿诺斯在修道院待了一些时间，受到所有修道士和拉撒路的尊敬，因为他被认为是他说的贵族。他后来说服拉撒路让他带一些修道士陪他回家卖掉所有财产带钱回来，但他们到阿摩利翁附近时，他甩掉了同行的修道士，那些修道士到处找他，没有找到后回来了，批评拉撒路。不久，拉撒路得知他还俗，在霍奈，给他写了封亲笔信，要他回到修道院，让巴纳巴斯和尼古拉·帕克萨马得斯（Nicholas Paxamades）把信带给他，他回答说如果这是上帝的意愿他将在复活节后回到修道院。拉撒路预言他活不过复活节，也不会再回到修道院。不久，拉撒路的预言应验。达米阿诺斯在大斋节的第二个星期被自己的男仆用刀杀死。

第228章，另一个骗子也骗取拉撒路为他削发，甚至更为恶劣。他也欺骗拉撒路，谎称要去家乡克里特（后来表明他实际上来自费亚利泰 [Phialitai]），他带着一位修道士，来到菲吉拉，在那里甩掉了那位修道士，那位修道士到处找他找不到就回来了。不久，那个人回到修道院，尽管还是见习修道士，却穿着正式修道士的道袍，还编造了很多谎言欺骗拉撒路，说他带上了他所有财产放在船里，半路上碰到海盗，丢失了所有财产。不久他一再请求拉撒路允许他带一位修道士去西部地区布道，拉撒路最后让修道士梅勒提奥斯陪他去，严厉命令他不得盗用布道的经费。这个人下山后利用拉撒路的名声到处行骗，谎称有预言天赋的拉撒路给了他预言能力。

第229章，这个人到达保加利亚，那里当时正爆发多利亚诺斯（Dolianos）[1]叛乱，那里的将军听说他后，派人去请他过去，将军问他什么时候出发去攻打保加利亚人合适，他说第二天早晨告诉将军，第二天早晨他告诉将军说星期日交战能取胜，当时是星期三，将军向整个城市宣布了这个预言，于是所有人蜂拥前去看这个骗子，好像他是个圣人和先知似的。星期日那天，将军率领军队去见那个修道士，对他表示出极大的尊敬，得到他的祝福后出城作战，结果，将军首先战死，其他人立刻逃跑，保加利亚人追杀他们，几乎杀光了他们。幸存者和市民去找那个修道士算账，结果那个骗子逃之夭夭。他去了保加利亚了那里，被引荐给多利亚诺斯，欺骗他，结果多利亚诺斯被阿卢西阿诺斯弄瞎。于是那个人从一个地方逃到另一个地方，不断引人入歧途，自己不断步入歧途。

第230章，当人们开始寻找这个人要处死他的时候，和他在一起的修道士梅勒提奥斯回到修道院，告诉了拉撒路一切。不久，那个人回到修道院待了很短时间，又劝拉撒路派他带另外一位修道士去君士坦丁堡为修道院布道，但他也甩掉了那位修道士，欺骗了很多人，直到拉撒路搬到圣耶稣复活修道院的柱子上才不情愿地回到修道院。当他在士麦那附近的时候，他得知人们准备拥立摩诺马赫为皇帝，于是坐船去了摩诺马赫的流放地米提林尼去见他，伪造了一封拉撒路的书信给他，信中说他过几天会当皇帝，当权后不要忘了他们。一些天后摩诺马赫当上了皇帝，那个人去见皇帝，皇帝给了他大量黄金和一些香料，给拉撒路写了封信，打发他回到拉撒路那里。

第231章，好事之徒可能会批评拉撒路接收这样的人进修道院，或者批评他被这样的人愚弄，但其实这是正常的，基督身边就有犹大。拉撒路的预见能力并非无限制，因为预见能力本质上仅属于上帝，上帝透露给愿意透露的人。

第232章，但修道士科斯马斯·菲利普科厄斯因此对拉撒路不满，认为为

---

① 即保加利亚人彼得·德尔岩（Peter Deljan），也就是前文约翰·斯凯利兹斯《历史概要》记载的彼得·德利诺斯。Deljan 在希腊语中译成 Dolianos 或者 Deleanos。1040-1041 年他在保加利亚发动了一场反拜占庭控制的叛乱。参见 *The life of Lazaros of Mt. Galesion: an eleventh-century pillar saint*, introduction, translation, and notes by Richard P.H. Greenfield, Washington, D.C.: Dumbarton Oaks Research Library and Collection, 2000, p.325, n.916. Alexander P. Kazhdan (editor in chief), *The Oxford Dictionary of Byzantium*, p.601.

平信徒削发之前应该做进一步调查，特别是年轻男孩和乡巴佬，或者申请人在修道院待了三年后才能接收。拉撒路回答说当时的人变得懒惰闲散，对于向善毫无热情，自愿选择过修道院生活的人肯定是上帝使他陷入了某种危机，如果按照菲利普科厄斯的办法，这些人会回到尘世，恢复原来的生活方式，甚至更糟；拉撒路说他就像是一个种植各种植物的园丁，负责浇水，尽最大能力照顾植物，它们开花结果，荣耀归于上帝，它们生病枯萎，那是它们自己的过失，他并不为此负责或者因此遭到上帝的谴责。菲利普科厄斯听后拜倒在地，请求宽恕。得到宽恕后，他哭着离开了。这件事是菲利普科厄斯告诉我的。

第233-234章，拉撒路对于拯救修道士灵魂的热情。修道士艾赛亚曾被派遣和约阿尼科厄斯一起去君士坦丁堡，到达那里后，他们住在一个极其崇信拉撒路的寡妇家中。一天，君士坦丁堡举行赛马，约阿尼科厄斯未经长者艾赛亚同意（拉撒路要约阿尼科厄斯服侍并服从艾赛亚），擅自去看赛马，回来后，艾赛亚知道他看赛马后指责他，约阿尼科厄斯争论说看人和马到处跑不是邪恶的。吃完后，约阿尼科厄斯爬楼梯准备去楼上睡觉，但到楼梯顶的时候摔到地上大叫，停止叫喊后，他哭着忏悔说不该擅自去看赛马，说他爬到楼梯最高一级的时候看到一个埃塞俄比亚人，右手拿着棍子把他打了下来，然后消失了。艾赛亚为他祷告，安慰和鼓励他，然后去办完委托的事务，交代那个妇女照顾奄奄一息的约阿尼科厄斯，然后告别了他。约阿尼科厄斯在艾赛亚离开六天后去世。

第234章，修道士艾赛亚在路上知道了约阿尼科厄斯去世，回到修道院后，告诉了拉撒路一切以及约阿尼科厄斯的去世。拉撒路命令司祭们为约阿尼科厄斯举行了40天的礼拜仪式，因为约阿尼科厄斯非常虔诚，从未违抗拉撒路的命令。他最初来修道院找拉撒路的时候是个异教徒，没有受洗，但拉撒路在圣玛丽娜修道院下令为他施洗以及后来为他削发之后，他极其信任和服从拉撒路，做过各种工作，既能做体力活，又识字，能完成教会工作，担任神职，因此他骄傲，不愿听从长者艾赛亚的劝告。

第235章，一个冬天，下起特大暴雨，然后刮起北风，水结冰，特别冷。当时山上一个牧羊人想起拉撒路，想着他怎么能够站在露天柱顶上忍受这种寒冬的暴风雨，他在梦中看到圣母和两个宦官来到柱子那里，圣母上去用斗篷给拉撒路覆盖柱顶。他醒后把自己的梦告诉了拉撒路，但神父告诉他不要相信梦。拉撒路凭借对上帝和圣母的坚定信仰，在露天柱顶上，光着头光着脚，身穿一件皮质短上衣，戴着铁镣铐，经受禁食和守夜，饱受虱子噬咬，挺过了酷暑严冬。

第236章，一些修道士在修道院北边的山上挖野生橄榄树根做木炭给铁匠使用，这时一块巨大的岩石突然朝修道院滚落下来。拉撒路站在柱顶上看见后朝挖树根的修道士大喊，巨石悬空滑过修道士房间上空，落在修道院南边，最后停在厨房门口，差点砸掉了厨房门。这块巨石最后没有伤害到修道士，似乎是尊敬拉撒路的呼喊。（这后面有部分内容遗失，手抄本受损）

第237章，以弗所都主教派修道院院长米哈伊尔等人骑马来检查拉撒路的苦行生活，他们仔细检查了他的柱子，一无所获后下山回到以弗所，向都主教和其他所有人汇报了他们的见闻，但是那些人还是不相信，他们说那个修道院院长说谎，想要美化拉撒路。

第238章，都主教又派了另外一个人来，这个人叫尼古拉，后来成为巴塞斯（Batheis）主教的财务管理员，现在还活着，他讲了这件事。当时是冬天，山上完全被雪覆盖，他艰难地上了山，快到修道院时，他下了坐骑，把坐骑系在一棵树上。拉撒路看见后派修道士接他去厨房吃饭，暖和暖和，这是他的习惯做法。尼古拉拒绝，他直接上了柱子，仔细检查一切，彻底检查完后，他下了柱子去吃了饭，吃完后他上了柱子，把一切告诉了拉撒路，然后下山，回去后把一切见闻汇报给了都主教和其他人。但是那些邪恶的、阴险的人每天不停煽动都主教及其随从把拉撒路从山上驱逐出去，修道士们见这些人不会让他们平静生活，因为碰到他们的时候，他们经常以各种方式虐待他们，取笑他们，辱骂他们。他们于是不断催促拉撒路给皇帝写信以摆脱困境，拉撒路因此写了一封信，让一些修道士送给皇帝。

第239章，但是修道士科斯马斯在送信的修道士们离开后，下山去以弗所向都主教及其神职人员通风报信，于是那些人借此说服都主教派人搜寻送信的修道士，找到后，那些人嘲笑、辱骂他们，夺走了给皇帝的信，回到以弗所。送信的修道士们回到修道院抱怨拉撒路，说他不应该接收科斯马斯这样的人进修道院，因为他以前是个官员。他们要拉撒路另建一座修道院，以便拉撒路去世后修道士们有安身之所，因为都主教不会善罢甘休。因此，后来拉撒路在贝塞建立了圣母修道院。过了一段时间，科斯马斯从以弗所回到修道院，修道士们劝拉撒路不要重新接收他，拉撒路说服他们放弃了这个念头。拉撒路仍然把科斯马斯当作真正的朋友对待，但是科斯马斯一直在修道院之外诽谤拉撒路。最后，他死在了外面，没有忏悔，没有得到宽恕。

第240章，一个见习修道士从修道院偷了东西后离开，不久又回来。如此反复了很多次，修道士们最后向拉撒路威胁道，如果他仍然接收那个人的话，他们就离开。拉撒路向他们承诺说，再接收他一次，如果他仍不悔改，就不再接收。不久，这个人生病，哭着向拉撒路和其他修道士忏悔了一切过错，热切请求得到宽恕。他得到宽恕后，拉撒路下令他正式成为修道士，他哭着感谢上帝后去世。

第241章，科皮翁村一个平信徒来找拉撒路请求得到接收，以便解决食物和其他生活必需品问题，因为他极其贫困。拉撒路接收了他，让他协助食品管理员烘烤面包等。但是这个人趁食品管理员没注意偷走能找到的一切，让一个认识的平信徒送给他母亲。食品管理员找不到东西，审问他，他矢口否认。很多次后，他担心行窃败露、受到食品管理员和其他修道士的虐待，就请求拉撒路让他回家，得到允许后，他离开前的夜里偷了一袋面粉和两对毛皮藏在修道院外面。第二天早晨他离开时，食品管理员发现他拿走藏起来的袋子和毛皮，跑去告诉拉撒路，拉撒路回答说，让他走吧，不要去抓他了，他只是一个穷人。

第242章，修道士尼古拉是修道士"矮子"拉撒路的兄弟，他曾经两次离开修道院又回来，当他第三次离开修道院时，晚上准备走的时候突然心绞痛。黎明时分，他向一个修道士忏悔自己的罪过，忏悔了七天，之后去世。这些是拉撒路对有罪之人的慈悲和宽容，下面我详细说说他到圣耶稣复活后对许多人创造的奇迹。

第243章，有一次，一位平信徒来到修道院成为修道士，他削发前的一天晚上躺在修道院外面北边橡树下睡着了，一个恶魔化成一个衣衫褴褛、皮带上挂满油瓶的矮个子引诱他，说带他去见食品管理员，结果把他带到了悬崖边，恶魔马上消失，他赶紧大声叫喊，恰好修道士盖勒西奥特斯（Galesiotes）和另一个修道士在附近照看耕地，盖勒西奥特斯的同伴循声过去救起了他。两个修道士询问他后知道了一切，早晨盖勒西奥特斯带他回到修道院，把事情的原委告诉了拉撒路和其他修道士。

第 244 章，鞋匠修道士西里尔（Cyril）和石匠修道士塞奥多洛斯经历了类似的事情。一次，西里尔被拉撒路派出到彭塔克勒尼修道院的地产上去办事，同行的还有后来成为我们修道院管理人的修道士西里尔。晚上鞋匠睡在房子外面一棵树下，他的同伴睡在屋里。睡梦中，一个恶魔化身为他的同伴，手持香炉和一盆木炭，叫他一起去教堂庆祝圣餐仪式，来到一个陡峭地方后，一个那天夜晚死了儿子的村妇放声痛哭，恶魔消失了，他知道了怎么回事，祈求拉撒路祷告帮助他，然后大声叫喊他的同伴修道士以及也在那里的葡萄园丁，他们好不容易才听到后，出来发现他在灌木丛中转圈乱闯，那是夜晚，他看起来是在白天，以为走在平坦的路上。听到同伴和葡萄园丁的声音后他才能走出来，告诉他们发生的事情。

第 245 章，（手抄本部分受损）……修道士加布里埃尔劝皇帝给拉撒路颁布一道官方行政命令（*prostagma*①），正式命令他离开这座山，搬到贝塞，因为这座山属于以弗所都主教，而皇帝本人赐予他贝塞，以便为皇帝和玛丽亚·斯克莱雷娜（Maria Skleraina）祈祷。玛丽亚·斯克莱雷娜从她兄弟那里听说拉撒路之后，还给他送了 720 诺米斯玛和皇帝的一套圣器，保索尼普修道院的建筑实际上主要用的是这笔钱。修道士加布里埃尔还给拉撒路一封信，指出皇帝给修道院的捐赠，以及上帝如何通过拉撒路的祷告帮助了他，并敦促他带着所有财产和修道士离开这座山，搬到贝塞。拉撒路拒绝。一些修道士感到沮丧，因为很多修道士想去贝塞。绰号"高个子"的修道士艾赛亚说盖勒西昂的名称在拉撒路去世后会消失。拉撒路生气，说他死后上帝会把艾赛亚的名字从这座修道院抹去，但不会抹去盖勒西昂的名称。后来果真如此。拉撒路去世后，艾赛亚离开这里，去了圣格雷戈里（St. Gregory）修道院，而盖勒西昂的名称仍然挂在每个人的嘴边，更加广为人知。这时修道士西里尔要拉撒路别对艾赛亚生气，因为特拉列斯（Tralles）主教、以弗所管理人几天前也这么对他说过。拉撒路说特拉列斯主教或者他的都主教，甚至世界上所有都主教和皇帝都没有力量抹去盖勒西昂的名称，因为这是上帝建立的，没有人能够抹去它；即使人们偷走修道院中所有东西他们也不能摧毁它；只要这里一个修道士下山

---

① *prostagma*，希腊文为 πρόσταγμα，复数为 *prostagmata*，指行政命令。参见 Alexander P. Kazhdan (editor in chief), *The Oxford Dictionary of Byzantium*, p.1740.

到附近村庄去说山上的修道士缺乏生活必需品，这些村庄的人们就会给弟兄们需要的食物。抄写员尼古拉说如果是那样，还有必要建立贝塞修道院吗？拉撒路说难道在那里和在这里赞美上帝真的有罪吗？修道士没有人回答，他们拜别拉撒路，回到各自房间。

第 246 章，拉撒路派去君士坦丁堡等地办事的修道士回来后，拉撒路马上生病，最后去世，正如前面所说他自己预言的那样。去世前八天，他召来抄写员尼古拉，要他写下修道院章程。尼古拉向他问清楚每一条款后写出了章程，然后全部读给他听，他很是高兴，说写得很好。我必须在这里指出这份文件的主要内容。它叙述了拉撒路离开家乡、到达圣地、到达这座山、在山上建立三座修道院、聚集并指导修道士的过程，然后说起基督教信徒赠送给修道院的地产，声明这些地产名义上属于贝塞，因为这份文件规定贝塞也应该有自己的修道院院长，但是这些地产应该首先为盖勒西昂提供给养。圣耶稣复活修道院有40 个修道士，救世主修道院有 12 个修道士，圣母修道院有 12 个修道士。在经过充分的考虑并得到修道士的赞成之后，修道院院长将从修道士中选出一位能够恰当管理修道院事务的管理人，委托他全权负责山上的修道士，但他不需为贝塞的修道士操心。但是，每年一次，在 8 月底的时候，修道院院长要询问管理人，如果他发现这些地产上的收入有盈余，他要把盈余还给贝塞；但如果没有盈余，他就要让管理人自行其是，不要去烦扰他或者要求他归还任何东西，以防对生活在盖勒西昂的修道士造成压力。这份文件也规定了修道士们的日常生活规则，以及节日的特殊饮食。此外，规定了修道士们的衣服、鞋袜以及其他必需品，还规定当时的管理人必须给修道士们提供这些必需品。修道士们问他去世后怎么办，他说把他的遗体扔进峡谷给野兽和鸟类吃。最后，这份文件的书写人按照修道院规则的习惯以 318 名教父进行诅咒，并警告任何人胆敢修改或者违犯这份遗嘱中哪怕一言半字也会在末日审判时遭到神圣拉撒路的诅咒。由于生病，拉撒路不能探出他的小窗户，也不能手拿这份文件签署，因此这份文件一直到他去世那天才签署。所有修道士都不能让他签署，他们也不敢这样做，因为他们仍然希望他活着。

第 247 章，当一些修道士也开始说修道院地产应该为贝塞而不是为盖勒西昂提供给养的时候，拉撒路回答说不是，他说一座山脊把盖勒西昂修道院和贝塞修道院分开，山脊这边的所有地产为这里的修道院提供给养；修道院院长有权在一年一次询问管理人后，把他发现多余的那些农产品还给贝塞修道院；但是保索尼普修道院自给自足，因为它有艾波普丁地产。修道士西里尔于是说他给修道院规定了充足的物资供应满足修道士需要，但是不知道到哪里去找到这些物资。因为当时饥荒，修道院物资匮乏，他担心拉撒路去世后修道院无法生存。拉撒路回答说他信仰基督，只要他们按照这份遗嘱规定行事就会物资充盈。

第248章，拉撒路去世前饱受疾病、食物短缺、守夜以及严冬暴风雨（当时是11月）的折磨，去世前三天，他召来食品管理员助理、修道士涅奥菲托斯，拿出修道士们出去办事最近带回来的诺米斯玛给他，要他在自己去世后给修道士们。涅奥菲托斯照办了。现在他的财产中除了这些，没有别的现金了。他这么做使得那些骂他贪婪的人蒙羞。那些人看到基督教信徒给他钱，却没有看到他如何维持修道院的运转和修道士的开支，以及他经常偷偷施舍穷人。结果，甚至一些修道士也说他的柱子堆满了诺米斯玛。拉撒路听到后经常笑着开玩笑说："所有我的就是你们的，我死后你们当然会在我的柱子上找到你们所说的诺米斯玛！"但是他去世后，他们并没有找到所期待的诺米斯玛，甚至发现最近修道士们带回来的那些诺米斯玛也不见了，因为他在15天里把所有的钱偷偷给了穷人。穷人经常站在他的柱子前面乞讨，他表面上让他们空手而归，但他经常偷偷给他们东西，或者是他自己的东西，或者让修道士给他们东西。

第249章，拉撒路去世前时的情景。

第250章，拉撒路去世前签署遗嘱。凌晨两点他得到圣餐后去世。

第251章，修道士们把拉撒路的遗体放下来。修道士们痛哭，哀悼。

第252章，修道士们用梯子把拉撒路的遗体从柱子上抬下来，抬进教堂，让他躺在地板上，然后把他的皮衣脱下来，发现他的身体虽然因苦行消瘦，但是比每天沐浴、生活奢侈、自我放纵的人的身体更为干净，状况更好。当他们把他戴的铁镣铐解下来时，当时一位刚从君士坦丁堡来到修道院看望拉撒路的著名修道士站在那里，看到他的身体、镣铐和皮衣后称他是当时绝无仅有、真正伟大的修道士。这位修道士有位平信徒服侍他，这位仆人在拉撒路去世前的夜里出去时看到了异象：火像闪电一样从天堂下来，围绕着教堂和柱子，火焰聚集成一个火球，像水一样流进了柱子。然后修道士们根据修道院规定擦拭拉撒路，重新给他穿上他的皮衣。然后把他抬进棺材，放进教堂前厅，在对他举行了通常的仪式之后，把他留在那里，第二天埋葬。

第 253 章，修道士们就埋葬地点进行讨论，最后决定把他葬在石棺里，在有修道院新院长之前一直把石棺放在教堂前厅右手边。去世的时间是 11 月 7 日，星期日，第二天 11 月 8 日是隆重的大天使节日。

第 254 章，拉撒路活了 86 岁。大约 18 岁离开家乡，离开了 20 年后，回到家乡，然后在圣玛丽娜修道院待了 7 年，在盖勒西昂山待了 41 年，在 6562 年（即公元 1053 年）11 月 7 日去世。

第 255 章，对拉撒路一生的总结。

（六）最初版传记在经济和社会方面的史料价值

这部传记被称为"最后一部伟大的 11 世纪圣徒传记典范"[①]，主要描写了出身普通的拉撒路成为圣徒、建立起几座修道院的过程，提供了有关拉撒路的丰富史料，使得拉撒路形象丰满，特别有价值的是提供了有关 11 世纪上半叶拜占庭帝国社会的大量信息，使我们了解到拉撒路创办的各修道院及其周边世界的情况。整部传记细节丰富，描述生动形象，栩栩如生地为我们呈现了作者各种见闻所反映的拜占庭社会和经济状况。

第一，这部传记主要记载了盖勒西昂修道院的历史和日常生活，修道院创建者圣徒拉撒路的一生，反映了当时拜占庭帝国修道院的内部运转情况。记载了拉撒路的出身、经历、追求、名声传播等，他的品质、决心、说服力、柱子、饮食、衣服、睡眠、活动、对修道士的教导和规范、仲裁日常生活问题、他关于自己像是园丁的思想、他和以弗所教会人员之间的冲突等，皇帝及其情人玛丽亚·斯克莱雷娜给拉撒路的捐赠，记载了修道士的来源、成分、生活状况，描绘了形形色色的修道士，反映了他建立的盖勒西昂修道士群体结合了隐士独居的隐修生活方式和集体的隐修生活方式，报道了修道院院长的权力，修道院的财产管理和分配问题，修道院地产，物资（如水和酒等）运输问题，修道士的分工，修道士私人财产问题，修道士进入修道院前对财产的处理，进入

---

① Alexander Kazhdan and Annabel Jane Wharton, *Change in Byzantine Culture in the Eleventh and Twelfth Centuries*, Berkeley: University of California Press, 1985, p.201.

修道院自愿捐助，修道士不得私藏财产，关于看守修道院地产上各种水果的规定，有修道士利用职务之便谋取好处，修道士可以跟亲人通信，修道士可以还俗，修道士可以换修道院，宦官和妇女、未成年无须男性一样通常因性诱惑、同性恋诱惑遭到修道院修道士排斥，修道士贪婪，修道士通奸问题，修道院偷窃事件，修道院里有权力斗争，圣徒拉撒路和修道院的慈善活动，等等。

第二，提供了当时拜占庭社会大量信息。例如，当时拜占庭社会有奴隶买卖，士兵强抢民女，各种骗子行骗，有修道士布道、行骗、强奸、杀人，当时进一些修道院当修道士必须捐献财产，普通人婚姻问题、家暴、出轨和谋杀案件；根据福音书的规定和拜占庭修道传统，真正的修道士必须全心全意献身上帝，抛弃自己的家庭和亲人，但拜占庭帝国仍然有不少修道士（包括拉撒路）有时候会回到家乡看望亲人；当时农田里有监工，有农业生产者没有人身自由；贫穷的村民，男人出征后家人往往下场凄惨，财产被夺，甚至有男人离家多年后回去竟然意外和自己的贫穷女儿上床；处于绝境的穷人；底层人们的生活状况，乐器演奏人生活困顿；过路人偷走修道院田地里的豆子；饥荒时期，乞丐和赤贫的农民不断来到修道院找吃的；君士坦丁堡赛马；有人假借所谓幻象达到自己的目的；等等。

第三，反映了当时拜占庭社会的圣徒崇拜，当时拜占庭人的信仰状况。人们相信幻觉、异象、梦、奇迹，不过拉撒路一再提醒修道士不要相信梦。拜占庭人认为，柱上苦行者处于尘世和天堂之间，可以代凡人向那些在天堂中掌权的神求情，拉撒路作为柱上苦行者因此受到崇拜。反映了当时人们使用护身符，当时平信徒相信修道士预言，当时的人对于修道院生活的态度，当时人们不太热衷成为修道士，当时农村的圣徒信仰，当时拜占庭社会给圣徒、修道士和修道院捐献各种财产，圣徒的作用和地位，圣徒崇拜，圣徒指责皇帝，有异教徒如阿拉伯人皈依基督教，圣地耶路撒冷一些修道院里有修道士说阿拉伯语，记载了好几个柱上苦行者，有男女柱顶苦行者，反映了当时拜占庭社会仍然流行柱上苦行，另外，全书很多地方反映了作者的思想信仰，反映了他相信超自然力量、相信魔鬼的力量，对女性的看法等。

第四，传记反映拉撒路出身农民家庭但后来成为圣徒并声名远播的过程。全书记载了他的美德善行、苦行生活、性格和能力、对人们的物质和精神帮助等，记载了他的很多奇迹，例如，他的治疗、驱邪、保护、供应饮食、他对罪恶的控制、对苦行的忍耐、预见能力和良好判断力等。因此他生前作为神人之间的中间人或者实际上拥有超能力的人获得了极大的名声，不仅他本人对恶魔的欺骗和邪恶免疫，能够用言辞或者简单的手势控制撒旦和恶魔，而且甚至他的名字和他的祈祷符咒成为能够产生各种超自然效果的强大符咒。拉撒路的名声传播主要靠口耳相传，围绕着他在荒芜的盖勒西昂山上兴建了一些修道院，一些修道士把他的名声传播到了君士坦丁堡甚至欧洲更远地区，一些人想要建立自己的修道院，向他寻求忠告和建议。盖勒西昂本身成为了一个朝圣目的地，这可能是因为盖勒西昂接近以弗所的朝圣中心和繁忙的菲吉拉港口。更重要的是，拉撒路手下的修道士伪造拉撒路的书信预言君士坦丁将当皇帝，皇帝君士坦丁九世情妇的兄弟对拉撒路的尊重和崇拜，皇帝君士坦丁和情妇玛丽亚·斯克莱雷娜捐赠土地和金钱等，这些都巩固了他的名声，保障了盖勒西昂修道士群体的生存，皇帝君士坦丁给拉撒路派人送去的信加盖印章则确保了他的遗产和名声，等等。

第五，反映了当时拜占庭帝国的一些经济状况，例如，记载了拉撒路的遗嘱和遗产，饥荒，当时农田里有监工，男人出征后家人财产被夺，贝塞的经济状况，等等。

二　耶路撒冷牧首勒昂提奥斯传记

（一）勒昂提奥斯和传记作者简介

勒昂提奥斯（Leontios，Λεόντιος），是著名的帕特莫斯的神学家圣约翰修道院院长，后来成为耶路撒冷牧首。1110–1115 年间，勒昂提奥斯出生于斯特鲁姆维察（Strumvitza）。1127 年到 1130/31 年，他来到君士坦丁堡，在那里待了大约一年。大约 1130–1132 年，他在帕特莫斯成为一名修道士。大约 1145 年，他成为帕特莫斯修道院管理人（oeconomos[①]）。1157 年 9 月之后 1158 年 9 月之前，他成为帕特莫斯修道院院长。1171 年 11 月，勒昂提奥斯身患重病，得到他还能活 13 年半的预言。大约 1172 年 9 月，帕特莫斯修道院被剥夺小麦

---

① *oeconomos*，修道院管理人，地位仅次于修道院院长。*The life of Leontios, Patriarch of Jerusalem*, text, translation, commentary by Dimitris Tsougarakis, Leiden; New York: E. J. Brill, 1993, p.4.

年度补贴，勒昂提奥斯前往君士坦丁堡，试图撤销这一决定。途中勒昂提奥斯遇到皇帝的亲戚、高级海军军官（Great *Drungarios*），他向皇帝曼努埃尔引荐了勒昂提奥斯。从 1172 年秋季到 1176 年 4 月，皇帝先后任命他担任基辅罗斯主教和塞浦路斯主教，遭到他的拒绝。1176 年 4 月后不久、同年秋季之前，勒昂提奥斯被任命为耶路撒冷牧首。1176 年初冬，他动身前往圣地，路过帕特莫斯后，他到达罗德岛，在那里度过了 1176–1177 年冬。1177 年春，他到达塞浦路斯。1177 年晚夏，可能是 8 月，勒昂提奥斯到达阿克，后来访问耶路撒冷。1178 年夏，他离开了巴勒斯坦，回到了君士坦丁堡。1180 年 9 月，曼努埃尔一世去世。1182 年 5 月，安德罗尼库斯·科穆宁成为摄政。1183 年 8/9 月，安德罗尼库斯安排"非法"婚姻，遭到勒昂提奥斯反对。1183 年 9 月，安德罗尼库斯一世成为共治皇帝，两个月后成为唯一皇帝。1185 年 5 月 14 日，勒昂提奥斯去世。①

这本圣徒传记的作者是修道士塞奥多修斯·古德利斯（Theodosios Goudelis），他出身于一个相当有名的家族，这个家族一些成员担任公职，一些参加了 11 世纪的政变，有两个和塞奥多修斯差不多同时代：利奥·古德利斯（Leo Goudelis）是一位高官，塞萨洛尼基的尤斯塔修斯曾写信给他；奇坎第利斯·古德利斯（Tzikandilis Goudelis）（可能是瓦西里·奇坎第利斯·古德利斯 [Basil Tzikandilis Goudelis]）是一位著名将军、曼努埃尔·科穆宁的亲戚。作者很可能受这位圣徒的门徒安东尼奥斯 / 阿西尼奥斯（Antonios / Arsenios）的委托写作了这部传记。他熟悉古希腊语、圣经，大量引用圣经特别是旧约，很少引用教会作家、非教会作家的作品，他可能不是位学者，但是他所受教育远远超出一般水平。作者对勒昂提奥斯从圣地回到君士坦丁堡到去世前的活动非常清楚（第 91–105 章），从 1178 年底到 1185 年作者可能跟勒昂提奥斯在一起，他可能是在君士坦丁堡写作并陈述这部传记，写作时间可能是 1205 或 1206 年。②

---

① 参见 *The life of Leontios, Patriarch of Jerusalem*, text, translation, commentary by Dimitris Tsougarakis, Leiden; New York: E.J. Brill, 1993, pp.1-29.

② 参见 *The life of Leontios, Patriarch of Jerusalem*, text, translation, commentary by Dimitris Tsougarakis, Leiden; New York: E.J. Brill, 1993, pp.12-13, 16-18, 22.

（二）手抄本

这部传记保存在帕特莫斯修道院图书馆的两本手抄本中，即"帕特莫斯手抄本 187"（*cod. Patm. 187*）和"帕特莫斯手抄本 896"（*cod. Patm. 896*）。

其中，*Cod. Patm. 187*，这本手抄本是 13 世纪的，羊皮纸，一共 177 页，页码从第 1 页标到第 176 页。第 1 页没有标页码，第 1 页的背面上列出了整本手抄本的内容目录，对开本第 176b 页为空白。大小大约 32.7*25.4 厘米，分成两列用棕色墨水书写，每列各 29 行。这本手抄本中的每一部作品以红色墨水用 α′、β′、γ′ 等标出，与目录中的相同编号相对应。勒昂提奥斯传记从第 1a 页到第 53b 页，笔迹清晰、笔直、圆润，很少有缩写词，几乎没有书写错误。重音和送气音基本正确，但往往省略了下标 ι，标点符号则是任意的。这部传记分成了很多段落，段落的首字母写成了艺术字，最初很可能是用红色墨水书写的，现在已经变成了浅棕色，褪色得厉害。文本的开头，在标题之上有简单的装饰性设计，第一个首字母是艺术字 O，比其他的首字母更大，里面有一个十字形记号。紧接在这部传记作品之后，这本手抄本的第 54a 页到第 58b 页为勒昂提奥斯的作品《论圣三位一体》（*Chapters on the Holy Trinity*），标记为 β′；第 58b 页到第 59b 页为勒昂提奥斯的作品《论不同种爱》（*On the different [kinds of] Love*），没有标记编号。①

Cod. Patm. 896，这本手抄本是 12 世纪末 13 世纪初的，发现于 1964 年，为纸质书卷，现在长达 426.7 厘米，其最初长度不清楚，因为有部分遗失。包括 10 张长度不等的纸张，宽度在 26.2 厘米到 27.7 厘米之间。用棕色墨水书写，现在褪色得厉害，看起来很像是公证人书写的。由于书卷的保存状况、快速的书写方式，以及缩写和缩略语的不断使用，这本手抄本的可读性相对较差。由于这本手抄本部分受损，其中有部分内容已经遗失。整个文本没有分段。②

这两本手抄本非常接近，差异很小，有时候语法或者拼写错误都是一样的。这两本手抄本之间的确切关系无法确定，很可能它们抄自我们不知道的同

---

① 参见 *The life of Leontios, Patriarch of Jerusalem*, text, translation, commentary by Dimitris Tsougarakis, Leiden; New York: E.J. Brill, 1993, pp.25-26.

② 参见 *The life of Leontios, Patriarch of Jerusalem*, text, translation, commentary by Dimitris Tsougarakis, Leiden; New York: E.J. Brill, 1993, pp.26-27.

一本原稿，也有可能是一本抄自另一本。①

（三）出版和现代语言译本

这部传记最早于 1793 年出版，根据的是帕特莫斯手抄本 187，该版本现在实际上已经无法获取：*Λόγοι πανηγυρικοί ΙΔ΄...τοῦ ἀρχιεπισκόπου Φιλαδελφείας... κυροῦ Μακαρίου τοῦ Χρυσοκεφάλου*, Kosmopolis (= Vienna) [1793], pp.380-434. 后来其部分内容由特洛斯基什（I.Troitskij）重新出版：*Pravoslavnyj Palestinskij Sbornik,* v. 8/2, pp.xvi-xxv。这个版本被波波夫（A.Popov）译成了俄语：*Latinskaja ierusalimskaja patriarchija epochi krestonoscev,* v. 1, S. Petersburg 1903, pp.238-241. 这部传记的现代希腊语版本于 1803 年出版，1863 年再版：*Νέον Ἐκλόγιον, περιέχον βίους ἀξιολόγους διαφόρων ἁγίων καὶ ἄλλα τινὰ ψυχωφελῆ διηγήματα,* Venice 1803, repr. Constantinople 1863, pp.253-270.

1993 年迪米特尼斯·图嘎拉基斯（Dimitris Tsougarakis）根据这部传记的两个手抄本以及 1793 年版，翻译出版了英语译本，这是第一次使用第二本手抄本，其中有希腊语原文和英语译文：*The life of Leontios, Patriarch of Jerusalem,* text, translation, commentary by Dimitris Tsougarakis, Leiden; New York: E. J. Brill, 1993.

（四）内容大意

这部传记全文一共 105 章，介绍了圣徒勒昂提奥斯一生的经历和大量的奇迹故事，叙述了他家境富裕，年少时从家乡来到君士坦丁堡郊区，成为佩利迪翁（Ptelidion）圣母修道院的修道士，后来随他的告解神父即提比利亚斯主教航海去其神父在巴勒斯坦的主教教区，路过帕特莫斯岛，去了岛上的福音书作者兼神学家圣约翰（the Evangelist John the Theologian）修道院，然后去了塞浦路斯，在那里过冬，勒昂提奥斯决定回到帕特莫斯修道院，离开他的神父后，在塞浦路斯待了一段时间之后前往帕特莫斯，被修道院院长塞奥提斯多斯（Theoktistos）接收。传记详细叙述了他在修道院的生活，他被任命为帕特莫

---

① 参见 *The life of Leontios, Patriarch of Jerusalem,* text, translation, commentary by Dimitris Tsougarakis, Leiden; New York: E.J. Brill, 1993, p.27.

斯修道院院长，后被皇帝的亲戚、高级海军军官引荐给皇帝曼努埃尔，皇帝先后任命他为基辅罗斯主教和塞浦路斯主教遭拒后，任命他为耶路撒冷牧首，他从君士坦丁堡返回帕特莫斯修道院，在航海前往耶路撒冷途中、在巴勒斯坦以及最后回到君士坦丁堡到去世的经历。根据 1993 年迪米特尼斯·图嘎拉基斯英译版，其各章大意如下。其中，作者在全文对勒昂提奥斯使用的是敬称，这里为方便起见这里统一使用他的名字。

第 1 章，表明勒昂提奥斯已经去世，勒昂提奥斯生前，作者曾和他一起用餐、喝酒，曾受过他的祝福，听过他的布道。

第 2 章，作者说勒昂提奥斯出生在位于迈西亚和帕尤尼亚（Paionia）之间的斯特洛姆维扎（Stroumvitza）城，他的父母极其富有，在当地非常有名，无人不知。

第 3 章，在父亲去世母亲还活着时，勒昂提奥斯离开家乡到达一个城镇，那里的司祭是他父亲的朋友，非常虔诚，非常了解他，喜欢他。见到他后，司祭欢迎并亲吻他，问他去哪里。他回答说去君士坦丁堡。司祭款待了他。

第 4 章，叙述了勒昂提奥斯的虔诚，说他在餐后进行了感恩祈祷，面朝东方，面朝司祭房中放神像的地方向主唱赞美诗，全神贯注于崇拜那里的圣像，他在那里滔滔不绝，和圣像交谈，仿佛它们是活的，请求它们使他接下来的路好走些，并为自己安排神圣的住处。

第 5 章，叙述了勒昂提奥斯的虔诚，说他看见某个地方悬挂着一个婴儿基督小圣像，他仔细看了看，躺下来休息，路途劳顿很快消失。半夜，他带着这个圣像秘密离开了司祭的房子，翻过了附近一座山，然后他拿出这个圣像，跪下祈祷。他整天与这个圣像谈话，好像它是活的。他来到陌生的荒野，整天没有吃东西，深夜他赤裸躺在荆棘上，流了很多血，身上剧痛。

第 6 章，经过两天禁食和剧痛，第三天他从那座山的峡谷下来。

第 7 章，他受到那位司祭的欢迎和款待，第二天早晨向司祭告别，动身前往君士坦丁堡。他身上没有带钱没有带吃的，他离开司祭家时还是平信徒，到达君士坦丁堡郊区时，他成为了佩利迪翁圣母修道院的修道士。于是他作为修道士进入了君士坦丁堡，假装成疯子。

第 8 章，叙述了他的奇迹故事，说他的衣服和他的手都不会被燃烧的煤炭烧着，他光着手捧着煤炭焚烧着香。

第9章，叙述了他的奇迹故事，说他发现一个公共浴室，脱下斗篷扔进浴室的火炉里，但是火烧不着斗篷，他自己跳进火炉，同样，火烧不到他。他感到哀伤，双手抱头猛撞墙壁，发出巨响。有许多人看见了他的举动，其中有后来的克里特司祭拉查纳斯（Lachanas），他后来在勒昂提奥斯访问克里特时认出了他。

第10章，勒昂提奥斯成为提比利亚斯主教的门徒，完全服从他的神父和主人。①

第11章，他被派去君士坦丁堡处理急事，他的主人在那里没有住处，要门徒们住在荒芜的、人迹罕至的山上，教他们远离尘世的物质的消遣。于是他住在巨大的山脊上，那里叫作奥彻诺拉科斯（Auchenolakkos）。

第12章，叙述了他的奇迹故事，说他从奥彻诺拉科斯来到君士坦丁堡，马上工作，干完后赶紧回去，途中他碰到一位司祭，那位司祭是一位海商，认识他的告解神父。

第13章，那位司祭邀请他去自己家里，但他不愿违抗神父的命令，而且那位司祭家里有漂亮的女儿们，会诱惑他，于是他决定遵守神父的命令，投身大海的激流之中。

第14章，叙述他的奇迹故事，说他投身大海之后，他在海中如同在陆地上一样走路，安全到达对岸。

第15章，他渡海之后在午夜回到了他的神父那里。

第16章，他的神父得知他的故事后感到震惊，称赞他对上帝的爱和信仰。他的神父和主人想起自己的家，匆忙去就任神职。神父带着他坐船航海前往任职。

第17章，他们经海路前往耶路撒冷，到达帕特莫斯岛后，去了岛上献给神学家圣约翰的修道院，在那里待了几天，然后启航去了塞浦路斯，决定在那里过冬，春天再去耶路撒冷。但勒昂提奥斯在塞浦路斯决定回到帕特莫斯岛神学家圣约翰修道院，并成为那里的修道士，因为他访问那里的时候发现很喜欢

---

① 原文说这位主教是勒昂提奥斯的神父、主人，是倾听他告解的神父。关于这位主教，原文说得不是很清楚。第10章说他作为神父统治提比利亚斯；原文一直没有说这位主教在哪座修道院，仅仅说他的住处或者说他的房间（第12章）；第16章说他想起自己的家，匆忙去就任神职。原文表明他的住处在君士坦丁堡附近，须渡过海峡。

那个地方和那里的修道士生活方式。勒昂提奥斯离开神父后，在塞浦路斯隐藏在信徒中待了一段时间，时机到来后他前往帕特莫斯。

第18章，帕特莫斯修道院院长塞奥提斯多斯接收了他，教导他独自待在自己的房间里履行教规，不要跟其他修道士待在一起，不要参加普通集会，因为他还年轻，没有长胡须。

第19章，他勤于祈祷、研究、唱赞美诗，他用有钉子的鞭子鞭打自己。

第20章，为纪念死者，他常常在天刚破晓就偷偷溜出自己的房间到公共墓地，在那里脱掉衣服，躺在棺材里死者遗骸旁边，整天待在那里，痛哭流涕。他这样做了多年。

第21章，修道院院长让他为教堂里唱赞美诗的人服务。他身体十分虚弱，有时候在教堂里打瞌睡，修道院院长抓住他，把他的脑袋往墙上撞，以叫醒他，在知道他秘密去墓地之后，不再斥责他，对他进行各种考验。

第22章，修道院院长让他领导教堂，让他负责圣咏，后来降低了他的地位。他什么都没有说。他继续用带有钉子的鞭子鞭打自己，身上到处是伤口。

第23章，他晚上坚持鞭打自己，哭泣，有一次他看到一只手递给他面包，听到一个声音要他吃。

第24章，他吃完面包后理解力大增，能记下整本书，后来他能写作，能引用各种书籍。

第25章，他充满了知识的光芒，拥有受神启示的心灵。他继续鞭打自己的肉体，还计划严格斋戒甚至绝食，仅仅尝一下食物，把剩余食物拿去喂鸟和家畜。

第26章，修道院院长看到勒昂提奥斯的所作所为，使他正式成为修道士，随后他成为了司祭。

第27章，修道院院长任命勒昂提奥斯为修道院管理人（oeconomos）。他继续坚持苦行生活，只在夜里最后一小时和破晓睡一下，其余时间都用来学习、祈祷、唱赞美诗、哭泣、鞭打等。

第28章，纪念福音书作者圣约翰（St. John the Evangelist）那天，勒昂提奥斯完成早晨的荣光颂歌之后，回到房间小憩。

第29章，休息后，他拿起书学习，神指示他代修道院院长提前做弥撒，因为修道院院长要去以弗所。

第 30 章，皇帝从克里特岛的公共税收中给帕特莫斯授予补贴。某个约翰·斯特拉波罗曼诺斯（John Straboromanos），在为约翰·阿克苏奇（曼努埃尔·科穆宁统治期间的全国总司令）服务，皇帝授权他在克里特负责这些补贴事务。勒昂提奥斯带着一些修道士去克里特接收补贴并处理修道院的其他重要事务。他去克里特时，通常和乔治待在一起，后者是修道院的第二负责人，后来成为修道院院长，为斯特拉波罗曼诺斯服务，勒昂提奥斯是他的告解神父，他非常虔诚，建立了一座修道院献给殉道者圣乔治，晚年也去了君士坦丁堡，获得了极大名声，成为萨尔基岛（the island of Chalke）① 上圣塞恩（the Holy Sion）修道院的院长和司祭。只要勒昂提奥斯去克里特岛，他就待在乔治创办的修道院，受到他的各种款待。

第 31 章，一天夜里勒昂提奥斯在圣乔治修道院，修道士们听到君士坦丁·斯坎西斯（Constantine Skanthis）在修道院附近大喊，这个人假装白痴，但能预测未来，经常在那个修道院附近居住。修道士们跑过去围观，问怎么回事，那个人不回答，仍然大喊。

第 32 章，勒昂提奥斯决定和修道士安德罗尼库斯过去看看究竟，但是他一动身，斯坎西斯就停止大喊，而是惊讶地要周围的修道士腾出地方，说他来了。当勒昂提奥斯接近的时候，斯坎西斯说欢迎欢迎。勒昂提奥斯再走近时，斯坎西斯跪倒在地，喊着欢迎，亲吻他的脚。

第 33 章，修道院院长重病，勒昂提奥斯倒了一杯酒给院长喝。

第 34 章，修道院院长清醒过来，拒绝喝酒，勒昂提奥斯强迫他喝，说喝了酒就会痊愈。

第 35 章，勒昂提奥斯请求上帝相助，修道院院长喝完了酒，呕吐后就好了。

第 36 章，修道院院长强迫勒昂提奥斯接受修道院院长职位，他拒绝。

第 37 章，一次，他不得不去君士坦丁堡处理修道院事务，因为他是修道院的二把手。处理完事务之后，他决定不回修道院了，或者回去向弟兄们和修道院院长交代他作为管理人的行政管理事务，并向他们告别，然后回到君士坦

---

① 萨尔基岛，是马尔马拉海的王子群岛（princes' Islands）九座岛屿中最大的岛屿之一。王子群岛在拜占庭时代大约有 12 座修道院为人所知，那里也是流放重要人物的地方。参见 Alexander P. Kazhdan (editor in chief), *The Oxford Dictionary of Byzantium*, p.1720.

丁堡，隐居在"柱上苦行者"丹尼尔（Daniel the Stylite）的小屋，度过余生。圣徒丹尼尔的小屋和信徒（*mandra*）位于马尔马拉海的小山上，勒昂提奥斯与他们达成协议，然后回到帕特莫斯准备交接工作。但是发现修道院院长已经去世，并留下书面命令让勒昂提奥斯担任下一任修道院院长。

第38章，勒昂提奥斯犹豫之后不情愿地接受了修道院院长职位。整夜为修道士祈祷，以使他们服从。

第39章，帕特莫斯岛对面有一座无人居住的小岛，修道士通常在夏天到那里屠杀过多的动物以及多数雄性动物，把它们放在那里让太阳晒干，然后出售它们，获得的金钱用于修道院的必要开支。

第40章，一个修道士普罗霍洛斯（Prochoros）举止放肆无礼、性格粗鲁邪恶、桀骜不驯，他被派去那个小岛完成任务，他当众粗鲁刻薄指责勒昂提奥斯不给新凉鞋，勒昂提奥斯答应给他新凉鞋，条件是去小岛完成任务，但他拒不服从，于是勒昂提奥斯派人叫来修道院做凉鞋的人，问他是否有现成的新凉鞋，得到的回答是没有。普罗霍洛斯拒绝执行任务。

第41章，勒昂提奥斯决定惩罚他，就诅咒了他一句，结果，普罗霍洛斯在去那座小岛途中和在吃午饭时遭到冰雹般的石头的袭击，而同行的其他修道士则毫发无损。

第42章，普罗霍洛斯赶回修道院诉苦，一个自负的修道士说他的遭遇是因为他不懂学问，认为自己懂学问不会有此遭遇，但他在去小岛时同样遭到石头攻击。

第43章，这个自以为是的人逃了回来。勒昂提奥斯和一些真正虔诚的修道士到了小岛，勒昂提奥斯在那里祈祷，驱逐了因惩罚了两个愚蠢家伙而过于胆大的恶魔，那两个人不再害怕。

第44章，海盗曾袭击修道院，他们得到勒昂提奥斯的接待，要求得到蛮族通常索要的东西，即面包和酒以及屠宰的羊等必需品，勒昂提奥斯下令在保证修道院兴旺的前提下给他们东西，但他们要求更多，遭到他的拒绝，海盗辱骂修道院和勒昂提奥斯，烧掉了修道院停泊在海港里的船只，瞭望塔里的人看到后汇报给了勒昂提奥斯。勒昂提奥斯手持圣母圣像，请求圣母帮助。

第45章，海盗遭遇报应，他们连同船只一起在伊卡洛斯（Ikaros）岛被海浪吞没，只有一个没有参与罪恶行径的妇女活了下来，他们的同胞从此敬畏勒昂提奥斯。

第46章，勒昂提奥斯有个门徒安东尼奥斯（Antonios），是克里特人。勒昂提奥斯看到他很有潜力，心灵美丽，就收为徒弟，把他从家乡带走，当时他还年轻。后来安东尼奥斯富有美德，信仰虔诚，成为福音书作者兼神学家圣约翰修道院的院长，改名为阿西尼奥斯（Arsenios）。他提供了传记的大部分素材。

第47章，安东尼奥斯每天晚上把自己的想法告诉勒昂提奥斯。

第48章，一天，安东尼奥斯认为有个想法微不足道，就没有告诉勒昂提奥斯，被勒昂提奥斯察觉。

第49章，克里特岛有个修道士阿萨纳修斯（Athanasios）决定改到帕特莫斯修道院当修道士，给了修道院很多东西，例如，经书，各种圣像，大量黄金，请求勒昂提奥斯第二年派安东尼奥斯去克里特，他将和安东尼奥斯一起去帕特莫斯，勒昂提奥斯答应。

第50章，勒昂提奥斯回来后，有一天安东尼奥斯去勒昂提奥斯房间，勒昂提奥斯说阿萨纳修斯已经在克里特去世。阿萨纳修斯确实是在那天那个时候去世的。但不知道勒昂提奥斯是怎么知道的，修道院其他人都不知道。

第51章，安东尼奥斯与亵渎圣母作斗争，请求勒昂提奥斯帮助。

第52章，安东尼奥斯不敢回到自己的房间，跑到勒昂提奥斯房中请求他帮助自己与亵渎圣母作斗争。

第53章，勒昂提奥斯在自己房间的祈祷室中请求上帝和圣母帮助安东尼奥斯，安东尼奥斯不再恐惧。

第54章，这个修道院人口众多，有各种种族的修道士，习惯各不相同，有时候相互争吵，忽视修道院的事务，甚至不服从修道院院长的命令。经常犯错的人遭到他的严厉训斥。

第55章，勒昂提奥斯解答安东尼奥斯的疑问。勒昂提奥斯带了一些修道士一起去君士坦丁堡，很有收获。他把跟他一起的修道士包括安东尼奥斯留在福西斯（Phocis）对面的小岛上，福西斯上有个名叫毛罗斯（Mauros）的人，来自阿马尔菲（Amalfi），娶了妻子在那里生活，非常富有，但是他没有孩子，因为他妻子不育，这使得他认为生活没有意义。

第56章，这个人恰好去了那个小岛，得知勒昂提奥斯在那里后，恳求他去福西斯为自己和妻子祈祷，祝福房子和房中的一切。勒昂提奥斯带着安东尼奥斯跟他去了他家里，为他们祈祷，他们请求他祈祷他们生个孩子，他预言他们第二年会生孩子，后来真的应验，第二年他们生了个女孩，叫勒昂朵（Leonto）。

第 57 章，未能完成海上旅途。

第 58 章，为了修道院的利益，他带着安东尼奥斯离开小岛去君士坦丁堡。安东尼奥斯把这件事告诉了我。但是逆风把他们吹回到帕特莫斯。勒昂提奥斯病倒，整整 14 天没有说话，葬礼都准备好了，但他活过来了，上帝让他多活了 13 年半。

第 59 章，勒昂提奥斯让安东尼奥斯管理船只，安东尼奥斯以为他会死，很是悲伤。

第 60 章，勒昂提奥斯安慰并祝福安东尼奥斯，告诉他说自己还能活 13 年半。

第 61 章，第二年，勒昂提奥斯和安东尼奥斯去克里特接收补贴，并处理其他事务。但是补贴（包括小麦和少量金币）并没有全部给他们，负责克里特征税工作的人给了他金币，但扣留了小麦，说只有皇帝下令才会给小麦，否则以金币代替小麦，因为克里特的小麦另有安排。他们回到了帕特莫斯。修道士们请求勒昂提奥斯带人去君士坦丁堡请求皇帝不要剥夺通常给他们的补贴，他没有回答。

第 62 章，修道士不断催促他去君士坦丁堡，否则丧失补贴应归咎于他，他生气，预言将离开帕特莫斯。

第 63 章，勒昂提奥斯前往君士坦丁堡，遇到皇帝的亲戚、高级海军军官，他向皇帝曼努埃尔引见了勒昂提奥斯，皇帝决定任命他为牧首（archpriest①）。

第 64 章，皇帝任命他为罗斯（Rhos）牧首，遭到他的拒绝，皇帝没有强迫他，他向皇帝预言了他在哪里、在何时会成为牧首。

第 65 章，皇帝任命他为塞浦路斯人主教（prelate），他再次拒绝，皇帝没有强迫他。他的门徒们责备他，催促他接受这一职位，他说上帝要他做牧首，

---

① archpriest，指最高级别的司祭，在 8-12 世纪的拜占庭帝国，指特别重要教堂的首席司祭，或者主教在乡村地区的代理人，可译为"牧首""首席司祭""大司祭"等。这里根据上下文，译为"牧首"。下同。

皇帝不能要他做主教。

第 66 章，皇帝任命他为耶路撒冷牧首，他就任。

第 67 章，他任命安东尼奥斯为帕特莫斯修道院管理人，并给安东尼奥斯写了封任命信，然后把信交给安东尼奥斯。他在帕特莫斯修道院待了两天，亲自任命修道院院长之后，他航海去耶路撒冷。

第 68 章，勒昂提奥斯从帕特莫斯启航，到达罗德岛，捎信给安东尼奥斯要他送去旅途的必需品，安东尼奥斯买了必需品送过去。

第 69 章，安东尼奥斯等到达罗德岛，勒昂提奥斯预言了他们的到来。

第 70 章，勒昂提奥斯待在罗德岛过冬，等春天来了再去耶路撒冷。他决定去塞浦路斯，当他到了供耶路撒冷牧首休息的修道院时，发现那个修道院被两个修道士占据，他们长期与女人生活在一起，生了孩子，勒昂提奥斯规劝他们和女人分开，他们不愿意，说习惯高于法律和教规。

第 71 章，这两个修道士突然死亡。

第 72 章，勒昂提奥斯的一个门徒塞浦路斯人修道士约翰，还年轻，与人通奸，尽管勒昂提奥斯告诫他，但他不能恢复理智，勒昂提奥斯责备他，他也不回头，勒昂提奥斯把手举起来，在他的脸上画十字，他双目失明，不到六天，他突然死亡。

第 73 章，勒昂提奥斯的前一任耶路撒冷牧首去世之前，塞浦路斯的收税员基里亚科斯劫掠了塞浦路斯岛上属于耶路撒冷牧首职位的一切东西。当勒昂提奥斯到达塞浦路斯时，找不到供他和同伴使用的生活必需品，耶路撒冷牧首连基本的必需品也没有。基里亚科斯的手下特里亚孔塔菲洛斯来到勒昂提奥斯的住处，说要马上对他的教会所拥有的地产征税，威胁说如果得不到税款就要对他和他的门徒们做可怕的事情，并命令手下牵走勒昂提奥斯的坐骑骡子。结果特里亚孔塔菲洛斯头昏眼花撞在墙上，骑上自己的马后被马摔倒在地，眼睛马上瞎了，向勒昂提奥斯忏悔，请求治疗，勒昂提奥斯把他治好了。

第 74 章，勒昂提奥斯前往视察属于他的一块地产及其居民，塞浦路斯人蜂拥前来崇拜他，来看的有一个修道士与人通奸，意识到自己的罪恶，被勒昂提奥斯治愈。

第 75 章，勒昂提奥斯治愈他的过程：勒昂提奥斯凝视他的脸，说他灵魂有病，会死亡。他拜倒在地请求治疗。勒昂提奥斯把手放在他身上，祝福他。他痊愈。

第76章，当勒昂提奥斯待在塞浦路斯住在他的教堂的领地上时，管理教堂事务的伊拉里翁（Ilarion，他向我讲述了这件事）来向他汇报，说阿马索斯（Amathous）的大司祭（archpriest）塞奥多洛斯（Theodoulos），年轻，鲁莽，性情无耻放肆，强占别人的财产，侵吞他们的财产，转移他的教堂的财产，在教堂的牲畜（即羊、牛、马、骡）身上盖上他的印章。勒昂提奥斯于是邀请塞奥多洛斯前来，邀请了三次，塞奥多洛斯才去见勒昂提奥斯，勒昂提奥斯问："你为什么要让我教堂中的各种牲畜甚至是毛驴自己怀孕（impregnate）呢？"塞奥多洛斯大怒，伊拉里翁说方言"Impress"（盖章）不是"impregnate"（使怀孕），勒昂提奥斯假装口误，要塞奥多洛斯远离他的教堂的牲畜。

第77章，塞奥多洛斯愤怒离去。几天后，他骑马过水沟，被马摔了下来。

第78章，这些奇异事迹很快传遍整个塞浦路斯岛，当地大司祭巴纳巴斯（Barnabas）非常敬畏勒昂提奥斯，邀请他举行圣餐礼。

第79章，举行神圣礼拜仪式，所有人按照级别高低站立，他位置最高，大司祭本人和他的主教们站在他身边，每个人都站在自己的位置上。他看着身边那些人的脸，这些人由于精神财富不同他们的脸各不相同，看到塞浦路斯主教和特里姆索斯（Trimythous）主教塞奥菲拉克特的脸闪闪发光，看到一些人的脸变成褐色，一些变成黑色。这些人中有一个是勒昂提奥斯门徒安东尼奥斯的侄子，他是拉匹索斯（Lapithos）主教巴纳巴斯（Barnabas）。

第80章，勒昂提奥斯从塞浦路斯启航去耶路撒冷，在巴勒斯坦上岸，来到阿卡（Akka），一群各种各样的人涌上来，一些人享受他的祝福，一些人被他治好了病。

第81章，他的名声传遍了整个叙利亚和腓尼基（Phoenicia）。他仍然待在阿卡，因为拉丁人控制了巴勒斯坦，不许他踏足耶路撒冷。有一个年轻辅祭，巴勒斯坦人，生活富裕，已经和妻子生活了整整三年，但是并没有享受婚姻的快乐，他是这个女人名义上的丈夫，事实上他对她一无所知。他请求勒昂提奥斯帮助他摆脱这一不幸。勒昂提奥斯给了水给他和他妻子喝，第二天夜晚他们成为真正的夫妻。

第82章，勒昂提奥斯和同伴去耶路撒冷，路过拿撒勒（Nazareth），当时正是午餐时分，太阳暴晒，他们在路边一个小花园歇凉，女房主非常痛苦，因为丈夫卧床很长时间了，她不得不照顾他。

第 83 章，勒昂提奥斯治好了她的丈夫。

第 84 章，他在夜晚进入耶路撒冷，来到教堂和圣墓，跪下祈祷，以避免群众的注意，特别是虚荣的愚蠢的拉丁人，但还是被发现了。

第 85 章，耶路撒冷已经很久没有下雨，勒昂提奥斯到来后下了一场很大的雨，引起虔诚人士的追捧，导致热衷于拉丁人教义和卖弄学问的人更加嫉妒，特别是他们的大司祭，他负责教义，这个人派人去谋杀勒昂提奥斯，没有得逞。

第 86 章，杀手回去，报告说无法杀掉勒昂提奥斯，因为上帝保护他。

第 87 章，勒昂提奥斯的奇迹故事传到了君士坦丁堡，曼努埃尔·科穆宁召见勒昂提奥斯。大马士革的穆斯林统治者也听说了这个故事，他不信上帝，信奉穆罕默德的幻觉或者随口编的故事，但并非完全邪恶的，在许多事情上是有道德的、可敬的。他写信善意邀请勒昂提奥斯前往，承诺让他住在圣母教堂，每天补贴金币，足以维持他和其同伴的生活。勒昂提奥斯回信感谢，婉拒，因为皇帝在得知他的遭遇、得知天生邪恶的拉丁人阴谋杀他的信息后已经来信召回他，但他请求不要礼物或者好处，请他给自己写一封信赶走他的海盗以免伤害他和他的同伴。大马士革统治者给了他一封信通知禁止伤害他及其同伴，还送了 60 个拉丁人给他作为礼物。他把这封信给皇帝看了，证明了拉丁人的教义和政策，那些拉丁人虽然自称基督教徒，但对他的态度比那些完全不信上帝的人更坏。

第 88 章，他努力了很多次，想要在圣墓举行秘密仪式，在整个基督徒群体面前和聚集的东正教神职人员一起赞美上帝，但遭到拒绝，他只被允许作为众多人员中的一个对圣墓表示敬意。因此，他认为离开那里会更好，以免因为他而在东正教的罗马人和叙利亚人之间以及和拉丁人统治者之间发生恶意捏造的不幸事件。于是，他和同行的人上船离开，快到罗德岛时，天空变黑，狂风大作，船只就要被海浪吞没，勒昂提奥斯祈求上帝保佑。

第 89 章，勒昂提奥斯梦见上帝，说所有人都将得救。

第 90 章，所有人得救，平安上岸。皇帝祝贺他得救，称赞他在巴勒斯坦所做出的努力。

第 91 章，皇帝去世。勒昂提奥斯活到安德罗尼库斯称帝及之后，安德罗尼库斯是曼努埃尔的堂兄弟，他废黜了曼努埃尔的儿子，非法称帝，他根据自己的意志而不是正义和真理来行事，且完成了非法婚姻。他很多次企图让勒昂提奥斯赞同他的决定，但遭到拒绝。他煽动了很多违背上帝意志的事端、傲慢无礼的行为、轻率的欲望和鲁莽的冲动。因此，勒昂提奥斯拒绝与非法统治者交往。

第 92 章，当时，只有勒昂提奥斯拒绝同意这场非法婚姻，在非法婚礼完成之后，勒昂提奥斯的门徒安东尼奥斯即他任命的帕特莫斯修道院院长阿西尼奥斯，来到了君士坦丁堡，请勒昂提奥斯向皇帝请求颁发免除修道院船只十分之一税的金玺诏书，勒昂提奥斯拒绝，说如果他请求皇帝免税，皇帝将会向他要求更重要的事情，或者完全不可能的事情。

第 93 章，安东尼奥斯感到害怕、难过，勒昂提奥斯安慰他说在自己和皇帝相继去世之后，他的请求会实现；他不需要通过别人帮助来实现愿望，只需要（向官员）支付金币。预言成真，安苴鲁斯家族的伊萨克（Isaakios of the Angeli）当上皇帝后安东尼奥斯的请求实现。

第 94 章，安东尼奥斯舌头肿大，很痛，医生要他做手术，勒昂提奥斯用唱赞美诗的方法治好了他的舌头。

第 95 章，勒昂提奥斯向安东尼奥斯预言帕特莫斯修道院中有两个修道士（这两个人仍然活着）将下地狱，安东尼奥斯深深叹息，流着泪问这两个人是谁、他们是否认识到自己的处境。勒昂提奥斯说出了名字，但没有回答后一个问题。安东尼奥斯哭泣，我也为这个故事哭泣。

第 96、97 章，"上帝之城"（Theoupolis）安条克教会牧首西里尔（Cyril）生病卧床不起，许多人前去告别，其中有君士坦丁堡牧首塞奥多修斯，有勒昂提奥斯，当时西里尔已经卧床 6 天，昏迷不醒，丧失意识，为使他不再受苦，勒昂提奥斯和塞奥多修斯帮助加快他灵魂进入天堂，"上帝之城"牧首去世。

第 98、99 章，勒昂提奥斯生病卧床，康复后他想要沐浴，去洗了热水澡，洗完后跟照顾他的修道士尤洛吉奥斯（Eulogios）说去塞浦路斯，尤洛吉奥斯没有说出想法，但勒昂提奥斯听到了尤洛吉奥斯的想法。

第 100 章，勒昂提奥斯生命增加的 13 年半已经满期，他病倒，向所有人告别，5 月 14 日去世。跟他在一起的人把他放进木棺材，放在大天使圣米迦勒（*ta Steirou*）① 修道院的教堂里，并向皇帝汇报。

第101章，勒昂提奥斯的葬礼过程中，他的门徒尤洛吉奥斯请来一个熟悉的画家画下他的外表，但画不出来，其他画家也画不出，因为勒昂提奥斯生前一直拒绝雕刻他自己的圣像，死后也不会同意。葬礼之后他葬在大天使教堂的木棺材里。

第102、103章，勒昂提奥斯又一死后奇迹：他躺在棺材里，照顾他的人把陶罐放在棺材对面以容纳臭味。但是，在第四天，他们发现他的尸体发出香味，新鲜的血液从两具木棺材（他躺在一具木棺材里，埋在另一具木棺材里）流了出来。

第104章，我们听说伟大殉道者尤菲米娅在每年纪念她殉难的时候都会流出血液治疗各种疾病，但在我们这一代也发生这种不可思议的新奇事。

第105章，皇帝安德罗尼库斯听说了勒昂提奥斯的死后奇迹之后，送了他一具合适的棺材并赐予极大的荣誉以示尊敬。作者对他的至高评价。

（五）经济和社会方面的史料价值

圣勒昂提奥斯既是君士坦丁堡街头的一位圣徒，也是一个修道院的院长，后来成为耶路撒冷牧首。在传记写作于12世纪或者13世纪初的同时代的或者接近同时代的圣徒中，勒昂提奥斯是唯一一位整个一生都处于12世纪、处于科穆宁王朝统治期间的圣徒；是唯一一位没有创办修道院的圣徒，是唯一一位作为东正教的耶路撒冷牧首被流放的圣徒，他实际上去过圣地访问了耶路撒冷。② 这种生涯可谓独特，他成为圣徒的过程本身也具有研究价值。

这本圣徒传记由圣勒昂提奥斯的同时代人塞奥多修斯·古德利斯写作，作者是勒昂提奥斯的晚辈，曾亲自会见过他（第1章），传记中的信息由熟悉勒昂提奥斯的人提供，例如，勒昂提奥斯的门徒和帕特莫斯修道院院长安东尼奥斯／阿西尼奥斯，他提供了作者写作传记所需要的大部分信息（第46章），又

---

① 参见 *The life of Leontios, Patriarch of Jerusalem*, text, translation, commentary by Dimitris Tsougarakis, Leiden; New York: E.J. Brill, 1993, pp.210-211.

② 参见 *The life of Leontios, Patriarch of Jerusalem*, text, translation, commentary by Dimitris Tsougarakis, Leiden; New York: E.J. Brill, 1993, p.2.

如，修道士伊拉里翁，他在塞浦路斯会见过勒昂提奥斯（第 76 章）；等等。因此，信息来源可靠。

这部传记提供了 12 世纪下半期拜占庭帝国的很多信息，例如，拜占庭对地中海东岸各拉丁人国家的政策，拜占庭帝国的修道院生活，当时社会对圣徒的态度，帕特莫斯、君士坦丁堡、克里特、塞浦路斯、圣地耶路撒冷等地方的情况。其中有些内容生动地反映了当时的经济和社会现实，例如，当时有些修道士并不遵守规定，例如，勒昂提奥斯在塞浦路斯见到两个长期与女人生活在一起的修道士（第 69 章），有修道士与人通奸（第 72 章、第 74 章）；帕特莫斯修道院遭到海盗的袭击、劫掠（第 44 章）；帕特莫斯修道院人口众多，来自多个种族，习惯各不相同，有时候相互争吵（第 54 章）；帕特莫斯修道院有年度补贴，皇帝从克里特岛的公共税收中给帕特莫斯修道院支付补贴，全国总司令约翰·阿克苏奇的属下负责补贴事务（第 30 章），但有时官员扣留修道院补贴（第 61 章）；耶路撒冷牧首在塞浦路斯岛上的财产遭到劫掠，例如，遭到塞浦路斯岛收税员基里亚科斯的劫掠，收税员前来征税（第 73 章），耶路撒冷牧首在塞浦路斯岛上教堂的财产遭到教会人士阿马索斯的大司祭塞奥多洛斯的劫掠（第 76 章）；帕特莫斯修道院的船只要缴纳十分之一税，修道院院长安东尼奥斯 / 阿西尼奥斯通过贿赂官员，获得了皇帝伊萨克·安茞鲁斯颁发的免除十分之一税的金玺诏书（第 92 章、第 93 章）；在圣地，拉丁人和穆斯林对他的不同态度，东正教徒和天主教徒拉丁人关系紧张，勒昂提奥斯和作者等对拉丁人、对穆斯林的看法，认为拉丁人还不如穆斯林（第 81 章、第 85 章、第 86 章、第 87 章）；勒昂提奥斯和作者等对皇帝安德罗尼库斯的评价和预言，勒昂提奥斯对安德罗尼库斯非法婚姻的反对（第 91 章、第 92 章、第 93 章）；另外，整部传记颂扬了服从、纪律、谦卑，等等。

这些为历史研究提供了宝贵的一手记载，特别是关于帕特莫斯修道院生活、修道士构成、海盗劫掠、年度补贴、缴税等的记载，关于耶路撒冷牧首在塞浦路斯岛上财产遭遇的记载，等等。关于勒昂提奥斯在圣地逗留的记载，使得勒昂提奥斯在 11-12 世纪的耶路撒冷牧首中独一无二，也使得这部传记超出同时代的其他圣徒传记作品，因为它提供了曼努埃尔一世·科穆宁统治末期对巴勒斯坦各十字军国家的政策的重要信息，提供了耶路撒冷落入萨拉丁（Saladin）手中之前几年这一重要时期东正教徒和巴勒斯坦的拉丁人及拉丁教会之间关系的宝贵一手材料。另外，传记中没有提到附属修道院斯蒂洛斯（Stylos），由于斯蒂洛斯最早在 1219 年被称为帕特莫斯的重要附属小修道院，因此我们可以推断帕特莫斯是在勒昂提奥斯时代之后才拥有这座附属修道院的。①

---

① 参见 *The life of Leontios, Patriarch of Jerusalem*, text, translation, commentary by Dimitris Tsougarakis, Leiden; New York: E.J. Brill, 1993, pp.24-25.

第五类 书 信

　　拜占庭人的书信很多，与古典时代的书信有很多共同之处。拜占庭人书信的第一次繁荣是在 4 世纪，结合了基督教传统和古希腊语言文化。4 世纪之后书信写作在拜占庭帝国逐渐变得不那么流行，7 世纪上半期拜占庭作家塞奥菲拉克特·西摩卡塔（Theophylaktos Simokattes，6 世纪晚期出生）之后书信实际上在拜占庭帝国已消失，直到斯图狄奥斯的塞奥多利（Theodore of Stoudios，759–826 年）和牧首弗提乌斯（Photios，约 810 – 约 893 年）才复兴了书信写作。之后，书信写作在拜占庭文学中发挥了重要作用，在帕列奥列格时代尤其流行。拜占庭帝国缺乏定期的邮政服务。皇帝的书信由专门的信差传送，私人则由朋友或仆人、有时候由熟人送信。跟书信一起寄送的往往有诸如书籍、鱼、水果之类的礼物。书信通常根据目的分为官方的、私人的和文学的几类，根据内容分为外交的、神学的和学术的几类，有推荐信、教导信、谴责信、安慰信等。有的书信本身也是布道词或历史作品等，篇幅较长的作品中可能包含书信。许多书信仅仅表达礼貌和通常的友谊，抱怨收信人的沉默，包含的信息不多，但书信是研究拜占庭历史文化的重要史料。很多书信描写或提到重要事件，对于确定知识分子之间的关系和帝国的知识氛围尤其重要。拜占庭人书信写作的高潮是在 11–12 世纪。[1] 这里选取了米哈伊尔·普塞洛斯和约翰·莫洛普斯的书信。

---

[1]　参见 Alexander P. Kazhdan (editor in chief), *The Oxford Dictionary of Byzantium*, pp.718-720.

一 米哈伊尔·普塞洛斯的书信

米哈伊尔·普塞洛斯的书信总共有 500 多封，基本上已经译成现代语言，下面根据迈克尔·杰弗里和马克·劳斯特曼（Marc D. Lauxtermann）的研究（Michael Jeffreys and Marc D. Lauxtermann (ed.), *The letters of Psellos: cultural networks and historical realities*, Oxford, United Kingdom: Oxford University Press, 2017）进行介绍。

（一）手抄本

关于其手抄本和相关研究，参见 Paul Moore, *Iter Psellianum,* Toronto: Pontifical Institute of Mediaeval Studies, 2005, p.358. 为避免繁琐，下面以缩写标示每一种手抄本，下面各项的顺序一般分别为：手抄本缩写、手抄本收藏城市，手抄本收藏具体地点，手抄本时间，手抄本中包含的米哈伊尔·普塞洛斯书信的数量。没有标明是羊皮纸的都是纸质的手抄本。[1]

A Athens, Benaki Museum TA 250 (93): 17–18 世纪手抄本（30 封信）；

a[1] Milan, Ambros. M 84 sup.: 16 世纪手抄本（14 封信）；

a[2] Athens, National Library 1896: 16–17 世纪（1 封信）；

a[3] Athens, National Library, Metochion Panagiou Taphou 363: 1596 年（1 封信）；

a[4] Athos Vatopedi 207: 16 世纪（1 封信）；

a[5] Athos Dionysiou 168 (Lambros 274): 16 世纪（4 封信）；

a[6] Athos Iviron 189: 13 世纪（1 封信）；

a[7] Athos Lavra 1721 (M 30): 17–18 世纪（5 封信）；

B Vatican Barber. gr. 240:13 世纪晚期（44 封信）；

b Bucharest, Romanian Academy gr. 737 (587): 18 世纪（5 封信）；

C Cambridge, Trinity College 1485 (O. 10. 33): 17 世纪（5 封信）；

c[1] Cambridge, University Library Gg.I.2: 15 世纪（2 封信）；

---

[1] 以下引自 Michael Jeffreys and Marc D. Lauxtermann (ed.), *The letters of Psellos: cultural networks and historical realities*, Oxford, United Kingdom: Oxford University Press, 2017, pp.149-150.

c² Istanbul, Patriarchal Library Panagia Kamariotissa 157 (153):14 世纪（不确定）（1 封信）；

D Paris gr. 1277: 13 世纪晚期（7 封信）；

E Madrid, Escorial φ Ⅲ 1 (220): 16 世纪（14 封信）；

e Madrid, Escorial Y Ⅰ 9 (248): 16 世纪（14 封信）；

F Florence, Laur. Acq. 39: 16 世纪（8 封信）；

H Heidelberg, Palat. gr. 356: 13 世纪晚期 -14 世纪早期（31 封信）；

I Istanbul, Patriarchal Library Panagia Kamariotissa 61 (64): 12–13 世纪（2 封信）；

J Bucharest, Romanian Academy gr. 594 (508): 13 世纪晚期（3 封信）；

K Vatican gr. 712: 12 世纪中期（37 封信）；

L Florence, Laur. Plut. gr. 57.40: 11 世纪晚期－12 世纪早期（228 封信）；

l Florence, Laur. Plut. gr. 59.12: 13 世纪中期（1 封信）；

M Venice, Marc. gr. 524: 13 世纪晚期（13 封信）；

m¹ Venice, Marc. gr. 445: 14 世纪（1 封信）；

m² Munich, Monac. gr. 98: 16 世纪（14 封信）；

m³ Munich, Monac. gr. 435: 15–16 世纪（1 封信）；

m⁴ Moscow, Vlad. 395 (Bibl. Synod. gr. 303): 15–16 世纪（2 封信）；

m⁵ Moscow, Vlad. 449 (Bibl. Synod. gr. 239): 15–16 世纪（1 封信）；

N Florence, Laur. San Marco 303: 14 世纪的书法书写，添加到更早的手抄本中（1 封信）；

O Oxford, Barocc. gr. 131: 13 世纪下半叶（41 封信）；

P Paris gr. 1182: 12 世纪末（250 封信）；

p¹ Paris suppl. gr. 593: 17 世纪（20 封信）；

p² Paris suppl. gr. 1334: 18 世纪（5 封信）；

t Thessaloniki, University Library 96: 18 世纪（5 封信）；

U Vatican gr. 1912: 12 世纪头三分之一（羊皮纸，44 封信）；

V Vatican gr. 672: 13 世纪晚期（9 封信）；

v¹ Vatican gr. 306: 13 世纪晚期－14 世纪早期（3 封信）；

v² Vatican gr. 483: 13–14 世纪（1 封信）；

v³ Vatican gr. 1891: 13 世纪晚期 –14 世纪早期（1 封信）；

v⁴ Vatican gr. 1900: 17 世纪（9 封信）；

w Vienna, Theol. gr. 160: 13 世纪下半期（羊皮纸，2 封信）；

Y St Petersburg, gr. 250 (454): 13 世纪中期（26 封信）；

Z Athens, National Library 2429: 14 世纪上半期（3 封信）.

（二）出版和翻译情况

目前关于他的书信相关的出版和翻译很多，其中英语翻译主要有：

英语译本：*Mothers and sons, fathers and daughters: the Byzantine family of Michael Psellos*, edited and translated by Anthony Kaldellis; with contributions by David Jenkins and Stratis Papaioannou, Notre Dame, Ind.: University of Notre Dame Press, 2006.（只包括写给家人的六封信）

英语译本：Michael Psellos, *Psellos and the patriarchs: letters and funeral orations for Keroullarios, Leichoudes, and Xiphilinos*, translated by Anthony Kaldellis and Ioannis Polemis, Notre Dame, Indiana: University of Notre Dame Press, 2015.（只包括写给君士坦丁堡牧首的三封书信）

英语译本：Michael Jeffreys and Marc D. Lauxtermann (ed.), *The letters of Psellos: cultural networks and historical realities*, Oxford, United Kingdom: Oxford University Press, 2017.（翻译的是大意，有 530 封书信）

（三）书信内容提要

下面根据迈克尔·杰弗里和马克·劳斯特曼翻译研究的 2017 年英译版来介绍其内容。

1.C 1 (= S 175) 给修道士约翰·西菲利诺斯（后来成为牧首）的书信

这封信普塞洛斯通篇驳斥西菲利诺斯，捍卫自己的基督教信仰，同时辩护说自己的广博知识与基督教信仰并不矛盾。说他读了很多哲学书籍和修辞学演说，包括柏拉图和亚里士多德的，还有古巴比伦的和埃及的哲学家，但与基督教福音书比较起来，它们是错误的。说他很久之前就信奉基督教，最近成为了修道士。说西菲利诺斯的指控像是要迫害他，要么是没有理解他的信，要么是把他当成异端。西菲利诺斯敌对柏拉图和哲学，他应该阅读基督教和非基督教文学，就不会那么傲慢了。被指控为异端很容易遭到人身攻击。他从青年时起就是一个虔诚的基督教徒，喜欢古典哲学，但只是肤浅地，他抛弃了其大多数看法，小部分他融入基督教文献中，就像圣巴西勒和圣格雷戈里一样，辩论是基督教徒通往真理的必要途径。指出西菲利诺斯的不准确处。在基督教框架中使用古巴比伦术语。他信奉基督教，并不意味着抛弃最明智的作品和自然的知识，他会祈求上帝允许他徜徉在科学的天地之中，收集思想、推理、寻求根本原因，以及探究心智。他还使用修辞学写作技巧，相信这些是通往更高知识的途径。他最后告诉西菲利诺斯说他还是朋友，不是因为不喜欢他而是因为他关于柏拉图的话伤害了自己。他强调说所有古代哲学，不管是古希腊的，还是古巴比伦的，还是埃及的，都不如"我是修道士"这句话。他为自己如此强烈的表达、辩护柏拉图、与西菲利诺斯这样伟大的基督教徒有分歧表示道歉。

2.C 2 (= S 207) 给牧首米哈伊尔·凯路拉里厄斯的书信

这是普塞洛斯写给牧首凯路拉里厄斯的一封长信，通篇比较自己和牧首凯路拉里厄斯。开篇是华丽而恭敬的致辞，然后是对比自己和牧首，批评牧首，说牧首是天堂和尘世之间无与伦比的天使，构成神人之间的联系；他是一个有着尘世身体的人，没有更高权力或野心。牧首是独一无二永恒不变的，他是可变的，努力改进的。他总是阅读、研究、教授各种学科，牧首的智慧来源神秘，无需努力。牧首是位骄傲的贵族，祖先著名，而他不是。牧首轻视文化和文学，轻视作为著名教师的他。牧首的信仰基础不可知，不是基于理性和思考。他相信他的同胞在理论和实践层面上都是平等的，而牧首则轻视同胞，乐于煽动和分化他们。牧首是宗教舞台的中心，他则处于边缘。他们是如此不同，无法竞争。他祝贺牧首成为理想的军事牧首，但警告他说不应该通过暴力来达到教会的成功。他支持君主制，牧首则仇恨君主制，倾向民主制。牧首已经行使调和人与上帝的职能，就不应该试图模仿皇权。普塞洛斯说在给牧首写传记，信息来源于他自己以及专门提供信息的人，以修辞学技巧书写，来尽可能广泛传播他的名声。

3.G 1 给"凯撒"约翰·杜卡斯的回信

信中称赞约翰（Ioannes）的极好文字和书信，乐于联系。对约翰问题的回答：没有人贿赂他；君士坦丁十世的态度已经改变，他已经有一段时间没有见到皇帝，因此不知道约翰在宫中会得到怎样的接待，但是即使皇帝试图赶走他，他也不要离开，因为皇帝是个好人。普塞洛斯很高兴第二天和约翰见面。

4.G 2 给"凯撒"约翰·杜卡斯的回信

普塞洛斯称赞约翰的英俊外表和智慧，约翰的书信安慰了他，极力调和普塞洛斯与约翰的兄长君士坦丁十世，鼓励普塞洛斯效忠皇帝，实际上约翰知道普塞洛斯愿意为皇帝而死。但皇帝似乎认为普塞洛斯令人厌烦，不像以前那样和善地对他说话，不再听他的话，皇帝自命不凡，不需要学者或者专家权威（普塞洛斯没有声称自己是专家权威）的帮助。普塞洛斯过去是并将永远是忠实的仆人和皇帝的赞美者。如果皇帝不再青睐他，那么过错在他。约翰要与他兄长保持良好关系，与普塞洛斯在言行上保持伟大友谊。

5.G 3 给"凯撒"约翰·杜卡斯的信

说普塞洛斯极其沮丧，约翰则如日中天。普塞洛斯生活很糟糕，没有人对他感兴趣，没有人问他问题，他感到非常沮丧，如果不是约翰感兴趣，他将会死掉。称赞约翰的广泛技能和美德，使他高兴。约翰不会遭受嫉妒。

6.G 4 给"凯撒"约翰·杜卡斯的信

普塞洛斯奉承约翰，说他现在知道约翰很聪明，把约翰比喻成老鹰和蜜蜂，把他自己比喻成猫头鹰和百里香，自己低于约翰，但欢迎约翰的崇拜。劝约翰不要削发为修道士。

7.G 5 给"凯撒"约翰·杜卡斯的信

普塞洛斯告诉约翰说不知道自己是否英俊是否聪明，他不用镜子，没有计算他读过的书籍。他远远不如他研究过的过去的学者，但读到约翰的称赞后感觉自己是个神人。……他感谢约翰的奶酪和奶油，约好星期三在宫中拜访他。

8.G 6 给"凯撒"约翰·杜卡斯的信

普塞洛斯在信中表示他因为约翰的要求而感到受到压迫，因而考虑逃离但是没有想好逃到何处。他想过走陆路逃跑，但是收到了作为礼物的黄油和奶酪，让他明白牛羊都在约翰的掌控之下；他想过从海路逃走，但收到了作为礼物的鱼，也让他明白约翰的军队也控制着大海。最后他决定飞走，因为约翰无法征召鸟儿为他效劳。

9.G 7 给"凯撒"约翰·杜卡斯的信

普塞洛斯承认他一度羞于给约翰看信，因为这些信写得并不好。但是他现在知道约翰非常喜欢这些信，于是普塞洛斯就像孔雀展示羽毛一样频繁把信件出示给约翰。他还拓展了自己信件的内容以取悦约翰，信件风格幽默和严肃、温和与强硬兼而有之。

10.G 8 给"凯撒"约翰·杜卡斯的信

普塞洛斯认为约翰是非常幸运的，因为他从自己的兄弟君士坦丁十世那里得到了官衔。约翰还是博学多智的：这并非阿谀之词，因为普塞洛斯真心佩服约翰的才学，尽管约翰在哲学和修辞方面尚有欠缺，但是在文学和知识、对辩术的追求以及书法的品味上是很突出的。约翰曾经怀疑他的兄长君士坦丁十世对他的感情已经淡化，但是在普塞洛斯给皇帝读了约翰的信之后，皇帝表示自己无意伤害约翰，任命约翰担任"凯撒"就是出于兄弟之情。因此普塞洛斯指出约翰应当抛却过往的不快，信任兄长君士坦丁十世。

11.G 9 给"凯撒"约翰·杜卡斯的信

普塞洛斯指责约翰企图让自己的灵感枯竭。其一，约翰多次窃取普塞洛斯的文才灵感，但是普塞洛斯的智识是极其广博的，约翰的盗窃行为只是让普塞洛斯的灵感迸发了更多而已。其二，约翰授意妻子"凯撒丽莎"赠送给普塞洛斯的礼物（黄油和奶酪）就像是捕获鱼儿或鸟儿的网，而普塞洛斯贪食的弱点让他情愿被俘获，甘愿送出华美的文字。①

12.G 10 给"凯撒"约翰·杜卡斯的信

普塞洛斯认为如果把音乐比作写信，那么约翰就是他的听者或者竞争对手。他看到约翰拿起他的里拉琴回应。但是如果约翰能够在任何地方演奏普塞洛斯的"乐曲"，那么约翰会付出多少呢？会不会像精灵（Pan）在山间歌唱、不用付钱就可以听到自己歌声的回音那样，普塞洛斯也能免费听到约翰回应自己作品的声音呢？如果约翰是为了钱而歌唱，那么他就比俄耳甫斯（Orpheus）等而下之了，因为俄耳甫斯身为最伟大的音乐家之列，是不向帝王演唱，而是只对自然界的动物演奏的。普塞洛斯聆听约翰的书信，就好比动物聆听俄耳甫斯的歌曲，因快乐而起舞。普塞洛斯请求约翰不要吝惜自己的声音（文笔）。尽管约翰写的文字不多，但是他乐于动笔；普塞洛斯没有保存这些书信，但是把它们记在了心里。

---

① 这里应该是反语，表示普塞洛斯感谢约翰激励和资助自己。

13.G 11 给"凯撒"约翰·杜卡斯的信

普塞洛斯笔下的约翰有时并不是当时约翰的状态，而是普塞洛斯记忆中的形象。普塞洛斯感觉自己像是被放逐到不列颠，只有约翰是为数不多的能用阿提卡希腊语思考和说话的人，能与自己交流。但是约翰事务繁忙经常忽略普塞洛斯，除非紧急事务否则拒绝和普塞洛斯说话。普塞洛斯郑重表示，约翰是与自己最亲近的友人。如果约翰也这么认为，那就应该做理应做的事（时常交流往来），而不是做那种会破坏友情的不义之事。

14.G 12 (= M 1) 给安条克牧首艾米利亚诺斯（Aimilianos）的信

普塞洛斯写出了具有神性的哲学和俗世哲学的分别，并且指出普塞洛斯自己的文字也应当是符合神性的，而实现这一点的第一步，就是与安条克牧首开始通信。

15.G 13 写给"凯撒"约翰·杜卡斯的信

普塞洛斯在信中说有一个小偷偷走了他的 300 诺米斯玛，所以购买另一处地产的原计划不得不因为失窃而作废。失窃发生在一两天前，让普塞洛斯感到难受且肚腹疼痛。普塞洛斯认为小偷知道自己藏钱的确切地点，所以他怀疑是自己的某个仆从偷的钱。他给约翰写信，是希望后者提供一点相关经验。

16.G 18 写给塞萨洛尼基都主教的信

普塞洛斯告诉都主教，修辞已经不再是一种华丽的语言了。都主教曾经在修辞方面屡屡胜过普塞洛斯，到了塞萨洛尼基之后又吸引了大批人来聆听他的修辞话语。但是普塞洛斯警告说希腊及其殖民地在历史上因修辞而闻名，但是现在已经是一片废墟。他建议都主教造访首都，让普塞洛斯有机会学习他的修辞术。

17.G 19 写给塞萨洛尼基都主教的信

普塞洛斯告诉都主教说自己非常敬仰他，特别是因为他善待朋友和积极的性格。普塞洛斯希望都主教能够依然把自己当作朋友，谈话时始终保持谨慎和谦虚。

18.G 20 写给塞萨洛尼基都主教的信

普塞洛斯认为都主教必须了解很多专门术语，特别是与修辞学相关的术语。

19.G 21 写给牧首凯路拉里厄斯的侄子"首席主席"兼中央法庭法官（*epi ton kriseon*）君士坦丁的信

普塞洛斯当时身居更高的官位，君士坦丁显露出嫉妒的心理，但是不久后悔悟并向普塞洛斯道歉，得到了普塞洛斯的原谅。

20.KD 214 写给牧首凯路拉里厄斯的侄子"首席主席"兼中央法庭法官君士坦丁

君士坦丁送给普塞洛斯一条鱼，让普塞洛斯想起来数十年前君士坦丁的叔父送给他的鱼，感慨君士坦丁继承了其叔父的慷慨。信中描写了君士坦丁的住所，他住在一座海边的房子里，位于城外，坐拥无限春景。君士坦丁举办的聚会上有他的第二任妻子、幼小的孩子以及几名奴隶，但受邀的普塞洛斯却是孤身一人的。

21.G 22 写给安条克牧首的信

安条克牧首给普塞洛斯写过一封信，这封信是普塞洛斯的回信，信中说到了普塞洛斯的近况：非常忙碌，身心都很健康。普塞洛斯希望能早日见到牧首，但是由于二人相隔遥远，最好的办法就是互相通信了。此外普塞洛斯还希望了解牧首的宗教活动。

22.G 23（＝M 10）写给安条克牧首艾米利亚诺斯的信

普塞洛斯为了帮一位修道士的忙而写信给艾米利亚诺斯，但是最终没能帮上忙，这可能是普塞洛斯没做好，也可能是牧首的决定。

23.G 24 写给皇帝秘书长亚里斯特诺斯（Aristenos）的信

亚里斯特诺斯是普塞洛斯以前的学生。亚里斯特诺斯应当学习普塞洛斯写信的技巧，像编织一样把文字写成文章。

24.G 25 写给"长官"、邮政交通首席文书尤斯特拉索斯·霍伊罗斯凡克特斯（Eustratios Choirosphaktes）的信

尤斯特拉索斯·霍伊罗斯凡克特斯非常忙碌，但是普塞洛斯写信说他需要尤斯特拉索斯·霍伊罗斯凡克特斯给自己写一封信，即使只有一两行也可以。当他们一起共事时，他们之间不用频繁谈话，但是如今两人相距甚远，所以普塞洛斯非常想念尤斯特拉索斯·霍伊罗斯凡克特斯和他的同事，因此希望得到后者的信息。普塞洛斯孤身一人，只有书籍为伴，他怀念与朋友一起谈笑的生活。

25.G 26 疑似写给"凯撒"约翰·杜卡斯的信

普塞洛斯说自己随信寄出了一些胡桃，因为它和信件一样都是"自然"的产物。普塞洛斯指出大多数人都认为胡桃是一种不重要的果实，但是普塞洛斯

认为这是一种动物的头脑，而骨骼就是外面包裹着的皮。

26.G 27 写给色雷斯军区地方法官（*krites*①）塞尔吉奥（Sergios Hexa-milites）的信

普塞洛斯向塞尔吉奥描述了一位云游修道士埃利亚斯对自己的拜访，并告诉塞尔吉奥，埃利亚斯在长期旅行之后，现在决定到安全一些的地区挣点钱。普塞洛斯希望塞尔吉奥允许埃利亚斯盈利，但是如果不方便的话也无妨，此外不必对埃利亚斯过于崇敬。

27.G 37 未标注收信人

普塞洛斯指出收信人贪得无厌，总是想尽可能地得到自己的信件。

28.G 38 未标注收信人

这是一封写给一个老年修道士的信，这名修道士替普塞洛斯做了一些事情，普塞洛斯写这封信解释为什么自己的感谢显得不太充分。

29.K 1 写给首席文书埃利亚斯的信

普塞洛斯在信中说他寄给埃利亚斯一些野生的梨子和一些腌制的禽类，并且希望埃利亚斯表达一下感谢。

30.K 2 写给色雷斯军区地方法官塞尔吉奥的信

塞尔吉奥在此前的信中询问普塞洛斯关于一个被毒蛇咬伤但没有中毒的人。普塞洛斯回信说此人要么皮肤坚硬，要么对毒液免疫。他知道爱奥尼亚（Ionia）地区有很多有毒的爬行动物，这个人可能之前与毒物为伍，因此有了免疫。也或许他的血不对毒蛇的胃口。普塞洛斯还列出了一张各种蛇的名单，并提及不同的人针对毒液有不同的免疫方法，并且举了自己的一个邻居为例。

31.KD 2 写给一名官员的信

普塞洛斯给这名官员回信，赞颂了官员在写信时使用的华美词语，并且表示愿意在以后继续通信。

32.KD 3 写给一个朋友的信

普塞洛斯和这个朋友都渴望互相通信以得知对方近况。但是随着时间的推

---

① *krites*，职业法官，也指管理地方的法官（也称 *praitor*）。参见 Alexander P. Kazhdan (editor in chief), *The Oxford Dictionary of Byzantium*, p.1710. Zachary Chitwood, *Byzantine Legal Culture and the Roman Legal Tradition, 867-1056*, Cambridge, United Kingdom: Cambridge University Press, 2017, pp.46-47.

移，普塞洛斯不再那么有兴致，写的信也越来越简略，因此他希望双方不要再强求频繁通信了，但是他们依然会保持联络的。

33.KD 4 写给一个朋友的信

普塞洛斯赞颂这个朋友此前给他写信时使用的华丽词句和篇章架构，认为那是一封完美的书信。

34.KD 5 写给皇帝罗曼努斯四世的信

普塞洛斯感到被皇帝忽视了，因而难过。当时皇帝正在东征（公元1068年），普塞洛斯没有随行。普塞洛斯还在信中赞誉了皇帝取得的功绩，并且表示皇后尤多奇亚也对此感到满意，认为自己选对了丈夫。

35.KD 6 写给亚斯特斯（Iasites）的信

普塞洛斯抱怨当他们见面时总是相谈甚欢，但是分离后就鲜少通信，并且这主要是亚斯特斯的责任。普塞洛斯向亚斯特斯推荐了一名送信人。

36.KD 7 写给一名马其顿地方法官的信

普塞洛斯向这名法官提出后者应当管好分内之事，不去理会流言蜚语。

37.KD 8 写给尼基弗鲁斯的信

普塞洛斯向尼基弗鲁斯推荐了修道士埃利亚斯，后者能够为尼基弗鲁斯指点迷津。

38.KD 9 疑似写给一名地方法官的信

普塞洛斯告诉这名法官说他听一个人描述自己在各地包括在西方的旅行以及对这位法官的拜访，普塞洛斯感到冗长乏味，于是假装睡着。普塞洛斯建议这名法官下次不要过于慷慨款待这个人。

39.KD 10 疑似写给一名地方法官的信

普塞洛斯自称擅长相面，能够辨识出那些道貌岸然的人。

40.KD 11 写给一名同僚兼学生的信

普塞洛斯写信提醒对方，彼此之间存在深厚的友谊。普塞洛斯自己目前忙于各种事情，但是他期待以后有机会彼此相见。

41.KD 12 写给一名才学深厚的主教的信

普塞洛斯提到他们以前会面的情景。普塞洛斯很早就仰慕主教的才学，当有一天主教经过阿纳吉洛（Anargyroi）教堂时，普塞洛斯与他会面并且建立了深厚的友谊，普塞洛斯还成为了主教的一名学生。

42.KD 13 写给一名教师（可能是约翰·莫洛普斯）的信

普塞洛斯向收信人描写了自己乘船参加在阿尔戈斯的节庆活动，但是因为强烈的暴风雨而被迫取消计划，乘船回到家中。回家之后他生了重病，水米不进，几乎死掉。

43.KD 14 写给一名教师（可能是约翰·莫洛普斯）的信

普塞洛斯告诉他的老师，自己期待他的朋友在听说自己生病后能前来探望。

44.KD 15 写给一名教师（可能是约翰·莫洛普斯）的信

普塞洛斯抱怨说这名教师在自己生病时只来探望过一次，然后就把他忘了。普塞洛斯希望他能再次前来探望。

45.KD 16 写给自己曾经的学生罗曼努斯的信

普塞洛斯两个勤奋的学生做完了所有的练习题，于是普塞洛斯请罗曼努斯帮忙提供一些新的练习题。

46.KD 17 写给一名神职人员的信

普塞洛斯提到双方面对面交流的快乐，在信的最后请对方提供普鲁塔克（Plutarch）作品的抄本，并且计划了再次的见面。

47.KD 18 未标明收信人

普塞洛斯告诉收信人应该在给自己的信中倾注情感，这样自己也会带有真情实感地回信。

48.KD 20 写给"贵族"米哈伊尔（Michael *patrikios*）的信

普塞洛斯寄给米哈伊尔一份他的老师关于黑摩其尼三章（Staseis of Hermogenes）的评注的抄本，希望后者详加阅读。

49.KD 21 写给"贵族"米哈伊尔的信

普塞洛斯询问米哈伊尔的健康，不过写信的主要目的是询问"长官"是否已经抵达。

50.KD 22 写给"贵族"米哈伊尔的信

普塞洛斯与米哈伊尔分离了两个星期，普塞洛斯感到度日如年，希望能和米哈伊尔有更频繁的通信。

51.KD 23 写给一名来自圣阿纳斯塔修斯（Hagios Anastasios）的修道士的信

普塞洛斯此前邀请这名修道士一起用餐，或许还一起沐浴，但是由于一些事件而被迫取消了邀请，这让修道士觉得受到了羞辱，因而非常愤怒。普塞洛斯写信向这名修道士道歉，并希望次日共同用餐。

52.KD 24 写给教师以赛亚斯（Esaias the *proximos*①）的信

以赛亚斯并没有像耶稣基督要求的那样关爱敌人，甚至也不关心自己的朋友。普塞洛斯写信斥责以赛亚斯的所作所为不符合友情，要求以赛亚斯自我惩罚。

53.KD 25 写给自己的学生乔治的信

乔治此前写信给普塞洛斯，希望后者归还自己舒服的写字板。普塞洛斯回信称他之所以没有归还，是因为他还没有拿回自己的写字板。现在普塞洛斯归还乔治叔父的写字板。

54.KD 26 写给自己的学生乔治的信

普塞洛斯称赞乔治的书信写得非常优美。

55.KD 29 写给君士坦丁十世的信

普塞洛斯称赞皇帝能够把天使般的美德与最深沉的人性结合起来。

56.KD 30 写给克考梅诺斯的信（参见 KD59 以及之后的两封信）

57.KD 31 写给牧首凯路拉里厄斯的侄子、"元老院主席"君士坦丁的信

君士坦丁是牧首凯路拉里厄斯的侄子。君士坦丁当时正陷入一场审判，普塞洛斯非常担心这位朋友的安危，他向君士坦丁的家人送去美好的祝愿。

58.KD 32 写给瓦西里翁（Basilaion）都主教西内托斯（Synetos）的信

西内托斯曾经送给普塞洛斯一些鹧鸪，因为他同情普塞洛斯的穷困。但是普塞洛斯需要的只是自己的书籍而已。

59.KD 33 写给欧凯塔都主教的信

普塞洛斯表示他认为都主教的信写得非常出色，并且在回信中提到了一个叫作约翰的人的家事。

60.KD 34 写给欧凯塔都主教的信

普塞洛斯提到约翰·莫洛普斯承受了苦难但是却写出了非常优美的书信，并且认为如果能持续写出这么好的书信那他愿意用承受苦难作为交换。

---

① *proximos*，希腊文为 πρόξιμος 或 προεξιμος，9 世纪后指有警察职能的军官，11 世纪指君士坦丁堡一些学校的教师。这里以赛亚斯就是一位教师。参见 Alexander P. Kazhdan (editor in chief), *The Oxford Dictionary of Byzantium*, p.1751.

61.KD 35 写给奥普斯金军区地方法官波索斯（Pothos）的信

普塞洛斯夸赞了波索斯优秀的领兵能力，既主持了公正又给自己增加了收入。

62.KD 36 写给修道士尼基塔斯和约翰的信

公众传言普塞洛斯骄傲自满，并且实际上不像吹嘘的那么有才学，普塞洛斯在这封信中做了辩白。

63.KD 37 写给尼科劳斯·斯克莱罗斯（Nikolaos Skleros）的信（见 KD 44 以及之后的三封信）

64.KD 38 写给波索斯的信

波索斯如今是普塞洛斯的上级。普塞洛斯在信中提到自己拥有了一家新的修道院，名叫特拉贝札（Trapeza）。信的其余内容是普塞洛斯开玩笑说波索斯要让普塞洛斯参军成为骑兵。

65.KD 39 写给欧凯塔都主教的信

普塞洛斯告知波索斯，在波索斯管辖的军区周边的两个村庄阿齐贡（Atz-ikome）和提里德斯（Thyrides），关于土地产生了长期的纠纷，并且几乎要升级为武力冲突了。

66.KD 40 写给"凯撒"约翰·杜卡斯的信

约翰曾经经常拜访普塞洛斯，但现在却很少出现了。但是普塞洛斯一直都把约翰看作珍贵的朋友。

67.KD 41 写给波索斯的信

普塞洛斯向波索斯讲述宙斯（Zeus）给予好运或厄运的故事，希望自己的朋友波索斯能暂时接受厄运，保持平和的心态。

68.KD 42 写给波索斯的信

普塞洛斯提到从前的科学发现都集中在几何学（埃及）、算术（腓尼基）和音乐上。皇帝要求波索斯测算出一片有争议的土地的面积，德里米斯（Drimys）和一些村民对这片土地争执不休。普塞洛斯表示如果波索斯不再关注占星学，那么自己可以帮助他。

69.KD 43 写给安条克总督的信

安条克本来遭受了敌人的入侵，但是后来化险为夷，普塞洛斯写信称赞了当地总督。

70.KD 44、37、63、56 写给尼科劳斯·斯克莱罗斯

普塞洛斯写信给尼科劳斯关于后者退休的各项事宜。皇帝君士坦丁十世时期尼科劳斯申请退休，得到了皇帝的准许，皇帝后来还询问了关于尼科劳斯被抄没的地产的情况。

71.KD 45 写给约翰的信

约翰是欧凯塔的都主教。信中最初的主题是讨论语言学的问题，然后是普塞洛斯询问朋友约翰·莫洛普斯计划退休的传闻，询问了后者的身体状况，并且建议后者不要退休。

72.KD 46 写给约翰的信

普塞洛斯向约翰·莫洛普斯指出，真正的友情总是能够经受住考验的。普塞洛斯只能在有限的程度帮到约翰·莫洛普斯。

73.KD 47 写给欧凯塔都主教的兄弟、基比雷奥顿（Kibyrraioton）地方法官的信

基比雷奥顿地方法官并不看重下辖军区的民众，但是普塞洛斯写信给他指出并非所有来自基比雷奥顿的人都是坏的。

74.KD 48 写给卡洛基罗斯的信

普塞洛斯写给被流放的请愿人卡洛基罗斯，指出他已经尝试了所有办法来游说君士坦丁十世，最后让皇帝有意向展现仁慈，结束对卡洛基罗斯的惩罚，但是还没有想好是否立刻停止惩罚。普塞洛斯告诉卡洛基罗斯流放的日子将很快结束。

75.KD 49 写给尼科米底亚都主教的信

普塞洛斯告诉都主教自己愿意做后者希望他做的任何事情，但是他现在还没有完成都主教请他做的事。

76.KD 50 写给基比雷奥顿地方法官的信

这封信的主题是已故塞奥佐罗斯·阿洛波（Theodoros Alopos）的地产。塞奥佐罗斯是一个罗德岛人，但是出生在首都，是普塞洛斯的挚友，在临死前将孩子和财产托付给普塞洛斯照顾。普塞洛斯请地方法官帮助塞奥佐罗斯的孩子获得他们的父亲在罗德岛的遗产。

77.KD 51 写给奥普提马顿（Optimaton）地方法官的信

普塞洛斯告诉地方法官，当一个很幸运的人偶尔遭遇不幸的时候，这并不

是什么坏事。但是如果一个穷人面临着失去一切的风险，那么这将是灾难性的，并且给出了一个例子。

78.KD 52 写给奥普提马顿地方法官的信

普塞洛斯在信中提到一个来自首都的朋友，警告普塞洛斯称在奥普提马顿一个村子里有个人，和另一个村子里一些人针对一片土地产生了纠纷，普塞洛斯希望自己能够帮助受害人，于是请这位法官调查事件。

79.KD 53 写给波索斯的信

普塞洛斯告诉波索斯，他们之间的收税争端解决了，波索斯不再要求普塞洛斯缴纳作为修道院拥有者所必须缴纳的"驮畜税"（monoprosopon①）。皇帝特意取消了普塞洛斯的纳税义务。

80.KD 54 写给欧凯塔都主教的信

普塞洛斯写信给约翰·莫洛普斯讨论关于亚美尼亚军区地方法官的事情。这位法官希望能成为调停人，让普塞洛斯和约翰的关系更亲近。普塞洛斯写信给约翰让后者把这位法官看作另一个普塞洛斯（事实上这位法官可能是普塞洛斯的女婿）。

81.S 80 写给欧凯塔都主教的信

普塞洛斯告诉约翰，来自欧凯塔的人们来到首都，像狼群一样掠夺，但是普塞洛斯没有为此发声。此外普塞洛斯还得到了皇帝的欢心，从而让皇帝非但没有斥责约翰，反而表扬了约翰。最后普塞洛斯询问了地方法官的近况。

82.KD 58 写给阿马西亚都主教的信

普塞洛斯告诉都主教应当像接待普塞洛斯本人那样接待地方法官。

83.S 35 写给阿马西亚都主教的信

都主教表示如果地方法官表现不好，那么自己将会惩罚这位法官。但是普塞洛斯相信这位法官接受的教育会让他表现出色，只可能得到奖励赞扬，不可能得到惩戒。

84.KD 57 写给新凯撒利亚都主教的信

普塞洛斯希望都主教能够热烈欢迎和普塞洛斯如出一辙的地方法官。

---

① *monoprosopon*，指向地方富裕人士征用马匹和骡子。译为"驮畜税"。参见 Alexander P. Kazhdan (editor in chief), *The Oxford Dictionary of Byzantium*, p.1864.

85.KD 55 写给卡托蒂卡（Katotika）地方法官的信

普塞洛斯写给这个密友，赞扬了他对自己的支持。

86.KD 59 写给卡塔卡隆·克考梅诺斯的信

卡塔卡隆·克考梅诺斯在多年征战之后决定削发成为一名修道士，并且把这个事情告诉了普塞洛斯，还向普塞洛斯抱怨称自己没有从君士坦丁十世那里得到之前担任将军时应得的薪水。普塞洛斯首先祝贺了卡塔卡隆·克考梅诺斯成为修道士的决定，然后建议卡塔卡隆·克考梅诺斯想办法要回自己应得的薪水，如果牧首不帮忙的话，卡塔卡隆·克考梅诺斯就应该自己行动。

87.KD 141 写给 卡塔卡隆·克考梅诺斯的信

普塞洛斯祝贺了卡塔卡隆·克考梅诺斯成为一名勇敢的修道士，并且鼓励卡塔卡隆·克考梅诺斯不要沮丧。尽管他想尽了一切办法，但很可惜还是没能让皇帝同意支付他的薪水。

88.KD 30 写给卡塔卡隆·克考梅诺斯的信

普塞洛斯给了卡塔卡隆·克考梅诺斯一些修道士生活的建议，例如全心虔敬神明、完成上帝的意愿、与邻居为善等。

89.KD 60 写给爱琴海（Aegean Sea）地方法官的信

普塞洛斯询问地方法官的近况，并且请求霍蒙诺亚（Homonoia）修道院的地产管理者佩特诺纳斯（Petronas）和菲吉诺伊家族（the Pyrgenoi）帮自己一个忙。

90.KD 61 写给色雷斯军区地方法官的信

这位地方法官因为晋升和免职的事情而闷闷不乐，普塞洛斯写信希望让他开心起来。

91.KD 62 写给安条克总督的信

普塞洛斯希望得知总督的近况，在信中说自己梦到总督在战场上作战并取得了胜利。普塞洛斯和皇帝都相信这是一个吉兆。

92.KD 63 写给尼科劳斯·斯克莱罗斯（参见 KD 44 以及随后的三封信）

93.KD 64（=S192）写给色雷斯和马其顿的地方法官

普塞洛斯在信中说地方法官每年都选择同一个人担任马迪托斯（Madytos）的长官（*basilikos*），此人品性上佳，但是却成为政治冲突的受害者。普塞洛斯请求这位地方法官换一个方法解决冲突，不要让此人再受伤害了。

94.S 165 写给"长官"、将军阿比多斯的信

君士坦丁九世此前通过金玺诏书授予了普塞洛斯任命马迪托斯长官（basi-likos）的权力。

95.KD 1 写给马迪托斯都主教的信

都主教之前帮助过马迪托斯的长官（basilikos），普塞洛斯致信表示感谢，并且希望都主教此后继续伸出援手。

96.S 148 写给马迪托斯都主教的信

普塞洛斯写信请求都主教帮自己一个忙。

97.KD 65 写给布凯拉里翁军区地方法官的信

普塞洛斯告诉地方法官关于军区里的一个居民以及关于他的两则不同的宣判结果。

98.KD 66 写给色雷斯军区地方法官的信

普塞洛斯告诉这位地方法官一个从前的案例被再度开启，这位法官应当满足皇帝的愿望，尽可能地帮助涉案的人。

99.KD 67 写给亚里斯特诺斯的信

普塞洛斯称自己一直想着帮助亚里斯特诺斯从流放中召回，但是与皇帝沟通此事是很困难的。普塞洛斯表示自己会继续试图劝说皇帝。

100.KD 68 写给罗曼努斯·斯克莱罗斯的信

普塞洛斯祝福了罗曼努斯·斯克莱罗斯。

101.KD 69 写给卡托蒂卡地方法官的信

普塞洛斯告诉地方法官，拉里萨都主教是一个严肃的人，同时也是自己的好友。都主教现在需要这位法官的帮助，让他重新成为拉里萨都主教辖区的领袖。普塞洛斯请法官帮忙。

102.KD 70 写给卡托蒂卡地方法官的信

这位地方法官此前写信给普塞洛斯称军区里有一个人要求这位法官给他提供一些钱，这位法官询问普塞洛斯自己该怎么做才能筹到那么多钱。普塞洛斯回信给出了建议。

103.KD 71 写给牧首米哈伊尔·凯路拉里厄斯的信

普塞洛斯报告称有一个前修道院院长谴责了自己，宣告了牧首的清白。普

塞洛斯还感谢了牧首的善良。

104.KD 72 写给司祭（*protosynkellos*①）利昂·帕拉斯庞蒂洛斯（Leon Paraspondylos）的信

普塞洛斯的信的第一部分讨论了他们平等的地位；第二部分是告知帕拉斯庞蒂洛斯说自己给牧首写了一封信。

105.KD 73 写给马其顿地方法官的信

普塞洛斯告诉地方法官有一个此前是长官（*basilikos*）、现在担任文书的人被迫害的事情，并且希望能得到这位法官的帮助。

106.KD 74 (=S 32) 写给马其顿地方法官的信

普塞洛斯向这位法官推荐了一个好朋友，尽管此人还在流放中，但是他希望法官能友善地见此人一面，待以朋友之道。

107.KD 75 写给帕纳索斯（Parnasos）主教的信

普塞洛斯感谢了主教记得自己的朋友并且赠送给朋友礼物的事情。

108.S 62 写给帕纳索斯主教的信

主教此前请普塞洛斯写一封推荐信给"凯撒"约翰·杜卡斯，向"凯撒"引荐他。普塞洛斯欣然从命。

109.S 63 写给"凯撒"约翰·杜卡斯的信

普塞洛斯告诉"凯撒"，主教是自己的朋友，说话不多但思想深邃，"凯撒"如果结识他将受益良多。

110.KD 76 写给卡托蒂卡地方法官的信

普塞洛斯告诉马勒塞斯（Malesses），一个伯罗奔尼撒人需要他在法律方面的帮助，并且请求马勒塞斯以私人身份结交这个人。

111.KD 77 写给色雷斯地方法官的信

普塞洛斯请地方法官不要责怪他，因为他是无辜的，对地方法官的事情一无所知。

112.KD 78 写给色雷斯地方法官的信

普塞洛斯告诉地方法官，送信的这位第一副官（*protokentarchos*②）是自己

---

① *protosynkellos*，希腊文为 πρωτοσύγκελλος，拜占庭地方主教在教会中行使行政权的主要代理人，通常地位仅次于主教，为主教的副手，往往是司祭。译为"司祭"或"神父"或"神甫"。

② *protokentarchos*，由 *proto*（"第一"之意）和 *kentarchos* 构成。*kentarchos*，海陆军的副官。

的朋友，建议法官结交他并给予他适当的帮助。

113.KD 79 未标明收信人

普塞洛斯曾经接到收信人的求助信，然后就尽心劝说皇帝出面帮助了。普塞洛斯希望现在的情况有所好转。

114.KD 80 写给塞浦路斯的皇帝领地管理人（*kourator*①）的信

普塞洛斯向皇帝领地管理人致意，赞扬他为塞浦路斯的和平所做的一切。

115.KD 81 写给奥普斯金军区地方法官的信

普塞洛斯请地方法官帮个小忙，免除他自己的修道院的"驮畜税"。

116.KD 82 写给安纳托利亚军区地方法官的信

普塞洛斯告诉地方法官，自己希望在首都缴纳他的修道院的"驮畜税"，而不是在安纳托利亚，这样对他来说更方便，而对收税机关来说没有差别。他希望法官批准。

117.KD 83 写给布凯拉里翁军区地方法官

普塞洛斯写给布凯拉里翁军区地方法官称安基拉的收税官非常富有，并且恳求普塞洛斯帮他更多的忙。

118.KD 84 写给布凯拉里翁军区地方法官

"长官"格雷戈里奥斯（Gregorios）借普塞洛斯之口问地方法官，关于自己的土地和办事处（*sekreton*②）的土地的边界问题，并且希望法官帮忙。

119.KD 85 写给中央法庭法官的信

普塞洛斯表示如果自己有能力达成自己的目标的话，那么就不会让中央法庭法官流放了。普塞洛斯一直将中央法庭法官视作好朋友，并且支持他。普塞洛斯鼓励这位朋友不要绝望，而是勇敢地接受自己的惩罚。

120.KD 86 写给卡托蒂卡地方法官的信

普塞洛斯惊讶于卡托蒂卡的文书对本军区地方法官的炽热感情，并表示希

译为"第一副官"。参见 Alexander P. Kazhdan (editor in chief), *The Oxford Dictionary of Byzantium*, pp.1120-1121.

① *kourator*，希腊文为 κουράτωρ，复数形式为 *kouratores*，皇帝领地管理人。参见 Alexander P. Kazhdan (editor in chief), *The Oxford Dictionary of Byzantium*, pp.1155-1156.

② *sekreton*，希腊文为 σέκρετον，复数形式为 *sekreta*，指办事处或者部门。Alexander P. Kazhdan (editor in chief), *The Oxford Dictionary of Byzantium*, p.1866.

望和法官更频繁地通信。

121.KD 87 写给司祭利昂·帕拉斯庞蒂洛斯的信

帕拉斯庞蒂洛斯寄给普塞洛斯一封很短的信，普塞洛斯表示希望对方能写得再长一些。

122.KD 88 写给安条克牧首

普塞洛斯赞扬说，因为牧首的存在，安条克成为最受上帝祝福的城市之一；现在城市的芬芳几乎枯竭了，牧首是唯一剩下的芬芳的源泉。

123.KD 89 写给波列伦（Boleron）地方法官

普塞洛斯写信说塞奥提斯多斯（Theoktistos）承诺给予他一座修道院。

124.KD 90 写给德鲁古比泰（Drougoubiteia）地方法官的信

普塞洛斯祝愿地方法官身体健康，并且希望他给予自己一切可能的帮助。

125.KD 91 写给德鲁古比泰地方法官的信

普塞洛斯向地方法官推荐了送信人，称后者是一个出色的下属，没什么野心但能力强。

126.KD 92 写给布凯拉里翁军区地方法官的信

普塞洛斯建议地方法官向每个遭遇不幸的人提供援助。

127.KD 93 写给卡托蒂卡地方法官的信

普塞洛斯向地方法官介绍了修道士埃利亚斯，信中比较了埃利亚斯和圣经旧约中的以利亚（Elijah）。

128.KD 94 写给亚里斯特诺斯的信

普塞洛斯感谢亚里斯特诺斯应自己的请求免除了一个人的税务。

129.KD 95 写给乔治大人（Kyr Georgios the *aktouarios*①）的信

普塞洛斯表示自己总的来说不喜欢商业，但是乔治经营的除外。

130.KD 96 写给亚美尼亚军区地方法官瓦西里（Basileios）的信

普塞洛斯给忧虑自己军区的瓦西里回信，给出了一些理由让瓦西里积极一些，认为瓦西里有机会改善军区的局势。

---

①　*aktouarios*，希腊文为 ἀκτουάριος，官员名，其职能不断变化，在 10 世纪仪式书中被描写成代表皇帝向胜利的战车御者颁发奖品的官员，在 12 世纪也许从 11 世纪初起是（宫廷？）医生的头衔。参见 Alexander P. Kazhdan (editor in chief), *The Oxford Dictionary of Byzantium*, p.50.

131.KD 97 写给奥普斯金军区地方法官的信

普塞洛斯告诉地方法官自己沿着海岸线乘船从特里尼亚（Trigleia）出发，沿途向同行人描述首都的风貌。

132.KD 98 写给奥普斯金军区地方法官的信

普塞洛斯告诉地方法官，修道士埃利亚斯将虔敬上帝和虔敬玛门（Mammon，指财富）很好地结合起来。

133.KD 99 写给奥普斯金军区地方法官的信

普塞洛斯和阿齐贡人达成协议，后者将会为普塞洛斯工作，而普塞洛斯则要为他们在地方法官面前美言。

134.KD 100 写给奥普斯金军区地方法官的信

有一个贫穷的法官曾经在竞技场法庭附近等待了数年以获得一份好工作，但未能成功。这个法官单纯善良且谦逊，是一个出色的官员。现在此人要前往奥普斯金军区，普塞洛斯写信给地方法官请后者善待这位法官。

135.KD 101 写给"凯撒"约翰·杜卡斯的信

普塞洛斯就"凯撒"问的一个问题给出了三个答案。

136.KD 102 写给"凯撒"约翰·杜卡斯的信

普塞洛斯告诉"凯撒"，图拉真（Trajan）的军队在被森林里的野兽攻击时，得到了两位魔术师迦勒底人朱利安（Julian the Chaldaean）和利比亚人阿普列乌斯（Apuleius the Libyan）的救援。

137.KD 103 写给皇帝私人秘书（*epi tou kanikleiou*）瓦西里的信

普塞洛斯赞颂了瓦西里的能力和双方的友情，并且提出如果瓦西里需要自己帮忙，那么直接下令即可。

138.KD 104 写给尼科米底亚都主教瓦西里（Basileios）的信

普塞洛斯表示自己对瓦西里的计划以及该计划如何影响圣索菲亚大教堂的经济（*oikonomeion*）是一无所知的。

139.KD 105 写给欧凯塔都主教的信

普塞洛斯表示不相信朋友莫洛普斯那么忙碌以至于没有时间和自己这个密友通信了。

140.KD 106 (=S 60) 写给奥普提马顿地方法官的信

普塞洛斯的信严肃但很短，因为他不想长篇讨论痛苦的话题。他被地方法官剥夺了居所，还有一个人也遭到了同样的对待。普塞洛斯表示如果自己是正确的，那么他希望地方法官能取消这个决定。

141.KD 107 写给奥普斯金军区地方法官的信

一个穷人（即送信人）曾经很富有，但是被他的邻居偷走了所有的桑树。受害者向皇帝申冤，得到了一封写给地方法官的信。这个人还请普塞洛斯帮忙向地方法官说情。普塞洛斯请法官同情他所受遭遇，惩罚加害者（可能是罚款），要求加害者归还不义夺取的财产，写报告书防止他再次犯法。

142.KD 108 写给奥普斯金军区地方法官的信

普塞洛斯坚称他的梅加拉－凯利亚（Megala Kellia）修道院是免于纳税的，地方法官无权征税。

143.KD 109 写给帕夫拉戈尼亚（Paphalagonia）地方法官的信

一名文书将前往帕夫拉戈尼亚，普塞洛斯写信给地方法官希望后者能接待这个文书并给予帮助。

144.KD 110 写给帕夫拉戈尼亚地方法官的信

普塞洛斯感谢地方法官帮助了文书。

145.KD 111 写给皇帝秘书长亚里斯特诺斯的信

普塞洛斯把自己的两个抄写员（grammatikoi）派到亚里斯特诺斯那里去，并介绍了这两个人的差异。

146.KD 112 写给奥林匹斯修道院群首领（archimandrite[①]）的信

普塞洛斯写信表示自己需要拜访这位修道院院长。

147.KD 113 写给斯米拉凯（Smilakai）修道院院长的信

两个修道士乞求能回到斯米拉凯修道院，普塞洛斯向修道院院长写信说情。

148.KD 114 写给彭塔特诺斯（Pentaktenos）的信

普塞洛斯赞赏了彭塔特诺斯退隐前往修道院成为修道士的举动。彭塔特诺

---

① archimandrite，希腊文为 ἀρχιμανδρίτης，女性为 ἀρχιμανδρίτισσα，字面意思是"羊圈的首领"。这个术语最早在 4 世纪出现于叙利亚，通常为 hegoumenos（修道院院长）的同义词。从 6 世纪起，这个术语开始用来指一个地区或城市的修道院群体的首领，类似于 exarch 或 protos（"第一修道士"）。这里译为修道院群首领。参见 Alexander P. Kazhdan (editor in chief), *The Oxford Dictionary of Byzantium*, p.156.

斯表示希望有朝一日普塞洛斯能放下俗务和自己一起修行。

149.KD 115 写给彭塔特诺斯的信

普塞洛斯回信给彭塔特诺斯讨论上帝旨意的问题，认为上帝不会响应信徒的所有请求，并建议彭塔特诺斯不应该一切事情都请求上帝帮助，而应当自力更生。

150.KD 116 写给奥普斯金军区地方法官的信

普塞洛斯认为地方法官应该照管好自己的地产，而不是漠视它们。

151.KD 117 写给奥普斯金军区地方法官的信

普塞洛斯写信表示自己之前没有请地方法官帮过什么忙，但是这次希望地方法官帮忙赶走一些动物。

152.KD 118 写给奥普斯金军区地方法官的信

普塞洛斯提醒地方法官关于他的军区首席文书的一个请求。地方法官应该忽略诽谤者的话，并且考察他们的行动，避免过快地惩罚别人，而是仔细调查之后再做决断。

153.KD 119 写给奥普斯金军区地方法官的信

普塞洛斯告知地方法官送信人出身高贵且是一名出色的士兵，但是却遭遇不幸，希望地方法官能帮助这个人安定下来务农为生。

154.KD 120 写给奥普斯金军区地方法官的信

一个来自尼西亚的人表示有很多欠他债务的人不愿意还债，需要地方法官帮他拿回他借出去的金钱。普塞洛斯写信给地方法官请后者帮忙。

155.KD 121 写给总管（*megas oikonomos*[1]）的信

一个 *logographos*（秘书？）提出自己接受了牧首侍从（*kouboukleisios*[2]）的新头衔，需要得到免税的特权，希望普塞洛斯尽快办理。

156.KD 122 写给总管的信

普塞洛斯表示自己不了解送信人利昂·梅兰德罗斯（Leon Melandros），但是此人得到了普塞洛斯一个密友的推荐。如果利昂品性上佳，那么普塞洛斯

---

① *megas oikonomos*，希腊文为 μέγας οἰκονόμος，译为"总管理人"或"总管"。参见 Alexander P. Kazhdan (editor in chief), *The Oxford Dictionary of Byzantium*, p.1517.

② *kouboukleisios*，希腊文为 κουβουκλείσιος，授予牧首侍从的头衔。参见 Alexander P. Kazhdan (editor in chief), *The Oxford Dictionary of Byzantium*, p.1155.

希望总管收利昂为自己的扈从。

157.KD 123 写给爱琴海地方法官的信

普塞洛斯告诉地方法官，做事必须同时具备勇气和智谋。

158.KD 124 写给尼科劳斯·斯克莱罗斯的信

普塞洛斯认为拥有美德和美好生活的最好办法就是虔敬圣母。不仅包括崇拜其圣像，还包括涵养美德、关心其教堂、装点建筑和地产等。

159.KD 125 写给爱琴海地方法官的信

普塞洛斯描述了他的梅迪吉翁（Medikion）修道院，认为那是一个思考的好地方，离海不远。

160.KD 126 写给尼科劳斯·斯克莱罗斯的信

普塞洛斯告诉尼科劳斯，塔纳苏（Ta Narsou）修道院院长喜欢重复自己的请愿，这样能保证听者听到，从而提高成功的机会。

161.KD 127 写给尼科劳斯·斯克莱罗斯的信

普塞洛斯写信请塔纳苏修道院院长前往尼科劳斯·斯克莱罗斯那里帮忙。一些修道士外出照管地方地产，但这些地产有的是没有利润可言的，普塞洛斯希望能减少这些损失。他请求地方法官庇护这些修道士及其地产。

162.KD 128 写给尼科劳斯·斯克莱罗斯的信

普塞洛斯抱怨文书候选人在第一次面试时就被拒绝，他本来希望尼科劳斯·斯克莱罗斯能帮助自己推荐的人成为文书的，而不是又选择其他候选人。

163.KD 129 写给卡尔西登都主教的信

普塞洛斯讨论关于圣像的问题，都主教怀疑普塞洛斯偷走了圣像，但普塞洛斯极力辩白。

164.KD 130 写给色雷斯军区地方法官的信

地方法官盖章允许皇帝的官员（*klerikos*①）成为帕尤尼亚的主教，普塞洛斯也收到请求为此事美言，但是普塞洛斯本人也听说过另有一人更适合这个职位。

165.KD 131 写给色雷斯军区地方法官的信

普塞洛斯表示地方法官或许没有给予文书应有的利益，所以希望地方法官

---

① *klerikos*，泛指各种官员，主要是教会官员。

更多地帮助文书。

166.KD 132 写给瓦西里·马勒瑟斯（Basileios Maleses）的信

马勒瑟斯很高兴从普塞洛斯那里收到正式的请求。普塞洛斯告诉他如果他接受这个请求，那么就证明了双方的深厚友谊。这个请求是关于一个贫穷的士兵向皇帝发出的请求。普塞洛斯希望马勒瑟斯释放这个士兵并允许他参加战争。

167.KD 133 写给迪拉基乌姆总督的信

普塞洛斯列举了总督的各项美德，表示总督会做朋友请托的一切事务。然后普塞洛斯请总督帮助一个人解决他的麻烦。

168.KD 134 写给安条克牧首的信

普塞洛斯为之前和牧首之间缺乏通信而感到遗憾。普塞洛斯在信中采取了苏格拉底（Socrates）的写作技巧，先问问题，再展开叙述。于是普塞洛斯先是将国家比作航行的船只，然后再给出自己的建议。

169.KD 135 写给安条克牧首的信

普塞洛斯表示自己可以使用各种写作风格，因此牧首不用感到有压力，直接写自己想写的内容即可。

170.KD 136 写给阿马西亚都主教的信

普塞洛斯赞美了从都主教那里收到的非常优美的信，并且希望都主教能继续这样的写作。

171.KD 137 写给爱琴海地方法官的信

普塞洛斯向地方法官道歉，因为自己屡屡请他帮忙。如果地方法官不愿意接受这么多的请求，那么也有很多种方法。另外普塞洛斯还在信中引荐了送信人。

172.KD 138 写给安条克牧首艾米利亚诺斯的信

艾米利亚诺斯此前给普塞洛斯写过一封信，但是普塞洛斯想要更多的通信。

173.KD 139 写给安条克牧首的信

普塞洛斯希望能够得到牧首的最新消息，并且鼓励牧首多写作。

174.KD 140 写给奥普斯金军区地方法官的信

普塞洛斯向地方法官抱怨他们共同拥有的梅迪吉翁修道院的情况，指出如果佐马斯（Zomas）不帮忙的话，那么修道院就会关张了。普塞洛斯希望地方法官能把修道院的权力完全给予修道士们。

175.KD 141 写给特考梅诺斯（Tekaumenos）的信（见 KD 59 以及之后的两封信）

176.KD 142（=S 24）写给奥普斯金军区地方法官的信

普塞洛斯提到了一名文书，后者被地方法官严厉地惩罚了。普塞洛斯给出了关于后续处置此人的意见，提出地方法官可以把他送回首都。

177.KD 143 写给奥普斯金军区地方法官的信

普塞洛斯提及了自己另一个年岁较大的朋友，此人需要普塞洛斯请托地方法官帮忙。

178.KD 144 写给奥普斯金军区地方法官的信

普塞洛斯向地方法官提及了一个文书，此人是普塞洛斯的一个亲戚。普塞洛斯表示这个人和自己的性格类似，只是在运气上稍差。普塞洛斯希望地方法官能够帮助这个人。

179.KD 145 写给牧首的信

仅剩残篇，普塞洛斯希望牧首去做某件事。

180.KD 146 写给皇帝私人秘书瓦西里的信

普塞洛斯写信给瓦西里，提到瓦西里当时正与皇帝罗曼努斯四世比较亲近。瓦西里近来没有与普塞洛斯取得联络，而普塞洛斯希望瓦西里能出于与自己的友情，热烈欢迎戈迪亚松（Gordiason）主教。

181.KD 147 写给霍利斯巴克特斯（Choriosphaktes）的信

霍利斯巴克特斯借口称自己喜欢面对面交谈所以没有写信，但这只不过是他懒惰的理由罢了。但是普塞洛斯并不介意，只希望霍利斯巴克特斯能写信给他。同时普塞洛斯希望霍利斯巴克特斯能欢迎戈迪亚松主教，后者当时正遭受马提安（Matiane）主教的攻讦，处境比较困难。

182.KD 148 写给亚里斯特诺斯的信

普塞洛斯曾经询问过很多旅行者关于亚里斯特诺斯的信息，但都是消极的。不过如果亚里斯特诺斯能够欢迎戈迪亚松主教，那么普塞洛斯就可以打消自己的沮丧。

183.KD 149 写给法官（*epi ton deeseon*①）的信

普塞洛斯指出这位官员去了很远的地方，只能通过书信交谈，希望这位官员能够欢迎戈迪亚松主教并为他提供帮助。

184.S 131 写给一个教会人士（可能是马提安主教）的信

收信人曾经介绍戈迪亚松主教给普塞洛斯认识。如今收信人面临着一些问题，他想得到支持但是普塞洛斯无法给予，所以普塞洛斯建议对方靠自己的努力来获得支持。

185.KD 150 写给色雷斯军区地方法官的信

普塞洛斯表示自己正受到皇帝领地管理人（*kouratores*）的攻讦，唯一能救助他的就是色雷斯军区地方法官。

186.KD 151 写给色雷斯军区地方法官的信

普塞洛斯重复了自己的请求。他的敌人正在运作撤掉他的职务，色雷斯军区地方法官应该帮助他。

187.KD 152 写给色雷斯军区地方法官的信

送信人是普塞洛斯的一个门生（protégé），从皇帝那里获得了推介信准备交给地方法官。普塞洛斯在信中希望地方法官善待送信人。

188.KD 153 写给色雷斯军区地方法官的信

普塞洛斯就一名文书的情况与地方法官通信，他赞美了这个文书的智慧、能力和品格，希望地方法官能委任文书以合适的职位。

189.KD 154 写给卡托蒂卡地方法官的信

地方法官明显忘记了与普塞洛斯的友谊，但是普塞洛斯依然珍视与对方的友谊。普塞洛斯希望地方法官能热切欢迎送信人，作为与自己友谊的证明。

190.KD 155 写给奥普斯金军区地方法官的信

普塞洛斯送给地方法官一名文书，希望地方法官能够善待他。

191.KD 156 写给伊萨克·科穆宁的信，收信人当时正与佩彻涅格人作战

普塞洛斯写了一封长信给伊萨克一世，首先强调了双方离得非常远，并为

---

① *epi ton deeseon*，希腊文为 ὁ ἐπὶ τῶν δεήσεων，负责接收并回复向皇帝的上诉的官员。该职位的重要性在11—12世纪上升，当时据有这一职位的人不仅拥有"首席主席"（*protoproedros*）头衔，而且一般是最重要贵族家族成员。译为"法官"。参见 Alexander P. Kazhdan (editor in chief), *The Oxford Dictionary of Byzantium*, p.724.

任何可能发生的错误道歉。普塞洛斯赞颂了拜占庭军队的强大以及伊萨克本人出众的指挥能力，然后表示和平要优先于战争，最后希望伊萨克考虑自己的建议，做出正确的决定。

192.KD 157 可能是写给一名地方法官的信

这封信非常冗长，写的都是收信人已经知道、不需提醒的事情。普塞洛斯写这封信是为了送信人不至于空手前去。

192.KD 158 未标明收信人

普塞洛斯指出在不知内情的人看来，自己没有给收信人提供什么帮助，但是只有见证了一切的人才知道，普塞洛斯出于友情，帮助了收信人很多。有一个修道士可以为之作证。普塞洛斯表示自己希望收信人与自己更频繁地通信。

193.KD 159 写给塞浦路斯的皇帝领地管理人的信

普塞洛斯非常高兴听到自己的门生在塞浦路斯得到了很好的待遇。普塞洛斯希望皇帝领地管理人不要再待在遥远的塞浦路斯了，而是必须回到四季更加分明的首都，自己会迎接他回归的。

194.KD 160 可能是写给一名地方法官的信

一个朋友（可能是地方法官）离开了首都，普塞洛斯非常想念这个朋友，于是给他写信，希望他能回到首都。

195.KD 161 可能是写给一名地方法官的信

有一个人请普塞洛斯给自己写一封信，把他推荐给地方法官。普塞洛斯耽搁了一段时间，但最后还是写了。普塞洛斯发现此人已经从皇帝那里收到了一封推介信。在自己的书信末尾，普塞洛斯向地方法官解释他有可能一并收到这两封信。

196.KD 162 写给一名地方法官的信

有一个人托普塞洛斯向地方法官寻求帮助，此人没有遇到麻烦，仅仅是因为住在地方法官管辖的行省而已。

197.KD 163 写给一名地方法官的信

普塞洛斯的一个穷人朋友遭到了不公正的对待，普塞洛斯写信给地方法官请求帮助。

198.KD 164 写给一名修道院院长的信

一个曾经是奴隶的修道士见到普塞洛斯，希望请普塞洛斯帮自己被一名修道院院长接纳。普塞洛斯应允，让这个修道士拿着这封信去见修道院院长。

199.KD 165 可能是写给一名地方法官的信

普塞洛斯欣赏送信人的善良和直率，写给地方法官请他为送信人提供帮助，并缔结友谊。

200.KD 166 写给一名地方法官的信

普塞洛斯向地方法官介绍自己的一个门生，此人遭遇了不公的对待。普塞洛斯并不是写信请求地方法官行事公正，而是请地方法官出于与自己的友情接待这个门生。

201.KD 167 可能是写给一名地方法官的信

普塞洛斯应一个人的请托写了这封信给地方法官，感谢地方法官之前的帮助。

202.KD 168 写给一位朋友的信

有个人提醒普塞洛斯不要忘了自己的承诺，普塞洛斯回信说自己已经准备好为他做事了。

203.KD 169 写给一名地方法官的信

普塞洛斯在信中告诉地方法官朋友帮助朋友的道理，并且请地方法官帮助普塞洛斯的一个女性贵族朋友。这对于地方法官来说可能是一个负担，但是对于真正的朋友来说是能够接受的负担。

204.KD 170 写给一名修道士的信

普塞洛斯告诉修道士，他没有忘记写信给他，但是却没有从对方那里收到信，这次收到来信让普塞洛斯感到非常高兴。他感谢修道士送给他的水果，并给予一些钱币作为回礼。

205.KD 171 写给一名地方法官的信

普塞洛斯的一个门生及其一些亲戚，被自己的一个邻居打成重伤，普塞洛斯请求地方法官主持公道。

206.KD 172 写给马其顿地方法官的信

普塞洛斯在自己一个老朋友健在的时候没有给他什么好处，现在这位朋友去世了，普塞洛斯写信给地方法官希望后者帮助这个朋友的遗孀继承尽可能多的地产。普塞洛斯请地方法官列出这位朋友拥有的财产，并表示自己知道收回这些财产是困难的，但是相信地方法官能够做到。

207.KD 173 写给一名地方法官的信

普塞洛斯相信地方法官会善待自己推荐的文书，他写这封信是感谢地方法官的帮助，他知道地方法官会更好地对待文书。

208.KD 174 写给一名地方法官的信

普塞洛斯为现在成为文书的一个门生感谢地方法官。普塞洛斯实际上是希望地方法官能够善待刚刚接手工作的文书，给予后者帮助。

209.KD 175 可能是写给一名地方法官的信

普塞洛斯告诉地方法官自己有一个门生，希望地方法官能够尽可能地提供帮助。

210.KD 176 写给一名官员的信

普塞洛斯告诉这名官员，送信人要求自己给他写信，他对此很高兴，并且相信这名官员能够善待送信人，这样也是他们之间友谊的证明。

211.KD 177 写给一名朋友的信

普塞洛斯告诉朋友他相信上帝有意不让自己从长期的高烧中恢复过来，不过现在生病的症状已经消退了。

212.KD 178 写给一名亲戚的信

普塞洛斯表示真正的友情、亲情和诚实就意味着完成朋友的请托。普塞洛斯感谢与这位亲戚的亲密关系，并且希望这种关系是相互的。

213.KD 179 可能是写给一名地方法官的信

普塞洛斯表示如果地方法官想展现与自己的友情，那么机会来了：他应该帮助送信人。

214.KD 180 未标明收信人

普塞洛斯请一位朋友帮助一名音乐家（即送信人）免受伤害。

215.KD 181 可能是写给一名地方法官的信

当推荐他人的时候，普塞洛斯都会解释为什么他写这封信并写明请求，且希望能得到好的结果。但是这封信中他只是阐述了对送信人的担忧，并且请收信人公正地对待送信人。

216.KD 182 写给一名地方法官的信

某个人去世的时候，他的儿子不在身边，所以这个人的家产就处于未受保护的状态，他贪婪的邻居和其他用心险恶的人就想侵夺所有的财产。普塞洛斯写信给地方法官，请后者不要允许邻居的行动，而是扣下财产等待死者的儿子从首都回来之后继承。

217.KD 183 写给一名官员的信

普塞洛斯写信给一名官员，表示这是他第一次也是最后一次检验彼此的友谊。如果这名官员及其下属能善待送信人，那就证明了他和普塞洛斯的友情。

218.KD 184 写给一名地方法官的信

普塞洛斯写信给地方法官向后者推荐一个人，此人正来自地方法官的军区，并且与普塞洛斯交好。所以地方法官应该给这个人以特殊关照。

219.KD 185 写给司祭利昂·帕拉斯庞蒂洛斯的信

普塞洛斯用讽刺语气称赞利昂的美德、学识、优雅，称他能够左右整个世界。但是利昂擅长掩饰，并且明明会使用阿提卡希腊语，却假装自己一无所知。普塞洛斯告诉利昂不要在自己面前做这些事，因为普塞洛斯不是那么容易就被愚弄的。利昂向别人做戏的时候，必须向普塞洛斯展现真相。

220.KD 186 写给"凯撒"约翰·杜卡斯

普塞洛斯告诉约翰，在知道了真相之后，他必须改变自己之前的策略，约翰必须要享受骑马打猎，应当使用不同的战术和武器，而不是只知道祈祷。

221.KD 187 写给奥普斯金军区地方法官的信

地方法官之前询问普塞洛斯制作床的问题，为什么头部比脚部高？为什么贵族的床是用雕花的木材加上绳网制成？普塞洛斯强调了头部的重要性等各种理由，但是承认早期的制床工匠或许考虑更多的是舒适度而非哲学层面。

222.KD 188 写给皇帝米哈伊尔七世的信

米哈伊尔七世要求普塞洛斯检查并报告一块被雕刻的石头，普塞洛斯写了一份报告，提供了两种解释，分别是传统的解释和更神奇的解释。他首先详细描述了石头的细节，使用了荷马史诗的故事，而在更神奇的解释中，他使用了巫师瓦西里（Basileios the magician）来比喻。

223.KD 189 可能是写给自己教子的信

普塞洛斯称收信人为儿子，并且自命为父亲。普塞洛斯谈到了儿子的成就，包括写颂词的成就和军事上的成就。普塞洛斯指出老一辈的人总是不容易接受年轻将军已经和自己并驾齐驱的现实，总是会有抵制心理。

224.KD 190 写给欧凯塔都主教约翰的信

普塞洛斯指出智者会同意老派的智慧包含了新柏拉图主义的元素，但是莫洛普斯则与之不同，他坚持自己的特点。

225.KD 191 写给约翰·西菲利诺斯的信

普塞洛斯表示自己不确定写信给西菲利诺斯是不是唐突了。普塞洛斯不知道自己朋友的船什么时候会抵达，从而把信送到西菲利诺斯处，并且西菲利诺斯的心情也会影响看这封信的影响。如果西菲利诺斯感到沮丧，这封信会起到安慰的作用。如果西菲利诺斯感到喜悦，那么直到他心情平复后才会看这封信。普塞洛斯对西菲利诺斯的学说有着复杂的心情，有时他希望加入西菲利诺斯这一派，有时又害怕这种冲动不是上帝的意志。普塞洛斯还祝贺了西菲利诺斯的修道生活。

226.KD 192 未标明收信人

这不是一封信，而是对于一片开阔的自然风景的第一人称的描述，赞美了花、树、鸟和整片景色。

227.KD 193 未标明收信人

这不是一封信，而是对于君士坦丁堡美景的描述。这座城市就像一座圣殿，风、海岸、海洋和空气都在敬神。

228.KD 194 未标明收信人

这不是一封信，而是对于一个圣像的描述。圣像位于他自己的卡萨拉（Kathara）修道院。普塞洛斯自称是圣像的内行，但是他也震惊于这个圣像的美丽。圣像画的是圣母，采用了混合的颜色，非常绚烂。此外圣像给人的影响不仅是视觉上的，更是灵魂上的，这是对卡萨拉修道院和整个世界的祝福。

229.KD 195 未标明收信人

普塞洛斯写给一个人，宣称收信人被一些人谴责为狗是正确的，这个人就是一条无耻、贪婪、咆哮的阿拉伯狗，他没有与狼撕咬，而是吞吃绵羊，即伤害受人尊敬且平和的人。像他这样的人就应该被石头砸死。

230.KD 196 未标明收信人

这不是一封信，而是描绘了一个神秘的场景，包括两个人，一个人中了咒语陷入沉睡，另一个人可能扛过了咒语，在试图叫醒另一个人。这个场景可能参考了荷马史诗中塞壬（Sirens）的故事。

231.KD 197 未标明收信人

普塞洛斯向收信人（可能是学生）解释流星。看起来是流星的东西是星星在夜里的天上运行，并且产生了干燥而多烟雾的气体，看起来就像下雨一样。而这些气体就像地面上的气体一样，在穿过厚厚的云层时也可能会起火，看起来就像一颗坠落的星星。

232.K 198 写给一个朋友的信

普塞洛斯告诉一个世俗朋友，自己是一只没有得到完全自由的猎豹。在普塞洛斯常去的地方——学校、拱廊、宫廷，以及最糟糕的，他自己的家，他都感到无法逃离。整座城市就像一张捕获他的网，宫廷则充满了背叛的诡计，让他感受到威胁。尽管他的朋友可能会觉得好笑，但普塞洛斯却因为害怕而哭泣。他不喜欢暴露在公众视野中的生活，这样让他感到不舒服。

233.KD 199 写给一个朋友的信

普塞洛斯告诉一个朋友，智识的火焰曾经被他点燃但现在已经熄灭了，他希望能够重新将之点燃并烧旺。而最好的燃料就是朋友的话语，所以他希望朋友能经常与他联系。

234.KD 200 写给奥普斯金军区地方法官的信

地方法官之前表示给普塞洛斯寄了很多封信，但是普塞洛斯表示自己没有收到，近期收到的信才是第一封而已。普塞洛斯认为地方法官不应该怪罪自己，而是该找一些更靠谱的送信人。地方法官希望能够和普塞洛斯单独会面，普塞洛斯表示这有望实现。

235.KD 201 写给皇帝秘书长的信

萨克利尼（Sakelline）的修女们要求普塞洛斯更新她们的盖章文件（*sigillion*），所以普塞洛斯应邀写信给皇帝秘书长。

236.KD 202 写给皇帝的信

普塞洛斯要求皇帝收回赐予他的梅迪吉翁修道院，他无法承受皇帝的慷慨。普塞洛斯希望能把梅迪吉翁移交给他中意的"大法官"阿纳斯塔修斯·利齐克斯（Anastasios Lizix *vestarches*）。

237.KD 203 未标明收信人

普塞洛斯回复了一个问题，或许是一个学生问的：如果空气因为运动而变暖，那么在气流中我们为什么会感到冷呢？普塞洛斯回答道，碰触我们身体的那部分环境一直是温暖的，因为它从人体吸取热量，而其他部分的环境依然寒冷，所以在气流中，那些没有触碰过我们的空气代替了我们身边的空气，导致我们感到寒冷。相反，洗澡的时候，周边的空气加热并温暖我们。

238.KD 204 未标明收信人

普塞洛斯想知道如何称呼他以前的一个学生，因为后者现在晋升了。最后他决定使用"儿子"这个词。

239.KD 205 写给一位修道院院长的信

普塞洛斯想知道是不是因为自己两次做了同样的请求而未得到回复所以该受批评，抑或是修道院院长故意忽视了自己的信。但是普塞洛斯感到有罪，因为他第三次试图提出请求。他想得到关于卡利尼科斯（Kallinikos）被修道院驱逐一事的答复，他认为卡利尼科斯不管犯了什么罪，都不应该被驱逐。

240.KD 206 未标明收信人

普塞洛斯向一个人提供了两个选择，奶酪或信件。信件从哲学的角度解释了奶酪的起源和制作方法，从奶牛的生理学开始叙述，牛奶如何产生，牧人如何喂养奶牛、制作奶酪的工艺等。

241.KD 207 未标明收信人

普塞洛斯的"儿子"负责撰写颂词，在整个城市都受到广泛讨论。罗马的土地过去被天险和要塞保护着，但现在已经不复当年，幼发拉底河和多瑙河已经不算天堑了。普塞洛斯的"儿子"组织了军事防御，并且取得了超出预期的成效，在整个城市家喻户晓。

242.KD 208（=S 56）写给牧首米哈伊尔·凯路拉里厄斯（见 S56 和随后的信件）

243.KD 209 基里齐斯（Kyritses）写给普塞洛斯

普塞洛斯的学生基里齐斯写信给老师，表示希望走出老师的阴影，并且对自己在法律上的才学感到自信，他试图在这封短信中反对普塞洛斯的观点以及向老师寻求认可，争论的焦点在于《瓦西里律法》（Basilika①）的第 10 册。但是此举激怒了普塞洛斯。

---

① *Basilika*，希腊文为 τὰ βασιλικά，意为"皇帝法律"，由马其顿王朝瓦西里一世开始编撰，于利奥六世统治初年完成，一共 6 卷或者 60 册。译为《瓦西里律法》或《皇帝律法》。参见 Alexander P. Kazhdan (editor in chief), *The Oxford Dictionary of Byzantium*, p.265.

244.KD 210 写给基里齐斯的信

普塞洛斯态度恶劣地回信，攻讦后者的作品是剽窃得来。但是最后还是收回了这些恶言，并且给予了一个中肯的回应，见 KD 28。

245.KD 27 写给基里齐斯的信

这封信表明普塞洛斯对基里齐斯的态度发生了转变。基里齐斯在法律上的水平要更高一些。

246.KD 28 写给基里齐斯的信

这封信集中讨论"马蜂窝"这个词，讨论基里齐斯用这个词描述自己的老师是何用意。一个结论是基里齐斯并不是用"马蜂窝"而是用"狮子"这个词来批判普塞洛斯的。

247.KD 211 写给财务官（*sakellarios*，可能是牧首凯路拉里厄斯的侄子君士坦丁）的信

普塞洛斯比较了用于描述现实的话语和君士坦丁的圣像画。

248.KD 212 写给牧首凯路拉里厄斯的侄子君士坦丁或"凯撒"约翰·杜卡斯（也可能是同时写给这两人）的信

普塞洛斯告诉收信人说修道士埃利亚斯即将到来，描述了埃利亚斯作为音乐家的才能，以及做侍者的天分。

249.KD 213 写给"凯撒"约翰·杜卡斯的信

普塞洛斯回复了"凯撒"对他的请托，表示自己已经太老了。普塞洛斯把"凯撒"比作吃蜂蜜的狮子，而把自己比作缺乏蜂蜜的猿猴——尽管他并不羡慕"凯撒"的蜂蜜。

250.KD 214 写给伊萨克一世·科穆宁的信

普塞洛斯写信给伊萨克，表达了对皇帝的感谢，并说因为没有收到皇帝的信而怀疑自己是不是已经失宠。他希望皇帝能够再次宠信他，并表示会终身为伊萨克祈祷。

251.KD 216 写给一名朋友的信

普塞洛斯警告这个朋友，他们的友谊正面临危机。如果普塞洛斯不愿意听从或者回应朋友的愿望，如果他心如铁石，那么就应该切断联系。但是因为普塞洛斯遵从的朋友的请托，所以他也需要朋友的亲切言辞。

252.KD 217 写给一名朋友的信

这封信主要是向一个不知名的朋友打招呼并且给予热切的祝福。

253.KD218 可能是写给波索斯的信

普塞洛斯请收信人聆听普塞洛斯的一个朋友兼邻居，即送信人的话，并且希望波索斯能够善待这位朋友。

254.KD 219 未标明收信人

普塞洛斯的一个朋友在动笔写信之前，对于普塞洛斯的真诚态度就已经非常明显，不需要其他信息来证明了。但是他的言辞也展现了这份真诚。普塞洛斯对待这位朋友的态度也是一样，发自内心地热爱他。

255.KD 220 写给马其顿地方法官（*droungarea*①）之子"长官"波索斯

普塞洛斯写信给波索斯请他帮助卡科布雷斯（Kakoprates），后者正遭遇不幸，但是波索斯能够帮助他。

256.KD 221 写给一个地方法官的信

地方法官此前要求普塞洛斯接受自己的请托，普塞洛斯毫不犹豫地答应并完成了。现在普塞洛斯希望地方法官帮自己一个忙，解决欧凯塔都主教（约翰·莫洛普斯）的困难。莫洛普斯希望从法律角度解决彼松（Python）修道院的地产测量问题，这片地产是从他的一个亲戚那里获得的。普塞洛斯希望地方法官公正地解决此事，这样的话他就会赢得莫洛普斯和普塞洛斯的感激，以及上帝给出的报酬。

257.KD 222 写给一个世俗官僚的信

普塞洛斯过去常常阅读敕令，以理解那些时代的情况。但是在现在，情况并不是尽善尽美的，那些应该接受惩罚的人却活着，而那些应免于惩罚的人却没有被免除赋税。

258.KD 223 未标明收信人

普塞洛斯写给一个面临着严峻问题的朋友。困境让他无法享受阅读普塞洛斯优美的信件。信中还提到了普塞洛斯自己的一些近况。

259.KD 224 写给亚里斯特诺斯

普塞洛斯写给亚里斯特诺斯讨论自己的儿子，解释了自己为什么关心努力

---

① *droungarea*，即 *droungarios*，这里指法官。

工作的儿子。

260.KD 225 写给一个都主教的信

普塞洛斯很不情愿地联系这个都主教，讨论了友谊的性质。

261.KD 226 写给一个倾听告解的神父的信

普塞洛斯写给一个人，他认为此人是自己的告解神父，而后者的儿子是与自己争吵过的兄弟。本应是普塞洛斯的兄弟回复信件的，但是他拒绝了。

262.KD 227 写给一个地方法官的信

普塞洛斯和他的朋友们试图帮助摩西（Moses）修道院。地方法官应该照管好修道院，而修道院的修道士只希望能够得到官方文件证明他们的正当权利。

263.KD 228 可能是写给西菲利诺斯的信

普塞洛斯写给一个密友，讨论自己染上的重病。病从心头起，然后转移到全身，头部尤甚。

264.KD 229 写给约翰·莫洛普斯的信

约翰给普塞洛斯写了一封严肃的信，解释自己经常使用讽刺方式谈论他的朋友，表现出缺乏互相尊重。普塞洛斯同意，表示不确定他们两人中谁应该受罚——或许两人都应该。普塞洛斯就如何解决双方矛盾给出了建议。

265.KD 230 可能是写给一个都主教的信

普塞洛斯写道，他如果预知了信的内容，就不会读这封都主教写给自己的信。普塞洛斯表示疑惑为什么自己把全部行事的权力都给予了都主教，但都主教会让自己负责出现的所有问题。如果都主教有良心的话，就应该惩罚过错人，并且证明普塞洛斯是无罪的。

266.KD 231 写给"凯撒"约翰·杜卡斯的信

普塞洛斯因为约翰·杜卡斯对他工作的赞赏而感到喜悦。约翰是一个很好的倾听者，所以评论的话语也很有力。

267.KD 232 写给"凯撒"约翰·杜卡斯的信

约翰之前送给普塞洛斯一匹马。这是一匹很漂亮的马，并且训练有素。约翰擅长打猎，且是一个出色的骑手。但普塞洛斯则像大多数人害怕大象那样害怕马，因为他经常被掀下马背。不过他还是会勇敢地骑上约翰送来的马。

268.KD 233 写给"凯撒"约翰·杜卡斯的信

普塞洛斯写给约翰讨论松露。松露的生长方式是破坏性的。土地首先膨胀开来,"子宫"被打开,"胎儿"被移除。约翰送给普塞洛斯一些松露,不过普塞洛斯表示自己更希望换成别的,例如牛奶、奶酪、黄油和鸡蛋。特别是约翰从帕夫拉戈尼亚来,难道没有考虑过赠送当地特产咸猪肉吗?

269.KD 234 可能是写给"凯撒"约翰·杜卡斯的信

普塞洛斯送出一些最先成熟的无花果,这种水果不仅是最好的水果,也是最令人快乐的水果,不是过分甜,也没有令人不悦的苦味或刺激感。这是所有水果中最先成熟的,经受了春季的阳光。

270.KD 235 可能是写给"凯撒"约翰·杜卡斯的信

普塞洛斯向约翰确认,他送出去的礼物也是榛子,只是比平常的小一点,因为这是另一种类型的榛子,壳的形状像老鼠洞,果实藏在里面。

271.KD 236 可能是写给"凯撒"约翰·杜卡斯的信

普塞洛斯表示收信人可能会觉得栗子的薄皮很令人厌烦,特别是里面的那层皮,紧紧包裹果实。这是不是因为大自然知道这是一种坚硬的果子,所以让果实受到安全的保护免于被侵蚀呢?或者,可能因为它主要生长在山区的树上,所以被自然赋予了坚硬的刺。

272.KD 237 可能是写给"凯撒"约翰·杜卡斯的信

没有必要在送甜瓜的同时还附上一封信,甜瓜自身就已经不言自明了。它完全是快乐和愉悦的,不像苹果那么硬,也不是完全柔软而失去形状的。它很容易咀嚼,因此适合老人,它也容易吞咽,还非常便宜,2 德拉克马(drachmas)就能买满满 10 篮,非常容易得到。

273.KD 238 可能是写给"凯撒"约翰·杜卡斯的信

普塞洛斯写了一封信并且附上一些葡萄。葡萄并不是最甜的那一类水果,相对来说更适合酿成酒之后饮用。如果把说出来的话比作葡萄,那么酒就是恰当安排之后的话语。

274.KD 239 可能是写给"凯撒"约翰·杜卡斯的信

普塞洛斯决定给送出的水果附上一封信,提到了阿基根尼斯(Archigenes)对自然的诘问,即为什么大自然不给水果提供保护,却保护那些已经非常坚硬的坚果,并且给出了自己的回答,即大自然已经给水果提供了保护。

275.KD 240 写给地方法官的信

这封信是令人迷惑的，涉及两个人，再加上普塞洛斯。这封信在称呼上是写给那个年轻人的，但是主体内容却是写给那个年老人的。年老者受到了批判，因为他无视保加利亚人和一些游牧民族孤儿的事情。普塞洛斯祝贺了年轻人继承了年老人（的职位）。这个年轻人使年老人令人不快的性格变得令人愉快。但是年轻人是不饮酒的。普塞洛斯在信中劝年轻人不要拒绝喝一杯。

276.KD 241 可能是给地方法官的信

普塞洛斯向一名世俗官员（可能是一名地方法官）推荐了一名主教。这个官员可以启用这位主教，也可以仅仅交个朋友。

277.KD 241 写给邮政交通首席文书（*protonotarios of the dromos*）萨格玛塔斯（Sagmatas）的信

萨格玛塔斯是一名猎手，而普塞洛斯对打猎并不感兴趣，而是有别的爱好，即伏案写作。普塞洛斯赞赏了很多种休闲方式，包括吃喝、乡间散步、看戏、打猎，但是并没有说愿意加入。

278.KD 242 写给奥普斯金军区地方法官的信

普塞洛斯向地方法官推荐了著名的米哈伊尔·霍伊罗斯凡克特斯（Michael Choirosphaktes）的儿子，后者举止优雅且教育出众，但是职业生涯并不理想，被迫削减开支，生活得比较拮据。不幸的是，他的一个农民邻居非常暴力，打伤了霍伊罗斯凡克特斯的家里人。霍伊罗斯凡克特斯被迫向普塞洛斯请求帮助，托普塞洛斯请地方法官惩罚罪犯。普塞洛斯写这封信就是希望地方法官能主持公道。

279.KD 244 写给地方法官的信

普塞洛斯请收信人公正地听取每个人的声音，每个人都不应该获得不公正的好处。

280.KD 245 写给牧首雷科德斯的信

雷科德斯送给普塞洛斯一条鱼。普塞洛斯想到，这条鱼曾经在河里和海里畅游，比所有陆地生物都要高级，而类似的，赠送这条鱼的雷科德斯也是高高在上的，而普塞洛斯被雷科德斯排除在外了。所以普塞洛斯表示自己愿意重新与雷科德斯为伍。

281.KD 246 可能是写给地方法官的信

普塞洛斯写道，有个人因为一个新问题向自己抱怨，说邻居阻止他维修自己已经损毁的房子。普塞洛斯先是觉得好笑，以为他的问题是别的，但是这个人坚称这就是让他烦忧的问题。因为他的邻居是个穷人，所以没办法让这个邻居为自己的过错付出什么代价。但是因为这个邻居粗野且暴力，而且非常愚蠢，所以应该被处以适当的罚款作为惩罚。

282.KD 247 写给地方法官的信

普塞洛斯的一个朋友托他请地方法官帮忙要回一些钱款。普塞洛斯指出地方法官应该尽量帮助这个朋友，主持公道。

283.KD 248 写给色雷斯军区法官（*praitor*）的信

普塞洛斯此前请法官给一个名叫色雷克修斯（Thrakesios）的贫穷公证人一个工作。普塞洛斯请法官考虑到双方的友情，帮这个简单的小忙，作为双方友情的见证。

284.KD 254 写给色雷斯军区地方法官的信

普塞洛斯请地方法官参照他兄弟的行为，特别是在公证人色雷克修斯的事情上的做法。法官之前帮了普塞洛斯的忙，让色雷克修斯成为了自己的智囊。后来法官希望色雷克修斯去别的军区，但是色雷克修斯希望能留在这里。普塞洛斯希望地方法官能够接收色雷克修斯并善待他，给他官职。

285.KD 249 可能是写给地方法官的信

普塞洛斯之前请地方法官帮助某人，这个人后来给普塞洛斯写信说地方法官提供了帮助，于是普塞洛斯写了这封信向地方法官表示感谢，并许诺会报答，还请地方法官更加善待他帮助了的那个人。

286.KD 250 写给波索斯的信

普塞洛斯询问波索斯他是否真的攻击了阿海洛波叶托斯（Acheiropoietos）和圣母修道院，并且希望波索斯没有。如果波索斯是无辜的，那么他就不需要做出改变；但是如果波索斯确实做了错事，那么他就需要改变思考方式，并且不要偷走教会的财产。如果他对此不感兴趣，那么他应该考虑到他的朋友兼老师普塞洛斯是修道院的拥有者。

287.KD 251 可能是写给奥普斯金军区地方法官的信

普塞洛斯告诉地方法官，马梅兹（Mamytze）的民众正在破坏阿海洛波伊特奥斯（Acheiropoiteos）修道院。普塞洛斯在马梅兹拥有三座磨坊，而马梅兹的村民只拥有一座，而且只能在冬天工作。但这些村民偷走了那三座磨坊里的水用于自己的那座磨坊。普塞洛斯请地方法官主持公道，拿回被夺去的水，并且惩罚这些犯事的村民。

288.KD 252 写给地方法官的信

普塞洛斯请地方法官帮忙，为送信的收税官的工作提供便利，并且把收税官视作朋友。

289.KD 253 写给地方法官的信

普塞洛斯感谢地方法官听从自己的请求尽可能给予了帮助。因为普塞洛斯近期请地方法官帮助自己的一个亲戚。这个亲戚告诉普塞洛斯，地方法官免除了他的所有税务，而普塞洛斯之前以为地方法官只能免除一部分税务。

290.KD 255 写给地方法官的信

这封信是为地方法官在参加皇帝的商议会时普塞洛斯本人不在场而安慰地方法官的信。普塞洛斯询问地方法官是否想在首都谋个职位，或者想换到一个更好的军区。但是由于最好的那几个军区要么刚刚换了长官，要么需要保留原来的地方法官处理一些问题，所以收信的地方法官可以考虑一些中等层次的军区。

291.KD 256 写给"凯撒"约翰·杜卡斯的信

普塞洛斯记得他的话语和文字一度对约翰非常重要，约翰对此赞赏有加，但是普塞洛斯现在有些失去约翰的喜爱了，双方原来的亲密关系面临着挑战。约翰正面临着人生的低谷。普塞洛斯询问他们是否可以再见面、聊天和互相写信。信件的第二部分是普塞洛斯表达重新修复两人之前友情的意愿。

292.KD 257 写给地方法官的信

一个非常穷的人因为罪犯抢夺了他的财产而更加一贫如洗，普塞洛斯建议地方法官帮助这个穷人，给予他礼物和现金，这对于地方法官来说是举手之劳。此外这个人的债务也可以部分地免除。

293.KD 258 写给地方法官的信

普塞洛斯的一个朋友请普塞洛斯向地方法官推荐送信人，普塞洛斯应邀写了这封信。

294.KD 259 写给都主教的信

一个都主教拒绝继续和普塞洛斯保持通信，普塞洛斯则回忆了他们过去的友情，表示既然都主教拒绝继续友谊，那么普塞洛斯也只能接受。普塞洛斯建议都主教写一封信阐明这一点。

295.KD 260 写给"凯撒"约翰·杜卡斯的信

普塞洛斯表示自己很高兴与约翰有这么深厚的友谊。他送给约翰一些食物：面包、酒和水果，并且认为约翰应该独自把它们都吃掉，作为重视这份友情的证明。

296.KD 261 未标明收信人

普塞洛斯询问收信的朋友，在陪同皇帝出征期间过得如何，因为他们现在分开了，而收信人之前表示普塞洛斯不仅是自己的朋友，而且还是生活中的必需品。普塞洛斯也感到非常想念这个朋友。

297.KD 262 可能是写给一个地方法官的信

普塞洛斯询问收信人为什么让别人来通报他的近况，而不是自己写信给普塞洛斯。普塞洛斯主要是通过在地方法官手下工作的一个亲戚那里得知地方法官的近况的。

298.KD 263 未标明收信人

普塞洛斯送了一条鱼给一个高级神职人员，并且表示收信人不应该轻视这条鱼，因为这是现在这个季节很难吃到的鱼，即使是在首都也不例外。普塞洛斯还指出在建立友谊的开始，应该用一些廉价或微小的事物推动友谊的发展，例如一些友好的手势。而普塞洛斯送给他的这条白色的鱼象征了他们之间友谊的纯洁。

299.KD 264 写给达拉塞诺斯的信

达拉塞诺斯与普塞洛斯的友谊是坚实的，但是写给普塞洛斯的信却很短，普塞洛斯认为应该再写长一些。普塞洛斯还给出了一些写作的建议，使用简洁的语句，普塞洛斯更希望从朋友那里收到这样的信。

300.KD 265 写给西菲利诺斯的信

约翰·西菲利诺斯为自己的侄子向普塞洛斯提了一些请求。西菲利诺斯的侄子现在是普塞洛斯的学生，而应西菲利诺斯的请求，成为了普塞洛斯的一个心腹。这个侄子和西菲利诺斯性格不同，相对来说更加温和，不像圆锥，而像圆柱。

301.KD 266 未标明收信人

普塞洛斯之前责备了一个学生的父亲，但是这个父亲的信写得非常出色。普塞洛斯表示自己将会照顾好这个学生，会满足这个父亲的请求。

302.KD 267 未标明收信人

普塞洛斯回信给一名修道士，后者有时也会研习非基督教的文本，并用于宗教的教学之中。普塞洛斯表示了对修道士的赞赏，以及如果自己有空闲时间，就会尽快面见这名修道士。

303.KD 268 未标明收信人

普塞洛斯表示将军最近去世一事让所有人都感到悲伤，特别是这位收信人，因为他同时还面临着其他问题。普塞洛斯也感到很悲伤，但是他认为死者是在人生巅峰去世的，是比较幸运的。而在将军去世后，普塞洛斯和收信人的友情应该会进一步稳固。信的其余部分提到了一次会面。

304.KD 269 未标明收信人

普塞洛斯抱怨一个神职朋友给自己写信的次数太少，没有巩固两人之间的友谊，并且请这个朋友更频繁地给自己写信。

305.KD 270 写给色雷斯军区地方法官的信

普塞洛斯提到了著名的修道士埃利亚斯，他计划环游世界，其中包括拜访色雷斯军区，和地方法官见面并且互换利益。

306.KD 271 写给皇后尤多奇亚的信

普塞洛斯不确定要送给皇后什么礼物，认为世界上不管什么东西都不足以衬托皇后的出色。普塞洛斯希望皇后不要因为自己送她面包、酒、水果而感到震惊或者认为这是一种羞辱。这些礼物属于哲学家的礼物，是意义非凡的，分别代表了生命、精神的快乐和美丽。

307.KD 272 写给皇后尤多奇亚的信

普塞洛斯赞美皇后的灵魂、美德和美丽，请皇后接受自己的礼物：面包代表着皇后的行为举止，酒代表生命，而水果则是季节的宠儿，是快乐的源泉。

308.KD 273（=S 36）写给约翰·西菲利诺斯的信

普塞洛斯离西菲利诺斯既近又远，这不是从空间上来定义的，而是从关系和态度上定义的。也就是说，普塞洛斯在灵魂上和西菲利诺斯很近。普塞洛斯还获得了凯利亚修道院，送这封信的修道士就要过去接收它。

309.KD 274 写给朝臣（*raiktor*①）萨格玛塔斯的信

普塞洛斯送给萨格玛塔斯一条小海鱼，并且指出萨格玛塔斯不应该在自己的灵魂爱人（即普塞洛斯）面前隐藏自己，而是要展现自己的独特魅力。

310.M 1（=G 11+G 12）写给"凯撒"约翰·杜卡斯和安条克牧首艾米利亚诺斯的信

这是两封写给不同的人的信。

311.M 2（=G 14）写给安条克牧首艾米利亚诺斯的信

普塞洛斯打算批评艾米利亚诺斯长期不给自己写信，但当艾米利亚诺斯的信送到的时候，普塞洛斯就为自己曾经有批评对方的想法而感到脸红。他深知牧首的道德水平之高，把他比作以利亚和以利沙（Elisha）。

312.M 3 (=G 15) 写给安条克牧首艾米利亚诺斯的信

普塞洛斯问艾米利亚诺斯为什么很久没有给自己写信，或许因为他离上帝很近而疏远了尘世的朋友们。但是普塞洛斯认为最完美的是把与上帝交流和关爱普通人结合起来。普塞洛斯注意到在艾米利亚诺斯的一封信中，依然表达了对俗世的关心。普塞洛斯建议艾米利亚诺斯更加频繁地通信。

313.M 4（=G 16）写给安条克牧首艾米利亚诺斯的信

普塞洛斯感到自己的信在安条克这座名城和艾米利亚诺斯面前，是虚弱短小的。普塞洛斯赞赏牧首的信，并且认为当艾米利亚诺斯抱怨普塞洛斯的赞美有些过分时，其实是在讽刺自己的颂词不够出彩。或许艾米利亚诺斯在修辞学方面是胜过自己一筹的。

314.M 5（=G 17）写给约翰·西菲利诺斯的信

普塞洛斯很高兴，约翰最终给自己写了信，他希望约翰能经常与自己交谈，不过同时也不失去与上帝的联系。西菲利诺斯用自己的话语控制着风、海洋和船只，普塞洛斯希望能够在西菲利诺斯的帮助下也成功抵达港口。

315.M 6（=G 32）写给修道士司祭利昂·帕拉斯庞蒂洛斯信

普塞洛斯告诉利昂，他的朋友的灵魂仍然受到深深的折磨，而这就是他未能马上提供帮助的原因。尽管自己遇到问题，但是普塞洛斯还是要提供治疗的药方。普塞洛斯的信件让他的朋友重新焕发活力。

---

① *raiktor*，高级朝臣，管理皇宫，有时是神职人员或军队指挥官。

316.M 7（=G 30）写给约翰·西菲利诺斯的信

西菲利诺斯从来没有从霍雷亚·佩兹（Horaia Pege）送出一滴水，哪怕他本可以赠送一整条河。普塞洛斯认为自己的这位朋友恐怕并不是出于静思而是出于自负，西菲利诺斯嘲笑信件中最热切的部分，抱怨普塞洛斯的头衔。如果普塞洛斯只是一个"元老院主席"，那么他就不会成为西菲利诺斯批判的对象。

317.M 8（=G 28）写给一个修道院院长的信

这个修道院院长此前给普塞洛斯写过一封信，并且派一个修道士多罗塞奥斯去解释一部分内容。普塞洛斯回信表示派遣多罗塞奥斯来恐怕是多此一举。普塞洛斯告诉修道院院长说，当收税官们得知新的修道院院长上任后，要皇帝领地管理人（*episkeptites*①）出租地产给修道院。

318.M 9（=G 29）未标明收信人

普塞洛斯读了对方之前的来信并且吃了咸鱼，将之和新鲜的海鱼和奶酪比较，认为咸鱼既有营养又美味。普塞洛斯给出了 40 个银币、10 片芦荟和 50 罐药膏作为回礼。

319.M 10（=G 23）写给安条克牧首艾米利亚诺斯的信

320.M 11（=G 31）未标明收信人

普塞洛斯写给自己的一个朋友，现仅存信件的末尾。

321.M 12（=G 33）写给约翰·莫洛普斯的信

普塞洛斯表示自己阅读了莫洛普斯在上一封信中的夸赞，感到很自豪。之前普塞洛斯也被夸赞过，但是可没有被一个这么完美的法官用这么优雅的话语夸赞过。他希望能抄写这封信并且随身携带。

322.M 13 写给一名司祭的信

普塞洛斯告诉对方，自己希望不被随时变化的环境所控制，而是保持稳定不变。

323.M 14 写给一名司祭的信

现在仅存三行，普塞洛斯可能是就某个主题采取了一种攻击性较强的姿态。

---

① *episkeptites*，希腊文为 *ἐπισκεπτίτης*，复数为 *episkeptitai*，多指皇帝领地（*episkepsis*）管理人。参见 Alexander P. Kazhdan (editor in chief), *The Oxford Dictionary of Byzantium*, p.717.

324.M 15 写给一名司祭的信

普塞洛斯收到了一些美味的葡萄作为礼物，并且感谢了送礼的人。他希望司祭的那片多石头的土地能够变得肥沃，产出足够的水果满足普塞洛斯的需求。

325.M 16 写给牧首米哈伊尔·凯路拉里厄斯的信

普塞洛斯询问凯路拉里厄斯是什么魔鬼在跟踪他，是什么诽谤在诋毁他。尽管凯路拉里厄斯成为了牧首而普塞洛斯是修道士，但普塞洛斯依然关心凯路拉里厄斯，打听他的消息。但是凯路拉里厄斯却听信了谗言破坏了二人之间的友谊。

326.M 17 写给司令官（*droungarios*）尼基弗鲁斯的信

普塞洛斯询问尼基弗鲁斯，当自己离开之后，他和他的兄弟君士坦丁在皇帝面前做了什么？在晚餐时讨论了什么，还记得说过哪些话。普塞洛斯暗示了一些古代的阴谋活动，举了利西阿斯（Lysias）和德摩斯梯尼（Demosthenes）作为例子。

327.M 18 写给司令官尼基弗鲁斯的信

普塞洛斯告诉尼基弗鲁斯，自己派一名擅长放血疗法的医生给他，希望尼基弗鲁斯能善待这名医生，在治疗结束后让医生回到普塞洛斯身边。

328.M 19(=G 34) 写给一名都主教的信

普塞洛斯表达了对这名都主教在精神上的依赖，把他看作上帝的代表。

329.M 20（=G 35）写给皇后尤多奇亚的信

普塞洛斯之前请尤多奇亚送给自己一些钱作为礼物，尤多奇亚则给了他一份文件，上面是皇后对他的批评，责怪他不知感恩。普塞洛斯在这封信中辩白，表示自己一直感恩尤多奇亚，并且列举了一些尤多奇亚对自己的善举，并且请尤多奇亚再次考量，不要冤枉他并且疏远他。

330.P 1 写给司祭利昂·帕拉斯庞蒂洛斯的信

普塞洛斯用反讽的方式称自己为下等人，将利昂称为上等人。普塞洛斯询问利昂一个简单的问题，什么美德是更高级的，是那种直接引领下一次生命的，还是那种提升了在尘世的生命的？普塞洛斯在精神上倾向前者，但是人性的一面倾向后者。

331.S 1 写给"首席主席"、军官君士坦丁的信

君士坦丁是凯路拉里厄斯的侄子，请普塞洛斯参加自己的第二次婚礼。普

塞洛斯表示自己身为哲学家，希望能够避免在公众场合吃喝，以及避开私人聚会。普塞洛斯恭喜并祝福了君士坦丁。

332.S 83 写给高级海军军官君士坦丁的信

君士坦丁邀请普塞洛斯参加一场婚礼，普塞洛斯用与没有爪子的狮子搏斗作比喻，表示缺乏了音乐的婚礼依然是婚礼，但是君士坦丁毕竟是改变了一些重要的内容。所以普塞洛斯提出自己会参加部分仪式。

333.S 84 写给高级海军军官君士坦丁的信

君士坦丁邀请普塞洛斯参加一场婚礼，但普塞洛斯对婚礼的前期准备有一些疑惑，然而实际上这场婚礼和他想象的不一样，会是一场非常具有哲学气息、他不会希望错过的仪式。

334.S 2 普塞洛斯一篇颂词

335.S3 写给正在亲征的皇帝罗曼努斯四世的信

普塞洛斯祝贺罗曼努斯四世获得胜利，首都也陷入了欢乐之中。皇后尤多奇亚非常高兴，感谢上帝。普塞洛斯把罗曼努斯四世胜利的消息传遍了全城，牧首和元老们也都很高兴，甚至连尚是婴儿的皇子也笑了。普塞洛斯希望皇帝早日班师回朝。

336.S 4 普塞洛斯一篇颂词

337.S 5 普塞洛斯一篇颂词

338.S 6 写给正在亲征的皇帝伊萨克·科穆宁的信

普塞洛斯请皇帝不要表现出消极的情绪，指出他需要皇帝的善心和美德，他的才智，他的魅力和社交风度，谦虚与卓越的融合以及他对智慧的热爱，这对身为哲学家的普塞洛斯很有吸引力。普塞洛斯请伊萨克尽快回到首都。

339.S 7 写给司祭利昂·帕拉斯庞蒂洛斯的信

普塞洛斯略带讽刺地表示利昂不需要自我辩解，这是浪费时间。普塞洛斯认为个人的经历就是切实的，但是利昂则更多地从精神角度思考。普塞洛斯表示现实已经击垮了利昂的抵制心理。

340.S 8 写给司祭利昂·帕拉斯庞蒂洛斯的信

普塞洛斯表示，自己和利昂一致认为，非哲学家与哲学家的不同之处在于，一个人生活在感官和欲望之中，另一个人生活在更高的理性中，做出了明智的选择。在关于灵魂与身体的问题上，利昂的观点是灵魂是单一的，具有贴近上帝或者归于身体的两种倾向。普塞洛斯认为利昂的灵魂已经弥补了之前的缺点，现在是完美的。

341.S 9 写给司祭利昂·帕拉斯庞蒂洛斯的信

普塞洛斯问利昂他是否掌握了一些人与人之间心灵的交流，因为自己用语言有时并不管用。普塞洛斯认为即使是上帝也得用人类的语言进行交流。普塞洛斯感觉利昂以前还听从自己的话，但是现在已经不听了。

342.S 10 写给"贵族"勒昂提奥斯的信

勒昂提奥斯是帕特雷（Patra）都主教的侄子，建议普塞洛斯给司祭利昂·帕拉斯庞蒂洛斯写封信，并且建议使用中间语气。普塞洛斯则认为这封信应该和他写给"贵族"利齐克斯（Lizix）的那封类似。

343.S 11 写给司祭利昂·帕拉斯庞蒂洛斯的信

普塞洛斯信的前三分之二是常规的书信内容，试图让利昂回复自己。信的后三分之一则表示利昂改变了，考虑的不再是他、荣誉、学问和艺术，而是侍卫、神座和荣耀的职位，他实际上已经失去了很多宝贵的东西。

344.S 12 写给"贵族"、法官尼科劳斯·奇拉斯（Nikolaos Cheilas）的信

普塞洛斯赞扬了尼科劳斯。尼科劳斯是聪明且英俊的。但是普塞洛斯希望尼科劳斯更多地注意心灵美丽而不是外表的英俊。普塞洛斯希望尼科劳斯能够听从自己的建议。

345.S 13 普塞洛斯一篇演说词

346.S 14 未标明收信人

就像一盏灯需要油一样，如果恋人之间不交谈，那么感情也会淡。所以普塞洛斯写了这封信。这封信的目的就是重新燃起他们之间友情的灰烬，让友情之火烧得愈发旺盛。普塞洛斯指出双方已经很久没有互相通信、没有友好地打招呼、没有互致鼓励的话语，并责怪双方都长期没有写信给对方。感情就像是生命力顽强的植物，但它也需要通信作为肥料和水分。

347.S 15 未标明收信人

瓦西里给一个失去主教的教会写了一封安慰信，建议他们不要再悲伤了，而是照管好教会，等待选出继任者。

348.S 16 未标明收信人

普塞洛斯此前写信给一个年轻的收信人提出了一些批评，而在这封信中他

表示他的批评实际上证明了收信人的哲学特质和写作的技巧。他感谢了收信人接受自己的批评，并且将收信人收为学生。

349.S 17 可能是写给一个地方法官的信

普塞洛斯写给一个朋友，把哲学分成两个部分，其一是抽象的和不带感情的，其二是现实的和同情的。普塞洛斯表示自己倾向后一种，然后引出他希望地方法官帮忙的请求。

350.S 18 写给一个地方法官的信

普塞洛斯写信给努梅利卡（Noumerika）的主教，请他带给地方法官。信中他抱怨了一些给送信的主教惹麻烦的 *proeleusimoi*（可能是收税官）。普塞洛斯希望能帮助这名主教，于是请地方法官帮忙。

351.S 19 未标明收信人

普塞洛斯告诉一名贵族，他从自己的父亲那里认识了很多朋友，他们性格都很好，对他很诚实。现在他请这些朋友帮助收信人。

352.S 20 写给一名地方法官的信

普塞洛斯表示对他来说和雅典人以及伯罗奔尼撒人成为朋友是很自然的事情。有必要做的事情就是拔擢伯里克利（Pericles）等人的后代。普塞洛斯之前已经推荐了其他雅典人，现在则为送信人写推荐信，希望能得到地方法官的照顾。

353.S 21 写给一名地方法官的信

普塞洛斯祝贺地方法官迅速解决了收税官的问题，证明了他们之间的友情。他请地方法官回应这些感谢的话语，而回应方式就是再次完成普塞洛斯的帮助请求。

354.S 22 未标明收信人

普塞洛斯认为收信人通过书信已经完全了解了自己，建议收信人更频繁地与自己通信。

355.S 23 写给皇帝私人金库主管（*epi ton oikeiakon*）的信

普塞洛斯赞赏皇帝私人金库主管能够满足朋友的要求，并请皇帝私人金库主管练习签名，以及把他写的信用线串起来，作为一个护身符。

356.S 24 (= KD 142) 写给奥普斯金军区地方法官佐马斯的信

357.S 25 写给爱琴海地方法官的信

普塞洛斯在信中提到了"大法官"利齐克斯，向他致以哀悼。即使利齐克斯去世了，但他对普塞洛斯来说依然是富有魅力的。

358.S 26 写给卡托蒂卡地方法官的信

普塞洛斯告诉地方法官，自己视金钱如粪土，表示他对现在的生活和工作条件感到满意。

359.S 27 写给修道士奥林匹斯的约翰（Ioannes）的信

普塞洛斯表示和那些聪明机巧的人比起来，自己更偏爱直率且年长的人，例如收信人。因为他们的话语就反映了他们的心灵。普塞洛斯希望自己在去世前有机会加入修道士的队伍。

360.S 28 写给"首席司库"雷科德斯的信

这是大斋节的第一天，有一个老人请普塞洛斯给雷科德斯写一封短信，提到自己，希望能得到一些好处。普塞洛斯一开始表示拒绝，但是这个老人不断的请求让普塞洛斯改变了主意，所以写信给雷科德斯提出了请托。

361.S 29 写给奥普斯金军区地方法官佐马斯的信

普塞洛斯告诉佐马斯，自己因为经常向同一批人提出请托而感到厌烦，但是情势逼迫他不得不总是这么做。普塞洛斯之前获得了一家梅迪吉翁修道院。他对地产的事情一无所知，但是知道他是贷款购入的。有很多人建议普塞洛斯如果贷款买下修道院，并且再养殖动物、种植葡萄，从事各种农副业，那么他将能收获很多产品从而谋利。所以普塞洛斯派了一个修道士送这封信，请求佐马斯下令不要让税吏来到自己的修道院。

362.S 30 写给基齐库斯都主教罗曼努斯（Romanos）的信

普塞洛斯回复给另一个人的信中提及了基齐库斯都主教赠送的礼物：小麦、大麦和其他东西。

363.S 31 写给总管的信

普塞洛斯向总管索要一些谷物。如果后者提供了的话，那么就会增进与普塞洛斯的友情；如果没有提供的话，普塞洛斯也不会再提出请托了，因为友情已经淡化了。

364.S 32 (= KD 74) 写给卡托蒂卡地方法官的信

365.S 33 写给卡托蒂卡地方法官的信

普塞洛斯告诉地方法官，雅典的首席收税官因为自己的运气而悲伤，就好像他目睹了斯基泰人的土地一样。要不是普塞洛斯和地方法官一起接受过教育，他是不会劝雅典人向地方法官支付税款的。所以地方法官必须说服收税官，在后者憎恶希腊之前将他安置在首都。

366.S 34 写给卡托蒂卡地方法官的信

普塞洛斯向地方法官介绍了自己的另一个门生。这个门生听说普塞洛斯最亲爱的朋友就是希腊的地方法官，就选择在希腊而不是别的地方工作。普塞洛斯请地方法官善待这个门生，将他看作自己人。

367.S 35 写给阿马西亚都主教的信（参见 KD54 和随后的四封信）

368.S 36 (= KD 273) 写给约翰·西菲利诺斯的信

369.S 37 写给修道士西菲利诺斯的信

普塞洛斯表达了对好运的怀疑，并且因为自己被束缚在首都而感到悲伤。普塞洛斯指出商业活动实际上彰显了一种脆弱性，是一种致命的诱惑。

370.S 38 (= S 172) 写给马其顿地方法官哈桑涅斯（Chasanes）的信

371.S 39 写给马其顿地方法官哈桑涅斯的信

普塞洛斯希望他为文书米哈伊尔（Michael）做的请托是正当的：米哈伊尔应该被送回家，因为他的妻子病得很严重。普塞洛斯知道这样是破坏了规矩，但是所有人都会原谅他的。

372.S 40 写给欧凯塔都主教的信

普塞洛斯为一个贫穷的老人向都主教提出请求，请他略微可怜一下这个老人。

373.S 41 写给安纳托利亚军区地方法官的信

普塞洛斯赞赏了地方法官，后者不仅才学渊博而且乐于承担友情的责任。他特别赞赏地方法官没有因为朋友众多而分散了友情。

374.S 42 写给安条克牧首的信

普塞洛斯请牧首不要因为双方的通信时断时续而感到惊讶，不过自己会尽可能频繁地写信给牧首的。普塞洛斯告诉牧首，自己从皇帝那里得到了很好的待遇，此外他把修辞学和哲学结合起来，从而在这两个领域都成了领军人物，名声显赫。

375.S 43 写给奥普斯金军区地方法官的信

普塞洛斯表示自己不好意思拜托地方法官帮忙，但是这也不代表他不会请托地方法官。普塞洛斯在信中写了冗长的前言，其目的在于请地方法官接受普塞洛斯的所有请求。奥普斯金军区的收税官（chrysoteles）成为了普塞洛斯的朋友，所以普塞洛斯希望地方法官能善待收税官。

376.S 44 写给"长官"西菲利诺斯（Xiphilinos）的信

普塞洛斯赞扬了西菲利诺斯的沉默，但是批评了他，因为他认为同普塞洛斯通信不合适。普塞洛斯认为西菲利诺斯应该遵循卡帕多西亚人的做法，频繁地与自己通信，消弭两人之间的距离。

377.S 45 写给"长官"兼财务官君士坦丁的信

普塞洛斯表示君士坦丁的美德之一就是完全遵循公正，而不考虑友谊和家庭的联系。所以当君士坦丁违背这个原则的时候，普塞洛斯感到非常震惊：他允许一个兄弟被另一个兄弟欺负。普塞洛斯认为君士坦丁不应该做出这样的事情，他希望蒙冤者能得到公正的对待。

378.S 46 写给"长官"兼财务官君士坦丁的信

普塞洛斯表示自己已经明白了君士坦丁的计划，后者因为喜欢普塞洛斯的文字，所以就没有在第一时间回应普塞洛斯的请托，这样普塞洛斯就不得不经常提醒他，而对于君士坦丁来说这就可以让他经常收到普塞洛斯的来信。但是普塞洛斯依然不得不依赖君士坦丁，因为只有他才拥有解决问题的办法。普塞洛斯希望君士坦丁能完成自己的请托，同时想出别的办法来得到普塞洛斯的信件。

379.S 47 写给色雷斯军区法官塞洛斯（Xeros）的信

普塞洛斯指出塞洛斯作为一个公正的法官，却逮捕了一名文书即送信人，把他带到军区从而非法地收回一些钱。普塞洛斯认为这种做法非常不当。诚然文书是有罪的，但是塞洛斯忽视了文书无辜的妻子和孩子。普塞洛斯指责塞洛斯让文书的家庭变成了一座被征服的城市。普塞洛斯建议塞洛斯释放此人，让此人偿还借款。

380.S 48 写给皇帝君士坦丁十世的信

普塞洛斯送给君士坦丁十世三条白鱼（leukoskaroi），三是一个神圣的数字，象征着君士坦丁的纯净。普塞洛斯祝愿君士坦丁得到拯救。

381.S 49 写给帕夫拉戈尼亚地方法官的信

当普塞洛斯收到地方法官的信的时候，他的疼痛就消失了，但是他又面临着其他的痛苦。普塞洛斯近期面见皇帝，向他提及了地方法官，虽然没有向皇帝夸赞地方法官，但是这依然体现了他们之间的友谊。

382.S 50 写给马其顿地方法官的信

普塞洛斯表示地方法官的高尚品德不需要通过赞美来体现出来，所以普塞洛斯之前就一名主教的事情请地方法官帮忙时也就没有觉得难为情，况且这名主教是一个好人，与普塞洛斯私交甚笃，且魅力非凡，性格宽厚。普塞洛斯在这封信中请地方法官照顾好主教，并且最好结交为朋友。

383.S 51 写给色雷斯军区法官塞洛斯的信

普塞洛斯告诉塞洛斯，自己想和他有规律地通信，但是这有些难，因为塞洛斯希望每封信都写的很出彩，但这不是很轻松就能做到的事情。普塞洛斯觉得塞洛斯的要求有些不合情理，双方也并不是雇佣关系，普塞洛斯没有道理为了给塞洛斯的信而烦忧。

384.S 52 写给皇帝君士坦丁十世的信

普塞洛斯送给君士坦丁十世代表生命的面包、旨在赞颂皇帝心灵的酒和表示皇帝也是凡人的水果，希望皇帝能万寿无疆。

385.S 53 写给皇后尤多奇亚的信

普塞洛斯写道，基督赠予了皇后这些礼物：水果，因为她的美貌；酒，因为她是快乐的象征；面包，因为她救济了很多穷人。

386.S 54 写给修道士西米恩·肯切尼斯（Symeon Kenchres）的信

普塞洛斯告诉西米恩，收到他的信并且得知他还健在，让自己感到很开心。普塞洛斯表达了对修道生活的向往以及对俗世生活的厌烦，并且表示钦佩西米恩很早就鄙视了俗务，穿上道袍，为进入天堂做准备。

387.S 55 写给奥普提马顿地方法官的信

普塞洛斯谈到了一个遭遇了很大麻烦的人，这个人受到了他人的诽谤。普塞洛斯希望地方法官能帮助他主持公道。

388.S 56（=KD 208）写给牧首米哈伊尔·凯路拉里厄斯的信

凯路拉里厄斯之前送给普塞洛斯一条"江猪"（potamios hys），这是最好的一种鱼。普塞洛斯感到非常高兴，计划如何享用他。他将首先沐浴，然后考虑如何吃鱼。他会尽快摆一张餐桌，坐下来吃一顿简单的饭，不涉及其它精致菜肴，而是全神贯注于鱼。普塞洛斯写这封信向凯路拉里厄斯表达了感谢。

389. S 57 写给牧首米哈伊尔·凯路拉里厄斯的信

普塞洛斯仍然因为那条鱼儿感到狂喜，感谢了米哈伊尔的赠礼。

390. S 58 写给牧首米哈伊尔·凯路拉里厄斯的信

普塞洛斯再次向凯路拉里厄斯道谢，感谢他送鱼给自己，讨论了这条鱼历史悠久的名字。他用圣经的语言描述了他的喜悦，并说这使他的活力恢复了。

391. S 59 写给牧首米哈伊尔·凯路拉里厄斯的信

普塞洛斯谈到了米哈伊尔在送鱼之后又送奶酪给他。奶酪属于二次加工产品，和鱼不一样，它们就像是出自同源的河流，但是无法比较。但是普塞洛斯将把一等奖授予给奶酪。

392. S 60 (= KD 106) 写给奥普提马顿地方法官的信

393. S 61 写给安条克牧首的信

普塞洛斯表示自己经常支持牧首而与其他人抗争，例如这封信中提到的修道士尼科劳斯。普塞洛斯指出尼科劳斯一开始受到牧首的惩罚是应该的，但是现在他理应重新被牧首接纳，因为他已经不再构成威胁了。普塞洛斯请牧首重新考虑对尼科劳斯的处置，并取消惩罚。

394. S 62 写给科林斯都主教的信

普塞洛斯抱怨都主教不来看望自己，甚至也不给自己写信。普塞洛斯觉得最有可能的原因是都主教已经把自己给忘了。普塞洛斯现在请都主教帮一名收税官的忙，通过海路把此人顺利地送到目的地。

395. S 65 写给爱琴海地方法官的信

普塞洛斯向地方法官介绍了一个非常虔诚的修道院院长，普塞洛斯本人经常拜访这家修道院，并且保护这家修道院。修道院在爱琴海地区有一些地产，但现在却因为一些攻击而面临着丧失的危险。地方法官应该帮忙保护这些地产。

396. S 66 写给基比雷奥顿地方法官米哈伊尔的信

普塞洛斯告诉了地方法官一些希望听到的新闻。普塞洛斯暗示皇帝或许要离开首都。此外普塞洛斯还称赞了送信的约翰，请地方法官善待他，给予他一些钱完成他的旅途。

397. S 67 写给基比雷奥顿地方法官米哈伊尔的信

普塞洛斯告诉地方法官，担任文书的约翰是自己的心腹，他希望约翰能在基比雷奥顿宣扬普塞洛斯对地方法官忠实的友情。

398.S 68 写给牧首雷科德斯的信

普塞洛斯送给君士坦丁·雷科德斯一些礼物：面包、三瓶酒、水果。这些都是便宜的礼物，因为普塞洛斯和雷科德斯都比较穷困。但是礼轻情意重，普塞洛斯希望对方能一直记得自己。

399.S 69 写给正在亲征的皇帝伊萨克一世·科穆宁的信

普塞洛斯称赞了伊萨克的军事表现，他制定了一套军事计划，训练士兵，团结部队，并且在战争中击败了敌人。普塞洛斯认为能与伊萨克相比的就只有亚历山大大帝。

400.S 70 写给陪同皇帝伊萨克一世出征的文书

普塞洛斯在信中想象军队所在之处，想象军队爬上了高山，进入了深谷，经历了斯基泰人北方的寒冷以及其他的各种困难。皇帝被描绘成一只雄鹰。

401.S 71 写给"凯撒"约翰·杜卡斯的信

普塞洛斯写给当时正在他的霍里奥巴克伊（Choriobakchoi）私人领地上打猎的约翰，称自己愿意变成一只野兽让约翰打猎，并且心甘情愿被刺中。普塞洛斯表示自己要用书信俘获约翰。

402.S 72 写给"凯撒"约翰·杜卡斯的信

普塞洛斯的孙子出生了，于是写信给约翰讨要祝贺。

403.S73 写给察西隆军区地方法官的信

普塞洛斯提到自己正在病中，他经常出现的疼痛已经消失，取而代之的是其他症状，不过这些症状也在逐渐消失，但他依然觉得食欲不振和消化不良。普塞洛斯近期去了三次皇宫，和皇帝谈话时感觉有些困难。冬季让他觉得好了一些，他决定以后更频繁地造访皇宫。普塞洛斯认为所有的权力现在都在君士坦丁·雷科德斯手中，所以他建议地方法官给雷科德斯写一封信，自己会把这封信送到并且为地方法官美言。

404.S 74 写给皇帝君士坦丁十世的信

普塞洛斯随同书信赠送给皇帝两串葡萄。

405.S 75 写给奥普提马顿地方法官的信

普塞洛斯表示自己相信友谊的力量，特别是与地方法官这样睿智的人的友情，基于此，他请地方法官帮瓦西里·梅里塞诺斯（Basileios Melissenos）

一个忙。瓦西里出身贵族家庭，是一个知识分子，而且非常勇敢，但是境遇不佳。

406.S 76 写给奥普提马顿地方法官的信

普塞洛斯在信中提到了一个问题，一方面，阿列亚（Alea）主教试图把里索克拉尼亚（Lysokraneia）的人民赶出这片土地，而另一方面里索克拉尼亚人（Lysokraneians）拒绝撤销他们的指控，尽管他们正在遭受暴力的对待。地方法官的责任是，如果里索克拉尼亚人不接受的话，就坚持按照法律办事。

407.S 77 写给奥普斯金军区地方法官的信

因为地方法官的友情，普塞洛斯收获了另一片地产，即奥林匹斯地区的梅加拉－凯利亚修道院的地产。他听说它的地产收入是免税的。惯例是，不管修道院的主人把修道院托付给谁照管，那个照管人都会得到修道院的建筑以及地产，而普塞洛斯希望能把他所有的修道院，即卡萨拉、梅迪吉翁和凯利亚请地方法官照管。

408.S 78 写给达拉塞诺斯的信

普塞洛斯之前从利齐克斯那里听说达拉塞诺斯送给他很多礼物，从而真正了解了达拉塞诺斯是个多么好的人。普塞洛斯认为自己应该向皇帝报告达拉塞诺斯的品行以及利齐克斯实际上德不配位。

409.S 79 写给爱琴海地方法官

普塞洛斯请地方法官帮助一名受到地震影响的基齐库斯地区的都主教。都主教的教堂被损毁，所以需要帮助进行修复。

410.S 80 写给欧凯塔都主教的信（参见 KD 54 及随后的四封信）

411.S 81 写给亲征蛮族的皇帝伊萨克一世·科穆宁的信

普塞洛斯祝伊萨克一世长寿，并且指出首都已经为皇帝做好了承受危险的准备，同时也准备好迎接他凯旋。伊萨克一世现在做的事情就是努力让首都更加和平。

412.S 82 写给被剜去双眼的皇帝罗曼努斯四世的信

普塞洛斯向罗曼努斯四世致以敬意，不确定是要哀悼他是一个遭受无数苦难的最不幸的人，还是要敬佩他是一个伟大的烈士。普塞洛斯指出忍耐会带来回报，失明实际上是一种救赎，天堂中的皇冠已经为他准备好了。普塞洛斯认为米哈伊尔七世是无辜的。普塞洛斯自责没能阻止这起流血的事件。

413.S 83 写给高级海军军官君士坦丁的信（见 S1 和随后的信件）

414.S 84 写给高级海军军官君士坦丁的信（见 S1 和随后的信件）

415.S 85 写给高级海军军官君士坦丁的信

普塞洛斯感到自己在文学上的创造力枯竭了，自己之前总是可以从君士坦丁那里得到回应，但是现在必须要仔细构思作品才能保证质量。君士坦丁的权力和普塞洛斯的修辞学水平就像是可以互相交换获利的东西一样，双方互相交换获得价值。普塞洛斯觉得自己就像乌龟，在渴的时候并不是所有乌龟都喝水，而是只要一只乌龟喝水，那么一群乌龟都会感到解渴了。

416.S 86 写给"首席主席"兼中央法庭法官君士坦丁的信

普塞洛斯表示君士坦丁并不相信自己关于乌龟喝水的说法，但这是自然现象。普塞洛斯希望能解决君士坦丁怀疑这些现象的毛病，但是只能告诉君士坦丁更多这些神奇的现象，这样在以后君士坦丁再听到类似说法的时候就不会感到那么震惊了。

417.S 87 写给"元老院主席"、邮政交通大臣（*logothetes of the dromos*）阿洛波（Alopos）的信

普塞洛斯用不封冻的河流和只在冬天封冻的河流、四季常青的树和每年落叶的树、夏天和阳光与冬天的阳光、太阳与月亮的对比为例，建议阿洛波发动战争击败敌人。

418.S 88 写给"大法官"、皇帝私人秘书瓦西里的信

普塞洛斯抱怨瓦西里没有兑现承诺，并且用蛮族的例子，希望瓦西里能够与自己多通信。

419.S 89 写给法官利昂的信

普塞洛斯抱怨利昂不给自己写信，只是享受普塞洛斯给他的书信却没有回报。在普塞洛斯的描述中，利昂的表现就像是听到学术演讲的年轻人，被陌生的词汇和其他内容给吓倒了。

420.S 90 普塞洛斯的一篇颂词

421.S 91 未标明收信人

普塞洛斯给一个把自己完全奉献给上帝的神职人员写信，想和对方通信但是对方却不理会。

422.S 92 写给一个高级神职人员的信

普塞洛斯认为上帝不会拒绝作者的奉献，甚至会给予慷慨的报答，因为上帝知道作者非常穷困。

423.S 93 可能是写给一个地方法官的信

普塞洛斯表示虽然他不能按照朋友的请求帮助朋友，但他还是尽可能地做出贡献，所以他在收到地方法官请求帮忙的来信之后，就立刻面见了皇帝帮地方法官说好话。皇帝一开始拒绝了，但是后来又回心转意，表示愿意让地方法官回到首都。

424.S 94 可能是写给一个地方法官的信

普塞洛斯表示自己经常请地方法官帮忙，但这实际上是普塞洛斯在创造机会与地方法官通信。普塞洛斯表示地方法官不应该认为他是在帮自己无偿工作。

425.S 95 写给爱琴海地方法官的信

普塞洛斯表示自己虽然来自君士坦丁堡，但是他却和所有家庭、村庄、城市和国家和谐相处，就像荷马一样。普塞洛斯认为自己并不是命令别人做事，而是请别人帮忙。

426.S 96 未标明收信人

普塞洛斯把"驮畜税"比作一种疾病，指出这个疾病让人苦不堪言。普塞洛斯也感同身受。他希望能够代表"君主"（despotes）尽可能地帮忙。

427.S 97 写给一名"长官"的信

普塞洛斯告诉"长官"，说自己收到他的诉苦信时，就立刻把信转给了皇帝，并且表达了对他的感同身受。

428.S 98 写给一名地方法官（vestes）的信

普塞洛斯表示自己和这名地方法官的友谊只会越来越坚固，虽然朋友之间的帮忙永远不够，但是普塞洛斯还是希望这名地方法官能在不久的将来完成任务回到首都面见皇帝。此外这名地方法官的母亲经常病重濒临死亡，但是每次都能抢救回来，只是希望能在临终前见儿子一面。

429.S 99 写给一名地方法官的信

普塞洛斯指出必须要帮助他人，特别是之前富有但现在穷困的人，一个很好的例子就是原为地方法官的米哈伊尔，他曾经很富有，但是现在只能待在一家穷困的摩洛哈赞涅斯（Morocharzanes）修道院里做修道士。普塞洛斯认为摩洛哈赞涅斯修道院应该认定为出色的修道院，并且这名地方法官不应该失去他的地产。

430.S 100 写给一名地方法官（*vestarches* [*krites*]）的信

普塞洛斯请一名地方法官照顾好一个年轻的收税官，后者年轻无经验，需要有经验的前辈指导他。

431.S 101 未标明收信人

普塞洛斯表示他此前从收信人那里得到的信的内容让他很高兴，但是还没到最高兴的程度，没有说服他让他待在君士坦丁堡也能得到拯救。普塞洛斯表示如果自己能够离开首都的话，他就会立刻冲向奥林匹斯圣山（出家做修道士）。

432.S 102 未标明收信人

普塞洛斯听说收信人身体状况不好，就不给他写很长的信了。普塞洛斯模仿艾索克拉底（Isocrates）提出了请托，请收信人照顾自己一个来自尼西亚的门生。

433.S 103 写给伯罗奔尼撒和希腊的法官尼基弗里泽斯的信

普塞洛斯告诉尼基弗里泽斯，贝塞纳（Besaina）的主教既是贫穷的又是富有的，既是幸运的又是不幸的。如果主教得到更多的选票，他就能够取得成功，但是如果失败就必须承受痛苦。

434.S 104 写给皇帝君士坦丁十世的信

普塞洛斯送了四条鱼给君士坦丁十世，四这个数字展现了他统治大地的四方。这些鱼天生就是要被狮子（皇帝）吃掉的。

435.S 105 写给兄弟去世后的"大法官"布尔泽斯（Bourtzes）

普塞洛斯深感哀悼，不知如何安慰布尔泽斯。他在听到消息时感到很震惊。普塞洛斯表示肉体终会归于尘土，但是灵魂是永久不灭的。圣经中的所有英雄人物都经历过死亡。在最后的日子里，布尔泽斯很快会和兄弟再见面的。

436.S 106 写给一名官员的信

普塞洛斯表示自己对收信人的想念远远不是短短一封信能表达的。普塞洛斯请收信人帮忙善待收信人。

437.S 107 写给基比雷奥顿地方法官的信

普塞洛斯表示地方法官受到了一些批评，而在普塞洛斯看来，地方法官应该放弃辩白并进行自我批评。承认有罪的话将立即得到宽恕，否则指控将变得更加严重。

438.S 108 写给竞技场法庭庭长（*droungarios of the vigla*）马奇塔里奥斯（Machetarios）的信

普塞洛斯被拔擢为"元老院主席"。马奇塔里奥斯对此进行批判，普塞洛斯就在这封信中做了反击，信的主要内容是愤慨地反问。

439.S 109 未标明收信人

普塞洛斯写道，他很高兴从对方那里收到信件，他无法停止阅读，这封信就像塞壬的歌声一样让他着迷。普塞洛斯认为对方应该多给自己写信。最后祝愿对方一切平安。

440.S 110 写给卡帕多西亚的保密官（*mystolektes*①）兼法官瓦西里（Basileios）的信

普塞洛斯表示偏爱哲学，因为哲学是基于事实的科学，它将胜过以文字处理的艺术。但是他不只是执着于哲学，而是将修辞学留给了瓦西里。普塞洛斯爱哲学也爱修辞学，但是更认同哲学。如果瓦西里以夸夸其谈的态度夸大事实，而普塞洛斯则试图使事情变得正确，那么修辞学的丰富的戏剧性实际上是比哲学的简单经济要更差的。但是在皇帝面前，普塞洛斯还是会为瓦西里说好话的。最后普塞洛斯提到了不服从统治的卡帕多西亚人，指出瓦西里应该想办法解决问题。

441.S 111 写给帕特雷都主教的信

普塞洛斯向都主教介绍了一个人。普塞洛斯遇到过许多好人，但没有人比此人更好。这个人非常谦虚，虽然不是很健谈，但性格却显示出很高的学识。普塞洛斯请都主教帮助这个人。

442.S 112 写给皇后艾凯瑟琳（Aikaterine）的信

普塞洛斯告诉艾凯瑟琳，他需要经常在城里见到皇帝，他希望皇帝和皇后总是出席。普塞洛斯向皇后提出了一些微小的请托，并且祈祷从皇后和皇帝那里得到积极的答复。

---

① *mystolektes*，负责传达皇帝秘密决策的官员，可能与皇帝的私人秘书有关。参见 Michael Jeffreys and Marc D. Lauxtermann (ed.), *The letters of Psellos: cultural networks and historical realities*, Oxford, United Kingdom: Oxford University Press, 2017, p.465.

443.S 113 写给皇帝伊萨克一世·科穆宁的外甥塞奥佐罗斯·多克安诺斯（Theodoros Dokeianos）的信

普塞洛斯敦请塞奥佐罗斯不要在自己离开后忘记他。此外普塞洛斯也很享受陪伴皇帝的经历，并且按照塞奥佐罗斯的建议给皇帝写了封短信。如果皇帝喜欢读，那么他就可以常常给皇帝通信了。

444.S 114 写给皇帝的私人秘书的信

普塞洛斯表示自己还清楚地记得皇帝的私人秘书但是对方却已经忘了自己。如果双方的友谊是平等的，那么普塞洛斯就不会接受与皇帝的私人秘书分离，而是要在精神上贴近皇帝的私人秘书。普塞洛斯写了一封信给皇帝（S 115），从答复中就可以得知皇帝是否喜欢它。

445.S 115 写给皇帝君士坦丁九世的信

普塞洛斯在 S 114 中称赞君士坦丁九世就是人间的上帝。普塞洛斯本人生了病，但是上帝给他启示说他现在还不会死。他祈祷上帝向君士坦丁九世说同样的话，但是把"现在"去掉。普塞洛斯希望君士坦丁能够在千秋万代之后去世，然后在天堂获得永生，和上帝以及邹伊皇后一起唱圣歌。

446.S 116 写给地方法官的信

普塞洛斯请地方法官为一个女性帮一点小忙。这个女人将带着这封信去见地方法官，而请托的内容则是与税收有关。普塞洛斯表示即使地方法官没能帮上忙，他也理解这是现实情况不允许，而不是朋友的责任。

447.S 117 写给牧首凯路拉里厄斯的侄子、财务官员尼基弗鲁斯（genikos Nikephoros）

普塞洛斯表示尼基弗鲁斯一直要求自己写信给他，这让普塞洛斯不是出于快乐而是出于责任和还债来写信。普塞洛斯表示很高兴自己与尼基弗鲁斯是朋友，并用了妇女给孩子喂奶来比喻。

448.S 118 写给司祭利昂·帕拉斯庞蒂洛斯的信

普塞洛斯告诉自己亲密的朋友，他们的友情没有冷却而是更加炽热。普塞洛斯遭受的不幸境况让他如同一具行尸走肉，但是他随身携带一幅利昂的画像，这样能减轻他的痛苦。

449.S 119 写给一个地方法官的信

普塞洛斯承认，他不知道他信中提到的那个贫苦的修道士是否在地方法官的军区拥有一家修道院或者小片土地，所以普塞洛斯再次请这位法官帮忙，不仅因为这个修道士很贫苦，而且因为他遭受了不公正的待遇。

450.S 120 写给塞奥佐罗斯·多克安诺斯的信

塞奥佐罗斯的岳父去世了，普塞洛斯写了这封安慰信。普塞洛斯表示自己理解塞奥佐罗斯的悲伤，但是死亡是人类的必然阶段，没有什么能阻止塞奥佐罗斯向皇帝伊萨克一世履行职责。普塞洛斯希望塞奥佐罗斯全家平安，并且早日回到首都。

451.S 121 写给察西隆军区地方法官的信

普塞洛斯写道，他经常希望能和地方法官书信沟通，但是总是因为没有合适的送信人而作罢。现在他找到了合适的机会写信给地方法官了。

452.S 122 写给一个军区官员

普塞洛斯写给这个官员，强调了他们的友情，并且在信中建议在靠近军区的关键地点安排一些送信的马匹。

453.S 123 写给被流放的君士坦丁·希拉克斯（Constantine Hierax）的信

普塞洛斯问候了君士坦丁，祝贺他承担了自己的责任，走上了精神上通向上帝和天堂的道路。

454.S 124 写给"长官"、邮政交通首席文书尤斯特拉索斯·霍伊罗斯凡克特斯的信

霍伊罗斯凡克特斯当时正在陪同罗曼努斯四世出征（公元 1068 年），普塞洛斯写信询问什么时候能够见面谈话，他非常期待朋友回归。但是霍伊罗斯凡克特斯似乎要远征印度，似乎并不满足于整个世界的大地和海洋。普塞洛斯则或许不是那么有雄心壮志。

455.S 125 写给邮政交通首席文书约翰·奥斯提阿里奥斯（Ioannes Ostiarios）的信

约翰之前给普塞洛斯写信的时候用了阿提卡希腊语，而普塞洛斯则用通俗希腊语回信了。但是在这封信中依然能看出普塞洛斯对约翰的亲密的友情，因为他们从小就建立了坚固的互相信任。约翰关于三位一体的请求已经有了积极的结论。

456.S 126 写给一名大主教的信

普塞洛斯写给一名大主教请他继续帮助一名穷人。这个人被流放，到达了

大主教的城市，在那里获得了庇护。

457.S 127 写给一名地方法官的信

普塞洛斯写给地方法官表达感谢，因为地方法官帮助了文书约翰。

458.S 128 可能是写给一名地方法官的信

普塞洛斯写道，著名的优西米厄斯仍然在那里，他在昨天和今天都狼吞虎咽，明天可能仍会狼吞虎咽，但是他有可能会感到满意。相比之下，普塞洛斯将肯定会忍饥挨饿了，因为优西米厄斯把普塞洛斯的家底都吃空了。所以普塞洛斯请地方法官帮忙照料优西米厄斯。

459.S 129 写给一名地方法官的信

普塞洛斯请地方法官派遣一个出色的人去马其顿收税。

460.S 130 写给一名地方法官的信

普塞洛斯写信提到了一名穷困的修女。她乐于受穷而不是饿死。她把自己所有的钱都用在建设一家小修道院上了，并且还借了款。但是有一个借款人临时拒绝放款。普塞洛斯请地方法官与那个放款人交涉。

461.S 131 未标明收信人（见 KD 146 和之后的四封信）

462.S 132 写给皇后尤多奇亚的信

普塞洛斯告诉皇后，因为他无法从天堂摘下水果、带来酒和面包给她，所以他只好带来能找到的最美丽的俗世中的花朵。这是给皇后最忠实的仆人给她的礼物。

463.S 133 可能是写给一名地方法官的信

普塞洛斯告诉地方法官不要因为他发出那么多请托而惊讶，这仅仅反映了烦扰他的请求者的数量之多。而这封信的送信人则是普塞洛斯格外推荐的，普塞洛斯请地方法官善待这名送信人。

464.S 134 写给卡托蒂卡地方法官的信

科伦（Korone）的主教长期不在教区，普塞洛斯请地方法官帮忙照料主教的地产不被邻居或其他恶人侵占。此外有一个文书提交了一份批评主教的报告，地方法官不要被这个报告欺骗了。

465.S 135 写给爱琴海地方法官的信

普塞洛斯请地方法官照顾塔纳苏修道院，普塞洛斯本人就出生在附近并在那里长大。

466.S 136 写给一名地方法官的信

普塞洛斯在信中提及了地方法官的一个文书，表示自己赞同地方法官对文书的培养，并给出了自己的意见，不要给予文书完全的自由，但是也不要控制得太紧。

467.S 137 写给皇帝君士坦丁十世的信

普塞洛斯当然希望能把神的食物进献给皇帝，但既然他做不到，他就只能把俗世中最好的食物献上：水果、酒和面包，希望皇帝吃掉它们，健康长寿。

468.S 138 写给一名地方法官的信

普塞洛斯请地方法官照顾权贵（dynatoi），特别是那些势单力孤的。例如帕特里基奥斯（Patrikios）[或者一个"贵族"（patrikios）]，他是希堪纳蒂撒（Hikanatissa）的儿子，他请地方法官不要把他家修道院的佃农转移走。

469.S 139 写给牧首米哈伊尔·凯路拉里厄斯的信

普塞洛斯告诉牧首，自己正在受到教会的批判，他将之比作自己在履行宗教职责时遭受殴打和侮辱。牧首应该制止这种情况，或者找到解决方法。

470.S 140 写给一名主教的信

普塞洛斯介绍了一名修道士，他知道收信人是一个备受尊敬的主教，但是对这位修道士并不了解。普塞洛斯表示如果这个修道士是好人，那就请主教善待他；如果是邪恶的，那就请主教主持正义。

471.S 141 可能是写给希腊或卡托蒂卡的地方法官的信

普塞洛斯感谢地方法官帮助了自己的亲戚克里斯托弗罗斯（Christophoros）。克里斯托弗罗斯给普塞洛斯写了很长的信，是关于他从希腊到首都的过程中地方法官的帮助的。

472.S 142 写给一名地方法官的信

普塞洛斯告诉地方法官，文书很高兴收到了普塞洛斯的信，就好像他得到了艾杰克斯（Ajax）的盾牌的保护一样。普塞洛斯请地方法官帮忙照看文书。

473.S 143 以皇帝米哈伊尔七世的口吻写的信

普塞洛斯为米哈伊尔七世写了两封信，宣布了他的继位，以及与罗伯特·吉斯卡尔一方安排的联姻。信中强调了米哈伊尔七世爱好和平，这是从他的父亲君士坦丁十世继承的品质，以及他愿意与吉斯卡尔结盟。米哈伊尔七世希望安排自己的弟弟君士坦丁娶吉斯卡尔的一个女儿。他提醒吉斯卡尔，罗曼努斯四世也计划过把自己的儿子与吉斯卡尔的女儿联姻，但是毕竟罗曼努斯四世是篡位者，而自己和君士坦丁才是正统的皇帝。

474.S 144 以皇帝米哈伊尔七世的口吻写的信

475.S 145 写给安德罗尼库斯·杜卡斯的信

普塞洛斯不惊讶于安德罗尼库斯击败了敌人，但是赞赏了安德罗尼库斯的军事水平。当安德罗尼库斯还在作战时，城内就已经得到神谕知道他会胜利了。普塞洛斯问安德罗尼库斯何时会启程班师，这样自己会拥抱并当面祝贺他。

476.S 146 写给一名头衔为"长官"的地方法官的信

普塞洛斯的收信人表示很惊讶，因为普塞洛斯依然赞赏自己。普塞洛斯回复道，自己理应这么对待最亲密的朋友。普塞洛斯还在信中关心了这位法官的妻子，她生病了，但是更重要的是因为有关丈夫的谣言而感到痛苦。普塞洛斯表示自己在皇帝面前为他美言过。

477.S 147 写给卡托蒂卡地方法官的信

普塞洛斯告诉地方法官，在他的军区里有一些受人尊敬的市民，其中包括普塞洛斯的朋友普洛柯比，富有、公正、善良。普塞洛斯希望地方法官能结交普洛柯比。

478.S 148 写给马迪托斯都主教的信（见 KD64 以及随后的三封信）

479.S 149 写给色雷斯地方法官的信

加诺斯山的所有修道院都请普塞洛斯帮忙，普塞洛斯在信中请地方法官善待这些修道士，如果他们需要帮助就提供帮助。

480.S 150 写给一家大修道院的修道士们的信

普塞洛斯告诉这些修道士，他们认为普塞洛斯的影响力，比普塞洛斯实际的影响力要大得多，他再也无法对皇帝施加很大的影响了，所以他拒绝成为这些修道士们的领袖，因为他无法为他们提供需要的保护。

481.S 151 写给"凯撒"约翰·杜卡斯的信

普塞洛斯告诉约翰，不要因为自己只在信里求他帮忙而感到困扰。约翰之前提到了一个人，此人重视公正，是个好人但是丧失了财产。普塞洛斯补充说，尽管他是一个绝对一流、受过良好教育的人，但他忍受了一段时间的饥饿，他本人可以忍受，但他的妻子和孩子不能。他唯一的希望就是约翰了。约翰是时候表现出同情心并给予帮助了。这个人将会再报答约翰的，例如增加国家的收入。

482.S 152 写给"凯撒"约翰·杜卡斯的信

普塞洛斯表示自己已经被约翰完全折服，心甘情愿地任凭约翰摆布。

483.S 153 写给卡托蒂卡地方法官的信

普塞洛斯写给地方法官，请他准备修道士埃利亚斯的来访。普塞洛斯希望地方法官能为埃利亚斯提供帮助。

484.S 154 可能是写给安条克总督的信

埃利亚斯接受了普塞洛斯关于路线和方向的建议，于是来到安条克面见总督。埃利亚斯会在安条克待一段时间然后再启程去别处。总督非常忙碌，但是埃利亚斯能给他带来令他享受的休闲。

485.S 155 以皇帝君士坦丁九世的口吻写给一个新近皈依基督教的人

君士坦丁九世此前收到一封来自新皈依基督教的人的信，请求洗礼，于是普塞洛斯代笔回信。说他的洗礼要求将会得到满足，并告诉他洗礼日期。

486.S 156 写给"凯撒"约翰·杜卡斯的信

普塞洛斯并没有写信给约翰。在这封信中他解释了原因：约翰不再喜欢普塞洛斯的文笔了，对普塞洛斯的文字无动于衷，让普塞洛斯感到沮丧。

487.S 157 写给牧首凯路拉里厄斯的侄子君士坦丁的信

君士坦丁的儿子罗曼努斯出生了，普塞洛斯写信道贺，并且希望孩子像妈妈一样在身体和精神上都很强健。普塞洛斯对新生儿总是感到非常高兴。

488.S 158 写给卡帕多西亚地方法官的信

普塞洛斯向地方法官推荐了卡帕多西亚当地的一些修道士，列出了这些修道士的三个优点，并且希望地方法官能结交他们。

489.S 159 写给牧首米哈伊尔·凯路拉里厄斯的信

普塞洛斯向牧首抱怨说自己失去了一切，需要凯路拉里厄斯的关怀。

490.S 160 写给牧首米哈伊尔·凯路拉里厄斯的信

普塞洛斯赞颂了牧首并且额外夸赞了牧首送给自己的鱼，表示它不亚于圣经里的吗哪（manna，神赐食粮）。

491.S 161 写给皇帝伊萨克·科穆宁的信

普塞洛斯赞颂了伊萨克在战场上的表现，歌颂了皇帝的统军能力和智慧。

492.S 162 代表学校校长（*maïstor* of ta diakonisses）写给牧首君士坦丁·雷科德斯的信

校长告诉君士坦丁，他现在已经到了风烛残年，而牧首为了奖赏他的学识，让他负责管辖一所学校，所以他能够开一些课程，换得一些食物。但这是不够的，校长希望牧首能够再给自己提供其他的帮助。

493.S 163 写给皇帝私人金库主管的信

普塞洛斯提到了一个在智慧、知识和与自己的友情上都无可比拟的人，但他现在需要一点钱。普塞洛斯知道皇帝私人金库主管对此事有经验，所以希望他能提供帮助，把这个人从贫困之中解救出来。

494.S 164 写给牧首米哈伊尔·凯路拉里厄斯的信

普塞洛斯感谢凯路拉里厄斯送给自己的食物。

495.S 165 写给将军阿比多斯的信（见 KD64 以及之后的三封信）

496.S 166 写给奥林匹斯的修道士们的信

普塞洛斯告诉修道士们他对于职位的晋升感到惶恐。他询问了修道院院长对他的晋升是感到畏惧还是开心，并且指出他希望是畏惧，这样他就能由敬畏美德引至更大的公正上去。

497.S167 写给修道士费利比奥斯（Pherebios）的信

费利比奥斯写信给普塞洛斯暗示自己应该取代普塞洛斯的职位，普塞洛斯表示这份职位需要努力和智慧，任何试图扮演这种角色而又没有这种才能的人都必须期待嘲笑和严厉的惩罚。普塞洛斯无疑是有这种品质的，但是费利比奥斯却没有。

498.S168 写给铜市学校高级教师（*maïstor* of Chalkoprateia①）的信

皇帝慷慨赏赐了铜市学校高级教师一笔钱，但是后者没有接受，因为他要求更多的钱。普塞洛斯批评说如果哲学家要求更多的钱，那么就是贪婪的。

499.S 169 写给皇帝秘书长埃比凡尼奥斯·菲拉雷托斯（Epiphanios Philaretos）的信

---

① Chalkoprateia，希腊文为 Ξαλκοπρατεῖα，字面意思是"铜市场"，指教堂和学校，这里指学校，译为"铜市学校"。*maïstor*，希腊文为 μαῖστωρ，指教师、校长或者作坊主，这里指高级教师。Alexander P. Kazhdan (editor in chief), *The Oxford Dictionary of Byzantium*, p.120, pp.407-408, p.461, p.464, p.1269.

普塞洛斯鼓励埃比凡尼奥斯·菲拉雷托斯与自己保持通信。说希腊语的人已经不再有泛雅典人节（Panathenaia）或泛希腊人节（Panhellenia），也没有像伯里克利或狄密斯托克利（Themistocles）那样出色的人了，但是依然保留着传统。普塞洛斯建议埃比凡尼奥斯慎重选择立场，不要被消极的观点影响。

500.S 170 写给皇帝伊萨克一世的外甥孔托斯特凡诺斯的信

普塞洛斯说自己本来不打算写信的，但是是他的老朋友约瑟夫鼓励他这么做。约瑟夫是普塞洛斯的好友，说孔托斯特凡诺斯一直对普塞洛斯的文字评价甚高。普塞洛斯表示自己听过伊萨克一世读孔托斯特凡诺斯的信，并对孔托斯特凡诺斯的知识和智慧感到惊讶。伊萨克很幸运有两个出色的外甥，多克安诺斯是他的护卫，而孔托斯特凡诺斯也是皇帝的得力助手。普塞洛斯建议孔托斯特凡诺斯结交约瑟夫，因为他是连接两人的桥梁。

501.S 171 写给亚斯特斯的信

普塞洛斯写信感谢亚斯特斯送给自己一头骡子，表示用一封文采斐然的信交换这头骡子能够给亚斯特斯带来好处。

502.S 172 写给马其顿地方法官哈桑涅斯的信

普塞洛斯从哈桑涅斯那里得到物品，而哈桑涅斯则从普塞洛斯那里学到文学。普塞洛斯暗示自己的文字非常有价值，虽然不是真金，但是也能够给予哈桑涅斯很大的好处。文学与头脑、才智和精神生活紧密相关。普塞洛斯介绍了一个来自黑海的收税官，后者希望能在家附近工作，普塞洛斯因此请哈桑涅斯帮忙。

503.S 173 写给欧凯塔都主教的信

普塞洛斯提到了一个老人。任何想从莫洛普斯那里得到帮助的人都实现了愿望，因为普塞洛斯的请托以及莫洛普斯的善心。

504.S 174 写给牧首凯路拉里厄斯的侄子、财务官员尼基弗鲁斯的信

尼基弗鲁斯抱怨说，他对普塞洛斯写的一些哲学文章不了解。普塞洛斯回答了古代世界哲学家的例子。他提到了关于"木墙"的故事、酒神巴克斯的（Bacchic）发音、柏拉图的《菲德拉斯篇》（Phaedrus）中用马做比喻描述了灵魂。哲学常常具有神秘或保密的元素，带有神秘的色彩，尤其是在宗教上。亚里士多德提倡晦涩。尼基弗鲁斯知道修辞学和哲学，但不了解它们的复合形式，即政治学。政治学的这两个起源，一个涉及思想，另一个涉及语言。至于

普塞洛斯，他可能是一个哲学家，或者是另外一个更复杂的人。他没有练习流行的修辞，而是以克制、理性的方式接受哲学的秘密，并恰当地表达了这些秘密。尼基弗鲁斯不应以为这已经揭示了他的所有秘密，因为哲学需要被神秘笼罩。

505.S 175（=C 1）写给成为牧首的修道士约翰·西菲利诺斯的信

506.S 176 写给皇帝秘书长、高级文官（*libellisios*①）和法官的信

普塞洛斯给这三个跟随罗曼努斯四世出征的朋友写信。他希望这封信能巩固他们的友谊。普塞洛斯表示这三个朋友都很有军事才能，他祝愿他们能获得胜利。

507.S 177 写给"首席司库"君士坦丁·雷科德斯的信

普塞洛斯告诉"首席司库"，自己同情以赛亚斯，他不得不承受远离君士坦丁堡的痛苦，但是很幸运的是雷科德斯将为他提供庇护。奥林匹斯的以赛亚斯的处境并不好，因此作者希望雷科德斯能对以赛亚斯好一些。

508.S 178 写给基齐库斯都主教"牧首助理"罗曼努斯（Romanos）的信

普塞洛斯讨论了自己作为恩典礼物受封者的计划，并且把投资修道院称作与修道院"结婚"。罗曼努斯建议投资阿提根尼斯（Artigenes）修道院，但是那家修道院已经"嫁"给了别的恩典礼物受封者。普塞洛斯本人倾向于与莫塔尼亚（Mountania）"结婚"，这家修道院刚刚成为"寡妇"。他计划提供牲畜作为给"新娘"的礼物。阿提根尼斯诚然更有吸引力，但是需要更多的维修费用，而莫塔尼亚则更安贫乐道。

509.S 179 写给以弗所都主教的信

普塞洛斯责怪都主教为什么不给自己写信，并且表示都主教既能写华丽的信也能写朴实的信。

510.S 180 可能是写给色雷斯军区地方法官的信

普塞洛斯提到了自己新近去了费拉德尔菲亚城，感谢了那里居民的好客。他此前还去过两次那里，第一次是在少年时期跟随卡塔弗洛龙（Kataphloron）去美索不达米亚赴任，第二次是自己作为地方长官时去的。他很高兴还有人记

---

① *libellisios*，希腊文为 λιβελλήσιος 或 λιβελλίσιος，高级文官。参见 Alexander P. Kazhdan (editor in chief), *The Oxford Dictionary of Byzantium*, pp.1222-1223.

得这两次造访，并且注意到他以前的金发现在已经变成灰色。他请地方法官善待当地居民。

511.S 181 写给安条克牧首艾米利亚诺斯的信

普塞洛斯表示自己很高兴对方现在名声大振，自己深知牧首的品行和对自己的友情。此外，牧首从父亲那里继承了慷慨的性格。普塞洛斯希望牧首能给予一个男子以荣耀。

512.S 182 写给欧凯塔都主教约翰·莫洛普斯的信

尽管很多人夸奖普塞洛斯是出色的哲学家，但他自认为只是一个在学习的人而已。但是当他从莫洛普斯那里得到夸奖时，还是倍感荣幸，比福基翁（Phokion）受到来自亚历山大大帝的致意时感觉还要好。

513.S 183 写给欧凯塔都主教约翰·莫洛普斯的信

普塞洛斯希望莫洛普斯理解自己给他写这些信的用意。普塞洛斯将莫洛普斯视作要好的朋友，这在写信的技巧中也可以看出来。

514.S 184 写给牧首米哈伊尔·凯路拉里厄斯的侄子"首席主席"君士坦丁的信

普塞洛斯表示自己跟君士坦丁开了个玩笑，但是君士坦丁似乎没有领会到。在柏拉图的作品中，苏格拉底也经常用羞辱式的话来和朋友开玩笑，如果君士坦丁掌握阿提卡希腊语，那么他就应该领会到并且发笑的。

515.S 185 写给奥林匹斯的一个修道士和修道院群首领（*archimandrite*）的信

一个真正的哲学家应该总是能捍卫自己的学说。普塞洛斯表示自己知道修道士会如何恢复，但是另外一个修道士抨击了他不明智的哲学倾向，在这一点上修道士是正确的。普塞洛斯乐意见到这一点。

516.S 186 写给牧首凯路拉里厄斯的侄子君士坦丁的信

普塞洛斯觉得自己像是雅典，到处都是昔日的影子。他的哲学尝试没有成功。此外一个主要问题是他接触不到君士坦丁和他的兄弟以及他自己的家人。回忆不是安慰，事实上，回忆增加了痛苦，因为他很容易受到这种感觉的影响。普塞洛斯请他的朋友特别照顾他的家人。

517.S 187 未标明收信人

普塞洛斯想知道他和他的通信者是否在最后两封信中谈到了自然，艺术和科学的所有奇迹。现在他从拨弦乐器和几何奇观中获得了美妙的共鸣。普塞洛斯的话语使用柏拉图，亚里士多德和波菲利（Porphyrios）的哲学方法避免了神迹。他的耳朵和头脑被调成有规律的音符，而不是非同寻常的音符。从哲学上讲，简单的逻辑也提供了很多分析能力。他建议从中解放思想。哲学并不能被轻松地了解，所以普塞洛斯给他写了两本书，分别关于词汇和思想。

518.S 188 未标明收信人

普塞洛斯向一位朋友解释说，一切存在都是有原因的。柏拉图和亚里士多德都说灵魂不是被创造出来的，但是他们都承认自己不知道真正的原因。人类对大多数此类原因一无所知，这导致了很多离奇的假设。普塞洛斯的结论是，尽管每门艺术和科学都为自己的事实提供了理由，但自然现象也有大多数人不知道的原因。他建议他的朋友只能将他的学生推向这些神迹，突出自然，引起惊叹，这是哲学的基础。他应该同时让他的学生学习哲学和修辞学。

519.S 189 写给马其顿地方法官哈桑涅斯的信

普塞洛斯表示自己重视哲学，用修辞学来赞美哲学。但哈桑涅斯和其他朋友往往只是赞赏普塞洛斯的修辞水平，却不喜欢哲学内容。

520.S 190 写给奥普斯金军区地方法官佐梅斯（Zomes）的信

普塞洛斯表示自己和大臣与皇帝讨论过对于佐梅斯的处理，他和大臣都认为佐梅斯常年卧病，应该被换下这个职位，但皇帝看中了佐梅斯的诚实和能力，决定把佐梅斯留下，最后皇帝获得了胜利。普塞洛斯告诉佐梅斯自己现在会全力支持他，并且建议如果佐梅斯快要去世，那就应该采取大刀阔斧的措施。但是，如果还有一段时间，他就不应采取任何行动。

521.S 191 写给皇帝伊萨克一世·科穆宁的文书的信

普塞洛斯询问文书，他们和军队到底在哪里，并且想象了军队的职责。

522.S 192 (= KD 64) 写给色雷斯和马其顿地方法官的信（见 KD 64 和随后的三封信）

523.S 193 可能是写给一名地方法官的信

普塞洛斯请地方法官不要觉得自己频繁的请托是令人厌烦的。他请地方法官帮助一个自己的亲戚，给予后者声誉和财富。

524.S 194 写给一名地方法官的信

普塞洛斯提到了一个年轻的亲戚，他此前到首都看望父亲，然后离开去为地方法官工作，普塞洛斯请地方法官善待这个亲戚。

525.S 195 写给一名地方法官的信

普塞洛斯请地方法官帮助一个穷人，在他遇到困难的时候施以援手。

526.S 196 未标明收信人

普塞洛斯写信说他听说了一名修道士的去世，感到既悲伤又快乐，悲伤是因为普塞洛斯失去了一个好朋友，快乐是因为这位修道士得到了基督的奖赏。

527.S 197 未标明收信人

普塞洛斯向一个朋友描述了自己的病情，他病得一度要死亡但是最后又活过来。在经历了死亡的威胁后他感到生活是如此痛苦，以至于想要一种没有痛苦的死亡。他发烧，但是呼吸却很冷。如果朋友不相信的话，可以亲自来看望。

528.S 198 写给"长官"普塞法斯（Psephas）的信

普塞法斯问普塞洛斯过得怎么样。普塞洛斯回答说，皇后塞奥多拉高度评价自己，给予了赞美和承诺但尚未兑现。至于哲学家利昂·帕拉斯庞蒂洛斯（Leon Paraspondylos），尽管普塞洛斯与利昂有着共同的哲学兴趣，但普塞洛斯没有得到工作机会。普塞法斯可能希望普塞洛斯担任高级职务，但是普塞洛斯被认为不适合担任常规行政职务。普塞洛斯请普塞法斯向利昂描述自己的困顿处境，并恳切地请求得到更好的待遇。

529.S 199 写给"长官"普塞法斯的信

普塞洛斯再次痛苦地谈到了他的资历与所提供职位之间的对比。普塞法斯将为作为奴隶的普塞洛斯支付多少费用？首都有多少像普塞洛斯这样的人？没有。普塞洛斯受到皇后塞奥多拉的青睐，但为什么只获得司祭萨比诺斯（Sabinos）那家很小的（学校?）呢？

530.S 200 可能是写给一名地方法官的信

普塞洛斯向地方法官推荐了他父亲的一个朋友。普塞洛斯认识这个人已经很久了，因为粗心而遭受了灾难的痛苦，引得普塞洛斯的同情。地方法官是一个聪明的人，非常了解命运的变幻莫测。所以普塞洛斯希望地方法官善待这个朋友。

531.S 201 写给一名官员的信

普塞洛斯请一名官员帮助一个穷人，他之前已经成功地请别人帮助此人了，但是之所以又一次提出帮忙的请求，是因为生命是无常的。这个穷人知道九头蛇（Hydra）的神话，害怕自己的问题会再度出现，因此请收信人扮演赫拉克勒斯（Herakeles）的角色，照顾好这个穷人。

532.S 202 约翰·莫洛普斯写给普塞洛斯的信

莫洛普斯的这封信是回复普塞洛斯之前写给他的信。普塞洛斯在那封信中提到圣人和哲学家，可能把莫洛普斯比作圣人而把自己比作哲学家。莫洛普斯感到受宠若惊，并且也对普塞洛斯赞扬自己的作品而感到快乐，他希望他们能够继续合作。在信的最后莫洛普斯提到了他送的几篮礼物和拖鞋。

533.S 203 (= SP 1) 写给欧凯塔都主教"牧首助理"的信

534.S 204 普塞洛斯一篇演说词

535.S 205 写给竞技场法庭庭长君士坦丁·西菲利诺斯（Constantine Xiphilinos）的信

西菲利诺斯之前请普塞洛斯翻译亚里士多德的《工具论》（*Organon*），普塞洛斯回信称西菲利诺斯高估了自己的创造力，并且表示这是不可能完成的任务。信的最后用赫拉克勒斯的功绩来比较这个任务。

536.S 206 写给一个初涉哲学的自负的酒馆老板的信

普塞洛斯表示不确定是叫对方酒馆老板还是哲学家。普塞洛斯表示柏拉图说过，他唯一知道的就是自己的无知。酒馆老板怎么会声称自己是知道一切的专家，而不是像普塞洛斯这样的凡人？普塞洛斯此后改变了他的态度，无奈地称呼对方为哲学家，然后解释了原因。君士坦丁堡市长一个助理（*symponos*①）要求普塞洛斯原谅酒馆老板。这个市长助理告诉了普塞洛斯许多怪异的术语，老板的父亲就使用这些来命名菜肴和酒罐。这让普塞洛斯想起了关于老板的父亲的另一件轶事。他有一个美丽的女仆，叫索菲娅，他很喜欢索菲娅并且经常在大庭广众之下拥抱索菲娅。人们因此称他为索菲娅情人或哲学家，不是爱智慧，而是说他爱这个女仆。普塞洛斯最终告诉酒馆老板，他的谈话与哲学主题无关，但与神秘的口头数字有关，也就是账单。

537.S 207 (= C 2) 写给牧首米哈伊尔·凯路拉里厄斯的信

---

① *symponos*，希腊文为 *σύμπονος*，君士坦丁堡市长助理，协助市长处理行会问题。参见 Alexander P. Kazhdan (editor in chief), *The Oxford Dictionary of Byzantium*, p.705, p.1989.

538.S 208 普塞洛斯一篇演说词

539.SN 1 写给牧首凯路拉里厄斯的侄子君士坦丁的信

普塞洛斯表示自己知道君士坦丁渴望收到自己的信，因为他曾是自己的学生。但是普塞洛斯道歉称自己无法写信，因为现在凯撒里亚的战事危急，皇帝在英勇作战；在这种情况下他无力写信，只有君士坦丁的思想才能让他开始动笔。

540.SP 1 写给欧凯塔都主教"牧首助理"的信

普塞洛斯表示自己感到被两个明亮的光源所吸引，即上帝更大的光芒和莫洛普斯的光辉品格。只是莫洛普斯的话引起了混乱，使两个朋友的角色颠倒了，从而产生了一种虚假的现实感。因此，大多数人认为普塞洛斯是名人，而忽略了莫洛普斯。普塞洛斯意识到自己的朋友是灿烂的阳光，而自己就像月亮。为了纠正这种错误的印象，他将在自己的《历史》中以戏剧性的方式介绍莫洛普斯。

（四）经济和社会方面的史料价值

普塞洛斯作为拜占庭 11 世纪最重要的学者之一，其作品的史料价值是毋庸置疑的。这部书信集汇编了普塞洛斯所作的 500 余封书信，内容丰富、风格多样，较为真实地展现了 11 世纪中期知识分子普塞洛斯交往所及的拜占庭社会状况。根据收信人身份和信件主题，可以将这些书信分成以下几类。

第一，收件人是皇帝或者皇后。普塞洛斯给君士坦丁九世、伊萨克一世、君士坦丁十世、罗曼努斯四世等多位皇帝以及塞奥多拉、尤多奇亚等数位皇后写过信。在信中，普塞洛斯大多以臣属的身份，采取谦卑的姿态赞颂皇帝或皇后的道德品质和文治武功；此外也有少数信件提及了皇帝与普塞洛斯的一些日常互动。这些书信不仅能够佐证特定时间内皇帝和皇后的活动，而且展现了拜占庭文学在记叙皇帝和皇后时采用的写作手法，有利于后世学者就拜占庭宫廷文学风格等相关问题进行研究。以下仅举两个例子。其一，普塞洛斯多次在皇帝御驾亲征时写信给皇帝，记录了首都君士坦丁堡上下对皇帝取得战争胜利的热烈反应，为研究 11 世纪拜占庭帝国的公共政治参与提供了一些证据。其二，普塞洛斯在写给皇后的信中多次提到向皇后进献面包、葡萄酒和水果，分别象征皇后不同的美德。此类记载可以用于拜占庭农业史和基督教文化史的相关研究。

第二，收件人是中央官员。普塞洛斯作为著名的学者，与同时代拜占庭的高官要员过从甚密，经常互相通信。例如"凯撒"约翰·杜卡斯就是普塞洛斯的一个重要通信对象。在信中，普塞洛斯与中央官员主要议题包括以下三类：其一，提及与收信人的友谊、建议增加通信频率；其二，就双方的一些日常问题如修辞学水平、与亲人的关系等进行讨论；其三，提及从对方处收到或者赠予对方的礼物。这些信件展现了11世纪拜占庭帝国上层贵族日常生活的若干切面，为学者构建更加丰满完善的拜占庭贵族形象和上层社会生活状态提供了证据。

第三，收件人是地方官员。普塞洛斯虽然本人常年居住在君士坦丁堡，但是由于交游甚广，通过开课授徒和与人通信，在多个地区都建立了较为稳固的关系网。特别是各军区的地方法官，以及各地的都主教，可以说是普塞洛斯信件中的主要通信对象。而普塞洛斯给地方法官写信的主要目的在于请这些官员帮忙。普塞洛斯通常是替自己、自己的学生、亲戚、朋友或享有名望的修道士写信，有时则是其他人请求普塞洛斯与地方长官联系，拜托后者施以援手。一般情况下，需要帮助的人会承担送信人的角色。普塞洛斯在给地方法官等官员的信件中，往往会拜托他们妥善安置送信人，或者是为送信人主持公道。普塞洛斯还常常表示，收信人如果帮忙，那就证明彼此间友情的紧密。另外，也有部分信件是普塞洛斯向帮过忙的官员表达感谢。这些信件首先表明普塞洛斯本人和地方官员的紧密联系，反映了拜占庭地方官僚体制；其次则是从实践层面记叙了该时期部分民事案件的情况以及处理方式，有利于学者根据法律文本进行比照，探究拜占庭法律理论与实践的共同性和差异性。最后，这些民事案件中有相当一部分是关于修道院或者私人地产的处理，因而对于拜占庭帝国中期土地问题的相关研究也是颇具价值的。

如前所述，普塞洛斯与一些中央或地方官员定期通信，因而建立了较为牢固的友谊。因此，部分收信人的身份除了官员之外，还可以被视作普塞洛斯的朋友。在给这些友人写信时，普塞洛斯常常会提到自己的情况，主要包括身体上的病痛，以及精神上的思考。一方面，普塞洛斯生动地描写了自己生病时发烧、疼痛的症状；另一方面，他又时常论及自己关于修辞学和哲学的思考，表达了自己不满于被公众视作修辞学家、忽略了他在哲学上的学识和水平。普塞洛斯在这些信中提及了他的一些哲学思考，有利于充实拜占庭思想史的相关研究。

第四，各层级的牧首和修道士等教会人员，也是普塞洛斯的重要通信对象。普塞洛斯虔信基督教，因此经常在写给教会人员的信中表达对收信人的尊敬和对基督教的信仰，并且希望能够有机会成为一名修道士。普塞洛斯的这些信件反映了在俗人士对于教会以及修道的认知，能够为拜占庭宗教史的研究提供史料支持。

第五，还有一些信件是写给世俗平民，或者未标明收信人的。这些信件的主题在以上四类中基本都有体现。

因此，这些信件反映当时知识分子普塞洛斯广泛的社会联系。它们还反映了知识分子、教会人士的思想和政治态度。知识分子普塞洛斯汲取各种知识和学问，同时捍卫基督教信仰，被修道士西菲利诺斯指责为异端、更信奉柏拉图而不是基督。它们还反映了出身普通的普塞洛斯和出身贵族的牧首之间的矛盾，作为贵族的牧首轻视平民百姓，等等。

二 欧凯塔都主教约翰·莫洛普斯的书信

（一）约翰·莫洛普斯简介

约翰·莫洛普斯（Ioannes / John Mauropus / Mauropous），欧凯塔（Euchaita）都主教，帕夫拉戈尼亚人，他对自己的出生地感到自豪，尽管在君士坦丁堡人们看不起他的同乡。他大约出生于990年，具体出生地不清楚，早年来到君士坦丁堡继承了一处家族房产，在那里度过早年并在那里教书，他研究修辞学、哲学、法律、神学等。米哈伊尔·普塞洛斯是他的一个学生，在1028年到1034年之间的某个时间教过普塞洛斯，后来两人一直保持联系。莫洛普斯在11世纪及其后似乎是一个拜占庭家族的名字，其成员属于文职和教会贵族。他早年是由两个伯/叔父照顾的，其中一位是克劳迪奥波利斯（Claudiopolis）都主教，他还有一位伯/叔父也是神职人员，曾作为传教士到保加利亚传教，我们还知道他的一位侄子塞奥佐罗斯，他把侄子委托给普塞洛斯照顾。他曾当过修道士，避免参与教会和国家事务，拒绝担任君士坦丁堡牧首机构中的牧首秘书长（chartophylax）。但后来接受了普塞洛斯的邀请，放弃了安静的修道院生活，在后者的引荐下觐见皇帝君士坦丁·摩诺马赫。之前，他应该认识皇帝帕夫拉戈尼亚人米哈伊尔四世的家人。1047 年皇帝君士坦丁九世·摩诺马赫颁布敕令（Novella①）建立一座学校研究法律，他受皇帝委托起草了该敕令。他曾在 1047 年两度发表演讲辩护皇帝的政策，攻击那些反对皇帝政策特别是皇帝解散抗击佩彻涅格人的军队这一做法的那些人，皇帝解散军队导致 1047 年皇帝的亲戚莱昂·托尼基奥斯叛乱。后来叛乱失败，他请求皇帝赦免叛乱者。随着他权力的上升，他日益遭到朋友和敌人的嫉妒。大约在 1043 年到 1054 年之间某个时候，他被强行任命为欧凯塔都主教，被迫离开君士坦丁堡，他经常把这一任命看作是流放，但他布道时从未向信徒表示自己的真实感情。在离开君士坦丁堡之前，他不得不放弃他在君士坦丁堡、被他改成学校的房子，这座房子由另外一位教师接手，其原因不明，他后来在皇帝的干预下收回了房子。他在被任命为欧凯塔都主教后，被皇帝授予"牧首助理"头衔。他在那里处境困难，该城的居民甚至向皇帝君士坦丁九世控告他，可能是他在君士坦丁堡的敌人挑起的，普塞洛斯及时干预平息了事态。他担任欧凯塔都主教职务大约 20 年。在任期间，他采取很多办法极力改进他的信众的宗教生活，改正那里的教堂使用的仪式书，在圣塞奥多利节日进行一系列的布道来鼓励他们的精神，为他的都主教区获得保护，获得皇帝特权。他在那里写作了圣徒奇利欧克蒙的多罗塞奥斯（Dorotheos of Chiliokomon）传记和关于一位当地圣徒圣尤塞拜亚（Eusebeia）的布道文。他终其一生在为上帝和他的信众服务。他最后卸任，退居君士坦丁堡，退隐到佩特拉的圣施洗者约翰修道院，具体时间不清楚，普塞洛斯说大约是在 1075 年。他在 10 月 5 日去世，具体哪一年不清楚。②

（二）手抄本

他幸存的 77 封书信保存在一本手抄本中：梵蒂冈希腊文抄本 676（Vatic.

---

① Novel，希腊文为 νεαρά，拉丁文为 Novella，字面意思是"新法"，用来指皇帝颁布的敕令。参见 Alexander P. Kazhdan (editor in chief), The Oxford Dictionary of Byzantium, p.1497.

② The letters of Ioannes Mauropous Metropolitan of Euchaita, Greek text, translation, and commentary by Apostolos Karpozilos, Corpus Fontium Historiae Byzantinae; v. 34. Thessalonike: Association for Byzantine Research, 1990, pp.9-27.

Gr. 676 [*Eps*. 1-77]），这本手抄本很少有错误，上面没有他的亲笔署名，但很可能是在他在世或者去世不久的时候抄写的，手抄本由修道士加布里埃尔捐给曼加纳的圣乔治修道院，得以保存下来。其中有 64 封书信还保存在一本 14 世纪手抄本中：雅典抄本 2429（*cod. Atheniensis* 2429 [*Eps*. 1-64]），这本手抄本有部分损失，其中错误较多。有四封书信（*Eps*.1, 6, 2, 15）还保存在一本 14–15 世纪手抄本中：菲茨威廉博物馆抄本 229（*cod. Fitzwilliam Museum* 229）。[①]

（三）出版和现代语言译本

Iohannis Euchaitorum metropolitae que in Codice Vaticano Graeco 676 supersunt, ed. P. de Lagarde-J. Bollig, *Abhandlungem der historisch-philologischen Clase der Königlichen Gesellschaften der Wissenschaften zu Göttingen*, 28(1882).

英文译本：*The letters of Ioannes Mauropous Metropolitan of Euchaita*, Greek text, translation, and commentary by Apostolos Karpozilos, Corpus Fontium Historiae Byzantinae; v. 34. Thessalonike: Association for Byzantine Research, 1990.

（四）内容大意

下面主要根据 1990 年英译版概括书信大意。

第 1 封信：赞美收信人。

第 2 封信：正如白天点蜡烛是多余的，送信人喋喋不休的话书信是多余的。这个送信人就是如此，一直啰嗦他自己的事情，弄得我没时间写信，浪费我水钟里的水，尤其现在是夏天，水很宝贵。

第 3 封信：某个未经证实的报道似乎让你沮丧。你的信很意外。我没有发现对你的诬告陷害。如果你真的被诬告，我将尽力保护我们的利益。服从那些掌权人。上帝和天使将保护你。

第 4 封信：凭借世代友谊兼邻居关系，我有信心请求您让持信人成为您秘书中的一员。您可能会说您已经有很多秘书了，请您发发慈悲心吧，您是一贯热爱和追求慈善的。我相信您。祝您步步高升。

---

① *The letters of Ioannes Mauropous Metropolitan of Euchaita*, Greek text, translation, and commentary by Apostolos Karpozilos, Corpus Fontium Historiae Byzantinae; v. 34. Thessalonike: Association for Byzantine Research, 1990, pp.34-37.

第 5 封信：我的好朋友任命我为牧首秘书长。我喜欢不为人知地生活，不要劝我接受公务，开始新的生活方式。你不要劝我当官了。避开罪恶能在困难时期带来安宁和解脱。我要尽力远离风暴，待在安全处。这个职位会有合适的人担任的。我服从那些比我强大的人，我喜欢安全，虽然默默无闻，但是远离危险。愿你青云直上，上帝祝福你。

第 6 封信：安慰收信人，不要说过去比现在好，不要后悔从帕夫拉戈尼亚来到了布凯拉里翁（Boucellarion）。你说缺乏给养，说你贫穷，但你使别人富裕，你实际上知道通过贫穷我们会变富。不要因你在职位上的最初经历而沮丧，未来会给你希望的。不要批评克劳迪奥波利斯贫穷。

第 7 封信：我对友谊有信心，作为朋友我要向你抱怨，责备你缺乏友谊，你对那些管理我在那里的财产的人施加压力。

第 8 封信：劝收信人对那个瓦兰吉亚人禁军指挥官行善，满足他的愿望和要求，他很聪明，知道我们之间的友谊，尊敬他。

第 9 封信：感谢您送来送信人，他一直在称赞我的土地上的统治者和管理者您。我对您的新职位和统治地区的扩大感到高兴。从现在起，你不应只被称为或认为是帕夫拉戈尼亚人的统治者而应该也是马丽安德里（Maryandenoi）的统治者。愿您事业更进一步。

第 10 封信：劝收信人温和。每个人都有自己的家族和地位的特点，这个高贵聪明的海事法官（*parathalassites*①）的最著名特征是温和。因此，我希望你以你的温柔而不是粗暴著称，因为温和是受福者的最重要品质。你极有希望配得上这些品质，因为你希望更多因美德而不是权力受人崇拜，这是比大多数人更明智的。事实上，劝说比暴力更受人热爱，美德比权力更受人尊敬。

第 11 封信：请求收信人宽容被指控走私的违法人员。我们知道您所说的走私和违法将受到严厉惩罚，但是有一条法律规定是，法律有时候会考虑到违法者的无知并且大多数情况下会原谅这种错误行为。法律也分析人们的差异和

---

① *parathalassites*，希腊文为 *παραθαλασσίτης*，指控制航行于海上的一切的法官，负责君士坦丁堡海滨和港口尤其是通商航行、商品进口和通行费支付的官员，地方上也有 *parathalassites*。据史料记载，该官职由查士丁尼大帝创设，在 9 世纪为君士坦丁堡市长下属官员，10 世纪地位仍然较低，11-12 世纪地位较高，可能是因为当时其职位日益重要。译为海事法官。参见 Alexander P. Kazhdan (editor in chief), *The Oxford Dictionary of Byzantium*, pp.1586-1587.

性格，谁会背信弃义、犯罪，谁不可能干坏事。最后，法律表现出仁慈，总是倾向于正义，支持受害者。因此，我请求您准确判断。即使他们有罪，也应该受到比根据法律更加仁慈的对待，因为他们这些愚蠢的帕夫拉戈尼亚人无知、没有恶意，甚至分不清左右手。我们绝不狡诈，绝不欺骗，因为和我的这些老乡一样，我也被危及。总之，如果他们没有犯罪，请释放他们；如果他们有罪，请宽容他们，把他们交给我处理，免除他们的所有或大部分罪名，因为上帝仁慈，您仁慈且对我有兄弟之爱。

第 12 封信：我的送信人有些事要对你说，我的兄弟。请倾听他的话，满足他的要求，你将使我 —— 你的朋友 —— 非常高兴。上帝已经给你干大事的权力，愿上帝使你在将来成就更伟大的事业。

第 13 封信：您已经折磨我一段时间了，您以为您在效仿上帝。请在我死前帮我这个忙，因为让死者复活仅仅是上帝的权力，而不是您能做到的。

第 14 封信：我已经请您帮忙，我不会放弃，直到您答应为止。

第 15 封信：也许我是个负担，没有什么用。我能提供什么帮助？我相信您喜欢行善，给您服务上帝的机会，每次都不同。目前，我给您的机会是给您介绍这个人那个人。满足他们的需求，愿上帝满足您的请求。

第 16 封信：我从远处写信给你表示友谊，并履行协议，我考验了你的好意。请同样高兴并回复，请让我在某个时候见你一面。

第 17 封信：回答修道士格雷戈里奥斯（Gregorios）的问题。你极其好问，热爱真理，你的问题让我没有时间休息和睡觉。对收信人提出的语言学问题和梭伦（Solon）贪婪问题的回答。

第 18 封信：回答修道士格雷戈里奥斯提出的神学问题。

第 19 封信：回应收信人的指责。我爱人类权力？我喜欢人类的荣誉？我是皇帝的朋友和顾问，因此疏远地位低的人、他们难以接近我？不要把这些属于别人的品质归到我身上。您不是去年带着随从坐着马车来到皇宫，出来时多了一袋子黄金吗？您不是来的时候显得贫穷，离开的时候马上变富并且更加轻视所有其他人吗？而我，经常在宫中，却从未得到如此接待，总是空手而归。攻击我别的缺点，不要对我进行这种攻击。因为您本身是拥有和我一样感情的人，我们没有人或者只有极少数人是完全轻视荣誉的。

第 20 封信：回应收信人的指责。你过去指责我无所事事，称我的沉默为懒惰，称我的沉思生活方式为厌世，称我的避免消遣为自负。现在，你指责我相反的东西，对我施加相反的指控：和许多人交谈，渴望名声；寻求公众认同，炫耀；仁慈，野心；社交，极力讨好人们。这些都是你教我的。祝福我，你会得到回报；在我权力更大、更有影响力、甚至对皇帝和牧首也有影响的时候，不要嫉妒。

第21封信：给神职人员的信，抱怨收信人改变主意，召回慰问者，让安慰者在作者这里只待了很短时间就离开了。

第22封信：收到礼物。我在夏天要梨，你在隆冬送来梨。谢谢你在这个季节给我送来水果，我在寒冷季节不会吃冷的东西，以免生病，谢谢你照顾我。

第23封信：我最近和一群哲学家交谈了很久，相互崇拜，他们高贵、聪明、睿智、得体、热爱学习、博学、愿意并热衷于参加文学讨论，最重要的是他们都理解并追求善或完美。有什么能比我聪明的君士坦丁（Konstantinos）得到智慧的荣誉和教授职位更好的呢？我将尽全力支持你，关心你的利益，特别是关于这一神圣科学，它已经快要从我们的生活中消失。

第24封信：安慰收信人。愿你一切都好，希望你说你很高兴，慢慢从过去的不幸中恢复过来，送信人是我以前一个学生，请见一见他，这会让我高兴。

第25封信：不要逃离我的友谊，不要对这个人施加进一步的暴力，他是我最好的朋友之一。为了我，为了正义，您应该使这个人摆脱神职人员的暴虐，赶紧把他送回到我这里。感谢您的仁慈，愿您得到应有的回报。

第26封信［致皇帝］：对皇帝的看法，并请皇帝宽恕叛乱者。我们所有人都是您微不足道的仆人，被认为是您的四肢，就像我们是基督的仆人和四肢一样，您作为基督的代表，是我们的眼睛和头脑，我们希望并请求：您的统治（由上帝主宰）长久、强大、健康、繁荣、成功、光彩夺目。如果您统治繁荣，我们就会幸福，没有伤害，没有烦恼，没有不幸。因此，我们请求并祈祷您不要让悲痛控制了您无敌的灵魂。不要愤怒，不要报复，效仿上帝，你将因仁慈和正义得到天堂的报酬。

第27封信：对收信人的解释。我的大人，当我激怒您、您被激怒的时候，不管我还是您，都是在做或者经历平常的事情，因为我们都是人，容易受到强烈感情的影响，都有人的弱点，尽管您比我们普通人优秀，因为您的官职、地位、精神伟大以及其它优秀品质，而我承认我没有优秀之处。我承认一无是处，只有一件事例外，即我观点的自由，如果我服从一个人，那是我被说服服从，而不是被迫服从。我从小这样，现在更加如此。甚至现在按照您的提议，我应用这一原则，比较起您的伟大，我显得相当固执。不要认为这种反对是被其他任何事物引起的，因为我不容易被自以为是击败。看到有人如此放肆地诬告我，损害我的名声，我绝不会屈服。这样做，对我来说并不值得称赞或者不恰当，因为我知道至今我并没有卷入与任何人的冲突，但是那时候我是以人的方式做出反应。我和他冲突的理由已经解释了，我生您的气可能不对。我一直崇拜您的高贵品质，认为您总是卓越、温和，突然您猛烈攻击我，在我看来您在证明您的权威，我那个时候认为我看到的是别人而不是我所认识的那个您，可能在这方面，我彻底错了。这就是我那时候偏狭的原因。但我认为这是我对您的热情和真诚友情的结果。请原谅我的弱点，给我宽恕，以便您得到上帝的宽恕。爱那些您并不陌生的人吧，他们对您怀有真正的感情。只有上帝知道这一点。为了上帝，原谅我的错误吧。像过去那样对我吧。但您为什么不赶紧使我脱离悲伤？为什么您不治疗我的痛苦？重新友好对待我吧。请给我您与我和好、恢复到原来友谊的明确证明吧。再见，愿任何事情都不能减损您的善与美。

第 28 封信：帮我个忙，我们并非陌生人。不要赞美我，以免别人怀疑，这样您仍是我的朋友，同时您又是一位公正的法官。愿您得到所有人的赞美。

第 29 封信 [致约翰（Ioannes）]：我想马上见你，但是我现在身体虚弱见不了，只能推迟。

第 30 封信：我认为我们的事情会有好运气，因为预兆是吉利的。我和你俩一样非常高兴，我祈祷我们的成功会带来幸福的结局。

第 31 封信：我相信您的智慧和权威在各方面都是好的和正义的。我写信是为了请您更明确解释您宣布的那个极好判决。因为争议双方之间就您到底裁决谁支付法庭费用发生了争论。尽管这个争端已经做出裁决，但是再次出现了困难，我们请求您做出准确的解释。我们请求您，同时提醒您，您自己的法律总是尊重受害方，并在解释争议问题时表现出仁慈。因为您一直是守法的。

第 32 封信：请求收信人帮帮这个不幸的人。

第 33 封信：指责收信人朋友没有及时回应。

第 34 封信：我不再遗憾你的离开，因为你不再需要面对我所面临的问题。这里的生活不堪忍受，我对目前的状况感到沮丧，未来可能更加糟糕。

第 35 封信：一位新的收税官（*protonotarios*①）来找你，他是税吏，就像悲剧中的众神一样，税收也有很多形式。他的职业名声不好，但他这个人很好，迫不得已成为了税吏。请善待他。

第 36 封信：劝收信人忘记过去的悲伤经历，振作起来。

第 37 封信：你在剥夺我的简朴哲学。你极力劝我抛弃节制的生活方式，劝我这个没有野心的人热爱荣誉。我接受了你的礼物，但请你以后不要对我那么慷慨了。我现在身体和心灵都生病了。

第 38 封信：您的赞美对您来说是合适的，但接受这种称赞对我来说是不合适的。我不知道您做决定的时候是不是毫无偏见的。但您的信最后使我认为您是严肃而真诚的。我因此决定接受您的忠告。我担心我会逃跑。我相信您会赞美我，为我祝福。

第 39 封信：我现在推荐给你的人过去得到你前任的偏爱。你应以他习惯的方式接待他。他来向你兑现之前从你前任那里获得的保护，你继承了对他的这种保护。不要让他空手而归。

第 40 封信：申请人轻视亲戚和那些掌权者以及所有其他的帮助，希望通过这封短信来达到目的，因为他知道你重视友谊超过权威，或者更确切说是重视二者。答应他的请求吧，为了我帮帮他吧。

第 41 封信：你能够通过用自己的财产和礼物收买当权者来驾驭他。满足其胃口，你会得到更多。

第 42 封信：不要把我的简短讲话和小礼物解释成过错。您知道我既不好辩又不慷慨。对我这样一个节制的人来说给予适度的回答和适度的礼物对您这样健谈和慷慨的人来说是合适的。

---

① *protonotarios*，首席文书或公证人，这里指收税官。这封信反映了军区的 *protonotarios* 在 11 世纪失去了原来的重要性，降为收税官。参见 *The letters of Ioannes Mauropous Metropolitan of Euchaita*, Greek text, translation, and commentary by Apostolos Karpozilos, Corpus Fontium Historiae Byzantinae; v. 34. Thessalonike: Association for Byzantine Research, 1990, p.229.

第 43 封信：我想要听听您的好消息，但是您的送信人来后滔滔不绝的是对您的赞美。谢谢您对他的好意。他值得您对他施恩，因为他懂得以祝福和称赞来回报恩人。给他各种帮助吧。我很快就要离开这个城市了，我在经历人生中的意外变化。

第 44 封信：打雷对你我来说预示着不好的消息。对我来说没有必要注意这个预兆。将要发生的已经发生了。

第 45 封信：我所担心的现在来了，即都主教任命，这是我害怕的，想尽一切代价避免的。但是天意如此，我只能感激。因此我现在需要您的祝福和支持。至于为何选中我、如何发生、为什么发生，这些您将很快知道，因为现在消息传播得很快。

第 46 封信：地方法官经常到处走动，从不定居在一个地方。因此你应该自动回到西部。至于我控诉你不友善，我们可以在你回来后再讨论。

第 47 封信：无疑是上帝意外解救了你。你送给我的礼物和书信再次表明你一贯的慷慨，以及尽管你遭遇困境但是你的友谊仍然始终如一。

第 48 封信：请求收信人帮助。我唯一想要知道的来自西部地区的消息是你仍然身体健康。但我身体或精神上都不好。对我来说生活很艰难。唯一的安慰是我的自由，这是我最宝贵的财产。但是甚至自由我也有失去的危险，因为他们强加主教职位和身份给我，完全打断了我习惯的安静生活。如果你不帮我，你将再也见不到我了。

第 49 封信：是对这里的人的仇恨或者对你身边那些人的爱，使得你远离我。后者更为可能，因为没有理由你会仇恨你研究和学习的伙伴。但你忘记了你家里的朋友们。我把约翰介绍给你。

第 50 封信：我从未想到我的生活发生这种灾难性的转变，尽管我努力抵制。也许我们不能自由行事。强者取胜了，他的判断决定了我的命运。我需要你的祝福。

第 51 封信（致君士坦丁）：指责收信人背叛、出卖朋友，不照顾朋友，找借口打发朋友离开。指责收信人抛弃朋友。说自己目前处境堪忧。

第 52 封信：安慰收信人。我被迫接受都主教职位。谈论我们的困难可以安慰我们，知道我们都是不幸的。

第 53 封信：赞美收信人具有美德。我起初怀疑，现在高兴地把他当作真正的朋友。

第 54 封信：这里的痛苦是如此之多，甚至习惯于痛苦的你也难以忍受。请给我忠告和指导，我缺乏经验。

第 55 封信：你给了一个好管闲事的家伙言论的自由，因此你应该做出补偿。你应该同情这个丧失所有财产的破产的人。如果你有同情心，就给他保护。

第 56 封信：指责收信人。如果你不接受无聊的书信，就也不要读这封信了，因为这封信反映的只是作者的贫穷。回信并同情他的不幸，也许他会活得够长，足以报答你。但是似乎你现在没有了以前的忍耐。

第 57 封信［致约翰］：我爱我的朋友们，不给他们任何利益或好处。这是因为我的贫穷，而不是因为我小气。而且，从朋友那里期望得到真正友谊以外的东西，像是在做交易，这违背我的原则。

第 58 封信：我的爱真诚，真实，我的忠诚无需证明。你们的请求被拒绝了。但是，我敦促这位兄弟再试一试。

第 59 封信：你明智的忠告和安慰的话语减轻了我的痛苦。你是真正虔诚的人。我已经给我们共同的暴君发了另外一封信了。我请你对我的送信人表现合作，以便我可以在他回来的时候听到有关你的好消息。

第 60 封信：现在我再也没有空闲同智者说话了。我未能参加的那些会议和讨论成为了过去。目前的现实令人不快，很困难。我现在过着完全不同的生活。更糟的是，我感到我的朋友们甚至是我最亲爱的朋友也对我不感兴趣。

第 61 封信［致约翰］：约翰的信是真实的而不是梦幻。但 6 个月后我未能回信。我问题众多，困难重重。因此，不要怪我拖延和待友谊不公，只能怪我的恶劣环境。请向同事们和其他三位教师转达我的友谊。我被判生活在古希腊哲学家德谟克利特（Democritus）的世界里，完全不知道你的消息。

第 62 封信：我不会忽略我最亲爱的朋友们和最聪明的教师们，一位是我的良师益友，另一位独一无二，学校就是他的体现。而且，我们所有人之间有一种精神上的联系。我没有单独给你们写信是因为我没有空闲，也没有必要。如果情况允许，我会给你们每个人写信，也会给我的其他朋友写信。

第 63 封信：祝贺收信人，感叹自己像垃圾一样被抛得远远的。要收信人不要忘记把好消息告诉远方关心他的朋友。

第 64 封信 [致牧首]：我想我神圣的大人可能奇怪他的仆人怎么会、为什么会这么久保持沉默。但是如果他来看看这个偏远的地方并了解我不得不不断在这里碰到的困难的话，那么他就会对我竟然还活着感到震惊。在旅途劳顿两个月之后，我到达这里，马上遇到狂风暴雨。过了 6 个月之后，现在，多亏您的祝福，我在这里终于能够重新把头探出海浪。送信人会解释一切。但是，由于您坚持问，我简单告诉您我得到很好的接待。但是这个地方荒凉，人口稀少，居民贫穷。但是您的祝福对我来说确实很重要，我珍视您的祝福高于一切。

第 65 封信 [致牧首]：信差的到来给了我又一次给您写信的机会。这个机会殊为难得，因为除了执鞭的领主、征税官和军队征兵人员之外，极少有人来这里。他见证了这个地方的情况，将转达我所有要告诉您的。

第 66 封信 [致牧首]：感谢收信人送来礼物。来这里的使者见证了这里教堂的状况，他将告诉您我忽略的细节。他将在我的同事们面前为我证明。考虑到他们被这里繁荣的错误看法欺骗，他的证据将特别宝贵。但是我相信您的仆人将很快摆脱苦难。

第 67 封信：你会记得在我要离开你的时候，我说我的未来不会好，由于各种困难，我的信会到得晚。我预料的困难证明比我能想象的还要糟糕。我希望这解释了我写信晚的原因。请把我的信和这个普通的礼物送给我们神圣的大人，务必使我得到他肯定的答复。

第 68 封信：这里有大量各种各样的罪恶；我唯一的安慰是我相信上帝的仁慈，以及我会被我的好大人特别是您惦记。当然我对您的友谊常在，永远不变。

第 69 封信：我在梦里看到您了，我不知道是在哪里。我想是在君士坦丁堡，但是记不起来了。这是一个极其美丽的梦，尽管不长。我不知道它的时间和地点，但是它的力量将穿透墙壁和岩石，战胜一切阻碍。

第 70 封信：我们的朋友以前只是聪明，现在还神圣。如果朋友中所有事物都是共同的，那么我们可能对他的两个品质感到骄傲，就好像这两个品质是我们自己的似的。愿它们永存。

第 71 封信：跟随一位好老师仅仅通过模仿就会变好。因此，你当然会各方面都极好了，不管在美德、学问，还是在高贵方面。至于我们的友谊，我们不会背叛，因为连结我们的除了爱，还有血缘。

第 72 封信：我的眼睛可能看不到您，除了在不久前我的梦里见到您。我珍惜这个梦胜于其他一切。

第 73 封信：安慰收信人。收信人是位慈爱的父亲，其年轻儿子去世，这个儿子在各方面成熟且富有天赋。他的去世不仅对这位父亲而且对我们这些亲戚以及对所有其他知道他的美德的人来说都是痛苦的。死亡是所有人共同的，或早或晚的事。为了上帝，坚忍吧。

第 74 封信：鼓励收信人努力学习。因为生命短暂，而人文学科很多。如果你想要完美，你必须坚持，配得上你的家庭对你的期待和希望。

第 75 封信：我们疏忽了一位朋友，既没有对他说话，也没有看到他。我不知道是为什么，不知道是什么借口。很久以前我就希望不只是把他当作一位朋友，也当作一位主人。但是由于他而不是我被我们的人们选中，我认为我自己并非不幸。幸运的帕夫拉戈尼亚人现在有权享受您的仁慈，他们选择了优秀的您。

第 76 封信：称赞收信人具有美德，鼓励他更加完美。

第 77 封信：我想起你，即使我不给你写信。我怎么能忘记我们的友谊、你的家人和家，我常常在你家受到款待。但是陷于困境之中，我充满了厌恶，我现在只是恶心。在更适当的时候我将设法弥补这一疏忽。

（五）经济和社会方面的史料价值

约翰·莫洛普斯幸存的这 77 封书信都是修辞学方面的佳作，用作历史资料并不容易，因为这些书信全都隐去了收信人姓名，难以确定收信人，也难以确定具体写作时间，尽管如此，它们对于 11 世纪拜占庭的历史和文化仍然具有毋庸置疑的价值。

这些书信有赞美，抱怨，安慰，解释，推荐，介绍，感谢，祝贺，求情，请求，求助，诉苦，建议劝告，告诫，鼓励，劝慰，指导，回答问题，指责，回应指责，收礼送礼，等等。它们在一定程度上反映了作者的社会关系，大致可以判断收信人或者作者接触的有作者的朋友、老师、学生、亲戚，有法官、税吏、皇帝、修道士、神职人员、教师等，提到作者运用自己的关系帮人找工作，推荐人选等；反映了他所在都主教区欧凯塔的荒凉、贫穷、生活艰难的状况，说那个地方荒凉、人口稀少、居民贫穷，除了领主、税吏和征兵人员之外，极少有人去那里；提到克劳迪奥波利斯贫穷；指出当时拜占庭人对税吏印象很坏，税吏名声很坏，税收形式多样；反映了当时拜占庭部分贿赂情况；说地方法官经常到处走动，从不定居在一个地方；反映了当时拜占庭帝国诉讼和税收部分情况；反映了送信人的作用；书信中随处可见作者对古希腊罗马作家、《圣经》、罗马法等的引用（内容大意中大多数没有翻译过来），反映了当时拜占庭帝国知识分子的知识结构、文化教育和偏好等；反映了作者相信预兆、运气；作者指出继任官员继承前任对他人的保护；教导别人不要辜负家人的期待和希望；里面还提到水钟；等等。

此外，欧凯塔是蓬托斯行省（Hellenopotos①）的一座城市，通往该行省的首府阿马西亚城，被认为就是土耳其人的阿夫卡特(Avkat 或者 Avhat) 村庄。②该城的保护神是圣塞奥多利，每年的圣塞奥多利节日促进了其名声和繁荣。有关该城在 11 世纪的人口和经济情况的资料极少，约翰·莫洛普斯的书信等作品为我们提供了唯一的文字史料。③

---

① Hellenopotos，蓬托斯（Pontos）行省，首府为阿马西亚，328 年君士坦丁大帝母亲海伦娜（Helena）去世后改称 Hellenopotos。参见 Oliver Nicholson (ed.), *The Oxford dictionary of late antiquity*, New York: Oxford University Press, 2018, p.705.

② 关于这座城市，参见：John Haldon, "Euchaïta: from late Roman and Byzantine town to Ottoman village", in *Archaeology and urban settlement in late Roman and Byzantine Anatolia: Euchaïta-Avkat-Beyözü and its environment*, edited by John Haldon, Hugh Elton, James Newhard, Cambridge: Cambridge University Press, 2018.

③ *The letters of Ioannes Mauropous Metropolitan of Euchaita*, Greek text, translation, and commentary by Apostolos Karpozilos, Corpus Fontium Historiae Byzantinae; v. 34. Thessalonike: Association for Byzantine Research, 1990, pp.21-22.

第六类　演 讲 词

拜占庭帝国深受古希腊文化影响，非常重视修辞学，修辞学和哲学是拜占庭帝国教育的两大主要学科，修辞学在拜占庭各种仪式和布道等活动中极其重要，是拜占庭人从政和社会地位升迁必不可少的工具。他们的颂词（enkomi-on）、辩词（polemic）、布道词（sermon 或 homily）等通常以口头形式表达，往往表现为演讲，因此，拜占庭的演说家和演讲词很多。在众多演说家中，著名学者和政治活动家米哈伊尔·普塞洛斯堪称拜占庭世俗演说家的典范。[①] 下面主要介绍他的几篇演讲词，根据安东尼·卡尔德利斯 2006 年英译本概括其大意。

一　米哈伊尔·普塞洛斯对母亲的颂词

（一）手抄本

关于其手抄本和相关研究，参见 Paul Moore, *Iter Psellianum,* Toronto: Pontifical Institute of Mediaeval Studies, 2005, pp.385-387.

（二）出版和现代语言译本

意大利语译本：Ugo Criscuolo, *Michele Psello: Autobiografia: Encomio per la madre: Testo critico, introduzione, traduzione e commentario* (Napoli: M. D'Auria,

---

① *enkomion*，希腊文为 ἐγκώμιον，复数为 *enkomia*，指对神之外的城市、人们、动物、成就、艺术品等的颂词，对神的称颂称为赞美诗（hymn）。sermon（希腊文为 λόγος），或者 homily（希腊文为 ὁμιλία），指布道词。参见 Alexander P. Kazhdan (editor in chief), *The Oxford Dictionary of Byzantium*, p.700, pp.959-960, p.1691, pp.1788-1790, pp.1880-1881.

1989).

英语译本：Jeffrey Walker, "Michael Psellos: the Encomium of His Mother", *Advances in the History of Rhetoric* vol. 8 (2005), pp.239-313.

英语译本：*Mothers and sons, fathers and daughters: the Byzantine family of Michael Psellos*, edited and translated by Anthony Kaldellis; with contributions by David Jenkins and Stratis Papaioannou. Notre Dame, Ind.: University of Notre Dame Press, 2006, pp.51-109.

（三）内容大意或提要

这篇颂词是献给我母亲塞奥多特（Theodote）的。我们不能只称赞陌生人而忽视亲人。所有人都认为，我们应该尽可能报答父母和其他亲人的恩情。母亲教我文字，她富有美德。这篇颂词的目的是向不了解的人介绍我母亲的美德。

母亲的美德来自她的祖先和家庭，继承自她的父母，她父母关系融洽，母亲出生后受到良好的教养，不仅外表美丽，而且心灵美丽、成熟纯洁、坚定理智。她织布技术无比娴熟，热爱学习，由于女性不允许上学，这让她苦恼，但她趁母亲不注意，偷偷自学文字。她非常虔诚。她父亲强迫她结婚，外貌和心灵的美丽使她拥有大量追求者，最后我父亲因富有美德成为胜利者，而且他长相英俊，他们性格相合，心灵相通，非常类似，相处和睦。未成年适合嬉闹，青年适合人生大事，壮年适合更高追求；生命分为行动和理性，一个极其现实，另一个恰恰相反；但是我母亲并没有这些区分，她既聪明又智慧，行动有理性，既虔诚又照顾家庭，使家庭兴旺。我父亲的家庭曾经是元老院元老。智者所罗门仅因那个妇女为丈夫做了两件斗篷就对她大为赞叹，而我母亲并没有为我父亲做两件斗篷，因为我父亲还不至于那么贫穷，但是她为自己、她的女仆、许多亲戚以及其他大多数不幸的人做了很多斗篷，这些斗篷大多数非常漂亮。

她第一个孩子是一个非常美丽的女儿，第二个孩子还是个女儿，这令父母和家中其他人不悦，我母亲更希望她第二个孩子是个男孩。我出生的时候不会哭，只接受母亲的哺乳。我从小热爱学习，记忆力强，我母亲在我5岁时为我找了位教师。我8岁的时候，家中很多人想要让我走一条更容易的道路，但我更喜欢读书，不愿意做别的，母亲不知道怎么办的时候，做了一个梦，梦中一个熟悉的修道士、看起来像是"金口"约翰·克里索斯托，告诉她说要我读书，并愿意成为我的老师，母亲后来又做了个梦，这两个梦坚定了母亲的决心，她最终顺从了我的意愿。我不到十岁时做了一个梦，梦中我抓住了两只鸟，小鸟说如果我能说服它们，它们就服从我，否则它们飞走，于是我和小鸟辩论，最终打败小鸟。母亲温和，谦逊，我从小母亲就给我讲圣经故事，而不是可怕的怪物故事；她给我忠告，给我说起火和光明，她克制感情，以为我睡着了抱着我亲吻我，辛勤教养我。母亲赡养她父母，以言行安慰他们，在他们生病的时候照顾他们，分享他们的悲伤和痛苦。母亲性格随机应变，适应力强。母亲是父亲的助手。父亲性格坦率，高尚，阳刚，温和，安静应对一切，从不生气或者烦恼，从不打人或者命令人，令人愉快。父亲的身材和长相。父亲具有古朴的气质，我更像父亲而不是母亲，母亲值得崇拜，不适合模仿。父亲平易近人，但只有母亲表现得好像低父亲一等，只有在这方面，她和他不协调，她遵守女性地位低于丈夫的古老戒律。母亲总是教育我，劝告我，积极训练我，激励我，每当我放学回家，总是问我从老师那里学到了什么，有没有帮助同学，有没有向同学学到什么，然后教我如何记住学到的知识，高兴地听我谈论拼字或诗歌等。母亲会陪我学到很晚，激励我。所有孩子都对父母有义务，是欠父母的，因为父母给他们生命。我母亲除了给我生命，还通过亲自教导我，给我播下学习的种子、使我领略谈话之美，而我却无以为报。我从母亲那里获得谈话的艺术。

母亲非常虔诚，想要成为修女，不愿生活在舒适、奢侈之中，但是不被允许，一年只有一天被允许行善，照顾穷人病人，分享财物，做礼拜等。她资助穷人，不像许多人那样像对待奴隶似的对待穷人，不断责备穷人。她总是恭敬地关注那些穷人和受苦的人，把他们带到楼上，亲自给他们洗四肢，不让仆人做，亲手送给穷人吃的。她生活平静，没有忧虑，不想知道别人的事情，不想知道市场、宫廷发生的事情，不想知道谁被提升为谷物供应监管人，不想知道邻居发生了什么事情，但她亲近有美德的修道士和修女，不管远近，不管他们独居在海湾，还是在地下洞穴里，还是在柱顶上。母亲的美丽长女即我的姐姐成年了，准备结婚，她和我在家庭中特别优秀，她在身体和心灵上都像母亲，我长得像父亲。母亲在少女时生下了姐姐，比姐姐大得不多，因此她们在一起的时候别人很难区分。姐姐在年龄和心灵上都超过我，我一直尊敬姐姐，她不像母亲那样克制自己的感情，她经常亲吻我，拥抱我，告诉我一切。她教导我温和适度，我事事听从她的。她在娘家婆家都受到称赞。邻近地区有个女人出卖青春，是个妓女，打扮风骚，许多青年甚至贵族也争相嫖她。姐姐经常责备她淫荡，最后命令她远离那里，她说如果她放弃卖淫她靠什么生活？姐姐马上回答说给她生活必需品，还有多余的奢侈品。于是她不再卖淫，姐姐和她分享住所、衣服、食物甚至奢侈品。姐姐很高兴拯救了一个灵魂。姐姐过于慷慨，家中很多女性指责她对陌生人比对自己的亲属还好，但姐姐一笑了之。那个女人不再卖淫，变得非常节制善良，总是垂下眼睛，用面纱罩住脸，去教堂总是蒙住头，她不再打扮，她的整个生活完全改变。但是她后来回到原来的生活，不让我姐姐知道，但姐姐最终知道。当时我姐姐生孩子的时候难产，一些妇女来帮她，安慰她，那个女人戴着斗篷也来帮忙，姐姐得到更大安慰，一个接生婆嫉妒，就说都是因为她在姐姐才难产，因为生孩子不允许孕妇帮忙，而她是孕妇，姐姐知道后很痛苦，命令那个女人赶紧滚得远远地。这时姐姐生下了孩子，但是姐姐意外去世。后来父母告诉我说姐姐因患重病去世。当时我16岁，对我的年纪来说个子已经很高，和一个监管西部地区很多地方司法事务、娴熟于修辞学的人住在城外田野里，那是我第一次离开城市，看到城墙和乡村，我刚学完诗歌，开始学习修辞学艺术。我父母要我回家，我进入城墙，碰巧来到姐姐的埋葬处，那天恰好是姐姐葬礼后第七天，许多亲戚在那里哀悼逝者，安慰母亲，我得知后晕倒在地，摔下马来，父母得知后疯了似的跑过来，把我抬到姐姐坟墓上，我醒来后见到姐姐的坟墓悲痛欲绝，父母嚎啕大哭，哀悼合唱队安静下来。我见到母亲身穿过苦行生活的破旧衣服差点昏死过去。之前，姐姐靠在母亲身上去世后，父母非常悲痛，母亲说服父亲同意她削发成为修女，虽然母亲还年轻。母亲安排姐姐葬在她的修女院，安排父亲比她先削发为修道士。她全身包裹得严严实实，不露出皮肤，过着苦行生活。父亲母亲成为男女修道士后的生活，我去探望他们。父亲发烧去世，我痛哭，母亲教导我。我梦见父亲，他状况极好，已进入天堂见到上帝。母亲的苦行生活，许多人指责她过于苦行，特别是她的女仆和神父，她把自己的食物和衣服施舍给穷人。一个上了年纪的妇女梦见皇帝为我母亲准备的黄金宝座。母亲知道自己快死后让人准备十字架、腰带以及最重要的感恩祈祷，点上蜡烛，安排唱诗班。母亲去世后我晕倒在地，人们在我鼻孔喷洒香水，我才清醒过来。葬礼上，我把母亲的遗体抱进教堂，这时奇迹发生，人们从城市各地蜂拥而至，因为他们已经听说母亲的圣洁，这些男女老少争相触摸母亲的遗体，最后把母亲遗体上的衣服分割了，每个人都想得到更大的一块。母亲的神父也过来对母亲表示敬意，并对她母亲（我的外祖母，她还活着）说她是位殉道者和圣徒。人群甚至在第三天还没有消散。

对母亲一生的总结。我梦见母亲，母亲仍然看护着我。我迷恋著作研究，喜欢修辞学、天文学、音乐、形而上学、辩证法、三段论法、诡辩法等，我喜欢研究命运、灵魂和肉体，不相信占星术，认为不能根据占星术、鸟的飞行、啼叫、运动以及无意义的声音等预言未来，我厌恶护身符，不管是钻石还是珊瑚石，我怒斥赎罪、洗罪、魔法等。我必须只献身上帝，尤其是我已经放弃尘世；但我热爱各种知识，喜欢学生询问，我阅读了所有希腊语著作，甚至蛮族人著作，不过我虽然喜欢研究各种学问，但这些知识必须与我们的基督教教义一致，否则它们毫无意义。我不仅对形而上学和神学感兴趣，而且对历史和诗歌感兴趣，我还研究医学、法学、地理学等。告诉母亲我目前的情况，请求母亲保佑。

（四）经济和社会方面的史料价值

普塞洛斯这篇对他母亲的颂词（*Encomium*）可能是他最重要的作品，阐明了受过教育的拜占庭人所认为的伟大修辞学，被 12 世纪学者科林斯的格雷戈里（Gregory of Corinth）称为所有时代中四篇最好的"演讲"之一。[①] 这篇颂词，类似圣徒传记，描写了他母亲塞奥多特的一生，赞美了他母亲的美德和事迹，包括其美貌，精神和学识的出类拔萃，对普塞洛斯的教养，圣徒般的晚年生活和修道院生活，等等，也写了普塞洛斯自己作为"拜占庭智者"的生活和生涯，反映了他不赞成基督徒苦行生活，坚定致力于世俗学问，为他自己的生活和生涯进行辩护。

这篇颂词使我们对拜占庭人家庭生活有所了解，描绘了一位处于君士坦丁

---

① Jeffrey Walker, "Michael Psellos: the Encomium of His Mother," *Advances in the History of Rhetoric* vol. 8 (2005), p.240.

堡上层贵族之下的拜占庭妇女的一生。普塞洛斯讲述了他的母亲塞奥多特出身受人尊敬但十分平凡的家庭，他父亲则出身君士坦丁堡中产阶级家庭，曾一度升至元老院元老地位，但是那之后不再兴旺。讲述了他母亲在智力上有天赋，但不被允许上学，于是自学；赞美了他母亲和姐姐各种善行，说一个女人因为很穷被迫当妓女，在他姐姐帮助下妓女改过自新，但是最终重操旧业。这篇颂词涉及到当时拜占庭人家庭中夫妻关系、子女教育、母子关系、男女地位、姐弟关系等问题，反映了在当时拜占庭社会，妓女遭受歧视，修道院有仆人，当时拜占庭社会各种迷信活动，等等。

二　米哈伊尔·普塞洛斯在女儿斯泰丽安葬礼上的演说

（一）手抄本

关于其手抄本和相关研究，见 Paul Moore, *Iter Psellianum,* Toronto: Pontifical Institute of Mediaeval Studies, 2005, pp.387-388.

（二）出版和现代语言译本

K.N. Sathas, *Μεσαιωνικὴ βιβλιοθήκη* (Bibliotheca *graeca Medii Aevi*), vol. 5: *Pselli miscellanea*. Venice: Phoenix; Paris: Maisonneuve et Cie, 1876, pp.62-87.

意大利文译本：G. Vergari, "Michele Psello: Per la figlia Stiliana." In *Cultura e politica nell'Xl secolo a Bisanzio: Versioni di testi di Michele Psello e Giovanni di Euchaita,* edited by R. Anastasi. Catania: Università agli studi di Catania, Facoltà di lettere e filosofia, 1988, pp.153-184.

英文译本：M. Kyriakis, "Medieval European Society as Seen in Two Eleventh-Century Texts of Michael Psellos." *Byzantine studies/Études byzantines* (1976-1977) 3.2: 82-99.

英文译本：*Mothers and sons, fathers and daughters: the Byzantine family of Michael Psellos*, edited and translated by Anthony Kaldellis; with contributions by David Jenkins and Stratis Papaioannou. Notre Dame, Ind.: University of Notre Dame

Press, 2006, pp.118-138.

（三）内容大意或提要

这篇演说主要叙述了斯泰丽安（Styliane）的祖先和幼年时的美貌，她的早期教育和纺织，美德和举止、美貌、道德品质、她父母对她的婚姻期待、她的疾病和死亡，她父母的悲痛和她的埋葬，她生病期间的幻象，普塞洛斯的悲痛和最终告别。以下为全文大意。

开篇。斯泰丽安的家族、抚养、教育、举止、端庄的性格等。她的母亲出身于上层贵族，是皇帝们的亲属，她母亲方面的祖先家世显赫。自襁褓时起，她和奶妈交谈，与同龄女孩交朋友，和女仆玩耍。她美貌超群。她父母非常喜欢她，把她视为珍宝。她母亲端庄稳重，一直培养她举止端庄。她渐渐长大，越来越端庄、美丽、谦逊、坚定、可靠，她致力于行善，越来越成熟。她6岁时表达非常清楚，远远超出孩子气的说话方式。她开始接受基础教育，学习构词组词造句，背诵大卫诗篇（the Davidic Psalms）。别的小孩不愿意学这些东西，她却乐于学习，甚至主动去找她的老师们。别的小孩需要打骂、威胁被生拉硬拽着去学习，这个最美丽的孩子却天生喜欢这些事物，学得非常容易，成为她同学中的第一名和最优秀的孩子。除了学习，她还擅长纺织。她自己安排每天的时间，部分时间用于教育，部分时间用于纺织，每天忙于读写和纺织。不久，她母亲教她给衣服绣花，她很快学会。过了一段时间，她使用梭子织出很好的亚麻布和丝绸。她挚爱自己的父母，经常抱着我的脖子，冲过来拥抱我，和我长时间待在一起，和我一起躺在我们的床上，坐在我的膝盖上，从一个人的怀抱到另一个人的怀抱，我们吃着同样的美食，喝着同样的饮料，她把所有的一切分享给我。她比所有其他人更渴望去教堂，唱圣歌，赞美上帝，她和唱诗班一起唱赞美诗，端庄得体地分享圣餐，参加教会仪式。她行为举止得体，头戴面纱，无比虔诚，参加晨祷，参与唱诗班。9岁时长得更为美丽、完美。我作为父亲极其爱她。她的美貌：头部、前额、眉毛、眼睛、鼻子、嘴唇、牙齿、脸颊、脖子、长发、胳膊、手、胸部、腰部、腿、脚踝、肤色等，身体各部分非常匀称优美，她的美丽无与伦比。我们对她的婚姻有很高期望。她的穿着。她备受称赞：极其美丽、虔诚、同情穷人、慷慨、娴熟于文字和纺织。她智力超群，热爱、顺从、孝敬父母，以实际行动教育仆人要顺从，照顾病人，敦促父母更加同情病人，把食物分给穷人，热爱善良和美丽，远离粗俗和做作，经常拥抱父母，用小胳膊绕着父母的脖子，是我的安慰，她热爱上帝，拥抱圣像，点燃蜡烛，供香。许多富裕的贵族家庭争相与她订婚。她不欢迎媒人。她不打扮，不使用装饰品。因为身体是上帝赐予的，塑造与上帝所赋予的美不同的美是对上帝的亵渎，是不能容忍的。她为人谦逊，举止得当。

我们对她抱有很大期望，但是她过于美丽、端庄、圣洁，上帝不忍让她被婚姻玷污，并预防其他事情，于是让她患了病。别的疾病，不管是由有害食物、有毒液体引起，还是由身体中一种成分过多，或者溃疡引起，最终都能治好，但她的疾病并非由那些因素引起，而是由骨髓和骨头本身引起，先是发高烧，然后是皮肤上到处长出葡萄似的一丛丛的水泡，然后化脓溃烂，没有医生没有药物可以治疗。可怜的孩子忍受了多大的痛苦！第 20 天黎明时她的溃疡变干，像鳞片一样脱落，我们恢复了希望，但是她又发高烧。这么多天，她从未叫喊，表现出战胜高烧和溃疡的决心，但是她没能抵抗住高烧、溃疡和缺乏营养的折磨。在卧床第 31 天，她去世了，快去世时迷糊中叫喊她母亲，抓住母亲的手，所有在场的人，她的父母、朋友、亲戚、奴隶、女奴、自由人、奶妈、照看人，全都痛哭不已。然后人们给她最后一次沐浴，给她穿上丧服，把她放在床上。她父母的悲痛。为什么上帝不同情她的遭遇？为什么这么多圣徒恳求，上帝还让她死亡？……她父母恸哭后，她被放上担架，准备抬出去埋葬。我们到了她的安息地后，墓地已经准备好，在为她举行神圣的不流血的献祭时，神圣的赞美诗唱响。她被放进坟墓，盖上厚板。所有在场的人哭泣。她去世前十天，她母亲在夜间躺在她床旁边的地板上，照顾她，问她怎么样了，她告诉母亲说她看见了一个幻象，她一再请求一个有钥匙的男人为她打开花园门，男人不肯，最后答应，进入花园后她发现花园里郁郁葱葱，有各种果树，各种植物，各种花儿。花园中央坐着一个到达天空的巨人，周围站着身穿白色衣服的仆人们，在向他行跪拜礼，她也跟着做。接着，两个身穿白色衣服的年轻人怀抱着一个非常瘦弱的小婴儿放进巨人胸部，巨人摇晃婴儿使之获得重生。她请求那个给她打开花园门的男人带她回去。这时她从幻境中醒来。她讲完后，我们马上猜到她快死了：那个开门的男人是守卫天堂门口的一位圣徒，那个巨人是上帝，站在他周围的是天使，两个年轻人是上帝派出去服务上帝的天使，他们把孩子的灵魂以婴儿的形式带给上帝，由于孩子面对疾病的耐心和忍耐，婴儿恢复了健康，这使她的灵魂在上帝面前恢复了力量。在看到这个幻象之前，她还看到一个幻象，我们认为是上帝送给她的梦幻，她看到一个女人怀抱着一个婴儿，婴儿额头上有个十字标志，两只手各拿着一根树枝，躺下床又起来准备离开，她请求那个女人给她一根树枝，那个妇女给了她较小较短的树枝，她请求还得到那根更大的，但是那个女人没有给她，离开了。然后，她醒来后告诉了正侍候她的那些人。我认为她梦中的那个女人是圣母，她怀抱的是基督，给我女儿短树枝意味着女儿生命的短暂。这些幻象被一个九岁孩子看到和叙述更为奇怪，因为上帝似乎并不向她这个年纪的孩子显圣。但是她纯洁无瑕，正如幻象表明的那样，她进入了那个纯洁的天堂。

失去了她，现在我形同死人。我的悲痛将永远持续，直到我们复活。这种悲痛损伤了我的视力，安慰我的人都是好人，但是他们的安慰反而使我更加悲伤。但女儿进入天堂，享受永恒的快乐，这可能使我们不再流泪，希望你晚上出现在我们的梦中，和我们说话，拥抱我们，亲吻我，使我们不再那么悲伤。记住你父亲的不幸和你母亲的爱，陪伴我们，出现在我们的梦中，减轻我们的悲痛。

（四）经济和社会方面的史料价值

这篇演说反映了当时拜占庭帝国上层社会女孩的成长、教养以及主流价值观对女孩各方面的规范（如谦逊、顺从、行善、虔诚等），反映了当时拜占庭社会的亲子关系，家庭教育，女孩从小要学会纺织，上层社会女性从小接受文化教育，女孩往往不到十岁父母就开始为其张罗婚姻，还反映了当时的审美观、服装，当时拜占庭社会有奴隶、仆人，人们相信梦幻，等等。

三　米哈伊尔·普塞洛斯给尚在婴儿期的
孙子的信：致小孙儿

（一）手抄本

关于其手抄本和相关研究，见 Paul Moore, *Iter Psellianum,* Toronto: Pontifical Institute of Mediaeval Studies, 2005, p.358.

（二）出版和现代语言译本

E. Kurtz and F. Drexl, *Michaelis Pselli scripta minora,* vol. 1: *Orationes et dissertationes*, Milan: Vita e pensiero, 1936, pp.77-81.

A. R. Littlewood, *Michaelis Pselli oratoria minora*, Leipzig: Teubner, 1985.

德文译本：H.-G. Beck, *Das byzantinische Jahrtausend,* Munich: C.H. Beck, 1978, pp.321-323.

现代希腊文译本：H.-G. Beck, *'Ηβνζαντινα,* translated by D. Kourtovik, Athens: Educational Foundation of the National Bank of Greece, 1992, pp.435-437.

英文译本：*Mothers and sons, fathers and daughters: the Byzantine family of Michael Psellos*, edited and translated by Anthony Kaldellis; with contributions by David Jenkins and Stratis Papaioannou. Notre Dame, Ind.: University of Notre Dame Press, 2006, pp.162-165.

（三）内容大意

我不久于人世，回报你天生的魅力。你富有领悟力，我擅长语言，对人的性格判断力很强，我要描写你的性情。

你的眼睛温和，动得不是太快，不是太慢，有时候像是在沉思，有时候愉快地转动，微笑，你微张小嘴，脸红，注视，大笑。你的面容反映你的审慎性格。

另一方面，你似乎天生不会哭。即使你奶妈的奶堵住了，你没有奶吃，你也不哭，似乎你在同她争辩，在控诉她不公和傲慢，特别是她脸色严厉地看着你的时候。为了争取那些看着你的人，你流下几滴眼泪，以说话和表情使他们倾向于你，好像他们是陪审员似的。你平息下来，当那个对你不公的人又给你喂奶的时候，你很快就变了回来，更加温柔地注视着你的暴君。当你在喝奶的时候，你马上回报哺乳者以友好的一瞥和微笑。

你远比其他同龄的婴儿更为聪明。尽管你还不到 4 个月，但你已经认识我们每一个人。好像你知道谁对你漠不关心，谁深深爱着你，你相应地回报以爱或者厌恶。甚至我敲打你的右手的时候，你给我左手，似乎你在服从主的诫命。或许你知道我是因为爱你才打你，知道我是为了高兴才逗你。当我看到你不知所措的时候，我把你的玩具拿开，把你抱在手上，举到空中，直到你兴高采烈。

你讨厌包裹你的衣服。奶妈把你泡在盆里洗完澡后捆绑你，把你的胳膊放在你身侧，和你的脚成一条直线，你马上变得沮丧和生气。把你松绑后你马上兴高采烈起来。你喜欢被母亲打扮，喜欢洗澡。

你令人愉悦，身体各部分都很协调，是大自然神圣的礼物。

愿你余生幸福！但那不是我的权力所能确保的。但无论如何开始是吉利的。皇帝和皇后争着资助你，最后皇后赢了。当你进入宫廷，她热情地紧紧拥抱你，靠在她脖子上，然后把你放在最柔软的皇家长沙发上，最后把你还给你母亲，还把她当时戴的饰物给你母亲。

这是你祖父为你写的颂词。当你长大后会了解你的祖父是个什么样的人和你在生命中最初的日子里是什么样子，以祖父为榜样，保持性情温和，给你父母增光，尊敬你的老师们和教授们，特别是以理性和文学研究来使灵魂生色。毕竟我就是这样给我母亲和家人增光的。愿你获得你所爱的一切，特别是教育和理智，只有理智能够提升灵魂，理解更复杂的事物。我在为你写这些的时候，正怀抱着你亲吻着你。

（四）经济和社会方面的史料价值

这是封信，也是篇颂词，反映了当时拜占庭人的婴儿养育，例如逗弄孩子，给孩子喂奶、洗澡，把孩子手脚绑成一条直线，等等；也反映了当时拜占庭人长辈对孩子的期望，希望他们幸福，带他们去见权贵，希望他们给父母和家人增光，等等。

四　米哈伊尔·普塞洛斯《论圣阿加丝节日》

（一）手抄本

关于其手抄本和相关研究，见 Paul Moore, *Iter Psellianum,* Toronto: Pontifical Institute of Mediaeval Studies, 2005, pp.397-398.

（二）出版和现代语言译本

K.N. Sathas, *Μεσαιωνικὴ βιβλιοθήκη* (Bibliotheca *graeca Medii Aevi*), vol. 5: *Pselli miscellanea*. Venice: Phoenix; Paris: Maisonneuve et Cie, 1876, pp.527-531.

英文译本：*Mothers and sons, fathers and daughters: the Byzantine family of Michael Psellos*, edited and translated by Anthony Kaldellis; with contributions by David Jenkins and Stratis Papaioannou. Notre Dame, Ind.: University of Notre Dame Press, 2006, pp.182-186.

（三）内容大意

哲学本身不仅关心伟大的事物，也关心许多人认为孩子气、不值得认真对待的那些事物。

至于妇女和所有那些追求愚蠢孩子气游戏的人，让她们做阿加丝（Ἀγάθη，Agathê）这种蠢事吧，不管人们怎么理解它，我们要做的是对它进行哲学思考。

我习惯对事物进行理性解释。我认为阿加丝这个名称是一个拥有哲学灵魂同时在政治事务上明智的男人的创造，因为他的目的是尽可能向妇女表明善（the good）的本质并揭示每个行动的最完美目的。

就让我们在一年中为她们专门奉献特定的一天吧，以便我们在这一天体验并学习她们完美的技艺。这一天早已确定，即君士坦丁堡建城纪念日的第二天（5 月 12 日），这一天是最适合的。

善出自一个本源。所有各种技艺都低于善，都是为了善。因此我们不应只关注男性而剥夺女性追求善。她们纺纱织布等都是为了善，她们唱赞美诗、每年列队行进来称赞善。

神职人员本身也参与这件事，因此他们并不把这些妇女赶出教堂，相反，他们在教堂前厅竖立雕像和画像，人们有序进来参加仪式，给雕像献上装饰品，唱歌跳舞，有些歌曲是遥远的过去创作的，有些是他们即兴创作现场歌唱的。参加的不仅有年轻的女孩，也有年长的妇女，年长者倡导这一技艺，她们领舞，传授歌曲，展示这一仪式最奇异的方面。其他女性跟着她们做，跟她们学习这些事物，她们全神贯注于这些雕像画像，仔细端详，好像这些画像是活的似的。这些画像描绘了织布机、线、纺织的服饰、织出平滑的亚麻布的女工匠，未能完成好各项工作的女性或呆立或几乎要痛哭，但惩罚者脸色可怕地看着她，下令执鞭者鞭打她，被打的女性大声哀号，身体扭曲，看到这一切的女性跟着一起大哭，意识到被打的痛苦，担心自己蒙受同样的遭遇。但仪式马上转为欢快，她们手拉着手跳舞，一会儿向东，一会儿向西，伴随着相应的音乐和歌曲。

但我们不应关心这些事物，我们应该理解本质，最终达到终极目标（telos）即善。

（四）经济和社会方面的史料价值

这篇文章可能是米哈伊尔·普塞洛斯在节日当天对自己的学生发表的讲话。这篇短文为我们描述了君士坦丁堡妇女的阿加丝节日仪式，这是拜占庭帝国现存唯一一篇描写这一仪式的作品。根据这篇文章，神职人员在教堂前厅竖立起雕像或者画像，人群按照先后顺序进入教堂，这些雕像或者画像描绘了工作中的纺织女工及其产品，这些妇女在织布机前工作，有的表现出色，有的因失误而受惩罚。前来参加仪式的本身是这样的女工匠，有年轻的有年老的，她们仔细端详这些雕像画像，向雕像画像献祭，然后在年纪最大、最熟练的女巧匠领导下唱歌跳舞。这篇文章描述了专为君士坦丁堡女织工特设的一种仪式的部分内容，反映了当时拜占庭社会对纺织女巧匠的推崇，对不熟练纺织女工失误的惩罚和警戒。该仪式的主要参与者有可能是君士坦丁堡的职业织工行会成员。

第七类　文学作品

　　拜占庭文学作品很多，这里只介绍史诗、小说（Romance）和诗歌。其中，史诗在罗马帝国晚期流行，有几种风格，7世纪下半叶后这些风格的史诗消失，12世纪的史诗跟这些早期史诗差别很大。小说在2-4世纪流行，12世纪传奇小说复兴，这些作品效仿古希腊文学风格，反映当时拜占庭帝国出现了新的骑士理想。诗歌通常由受过良好教育的男性创作，在11世纪之前听众范围小，民众和未受教育的人不在听众之内，之后范围扩大，用来表达个人情感，或在正式场合表达相应感情，或进行教导等，12世纪后，诗人开始使用通俗语言创作，叙事性诗歌变成为娱乐而写的作品。①

一　史　诗

　　《狄吉尼斯·阿克里特斯》（*Digenes Akrites* 或者 *Digenes Akritas* 或者 *Digenis Akrites* 或者 *Digenis Akritis*，希腊文为 *Διγενής 'Ακρίτας*）是最著名的拜占庭史诗，可能是12世纪（大约在1143年之前）根据较早的史料（其中许多最初可能来自口头史料）创作的。这部史诗在韵律、内容、语言等方面不同于早期的史诗，更接近战士之歌而不是荷马史诗。②国内已有学者进行研究。③

---

① 参见 Alexander P. Kazhdan (editor in chief), *The Oxford Dictionary of Byzantium*, pp.709-710, pp.1234-1237, pp.1688-1689, p.1804.

② Alexander P. Kazhdan (editor in chief), *The Oxford Dictionary of Byzantium*, p.710.

③ 例如，东北师范大学有硕博士论文等研究这部史诗。

（一）手抄本

这部史诗有多部手抄本存世，一般认为至少有 6 本幸存，其中格罗塔费拉塔（*Grottaferrata*）抄本和埃斯科里亚尔（*Escorial*）抄本较为可靠，年代较为久远。但这两个抄本差异很大，前者很有条理，语言较为书面化；后者则更接近日常用语，有很多脱漏，很多韵律不规则。①

（二）出版和译本

这部史诗出版和翻译的很多，已经译成多种现代语言，包括希腊语、法语、英语、俄语、瑞典语等。这里仅列出三种英译本，其中 1998 年伊丽莎白·杰弗里英译版把格罗塔费拉塔版和埃斯科里亚尔版都译成了英文。

Digenes Akrites, edited with an introduction, translation, and commentary by John Mavrogordato, Oxford: Clarendon Press, 1956 (reprinted in 1963, 1970).

D.B. Hull (ed. and trans.), *Digenis Akrites: The Two-Blooded Border Lord*, Athens: Ohio University Press, 1972.

Elizabeth Jeffreys (ed. and trans.), *Digenis Akritis: the Grottaferrata and Escorial versions*, Cambridge, United Kingdom; New York: Cambridge University Press, 1998.

（三）内容大意

这部史诗分为两大部分，第一部分是关于狄吉尼斯·阿克里特斯的父亲（一位阿拉伯人埃米尔）和母亲（一位拜占庭人将军的女儿）的婚姻，第二部分有传奇故事的风格，讲述狄吉尼斯·阿克里特斯的早熟童年、打猎和对付边境强盗的功绩、他和新娘在幼发拉底河旁宫中的和平生活，以及他的去世。下面主要根据约翰·马弗罗戈达托（John Mavrogordato）的英译本概括全书大意。

---

① 参见 *Digenes Akrites*, edited with an introduction, translation, and commentary by John Mavrogordato, Oxford: Clarendon Press, 1956 (reprinted in 1963, 1970), p.xiii. *Digenis Akritis: the Grottaferrata and Escorial versions*, edited and translated by Elizabeth Jeffreys, Cambridge, United Kingdom; New York: Cambridge University Press, 1998, pp.xiii-xxiii. Alexander P. Kazhdan (editor in chief), *The Oxford Dictionary of Byzantium*, p.622.

第 1 卷：开头赞誉了边境居民瓦西里的丰功伟绩，引出了他的父亲——年轻聪明且英勇善战的埃米尔，他招募突厥人、迪勒米特人（Dilemites）、阿拉伯人、隐士（Troglodytes），以及他的同伴们，这些人有 1000 名，把他们武装好，付给他们薪酬，带领着他们向罗马帝国进军，踏平许多城市，俘虏了无数人。一天他骑马穿过哈尔吉安（Harziane），来到了卡帕多西亚，恰好那里没有守卫把守，因为守卫都去防守边境了，将军此时正在流放地，他把无人驻守的将军府洗劫一空，还带走了将军非常美丽、仍是处女的女儿。女孩的母亲侥幸逃脱后写信给当时正在驻守边关的儿子们，把将军府发生的一切告诉了他们，命令他们去解救女儿。于是他们带了几个士兵马不停蹄地追赶了几天，赶到了埃米尔的营地，通过书面请求被带到了埃米尔面前，埃米尔坐在帐篷里的镀金宝座上。他们请求埃米尔将妹妹还给他们，并承诺重金酬谢。埃米尔很欣赏他们的勇气，提出单挑其中一名勇士，他和对方上马决斗，如果他赢了则他们都将成为自己的奴隶，如果他输了他们就带走妹妹。于是兄弟几个通过抽签决定由妹妹的孪生哥哥君士坦丁出战。两人骑着马在平原上打得不分上下，最后埃米尔宣布君士坦丁胜利，让他带着自己的印章去营地找妹妹。但他们搜遍了整个营地都没能找到妹妹，在一堆残缺不全的尸体中也没有找到，只好回去问埃米尔，发誓找不到妹妹决不回去。埃米尔询问他们的家世，他们回答说是东部军区的罗马人贵族，父亲来自金拿马德斯（Kinnamades）家族，母亲来自杜卡斯家族，家族中有 12 名将军。随后埃米尔也介绍了自己的身世，说他父母是赫里索合普斯（Chrysoherpes）和潘西娅（Panthia），他尚在襁褓中时父亲去世，母亲于是把他交给他的阿拉伯人亲戚抚养，成为了一名穆斯林；他征服了整个叙利亚地区，占领了库法（Kufah）、阿摩利翁，摧毁了远至伊科尼姆的地区，且从未被打败过，但是他现在被他们的妹妹伊琳妮的美貌征服。如果他们愿意把妹妹嫁给他，他愿意成为罗马帝国的一名基督教徒。兄弟几个和妹妹团聚后承诺把妹妹嫁给他，然后埃米尔释放了俘虏，解散了军队。

第 2 卷：埃米尔带着他的同伴们回到了罗马帝国，女孩的哥哥们给母亲写了封信解释发生的一切。回到家后他们举行了婚礼，并为埃米尔洗礼。后来埃米尔的妻子怀孕了，狄吉尼斯·瓦西里·阿克里特斯（Digenes Basil Akrites）出生了。埃米尔的母亲在叙利亚写信责备他忘记了自己的国家和信仰，并说如果他不回到叙利亚的话，她将被叙利亚的埃米尔淹死。他感到很愧疚，将来信告诉了妻子，他们一起回叙利亚探望母亲。君士坦丁当晚做了一个奇怪的梦，感觉妹妹有危险，于是立刻和兄弟们回去，发现了在路上扎营的埃米尔，埃米尔以为是妻子透露了消息，就指责她，妻子否认，并向哥哥们解释了一切。最后哥哥们让妹妹留下，允许埃米尔带领自己的同伴们前往叙利亚。

第 3 卷：埃米尔希望能早日回到妻子身边，于是不眠不休地和同伴们赶去叙利亚，到达拉哈卜（Rahab）要塞后在城外扎营，他的家人来到营地热烈欢迎他，埃米尔向家人们介绍了自己的信仰，成功让母亲和其他亲属立即转变了信仰，然后他们带着无数财富回到了卡帕多西亚，埃米尔帮助母亲和亲戚们洗礼，并安顿好他们。狄吉尼斯逐渐长大。

第 4 卷：从这一卷开始了狄吉尼斯的故事。狄吉尼斯的父亲教他骑术和狩猎，并为他找了一位老师给他上课，教授他知识。他 12 岁时，想和父亲及舅父君士坦丁一起参加捕猎，父亲认为他太小，但他坚持要去。第二天早上，他们一起进了森林，他杀死了两头熊，抓住了一只奔跑的鹿的后腿并徒手把鹿撕成两半，还一剑杀死了一头扑向他的狮子。然后他们来到森林的泉水边帮他洗掉身上的污渍，让他换上镶有珍珠宝石的精美衣服，返回家中。随着狄吉尼斯慢慢长大，父亲逐渐衰老，把所有勇敢的绝技都留给了他。一天狄吉尼斯在路上发现了一群强盗，他找到他们的运水工，由他带到他们的首领菲洛帕波斯（Philopappos）面前。首领躺在一堆动物皮毛褥上，狄吉尼斯说想加入他们当强盗，菲洛帕波斯让他完成几件事：带着一根棍子去看守，禁食 15 天且不准睡觉，然后去杀死几只狮子，带回它们的皮毛，然后继续看守，等到王公们带着马队经过时，把他们当中的新娘带来。狄吉尼斯说这些事他小时候就已经做过了，他说自己现在能抓住跑上山的野兔和低飞的山鹑。于是这群强盗邀请他一起吃晚餐，在他们吹嘘自己的成就时，他用一根铁头木棒打败了他们所有人，然后把他们的武器带到菲洛帕波斯面前，威胁说如果他恼怒就会同样对付他，然后就回家了。

罗马帝国有一位著名的杜卡斯将军，他有个可爱的女儿爱多吉娅（Evdokia），狄吉尼斯早就听说她的名字、美丽和显赫出身。一天，狄吉尼斯打猎回家路过将军的房子时唱歌，爱多吉娅注意到了他，两人通过爱多吉娅的保姆传话，明白了各自的心意。狄吉尼斯回家后命令马夫备好他的黑马，没吃晚餐就出发了。当他到达爱多吉娅的阁楼下时天已破晓，爱多吉娅等他等得睡着了，当她被他的歌声唤醒时，非常害怕父亲发现他。他们在窗前交谈并交换誓言，然后狄吉尼斯把爱多吉娅接到马背上，大声唤醒了城堡里的人，他轻易打败了追兵，十分小心地没有伤害爱多吉娅的父亲和哥哥们，她的父亲同意让他们回自己的城堡结婚，但狄吉尼斯坚持把爱多吉娅带回到自己家并举行了婚礼。婚礼庆祝活动持续了三个月，双方的亲戚都为他们准备了许多精美的结婚礼物（仆人、马匹马具马夫、兵器、金银珠宝等）。然后他们又在爱多吉娅父亲家举行了一场更加盛大的婚礼。狄吉尼斯带着妻子爱多吉娅去旅行，打败了许多想要抢掠爱多吉娅的强盗。当时统治罗马人的瓦西里皇帝（他已升入天堂）在狄吉尼斯住的地方同波斯人作战，听说了他的功绩，写信说想见他，狄吉尼斯约他在幼发拉底河见面。他们聊得很高兴，皇帝想要赏赐他，但他表示什么都不要，但皇帝还是决定把没收的他外祖父的所有财产赐予他，还授予他统治边境地区的权力，并赐给他金玺诏书和贵重的皇帝礼服予以确认。

第5卷：狄吉尼斯讲述了几件让他忏悔的事：首先是在他15岁那年，他离开父母去边境地区生活，一次他只身前往叙利亚，途径沙漠在找水喝时看到一个美丽的少女，她讲述了自己的遭遇。原来她来自梅菲尔克（Meferkeh），父亲是哈普洛拉布德兹（Haplorrabdes），母亲是梅兰西娅（Melanthia）。她爱上了父亲抓来的一个俘虏，他说自己是一个著名将军的儿子。于是她在母亲病重之际，女扮男装，和他一起带着一些财宝逃跑。他们扎营在喷泉旁的第三晚，男子带着财宝抛下她跑了。她伤心欲绝却又不敢回家，在沙漠中度过了十天，一个老人告诉她说她逃跑的情人被默索尔（Mousour）袭击了，但被一个年轻的边境居民救下了。这时一群阿拉伯人出现，狄吉尼斯打跑了他们，女孩也因此知道他就是那个救下了她情人的边境居民。狄吉尼斯承诺帮助女孩回到那个男人身边，在护送女孩前往科佩梅兹（Coppermines）的路上，他爱上并诱奸了她。他们到达科佩梅兹之后，他威胁那个男人不准再抛弃她，并且要按承诺娶她为妻。然后他带着愧疚回到妻子爱多吉娅身边，由于愧疚（爱多吉娅知道原因），他们离开了那里。

第6卷：第二件事是狄吉尼斯和妻子来到美丽的草原驻扎休息，当他午睡时，他的妻子来到了泉水边，这时一条蛇变成了一个英俊的青年想要勾引她，她识破后唤醒狄吉尼斯杀死了他。随后他又杀死一只袭击妻子的狮子。她唱了一首歌安抚受到惊吓的内心，恰好路过的士兵听到后，赶过来想要抢走爱多吉娅，但全部被狄吉尼斯打败。第二天，他去河边洗澡，三个士兵菲洛帕波斯、约那克斯（Ioannakes）和金纳莫斯过来询问其他士兵的下落，他们猜测他就是边境居民瓦西里，挑战狄吉尼斯，却都不是他的对手，于是请求成为他的仆人，但狄吉尼斯表示自己只想自由的生活，释放了他们。三个士兵被爱多吉娅的美貌吸引，打算寻找其他还活着的士兵去复仇，但没有找到，于是去寻求菲洛帕波斯的女亲戚、亚马孙族女战士的后裔马克丝莫（Maximo）的帮助。他们召集了数百名士兵武装好，晚上去抢爱多吉娅，被正在巡视的狄吉尼斯发现并打败，马克丝莫被释放，要求明日与他决斗。第二天，马克丝莫战败，请求成为狄吉尼斯的妻子，遭到拒绝。但他经不住诱惑与马克丝莫发生了关系，然后回到妻子身边。爱多吉娅责怪他的迟来并怀疑他，他撒谎说自己杀了马克丝莫所以耽误了时间，爱多吉娅相信他。但狄吉尼斯随后愤怒地回去把马克丝莫杀了。之后他在幼发拉底河边建筑了一所漂亮的房子住下。

第7卷：狄吉尼斯征服所有边境地区、占领许多动荡的城市和乡村后，在幼发拉底河流域定居，他在那里种植了一片小树林并把自己的住所建在里面，房顶用金色马赛克描绘了许多英雄的丰功伟绩，他还建立一座教堂，献给圣徒和殉道者塞奥多利，里面埋葬了他在卡帕多西亚患病身亡的父亲。他和母亲及妻子快乐地生活在那里，但没有子嗣让他们很难过，尽管他们向上帝祈祷了。狄吉尼斯的父亲死后第五年他的母亲病逝，他把母亲与父亲葬在一起，赞誉他的母亲以美貌打动了敌人（他的父亲），维持了和平，解救了许多俘虏等。

第8卷：狄吉尼斯的阿米达（Amida）朋友们和他父亲这边的男性东正教徒亲属来拜访他，他热情地接待了他们几天，举行宴会、出门狩猎，在花园和朋友们一起洗澡时，发现他患了很严重的疾病（角弓反张）。第二天他咨询了医生后得知自己无药可治，就和妻子回忆了曾经一起经历的事情，表达了自己对妻子的爱意和不舍，建议她另嫁，但她只是悲伤地去祈祷。妻子在祈祷后回到狄吉尼斯身边，因过度伤心而去世，狄吉尼斯也悲伤过度去世。他的死讯传出去后，许多东方的统治者纷纷前来吊唁，有哈赞尼安人（Charzianians），卡帕多西亚人，布克拉里奥家族（Boukellariots），可敬的波东迪特斯家族（Podandites），塔西特斯家族（Tarsites），马伦尼特斯家族（Mauronites），上等巴格达人（Elect Bagdadis），来自巴比伦（Babylon）的贵族，以及许多来自阿米达的人，等等，他们都赶来参加葬礼。葬礼悼词结束后，房子里的东西都给了穷人，把这对夫妇下葬了，他们还在特洛西斯（Trosis）的一条道路上修建了一块纪念碑，哀悼狄吉尼斯的离世。

（四）经济和社会方面的史料价值

这部史诗是一部没有神学和政治宣传的传奇小说，由一个受过充分教育的修道士或抄写员根据自己听说的民间传说加工完成的，反映了 11 世纪突厥人侵略小亚细亚之前的世界观，其中的地理环境细节等也证实了这一时间，但这部史诗描绘的各种冒险故事表明它可能写作于传奇故事复兴的 12 世纪。① 史诗描绘了 9-11 世纪拜占庭帝国东部边境一位富裕权贵的生活：其位于幼发拉底河的宫殿包括一座至少三层的石头房子、一个精心设计的花园以及一个里面有其私人教堂的庭院；宫殿的顶部以马赛克装饰，描绘的是旧约圣经的故事，还有来自荷马史诗和亚历山大大帝传记的故事。史诗涉及拜占庭人与阿拉伯人之间的关系，不是基督教与伊斯兰教或东西方之间的冲突，反映了穆斯林皈依基督教的现象，基督徒与穆斯林之间通婚，以及拜占庭帝国东部边境地区冲突等方面的现象。

二 小 说

12 世纪拜占庭帝国科穆宁时代出现了爱情和冒险故事即小说，主要有四部，即塞奥多利·普罗德罗莫斯（Θεόδωρος Πρόδρομος，Theodore Prodromos）的《罗丹特和多西克勒斯》（Τὰ κατὰ Ῥοδάνθην καὶ Δοσικλέα，*Rhodanthe and Dosikles*），尤马西奥斯·马克雷波利特斯（Eumathios Makrembolites）的《希斯敏和希斯米尼亚斯》（*Hysmine and Hysminias*），君士坦丁·马纳塞斯的《阿里斯丹德罗斯和卡丽丝亚》，以及尼基塔斯·尤吉尼亚诺斯（Νικήτας Εὐγενειανός，Niketas Eugenianos）的《罗索拉和卡里克斯》（*Drosilla and Charikles*）。它们都写作于 12 世纪中期的君士坦丁堡；主题和文学技巧相同；都

---

① 关于这部史诗的创作时间学术界有争议。参见 *Digenes Akrites*, edited with an introduction, translation, and commentary by John Mavrogordato, Oxford: Clarendon Press, 1956 (reprinted in 1963, 1970), pp.lxxvi-lxxxiv. Alexander P. Kazhdan (editor in chief), *The Oxford Dictionary of Byzantium*, p.622.

大量借鉴第二诡辩学派（Second Sophistic）的小说，特别是 2 世纪晚期阿基里斯·塔提乌斯（Achilles Tatius）的《莱西普与克利托蓬历险记》（*Leukippe and Kleitophon*）、2 世纪查里顿（Chariton）的《迦利亚斯和水泽神女卡利洛厄》（*Chaereas and Kallirrhoe*）以及隆戈斯（Longos）的《达佛涅斯和克洛伊》（*Daphnis and Chloe*）等；它们都注重形式，其中《希斯敏和希斯米尼亚斯》以散文形式写成，其他三部小说以诗歌形式呈现；故事情节都是一对出身名门的恋人被戏剧性的不幸事件分开，但终成眷属。在拜占庭，故事写作主要是以圣徒传记形式体现的，圣徒的故事非常多，但爱情和冒险故事的写作在拜占庭文化中却并不常见，出现这种拜占庭小说现象的原因和以及它的功能仍需研究。①

其史料价值在于，这种文学形式在之前的拜占庭帝国并不存在，这种小说的出现证明了西方文化特别是法国方言文化对 12 世纪拜占庭文化的影响，以及 12 世纪拜占庭作家的好古癖。科穆宁时代通常被看作是拜占庭文学文化的转折点，古代文学体裁例如讽刺文学和小说复兴，通俗作品首次出现，呈现出修辞的多样性。② 这些拜占庭小说复兴了晚期古希腊文化的小说中的主题和异教内容，同时反映了他们当时的基督教信仰和习俗；还反映了当时拜占庭帝国存在奴隶制流行、海盗猖獗等社会现象。

（一）塞奥多利·普罗德罗莫斯的《罗丹特和多西克勒斯》

1. 作者介绍

塞奥多利·普罗德罗莫斯可能是 12 世纪上半叶拜占庭最为多才多艺、富有创造力和多产的作家，使用诗歌和散文写作了大量作品，包括赞美帝国的事件和人物的文章、讽刺文学、圣徒传记、宗教诗歌、书信、评注等，他还在 12 世纪中叶创作了小说《罗丹特和多西克勒斯》。12 世纪中期幸存了大量讽刺

---

① 参见 *Four Byzantine novels*, translated with introductions and notes by Elizabeth Jeffreys, Liverpool: Liverpool University Press, 2012, pp.ix-x. Alexander P. Kazhdan (editor in chief), *The Oxford Dictionary of Byzantium*, p.1804. 对这种拜占庭小说，目前国内已出现研究，例如东北师范大学汪柏序的硕士学位论文。

② P. Magdalino, "Eros the King and the King of *Amours*: Some Observations on *Hysmine and Hysminias*," *Dumbarton Oaks Papers*, Vol. 46, Homo Byzantinus: Papers in Honor of Alexander Kazhdan, (1992), pp.197-204.

短诗，作者通常无名，这表明当时有大量拜占庭人通过为君士坦丁堡的皇室和贵族资助人写作文学作品来使教育成为一种谋生工具。[1] 这些作品很多在文学沙龙上展示，12 世纪上半叶最著名的文学沙龙主持人是阿莱克修斯一世·科穆宁的妻子伊琳妮·杜凯娜（约 1133 年去世）皇后，他的女儿安娜·科穆尼娜（约 1153 年去世）和女婿尼基弗鲁斯·布莱伊纽斯（1138 年去世），以及曼努埃尔一世·科穆宁的寡嫂、"至尊者"（sevastokratorissa）伊琳妮·科穆尼娜（约 1152 年去世）。《罗丹特和多西克勒斯》是作者献给"凯撒"尼基弗鲁斯·布莱伊纽斯的，大约写于 12 世纪 30 年代，在伊琳妮·杜凯娜主持的文学沙龙上展示，尼基弗鲁斯·布莱伊纽斯和作者的老师米哈伊尔·意大利科斯等都参加过这个沙龙。

关于他的家庭背景，据霍朗纳（Hörandner）研究，他的父亲经常旅行，广泛阅读，[2] 应该家境不错，虽然不会是权贵。他的父亲劝他不要像 12 世纪早期他们同一阶级其他人那样当工匠和士兵，而是给他提供了全面、完整的文学教育，期望他有一个赚钱多的职业生涯，但是他父亲希望他能赚钱的愿望并未实现，他曾请求安娜·科穆尼娜资助，还写了篇《论贫穷》。这种情况可能是历史事件和他健康不佳所致。[3] 当时和他有类似教育背景的其他人确实获得了地位提升，谋得了教职和主教职位，例如，斯特凡诺斯·斯凯利兹斯（Stephanos Skylitzes），他注释了亚里士多德作品，后来成为特拉比宗主教；又如，尼基弗鲁斯·瓦西拉基斯（Nikephoros Basilakes），他在牧首学校（Patriarchal School）担任教师，直到 1157 年教义争论被流放到菲利普波利斯。约翰·泽泽斯是失败的典型例子，其原因是他贪婪以及和其雇主的妻子争吵。

普罗德罗莫斯大约在 1100 年出生于君士坦丁堡，大约在 1115–1120 年接受教育。阿莱克修斯一世为提高神职人员教育水平，改革了牧首学校，单个教

---

① P. Magdalino, *The Empire of Manuel I Komnenos, 1143–1180*, Cambridge; New York: Cambridge University Press, 1993, pp.336–346, pp.510–512. 关于 11 世纪的类似人物，参见 F. Bernard, *The Beats of the Pen*, PhD thesis, University of Ghent, 2010.

② W. Hörandner, *Theodoros Prodromos, Historische Gedichte*, Vienna, 1974: 22–24, no. 38. 19–21. 参见 *Four Byzantine novels*, translated with introductions and notes by Elizabeth Jeffreys, Liverpool: Liverpool University Press, 2012, p.3.

③ 参见 *Four Byzantine novels*, translated with introductions and notes by Elizabeth Jeffreys, Liverpool: Liverpool University Press, 2012, pp.3-4.

师的小机构仍然是当时主要的中等教育机构，普罗德罗莫斯的老师斯特凡诺斯·斯凯利兹斯和米哈伊尔·意大利科斯在他们的职业生涯晚期与官方教育机构有联系。科穆宁王朝宫廷在 12 世纪 20 年代似乎分裂成了两个派系，皇帝约翰为一派，约翰的母亲伊琳妮·杜凯娜和姐姐安娜·科穆尼娜为另一派，她们在 1118-1119 年发动了政变，企图使安娜·科穆尼娜和其丈夫尼基弗鲁斯·布莱伊纽斯登位，但政变最终流产。普罗德罗莫斯在他职业生涯的头十年里寻求伊琳妮·杜凯娜的资助。他注释了亚里士多德作品，似乎也参与了当时安娜·科穆尼娜资助的哲学家群体。大约 1133 年伊琳妮·杜凯娜去世后，他似乎转而主要寻求皇帝约翰的资助，在写作长篇颂词方面颇为成功。他没有固定教职，凭借这种为人写作或者教授私人学生来谋生。到 1140 年时，由于皇帝约翰和重要贵族从 1138 年起远征奇里乞亚，普罗德罗莫斯失去佣金收入，处境处于低谷。于是他写信向安娜·科穆尼娜请求资助，未能如愿后打算离开君士坦丁堡前往特拉比宗陪伴他的朋友、昔日老师斯特凡诺斯·斯凯利兹斯。这时他患了重病，可能是天花。在曼努埃尔一世·科穆宁统治早期，他向曼努埃尔求助，声称自己只为曼努埃尔家族服务。他还向伊琳妮等求助。他最终在附属于孤儿院和圣彼得和保罗教堂的一所老人收容所避难。他继续为君士坦丁堡贵族们写作，可能还在孤儿院教学生。他在 1156-1158 年去世。①

2. 手抄本

《罗丹特和多西克勒斯》幸存于以下四本手抄本中，其中，手抄本 V 是 13 世纪的，手抄本 H 是 14 世纪初的，手抄本 U 是 15 世纪中叶的，手抄本 L 是 16 世纪初的。②

H Heidelbergensis Palatinus gr. 43, ff. 39v–83r

U Vaticanus Urbinas gr 134, ff. 78v–119r

L Laurentianus Aquisiti e Doni 341, ff. 1r–50v

V Vaticanus gr. 121, ff. 22–29v

---

① 参见 *Four Byzantine novels*, translated with introductions and notes by Elizabeth Jeffreys, Liverpool: Liverpool University Press, 2012, pp.3-6.

② 参见 *Four Byzantine novels*, translated with introductions and notes by Elizabeth Jeffreys, Liverpool: Liverpool University Press, 2012, p.10.

3. 出版

Theodori Prodromi philosophi Rhodanthes et Dosiclis amorum libri Ⅸ, interprete Gilb. Gaulmino Molinensi, Parisiis [Paris]: Apud Tussanum du Bray, 1625. (希腊语原文为诗体小说，拉丁语译文为散文体小说)

G. A. Hirschig, *Erotici scriptores*, Paris; 1856, repr. 1885.

R. Hercher, *Eroticorum scriptorium Graecorum*, vol. 2, Leipzig, 1859, pp.289-434.

Theodori Prodromi de Rhodanthes et Dosiclis amoribus, libri ix, edidit Miroslavs Marcovich, Stutgardiae: In aedibus B.G. Teubneri, 1992. (希腊语原文，拉丁语前言和注释)

4. 现代语言译本

法语译本：P. F. Godard de Beauchamps, *Les amours de Hysmène et d'Isménias*, Paris, 1729; repr. 1797.

法语译本：Marquis de. Collande, *Les amours de Rhodante et de Dosicle*, Paris, 1785.

法语译本：A. Trognon, *Amours de Rhodanthe et Dosiclès*, Collection de romans grecs, vol. 8; Paris, 1822.

意大利语译本：F. Conca (ed.), *Il romanzo bizantino del* Ⅻ *secolo*, Turin, 1994, pp.63-303. (希腊语原文，意大利语译文)

德语译本：Theodoros Prodromos, *Rhodanthe und Dosikles*, eingeleitet, übersetzt und erläutert von Karl Plepelits, Stuttgart: A. Hiersemann, 1996.

英语译本：*Four Byzantine novels*, translated with introductions and notes by Elizabeth Jeffreys, Liverpool: Liverpool University Press, 2012. (根据马可维奇[Marcovich]1992 年版翻译)

5. 内容大意

这部小说包括九卷。下面根据伊丽莎白·杰弗里 2012 年英译本概括其大意。

第 1 卷：开篇描述了一场灾难，一艘海盗船袭击沿海地区，摧毁那里的庄稼、葡萄园、船只，杀害了沿海地区的许多居民。当海盗们到达罗德岛海岸时，他们杀害了许多当地居民，俘获了许多俘虏，包括一对情侣多西克勒斯（Dosikles）和罗丹特（Rhodanthe）。满载着战利品，海盗们驶往家乡。上岸后的那天晚上多西克勒斯悲叹自己与爱人罗丹特被迫远离家乡和亲人的悲苦命运，一位塞浦路斯俘虏克拉坦德罗斯（Kratandros）无意中听到他的悲叹，讲述了自己与克莱索科罗（Chrysochroe）的不幸爱情：一场组织不良的诱拐造成了她的死亡，她的父亲安德洛克勒斯（Androkles）指控他谋杀；尽管在法庭上做了有说服力的辩护并且通过了火的神裁法，证明了他的无辜，他被释放后决定离开塞浦路斯，乘船航行却遭到袭击，落入海盗之手。第二天早晨，海盗头子米斯泰洛斯（Mistylos）挑选出罗丹特、多西克勒斯和克拉坦德罗斯充当神庙仆人，送斯特拉托克勒斯（Stratokles）回家，但是宣告将四个水手（包括纳斯克拉特斯 [Nausikrates]）献祭，其他俘虏如果有人赎回他们就可送他们回家。然后米斯泰洛斯分配了战利品，每人 20 迈纳（*minai*），他自己比其他人多四倍，神像捐给了塞妮涅（Selene）神庙。克拉坦德罗斯要多西克勒斯讲述自己的故事。

第 2 卷：多西克勒斯对克拉坦德罗斯解释说他和罗丹特以及斯特拉托克勒斯航海去罗德岛，在那里，斯特拉托克勒斯的朋友格劳孔（Glaukon）盛宴款待了他们（包括纳斯克拉特斯）。格劳孔问多西克勒斯与罗丹特怎么会跟斯特拉托克勒斯一起旅行的，多西克勒斯说他的父亲是一名将军，他在家乡阿比多斯城见到被斯特拉顿（Straton）养在塔楼的女儿罗丹特后对她一见钟情，随后就请求母亲帮他提亲，但斯特拉顿已经准备在收获季末把女儿嫁给帕诺比奥斯（Panolbios），他在朋友们的帮助下掠走了罗丹特，登上了斯特拉托克勒斯的船开始了航行。

第 3 卷：在欢聚之后，多西克勒斯发现纳斯克拉特斯喝醉睡着了。当其他人休息时，多西克勒斯企图诱奸罗丹特，但她说赫尔墨斯预言他们会在家乡阿比多斯结婚，多西克勒斯立即停止了自己的行为。第二天早晨，当人们在神庙为斯特拉托克勒斯最近死去的孩子举行祭祀时，海盗们袭击了罗德岛，米斯泰洛斯的属官（*satrap*）戈布里亚斯（Gobryas），把游客全都掳为俘虏，他们的东道主格劳孔则被吓死了。多西克勒斯的叙述以他和克拉坦德罗斯在狱中相遇结束。但这时米斯泰洛斯的副手戈布里亚斯震惊于罗丹特的美貌，请求米斯泰洛斯把她送给自己作为战利品。由于米斯泰洛斯已经把罗丹特和多西克勒斯献给神，戈布里亚斯未能如愿，企图强奸罗丹特，但是遭到多西克勒斯的阻止。戈布里亚斯以为多西克勒斯是罗丹特的兄弟，想要利用他为中间人促成他和罗丹特的婚姻。多西克勒斯骗他说他们兄妹俩要为前段时间去世的父母守孝 50 天，让戈布里亚斯再等待 10 天。多西克勒斯悲叹不幸遭遇，哭诉戈布里亚斯威胁要娶罗丹特，她希望能留在多西克勒斯身边，死也不愿嫁给戈布里亚斯。

第 4 卷：米斯泰洛斯把这对恋人献给神庙的计划因皮萨（Pissa）皇帝布莱亚克斯（Bryaxes）的属官阿塔克桑尼斯（Artaxanes）到来而遭到破坏。在得到米斯泰洛斯的隆重接待之后，阿塔克桑尼斯出示了一封信，要求米斯泰洛斯把拉姆农（Rhamnon）城还给布莱亚克斯。狂怒的米斯泰洛斯承诺第二天会做出回答，并要戈布里亚斯款待阿塔克桑尼斯。于是准备了一场盛宴，有异国菜肴，包括一只肚子里塞满活麻雀的烤羊羔，戈布里亚斯借此说米斯泰洛斯能够改变和控制自然，术士萨提里翁（Satyrion）表演"自杀"然后复活，并唱歌颂扬米斯泰洛斯的伟大。阿塔克桑尼斯被征服，醉得不省人事，滑落摔碎了一只雕刻精美的蓝宝石酒杯。同时，米斯泰洛斯写了封回信，大胆宣称拉姆农是他的而不是布莱亚克斯的领土，然后把阿塔克桑尼斯打发走了。

第 5 卷：米斯泰洛斯准备战争，派戈布里亚斯（他不是很乐意，因为原定第二天他要举行和罗丹特的婚礼）去召集盟友。布莱亚克斯收到回信后大怒，准备开战，阿塔克桑尼斯则抗议说米斯泰洛斯有超自然力量，讲述了他在宴会上的经历。布莱亚克斯率领他的舰队，对他的部下发表了长篇演讲，激励他们。战斗开始。布莱亚克斯在看到对方军队的规模之后感到恐慌，于是又给米斯泰洛斯发了封信让他再考虑一下，但米斯泰洛斯表示他的态度和之前那封信写的一样。

第 6 卷：天刚破晓，布莱亚克斯就派潜水员在米斯泰洛斯舰队的船体上打洞。虽然一开始米斯泰洛斯的军队处于上风，但在随后的战斗中，戈布里亚斯战死，哀叹失去了罗丹特，米斯泰洛斯则自杀身亡。布莱亚克斯的军队洗劫了米斯泰洛斯的城市，俘获了多西克勒斯和罗丹特以及克拉坦德罗斯。他们夺走战利品，把俘虏们分成男女两批分别乘船，结果使多西克勒斯和罗丹特分开，令这对恋人非常悲伤。第二天夜晚，一场暴风雨袭来，罗丹特乘坐的船只失事。罗丹特被前往塞浦路斯的商人救了起来。一到塞浦路斯，他们就出售来自印度和亚历山大的货物，并把罗丹特卖给了克拉坦德罗斯的父亲克拉顿（Kraton）。与此同时，多西克勒斯哀叹他和罗丹特的悲惨命运，想到失事的恋人甚至想投海自尽，克拉坦德罗斯阻止了他，努力安抚他的情绪，但效果不大。最终，他们在第11天到达皮萨，被囚禁起来。

第7卷：罗丹特在塞浦路斯岛克拉顿的房子里因多西克勒斯而悲伤，克拉顿和斯塔勒（Stale）的女儿米丽拉（Myrilla）听到，斯塔勒询问怎么回事。罗丹特讲述她的经历，其间提到了克拉坦德罗斯的名字，引起了大的骚动，这个家庭因而得知他们失踪的儿子仍然活着，尽管其下落不明。第二天，克拉顿决定乘船前往皮萨寻找克拉坦德罗斯。与此同时，在皮萨，布莱亚克斯决定把他最好的战利品即多西克勒斯和克拉坦德罗斯献祭给神。随后开展了一场柏拉图风格的辩论来为此辩护，多西克勒斯支持以献祭的方式来向神表达敬意，布莱亚克斯被他感动了，十分同情他，想将他释放，但是又害怕亵渎了神。于是他问克拉坦德罗斯还有什么话要说，克拉坦德罗斯认为法治的城市不需要通过献祭人来向神表达敬意，不应为神杀掉美丽的人，否则世界上只剩下邪恶了。布莱亚克斯嘲笑他的言论。

第8卷：在布莱亚克斯仔细思考辩论的僵局时，克拉顿来到了皮萨，请求不要献祭他的儿子，表示愿意以自己代替儿子去献祭。布莱亚克斯被他感动，但他担心会受到神的报复，于是决定继续献祭，但一场大雨熄灭了献祭的火焰，这表明了神的旨意，他决定释放克拉坦德罗斯和多西克勒斯。于是他们得以和克拉顿一起回到了塞浦路斯，在那里受到了热烈欢迎。多西克勒斯因思念他失去的罗丹特而郁郁寡欢，在罗丹特服侍宴席的时候没有认出她来，直到斯塔勒指着她说她是报信人才认出来。大家都很高兴并让罗丹特换上新衣服加入他们的宴会，但这令克拉坦德罗斯的妹妹米丽拉不悦，因为她企图得到英俊的多西克勒斯。在多西克勒斯和克拉坦德罗斯外出打猎的时候，她给了罗丹特麻痹毒药。但去打猎的两个年轻人在灌木丛中发现一只身体右侧瘫痪的熊爬到一堆药草中康复了，从而偶然知道了解毒剂，他们使用这种药草使罗丹特恢复了健康。

第9卷：多西克勒斯和罗丹特讨论他们的处境（米丽拉的嫉妒）和下一步打算，罗丹特解释了她是怎么来到塞浦路斯的。与此同时，他们各自的父亲利西波斯（Lysippos）和斯特拉顿已经在各地寻找他们许久，并在德尔菲（Delphi）咨询神谕。在被告知他们能在塞浦路斯找到他们的孩子之后，他们假扮成乞丐去了那里挨家挨户寻找，最终在斯塔勒家找到了他们的孩子们。在愉快的和解和一场庆祝宴会之后，克拉坦德罗斯护送这对父亲带着他们的孩子回去了。在那里，他们受到自己的母亲的欢迎，最终罗丹特和多西克勒斯结婚。

6. 经济和社会方面的史料价值

这部小说反映了 12 世纪上半期古希腊文化在拜占庭的复兴；也反映了自由民和奴隶之间的地位构成鲜明对比，表明奴隶制度仍然是拜占庭社会的一个难题，曼努埃尔一世统治期间颁布法律释放那些沦为奴隶的人（主要是经济压力所致）也反映了这个问题；小说中海盗和蛮族掠夺非常突出，这反映了 12 世纪拜占庭巴尔干半岛和安纳托利亚沿海地区遭受海盗劫掠的社会现实，以及俘虏的悲惨命运；此外，小说还描写了一些妇女，例如，镇静的罗丹特，嫉妒的米丽拉，两位主人公阴暗的母亲等。①

（二）尤马西奥斯·马克雷波利特斯的《希斯敏和希斯米尼亚斯》

1. 作者简介

尤马西奥斯·马克雷波利特斯（Εὐστάθιος Μακρεμβολίτης, Eumathios / Eustathios Makrembolites），12 世纪拜占庭作家，还是谜语作者，12 世纪中叶创作了小说《希斯敏和希斯米尼亚斯》。马克雷波利特斯家族是君士坦丁堡的一个精英家族，11 世纪时他的家族中出了一个皇后，还有一些是城市和教会中的高官，12 世纪有一位和他同名同姓的君士坦丁堡市长，但不能证明二者

---

① 参见 L. Garland, *Byzantine Women: varieties of experience 800–1200*, Aldershot [England] ; Burlington, VT: Ashgate, 2006. L. Garland, "Imperial women and entertainment at the Middle Byzantine court," in L. Garland, *Byzantine Women: varieties of experience 800–1200*, Aldershot [England] ; Burlington, VT: Ashgate, 2006, pp.177–191. C. Jouanno, "Women in Byzantine novels of the twelfth century: an interplay between norm and fantasy," in L. Garland, *Byzantine Women: varieties of experience 800–1200*, Aldershot [England] ; Burlington, VT: Ashgate, 2006, pp.141–162.

是同一人。这样家族里的年轻男性一般都会受到全面的文学教育。①

2. 手抄本

关于这部小说的手抄本，参见 *Four Byzantine novels*, translated with introductions and notes by Elizabeth Jeffreys, Liverpool: Liverpool University Press, 2012, pp.166-167, p.176. Annaclara Cataldi Palau, "La tradition manuscrite d'Eustathe Makrembolitès," *Revue d'histoire des textes*, 1980, Vol.10, pp.75–113. Eustathius Macrembolites, *De Hysmines et Hysminiae amoribus libri XI*, edidit Miroslav Marcovich, Monachii: Saur, 2001.

3. 出版

Eustathius Macrembolites, *Eustathit De Ismeniae et Ismenes amoribus*, Lugduni Batavo.: Apud Davidem Lopez de Haro, MDCXLIV, 1644.

Eustathius Macrembolites, *Eustathii de Ismeniae et Ismenes amoribus libellus: Graece et Latine*, curauit Ludou. Henr. Teucherus, Lipsiae: Apud I.G.I. Breitkopfium et Soc., 1792. （希腊语原文，拉丁语译文，吉尔伯特·高尔敏 [Gilbert Gaulmin] 译成拉丁语）可在线获取：https://babel.hathitrust.org/cgi/pt?id=njp.32101051677 282&view=1up&seq=1

R. Hercher, *Eroticorum scriptorium Graecorum*, vol. 2, Leipzig, 1859.

G. A. Hirschig, *Erotici scriptores*, Paris; 1856, repr. 1885.

M. Marcovich (ed.), *Eustathius Macrembolites, De Hysmines et Hysminiae amoribus libri XI*, Monachii: Saur, 2001. （希腊语原文，拉丁语前言）

4. 现代语言译本

法语译本：*Les amours d'Ismene, et de la chaste Ismine*, nobles de la Grece, traduis de grec en vulgaire toscan, par Lelio Carani; et depuis fais françois, par Hierôme d'Auost de Laual, [Paris]: Par Nicolas Bonfons, 1582.

---

① 参见 Alexander P. Kazhdan (editor in chief), *The Oxford Dictionary of Byzantium*, p.1273. *Four Byzantine novels*, translated with introductions and notes by Elizabeth Jeffreys, Liverpool: Liverpool University Press, 2012, pp.159-160.

法语译本：*Les amours d'Ismene et d'Ismenias*, par M. de Beauchamps, La Haye [i.e. Paris: s.n.], 1743.

法语译本：Eustathius Macrembolites, *Les amours d'Ismene et d'Isménias*, A translation and adaptation by P. F. Godart de Beauchamps of 'De Ismeniæ et Ismenes amoribus' by Eustathius, Londres [i.e. Paris: chez Cazin], 1783.

德语译本：Eustathios Makrembolites, *Hysmine und Hysminias*, eingeleitet, übersetzt und erläutert von Karl Plepelits. Stuttgart: A. Hiersemann, 1989.

意大利语译本：F. Conca (ed.), *Il romanzo bizantino del XII secolo*, Turin, 1994. （希腊语原文，意大利语译文）

俄语译本：*Повесть об Исминии и Исмине, Евмафий Макремволит; мемориальное издание перевода и исследования Софьи Викторовны Поляковой,* Sankt-Peterburg: Aleteĩia, 2008.

英语译本：Eustathius Macrembolites, *Ismene and Ismenias: a novel translated from the French*, by L. H. Le Moine, London and Paris: 1788. （由 1783 年法语译本翻译过来）

英语译本：*Four Byzantine novels*, translated with introductions and notes by Elizabeth Jeffreys, Liverpool: Liverpool University Press, 2012.

5. 内容大意

这部小说有 11 卷。下面根据伊丽莎白·杰弗里 2012 年英译本概括其大意。

第 1 卷：开篇介绍了尤利科米斯（Eurykomis）城的环境和对神的信仰，在宙斯的节日（Diasia）期间希斯米尼亚斯被选为去奥利科米斯（Aulikomis）的传令官。他在奥利科米斯受到了人们的热烈欢迎和索塞尼斯（Sosthenes）的热情款待，索塞尼斯带他参观了家里美丽的花园和水井。和他一起来到奥利科米斯的还有他的表亲兼朋友卡拉提塞尼斯（Kratisthenes），索塞尼斯和妻子潘西娅（Panthia）邀请他们参加宴会，索塞尼斯的女儿希斯敏负责斟酒，她依次给索塞尼斯、潘西娅、希斯米尼亚斯、卡拉提塞尼斯倒酒。希斯敏被希斯米尼亚斯深深吸引了，她在倒酒时跟他耳语和肢体接触，希斯米尼亚斯手足无措。饭后希斯敏帮他洗脚，进一步示爱。晚上卡拉提塞尼斯叫醒希斯米尼亚斯要他解释宴会上发生的事情，他说了一遍，卡拉提塞尼斯听后断言女子爱上他了，但希斯米尼亚斯并不明白什么是爱情。

第2卷：第二天，希斯米尼亚斯和卡拉提塞尼斯再次进入花园，欣赏围墙上的画，墙上画了四位少女：审慎、坚毅、贞操和正义，以及爱神（Eros），他俩赞叹画作的精巧，讨论画作背后的含义和爱神的力量，卡拉提塞尼斯赞美了爱神的力量，希斯米尼亚斯却不以为意。这天的宴会上准备了精美的食物，希斯敏再次为他倒酒，表明自己对他的情意。饭后卡拉提塞尼斯与他讨论晚餐发生的事情，再次强调女子爱上了他，但他还是不以为意。

第3卷：当晚，希斯米尼亚斯梦见他因拒绝希斯敏而被拖到爱神面前，但因希斯敏求情免受惩罚，爱神跳进了他的心。他醒来后对卡拉提塞尼斯讲述了他的梦境，后者说他恋爱了，他决定第二天回应希斯敏的爱。再次入梦后，他做了一个和希斯敏的春梦，醒后和卡拉提塞尼斯讨论。随后索塞尼斯又邀请他们参加宴会，希斯敏再一次为他倒酒。

第4卷：宴会上希斯米尼亚斯主动与希斯敏接触，结束时，索塞尼斯宣布在奥利科米斯的三天庆祝活动结束了，他会在第二天与希斯米尼亚斯回到尤利科米斯祭祀宙斯。希斯米尼亚斯和卡拉提塞尼斯去花园欣赏了关于12个月的画作，并将这些视为爱神力量的体现。他和卡拉提塞尼斯又去欣赏和讨论围墙上的其他画作，准备睡觉时发现希斯敏在井边，企图诱奸她，但因她的拒绝和仆从的出现而失败。

第5卷：希斯米尼亚斯做了许多梦，在其中一个梦里，希斯敏的母亲干预他们的情事，并控诉攻击他。索塞尼斯一家和希斯米尼亚斯一起回到了尤利科米斯，希斯米尼亚斯家举行宴会欢迎他们，卡拉提塞尼斯负责倒酒，他先给父亲们、母亲们倒酒，然后他帮希斯米尼亚斯倒酒，被责备应该按礼节先给希斯敏倒酒。这对恋人在宴会上眉目传情。当晚希斯米尼亚斯再次梦到了希斯敏；稍晚时双方父母都去祭祀宙斯。希斯敏独自留在房间，因为少女不能随便在其他男人面前露面。希斯米尼亚斯进到她的卧室，企图与她发生性关系，遭到拒绝。

第6卷：第二天的宴会上，索塞尼斯邀请希斯米尼亚斯一家一起到奥利科米斯参加希斯敏与当地一个男子的婚礼。当晚在他们的父母去祭祀、为即将结婚的女儿祈祷时，这对恋人互诉衷肠并提出私奔。希斯米尼亚斯无法入睡就去看了祭祀，他看到一只鹰俯冲而下叼走了祭品，所有人感到震惊，希斯敏的父母很伤心，认为这是女儿婚姻的不好预兆。希斯米尼亚斯和卡拉提塞尼斯讨论了这几天发生的事情，后者说这只鹰是一个吉祥的预兆，并准备了一艘船帮希斯米尼亚斯逃往叙利亚。希斯米尼亚斯再次梦到爱神，这一次爱神将希斯敏赐予他了。

第 7 卷：当他们的父母又去祭祀时，这对恋人见面了，希斯米尼亚斯说服希斯敏与他一起乘船私奔。他们和卡拉提塞尼斯三人一起上船，但天亮后就遇见了风暴，舵手通过抽签决定把希斯敏献祭给海神，把她扔下了船。希斯米尼亚斯十分难过，他的哀叹惹怒了船员，他们把他放在了岸上。在那里他梦到爱神把希斯敏从海里救出来还给他了。

第 8 卷：当希斯米尼亚斯醒来后，他被一群埃塞俄比亚人抓住了，把他作为战利品带上了船。这群海盗随后袭击了一个海港，俘虏了许多人，到达大海后他们瓜分战利品，脱光了俘虏们的衣服，把男性装进三层划桨战船上，强奸了妇女们，但让少女们披上了衣服留在船头，他们举行了宴会，让妇女们和他们坐在一起。宴会后他们让年轻男人当桨手，杀掉了年纪大的男人，和妇女们不知羞耻地纠缠。到达亚提科米斯（Artykomis）后，海盗们把俘虏的少女们卖给了岸上的人，她们将在阿耳忒弥斯（Artemis）神庙的喷泉通过童贞考验；海盗们还在岸边举行即兴的庆祝活动，把抢掠来的金银铜铁器物和衣物以及其他物品都拿出来出售。随后他们继续前往另一个海港并驻扎在那里，但遭到了希腊人的袭击。希腊人俘获了他们及其俘虏们，把他们带到达芙妮波利斯（Daphnepolis）。在那里希斯米尼亚斯被分配给了一个主人，成为他的奴隶。应男主人的要求，他讲述了自己的悲惨遭遇，女主人同情他，但男主人让他做好自己的奴隶职责。希斯米尼亚斯的女主人诱惑他，但他心里只有对希斯敏的爱。他的主人被选为阿波罗节日的传令官，由他陪同前往亚提科米斯。

第 9 卷：希斯米尼亚斯的男主人在亚提科米斯受到了热烈的欢迎，受到索斯特拉托斯（Sostratos）的款待。和奥利科米斯的宴会一样，这次的宴会由索斯特拉托斯的女儿罗多彼（Rhodope）在三个侍女的帮助下为传令官斟酒、洗脚，其中负责拿毛巾的侍女让希斯米尼亚斯想起了希斯敏。第二天，一个侍女给了他一封信，他才知道那就是希斯敏。次日，罗多彼看到希斯米尼亚斯悲伤地坐在花园里就问他原因，于是他讲述了自己和心爱的人（他未透露姓名）私奔的事情。罗多彼很同情他的遭遇，并问他的名字，作为奴隶的希斯米尼亚斯现在被改称阿尔塔基斯（Artakes）。罗多彼看到希斯敏哭泣，希斯敏声称希斯米尼亚斯是她的兄弟。宴会上希斯敏当众吻了希斯米尼亚斯，声称她不仅是作为姐姐，还代表了爱上他的罗多彼这样做的，并劝说他假装爱上罗多彼。宴会结束后，他们在花园见了面。

第 10 卷：希斯敏把罗多彼的求婚信给了希斯米尼亚斯，作为交换罗多彼允诺给予希斯敏自由。当晚希斯米尼亚斯又梦到了希斯敏。第二天他和主人以及索斯特拉托斯一起回到了达芙妮波利斯。当他的男主人去祭坛，他的女主人又勾引他，遭到了他的拒绝。随后举行了宴会，三个爱上他的女人和他调情。那天晚上，所有的奴隶主和奴隶们都去在祭坛守夜，希斯米尼亚斯和希斯敏的父母也在那里哀叹他们失去了自己的孩子，希望能得到神谕。当神谕说同意这对恋人的婚姻，然后他们出来表明了自己的身份，但希斯米尼亚斯的主人和索斯特拉托斯谴责了他们，宣称自己从强盗手中解救了他们并根据军法奴役了他们，祭司认为神谕要求给予他们自由。最终希斯米尼亚斯和希斯敏获得自由，祭司为他们举行了庆祝宴会，希斯米尼亚斯被要求讲述他们的冒险，但推迟到第二天叙述。

第 11 卷：第二天希斯米尼亚斯讲述了自己的经历，希斯敏也在祭司以神的名义允许下不情愿地（因为少言寡语是少女的操守）讲述了自己被扔下海后落入海盗手中，后来又成为罗多彼的奴隶的遭遇。次日，他们前往亚提科米斯到阿耳忒弥斯的喷泉测试希斯敏的童贞，她通过了测试，随后他们在索塞尼斯的花园里举行了一场盛大的婚礼。希斯米尼亚斯希望他们的经历被记录下来而不被遗忘。

6. 经济和社会方面的史料价值

这部小说的结构和《罗丹特和多西克勒斯》一样，都是古代晚期小说（主要是阿基里斯·塔提乌斯的《莱西普与克利托蓬历险记》）的一种变形或模仿。这部小说的结构十分简单，主角的场景任意地变换，角色之间的互动主要是在一系列的进餐时发生的。小说以第一人称叙述，没有复杂的平行情节，希斯敏与男主角分别后的经历也是在最后由她自己口述的。小说有情节重复的因素，受 12 世纪之后西方宫廷文学的影响，小说中对爱神的描述比较多。

小说里国王与侍从、主人与仆人以及神和崇拜者之间的关系，反映了当时海盗猖獗和奴隶制流行的社会现实，正如曼努埃尔一世立法证明的那样。小说里奴隶制突出，出现了囚禁、社会地位逆转（自由民沦为奴隶，奴隶获得自由）等情节，当希斯敏和希斯米尼亚斯被父母找到时，发生了有关合法所有权（涉及奴役状态）的争执。小说的背景设在古代，出现了一些祭祀神灵的仪式和情节。强调童贞的重要性，宴会的座位安排反映了社会地位较高的未婚青年之间会面的惯例。

（三）君士坦丁·马纳塞斯的《阿里斯丹德罗斯和卡丽丝亚》

1. 作者简介

君士坦丁·马纳塞斯是 12 世纪拜占庭作家，12 世纪中叶（大约 1145 年）创作了《阿里斯丹德罗斯和卡丽丝亚》，得到"至尊者"伊琳妮·科穆尼娜的资助。详见前文历史作品部分对他的介绍。

2. 手抄本[①]

M Munich, Bayerische Staatsbibliothek, Cmg 281

V Venice, Biblioteca Marciana, cod. gr. 452, ff. 208-220

W Vienna, Öterreichische Nationalbibliothek, Cod. phil. Gr. 306

Parisinus graecus 2750 A, ff. 89-108

Laurentianus LIX, ff. 48r-50r

3. 出版

G. A. Hirschig, *Erotici scriptores*, Paris; 1856, repr. 1885.

R. Hercher, *Eroticorum scriptorium Graecorum*, vol. 2, Leipzig, 1859.

Der Roman des Konstantinos Manasses. Überlieferung, Rekonstruktion, Textausg. der Fragmente, Wien, H. Böhlaus Nachf., 1967.

4. 现代语言译本

意大利语译本：F. Conca (ed.), *Il romanzo bizantino del XII secolo*, Turin, 1994.

---

① 参见 *Four Byzantine novels*, translated with introductions and notes by Elizabeth Jeffreys, Liverpool: Liverpool University Press, 2012, pp.276-278, p.282.

英语译本：*Four Byzantine novels*, translated with introductions and notes by Elizabeth Jeffreys, Liverpool: Liverpool University Press, 2012.

5. 内容大意或提要

《阿里斯丹德罗斯和卡丽丝亚》的这份残卷一共有九卷。下面根据伊丽莎白·杰弗里 2012 年英译本概括其大意。

第 1 卷：士兵是贪婪的，命运是变化无常的。卡丽丝亚（Kallithea）的美貌吸引了强盗头子，一伙蛮族强盗俘虏了阿里斯丹德罗斯（Aristandros）和卡丽丝亚，他们遭到囚禁，遇见了另一个俘虏，相互倾诉彼此不幸的遭遇。

第 2 卷：讲述了他们之前的经历，蛮族对金钱的贪婪，嫉妒者的诽谤使这对恋人的家人反对他们的恋情。

第 3 卷：阿里斯丹德罗斯与恋人分开，想要自杀，那个俘虏同伴劝说安慰他。发生了另一场战斗，阿里斯丹德罗斯和卡丽丝亚团聚，再次被囚禁。

第 4 卷：阿里斯丹德罗斯哀叹自己的命运，说纳斯克拉特斯的妒忌导致他和恋人卡丽丝亚被提尔人（Tyrians）强盗头目卡利斯提尼斯（Kallisthenes）俘虏，然后又被海盗船长布斯利斯（Bousiris）囚禁，受尽了折磨，却又遇到了暴风雨。与同样被俘虏的苦命人倾诉，互相安慰。认为宦官和阿谀奉承之人、因嫉妒而诽谤的人是邪恶的。

第 5 卷：谴责金钱是万恶之源，与新结识的俘虏同伴对过去的不幸遭遇的另一番叙述，彼此同情也建立了友谊。阿里斯丹德罗斯和卡丽丝亚的再次团聚，十分欣喜，但卡丽丝亚的美貌引起了一名强盗的注意。

第 6 卷：卡丽丝亚拒绝了她的新追求者，激起了他的愤怒。宦官出现，宦官的本性是善妒的。阿里斯丹德罗斯和卡丽丝亚见面了，这时出现一个女人企图夺取阿里斯丹德罗斯的爱，让卡丽丝亚很是嫉妒，但阿里斯丹德罗斯始终爱的是她。新的灾难出现导致人们祈祷死亡的到来。

第 7 卷：论述人一生中扮演的角色。对自然历史的观察结论，认为一年有四季，把盐撒在章鱼洞它们就会跑出来等。人的生长规律。

第 8 卷：新危机出现，阿里斯丹德罗斯和卡丽丝亚陷入困境，困难中遇见了新友谊，强调友谊的重要性，因苦难而出现虚幻的梦境。开战前的演说。

第9卷：世间万物变化无常，没有什么是绝对的。反抗权贵的徒劳，阿里斯丹德罗斯再次被囚禁。一个蛮族妇女单恋阿里斯丹德罗斯，遭到拒绝，引起她愤怒的报复，被奴役的阿里斯丹德罗斯奋起反抗，他最终回到恋人卡丽丝亚身边。战争还在继续，最后的战争发生在埃及。利润使商人漂洋过海运送货物，暗示这对恋人最终返回家乡与父母团聚。

6. 经济和社会方面的史料价值

这部小说大部分是关于爱情方面，陈述爱的力量，将爱神拟人化。其中有对富人和军人的评价，对蛮族的谴责，对美的敏感，对审慎的人的钦佩，对女性行为举止的注重，认为人的本性容易情绪低落但富有同情心，子女能反映父母的素质。小说提及快乐、痛苦、悲伤、哭泣、羡慕、嫉妒、怨恨等情绪，点评了奉承、奸诈、诽谤等行为，值得注意的是表达了对宦官和对金钱的恶意诱惑的厌恶。小说追求适度、赞扬友谊，认为生命是脆弱的，追求正义，信奉神，相信报应，认为叛徒和诽谤者生活在苦难中，坏人总会有报应。作者展现了命运的变化无常和同伴背叛带来的悲伤在友善的行为中得以缓解。

小说反映了人们对金钱的态度等，反映了12世纪的现实情况，例如，对梦境的兴趣，对囚禁的恐惧，奴隶的悲惨遭遇，海盗的盛行，商人追逐利润，等等。

（四）尼基塔斯·尤吉尼亚诺斯的《罗索拉和卡里克斯》

1. 作者简介

尼基塔斯·尤吉尼亚诺斯是12世纪拜占庭作家，12世纪中叶（大约1156年）创作了《罗索拉和卡里克斯》。他还给塞奥多利·普罗德罗莫斯和高级海军军官斯特凡诺斯·科穆宁（逝于1156/1157年）分别写了悼诗，给一对不知名的夫妇写了新婚贺诗，此外，他还写了一些讽刺短诗和书信等。从他给斯特凡诺斯的悼诗来看，他曾是斯特凡诺斯的家庭教师；从他给塞奥多利的悼诗来看，他俩是非常亲密的朋友，塞奥多利可能曾是他的老师。[1]

---

[1] 参见 Alexander P. Kazhdan (editor in chief), *The Oxford Dictionary of Byzantium*, p.741.

2. 手抄本^①

M Venetus Marcianus graecus 412, ff. 1r–71v

P Parisinus graecus 2908, ff. 1r–237v

U Vaticanus Urbinas gr 134, ff.43r–77v

L Laurentianus Aquisiti e Doni 341, ff. 50v–91r

3. 出版

G. A. Hirschig, *Erotici scriptores*, Paris; 1856, repr. 1885.

R. Hercher, *Eroticorum scriptorium Graecorum*, vol. 2, Leipzig, 1859.

Nicetas Eugenianus, *De Drosillae et Chariclis amoribus*, edidit Fabricius Conca; apparatui fontium operam dedit Andreas Giusti, Amsterdam: J.C. Gieben, 1990. (希腊语原文，拉丁语前言和注释)

4. 现代语言译本

意大利语译本：F. Conca (ed.), *Il romanzo bizantino del XII secolo*, Turin, 1994.

德语译本：Niketas Eugeneianos, *Drosilla und Charikles*, eingeleitet, übersetzt und erläutert von Karl Plepelits, Stuttgart: Hiersemann, 2003.

英语译本：Niketas Eugenianos, *A Byzantine Novel: Drosilla and Charikles*, translated with an introduction and explanatory notes by Joan B. Burton, Wauconda, III.: Bolchazy-Carducci Publishers, Inc., 2004.

英语译本：*Four Byzantine novels*, translated with introductions and notes by Elizabeth Jeffreys, Liverpool: Liverpool University Press, 2012.

5. 内容大意

这部小说一共有九卷。下面根据伊丽莎白·杰弗里 2012 年英译本概括

---

① 参见 *Four Byzantine novels*, translated with introductions and notes by Elizabeth Jeffreys, Liverpool: Liverpool University Press, 2012, p.344, p.350.

其大意。

第 1 卷：帕提亚人军队入侵，袭击了巴松（Barzon）城，由于这座城市四面都是悬崖，不容易攻占，帕提亚人于是掠夺了城市周边的村庄，抢夺了他们的财产和牛羊，摧毁了果树、葡萄园、农田屋舍，杀掉了试图反抗的人，没有杀掉的成为了他们的俘虏，其中包括当时正在城墙外参加酒神狄俄尼索斯（Dionysos）节日活动的卡里克斯和罗索拉。一场狂欢的夜宴后，帕提亚军队统领克拉迪洛斯（Kratylos）命令他的属官利西马科斯（Lysimachos）看管好俘虏，防备他们逃跑。第二天克拉迪洛斯醒来后很高兴，向士兵们承诺说将在五天后到达目的地时一起瓜分战利品。卡里克斯被关押在监狱，罗索拉则被关押在克拉迪洛斯妻子克莱斯拉（Chrysilla）的女性住所中。卡里克斯在监狱里哀叹自己和恋人的命运，狱友克里安德罗斯（Kleandros）听到后试图安慰他，他承诺明天告诉克里安德罗斯自己的遭遇。罗索拉也为和自己名义上的丈夫分离而哀叹。

第 2 卷：黎明时分卡里克斯继续哀叹，他的哭泣声吵醒了克里安德罗斯，他们相互倾诉自己的遭遇。克里安德罗斯来自莱斯沃斯岛，父母都是有相当地位的人物；附近有位少女卡利贡（Kalligone）被养在深闺，他从见过她的人那里得知她的美貌后，通过老练的送信人的安排，他终于见到了卡利贡，并爱上了她。但后者对他的追求没有反应，他写了许多情书给她。送出第四封信之后，卡利贡答应与他见一次面，克里安德罗斯在去会面的路上对着月亮吟唱了很长的赞美诗，十分期待未来的幸福生活。

第 3 卷：当他们见面后，卡利贡告诉克里安德罗斯说她做了一个梦，梦里爱神让他们结合。于是他们一起乘坐一艘刚好停在港口的船私奔，五天后一场风暴将他们带到了巴松，然后他们遭到帕提亚人的袭击，克里安德罗斯被捕入狱，卡利贡躲在树林里没有被抓到，但下落不明，克里安德罗斯感到非常痛苦。接着卡里克斯讲述了他的故事：他来自弗提亚（Phthia）一个著名家庭，按照出身良好的家族青年标准被培养长大，与结交的朋友们骑马、运动、猎杀野兔，骑术精湛。他在城外一个小树林参加酒神狄俄尼索斯的节日欢宴，他的同伴们在野餐时对路过的少女们即兴创作了一些点评歌曲，有些不是那么友好，他的朋友巴比提昂（Barbition）用七弦竖琴表演了爱的歌曲，并提议去看少女们跳舞。然后他注意到了少女群中熠熠生辉的罗索拉，卡里克斯立刻爱上了她，想要诱拐她私奔，他在酒神狄俄尼索斯的雕像面前祈祷。他通过送信人（一个精通此类事务的妇女）对罗索拉表明了他的心意，尽管罗索拉已经与人订立婚约，但她心属卡里克斯，于是他们约定见面讨论出路。他们见面后相互倾心并交换了酒神狄俄尼索斯认可的誓言，然后马上起航。酒神狄俄尼索斯曾在卡里克斯的梦中告诉他说罗索拉是她的新娘。

第 4 卷：航行的第四天晚上，他们的船遭到海盗袭击，他们和船员以及其他乘客都弃船逃往内陆。最终他们到达一个城市，第二天参加城外一场欢宴，结果被入侵的帕提亚人抓进监狱。这时他们的劫持者克拉迪洛斯命令把所有的俘虏带到他面前，下令把大部分人都送去献祭，把卡里克斯赏给他的儿子克莱尼阿斯（Kleinias）。他的妻子克莱斯拉为卡里克斯的英俊着迷，克莱尼阿斯则为罗索拉的美貌心动。克莱尼阿斯通过动人的歌曲表达了自己对罗索拉的热情，卡里克斯听到后声称罗索拉是自己的妹妹，表示他很同情并理解一个遭受爱情折磨的人，克莱尼阿斯承诺如果卡里克斯能够让他和罗索拉结婚，他会给予他自由和属官地位。卡里克斯心烦意乱，在花园里发现自己的恋人，沉迷于她的美貌和自己对她情不自禁的爱。

第 5 卷：罗索拉醒来，暗示卡里克斯小心克莱斯拉对他的热情，他不以为意。卡里克斯对着酒神发誓只爱罗索拉。他们在绝望之际听到了克拉迪洛斯突然去世的消息，克莱斯拉表面上很伤心，却让罗索拉作为送信人帮助她向卡里克斯求婚。罗索拉以此为由与卡里克斯见面，两人一起哀叹他们的命运。克拉迪洛斯按照帕提亚人的传统下葬，但他去世后不到两周，阿拉伯人统领查戈斯（Chagos）派他的属官要求克莱斯拉和帕提亚人服从他，克莱尼阿斯不屑地拒绝了，于是查戈斯准备开战并发表了战前演说，八天后他们到达帕提亚（Parthia），驻扎在平原上。帕提亚人在平原上开战没有把握获胜，于是关上城门防守，向敌军投掷石头，射箭，但阿拉伯人摧毁了城市周边地区，杀伤了许多居民，最终占领了这座城池，克莱尼阿斯战死，克莱斯拉自杀。卡里克斯和罗索拉以及克里安德罗斯第三次被俘虏。

第 6 卷：查戈斯把女俘虏们关进囚车，男俘虏们步行。当罗索拉的囚车经过岩石峭壁时，一棵悬垂的树使她掉进了海里，最后漂到岸上，卡里克斯直到晚上才发现她的失踪，于是绝望地哭喊，引起了查戈斯的注意，后者让他解释。卡里克斯讲述了自己的故事，查戈斯被他的不幸遭遇感动，把他和克里安德罗斯都释放了，于是他俩从阿拉伯出发寻找罗索拉。与此同时，罗索拉在沙漠中度过了九天，然后来到了一个村庄，她谨慎地在村庄外徘徊，以为卡里克斯已经死亡，为她的恋人哀叹。一个好心的老妇人马里丽斯（Maryllis）为她提供住处和食物，她睡下后梦到酒神狄俄尼索斯给她提供了重要信息，醒来后她问村庄里是否有一个客栈老板叫色诺克拉特斯（Xenokrates）。随后她被带到了色诺克拉特斯家见到了他的儿子卡利德莫斯（Kallidemos），后者震惊于她的美貌，于是否认旅馆有位叫卡里克斯的年轻住客（实际上卡里克斯在旅馆里），罗索拉很绝望，以为酒神在梦里的指示是错的。卡利德莫斯对她展开热烈追求，老妇人支持他的追求，傍晚时把罗索拉带回了自己家。卡里克斯在打盹时梦到酒神狄俄尼索斯告诉他罗索拉就在附近，住在马里丽斯的房子里。

第7卷：黎明时分，卡里克斯和克里安德罗斯从客栈出来。走在前面的克里安德罗斯惊讶地听到有人提到卡里克斯的名字。当时马里丽斯正在安慰哭泣的罗索拉，劝说她考虑卡利德莫斯。于是他们欣喜地团聚了。卡利德莫斯的谋杀和诱拐计划因他突然发烧而失败。马里丽斯希望了解这对恋人的经历，卡里克斯详细地讲述了他们的遭遇，并强调了酒神狄俄尼索斯的作用。随后罗索拉讲述了她落海后发生的一切，并表示了对酒神的感谢。马里丽斯承认现在没有什么能够阻止这对恋人结合了，然后她举行了宴会，并跳了酒神巴克斯的舞蹈助兴，大家非常高兴，她表示很感谢这几个年轻人的到来，让她这么高兴，因为她的儿子已经去世。饭后克里安德罗斯和马里丽斯都去睡觉了。

第8卷：罗索拉解释了卡利德莫斯的所作所为，并强调自己始终是贞洁的，忠于卡里克斯的。卡里克斯催促她尽快与自己在那里结婚，遭到了拒绝，因为她梦到他们将很快回到家乡，并将在家乡和家人一起举行他们的婚礼。克里安德罗斯出现，带来了卡利贡去世的消息，这是刚来的商人格纳松（Gnathon）告诉他的，卡里克斯和罗索拉一起安慰了他。他俩晚上和格纳松一起在马里丽斯家吃饭，商人很快认出了他们，并说他们的父母现在在巴松，他们非常高兴。但克里安德罗斯去世。

第9卷：黎明时分，他们按古希腊人的传统火葬了克里安德罗斯，罗索拉领唱哀歌。两天后格纳松卖掉了他的商品，然后把他们带回到巴松，找到了他们的父亲，收到了 10 迈纳金币作为回报。随后他们高兴地举行了宴会。黎明时分罗索拉溜出来对着克里安德罗斯的骨灰哀叹。两天后他们开始了为期十天的航行，返回家乡，在那里他们的母亲欣喜地欢迎他们。这对恋人在酒神狄俄尼索斯的祭司主持下完成婚礼。

6. 经济和社会方面的史料价值

这部小说的在结构和情节上模仿了 12 世纪的其他作品（尤其是普罗德罗莫斯的《罗丹特和多西克勒斯》）。其中出现了奴隶制、囚禁、侵略、海盗等常见主题，反映了当时拜占庭社会奴隶、海盗等的常见。小说借鉴古希腊风格爱情诗，将它们编织到内容之中，强调了酒神狄俄尼索斯的力量，反映了古希腊文化对当时拜占庭社会的影响。

三 诗 歌

拜占庭诗歌可划分为世俗诗歌或教会诗歌，学者的诗歌或大众的诗歌。在 11 世纪之前，似乎没有针对大众和文盲听众写作的诗歌。之后，诗歌的对象扩大。由于大量幸存的大众诗歌经常表现出口头诗歌的特征，因此当时实际流行的诗歌更多是以口头形式表达的。拜占庭诗歌的作者几乎都是受过良好教育的男性，女诗人极少。诗歌在拜占庭有很多目的，可以用来表达个人情感，如短诗（epigram, ἐπίγραμμα），在正式场合庄重表达适当感情，诗歌受到政府和私人的赞助，如悼诗（monody, μονῳδία）和新婚颂诗（epithalamion, ἐπιθαλάμιος λόγος）以及在欢迎皇帝凯旋或其他正式场合的讲话等；可以用来教导，特别是政治性诗歌；可以用来娱乐，到 12 世纪及其后，故事性诗歌成为娱乐文学媒介，前面介绍的史诗以及四篇小说有三篇都是诗歌形式的。12 世纪拜占庭开始出现用通俗语言写作的大众诗歌。此外，诗歌体裁的古典文学即史诗（epic）、戏剧（drama）和抒情诗（lyric）在拜占庭时代发生了变化。①

---

① 参见 Alexander P. Kazhdan (editor in chief), *The Oxford Dictionary of Byzantium*, pp.709-711, p.723, pp.1688-1689.

（一）约翰·莫洛普斯诗作

1. 作者简介

约翰·莫洛普斯大约公元 1000 年前后出生，黑海南岸的帕夫拉戈尼亚人，后来迁居君士坦丁堡。他在从政之前很有可能担任了一段时间的教师，著名的历史学家米哈伊尔·普塞洛斯就是他的学生。约翰·莫洛普斯在君士坦丁九世在位时期进入朝中任职，深受皇帝以及两位皇后邹伊和塞奥多拉的赏识，曾在重要的官方活动中创作并诵读演讲词。约 1050 年，约翰·莫洛普斯担任安纳托利亚北部城市欧凯塔的都主教，长达二十多年，之后回到君士坦丁堡，在佩特拉的圣施洗者约翰（Saint John Prodromos）修道院度过晚年。约翰·莫洛普斯的诗作、信件和演讲词都被编入手抄本"梵蒂冈希腊文抄本 676"（*Vaticanus graecus 676*），其中收录了 99 篇诗文、77 封书信和 13 篇演讲词。详见前文书信部分对他的介绍。

2. 手抄本、出版和翻译历史

约翰·莫洛普斯的诗作等保存在手抄本"梵蒂冈希腊文抄本 676"（*Vaticano graeco 676*）之中，后被出版。

德语译本："Johannis Euchaitarum metropolitae quae supersunt" in *cod. Vaticano graeco 676*, ed. P. de Lagarde and J. Bollig, Berlin 1882. （标准现代版）

英语译本：*The Letters of Ioannes Mauropous*, Metropolitan of Euchaita. Ed. and trans. Apostolos Karpozilos (Thessalonike: Association for Byzantine Research, 1990).

英语译本：*The poems of Christopher of Mytilene and John Mauropous*, edited and translated by Floris Bernard and Christopher Livanos, Cambridge, Massachusetts; London, England: Harvard University Press, 2018. （希腊语原文，英语译文）

2018 年版英译本由弗洛里斯·伯纳德（Floris Bernard）和克里斯托弗·利瓦诺斯（Christopher Livanos）编辑和翻译，由哈佛大学出版社出版，属于敦巴顿橡树园中世纪丛书（Dumbarton Oaks Medieval Library）系列的第 50 本。这部英译本在翻译时力求达到通俗易懂的目的，所以在一些专有名词的翻译上选择意译而非音译，古典时期的术语采取拉丁语转写形式，晚期古典和拜占庭时代的术语则严格遵循希腊语原文。下面主要根据这个版本介绍其内容。

3.内容提要

约翰·莫洛普斯的诗作共有99篇被整理出版。第1篇是全书前言；第2篇关于耶稣基督的降生；第3篇关于洗礼；第4篇关于耶稣的变容（Transfiguration）；第5篇描写《圣经》中的一个名叫拉撒路（Lazarus）的病人；第6篇以棕枝主日为主题；第7篇描绘耶稣被钉死在十字架上；第8篇记叙耶稣的复活；第9篇记述耶稣复活后他的门徒们的现身；第10篇记叙耶稣基督的升天；第11篇记述圣灵降临节；第12篇记叙《圣经》中被乌鸦喂养的以利亚；第13篇描写圣保罗和圣克里索斯托（Saint Chrysostom）的形象；第14篇以圣克里索斯托为主题表示作者听从他的教诲；第15篇歌咏神学家圣格里高利；第16篇歌颂大巴西勒；第17篇赞颂三位一体；第18篇赞誉圣尼古拉（Saint Nicholas）；第19篇歌颂卡米拉斯（Kamilas）的圣徒君士坦丁；第20篇描绘圣母的哭泣；第21篇关于圣阿纳吉洛(Anargyroi)；第22篇描绘了圣保罗口授，路加（Luke）和提摩太（Timothy）侍立两侧笔录的场景；第23篇描写了克里索斯托的葬礼以及阿德菲奥斯（Adelphios）的形象；第24篇描写了大天使米迦勒；第25篇记述了彼得和保罗的拥抱；第26篇歌颂了救世主；第27篇是关于圣母去世的演讲的引言；第28篇是以天使为主题的演讲的引言；第29篇，关于未被朗读的神学家的演说词；第30篇歌咏法律；第31篇描绘了一本安色尔字体的彩绘福音书；第32篇描绘了一个金质的耶稣受难十字架；第33篇是反驳一个人对"出卖耶稣基督"一诗的批评，因为介词并未被正确使用；第34篇驳斥了那些用不当方式做诗的人；第35篇是作者写给朋友辅祭米哈伊尔（Michael）的葬礼韵诗；第36篇是写给普洛特翁（Proteuon）的葬礼韵诗；第37篇是写给一位档案收藏者约翰的葬礼韵诗；第38—39篇是写给"大法官"安德罗尼库斯的葬礼韵诗；第40篇是作者自己坟墓上的诗文；第41篇无题；第42篇关于一个公共墓地；第43篇是关于柏拉图和普鲁塔克的讽刺诗；第44篇关于圣索菲亚大教堂的每日祷告仪式；第45篇无题；第46篇记叙了拉伏拉修道院的金牛；第47篇记载了作者售出并搬离了自己的房子；第48篇记叙了作者搬回了原先的家；第49篇描写了若干位教父，其中包括塞奥多莱

（Theodoret）；第 50 篇记载了拉伏拉修道院的章程；第 51 篇描写了一个撕碎了自己的手稿的人；第 52 篇记载了那部被撕碎的手稿被重新黏合起来；第 53 篇谈论了针对皇帝和牧首的羞辱性文字；第 54 篇记叙了作者何时与皇室家族初相识；第 55 篇歌颂了皇后们；第 56 篇的主题是圣塞尔吉奥（Saint Sergios）和圣巴科斯（Saint Bacchos）的庆典日；第 57 篇描绘了皇帝在尤查达时的形象；第 58 篇描写了皇帝用来盛放真十字架的木质圣物箱；第 59 篇歌颂了圣塞奥菲拉克特（Saint Theophylact）；第 60 篇是关于船的谜题；第 61 篇是写给一个出谜题的人，此人用不同的语言描述了同一个谜题；第 62 篇歌咏了耶稣基督的血；第 63-64 篇歌咏了在睡梦中显圣的圣母；第 65 篇歌咏了塞奥多利的两种神性；第 66 篇记述了一个突然晋升的年轻贵族；第 67 篇描写了一座坟墓；第 68 篇歌咏了一次口授笔录的训练；第 69 篇描写了布拉海尔奈宫的浴室；第 70 篇描写了记录时使用的朱砂；第 71-72 篇的主题是一本记载了胜利殉道者教堂中礼拜仪式的书；第 73-74 篇是以信仰为主题的对话体韵诗；第 75 篇描述了皇帝拜倒在耶稣基督的脚下，以皇帝的口吻说出的韵诗；第 76 篇是以圣母的口吻说出的韵诗；第 77 篇是以施洗者约翰的口吻说出的韵诗；第 78 篇是以耶稣基督的口吻说出的韵诗；第 79 篇是以皇帝的口吻向耶稣基督说出的韵诗；第 80 篇描绘了索斯瑟尼昂（Sosthenion）修道院的圣像；第 81 篇是在皇帝的陵墓前发表的葬礼韵诗；第 82 篇是以皇帝的口吻说出的韵诗；第 83-85 篇无题；第 86 篇关于作者赠予修道士格雷戈里的一幅三圣徒的圣像；第 87 篇描绘了皇帝和牧首的形象；第 88 篇歌咏了先知丹尼尔；第 89-90 篇是作者向耶稣基督的祷告，旨在为自己辩护；第 91-92 篇作者写给自己；第 93 篇是作者推翻了自己此前的言论；第 94 篇关于捍卫法律的宣言；第 95 篇是以持战利品的圣徒为主题的第二次演讲；第 96 篇的主题是作者放弃撰写编年史；第 97-98 篇记载了捐赠给尤查达的全年仪式书（menaia）；第 99 篇谈及了一些修订的书籍。

4.经济和社会方面的史料价值

约翰·莫洛普斯和米蒂里尼的克里斯托弗的诗篇的史料价值合写在米蒂里尼的克里斯托弗诗篇部分，详见下文。

（二）米蒂里尼的克里斯托弗的诗篇

1. 作者介绍

米蒂里尼的克里斯托弗（Christopher of Mytilene）于公元 1000 年前后出生于君士坦丁堡，米蒂里尼并不是他的姓氏，也不是其出生地，而是后世研究者对他的误称，现在已约定俗成称其为米蒂里尼的克里斯托弗。他在 11 世纪 30-40 年代活跃在拜占庭政坛中。他的诗作记述了很多君士坦丁堡的相关内容，很多讽刺诗都以首都某个建筑或教堂为主题，此外还反映了君士坦丁堡城内对知识生活的高度热情。他还详细描述了首都发生的很多事件，例如宗教节日、赛马和游行活动。在政治生活中，他记叙了所在时期的很多重要历史事件，例如罗曼努斯三世的去世以及米哈伊尔五世被罢黜等。他的诗集因体裁和主题多样而被命名为《杂诗集》（στίχοι διάφοροι，*Various Verses*），按照年代顺序进行编辑，其中有多篇诗文已经不全。[①]

2. 出版和翻译历史

德语译本：E. Kurtz, *Die Gedichte des Christophoros Mytilenaios*, Leipzig, 1903.

意大利语译本：M. De Groote, "Christophori Mytilenaii Versuum uariorum Collectio Cryptensis", *CCSG (Corpus Christianorum Series Graeca)* 74, Turnhout, 2012.

英语译本：*The poems of Christopher of Mytilene and John Mauropous*, edited and translated by Floris Bernard and Christopher Livanos, Cambridge, Massachusetts; London, England: Harvard University Press, 2018.（希腊语原文，英语译文）

这个英译本是该诗集的第一个英译本，由弗洛里斯·伯纳德和克里斯托弗·利瓦诺斯编辑和翻译，由哈佛大学出版社于 2018 年出版，属于敦巴顿橡树园中世纪丛书系列的第 50 本。这部英译本在翻译时力求通俗易懂。下面主要根据这个版本介绍其内容。

[①] 参见 Alexander P. Kazhdan (editor in chief), *The Oxford Dictionary of Byzantium*, p.442.

3. 内容提要

米蒂里尼的克里斯托弗的诗作共有 145 篇被整理出版。第 1 篇描述了圣托马斯（Saint Thomas）节日宴会的景象以及参与者的行为；第 2 篇关于档案保管员所罗门（Solomon）；第 3 篇是关于基督受洗的六步格诗文；第 4 篇关于保持沉默的修道士穆尔祖尔（Mourzoul）；第 5 篇歌颂了苦修道士圣西米恩（Saint Symeon）；第 6 篇关于马车赛手耶夫塔（Jephtha）；第 7 篇关于圣母修道院的井；第 8 篇是罗曼努斯皇帝葬礼上的六步格诗文；第 9-10 篇是关于斯弗拉基欧（Sphorakiou）的圣塞奥多利的学校；第 11 篇描述了坐落在青铜店（Bronze Shops）一隅一所学校的校长；第 12 篇歌咏了钱币称重员尤斯塔修斯重建的一所教堂。第 13 篇慨叹了生活的不平等；第 14 篇歌咏了一位受上帝宠爱的女士；第 15-16 篇叙述了贵族、海事法官梅里亚斯（Melias）以及他的陵墓；第 17 篇描写了一年的四季；第 18-19 篇记述了米哈伊尔皇帝以及他的三个兄弟；第 20 篇描写了"第一持剑者"法官瓦西里·塞洛斯（Basil Xeros）；第 21 篇是关于天平的谜题；第 22 篇描述了基齐库斯主教迪米特里的兴趣，第 23 篇歌咏了语法学家乔治；第 24 篇记述了米哈伊尔皇帝的游行；第 25 篇描写了耶稣基督的变容；第 26 篇谈及了希西家王（Hezekiah）延长其生命；第 27 篇记述了修道士辛纳达的尼基塔斯（Niketas of Synada）；第 28 篇是关于圣母的面纱的六步格韵诗；第 29 篇关于穷人利奥(Leo)；第 30 篇歌颂了城市长官阿穆达的约翰(John of Amouda)；第 31 篇描述了一头名叫摩斯科斯（Moschos）的牛；第 32 篇描写了在节日期间教堂里装点的月桂树枝叶；第 33-34 篇歌咏了救世主；第 35 篇是关于彩虹的谜题；第 36 篇是关于为朋友辩护的一个人；第 37 篇关于贪杯的修辞学家梅纳斯（Menas）；第 38 篇关于偷盗同僚财物的士兵约翰；第 39 篇关于没有胡子的尤吉尼奥斯（Eugenios）；第 40 篇关于来自波索斯的某人，欠缺教育并且妄自评比智者的作品；第 41 篇介绍了一座神庙；第 42 篇谈论了星座；第 43 篇致修道士辛纳达的尼基塔斯，感谢他赠予包裹脚的绸布；第 44 篇关于其兄弟约翰；第 45 篇是关于要送给朋友的装有芳香冷饮的罐子；第 46 篇以挽联形式咏叹工作；第 47 篇是关于雪的谜题；第 48 篇描写了麻雀；第 49 篇描写了举行剃发仪式的米哈伊尔皇帝；第 50 篇描绘了大赛马场中前蹄扬起的铜马雕塑；第 51 篇描写了圣塞克拉（Saint Thekla）石雕；第 52 篇用六步格描写了前任皇帝米哈伊尔·卡拉法特被皇后邹伊逮捕并瞽目的情形；第 53 篇谈论了洗浴；第 54-55 篇谈论了君士坦丁·摩诺马赫皇帝；第 56 篇是一个关于时钟的谜题；第 57 篇是作者为已故母亲撰写的挽联；第 58 章是关于他悲伤的父亲；第 59 篇是关于作者分别站在自己与父母的角度创作的诗句；第 60 篇是作者为安慰父亲而创作的诗句；第 61 篇是作者在牧首米哈伊尔就职次日向他致意的诗作；第 62 篇是关于五金商利奥；第 63 篇关于若干位司祭和辅祭；第 64 篇写给司祭领袖约翰；第 65 篇是为马尼亚克斯的陵墓题写的六步格碑文；第 66-67 篇写给尤多奇亚；第 68 篇就圣基洛斯（Saint Kyros）的圣像问题写给"牧首助理"阿吉罗波洛斯（Argyropolos）；第 69 篇是就关于圣基洛斯圣像的诗篇所作的讽刺短诗；第 70 篇是在"显贵"玛丽亚（*sebaste* Maria）去世时所写的六步格韵诗；第 71 篇是关于帐篷的谜题；第 72 篇的主人公是一个名叫康斯塔斯（Konstas）的调查员和公证人；第 73 篇以桌上游戏为主题；第 74 篇写给希律王（Herod），主题是施洗者约翰的头像；第 75 篇是关于作者的姐妹阿纳斯塔索（Anastaso），她已经去世而仍待埋葬；第 76 篇是在阿纳斯塔索葬礼的队列行进期间发表的短诗；第 77 篇是在阿纳斯塔索葬礼上的诗文；第 78 篇是关于语法学家彼得，他索求克里斯托弗在阿纳斯塔索的葬礼上的悼文；第 79 篇是语法学家彼得的其他诗篇；第 80 篇关于耶稣基督的友人圣拉撒路；第 81 篇是关于已经订婚了的塞奥多拉；第 82 篇是关于偷盗了圣路加的衣服的盗墓者；第 83 篇是关于全年各个圣徒的挽歌对联；第 84 篇写给外号肥猪（Porky）的瓦西里，此人经常索求克里斯托弗的作品；第 85 篇是关于一个狂妄的医生；第 86 篇是关于圣狄奥尼修斯（Saint Dionysios）；第 87-88 篇是写给一个从乡下运来葡萄的朋友；第 89 篇是关于圣潘泰莱蒙修道院（Saint Panteleemon）一处滴出圣水的遗迹；第 90 篇是写给作者在乡下的朋友，询问赛马相关的消息；第 91 篇是提到了作者的兄弟约翰的残篇；第 92 篇是描写了晴朗天空中闪亮的星星的残篇；第 93 篇是关于三名赞美诗作家约翰、科斯马斯和塞奥法尼斯的肖像画的残篇；第 94 篇是关于被运走的粮食；第 95 篇是关于位于曼加纳的圣乔治教堂；第 96-97 篇无题；第 98 篇是关于奥顿大厅（Oaton hall）里的耶稣基督圣像；第 99 篇是关于斯特尼特斯（Stenites）穿着称为"塔拉萨"（*thalassa*）的外袍；第 100 篇是关于哲学家兼修道士尼基塔斯；第 101 篇是关于圣以利亚的画像；第 102 篇是关于四旬节前的一周；第 103 篇是关于作者家中的老鼠；第

104 篇关于"第一持剑者"康斯坦斯（Konstans）的坟墓；第 105 篇是关于一座修道院的酒庄的黄瓜床；第 106 篇是关于塞巴斯蒂四十烈士的圣像以及挂在其前方的一盏灯；第 107 篇无题；第 108 篇关于复活节中人们互相拥抱和亲吻；第 109 篇关于对那些害怕大海之人的斥责；第 110 篇致司祭科斯马斯，谈及科斯马斯赠予的酒；第 111 篇是关于身体器官的谜题；第 112 篇是关于绘制米哈伊尔肖像的画家米隆（Myron）；第 113 篇是关于施洗者约翰的诞生；第 114 篇是写给修道士安德鲁的长诗，他悉数买下普通人的骨头作为圣徒的遗骸；第 115 篇写给朋友尼基弗鲁斯，后者在冬日节（Broumalia）前后把饼送给作者；第 116 篇歌咏植物；第 117 篇关于作者送给修道士阿萨纳修斯的玫瑰香水；第 118 篇无题；第 119 篇关于司祭塞奥菲洛斯的墓穴；第 120 篇写给曼努埃尔的修道院的修道士们；第 121 篇关于波斯人圣雅各（Saint James the Persian）；第 122 篇是歌咏蜘蛛的长诗；第 123 篇关于耶稣基督的降生；第 124 篇是在该月的第一天以朋友为主题的诗歌残篇；第 125 篇歌颂蚂蚁；第 126 篇关于耶稣升天；第 127 篇作者感慨了自己购买的渔网；第 128 篇关于圣使徒节日；第 129 篇关于弥撒的吟唱者和指挥者；第 130 篇关于医院和病人；第 131 篇歌咏猫头鹰；第 132 篇关于皇室公证人君士坦丁，此人表示因为厌恶污泥而拒绝离家；第 133 篇关于神圣的四十殉道者（Holy Forty Martyrs）；第 134 篇关于一个埋藏自己的金子的富人；第 135 篇是作者写给普罗德洛斯（Proedros）修道院的修道士谈论作为食物的鳟鱼；第 136 篇是关于行进队列的描述；第 137 篇描写海绵；第 138 篇叙述被剃去头发的演员基里亚科斯和塞奥多利；第 139 篇是关于被希律王屠杀的无辜之人；第 140 篇关于将军利奥的妻子；第 141 篇圣约翰·克里索斯托（即圣"金口"约翰）的一本书；第 142 篇写给"第一持剑者"尼基塔斯，讨论后者的眼疾；第 143 篇描写位于阿里泰（Aretai）宫殿的一尊赫尔克里斯（Hercules）雕像；第 144 篇描写圣博尼法提奥斯（Saint Bonifatios），因为他在被斩首之后还露出了笑容；第 145 篇记叙了一名老妇人。

4. 经济和社会方面的史料价值

这两部诗集为学者研究 11 世纪拜占庭帝国宗教、政治和社会生活提供了丰富的资料，是对历史叙述类史料的重要补充。

首先，从诗文题材上来看，这两部诗集涵盖的主题非常丰富，写人的诗作中不仅记载了《圣经》人物、圣徒修道士、帝王将相等较为常见的史料记载对象，还包括了作者本人以及亲友和普通平民，而在写物的诗作中则谈及圣物遗存、修道生活、宗教仪式、法律法规、生活物品和自然万物，可以说从不同侧面展现了 11 世纪拜占庭帝国的社会面貌。

其次，诗文的丰富性还表现在采用了多种体裁，包括讽刺短诗、碑文、讽刺文章、颂词、训诫词、自传和辩论词。

再次，从诗文内容上来说，这两部诗集也反映了当时拜占庭帝国各阶层的生活情况。在宗教生活方面，作者谈论了一些与自己相识的修道士和神职人员，并且提及这些宗教人士与在俗人员在生活方面的交集，例如赠酒、购买凡人骨头、索求诗文等，展现了教会人士鲜为人知的另一面，使得拜占庭帝国宗教生活更加鲜活真实；此外，世俗民众对宗教生活的参与，例如参加宗教仪式、进行捐赠等，也展现了基督教对拜占庭社会的强大影响力。

而对社会生活的描绘也是本诗集尤为值得注意的特点。他们的诗作一大价值在于生动且写实地记述了当时拜占庭帝国的景象，特别是对宫廷生活和君士坦丁堡的描绘尤其富有价值。一方面作者描述了从事各种职业的人，包括钱币称重员、五金商人、公证人、医生、画家、书记员等，另一方面作者也记述了日常生活中的轶事，包括赛马、相互赠礼、运输粮食和水果等。这些剪影表现了拜占庭帝国社会生活的丰富多姿。

最后，这两位诗人各自的风格也能从他们的诗作中展现出来。米蒂里尼的克里斯托弗在诗中谈及的对象相对更为多样，大量保存了对宗教和世俗生活图景的描绘。相比较来说约翰·莫洛普斯的诗作中，《圣经》人物和历史上的圣徒是重要的歌咏对象。约翰·莫洛普斯注重展现圣徒的苦修行为、睿智才思和高洁品德，并且注重展现这些圣徒对自己的劝诫，从而强调了道德教化的作用。

附　录　专业术语表

abydikos，希腊文为 *ἀβυδικός*，控制海上交通的官员，起初指赫勒斯滂海峡海上交通巡官，其职能后来结合了关税征收员（*kommerkiarios*）的职能，作为军衔相当于、通常取代了 *komes* 军衔。译为"长官"。

aerikon，希腊文为 *ἀερικόν*，也写为 *aer*。附加税。

agridion，复数为 *agridia*，小村。

akolouthos，希腊文为 *ἀκόλουθος*，瓦兰吉亚人禁军指挥官。

aktouarios，希腊文为 *ἀκτουάριος*，官员名，其职能不断变化，在 10 世纪仪式书中被描写成代表皇帝向胜利的战车御者颁发奖品的官员，在 12 世纪也许从 11 世纪初起是（宫廷?）医生的头衔。

allagion，希腊文为 *ἀλλάγιον*，复数形式为 *allagia*，军事分队，10 世纪的一支军事分队大约有 50–150 个军人，皇帝的 *allagia* 大约有 320–400 个军人。

allelengyon，希腊文为 *ἀλληλέγγυον*，"共同担保"之意。最早出现于纸莎草纸文献中，在 9–10 世纪的文献中指共同承担税收义务。1002 年瓦西里二世推行 *allelengyon*，颁布法律要求权贵缴纳贫穷纳税人的欠税，1028 年被罗曼努斯三世废除，但实践中仍有影响。译为"共同税"。

almaia，腌制卷心菜，用盐水和醋腌制的卷心菜。

anagrapheus，希腊文为 *ἀναγραφεύς*，8–12 世纪负责土地测量和修订地籍册的税务官。

Anargyroi，指免费给人治病的圣徒，可称为穷人的圣徒。译为"阿纳吉洛"。

annona，希腊文为 *ἀννῶνα*，指实物税收，或者以实物而不是现金支付的报酬。

anthypatos，希腊文为 ἀνθύπατος，原指地方总督或君士坦丁堡行政长官，9 世纪后成为头衔，12 世纪初后消失。译为"行政长官"。

Antiphonetria，意为答复者圣母。

apographeus，希腊文为 ἀπογραφεύς，12 世纪之后负责土地测量、税收估算和修订地籍册的税务官。

apophthegmata patrum，埃及沙漠教父轶事和箴言集。

archon，希腊文为 ἄρχων，复数形式为 *archontes*，意为"统治者"，指任何有权的官员。10 世纪之前通常指地区统治者，10-12 世纪通常指城镇统治者。还可以用来指独立王公。译为"权贵"。

archimandrite，希腊文为 ἀρχιμανδρίτης，女性为 ἀρχιμανδρίτισσα，字面意思是"羊圈的首领"。该术语最早在 4 世纪出现于叙利亚，通常为 *hegoumenos*（修道院院长）的同义词。从 6 世纪起，该术语开始用来指一个地区或城市的修道院群体的首领，类似于 *exarch* 或 *protos*（"第一修道士"）。文中译为修道院群首领。

archpriest，指最高级别的司祭，在 8-12 世纪的拜占庭帝国，指特别重要教堂的首席司祭，或者主教在乡村地区的代理人，可译为"牧首""首席司祭""大司祭"等。

arrha sponsalicia，希腊文为 ἀρραβών，指订婚礼物，聘金，聘礼。

asekretis，希腊文为 ἀσηκρῆτις，拜占庭皇帝高级秘书，地位高于皇帝的文书，其妻子称 *asekretissa*。

asper，希腊文为 ἄσπρον，复数形式为 *aspra*，基本意思为"粗糙的"，延伸为"新鲜的"和"白色的"（指银币颜色），在 12 世纪常用来指一种货币，主要用来指凹的白色银铜合金币，有时候也用来指凹的金银合金币。译为"艾斯伯"。

atabeg，字面意思为"国王的父亲"，用于伊斯兰世界城市或地区统治者的头衔，译为"阿塔贝格"。

atriklines，希腊文为 ἀτρικλίνης，源于拉丁文 *triclinium*（餐厅之意），*artoklines* 为其变形，来自希腊语 *arto*（面包之意），为负责皇宫宴会礼节的侍臣，他们根据高官的头衔和官职来安排皇宫宴会座次。在帝国等级制度中，该官职地位较低。

aule，或 *aulai*，指带围墙庭院中的建筑群。

autokrator，"独裁者"。

ax-bearers，持斧禁军。

basileus autokrator，皇帝头衔，共治皇帝不能用这个头衔。

basileus，"瓦西勒斯"。

Basilika，希腊文为 *τὰ βασιλικά*，意为"皇帝法律"，由马其顿王朝瓦西里一世开始编撰，于利奥六世统治初年完成，一共 6 卷或者 60 册。译为《瓦西里律法》或《皇帝律法》。

Bogomils，鲍格米勒派。

boidotopion，指一头公牛一日所耕的土地，译为"半轭土地"，复数为 *boidotopia*。

brebion，详细目录，清单。

Caesar，或者 *kaisar*，希腊文为 *καῖσαρ*，头衔，译为"凯撒"，原来用于皇帝本人，指地位较低的皇帝，低于奥古斯都（*Augustus*），后来为主要授予皇子们的最高头衔，11 世纪末被阿莱克修斯一世降低地位，低于"至尊者"(*sebastokrator*)。14 世纪后主要授予外国王公。女性为"凯撒丽莎"(*Caesarissa* 或者 *kaisarissa*)。

cenobites，留院（*koinobion*）团体隐修修道士。

cenobitic monasticism，留院团体隐修制，强调集体和平等的生活方式。

cenobitism，留院团体隐修。

Chalke，希腊文为 *Ξαλκη*，君士坦丁堡大皇宫的主要入口前厅，查士丁尼一世把它重建为一座中央圆屋顶的长方形建筑，7-8 世纪成为一座监狱，瓦西里一世把它变成了法庭，11 世纪末伊萨克二世夺走了它的铜门，1200 年后不再被提及。

Chalke Island，或 the island of Chalke，萨尔基岛，是马尔马拉海的王子群岛（Princes' Islands）九座岛屿中最大的岛屿之一。王子群岛在拜占庭时代大约有 12 座修道院为人所知，那里也是流放重要人物的地方。

Chalkoprateia，希腊文为 *Ξαλκοπρατεῖα*，字面意思是"铜市场"，指教堂和学校。

chancellor，掌玺官。

charistikarios，复数形式为 *charistikarioi*，指被授予修道院管理权的个人或机构。译为"恩典礼物受封者"或修道院管理者。

charistike，即 *kharistikia*，指把整座修道院及其所有财产有条件、限期（通常为终身或者三代）授予私人或者机构的制度。译为"恩典的礼物"或"恩典礼物制"。

chartophylax，希腊文为 χαρτοφύλαξ，拜占庭帝国东正教教会中负责官方文件和记录的教会官员，通常为辅祭，后成为牧首的主要助手。一些修道院也有 *chartophylax*（男性）或 *chartophylakissa*（女性，女修道院即修女院的），负责保管修道院档案。译为"教会档案保管员"或"牧首秘书长"。

chartoularios，希腊文为 χαρτουλάριος，指各种部门的副官，在 9–10 世纪指中央和地方负责财政和档案职责的官员，类似教会官员中负责教会档案的 *chartophylax*（教会档案保管员），也指军队指挥官。译为"副官"。

cheirotonia，圣职授任。

chorion，希腊文为 χωρίον，指村庄、村社。

chrysobull，拜占庭皇帝颁布的加盖金印的诏书，即金玺诏书。

chrysoteleia，希腊文为 χρυσοτέλεια，字面意思是"黄金贡金"，阿纳斯塔修斯一世推行的一种税收，以货币征收，文中译为"房地产税"。

chrysoteles，收税官。

Chrysotriklinos，希腊文为 Χρυσοτρίκλινος，意为"金殿""金色大厅"，是君士坦丁堡大皇宫中主要用于接待和仪式的一个大厅，象征着皇权。

Church Calendar，教会日历。分为两种：一种称 *kanonarion*，列出阴历宗教节日，因复活节到来时间变动而变动；一种称 *synaxarion*，列出固定的宗教节日和圣徒纪念日，拜占庭帝国通常使用的是君士坦丁堡大教堂日历。

co-emperor，"共治皇帝"。

comes 或 *komes*，前者为拉丁语形式，后者为希腊语形式，希腊文为 κόμης，复数形式为 *comites* 或 *komites*，字面意思是"同伴"，指皇帝或者蛮族国王的个人顾问或者侍从。用于不同级别的官员，包括多种含义。作为荣誉称号被授予一些最高政府官员，也用于地方行政官，履行财政或者经济职能的人，或者看守人和监督人。后来希腊语形式的 *komes* 仍然被用于具有各种职能的官员，也是陆海军的副官或下级军官。译为"长官"。

corvées，劳役。

court of the Hippodrome，竞技场法庭，即"帘子"法庭（*Velum*），主要处理民事案件，不是在大竞技场上，而是在皇宫西边有屋顶的竞技场法庭上。

demesne，指由所有者或其代理人经营的领地。也指国家的土地和皇帝的私人地产。

demosios kanon 或 *kanon*，土地税。

despotes，希腊文为 *δεσπότης*，在 12 世纪为地位仅次于皇帝和共治皇帝的最高头衔，译为"君主"。女性为 *despoina*。

diakonia，confraternity 之意，指教会福利中心，慈善组织。

diataxis，希腊文为 *διάταξις*，拉丁文为 *ordo*，有三种意思，一指供主教或者司祭主持圣餐仪式或晚祷、晨祷和授圣职礼时使用的礼拜规则手册；二指修道院章程或规则；三指遗嘱。

diatyposis，指修道院章程或规则，也指遗嘱。

dioiketes，希腊文为 *διοικητής*，8-12 世纪负责征税的税务官。

domestic of the scholai，即 *domestikos ton scholon*（希腊文为 *δομέστικος τῶν σχολῶν*），军队（*tagma of the scholae*）司令官，为军队总司令或者东部、西部军队之一的司令官。最初其地位处于安纳托利亚军区将军之下，高于其他军区将军。罗曼努斯二世统治期间分为东部地区军队司令和西部地区军队司令，但仍低于安纳托利亚军区将军。从 9 世纪末起，福卡斯家族试图控制这一官职。君士坦丁八世及其继任者们为了限制贵族家族的独立性，往往把该职位授予宦官，但是从 11 世纪中期起该职位重新由军事贵族控制。

domestic of the scholai for the east，东部军队司令官。

domestic of the scholai for the west，西部军队司令官。

domestikos，希腊文为 *δομέστικος*，指各种官员，包括教会官员、文职官员和军官。

doulos，希腊文为 *δουλος*，复数形式是 *douloi*，字面上是"奴隶"的意思，也用来指其他形式的依附关系，皇帝的所有臣民都被认为是他的 *douloi*，还是表示跟高级官员（通常是皇帝）关系密切的头衔。译为"臣仆"。

doux，希腊文为 *δούξ*，拉丁文为 *dux*，指将军、总督。*doux* 最初通常与民事行政分开，只有在几个行省既有军事功能又有民事职能；*doux* 控制驻扎

在几个行省的军队也是例外情况。*doux* 后来地位下降，军区统治者最终称为 *strategoi*（军区将军）。10 世纪下半期 *doux* 重新用来指较大地区的军事指挥官，有时称为 *doukaton*。有学者把 *doux* 等同于 *katepano*（总督，地方长官）。12 世纪小军区的统治者们称为 *doukes / dukes*。

dromos，希腊文为 δρόμος，也写为"imperial (*demosios*) *dromos*"，指拜占庭帝国邮政和交通系统。

droungarios，希腊文为 δρουγγάριος，复数形式为 *droungarioi*，军衔，该术语最早被提及是在 7 世纪初，在 7-8 世纪军区军队中其地位较高，指军区军队分部（*droungos*）指挥官，指挥 1000 人军队，地位高于 *komes*；在 9-10 世纪地位逐渐下降，到 11 世纪时，*droungarios* 和 *komes* 地位相当。可译为"司令官""军队指挥官""军官"等。

droungarios tes viglas 或 *droungarios tês viglas* 或 *droungarios* of the Vigla，希腊文为 δρουγγάριος τῆς βίγλας，原指军事指挥官，大约 11 世纪 30 年代后指法官。民事法庭竞技场法庭（即"帘子"法庭）庭长，下面有 12 位法官。12 世纪后可能变成 *megas droungarios tes viglas*，仍指君士坦丁堡民事法庭庭长。

duces，都督，拜占庭边境部队的指挥官。

duke (dux) of the Fleet，海军总司令，舰队司令。

duke，或 *doukes*，或 *katepano*，将军，地方总督。

Duodecameron，从圣诞节到主显节的 12 天。

dynatoi，权贵。

ektenes，由祈求和回应构成的长时间热烈的连祷，译为"热切祈祷"。

Elegmon，字面意思为"刑事罪犯"，译为"谴责"。

Eleousa，希腊文为 Ἐλεούσα，意为温柔仁慈，是对婴儿耶稣基督依偎在童贞女马利亚脸颊上这种圣像中圣母的描绘。

emphyteusis，长期租赁教会土地。

enkomion（或 *encomium*），希腊文为 ἐγκώμιον，复数为 *enkomia*，指对神之外的城市、人们、动物、成就、艺术品等的颂词，对神的称颂称为赞美诗（hymn，希腊文为 ὕμνος）。

ennomion，牧场收费。

Eparch of the City（希腊文为 ἔπαρχος τῆς πόλεως），或者 *Eparch* of Constantinople，君士坦丁堡市长。

eparchos，行省总督或者城市长官。

ephoreia，*ephoros* 职位，修道院平信徒保护人职位，修道院的保护或管理。

ephoros，希腊文为 ἔφορος，复数形式为 *ephoroi*，地方行政长官，或者修道院平信徒管理人、保护人等。

epigram，希腊文为 ἐπίγραμμα，短诗。

epi tês katastaseôs，宫廷仪式主持人。

epithalamion，希腊文为 ἐπιθαλάμιος λόγος，新婚颂诗。

epi ton deeseon，希腊文为 ὁ ἐπὶ τῶν δεήσεων，负责接收并回复向皇帝的上诉的官员。该职位的重要性在 11—12 世纪上升，当时据有这一职位的人不仅拥有"首席主席"头衔，而且一般是最重要贵族家族成员。译为"法官"。

epi ton hippodromon，或者 *epi tou hippodromou*，竞技场法庭法官。

epi tôn kriseôn，或 *epi ton kriseon*，希腊文为 ὁ ἐπὶ τῶν κρίσεων，其所在法庭听取地方申诉，但不是上诉法庭。也是高级法官，"帘子"法庭成员。译为"中央法庭法官"。

epi ton oikeiakon，皇帝私人金库主管。

epi tou chrysotriklinou，金殿主管大臣。

epi tou kanikleiou，皇帝私人秘书之一，字面意思是"御用墨水保管人"。

epidosis，让与（物），指教会机构的让与，一个教会当权者把教会机构给另外一个。

episkepsis，希腊文为 ἐπίσκεψις，字面意思是"照顾、检查"的意思，财政术语，有三种不同含义：（1）最经常指的是属于皇室领地的特定地产，由皇帝和皇室、有时候其他个人的地产构成的税收单位（10—13 世纪）。译为"地产"或"皇帝领地"。（2）指的是军区财政部门（到 12 世纪）。（3）指的是对地产特别是皇室地产的日常管理。

episkeptites，希腊文为 ἐπισκεπτίτης，复数为 *episkeptitai*，多指皇帝领地（*episkepsis*）管理人。

epoptes，希腊文为 ἐπόπτνς，8—12 世纪负责核查个人纳税量的税务官。

ethnarch，希腊文为 ἐθνάρχης，字面意思是"民族或国家的首领"，用来指任何蛮族的统治者。译为"首领"。

Evergetis，或 *Evergetēs*，意为女施主，女恩人。

exaktôr，希腊文为 ἐξάκτωρ，高级法官，可能有一些财政职能，1204 年后该职位消失。

exarch，或 *exarchos*（希腊文为 ἔξαρχος），几个世俗官员和教会官员的名称，就世俗官员而言，原指总督，后来在 10 世纪《君士坦丁堡市长手册》中指几个行会的会长。

exarchos of the *vestiopratai*，奢华服装行会会长。

exkousseia（希腊文为 ἐξκουσσεία），或者 *exkuseia*，复数为 *exkousseiai* 或 *exkuseiai*。指授予的税收和司法特权。译为"豁免权"。

father，指早期基督教作家，译为"教父"；指修道院院长，可译为神父或神甫，文中统一译为"神父"。

follis 或 *folleis*，希腊文为 φόλλις，有时称为奥波尔（*obol*），1092 年后作为货币被 *tetarteron*（"特塔特伦"）取代，作为计量单位被 *keration*（"克拉"）取代。译为"弗里斯"。

Galatas，或 Galata，希腊文为 Γαλατᾶς，译为加拉达，君士坦丁堡金角湾对岸的定居地，处于金角湾北端的海岬上，原名希凯（Sykai），13-15 世纪也称佩拉。

genikon，希腊文为 γενικόν，为处理土地税等税收评估的主要财政部门，也是处理财政案件的法庭。其首脑 *logothetes tou genikou*（财政大臣）在 1204 年后仅为头衔。

gerokomeia，老人之家。

grammatikos，希腊文为 γραμματικός，复数形式为 *grammatikoi*，在古代指"学者""教师"，后来还有"抄写员"或"秘书"的意思。

grand *doux*，即 *megas doux*（希腊文为 μέγας δούξ），或 *megadoux*，舰队司令，或海军上将。

grand duke，海军总司令。

grand hetaireiarch，外国雇佣军司令。

grand *skevophylax*，圣器总管。

graptai，"全能者"基督修道院四位照管慈祥童贞女圣母教堂的老年妇女的头衔。译为"看管员"。

Great Domestic of the West，西部地区司令。

harmostēs，即 governor，统治者，总督。

hegoumenate，修道院院长职位。

hegoumenos，希腊文为 *ηγούμενος*，复数为 *hegoumenoi*，修道院院长。

heortologion，列出教会节日并简介纪念圣徒的书，译为"庆典日历"。

Hesychasm，静修，修道士祈祷和冥想（*hesychia*）方法的常用术语，旨在通过内心寂静达到与上帝合一的目的。这个术语也常被用来指 14-15 世纪拜占庭的政治、社会和宗教运动。译为"静修"或"静修派"。

hesychast，复数形式为 *hesychastai*，静修道士。

hetaireia，希腊文为 *εταιρεία*，其复数形式是 *hetaireiai*，护卫皇帝的军队，其功能不确定。有三支甚至四支，主要由外国人构成，但到 11 世纪末发生了变化，由贵族青年构成，可能合并成一支部队。在 12 世纪这个词一般用来指权贵那些以誓言约束的私人随从，这种情况在 14 世纪更普遍。文中译为"禁军"。

hypatos，希腊文为 *ύπατος*，指"执政官"，6 世纪后成为头衔，之后重要性降低，似乎在 1111 年后消失。

Hypatos ton Philosophon，"首席哲学家"，为君士坦丁堡哲学学校校长的头衔。该头衔于 1047 年或稍早由君士坦丁九世授予米哈伊尔·普塞洛斯，之后该头衔继续存在，13 世纪和 14 世纪持有该头衔的为牧首监管下的教师。

hyperpyron，希腊文为 *νόμισμα ύπέρπυρον*，复数形式为 *hyperpyra*，字面意思是"高纯度的"。拜占庭帝国传统的金币是 *nomisma*（"诺米斯玛"），拉丁文为 *solidus*（"索里达"），其含金量在 7 个世纪里几乎保持 24 克拉不变，但是从 11 世纪 30 年代起，这种金币日益贬值，到 11 世纪 80 年代含金量几乎为零。1092 年阿莱克修斯一世引进新金币 *hyperpyron*，其重量和 *nomisma* 一样，含金量则为 20.5 克拉，直到 1204 年为止，这种金币重量、尺寸和纯度没有变化。10 世纪出现了一种轻型金币 *tetarteron*（"特塔特伦"），*tetarteron* 在 1092 年后被用来指一种铜币。

hyperpyroi litrai，或 *litrai* of *hyperpyra*，标准罗马磅。

hyperpyron nomisma，即 *hyperpyron*，复数形式为 *hyperpyra nomismata*，"海培伦"金币。

hypertimos，希腊文为 ὑπέρτιμος，用于基督教会高级神职人员的头衔，"最尊贵者"之意。

hypomnema，希腊文是 ὑπόμνημα，指各种文件，指庭审备忘录，包括相关证据、证词和辩论，要呈交皇帝。对它的回复称为 *lysis*（λύσις）或者 *semeioma*（σημείωμα）或者 *semeiosis*（σημείωσις），通常只包括案件的判决和理由。它还指修道院章程等文件。

Idiorrhythmic Monaticism，修道士留院独自隐修的修道制，修道士拥有自己的财产、单独生活在修道士群体中，其修道院事务由寡头委员会（*synaxis*）管理，修道院组织不同于 *koinobion*（留院团体隐修的修道院）。14 世纪晚期圣阿索斯山一些修道院采用这种修道制。

Imperial Chancery，帝国大法官法庭，皇帝秘书处。

isokodikon，指 *kodix*（地籍册或登记簿）形式的政府地籍册的官方抄本。

kanonarches，希腊文为 κανονάρχης，修道院唱诗班的领唱人。

kaprelingas，希腊文为 καπριλίγγας，指（国王的）侍从、内侍。

kastra，堡垒，城堡。

kastrisios，指皇帝的侍臣。

katepan，主管官员。

katepano，希腊文为 κατεπάνω，拉丁化为 *capetanus* 或 *catepan*，通常指军事指挥官，到 10 世纪末主要指地方总督，1100 年后指地方官。

kathisma，复数为 *kathismata*，指祷告用的分印诗篇，允许坐着唱的圣咏。译为"诗篇"。

katholikon，主教管区的大教堂。

Kecharitomene，意为"充满恩典的"，用于圣母马利亚通常译为"万福"马利亚。

keeper of the inkstand，皇帝的墨水瓶保管人，掌玺官。

kellarites，修道院食品管理员。

kellion（希腊文为 κελλίον，复数为 *kellia*），或者 *kella*（希腊文为 κέλλα，κέλλη），指修道士小房间，也指小修道院。

kelliotes（复数形式为 *kelliotai*）或 *lavriotes*（复数形式为 *lavriotai*），周末共同礼拜隐修士。

kelliotic，即 *Idiorhythmic*，指修道士拥有自己的财产、单独生活在修道士群体中的生活方式，即周末共同礼拜隐修士的生活方式，译为周末共同礼拜隐修的。

kentenarion，希腊文为 *κεντηνάριον*，重量单位，复数形式为 *kentenaria*。1 *kentenarion* 相当于 100 罗马磅（*logarikai litrai*），相当于 32 千克。在一些模仿古典的文献中 *kentenarion* 与塔兰特（*talanton*）同义。从 6 世纪中叶起，1 *kentenarion* 通常相当于 100 罗马磅的黄金或 7200 诺米斯玛（或索里达）金币（*nomismata / solidi*）。极少情况下，*kentenarion* 用作 100 莫迪奥（*modioi*）的单位或与罗马磅（*litra*）同义。译为"肯特纳里"。

keration，希腊文为 *κεράτιον*，复数形式为 *keratia*，"克拉"，重量单位，在希腊罗马时代，1 克拉为 0.189 克。

kharistikarios，持有恩典礼物（*kharistikion*）的人，通常是终身享有，同 *charistikarios*，译为"恩典礼物受封者"或修道院管理者。

kharistikion 或者 *charistikion*，希腊文为 *χαριστική*，复数形式是 *kharistikia* 或者 *charistikia*，字面意思是"恩典的礼物"，指把整座修道院及其所有财产有条件、限期（通常为终身或者三代）授予私人或者机构的制度。这种授予包括修道院及其财产的管理，修道院没有丧失财产，但修道院被置于被授予人或机构的管理之下，这些个人或机构得到修道院消费和修道院建筑维护之外的收入。这种做法起源不清楚，盛行于 11—12 世纪拜占庭帝国，1204 年后罕见。受封者即被授予人或机构称为"恩典礼物受封者"或修道院管理者（*kharistikarios* 或 *charistikarios*），是监督者，而不是所有者，对修道院地产行使管理权而不是干预教会事务。有权进行这种授予的是皇帝、牧首、都主教、修道院创办人、政府高级官员等。这种授予在当时引起争议。它不同于"普洛尼亚"。"恩典礼物受封者"或修道院管理者对被授予物负责，"普洛尼亚"持有者对"普洛尼亚"授予者负责。译为"恩典的礼物"或者"恩典礼物制"。

kapnikon，希腊文为 *καπνικόν*，来自 *kapnos*（意为"烟""灶"），即灶税（hearth tax）。

klasma，希腊文为 *κλάσμα*，复数形式为 *klasmata*，字面意思是"碎片"，指因纳税人消失而归属政府的地产，通常是小块地产。译为小块地产或小块土地。

klerikos，泛指各种官员，主要是教会官员。

kodix，希腊文为 *κωδιξ*，来自拉丁语 codex（抄本），复数为 *kodikes*，指财政部(*genikon*) 制作的书本形式的地籍册，1204年后消失，被 *praktikon* 取代。

koinobion，希腊文为 *κοινόβιον*，复数形式为 *koinobia*，字面上是"共同生活"的意思，指强调修道士共同生活、强调集体和平等的生活方式的男女修道院，留院团体隐修的修道院。

kollyba，希腊文为 *κόλλυβα*，一种小蛋糕，主要由煮熟的小麦做成，掺有葡萄干、石榴籽、坚果、香草、少量烤面粉和糖等，在纪念仪式后食用。

kommerkion，希腊文为 *κομμέρκιον*，关税。

kommerkiarios，希腊文为 *κομμερκιάριος*，关税征收员。

Kosmosoteira，意为救世主。

kouboukleisios，希腊文为 *κουβουκλείσιος*，授予牧首侍从的头衔。

kourator，希腊文为 *κουράτωρ*，复数形式为 *kouratores*，皇帝领地管理人。

kouratoreia，或者 *kouratorikion*，皇帝的金库，专门负责皇帝领地收入的部门。

kouropalates，高级头衔，在11世纪被授予皇族以外的几个将军，其重要性在12世纪极大下降。译为"将军"。

krites，地方法官，也称 *praitor*。

ktetor 或 *ephoros* 或 *pronoetes* 或 *epikouros* 或 *authentes*，教会机构（教堂、修道院等）及其财产的创办者、庇护人或所有者。

ktetorikon dikaion，指 *ktetor* 的权利，一直存在到15世纪，11-12世纪盛行的恩典礼物制（*charistikion*）是它的衍生物。

lalangia，"拉兰吉亚"，一种薄饼。

laosynaktes，复数形式为 *laosynaktai*，指修道院负责维持教堂秩序的官员。译为"秩序员"。

lavra，希腊文为 *λαύρα*，一种修道院，在这种修道院中，处于中心的为公共建筑物群包括教堂、餐厅等，周边分散着修道士小房间，修道士工作日作为隐士生活，周末聚集在修道院礼拜并获得食物和手工材料，称为周末共同礼拜隐修士（*lavriotai* 或 *kelliotai*）。

libellisios，希腊文为 *λιβελλήσιος* 或 *λιβελλίσιος*，高级文官。

litra，希腊文为 *λίτρα*，拉丁文为 *libra*，复数形式为 *litrai*，通常译为"罗马磅"。拜占庭重量单位 *logarike litra*，通常简称 *litra*，也可称为 *chrysaphike* 或 *thalassia* (maritime) *litra*（黄金或标准罗马磅）；有时在古典化文献中被称为 *mna*（穆纳）甚至 *talanton*（塔兰特）。君士坦丁一世把它作为货币制度的基础：1 罗马磅（*logarike litra*）黄金 = 72 索里达（*solidi*）或伊萨吉（*exagia*）= 12 盎司（*oungiai*）= 1728 克拉（*keratia*）=6912 斯托可卡（*sitokokka*）=1/100 肯特纳里（*kentenarion*）。*logarike litra* 的确切重量有争议，理论上从大约 324 克逐渐降至 319 克。*logarike litra* 也可以是测量土地的单位：1 罗马磅（*logarike litra*）= 1/40 标准莫迪奥（*thalassios modios*）。*soualia litra* 是专门用于油或木材的重量单位，1 *soualia litra* = 4/5 罗马磅（*logarike litra*）=256 克；30 *soualiai litrai* 橄榄油 = 1 标准单位（*thalassion metron*）。

logariastes，希腊文为 *λογαριαστής*，指主要控制开支的财政官。

logisēs ton foron，帝国税务督察官。

logisima，免税地产，税务官不登记，但需要丈量。

logothete of the dromos，即 *logothetes tou dromou*（希腊文为 *λογοθέτης τοῦ δρόμου*），译为"邮政交通大臣"或"外交大臣"，负责公共邮政部门，履行仪式职能、保护皇帝、收集政治情报、监管外国人事务等职责，12 世纪成为皇帝的最亲密顾问。

logothete of the genikon，即 *logothetes tou genikou*，指负责国库的主要财政官员，财政大臣。

logothete of the sekreta，或 *grand logothete*，首席大臣。

logothetes，希腊文为 *λογοθέτης*，高级官员，部门首脑，主要负责财政但不限于财政，译为"尚书""大臣"等。

logothetes tou stratiotikou，希腊文为 *λογοθέτης τοῦ στρατιωτικοῦ*，军队财务大臣。

magistros，或 *magistrus*，希腊文为 *μάγιστρος*，或者 *magister*，头衔，该头衔最早在 9 世纪晚期被提及，10 世纪初被授予的不到 12 人，10 世纪晚期后贬值，可能在 12 世纪中期消失。可译为"长官""司令官""领袖"等。

maïstor，希腊文为 *μαῖστωρ*，指教师、校长或者作坊主。

maistōr tōn rhētorōn，或 *maistor ton rhetoron*，希腊文为 *μαόστωρ τῶν ρητόρων*，修辞学教师，君士坦丁堡牧首学校教师之一，由皇帝任命。

martyrion，希腊文为 *μαρτύριον*，殉教，叙述殉教者的受审、受刑和处死。

measure，拜占庭长度、表面积、容量、重量和时间单位，复数形式为 measures，译为"单位"。拜占庭基本的重量单位是罗马磅（*logarike litra*，大约 320 克）；主要的容量单位是墨伽里（*megarikon*，102.5 公升）；测量表面积的单位主要有轭（*zeugarion*，指一对牛一日所耕土地）和莫迪奥（*modios*，粮食和土地的计量单位）。换算关系：maritime measure（标准单位）的葡萄酒为 10.25 公升；maritime measure（标准单位）的油为 8.52 公升；*annonikon* measure（税收单位）为 maritime measure（标准单位）的 2/3；monastic measure（修道院单位）为 maritime measure（标准单位）的 4/5。

medimnos，"麦第姆诺"，在古典化文献中指 *modios*（希腊文为 *μόδιος*），计量单位，通常用来计量干燥谷物，文中译为"莫迪奥"。

megas domestikos，或 Great Domestic，或 Grand Domestic，全国军队总司令（仅次于皇帝）。

megas droungarios tes viglas，君士坦丁堡民事法庭庭长。

megas droungarios，或 Great *Drungarios*，或 Grand *Droungarios*，高级海军军官，驻君士坦丁堡舰队司令。

megas logariastes，收支总控制官。

megas oikonomos，希腊文为 *μέγας οἰκονόμος*，译为"总管理人"或"总管"。

megas sakellarios，11 世纪末后牧首管辖下负责修道院的官员。

menaion，希腊文为 *μηναῖον*，复数形式为 *menaia*，指一套 12 本仪式书，一个月一本，包括了各种赞美诗等，用于教会日历上节日的晚祷和晨祷。译为全年仪式书。

menologem，希腊文为 *μηνολόγημα* 或 *μηνολόγιον*，用来确定某些法令日期的惯用表达，包括日期（月份和小纪），也用作签名，由签名人书写。

menologion，希腊文为 *μηνολόγιον*，复数为 *menologia*。指按照教会日历上每位圣徒纪念日顺序排列的圣徒传记集。通常篇幅很长，其中往往有一些布道词，在纪念仪式上宣读。

mesorion，复数形式为 *mesoria*，四个祷告时间（第一、三、六、九）每个都紧接着附加仪式，称为 *mesoria* 即间隔时间。

metochion，希腊文为 *μετόχιον*，复数形式为 *metochia*，指独立大修道院的附属修道院，译为小修道院。

metron，希腊文为 *μέτρον*，复数形式为 *metra*，专门量度液体的单位。

miliaresion，希腊文为 *μιλιαρήσιον*，来自拉丁文 *miliarensis*，复数形式为 *miliaresia* 或 *miliarisia*。8–11 世纪拜占庭铸造的一种基本的银币，价值 1 诺米斯玛（*nomisma*）或索里达（*solidus*）的 1/12，译为"米拉瑞斯"。换算关系：*miliaresion*（米拉瑞斯，银币）= 1/12 *nomisma*（诺米斯玛，金币）= 24 *follis/folleis*（弗里斯，铜币）。

mina，复数形式为 *minai* 或 *minae* 或 *minas*，译为"迈纳"，古希腊和亚洲使用的重量单位（主要用来计量白银）或者货币单位（一种银币），作为银币，相当于 100 德拉克马（*drachmas* 或 *drachmae*[复数形式]，单数形式为 *drachma*）。

misthios，希腊文为 *μίσθιος*，也写为 *misthotos*，复数形式为 *misthioi* 或者 *misthotoi*，雇佣劳动者。

modios，希腊文为 *μόδιος*，粮食和土地的计量单位，复数形式为 *modioi*，译为"莫迪奥"。通常罗马或意大利的 1 莫迪奥（*modios*）等于 20 罗马磅（*litrai*）小麦。拜占庭有各种 *modioi*。1 *thalassios* (maritime) *modios*（标准莫迪奥）= 1 *basilikos* (imperial) *modios*（皇家莫迪奥）= 40 *logarikai litrai*（罗马磅）或 17.084 公升，1 *monasteriakos* (monastic) *modios*（修道院莫迪奥）= 32 *logarikai litrai*（罗马磅）或 13.667 公升，1 *annonikos* (revenue) *modios*（税收莫迪奥）= 26.667 *logarikai litrai*（罗马磅）或 11.389 公升。1 *megas* (large) *modios*（大莫迪奥）= 4 maritime *modioi*（标准莫迪奥）。*staurikos* (cross-signed) *modios*（十字架莫迪奥）等同于 *annonikos* (revenue) *modios*（税收莫迪奥）。maritime *modioi*（标准莫迪奥）大多用于计量土地，用来计量土地时，1 莫迪奥（*modioi*）= 40 罗马磅小麦种子。另外，修道院莫迪奥（monastic *modioi*）和修道院单位（monastic measures）分别等于标准莫迪奥（maritime *modioi*）和标准单位（maritime measures）的 4/5，税收莫迪奥（*annonikoi modioi*）和税收单位（*annonika* measures）分别等于标准莫迪奥（maritime *modioi*）和标准单位（maritime measures）的 2/3。

monasticism，指修道士和修女实践的献身礼拜的生活。译为"修道制"。

monk，希腊文为 μοναχός，修道士。

monody，希腊文为 *μονῳδία*，悼诗。

monoprosopon，指向地方富裕人士征用马匹和骡子。译为"驮畜税"。

Myrobletes，字面意思是"涌出没药的"，基督徒用来描写死后圣骨发出香味或者流出没药的圣徒。

mystikos，希腊文为 *μυστικός*，御用秘书，皇帝的私人秘书。

mystographos，可能是皇帝私人秘书（*mystikos*）的助理。

mystolektes，负责传达皇帝秘密决策的官员。

nobelissimos，高级头衔，希腊文为 *νωβελίσσιμος*，拉丁文 *nobilissimus*。3 世纪 *nobilissimus* 作为皇帝称号出现。5 世纪君士坦丁一世把它作为头衔授予自己的一些家人，地位低于"凯撒"（*caesar*）。11 世纪中叶之前，*nobelissimos* 一直是授予皇室成员的头衔，11 世纪中叶之后被授予最高军事指挥官，12 世纪成为新头衔（如 *protonobelissimos* 等）的基础，此后一直沿用到拜占庭末代王朝帕列奥列格王朝。文中译为"贵族"。

nomisma，希腊文为 *νόμισμα*，*nomismata* 为复数形式，译为"诺米斯玛"，意为"货币"，但专门用于构成罗马帝国晚期和拜占庭帝国货币制度基础的 24 *keratia*（"克拉"）标准金币，等同于拉丁语所称的货币 *solidus*（"索里达"）。11 世纪晚期后标准金币更常用的名称是 *hyperpyron*（"海培伦"）。拜占庭帝国 1 罗马磅黄金或 12 盎司黄金铸成 72 诺米斯玛金币，每 1 诺米斯玛值 12 米拉瑞斯（*milliaresia*，银币）或者 24 克拉（*keratia*）或者 288 弗里斯（*folleis*，铜币）；1 克拉相当于 12 弗里斯，铜币弗里斯是日常使用的最小货币。

nomophylax，希腊文为 *νομοφύλαξ*，主管法律教育，也是高级法官，"帘子"法庭成员。文中译为"君士坦丁堡法律学校校长"。

notary，登记交易和证明文件的官员，译为"公证人"或"文书"。有各种名称，例如，*notarios, taboullarios, tabellion, symbolographos, nomikos* 等。

Novel，希腊文为 *νεαρά*，拉丁文为 *Novella*，字面意思是"新法"，用来指皇帝颁布的敕令。

oeconomos，修道院管理人。

office of the *genikos logothetes*，帝国税务部门。

office of the *oikeiaka*，帝国房地产部门。

office of the *sakelle*，帝国档案部门。

office of the *stratiotikos logothetes*，帝国司法部门。

officium，复数形式为 *officia*，官职。

oikonomeion，经济。

oikonomion，帝国财政部门。

oikonomos，希腊文为 *οἰκονόμος*，神职人员，通常为司祭，负责管理主教教区或宗教机构的房地产、收入和支出。译为"管理人"。

Orphanotropheion，孤儿院。

Orphanotrophus 或 *Orphanotrophos*，希腊文为 *ὀρφανοτρόφος*，孤儿院院长，他们早期属于神职人员，但后来在首都君士坦丁堡的孤儿院院长成为世俗官员。一些孤儿院院长权力很大，13 世纪初还有一位孤儿院院长很有权势，但之后这一官职地位下降。

panhypersebastos，头衔，"上等大贵族"。

Panoiktirmon，意为仁慈的或最为仁慈的或者至慈者。

pansebastohypertatos，科穆宁王朝皇族成员持有的头衔。

pansebastos sebastos，科穆宁王朝皇族成员持有的头衔。

Pantepoptēs，"全知者"基督。

Pantokrator，或 *Pantocrator*，"全能者"基督。

parakoimomenos，或 *parakoimomenus*，希腊文为 *παρακοιμώμενος*，字面意思是"睡在皇帝身边"，皇帝内侍，皇帝寝宫卫士长，是皇帝寝宫的守卫者，为授予宦官的最高职位。

parastasimon，为死者祈祷和祷告的庄严仪式。

parathalassives，希腊文为 *παραθαλασσίτης*，指控制航行于海上的一切的法官，负责君士坦丁堡海滨和港口尤其是通商航行、商品进口和通行费支付的官员，地方上也有。译为海事法官。

paroikos，希腊文为 *πάροικος*，复数形式为 *paroikoi*，指佃农，拜占庭 10 世纪以后的依附农民。

Paterikon，有关各个教父的故事和言论的书，译为《教父言行录》。

patrikios，希腊文为 *πατρίκιος*，头衔，无行政职能，8-10 世纪被授予最重要的总督和将军，其后贬值，12 世纪后消失。译为"贵族"。

Paulicians，希腊文为 Παυλικιάνοι，亚美尼亚语为 Pawłikeank´，保罗派。

paximadia，一种烤了两次的小块甜面包干。

peisai，计量柴火的单位，译为"佩塞"。

peribleptos 或 *perivleptos*，希腊文为 περίβλεπτος，字面意思是"著名的""可敬的"。

Philanthropos Savior，或者 Christ *Philanthropos*，"仁慈"救世主。

phoundax，仓库。

pinkernes，希腊文为 (ἐ)πιγκέρνης，一般指皇帝的侍臣、斟酒人，史料中还出现了牧首或大地主的 *pinkernes*。在科穆宁王朝这一职位由皇室成员担任。

praetor，或 *praitor*，希腊文为 πραίτωρ，法官，文职总督。

praktikon，希腊文为 πρακτικόν，复数形式为 *praktika*，12 世纪之后的地籍册或不动产清单。

praktor，希腊文为 πράκτωρ，12 世纪之后的征税官员，通常为包税人。

primikerios，希腊文为 πριμικήριος，复数形式为 *primikerioi*。指官员群体中地位高的成员，适用于军队官员、宫廷官员、文职官员、教会官员；也是君士坦丁堡"全能者"基督修道院医院里主管医生的头衔。

proasteion，希腊文为 προάστειον，复数形式为 *proasteia*，地产。

procheirisis，平信徒授圣职。

proedros，希腊文为 πρόεδρος，意为"主席"，意味着优先，为文职官员头衔和神职人员头衔。作为文职官员头衔，等同于元老院主席官职，最初一般用于宦官，11 世纪被大量授予，11 世纪中期后不再只授予宦官，很多军事贵族被授予这一头衔，12 世纪中期以后该头衔消失。作为神职人员头衔，通常为"主教"的同义词，有时为都主教的头衔，13 世纪前用于所有主教，有时也指代管教区的代理人。译为"元老院主席"或者"主教"或者"都主教"。

proestos tou epi ton koinon chrematon koitonos，财政大臣。

prostates，或 *proestos*，古老术语，意为"保护人"，后来指"首领"。

pronoetes，希腊文为 προνοητής，普洛尼亚的管理人。

pronoia，希腊文为 πρόνοια，复数形式为 *pronoiai*，"普洛尼亚"。

pronoiar，普洛尼亚的持有人，"普洛尼亚"地主，即领主。

prostagma，希腊文为 πρόσταγμα，复数为 *prostagmata*，指行政命令。

protasekretis，或者 *protoasekretis*，或者 *prôtoasekretis*，希腊文为 πρωτασηκρητις，拜占庭皇帝的秘书长，其主要职责是起草金玺诏书，12世纪后主持君士坦丁堡一个重要法庭，不再是皇帝秘书长。译为"皇帝（秘书处）秘书长"或"帝国大法官法庭庭长"。

protokankellarioi，各级部门有秘书职能的官员。

protokentarchos，由 *proto*（"第一"之意）和 *kentarchos* 构成。*kentarchos*，海陆军的副官。译为"第一副官"。

protonotarios，希腊文为 πρωτονοτάριος，复数形式为 *protonotarioi*，首席文书或公证人（*notarios*）。分为两类：一类是皇帝的文书，也称为高级文书（*primikerioi* of the notaries），一类是行政部门（*sekreta*）的文书。其中，邮政交通首席文书（*protonotarios of the dromos*）特别重要，是邮政交通大臣（*logothetes tou dromou*）的副职。军区的文书属于帝国财政部（department of *sakellion*），他们处理陆军和海军的供给问题，但在11世纪失去了原来的重要性，降为收税官。

protopapas，希腊文为 πρωτοπαπάς，意为"首席司祭"。在8-12世纪拜占庭，指特别重要教堂的首席司祭，或者主教在乡村地区的代理人。译为"大司祭"。

protoproedros，希腊文为 πρωτοπρόεδρος，由 *proto-*（"第一"）和 *proedros* 组成，即 first *proedros*。译为"首席主席"。

protogerontes，村社负责与帝国官员（主要是收税官）交涉的长者。

protomenites，复数形式为 *protomenitai*，君士坦丁堡"全能者"基督修道院医院里级别最高、最重要的医生的头衔，译为"首席医生"。

protos，希腊文为 πρῶτος，复数为 *protoi*，字面意思是"第一（修道士）"，一群隐士隐居处和修道院的首领。

protosebastos，希腊文为 πρωτοσέβαστος，高级头衔，指第一（*protos*）"显贵"（*sebastoi*），译为"首席贵族"。

protospathariate，"第一持剑者"职位。

protospatharios，或 *prôtospatharios*，或 *protospatharius*，希腊文为 πρωτοσπαθάριος，复数形式为 *protospatharioi* 或 *prôtospatharioi*。*protospatharios* 由 *protos*（意为"第一"）和 *spatharios*（意为"持剑者"）构成，即"第一

持剑者"。8 世纪初到 12 世纪初拜占庭帝国高级头衔，其妻子的头衔是 *protospatharissa*。

protostrator，希腊文为 πρωτοστράτωρ，皇家侍卫队（*stratores*）队长或禁卫司令官，在 9–10 世纪其主要职责是陪伴骑马的皇帝，12 世纪后其地位很高。译为司令官或指挥官。

protosynkellos，希腊文为 πρωτοσύγκελλος，主教的副手，往往是司祭。译为"司祭"或"神父"或"神甫"。

protovestiarios 或者 *protovestiarius*，希腊文为 πρωτοβεστιάριος，意为第一（*proto*）司库（*vestiarios*），复数形式为 *protovestiarioi*，译为"首席司库"或者军队司令官。原是宦官的职位，仅次于皇帝内侍（*parakoimomenos*）；被认为是皇帝衣橱的保管人，掌管皇帝的私人金库（private *vestiarion*）。在 9–11 世纪，他们指挥军队，进行和平协商，调查阴谋等。11 世纪其地位上升，成为头衔，被授予成年有须贵族。从 12 世纪起，许多高官显要被授予该头衔。在 14 世纪，它是最高头衔之一。

proximos，希腊文为 πρόξιμος 或 προεξημος，9 世纪后指有警察职能的军官，11 世纪指君士坦丁堡一些学校的教师。

psomozemia，希腊文为 ψωμοζημία，复数形式为 *psomozemiai*，11 世纪末开始出现的一种重要附加税，可能是为军队提供面包。

Ptocbotropheium，"乞丐收容所"。

ptochos，穷人，乞丐。

ptochotrophos，救济院院长。

quaestor，希腊文为 κυαίστωρ 或 κοιαίστωρ，译为"法官"。

raiktor，高级朝臣，管理皇宫，有时是神职人员或军队指挥官。

Rhiza Choriou，希腊文为 ρίζα χωρίου，字面意思是"村庄之根"，指村社担负的总税额，在扣除各种减免之前的总税额。译为原始税。

roga，希腊文为 ρόγα，指现金薪酬，通常为皇帝给有官职或头衔的人发的年度津贴。10 世纪后皇帝给阿索斯山修道士发的津贴也称 *roga*。

sakellarios，希腊文为 σακελλάριος，拜占庭行政官员和教会官员头衔，具有行政、财政等方面职能。文中译为"财务官"。

sakellion，希腊文为 σακέλλιον，或写为 *sakelle* 或 *sakella*，指国库，金库。

Sakelle 还是圣索菲亚大教堂关押神职人员罪犯的监狱名。

sakelliou (ho sakelliou)，11 世纪末后牧首管辖下负责公共教堂的官员。

satrap，"王国保护者"之意，波斯头衔，现在通常认为这个术语指地方总督，不过 *satrap* 并不总是有确切的职责，它是反映统治者青睐以及社会地位的头衔。

sebastokrator，希腊文为 σεβαστοκράτωρ，头衔，译为"至尊者"，是 *sebastos* 和 *autokrator* 的结合，其妻子的头衔为 *sebastokratorissa*。

sebastophoros，希腊文为 σεβαστοφόρος，10–12 世纪拜占庭官职或头衔，主要授予宦官，其职能不清楚。

sebastos，希腊文为 σεβαστός，字面含义是"可敬的"，复数为 *sebastoi*，女性为 *sebaste*。译为"显贵"。

sekretikoi，税吏。

sekreton，希腊文为 σέκρετον，复数形式为 *sekreta*，办事处或者部门，行政部门。

selentia，使用问答方式的布道词。

semantron，圣钟。

semeioma，希腊文为 σημείωμα，司法判决记录，或者对庭审备忘录的回复。

sermon（希腊文为 λόγος），或者 homily（希腊文为 ὁμιλία），指布道词。

sigillion，希腊文为 σιγίλλιον，复数为 *sigillia*，指加盖印章（但不一定都盖有印章）的文件，皇帝的 *sigillia* 上有红墨水显示的词 σιγίλλιον 以及皇帝的亲笔签名（包括签名时间），但不一定加盖金印，加盖金印的为金玺诏书（*chrysobull*，即 *chrysoboullon sigillion*）。政府官员（包括法官和收税官）的 *sigillion*（或 *sigilliodes gramma*）是加盖铅印的正式文件。

skalai，沿海码头。

skaramangion，紧身衣。

skribas，希腊文为 σκρίβας，竞技场法庭法官。

solemnion，希腊文为 σολέμνιον，复数形式为 *solemnia*，皇帝颁发的年度津贴。

solidus，"索里达"。1 索里达（*solidus*）为 1/72 罗马磅（*logarikai litrai*），

为 1/6 盎司 (*oungiai*)，重 24 克拉 (*keratia*)。

spatharios，希腊文为 σπαθάριος，字母意思是"持剑者"，在罗马帝国晚期指的是侍卫，或者是私人的或者是皇帝的。在 8 世纪初很可能成为头衔，9 世纪时重要性下降，1075 年后消失，12 世纪偶尔被提到的是无足轻重的人。

spatharokandidatos，希腊文为 σπαθαροκανδιδâτος，复数形式为 *spatharokandidatoi*，是 *spatharios* 和 *kandidatos* 的结合，或写为 *spatharocandidatus*，拜占庭中级头衔，12 世纪消失。译为"佩剑官"。

sphragis，字面意思是"印章"，这里是祝福、批准的意思，即授职的主教在新当选的修道院院长头上画十字，修道院院长在任命修道院其他官员时也对他们举行同样的仪式。

spiritual father，告解神父。

stasis，希腊文为 στάσις，指纳税人的可纳税财产。

staurion，复数形式为 *stauria*，十字架形状的圣餐小面包。

sthlabopolos，字面意思为"奴隶"，表示与皇帝关系密切，尊称。译为"近臣"。

stichos，希腊文为 στίχος，复数为 *stichoi*，字面上为"行"的意思，指地籍册 (*praktikon* 或 *kodix*) 中的基本条目，在 10-12 世纪有时候指财产本身。

strategos，希腊文为 στρατηγός，复数形式为 *strategoi*，希腊文为 στρατηγοί，"将军"。在 8 世纪或许更早它指的是控制地方财政和司法的军区军事总督，在 8 世纪初，主要军区的 *strategoi* 是帝国最强大的人物。但他们的权力逐渐受到限制，大军区分成众多小军区，任期限制为三四年，且不得在他们的军区购买地产。10 世纪末引进了许多新的将军，11 世纪他们的地位下降。他们成为驻军的指挥官，置于总督的控制之下。

strateia，希腊文为 στρατεία，复数形式为 *strateiai*，表示纳入国家（民事或者军事）或者教会服务以及相应的义务，到 10 世纪附属于维持它的地产，译为"兵役地产"。

stratiotes，兵役地产 (*strateia*) 的持有人。

stratelates，或 *stratelatēs*，希腊文为 στρατηλάτης，在晚期罗马帝国有两种不同含义，指将军，或指较低头衔，10-11 世纪这个术语通常指将军或总司令。

stratopedarch，总司令。

sympatheia，希腊文为 *συμπάθεια*，复数形式为 *sympatheiai*，字面意思是"同情"，指税收减免，或者税收减免地产。

symponos，希腊文为 *σύμπονος*，君士坦丁堡市长助理，协助市长处理行会问题。

synapte，由一系列代祷和回应一起构成的连祷。译为"连祷"。

synaxarion，希腊文为 *συναξάριον*，复数为 *synaxaria*。指固定宗教节日的教会日历，每个宗教节日都有相应诵读经文。这个术语也指专门的短评集，通常为圣徒传记，篇幅很短，通常只有一段话。译为教会日历或瞻礼集会传记。

synkellos，希腊文为 *σύγκελλος*，字面意思是"共住一个小房间"，作为牧首的心腹从 6 世纪起经常继任牧首，在 10 世纪（可能更早）成为指定的牧首接班人，由皇帝任命，并成为元老院成员。原来该头衔仅授予司祭和辅祭，10 世纪后有时也授予野心勃勃的都主教。译为"牧首助理"。

synone，希腊文为 *συνωνή*，"购买"之意，指被迫以规定的价格把食物和原料等卖给政府官员，10 世纪起主要指货币税收。

tagma，希腊文为 *τάγμα*，复数形式是 *tagmata*，原指 8 世纪中叶君士坦丁五世创建的由皇帝直接指挥的职业军队、中央精锐部队，目的是遏制军区将军控制的军队。从 10 世纪末起 *tagma* 也驻扎在地方。11 世纪后军区军队和皇帝军队的区别消失。译为禁军。

talents，塔兰特。

tetarteron，希腊文为 *νόμισμα τεταρτηρόν*，即 *nomisma tetarteron*，复数形式为 *tetartera*。用来指拜占庭两种不同的货币，一种是约 965-1092 年的，是一种轻质金币（*nomisma*）；一种是 1092 年到 13 世纪下半期的，是一种小铜币（最初是铅币）。译为"特塔特伦"。

telos，希腊文为 *τέλος*，税额。文中译为"终极目标"。

theme，希腊文为 *θέμα*，复数形式为 *themes*，拜占庭军区。

theotokion，希腊文为 *θεοτοκίον*，复数形式为 *theotokia*，指献给圣母的赞美诗；也指约翰二世·科穆宁统治期间的标准拜占庭金币，金币背面有皇帝和圣母马利亚像。译为"圣母马利亚赞美诗"或者"圣母金币"。

Theotokos，或 *Theotocos*，希腊文为 *Θεοτόκος*，圣母马利亚的称号。

thesmographos，竞技场法庭（即"帘子"法庭）法官的下属，译为竞技

场法庭（即"帘子"法庭）法官助理。

thesmophylax，竞技场法庭（即"帘子"法庭）法官。

Theoupolis，"上帝之城"，指安条克。

tithes，希腊文为 δεκατεία，十分之一税。

ton Heliou Bomon，意为"太阳祭坛"。

topoteretes，希腊文为 τοποτηρητής，拜占庭高级军事指挥官的副官，大约12 世纪指负责小地区和要塞的军官。译为"副司令""副指挥官""军官"。

tou hippodromou，"帘子"法庭和竞技场法庭。

tou Roidiou，意为石榴童贞马利亚。

trachy，希腊文为 νόμισμα τραχύ，即 *nomisma trachy*，复数形式为 *trachea*，基本意思是"粗糙的"或"不平的"，指一种凹的拜占庭货币（11-14 世纪），通常用于金银合金币（electrum）和银铜合金币（billon）（后来是铜币）。译为凹面币。

Tragos，字面意思是"雄山羊"，指 970 年至 972 年间斯图狄奥斯修道院修道士优西米厄斯为阿索斯山起草、由约翰一世签署颁布的法规（*typikon*），其名称来自原始文件书写的厚山羊皮。

trapezopoios，服务员，是修道院食品管理员或餐厅管理员的下属。

trikephalon，希腊文为 νόμισμα τρικέφαλον，复数形式为 *trikephala*，指的是 1/3 海培伦（*hyperpyron*）或者 12 世纪初凹的金银合金币（electrum trachy），上面有皇帝、圣母和基督三人头像，海培伦（*hyperpyron*）上面只有基督和皇帝的像。译为"三头"币。

triklinos，餐厅，接待室，接待厅，宫殿或大楼中的仪式或接待大厅。

Trisagion，希腊文为 Τρισάγιον，拜占庭人用这个词来指圣经的"*Sanctus*"（三圣颂），东正教圣餐开始时吟唱的赞美诗。译为三圣颂。

typikon，希腊文为 τυπικόν，复数形式是 *typika*，希腊文为 τυπικά，*typikon* 也写为 *typicon* 或 *diatheke* 或 *hypotyposis* 或 *thesmos* 或 *diataxis* 或 *hypomnema* 或 *diatyposis*，译为"章程""规则"等。*typikon* 主要有以下两种：第一种为修道院章程；第二种为礼拜仪式规则，指礼拜仪式日历（其中有每天礼拜仪式的指示，规定每天应做什么），为两种拜占庭礼拜仪式书中的一种（另一种称为 *diataxis*，规定礼拜仪式的次序安排），它包括三类规则：大教堂规则、斯图狄

奥斯修道院规则以及萨巴斯修道院规则。

Velum，希腊文为 *βηλον*，"帘子"法庭，即竞技场法庭，最高级法庭之一，由 12 名法官构成，可能这些法官坐在帘子后面。

vestes，希腊文为 *βέστης*，11 世纪授予重要将军的高级头衔，11 世纪末贬值，后消失。文中指地方法官。

vestarchês 或者 *vestarches*，希腊文为 *βεστάρχης*，10–12 世纪拜占庭头衔。原授予宦官，后来范围扩大，被授予地位很高的人，例如高级将军，也被授予地位低些的"帘子"法庭法官，11 世纪末贬值，12 世纪初期之后消失。译为"将军""军官""大法官""法官"等。

vestiarion，希腊文为 *βεστιάριον*，指政府仓库和国库，类似 *sakellion*（国库），12 世纪后成为唯一的国家金库。

vestiarios，司库。

vestiarites，希腊文为 *βεστιαρίτης*，复数形式为 *vestiaritai*，皇帝的侍卫，皇家侍卫。

vestioprates，希腊文为 *βεστιοπράτης*，复数为 *vestiopratai*，指奢华服装（主要是丝绸服装，也指精美亚麻布服装）商人，他们也承担某些政府职能，例如，在皇帝仪仗队列前往圣索菲亚大教堂时，他们负责在大皇宫中的一个厅（Tribounalion）以及从金殿到萨尔基沿途铺上贵重的纺织品。这些商人构成经营国内生产的奢华服装的行会，行会活动由君士坦丁堡市长严格控制。

village，村庄，在古典时代用 *kome* 表示，在拜占庭帝国时代以 *chorion* 表示。

village community，希腊文为 *κοινότης τοῦ χωρίου*，村社，为拜占庭帝国基本的税收单位，村社成员共同承担税收责任。

vita，希腊文为 *βίος*，复数为 *vitae*，圣徒传记。

xenodocheion，希腊文为 *ξενοδοχεῖον*，复数形式为 *xenodocheia*，指救济院或免费招待所，是一种招待旅客、穷人和病人的慈善机构，食宿免费，通常附属于修道院，位于城市和乡村，可由私人、国家、教会机构建立。

zeugotopion，指一对公牛一日所耕的土地，复数为 *zeugotopia*，译为"一轭土地"。

župan，相当于术语 *satrap*（总督），译为"祖潘"。

后　记

　　这本书是我在博士论文基础上进一步研究的结果。10 年前，我的博士论文出版（《1204 年君士坦丁堡的陷落》，人民出版社 2012 年版），主要从政治、军事和外交方面研究了 1204 年君士坦丁堡陷落事件，之后我着手研究 1204年之前拜占庭帝国的经济和社会状况，2014 年我根据国家社科基金项目选题指南申报了课题"11、12 世纪拜占廷经济与社会史料整理与研究"并获立项，课题研究期间参与完成了两个国家社科基金重大招标项目"拜占廷历史与文化研究"和"《剑桥古代史》、《新编剑桥中世纪史》翻译工程"，并取得国家留学基金委员会全额资助，于 2016—2017 年出国访学普林斯顿大学一年，其间参加或旁听了几门课程和大量学术会议，查阅了大量资料。2020 年，项目最终以专著《11—12 世纪拜占庭经济与社会史料整理与研究》和译著《拜占庭历史地图集》结项，共约 100 万字，结项成果被鉴定为优秀等级。

　　博士毕业后我一直在中南大学从事"中国近现代史纲要""世界史研究专题"和"海外中国学专题"等课程的教学工作，以及研究生的指导工作等。之所以能够在繁重的教学任务之余做出一点科研成绩，一方面是因为我热爱教书育人工作，教学也促使我学习和研究世界历史上类似或不同的情形，无数前辈学人的事迹和文字更是给了我力量和方法论指导；另一方面，是跟学术界、出版界、学校学院以及各级科研管理部门等的鼎力相助分不开的。在此，特别感谢我的博士生导师陈志强教授和硕士生导师哈全安教授，以及钱乘旦教授、侯建新教授、刘景华教授、徐家玲教授、张绪山教授等诸位学界前辈。衷心感谢导师和学界前辈为推动国内历史学科发展所做出的不懈努力。其中，我的导师陈志强教授在治学、为人、学科建设、人才培养、国际合作与交流等各方面都为我树立了榜样和作出了表率，激励我们这些晚辈不断努力奋进，他一贯高度重视史料、提倡从史料入手更是对我产生了深刻的影响。还有我的南开老师王敦书、杨巨平、王以欣、叶民等诸位教授，师恩难忘。同门田明、郑玮、孙丽芳和刘榕榕、师兄周学军和谢国荣等也给我提供了帮助和建议。还有学校学院各位领导和老师的帮助，例如，科研部的罗英姿部长以及罗梦良、董晶晶和尹海豹几位老师、宣传部的欧光耀部长等。尤其是各级科研管理部门，无论何时我咨询科研管理部门的老师，哪怕是深夜，他们总是第一时间予以解答，令我深为感动。

　　我还要特别感谢国际友人的无私帮助。约翰·哈尔顿教授是普林斯顿大学历史系终身教授（2018 年荣休）、英国著名马克思主义历史学家、考古学家和拜占庭学一流学者，曾任国际拜占庭研究会会长（2016—2022 年），坚持历史唯物主义，对华友好。他在拜占庭经济社会史、制度史、军事史、政治史、文化史等方面的研究作出了卓越的贡献，其研究涉及拜占庭帝国、中东、奥斯曼帝国等多个领域，他一贯注重从史料入手，运用历史唯物主义，以问题为核心开展交叉学科研究，近些年更是把历史研究和科学结合起来，运用高科技手段增加和补充了历史研究的证据，拓展了拜占庭史研究的方向和领域。2014 年12 月我的访学申请得到他的热情回应，访学期间他称赞我的英语书面表达非常清楚明确，向我传授治学经验，慷慨地把他在摩萨瓦 – 拉赫马尼伊朗和波斯湾研究中心的豪华主任办公室让给了我，他自己则使用历史系的办公室，给我提供了很多指导和帮助，使我认识了那里的很多学者，例如威廉·切斯特·乔丹教授、特蕾莎·肖克罗斯（Teresa Shawcross）副教授等，还认识了他的诸多弟子，还有同时访学的波兰学者亚当·伊兹德布斯基（Adam Izdebski），以及一些中国学者等。访学期间，我旁听了几门课程，其中，哈尔顿教授的"拜占庭历史中的问题"全部听完，安德鲁·福特（Andrew Ford）教授的"初级希腊语"旁听了大部分，伊曼纽尔·布尔布哈基斯（Emmanuel C. Bourbouhak-is）副教授的"拜占庭文学和语言学方法"、妮吕菲·哈特米（Nilüfer Hatemi）老师的"基础土耳其语"以及塔里克·赛义德（Tarek Elsayed）老师的"基础阿拉伯语"则因时间和精力有限只听了两三次。衷心感谢这些老师允许我随时听课并热情给予指导。我还在一次学术会议上见到了陈老师的故交、大名鼎鼎的彼得·布朗（Peter R. Brown）教授，非常慈祥的老人，他肯定了我研究的课题，令我备受鼓舞。伊朗和波斯湾研究中心管理人里根·马拉吉（Reagan

E. Maraghy）女士给了我很多生活上的帮助，也帮我迅速提高了英语口语和听力。卡罗尔·奥伯托（Carol A. Oberto）女士介绍我认识了希腊研究中心的很多学者。也非常感谢牛津大学彼得·弗兰科潘（Peter Frankopan）教授的热心建议。衷心感谢国家留基委的资助，使我有机会前往普林斯顿大学访学，衷心感谢普林斯顿大学图书馆及其工作人员的鼎力相助，为我提供了搜索资料的便利条件和学习的极好环境。

感谢同门李秀玲教授、王云清教授和朱子尧博士、同事罗治荣教授、学生刘亦涵等以及侄女罗晶晶不遗余力的帮助。2019 年我实在是忙不过来，临时给他们安排了任务，他们都是毫不犹豫地答应，并及时提供了初稿。其中，李秀玲提供了《阿莱克修斯传》"作者简介"和"内容提要"初稿；修道院规章制度第 2、3、4、5、7、11 份文件"内容大意（或提要）"或"主要内容翻译"初稿。朱子尧提供了马纳塞斯《编年史概要》"手抄本""内容提要"和"史料价值"初稿；普塞洛斯书信集"内容提要"和"史料价值"初稿；"约翰·莫洛普斯诗作"和"米蒂里尼的克里斯托弗的诗篇"初稿；他还帮我找到了几本资料并帮我翻译了部分专有名词。王云清提供了修道院规章制度第 8、9、10 份文件"内容提要"初稿。我的侄女罗晶晶提供了史诗"内容大意"初稿和四部小说"内容大意"初稿，还帮我核对了部分译名。我的法语专业学生刘亦涵等几位同学提供了安条克牧首约翰的文章"主要内容翻译"初稿和米哈伊尔·普塞洛斯起草的诏书"内容提要"初稿，他们的初稿经我校法语系罗治荣老师审核，由我进一步修改完善。他们的帮助使我顺利完成了课题。其他内容（包括专业术语和专有名词等的翻译）由我完成，共约 70 万字。全书的修改工作也由我完成，主要是修改初稿的文字，核对各种术语和专有名词，存疑之处核对原文进行了修改或重译，还增加了部分内容。修改工作断断续续长达近一年，但由于书中内容广博，体量庞大，个人精力和水平有限，恐难以完全无误。我相信书稿还有不少不尽如人意之处。恳请读者批评指正，帮助我进一步修正，我的电子邮箱是 mayluyun@163.com。当然，书中所有错误概由我负责。

2020 年我提交结项成果后，国家社科基金项目五位匿名评审专家给予了高度评价，认为本书具有很高的创新价值、学术价值和应用价值，称之为"近年来我国哲学社会科学有关世界史领域研究的杰出成果之一"，等等。这些肯定性评价极大鼓舞了我，给了我极大的信心。当然，他们也提出了宝贵的修改意见。例如，有专家建议在成果标题"史料"前加上"文字"二字；又如，有专家建议把 *chrysobull* 译为"金玺诏书"，等等。本书出版时根据这些专家的意见进行了修改。在此，我对这些专家一并表示诚挚的谢意。

值得指出的是，书中涉及的 60 余份史料，绝大多数已经有现代西方语言权威译本，我在书中主要依据的正是这些译本。我本人无论如何也无法超越他们这些译者，因此，正如一位评审专家所说："在此基础上从事翻译与点评，是站在巨人的肩膀上，借助于巨人的成就完善自己的研究，并负责任地把这项研究推介给中国学者。"另外，为了完成项目和写作本书，我研究参考了大量工具书、史料汇编、数据库、网站、著作等，这些在导言中"拜占庭史料查找利用的途径和工具"已经一一介绍。在此，我真诚地感谢所有这些给予我营养和基础的学者和相关人员，以及我在书中参考引用的所有文献的作者。这些史料，尤其是大部分历史作品，是我长期以来学习使用的资料，在此奉献给学界，希望能够有所裨益。我也希望我的成果能够帮助读者快速入门，方便学界人士和拜占庭史爱好者查找利用拜占庭史料，满足国人睁眼深入研究世界的渴望。

11—12 世纪是拜占庭帝国历史上重要的转型时期。本书从史料入手，分七类整理了目前能够找到的涉及当时拜占庭经济和社会情况的重要文字史料。这些史料未能囊括所有相关史料，但横向来看，比较全面地反映了当时拜占庭帝国的经济和社会状况；纵向来看，比较具体地反映了当时拜占庭帝国经济和社会状况的变化。我希望本书能够推动相关研究的发展，也希望以后能够有机会把相关史料补充完整。

本书的问世，我的家人自始至终给予了全方位的支持，人民出版社的两位编辑李斌和刘畅付出了努力，还有许多没有列出的各界人士和参考文献，在此一并致以衷心的感谢。从课题立项到成果付梓，已历经近十载，其间我深感基础工作的不易和重要，本书浸透了汗水，离不开诸多人士的帮助和支持，但愿不负所望。

罗春梅

2022 年秋于长沙